La France
de 1914 à nos jours

DES MÊMES AUTEURS

JEAN-FRANÇOIS SIRINELLI

Les intellectuels en France, de l'Affaire Dreyfus à nos jours (en collaboration avec Pascal Ory), Armand Colin, 1986, 2ᵉ éd., 1992.

Génération intellectuelle. Khâgneux et normaliens dans l'entre-deux-guerres, Fayard, 1988, rééd., PUF, coll. « Quadrige », 1994.

Intellectuels et passions françaises, Fayard, 1990, rééd., Gallimard, coll. « Folio », 1996.

La politique sociale du général de Gaulle (en codirection avec Marc Sadoun et Robert Vandenbussche), Centre d'histoire de la Région du Nord, 1990.

La guerre d'Algérie et les intellectuels français (en codirection avec Jean-Pierre Rioux), Bruxelles, Complexe, 1991.

Histoire des droites en France (sous la direction de), 3 t., Gallimard, 1992.

Ecole normale supérieure. Le livre du Bicentaire (sous la direction de), PUF, 1994.

Dictionnaire historique de la vie politique française au XXᵉ siècle (sous la direction de), PUF, 1995.

Deux intellectuels dans le siècle, Sartre et Aron, Fayard, 1995.

Cent ans de socialisme septentrional (en codirection avec Bernard Ménager et Jean Vavasseur-Desperriers), Centre d'histoire de la Région du Nord, 1995.

Pour une histoire culturelle (en codirection avec Jean-Pierre Rioux), Le Seuil, 1997.

ROBERT VANDENBUSSCHE

Guy Mollet, un camarade en République (en codirection avec Bernard Ménager et al.), Presses Universitaires de Lille, 1987.

La politique sociale du général de Gaulle (en codirection), Centre d'histoire de la Région du Nord, 1990.

JEAN VAVASSEUR-DESPERRIERS

République et liberté. Charles Jonnart, une conscience républicaine (1857-1927), Lille, Presses Universitaires du Septentrion, 1996.

Cent ans de socialisme septentrional (en codirection), Centre d'histoire de la Région du Nord, 1995.

Collection
Premier
Cycle

La France
de 1914 à nos jours

SOUS LA DIRECTION DE

JEAN-FRANÇOIS SIRINELLI
Professeur à l'Université de Lille III

EN COLLABORATION AVEC

ROBERT VANDENBUSSCHE
Professeur à l'Université de Lille III

JEAN VAVASSEUR-DESPERRIERS
Maître de conférences à l'Université de Lille III

3e édition

*Presses
Universitaires
de France*

ISBN 2 13 046755 5
ISSN 1158-6028

Dépôt légal — 1re édition : 1993, septembre
3e édition : 1997, décembre
© Presses Universitaires de France, 1993
108, boulevard Saint-Germain, 75006 Paris

Sommaire

La rédaction des chapitres a été ainsi assurée :

— Jean-François Sirinelli : 3, 10, 12, 13 et 14 ;
— Robert Vandenbussche : 6, 7, 8, 9 et 11 ;
— Jean Vavasseur-Desperriers : 1, 2, 4 et 5.

J.-F. S.

1. La Grande Guerre

La mobilisation générale, décrétée le 1er août 1914, et la déclaration de guerre, adressée par l'Allemagne à la France deux jours plus tard, surviennent à l'issue d'une crise internationale déclenchée le 23 juillet. L'incident originel, le meurtre, survenu le 28 juin, du prince héritier d'Autriche à Sarajevo, n'avait guère été, au départ, jugé susceptible de mener à un conflit généralisé. Même si, dans toute l'Europe, les gouvernements et les états-majors des grandes puissances envisageaient depuis de longues années l'éventualité d'un conflit, le déclenchement de la guerre les surprend par sa soudaineté.

Du 20 au 24 juillet, le président de la République, Raymond Poincaré, et le président du Conseil, René Viviani, sont reçus en visite officielle en Russie, sans que ce déplacement revête une signification particulière. La remise de l'ultimatum autrichien à la Serbie, le 23 juillet, les amène cependant à revenir le 29, jour de la mobilisation partielle des forces armées russes. L'engrenage mécanique de la marche à la guerre arrive à son terme le 1er août.

L'impossible décision militaire (1914 - début 1917)

La France devant la guerre

Au mois d'août 1914, l'opinion et les pouvoirs publics doivent faire face à un conflit imprévu, mais envisagé cependant de longue date.

L'opinion globale : de la résignation à la résolution. — L'opinion, après avoir manifesté durant le mois de juillet une indifférence remarquable aux événements internationaux, réagit avec surprise devant l'enchaînement qui suit l'ultimatum du 23 juillet.

Jean-Jacques Becker a montré que l'annonce de la mobilisation, le 1er août, est accueillie par beaucoup avec incrédulité. Bien loin de provoquer des manifestations patriotiques massives, elle suscite un sentiment généralisé de consternation et de résignation. Cette première réaction dissipée, la résolution gagne l'opinion. Le départ des mobilisés, à partir du 2 août, recueille une écrasante majorité (les trois quarts, les quatre cinquièmes ?) de sentiments favorables. Les Français sont persuadés que, victimes d'une agression, ils doivent défendre la patrie menacée.

Ce patriotisme défensif, qui, rétrospectivement, construit l'image d'une Allemagne menaçante depuis 1905, ne laisse aucune place, sauf chez quelques nationalistes, à l'idée de restitution de l'Alsace-Lorraine. Il explique que, massivement, les citoyens concernés aient répondu à la mobilisation, puisque l'autorité militaire enregistra seulement 1,5 % de cas d'insoumissions, soit un total beaucoup plus faible que celui qui avait été envisagé d'après l'expansion supposée de la propagande antimilitariste.

Les forces organisées : le ralliement des socialistes à la défense nationale. — Cette adhésion massive de l'opinion globale à l'idée de défense nationale permet d'expliquer l'attitude des deux forces organisées hostiles par principe à l'idée de conflit armé, le Parti socialiste SFIO et les syndicalistes de la CGT.

Le Parti socialiste tentait depuis de nombreuses années de résoudre la question de l'attitude devant la guerre, et surtout des moyens que les classes ouvrières des différents pays pourraient mettre en œuvre pour l'empêcher, dans la perspective de l'internationalisme prolétarien. Lors d'un congrès tenu à Paris du 14 au 16 juillet 1914, la SFIO s'était prononcée pour une « grève générale simultanément et ouvrièrement organisée ». Durant la semaine qui précède la mobilisation générale, le samedi 1er août, les socialistes multiplient les réunions pacifistes, rassemblant le 31 juillet 10 000 personnes à Limoges, 20 000 à Lyon, des milliers à Paris, réunies dans 13 meetings. Le 30 juillet, Jean Jaurès rencontre à Bruxelles des socialistes allemands, au cours d'une réunion de l'Internationale, avant de trouver la mort, le 31 juillet au soir, assassiné à Paris par un déséquilibré fanatisé par la presse d'extrême droite.

Jaurès avait surtout appelé les gouvernements à garder leur sang-froid, tout en soulignant la volonté de paix du gouvernement français qui, le 29, avait fait retirer les troupes de couverture à 20 km en arrière des frontières. Peut-être ses propos contenaient-ils, en germe, l'idée de guerre défensive. Après sa mort et l'annonce de la mobilisation, lors d'un meeting tenu à Paris le 2 août, d'importants dirigeants du parti, Jean Longuet, Marcel Cachin, Edouard Vaillant, proclament leur soutien à la guerre défensive. « En présence de l'agression, déclare ce dernier, les socialistes accompliront tout leur devoir pour la patrie, pour la République et pour la Révolution. » Nul doute que, pour les socialistes, la nécessité de lutter jusqu'au bout pour la paix n'est pas apparue comme contradictoire avec les impératifs de défense de la patrie, une fois le conflit enclenché.

L'antimilitarisme, nourri du souvenir des répressions du XIXe siècle, voire le défaitisme, représentait une position de principe essentielle pour les dirigeants de la CGT. Lors du Congrès de 1912, celle-ci avait proclamé le refus de la classe ouvrière « d'aller aux frontières ». Le changement d'attitude est ici encore plus net. Le comité confédéral de la CGT, le 31 juillet au soir, repousse l'idée de grève générale. Lors des obsèques de Jaurès, le 4 août, son secrétaire général, Léon Jouhaux, retrouve les accents de la grande Révolution pour déclarer son adhésion à la défense nationale. La classe ouvrière, dit-il, « s'est toujours nourrie des traditions révolutionnaires des soldats de l'an II... ». Elle ne se lève pas par haine des autres peuples, mais pour combattre leurs « despotes » et leurs « mauvais bergers ».

Sur ce revirement rapide, des dirigeants syndicalistes devaient plus tard s'exprimer. Un appel à la grève générale n'aurait rencontré qu'un très faible écho au sein des masses ouvrières, soulevées, au dire de l'un d'entre eux, Merrheim, par « une formidable vague de nationalisme ». En réalité, celles-ci témoignaient plutôt de leur sentiment d'intégration à la communauté nationale, progressivement réalisée, malgré le discours officiel sur l'internationalisme prolétarien.

Les pouvoirs publics : l'Union sacrée. — L'attitude du gouvernement ne joue pas un faible rôle dans le ralliement général des esprits à la défense nationale. Le gouvernement de Viviani comprend une majorité de radicaux, issus d'une Chambre élue en avril 1914, en principe hostile à la loi de 1913 portant le service militaire à trois ans.

Le ministre de l'Intérieur, le radical Louis Malvy, prend dès le début du conflit une attitude propre à favoriser la réalisation d'un consensus national. Dès le 1er août, il ordonne aux préfets de ne pas procéder à l'arrestation des 2 000 personnes, syndicalistes, anarchistes, socialistes, inscrites sur le carnet B, dans lequel devaient être répertoriés les éventuels meneurs défaitistes. Symétriquement, il suspend, le 2 août, les mesures prises à l'encontre des congrégations non autorisées en application des lois de 1901 et 1904. Ainsi les catholiques, que les troubles survenus dans les premières années du siècle à propos de la question laïque avaient pu amener à se considérer comme des exclus, peuvent-ils désormais se sentir réinsérés dans la communauté nationale et davantage acceptés par le gouvernement de la République.

Il appartenait au président de la République, Raymond Poincaré, de lancer la formule, demeurée célèbre, d' « Union sacrée ». La France, écrit-il le 4 août 1914 dans un message lu par le président du Conseil aux sénateurs et aux députés, « sera héroïquement défendue par tous ses fils, dont rien ne brisera, devant l'ennemi, l'Union sacrée, et qui sont, aujourd'hui, fraternellement assemblés dans une même indignation contre l'agresseur, et dans une même foi patriotique ». Cependant, si l'Union sacrée se réalise dans les deux assemblées, qui votent à l'unanimité, le 4 août, les crédits de guerre réclamés par le gouvernement, il faut attendre le 26 août pour voir sa concrétisation au niveau gouvernemental.

Un remaniement permet alors d'élargir le gouvernement sur sa gauche, avec l'arrivée de deux ministres socialistes, Jules Guesde et Marcel Sembat, tandis que, du côté droit, reviennent les chefs de la coalition battue en mai 1914, favorable à la loi des trois ans, Alexandre Millerand, devenu ministre de la Guerre, et Aristide Briand, nommé garde des Sceaux. Alexandre Ribot, qui figurait dans l'opposition républicaine modérée depuis 1899, revient aux affaires, avec le portefeuille des Finances. Mais l'Union reste incomplète : aucun représentant de la droite catholique n'est appelé par Viviani, tant demeure forte la persistance du clivage qui sépare « cléricaux » et « laïques ».

Par ailleurs, la situation amène le gouvernement à régler le difficile problème de l'organisation exceptionnelle des pouvoirs en temps de guerre. L'état de siège, institué le 2 août par un décret présidentiel, permet de conférer à l'autorité militaire l'exercice des pouvoirs de police normalement dévolus aux préfets et aux maires, renforcés par des dispositions permettant de censurer la presse, non seulement dans le cas d'atteinte à l'ordre public, mais aussi pour réprimer les indiscrétions militaires. L'état de guerre, décrété le 10 août, permet de substituer aux juridictions ordinaires les conseils de guerre pour tout militaire ou civil à propos de toute cause intéressant la sûreté de l'Etat ou l'ordre public.

Ainsi, dès les premiers jours du conflit, se trouve posé le difficile problème de la conciliation du respect des droits fondamentaux (liberté, sûreté, garanties devant la justice) et de l'efficacité nécessaire au fonctionnement d'un pays en guerre.

Cependant, à partir du 1ᵉʳ août, des millions d'hommes sont intégrés dans l'appareil militaire, tandis que l'état-major se prépare à l'exécution du plan offensif qu'il a conçu de longue date.

La campagne de 1914

Les potentiels globaux et les plans des états-majors. — La France mobilise 3 700 000 hommes. Il faut, pour apprécier cette masse, la comparer aux armées engagées dans le conflit le 3 août 1914.

— Les forces à la mobilisation :
Forces des belligérants à la mobilisation :

Nations	Nombre de divisions (¹)	Effectifs mobilisés (dépôts compris)	Pièces toutes catégories
France	93	3 600 000	4 150
Angleterre	22	485 000	800
Belgique	7	117 000	250
Russie	142	8 000 000	4 500
Serbie	13	270 000	400
Total	277	12 472 000	10 100
Allemagne	130	3 800 000	8 200
Autriche-Hongrie	78	1 250 000	2 700
Total	208	5 050 000	10 900

(¹) L'effectif divisionnaire varie de 15 000 à 20 000 hommes pour la division d'infanterie ; de 5 000 à 7 000 hommes pour la division de cavalerie. La DI française compte en 1914 382 officiers et 17 000 soldats, 38 pièces de 75 mm. La DI allemande, 520 officiers et 18 000 soldats, 48 pièces de 77 et de 105 (75 désigne le diamètre de l'obus).

(D'après le général Gambiez et le colonel Suire, *Histoire militaire de la première guerre mondiale,* Fayard, 1968.)

Ces armées sont dans l'ensemble constituées d'une masse de fantassins, fréquemment 70 % de l'effectif, les 30 % restant se répartissant entre l'artillerie, le génie et la cavalerie (5 à 10 % pour cette dernière). Encore napoléoniennes pour une large part, elles sont équipées de manière légère. Le fusil reste l'arme principale, les engins automatiques demeurent encore très rares. Pièces et services de corps restent majoritairement hippotractés, l'armée française ne comptant que 6 000 véhicules automobiles au début de la guerre. Celle-ci est perçue par les professionnels comme un gigantesque jeu de manœuvres, où la mobilité et la rapidité des troupes comptent davantage que la puissance du matériel dont on est alors loin de soupçonner l'essor.

Si l'infanterie allemande, remarquablement formée et encadrée, excelle à la manœuvre comme au tir, si l'artillerie lourde allemande bénéficie d'une réelle supériorité, en nombre et en puissance, l'armée française dispose d'une très bonne artillerie légère ; le canon de 75 est un modèle de précision et de maniabilité. L'équipement individuel laisse cependant à désirer : les soldats français, dépourvus de casques, portent le pantalon rouge, particulièrement voyant, plus adapté à la parade qu'à la bataille, alors que les Allemands sont déjà revêtus d'un uniforme gris-vert qui ne permet pas une aussi bonne visibilité aux tireurs ennemis.

Ce sont donc deux masses de combattants de qualité globalement équivalente qui, vers le milieu d'août, sont prêtes à l'affrontement.

— Situation des troupes à la concentration et plans des états-majors :

En France, les deux opérations préliminaires de mobilisation et de concentration se déroulent du 2 au 18 août. Les forces réparties sur le front occidental marquent alors une légère supériorité alliée en matière d'effectifs ; les Allemands disposent cependant d'un potentiel d'artillerie plus étoffé que celui de leurs adversaires.

Moyens	Allemands	Alliés
Divisions	86	96 dont 6 Britanniques 7 Belges
Pièces légères	5 130	4 892
Pièces lourdes	572	282
Mitrailleuses	2 000	2 500

Le maréchal von Moltke, chef d'état-major allemand depuis 1906, avait repris le plan élaboré par son prédécesseur, Alfred von Schlieffen, chef d'état-major de 1891 à 1906, décédé en 1913. Celui-ci, dans l'éventualité d'une guerre sur deux fronts, avait estimé qu'il fallait frapper la France dans un premier temps, compte tenu de la lenteur probable de la mobilisation russe. Désireux d'éviter le secteur fortifié lorrain de Verdun-Toul-Epinal, il avait conçu un plan de débordement du dispositif français par l'ouest et prévu, dans cette perspective, que 30 corps d'armée massés en Rhénanie passeraient à l'attaque à travers la Belgique en direction des Ardennes pour gagner la basse Seine à marche forcée. Von Moltke, désireux de renforcer la défense de la Prusse-Orientale, a réduit la formidable puissance de l'aile droite que nécessitait une correcte exécution du plan Schlieffen. Mais, conformément à la conception de Schlieffen, le gros des troupes allemandes est massé au nord de la Moselle.

Le plan XVII, adopté par le chef d'état-major général français Joseph Joffre, ne tient guère compte du plan Schlieffen. Il prévoit, grâce à l'allant des troupes et l'appui apporté par la pression russe à l'est, une double attaque au centre, en Lorraine et au nord de Verdun, pendant que ses ailes contiendraient l'ennemi. Double erreur d'estimation : il néglige la puissance de l'aile droite allemande et la capacité de résistance des secteurs visés, particulièrement fortifiés par l'ennemi.

Les opérations de la guerre de mouvement (août-novembre 1914). — Elles présentent plusieurs phases :

— La bataille des frontières (19-23 août 1914). Dès les premières heures du conflit, les plans sont mis à exécution. Les Allemands réduisent Liège le 16 août, puis franchissent la Meuse. Le 20, la Ire armée du général von Kluck entre dans Bruxelles. Namur tombe le 24, mais Anvers résiste jusqu'au 7 octobre. Joffre, de son côté, tente la mise en application de son plan offensif. Sans succès : les 19 et 20 août, une attaque lancée en Lorraine échoue devant Sarrebourg et Morhange, puissamment fortifiés par les Allemands. Du 21 au 23 août, dans les Ardennes, les troupes françaises connaissent un deuxième échec.

Cependant, sur sa gauche, pour freiner l'avance de l'aile droite allemande, qu'il a sous-estimée dans un premier temps, Joffre ordonne le 20 août à la Ve armée du général Lanrezac de s'avancer sur la Sambre, flanqué sur sa gauche par le corps expéditionnaire britannique du maréchal French. Ce dispositif rencontre les troupes, très supérieures en nombre, des IIe et IIIe armées ennemies qui déclenchent le 21 août la bataille de la Sambre dans la zone comprise entre Dinant, Namur et Charleroi. Le 23 août, après avoir subi de très lourdes pertes, Lanrezac donne l'ordre de repli. French, fortement pressé par Kluck, l'a précédé dans la retraite.

— Le repli français (24 août - 5 septembre). Le repli français se déroule dans les douze jours qui suivent. Joffre, dont les conceptions initiales se sont révélées inexactes, affronte la situation avec calme, sang-froid et lucidité. Tandis que le repli français s'opère en bon ordre, il procède à un renforcement de son aile gauche par la constitution d'une nouvelle armée, la VIe, placée sous le commandement du général Maunoury. Il prend ensuite des mesures de réorganisation d'une importance considérable, relevant près de la moitié des commandants de corps d'armée et de division. Il consolide le centre du dispositif français en créant la IXe armée, confiée à Ferdinand Foch. Le 26 août, Gallieni, nommé gouverneur du camp retranché de Paris, commence la mise en défense de la capitale.

Dans le même temps, von Moltke prend de son côté deux décisions lourdes de conséquences. Le 26 août, il fait transférer en Prusse-Orientale des éléments de sa IIe et de sa IIIe armée, affaiblissant ainsi son front occidental. Logiquement, pour resserrer son dispositif, il donne l'ordre à von Kluck d'infléchir sa marche vers le sud-est, c'est-à-dire de quitter la vallée de l'Oise pour faire route vers l'Ourcq et la Marne, dans le double but de couper les Français de leur capitale et de couvrir le flanc droit du dispositif allemand. Von Kluck choisit d'affecter le gros de ses forces à la première de ces tâches. Impatient de saisir la gauche de la Ve armée française, il fonce le 4 septembre au sud de la Marne, laissant son flanc droit découvert, sans se soucier de la VIe armée, ni de French.

Pour les stratèges français, c'est là une occasion inespérée. L'idée d'une attaque sur le flanc droit allemand menée par la VIe armée et les Britanniques, inspirée peut-être par Gallieni, est mise en œuvre par Joffre, qui, après s'être assuré de l'accord des Britanniques, fixe au 6 septembre l'offensive générale.

— La bataille de la Marne (5-12 septembre 1914). L'ensemble des opérations dénommées « bataille de la Marne » se déroule pour l'essentiel sur un front de 200 km entre Oise et Meuse.

A l'ouest, dans le secteur des deux Morins et de l'Ourcq, se déroule la grande manœuvre offensive d'aile gauche. Dès le 5 septembre, à midi, la VIe armée attaque les éléments de la Ire armée allemande restés au nord de la Marne. Aussitôt Kluck, dès le 6 au matin, rappelle les corps déjà engagés au sud de la rivière et tente de déborder Maunoury par le nord. Malgré l'arrivée de renforts dans la nuit du 7 au 8 septembre, dont 4 000 hommes transportés par 700 taxis parisiens, Maunoury envisage le 9 septembre de faire retraite le lendemain (bataille de l'Ourcq). Cependant Kluck, par sa contremarche, a ouvert une brèche de 30 à 40 km entre la Ire et la IIe armée, aussitôt exploitée par Joffre. Du 7 au 9, le corps expéditionnaire britannique et la Ve armée de Franchet d'Esperey franchissent le Grand-Morin, le Petit-Morin, puis la Marne. Le 9 septembre, vers 13 heures, la IIe armée commence son repli, entraînant celui de la Ire, ordonnée une heure plus tard par von Kluck (bataille des deux Morins).

Ailleurs, l'affrontement prend la forme de batailles d'arrêt. Au centre, en Champagne, Foch et la IXe armée résistent non sans peine à la formidable pression de la IIIe armée allemande, notamment dans le secteur des marais de Saint-Gond. A la droite du dispositif français, en Lorraine, Sarrail, à la tête de la IIIe armée française, et la IVe armée, parviennent à repousser les violentes attaques des IVe et V^e armées allemandes. A partir du 9 septembre, au soir, les troupes ennemies commencent à décrocher. Du 10 au 14 septembre, les forces françaises esquissent une poursuite, mais leur état d'épuisement interdit une exploitation poussée. Le 14, les Allemands creusent des tranchées sur une ligne qui joint l'Oise en amont de l'Aisne à Verdun sur la Meuse. La guerre de position commence dans ce secteur.

La défaite « incontestable », selon le mot de Joffre, des Allemands ne tient pas à la défaillance des troupes. Celles-ci opèrent lors de la bataille des prodiges de bravoure et d'endurance. Les hommes de la Ire armée allemande parcourent 100 km en vingt-quatre heures pour reprendre l'offensive contre Maunoury, cependant que les soldats de la Ve armée française évoluent sur près de 700 km en vingt-six jours. Les charges furieuses se terminent dans un tiers des cas par des corps à corps. En fait, les Allemands ont surtout subi les conséquences de l'allégement de leur droite, dû aux nécessités de la conquête de la Belgique et du front de l'Est, auxquelles se sont ajoutées la médiocrité du commandement de Moltke et les destructions ferroviaires du nord de la France, qui ont gêné leurs mouvements latéraux.

— La « Course à la mer » (15 septembre - 15 novembre). Après la Marne, Joffre et von Falkenhayn, successeur de von Moltke, persuadés de l'inutilité d'un assaut frontal, privilégient les manœuvres de débordement. Celui-ci, exclu sur les parties centrales et orientales du front, en voie de stabilisation dans un solide réseau fortifié, ne peut se faire qu'en direction de la mer, qui, sans être l'objectif des combats, en marque nécessairement le terme.

Deux manœuvres de ce type échouent, en Picardie (bataille de Lassigny-Roye, septembre-octobre) et en Artois (bataille d'Arras, octobre 1914), le front se déplaçant mécaniquement au rythme de ces combats particulièrement sanglants. Puis la lutte reprend dans les Flandres une allure frontale. Pendant un mois (16 octobre - 15 novembre), Britanniques, Belges et Français, coordonnés par Foch, résistent sur l'Yser à la poussée des armées allemandes. Celles-ci, gênées par l'inondation volontairement provoquée de la Flandre maritime et repoussées à Dixmude, font porter leur effort sur le saillant d'Ypres, tenu par les Britanniques. En vain : le 10 novembre, après avoir pris Dixmude, les Allemands renoncent, et le front se stabilise pour de longs mois.

Bilan de la guerre de mouvement. — Il se présente ainsi :

— Bilan guerrier : les pertes de la guerre de mouvement ont été considérablement élevées. En cinq mois, 300 000 Français ont été tués, 600 000 ont été blessés, faits prisonniers ou portés disparus. La moyenne mensuelle s'établit donc pour 1914 à 60 000 tués (pour 1915 : 31 000 ; 1916 : 21 000 ; 1917 : 13 500 ; 1918 : 21 000). Les pertes les plus importantes datent des premiers jours de combat : du 20 au 23 août 1914, 40 000 hommes sont tombés du côté français, dont 27 000 le 22. De telles pertes proviennent, autant que des défauts de l'équipement (port du pantalon rouge, particulièrement voyant), de la sous-estimation de l'ampleur de la puissance du feu. Des formations d'infanterie trop denses, des préparations d'artillerie insuffisantes, le mythe de l'attaque rapide « à la baïonnette », ont entraîné la mort de milliers de soldats, tombés foudroyés par le feu d'un ennemi qu'ils ne purent jamais voir. Cet échec d'une guerre courte menée dans le style offensif surprend les états-majors des deux camps qui escomptaient un dénouement rapide.

La surprise joue aussi dans le domaine de l'armement : l'armée française manque de pièces lourdes. L'artillerie « consomme » un nombre d'obus beaucoup plus élevé que prévu. A partir d'octobre 1914, il faut imprimer à la production de munitions un rythme accéléré. On intègre ainsi au phénomène guerrier les données jusque-là négligées, le potentiel économique, la capacité productive, l'aptitude à mobiliser la totalité des ressources humaines et matérielles, qui illustrent le mieux l'aspect novateur du conflit de 1914-1918.

— Bilan moral : l'opinion publique réagit aux événements avec un certain décalage. Jusqu'à la fin du mois d'août règne un optimisme naïf, favorisé par la censure et renforcé par le bourrage de crâne. L'annonce de la prise de Mulhouse, réoccupé le 7 août pour trois jours seulement, provoque dans le pays tout entier un enthousiasme délirant. Le 29 août, un communiqué militaire révèle aux Français que « la situation, de la Somme aux Vosges, est restée aujourd'hui ce qu'elle était hier ». La panique pousse alors 500 000 Parisiens à prendre la fuite. Le 2 septembre, le président de la République et le gouvernement gagnent Bordeaux, suivis le lendemain par plusieurs trains de parlementaires.

Après la victoire de la Marne, annoncée le 12 par la presse, les commentaires, sauf exception, se font beaucoup plus modérés. L'impression de soulagement, mêlée à une grande prudence, prédomine. L'opinion prend conscience de l'échec de la guerre courte, sans abandonner l'espoir d'une décision rapide. Une cruelle incertitude continue de régner sur l'ampleur des pertes, soigneusement tenues secrètes, mais que la rumeur publique affirme très importantes.

La guerre de position 1915-1916

Les modifications de la technologie guerrière. — Le front s'étend sur 650 km, de la mer du Nord aux Vosges. De la mer du Nord à l'Oise, sa direction générale est nord-sud, puis il s'infléchit dans le sens nord-ouest - sud-est à partir de Noyon, suit le cours de l'Aisne, court sur une ligne Reims-Verdun, avant de plonger sur les Vosges.

Les défenseurs de Paris, puis les troupes de Kluck, les premiers, avaient recouru au système défensif enterré, les « tranchées », s'inspirant en cela des exemples balkaniques de 1912 et de la guerre russo-japonaise de 1905. A la fin de 1914, sur toute l'étendue du front, se constitue, à partir des trous de tirailleurs isolés, un réseau défensif formé de deux positions parallèles, distantes de 3 à 6 km, pour protéger la plus profonde de l'artillerie adverse. Chacune d'elles comprend deux à trois lignes de tranchées, espacées de 200 à 300 m, profondes de 2 m environ, larges de 50 cm au fond, étayées par des sacs de terre, des gabions et des clayonnages. En avant du système, sur une cinquantaine de mètres, des réseaux de barbelés. Le tracé général sinueux permet d'éviter un éventuel tir en enfilade. De loin en loin, les nids de mitrailleuses placés selon une disposition permettant le tir croisé. De place en place, des excavations, abris, souterrains, généralement sur la seconde position, des boyaux, des « sapes », destinés à relier l'ensemble parfois compartimenté en secteurs défensifs, pour éviter l'effondrement total de toute une position dans le cas d'une pénétration ennemie.

La technologie guerrière s'adapte à ce système. L'équipement défensif du soldat français est amélioré par l'adoption de l'uniforme bleu horizon en avril 1915 et celle du port du casque en septembre de la même année. L'armement se modifie : la mitrailleuse, arme défensive par excellence, devient un élément essentiel dans la guerre des tranchées. Le fusil mitrailleur, la grenade, équipent les régiments ; en 1916, les deux camps utilisent le lance-flammes. L'artillerie doit s'adapter en introduisant les engins à tir courbe (« crapouillots » français, *Minenwerfer* allemands). La France doit, à partir de 1915, consacrer un gros effort à la fabrication de pièces lourdes, dont l'Allemagne est déjà bien pourvue au début de la guerre : elle dispose en 1918 de 7 100 canons lourds contre 8 130 aux Allemands (mais 10 100 seulement pour l'artillerie en général contre 20 700 aux Allemands).

L'innovation la plus marquante est sans conteste l'utilisation des gaz de combat. Moins cher qu'un explosif, l'obus au chlore est utilisé pour la première fois par les Allemands le 22 mars 1915 à Langemark, dans le secteur d'Ypres. Les effets sont cruels : toux, vomissements, lésions pulmonaires, asphyxie... ; l'ypérite, utilisée à partir de 1917, a des effets encore plus terrifiants : attaque des muqueuses et de la peau, brûlure des yeux et des poumons, destruction de l'appareil digestif. L'efficacité militaire est indéniable, la peur des gaz ajoutant encore à la dureté de l'existence des soldats. Les combattants français, au départ mal protégés, disposent en avril 1916 de masques protecteurs efficaces. Cinq mois plus tard, ils sont en mesure de riposter par le même procédé enfin mis au point par les chimistes français, en retard sur les Allemands.

L'aviation, arme nouvelle, n'occupe qu'une place réduite dans ce dispositif guerrier. Elle est utilisée essentiellement comme instrument d'observation des lignes ennemies, en particulier des arrière-positions dissimulées par des reliefs, « à contre-pente ». La nécessité de s'assurer la maîtrise du ciel amène le développement de la chasse, mais l'activité de bombardement reste secondaire.

La recherche de la décision. — La constitution d'un front continu solidement fortifié amène la transformation de la guerre de mouvement en guerre de position. L'obsession des états-majors est désormais d'arriver à percer ce front, pour retrouver les techniques plus familières de la guerre de mouvement. Aussi assiste-t-on, en 1915, aux tentatives françaises de percée. Leur échec amène l'année suivante la mise au point par les Allemands d'une nouvelle stratégie, l'usure.

— 1915 : les tentatives de percée. L'équilibre des forces, l'ampleur du système défensif ne dissuadent pas les états-majors de tenter dans un premier temps la « percée ». Alors que Falkenhayn fait, en 1915, porter tout son effort vers la Russie, qui subit alors de sévères défaites, Joffre demeure convaincu que la rupture reste possible. Aussi lance-t-il une série d'offensives destinées à percer le front. Elles n'obtiennent que des résultats dérisoires. La première offensive de Champagne (février-mars) dure trente et un jours pour obtenir une progression de 2 km ; la première d'Artois (mai-juin), quarante jours pour 4 km ; la deuxième de Champagne (septembre-octobre), douze jours pour 4 km ; la deuxième d'Artois (septembre-octobre), dix-sept jours pour 2 km. Ces opérations coûtent 349 000 tués aux Français.

La percée se heurtait en fait à des obstacles incontournables. L'ennemi, alerté par la préparation d'artillerie, toujours importante, pouvait acheminer rapidement les réserves nécessaires en fonction de l'assaut prévisible. Il était, d'autre part, difficile aux deuxièmes vagues d'assaillants d'occuper de façon suffisamment rapide un terrain ravagé par le feu adverse. La rupture, en fait, ne pouvait être obtenue que par une modification de l'équilibre des forces qui n'était pas encore en vue à la fin de 1915.

Ces échecs français ne sont pas perdus pour les Allemands. En décembre 1915, von Falkenhayn expose à l'empereur les principes d'une nouvelle stratégie, l'usure. Il convenait de fixer les troupes françaises sur un point du front et de les amener à y engager leurs réserves pour les saigner à blanc. Le généralissime allemand proposait le choix du site de Verdun. Cette place, entourée de 26 ouvrages fortifiés, d'ailleurs médiocrement équipés, présentait l'avantage de constituer un saillant sur le front français et de n'être reliée à l'arrière-pays que par une route et une voie ferrée secondaire Verdun - Bar-le-Duc ; Falkenhayn estimait, à juste titre, que la valeur historique et symbolique attachée à cette ville amènerait ses adversaires à la défendre avec acharnement.

— L'usure (1916) : Verdun et la Somme. Verdun, la cité ceinturée de forts, la clé de la marche de l'Est, est établi sur la Meuse entre une zone accidentée à l'est qui domine la plaine de la Woëvre et des reliefs moins marqués à l'ouest du fleuve.

L'attaque allemande (février-mars 1916) joue la surprise. Le 21 février, à 17 h 40, après une préparation d'artillerie d'une intensité sans précédent, les vagues d'assaut déferlent sur la rive droite, s'emparent le 26 du fort de Douaumont, mais se heurtent à la résistance des défenseurs du fort de Vaux. Le 6 mars, von Falkenhayn élargit la bataille au secteur non fortifié de la rive gauche, où les reliefs servent de points d'appui aux défenseurs (cote 304, Mort-Homme).

Du 15 mars au 23 juin la lutte devient intense. Sur une ligne qui court des hauteurs de la rive gauche jusqu'aux Hauts-de-Meuse se déroulent d'effroyables combats. Les défenseurs résistent par petites unités, coupées parfois de l'échelon supérieur, dans un paysage ravagé par d'intenses bombardements. Douaumont, repris le 22 mai, tombe à nouveau le 24. Les défenseurs de Vaux doivent le 7 juin cesser leur résistance, menée jusqu'à l'extrême limite.

Fin juin, les Allemands, pressentant l'offensive sur la Somme, lancent leurs derniers assauts sur la rive droite. Menées par le Kronprinz impérial les 23 juin et 11 juillet, ces attaques prennent fin le 12.

La victoire de Verdun est d'abord l'œuvre des combattants. Mais si l'endurance des hommes a primé l'habileté de la manœuvre, un immense mérite revient à leur chef, le général Pétain, investi du commandement en chef à Verdun dès les premiers jours de la bataille. En accord avec Joffre, celui-ci va s'efforcer de durer aux moindres frais. Prenant un soin tout particulier à maintenir le contact avec Bar-le-Duc par la « voie sacrée », longue de 75 km, sans cesse entretenue, et qui permet chaque jour le transport de 4 000 t de matériel et de 15 000 à 20 000 hommes, Pétain assure une « noria » des troupes françaises qui montent à tour de rôle, mais sont retirées rapidement — parfois après trois jours seulement, au plus fort de la bataille — pour éviter leur usure totale.

Il apparaît qu'à l'issue des combats de Verdun — pour la totalité de l'année, car en octobre et décembre une offensive française devait reprendre, définitivement, Vaux et Douaumont — les pertes françaises se seraient élevées à 163 000 tués ou disparus contre 143 000 Allemands. On compterait avec les blessés 770 000 hommes mis hors de combat. Ces chiffres montrent clairement que le calcul de Falkenhayn, qui escomptait au départ 2 morts Allemands pour 5 Français, n'avait pas trouvé son aboutissement.

• La deuxième bataille d'usure de l'année 1916 est lancée dans la Somme à l'initiative des Alliés, avec de gros moyens : 4 000 pièces lourdes, gaz de combat, moyens aériens, dans le secteur de Péronne, sur un front de 50 km. L'offensive, déclenchée le 1er juillet, après une importante préparation d'artillerie, se déroule par vagues successives jusqu'au 18 novembre. Pour la première fois, des chars, dans une modeste proportion, sont utilisés. Les gains sont réduits : 35 km de progression. Les pertes sont énormes : 620 000 blessés, tués ou disparus pour les Alliés, dont 104 000 morts Français, 500 000 pour les Allemands, moins « usés » dans cette bataille que leurs adversaires.

Ainsi les opérations militaires n'ont-elles abouti à aucun résultat significatif à la fin de 1916. Sans doute les Alliés remportent-ils une victoire diplomatique avec l'entrée en guerre à leurs côtés de l'Italie en mai 1915. Mais leurs tentatives de diversion en Orient, l'opération contre les Dardanelles en 1915, suivie du débarquement à Salonique où stationnent à la fin de 1916 370 000 hommes, n'aboutissent qu'à l'extension du conflit, sans changement significatif du rapport de forces.

La nation dans la guerre

La bravoure des combattants

De multiples témoignages évoquent l'inhumanité de l'existence des soldats de la guerre des tranchées. La mort se présente sous mille formes atroces ; les hommes peuvent être enfouis vivants, brûlés au lance-flammes, gazés, tués dans un corps à corps, surtout déchiquetés par le monstrueux appareil de destruction d'une artillerie surdimensionnée qui pulvérise et mutile les corps. On imagine la somme de souffrances que représente le sort des blessés, évacués dans de difficiles conditions vers les hôpitaux de campagne situés à l'arrière du front. En première ligne, il y a des moments intenses : l'assaut au cours duquel les troupes doivent sortir de la tranchée, traverser la zone des barbelés préalablement cisaillés, affronter le *no man's land* sous les obus, puis sous le feu de la « méthodique et presque infaillible mitrailleuse » parvenir à la première ligne ennemie, et terminer la besogne à la grenade, à la baïonnette, au couteau « nettoyeur » (utilisé surtout par les troupes de choc).

En dehors de ces moments, relativement rares, il y en a d'autres particulièrement pénibles : la montée en première ligne, sous le poids du « barda » (30 kg), à travers les étroits boyaux ; les gardes ; les corvées qui amènent parfois à sortir de l'espace abrité. Même en période calme, le soldat de première ligne doit subir les intempéries, le froid, la pluie, particulièrement redoutée, qui transforme les tranchées en cloaques boueux. Il doit supporter les odeurs des charniers, de l'urine, des déjections. Il est incommodé par des présences animales parasites, celle des poux ou des rats. L'absence d'hygiène, due à l'impossibilité de se laver ou de changer de vêtements, est vécue comme un élément de dégradation morale autant que physique par les « poilus ».

La vie cependant s'organise. Sur les lignes, des abris (« cagnas ») permettent, malgré leur inconfort, de profiter de quelque répit entre les assauts, les corvées, les gardes. Surtout, en arrière du front, souvent dans quelque village abandonné, se trouvent les zones de « repos ». Une règle non écrite, en général bien respectée, veut que les hommes de première ligne soient « relevés » après une vingtaine de jours. Ils peuvent alors se laver et prendre quelque repos avant de « remonter » deux ou trois mois plus tard. Enfin, périodiquement, une permission, droit régulier à partir de 1915, peut leur être accordée. La régularité des relèves et des permissions représente un élément essentiel du maintien du moral des troupes.

Durant le conflit, la presse et la littérature officielles présentent largement l'image « héroïque » du soldat. Mû par le sentiment patriotique, impatient d'en découdre, ce combattant méprise la mort et fait d'avance le sacrifice de sa vie. Cette passion patriotique poussée à l'extrême crée une étroite solidarité avec les autres soldats, qui s'exprime dans la fraternité des tranchées. Conscient du rôle qui est le sien, il intègre son action individuelle dans l'immense effort de guerre entrepris collectivement par la nation française et atteint ainsi à une dimension de communion spirituelle de nature quasi religieuse. Cette thèse, en général grossièrement simpliste, peut se colorer cependant de quelques nuances. Un catholique peut se sacrifier pour les valeurs nationales et religieuses, étroitement liées. Un socialiste peut donner sa vie pour le triomphe de la justice universelle, menacée par l'impérialisme réactionnaire des Prussiens, de même qu'un « républicain », laïque et libre penseur.

A cette thèse « héroïque », officielle et optimiste, s'oppose la vision « réaliste », apparue durant la guerre elle-même, illustrée notamment par le roman *Le feu* d'Henri Barbusse (prix Goncourt 1916). Dans cette présentation, élaborée par d'anciens combattants en réaction contre la thèse précédente, le soldat ne se bat pas par idéal, mais par nécessité ; le sentiment patriotique n'apparaît donc plus comme le motif essentiel de son action. Il lutte pour survivre dans un monde où la mort omniprésente a fini par devenir un spectacle habituel accepté avec indifférence. Une fraternité d'armes naît entre les compagnons de misère et d'infortune, renforçant le sens de la solidarité immédiate, sans référence à des valeurs collectives. Le déroulement général de la guerre et la situation de l'arrière ne provoquent qu'exaspération, sarcasme et dérision à l'égard des « planqués », des « embusqués », des civils en général. Cette thèse, relativement pessimiste, tout en mettant l'accent sur le courage des troupes et leur sens de la solidarité, amène tout de même à s'interroger sur le sens d'une résistance aussi acharnée qui n'a pas toujours trouvé son équivalent dans toutes les armées belligérantes.

Des études récentes, fondées sur l'analyse des journaux de tranchées ont permis de nuancer les deux visions précédentes. Ces feuilles à tirage réduit, fabriquées artisanalement dans le cadre de l'escouade, de la section, de la compagnie ou du régiment, ont permis de dégager une vision immédiate et non reconstruite de la conscience du combattant. Leur analyse permet de restituer la force d'un sentiment national puissant, mais en en précisant le contenu : loin des considérations abstraites qui caractérisent le patriotisme officiel (la guerre du droit, la France défenseur de la civilisation, l'Alsace-Lorraine), il trouve sa source dans des préoccupations concrètes, la sauvegarde de la famille, avec qui les combattants n'ont cessé d'entretenir des liens étroits, et la défense de leur sol, partiellement occupé, au contraire de celui des Allemands.

Ce devoir, les soldats le remplissent avec conscience, surmontant une peur attestée par l'évocation constante de leur mort prochaine, et sans que joue avec une si grande force « la fraternité des tranchées ». Quant à l'arrière, il est source de sentiments ambivalents. Exécré pour ce qu'il représente d'insouciance et d'ingratitude, il joue un rôle essentiel dans la résistance des combattants français, puisque c'est pour lui qu'ils acceptent de tels sacrifices. Ainsi se trouve réévalué le sentiment national, mais en le rapportant aux conditions spécifiques de l'ensemble social et politique français. Ainsi peut s'expliquer que, dans le cadre disciplinaire très strict instauré en 1914, on compte à peine, pour la période d'août 1914 à janvier 1917, 22 à 23 condamnations à mort par mois, dont seulement le tiers suivi d'exécution.

L'arrière : l'installation dans la guerre longue

Les pouvoirs publics : les jeux politiques. — La situation exceptionnelle créée par l'état de guerre n'avait été prévue par aucun texte constitutionnel ou législatif. Un difficile équilibre parvient à s'établir, après de longs tâtonnements, entre les instances du pouvoir, l'exécutif, le législatif, et, bien que subordonné aux deux autres, mais mis en valeur par les circonstances, le haut commandement. Durant la guerre de mouvement, d'août à décembre 1914, le pouvoir exécutif assume seul la responsabilité de la conduite du pays, après l'ajournement des Chambres le 4 août. Cette situation aboutit à renforcer les pouvoirs du grand quartier général (GQG), dont le chef, le général Joffre, jouit, après la Marne, d'un immense prestige dans le pays. Mais après le retour à Paris, début décembre, de toutes les autorités suprêmes de l'Etat, Parlement, gouvernement, président de la République, les Chambres, convoquées le 22, décident de siéger en permanence jusqu'à la fin de la guerre. Dès lors, le contrôle parlementaire reprend à l'égard du gouvernement. Il vise le ministre de la Guerre, Millerand, jugé trop docile à l'égard du GQG. Après avoir diminué ses pouvoirs par la création de 4 sous-secrétariats d'Etat, ses adversaires parviennent à l'écarter lors de la formation du gouvernement Briand, qui succède à Viviani en octobre 1915.

Aristide Briand, pour la cinquième fois président du Conseil, tente de renforcer l'exécutif en élargissant la formule d'Union sacrée par la nomination de cinq ministres d'Etat choisis à titre symbolique : Freycinet, vieil homme d'Etat dont le passage au pouvoir remontait à la République opportuniste, les radicaux Léon Bourgeois et Emile Combes, le socialiste Jules Guesde et un représentant de la droite catholique, Denys Cochin. Le radical Malvy reste à l'Intérieur grâce à l'appui de son parti, les progressistes (républicains les plus modérés) Méline et Ribot à l'Agriculture et aux Finances. A la Guerre, Briand nomme Gallieni. Il espère ainsi pouvoir rétablir l'équilibre entre le gouvernement et le haut commandement.

Mais sous son gouvernement la pression parlementaire se fait plus forte. La bataille de Verdun fournit l'occasion aux parlementaires de réclamer l'institution des comités secrets qui permet aux Chambres de siéger à huis clos. Dans le même temps, Joffre est l'objet de critiques grandissantes, mettant en cause à la fois son refus du contrôle parlementaire et sa manière de conduire la guerre, jugée inefficace et coûteuse en vies humaines.

Lors du troisième comité secret, Briand obtient à la fin de 1916 une majorité plus étroite que précédemment. Pour parer à la critique qui lui est faite de négliger la conduite de la guerre, il forme en décembre 1916 un gouvernement plus concentré, dont il exclut les figures symboliques, obtient la démission de Joffre, dont les fonctions sont partagées entre Nivelle pour la métropole et Sarrail pour l'Orient et confie le ministère de la Guerre à Lyautey. Là encore sa tentative échoue : à la suite d'un incident survenu entre les députés et le nouveau ministre, il doit démissionner en mars 1917.

Sans doute le remplacement de Joffre marque-t-il une étape : le pouvoir politique affirme par là son autorité vis-à-vis d'un homme que sa popularité a longtemps mis à l'abri. Mais le fait le plus marquant, dès le début de 1915, est le retour du Parlement, dont le rôle ne cesse de s'affirmer dans le courant de 1916. En fin de compte, le conflit n'entame guère les institutions parlementaires.

L'opinion publique : le maintien du moral. — L'absence de contestation, qui est le phénomène le plus remarquable des années 1915 et 1916, relève de deux séries de causes bien différentes. D'une part, l'opinion française est soumise à un conditionnement assez strict qui limite les possibilités d'information et d'action. Par ailleurs, les conditions de vie matérielle des Français ne se dégradent pas de manière trop sensible durant les deux premières années de la guerre longue. Aussi ne relève-t-on pas de mouvements marqués de mécontentement, pour autant qu'il soit possible de les déceler dans un pays vivant sous un régime de liberté contrôlée.

• Instaurée dès les premières heures de la guerre par la loi du 5 août 1914, la censure avait été renforcée par une circulaire de Millerand du 19 septembre suivant. Outre la suppression des informations pouvant renseigner l'ennemi ou celles de « nature à exercer une influence fâcheuse sur l'esprit de l'armée et des populations », le ministre de la Guerre y préconisait l'interdiction des critiques à l'égard du gouvernement ou des chefs de l'armée. Ce régime soulève maintes réserves, mais il présente pour les gouvernements l'indéniable avantage de pouvoir les soustraire à des critiques trop poussées. Il existe un autre type de brouillage, élaboré par la presse spécialisée dans « le bourrage de crânes », les nouvelles inexactes et les « bobards », complaisamment colportés par la presse ultra-nationaliste et bénéficiant de la complaisance des autorités.

Rien, cependant, n'autorise à penser que cette propagande, au demeurant grossièrement primaire, ait pu influencer profondément l'opinion. Il existe d'ailleurs une presse non conformiste. Dès septembre 1914, *L'Homme libre* de Clemenceau, après avoir dénoncé les conditions de déplacement de soldats blessés qui, transportés dans des wagons affectés d'ordinaire aux chevaux, y auraient contracté le tétanos, est interdit par un arrêté de Malvy. Mais le journal peut reparaître sous le titre *L'Homme enchaîné*, qu'il conserve jusqu'à novembre 1917. *L'Œuvre* publie en 1915 *Le feu* de Barbusse. Maurice Maréchal, en septembre 1915, fonde *Le Canard enchaîné* qui s'en prend, en fait, au chauvinisme outrancier, sans jamais tomber dans le défaitisme. Même si les tirages de ces organes restent modestes, leur existence nuance fortement l'image d'une presse unanime dans l'hystérie nationaliste.

• Les conditions concrètes d'existence contribuent pour une large part au maintien du calme moral et social. Dans les campagnes, la hausse des prix des denrées agricoles, accentuée à partir de 1916, profite aux cultivateurs. Le versement d'allocations aux familles nécessiteuses dont le soutien est mobilisé contribue également à maintenir des conditions matérielles correctes, sinon satisfaisantes. La principale difficulté des campagnes reste de pouvoir continuer à assurer la production malgré le départ massif de la main-d'œuvre masculine.

Dans les villes, les observateurs sont frappés par le petit nombre de grèves ouvrières : 98 en 1915 et 9 000 grévistes, 314 en 1916 et

41 000 grévistes, contre 1 073 en 1913 avec 220 000 grévistes, selon les chiffres officiels, sans doute minorés. Le 1er mai 1915, on ne compte en région parisienne que 700 personnes qui, malgré l'hostilité des syndicats, respectent l'arrêt de travail rituel ; l'année suivante 1 500. Des enquêtes d'opinion montrent qu'en 1915, si les ouvriers parisiens sont préoccupés par leurs conditions matérielles d'existence, les idées « pacifistes » ne gagnent guère dans leur milieu.

En fait, les classes populaires urbaines bénéficient d'allocations, du moratoire — suspension provisoire — des loyers, surtout de la reprise économique à la fin de 1914 qui permet le retour des ouvriers affectés dans les usines de guerre et l'embauche massive des femmes dans l'industrie. Le problème principal reste la hausse des prix et la pénurie. Mais l'inflation reste modérée en 1915 et 1916 : dans la région parisienne, l'indice du coût des denrées alimentaires sur la base 100 en juillet 1914 se situe à peine à 136 en janvier 1916. A la fin de 1916 seulement, la dégradation du niveau de vie apparaît de manière plus sensible.

Les forces organisées : la persistance de l'Union sacrée. — Le maintien du moral populaire va de pair avec celui de l'Union sacrée. Si dans ce domaine certains signes de dissociation apparaissent, ils restent encore mineurs et n'ébranlent pas véritablement le consensus des forces politiques.

Des deux forces réintégrées dans l'appareil de direction du pays au sein de l'Union sacrée, les catholiques semblent poser le moins de problèmes. Le fossé entre « cléricaux » et « laïques » n'a cependant pas disparu. Dès la fin de 1914, une partie de la presse laïque, exploitant les propos imprudents de quelques ecclésiastiques qui semblent souhaiter, en vue d'une totale « expiation », la défaite de leur pays, met en cause de façon outrancière le comportement du clergé au point de vue patriotique. C'est la « rumeur infâme », démentie par les faits puisque 4 618 prêtres, séminaristes et religieux devaient trouver la mort dans le conflit. Repoussée par Briand, elle laisse des séquelles : en février 1917, la Chambre vote un amendement d'origine socialiste qui prévoit le reversement des ecclésiastiques des classes 1889-1905, antérieures à la loi de séparation, dans tous les corps de troupe et non plus seulement dans les services auxiliaires. Ce vote est considéré par *La Croix* comme « une rupture scandaleuse de l'Union sacrée ».

En fait, le très fort engagement patriotique du clergé français

— 25 000 prêtres mobilisés —, le renouveau religieux, le rôle joué dans les institutions d'entraide, ont fini par irriter les anticléricaux qui soupçonnent l'Eglise d'envisager pour l'après-guerre une révision des lois laïques réputées « intangibles ». Il n'en demeure pas moins que le contexte patriotique demeure propice à la réintégration des catholiques dans la vie nationale et que le léger renouveau anticlérical du début de 1917 est plutôt révélateur d'un courant général qui leur est favorable.

Le mouvement socialiste et ouvrier s'était rallié à l'Union sacrée en 1914. Durant les années suivantes, des socialistes, Sembat, Guesde, Thomas, restent membres des conseils gouvernementaux, le dernier jusqu'en 1917. A la Chambre, les parlementaires du parti votent sans peine les crédits de guerre en 1915 et 1916. La CGT, quant à elle, ne refuse pas de participer à un Comité d'action qui, en liaison avec les pouvoirs publics, prend en charge une série de problèmes intéressant les conditions d'existence des travailleurs.

L'Union sacrée, cependant, suscite des critiques, situées à des niveaux différents. Au sein du Parti socialiste apparaît, dès le printemps de 1915, un courant dit « minoritaire ». Présents en Haute-Vienne, dans la Seine, autour de Jean Longuet, petit-fils de Karl Marx, et Pierre Laval, député d'Aubervilliers, dans l'Isère, le Rhône, l'Ain, le Vaucluse, les minoritaires obtiennent 960 mandats contre 1 996 au conseil national de la SFIO d'avril 1916. En décembre 1916, lors du XIIIᵉ Congrès du parti, leur motion sur la reprise des relations avec les partis socialistes étrangers obtient 1 467 mandats contre 1 537 à la majorité qui y est hostile. Sans s'opposer au vote des crédits militaires, ni à l'Union sacrée, ils estiment devoir agir en faveur de l'idée d'une paix de compromis qui respecterait l'intégrité de la France et de la Belgique.

A l'intérieur de la CGT, une minorité conteste, de façon plus marquée, la formule de l'Union sacrée dans laquelle elle voit une forme de collaboration de classes. Elle se groupe autour du journal *La Vie ouvrière* de Pierre Monatte et du secrétaire de la Fédération des métaux, Alphonse Merrheim. Cette deuxième opposition, plus radicale, débouche sur la reprise des liens internationaux entre les militants prolétariens. A l'initiative de militants suisses et russes, agissant en dehors du bureau de l'Internationale, une conférence de 38 membres, dont deux Français, Merrheim et Albert Bourderon, secrétaire de la Fédération du tonneau, se tient dans le village suisse de Zimmerwald du 5 au 8 septembre 1915. Les participants, venus de 11 pays, se divisent en une majorité qui, tout en condamnant la guerre impérialiste, préconise une pression socialiste internationale pour parvenir à la paix, et une minorité qui, autour de Lénine, préconise le déclenchement de l'action révolutionnaire à l'occasion de la guerre internationale.

A Kienthal, près de Berne, se tient quelques mois plus tard du 24 au 30 avril 1916 une deuxième réunion socialiste internationale groupant 44 participants venus de 7 pays ; 3 députés socialistes français, non mandatés par leur parti, y prennent part, Alexandre Blanc, Pierre Brizon, Jean Raffin Dugens. Le fossé s'accentue entre les « droitiers », favorables à la remise sur pied de la IIe Internationale, malgré les errements d'août 1914, et la « gauche », acquise à l'idée que le capitalisme est entré dans un cycle révolutionnaire.

Une tendance zimmerwaldienne se forme en France à l'issue de ces contacts. Dans le courant de 1916 apparaissent successivement un Comité pour la reprise des relations internationales, avec des militants socialistes et syndicalistes, puis un Comité de défense syndicaliste. Ces opposants zimmerwaldiens, distincts des minoritaires longuettistes, refusent le défaitisme, mais n'acceptent pas la participation à l'Union sacrée, au contraire de ces derniers. Ils ne représentent qu'une très faible minorité de militants du parti SFIO qui obtiennent, lors du XIIIe Congrès de décembre 1916, 8 % des mandats contre 52 % aux majoritaires et 38 % aux longuettistes. Au total, les deux oppositions, minoritaire et zimmerwaldienne, qu'elles soient d'origine syndicaliste ou socialiste, ne parviennent pas à ébranler le fort courant général favorable au soutien de l'effort de guerre et à l'Union sacrée.

L'organisation de l'économie de guerre

L'interventionnisme ou le « dirigisme » ne procède nullement d'une volonté délibérée de l'Etat. Mais dès l'automne 1914 il apparaît nécessaire aux pouvoirs publics, face aux besoins créés par la guerre, de mettre en place des structures d'intervention et des moyens de mobilisation des ressources matérielles du pays.

Les structures d'intervention. — L'initiative d'une intensification de l'effort de production est prise dès le lendemain de la bataille de la Marne. Les réserves de munitions s'épuisant à une cadence imprévue, Millerand, en accord avec les dirigeants de l'industrie, décide de jeter les bases de l'effort de production.

Les liens nécessaires s'établissent dès la fin de 1914 entre les industriels et les bureaux des armements. Au départ, le directeur de l'artillerie représente l'Etat jusqu'à la création, en mai 1915, d'un sous-secrétaire d'Etat aux armements. Les industriels représentés par leurs organisations, le Comité des forges et la Chambre syndicale du matériel de guerre, fixent les quotas à produire par chaque entreprise et la répartition des matières premières. Ainsi, dans le secteur des industries de guerre, s'établit un système dirigiste souple avec la collaboration du patronat, seul à même par ses connaissances techniques de mettre en place la reconversion de l'appareil industriel. C'est réciproquement, dans ce cadre, que les industriels peuvent obtenir de l'Etat les moyens en hommes et en capitaux dont la rareté suppose l'affectation autoritaire.

Cette étroite collaboration est mise en place, de mai 1915 à septembre 1917, par le socialiste Albert Thomas, qui occupe successivement les fonctions de sous-secrétaire d'Etat à l'artillerie et de ministre de l'Armement (décembre 1916 - septembre 1917). Inspiré aussi bien par des considérations idéologiques — son socialisme prône la collaboration des classes, sur la base de relations contractuelles, et la démocratie industrielle — que par l'urgence des nécessités, il encourage le productivisme et la taylorisation et n'établit pas de contrôle étroit sur les entreprises privées. En même temps, soucieux d'intégrer la classe ouvrière à l'effort de guerre dans l'immédiat et à la société globale après la fin des hostilités, il améliore les relations du travail dans les usines de l'Etat par la création de commissions d'arbitrage et de délégués d'ateliers. Le refus des socialistes de reconduire leur participation au gouvernement amène son départ en septembre 1917.

L'affectation prioritaire des capitaux et des hommes. — Le programme d'intensification de la production des usines de guerre amène alors l'Etat à intervenir pour affecter prioritairement les capitaux et la main-d'œuvre, devenus rares.

Dans le premier domaine, les banques se révélant durant le conflit peu empressées à accorder leur crédit, l'Etat se substitue à elles. Un décret du 15 juillet 1915 lui permet de pratiquer des avances à l'achat de matériel, contrairement aux règles ordinaires de la comptabilité publique. Là encore, pour répartir au mieux les moyens financiers, l'Etat négocie avec les entreprises par l'intermédiaire des syndicats professionnels. Le montant total des avances, peut-être plus de 10 milliards, permet donc le renouvellement de l'outillage et favorise la mise en place d'un système d'économie mixte.

La mobilisation prive le marché du travail, dans l'industrie, d'au moins 1 million d'hommes rappelés sous les drapeaux. Pour faire face aux besoins de main-d'œuvre, les autorités recourent à trois procédés, le rappel des ouvriers mobilisés, l'appel à la main-d'œuvre étrangère et l'utilisation du travail féminin. Millerand, reprenant un projet de loi du député radical Dalbiez, fait voter la loi du 13 août 1915 qui permet les affectations spéciales d'ouvriers qualifiés dans les usines de guerre. La loi Dalbiez touche 500 000 hommes, mais le quart des effectifs de l'industrie restent au front. Il faut alors recruter la main-d'œuvre parmi les étrangers, parfois originaires de pays européens (Portugais, Espagnols, Grecs), ou venus d'Asie (150 000 Chinois se trouvent en France en 1918) ou parmi les populations coloniales : Algériens, Tunisiens, Marocains, près de 50 000 Annamites.

L'apport essentiel de main-d'œuvre nouvelle est fourni par le travail féminin. Les services de l'armement mènent campagne pour faciliter cette embauche, au départ mal vue des syndicats. Plusieurs circulaires d'Albert Thomas prévoient d'aménager au mieux la vie quotidienne de ces femmes, qui subit malgré tout la dureté générale du travail industriel. A la fin de la guerre, les 430 000 « munitionnettes » représentent 25 % des emplois de l'industrie de guerre.

En 1918, la structure de l'emploi dans l'industrie en France, tous secteurs confondus, reflète ces évolutions. Elle se décompose en 42 % d'hommes non mobilisés, 39 % d'ouvriers mobilisés en sursis industriel, 15,3 % de femmes et 3,7 % d'étrangers.

Ainsi la période 1915-1916 voit-elle se mettre en place un système totalement nouveau d'organisation économique, fondé sur la liaison Etat-grande industrie, le premier se chargeant de donner l'impulsion par ses commandes, de rassembler hommes et capitaux, le second devant mettre en œuvre, par les moyens les mieux appropriés, les objectifs élaborés dans cette structure de type « militaro-industriel ».

La rupture de l'équilibre financier. — Les dépenses totales de l'Etat ont atteint 223 milliards de francs-or pour les 6 exercices 1914-1919, dont 62 % affectés aux charges nées de la guerre, soit 37 milliards de dépenses annuelles, contre 5 milliards pour une année d'avant guerre.

Ces dépenses ont été couvertes par les ressources suivantes :

1 / Ressources normales (impôts)	16 %
2 / Avances de la Banque de France	12,5 %
3 / Dette intérieure à court terme	38 %
4 / Dette intérieure à long terme	12 %
5 / Dette extérieure	21,5 %

— L'effort fiscal a donc été réduit, le tout nouvel impôt sur le revenu, voté en 1914, n'a que faiblement contribué à l'effort national.

— Les avances de la Banque centrale à l'Etat restent relativement modérées en 1915 et 1916 sous la gestion prudente de Ribot, avant de s'amplifier sous son successeur Klotz à partir de 1917.

— Les bons à court terme, mis au point par Ribot, connaissent un grand succès dans le public : ils sont remboursables à trois, six, douze mois ; leur intérêt est élevé (5 %) et payable d'avance.

— Les emprunts à long terme (quatre au total, émis en 1915, 1916, 1917, 1918, à des conditions exceptionnelles : taux d'intérêt élevé, exemption fiscale) sont largement couverts.

— Les prêts accordés par l'étranger, notamment par le Trésor britannique, et les emprunts placés aux Etats-Unis, souscrits par les grandes banques (Morgan) contre garantie en or et en titres, combinés avec les prêts accordés aux nationaux français (importateurs, industriels), permettent le maintien du commerce extérieur malgré un déficit considérable (62 milliards pour la période 1914-1918) sans assèchement de la réserve métallique de la Banque centrale. Cet avantage financier, ainsi que le maintien des liaisons maritimes, que ne connaissent pas les Empires centraux soumis au blocus britannique, permet au pays de bénéficier, au moins jusqu'en 1917, d'un ravitaillement suffisant en denrées alimentaires et en matières premières.

Cependant, si le refus de recourir à l'impôt et l'ampleur de la dette intérieure et extérieure permettent le financement dans le court terme, cette solution est grosse de menaces pour l'avenir. Outre les risques politiques qui pouvaient résulter de l'endettement extérieur, l'énormité de la dette intérieure exposait l'Etat à « résoudre » le problème par la voie de la création monétaire, avec pour conséquence l'inflation et, en définitive, la spoliation des épargnants.

Un dénouement difficile (1917-1918)

1917 marque un tournant dans le conflit considéré de façon globale. Cependant, l'entrée en guerre des Etats-Unis et la révolution russe n'amènent pas de modifications immédiates de rapport de forces. Le déroulement en France de la « crise » de 1917 découle des échecs accumulés les années précédentes. Alors que surviennent ces événements susceptibles de faire évoluer le conflit, le doute quant à la possibilité d'aboutir à une décision fait son apparition. La crise de 1917 affecte aussi bien les opérations militaires que le moral de l'opinion et le jeu des forces politiques.

La crise militaire de 1917 et l'infléchissement stratégique

La recherche de la rupture : l'offensive Nivelle. — Le successeur de Joffre, le général Robert Nivelle, devait son rapide avancement au succès remporté à Verdun à la fin de 1916. En deux offensives brillantes, conçues par lui et exécutées par Mangin en octobre et décembre 1916, les troupes françaises avaient pu dégager l'ensemble fortifié. Ces opérations, engagées sur une courte section du front, 8 à 10 km, et sur une faible profondeur, 3 à 4 km, avaient nécessité une puissante préparation d'artillerie de sept à dix jours, admirablement réalisée par le bon artilleur qu'était Nivelle.

Le nouveau commandant en chef estime possible de remporter à grande échelle un succès analogue. Une puissante préparation, sur 8 à 9 km de profondeur, puis l'assaut d'une armée de réserve, qui devrait avoir parcouru 25 km au soir du deuxième jour, devaient parvenir à réaliser la percée. Ce plan suscite maintes réserves, notamment de Lyautey et de Pétain, mais forts des assurances de Nivelle, les politiques, Ribot et Painlevé, nouveau ministre de la Guerre, le laissent déclencher son offensive, alors que, du 15 au 19 mars, l'état-major allemand avait décidé d'abandonner un vaste secteur formant saillant, entre Arras et Soissons. Or cette opération avait abouti, en raccourcissant le front allemand, à la mise en réserve de 8 divisions supplémentaires, sans que le général en chef français ait tenu compte de ce potentiel supplémentaire de l'ennemi.

Le 9 avril, les Britanniques prennent avec succès l'offensive en Artois, allant même les jours suivants jusqu'à menacer Lens. Mais ce n'est qu'une attaque de « fixation » : le 16 avril à 6 heures, le principal assaut débute sur l'Aisne, avec comme objectif le franchissement de la crête du Chemin des Dames, afin d'arriver à Laon le soir du premier jour. L'échec est total : seules les premières lignes allemandes sont enlevées et la progression est de 500 m ! La préparation de l'artillerie semble en fait avoir été insuffisante sur un front de 65 km, 6 fois plus important qu'à Verdun. Les chars, engagés pour la première fois, n'ont joué qu'un rôle secondaire, le problème de la coordination de leurs mouvements avec celui des fantassins n'ayant pas été suffisamment étudié. Nivelle malgré tout s'obstine, envoie le 21 avril une armée en renfort et fait lancer des attaques d' « usure ». Le 15 mai, il est relevé de son commandements et remplacé comme commandant en chef des armées du Nord-Est par Philippe Pétain.

Les pertes sont énormes : du 1er avril au 9 mai, 271 000 tués, blessés, prisonniers, disparus ; du 16 au 30 avril, 40 000 tués et 90 000 blessés. Ces pertes ne sont guère plus élevées que celles de Verdun ou de la Somme, mais la déception est considérable dans l'opinion publique et chez les combattants.

Les mutineries. — Des troubles graves se déclenchent dans l'armée aussitôt après la fin de l'offensive. Dès le 17 avril, à Aubérive, sur la Suippe, on relève le premier cas d'indiscipline collective. Dès lors le mouvement s'amplifie : limité jusqu'au 15 mai, il gagne en fréquence et en extension après cette date (26 cas du 17 avril au 15 mai, 46 cas du 16 au 31 mai) pour atteindre son paroxysme dans la première semaine de juin, avant de décroître dans les deux mois suivants ; mais des troubles persistent sporadiquement jusqu'en janvier 1918. Spatialement le mouvement né dans le secteur situé entre Soissons et Aubérive, dans lequel se trouve le Chemin des Dames, s'étend vers l'est, en particulier dans la zone de Verdun, mais épargne le front à l'ouest de Soissons.

L'importance du mouvement doit être relativisée. Si 66 divisions sur 110 sont touchées, soit les deux tiers de l'armée, dans 24 % seulement des unités on peut parler de fléchissement sérieux. Mais dans chaque division une ou deux compagnies sont touchées en moyenne ; par régiment, une centaine d'hommes ; le nombre total des mutins ne dépasse pas 40 000. Les formes du mécontentement revêtent avant tout l'aspect du refus de monter en ligne, accompagné parfois d'actes de violences à l'égard des officiers, beaucoup plus rarement de manifestations politiques (chant de *L'Internationale*). Aucun mouvement ne se produit sur le front ; les Allemands n'en prennent connaissance qu'à l'époque où les mutineries touchent à leur fin.

Il s'agit donc d'un mouvement de protestation, une « grève » des soldats, plus qu'une révolte débouchant sur des attitudes défaitistes. La hiérarchie militaire met en cause la propagande révolutionnaire que le ministre Malvy, selon elle, n'aurait pas réprimée avec une vigueur suffisante. En fait, l'influence zimmerwaldienne est faible, pour ne pas dire nulle, dans l'armée : les soldats ignorent pratiquement la révolution russe. La réalité est bien différente : les mutins protestent contre les attaques inutilement sanglantes, comme en témoigne la géographie des troubles, mettent en doute la capacité du haut commandement, s'insurgent contre les conditions matérielles de leur existence, l'inégalité dans les tours de permission, la médiocrité d'accueil des zones de repos. Les meneurs sont souvent des soldats d'une grande bravoure, distingués par leurs officiers.

La répression se traduit par 629 condamnations à mort, prononcées d'avril 1917 à janvier 1918. 75 sont suivies d'exécutions, dont 50 ont eu lieu sans le moindre doute. Sur ces 50, 27 l'ont été pour des faits collectifs. Une répression relativement modérée donc, mais menée sans faiblesse.

Pétain. — Successeur de Nivelle le 15 mai, Pétain doit faire face aux mutineries. Cet homme froid et dur ne recule pas devant les représailles, n'hésitant pas à qualifier de « cérémonie expiatoire » l'exécution de quatre hommes par un peloton recruté parmi un des régiments soulevés. Mais, habile calculateur, il décide d'agir en premier lieu sur les causes concrètes du mouvement par l'amélioration des tours de permission, un meilleur confort des cantonnements, davantage de soin apporté à la nourriture et au ravitaillement. Il y gagne le respect et la confiance des hommes.

Surtout, son arrivée amène un changement dans l'orientation stratégique. Par opportunité autant que par conviction, le général en chef estime vaines et inutiles les tentatives de rupture frontale qu'il condamne dès le 19 mai dans sa première directive. La volonté de mener une guerre nouvelle n'est donc pas pour rien dans l'arrêt des mutineries. Il préconise désormais la défensive, grâce à un système privilégiant la profondeur. Priorité doit être donnée à la puissance du matériel qui, seule, permettra la rupture à terme. Fin octobre, les troupes françaises sont victorieuses à la Malmaison : Pétain y utilise systématiquement les chars. L'entrée en guerre des Américains en mars 1917 lui fait espérer un renforcement du potentiel allié. Mais l'arrivée est lente : de juin à décembre, 177 000 Américains sont parvenus en Europe, cependant que l'Allemagne, profitant de l'effondrement russe, peut renforcer son front occidental.

L'arrière en 1917

La crise sociale de 1917. — A l'arrière, la dureté des conditions d'existence, accrue dans le courant de 1916, devient insupportable au début de 1917. Le gouvernement n'avait décrété que tardivement les mesures de contrôle des prix par un décret du 20 avril 1916 qui autorisait la taxation de certains produits. La réquisition du blé, de la farine, du charbon était autorisée depuis 1915, mais restait limitée à ces produits. Or, pour la première fois depuis 1914, l'année 1917 connaît une flambée des prix. L'indice du coût des 13 denrées alimentaires à Paris passe, sur la base 100 en 1914, à 139 en janvier 1917, à 183 en juillet. Entre avril et juillet 1917, le rythme annuel d'augmentation atteint 100 %, conséquence de la pénurie des produits et de l'excédent de monnaie engendré par les pratiques financières nées de la guerre. La guerre sous-marine à outrance déclenchée en février 1917 par l'Allemagne aggrave encore la situation. Dans le courant de 1917 apparaissent les premières mesures de rationnement : carte de sucre, limitation des jours d'ouverture des pâtisseries, limitation de la vente de certains produits.

Le mouvement social connaît alors une relance. Pour 1917, les statistiques comptabilisent 697 grèves et 294 000 grévistes. Le mouvement débute fin 1916 - début 1917, s'amplifie en mai-juin pour décroître durant l'été et l'automne. La couture parisienne est en grève le 8 janvier, suivie par les usines de guerre, le bâtiment, les agents du gaz et du métro, les employés de banque. Paris n'est pas seul affecté ; des grèves éclatent en province, notamment à Toulouse, à la cartoucherie et la poudrerie ; en août, dans le bassin de la Loire.

Le mouvement, largement spontané, est en grande partie le fait des ouvrières, les mobilisés affectés dans les usines observant naturellement une plus grande prudence. Les arrêts de travail, sans coordination, ont essentiellement pour objectif des revendications matérielles portant sur les salaires. Sans doute une manifestation de 5 000 à 10 000 personnes réunie le 1er mai par le Comité de défense syndicaliste prend-elle une tonalité pacifiste. A Toulouse, les manifestants entonnent *L'Internationale*. Mais la preuve péremptoire du caractère essentiellement matériel de ces revendications réside dans la brièveté de ces conflits, aussitôt arrêtés après que celles-là ont reçu satisfaction. Les efforts d'Albert Thomas qui institue en janvier une procédure d'arbitrage et parvient à faire aboutir en août 1917 un règlement de conflit chez Renault jouent également un grand rôle dans l'apaisement relatif de la fin de l'année.

Le pacifisme et la crise politique. — Si la crise sociale procède essentiellement du mécontentement matériel, la crise politique trouve sa racine dans la progression de l'idée pacifiste. Cette notion est d'ailleurs complexe et recouvre plusieurs réalités : le défaitisme (paix à n'importe quelle condition) reste fort rare ; le mot pacifisme recouvre en général tout comportement tendant à essayer, par la négociation, de trouver une solution diplomatique au conflit en cours. Il n'y a pratiquement personne pour se dire partisan d'une paix blanche qui signifierait la renonciation à l'Alsace-Lorraine, ce qui, étant donné la position allemande sur ce problème, rendait ces tentatives vaines, mais on l'ignorait à l'époque.

Deux phénomènes montrent bien, dans la première partie de 1917, l'intérêt marqué par une partie du personnel politique à une possibilité d'arrêt des combats. Des contacts sont tentés par Briand qui envisage un moment une rencontre avec un haut fonctionnaire allemand, le baron von Lancken. Un prince de Bourbon-Parme, officier de l'armée belge, beau-frère de l'empereur Charles, rencontre les responsables français. Vaine tentative : l'Allemagne ne céderait jamais sur l'Alsace-Lorraine. Ces tentatives restent ultra-secrètes. Mais un courant pacifiste se manifeste dans le même temps, dans des milieux variés, à l'initiative de certains écrivains (Romain Rolland, Henri Barbusse). Dans les milieux politiques, Joseph Caillaux, président du Parti radical, hostile à la guerre, « une folie et un crime », qu'il estime de surcroît dangereuse pour la République, se répand en propos pacifistes, mais reste en réalité fort isolé.

Le pacifisme, objet de vives campagnes de la part de l'extrême droite, se trouve discrédité par plusieurs affaires de trahison qui permettent de faciles amalgames. En juillet 1917, la feuille pacifiste *Le Bonnet rouge* est suspendue ; son directeur, Almereyda, qui a reçu de l'argent allemand, est arrêté puis trouvé mort dans sa cellule. Quelques jours plus tard, en septembre, l'espion Bolo Pacha est appréhendé : on le soupçonne d'avoir participé à une opération de mainmise allemande sur le quotidien *Le Journal*. Il est, quelques mois plus tard, condamné à mort et passé par les armes. Ces deux affaires ont d'importantes répercussions politiques. Le suicide d'Almereyda entraîne la démission du ministre de l'Intérieur Malvy, cible depuis des mois des campagnes conjuguées de Clemenceau et de *L'Action française*. Surtout, Caillaux est mis en cause pour ses relations avec les deux personnages, sans qu'il y ait le moindre lien de complicité.

La révolution russe de février, d'autre part, n'est pas sans répercussion sur l'évolution du mouvement socialiste français, également concerné par la poussée pacifiste. Sur la suggestion de socialistes russes modérés, le secrétaire de l'Internationale convoque une conférence, prévue à Stockholm pour le 15 mai 1917, aux fins d'y engager une discussion sur une paix de compromis, après l'abandon par le gouvernement provisoire russe de toute visée annexionniste. Une majorité de la SFIO, regroupant des minoritaires et des majoritaires, y est favorable. Mais le gouvernement français refusant d'accorder les passeports, la participation socialiste au gouvernement est mise en cause. Il est à remarquer toutefois que la rencontre n'aurait guère donné de résultats, les socialistes allemands considérant l'Alsace-Lorraine comme partie intégrante du Reich.

Ce contexte explique les crises gouvernementales qui se succèdent de juin à novembre. Le gouvernement Ribot formé en mars voit grandir l'opposition des socialistes, dont une majorité vote contre lui dans le débat de juin 1917 sur l'obtention des passeports. D'un autre côté, les attaques dont Malvy est l'objet après la mort d'Almereyda amènent la démission du ministre de l'Intérieur le 31 août, suivie de la chute du gouvernement le 7 septembre. Paul Painlevé forme un cabinet davantage marqué à gauche, à majorité radicale, mais pour la première fois les socialistes refusent leur participation. Attaqué par l'extrême droite et par Clemenceau à propos de Bolo et des négociations secrètes, Painlevé, victime de l'opposition des socialistes sur sa gauche et des modérés sur sa droite, est mis en minorité le 13 novembre 1917. Ainsi, en trois mois, a-t-on pu voir des événements sans précédent depuis le début de la guerre, la sortie des socialistes de l'Union sacrée et le renversement d'un gouvernement.

Poincaré se tourne alors vers le tombeur des ministères précédents, qu'il n'aime guère : Georges Clemenceau, adversaire acharné du cléricalisme comme du collectivisme, s'était distingué depuis le début du conflit par la dénonciation des insuffisances et des faiblesses des responsables. Estimant qu'il fallait un homme résolu à mener énergiquement l'effort de guerre et la lutte contre le défaitisme, le président de la République l'appelle à former le gouvernement le 14 novembre. Clemenceau constitue un gouvernement choisi parmi des hommes avec lesquels il entretient des liens personnels, sans se préoccuper des habituels dosages. La plupart d'entre eux sont radicaux, mais le nouveau ministère est soutenu par la droite, le centre et le centre gauche (418 voix lors du vote d'investiture, contre 65, dont 64 socialistes, 25 socialistes et 15 radicaux s'abstenant).

Le « Tigre » gouverne alors selon un style très personnel, convoquant rarement le Conseil des ministres, réglant les affaires avec un petit nombre de conseillers, notamment Jules Jeanneney, sous-secrétaire d'Etat à la Guerre, Georges Mandel et le général Mordacq, ses chefs de cabinet. Nulle « dictature » cependant : la censure, rigoureuse sur le défaitisme, s'assouplit en matière politique. Les comités secrets ne sont plus réunis, mais les Chambres sont appelées à accorder leur confiance. Pas de délégation exceptionnelle, sauf celle née de l'extension du dirigisme. Clemenceau va bénéficier en fait du soutien massif de l'opinion publique.

Les premiers actes politiques du gouvernement visent la lutte contre le défaitisme. Des poursuites sont lancées contre Joseph Caillaux, mis en état d'arrestation en janvier 1918, et condamné par la suite en 1920 à trois ans de prison pour imprudence ayant servi les intérêts de l'ennemi. Dès le 22 novembre, Malvy demande de lui-même sa comparution devant le Sénat réuni en Haute Cour ; en 1918, il est condamné à cinq ans de bannissement pour négligences dans les devoirs de sa charge. Ainsi s'achevait la crise morale et politique de 1917.

L'achèvement du dirigisme. — L'aggravation de la pénurie, liée à la guerre sous-marine à outrance déclenchée en février 1917 par l'Allemagne, la nécessité de l'aide extérieure, l'intensification de la production industrielle de guerre amènent au cours de l'année 1917 les responsables français à l'instauration d'une économie dirigée. Le gouvernement Clemenceau met définitivement en place le dirigisme non par doctrine mais par nécessité.

En matière industrielle, le successeur d'Albert Thomas, Louis Loucheur, apparaît différent à tous égards de son prédécesseur. Industriel qui a lancé avec succès une entreprise de fabrications électriques puis producteur d'armes durant les premières années de la guerre, Loucheur seconde Thomas comme sous-secrétaire d'Etat avant de devenir ministre en septembre 1917. Principal conseiller de Clemenceau en matière économique, il dirige le ministère de la Reconstruction en 1918-1920. Son souci est avant tout l'efficacité industrielle. Partisan d'une intervention sélective de l'Etat pour accroître l'efficacité de l'appareil économique, sans se soucier d'idéologie, il a pu être considéré comme un « dirigeant prétechnocratique ».

En matière commerciale, Etienne Clémentel, ministre du Commerce de 1915 à 1920, joue le rôle tenu par Thomas et Loucheur dans le domaine industriel. Avant l'arrivée de Clemenceau, par un décret de mars 1917, le gouvernement établit le monopole de l'Etat sur le commerce extérieur. Pour chaque produit de base, il est institué un consortium regroupant les industriels et les importateurs concernés par le même produit brut, chargé de centraliser les besoins de la branche, d'acheter à l'étranger les matières premières et de les revendre à ses adhérents à un prix fixé par l'Etat. Dans l'immédiat, Clémentel voulait éviter la spéculation et la hausse des prix. Mais une pensée plus large présidait à cette création : il s'agissait à long terme de favoriser les regroupements, la concentration, et par là même, d'améliorer l'efficacité de l'appareil économique. Le monopole du commerce est complété en juillet 1917 par l'instauration d'un contrôle sur la flotte marchande rendu nécessaire par le déclenchement de la guerre sous-marine à outrance.

L'ampleur de la pénurie née de la guerre sous-marine et de la logique même de l'économie de guerre allait amener le gouvernement Clemenceau à s'orienter vers un contrôle plus étroit des circuits économiques. En février 1918, une loi autorise le gouvernement à prendre des décrets qui pourraient « réglementer ou suspendre, en vue d'assurer le ravitaillement national, la production, la fabrication, la circulation, la vente, la détention ou la consommation des denrées servant à l'alimentation de l'homme et des combustibles ». Au cours du premier semestre, la carte d'alimentation est étendue pour certaines denrées à toute la France. En mars 1918, le contrôle des changes est institué. Ces mesures ne tiennent pas à la doctrine, bien au contraire. Clemenceau ne fait que parachever ce que les gouvernements précédents, sous l'empire des nécessités, ont commencé à mettre progressivement en place. Elles doivent être considérées comme l'aboutissement d'un processus logique plus que comme l'expression d'une action particulièrement autoritaire.

Le dénouement (mars-novembre 1918)

Le dénouement militaire. — Il a lieu en plusieurs temps :

— Les offensives allemandes du printemps 1918. Au début de 1918, les cartes sont redistribuées sur le plan militaire. Les Allemands, libérés par la paix signée le 3 mars avec les bolcheviks à Brest-Litovsk, peuvent transférer une partie de leurs forces vers le front ouest. Fin mars, ils disposent de 197 divisions contre 175 alliées, mais avec un matériel inférieur (14 000 canons, 3 000 avions, 40 chars seulement, contre 15 000, 5 400 et 3 000). Ils redoutent l'arrivée des Américains dont le rythme s'intensifie durant le 1er semestre de 1918.

Le véritable maître de la stratégie allemande, le premier quartier-maître du grand état-major, le général Ludendorff, décide d'appliquer à l'ouest une méthode expérimentée en Russie. L'attaque aurait lieu après une très brève préparation d'artillerie, pour accroître l'effet de surprise ; des groupes d'assaut, suivis de formations plus lourdes, devaient attaquer l'adversaire sur les points faibles, sans se préoccuper d'atteindre des objectifs fixés d'avance, en évitant les zones de trop forte résistance qui pourraient être réduites ultérieurement. Cette méthode supposait qu'une très large autonomie soit laissée à la base, à l'échelon divisionnaire.

Le 21 mars, à 9 h 40, le quartier-maître général lance sa première offensive en Picardie, dans le secteur tenu par les Britanniques, dont la partie méridionale du dispositif, sur la Somme, est enfoncée pour la première fois depuis 1914. La gravité de la situation amène alors les dirigeants alliés, réunis le 26 à Doullens, à créer un coordonnateur pour le front occidental et à confier ce poste au général Foch, nommé quinze jours plus tard « commandant en chef des armées alliées en France ».

Du 9 au 27 avril, Ludendorff au cours d'une deuxième offensive porte son effort sur les Flandres, où les Anglais subissent à nouveau une sévère défaite. Puis il décide de diriger ses coups vers le sud pour affaiblir le dispositif français. Le 27 mai, les Allemands franchissent le Chemin des Dames, mal défendu en profondeur, malgré les recommandations de Pétain que n'avait pas suivies Foch. Les 30 et 31 mai, ils atteignent la Marne. A l'issue de ces attaques, le front présente trois saillants allemands, dans les Flandres, en Picardie, en Champagne. Ainsi, Ludendorff réussit enfin l'exploit de la percée, mais la technique utilisée se révèle sans lendemain, l'absence d'objectifs précis et la nécessité de transférer sans cesse ses équipements lourds sur les divers points d'attaque l'empêchant de tirer pleinement parti de ces succès qui restent purement tactiques.

— La victoire alliée. La partie se joue du 15 au 18 juillet. Le 15, Ludendorff lance une nouvelle offensive pour réduire le saillant de Reims. Sur leur droite, les Allemands poussent jusqu'à la Marne et la franchissent à nouveau en amont de Château-Thierry. Alors que Pétain prône la prudence, Foch ordonne une contre-offensive sur le flanc ouest de la poche créée par les attaques allemandes autour de Château-Thierry. Le 18 juillet, à 4 h 30, la Xe armée française, commandée par Mangin, appuyée par des centaines de chars, attaque par surprise, sans préparation d'artillerie, le flanc droit allemand à partir de la forêt de Villers-Cotterêts. Le 19, Ludendorff ordonne le repli au nord de la Marne ; il faut quinze jours aux Alliés, appuyés par 1 000 chars, pour réduire la poche et rétablir le front sur le Chemin des Dames. Dès lors, les Allemands ont perdu l'initiative des opérations, face un adversaire disposant de la supériorité matérielle.

Le rapport de forces étant définitivement inversé — il y a désormais 1 million d'Américains en France fin juillet —, Foch décide la mise en œuvre d'une stratégie méthodique de refoulement. Une série d'attaques sera déclenchée alternativement sur des points différents du front de manière à ne laisser aucun répit à l'adversaire. Cette poussée, qui suppose une certaine lenteur de par son caractère méthodique, est rendue possible par la supériorité massive en armes et en chars.

Les opérations se déroulent en deux temps. Durant le mois d'août, Foch entreprend de réduire les « poches » créées par les offensives de printemps. Le 12 septembre, les Américains réduisent le saillant de Saint-Mihiel. Le 26 septembre, Foch déclenche trois offensives simultanées : au nord vers l'Escaut ; au centre vers la

Sambre ; vers la Meuse à hauteur de Mézières. Durant le dernier mois de la guerre, les troupes allemandes reculent en bon ordre, mais ne disposent plus de réserves. Le 11 novembre, la presque totalité du territoire français, dans ses frontières de 1914, est libérée, de même que la Belgique, de Gand à la Sambre.

— L'armistice. Le 29 septembre, Ludendorff, sous le coup de la capitulation bulgare et de la triple offensive de Foch, presse l'empereur de conclure un armistice. Le surlendemain, le Kaiser nomme un nouveau chancelier, Max de Bade, libéral et ouvert à la négociation, qui présente la demande aux Américains le 5 octobre en précisant qu'elle est faite sur la base des 14 points du président Wilson. Au cours d'un échange de notes, du 5 au 27 octobre, Wilson exige la formation d'un gouvernement représentatif qui remplacerait l'autocratie, tandis que les dirigeants français, mis au courant, acceptent le principe à la double condition que l'Alsace-Lorraine serait restituée et l'Allemagne mise hors d'état de nuire.

Affaiblie par les armistices de Moudros (30 octobre) et de Villa Giusti (3 novembre), par lesquels ses alliés ottoman et autrichien mettent bas les armes, l'Allemagne envoie le 7 novembre une délégation dirigée par le député Mathias Erzberger, auprès de l'état-major français. Après que le 9 une révolution populaire a renversé à Berlin le régime impérial, les plénipotentiaires allemands signent l'armistice dans le wagon du maréchal Foch, stationné dans la clairière de Rethondes près de Compiègne, le 11 novembre 1918, vers 5 heures du matin. Les conditions sont dures, mais ont été allégées à la demande des envoyés allemands qui ont fait valoir la menace d'une révolution bolchevique : l'armée allemande doit livrer une grosse partie de ses armements (25 000 mitrailleuses, 5 000 canons, 1 700 avions), de son matériel de transport (5 000 camions, 5 000 locomotives) et évacuer la rive gauche du Rhin dans un délai d'un mois. A 11 heures du matin, les clairons, sur le front, les cloches, dans tous les villages et les villes de France, annoncent la fin des combats.

L'ultime effort moral. — Les offensives de début du printemps avaient été marquées par une innovation : Paris avait alors subi les effets directs de bombardements allemands, pratiqués à l'aide d'un canon de très fort calibre (420 mm) stationné dans la forêt de Saint-Gobain. Mais ces bombardements expérimentaux de la population civile ne produisent que des effets limités. Si les victoires de Ludendorff provoquent quelques mouvements de panique dans la capitale, l'ensemble de la population observe toujours une attitude de fermeté résignée mais résolue.

Au sein du mouvement ouvrier et socialiste, cependant, on observe une montée du courant pacifiste, voire défaitiste. De mars à mai, de grandes grèves paralysent des industries de guerre principalement dans la région parisienne et dans le bassin de Saint-Étienne. Les revendications matérielles n'en constituent pas la plate-forme. Les dirigeants zimmerwaldiens du mouvement mettent en avant la recherche de la paix, sans oser aller jusqu'au défaitisme, au moins ouvertement. Le gouvernement étouffe l'affaire par la censure et quelques arrestations. Dans l'ensemble cependant les ouvriers ne suivent pas. Il est significatif que le mouvement cesse avec le début de la troisième offensive allemande.

Même attitude chez les socialistes. Les majoritaires font accepter en février la participation de trois socialistes à des hauts-commissariats que leur propose Clemenceau ; ce n'est que le 27 juillet, après la fin de l'offensive allemande, que les longuettistes l'emportent définitivement sur les majoritaires en déclarant leur hostilité à toute intervention en Russie et leur ralliement aux 14 points du président Wilson. Au Congrès d'octobre 1918, les ex-minoritaires accèdent à la direction avec l'élection de Ludovic-Oscar Frossard au poste de secrétaire général.

L'annonce de la demande allemande le 6 octobre surprend l'opinion publique qui rapidement se sent partagée entre deux possibilités, qui divisent les dirigeants : au camp des « durs » (la droite nationaliste, nombre de radicaux, Poincaré), partisans de la poursuite de la guerre sur le sol ennemi, s'opposent les « conciliants » (Clemenceau, Foch et Pétain, désireux de ne pas user leurs troupes), favorables à un armistice immédiat sous la condition de la mise hors d'état de nuire de l'Allemagne. Finalement, les conditions connues, l'armistice est accepté et accueilli dans un enthousiasme délirant.

Le dénouement politique : le traité de Versailles (juillet 1919). — Dès la fin de 1918 s'ouvre le débat, capital et lourd de conséquences, de l'aménagement de la paix. L'opinion publique voit avant tout dans le règlement de la paix le moyen pour la France d'assurer sa sécurité et d'obtenir réparation des dommages subis. Les problèmes plus vastes soulevés par la déclaration du président Wilson, dite des 14 points (8 janvier 1918), tels une nouvelle organisation de l'Europe fondée sur le principe des nationalités, une « diplomatie ouverte », la liberté des mers, le libre-échange, un désarmement général et contrôlé, la création d'une Société des nations, destinée à promouvoir et à défendre ce nouvel ordre, ne rencontrent guère d'écho dans l'opinion française, sinon dans la gauche « pacifiste », socialiste et syndicaliste, qui lui réserve un chaleureux accueil lors de son arrivée en Europe.

Clemenceau prend en main la négociation, fort de la confiance que la Chambre lui accorde le 30 décembre 1918 par 386 voix contre 89. Sans être le moins du monde « wilsonien », il n'est nullement « expansionniste », comme les nationalistes de *L'Echo de Paris* ou de *L'Action française* qui le soutiennent depuis 1917. Son unique but avait été de recouvrer les provinces perdues, ce qui est réalisé *de facto* et *de jure* dès novembre 1918. Il doit cependant tenir compte d'une double exigence, celle des responsables français, militaires ou économiques, qui mettent en avant la double préoccupation de sécurité et de réparation ; celle, d'autre part, des alliés de la France soucieux d'éviter un écrasement trop marqué de l'Allemagne, les Britanniques dans leur souci traditionnel d'équilibre européen, Wilson pour promouvoir sa nouvelle diplomatie.

La conférence de la paix ouverte le 18 janvier 1919 regroupe les 27 Etats vainqueurs, à l'exclusion des vaincus. En fait, ce sont les 4 principaux vainqueurs, Wilson, Clemenceau, Lloyd George pour la Grande-Bretagne, Orlando pour l'Italie, qui mènent la discussion.

Trois questions provoquent tour à tour une série de conflits entre les Alliés.

La première concerne la sécurité. Foch préconise l'occupation de la rive gauche du Rhin, « son détachement politique... par rapport à l'Allemagne » et la « création... d'un ou plusieurs Etats autonomes ». Clemenceau dans un souci de sécurité soutient d'abord ces vues mais se heurte à l'opposition catégorique des Anglo-Saxons, qui proposent en échange un traité de « garantie » contre une agression allemande. Il est finalement décidé une occupation de quinze ans de la rive gauche, avec évacuation par tiers tous les cinq ans des trois secteurs d'occupation, Cologne, Mayence et Coblence, et la démilitarisation de la rive gauche et d'une bande de 50 km sur la rive droite (compromis du 22 avril).

La deuxième concerne à la fois la sécurité et les réparations. Renonçant le 17 mars à l'idée d'Etats rhénans, Clemenceau demande une annexion partielle de la Sarre ; en avril, on parvient à un compromis : la Sarre, placée sous administration SDN durant quinze ans, choisira à l'issue de ce laps de temps le rattachement à la France, ou à l'Allemagne, ou le maintien du *statu quo*. Les mines sont transférées à la France.

Le paiement de réparations financières est imposé à l'Allemagne, déclarée par le traité responsable de la guerre. Cette fois, l'intransigeance de la France, qui réclame l'établissement du montant en refusant d'envisager la question de la capacité allemande de paiement, l'emporte. Outre le versement d'un acompte important, il est décidé qu'une commission des réparations devra évaluer les dommages subis.

Les Alliés acceptent enfin le désarmement de l'Allemagne dont l'armée, réduite à 100 000 hommes, ne peut être munie de chars, ni d'avions, ni d'artillerie lourde, ni de flotte de guerre.

Le traité, signé le 29 juin 1919 par les Allemands, est ratifié par la Chambre le 2 octobre 1919. L'opinion est amère, accusant les Anglo-Saxons d'avoir privé le pays des fruits de sa victoire. En fait, les faiblesses du traité venaient d'ailleurs. Fondé sur une conception traditionnelle, il ne posait nullement les bases d'une reconstruction raisonnée de l'ordre économique et politique européen. Désireux d'affaiblir l'Allemagne, il ne pouvait, immanquablement, que mener à un réveil violent de son nationalisme. De ce fait, il n'assurait ni la sécurité de la France, plus que jamais dépendante des Anglo-Saxons, ni le paiement des indemnités fixées dans une perspective étroitement juridique, hors de toute logique économique.

BIBLIOGRAPHIE

Audoin-Rouzeau Stéphane, *14-18. Les combattants des tranchées*, Armand Colin, 1986.
Becker Jean-Jacques, *1914. Comment les Français sont entrés dans la guerre*, Presses de la Fondation nationale des sciences politiques, 1977.
Becker Jean-Jacques, *La France en guerre (1914-1918). La grande mutation*, Bruxelles, Complexe, 1988.
Becker Jean-Jacques, Berstein Serge, *Victoire et frustrations (1914-1929)*, Le Seuil, 1990.
Braudel Fernand, Labrousse Ernest (sous la direction de), *Histoire économique et sociale de la France*, t. 4, vol. 2 : *1914 - années 1950*, PUF, 1980.
Cholvy Gérard, Hilaire Yves-Marie (sous la direction de), *Histoire religieuse de la France contemporaine*, t. 2 : *1880-1930*, Toulouse, Privat, 1986.
Contamine Henry, *La victoire de la Marne*, Gallimard, 1970.
Duby Georges, Wallon Armand (sous la direction de), *Histoire de la France rurale*, t. 4, Le Seuil, 1977.
Duroselle Jean-Baptiste, *La France et les Français (1914-1920)*, Richelieu, 1972.

Duroselle Jean-Baptiste, *Clemenceau*, Fayard, 1988.

Ferro Marc, *La Grande Guerre*, Gallimard, 1969.

Gambiez Fernand, Suire Marc, *Histoire de la première guerre mondiale (1914-1918)*, Fayard, 1968.

Kriegel Annie, Becker Jean-Jacques, *1914, la guerre et le mouvement ouvrier français*, Armand Colin, 1964.

Kuisel Richard, *Le capitalisme d'Etat et l'Etat en France (Modernisation et dirigisme au vingtième siècle)*, Gallimard, 1981.

Léon Pierre (sous la direction de), *Histoire économique et sociale du monde*, t. 5, Armand Colin, 1977.

Mayeur Jean-Marie, *La vie politique sous la IIIe République*, Le Seuil, 1984.

Miquel Pierre, *La Grande Guerre*, Fayard, 1987.

Pédroncini Guy, *Les mutineries de l'armée française*, PUF, 1967.

Renouvin Pierre, *La crise européenne et la première guerre mondiale*, PUF, 1962.

Renouvin Pierre, *11 novembre 1918. L'armistice de Rethondes*, Gallimard, 1968.

Ouvrage collectif, *14-18. Mourir pour la patrie*, Le Seuil, 1992.

2. L'impossible retour
à l'avant-guerre (1919-1931)

L'opinion, au lendemain de la guerre, s'interroge sur les pertes et destructions, s'attachant surtout aux aspects les plus visibles, alors que les conséquences les plus importantes, notamment les déséquilibres nés du conflit, échappent à l'appréhension immédiate. Les années 1920 débutent mal : une période de crises monétaires et financières précède une stabilisation tardive, en 1926. De même, dans le domaine politique, une phase de luttes internes et passionnelles, de 1919 à 1926, débouche sur une situation plus stable, avec le regroupement réalisé en 1926 autour de Raymond Poincaré. Le fragile équilibre difficilement atteint allait être péniblement maintenu de 1926 à 1931.

Les marques de la guerre

Les hostilités terminées, le pays fait le compte des pertes et des destructions. Les pouvoirs publics et l'opinion s'attardent surtout sur les effets immédiats et visibles, alors que la portée des transformations est beaucoup plus considérable. Le conflit, s'il n'a pas par lui-même provoqué des mutations profondes, a créé les conditions nécessaires à leur apparition.

Les effets démographiques

Les victimes de la guerre. — Il faut distinguer :

— Les pertes militaires. Le nombre de soldats ou officiers tués au front, décédés dans la zone des armées ou « disparus », est estimé à 1 322 000 métropolitains, ce qui représente par rapport aux 7 900 000 mobilisés métropolitains environ 16,7 % de pertes. Le même calcul s'élève à 15,4 % pour les armées allemandes.

Les officiers ont été davantage touchés que les hommes de troupe (18,5 % parmi les officiers mobilisés, contre 16 % parmi les soldats ; parmi les troupes effectivement combattantes, en défalquant les services de l'arrière, 22 % contre 15,8 % pour les hommes de troupe). Les soldats des troupes coloniales ont perdu 15,2 % de leur effectif : 71 000 hommes par rapport aux 465 000 transportés en France, pour 16,5 pour l'ensemble des forces françaises.

Les pertes des agriculteurs ont été considérables, les plus élevées en valeur absolue : 538 000 tués ou disparus. Cette catégorie formait le gros des formations de fantassins, plus touchés que les artilleurs et le génie. Mais les pertes rapportées au nombre d'actifs de la catégorie en 1914 (996 tués ou disparus pour 10 000 actifs) se situent à la moyenne nationale : 990 pour 10 000. Les professions libérales et les fonctionnaires ont payé un tribut proportionnellement plus lourd (respectivement 1 070 et 1 055), ces catégories fournissant en effet l'encadrement, plus touché que les hommes de troupe. 7 400 instituteurs ont été tués, ainsi que 41 % des élèves de l'Ecole normale supérieure, les littéraires affectés dans l'infanterie subissant des pertes beaucoup plus lourdes que leurs condisciples scientifiques naturellement versés dans l'artillerie. Les actifs de l'industrie et des transports, par suite des affectations spéciales, ont perdu 877 et 810 actifs pour 10 000.

Les chiffres des morts doivent être complétés par ceux des soldats marqués durablement dans leur chair. Environ 3 000 000 d'hommes ont été blessés ; une statistique portant sur 2 000 000 d'entre eux révèle 60 % de blessures par obus, 34 % par balles, 0,7 par arme blanche. 1 200 000 sont considérés comme invalides de guerre, dont 280 000 mutilés. On dénombre au lendemain de la guerre 680 000 veuves, 760 000 orphelins, 650 000 ascendants qui ont perdu leur soutien.

— Les pertes civiles. Les pertes civiles liées directement à la guerre ne dépassent pas 40 000 personnes, victimes d'actes de violence ou de bombardements : 256 personnes ont été tuées à Paris par les tirs de la « Grosse Bertha » en 1918.

Les pertes indirectes résultent de l'évolution du mouvement naturel pendant la guerre. La natalité a chuté à partir d'avril 1915 pour atteindre son point le plus bas à la fin de 1915, avant de se relever très lentement pour repartir à nouveau en 1919. De 750 000 naissances pour l'immédiat avant-guerre (1911-1914), on est passé à 450 000 pendant les années 1915-1919, soit un « déficit » total de 1 500 000 naissances.

Effets sur la structure démographique. — La pyramide des âges de 1921 montre deux entailles à la base (les classes « creuses » de 2 à 7 ans) pour les deux sexes et au centre (classes 20 à 40 ans du côté masculin : 20 % de ces classes ont disparu). Le déséquilibre des sexes, l'accroissement relatif des classes d'âge de plus de 65 ans et la diminution corrélative des moins de 20 ans, donc le « vieillissement » global vont peser lourd sur la démographie de l'entre-deux-guerres. Mais le vieillissement, la baisse de la fécondité, aggravée par une hausse de la divortialité entre 1911-1913 et 1921-1925, ne sont pas liés à la guerre : ces phénomènes ne font que poursuivre des tendances déjà constatées avant 1914, largement amplifiées mais non provoquées par le conflit.

Le souvenir des disparus est rappelé par les 35 000 monuments aux morts, érigés pendant l'entre-deux-guerres dans quasiment toutes les communes de France. Monuments civiques, près de la mairie, parfois dotés de symboles religieux dans les régions « cléricales », souvent héroïques, parfois pacifistes, ces stèles perpétuent dans d'interminables listes le souvenir des morts, tout en rappelant la valeur permanente du sacrifice qui a permis la sauvegarde de l'indépendance de la nation. Ils deviennent des lieux de rassemblement, de commémoration et d'unanimité nationale, tout particulièrement pour la célébration du 11 novembre, devenue officiellement fête nationale en 1922, anniversaire « particulièrement respectable pour ceux mêmes qui boudaient le 14 juillet » (Maurice Agulhon). Ils jouent enfin un indispensable rôle pédagogique à l'égard des générations suivantes. Avec leurs symboles patriotiques (le drapeau, les palmes, le coq, la victoire), ils s'inscrivent désormais dans le paysage national.

L'économie

La guerre marque durablement l'économie française. Sans doute l'expérience étatiste fondée sur la maîtrise par l'Etat des circuits économiques par le contrôle de la demande (commandes militaires), l'affectation des hommes et des capitaux, la réglementation des échanges et des prix, prend-elle fin avec les hostilités, remplacée d'ailleurs par d'autres formes d'interventions par redistribution (allocations, pensions...). En fait, dans trois domaines, la guerre laisse des traces durables : elle a entraîné par les destructions et les pertes diverses un incontestable appauvrissement de la nation ; elle a abouti à une rapide usure du capital productif insuffisamment renouvelé pendant les hostilités ; elle a mené au détraquement de l'instrument de la circulation et des échanges, la monnaie.

Les destructions, pertes, endettement. — Dans les 10 départements dévastés, 17 000 édifices publics et 565 000 maisons ont été détruits ou endommagés, 2 552 000 ha de terrain agricole doivent être remis en état, de même que 62 000 km de route, 1 900 km de canaux, 5 600 km de voies ferrées. En ajoutant les dommages maritimes, on atteint un total estimé à 34 milliards de francs. Si le revenu national (total des richesses produites en une année) de 1913 peut être estimé à 42 milliards et l'investissement annuel à 5 milliards, selon Alfred Sauvy, ces destructions représentent près de dix mois de revenu 1913 et sept ans de création de capital au rythme de l'économie d'avant guerre. De fait, une dizaine d'années vont être nécessaires pour panser les plaies.

A ces destructions s'ajoutent les pertes des placements à l'étranger qui s'élevaient avant le conflit à 45 milliards de francs-or. 23 sont irrémédiablement perdus : 11 par suite des ventes et mises sous séquestre en Autriche, Allemagne, Turquie, 12 représentant les valeurs russes, considérées comme pratiquement irrécupérables après la victoire des bolcheviks en 1919-1920. La France a perdu en quatre ans plus de la moitié de sa fortune à l'étranger, cependant que l'endettement à l'égard des alliés se monte à 32 milliards de francs-or (dont il faut déduire 10 milliards de créances).

On comprend aisément que le problème des réparations par l'Allemagne occupe une position centrale dans la France des années 1920, lié à celui des dettes à l'égard des Américains. Quant à la perte des emprunts russes, ils vont influencer durablement l'attitude des épargnants.

La baisse de la production et l'usure du capital productif. — Tous les secteurs de la vie économique connaissent une baisse globale de la production. Les récoltes de 1919 représentent pour le blé, l'avoine et l'orge environ la moitié de celle de 1911-1913 ; celle de la betterave à sucre le cinquième ; celle des cultures fourragères les deux tiers. La production industrielle de 1919 se situe à 57 % de celle de 1913. Sur la base 100 en 1913, la métallurgie est à 29, le textile à 60, les industries extractives à 44, le bâtiment à 16, les industries mécaniques à 58. L'occupation allemande du Nord et du Nord-Est, la pénurie de main-d'œuvre, le manque de matières premières, l'orientation des investissements vers certains secteurs privilégiés expliquent cette situation.

Le redéploiement industriel est la deuxième caractéristique de la production de guerre. Alors que les secteurs non liés à la guerre (bâtiment, outillage agricole, métallurgie « civile »...) ont vu leur potentiel s'amenuiser, les productions de guerre ont connu un important développement de leurs investissements, lié à ceux de leurs chiffres d'affaires et de leurs bénéfices. La rationalisation et la taylorisation ont résulté de la pénurie de main-d'œuvre comme des délais impératifs de livraison. Ainsi l'aéronautique (200 000 salariés en 1919) et l'automobile (Renault a fourni des chars et des moteurs d'avions) témoignent de ces progrès structurels.

Mais cet aspect « positif » ne saurait être surestimé. Ce type d'innovation aurait pu se produire sans le conflit. « La guerre n'a pas créé de miracle industriel », a pu écrire François Caron. Le conflit, de manière générale, a engendré un retard que le pays s'est vu dans l'obligation de rattraper une fois la paix revenue.

Le dérèglement monétaire. — En ce domaine, le bouleversement a été brutal, décisif, sans doute irréparable. Avant 1914, le franc était défini par une quantité d'or (322,5 mg) inchangée depuis la loi du 7 germinal an XI (28 mars 1803) — d'où le nom de « franc germinal ». Le papier-monnaie restait convertible en or : la Banque de France, détentrice du monopole de l'émission, conservait la quantité de métal précieux nécessaire à des demandes d'échange éventuelles. Au plan extérieur, le système avait pour conséquence la stabilité du taux de change sur un marché où les devises, toutes définies par rapport au métal précieux, pouvaient s'échanger librement. Enfin la faiblesse des tensions sur les prix, due à une gestion rigoureuse du crédit et des finances publiques, permettait aux espèces monétaires de conserver leur valeur en termes de quantité de marchandises.

La guerre a bouleversé ce système. En août 1914, la Banque de France, craignant d'avoir à faire face à des demandes massives de remboursement, avait suspendu la convertibilité pour conserver son encaisse métallique (environ 4 milliards de francs en or), c'est-à-dire proclamé le « cours forcé » des billets. En 1919, cette mesure restait en vigueur. Elle avait, d'autre part, par le biais des avances faites au Trésor public ou du réescompte des bons du Trésor, été amenée à multiplier les émissions de papier-monnaie : la circulation de billets passe de 6 milliards en 1914 à 30 milliards à la fin de 1918. La multiplication des espèces allant de pair avec la pénurie de biens sur le marché, les prix n'avaient cessé de monter pendant la guerre : de 1914 à 1918 ils avaient quadruplé.

Sur le marché des changes, le franc a mieux résisté grâce à l'afflux des crédits anglais et américains. Si la baisse s'est accélérée en 1917, la dépréciation externe est restée très inférieure à la dévalorisation interne. En avril 1918, une loi avait dû réglementer les mouvements de capitaux. Le soutien américain et britannique, prolongé durant le premier semestre de 1919, permet d'éviter un effondrement du franc, dont la baisse s'annonce cependant durant les derniers mois de 1919.

Les responsables politiques et économiques s'accrochent cependant à la perspective d'une restauration de la situation d'avant guerre. Le remboursement des avances du Trésor à la Banque de France permettrait, selon eux, de réduire l'excédent en circulation et de rétablir la convertibilité. La désillusion sera lourde : une telle contraction de la masse monétaire, avec pour conséquences inévitables une baisse des revenus nominaux et un ralentissement des affaires, était pratiquement irréalisable.

L'opinion publique, dans sa quasi-totalité, participe aux mêmes illusions. Elle perçoit essentiellement les destructions et l'appauvrissement financier et se borne à constater, restant sur le terrain éthique et juridique, que l'agresseur, « le Boche », doit payer. Les réalités profondes et irréversibles que sont la fin du système monétaire mis au point au XIXe siècle, avec ce que cela peut supposer de transfert brutal de richesses par la voie de la dépréciation et de l'inflation, l'introduction dans le système capitaliste d'une rationalité économique globale qui fait de l'Etat le promoteur d'une action collective, au sein de laquelle sont associés les intérêts particuliers, l'apport de l'innovation technologique que représentent la taylorisation et la rationalisation, ne sont pas encore perçues par une opinion dont l'attention se concentre sur des préoccupations immédiates.

La société

La réalité de la guerre, vécue par les conscrits de toutes classes sociales de manière assez égalitaire, avec les nuances déjà vues, a influencé les structures sociales. Le conflit a ruiné, appauvri, parfois enrichi. Il a renforcé le rôle des acteurs collectifs. Enfin, il a entraîné l'apparition d'un groupe spécifique, les anciens combattants.

Enrichissement et appauvrissement. — La rumeur publique veut, sitôt le conflit terminé, qu'il y ait eu des « profiteurs » et des « victimes ». L'examen des trois blocs qui forment, à part égale, la société française, la paysannerie, la classe ouvrière et l'ensemble « bourgeoisie » - classes moyennes, montre un tableau plus nuancé.

— La paysannerie. Bien qu'ils aient été décimés par la guerre, les paysans font figure, au lendemain du conflit, de privilégiés. La hausse des prix des denrées agricoles, multipliés par quatre entre 1913 et 1920, les fait apparaître comme des profiteurs de la guerre. Il est indéniable qu'à l'issue du conflit les cultivateurs ont remboursé une partie de leurs dettes et acquis des terres nouvelles.

Il faut remarquer cependant que ces profits ont été moins considérables que ne l'imaginait l'opinion. La taxation des prix des denrées et le coût de la main-d'œuvre, particulièrement rare dans les campagnes, ont rogné les bénéfices. De plus, pendant quatre ans, les cultivateurs n'ont pu acheter le matériel nécessaire, dont la production avait d'ailleurs diminué. Les achats différés pèsent sur le budget d'après guerre. La guerre apparaît à distance comme une parenthèse : très vite les mouvements à long terme, la baisse tendancielle des prix et l'hémorragie de main-d'œuvre, attirée par les salaires plus élevés de l'industrie, reprennent le dessus.

— Les ouvriers. Le bilan matériel est défavorable, dans l'ensemble, à la classe ouvrière. La hausse des prix des denrées n'a pas été compensée par les augmentations de salaires accordées durant le conflit. La pénurie se prolonge au lendemain de la guerre jusqu'en 1920, la perte globale de pouvoir d'achat depuis 1913 se situant aux environs de 20 %.

Mais les effets négatifs du conflit ont été largement atténués par le plein-emploi — que les besoins de la reconstruction maintiennent dans l'immédiat après-guerre avant que la croissance ne prenne le relais —, les mesures protectrices comme le moratoire des loyers et les initiatives sociales prises par le ministre Thomas en matière d'arbitrage et de conflit de travail. A l'issue du conflit, la Chambre, en partie pour prévenir l'agitation qui se développe en réaction contre la vie chère, vote le 23 avril 1919 la journée de travail de huit heures. Une avancée sociale de taille, même si la mesure ne calme pas l'agitation qui gagne le milieu ouvrier.

— La « bourgeoisie » et les classes moyennes. Si l'on exclut les élites dirigeantes, faible couche numérique qui détient le pouvoir économique et politique, ces catégories représentent un vaste conglomérat hétérogène.

D'abord les salariés : les fonctionnaires sont atteints par la stagnation de leur traitement qui a été maintenu pendant les hostilités ; les employés supérieurs des affaires privées perdent leurs salaires mal compensés par les soldes d'officiers ; certains connaissent au lendemain de la guerre des problèmes de reclassement.

Les classes moyennes indépendantes, les rentiers, les professions libérales, le monde de l'entreprise commerciale et artisanale, moyenne et petite, sont diversement frappés. Il n'est pas exclu que les petites et moyennes entreprises, fournisseurs de guerre ou mercantis, aient pu dans certains cas prospérer — les petits bénéfices ont été beaucoup moins taxés que les gros. En revanche, les membres des professions libérales appelés sous les drapeaux ont souvent perdu leur clientèle et doivent se réinsérer, non sans difficultés.

Un point semble certain : le conflit a eu des effets négatifs sur les rentiers et propriétaires, frappés par le moratoire des loyers, la diminution des distributions de dividendes qui pénalise les porteurs d'actions, l'érosion monétaire qui atteint les détenteurs de titres à revenus fixes. L'Etat s'est endetté au-delà de toute mesure et, pour se libérer de sa dette, a reporté sur les rentiers, par l'inflation, le financement de la guerre. Psychologiquement, l'effet est désastreux : l'esprit d'épargne est déconsidéré.

Cet effacement des rentiers est sans nul doute un effet majeur de la guerre. Mais il convient de remarquer toutefois qu'une bonne partie des classes moyennes parvient à éviter la ruine. Le conflit a contribué à redistribuer certaines cartes, mais non à déstabiliser la société.

Le renforcement des acteurs collectifs. — L'économie de guerre, dans sa logique dirigiste et mobilisatrice, a favorisé la croissance des organismes collectifs, tant au niveau des salariés qu'à celui du patronat.

La CGT a connu une forte croissance de ses effectifs (entre 1 600 000 et 2 400 000 en 1920, contre moins de 700 000 avant la guerre). Léon Jouhaux et ses dirigeants ont soutenu jusqu'au bout l'Union sacrée grâce à laquelle la classe ouvrière a pu obtenir des avantages non négligeables, notamment en matière salariale, grâce à la politique d'intégration menée par Albert Thomas. Mais cette croissance qui touche la métallurgie, les chemins de fer, les ouvriers du textile, les mineurs, et qui est encore amplifiée par l'adhésion des postiers (décembre 1918) et des instituteurs (septembre 1919), aboutit à aggraver les tensions au sein de l'organisation.

S'appuyant sur les revendications portant sur la cherté de la vie, une minorité, formée de syndicalistes révolutionnaires d'avant guerre et d'admirateurs de la révolution bolchevique, lance une vague d'agitation qui culmine en mai-juin 1919, avec une manifestation violente le 1er mai et une grève de la métallurgie parisienne. Au Congrès de Lyon, en septembre 1919, Jouhaux et la majorité l'emportent encore avec un programme devenu de fait réformiste, fondé sur les nationalisations, mais la coupure des deux tendances, loin de disparaître, s'accentue encore davantage.

En marge de la CGT désunie apparaît, de surcroît, une deuxième confédération syndicale, ce qui représente une nouveauté dans le monde des salariés français. Fondée en mars 1919, la Confédération française des travailleurs chrétiens (CFTC) s'inspire de la doctrine sociale de l'Eglise catholique qui recommande le rejet de la lutte des classes et l'introduction d'une dimension de justice dans les rapports économiques. Forte de 150 000 membres, la CFTC recrute chez les employés (30 % des effectifs) et dans les pays de tradition religieuse (Nord, Alsace).

La nécessité de regrouper et de coordonner l'activité des entreprises dans le cadre du complexe militaro-industriel mis en place ne reste pas sans conséquence sur les structures patronales. Etienne Clémentel, ministre du Commerce de Clemenceau, le créateur des

« consortiums » commerciaux, lance l'idée d'une organisation regroupant l'ensemble des professions, favorablement accueillie par le patronat. En effet, si le rôle de l'Etat recule après la guerre, la distribution des dommages de guerre suppose des groupes représentatifs. La loi de mars 1919 sur les conventions collectives incite également aux regroupements, puisqu'elle substitue au contrat individuel un contrat issu d'une négociation entre les organisations patronales et ouvrières.

L'initiative de Clémentel aboutit donc en juillet 1919 à la création de la Confédération générale de la production française (CGPF), formée par 21 fédérations professionnelles regroupant au total 1 200 syndicats, nationaux et locaux. L'ensemble demeure d'ailleurs assez lâche et son champ de compétence reste limité par les organisations traditionnelles comme le Comité des Forges ou le Comité central des Houillères.

Rôle et poids des anciens combattants. — Groupe original, consubstantiellement lié au phénomène guerrier, regroupant l'ensemble de la société française, par-delà les clivages sociaux, la masse des anciens combattants joue un rôle primordial dans la France du lendemain de guerre, préoccupée d'indemnisations et de réparations.

6 400 000 mobilisés ont survécu à la guerre, représentant en 1920 55 % des plus de vingt ans, 45 % en 1930. A cette date, près d'un sur deux adhère à une association d'anciens combattants, soit spécialisée, regroupant telle catégorie de combattants, soit générale, dont les deux principales, l'Union fédérale (UF) et l'Union nationale des combattants (UNC), sont nées en 1918 (300 000 membres chacune en 1921).

Le rôle, étudié par Antoine Prost, de ces groupements qui naissent à peine au lendemain de la guerre est à la fois revendicatif, par la pression exercée sur les autorités dans le but d'obtenir une juste indemnisation des dommages subis, et moral, les anciens combattants se réservant le droit d'exprimer leur opinion sur la manière dont la nation est conduite, sans pour autant devenir une force politique à part entière. Le pacifisme et la distance à l'égard du parlementarisme deviennent rapidement les caractéristiques majeures de la sensibilité de ces associations.

La tendance démographique au vieillissement, l'émergence de nouvelles technologies du travail, l'apparition d'une nouvelle rationalité économique, l'affaiblissement à long terme de certains types de revenus, la croissance en nombre et en importance des structures collectives relèvent de tendances à long terme et ne sont donc pas imputables au conflit lui-même. Ce sont toutefois les événements de 1914-1918 qui ont amené à l'existence ces réalités virtuelles, et intensifié ou contrarié certains effets. Aussi bien l'ampleur de certains changements structuraux échappe-t-elle à l'opinion publique de 1919-1920. Celle-ci en reste aux effets extérieurs qui l'atteignent matériellement et moralement : les destructions et l'appauvrissement sont des plaies qu'il faut réparer le plus rapidement possible, mais en essayant de reconstituer à l'identique pour retrouver une période mythique, celle d'avant 1914, « la Belle Epoque ».

Hommes et majorité de 1919 à 1926

La reconstruction politique n'intervient qu'à la fin de l'année 1919, avec les élections législatives générales du 16 novembre. Jusqu'à cette date, la Chambre élue en 1914, dont les pouvoirs sont théoriquement arrivés à expiration en 1918, continue de siéger. Elle vote la loi des huit heures, ratifie le traité de Versailles et modifie le système électoral.

La victoire du Bloc national

L'adoption du système de représentation proportionnelle dans le cadre départemental, en juillet 1919, met un terme au scrutin d'arrondissement uninominal à deux tours, en vigueur depuis 1889, accusé de mener à la constitution de fiefs politiques et d'empêcher la formation de majorités claires. Mais une atténuation de taille est introduite dans le mode de représentation proportionnelle : une liste qui aura obtenu la majorité absolue des voix dans une circonscription remportera la totalité des sièges à pourvoir.

Précisément, la constitution des listes doit tenir compte de trois facteurs :

— la tendance de l'opinion à considérer que l'Union sacrée née dans la guerre doit être prolongée dans la paix pour résoudre les difficiles problèmes de l'application des traités et de la reconstruction ;

— la crise du Parti socialiste et son refus de prendre clairement position sur la question « bolcheviste ». La guerre provoque un afflux de nouveaux adhérents, dont beaucoup semblent attirés par la révolution bolchevique. En avril 1919, pour préserver l'unité, les socialistes décident de ne conclure aucun accord en vue des législatives de la fin de l'année. Cette décision isole les radicaux qui doivent renoncer à toute perspective d'alliance axée à gauche, comme en 1914, et permet le déclenchement d'une virulente campagne du centre et de la droite contre la sfio, accusée en bloc d'être favorable au bolchevisme ;

— la persistance des divisions partisanes traditionnelles. Si l'extrême droite monarchiste, l'Action française, est laissée à l'écart, l'accord semble bien difficile entre les autres composantes du système politique. A droite, les nationalistes, critiques à l'égard du régime parlementaire, les catholiques, réticents à l'égard des lois laïques, les « progressistes » (républicains les plus modérés d'avant guerre) acceptent un rapprochement avec les républicains modérés du centre droit, les « fermes laïques et bons républicains » ou « Républicains de gauche », souvent membres de l'Alliance démocratique, mais récusent tout accord avec les radicaux. Ces derniers, placés devant le refus socialiste, n'ont d'autre ressource que de se rapprocher, dans certains cas, des modérés du centre droit en excluant tout apport des droites, ou d'aller seuls à la bataille, affrontant dans ce cas des coalitions de centre droit constituées autour de l'Alliance.

Des négociations compliquées aboutissent à la constitution de 324 listes. Les socialistes composent des listes homogènes, les radicaux se divisent, certains figurant donc sur des listes d'alliance avec le centre droit (listes de « concentration »), d'autres constituant des listes isolées. Les listes dites de « Bloc national » regroupent généralement des nationalistes, des catholiques, des modérés « progressistes » et de l'Alliance démocratique. Le caractère hétéroclite de ces coalitions fait d'autant mieux ressortir la confusion de la campagne électorale. Cependant, de manière générale, les candidats du Bloc national s'accordent à prôner la stricte application des traités, la lutte contre le bolchevisme — sans que ce thème revête un caractère exclusif — et la fin du dirigisme. De manière isolée, Alexandre Millerand, qui dans le 2ᵉ secteur de la Seine mène une liste de large union, de Barrès aux radicaux, propose un renforcement du pouvoir présidentiel.

Les résultats en voix sont difficiles à estimer, sauf pour le Parti socialiste, le seul à présenter partout des listes homogènes. Il obtient 1 700 000 voix, soit 23 % des suffrages exprimés, contre 1 400 000 voix et 17 % en 1914. Mais ces progrès apparents sont dus, pour les trois quarts, au fait que le Parti socialiste n'avait pas présenté partout des candidats lors des législatives précédentes. Les radicaux reculent dans les secteurs où ils ont présenté des listes homogènes. Les listes de concentration et de Bloc national permettent à leurs composantes, réunies en 1919, de dépasser leurs scores de 1914.

La composition de la Chambre issue des élections présente trois caractéristiques :

— le personnel politique est largement renouvelé : 60 % des députés sont de nouveaux venus ;
— les anciens combattants y sont nombreux (44 %), d'où le surnom de Chambre « bleu horizon ». Répartis assez également parmi les divers groupes de l'Assemblée, parfois blessés ou mutilés, ils y jouissent d'un prestige particulier ;
— l'appartenance des députés après constitution des groupes fait apparaître une nette prédominance du centre et de la droite. Sur 616 députés, on compte :

Sensibilité politique	Nombre d'élus	Nombre de députés par rapport au total de la Chambre (en %)	% de députés de la catégorie élus sur liste Bloc national
Droite ([2])	212	34,5	57 ([1])
Centre droit (Alliance et radicaux indépendants) ([3])	203	33	79
Centre gauche ([4]) (radicaux et républicains socialistes)	112	18	34
Socialistes	68	11	0
Non inscrits	21	3,5	

([1]) Les 43 % restants ont été élus sur des listes de droite « pure », mais la majorité d'entre eux a déployé une thématique « Bloc national ».
([2]) Divisée en Indépendants (29) et Entente républicaine démocratique (183).
([3]) Divisé en trois groupes : Action républicaine et sociale, Républicains de gauche, Gauche républicaine démocratique, ce dernier très proche des radicaux.
([4]) Le groupe radical-socialiste compte 86 élus.

D'une telle répartition ressort nettement l'absence de majorité tranchée. Deux combinaisons sont en fait possibles : une majorité issue de l'union de la droite et de la plus grosse partie du centre droit, à l'exclusion du groupe charnière de la Gauche républicaine, ou bien une autre formule de type « concentration », fondée sur le rapprochement du centre droit et du centre gauche radical. De constantes fluctuations vont marquer la législature dite du « Bloc national ».

Le renouvellement de la Chambre est accompagné de celui de toutes les instances supérieures de l'Etat. Celui du Sénat, en janvier 1920, amène à la Haute Assemblée un fort contingent d'élus radicaux de tendance généralement favorable à la concentration. Elle se situe donc plus à gauche que la Chambre.

En janvier 1920, Poincaré, arrivé au terme de son mandat, doit quitter l'Elysée. Clemenceau envisage d'accéder à la magistrature suprême et d'y terminer sa carrière. Mais il s'est fait beaucoup d'ennemis. Les radicaux lui reprochent le sort fait à Malvy et Caillaux ; beaucoup de parlementaires ont mal supporté « le gouvernement de guerre » ; Briand redoute une exclusion prolongée du pouvoir qui lui serait insupportable ; surtout « le Tigre » ne se prononce pas clairement sur la politique d'apaisement religieux, mécontentant ainsi les catholiques qui forment les gros bataillons de l'Entente républicaine démocratique.

Aussi quand, le 20 janvier 1920, a lieu le vote préliminaire par lequel les députés et sénateurs « républicains » désignent le candidat à la présidence, Clemenceau est battu de 19 voix par le modéré Paul Deschanel que lui préfèrent les parlementaires. Ulcéré, il refuse de présenter sa candidature lors de l'élection officielle, qui, le lendemain, se termine par la victoire de son concurrent. Sa mise à l'écart représente une victoire pour le Parlement, dont beaucoup de membres, tout en approuvant la politique de Clemenceau, envisageaient mal un rétrécissement des prérogatives de l'instance législative par rapport à la présidence.

« Ni réaction, ni révolution »

Il apparut, d'entrée de jeu, qu'une distorsion allait s'instaurer entre la majorité de la Chambre, axée à droite, et les gouvernements successifs du « Bloc », orientés sensiblement plus au centre.

La politique intérieure, de 1919 à 1924, allait être dominée par l'existence de cette réalité fondamentale.

Des gouvernements de centre droit. — Quatre gouvernements allaient se succéder durant la législature. Alexandre Millerand paraît au lendemain de l'élection présidentielle le chef désigné du Bloc national. La formation de son gouvernement apparaît aussitôt comme un acte politique majeur : à l'Intérieur et aux Colonies, il nomme des radicaux ; s'il désigne au Commerce un notable catholique lyonnais, Auguste Isaac, importante personnalité de l'Entente, la majorité des ministres sont des hommes de l'Alliance ou des radicaux et radicalisants.

Elu en septembre 1920 président de la République en remplacement de Deschanel, démissionnaire pour raison de santé, Millerand, en nommant un de ses proches, Georges Leygues, tente de conserver un droit de regard sur la conduite des affaires, contrairement à « la tradition républicaine » qui voulait que le président s'abstienne de ce type d'intervention. La Chambre renverse Leygues et le remplace en janvier 1921 par Briand qui, pendant la campagne électorale de 1919, avait émis des réserves sur une extension trop à droite du Bloc national. Il accentue encore la physionomie centre gauche du gouvernement, jusqu'à sa chute en janvier 1922.

Raymond Poincaré, qui lui succède, est avant tout préoccupé, pendant les deux ans que dure son passage au gouvernement, de ne pas se couper des radicaux, tout en axant son gouvernement autour de l'Alliance (Barthou, Maginot). Malgré une opposition croissante des parlementaires du Parti radical, Poincaré garde des ministres de cette tendance jusqu'en mars 1924, date à laquelle ceux-ci préfèrent démissionner, à quelques semaines des élections.

Les gouvernements du Bloc national sont donc en décalage par rapport à la « majorité » parlementaire. Alors que celle-ci, largement renouvelée, est majoritairement axée à droite, le personnel dirigeant est toujours puisé dans le même vivier qu'avant guerre ; sa préoccupation constante, de 1919 à 1924, est d'éviter, grâce à un appui radical, de se retrouver prisonnier d'une droite dont les convictions républicaines et laïques ne lui apparaissent pas avec suffisamment de netteté.

La défense de l'ordre social. — Seul ciment susceptible de réunir la droite, le centre droit et une large fraction des radicaux, la politique de défense sociale menée pendant la période du Bloc national lui a longtemps conféré un aspect « réactionnaire », alors que la répression des mouvements « révolutionnaires » est une constante dans l'histoire de la IIIe République.

La poussée révolutionnaire perceptible en 1919, objet de la propagande des listes « Bloc national », se confirme en 1920. L'échec socialiste aux élections de 1919 amène au sein de la CGT une intensification de l'action des minoritaires, admirateurs de la révolution bolchevique. La prise de contrôle de la Fédération des transports leur permet de déclencher un mouvement de grève dans les chemins de fer au début de 1920 et d'obtenir du bureau confédéral l'extension du mot d'ordre à d'autres secteurs, notamment les mines. Ponctué d'incidents violents le 1er mai, le mouvement est peu suivi par l'ensemble des ouvriers et paraît le fait d'une minorité d'agitateurs politisés.

Le gouvernement Millerand réquisitionne les chemins de fer — tandis que les compagnies révoquent 22 000 agents — et entame des poursuites judiciaires contre la CGT. Le tribunal correctionnel de la Seine décide au début de 1921 la dissolution du syndicat, mais l'application de la sentence est suspendue par suite de l'appel interjeté par la CGT. La direction de celle-ci, qui avait lancé le 21 mai 1920 l'ordre de reprise du travail, sort considérablement affaiblie de l'épreuve qui accentue la division interne de l'organisation. La scission est désormais en marche.

Au début de 1921, l'affaiblissement du mouvement syndical amène un retour du calme social, alors que les questions extérieures et financières accaparent l'attention de l'opinion publique.

Bloc national et laïcité. — Ce point de débat, susceptible de rompre l'accord de la droite catholique et du centre droit laïque, tout en provoquant un rapprochement de celui-ci avec les radicaux, apparaît dès le départ comme particulièrement délicat. Condamnées par la papauté, considérées comme injustes et discriminatoires par les catholiques, les lois laïques qui limitent la liberté d'enseignement des congrégations religieuses, leur existence même et prétendent imposer des associations cultuelles qui auraient la charge de gérer les biens afférents au culte, sont réputées intangibles par les républicains laïques de gouvernement. Mais un bon nombre parmi ceux-ci estiment qu'une application large et libérale de ces lois pourrait amener le Saint-Siège à lever l'interdit qui pèse sur elles.

Le gouvernement du Bloc donne une première preuve de sa volonté d'apaisement en refusant d'appliquer les lois laïques à l'Alsace-Lorraine, respectant en cela la volonté des populations des anciennes provinces perdues, qui conservent le bénéfice du régime concordataire : les ecclésiastiques y sont rémunérés par l'Etat et l'école reste confessionnelle. En mai 1921, Briand désigne un ambassadeur auprès du Saint-Siège, le sénateur Charles Jonnart, président de l'Alliance démocratique, partisan d'une politique d'application tolérante des lois laïques. La négociation, soumise à la double pression des catholiques intransigeants qui souhaitent le maintien des interdits pontificaux et des laïques sourcilleux, radicaux ou membres de l'Alliance, aboutit à un succès, puisque le pape Pie XI, au début de 1924, autorise la formation d' « associations diocésaines », fort proches des associations cultuelles de la loi de 1905.

Ainsi les gouvernements du « Bloc » ont-ils résolu un conflit vieux de vingt ans sans la moindre renonciation à la législation laïque : en matière scolaire, notamment, le problème demeure entier. Mais un pas considérable a été franchi : la présence massive des catholiques au Parlement et l'application tolérante de la loi républicaine achèvent ce que la guerre avait commencé, l'intégration des catholiques au régime.

Les désillusions extérieures et financières. — Ces désillusions seront sensibles dans deux domaines notamment :

— La politique extérieure. Inspirés par une double préoccupation, la sécurité et les réparations, les gouvernements du Bloc national, gênés par l'attitude réservée des Alliés, hésitent sur l'attitude à adopter. Millerand, en 1920, semble renoncer à la sécurité au profit des réparations. Briand, après avoir fait occuper en mars 1921 Düsseldorf, Duisbourg et Ruhrort, se tourne à la fin de l'année vers une solution négociée sur les réparations, qui provoque sa chute. Poincaré, déterminé à obtenir le paiement allemand, s'engage dans la politique de « saisie d'un gage productif » en ordonnant l'occupation de la Ruhr le 11 janvier 1923.

Par voie de conséquence, les affaires extérieures permettent l'amorce d'un reclassement politique. Les radicaux et leur président, Edouard Herriot, soutiennent Briand en 1921, mais manifestent leur hostilité à l'occupation de la Ruhr, surtout à partir de l'été 1923. L'opinion française, quant à elle, évolue de 1920 à 1923.

Sans doute existe-t-il encore en 1920 un large consensus sur la sécurité et les réparations. Mais l'opération de la Ruhr soulève de grandes réserves chez les Français, inquiets devant la perspective d'un conflit armé. Aussi quand, en octobre 1923, Poincaré accepte, sous la pression anglo-saxonne, d'ouvrir des négociations qui aboutissent au plan Dawes en avril 1924, le soulagement est-il réel dans une opinion qui aspire avant tout à la paix.

— Les difficultés financières. Le Bloc national avait fondé sa politique financière sur deux principes, le maintien du franc à sa valeur officielle et l'affectation des réparations allemandes aux énormes dépenses nées de la reconstruction.

Cette politique monétaire se révèle rapidement impraticable avec la cessation dès mars et juillet 1919 du soutien britannique et américain de la devise française sur le marché des changes. Les besoins de produits importés restant considérables, une limitation des importations avec contrôle des changes étant exclue, il s'ensuit naturellement une chute de la monnaie française par rapport à la livre et au dollar. Elle perd 50 % de sa valeur en 1919 et 33 % en 1920. Le ralentissement mondial de 1921-1922 fait croire à une amélioration, mais, dans les dernières semaines de 1923, une vaste opération spéculative, d'origine aussi bien nationale qu'étrangère, se déclenche contre le franc et se prolonge jusqu'au mois de mars 1924, faisant passer la livre de 83 F à 125 F, le dollar de 19 F à 28 F.

Le déficit des finances de l'Etat, provoqué par les dépenses considérables relatives à la reconstruction, est naturellement vertigineux : 17 milliards en 1920, 9 en 1921 et 1922, 12 en 1923, alors que les versements allemands n'ont pas dépassé 3 milliards de marks-or. Les ministres des Finances, pour éviter d'accroître la charge fiscale, doivent recourir à un endettement croissant, qui atteint en 1921 la limite du soutenable par rapport au revenu national.

Ce double échec, fondé sur la double croyance d'un prolongement de l'appui anglo-américain et d'un paiement des réparations allemandes, marque la fin des illusions gouvernementales. En février 1924, Poincaré prend une série de mesures énergiques en augmentant de 20 % les impôts directs et en contractant, pour rééquilibrer le marché des changes, une série de prêts auprès de la finance privée américaine, accordés contre promesse d'un aménagement des réparations. Le « Verdun financier », fondé sur la contrainte fiscale, va coûter cher à la majorité sortante lors des élections générales.

Le Cartel des gauches (1924-1926)

Formation et victoire du Cartel des gauches. — A partir de 1923, la perspective de l'échéance électorale de 1924 accapare l'attention des forces politiques dont l'équilibre et la répartition se sont modifiés au cours des trois années précédentes.

Le Parti radical, dont l'attitude en 1919 avait reflété le grand embarras devant les nécessités de la persistance de l'Union sacrée, se reconstitue progressivement de 1920 à 1923. Une base militante nouvelle, plus jeune, plus orientée vers l'alliance à gauche que les parlementaires et les notables partisans de l'entente avec le centre droit, appuie Edouard Herriot, président du parti depuis 1919, dans sa politique de rapprochement avec les socialistes.

A l'extrême gauche, la majorité des délégués du Congrès du Parti socialiste SFIO avait décidé le 29 décembre 1920, à Tours, d'adhérer à la IIIe Internationale et de fonder le Parti communiste, mettant ainsi un terme au débat qui opposait partisans et adversaires de la révolution bolchevique. La SFIO, au sein de laquelle se rassemble la minorité de Tours, est difficilement reconstruite sous l'égide de Jean Longuet et de Léon Blum. Alors que le Parti communiste va séparément à la bataille, les socialistes hésitent sur l'attitude à adopter. L'alliance avec les radicaux paraît à certains d'entre eux une compromission dangereuse, tandis que d'autres redoutent l'isolement qui mènerait inéluctablement à la défaite. En janvier 1924, la SFIO décide de former avec les radicaux des listes de coalition, dans le cadre d'un accord purement électoral limité au temps du scrutin (« un accord d'une minute »), sans le moindre programme de gouvernement. La décision étant laissée aux fédérations départementales, l'accord n'est réalisé que dans 64 circonscriptions sur 97, certains radicaux préférant l'alliance avec le centre droit.

Ce dernier fait illustre bien la situation de la majorité sortante, incapable de s'unir en vue des élections. Poincaré, pressenti pour être son chef, soucieux de préserver les chances d'une solution de concentration avec les radicaux qui a toujours sa préférence, observe un silence prudent. Autour de lui, se forment des listes de centre droit, groupant les « républicains de gauche » (l'Alliance) et les « radicaux nationaux » (qui refusent l'alliance socialiste). Millerand, au contraire, sortant de la réserve à laquelle est traditionnellement tenu le chef de l'Etat, prononce en octobre 1923, à Evreux, un vigoureux discours dans lequel, faisant l'apologie de la majorité sortante, il réclame une réforme constitutionnelle tendant à accroître les pouvoirs du président de la République. Autour de lui se regroupent les hommes de l'Entente républicaine démocratique, la fraction droite du Bloc national, qui forment des listes d' « Union républicaine et de concorde nationale ».

La division de la majorité sortante va provoquer sa défaite en sièges sinon en suffrages. En effet, l'extrême droite, la droite et le centre droit obtiennent 4,5 millions de voix contre 4,2 millions qui se portent sur les listes des gauches, communistes compris. Mais le système électoral privilégie cette fois les listes cartellistes.

Aussi la répartition des députés après l'élection montre-t-elle une victoire des gauches en sièges :

Gauches **353**	Communistes			26
	Cartel élargi 327	Cartel *stricto sensu* 287	— Socialistes	104
			— Républicains socialistes	44
			— Radicaux	139
		— Radicaux indépendants ([1])		40
Droites **228**	— Centre droit ([2]) et démocrates-chrétiens ([3])			95
	— Droite ([4])			104
	— Non inscrits			29
				581

Majorité absolue : 291

([1]) Groupe de la « Gauche radicale ».
([2]) Groupe des « Républicains de gauche » et de la « Gauche républicaine démocratique », dont les membres appartiennent souvent à l'Alliance démocratique.
([3]) La présence de 14 députés démocrates-chrétiens représente une nouveauté.
([4]) Groupe de l'URD (Union républicaine démocratique), successeur de l'Entente républicaine démocratique, lié à la Fédération républicaine.

Mais cette victoire des gauches (353 élus contre 228) est en fait illusoire : les 26 communistes votent systématiquement contre le Cartel ; le groupe de la Gauche radicale, proche des radicaux-socialistes sur le plan religieux, vote avec les droites sur le plan financier. La majorité cartelliste *stricto sensu* se réduit donc à 287 représentants, alors que la majorité absolue des voix se situe à 291 suffrages.

La coalition victorieuse soulève aussitôt le problème posé par l'intervention du président de la République au cours de la campagne électorale, qu'elle estime contraire à la « tradition républicaine ». Dès la réunion de la Chambre, le 2 juin, le groupe radical demande son départ. Trois jours plus tard, Herriot refuse de répondre à l'appel du président qui lui demande de constituer le gouvernement. Le 8, Millerand désigne comme président du Conseil un de ses amis du centre droit, Frédéric François-Marsal, avec l'espoir de provoquer à la Chambre et au Sénat un débat sur l'irresponsabilité présidentielle et donc sur le caractère inconstitutionnel de l'attitude cartelliste. Vaine manœuvre : la majorité de la Chambre demande l'ajournement de la discussion jusqu'à la présentation d'un gouvernement conforme aux vœux exprimés par le pays. Le 11 juin, Millerand démissionne. Son échec signifie celui des projets de révision constitutionnelle tendant à renforcer l'exécutif, qui lui tenaient tant à cœur.

La nouvelle majorité prend alors ses dispositions pour faire élire un des siens. Lors de la réunion préparatoire à laquelle seuls participent les groupes du Cartel, le républicain socialiste Paul Painlevé est désigné comme candidat, mais 30 % des suffrages environ se portent sur un radical modéré qui n'avait pas officiellement posé sa candidature, le président du Sénat Gaston Doumergue. Celui-ci, soutenu par la droite des radicaux, dont de nombreux sénateurs, le centre droit et la droite, l'emporte le 13 juin sur Painlevé. Cet échec montre nettement les limites de la majorité parlementaire.

Le ministère Herriot. — Dès le lendemain de son élection, Doumergue appelle Herriot à former un gouvernement que les socialistes s'engagent à soutenir sans accorder leur participation. Les radicaux y sont majoritaires, renforcés par des républicains socialistes et des radicaux indépendants. Le nouveau gouvernement entend marquer son caractère orienté à gauche par des mesures symboliques, en amnistiant les condamnés de la guerre, notamment Malvy et Caillaux, et en faisant transférer les cendres de Jaurès au Panthéon. Mais c'est l'application de son programme religieux qui provoque les premières véritables difficultés de la nouvelle majorité.

— L'échec de la politique laïque. Le retour à une stricte politique laïque figurait parmi les intentions du Cartel. Herriot, mû par le simple désir de restaurer la légalité républicaine, annonce dans sa déclaration de gouvernement son intention d'appliquer la législation laïque à l'Alsace-Lorraine, de supprimer l'ambassade au Vatican, et d'appliquer la loi de 1901 aux congrégations religieuses que les gouvernements de la législature précédente avaient laissées se reconstituer sans autorisation, en violation des dispositions légales.

Ces déclarations soulèvent aussitôt de très vives oppositions. Affirmant haut et fort leur refus absolu de tels projets, les catholiques se groupent en puissantes associations. En août 1924, apparaît le mouvement pour la Défense des religieux anciens combattants (DRAC), créé par le P. Doncœur. En février 1925, la Fédération nationale catholique, issue des comités diocésains, est mise sur pied par un chef prestigieux de la Grande Guerre, le général de Castelnau. Cette organisation, axée sur la défense religieuse, réunit dans de vastes rassemblements des dizaines de milliers de citoyens à la fin de 1924 et au début de 1925. Le vote du principe de la suppression de l'ambassade auprès du Saint-Siège, acquis en février, amène un redoublement de la campagne. En mars, les archevêques publient un manifeste dans lequel se trouve condamné le principe même de la neutralité de l'Etat en matière religieuse.

L'ampleur d'une telle résistance amène alors Herriot, surpris, à renoncer en janvier 1925 à l'application des lois laïques à l'Alsace-Lorraine. Son successeur, Paul Painlevé, se prononce pour le maintien de l'ambassade en avril 1925, lors de sa déclaration d'investiture. La querelle se solde donc par un échec total pour le Cartel, qui s'est révélé incapable d'appliquer son programme et semble, aux yeux d'une large partie de l'opinion, avoir réveillé des querelles qui paraissaient à beaucoup révolues. La surprise même des chefs du Cartel, décontenancés par une telle opposition, montre à quel point l'affaire avait été engagée sans réflexion préalable, peut-être sous la pression des éléments les plus sectaires de la nouvelle majorité.

— La crise financière. Le montant de la dette intérieure de l'Etat, non compris les avances de la Banque de France, s'est considérablement accru sous la législature précédente, passant de 150 milliards en 1918 à 330 milliards en 1923, pour atteindre 338 milliards à la fin de 1924. Elle est, pour la plus grosse partie, formée de bons à court terme, ce qui suppose un renouvellement régulier des souscriptions lors de l'arrivée des échéances. Alors que les radicaux n'ont guère de programme précis sur ce sujet, les socialistes parlent d'impôt sur le capital et de consolidation forcée, c'est-à-dire de transformation autoritaire du court en long terme, projets qui ne semblent guère de nature à rassurer l'épargne. Dès la victoire du Cartel des gauches, et durant le second semestre de 1924, le placement des bons à court terme se révèle de plus en plus difficile par suite de la crainte des mesures proposées, largement amplifiée par la campagne dirigée contre le gouvernement par les groupes de défense catholique et l'hostilité systématique des organismes bancaires qui déconseillent à leurs clients ce type de placement.

Aussi, très vite, la seule solution pour le ministre des Finances Clémentel est-elle de recourir aux avances de la Banque de France. Mais celles-ci, soumises à une limitation légale, ne peuvent dépasser un montant maximum (un « plafond »), comme d'ailleurs la circulation fiduciaire dont la Banque a la responsabilité en vertu de son monopole d'émission des billets. Au cours du second semestre de 1924, le gouvernement obtient une série d'avances qui mènent à des dépassements du plafond légal. Temporaire au départ, et dissimulée par divers artifices, cette pratique devient systématique au début de 1925.

Le gouverneur de la Banque demande alors au gouvernement le vote d'une loi autorisant une augmentation du plafond. Herriot refuse : user de ce procédé mènerait à révéler l'ampleur des dépassements pratiqués depuis quelques mois. Il semble prêter une oreille attentive à une proposition d'impôt sur le capital, relancée par Blum à la fin du mois de mars 1925. Herriot, qui n'y croit sans doute guère lui-même, cherche en fait une porte de sortie honorable qui le fasse « tomber à gauche ». Le 10 avril 1925, alors que la Banque de France révèle l'ampleur des avances consenties, les sénateurs, y compris certains radicaux, renversent le cabinet Herriot.

La fin du Cartel (avril 1925 - juillet 1926). — Durant une année (avril 1925 - juillet 1926), ses successeurs recherchent une formule susceptible de fournir une alternative à la solution cartelliste. Painlevé (avril-novembre 1925), appuyé par Caillaux, qu'il nomme ministre des Finances, adopte une ligne plus centriste, renonçant à l'idée d'impôt sur le capital et à la suppression de l'ambassade auprès du Saint-Siège. Le souple et rusé Briand tente à trois reprises (novembre 1925, mars et juin 1926) d'adopter franchement une formule de concentration, toujours avec l'appui de Joseph Caillaux. Herriot, appuyé sur les militants et l'aile gauche du Parti radical au Parlement, s'y oppose, et provoque la chute répétée de ces gouvernements, pour lesquels les hommes du centre droit n'ont d'ailleurs aucune complaisance, car ils souhaitent de plus en plus ardemment le retour de Poincaré.

L'instabilité se déroule sur fond de crise des changes. La révélation du dépassement du « plafond » au printemps 1925, l'incertitude politique qui suit la chute d'Herriot et l'absence de définition d'une politique de redressement financier amènent les opérateurs français à se couvrir en devises étrangères. La livre passe de 100 F en juin 1925 à 109 F en octobre, 130 F en décembre, 144 F en avril 1926, 172 F à la fin du mois de mai. Caillaux, ministre des Finances de Briand, propose en juillet 1926 un plan de redressement classique, tendant à rassurer l'épargne. Herriot renverse alors le gouvernement avec l'appui des socialistes et d'un tiers des radicaux.

Le président Doumergue, désireux, pour hâter la fin du Cartel, de démontrer que cette formule n'offre aucune perspective gouvernementale, fait appel à Herriot. Le gouvernement, formé le 20 juillet, se heurte aussitôt à la Banque de France qui exige une loi sur le relèvement du « plafond », aux porteurs de bons qui boudent les échéances, aux épargnants qui, affolés par la presse conservatrice, procèdent au retrait de leurs dépôts, aux opérateurs qui accentuent la chute du franc sur le marché des changes : la livre passe à 235 F le 21 juillet. Le lendemain, mis en minorité, Herriot tombe pour la deuxième fois, abandonné par une partie de la Gauche radicale et des républicains socialistes.

Ces événements ont donné lieu à des interprétations divergentes. Pour Herriot et ses amis, le gouvernement a été victime des milieux financiers, en particulier de la Banque de France, organisme alors privé dirigé par un Conseil de régence, émanation de l'oligarchie financière, qui a refusé à un pouvoir de gauche les facilités qu'il avait consenties à la droite. Les adversaires du Cartel font valoir « le plébiscite des porteurs de bons », paisibles épargnants effrayés par les projets spoliateurs des collectivistes. Ces deux réalités ne sont guère contestables. Plus complexe est la question du ressort profond du comportement des épargnants et des banquiers, inspirés soit par l'hostilité politique, soit par la peur réelle de la faillite : Jean-Noël Jeanneney a montré le subtil enchevêtrement de leurs motivations.

La portée politique de cet échec est considérable. La formule du « Bloc des gauches », la seule possible avant la guerre en dehors de celle de la « concentration républicaine » (alliance des radicaux et des modérés), s'est révélée impraticable, faute d'un support valable qui ne pouvait plus guère être la défense de la laïcité. L'alliance du Parti radical, devenu dès avant la guerre un parti de gestion acquis à un libéralisme économique non exclusif de réformisme, avec le

Parti socialiste, qui ne perdait pas une occasion d'affirmer son identité révolutionnaire, ne pouvait donc déboucher que sur une alliance électorale purement tactique, sans perspective gouvernementale claire et précise. Ainsi s'explique aisément la facilité du passage du Bloc des gauches à la formule de concentration républicaine au cours de l'été 1926.

Idées et forces politiques dans les années 1920

La guerre a conforté le régime républicain, qui a démontré sa capacité à mener la nation au travers de difficiles épreuves. Mais les ambiguïtés du Bloc national et l'échec du Bloc des gauches montrent bien la persistance des clivages politiques traditionnels.

Les mouvements réactionnaires et antiparlementaires

La droite contre-révolutionnaire : l'Action française. — Une droite extrême perdure dans les années 1920, qui, prônant une restauration monarchique, met en cause la forme même du régime républicain, dont elle conteste la base fondamentale, la référence aux principes de la Révolution française, les droits de l'homme et la souveraineté de la nation. Fondée au printemps de 1905, la Ligue d'Action française s'est formée autour de la revue du même nom, apparue en juin 1899 à l'initiative d'un comité antidreyfusard. Portée par le courant nationaliste, elle s'est développée avant et pendant la guerre, à l'issue de laquelle un de ses chefs, Léon Daudet, est élu député à la Chambre bleu horizon.

La ligue, qui continue à se développer durant la première partie des années 1920, bénéficie du prestige intellectuel de son maître à penser, Charles Maurras, partisan d'une monarchie fondée sur la tradition sans référence à la souveraineté de la nation, d'une société formée de groupes organisés hiérarchiquement et non d'individus isolés abstraitement égaux, d'une nation cimentée par les coutumes, la langue, la religion, soucieuse de préserver son identité par l'exclusion des éléments étrangers difficilement assimilables. Cette doctrine, synthèse du royalisme et du nationalisme, est diffusée par l'organe du mouvement, *L'Action française*, devenu quotidien en 1908, qui tire à plusieurs dizaines de milliers d'exemplaires en 1919.

L'influence électorale du mouvement reste faible, son extension militante assez réduite, peut-être 30 000 (?) membres cotisants en 1924, mais il est présent en milieu étudiant, où les Camelots du Roi, l'organisation de choc du mouvement, se signalent par diverses manifestations et chahuts. S'il recueille des adhérents dans une fraction des classes moyennes, chez les militaires ou les commerçants notamment, son influence est nulle en milieu ouvrier. L'Action française vise surtout à influencer les esprits : outre le journal, fort bien écrit, d'autres organes, *Candide*, la *Revue universelle*, dirigés par Jacques Bainville, contribuent à la diffusion d'un état d'esprit favorable au maurrassisme, de même que la collection des « Grandes Etudes historiques » publiée chez Arthème Fayard.

Le mouvement qui ne cesse dans les années 1920 de surenchérir dans un sens nationaliste, voit son essor arrêté par ses démêlés avec l'Eglise catholique. Inquiet des fondements naturalistes de la doctrine de Maurras qui, reposant sur une méthode positiviste, écarte toute considération d'ordre surnaturel, et de son emprise sur la jeunesse, le pape Pie XI ordonne aux catholiques de rompre avec le mouvement en décembre 1926. Pour couper court à la résistance qui s'amorce, il assortit sa décision de sanctions disciplinaires en mars 1927, en interdisant l'accès des sacrements aux ligueurs obstinés. Ce conflit porte un rude coup à la ligue dont l'influence diminue à partir de la fin des années 1920.

La droite antiparlementaire. — Egalement situés à l'extérieur du système parlementaire, les représentants de la droite autoritaire et antiparlementaire, favorables à un pouvoir fort appuyé sur le peuple, figurent encore sur le spectre des forces politiques. Si les bonapartistes « purs » sont peu nombreux, les héritiers des ligues antidreyfusardes se manifestent de façon bruyante, surtout sous les gouvernements du Cartel des gauches. Issues de la vieille Ligue des patriotes de Déroulède, dont le général de Castelnau a pris la présidence après le décès de Barrès en 1923, les Jeunesses patriotes deviennent autonomes en décembre 1924, puis indépendantes en 1926, sous la direction de l'industriel et patron de presse Pierre Taittinger.

Les Jeunesses patriotes ont un uniforme (imperméable bleu et béret), une organisation paramilitaire, le goût des parades, défilés et rassemblements. Le mouvement ne se donne pas pour objectif l'action électorale, mais la démonstration de rues, tendant à dissuader, par l'étalage de « la machine de guerre nationale », toute tentative révolutionnaire. Il ne vise nullement à établir une dictature, mais prône un renforcement de l'exécutif, qui serait confié à un président de la République élu par un corps élargi, et dont les prérogatives seraient renforcées face à un Parlement dont les droits d'initiative et d'amendement seraient limités.

La ligue connaît un succès indéniable dans les grandes agglomérations et en milieu étudiant : le mouvement aurait compté plusieurs dizaines de milliers d'adhérents à la fin des années 1920 (100 000 en 1929 ?). Si certaines apparences ont pu faire évoquer le fascisme, le programme de Taittinger reste dans la tradition nationaliste et plébiscitaire. Les Jeunesses patriotes ne se développent d'ailleurs que par réaction aux gouvernements du Cartel, dont ils condamnent la faiblesse face au communisme et l'inefficacité devant la chute de la monnaie. A partir de 1926, sous l'ère poincariste, leur chef se rallie au sauveur du franc, montrant ainsi les limites de sa révolte antiparlementaire.

Plus originale et plus éphémère semble l'expérience du Faisceau (1925-1928). Son fondateur, Georges Valois, militant d'Action française, voit dans le fascisme italien une révolution d'origine populaire susceptible d'aboutir à une organisation sociale qui, fondée sur un système de corporations, permettrait de surmonter les conflits qui déchirent la société libérale. Financé par des hommes d'affaires qui voient en lui un moyen de défense contre le Cartel, le Faisceau connaît un certain développement, attirant quelques militants venus de la gauche socialiste et syndicaliste. Sa théorie d'un Etat antiparlementaire et corporatiste aux mains des combattants et des producteurs représenterait « un avatar modéré du fascisme, adapté au tempérament national français, petit-bourgeois » (Philippe Machefer). L'Union nationale porte en 1926 un coup mortel au Faisceau : les bailleurs de fonds se dérobent, les militants l'abandonnent. Peu d'entre eux avaient sérieusement adhéré à la doctrine du fondateur.

Les marges républicaines : catholiques et conservateurs

Les catholiques et la République. — Les catholiques ne forment nullement un groupe politique homogène. Avant la guerre, la lutte contre les lois laïques avait pu sembler un dénominateur commun à des groupes déjà très divers. L'Union sacrée, la politique du Bloc national et l'apurement du contentieux entre l'Eglise et l'Etat provoquent le ralliement d'une grande partie des catholiques à la République, même si de graves réserves subsistent à propos des lois laïques. D'autre part, les conceptions de Pie XI, élu pape en 1922, l'amènent à refuser de donner une caution quelconque à un mouvement politique particulier, l'essentiel pour lui n'étant pas d'occuper des positions du pouvoir, mais de promouvoir une action d'évangélisation de la société, au sein des divers mouvements d'action catholique.

Les catholiques sont donc dispersés au gré de la diversité des sensibilités. A l'extrême droite, une forte minorité d'entre eux adhère à l'Action française, au moins jusqu'à la condamnation de 1926-1927. Beaucoup de catholiques conservateurs, venus en grande partie de l'Action libérale populaire d'avant guerre, qui cesse toute activité dans les années 1920, rejoignent les rangs de la droite parlementaire, à l'URD et à la Fédération républicaine.

Une troisième fraction, promise à un grand avenir, moins importante alors que celle des catholiques conservateurs, est à l'origine d'un parti démocrate-chrétien, le Parti démocrate populaire (PDP), formé en septembre 1924. Le parti, fort de 10 000 militants à la fin des années 1920, présidé à partir de 1929 par Auguste Champetier de Ribes, dispose de 19 députés dans la Chambre de 1928, souvent élus dans l'Ouest. Le PDP accepte les institutions républicaines, qu'il propose de « démocratiser » encore en décentralisant et en assurant une représentation spécifique des intérêts économiques et sociaux. Favorable à un réformisme social qui prône les huit heures, les congés payés et les assurances sociales, il défend la politique extérieure de sécurité collective. Le PDP, par ses options, se situe de plain-pied dans le camp républicain, sans la moindre contestation possible.

Enfin, beaucoup plus à gauche, Marc Sangnier, fondateur du Sillon, condamné par Rome en 1911, puis de la Jeune République, favorable à un rapprochement avec la gauche laïque et socialiste, se fait dans les années 1920 l'apôtre de la réconciliation franco-allemande. Mais il reste minoritaire.

La droite parlementaire. — Forte de 104 députés en 1924 et 102 en 1928, recueillant 3 et 2,3 millions de voix lors de ces consultations, la droite parlementaire n'aura guère de représentants au pouvoir, sauf après 1926 et encore de façon très discrète. Issue à l'origine des républicains les plus modérés (« progressistes ») qui, en 1899-1900, avaient refusé de rallier le Bloc des gauches constitué pour faire pièce au péril nationaliste, elle s'est accrue d'un grand nombre de catholiques conservateurs, sans compter quelques éléments proches de la droite autoritaire (Taittinger siège dans ses rangs à la Chambre).

La droite parlementaire a pour expression politique dans le pays la « Fédération républicaine », créée sous l'égide de Jules Méline, chef des « progressistes », en 1903. Le parti regroupe des adhérents directs (2 300 notables en 1926) et des comités largement autonomes, structure commune aux formations modérées qui accentue la faible cohérence de l'ensemble. Dans les années 1920, respectueuse du parlementarisme dont son président, Louis Marin, est une incarnation, la droite parlementaire reste méfiante à l'égard du laïcisme républicain, par conviction religieuse ou par traditionalisme ; elle rejette facilement toute solution étatiste aux problèmes sociaux, qu'elle voudrait régler par des voies purement « civiles », et ne parvient pas à dégager une ligne nette en politique extérieure, une aile nationaliste (Marin, l'industriel de Wendel) s'opposant à une aile favorable au rapprochement franco-allemand et point très éloignée des démocrates-chrétiens. Ces contradictions font de la droite parlementaire une force dont le rôle politique n'est pas proportionné à son poids électoral qui reste considérable.

Les familles républicaines de gouvernement : modérés et radicaux

A ces groupes et formations s'applique pleinement l'étiquette « républicaine », si l'on place sous cette appellation les cinq composantes définies par Serge Berstein : la primauté de l'individu sur la société, la prépondérance du Parlement, la laïcité de l'école et de l'Etat, le souci de progrès social et le patriotisme défensif. Ils ont, d'autre part, vocation à occuper l'espace gouvernemental : modérés et radicaux fournissent massivement les présidents du Conseil et les ministres des années 1920.

Le centre droit. — Les républicains modérés occupent dans les années 1920 l'espace du centre droit. Ils sont les héritiers des modérés qui, devant le péril nationaliste, n'ont pas hésité à participer dans les premières années du siècle à un vaste rassemblement incluant, outre leurs propres troupes (dites des « républicains de gauche », le nom est resté, même si la configuration de l'hémicycle n'est pas la même), les radicaux et les socialistes, réunis sous l'égide d'un des leurs, René Waldeck-Rousseau, qui se proclamait « républicain modéré, mais non modérément républicain ». Sa force électorale équivaut à celle de la droite : plus de 2 millions de voix en 1928, soit près de 19 % des inscrits.

Les hommes du centre droit, Raymond Poincaré, Louis Barthou, Georges Leygues, ont, pour beaucoup, la nostalgie de la « grande armée républicaine », unie face à la réaction, essentiellement sur la base de la laïcité. Ils se séparent cependant des radicaux sur deux points essentiels. Bien qu'ils partagent avec ces derniers l'idéal d'une société de propriétaires indépendants, ils refusent l'intervention de l'Etat en matière sociale, la transformation de la société devant si possible venir du corps social lui-même. Cela les amène à refuser toute alliance avec le Parti socialiste, formation collectiviste dont le triomphe signifierait la ruine de l'ordre libéral. Leurs efforts tendent dès lors à empêcher tout rapprochement entre les radicaux et les socialistes.

La plupart sont regroupés dans un « parti de cadres », l'Alliance démocratique, dont la fondation remonte à 1901. Peu intéressée par une extension militante, celle-ci est avant tout un club de grands notables et une organisation électorale qui comptera à la fin des années 1930 seulement 24 000 affiliés. Les républicains modérés de gouvernement bénéficient prioritairement des fonds d'origine patronale distribués par l'Union des intérêts économiques.

Les radicaux. — Le Parti républicain radical et radical-socialiste, dont la création remonte au 22 juin 1901, s'identifiait au régime avant la guerre. Fidèle soutien de l'Union sacrée, en porte à faux sous le Bloc national, durement éprouvé par l'échec du Cartel, le parti recherche une formule qui lui permette de retrouver sa vocation d'incarnation de l'idéal républicain, alors que sa force électorale tend à stagner (1,6 million de voix en 1928).

Le parti, présidé par Edouard Herriot de 1912 à 1926, reste une formation qui recrute largement dans les classes moyennes indépendantes auxquelles appartiennent près de 80 % des délégués au Comité exécutif entre 1919 et 1939, répartis entre agriculteurs et entrepreneurs individuels, souvent d'origine modeste, et professions libérales (de très nombreux avocats et médecins) ; chez les parlementaires, ces derniers prédominent. Sa structure réserve une grande place aux notables et aux parlementaires, tout en préservant une impulsion démocratique venue des comités de base, qui s'exprime dans les congrès du parti.

Formation dont la vocation est le rassemblement à gauche, le Parti radical cherche dans les années 1920 un thème susceptible de le réaliser. La défense laïque paraît artificielle, l'impôt sur le revenu a été voté en 1914, l'idéal de petite propriété paraît figer le parti dans le conservatisme. Au sein du parti, cependant, agissent des forces de renouvellement. L'échec du Cartel amène l'apparition d'un courant novateur, les « Jeunes radicaux ». Favorables à un renforcement de l'exécutif et à une représentation des intérêts sociaux et économiques, ce qui les amène à se démarquer du parlementarisme classique, ils prennent en compte les évolutions sociales en cours, et se déclarent en conséquence favorables à une mainmise accrue de l'Etat sur l'économie, qui freinerait le pouvoir des féodalités économiques. Grâce à eux, Edouard Daladier, qui n'est pas des leurs, est élu président du Parti radical en 1927.

Les partis de la révolution sociale : socialistes et communistes

Le Congrès de Tours. — Le Parti socialiste a connu durant la guerre de vives discussions à propos de la participation à l'Union sacrée. Après l'armistice, la SFIO se divise sur l'appréciation à porter sur la révolution bolchevique et va seule à la bataille des législatives de novembre 1919, qui se soldent pour elle par un échec sans équivoque.

Cependant au début de 1920, le Parti socialiste doit trancher sur la question de l'adhésion à la IIIe Internationale créée par Lénine au début de 1919. Le Congrès de Strasbourg de février 1920 voit s'affronter les partisans d'une adhésion à la IIIe Internationale (un tiers des mandats environ), ceux d'un renouveau de la IIe Internationale avec rejet de la bolchevisation (Blum) et ceux d'un « centre », favorables à la « reconstruction » d'une Internationale par la fusion des éléments les plus à gauche de la IIe et des partisans de la révolution bolchevique. Deux des « reconstructeurs », le secrétaire général du parti Frossard et le directeur de *L'Humanité* Marcel Cachin, sont envoyés à Moscou pour négocier l'adhésion dans le courant de juin. Les bolcheviks leur font part des 21 conditions requises pour être admis dans la IIIe Internationale. Le nouveau parti, qui s'intitulera désormais « communiste », sera organisé selon un modèle centralisé et discipliné ; un organisme central « exercera une autorité incontestée » sur les parlementaires, la presse du parti, les militants ; les décisions de l'Internationale seront pour lui obligatoires. Ce parti exclura les éléments réformistes, combinera les formes d'action légales et illégales, y compris la propagande parmi les troupes. Son action de noyautage s'exercera dans les syndicats ouvriers.

Le 26 décembre, après plusieurs mois de débats internes, le Congrès du Parti socialiste s'ouvre à Tours. Trois positions avaient été soumises aux militants, l'adhésion (Cachin et Frossard), l'adhésion avec réserves (Longuet), le refus (Blum). Les réserves portaient sur le droit d'expression des minorités dans le parti, les rapports parti-syndicat, les modalités d'action illégale. Au cours des débats, un télégramme de l'Internationale jette l'exclusive contre Longuet. Mais le 29, 69 % des délégués votent l'adhésion contre 22 % aux longuettistes, 8 % seulement s'abstenant à la demande de Blum.

La décision de Tours a été prise par une majorité de nouveaux militants, adhérents du lendemain de guerre, mus davantage par un réflexe sentimental que par un mouvement réfléchi. La révolution bolchevique était perçue comme le premier exemple mondial de pouvoir prolétarien : les militants estimaient donc pouvoir passer sur des modalités qui leur paraissaient secondaires. Comme devait l'écrire Frossard : « Les masses ouvrières se tournèrent vers Moscou comme vers la ville sainte du socialisme... (C'était) son prodigieux rayonnement qui réchauffait les cœurs. »

Le Parti socialiste SFIO. — Les minorités longuettiste et blumiste, représentant quelque 40 000 adhérents, contre 120 000 au nouveau Parti communiste, décident de conserver la dénomination « SFIO », qui désignait, selon l'expression de Blum, « la vieille maison », à qui restent fidèles la majorité des parlementaires, un grand nombre d'élus locaux et le journal *Le Populaire*.

Au cours des années 1920, le parti procède à une reconstruction organisationnelle et électorale. La SFIO, qui comprend 110 000 militants dès 1925, est dirigée conjointement par le longuettiste Paul

Faure, secrétaire général, et par Léon Blum, secrétaire du groupe parlementaire et éditorialiste du *Populaire*. Elle garde sa structure décentralisée et démocratique qui tolère une grande autonomie des fédérations départementales et l'expression des tendances. Ses progrès électoraux sont certains : avec 1,7 million de voix en 1928, il dépasse le Parti radical. Parti d'employés, de petits fonctionnaires, d'enseignants, il est populaire beaucoup plus qu'ouvrier, remplaçant d'ailleurs parfois le Parti radical sur ses terres traditionnelles des midis languedocien et provençal.

La SFIO, parti intégré au système parlementaire par ses alliances électorales, maintient toutefois avec soin son identité révolutionnaire, sans doute sous la pression de ses militants, beaucoup plus intransigeants que ses élus et ses parlementaires, que préoccupent les réactions des électeurs. Sa doctrine se renouvelle peu et le parti refuse à plusieurs reprises, en 1924-1925, la participation offerte par le Parti radical. Blum, en janvier 1926, pose alors la distinction entre la conquête et l'exercice du pouvoir. La première, souhaitable, mais éloignée, suppose la prise totale du pouvoir politique par le prolétariat et le changement du régime de propriété. L'exercice du pouvoir, envisageable si la SFIO est devenue la première composante de la gauche, amènerait le Parti socialiste à assumer dans le cadre capitaliste la gestion loyale de la société bourgeoise, mais en assurant au mieux les intérêts de la classe ouvrière. Cette doctrine allait encore prédominer dans les années 1930.

Le Parti communiste. — Le parti, né à Tours dans la confusion et l'ambiguïté, allait se transformer très vite.

De 1920 à 1924, c'est la phase de l'épuration du nouveau parti, encore proche malgré tout de l'ancienne SFIO par le personnel comme par le mode de pensée. Fin 1922, Moscou exige l'exclusion des francs-maçons et des membres de la Ligue des droits de l'homme jugés trop proches des socialistes. Frossard démissionne en janvier 1923. Le parti s'engage alors dans une vigoureuse campagne contre l'occupation de la Ruhr ; ses militants se lancent dans l'action illégale, appelant les soldats français à fraterniser avec les prolétaires allemands ; la répression qui suit renforce son unité et empêche sa dislocation.

A partir de 1924 commence la phase de bolchevisation. Le parti change de structure, adoptant le système de la cellule d'entreprise pour renforcer l'implantation en milieu ouvrier et éviter les « contaminations » qui pourraient résulter du maintien de la section locale (sur la base du domicile). Il adopte le fonctionnement centralisé défini par les 21 conditions et, surtout, constitue un noyau de « permanents » — les « révolutionnaires professionnels » du léninisme — formés à l'école des cadres de Bobigny, avec, pour les futurs dirigeants, stage complémentaire à Moscou. Les effectifs, largement renouvelés, formés d'éléments jeunes et ouvriers, diminuent de façon notable, passant de 120 000 à 55 000 en 1926.

Combinant l'action illégale — le parti lance en 1925 une grande campagne contre la guerre coloniale du Rif — et légale, il se forge une base électorale aux élections de 1924 (800 000 voix) et de 1928 (1 million de voix), dans les zones ouvrières (banlieue parisienne, avec des mairies comme Saint-Denis et Ivry), mais aussi en milieu rural (ouest du Massif central, Sud-Ouest). Il a peu d'élus, le parti refusant tout accord avec les socialistes, en application de la doctrine « classe contre classe », mais il dispose de relais par des organisations proches, la CGTU en milieu ouvrier, le Secours rouge, l'Association républicaine des anciens combattants.

La bolchevisation, menée brutalement par Albert Treint jusqu'en 1926, puis par Henri Barbé, Pierre Célor et Maurice Thorez, se termine par l'exclusion des trois premiers, accusés de « sectarisme gauchiste » quand l'Internationale décide de stabiliser la situation. Quand Thorez est nommé secrétaire du bureau politique en juillet 1930, le parti compte 30 000 membres. Par sa structure et ses méthodes, calquées sur le modèle soviétique, par son caractère messianique et « sectaire » — au sens étymologique —, il représente alors un phénomène radicalement nouveau, unique dans l'histoire politique française et, au début des années 1930, fort mal assimilé par la classe ouvrière, au sein de laquelle son influence reste encore marginale.

La scission du Parti socialiste accentue les tensions au sein du syndicalisme. Les communistes, alliés aux syndicalistes révolutionnaires, se regroupent au début de 1921 dans des Comités syndicalistes révolutionnaires. Inquiète de la progression de leur influence, la direction de la CGT s'emploie à les faire exclure. En décembre 1921, prenant les devants, les minoritaires créent une nouvelle confédération : la Confédération générale du travail unitaire (CGTU). Désormais, une lutte acharnée allait opposer les « unitaires », proches des communistes, et les « confédérés » de la CGT qui, sous la direction de Jouhaux, évoluent vers un réformisme modéré, tout en observant une distance prudente à l'égard du Parti socialiste.

L'Union nationale et la recherche d'une modernité républicaine (1926-1931)

L'échec du Cartel des gauches entraîne le retour de la seule formule qui reste possible, la concentration républicaine, largement souhaitée du reste chez une grande partie des radicaux. Seul à même de la réaliser, Raymond Poincaré est appelé par le président de la République, quelques heures après la chute du deuxième gouvernement Herriot, dans la nuit du 21 au 22 juillet 1926.

L'Union nationale (1926-1928)

Poincaré et l'Union nationale. — Vieux républicain, ministre pour la première fois trente-trois ans plus tôt, promoteur de l'Union sacrée, auteur du « Verdun financier » de 1924, Raymond Poincaré, qui s'est soigneusement tenu à distance de Millerand, rassure les patriotes, les épargnants et les laïques. Le gouvernement qu'il forme comprend sur 13 ministres, 7 membres de l'ancienne majorité, dont 2 républicains socialistes (Briand aux Affaires étrangères, Painlevé à la Guerre) et 3 radicaux-socialistes (dont Albert Sarraut à l'Intérieur et Herriot à l'Instruction publique). Cinq portefeuilles sont réservés aux modérés (dont Barthou, Leygues, André Tardieu). Un seul est attribué à la droite, celui des Pensions, confié à Louis Marin, président de l'URD. A la Chambre, une très forte majorité (358 voix contre 131) appuie le nouveau gouvernement qui ne rencontre d'opposition déclarée que chez les socialistes et les communistes, une fraction des radicaux manifestant sa réticence par son abstention.

La stabilisation financière. — Les problèmes monétaires et financiers se trouvaient à l'origine de la chute du Cartel et du retour de Poincaré. Pour l'opinion publique le ministère d'Union nationale doit se donner pour première tâche la défense de la monnaie et le retour à l'équilibre financier. Poincaré oriente son action dans deux directions, l'assainissement financier et la redéfinition de la valeur de la monnaie.

Pour mener à bien la première de ces tâches, il augmente les recettes budgétaires par l'accroissement des impôts indirects (droits sur les boissons, transports, automobiles), complété par la création d'une taxe de mutation sur le capital immobilier, qui frappe plus particulièrement les classes moyennes, tout en allégeant la fiscalité sur les revenus, pour favoriser le rapatriement des capitaux. Une réforme administrative supprime des centaines de postes de fonctionnaires devenus inutiles. L'amortissement de la dette publique est confié à une caisse autonome dotée de ressources propres (bénéfices des tabacs, notamment) — ce qui devrait la mettre à l'abri des brusques crises de confiance des porteurs — et dont l'existence est inscrite dans la Constitution.

La définition de la valeur de la monnaie soulève les plus vives discussions. Sans doute, sur le marché des changes, la formation du nouveau gouvernement entraîne-t-elle aussitôt une remontée de la devise nationale : le 23 juillet, la livre est à 200 F ; en décembre à 125. A cette date, la Banque de France décide d'acheter la livre au cours de 124 F, mais aucune décision légale n'est encore prise sur la fixation officielle de la valeur du franc, qui reste théoriquement inchangée (322,5 mg d'or fin).

Un long débat oppose les « revalorisateurs », partisans d'un retour à cette valeur, aux « stabilisateurs » qui estiment nécessaire de prendre acte de la dépréciation survenue depuis l'avant-guerre, environ les quatre cinquièmes par rapport à 1914. Les premiers mettent l'accent sur la nécessité de restaurer le crédit public ; les seconds sur les difficultés considérables qu'entraînerait une revalorisation des créances, alors que la situation financière de l'Etat est en voie d'amélioration, et sur la gêne causée à l'exportation par le renchérissement des produits nationaux qui en résulterait inévitablement, comme le démontrait nettement l'exemple britannique.

Poincaré, favorable en bon juriste à la revalorisation, hésite, puis se rend aux arguments des stabilisateurs. Promulguée après les élections, la loi monétaire du 25 juin 1928 fixe le « poids du franc » à 65,5 mg d'or, c'est-à-dire 125 livres. Pour renforcer la confiance, la convertibilité est théoriquement rétablie, mais l'échange ne peut porter que sur des lingots d'or — et non des pièces — pour un montant très élevé (215 000 F), hors de portée du Français moyen.

L'opération de 1926-1928 correspond donc à une dévaluation de 80 %, qui aboutit pour les créanciers de l'Etat à une perte de près de 1 000 milliards de francs 1929 (le revenu national se monte alors à 285 milliards). Malgré le triple avantage qu'elle présente en allégeant la dette publique, en restaurant le crédit public par la fixation d'une nouvelle valeur, en facilitant les exportations par le choix d'un cours volontairement bas par rapport au dollar et à la livre, elle ruine définitivement tout espoir de retour à l'avant-guerre sur le plan monétaire. Elle n'en renforce pas moins l'image de Poincaré, stabilisateur et restaurateur du crédit public, dont l'action est massivement approuvée par le Parlement et la majeure partie de l'opinion.

La recherche d'une formule politique (1928-1931)

Les élections de 1928 et la fin de l'Union nationale. — A l'approche des élections se trouve à nouveau posé le problème du mode de scrutin. Si la droite et le centre droit sont favorables au maintien du système en place, les radicaux, appuyés par les socialistes, réclament avec insistance le rétablissement du scrutin uninominal. Poincaré, désireux de maintenir la formule d'Union nationale, cède à leurs sollicitations, et ne s'oppose pas au projet défendu par Albert Sarraut, ministre radical de l'Intérieur, adopté par la Chambre en juillet 1927 malgré l'opposition de la droite. Tirant les conséquences de ce rétablissement, les congrès des partis, radical et socialiste, appellent à un désistement au second tour en faveur du candidat de gauche le mieux placé sans que, pour autant, les radicaux rejettent la participation à l'Union nationale, dont nombre de leurs candidats soulignent la réussite financière.

Si les résultats du premier tour sont favorables à la gauche, avec 4,8 millions de voix contre 4,5 à l'ensemble des droites, les mauvais reports des électeurs radicaux sur les candidats socialistes et l'attitude d'isolement du Parti communiste entraînent au second tour un succès pour les droites.

Répartition de la Chambre de 1928, sur 606 sièges :

		— Non inscrits	37
	Majorité des	— Droite (URD)	102
Union nationale	droites 323	— Centre droit ([1])	130
théorique 494 ([4])		— Radicaux indépendants ([2])	54
	— Radicaux et républicains socialistes ([3])		171
	SFIO		100
	PC		12

([1]) Le centre droit laïque est divisé en trois groupes, les démocrates-chrétiens ont 19 sièges.
([2]) Groupe de la « Gauche radicale ».
([3]) Le groupe radical compte 125 membres.
([4]) La majorité théorique d'Union nationale avec les radicaux se monterait à 494, mais 460 candidats seulement se sont réclamés de Poincaré dans leur profession de foi.

Fort de ces résultats, Poincaré reconduit le gouvernement d'Union nationale et procède à la stabilisation légale du franc. Mais ces élections, si elles représentent un triomphe pour le vieil homme d'Etat, se sont déroulées dans la plus grande ambiguïté. La position des radicaux dont la majorité se réclame officiellement de Poincaré, alors que 86 d'entre eux ont dû leur élection à un apport socialiste, voire communiste, de second tour, devient de plus en plus difficile. Le recul électoral du parti au premier tour, qui l'amène à un niveau légèrement inférieur à celui de la SFIO, accentue la crise dans laquelle il est plongé. Edouard Daladier, porté à sa présidence avant les élections, réclame le retour à l'union des gauches, contre Herriot qui la refuse. Tirant parti d'un projet de Poincaré sur l'autorisation de congrégations missionnaires et l'affectation aux associations diocésaines de biens du culte confisqués, mais non encore affectés, le congrès radical d'Angers, en novembre 1928, condamne le principe de l'Union nationale, entraînant le départ des radicaux du gouvernement.

Appelé par le président de la République à former un nouveau cabinet, Poincaré ne l'élargit pas sur la droite. Ce sont pour la plupart des républicains socialistes amis de Briand et Painlevé qui prennent la relève. Mais dans le courant du premier semestre 1929, il doit renoncer définitivement à son désir d'associer au gouvernement les radicaux, dont l'opposition se fait de plus en plus dure ; fin juillet, il démissionne pour raisons de santé. Son départ marque la fin d'une époque. Briand, président du Conseil pour la onzième fois, tente de poursuivre la formule poincariste en reconduisant le même gouvernement ; il tombe en octobre 1929, victime de la gauche et d'une partie de l'URD, hostile à sa politique étrangère. Il ne devait plus retrouver la fonction de chef du gouvernement, mais garder les Affaires étrangères jusqu'au début de 1932.

Tardieu et Laval (1929-1931). — De la chute de Briand à la fin de la législature, la Chambre donne une apparence de stabilité avec une majorité de droite dominée par le centre droit qui investit trois fois André Tardieu (novembre 1929, mars 1930, février 1932) et Pierre Laval (janvier 1931, juin 1931, janvier 1932). En fait, cette combinaison reste marquée par la persistance de la notion de concentration républicaine. Une fraction du centre, la Gauche radicale, reste favorable à la formule d'alliance des radicaux et des républicains du centre droit ; le Sénat, où les radicaux occupent de fortes positions, tout en refusant la solution cartelliste, n'accepte pas l'existence d'une majorité de droite. La première fait tomber Tardieu en février 1930, le second en décembre, sans que les radicaux pressentis pour le remplacer puissent parvenir à leurs fins.

Tardieu tente de promouvoir sa grande idée, la constitution d'un grand parti conservateur à l'anglaise, qui, regroupant face aux collectivistes les partisans d'une économie libérale gérée de manière moderne, inclurait les gros bataillons du centre droit, de la droite et des radicaux. Elle ne recueille pas l'écho qu'il en attendait : les radicaux redoutent sa tendance à l'autoritarisme techno-cratique, la droite se méfie de ses tendances « modernisatrices », ni les uns ni les autres n'apprécient le Parisien brillant et sûr de lui. Son échec devait l'amener dans les années 1930 à devenir un chaud partisan de la réforme constitutionnelle.

Son successeur, Pierre Laval, ancien socialiste devenu président du Conseil sous une majorité de centre droit, bien différent à tous égards, d'origine modeste, habile manœuvrier qui a percé grâce à Briand, tente alors de contourner l'obstacle radical en proposant en février 1932 l'établissement du scrutin uninominal à un tour, favorable aux formations modérées. Il est renversé à quelques semaines des élections.

L'économique et le social : tradition républicaine et modernité économique

Le « modèle républicain » comportait un volet social : il s'agissait de favoriser l'avènement d'une société d'hommes libres, travailleurs indépendants et petits producteurs, entre lesquels se noueraient des liens d'entraide et de solidarité. A cet égard, nulle rupture entre le Cartel des gauches et l'Union nationale. Serge Berstein a montré la permanence du projet républicain parfois mis en œuvre par les mêmes hommes, puisque aussi bien il n'y a pas solution de continuité entre les deux formules.

La promotion individuelle par l'excellence scolaire, particulièrement prisée par les républicains, fait l'objet de mesures inspirées par le projet radical, dit de l'école unique, d'unification du cycle d'enseignement primaire, jusque-là séparé en deux filières étanches, l'une « populaire », qui trouvait son terme à l'issue de l'école primaire supérieure, l'autre « élitiste » — et payante — menant au

lycée et au baccalauréat. A l'époque du Cartel, Herriot avait préparé leur harmonisation, qu'il mène à bien sous l'Union nationale
en unifiant les programmes et les personnels et en introduisant dans
la loi des finances pour 1928 la gratuité de l'enseignement en
sixième, étendue à l'ensemble du secondaire sous Tardieu.

La solidarité fait l'objet de deux lois essentielles. Sous le Bloc
national avait été envisagée l'institution d'un système d'assurances
sociales qui faisait défaut à la France. En avril 1928, Poincaré fait
aboutir un projet instituant un système de couverture des risques
dus à la maladie, la maternité, l'invalidité, le décès, la vieillesse, par
des cotisations patronales et ouvrières, gérées par des caisses qui
devraient passer des accords avec des groupements de médecins.
Définitivement adoptée en 1930, la loi sur les assurances sociales
rencontre les réserves de la droite anti-étatiste qui souhaite un système organisé dans le cadre de la profession.

Ces mesures, fidèles à l'état d'esprit républicain, préoccupé de
solidarité, préparent un certain type de modernité, tout en conservant une inspiration individualiste. Un accueil beaucoup plus
mitigé est réservé en revanche à la tendance « néo-capitaliste » qui
prône la concentration et la rationalisation à l'américaine. Un
mouvement inspiré par cette préoccupation, le Redressement français de l'industriel Ernest Mercier, ancien membre du cabinet de
Loucheur favorable à une transformation des structures politiques
par le renforcement de l'exécutif, qui serait partiellement confié à
des « techniciens », ne recueille guère de succès quand il prédit la
disparition de la petite entreprise.

Au pouvoir, Tardieu se présente comme le porteur de cette
modernité. Il vante la rationalisation et la concentration, l'intervention de l'Etat devant favoriser ces évolutions génératrices de
progrès social, grâce à une négociation qui s'établirait directement,
sans passer par le Parlement, entre les pouvoirs publics et les grands
groupes d'intérêts. Mais il y a loin de ces intentions à la réalité : le
plan d'outillage national qu'il propose en 1929, destiné à l'agriculture, aux travaux publics et aux dépenses sociales, est un projet
d'équipement classique qui favorise les campagnes. Une partie de
la droite l'accuse de dilapider les excédents de trésorerie affectés à
son financement, les radicaux le soupçonnent de vouloir pratiquer
le clientélisme traditionnel grâce à la manne publique. Dans le courant de 1931, la Chambre vote les crédits demandés par Tardieu
dans un contexte qui a évolué : l'économie française est entrée dans
la crise.

La continuité de la politique extérieure (1924-1931)

La politique extérieure de la France, mise en œuvre tout au long des années 1920, ne connaît pas de rupture entre la période du Cartel des gauches et celle de l'Union nationale.

Herriot, dès l'été 1924, puis Briand, à partir de 1925, inaugurent une nouvelle ère diplomatique, fondée sur la conciliation avec l'Allemagne, dans le but d'obtenir une partie au moins des réparations, avec l'appui allié. Leurs efforts aboutissent au plan Dawes qui assure des versements diminués, pour 1924-1929, et au plan Young de 1929 qui prévoyait des versements jusqu'en 1988 ! Mais, pour eux, la grande affaire est la sécurité. Herriot propose à la Société des Nations, en septembre 1924, un système d'arbitrage obligatoire, assorti de sanctions contre un éventuel agresseur. Briand poursuit dans cette voie de la sécurité collective en lançant un pacte de renonciation à la guerre (pacte Briand-Kellogg de 1928) et l'idée d'une fédération européenne, qui permettraient d'enserrer l'Allemagne dans un réseau d'accords internationaux. La négociation bilatérale lui permet, d'autre part, d'obtenir de l'Allemagne la reconnaissance de ses frontières occidentales par le traité de Locarno (1925). L'année suivante, l'admission de l'Allemagne à la SDN consacre le triomphe du briandisme.

Le locarnisme et l'esprit de Genève procèdent sans doute d'une philosophie généreuse de recours à l'arbitrage. Mais ils sont surtout la conséquence du constat de faiblesse de la France, établi par Briand comme par Herriot. La stratégie militaire de la France, définie par le maréchal Pétain, vice-président du Conseil supérieur de la guerre de 1920 à 1931, essentiellement défensive, économe du sang des soldats, ne permet pas d'asseoir la sécurité du pays sur des alliances extérieures qu'il serait bien difficile d'honorer le cas échéant. Aussi les traités signés avec la Pologne (1921 et 1925) et la Tchécoslovaquie (1925) ont-ils toute chance de rester théoriques. Ce point de vue recueille l'approbation du personnel politique et de l'opinion, désireux d'éviter à tout prix le renouvellement de l'hécatombe, d'autant que la natalité française reste très basse. Le service militaire est donc réduit à dix-huit mois en 1923, puis à un an en 1928, par une forte majorité des députés, cependant qu'en 1929 est commencée l'édification de la ligne Maginot.

Le briandisme recueille une assez large approbation dans les milieux politiques et l'opinion. Les radicaux l'approuvent, le centre droit et Poincaré lui-même entrent dans ses vues, dans la mesure où cette politique conciliante permet d'obtenir partiellement gain de cause sur les réparations. Le rapprochement franco-allemand des années 1926-1929 trouve un certain écho dans les milieux d'affaires : un « comité franco-allemand de documentation et d'information », créé en 1926, se donne pour but une meilleure connaissance réciproque des deux nations. L'opinion publique y voit surtout un signe de consolidation de la paix. Au total les adversaires de Briand, s'ils sont virulents, sont peu nombreux : l'Action française et une fraction de la Fédération républicaine, autour de son président Louis Marin, se déchaînent contre lui, mais restent minoritaires.

Cette politique coïncide avec la phase de prospérité. La crise des années 1930 allait balayer les illusions fondées sur la sécurité collective et mettre fin au climat conciliant qui avait prévalu de 1925 à 1929.

En apparence, les années 1920 aboutissent à la restauration de la situation d'avant guerre. Le ralliement des catholiques et des conservateurs, la mise hors de cause des lois de laïcité, le prolongement de l'Union sacrée autour de la défense de la monnaie, le rassemblement autour de Raymond Poincaré, synthèse vivante de la République parlementaire, tout autant que le faible écho rencontré par les campagnes des adversaires de cette dernière, pourraient même faire croire à un renforcement du régime. Les lois sociales fondées sur la promotion et la solidarité, inspirées par les radicaux et votées par les modérés, semblent conforter ce point de vue.

Cependant, si le système montre encore une remarquable capacité d'adaptation et se révèle partiellement capable de satisfaire les aspirations de l'opinion au retour de l'âge d'or de la Belle Epoque, il est affecté par deux types de déséquilibres. L'un de nature politique : la présence quasi permanente de conservateurs dont la majorité aboutit à contrarier la formule de concentration regroupant le centre droit et les radicaux, plaçant le Parti radical devant le dilemme décrit par Serge Berstein : ou faire de la solidarité avec la gauche « le point d'ancrage essentiel », mais en s'alignant sur les vues socialistes, ou devenir « le ciment d'une force politique de centre droit », mais en renonçant alors à sa nature de parti fédérateur des classes moyennes et des classes populaires, qui avait été à l'origine de son succès.

Ce déséquilibre en cache un autre, d'ordre social : les classes moyennes, au moins pour ce qui concerne les producteurs indépendants et les rentiers, base sociale du régime, sont affaiblies aussi bien par la guerre que par l'évolution à long terme. Seules, la faiblesse du capitalisme français, qui freine l'émergence d'un courant technocratique et d'une droite « modernisatrice », la division du mouvement ouvrier, dont les querelles intestines absorbent toutes les énergies, et l'emprise sur les esprits du modèle social républicain permettent de dissimuler ce phénomène essentiel.

Enfin, dans le domaine extérieur, le patriotisme défensif d'avant 1914, appuyé sur la nation armée et les systèmes d'alliance, évolue vers la conciliation internationale et la sécurité collective. Le briandisme, qui, après la mort de son fondateur en 1932, se transformera aisément en pacifisme, est le fruit de l'hécatombe et du refus de la guerre, considérée désormais comme le mal absolu. Ce fait allait peser lourd durant les années 1930.

BIBLIOGRAPHIE

Agulhon Maurice, *La République*, t. 1 : *1880-1932*, « Pluriel », 1992.
Becker Jean-Jacques, Berstein Serge, *op. cit.* au chapitre 1.
Berstein Serge, *Histoire du Parti radical*, 2 vol., Presses de la Fondation nationale des sciences politiques, 1980-1982.
Berstein Serge, *Edouard Herriot ou la République en personne*, Presses de la Fondation nationale des sciences politiques, 1985.
Berstein Serge, Rudelle Odile, *Le modèle républicain*, PUF, 1992.
Brunet Jean-Paul, *Histoire du PCF*, PUF, 1982.
Brunet Jean-Paul, *Histoire du socialisme en France (de 1871 à nos jours)*, PUF, 1989.
Duby Georges, Wallon Armand (sous la direction de), *op. cit.* au chapitre 1.
Dupâquier Jacques (sous la direction de), *Histoire de la population française*, t. 4 : *De 1914 à nos jours*, PUF, 1988.
Goguel François, *La politique des partis sous la IIIᵉ République*, Le Seuil, 1946.
Jeanneney Jean-Noël, *L'argent caché. Milieux d'affaires et pouvoirs politiques dans la France du vingtième siècle*, Le Seuil, 1984.
Jeanneney Jean-Noël, *Leçon d'histoire pour une gauche au pouvoir. La faillite du Cartel (1924-1926)*, Le Seuil, 1977.
Kriegel Annie, *Le Congrès de Tours (1920). Naissance du PCF*, Gallimard-Julliard, 1964.
Kuisel Richard, *op. cit.* au chapitre 1.
Lefranc Georges, *Le syndicalisme en France*, PUF, 1971.
Lefranc Georges, *Le Mouvement socialiste sous la IIIᵉ République (1875-1940)*, Payot, 1963.
Lequin Yves (sous la direction de), *Histoire des Français, dix-neuvième et vingtième siècles*, 2 t., Armand Colin, 1983-1984.
Mayeur Jean-Marie, *op. cit.* au chapitre 1.

Mayeur Jean-Marie, *Des partis catholiques à la démocratie chrétienne (dix-neuvième et vingtième siècles)*, Armand Colin, 1980.

Miquel Pierre, *Poincaré*, Fayard, 1961.

Monnet François, *Refaire la République. André Tardieu, une dérive réactionnaire (1876-1945)*, Fayard, 1993.

Moulin Annie, *Les paysans dans la société française de la Révolution à nos jours*, Le Seuil, 1988.

Prost Antoine, *Les anciens combattants et la société française*, 3 vol., Presses de la Fondation nationale des sciences politiques, 1977.

Rémond René, *Les droites en France*, Aubier, 1982.

Sauvy Alfred, *Histoire économique de la France entre les deux guerres*, Fayard, 1965-1967.

Weber Eugen, *L'Action française*, rééd., Fayard, 1985.

Willard Claude, *Socialisme et communisme français*, Armand Colin, 1978.

Zéraffa-Dray Danièle, *D'une République à l'autre, 1918-1958*, Hachette, 1992.

3. La France de l'entre-deux-guerres. Culture et société

La première guerre mondiale, on l'a vu, a eu des effets différentiels sur la société française : toutes les catégories qui composent cette dernière n'ont pas enregistré les mêmes retombées. Bien plus, si, dans le domaine du comportement collectif, les effets induits par la guerre sont indéniables et durables, la morphologie même de la société française connaît après 1919 une évolution qui s'était amorcée avant 1914. De surcroît, cette évolution est progressive et, globalement, l'adéquation entre la société et la sphère politique ainsi que le consensus sur les institutions — deux éléments d'équilibre qui contribuent à ce que l'historien américain Stanley Hoffmann a appelé la « synthèse républicaine » — se trouvent maintenus. Somme toute, malgré l'ébranlement profond entraîné par la guerre, les équilibres de l'avant-guerre semblent maintenus : ce qui, du reste, contribuera à entretenir l'idée d'un retour possible à l'avant-guerre, promu, de ce fait, au statut enjolivé par la mémoire — et donc relevant en partie du mythe — de « Belle Epoque ». Cela dit, en profondeur, et dans tous les domaines, cette apparence du temps retrouvé est largement une illusion : les ferments de changement sont à l'œuvre.

D'autant que la crise des années 1930 viendra frapper cette société française, pour laquelle ces années 1930 prennent donc, rétrospectivement, l'apparence d'une sorte d'entre-deux, entre la double onde choc de la guerre puis de la crise et la double secousse de la défaite de 1940 et de la période de l'Occupation. Entre-deux, aussi, dans le domaine culturel, car durant cette période s'observe le début de la montée en puissance d'une « culture de masse ».

La société française des années 1920 : le temps retrouvé ?

Les années 1920 ont parfois été baptisées les « Années folles » : les modifications entraînées par la guerre dans certains domaines du comportement collectif — la place sociale de la femme, la proclamation d'une certaine liberté sexuelle, par exemple dans *La garçonne* de Victor Margueritte —, un moment avivées par les phénomènes classiques de défoulement dans les lendemains de guerre, la griserie de la musique et de la vitesse — ainsi, dans les romans de Paul Morand —, autant d'éléments — relevant, en fait, largement du cliché — qui sont à l'origine d'une telle étiquette.

Par-delà la part de vérité qu'elle recèle, cette étiquette ne doit pas dissimuler l'essentiel : les « Années folles » sont aussi des années de retour à l'équilibre, avec une certaine langueur démographique, une société encore largement paysanne et dans laquelle domine la moyenne exploitation familiale, et sur le plan politique un « modèle républicain » sorti apparemment renforcé de la guerre.

La langueur de la démographie

A la veille de la première guerre mondiale, le taux de natalité était de 19 ‰ et le taux de mortalité de 18,1 ‰. Le taux d'accroissement naturel restait donc très faible, à la différence, par exemple, de l'Allemagne ou du Royaume-Uni. Après le rattrapage de l'immédiat après-guerre (19,7 ‰ de moyenne annuelle pour la période 1920-1925), le taux de natalité va d'abord retrouver à peu près son niveau d'avant guerre (une moyenne annuelle de 18,2 ‰ pour 1926-1930), avant de connaître un recul marqué au fil de la décennie suivante :

Années	Taux de natalité (moyenne annuelle)
1920-1925	19,7 ‰
1926-1930	18,2 ‰
1931-1935	16,2 ‰
1936-1938	14,8 ‰

Certes, on observe un recul concomitant du taux de mortalité, mais le croît naturel se retrouvera tout de même négatif dans la deuxième partie des années 1930. Déjà, en 1929, l'accroissement annuel avait enregistré un déficit de 9 000 unités. A partir de 1935 et jusqu'à la guerre, ce déficit est observé chaque année : 19 000 en 1935, 11 000 en 1936 et 1937, 35 000 en 1938 et 1939.

Années	Taux de mortalité (moyenne annuelle)
1921-1925	17,2 %
1926-1930	16,8 %
1931-1935	15,7 %
1936-1938	15,2 %

A la différence de l'avant-guerre, il est vrai, la baisse de la natalité n'est plus une spécificité française : si le nombre moyen des naissances annuelles en France passe de 750 000 au cours des années 1920 à 612 000 au fil de la décennie suivante, la décrue est, en proportions, du même ordre aux Etats-Unis, les naissances passant de 3 millions à moins de 2,4 millions, soit une baisse d'un cinquième. Au milieu de la décennie, le taux de fécondité est de 2,18 aux Etats-Unis, 2,06 en France, 1,72 en Grande-Bretagne.

Les conséquences de cette langueur démographique au fil de l'entre-deux-guerres sont d'une part le vieillissement de la population française, d'autre part une augmentation très lente de la population : celle-ci gagne 2,7 millions de personnes de 1921 à 1936, et la hausse est largement due à l'immigration :

1911	1 160 000	étrangers, soit	2,8 %	de la population totale
1919	1 417 000	—	3,7 %	—
1921	1 532 000	—	3,9 %	—
1926	2 409 000	—	6 %	—
1931	2 715 000	—	7,1 %	—

L'urbanisation progressive

Le recensement de 1931 est important dans l'histoire sociale française : à cette date, pour la première fois, la population urbaine, avec 51,2 % de la population totale, l'emporte sur la population rurale. Vingt ans plus tôt, en 1911, cette population urbaine représentait 44 % de l'ensemble.

Il convient toutefois d'affiner l'analyse et, sinon de relativiser, du moins de nuancer la vision d'une France urbaine prédominante dès cette date :

— Il faut, tout d'abord, rappeler le caractère plus lent et plus tardif en France de ce phénomène d'urbanisation, par rapport aux autres pays industrialisés. Le processus qui conduit, en 1931, au constat d'une population urbaine l'emportant sur la population rurale est le produit d'une évolution continue qui, pour avoir été soutenue, a connu toutefois un rythme beaucoup moins rapide que dans la plupart des autres pays industrialisés. Le tableau qui suit rend compte du rythme français :

Population urbaine en France
(% de la population totale)

1846	24,4	1946	53,2
1881	34,8	1954	56,0
1906	42,1	1962	61,6
1936	52,4	1982	73,4

(Source : INSEE, *Annuaire 1966,* p. 23.)

En raison de ce rythme plus lent, le passage, pour la population urbaine, du cap des 50 % de la population totale est plus tardif en France : il a lieu entre le recensement de 1926 et celui de 1931, alors qu'un tel passage s'est effectué en Angleterre dès le milieu du XIXᵉ siècle et en Allemagne en 1890. Et, à la veille de 1914, ce taux de population urbaine atteint 45 % environ en France (44 % au recensement de 1911), 62 % en Allemagne et 75 % en Angleterre.

— D'autre part, la Statistique générale de la France considère, dans ses séries, et comme le fera ensuite jusqu'en 1962 son successeur l'INSEE, que la population urbaine est celle représentant plus de 2 000 habitants agglomérés au sein d'une commune. Une telle définition, si elle permet notamment une mise en perspective chronologique — cette définition prévaut depuis 1846 — et constitue de ce fait une source précieuse pour l'histoire sociale, présente aussi des limites évidentes. Quoi de commun, en effet, entre un gros bourg, qui est *de facto* englobé dans la population urbaine et une ville de 30 000 habitants ou, *a fortiori,* une ville plus importante ?

— Il faut, de surcroît, considérer que si l'on observe non plus la répartition villes-campagnes au sein de la population totale, mais la place du secteur primaire — avec, il est vrai, une marge d'incertitude, certains auteurs y incluant les industries extractives — au sein de la population active, force est de constater que les paysans continuent à constituer, au début des années 1930, le groupe social le plus étoffé : avec leurs familles, ils représentent alors 14 millions de Français.

	1906	1926	*1931*
Secteur primaire	43 %	39 %	36 %
Secteur secondaire	30 %	33 %	34 %
Secteur tertiaire	27 %	28 %	30 %

Une société rurale encore solide

Que conclure des observations qui précèdent ? Assurément, cette date de 1931 est révélatrice d'un mouvement de fond de la société française : la montée d'une France urbaine et son corollaire, l'affaiblissement progressif de la société rurale. Cela étant, on fausserait la perspective en faisant de cette date symbolique de 1931 une date réellement charnière où tout, désormais, se serait brusquement inversé. D'une part, on vient de le voir, l'analyse du chassé-croisé de 1931 est à relativiser — à la baisse —, pour trois raisons au moins. D'autre part, l'évolution, déjà lente avant 1931, semble ensuite se ralentir davantage encore jusqu'à la Libération. Entre 1931 et 1946, en effet, la population rurale reste pratiquement stable, passant de 48,8 % à 46,8 % de la population totale (et 47,6 % en 1936). Et pour ce qui est de la population active, la part du primaire reste d'ailleurs stable, à 36 % pour les deux dates.
Nous le verrons dans un autre chapitre, c'est donc seulement sous la IVᵉ République que l'affaissement de la société rurale prend une réelle dimension, par son rythme autant que par son ampleur. La période 1914-1945 apparaît bien, ainsi remise en perspective chronologique, non comme une date charnière mais comme une période pivot, durant laquelle l'inversion de tendance se fait progressivement.
Cette inversion est d'autant plus progressive que le second conflit mondial a contribué momentanément à geler une telle évo-

lution. On a pu, du reste, interpréter la période de l'Occupation, en termes sociaux, comme une « revanche des ruraux » (Antoine Prost). D'une part parce que Vichy s'est montré favorable à cette catégorie sociale, d'autre part parce qu'en une période de pénurie l'agriculture redevient naturellement la clé de coûte de l'économie et la campagne retrouve momentanément une suprématie sur les villes, dont les habitants ont faim.

Cela étant, observer le tassement momentané d'un rythme d'évolution n'est pas conclure pour autant à une situation figée. Même à un rythme plus lent, l'exode rural va continuer durant l'entre-deux-guerres. Cet exode rural et la saignée de la guerre entraînent un vieillissement progressif du monde rural. De surcroît, avant même la crise des années 1930, un malaise économique et social touche ce monde rural, et sera encore accru au fil de la décennie suivante.

D'autant que, si le recul du monde rural ralentit durant cette même décennie — le chômage urbain rend la ville moins attractive —, le modèle culturel et les valeurs qui peu à peu s'imposent à la communauté nationale deviennent progressivement ceux du monde urbain. Longtemps centre de gravité socioculturel de l'ensemble de cette communauté, le monde rural est en train à cette époque de perdre cette fonction : la ville non seulement rayonne et attire, mais progressivement elle va imposer ses modes de vie, ses comportements et ses normes. A cet égard, l'entre-deux-guerres apparaît bien, pour le monde rural, comme une phase de temps suspendu plus que comme une période de temps retrouvé : apparemment, ce monde reste central dans la société française ; dans la réalité, des ferments d'évolution sont à l'œuvre et le ralentissement alors observé n'en rendra que plus massive la mutation des décennies d'après guerre.

Classes moyennes et « modèle républicain »

De surcroît, si la répartition villes-campagnes est un paramètre déterminant pour l'observation de l'évolution de la société française, elle ne doit pas dissimuler pour autant l'élément probablement essentiel de cette évolution sociale : les travaux de Serge Berstein, notamment, l'ont bien montré, la société française du premier tiers du XXe siècle est déjà une société fondée sur les classes moyennes, rurales aussi bien qu'urbaines. Ces classes moyennes constitueraient dès le début du siècle la moitié de la population active française : 49 % précisément, selon les calculs de Serge Berstein, au moment du recensement de 1906. Chiffre confirmé en appel vingt-cinq ans plus tard : 50 % au recensement de 1931. Entre les deux dates, les classes moyennes constituent bien le socle sociologique du régime républicain. Certes, cette société de classes moyennes est, par essence, très hétérogène : salariés et travailleurs indépendants y cohabitent, et si les seconds y restent longtemps prépondérants, s'amorce dès cette époque — surtout après la première guerre mondiale — l'irrésistible ascension des couches moyennes salariées. Malgré cette hétérogénéité, les classes moyennes constituent bien la « couche sociale nouvelle » dont « la venue et la présence, dans la politique », avaient été annoncées en 1872 par Léon Gambetta dans un discours à Grenoble.

Au fil de la III⁰ République, ces classes moyennes se trouveront, en effet, cimentées par des valeurs et des aspirations communes, avec, notamment, une mobilité sociale permettant la promotion intra- ou intergénérationnelle. Or, cette mobilité sociale est bien une réalité, proclamée et encouragée par l'Etat républicain. Si l'on examine, par exemple, l'origine sociale des candidats au baccalauréat de 1932, la part des classes moyennes apparaît importante :

Profession des parents des candidats	Paris (en %)	Province (en %)
Fonctionnaires	21,80	37,25
Industriels	7,67	4,35
Petits industriels et artisans	1,95	1,98
Commerçants	11,45	8,65
Petits commerçants	1,65	2,85
Agriculteurs	0,70	3,26
Professions libérales	15,40	10,63
Propriétaires et rentiers	1,70	2,86
Employés supérieurs	11,75	7,55
Employés subalternes	14,73	9,46
Ouvriers industriels	2,22	2,45
Gens de maison	0,21	0,68
Sans profession et divers	8,77	8,03

(Cf. Jean-François Sirinelli, *Génération intellectuelle*, Fayard, 1988, p. 181.)

Certes, cette part des classes moyennes allait augmenter par la suite, d'autant que ce n'est qu'à partir des années 1928-1933 que l'on va passer d'un enseignement secondaire payant à la gratuité générale de cet ordre d'enseignement. Mais dès cette époque — alors même que les bacheliers de 1932 n'étaient pas encore le produit des lycées en train de devenir gratuits —, lycées et collèges ne sont donc pas l'apanage des seules classes dirigeantes.

Il faut, du reste, ajouter que la promotion par l'Ecole ne se faisait pas seulement à cette date par ces lycées et collèges : l'Ecole primaire supérieure assure aussi, en dehors de ces établissements, un second cycle d'études après le certificat d'études et permet aussi une mobilité sociale par le diplôme.

Au bout du compte, cette mobilité par l'Ecole est l'un des aspects majeurs de « l'assimilation aux classes moyennes du projet républicain » et cette assimilation est bien « l'un des éléments qui assurent la solidité du régime » (Serge Berstein, *Le modèle républicain*, p. 204). Malgré l'ébranlement de la guerre, le « modèle républicain » a connu un véritable « âge d'or » entre 1900 et 1930, au point d'avoir constitué à cette époque une « sorte d'écosystème social ». A partir des années 1930 commencera pour lui une « longue période de contestation, de mise en cause, de troubles divers » (Serge Berstein et Odile Rudelle, *op. cit.*, p. 7-10) jusqu'à ce que, sous la Ve République, se mette progressivement en place un nouvel écosystème.

A cet égard, l'historien américain Stanley Hoffmann a lui aussi insisté, dans ses travaux, sur ce point d'équilibre qu'a été, dans notre histoire nationale, l'apogée de la IIIe République : « synthèse républicaine » et « consensus social » — dont seule était exclue la classe ouvrière. Cette France tertio-républicaine allait être ébranlée par la crise des années 1930, avec notamment, observe Stanley Hoffmann, une « société en crise » et la « confusion du système politique ».

La culture française des années 1930 : la montée d'une culture de masse

La crise française des années 1930, dans ses différentes facettes, sera traitée au chapitre suivant. On s'en tiendra donc ici, dans le domaine socioculturel, à l'étude d'un autre aspect de ces années 1930 : l'observation de la montée d'une culture de masse.

Les domaines de la création culturelle

Sur le plan de la création culturelle, les années 1920 avaient vu à la fois l'affirmation et l'épanouissement de tendances nées avant la guerre et l'apparition de nouveaux courants :

— Dans le domaine de la littérature, par exemple, le groupe de la *Nouvelle Revue française* (revue née en 1909) parvient à l'âge mûr — André Gide a 50 ans en 1919 — et va dominer le monde des lettres, imposant une sorte de classicisme qu'incarne par exemple un Roger Martin du Gard. On fausserait, de ce fait, la perspective en ramenant ces années 1920 au surréalisme, dont *Le Manifeste* paraît en 1924. Cette révolte esthétique, mélange de subversion du langage et de dérision, même si elle engendre des œuvres et fait s'éveiller des talents, resta sur le moment très circonscrite.

— En peinture, plusieurs styles avaient stratifié avant la guerre. Le fauvisme (Matisse, Derain, Vlaminck, Dufy), qui conservait la représentation figurative et s'attachait avant tout à exalter la couleur et la lumière, et le cubisme (Braque, Picasso, Léger), qui insistait sur la conceptualisation de la forme et de la composition, conservaient l'un et l'autre la figuration de la réalité, quitte, dans le cas du cubisme, à la déformer pour tenter de mieux l'exprimer encore. Au contraire, l'abstraction se voulait une déconnexion délibérée par rapport à cette réalité et elle était apparue pour la première fois dans une aquarelle de Kandinsky en 1910. Cet art abstrait — qui se scinde bientôt en une tendance « lyrique », qui puise dans le fauvisme et qui exalte la couleur, et une tendance « géométrique » qu'influence le cubisme — est loin encore d'être dominant après 1919 : ce qui domine, en fait, c'est la diversité de l'inspiration et de l'expression, avec, semble-t-il, une tendance au « retour à l'ordre », fondé sur le figuratif.

Aussi bien en littérature qu'en peinture, ce qui l'emporte, au bout du compte, et qui définit aussi le reste de la création culturelle de l'époque, est bien la diversité : une culture foisonnante où s'enchevêtrent les genres, les styles et les générations et qui tire son originalité d'un mélange de classicisme et d'audace, d'une volonté de modernité et d'une nostalgie de la Belle Epoque, d'une prise en compte du réel et d'une fascination pour l'illusion.

Dans les années 1930, cette création culturelle française demeurera très brillante, à tel point que l'on a pu parler alors d'une « Ecole de Paris ». La culture nationale semble avoir trouvé alors un point d'équilibre entre passé et avenir, entre culture consacrée et avant-gardes turbulentes. En quelques années, Proust, mort en 1922, est devenu un classique et Picasso a déjà acquis une grande notoriété.

Mais, en termes macrohistoriques, les années 1930, pour ce qui est de l'histoire des pratiques socioculturelles, constituent surtout une étape essentielle de la montée en puissance d'une culture de masse : les supports et les vecteurs de cette culture de masse sont, les uns, déjà anciens à cette date — ainsi la presse écrite —, les autres, en pleine et récente expansion — le cinéma et la radio. Tous concourent, en tout cas, à faciliter un brassage culturel.

La presse écrite

La presse nationale présente quelques belles réussites, dans le domaine de la presse d'information :

— *Le Petit Parisien,* principal quotidien du matin, connaît de forts tirages : presque 1,5 million d'exemplaires jusqu'en 1936, 1 million en 1939. Les trois quarts de sa diffusion se font en province. Il est concurrencé — et dépassé dans les années 1930 — par :

— *Paris-Soir,* qui utilise largement l'illustration, et s'assure un grand prestige et un fort écho par ses grands reportages, sportifs ou d'information, et par la rapidité de diffusion des nouvelles : l'exemple resté célèbre est celui, le 9 octobre 1934, de la sortie de l'édition sur l'attentat à Marseille contre Alexandre de Yougoslavie une heure à peine après l'événement. Ce quotidien — qui, contrairement à ce que semble indiquer son titre, n'assure que le tiers de ses ventes à Paris — connaît une hausse foudroyante de ses tirages dans les années 1930 : de 0,5 million à l'automne 1932, il passe à 1,4 million au début 1934 et 2,3 millions au moment des élections législatives de 1936, pour repasser à 1,8 million en 1939.

La presse régionale compte 175 quotidiens en 1938, dont 9 ont des tirages supérieurs à 200 000 exemplaires. Certains de ces titres sont devenus de véritables institutions dans leurs régions respectives : ainsi *La Dépêche de Toulouse*, radicale, avec 270 000 exemplaires en 1939, *L'Echo du Nord*, avec 300 000 exemplaires à la même date, modéré, ou *Le Progrès* de Lyon, radical, *La Petite Gironde*, sans opinion politique marquée, avec 22 éditions régionales, ou *Ouest-Eclair*, à Rennes, qui, avec un tirage de 350 000 exemplaires dans les années 1930, était le premier quotidien de province.

Si la presse quotidienne d'opinion recule au profit de la presse d'information, la presse politique hebdomadaire connaît des tirages importants, plus forts à droite — *Candide* et *Gringoire*, avec respectivement 400 000 et 600 000 exemplaires en 1936, *Je suis partout* — qu'à gauche — *Marianne*, *La Lumière*, *Vendredi*, avec 100 000, 75 000 et 100 000 exemplaires en 1936. L'une des particularités de ces hebdomadaires est que, malgré un engagement politique marqué — et parfois aux extrêmes : ainsi *Gringoire* et *Je suis partout* —, ils ont toujours consacré à la culture, et notamment à la littérature, une large place.

Mais ce ne sont probablement pas ces hebdomadaires politiques qui contribuent le plus à un brassage socioculturel. D'autres périodiques, en revanche, doivent être signalés, d'autant qu'ils connaissent alors une expansion spectaculaire : *Marie-Claire* (1937) et *Confidences* (1938) atteignent en quelques mois un tirage d'un million d'exemplaires et leur succès annonce la vogue des magazines féminins après la Libération. De même, *Match*, fondé par Jean Prouvost, symbolise l'essor de la photographie de presse devenue le support essentiel de certains hebdomadaires : dès 1938, *Match* tire à 800 000 exemplaires et après la guerre, *Paris Match* connaîtra, dans les années 1950, une réussite exceptionnelle.

L'image et le son

A travers le succès de la photographie de presse, on assiste, en fait, au rôle croissant de l'image. Jean Prouvost le constatait, qui déclarait en 1932 : « L'image est devenue la reine de notre temps. »

La remarque est valable aussi pour l'affiche, que l'urbanisation rend plus présente auprès d'un nombre croissant de Français. Elle vaut aussi pour la bande dessinée qui, avec la généralisation progressive de la « bulle » dans les années 1930, devient un support d'autant moins négligeable que le genre connaît un succès croissant à cette époque. Malgré le succès de quelques personnages créés en France — ainsi Bécassine, de Caumery et Pinchon, apparue dans *La Semaine de Suzette* en 1905, les Pieds Nickelés, de Louis Forton, dans *L'Epatant* à partir de 1908, Bibi Fricotin, du même, en 1924, Zig et Puce, créés en 1925 par Alain Saint-Ogan, Tintin, à qui Georges Rémi, dit Hergé, donne le jour en 1929 mais qui restera jusqu'à la guerre essentiellement lu par le public belge —, la production américaine occupe vite de solides bastions : *Le Journal de Mickey*, lancé en 1934, et dans lequel on trouve, outre le héros éponyme, Pim, Pam, Poum et Jim la Jungle, atteint bientôt un tirage de 400 000 exemplaires ; *Robinson*, de son côté, accueillait Guy l'Eclair, Mandrake et Popeye.

Mais, outre la photographie de presse, l'image va avoir pour principal support le cinéma, dont le succès sera massif. Le passage progressif au « parlant » à partir de 1928 va encore augmenter l'impact socioculturel d'une forme de spectacle qui devient à cette époque une véritable industrie : 130 longs métrages français produits en 1922, 158 en 1933, 171 en 1937. En 1938, plus de 4 700 salles accueilleront 250 millions de spectateurs. Qualitativement aussi, la croissance est indéniable : la période 1935-1939 est considérée rétrospectivement comme l'une des grandes phases du cinéma français. Nombre de « classiques » — ceux, par exemple, de Renoir, Carné, Grémillon — datent de cette époque.

Outre les films, du reste, « documentaires » et « actualités » contribuent à nourrir et donc à rapprocher mentalités et sensibilités. Les « actualités », notamment, jouent un rôle important : Pathé-Journal et Gaumont Actualités en sont les pourvoyeurs, ainsi que Fox Movietone, firme américaine qui diffuse aussi en France.

Cela étant, autant que la presse et le cinéma, c'est la radio qui va jouer un rôle déterminant dans cette standardisation croissante des pratiques culturelles, qui s'amorce alors. Dans ce domaine, l'essor est spectaculaire : le nombre des récepteurs triple une première fois entre 1927 (600 000) et 1934 (1 750 000), puis une seconde fois entre cette date et 1939 (5 200 000). Le statut juridique de la radiodiffusion est celui du monopole de l'Etat mais assoupli, par un décret-loi du 28 décembre 1926, de concessions précaires et révocables à des postes privés : cohabitèrent donc jusqu'à la seconde guerre mondiale des stations d'Etat (15 en 1939) et des stations privées (par exemple le Poste Parisien, Radio-Cité, ou Radio-Luxembourg, créée en 1931).

A côté de l'information — le premier « Journal Parlé » est créé en 1925 —, la radio joua rapidement un rôle essentiel dans le domaine de la distraction, avec notamment une grande place accordée à la musique (sur Radio-Paris, celle-ci occupe en 1936 environ 50 % du temps d'antenne) et l'importance prise par le sport-spectacle, également répercuté par la presse écrite.

Après la guerre, la montée en puissance de la radio se poursuivit : 6 millions de postes déclarés en 1950, 8,8 millions à la fin de 1954. Comme on estime à 20 % environ le nombre de postes non déclarés, ce sont plus de 10 millions de postes de radio qui sont alors utilisés : l'immense majorité des foyers français est donc alors équipée de postes de radio ; un sondage de 1953 avance même le chiffre pour cette date de 88 %.

A la Libération, une ordonnance du 23 mars 1945 avait rétabli le monopole absolu de l'Etat : les autorisations aux postes privés que permettait le décret-loi du 28 décembre 1926 étaient annulées. Le monopole de l'Etat sera désormais assuré par la Radiodiffusion-télévision française (RTF). Mais la loi pourra être tournée par la création de postes privés « périphériques », émettant de l'extérieur du territoire français : à Radio-Luxembourg, Radio-Monte-Carlo, Radio-Andorre s'ajoute en 1955 Europe n° 1.

La télévision, en revanche, fut un phénomène relativement tardif. Certes, une première émission officielle de télévision avait eu lieu le 26 avril 1935. Mais la pratique était alors expérimentale. Après la guerre et un changement de définition de l'image en 1948, le nombre de postes de télévision s'élèvera d'abord très lentement : 3 800 récepteurs en 1950, 23 954 en 1952. La hausse se fait ensuite plus rapide, atteignant 920 000 récepteurs en octobre 1958. Malgré cette hausse, la télévision resta jusqu'à la fin de la IVe République un phénomène statistiquement marginal.

Tous ces facteurs, on le voit, vont dans le même sens : une homogénéisation croissante de l'univers mental des Français. Au moment même où le rail et l'autocar contribuaient au désenclavement géographique, la radio, la presse et le cinéma commençaient — ou, pour la presse, continuaient — le désenclavement socioculturel.

Le rôle croissant des intellectuels

Dans l'entre-deux-guerres, les hommes de création culturelle vont, pour certains d'entre eux, afficher des positions politiques publiques : commence pour eux l'ère de l'engagement. Le phéno-mène, qui s'était amorcé avec l'affaire Dreyfus, prendra surtout de l'ampleur dans les années 1930, durant lesquelles ces intellectuels s'engageront dans le débat politique, les uns au nom de l'antifas-cisme, les autres par anticommunisme.

Sur ces intellectuels, le choc de la première guerre mondiale avait laissé une empreinte profonde et durable :

— D'une part, le milieu intellectuel avait été touché dans ses forces vives. Les étudiants, par exemple, pour des raisons d'âge, avaient été dans leur immense majorité touchés par la mobilisation. En proportion, les pertes en leur sein furent donc considérables : Universités et grandes Ecoles payèrent un lourd tribut du sang ; ainsi les promotions de l'Ecole normale supérieure en scolarité dans l'établissement comptèrent 50,71 % de morts. L'empreinte laissée fut d'autant plus profonde qu'à ces étudiants et élèves des grandes Ecoles fauchés par la guerre vinrent s'ajouter les pertes dans le milieu des écrivains et des artistes : dans ce domaine, les statistiques sont plus difficiles à établir — où commence la notion de créateur culturel ? — et à analyser — bien des talents poten-tiels furent fauchés avant même d'avoir produit. Mais les exem-ples ne manquent pas de créateurs tués avant d'avoir atteint le sommet de leur art : Louis Pergaud, Alain-Fournier, Charles Péguy, Guillaume Apollinaire (blessé, puis mort de la « grippe espagnole » à la fin de la guerre)... C'est, au bout du compte, la pyramide des âges du milieu intellectuel qui allait se trouver durablement déséquilibrée : la strate des 20-30 ans fut, comme dans les autres milieux, la plus cruellement touchée ; du coup, cette strate devenant ainsi moins épaisse, la guerre accusa les cli-vages de génération, par l'amincissement du nombre de ceux qui auraient eu entre 40 et 50 ans dans les années 1930 et par l'affai-blissement indirect de cette génération, placée entre les plus jeunes, qui, n'ayant pas connu la guerre comme combattants, s'éveilleront à la politique dans les années 1920 et 1930, et les aînés, parvenus à la soixantaine à la même époque. Les phéno-

mènes de circulation intellectuelle et idéologique entre générations s'en trouveront profondément perturbés : cela sera sensible
notamment au sein de l'Action française, où l'écart entre les sexa-
génaires Charles Maurras et Léon Daudet (respectivement
68 ans et 60 ans en 1936) et leurs cadets venus en politique à la fin
des années 1920 (ainsi Robert Brasillach, né en 1909) entraîna
souvent une incompréhension croissante après le 6 février 1934
et, parfois, une dérive des seconds vers le fascisme.
— D'autre part, le milieu intellectuel fut durablement touché dans
ses visions du monde : le pacifisme, par exemple, jusqu'ici surtout cantonné aux mouvances socialistes et syndicalistes, allait
s'ancrer profondément dans ce milieu. Ce qui, du reste, au
moment des grandes crises des années 1930 et des débats qui,
nous le verrons, en découlèrent, entraîna des fidélités devenues
contradictoires entre ce pacifisme enraciné et l'attitude à adopter face aux provocations hitlériennes.

L'ébranlement des esprits entraîna aussi des attitudes de révolte
qui revêtirent, par exemple, des aspects esthétiques : le courant sur-
réaliste prend ainsi sa source dans la guerre — notamment à travers le mouvement Dada — et nombre de ses animateurs étaient
d'anciens combattants.
    La secousse de la guerre facilita aussi, avant même que s'exerçât
la séduction idéologique du marxisme, une pénétration — dans un
premier temps statistiquement limitée — du communisme dans le
milieu intellectuel français. A certains, en effet, le communisme
apparut comme le seul rempart contre de nouvelles guerres, en
abattant le capitalisme, responsable, dans la vision marxiste-léni-
niste, des chocs d'impérialismes et donc du déclenchement des
conflits modernes.
    La démocratie libérale, sortie pourtant historiquement victo-
rieuse de la guerre — dans la mesure où son aire géographique se
trouvait, au moins dans l'immédiat après-guerre, dilatée, du fait de
l'écroulement des Empires —, se retrouvait donc dans une situation
paradoxale : cette guerre qui consacrait son avènement créait, dans
le même temps, des modèles concurrents, dont certains allaient
séduire les intellectuels : le communisme, donc, mais aussi le fascisme.

Pour l'heure, il est vrai, ces ferments d'évolution sont masqués
par un retour apparent à l'avant-guerre : à l'extrême droite, l'Action française connaît ainsi une nouvelle flambée, continuant

comme avant 1914 à séduire intellectuellement une partie de la jeunesse étudiante ; à gauche, la victoire du Cartel des gauches en 1924 apparaît comme l'avènement de la « République des professeurs » — pour reprendre le titre d'un livre d'Albert Thibaudet, publié en 1927 — et la victoire politique de la génération des dreyfusards, devenus quinquagénaires : ainsi Léon Blum ou Edouard Herriot. Héritage de l'affaire Dreyfus d'un côté, nouvelle jeunesse de l'Action française de l'autre : le paysage idéologique semble s'être reproduit sur les bases d'avant 1914 plutôt que s'être recomposé.

Et pourtant, au fil de ces années 1920, des facteurs nouveaux sont à l'œuvre, avivés par les ferments d'évolution déjà signalés :

— Une nouvelle génération, née dans la première décennie du siècle — et que l'on peut appeler, pour cette raison, « génération de 1905 » (cf. J.-F. Sirinelli, *Génération intellectuelle*, 1988) —, n'adhérera pas forcément aux mêmes modèles idéologiques que ceux de ses aînés. C'est une observation classique de la sociologie historique que le constat qu'une relève de génération ne s'accompagne pas, le plus souvent, d'une passation de relais idéologique. En d'autres termes, chaque nouvelle génération fait son propre apprentissage politique et porte donc en elle-même des germes d'évolution.

— D'autant que l'apprentissage politique de la « génération de 1905 » se fait au moment de la crise des deux modèles qui semblaient incarner, on l'a vu, la continuité avec l'avant-guerre : l'Action française et la « République des professeurs ». La condamnation pontificale de la première en 1926 et l'échec politique du Cartel des gauches, à la même date, font, en effet, de ces modèles apparemment dominants des modèles, en fait, désormais déclinants. D'où, pour nombre de jeunes clercs, l'attraction exercée par d'autres modèles.

— Or, on l'a dit, si le régime parlementaire est sorti victorieux de la guerre, celle-ci a vu aussi la naissance de nouveaux modèles, concurrents du modèle parlementaire : le communisme et le fascisme. Certes, ces modèles concurrents ne sont pas encore conquérants dans les esprits à cette date et il faudra attendre la crise des années 1930 pour qu'ils soient significativement activés, mais cette double crise de 1926 qu'est la condamnation pontificale de l'Action française doublée de l'échec du Cartel des gauches change dès cette date la donne idéologique. Dans ce domaine idéologique, on le voit, la crise des années 1930 amplifiera un mouvement plus qu'elle ne le créera.

— En toile de fond, en fait, c'est donc la question de l'ébranlement originel qui se pose. C'est bien la guerre de 1914-1918 qui, malgré l'apparent retour à la normale après 1918, a ébranlé en profondeur le système de valeurs et de références des intellectuels français. En apparence, la stabilisation politique, économique et financière des années 1920 semble avoir gommé par la suite le choc de la guerre, mais celui-ci reste latent. La crise de 1929, dans nombre de domaines, fera rejouer des failles engendrées par la guerre. Au bout du compte, les années 1920 sont déjà grosses de la décennie suivante et de la crise qui la parcourra. Et l'ampleur même de cette crise s'explique par ce phénomène de rejeu : ce sont, en fait, deux ondes de choc qui se superposent alors, celle, structurelle, issue de la guerre, et celle, davantage conjoncturelle, créée par les retombées de la crise américaine de 1929.

Ce constat n'enlève rien au contraste indéniable entre les deux décennies de l'entre-deux-guerres : c'est dans les années 1930, et sous le signe de la crise, que les intellectuels auront un rôle croissant dans le débat civique. Ce débat va se réarticuler autour de nouveaux pôles : l'antifascisme et l'anticommunisme.

• C'est une question historiographique majeure que d'évaluer aujourd'hui, rétrospectivement, l'ampleur exacte de l'enracinement du fascisme en France dans les années 1930. L'historien israélien Zeev Sternhell estime que cet enracinement a été profond (*Ni droite ni gauche. L'idéologie fasciste en France*, 1983). La plus grande partie de l'école historique française estime au contraire qu'il est resté superficiel. Par-delà ce débat scientifique toujours en cours, et quelle que soit, au bout du compte, la réponse que l'historien peut apporter, ce qui compte ici pour notre propos est moins la réalité — en termes d'amplitude — du fascisme tel que l'historien peut la reconstituer rétrospectivement que sa perception, sur le moment, par les contemporains. Or, sur ce point, le constat des historiens est unanime : il y eut, parmi les militants et sympathisants de gauche, le sentiment, intensément vécu et dès lors profondément ancré, qu'un danger fasciste endogène existait et qu'il fallait le combattre et l'endiguer.

Dès lors, plus que le fascisme, c'est bien l'antifascisme qui joua un rôle moteur. On verra par ailleurs, au chapitre suivant, son rôle de moteur et de ciment — au moins au début — du Rassemblement populaire. Dans le domaine des intellectuels, il en fut de même. Ainsi, cinq jours après le 6 février 1934, le quotidien socialiste *Le Populaire* publia un texte d'intellectuels — qui fut aussi diffusé sous forme de tract — intitulé « Appel à la lutte » et parlant d'un « danger fasciste immédiat ». Surtout, un mois après les événements, un autre texte intitulé « Aux travailleurs » fut rendu public le 5 mars 1934. Son premier paragraphe, notamment, était significatif :

> Unis, par-dessus toute divergence, devant le spectacle des émeutes fascistes de Paris et de la résistance populaire qui seule leur a fait face, nous venons déclarer à tous les travailleurs, nos camarades, notre résolution de lutter avec eux pour sauver contre une dictature fasciste ce que le peuple a conquis de droits et libertés publiques. Nous sommes prêts à tout sacrifier pour empêcher que la France ne soit soumise à un régime d'oppression et de misère belliqueuses.

Ce texte était cosigné par le philosophe Alain, radicalisant, le physicien Paul Langevin, proche du Parti communiste, et le socialiste Paul Rivet, professeur au Muséum : à travers les trois hommes, ce sont donc les principales sensibilités de la gauche française qui étaient ainsi représentées et les futures composantes du Rassemblement populaire. La mobilisation des intellectuels sur le thème de l'antifascisme se fit rapidement et massivement : ainsi ce texte, qui est le texte fondateur du futur Comité de vigilance des intellectuels antifascistes (CVIA), avait-il recueilli, à la fin de l'année 1934, 6 000 signatures. Nombre d'intellectuels, par engagement auprès de l'une des trois branches du Rassemblement populaire, mais aussi par antifascisme, soutinrent dès lors ce Rassemblement et, après sa victoire, le Front populaire. C'est, du reste, par antifascisme que des hommes comme André Gide ou André Malraux se rapprochèrent du communisme — sans y adhérer : on parle en général, dans ces cas, de « compagnons de route » — et que se constitua de ce fait une mouvance intellectuelle communiste et communisante beaucoup plus étoffée qu'au fil de la décennie précédente, où le Parti, on l'a vu, resta très isolé. Si on lui ajoute les mouvances socialiste et radicale, les années 1930 représentent assurément un moment important de l'histoire de l'intelligentsia de gauche.

● On aurait tort, pour autant, d'imaginer un milieu intellectuel tout entier engagé à gauche à cette date. Les intellectuels de droite et d'extrême droite étaient alors au moins aussi nombreux que ceux de gauche et d'extrême gauche et eux aussi s'engagèrent en nombre. Dans leur cas, c'est bien l'anticommunisme, souvent, qui fut le moteur déterminant d'un tel engagement. C'est moins, en effet, comme avant 1914 et comme dans les années 1920, le combat contre la République — pour ce qui concerne l'Action française — ou, plus largement, la défense du nationalisme qui priment et qui inspirent les grands engagements en faveur de ce camp que la lutte contre un danger communiste supposé massif. Le cas sera net, par exemple, au moment de la guerre d'Espagne, où Franco apparaîtra comme un rempart contre l'installation dans la péninsule Ibérique, « dans son ignominie sans nom, dans son épouvantable férocité, (d')une nouvelle Russie bolcheviste » (Paul Claudel) ; c'est bien grâce aux troupes franquistes, estimera Charles Maurras, que ne s'est pas installée « une jolie petite république soviétique au revers des Pyrénées ».

Même si c'est en conservant parfois la phraséologie de la fin du XIXᵉ siècle, on voit donc que les débats idéologiques entre clercs se sont modifiés à cette date et qu'ils s'articulent très largement autour de l'opposition entre antifascistes et anticommunistes. Et comme de tels débats sont à forte teneur idéologique, le rôle des intellectuels, qui fournissent l'argumentaire aux camps en présence, est alors fondamental.

• Sur les questions de politique intérieure — pour ou contre le Front populaire — comme sur celles de politique extérieure, la bipolarisation fut donc poussée à l'extrême entre intellectuels des deux camps. Sur l'Ethiopie en 1935, sur l'Espagne à partir de l'été 1936, les listes de pétitionnaires s'allongèrent. Au moment du déclenchement de la guerre d'Ethiopie, par exemple, *Le Temps* du 4 octobre 1935 publia une pétition hostile à des sanctions contre l'Italie et invoquant la « défense de l'Occident » et celle de la paix : se profile donc dès cette époque un néo-pacifisme de droite qui tranche avec les positions nationalistes défendues jusque-là et qui s'explique notamment par l'anticommunisme ; une politique extérieure trop ferme vis-à-vis des dictatures fascistes, pensent les tenants de cette analyse, ferait le jeu de Staline et de l'Union soviétique. Cette pétition rassembla plus d'un millier de signatures.

A cette pétition, les intellectuels de gauche répondirent par un texte, lui aussi lesté de nombreuses signatures, publié par *L'Œuvre* du 5 octobre 1935. Ce texte dénonçait la « guerre d'agression » menée par Mussolini.

Quelques mois plus tard, c'est, on l'a dit, sur l'Espagne que le débat allait cristalliser, et les intellectuels des deux bords se mobiliseront sur ce thème en maintes occasions. Mais si le clivage droite-gauche permet de rendre compte globalement des positions des uns en faveur de Franco et des autres en soutien de la République espagnole, des fissures révélatrices apparurent au sein de chacun des deux camps en présence. A gauche, ce sont les modalités de soutien qui divisèrent les intellectuels : soutien purement verbal, au nom du pacifisme, dans un cas — et, de ce fait, appui à la politique de non-intervention menée par le gouvernement —, appel à une aide directe dans l'autre cas — ce furent notamment les intellectuels proches ou membres du Parti communiste qui adoptèrent une telle position. Ces débats, qui révèlent l'ampleur du pacifisme dans le milieu intellectuel, firent éclater le Comité de vigilance des intellectuels antifascistes. Ils annoncent aussi la division des intellectuels de gauche, à l'automne 1938, au moment de la crise tchèque et de la signature des accords de Munich. Il y avait, on le voit, accord de principe sur la nécessité du combat antifasciste mais désaccord profond sur les modalités de ce combat.

A droite, derrière le soutien apparemment massif aux troupes franquistes, apparaissent aussi des fissures, notamment chez certains intellectuels catholiques. Ainsi François Mauriac, troublé par les excès commis par ces franquistes, devint, dans *Le Figaro*, un partisan de l'autre camp. De même, Georges Bernanos condamna rapidement la cause franquiste, qu'il avait d'abord soutenue, et publia, en 1938, sur ce thème, *Les grands cimetières sous la lune*.

Déjà, au fil de ces crises d'avant guerre, s'amorçaient parfois des reclassements ou des chassés-croisés que l'on retrouverait durant l'Occupation.

BIBLIOGRAPHIE

Asselain Jean-Charles, *Histoire économique de la France*, t. 2 : *De 1919 à la fin des années 1970*, Le Seuil, 1984.

Bellanger Claude, Godechot Jacques, Guiral Pierre et Terrou Fernand (sous la direction de), *Histoire générale de la presse française*, t. III : *De 1871 à 1940*, PUF, 1972.

Berstein Serge et Rudelle Odile (sous la direction de), *Le modèle républicain*, Paris, PUF, 1992.

Braudel Fernand et Labrousse Ernest (sous la direction de), *Histoire économique et sociale de la France*, t. IV : *L'ère industrielle et la société d'aujourd'hui (1880-1980)*, second volume : *Le temps des guerres mondiales et de la grande crise (1914 - vers 1950)*, PUF, 1980.

Caron François, *Histoire économique de la France (XIXᵉ-XXᵉ siècles)*, Armand Colin, 1981.

Duby Georges et Ariès Philippe, *Histoire de la vie privée*, t. 5, sous la direction d'Antoine Prost et Gérard Vincent, Le Seuil, 1987.

Hoffmann Stanley, *Sur la France*, Le Seuil, 1976.

Sirinelli Jean-François, *Intellectuels et passions françaises. Manifestes et pétitions au XXᵉ siècle*, Fayard, 1990.

4. La crise des années 1930

L'incertain équilibre établi à la fin des années 1920 est brutalement remis en cause au cours des années 1930. Alors que le pays s'imagine, en 1929-1931, pouvoir échapper à la dépression économique qui frappe le monde libéral industrialisé, le ralentissement de l'activité, manifeste à partir de la fin de 1931, se prolonge de façon insidieuse et persistante jusqu'à la veille de la seconde guerre, sans que soit jamais retrouvé le niveau atteint au sommet de la prospérité des années 1920. Le désordre moral, social et politique engendre alors une contestation de la République parlementaire, qui parvient, péniblement, à assurer sa survie, tandis que des mutations décisives affectent l'équilibre des forces politiques.

La crise de l'économie et de la société françaises (1929-1935)

Originale par sa chronologie et par son amplitude, la crise économique française, combattue par des moyens traditionnels et inadaptés, provoque par ses effets matériels un trouble profond dans de larges secteurs de l'opinion publique. Perceptible à partir de la fin de 1931, celui-ci s'amplifie et culmine à la veille des élections législatives de 1936.

La singularité de la crise française

Un retournement précoce de la conjoncture, une entrée tardive dans la dépression, une amplitude inférieure à celle des autres nations industrielles, une persistance exceptionnelle, caractérisent de façon spécifique la crise française.

Un précoce retournement, longtemps invisible. — Une présentation traditionnelle de la crise met l'accent sur le « vendredi noir » (29 octobre 1929), date de l'effondrement des valeurs à la Bourse de New York, suivi du ralentissement de l'économie américaine et de la transmission de la crise à l'Europe, jalonnée par la faillite du Kreditanstalt de Vienne (12 mai 1931) et la dévaluation de la livre sterling (21 septembre 1931).

Des recherches menées par Jacques Marseille ont permis de mettre en valeur la précocité du retournement de la conjoncture française. Dès février 1929, les valeurs mobilières amorcent un repli, de même que les prix de gros des matières premières industrielles et des 126 articles de consommation. L'indice de la production industrielle culmine en mai 1930, mais des analyses de détail montrent que le textile est touché dès 1928, l'automobile dans le courant du deuxième trimestre de 1929, le bâtiment et les industries extractives en 1930. L'absence de données sûres relatives au chômage ne permet pas d'apprécier avec exactitude le recul de l'emploi ; les premières statistiques élaborées à partir de 1931 donnent une moyenne mensuelle, encore relativement modeste, de 54 000 chômeurs secourus, chiffre évidemment inférieur à la réalité.

Ces reculs traduiraient les fragilités de l'économie française, liées à la stabilisation du franc, qui aurait réduit l'avantage de change résultant de la dépréciation monétaire, et à l'étroitesse du marché intérieur français, formé pour une majeure partie de paysans et d'ouvriers, incapable d'absorber une production trop orientée vers les produits de luxe. Mais le ralentissement, encore invisible, frappe des secteurs traditionnels, comme le textile, qui, vivant en osmose avec le milieu rural, peuvent aisément réduire le potentiel de main-d'œuvre qu'ils sont en mesure d'employer en période de prospérité.

Une tardive entrée dans la dépression. — Malgré le retournement précoce de conjoncture, alors que la crise se répand dans le monde, les commentateurs et l'opinion présentent la France comme une île heureuse et prospère au milieu de la dépression générale. En effet, pendant que la production industrielle américaine diminue de 20 % durant le deuxième trimestre de 1929, l'indice français, poursuivant son ascension, atteint 144 en décembre 1930. Sans doute l'année 1931 voit-elle apparaître la baisse des prix de gros, de la production industrielle, des valeurs mobilières, mais les finances publiques sont encore en équilibre et le volume global des affaires ne marque qu'un recul modéré.

Une brusque aggravation se produit dans le courant du dernier trimestre de 1931, après la dévaluation de la livre sterling, le 21 septembre. Au net recul de la production industrielle, perceptible entre septembre 1931 et mai 1932, correspond la forte poussée du chômage : 100 000 chômeurs secourus en moyenne pendant les trois derniers mois de 1931, 300 000 durant les quatre premiers mois de 1932. D'autres signes confirment l'entrée dans la crise. Le volume du commerce extérieur diminue considérablement : en juillet-août 1932, les exportations ne représentent plus que la moitié de celles du premier semestre de 1929, alors que les importations n'ont baissé que de 20 %. Le déséquilibre commercial, apparu dès 1929 par suite de la stabilisation monétaire, s'est aggravé après la dévaluation britannique. Enfin, le déficit budgétaire de l'exercice mars 1930 -mars 1931 met fin à plusieurs années d'excédents : il passe de 5 milliards en 1930-1931 à 11 milliards en 1933 pour un total de dépenses avoisinant 50 milliards, soit un rapport respectif de 10 et 20 %.

Une amplitude plus limitée qu'ailleurs. — Ce fait apparaît bien dans le tableau qui suit :

	Indice de la production industrielle	Indice des prix de gros	Nombre de chômeurs secourus (moyenne mensuelle)
1929	100	100	
1930	99	88	
1931	86	75	54 000
1932	73	66	273 000
1933	81	63	276 000
1934	75	59	341 000
1935	73	56	425 000

(Sources : Jacques Néré, *La crise de 1929*, A. Colin, 1973, et Alfred Sauvy, *Histoire économique de la France entre les deux guerres,* Economica, 1984.)

L'évolution des trois données les plus significatives du niveau de l'activité, l'indice de la production industrielle, celui des prix de gros et le nombre de chômeurs secourus, permet de mettre en valeur la différence d'amplitude entre la France et les autres grandes nations industrielles. De 1929 à 1932 les Etats-Unis et l'Allemagne voient leur production industrielle diminuer de près de la moitié. Le chômage atteint 12,5 millions d'actifs aux Etats-Unis, 6 en Allemagne, plus de 2 dans le Royaume-Uni. La France ne connaît pas de chômage aussi massif, et son dispositif productif, tout en tournant au ralenti, ignore l'arrêt quasi total des énormes machines américaine et allemande.

Ces caractères particuliers ont donné lieu à une série d'interprétations convergentes qui, mettant l'accent sur les faiblesses de l'économie française, expliquent la tardive entrée dans la dépression par le faible rayonnement international des entreprises françaises, tournées pour la plupart vers le marché intérieur, donc assez peu affectées par la rétraction du commerce mondial. Souvent de petite taille, faiblement novatrices, elles se sont peu endettées, ce qui les met à l'abri de l'effondrement du crédit. Cette situation structurelle défavorable aurait encore été aggravée, selon Alfred Sauvy, par le vieillissement de la population, qui accroît le prix du travail, et la stagnation de la natalité, qui ne favorise pas les anticipations des investisseurs.

Une persistance exceptionnelle. — Alors que d'autres pays, comme les Etats-Unis ou l'Allemagne, donnent des signes de reprise, de manière encore incertaine et inégale, vers 1933, la France s'enfonce plus profondément dans la crise. La production industrielle de 1935 représente les trois quarts de celle de 1929, tandis que le chômage connaît une croissance continue. Alors que le textile et le cuir s'effondrent, les fabrications automobiles, électriques, les matériaux de construction reculent de façon marquée. Les bénéfices se maintiennent mieux toutefois dans les secteurs « abrités » par la cartellisation, le charbon ou la chimie. La fabrication de biens d'équipement recule : de 1933 à 1937, elle reste aux deux tiers du niveau atteint en 1929.

Cette persistance inhabituelle trouve en grande partie sa source dans la politique suivie par les différents gouvernements.

Une politique traditionnelle (1931-1935)

Les gouvernements en charge des affaires du pays de septembre 1931 à la veille des élections de 1936 ne sont pas soutenus par la même majorité parlementaire. Les modérés doivent céder la place à une majorité radicale et socialiste lors des législatives de 1932. En février 1934, celle-ci se disloque, remplacée par une formule d'Union nationale, proche de celle de 1926. Cependant les politiques suivies procèdent des mêmes inspirations. Il s'agit avant tout de tenter de protéger l'appareil productif de la vague extérieure et d'enrayer la baisse des prix par des mesures internes, tout en équilibrant le budget de l'Etat et en maintenant le franc à la valeur définie lors de la stabilisation Poincaré.

La protection du marché national. — Les gouvernements tentent dans un premier temps d'enrayer la baisse des prix, génératrice de faillites et de stagnation, en protégeant l'appareil productif français de l'agression extérieure considérée comme l'origine de la crise. Ils ne font que retrouver une technique protectionniste traditionnellement employée par la République pour assurer, en même temps que la survie d'un appareil productif menacé, le maintien d'un équilibre social fondé sur la prédominance d'une classe moyenne indépendante de petits et moyens producteurs.

Aussi les modérés mettent-ils en application cette doctrine dès 1931 en augmentant les droits de douane sur les produits agricoles, puis sur les produits industriels en mars 1932. Une surtaxe de change, fixée à 15 % *ad valorem,* est instituée sur les produits britanniques, pour être ensuite retirée en juin 1934 devant la menace de représailles. Le gouvernement recourt également à la procédure du contingentement, beaucoup plus dirigiste, qui, sans les taxer, limite la quantité des produits à importer. Appliqué systématiquement à partir d'août 1931, ce système est généralisé l'année suivante : présenté comme provisoire, il est encore en vigueur à la veille de la guerre. Véritable retour au dirigisme, il confère un large pouvoir à l'administration qui répartit les autorisations d'importations entre les divers importateurs. Portant sur certains produits de base, tels le charbon ou les produits azotés, il aboutit à priver le pays de matières premières indispensables et par là même à renforcer la stagnation de la production.

Si ces mesures parviennent à réduire le déficit commercial qui diminue de moitié entre 1932 et 1935, elles entraînent également un ralentissement du commerce, un rétrécissement des débouchés et des insuffisances dans le ravitaillement de certaines matières premières. Tout cela va à l'encontre de l'objectif recherché.

La réduction de l'offre intérieure. — Sur le plan interne, des efforts considérables sont entrepris pour freiner la tendance à la baisse des prix, particulièrement accentuée dans le secteur agricole, qui emploie un tiers des actifs. Diverses mesures favorisent la dénaturation du blé (1934) ou la distillation obligatoire de la production viticole, la limitation de l'extension des emblavures (1934) ou des plantations de vignes. Une tentative de taxation est réalisée par la loi du 10 juillet 1933 qui fixe le prix minimum du blé à 115 F l'hectolitre garanti pour une période d'un an. Cette mesure reste totalement inefficace : les paysans, souvent pressés par la nécessité, vendent à un cours inférieur à 100 F, alors que le prix du pain reste fixé par référence à 115 F.

Dans le domaine industriel, l'intervention de l'Etat reste plus discrète. Sans doute intervient-il ponctuellement pour tempérer la concurrence. Un décret de 1935 interdit la construction de nouveaux moulins. Les industriels de la chaussure obtiennent en 1936 le vote d'une loi qui prohibe l'accroissement du potentiel industriel de ce secteur. Mais les autorités préfèrent laisser la cartellisation à l'initiative des professions elles-mêmes : un projet de loi déposé en avril 1935 prévoit la possibilité de rendre obligatoires des accords de cartel, en vue de « provoquer le rajustement entre la production et la consommation, grâce à un effort de discipline et d'organisation professionnelle ». Il n'est pas adopté, par suite des protestations patronales ; mais des accords sont signés dans des secteurs concentrés : les Houillères se répartissent leurs débouchés (1931) ; un cartel de l'acier fixe les prix des demi-produits (1931), de même qu'un comptoir des fontes en 1935.

Les conséquences d'un tel effort sont d'une considérable portée. « La combinaison d'un interventionnisme d'Etat élargi et d'une reprise de la cartellisation aboutit à une quasi-suppression de la compétition, dans une économie où les lois du marché n'étaient pas déjà réputées opérer avec beaucoup de force », a pu écrire Richard Kuisel. Il est indéniable que de tels procédés aboutissent à geler les situations acquises et à freiner l'investissement. Le recul de la production industrielle affecte d'ailleurs les biens d'équipement beaucoup plus que les biens de consommation : l'effet immédiat de la crise est donc encore un peu plus amorti, alors que l'avenir se trouve de plus en plus obéré.

Le refus de dévaluer. — La crise entraîne dans la plupart des pays une dévaluation de la monnaie : cette opération donne aux produits exportés un avantage sur les marchés des pays dont la monnaie n'a pas changé de valeur et permet, par la réévaluation des stocks d'or des banques centrales, une expansion monétaire interne susceptible de provoquer la relance. La dévaluation de la livre sterling, suivie par 40 autres monnaies, introduit entre les prix français et les prix mondiaux un écart de 20 %, qui surenchérit les produits français et rend très compétitives les fabrications étrangères. Le flottement du dollar, décidé le 19 avril 1933, suivi d'une dévaluation en janvier 1934, accroît encore la différence.

En ce domaine, l'attitude de tous les gouvernements, modérés et radicaux, reste rigoureusement identique dans le refus absolu de dévaluer. Les dirigeants de la Banque centrale, et les « experts », tels Charles Rist et Jacques Rueff, professeurs d'économie et hauts fonctionnaires des Finances, partagent et appuient ce point de vue, de même que la majeure partie de l'opinion publique. Une manipulation monétaire est considérée comme une opération dangereuse et malhonnête. Dangereuse, car susceptible de relancer l'inflation et de provoquer à nouveau l'amenuisement du pouvoir d'achat. Malhonnête, car remettant en cause la stabilisation de 1928, qui avait permis aux épargnants d'espérer que la monnaie nationale retrouverait à nouveau son rôle de réserve de valeur. Quand, en 1934, la perspective d'une dévaluation est évoquée à la Chambre, le ministre Louis Germain-Martin s'écrie à la tribune que « dévaluer le franc serait rompre le contrat le plus sacré. Ce que l'Etat promet..., c'est un poids d'or déterminé ».

Ce point de vue, totalement étranger à la perspective instrumentale de type keynésien, qui fait de la monnaie un simple instrument de la relance, traduit une conception culturelle, mais aussi un refus de renouveler l'expérience des années 1920. S'il est admis que la guerre a entraîné d'exceptionnels sacrifices, il doit être bien entendu, pour l'opinion publique, qu'en aucun cas l'Etat ne pourrait renouveler de telles opérations gravement préjudiciables à l'esprit d'épargne considéré comme une vertu majeure par l'Etat républicain.

Aussi la France, en réponse à Roosevelt qui refuse toute solution internationale dans ce domaine, tente-t-elle en juillet 1933 de constituer la zone du « Bloc-or » avec la Belgique, les Pays-Bas, le Luxembourg, l'Italie et la Suisse. L'échec devait être complet. Après la dévaluation du franc belge en mars 1935, tous les signataires de l'accord devaient modifier leur parité au cours de l'année 1936.

La compression budgétaire. — La politique budgétaire relève du même type d'analyse et fait l'objet des mêmes pratiques orthodoxes. Tardieu, pour l'exercice 1930-1931, avait prévu un budget de prospérité, fort dispendieux, mais nullement destiné à combattre la crise. La loi sur les assurances sociales est votée en avril 1930, la retraite du combattant instituée à la même époque, les allocations familiales sont créées en mars 1932. La crise, d'autre part, réduit à partir de 1931 les recettes attendues, par suite de la diminution des revenus et du volume des affaires, qui se répercute sur les rentrées fiscales.

Mais loin de voir dans le déficit une conséquence de la crise, une partie de l'opinion croit en discerner la cause dans l'excès des charges de l'Etat, dû à une législation démagogique et à la bureaucratie proliférante des « budgétivores », qui pèsent lourdement sur le secteur productif. A partir de 1933, les gouvernements cherchent à rétablir l'équilibre du budget en comprimant les dépenses. Il s'agit donc dans un premier temps de trouver les moyens nécessaires pour équilibrer le budget.

Deux possibilités s'offrent aux gouvernementaux radicaux, de 1932 à 1934 : agir sur le traitement des fonctionnaires, qui par suite de la baisse du coût de la vie ont vu leur situation s'améliorer, et contrôler les dépenses relatives aux anciens combattants, considérablement accrues par les mesures de Tardieu. Daladier, en février 1933, réduit les traitements supérieurs et moyens de la fonction publique, mais il chute sur la question financière, ainsi que son successeur Albert Sarraut. Après le changement de majorité survenu en février 1934, Gaston Doumergue, soutenu par une coalition d' « Union nationale », décrète en avril une diminution des effectifs des ministères, un prélèvement progressif (5 % minimum) sur tous les agents de l'Etat, un prélèvement temporaire de 3 % sur les pensions de guerre et la retraite du combattant. Ces mesures soulèvent une vive opposition des intéressés qui se déclarent blessés dans leur dignité et rendus injustement responsables de la crise.

Dans un deuxième temps, à partir de 1935, la compression budgétaire n'est plus inspirée par le seul souci du respect de l'orthodoxie financière. Il s'agit désormais, par la réduction de la masse monétaire engendrée par les excédents attendus, de parvenir à une déflation, c'est-à-dire une baisse du niveau général des prix permettant de réduire l'écart entre les prix français et les prix étrangers. Il revient alors à Pierre Laval, chef du gouvernement à partir de juin 1935, de prendre une série de décrets-lois en juillet, août et octobre de la même année, qui réduisent de 10 % toutes les dépenses publiques, donc les traitements et pensions, et diminuent l'intérêt de la rente. Pour faciliter la baisse des salaires du secteur privé, les prix de l'électricité, du gaz, du pain, du charbon sont baissés autoritairement, ainsi que les loyers et les baux à ferme. Ces mesures qui atteignent les fonctionnaires, mais aussi certaines catégories de producteurs et de propriétaires, provoquent une profonde exaspération contre « les décrets-lois de misère ».

La déflation aboutit à un double échec. Si les dépenses sont contenues, les recettes diminuent par suite de la persistance de la crise, le budget reste donc déséquilibré. L'écart entre les prix français et les prix étrangers ne se réduit guère. De nombreuses critiques ont été avancées contre la déflation, politique contradictoire avec les efforts tendant à maintenir le niveau des prix, et surtout totalement irréaliste, puisque 50 % des dépenses budgétaires étant incompressibles, la réduction des dépenses nécessaires à une déflation d'une telle ampleur aurait dépassé les limites du soutenable. La déflation a été « une véritable torture » infligée à l'économie, selon la forte expression de Paul Reynaud, un des rares partisans de la dévaluation.

La crise et le pouvoir d'achat des Français

La dépression atteint l'ensemble des Français, directement par la baisse des prix, les faillites, la crise de l'emploi, et indirectement par les mesures déflationnistes. Tous, cependant, ne sont pas touchés de la même manière.

Variation des revenus de 1930 à 1935

	Valeur nominale	Pouvoir d'achat
Salaires et traitements	— 28,5	— 5,9
Retraites et pensions	+ 11	+ 46
Agriculture	— 48,1	— 31,7
Bénéfices industriels et commerciaux	— 37,7	— 18,1
Professions libérales	— 18,7	+ 6,7
Revenus mobiliers	— 26,6	— 3,4
Revenus fonciers	— 10,5	+ 11,7
Ensemble	— 30,5	— 8,5

(Source : Alfred Sauvy, *op. cit.*)

Trois types de revenus non directement liés au niveau de l'activité économique voient leur position s'améliorer. Les titulaires de pensions et retraites, durement touchés pendant les années 1920, ont vu leur revenu revalorisé en 1931 grâce aux mesures prises par les gouvernements modérés. Ces pensions restent d'un montant modeste, mais le nombre des retraités s'accroît du fait du vieillissement. Les titulaires de revenus fonciers, propriétaires de biens-fonds ou d'immeubles, particulièrement atteints par le premier conflit mondial, se trouvent en position abritée par rapport aux producteurs, les exploitants agricoles, et aux locataires, souvent salariés. La baisse décrétée par Laval est loin de correspondre à l'ampleur des gains réalisés grâce à la baisse du coût de la vie. Les professions libérales échappent aussi aux effets directs de la dépression. La baisse des prix leur procure même un certain gain, alors que les droits et émoluments perçus par l'ensemble de ces professions ne sont pas entraînés dans la baisse générale de l'activité.

Deux catégories de revenus connaissent un recul limité en termes de pouvoir d'achat, les revenus mobiliers et les salaires et traitements. Le premier groupe dissimule sous une moyenne de — 3,4 % de baisse du pouvoir d'achat une grande disparité entre les différents types de titres. Le cours des actions baisse inégalement suivant les secteurs. Les titres à revenu variable des monopoles publics (gaz, électricité) et des grandes entreprises des secteurs cartellisés (chimie, sidérurgie) se maintiennent à un niveau satisfaisant, contrairement à ceux des secteurs à forte dispersion (textile), en forte baisse.

La moyenne de — 5,9 % pour les salaires et traitements masque également de grandes différences entre les traitements de fonctionnaires et les salaires du secteur privé. Si le revenu nominal des premiers est amputé par la compression budgétaire, leur pouvoir d'achat se maintient, mais ils supportent mal la politique déflationniste qui semble les désigner comme les responsables des difficultés. Les salariés de l'industrie, de leur côté, opposent une vive résistance à la baisse du salaire horaire, dont le pouvoir d'achat ne diminue pas. Mais les ouvriers sont atteints par la diminution du temps de travail et la montée du chômage.

Les plus fortes baisses concernent les cultivateurs et le monde du petit commerce et de la petite industrie, dont la perte de pouvoir d'achat atteint 20 à 30 %. Les faillites et les cessations d'exploitations se multiplient. Le fait est d'autant plus grave que ces classes de producteurs indépendants représentent une forte proportion de la population française. Leur ruine est aussi celle de la politique sociale républicaine, qui avait placé ses espoirs dans l'enrichissement et la promotion individuelle.

La crise sociale et économique débouche alors sur la crise politique.

La crise politique et morale des années 1930 (1931-1936)

La dépression, visible à partir du premier trimestre de 1932, et le déficit budgétaire qu'elle entraîne ne restent pas sans conséquences sur le déroulement de la vie politique. A partir de 1933, on assiste à une véritable crise de l'Etat républicain, accompagnée d'une contestation du système.

La crise du système politique (1932-1934)

Impuissance et instabilité (1932-1934). — Le changement de majorité survenu lors des élections de mai 1932 débouche sur la paralysie, tandis que se développent les ligues antiparlementaires, et que, dans le même temps, les formations politiques traditionnelles connaissent une crise profonde.

— Les élections de 1932 et la victoire des gauches. A la veille des élections de 1932, Tardieu, chef de la majorité sortante, multiplie les appels en direction des radicaux en vue de la réalisation d'une alliance avec la droite et le centre droit face au péril socialiste, mais il se heurte au refus catégorique d'Herriot. Cependant, d'un autre côté, les propositions faites par les socialistes aux radicaux en vue de l'élaboration d'un programme commun restent sans effet, et les partis de gauche vont séparément à la bataille du premier tour

Les résultats du scrutin du 1er mai 1932 se soldent par une nette victoire des gauches, qui obtiennent au total près de 4,9 millions de voix, contre 3,8 millions à l'ensemble des droites. A l'intérieur de chacun de ces blocs, on remarque le recul communiste (800 000 voix contre 1 million en 1928), les progrès socialistes (presque 2 millions), la bonne performance radicale (1,8 million de voix), le maintien du centre droit (1,3 million de voix), le médiocre score de la Fédération républicaine (1,2 million de voix). Le deuxième tour voit, grâce à un bon report de voix à gauche, même de la part d'électeurs communistes allant à l'encontre des consignes du parti, le succès des socialistes et des radicaux.

Répartition de la Chambre de 1932, sur 614 sièges

Droites 258	Droite : 91	dont notamment 41 Fédération républicaine (groupe Marin) et 18 Groupe républicain et social (groupe Pernot)
	Centre droit : 167	dont 17 démocrates-chrétiens (PDP), 34 Centre républicain (groupe Tardieu) 116 « républicains de gauche » et radicaux indépendants
Gauche 356	Majorité 345	Radicaux, indépendants de gauche, républicains socialistes : 204 dont 160 radicaux
		Socialistes SFIO : 132 Socialistes-communistes : 9 (¹)
	Communistes : 11	

(¹) Dissidents communistes attachés à la « discipline républicaine » ; exclus du parti et fondateurs du Parti d'unité prolétarienne, ils sont souvent élus contre des candidats du PCF.

Au net succès des partis de gauche correspond l'émiettement de la droite et du centre droit. Le groupe URD se divise, par suite de l'opposition d'une partie de ses membres aux prises de position de Marin en politique extérieure. Au centre droit, Tardieu forme un groupe qui se donne pour but d'empêcher toute formation d'une concentration à direction radicale.

— L'instabilité gouvernementale. Edouard Herriot est appelé par le président de la République, Albert Lebrun, un homme de centre droit élu le 10 mai 1932, à former le gouvernement. Peu désireux de faire appel aux socialistes qui, d'ailleurs, ne sont pas favorables, dans leur majorité, à une participation, le nouveau président du Conseil compose son cabinet de radicaux, confiant le ministère des Finances à Louis Germain-Martin, ancien ministre de Tardieu.

Dès lors, les radicaux doivent faire face à une situation insoluble. Toute proposition d'économie ou de rigueur budgétaire se heurte aussitôt à l'hostilité des socialistes. Aucun appui, d'autre part, ne peut être obtenu du centre droit qui, manœuvré par Tardieu, repousse toute solution de concentration à direction radicale. Pour éviter de tomber sur la question financière, Herriot pose à la Chambre le problème des dettes interalliées. Il sait que la majorité des députés n'admet pas que la France soit contrainte d'honorer ses échéances à l'égard des Américains, alors que l'Allemagne a dû cesser ses paiements au titre des réparations. En proposant le 14 décembre 1932 de continuer à rembourser les Etats-Unis, il provoque sa chute : 187 députés seulement contre 482 votent pour lui.

De décembre 1932 à janvier 1934, le républicain socialiste Joseph Paul-Boncour (décembre 1932 - janvier 1933), les radicaux Edouard Daladier (janvier-octobre 1933), Albert Sarraut (octobre-novembre 1933) et Camille Chautemps (novembre 1933 - janvier 1934) tentent de former un gouvernement durable. En vain : aucune majorité ne peut se dégager ; en butte à l'hostilité des socialistes, tous tombent sur la question financière.

La pression de la rue : le renouveau des ligues. — En dehors du cadre de la vie politique parlementaire, limité au Parlement et aux partis traditionnels, des organisations de masse, ou aspirant à le devenir, dont le discours contestataire met en cause non seulement la manière dont le pays est gouverné, mais aussi le régime lui-même, connaissent une forte audience à partir de 1932.

Certaines d'entre elles sont des groupes de pression catégoriels, en principe éloignés de la politique. Ainsi, dans les campagnes, le mouvement dorgériste, du nom de son chef, Henri d'Halluin, dit Dorgères, créé en 1928 pour assurer la défense de la petite paysannerie, en arrive-t-il à contester la République libérale, favorable au capitalisme urbain, et à prôner la restauration, par la voie autoritaire, d'une société rurale corporatiste et traditionaliste. Le discours des organisations d'anciens combattants, et notamment de la principale, l'UNC, manifeste une insistance marquée dans sa réclamation de réforme institutionnelle et dans sa critique de l'impuissance et de l'instabilité, sans que l'on puisse parler, du moins pour la masse des adhérents, fidèles à l'esprit républicain, de dérive factieuse.

D'autres mouvements relèvent plus directement de l'action politique, ce sont les ligues. Des formations de ce type, organisées en dehors du Parlement, visant non pas l'action électorale, mais la pression par la rue, étaient apparues au début du siècle sous les gouvernements du Bloc des gauches, puis sous le Cartel des gauches en 1924-1926. La période 1932-1934 voit à nouveau leur épanouissement. Les Camelots du Roi, groupes de choc de l'Action française, et les Jeunesses patriotes, sont concurrencés par de nouveaux venus.

Ces mouvements, la ligue des Croix-de-Feu, créée en 1928, présidée à partir de 1931 par le colonel François de La Rocque, la Solidarité française, du commandant Jean Renaud, apparue au début de 1933, le Parti franciste dirigé par Marcel Bucard, fondé en novembre de la même année, mobilisent respectivement au début de 1934 quelques dizaines de milliers d'hommes pour le premier (100 000 au début de 1934 ?), des effectifs mouvants de quelques dizaines de milliers pour le deuxième, une petite dizaine de mille pour le troisième.

Ces organisations présentent des traits communs : une structure autoritaire, centrée sur la personne du chef ; l'existence de services d'ordre étoffés, soumis à une discipline de type militaire (les « dispos » des Croix-de-Feu), distincts de la masse des militants ; une préférence marquée pour les démonstrations de rues, les défilés en uniforme et les parades motorisées. Les partis de gauche, quand ils dénoncent le « fascisme » des ligues, se réfèrent essentiellement à cette réalité extérieure.

Mais ces ligues apparaissent, à l'examen, fort différentes dans leurs inspirations et dans leurs visées. La plus puissante, celle des Croix-de-Feu, est issue d'une association d'anciens combattants, élargie ensuite aux « fils et filles des Croix-de-Feu », enfin aux sympathisants regroupés dans la ligue des Volontaires nationaux. L'analyse de son idéologie montre que, tout en prônant un exécutif fort, elle emprunte au traditionalisme anti-étatiste défenseur de la famille et de l'entreprise, conçues comme des unités patriarcales, avec référence appuyée aux thèmes du catholicisme conservateur. Ce christianisme social patriotique ne manifeste guère de racisme, ni de xénophobie.

La Solidarité française et le mouvement franciste tiennent un discours différent, qui ajoute à l'antiparlementarisme une thématique anticapitaliste, xénophobe et antisémite. Le francisme ne recule pas devant les objectifs totalitaires. Ainsi, les critères du fascisme retenus par René Rémond, la visée « révolutionnaire » (remplacer les élites en place par des élites nouvelles, surgies du « peuple ») et la perspective d'un encadrement totalitaire ne se retrouvent à cette date que dans deux organisations largement minoritaires. Le francisme semble largement inspiré par un esprit d'imitation « servile » (Pierre Milza) du fascisme mussolinien. Incontestablement le terreau français, caractérisé par l'absence de frustration nationaliste, au contraire des cas allemand et italien, et par le respect des élites traditionnelles, ne se prêtait pas à la greffe fasciste.

La crise des forces politiques. — Les forces politiques traditionnelles, qu'il s'agisse des modérés, des radicaux ou des socialistes, subissent le contrecoup du désarroi politique et moral. Aucune n'est épargnée par les dissensions, certaines connaissent même exclusions et scissions.

La droite parlementaire s'est scindée, on l'a vu, sur le briandisme. Alors que Louis Marin, président de la Fédération républicaine, combat avec acharnement toute politique de conciliation avec l'Allemagne, une fraction plus modérée dirigée par Georges Pernot, catholique briandiste et ministre de Tardieu en 1930, quitte la Fédération après les élections de 1932, alors que d'autres rejoignent Tardieu et son Centre républicain.

Cet affaiblissement du parti sur les questions de politique extérieure coïncide avec un renouvellement de son personnel dirigeant. En 1933, Philippe Henriot, député de la Gironde, orateur de la Fédération nationale catholique, devient un des 14 vice-présidents du parti : sa rhétorique antiparlementaire tranche avec les vieilles traditions de la formation créée par Jules Méline. La même année, Xavier Vallat, militant venu de l'Action française, adhère à la Fédération républicaine où son discours « national », très apprécié, l'amène à l'une des vice-présidences en 1936. Autre dérive, moins accentuée : au centre droit, Tardieu, déçu par ses échecs successifs, considère avec un intérêt croissant les démonstrations de la rue, qui lui paraissent pouvoir être intégrées dans une stratégie de pression susceptible d'aboutir à un renversement de la majorité de gauche.

Le radicalisme évolue, lui aussi. Dès la fin des années 1920, s'était manifesté en son sein le mouvement des « Jeunes-Turcs ». Ce courant d'idées devait son existence aux efforts convergents d'un proche de Joseph Caillaux, Emile Roche, fondateur de *la République*, de jeunes intellectuels, tels Bertrand de Jouvenel et Jacques Kayser, de jeunes parlementaires, comme Pierre Cot, élu en 1928, Jean Zay, Pierre Mendès France, élus en 1932. Favorables à un renforcement de l'exécutif, à une meilleure représentation des forces socio-économiques, à une intervention accrue de l'Etat en matière économique, à une confédération européenne, les Jeunes-Turcs se manifestent lors des congrès du début des années 1930, mais ne proposent pas de formule politique claire permettant d'opter nettement pour l'union des gauches ou la concentration avec les modérés. Il n'en reste pas moins que leurs idées modernisatrices représentent une tentative d'adaptation du vieux radicalisme à une réalité économique et sociale de type nouveau, caractérisée non plus par la prédominance des petits producteurs, mais par l'accroissement des forces productives, la concentration industrielle et les rapports entre patrons et salariés.

Le Parti socialiste SFIO connaît quant à lui une double crise, stratégique et doctrinale. Le premier point concerne l'attitude à adopter vis-à-vis des alliés radicaux au pouvoir. La participation au gouvernement est toujours rejetée par une majorité de militants lors des congrès. Mais la crise est aussi doctrinale. Dès 1930, Marcel Déat, brillant théoricien du parti, avait contesté les thèses marxistes traditionnelles en mettant l'accent sur la solidarité du prolétariat et des classes moyennes, menacées par l'évolution du capitalisme et tentées par le fascisme. Cette alliance d'un nouveau type pouvait, selon lui, déboucher sur une action autonome de l'Etat, susceptible d'aboutir à un contrôle du système et à une socialisation du profit.

Ce néo-socialisme semble donc, sous prétexte de lutter contre le fascisme et bien que Déat s'en défende, mener à l'apologie d'un Etat autoritaire : Adrien Marquet, en juillet 1933, envisage « un pouvoir fort qui se (substituerait) à la bourgeoisie défaillante » dans le cadre national, et résume ces thèses par la formule lapidaire : « Ordre, autorité, nation. » Il suscite la réprobation de Blum, « épouvanté » devant une telle perspective. En octobre 1933, les « néos » sont exclus, ainsi que Pierre Renaudel et Paul Ramadier, qui ont montré de nettes préférences pour l'entrée des socialistes au gouvernement. Les dissidents (néos et participationnistes) devaient créer le Parti socialiste de France - Union Jean Jaurès, qui n'allait guère dépasser les 20 000 adhérents, un grand nombre de militants qui partageaient leurs idées préférant conserver leur fidélité à la SFIO.

Les remises en cause institutionnelles et idéologiques

La crise qui affecte le système politique traduit l'impuissance des forces politiques traditionnelles à proposer une formule de renouvellement. Aussi, en marge de ces forces, des clubs, des revues, des cercles qui foisonnent dans les années 1930, proposent-ils des voies nouvelles. Rien n'est épargné par leurs critiques : les institutions, le système économique, la philosophie du libéralisme rationaliste.

La remise en cause des institutions : la réforme de l'Etat. — La campagne pour la « réforme de l'Etat » n'est pas propre aux années 1930. Le poids excessif du Parlement dans l'équilibre général des pouvoirs était depuis longtemps contesté. En 1920-1924, Alexandre Millerand avait tenté, bien en vain, de valoriser l'institution présidentielle. L'instabilité des années 1932-1934 ranime le débat. La réflexion des constitutionnalistes, Raymond Carré de Malberg, Joseph Barthélemy, René Capitant, est alors relayée par des publicistes et des hommes politiques, tout particulièrement André Tardieu (*L'heure de la décision*, 1934).

Toutes leurs propositions visent à atténuer « le parlementarisme absolu » (Carré de Malberg) en proposant, soit une révision constitutionnelle, soit un changement des méthodes de travail politique.

Les premières envisagent de restaurer le droit de dissolution, prévu par les textes de 1875, mais soumis à l'autorisation préalable du Sénat, devenu le véritable gardien du temple de la République parlementaire. Le collège des électeurs présidentiels pourrait être élargi à d'autres catégories que les parlementaires. La procédure référendaire permettrait de donner la parole au peuple. Le rééquilibrage des pouvoirs pourrait passer par la promotion d'institutions assurant la représentation économique, en augmentant notamment la compétence du Conseil national économique, créé en 1925 par Herriot.

Les secondes se contentent de réclamer pour la présidence du Conseil, institution jusque-là coutumière et non prévue par le textes de 1875, un statut officiel et des moyens administratifs propres. Le travail parlementaire serait réglementé par la réforme du droit d'interpellation et de l'initiative en matière de dépenses. Les pouvoirs des commissions, devenues omnipotentes, spécialement celle des Finances, seraient limités.

L'idée de réforme institutionnelle gagne le Parlement lui-même. En décembre 1933 apparaît au Palais-Bourbon un groupe d'études de la réforme administrative et de la révision des méthodes de travail parlementaire, dont on devait reparler après le 6 février 1934.

La critique du système économique libéral. — La crise entraîne la mise en question du libéralisme économique. Face aux évidents déséquilibres qui affectent les finances publiques et les divers marchés des biens, des capitaux et du travail, les propositions de réorganisation de la société, émanant d'un grand nombre de cercles et d'organisations, se multiplient au cours des années 1930.

Ces propositions gravitent autour de deux axes : réguler la vie économique, et, par-delà ce souci immédiat, parvenir à atténuer, voire à faire disparaître les conflits du travail et les antagonismes sociaux. Cette double perspective correspond à deux courants, le planisme et le corporatisme.

Le souci de régulation domine dans un premier groupe, les planistes néo-libéraux. Ces derniers, hauts fonctionnaires et cadres supérieurs, souvent issus de l'Ecole polytechnique, sont regroupés dans le Centre polytechnicien d'études économiques (X-crise, fondé en 1931), présidé par l'industriel Jean Coutrot, et autour d'Auguste Detœuf, fondateur des *Nouveaux Cahiers*. Ils préconisent, devant les défaillances des mécanismes du marché, un type d'économie fondé sur les ajustements *a priori*, au moins pour le secteur cartellisé de la grande industrie, qui permettrait une croissance régulière fondée notamment sur l'introduction massive de la rationalisation. Cette planification souple, subordonnée à la formation d'ententes économiques, devrait aboutir à confier une place croissante aux dirigeants de l'économie dans la conduite des affaires publiques. Cette conception « technocratique » du pouvoir devait s'épanouir au lendemain de la deuxième guerre mondiale et, auparavant, dans certains cercles de Vichy.

Les planistes néo-libéraux n'envisagent pas de réformer la propriété des entreprises, mais souhaitent l'apparition d'un complexe associant les grandes entreprises et l'Etat, dans le cadre du plan. Il n'en va pas de même pour les planistes de gauche, socialistes et syndicalistes. Ceux-ci, en effet, sont fortement influencés par les thèses du Belge Henri de Man, théoricien d'une économie mixte, divisée en trois secteurs, nationalisé, contrôlé, libre. A la CGT, tout un courant planiste, animé par Georges Lefranc, s'impose à partir de 1935, prônant une nationalisation du crédit et des secteurs clés et l'instauration d'une planification sous le contrôle d'un conseil économique, où siégeraient les représentants des milieux professionnels.

Le souci d'harmonie sociale prédomine dans un deuxième courant, le corporatisme. Les tenants de cette formule se déclarent favorables à des associations professionnelles mixtes, constituées dans chaque branche de l'activité économique, qui seraient chargées de réglementer les prix et la production, tout en assurant le renouveau de la solidarité sociale à l'intérieur de chaque corps de métier. Ces thèses, hostiles à l'individualisme égoïste et au marxisme, dont le moteur, selon elles, est la haine des classes, prennent appui sur la doctrine sociale catholique et s'inscrivent dans le courant traditionaliste. Elles adoptent, en général, une attitude anti-étatiste, qui met l'accent sur l'autonomie des professions, bien que certains de ces théoriciens se réfèrent au modèle mussolinien d'intégration à l'Etat par le biais des corporations.

La contestation spiritualiste de la philosophie libérale. — Au-delà des remises en cause du fonctionnement institutionnel et économique, les années 1930 voient le développement d'un « esprit nouveau », soucieux de se démarquer des écoles traditionnelles, conservatrices, libérales ou marxistes. Ces « non-conformistes » (Jean-Louis Loubet del Bayle), dont l'influence reste limitée à quelques cercles, s'interrogent sur les finalités mêmes de la société occidentale, dont ils soulignent la tendance au matérialisme égoïste et jouisseur. Leur réflexion, antérieure à la crise, est née de l'ébranlement provoqué par la Grande Guerre, mais elle trouve son épanouissement au milieu du désarroi des années 1930.

Un premier groupe se situe dans la mouvance traditionaliste, avec Jean-Pierre Maxence (*Les Cahiers*, 1928-1931), Jean de Fabrègues (*Réaction*, 1930-1932) et Thierry Maulnier (*Combat*, né en 1936). Issus de l'Action française, ils s'en séparent après 1934. Leur analyse antilibérale, anticapitaliste et antilaïque les conduit à prôner le retour aux communautés naturelles et à l'organisation de l'ancien régime.

Bien différents, les catholiques de la revue *Esprit*, fondée en 1932 par Emmanuel Mounier, inspirés par le philosophe thomiste Jacques Maritain, entendent engager une réflexion sur la nature et les modalités de l'engagement du chrétien dans la cité. Mounier repousse l'individualisme libéral, ses visées à courte vue, son rationalisme desséchant, tout autant que l'étatisme jacobin et le capitalisme immoral et oppressif. Il se fait l'apologiste du « personnalisme » — opposé à l'individualisme —, d'une société communautaire — mais non collectiviste —, d'une « économie organisée sur les perspectives totales de la personne », c'est-à-dire centrée sur la consommation au lieu de l'être sur la production. *Esprit* devait s'opposer à Franco et aux accords de Munich. L'influence de Mounier se révélera considérable dans de larges secteurs de l'opinion catholique.

Dans la revue *Ordre nouveau*, fondée en 1933 par Robert Aron et

Arnaud Dandieu, on retrouve la même recherche d'une « troisième voie » entre le capitalisme et le communisme, au-delà des jeux surannés du parlementarisme. On y remarque les préoccupations spiritualistes, le personnalisme et l'idée d'une société formée de communautés naturelles. Les non-conformistes allaient toutefois se trouver confrontés à partir de 1934 à une vie politique en voie de bipolarisation.

Le communisme et les intellectuels — Le communisme, radicalement critique à l'égard de la société « bourgeoise », fait aussi partie du paysage contestataire des années 1930. Le Parti communiste, soucieux d'élargir dans les milieux intellectuels une audience jusque-là limitée à quelques philosophes (Henri Lefebvre, Georges Friedmann) et écrivains (André Breton, Louis Aragon, Paul Eluard), crée en 1932 une Association des écrivains et artistes révolutionnaires (AEAR) et lance en 1933 un Comité de lutte contre la guerre et le fascisme, dit Comité Amsterdam-Pleyel. Henri Barbusse, compagnon de route depuis les débuts du parti, et Romain Rolland rallient l'AEAR ; André Gide, André Malraux en sont proches.

Beaucoup de ces compagnons de route devaient par la suite prendre leurs distances : Gide s'éloigne du parti en 1936, à la suite d'un voyage en URSS dont il rentre profondément déçu. Le communisme a pu ainsi bénéficier d'appuis prestigieux, mais dont le caractère individuel ne permet pas de conclure à une poussée dans l'opinion. Le Front populaire va tirer le parti de son isolement et lui conférer une certaine respectabilité auprès des intellectuels.

Le 6 février 1934 et sa portée

Le « 6 février » représente à la fois l'aboutissement du malaise institutionnel et idéologique, une émeute comme le régime n'en avait pas connue depuis le début du siècle, au temps de l'affaire Dreyfus, enfin un renversement de la majorité parlementaire, analogue à celui de 1926, mais dans un contexte et selon des modalités bien différentes.

La journée du 6 février 1934. — Il convient d'en reconstituer l'enchaînement :

— Les origines : l'affaire Stavisky. A l'origine du 6 février se trouve une vulgaire affaire d'escroquerie qui aboutit à la mise en cause du personnel politique. Le 24 décembre 1933 la police appréhende le directeur du Crédit municipal de Bayonne, accusé d'avoir détourné une somme considérable, près de 200 millions, provenant du montant de souscriptions, anormalement élevées, de bons à intérêt, placés auprès de banques et de compagnies d'assurances. Le 7 janvier, le député-maire de Bayonne est arrêté à son tour ; le lendemain, alors que la police s'apprête à mettre la main sur le fondateur de ce Crédit municipal, Serge Alexandre *alias* Alexandre Stavisky, auteur et bénéficiaire de l'escroquerie, ce dernier se donne la mort dans un chalet de Chamonix.

La presse, qui émet de manière générale de graves doutes sur la réalité du suicide, fait alors une série de révélations. L'escroc, qui menait grande vie à Paris, Deauville et Chamonix, avait bénéficié depuis plusieurs années d'une inexplicable indulgence de la part de la justice, qui n'avait jamais donné suite aux plaintes déposées contre lui, procédant à dix-neuf reprises au renvoi de son procès. La presse extrémiste souligne que le procureur de la République auprès du tribunal de la Seine, qui ne s'était jamais opposé à ces pratiques, est le propre beau-frère de Camille Chautemps, président du Conseil.

Aussi le scandale éclabousse-t-il rapidement le pouvoir en place, c'est-à-dire les radicaux. Le député-maire de Bayonne est un radical, de même qu'Albert Dalimier, ministre du gouvernement Chautemps, qui, accusé d'avoir signé des lettres de recommandation en faveur des bons du Crédit de Bayonne, démissionne le 9 janvier. Le gouvernement de Camille Chautemps subit alors un double harcèlement : les ligueurs, principalement d'Action française, multiplient les échauffourées dans les rues de la capitale, au cri de « à bas les voleurs ». A la Chambre, la droite parlementaire mène l'assaut contre le président du Conseil. Le 28 janvier, Chautemps remet sa démission au président de la République.

Alors que les Camelots du Roi, renforcés par les Jeunesses patriotes et la Solidarité française, redoublent d'agitation, le président Lebrun désigne le 29 janvier Edouard Daladier pour assurer la succession. Réputé intègre et énergique, le nouveau chef du gouvernement constitue un cabinet radical renforcé par la présence de trois membres du centre droit. Désireux d'assainir la situation, il ordonne de faire la lumière sur l'affaire Stavisky et, dans le dessein de réprimer les mouvements de rue, déplace le 3 février le préfet de police de Paris, Jean Chiappe, dont la sympathie pour les ligues était notoire. Cette décision met le feu aux poudres.

— L'émeute du 6 février. Chiappe refuse le poste de résident général au Maroc que lui offre Daladier, les ministres modérés démissionnent. L'Action française, la Solidarité française, les Jeunesses patriotes, l'UNC et les Croix-de-Feu lancent un appel à manifester pour le 6 février, jour où le gouvernement doit se présenter devant la Chambre. Ils sont rejoints par l'ARAC (Association républicaine des anciens combattants), proche du Parti communiste, soucieux de ne pas laisser le monopole du mécontentement populaire aux ligues de droite. Mais ces organisations convoquent leurs troupes en ordre séparé.

La journée du 6 février apparaît en fait comme la juxtaposition de trois types d'action différents. Il y eut, en premier lieu, des actes de violence sur la place de la Concorde, où étaient attendus les cortèges. La foule l'envahit dans le courant de l'après-midi, tandis que les forces de l'ordre prennent position pour fermer le pont de la Concorde et barrer l'accès de la Chambre des députés. Vers 19 h 30, l'agitation grandit, un autobus est incendié, les forces de l'ordre sont lapidées et doivent, pour se dégager, tirer sur les émeutiers. D'autres tentatives de franchissement sont repoussées entre 22 heures et 2 h 30 du matin. Le bilan des violences, dont sont responsables les militants des ligues antiparlementaires (Action française, Jeunesses patriotes, Solidarité française), auxquels se sont mêlés individuellement des anciens combattants, s'élève à 15 morts (dont 1 policier) et 1 435 blessés (dont 780 policiers).

Par ailleurs, des manifestations plus classiques, avec défilés et pancartes, se déroulent dans un calme relatif. Les anciens combattants de l'UNC, parvenus sur la place de la Concorde vers 20 h 45, ne participent pas à l'émeute. De leur côté, les troupes du colonel de La Rocque, restées à l'écart de la place, se dispersent en bon ordre vers 20 h 45, sur l'ordre de leur chef. Enfin, à la Chambre, la droite parlementaire prend l'offensive contre Daladier, au cours de la séance d'investiture du gouvernement entre 15 heures et 20 h 30. Malgré une évidente obstruction et une série d'agressions verbales et même physiques, la Chambre accorde sa confiance au gouvernement radical par 343 voix contre 237 : la majorité ne s'est pas disloquée, contrairement à ce que souhaitaient visiblement de nombreux éléments de la droite.

La signification des mouvements du 6 février n'a pas été totalement élucidée. Le caractère apparemment désordonné des diverses initiatives paraît exclure un complot concerté en vue de renverser le régime. De nombreux anciens combattants sont simplement venus clamer leur colère et leur indignation, alors que les militants les plus exaltés de l'Action française ou de la Solidarité française imaginaient, peut-être, en finir avec la République parlementaire. La Rocque entendait surtout, selon ses propres dires, « effectuer une opération démonstrative et non un raid offensif ».

Cela n'exclut pas, toutefois, toute manœuvre politique : au plus fort de l'émeute, vers 20 h 30, une délégation de conseillers municipaux parisiens, conduite par le colonel des Isnards, un des dirigeants des Jeunesses patriotes, parvient à la Chambre pour y demander la démission de Daladier. Il s'agirait alors d'une manœuvre politique tendant à obtenir, par la pression de la rue, le départ du président du Conseil et la formation d'une nouvelle majorité parlementaire, éventualité qui avait été fréquemment évoquée dans la presse de droite au cours des derniers mois de 1933.

— La portée du 6 février : le départ de Daladier et le changement de majorité. Au soir du 6 février cet objectif n'est pas atteint, bien au contraire : Daladier, politiquement conforté, envisage dans la nuit d'instaurer l'état de siège. Mais il se heurte aux réticences des plus hautes autorités judiciaires et militaires. Alors que, dans la matinée du 7, la presse de droite, le rendant responsable du sang versé la veille, demande son départ, le président du Conseil consulte les plus hauts dignitaires de la République. Jules Jeanneney, président du Sénat, de manière nuancée, Fernand Bouisson, président de la Chambre, beaucoup plus catégoriquement, lui recommandent le retrait. Dans son propre parti, Herriot, et même les jeunes radicaux qui figurent dans son gouvernement, notamment Pierre Cot, craignant sans doute de nouveaux troubles, font de même. Le 7 février, à 13 h 30, Edouard Daladier remet sa démission au président Lebrun. Evénement considérable et sans précédent : un gouvernement légalement investi par le Parlement conformément à la loi républicaine a capitulé devant l'émeute.

L'expérience Doumergue et son échec. — Lebrun doit désigner un successeur à Daladier. Déjà, au plus fort de la crise, il avait pensé à Gaston Doumergue, qui vivait retiré sur son domaine de Tournefeuille, dans son Midi natal. L'ancien président de la République, homme souriant et consensuel, semble l'homme le mieux désigné pour mener à bien une opération analogue à celle de 1926.

Le gouvernement qu'il constitue le 9 février, dit « de trêve, d'apaisement et de justice », se compose d'une majorité d'hommes du centre droit (7 ministres, dont André Tardieu, Louis Barthou aux Affaires étrangères, Pierre-Etienne Flandin, Pierre Laval) et de radicaux (6 ministres, dont Herriot, Sarraut et le Dr Queuille, ancien ministre de Daladier, nommé à l'Agriculture). Marin, à la Santé, représente la droite, Adrien Marquet, néo-socialiste, est ministre du Travail. La présence du maréchal Pétain, du chef d'état-major de l'armée de l'Air et du secrétaire général de la Confédération générale des anciens combattants, Georges Rivollet, s'adresse visiblement au mouvement ancien combattant. Le 15 février, les députés votent la confiance par 402 voix contre 125, socialistes et communistes essentiellement ; 70 députés s'abstiennent, dont 28 radicaux et la plupart des néo-socialistes.

Doumergue tente de répondre aux espoirs que son arrivée a soulevés. En matière économique et financière, son ministre, Louis Germain-Martin, intensifie la politique de compression budgétaire et refuse la dévaluation. La réforme de l'Etat est cependant la grande affaire puisque les troubles et le malaise sont attribués au premier chef à la crise du régime parlementaire. Le moment semble favorable, mais Doumergue, par crainte de mécontenter les ministres radicaux, ne révèle ses projets qu'en septembre. Il propose alors la suppression de l'avis conforme du Sénat pour la dissolution de la Chambre, la création d'une véritable présidence du Conseil dotée de moyens propres et la limitation de l'initiative parlementaire en matière de dépenses. Ce projet n'est même pas discuté : en butte aux critiques des sénateurs et des ministres radicaux, le président du Conseil démissionne le 8 novembre 1934.

Pierre-Etienne Flandin, un des principaux dirigeants de l'Alliance démocratique, reconduit un gouvernement semblable à celui de son prédécesseur, dont ne font plus partie cependant le maréchal Pétain et André Tardieu, avant de céder la place à Pierre Laval en juin 1935. La réforme de l'Etat est abandonnée, à deux réserves près. Flandin fait insérer dans la loi de finances de décembre 1934 un dispositif financier légalisant l'existence d'une présidence du Conseil, installée à l'Hôtel Matignon, rue de Varennes, dotée de services administratifs par un décret de janvier 1935. Les chefs des gouvernements successifs, Doumergue, Flandin, puis Laval, se font conférer d'autre part une délégation législative (décrets-lois), dont ils usent essentiellement dans le domaine financier. Enfin, l'usage de la radio par Doumergue en septembre 1934, puis par Laval en juillet 1935, fortement critiqué par les tenants du parlementarisme traditionnel, amorce une évolution, encore peu marquée, vers l'établissement de contacts directs entre gouvernants et gouvernés.

Ainsi, le 6 février 1934 n'a pas abouti à la réforme de l'Etat. Mais sous la pression des circonstances, l'exécutif parvient à grand peine à se soustraire partiellement à la tutelle législative. Cette évolution devait se confirmer dans les dernières années de la IIIe République.

L'expérience du Front populaire

La formation du Front populaire (1934-1936)

Demi-succès sur le moment, mais échec à terme pour ses promoteurs, le 6 février 1934 est à l'origine d'un ébranlement considérable : dans une large partie de l'opinion se répand l'idée que des forces « fascistes » menacent le régime parlementaire. Une recomposition politique de première importance fait suite à la journée d'émeutes et à la constitution du gouvernement de « trêve ».

Le rassemblement antifasciste. — Communistes et socialistes réagissent au 6 février en ordre dispersé. Le 9 février, les communistes appellent à manifester contre le fascisme et le « fusilleur » Daladier. La répression policière, particulièrement brutale, provoque la mort de neuf personnes et fait des centaines de blessés. La CGT et le Parti socialiste lancent pour le 12 un mot d'ordre de grève générale et de manifestation, dirigé essentiellement contre les ligues, « pour les libertés publiques et les libertés ouvrières ». La grève est largement suivie, notamment par les postiers, les cheminots, les fonctionnaires, tandis qu'un cortège socialiste fusionne place de la Nation avec des manifestants communistes, au cri d' « unité ! unité ! ». Mais, quelle que soit la forte charge symbolique de cette scène, elle reste sans lendemain.

Le 6 février cependant provoque des initiatives extrapartisanes chez les intellectuels. Le Comité Amsterdam-Pleyel, créé en 1932 à l'instigation des communistes, ne joue guère son rôle d'unification des forces antifascistes, par suite de la méfiance persistante des socialistes à l'égard d'une organisation étroitement liée au PCF. Mais la menace des ligues donne naissance à une structure unitaire, le Comité de vigilance des intellectuels antifascites (CVIA). Résultant d'une initiative d'un auditeur à la Cour des comptes et des responsables du Syndicat national des instituteurs, le CVIA lance le 5 mars un manifeste appelant à l'unité des forces antifascistes, signé par trois personnalités du monde intellectuel, Paul Rivet, directeur du Musée d'ethnographie du Trocadéro, membre du Parti socialiste, Paul Langevin, professeur de physique au Collège de France, proche du Parti communiste, et le philosophe Alain (Emile Chartier), auteur des *Eléments d'une doctrine radicale*. Le comité édite un bulletin, *Vigilance,* et patronne en province la création d'environ 200 comités locaux. Il joue un rôle précurseur dans le rassemblement antifasciste.

Mais cette dynamique n'aurait pu suffire à déclencher un processus unitaire de grande ampleur si une initiative déterminante n'était venue du Parti communiste et de l'Internationale. Le parti, jusqu'en juin 1934, reste fidèle à la stratégie d'isolement en vigueur depuis sa fondation : il ne peut y avoir avec les socialistes d'autre unité qu' « à la base », c'est-à-dire en ralliant les militants de la formation rivale au Parti communiste. Le PC va jusqu'à exclure Jacques Doriot, député-maire de Saint-Denis, coupable d'avoir prôné dès 1933 le rapprochement des forces antifascistes.

Mais au printemps de 1934 les dirigeants de l'Internationale décident d'abandonner la politique d'opposition frontale aux socialistes et de lui substituer une stratégie d'alliance antifasciste. En clôturant la conférence d'Ivry le 26 juin 1934, Thorez, pressé sans doute par un télégramme de Moscou, proclame la nécessité de pratiquer « à tout prix » « l'unité d'action » avec les socialistes. Cette initiative trouve un terrain favorable, les Croix-de-Feu ne cessant depuis février de multiplier leurs démonstrations. Le 27 juillet, la SFIO signe avec le Parti communiste un « pacte d'unité d'action » par lequel les deux formations s'engagent à mettre fin aux attaques réciproques et à combattre le fascisme et les décrets-lois du gouvernement d'Union nationale. En octobre et novembre, Thorez lance les formules de « Front commun », puis de « Front populaire du travail, de la liberté et de la paix ». Dès cette époque le dirigeant communiste propose d'élargir le rassemblement aux « classes moyennes », ce qui le conduit à lancer des appels répétés en direction du Parti radical.

Celui-ci participe alors aux gouvernements de « trêve », au sein desquels figure Herriot, au titre de ministre d'Etat. Mais certains rénovateurs du parti, tels Jean Zay, Pierre Cot, Pierre Mendès

France, voient dans le Front populaire l'occasion de cette rénovation ; tout naturellement Daladier prend la tête de ce courant de gauche. Sous sa pression, le Comité exécutif du parti décide le 3 juillet 1935 de répondre favorablement à l'invitation lancée par les organisations de la journée du 14 juillet, qui devait marquer la naissance officielle du Rassemblement. Les élections municipales de mai 1935, révélatrices d'une pratique électorale unitaire, au moins dans les centres urbains, la puissance du mythe de la « défense républicaine », ainsi que la déception née de la participation aux gouvernements d'Union nationale, jugés trop complaisants à l'égard des ligues de droite, expliquent cette évolution des radicaux, qui se précipite à la fin de l'année.

Le Congrès d'octobre 1935 approuve la constitution du « front défensif », perçu comme « un élargissement de la discipline républicaine », tandis que, deux mois plus tard, Herriot quitte la présidence du parti. En janvier 1936, après un vote hostile de la majorité des députés radicaux à la politique extérieure de Pierre Laval, les ministres radicaux se retirent, provoquant le 22 janvier la chute de son gouvernement. Il devait revenir à Albert Sarraut de présider de janvier à mai 1936 un cabinet à direction radicale, où figurent Flandin, Chautemps et Paul-Boncour. Dépourvu d'autorité véritable, ce gouvernement, destiné à assurer la gestion des affaires courantes, allait devoir faire face, le 9 mars, à la remilitarisation de la Rhénanie.

Organisation et programme du Rassemblement populaire. — La formation du Front populaire est illustrée par une cérémonie à forte charge affective, la manifestation du 14 juillet 1935, et se concrétise ensuite par la mise sur pied d'une structure souple et d'un programme de gouvernement.

Le 14 juillet 1935 s'affirme la mystique de gauche. Dans la matinée, au stade vélodrome Buffalo à Montrouge, les délégués des formations adhérentes prêtent le serment du Rassemblement par lequel ils s'engagent à « défendre les libertés démocratiques conquises par le peuple de France, ... (à) donner du pain aux travailleurs, du travail à la jeunesse, et au monde la grande paix humaine ». L'après-midi, un immense cortège de 500 000 personnes, parmi lesquelles figurent Daladier, Cot et Zay aux côtés de Thorez, Blum et Jouhaux, défile de la Bastille au cours de Vincennes. L'effet psychologique est considérable : il semble que la rue, arrachée aux ligues de droite, appartienne désormais au Paris populaire et banlieusard.

Le lendemain, le comité d'organisation de la manifestation se transforme en structure permanente, qui reçoit les adhésions des organisations qui se réclament de l'antifascisme, une centaine à la fin de 1936. A son comité directeur figurent les représentants des 10 grandes formations : 4 partis (PC, SFIO, socialistes indépendants, Parti radical), 2 syndicats (CGT, CGTU), 3 mouvements d'intellectuels (Ligue des droits de l'homme, Amsterdam-Pleyel, CVIA), un collectif d'anciens combattants. Le comité n'est qu'un simple organe de liaison entre les groupes antifascistes, la crainte d'un noyautage par les communistes ayant fait exclure toute procédure d'adhésion directe, les organisations adhérentes tenant à conserver leur entière souveraineté. Il se produit cependant dans le domaine organique une évolution importante : en septembre 1935, un accord d'unification est conclu entre la CGT et la CGTU, concrétisé en mars 1936. Désormais, dans la CGT réunifiée, vont s'affronter les « confédérés » (ex-CGT) et les « unitaires » (ex-CGTU).

Les négociations entre les organisations, engagées au cours du troisième trimestre de 1935, aboutissent à la rédaction d'un programme ayant valeur de contrat de gouvernement, mais sur lequel les candidats ne sont pas tenus de prendre d'engagement personnel. Dans le domaine de la politique intérieure, les mesures envisagées, acceptées par toutes les formations, concernent la dissolution des ligues et le renforcement des libertés syndicales. Les références en politique extérieure restent le briandisme, la sécurité collective et le désarmement ; la seule proposition originale porte sur la nationalisation des industries d'armement et la suppression du commerce privé des armes.

Dans le domaine économique et social, l'institution d'un fonds national de chômage, l'amélioration des retraites, la réduction du travail hebdomadaire sans diminution du salaire, un plan de travaux publics, la revalorisation des produits agricoles, mesures inspirées par le New Deal de Roosevelt, tendent à la restauration du pouvoir d'achat, ou « reflation ». Ce programme prend le contre-pied de la déflation, mais exclut de recourir à la dévaluation. Les plus sévères discussions portent sur les réformes de structure : les planistes de la CGT, préoccupés par la régulation du système économique, et les socialistes, désireux d'affaiblir le pouvoir de l'oligarchie économique, sont favorables à des nationalisations massives (chemins de fer, mines, contrôle du crédit et du comité des forges), auxquelles sont opposés les radicaux et les communistes, également soucieux de ne pas effaroucher les classes moyennes. Les partenaires finissent par s'entendre sur un compromis prévoyant la transformation de la Banque de France et la création d'un office destiné à régulariser le marché des céréales.

Le programme du Front populaire, souvent résumé par la formule lapidaire « le pain, la paix, la liberté », se présente sous la forme d'un compromis extrêmement modéré. Les radicaux, méfiants à l'égard des réformes de structure à caractère dirigiste, n'acceptent guère que « la réalisation des tâches immédiates » telles que la protection des libertés et la reflation. Les communistes voient dans le Rassemblement l'occasion de promouvoir une dynamique à leur profit, ce que redoute au plus haut point la SFIO. Mais la mystique d'unité l'emporte alors largement sur ces divergences, appelées à reparaître rapidement.

La victoire électorale. — La période préélectorale est marquée par un attentat perpétré contre Blum par des éléments extrémistes, membres ou anciens membres de l'Action française, dont Sarraut ordonne la dissolution en vertu d'une loi sur les milices armées, votée le 10 janvier par la Chambre. Toutefois la campagne électorale ne se présente pas exclusivement comme un affrontement entre adversaires et partisans du Front. Si la droite parlementaire déploie un discours alarmiste, essentiellement axé sur les catastrophes qui découleraient d'une victoire du Rassemblement, les trois partis de gauche, souvent rivaux au premier tour, font campagne sur leur programme. Les socialistes et les radicaux développent leur discours traditionnel, tandis que le PCF, abandonnant plus que jamais la rhétorique révolutionnaire, lance par la voix de son secrétaire général, Maurice Thorez, un appel aux catholiques et aux anciens combattants des ligues de droite.

Le premier tour se déroule le 26 avril 1936. Le recul des droites n'est pas considérable (80 000 voix), le progrès des gauches relativement modeste (300 000 suffrages), l'écart entre les deux blocs passant de 800 000 à 1,2 million de voix (5,4 millions pour les gauches, 4,2 millions pour les droites). Le changement le plus spectaculaire réside dans la nouvelle répartition des voix entre les forces de gauche : le Parti communiste double ses suffrages, la SFIO conserve les siens, alors que les radicaux perdent 350 000 voix. Le deuxième tour, âprement disputé, concerne 424 circonscriptions sur 598 ; les formations adhérentes au Front appellent à faire bloc sur le candidat de gauche le mieux placé au premier tour ; elles sont entendues, à quelque 60 exceptions près. Le deuxième tour, le 3 mai, voit la victoire du Front populaire.

Répartition sur 612 sièges

Gauche 389	Majorité du Front populaire 389	dont communistes 72 SFIO 149 Divers gauches 57 Radicaux 111
Droites 223	Centre droit 95 (radicaux indépendants, républicains de gauche, démocrates populaires) Droite 128 (dont Fédération républicaine 59)	

Les communistes passent de 10 à 72 députés, les socialistes de 97 à 149, alors que les radicaux perdent 50 sièges. De même le centre droit modéré recule, alors que les formations de droite progressent, mais leurs quelque 128 députés se divisent en cinq groupes différents. Les élections de 1936 accentuent donc la bipolarisation en renforçant les tendances les plus dures des deux blocs antagonistes ; elles représentent une incontestable victoire pour le Parti communiste et marquent définitivement le déclin électoral du Parti radical.

L'été 1936

Le 4 mai, *Le Populaire,* constatant que le Parti socialiste est devenu le groupe le plus puissant de la majorité victorieuse et de la Chambre entière, avance la vocation de cette formation à constituer le gouvernement. Blum, cependant, se refuse à remplacer sur l'heure le cabinet Sarraut, les pouvoirs de la Chambre élue en 1932 n'arrivant à expiration qu'à la fin du mois de mai. Mais entre le 4 mai et le 4 juin, date de la formation du gouvernement à direction socialiste, un élément inattendu modifie les données du problème, le mouvement social de 1936.

L'irruption des masses. — De 1931 à 1934, la crise économique, le chômage, la misère n'avaient guère provoqué de vastes mouvements revendicatifs. Quelques « marches de la faim » en 1933-1934 et l'action des comités de chômeurs de la CGTU n'avaient recueilli qu'un faible écho parmi les masses ouvrières : de 1930 à 1935, le nombre de grèves va diminuant, le syndicalisme recule. La classe ouvrière, craignant de s'exposer à une impitoyable répression patronale, se préoccupe surtout d'assistance et de soulagement des misères concrètes. Néanmoins la mobilisation populaire de 1934-1936, sur le thème de l'antifascisme, reçoit un accueil largement favorable parmi les ouvriers. la victoire électorale d'avril-mai 1936 provoque une véritable explosion sociale, d'une portée considérable.

Le mouvement social de mai-juin 1936, souvent présenté comme une explosion brutale, déjà perceptible en fait au cours de la campagne électorale, se manifeste sporadiquement dès le lendemain du second tour. Les 11 et 13 mai, des grèves éclatent au Havre, à l'usine Bréguet, et à Toulouse, chez Latécoère, où les grévistes recourent à une formule originale, sinon inédite, l'occupation des usines. A partir du 25 mai, les troubles, jusque-là circonscrits, gagnent l'ensemble de la métallurgie de la région parisienne. Dans les premiers jours de juin, ils s'étendent à la province, à l'ensemble de la vie industrielle (bâtiment, chimie, textile, industries alimentaires), et aux grands magasins parisiens (La Samaritaine). Fait remarquable, ils n'affectent ni les postiers, ni les enseignants, ni les cheminots. Quantitativement, 20 départements seulement sont relativement épargnés ; on décompte en juin 1936 12 142 grèves (pour 45 par mois en moyenne pour les cinq premiers mois de 1936) et 1 688 en juillet : 1,5 million de personnes ont pu être concernées par la vague de grèves au plus fort de la crise.

L'origine de ce raz de marée a soulevé de multiples interprétations. Le Parti communiste, accusé par la presse de droite d'avoir monté l'opération, semble être resté étranger à son déclenchement sinon à son déroulement, toute sa stratégie le conduisant en effet à redouter toute dérive « aventuriste » du mouvement. Les syndicats non plus ne peuvent en être tenus pour responsables, bien que quelques minorités, syndicalistes révolutionnaires, trotskystes, socialistes d'extrême gauche, liées à la tendance de la gauche révolutionnaire de Marceau Pivert, aient joué un rôle dans l'extension et l'essaimage du conflit. L'explosion sociale provient essentiellement des réactions spontanées de la base ouvrière.

En effet, la victoire électorale des partis « ouvriers » met fin à une période humiliante pour les salariés de l'industrie, caractérisée par des pressions permanentes, facilitées par le chômage, et par l'introduction brutale de la rationalisation dans les secteurs modernes. Simone Weil, normalienne, agrégée de philosophie, employée comme ouvrière chez Alsthom et Renault les années précédentes, a pu écrire : « Cette grève est en elle-même une joie. Une joie pure, une joie sans mélange... Joie de passer devant les chefs la tête haute... Joie de vivre parmi les machines muettes, au rythme de la vie humaine. » La forme particulière prise par le mouvement, la grève sur le tas, révèle le double souci d'inciter l'Etat à peser en faveur des salariés en usant de son poids arbitral, et d'empêcher les patrons de recourir à un lock-out collectif, suivi d'une réembauche sélective, au cours de laquelle pourraient être éliminés les « meneurs ».

Le déroulement des grèves revêt un aspect festif. Décrivant ces « kermesses », ces « pique-niques prolongés », les observateurs relèvent l'absence de violences, la discipline des grévistes, le respect de l'outil de travail, non exclusifs parfois d'une atmosphère obsidionale, née des rumeurs circulant à propos d'une hypothétique attaque « fasciste ». Remarquable est, par ailleurs, le sérieux avec lequel les comités de grève, composés de syndiqués comme de non-syndiqués, élaborent les cahiers de revendications.

L'affirmation ouvrière de mai-juin 1936, dénuée, semble-t-il, de véritable visée révolutionnaire, sauf pour de petits groupes de militants, n'est pas perçue comme telle par la presse de droite, le patronat et les formations de l'opposition qui dénoncent avec violence la soviétisation de la société française. A l' « immense espérance » (Georges Lefranc) correspond une véritable panique sociale, répandue dans une large partie des couches moyennes, qui voit la France sur le point de sombrer dans la révolution et le bolchevisme.

Les réformes du Front populaire : l'intervention arbitrale et législative de l'Etat. — Le 6 juin 1936, le président Lebrun appelle officiellement Léon Blum à former le gouvernement. Celui-ci lui présente aussitôt la liste de ses 20 ministres et de ses 14 sous-secrétaires d'Etat.

— Le gouvernement Blum. Les communistes avaient décliné l'invitation à participer au gouvernement, alléguant les risques d'affolement des classes moyennes et espérant peut-être tirer profit d'une position ambiguë qui pourrait permettre au parti d'accroître son implantation populaire, ce que Paul Vaillant-Couturier appelait « exercer du dehors une sorte de ministère des masses ». Mais il est probable que le veto opposé à la participation par l'Internationale communiste, en décembre 1935, avait joué un rôle déterminant dans ce choix du soutien sans participation.

La répartition politique au sein du ministère aboutit à confier un nombre de portefeuilles sensiblement égal aux radicaux (14) et aux socialistes (16), les socialistes indépendants de l'Union socialiste républicaine devant se contenter de la portion congrue (2). Les premiers ont plus spécialement en charge la défense nationale et la diplomatie avec Daladier à la Guerre, Cot à l'Air, Yvon Delbos aux Affaires étrangères, tandis que Jean Zay est chargé de l'Education nationale. Les seconds prennent en main le secteur économique et social avec Vincent Auriol aux Finances, Charles Spinasse à l'Economie nationale, Georges Monnet à l'Agriculture ; l'Intérieur est confié à Roger Salengro, député-maire de Lille.

Sur le plan technique, Blum réalise ses projets de réforme gouvernementale, présentés dès 1918 et repris au cours des débats sur la réforme de l'Etat : il est président du Conseil sans portefeuille et dispose à ce titre d'un service particulier, le secrétariat général de la présidence du Conseil, confié à Jules Moch. Alors que la proposition, formulée depuis longtemps, du vote féminin n'a toujours pas abouti, Blum confie des sous-secrétariats d'Etat à trois femmes, Mme Léon Brunschvicg (Education nationale), Irène Joliot-Curie (Recherche scientifique) et Suzanne Lacore (Protection de l'enfance).

Le nouveau gouvernement, investi par la Chambre le 6 juin par 384 voix contre 210, doit aussitôt faire face à la situation dramatique née de l'explosion sociale survenue au mois de mai.

— L'accord Matignon. Dès le 5 juin une délégation de patrons, soucieuse de mettre fin aux occupations, demande à être reçue par Blum et lui suggère d'intervenir auprès de la CGT. Le président du Conseil fait contacter les responsables de la centrale, eux-mêmes désireux de trouver une issue à la grève. Aussi, le dimanche 7 juin, à 15 heures, à l'Hôtel Matignon, 4 représentants du patronat — dont le président de l'organisation patronale, la Confédération générale de la production française, René Duchemin, président de Kulhmann, et Alexandre Lambert-Ribot, secrétaire général du Comité des Forges —, 6 responsables syndicaux — dont les 3 membres du secrétariat de la CGT, Léon Jouhaux, René Belin et Benoît Frachon — se réunissent en présence de Blum, assisté de Salengro, Jules Moch et Marx Dormoy, sous-secrétaire d'Etat à la présidence du Conseil.

L'accord, signé le 8, à minuit quarante, prévoit dans ses 7 articles que des contrats collectifs de travail seront établis immédiatement. Le patronat s'engage à respecter le droit de libre appartenance des travailleurs à un syndicat, à procéder à des hausses de salaires échelonnées entre 7 et 15 % et à ne prendre aucune sanction pour fait de grève. La CGT s'engage à inciter les travailleurs à la reprise du travail après acceptation de l'accord par les directions des établissements et admet la demande patronale tendant à l'institution de délégués ouvriers élus par l'ensemble du personnel.

L'accord représente une nouveauté capitale, non par son contenu, mais par les modalités de la conclusion : l'Etat, pour la première fois, s'est érigé en arbitre entre les grandes forces sociales. Mais le patronat n'a signé que sous la contrainte, pour éviter le pire. Du reste, une grande partie du petit et moyen patronat ne se reconnaît pas dans l'accord signé par les représentants des grandes entreprises. Les salariés, de leur côté, restent méfiants ; les militants « révolutionnaires » (trotskystes et syndicalistes révolutionnaires) semblent vouloir profiter du flottement. Aussi, le 11 juin, le Parti communiste jette-t-il tout son poids dans la balance. « Il faut savoir terminer une grève », déclare alors Thorez. Rejetant toute idée de « contrôle direct » des ouvriers sur la production, il condamne la formule des pivertistes : « Tout est possible. » Le mouvement s'éteint progressivement durant la seconde quinzaine de juin et les premiers jours de juillet. On compte encore cependant vers la mi-juillet plusieurs centaines d'usines occupées.

— Les lois sociales. L'initiative revient désormais au gouvernement. Dans le courant de l'été, Blum dépose une série de projets de loi, votés par la Chambre à une large majorité. Trois d'entre eux portent sur la condition des salariés, trois autres concernent les réformes de structure.

Le 11 juin, les députés votent l'institution de quinze jours de congés payés annuels, par 563 voix contre 1, et la loi précisant les procédures des conventions collectives, qui prévoit la possibilité pour l'Etat de transformer l'accord contractuel en texte réglementaires, par 528 voix contre 7. Le 12 juin, la loi limitant à quarante heures la durée du travail hebdomadaire, mesure non prévue par le programme du Rassemblement populaire, rencontre une plus forte opposition : elle est adoptée par 385 voix contre 175. Cette dernière disposition, qui assure le maintien du salaire pour une durée inférieure de travail, poursuit le double objectif de résorber le chômage et de provoquer la relance par l'accroissement du pouvoir d'achat.

Trois lois portant sur les réformes de structure concernant le statut de la Banque de France, l'Office des céréales et la nationalisation des industries de guerre sont votées le 24 juillet, le 15 et le

11 août. Ce programme limité, respectueux des termes du contrat qui liait la coalition majoritaire, ne peut être situé dans le cadre d'une « socialisation » des biens de production. Il s'agissait avant tout de combattre le pouvoir de l'oligarchie financière, d'assurer de meilleures conditions de vie à la paysannerie et de moraliser le secteur dominé par les « marchands de canons », depuis longtemps dénoncés par les gauches.

La gestion de la Banque de France était confiée, selon les termes de son ancien statut, aux 200 plus gros actionnaires (représentant les « 200 familles »). Ceux-ci avaient fait l'objet de vives attaques de la part des hommes du Front populaire. Il leur était reproché leur gestion de 1924-1926, dirigée contre le Cartel, leurs choix systématiques en faveur de la grande entreprise au détriment de la petite et leur participation à la compression économique de 1932-1936. La loi du 24 juillet remplace le Conseil de régence de 15 membres, émanation des « 200 familles », par un Conseil général où siégeront des personnalités nommées par l'Etat, représentant les divers usagers du crédit. La Banque reste privée, mais les représentants des actionnaires, tous habilités désormais à participer à l'assemblée générale, sont très minoritaires au Conseil général : l'Etat n'a pas pris la propriété, mais le contrôle de la Banque.

La création d'un Office du blé procède de la volonté de freiner la misère croissante des masses paysannes, particulièrement touchées par l'effondrement des cours des produits agricoles. L'ONIB (Office national interprofessionnel du blé) reçoit la mission de déterminer le prix du blé, avec pouvoir de contrôler le commerce extérieur et de faire varier l'offre par l'intermédiaire de coopératives de stockage auxquelles le blé doit être livré. Le conseil de l'ONIB est composé de représentants des producteurs, des consommateurs, de l'industrie, du commerce et de l'administration. Il s'agit d'un organe de régulation et non de planification : la propriété des biens de production reste naturellement inchangée, mais l'ONIB s'assure le contrôle du marché. Le projet est accueilli par les critiques de la droite parlementaire, des agrariens, des dorgéristes qui souhaitaient confier la fixation du prix à un organe purement corporatif. L'amélioration du pouvoir d'achat est cependant indéniable dans les années qui suivent.

La nationalisation des industries de guerre, dont le principe est décrété le 11 août, concerne plusieurs dizaines d'établissements relevant jusque-là de groupes privés, tels Renault, Hotchkiss, la Pyrotechnie française, ou Schneider. Les anciens propriétaires sont indemnisés et les activités regroupées dans six sociétés nationales, placées sous la surveillance d'un service de centralisation et de coordination. Dans cette affaire, la préoccupation du gouvernement n'est pas de « socialiser », mais de satisfaire un impératif moral, la lutte contre les « marchands de canons », et sans doute aussi d'obéir aux nécessités techniques de rationalisation, afin d'aboutir à une meilleure efficacité du dispositif productif, souvent inadapté.

Education, loisirs, culture. — Le Front populaire, au-delà des améliorations matérielles, déploie largement ses efforts, dès l'été 1936, dans le domaine de la promotion intellectuelle et culturelle des masses.

En matière scolaire, dans un champ d'intervention traditionnel de l'Etat républicain, la loi du 13 août 1936, conformément aux promesses du Rassemblement, prolonge d'un an la scolarité en portant à l'âge de 14 ans la limite de l'obligation scolaire. Le ministre de l'Education nationale, Jean Zay, envisage une réforme tendant à unifier les divers cycles de l'enseignement primaire des écoles et des lycées. Dans ce domaine, le Front populaire poursuivait la tradition républicaine d'élévation du niveau scolaire des masses et complétait les vieux projets du radicalisme, partiellement concrétisés par Tardieu.

En d'autres secteurs, en revanche, le Front populaire engage des actions d'un type nouveau. Un sous-secrétariat aux Loisirs, rattaché en juin 1936 à la Santé, est confié à l'avocat Léo Lagrange, député du Nord. L'institution des congés payés et l'organisation plus poussée des loisirs dans d'autres pays d'Europe provoquent une série de mesures. Les départs en vacances sont favorisés par l'instauration des billets réduits (40 %) pour les bénéficiaires des congés payés, qui permettent le départ de 600 000 personnes en 1936. Le sous-secrétariat d'Etat s'efforce également d'aider au développement du réseau des auberges de la jeunesse. Le Centre laïque des auberges de la jeunesse (CLAJ), bénéficiant des subventions et de l'appui de Léo Lagrange, compte 229 auberges en 1936. Lieux de loisir, elles sont aussi des centres de sociabilité culturelle.

Le Front populaire s'efforce également d'encourager le sport. Léo Lagrange envisage un développement massif du sport scolaire, mais Jean Zay se borne à quelques expérimentations. Dans son domaine propre, il met en chantier de nombreux terrains de sport (253 en 1936), crée un Conseil supérieur des sports, où siègent des représentants des fédérations professionnelles. Avec l'aide de ces dernières, il met sur pied le brevet sportif populaire en mars 1937. Toutes ces mesures procèdent d'une double préoccupation, tendant à promouvoir une véritable pratique populaire face au « sport-spectacle », mercantile et parfois mystificateur, et à assurer « la vitalité française, le salut de la race », comme l'écrivait Jean Zay, à l'heure où l'on estimait le pourcentage de réformés dans une classe d'âge française à 33 %, contre 17 % en Allemagne.

Dans le domaine culturel proprement dit, la politique du Front populaire, élaborée par des intellectuels, tels l'écrivain et critique Jean Cassou, conseiller de Jean Zay, ou l'ethnographe Georges-Henri Rivière, vise à répandre parmi le peuple « une culture réservée à une élite de privilégiés », comme l'écrivait alors l'ethnologue Jacques Soustelle, membre du CVIA. L'Association populaire des amis des musées (APAM) organise des visites-conférences populaires, en accord avec les syndicats. Pour encourager la fréquentation des musées, Léo Lagrange élargit les horaires d'ouverture et pratique une politique de tarifs modiques pour les associations. L'Association pour le développement de la lecture publique (ADPL), créée en juillet 1936, tente d'étoffer un réseau régional de bibliothèques populaires.

Cette politique est doublement originale. Par son champ d'intervention, tout d'abord, qui englobe des domaines laissés jusque-là en dehors des responsabilités collectives. Par son pragmatisme, ensuite. Reposant sur l'incitation, elle encourage les initiatives des associations : sans l'engagement généreux des intellectuels, la politique culturelle du Front populaire n'aurait pas été possible.

L'expérience Blum : le difficile exercice du pouvoir (septembre 1936 - juin 1937)

Rôle des masses populaires placées à l'avant-scène, poids accru de l'Etat, arbitre et législateur, dans les relations sociales, intérêt nouveau porté aux domaines de la culture et des loisirs : l'été 1936, à tous égards, est révolutionnaire. Mais, dès le mois de septembre, surgissent de nombreuses difficultés tenant à la gestion économique. S'ajoutant à l'intensification des luttes politiques, elles entraînent la chute du gouvernement Blum en juin 1937.

Les difficultés de la gestion économique et sociale. — La gestion du gouvernement Blum est alors appréciée d'après l'aspect le plus visible, la monnaie et les finances, la situation réelle de l'économie, production et emploi, restant mal connue, ou connue avec un certain décalage. Blum est conduit à prendre deux décisions capitales, en liaison avec la situation monétaire et financière : la dévaluation de septembre 1936 et la « pause » de février 1937.

— La dévaluation et la « pause ». En septembre 1936, devant la montée des prix (+ 12 % de juin à septembre pour les prix de gros), le déficit du commerce extérieur, l'exportation de capitaux et les sorties d'or, sous l'effet conjugué d'une hausse des prix « compensatrice » de celle des salaires et de la fuite à l'étranger du capital, réponse à la pression sociale de juin, le président du Conseil se résout le 26 à dévaluer le franc Poincaré, contrairement aux promesses de la campagne électorale. La valeur du franc fluctue désormais entre 43 et 49 mg d'or, ce qui représente une dévaluation de 25 à 34 %.

L'amplification de l'inflation, au cours du dernier trimestre de 1936, les sorties de capitaux toujours persistantes, de graves problèmes de trésorerie amènent Blum à annoncer dans un discours radiodiffusé le 13 février 1937 la « pause » des réformes. Il s'agit en réalité d'abandonner le train de mesures sociales qui avait été prévu, la constitution d'un fonds national de chômage et la retraite des vieux travailleurs. Quelques jours plus tard, mettant l'accent sur la nécessité de respecter l'équilibre budgétaire, il réduit le programme de grands travaux et crée un comité d'experts chargés de gérer un fonds de stabilisation des changes, où figurent notamment les théoriciens libéraux Charles Rist et Jacques Rueff. C'est là un tournant capital : prenant le parti de rassurer les épargnants et les investisseurs, Blum abandonne la politique de réformes.

Mais, durant le premier semestre de 1937, les exportations de capitaux font subir une véritable hémorragie à l'encaisse métallique de la Banque de France et au fonds de stabilisation des changes, tandis que le Trésor se retrouve à court de moyens. Le 15 juin, le président du Conseil demande au Parlement les pleins pouvoirs financiers pour empêcher la fuite des capitaux. Il se heurte à deux reprises à un refus du Sénat et doit, le 22 juin 1937, présenter sa démission.

— Bilan économique de l'expérience Blum. Le mouvement de la production et de l'emploi, mal connu à l'époque, révèle que la reprise espérée n'a pas véritablement eu lieu, même si des améliorations ont pu être constatées. De juin à septembre 1936, la produc-

tion industrielle reste stagnante ; l'indice de la production industrielle par rapport à la base 100 en 1928 se situe en septembre 1936
au même niveau qu'au printemps (88), alors que le nombre total
de chômeurs passe de 660 000 à 750 000. Les grèves et les congés
payés se conjuguent pour expliquer ce ralentissement. La dévaluation est suivie d'une légère reprise, à l'époque inaperçue : la production industrielle atteint l'indice 94 en mars 1937 ; les chômeurs
sont au nombre de 600 000 en décembre. Mais il s'agit d'un plafon-
nement : en juin 1937, l'indice est à 89, le nombre de chômeurs,
situé autour de 500 000, ne devait plus diminuer jusqu'en 1938.

En définitive l'expérience Blum se solde, en termes de conjoncture, et abstraction faite des modifications structurelles, par un
échec, au moins apparent : la production ne retrouve pas son
niveau de 1928, les grands équilibres, commercial et budgétaire,
sont mis en cause, la monnaie a été dévaluée, mais dans une proportion qui semble encore insuffisante. Sur un seul point, le Front
populaire connaît un relatif succès : le chômage a partiellement
reculé, passant de 430 000 chômeurs secourus en 1935 à 350 000
en 1937.

Plusieurs interprétations ont été avancées pour expliquer cet
« insuccès » de l'expérience Blum.

Certains mettent en cause le comportement des acteurs. Les
adversaires du Front populaire ont dénoncé les occupations
d'usines, génératrices de troubles qui perturbaient la production.
Pour tenter d'y mettre fin, une loi du 31 décembre 1936 pose le
principe d'un arbitrage obligatoire, confié à des médiateurs désignés par les parties, ou à défaut par le ministre. Texte remarquable
et de grande portée : en 1937-1938, près de 12 000 conflits devaient
être soumis à cette procédure. Mais, en tout état de cause, ce facteur de perturbation n'a joué qu'un rôle limité dans la médiocrité
de la reprise. Les partisans du Front populaire, d'autre part, ont
mis en cause la hausse « compensatoire » des prix, la sortie massive
des capitaux et le refus d'investir des entreprises. Mais ce type de
comportement ne saurait être imputé à la « mauvaise volonté »,
malgré l'opposition effectivement forcenée de la classe patronale : il
s'agit là de décisions économiques, étroitement dépendantes, non
de l'humeur subjective, mais d'une situation de marasme mal cor-
rigée par des mesures peu adaptées.

Une deuxième catégorie d'explications prend pour cible la
principale des mesures du Front populaire, la loi des quarante
heures. Alfred Sauvy et après lui de nombreux commentateurs

ont souligné la contradiction entre l'accroissement du pouvoir d'achat et la réduction de la capacité de production que suppose la baisse de la durée du travail. Blum et ses conseillers pensaient que l'embauche de chômeurs permettrait de résoudre le problème. Mais le manque de qualification de beaucoup d'entre eux vient démentir cet espoir et les entreprises, privées d'un personnel indispensable par la réduction du temps de travail, doivent se résoudre à diminuer leur production, phénomène visible à partir du début de 1937. Cette réduction de l'offre s'ajoute au gonflement de la demande pour intensifier la hausse des prix, la dépréciation de la monnaie et sa conséquence inévitable, l'exportation des capitaux. La validité d'une telle interprétation ne semble pas douteuse, mais il faut souligner que la résorption partielle du chômage a incontestablement résulté de la réduction de la durée du travail.

Une troisième série de critiques porte sur la thèse même de la relance par le pouvoir d'achat. L'appareil économique pouvait-il répondre à la demande supplémentaire ? Il y aurait eu là une erreur d'appréciation sur la capacité de l'appareil productif à créer une offre supplémentaire. L'industrie française, déjà archaïque et atomisée avant 1930, souffre depuis 1931 de la situation d'immobilisme provoquée par la crise et la politique suivie de 1931 à 1935 : l'investissement a diminué, les machines ont vieilli, le protectionnisme a figé les unités de petite taille dans leur dispersion et leur manque de moyens. L'appareil productif ne peut donc répondre sur-le-champ à cette injection de pouvoir d'achat supplémentaire, qui se résorbe en inflation : on aborde, ici, le domaine resté invisible aux observateurs contemporains.

Un quatrième type d'analyse met l'accent sur les contraintes extérieures. Rompant en matière de défense nationale avec la politique de restriction budgétaire menée par les gouvernements d'Union nationale de 1934 et 1935, Blum et Daladier décident en septembre 1936, après le déclenchement de la guerre d'Espagne, de lancer le réarmement. L'effort budgétaire sans précédent alors consenti aboutit à la restriction drastique des dépenses sociales annoncées par la « pause » de février 1937. Il ne devait porter ses fruits que deux ans plus tard, en 1938, grâce à un travail considérable d'amélioration de la productivité des industries de guerre, facilité par les nationalisations. Ainsi, loin de désarmer le pays, le Front populaire, par un effort énorme mais tardif, contribue à combler le retard existant. Mais, par là même, il se condamne à abandonner ses visées sociales : « En réarmant le pays, il se désarmait lui-même » (Robert Frank).

Ainsi le recul du temps a-t-il permis de mettre en valeur, au-delà des facteurs visibles, perçus et parfois surévalués par les contemporains, le poids des structures profondes et des contraintes extérieures. Ces analyses nuancent les « explications » cent fois reprises dans les polémiques du moment sur la désorganisation due aux grèves ou la « mauvaise volonté » d'un patronat, il est vrai, profondément hostile. Elles permettent d'incliner à penser que, soumis à de telles contraintes, le Front populaire, compte tenu de ses acquis sociaux définitifs, les congés payés et l'aménagement des relations du travail, a géré le pays de manière plus efficace que les gouvernements qui l'avaient précédé.

L'intensification des luttes politiques. — Les difficultés économiques ne peuvent être dissociées des luttes politiques. En proie à une opposition particulièrement virulente, le gouvernement du Front populaire doit faire face à de graves divergences au sein même de sa majorité.

— La virulence de l'opposition. La victoire du Rassemblement, la vague de grèves qui l'accompagne, la formation du nouveau gouvernement suscitent des campagnes de presse d'une violence rarement égalée. Même une partie de la presse à gros tirage, *Le Matin, Le Journal*, au contraire du *Petit Parisien* et de *Paris-Soir*, se déprend de son tour ordinairement modéré pour dénoncer le désordre et l'incapacité gouvernementale. La presse périodique d'extrême droite voit ses tirages augmenter, comme celui de *Gringoire*, qui passe à 600 000 exemplaires. Spécialisée dans l'attaque des membres du gouvernement, cette feuille prend à partie, en août 1936, le ministre de l'Intérieur, Roger Salengro, qu'elle accuse d'avoir déserté durant la Grande Guerre. L'affaire connaît un dénouement tragique : malgré sa mise hors de cause par un jury d'honneur, le ministre, profondément atteint par la campagne acharnée dont il continue d'être l'objet, se donne la mort le 17 novembre 1936.

Les attaques antisémites, depuis longtemps une spécialité de la presse d'extrême droite, héritière des ligues antidreyfusardes, se déploient avec une ampleur accentuée et une violence surmultipliée, prenant à partie « le juif Blum » et sa « tribu rabbinique ». Ces agressions quasi quotidiennes s'insèrent dans une vague générale qui déferle au long des années 1930. Ralph Schor, analysant la montée du mouvement, a montré que la moitié des publications les plus représentatives de cette littérature publiées dans les années 1930 sont concentrées sur la période 1937-1939. Les pamphlétaires d'extrême droite, tels Léon Daudet ou Henri Béraud, trouvaient à cette date un terrain favorable : l'afflux d'étrangers, sous le double effet de la faiblesse de la natalité française et de la recherche d'une terre d'asile par des persécutés fuyant les régimes de terreur, réveille alors les pires fantasmes xénophobes et racistes. A l'image de l'escroc apatride, Stavisky, se superpose celle de l'intellectuel dilettante à l'esprit dissolvant, fourrier du communisme, Léon Blum.

● Les forces organisées : la droite extraparlementaire. Parmi les forces politiques organisées, l'extrême droite antiparlementaire connaît de profondes transformations. Le 18 juin 1936, le gouvernement décrète la dissolution des Croix-de-Feu, des Jeunesses patriotes (devenu en 1935 le Parti national populaire), de la Solidarité française et du mouvement franciste. La configuration de la droite extraparlementaire s'en trouve modifiée, ses composantes évoluant de manière divergente, soit vers une radicalisation accentuée, soit vers une intégration au système.

Plusieurs de ses fractions affichent, en effet, un discours et des comportements plus radicaux. Certains intellectuels se réclament ouvertement du fascisme : c'est le cas de la nouvelle équipe rédactionnelle de *Je suis partout,* qui, dirigée par Robert Brasillach, assisté de Lucien Rebatet, Pierre-Antoine Cousteau, Alain Laubreaux, oriente le journal vers des positions de plus en plus profascistes puis prohitlériennes, en alignant de plus en plus ses choix de politique extérieure sur ceux de politique intérieure.

Dans une perspective bien différente, une poignée de militants venus, comme les précédents, de l'Action française, jugée décidément dépassée et inadaptée, crée en juin 1936 une organisation clandestine, appelée par la suite « Cagoule », bien que la véritable dénomination ait été le MSAR (Mouvement social d'action révolutionnaire) ou l'OSARN (Organisation spéciale d'action régulatrice nationale). La Cagoule, dirigée par un polytechnicien, Eugène Deloncle, vise à provoquer un coup de force militaire, en usant de la violence (assassinats d'émigrés antifascistes italiens en juin 1937), de la provocation (attentat contre le siège du patronat, septembre 1937) et du noyautage dans les forces armées. L'insuffisance d'appui au sein de ces dernières entraîne l'échec de ces projets et le démantèlement de l'organisation dix-huit mois plus tard, en novembre 1937.

A l'opposé de ce mouvement clandestin, un parti de masse apparaît à l'extrême droite, le Parti populaire français (PPF), fondé en juillet 1936. Dominé par la personnalité de son fondateur, Jacques Doriot, communiste exclu du parti pour avoir appliqué trop tôt l'unité d'action avec la SFIO, sans doute aussi parce qu'il apparaissait à Thorez comme un dangereux rival, le PPF recrute dans les milieux les plus variés : ouvriers de Saint-Denis, fidèles à leur chef, anciens communistes, tel Henri Barbé, intellectuels comme Alfred Fabre-Luce, Bertrand de Jouvenel, Pierre Drieu La Rochelle, anciens militants des Croix-de-Feu, comme Pierre Pucheu, proche des milieux patronaux qui financent Doriot pour faire contrepoids au péril communiste en milieu populaire. Le PPF, cependant, connaît un succès relatif : il compte peut-être 100 000 membres au début de 1937, beaucoup moins que le Parti social français, successeur des Croix-de-Feu. Sa propagande, anticommuniste, nationaliste, antilibérale, prônant un Etat plébiscitaire, peut sembler proche de celle d'un parti fasciste. Il ne parvient pas à conquérir durablement un terrain qu'occupe déjà largement le PSF.

La dissolution des Croix-de-Feu a précipité, en effet, une évolution prévisible et inverse : le colonel de La Rocque annonce aussitôt la transformation de la ligue en parti, répondant à l'appellation de Parti social français (PSF), dont le succès est considérable : dès septembre 1936, la nouvelle organisation revendique 600 000 adhérents. Sa propagande vise la clientèle conservatrice traditionnelle, la paysannerie, les petites entreprises, les classes moyennes, sans négliger pour autant les milieux ouvriers, en jouant sur la peur du collectivisme, l'anticommunisme, parfois l'hostilité des classes moyennes à l'oligarchie économique. Fidèle à l'inspiration patriotique, sociale et chrétienne des Croix-de-Feu, le PSF entend se présenter en parti loyal à l'égard des institutions républicaines. Il multiplie les efforts d'implantation par l'action sociale, pratiquant l'assistance et l'entraide, disposant de son propre organe de presse grâce au rachat du *Petit Journal* en 1937. Mais il rencontre rapidement l'hostilité des formations parlementaires qui voient en lui, à juste titre, un dangereux rival.

• Les forces parlementaires et l'opposition des milieux professionnels. Si la droite et le centre droit dénoncent avec vigueur le désordre social, la poussée communiste et les « erreurs » économiques, ces deux forces ne parviennent pas à réaliser l'unité dans l'action parlementaire. Le centre droit se refuse à l'obstruction, Paul Reynaud se pose en opposant constructif, alors que la droite adopte un ton proche des ligues extraparlementaires. Xavier Vallat déplore à la tribune de la Chambre, le 6 juin 1936, que « le vieux pays gallo-romain » soit « pour la première fois gouverné par un juif » ; le 13 novembre 1936, Henri Becquart renouvelle ses accusations contre Salengro. Cette radicalisation de la Fédération républicaine, à laquelle appartiennent Vallat et Becquart, l'isole au Parlement : l'organisation d'un intergroupe mis sur pied par Marin pour coordonner l'action des « nationaux » tourne court.

Mais une opposition beaucoup plus pugnace et d'une plus grande efficacité allait venir des forces professionnelles. Mécontentés par les lois sociales, affolés par les grèves avec occupation, qui semblent remettre en cause le droit de propriété, les petits et moyens entrepreneurs contestent la validité de l'accord Matignon. Leur attitude provoque une crise de la CGPF, qui devient, le 4 août 1936, la « Confédération générale du patronat — et non plus de la production — français », dont la présidence est confiée à l'universitaire Claude-Joseph Gignoux. La CGPF n'est pas étrangère au net durcissement patronal de la fin de l'année 1936.

— Les dissensions de la majorité. Si la coalition qui soutient le gouvernement reste dans ses votes fidèle à la formule du Front populaire, de nombreuses dissensions surgissent dès l'été 1936, qui aboutissent à distendre les liens majoritaires, à propos de deux problèmes majeurs : la guerre d'Espagne et le maintien de l'ordre.

Victime le 18 juillet 1936 d'un soulèvement militaire, le gouvernement de la République espagnole, issu lui aussi d'une majorité de Front populaire, demande au gouvernement français une aide en matériel militaire. Blum, personnellement favorable à cette requête, doit tenir compte de l'inquiétude d'une partie de l'opinion française, du refus des Britanniques d'aider la République espagnole, de la division au sein même du gouvernement et des forces de gauche. Après de longues hésitations, le Conseil des ministres décide d'adopter le 2 août le principe d'une convention internationale de non-ingérence, et le 8 août, après réponse positive des puissances, de suspendre toute livraison directe d'armes. La violation de la non-intervention par l'Allemagne et l'Italie devait par la suite amener Blum à procéder à quelques livraisons clandestines (« la non-intervention relâchée »).

Cette affaire soulève deux problèmes de taille. La cohésion des gauches, tout d'abord, sort ébranlée de l'épreuve. La plupart des ministres radicaux, tels Delbos ou Chautemps, sont contre l'aide, au contraire de Jean Zay. Au Parti socialiste, une tendance minoritaire avec Jean Zyromski s'oppose à Blum. Jouhaux et la majorité de la CGT sont favorables à l'aide, rejoignant par là le Parti communiste, qui, vigoureusement hostile à la non-intervention, va jusqu'à refuser la confiance au gouvernement lors du vote sur la politique étrangère à la Chambre, le 5 décembre 1936. L'affaire d'Espagne, d'autre part, pose de façon très nette le dilemme soulevé par la contradiction entre le pacifisme, qui, tout autant que le souci de maintenir la cohésion franco-britannique et un minimum d'unité nationale française, a inspiré Blum en cette occasion, et l'antifascisme, ciment et raison d'être du Rassemblement.

Dans le domaine intérieur, l'attitude des radicaux pose le problème majeur. Membres de la coalition par antifascisme, ces derniers trouvent leurs appuis parmi les classes moyennes, chez les petits producteurs, les rentiers, les fonctionnaires, précisément atteints par les troubles sociaux ou la hausse des prix, et apeurés par la perspective d'une poussée communiste. Une minorité du parti, dont de nombreux sénateurs autour de Joseph Caillaux, se déclare très vite hostile au Front populaire. Daladier lui reste favorable, mais adresse une mise en garde à ses alliés socialistes en faisant voter au Congrès de Biarritz, en octobre 1936, une motion condamnant les occupations et l'agitation de rues « d'où qu'elle vienne ». La « pause », décrétée par Blum sous cette pression, ne suffit guère à calmer les inquiétudes. Au printemps de 1937, Daladier, conscient de l'hostilité croissante au sein du parti, n'épargne plus ses critiques au gouvernement dont il est membre, prônant le rétablissement de l'ordre et la relance de la production. Et ce sont les sénateurs radicaux qui, en juin 1937, prennent l'initiative de renverser Léon Blum.

La fin du Front populaire (juin 1937 - novembre 1938)

La chute de Blum n'entraîne pas pour autant la dislocation de la majorité du Front populaire. Celui-ci persiste officiellement encore pendant dix-huit mois, jusqu'à la dissolution du Comité national du Rassemblement le 12 novembre 1938. Mais le renversement définitif de majorité, irréversible à la date du 30 novembre 1938, est précédé de longs mois d'agonie, marqués par l'immobilisme et l'impasse politique.

*L'impasse politique : les ministères Chautemps (juin 1937 -
mars 1938)*. — Au lendemain de la chute de Blum, Lebrun fait
appel au radical Chautemps pour présider un gouvernement qui
s'appuie toujours sur une majorité de Front populaire. Dans le
cabinet de coalition radicale et socialiste qui est constitué, Blum est
vice-président du Conseil, Daladier conserve la Guerre, mais Auriol
cède les Finances à un radical, Georges Bonnet, réputé pour ses
conceptions orthodoxes. Homme affable et esprit conciliant, Chautemps, peu soucieux de poursuivre la reflation et les réformes de
structure, n'exclut pas de revenir sur certains acquis de 1936. Mais
sa marge de manœuvre est singulièrement étroite.

Dans le domaine économique, il laisse Georges Bonnet dévaluer
à nouveau le franc en juillet 1937, mais dans une proportion encore
insuffisante par rapport à la valeur des autres grandes devises. Un
train d'économies budgétaires et de relèvement des impôts marque
l'abandon de la reflation, mais ne parvient pas à freiner les sorties
d'or et à diminuer le déficit du budget, particulièrement grevé par
les dépenses militaires. Une seule réforme, plus économique que
sociale, non prévue par le programme du Rassemblement, est mise
en œuvre en août 1937 : la nationalisation des chemins de fer. La
SNCF (Société nationale des chemins de fer français) succède à des
compagnies privées souvent en déficit et très endettées à l'égard de
l'Etat. Il s'agit essentiellement d'un réaménagement technique
d'une importance considérable pour le secteur des transports.

En matière sociale, la création en août 1937 d'une « Commission d'enquête sur la production » soulève l'opposition de la CGT,
des socialistes et des communistes, qui la perçoivent comme une
démarche tendant à remettre en cause la loi des quarante heures.
D'octobre à décembre 1937, la pression des salariés s'intensifie ; les
grèves avec occupations se multiplient dans la métallurgie, puis
gagnent les transports et les services publics. Chautemps doit subir
les critiques de son propre parti, où l'on envisage de plus en plus
une majorité de concentration, les réserves du Parti socialiste, où
progressent les partisans d'une rupture, enfin, le 13 janvier 1938,
l'opposition des communistes qui déclarent s'abstenir quand le président du Conseil pose la question de confiance. Chautemps leur
ayant répondu qu' « il leur (rendait) leur liberté », les socialistes,
estimant que ces propos mettent en cause l'existence du Front
populaire, se retirent du gouvernement dont ils entraînent la chute.

L'impasse est alors totale. Chautemps accepte de reconduire un
ministère exclusivement radical que les socialistes, après de longs

débats internes, veulent bien soutenir, mais sans y participer. Le cabinet est investi par une majorité de Front populaire, renforcée par le centre droit : 506 voix pour, 1 contre, 106 abstentions (la droite). Il est clair qu'une telle situation ne peut être que transitoire et qu'entre la majorité d'Union des gauches et le retour de la concentration, le choix va devoir s'imposer à bref délai. Le 9 mars, le refus des socialistes de voter les pleins pouvoirs financiers amène Chautemps à présenter sa démission, au moment où Hitler engage la phase terminale du processus de l'Anschluss.

L'échec de l'Union nationale (mars-avril 1938). — Lebrun, désireux de démontrer que la majorité parlementaire n'existe plus, appelle aussitôt Blum. Mais, précisément, le dirigeant socialiste envisage une autre solution majoritaire en dehors de celle du Front populaire, l'Union nationale, de Thorez à Reynaud, voire Marin. Ses propositions se heurtant à un refus de l'Alliance démocratique et des sénateurs radicaux, notamment de Joseph Caillaux, il ne lui reste plus qu'à constituer un dernier gouvernement de Front populaire, condamné d'avance. Le programme économique qu'il a élaboré avec l'aide de Georges Boris et de Pierre Mendès France, inspiré par la pensée keynésienne, prévoit une politique de relance par la dépense et le crédit, assortie du contrôle des changes et d'un impôt sur le capital, préconisés à des fins de régulation. Ce programme dirigiste, adopté par la Chambre malgré le vote hostile de la droite, est rejeté par le Sénat. Le 7 avril 1938, Léon Blum démissionne et, avec lui, le dernier gouvernement composé suivant une formule de Front populaire.

La dislocation du Front populaire (avril-novembre 1938) et l'expérience Daladier. — Edouard Daladier semble alors l'homme tout désigné pour succéder à Blum : membre depuis juin 1936 de tous les gouvernements successifs, il a tenté de l'intérieur une stratégie, souvent réussie, d'infléchissement. L'échec définitif des projets socialistes ne lui cause aucun déplaisir, mais il souhaiterait vivement pouvoir réaliser l'Union nationale de Blum à Marin. Le refus des socialistes le conduit à renoncer à demander l'appui de la droite, d'ailleurs peu enthousiaste.

Mais le gouvernement qu'il forme le 10 avril, s'il est dominé par les radicaux, avec Chautemps à la vice-présidence, Sarraut à l'Intérieur, Bonnet aux Affaires étrangères, Paul Marchandeau aux Finances, réalise un double élargissement vers les socialistes indépendants, avec Ludovic-Oscar Frossard (Travaux publics) et Paul Ramadier (Travail), et vers le centre droit avec Paul Reynaud (Justice), Georges Mandel, ancien collaborateur de Clemenceau (Colonies) et le démocrate-chrétien Champetier de Ribes (Anciens Combattants). Le nouveau gouvernement bénéficie d'un vote favorable de la quasi-unanimité de la Chambre : 575 voix contre 5. Deux majorités sont possibles : les partisans du Front populaire espèrent la pérennisation de la formule du rassemblement des gauches, les formations de droite, au contraire, œuvrent à sa rupture.

Cette dernière allait s'opérer à un quadruple niveau, gouvernemental, parlementaire, partisan et social, dans le courant de l'année 1938. La définition d'un nouveau cours économique est engagée dans le courant du printemps de 1938. En mai, Marchandeau procède à une nouvelle dévaluation qui, accompagnée d'une majoration d'impôts et du lancement d'un emprunt, met fin, cette fois-ci, à l'écart entre les prix français et les prix mondiaux. L'assainissement monétaire entraîne la remise en cause des quarante heures, considérée comme nécessaire à la reprise de la production. Le débat, qui, au sein du gouvernement, oppose Reynaud, favorable à l'assouplissement, à Frossard et Ramadier, aboutit en août au départ des deux derniers représentants de la tendance socialiste.

La crise internationale de septembre 1938, dénouée par les accords de Munich, entraîne la rupture parlementaire par l'entrée sans équivoque des communistes dans l'opposition. Lors du vote sur les accords, qui intervient début octobre, les 73 députés du Parti communiste manifestent massivement leur désaccord, alors que leurs anciens alliés radicaux et socialistes votent pour.

Le PC tente alors de réactiver le Rassemblement populaire sur le thème de l'antifascisme, abandonné selon lui par le président du Conseil. Le congrès du Parti radical, tenu à Marseille fin octobre 1938, constate que le Parti communiste a « rompu la solidarité qui l'unissait aux autres partis du Rassemblement populaire ». Le 12 novembre, estimant que « toute collaboration » est « désormais impossible » avec le PC, les radicaux quittent le Comité national du Rassemblement populaire — en sommeil depuis des mois —, suivis par les socialistes. Ce départ scelle définitivement le sort de la coalition créée au soir du 14 juillet 1935.

La quatrième rupture intervient dans l'ordre social à la fin du mois de novembre. Daladier décide, début novembre, d'opter nettement pour une restauration libérale ; Reynaud, nommé ministre des Finances en remplacement de Marchandeau, décide de stimu-

ler la reprise en favorisant le profit, en attirant les capitaux et en
atténuant les réglementations. La loi des quarante heures, principal
obstacle, estimait-on, à la reprise, est sérieusement amendée par un
décret du 13 novembre, selon lequel la durée du travail hebdomadaire pourra être portée à quarante-huit heures, la majoration due
au titre des heures supplémentaires se trouvant diminuée.

Cette décision provoque aussitôt la réaction de la CGT qui lance
un mot d'ordre de grève générale pour le 30 novembre. Mais, désorientés par la lutte intestine opposant communistes et socialistes et
par des mots d'ordre ambigus visant à la fois la politique extérieure
et les mesures économiques, les salariés ne répondent que faiblement à l'appel du syndicat. L'échec total de la grève entraîne l'affaiblissement durable du mouvement ouvrier et une répression
patronale qui prend des allures de revanche. Lors de la session parlementaire de décembre, le gouvernement obtient 315 voix
contre 241 (155 socialistes, 73 communistes, et quelques divers
gauche) : la rupture est cette fois consommée.

La France devant la montée des périls extérieurs (1931-1939)

Les bouleversements politiques nés de la crise économique et
sociale remettent en cause, dès le début des années 1930, le fragile
équilibre difficilement réalisé à la fin des années 1920 dans le
domaine international. A partir de 1934, le rejet par Hitler de
l'ordre européen issu des traités de l'après-guerre pousse la France
à rechercher de nouvelles formules de sécurité, différentes des solutions de type briandiste.

Les derniers feux du briandisme (1931-1933)

La crise économique mondiale modifie les rapports financiers
entre les puissances : en juin 1931, le président américain Hoover
annonce un moratoire des versements effectués au titre des dettes
intergouvernementales. Cette décision précède l'annulation des
réparations, décidée à Lausanne en juillet 1932, suivie par le refus

du Parlement français, en décembre 1932, de poursuivre les versements effectués au titre des dettes de guerre inter-alliées. Les dévaluations successives et l'isolement protectionniste achèvent de fractionner le système économique mondial.

Mais les rapports politiques ne s'en trouvent pas immédiatement modifiés. Les deux problèmes majeurs qui se posent en Europe dans les années 1931-1933, la politique de désarmement et la révision des traités, sont encore abordés par les dirigeants français dans un esprit proche du briandisme. Le gouvernement de gauche issu des élections de 1932 reconnaît à l'Allemagne l' « égalité des droits » en matière d'armement, c'est-à-dire le droit pour le Reich de réarmer en cas d'impossibilité de réaliser le désarmement général. En juin 1933, la France, l'Angleterre, l'Allemagne et l'Italie signent le « pacte à quatre », ultime tentative pour instaurer un esprit de conciliation internationale. Mais en octobre, Hitler, tirant prétexte du piétinement des négociations sur le désarmement, quitte la SDN, et le pacte à quatre n'est pas ratifié.

L'échec du retour à la politique des alliances (1934-1935)

L'infléchissement de la politique française intervient après le 6 février 1934 et l'arrivée aux Affaires étrangères de Louis Barthou. Persuadé que le retour aux alliances est préférable à la sécurité collective, le vieil homme d'Etat entreprend une triple démarche : renforcer les liens de la France avec les alliés d'Europe orientale (Pologne, Tchécoslovaquie, Roumanie, Yougoslavie), conclure une alliance avec la Russie et se rapprocher de l'Italie, dont la méfiance à l'égard de l'Allemagne hitlérienne est éveillée par la tentative de coup d'Etat nazi en Autriche en juillet 1934. Mais le ministre tombe sous les balles d'un terroriste croate, le 9 octobre 1934, aux côtés du roi de Yougoslavie qu'il est venu accueillir à Marseille.

Officiellement, Pierre Laval, son successeur au Quai d'Orsay, continue sa politique. Le rapprochement avec l'Italie est réalisé au cours de l'année 1935, après une rencontre avec Mussolini en janvier, au cours de laquelle Laval s'engage à laisser au Duce « les mains libres » en Ethiopie, sur laquelle l'Italie a des vues de conquête ; sans doute le ministre français n'entendait-il par cette formule qu'une mainmise économique, alors que son interlocuteur lui attribuait un sens évidemment plus large... La rencontre tripartite de Stresa, au lendemain de la décision allemande de réarmer, réunit en avril 1935 les dirigeants français, britanniques et italiens, et débouche sur un accord condamnant toute répudiation unilatérale des traités. Les négociations franco-soviétiques aboutissent, d'autre part, à la signature, le 2 mai 1935, d'un traité d'alliance défensive.

Mais cette politique ne parvient nullement à atteindre l'objectif recherché par Barthou, l'isolement diplomatique de l'Allemagne. L'invasion de l'Ethiopie par l'Italie en octobre 1935 entraîne aussitôt la condamnation de l'agresseur par la SDN, à laquelle s'associe la France. En vain Laval s'efforce-t-il de négocier en sous-main la cession des deux tiers de l'Ethiopie à l'Italie qu'il persiste à ménager : l'indignation de l'opinion le contraint à quitter le pouvoir, tandis que l'Italie, déçue par le vote des sanctions, s'éloigne de la France pour se rapprocher d'Hitler. Le pacte franco-soviétique n'est, par ailleurs, suivi d'aucun effet pratique : aucune convention militaire ne vient préciser les obligations des signataires et Laval ajourne à plusieurs reprises la ratification par la Chambre, dont le vote n'intervient qu'à la fin de février 1936.

Il apparaissait clairement à cette date que la France n'avait pas pu élaborer une politique susceptible d'assurer sa sécurité. Trois raisons convergeaient pour empêcher le retour à la politique d'alliances : la politique militaire française, l'influence grandissante des facteurs idéologiques sur les choix de politique extérieure et le climat général pacifiste.

La doctrine militaire de la France prône depuis 1920 une stricte défensive. Elaborée par le Conseil supérieur de la guerre et ses vice-présidents successifs, le maréchal Pétain de 1920 à 1931, le général Weygand de 1931 à 1935, puis le général Gamelin après cette date, cette conception privilégie la défense à l'abri des positions fortifiées : cette perspective statique exclut toute mise en mouvement des masses armées en vue de pénétrer sur le sol ennemi. L'édification, de la Suisse aux Ardennes, de la ligue fortifiée « Maginot », de 1930 à 1935, correspond à cette vision, elle-même conforme aux vœux de l'opinion et des gouvernements, essentiellement préoccupés d'économiser le sang français après la terrible saignée de 1914-1918. Or cette doctrine est radicalement incompatible avec la constitution d'un système d'alliances, le choix défensif privant d'avance de crédibilité et d'efficacité le dispositif militaire français.

Alors que les systèmes d'alliances mis en place avant la Grande

Guerre ne tenaient guère compte des affinités politiques des régimes concernés, les considérations idéologiques jouent dans les années 1930 un rôle considérable. La droite condamne le traité conclu avec les « bolcheviks » et ne vote pas la ratification. La politique pro-italienne de Laval soulève de vives oppositions de la gauche antifasciste. Aussi l'agression contre l'Ethiopie divise-t-elle le monde intellectuel en adversaires et partisans des sanctions, les premiers, admirateurs de l'œuvre mussolinienne, comme Henri Massis ou Pierre Gaxotte, se recrutant en grand nombre parmi la droite maurrassienne.

Enfin le pacifisme inspire largement les gouvernements au même titre que l'opinion. Laval, ancien socialiste minoritaire pendant la première guerre, est plus proche de Briand que de Barthou. Il exclut la possibilité même d'une guerre et préfère, sans l'avouer ouvertement, un rapprochement avec les puissances fascistes, qui lui paraît le meilleur garant du maintien de la paix.

La France devant les coups de force hitlériens (1936-1939)

En une série de coups de force, Hitler met fin à l'Europe des traités de l'après-guerre. Le 7 mars 1936, il fait pénétrer ses troupes dans le secteur démilitarisé de la zone rhénane, en violation des stipulations du traité de Versailles. Puis il commence l'exécution de ses plans de conquête en procédant en mars 1938 à la réunion *(Anschluss)* de l'Autriche à l'Allemagne. En septembre 1938, il annexe le territoire tchécoslovaque, peuplé d'une population majoritairement germanophone, des monts Sudètes, au nord-ouest de la Bohême.

Ces coups de force ne suscitent guère de résistance de la part des gouvernements français. La remilitarisation de la Rhénanie en 1936 ne provoque qu'une simple réaction verbale de Sarraut. L'Anschluss se déroule en mars 1938 alors que la France est privée de gouvernement. Les revendications d'Hitler sur les Sudètes aboutissent à la tenue d'une conférence à quatre (Allemagne, Italie, France, Royaume-Uni) qui, réunie à Munich en septembre 1938, approuve le rattachement de ce territoire au Reich, cédant ainsi aux exigences du Führer. Une telle incurie relève, certes, en grande partie, de l'attitude britannique face à Hitler : jusqu'en mars 1939, date du démembrement de la Tchécoslovaquie, le Royaume-Uni se refuse à envisager de résister par la force aux agressions perpétrées par le dictateur. Mais elle procède également de facteurs d'une autre nature, spécifiquement français, l'impréparation militaire et les croissantes interférences entre la politique intérieure et la politique extérieure.

L'impréparation militaire relève, au premier chef, de la persistance d'une conception purement défensive. Un officier supérieur, le colonel de Gaulle, propose dès 1934 la création de corps blindés motorisés, constitués dans une perspective offensive. Malgré le soutien de Paul Reynaud, il ne rencontre que peu d'échos dans les milieux politiques, alors que la remilitarisation de la Rhénanie démontre clairement les limites d'une théorie qui rend à l'avance toute offensive impossible. A cette sclérose doctrinale s'ajoutent les difficultés matérielles. La crise économique atteint les fabrications de guerre, victimes dans un premier temps de la compression budgétaire de 1934-1935. Le Front populaire, au cours de l'été 1936, sous l'effet de l'ébranlement de la guerre d'Espagne, décide de lancer l'effort de réarmement, abandonnant ainsi son briandisme préélectoral. Mais les difficultés sociales et les nécessités des adaptations techniques ne permettent à cet effort de porter ses fruits qu'à partir de la fin de 1938.

D'autre part, à l'ancienne opposition entre pacifistes et « bellicistes » s'ajoutent de manière croissante les prises de positions liées à l'antifascisme et à l'anticommunisme. L'analyse des réactions aux accords de Munich, accueillis sur le moment très favorablement par l'immense majorité de la presse et par les députés qui, le 4 octobre 1938, les approuvent par 535 voix contre 75 (les 73 communistes, celles d'Henri de Kerillis, député de droite, et de Jean Bouhey, SFIO), en offre l'exemple le plus caractéristique. En réalité, l'opinion est partagée : 57 % des personnes interrogées par sondage en octobre 1938 portent un avis favorable sur les accords, alors que 37 % émettent un avis négatif. Quant à la classe politique apparemment favorable, elle se divise profondément : les votes parlementaires, inspirés soit par les principes, soit par l'opportunité, n'ont pas tous revêtu la même signification.

Au sein des gauches non communistes s'opposent les partisans de la résistance au fascisme et les pacifistes doctrinaux. En décembre 1938, le congrès du Parti socialiste voit s'affronter les antifascistes autour de Blum, épaulé par Jean Zyromski, et les pacifistes et leur chef de file Paul Faure, appuyé par des syndicalistes comme Belin et André Delmas, secrétaire général du Syndicat des instituteurs. Les premiers représentent 53 % des mandats, les seconds 37 %. Chez les radicaux, il existe une tendance favorable au compromis, avec Georges Bonnet et Emile Roche, mais il apparaît clairement en janvier 1939 que Daladier est partisan de la fermeté, avec Edouard Herriot et Yvon Delbos. L'antifascisme inspire aux démocrates-chrétiens de nettes réserves à l'égard de la conciliation, notamment sous la plume de Georges Bidault, éditorialiste de *L'Aube.*

Au centre droit et à droite, les termes du problème ne sont pas les mêmes : le nationalisme germanophobe traditionnel et l'anticommunisme se trouvent confrontés en un dilemme insoluble. Au centre droit, une forte tendance pacifiste se manifeste à l'Alliance démocratique, dont le président, Pierre-Etienne Flandin, fait afficher le 28 un appel dénonçant la pression communiste en faveur de l'intervention et « l'escroquerie au patriotisme ». Tous ne le suivent pas : Paul Reynaud et plusieurs autres personnalités abandonnent l'Alliance qui, dans sa majorité, semble gagnée au pacifisme. La droite parlementaire ne connaît pas de crise apparente, mais se divise entre les partisans du nationalisme germanophobe traditionnel de Louis Marin et les tenants de l'anticommunisme pour qui les accords reviennent à laisser à Hitler « les mains libres » à l'Est.

A l'extrême droite, l'approbation des accords est générale et bruyante. Thierry Maulnier, dans *Combat,* résume le mieux la position d'une droite de plus en plus radicalisée, au point d'en oublier totalement sa germanophobie : « Une défaite de l'Allemagne signifierait l'écroulement des systèmes autoritaires qui constituent le principal rempart à la révolution communiste et peut-être à la bolchevisation immédiate de l'Europe. » L'opposition absolue et sans faille des communistes à Munich peut ici se lire symétriquement : l'argumentation antifasciste du parti coïncide ici parfaitement avec le souci de défendre la sécurité de l'Etat socialiste.

Au début de 1939, l'illusion persiste chez certains munichois : si Daladier, avec lucidité, considère Munich comme un simple « sursis », Bonnet estime possible une véritable entente franco-allemande. Le ministre des Affaires étrangères, soucieux de relancer le pacte à quatre, signe, en décembre, avec son homologue allemand, Ribbentrop, un pacte franco-allemand de non-agression. Tout un milieu « munichois » — Déat, Paul Faure, Pierre-Etienne Flandin — approuve cette initiative. Mais en janvier 1939, Daladier, passant de l'esprit de conciliation à la fermeté, réagit vigoureusement aux revendications italiennes sur la Corse, la Tunisie et Djibouti.

Cependant, Hitler, prenant pour prétexte les tensions inter-ethniques opposant les Tchèques et les Slovaques, anéantit le 15 mars 1939 la République tchécoslovaque, transforme la Bohême et la Moravie en *Protektorat,* et laisse se créer une Slovaquie indépendante, mais vassalisée. Ce coup de force, cyniquement perpétré en violation des accords de Munich, met en évidence l'échec total de la politique munichoise. Le revirement britannique est complet. La France et la Grande-Bretagne décident d'accorder leurs garanties à la Pologne, à la Roumanie et à la Grèce, menacées par l'expansion allemande ou italienne. Le 18 mars, Daladier obtient de la Chambre des députés l'autorisation de prendre par décrets toutes mesures nécessaires à la défense du pays.

Hitler, après avoir resserré ses liens avec Mussolini, qui s'empare le 7 avril de l'Albanie, demande le 28 avril la restitution à l'Allemagne de la ville libre de Dantzig et l'exterritorialité des voies de communication reliant le Reich à la Prusse orientale à travers le corridor polonais. Appuyée par la France et la Grande-Bretagne, la Pologne lui oppose un refus total. Dès le début du mois, des négociations militaires s'étaient engagées entre l'URSS et la France, appuyées par la Grande-Bretagne. Ces premiers contacts butent vite sur le refus des Polonais d'accorder aux Soviétiques un droit de passage sur leur territoire. Staline, méfiant, contacte secrètement les Allemands dès la fin du mois d'avril.

La partie décisive se joue en juillet-août. Fin juillet, les Soviétiques acceptent le principe d'une alliance avec les Franco-Britanniques en la subordonnant à la conclusion d'un accord militaire. Alors que les discussions militaires tripartites engagées à Moscou se heurtent au problème du passage en Pologne et en Roumanie, les Soviétiques, le 17 août, répondent favorablement à une demande allemande de conclusion d'un pacte de non-agression. Le 23 août 1939, Ribbentrop pour l'Allemagne et Molotov pour l'URSS signent le pacte germano-soviétique, traité de non-agression assorti de clauses secrètes portant sur le partage de l'Europe orientale. Hitler a désormais les mains libres.

Les années 1930 revêtent en France un aspect spécifique. Le régime démocratique y est l'objet, comme ailleurs, d'une contestation sur sa droite, qui met en cause l'efficacité, voire la validité, du parlementarisme. Mais l'influence fasciste est restée marginale, les contestataires s'accommodant d'une transformation du système, qui finit par se produire dans les dernières années de la République, avec le renforcement de l'exécutif. Le mouvement socialiste, de son côté, s'appuie sur une tradition du régime, la défense républicaine, quand il arrive au pouvoir en 1936. Sans doute sa venue aux affaires engendre-t-elle un climat de discorde civile et, en définitive, en 1938, un reclassement définitif du radicalisme au centre droit ; mais la manière dont il pose la primauté de l'Etat en matière de relations du travail illustre l'évolution, et non la disparition, du régime.

Dans le domaine de la politique extérieure cependant, l'adaptation à la réalité ne s'est faite que lentement et trop tard. En réarmant tardivement en septembre 1936, en s'attachant obstinément à une stratégie défensive rassurante mais illusoire, en refusant de préparer les esprits à la probabilité d'un conflit, les dirigeants de la République ont été dominés par le souvenir fascinant de l'hécatombe de la Grande Guerre. Celui-ci restait plus que jamais présent dans les esprits en septembre 1939.

BIBLIOGRAPHIE

Agulhon Maurice, *La République*, t. 2 : *De 1932 à nos jours*, Pluriel, 1992.
Azéma Jean-Pierre, *De Munich à la Libération (1938-1944)*, Le Seuil, 1979.
Azéma Jean-Pierre, Winock Michel, *La Troisième République*, Calmann-Lévy, 1970.
Berstein Serge, *La France des années 30*, Armand Colin, 1988.
Berstein Serge, *Le 6 février 1934*, Gallimard-Julliard, 1975.
Bodin Louis, Touchard Jean, *Front populaire, 1936*, rééd., Armand Colin, 1985.
Borne Dominique, Dubief Henri, *La crise des années 30 (1929-1938)*, Le Seuil, 1989.
Brunet Jean-Paul, *Histoire du Front populaire*, PUF, 1991.
Doise Jean, Vaïsse Maurice, *Diplomatie et outil militaire. Politique étrangère de la France (1871-1969)*, Imprimerie nationale, 1987, rééd., Le Seuil, 1992.
Du Réau Elisabeth, *Edouard Daladier*, Fayard, 1993.
Duroselle Jean-Baptiste, *La décadence, 1932-1939, politique étrangère de la France*, Imprimerie nationale, 1979, rééd., Le Seuil, 1983.
Frank Robert, *Le prix du réarmement français, 1934-1939*, Publications de la Sorbonne, 1982.
Lefranc Georges, *Histoire du Front populaire*, Payot, 1964.
Lefranc Georges, *Juin 1936. « L'explosion sociale » du Front populaire*, Gallimard-Julliard, 1966.
Machefer Philippe, *Ligues et fascismes en France*, PUF, 1974.
Milza Pierre, *Fascisme français. Passé et présent*, Flammarion, 1987.
Néré Jacques, *La crise de 1929*, Armand Colin, 1973.

Ory Pascal, Sirinelli Jean-François, *Les intellectuels en France, de l'affaire Dreyfus à nos jours*, Armand Colin, 1986.

Rémond René, Renouvin Pierre (sous la direction de), *Léon Blum, chef de gouvernement, 1936-1937*, Presses de la Fondation nationale des sciences politiques, 1967.

Rémond René, Bourdin Janine (sous la direction de), *Edouard Daladier, chef de gouvernement, avril 1938-septembre 1939*, Presses de la Fondation nationale des sciences politiques, 1977.

Rémond René, Bourdin Janine (sous la direction de), *La France et les Français en 1938-1939*, Presses de la Fondation nationale des sciences politiques, 1978.

Robrieux Philippe, *Histoire intérieure du Parti communiste*, t. 1 : *1920-1945*, Fayard, 1980.

Schor Ralph, *L'antisémitisme en France pendant les années trente*, Bruxelles, Complexe, 1991.

Vallette Geneviève, Bouillon Jacques, *Munich 1938*, Armand Colin, 1986.

Winock Michel, *Histoire politique de la revue « Esprit »*, Le Seuil, 1975.

Winock Michel, *La fièvre hexagonale, les grandes crises politiques, 1871-1968*, Le Seuil, 1986.

Ouvrage collectif, *Les années trente. De la crise à la guerre*, Le Seuil, 1990.

5. La France
dans la deuxième guerre mondiale
(1939-1945)

La signature du Pacte germano-soviétique provoque du 23 août au 3 septembre 1939 l'ultime crise, qui mène au déclenchement de la guerre : après que, le 23 août, les ministres et hauts responsables français de la Défense nationale réunis à Paris eurent décidé de soutenir militairement la Pologne, dans le cas désormais probable d'une attaque allemande, Hitler, à l'annonce, le 25, du refus italien d'entrer en guerre à ses côtés et de la signature d'une alliance anglo-polonaise, diffère son offensive, et tente un dernier effort pour obtenir par la pression la satisfaction de ses revendications polonaises.

Devant le refus des Alliés, tirant prétexte d'un incident de frontières monté de toutes pièces par ses services secrets, il fait pénétrer ses troupes en Pologne sans déclaration de guerre le 1er septembre à 4 h 45. Le jour même, le gouvernement français décrète la mobilisation générale et le 2 la Chambre vote les crédits de guerre. Puis, le 3 septembre, l'ambassadeur de France à Berlin informe le ministre des Affaires étrangères du Reich que la France honorera ses engagements à l'égard de la Pologne, à dater de ce jour à 17 heures.

La débâcle et la fin de la IIIe République
(septembre 1939 - juillet 1940)

Les Français devant la guerre

Il faut distinguer les sentiments de l'opinion globale, les réactions des forces organisées, avant d'examiner les mesures prises par les pouvoirs publics.

L'opinion globale. — L'entrée en guerre se fait dans la résignation générale, mais le nombre des désertions reste infime. L'influence du pacifisme ne doit pas être surestimée. Dès les accords de Munich, une forte minorité s'était déclarée hostile à la conciliation avec Hitler. La tendance de l'opinion à la résistance s'était accentuée dans les mois suivants : en décembre 1938, 70 % des personnes interrogées par l'IFOP se déclarent favorables à un refus à toute nouvelle exigence d'Hitler. En juillet 1939, 76 % estiment qu'il faut l'empêcher de s'emparer de Dantzig, « au besoin par la force ». 17 % seulement suivent Marcel Déat qui, dans *L'Œuvre* du 4 mai, avait jugé absurde de « mourir pour Dantzig ».

Si le souvenir de la tuerie de 1914-1918 rend la guerre répulsive et redoutable, le patriotisme traditionnel a sans nul doute conservé une grande emprise sur les esprits : voilà qui infirme l'image répandue d'un défaitisme généralisé. Mais, sur deux points, la situation diffère de celle de la première guerre. Aucun thème mobilisateur, comme « Les provinces perdues », ne vient réactiver le sentiment patriotique. L'attaque allemande, d'autre part, vise en septembre 1939 la Pologne et non la France : l'urgence née du danger n'est pas ressentie comme immédiate comme en 1914.

Les forces organisées. — Les forces hostiles à la guerre restent dans l'ensemble discrètes. Le pacifisme de la gauche intellectuelle se manifeste par la diffusion d'un tract sur la « paix immédiate », signé notamment par l'anarchiste Louis Lecoin, le philosophe Alain, l'écrivain Jean Giono, mais son influence reste très limitée. L'extrême droite munichoise, décontenancée par le pacte Molotov-Ribbentrop, observe un mutisme prudent. Il subsiste surtout en milieu parlementaire, dans toutes les fractions munichoises des diverses formations, des hommes qui ne désespèrent pas d'arriver à un accord avec Hitler sans passer par des hostilités déclarées, mais qui ne se manifestent pas dans la période de l'entrée en guerre : la classe politique semble alors unanime dans la résolution.

Le cas du Parti communiste, surpris par l'annonce du Pacte germano-soviétique, se situe évidemment à part. La stupeur des dirigeants, qui n'avaient pas été prévenus du changement d'orientation de la politique soviétique, est à son comble au lendemain du 23 août 1939. La signature du pacte provoque une crise d'une ampleur considérable marquée par une série de défections ; aussi les dirigeants mettent-ils très vite l'accent sur la nécessité d'assurer la sécurité du pays, comme le déclare Thorez le 25 août. Le 2 septembre, les parlementaires du parti votent les crédits de guerre.

Mais deux éléments font évoluer la situation : l'interdiction de la presse communiste, le 26 août, amène les militants à resserrer les rangs. Surtout, des instructions transmises vers le 20 septembre par l'Internationale communiste amènent la direction à définir clairement sa position : la guerre contre l'Allemagne, voulue « par les banquiers de Londres », doit être considérée comme « impérialiste » et non comme antifasciste. Il convient donc de s'y opposer résolument, en appelant à la fraternisation avec les ouvriers allemands et à une paix immédiate. L'invasion de la Pologne orientale par les troupes soviétiques, le 17 septembre, entraîne dix jours plus tard la dissolution du PCF et des organisations obéissant « aux mots d'ordre de la IIIᵉ Internationale ». Une répression anticommuniste particulièrement sévère débute alors : elle va durer de longs mois.

Les pouvoirs publics. — Le gouvernement, dès avant l'entrée en guerre, disposait des plus larges pouvoirs, notamment grâce à la délégation de la compétence législative au gouvernement, systématiquement mise en œuvre depuis Doumergue en 1934 dans le domaine économique et financier. Après l'anéantissement de la Tchécoslovaquie, la loi du 20 mars 1939 avait autorisé le gouvernement à prendre par décrets toute mesure nécessaire à la défense du pays. Le 30 novembre, les pouvoirs spéciaux sont renouvelés pour la durée des hostilités, les décrets étant soumis à une ratification ultérieure des Chambres.

La composition du gouvernement subit le 13 septembre de légères modifications : Bonnet est écarté des Affaires étrangères, prises directement en main par Daladier. Sa composition politique, majoritairement radicale et modérée, reste la même. Les socialistes se refusant à y participer, l'Union sacrée n'est pas réalisée. Le gouvernement, d'autre part, se divise en partisans de la conciliation, autour d'Anatole de Monzie, et en tenants de la fermeté, comme Paul Reynaud, Georges Mandel ou Champetier de Ribes. A sa tête, aucune volonté politique ferme ne s'affirme de la part de son chef Edouard Daladier. Absence d'Union sacrée, refus de définir une politique claire : la situation diffère bien évidemment de celle de 1914.

La « drôle de guerre » (septembre 1939 - mai 1940)

Pendant huit mois, le pays est juridiquement en état de guerre, mais l'absence d'opérations militaires aboutit à une situation étrange, caractérisée par l'immobilisme, la « drôle de guerre ».

L'attentisme militaire. — La France de 1939 dispose d'une puissance militaire réelle qui lui permet d'aligner avec son allié britannique des forces sensiblement égales à celles de son adversaire.

Forces en présence en septembre 1939

	Forces allemandes	*Forces alliées*
Hommes mobilisés	3 500 000	5 000 000 Français 1 500 000 Britanniques
Hommes aux armées	2 600 000	2 800 000 Français
Nombre de divisions	103	110
Pièces d'artillerie	15 006	16 850
Chars	2 977	2 946
Bombardiers	1 620	346 Français 497 Anglais
Chasseurs	900	560 Français 605 Anglais

L'effort de réarmement lancé par le Front populaire à partir de 1936 a porté ses fruits, mais tardivement. Ainsi dans le domaine aérien, point faible de l'équipement français, la construction en série n'a commencé qu'en mars 1938, le temps de mettre en place un dispositif productif adapté. De manière générale, le matériel français, sauf pour les tanks, présente une conception moins moderne que celui des Allemands.

Mais la différence essentielle réside dans l'utilisation de ces masses armées. Alors que les Allemands privilégient le mouvement et l'offensive, la doctrine française fixe comme objectif prioritaire la défense du territoire national, rendu inviolable par un réseau de fortifications édifié de 1930 à 1935 le long de la frontière de l'Est, depuis la Suisse jusqu'à la frontière belge. Le plan D *bis* de 1935 prévoit la concentration sur cette ligne « Maginot », sans exclure une éventuelle contre-offensive, « le moment venu », longuement préparée à l'abri des énormes blockhaus bétonnés. Au-delà, le haut commandement compte sur les difficultés de franchissement du massif ardennais et prévoit qu'en cas d'attaque sur la Belgique ou les Pays-Bas les Alliés se porteraient en avant sur la ligne Anvers-Namur (plan Dyle) ou vers Breda (plan Breda).

Cette doctrine, élaborée par le maréchal Pétain et reprise par les généraux Weygand et Gamelin, ce dernier occupant en septembre 1939 le poste de chef d'état-major, vise à éviter les effrayants massacres de 1914-1918 et correspond parfaitement aux préoccupations des milieux politiques et de l'opinion publique. Elle se place résolument dans la perspective d'une guerre longue : la maîtrise des mers permettrait de pratiquer un blocus économique qui amènerait l'Allemagne à l'asphyxie économique et au désordre intérieur, tandis que les réserves métalliques de la France lui permettraient de « tenir » dans la longue durée.

Cette conception défensive est rigoureusement mise en œuvre en septembre 1939. Alors que la Pologne succombe le 28 sous les assauts conjugués des Allemands et des Soviétiques, une « offensive » symbolique (quelques reconnaissances et coups de main) est menée en Sarre, mais début octobre toutes les troupes engagées sont rétrogradées en deçà de la ligne Maginot. Alors qu'Hitler, en novembre 1939, diffère pour des raisons météorologiques l'attaque sur le front occidental, celui-ci reste immobile, le seul problème étant d'occuper les soldats en proie au désœuvrement. On se contente d'y remédier par la distribution de ballons de football, la plantation de rosiers sur la ligne Maginot ou les prestations du théâtre aux Armées.

Plus sérieusement, l'état-major envisage dès le début de la guerre, devant l'évidente insuffisance du blocus économique, des opérations « périphériques » visant l'allié et principal fournisseur de pétrole de l'Allemagne, l'Union soviétique. L'invasion de la Finlande par les armées de Staline le 30 novembre 1939 et la surprenante résistance finnoise viennent ranimer ces projets, abandonnés après l'armistice soviéto-finnois du 12 mars 1939. Mais l'idée demeure de s'emparer des mines de fer de Suède, ou tout au moins de couper la « route de fer », exporté par le port norvégien de Narvik, libre de glace toute l'année.

En avril 1940, alors que Paul Reynaud a remplacé Daladier, une expédition en Norvège est décidée conjointement avec les Britanniques. Mais Hitler, mis au courant, lance le 9 avril une offensive foudroyante sur le Danemark et la Norvège qui tombent en quelques heures entre ses mains. L'opération navale franco-britannique qui se déroule à partir du 16 avril à Narvik permet d'aboutir après de durs combats à la prise de la ville le 27 mai, alors qu'en France la défaite est consommée : le corps expéditionnaire reçoit l'ordre de rembarquer.

La vie politique durant la « drôle de guerre ». — La vie politique est dominée par une vigoureuse offensive anticommuniste. La dissolution du parti, prononcée le 26 septembre 1939, est suivie d'une répression particulièrement sévère. Alors que la presse communiste est saisie, les députés communistes sont, par la loi du 20 janvier 1940, déchus de leurs mandats s'ils n'ont pas renié leur parti ; 317 municipalités communistes sont suspendues. La répression, qui touche près de 18 000 personnes, entraîne des défections, qui restent peu nombreuses, mais concernent un tiers des députés. Les 44 restés fidèles passent en jugement en avril 1940 pour avoir reconstitué un groupe « ouvrier et paysan » après le 26 septembre. Les cadres de l'appareil restent dans l'ensemble remarquablement fidèles. La répression ne fait pas disparaître le parti, mais le désorganise durablement.

La direction de la CGT fait expulser massivement les adhérents, très nombreux, qui refusent de désavouer le Pacte germano-soviétique. Cette vague anticommuniste, d'une exceptionnelle ampleur, s'accompagne d'une répression antisyndicale menée par un certain nombre de patrons dans leur entreprise : l'opération politique se double ici d'un mouvement de revanche sociale, qui prend ses racines dans l'exaspération et la peur provoquées dans certains milieux par le Front populaire.

Cependant, dans les milieux parlementaires, l'apparente unanimité des premiers jours de guerre se lézarde très vite. Les adversaires de la guerre, Paul Faure chez les socialistes, Georges Bonnet chez les radicaux, Pierre-Etienne Flandin au centre droit, sont toujours partisans d'une paix de compromis. Pierre Laval, le 14 mars, met en cause la manière dont la guerre est conduite et en appelle au rapprochement avec l'Italie. D'autres reprochent à Daladier son manque d'énergie, mais surtout à propos de l'affaire finlandaise. Le 19 mars, l'ordre du jour de confiance du gouvernement n'obtient que 239 voix, alors que 300 députés s'abstiennent, dont la totalité des socialistes : le président du Conseil remet alors sa démission.

Les partisans de la fermeté mettent alors en avant Paul Reynaud, un homme du centre droit qui bénéficie du soutien des socialistes : trois d'entre eux participent à son gouvernement, mais les radicaux exigent le maintien de Daladier au ministère de la Défense. Ce cabinet, majoritairement formé de radicaux et de modérés, reste cependant divisé en « attentistes », autour de Daladier, et partisans d'une conduite plus dynamique de la guerre. La Chambre n'investit ce gouvernement qu'avec une extrême réticence par 268 voix contre 156 et 111 abstentions : Reynaud reçoit le soutien des socialistes et d'un tiers des radicaux, alors que la majorité du centre droit et la droite votent contre lui. Sans doute Reynaud conclut-il le 28 mars avec la Grande-Bretagne un accord qui exclut tout armistice séparé et s'engage-t-il dans l'expédition de Narvik, mais le gouvernement est en réalité divisé et hésitant.

Les Français dans la « drôle de guerre ». — Les civils, l' « arrière » aurait-on dit en 1914, commencent à éprouver les effets de l'état de guerre, même en l'absence d'opérations militaires. Mais le couvre-feu, les distributions de masques à gaz et les exercices d'alerte ne représentent que les aspects les plus superficiels du nouvel état de choses. La population, touchée par le rationnement du savon, de l'huile, du café, du charbon, à partir de janvier 1940, et l'établissement de cartes générales de rationnement en mars, commence à ressentir les conséquences concrètes de l'économie de guerre. Alors que le déséquilibre financier oblige l'Etat à couvrir ses dépenses pour un tiers par les avances de la Banque de France, l'indice des prix dérape, passant pour les produits industriels, sur la base 100 en 1938, à 128 en décembre 1939 et 154 en avril 1940. La pénurie de main-d'œuvre entraîne le retour à l'arrière de deux millions d'ouvriers, « affectés spéciaux », avec les inévitables tensions psychologiques qu'entraîne ce type de mesure.

Mais la détérioration matérielle représente peu de chose à côté de la dégradation morale : la résolution du début de la guerre paraît s'être singulièrement émoussée, faute d'une volonté et d'un projet politique précis, susceptibles de mobiliser les esprits.

La défaite

Les forces en présence. — Dans le courant du mois d'avril, le haut commandement allemand décide de déclencher à l'Ouest la grande offensive reportée à plusieurs reprises les mois précédents. A la date du 10 mai 1940, choisie en fonction des prévisions météorologiques favorables à l'assaut aérien qui devait la précéder, les forces en présence sur le front ouest sont toujours équilibrées :

	Allemands	Alliés
Divisions	114	104
		(94 françaises)
Divisions blindées	10	3
Chars d'assaut	2 800	3 000
Nombre total d'appareils aériens	2 918	1 435
dont bombardiers	1 562	242

Dans le domaine du matériel, la supériorité allemande est évidente en matière aérienne, en nombre comme en qualité : la Luftwaffe dispose de 340 bombardiers d'attaque en piqué (Stukas), conçus pour mener une action étroitement coordonnée avec les forces terrestres. Les armées alliées, significativement, présentent de graves faiblesses dans le domaine de l'artillerie antiaérienne et antichars. Mais la disproportion n'est pas évidente pour les autres types d'équipement.

La vraie différence est ailleurs. Les deux forces, sensiblement équivalentes, sont dirigées par des hommes aux conceptions tactiques radicalement opposées. Les Allemands, sous l'impulsion notamment du général Guderian, ont adopté le principe de l'utilisation de la division blindée comme « bélier stratégique ». Les chances de réussite d'une offensive basée sur l'artillerie et de l'infanterie étant considérées comme très faibles, cette conception mettait en valeur la mobilité de l'arme, qui rendrait inefficace le dispositif défensif adverse et permettrait un assaut en profondeur susceptible d'ébranler l'adversaire. Aussi, à la veille de l'offensive, les 2 800 chars allemands sont-ils regroupés en 10 divisions cuirassées *(Panzerdivisionen)*, formant trois corps d'armée autonomes.

L'état-major français, on l'a vu, n'a pas écouté les mises en garde du colonel de Gaulle, qui, dès 1934, avait souligné l'intérêt de la formation « d'une masse autonome, organisée et commandée en conséquence ». Les 3 000 chars alliés sont dispersés dans les diverses unités d'infanterie, avec pour mission d' « appuyer » l'action des fantassins. La France dispose donc de trois divisions blindées seulement, composées de 150 chars en moyenne contre 280 pour une Panzerdivision. Elle n'a pas prévu la forte organisation logistique en matière de ravitaillement en carburant et de télécommunication que suppose l'utilisation de ce type d'arme.

La stratégie allemande, indissolublement liée à ces conceptions tactiques, prône l'offensive. L'état-major allemand avait envisagé une reprise du vieux plan Schlieffen : une aile droite puissamment renforcée traverserait la Belgique et attaquerait la France par le Nord. Mais la crainte de tomber sur une aile gauche alliée trop forte amène Hitler à adopter un autre plan, prévoyant la fixation des Français sur la ligne Maginot au sud, l'invasion des Pays-Bas au nord, et au centre l'assaut de 7 divisions blindées, soit 2 000 chars, sur les Ardennes et la Meuse.

Le commandement allié reste fidèle pour sa part à sa conception défensive : de la Suisse à l'Ardenne, s'étend l'infranchissable ligne Maginot ; au centre, les Ardennes ont été décrétées par Pétain « imprenables ». La frontière belge restant sans défense fortifiée et la violation du royaume étant considérée comme probable, l'état-major allié avait prévu à la fin de 1939 que les troupes franco-britanniques s'avanceraient sur la ligne Anvers-Namur, matérialisée par le Dyle, puis au sud des Pays-Bas, vers Bréda. Bien involontairement, ce projet facilitait l'exécution du plan allemand d'encerclement.

Les opérations : la guerre éclair de mai-juin 1940. — Le 10 mai à l'aube, les Allemands déclenchent la guerre éclair *(Bliztkrieg)* ; les aérodromes belges, néerlandais et français du Nord et de l'Est sont bombardés, pendant que la Wehrmacht lance ses forces à l'assaut des Pays-Bas qui capitulent au bout de cinq jours de combats. Dès l'attaque allemande, le généralissime Gamelin déclenche les manœuvres « Bréda » et « Dyle » : les Alliés parviennent à grand-peine à freiner l'avance allemande en Belgique le 14 mai sur la ligne Anvers-Louvain.

Mais la partie essentielle se joue dans les Ardennes, où 7 divisions blindées, après avoir franchi le 13 mai la Meuse entre Dinant et Sedan, attaquent le dispositif français à la jonction de la IXe armée (Corap) et de la IIe (Huntziger). Le 15 mai, en quelques heures, la percée est réalisée, dans un secteur défendu par des réservistes peu entraînés, mal équipés, peu nombreux. Outre l'effet de surprise, la maîtrise aérienne et la rapidité des engins ennemis contribuent à provoquer la panique et la désorganisation. Le 15, au matin, les chars allemands s'engouffrent dans une brèche de 80 km ouverte par la dislocation du dispositif français et se dirigent vers la Manche, balayant sur leur passage les éléments des trois divisions cuirassées françaises qui tentent de s'opposer à eux.

Désormais, du 15 au 28 mai, la Wehrmacht procède à la destruction de l'aile gauche du dispositif français. Malgré les efforts de
la 4ᵉ division cuirassée du colonel de Gaulle à Montcornet, dans
l'Aisne, le 17 mai, la force blindée allemande parvient à isoler l'aile
gauche alliée : le 20 mai, au soir, les avant-gardes de Guderian
atteignent la Manche dans la région de Montreuil-sur-Mer. Le
nouveau commandant en chef français, le général Weygand, successeur de Gamelin, envisage de ressouder vers Bapaume les deux
tronçons du dispositif allié, séparés à cet endroit par seulement
30 km, mais la tentative tourne court. Après un échec britannique
au sud d'Arras le 21, une nouvelle tentative de la 4ᵉ division cuirassée sur Abbeville les 28-30 et la capitulation belge dans la nuit
du 27 au 28, l'encerclement des armées du Nord s'avère définitif.

Pris au piège, 500 000 soldats français et britanniques refluent à
partir du 25 mai vers la côte. La capitulation belge accélère le rem-
barquement, effectué à Dunkerque, du 28 mai au 4 juin, sous les
bombardements de la Luftwaffe, de 230 000 Britanniques et
110 000 Français. Hitler, confiant, semble-t-il, dans la seule action
aérienne, soucieux peut-être de ne pas épuiser sa force blindée, ne
l'a pas lancée sur le réduit, laissant les Britanniques tirer le bénéfice
moral de l'opération.

Désormais, les forces françaises sont laissées à elles-mêmes. Weygand reconstitue un front continu sur la Somme, l'Ailette et
l'Aisne, mais le rapport des forces s'établit de 1 à 2. Le 5 juin, le
groupe d'armées A attaque sur la Somme, enfonçant l'aile gauche
française dès le lendemain, cependant que l'aile droite recule. Le 9,
le groupe d'armées B attaque dans l'Aisne où le dispositif français
est crevé en quarante-huit heures. Le 12, le commandant en chef
donne l'ordre de repli général, mais la dislocation a précédé cette
directive. Les Allemands entrent à Paris le 14, à Rennes et Nantes
le 19, à Brest et Lyon le 20, à La Rochelle le 22, malgré la résistance des élèves-officiers de Saumur, au passage de la Loire. Prises
à revers, les fortifications de la ligne Maginot tombent à partir du
17 juin.

Le 10 juin, Mussolini avait cru devoir faire entrer l'Italie dans
la guerre contre la France, mais c'est bien vainement que ses
armées tentent à partir du 17 de percer le front des Alpes.

Bilan : la défaite et l'exode. — Militairement, le succès allemand
est total : à la veille de l'armistice, les troupes allemandes ont
atteint la Charente, le Bourbonnais, le couloir rhodanien. Les

forces françaises, tronçonnées, sans aucune possibilité de formation d'un front, épuisées par des journées de combat sans relève, sont en fuite ou tombent entre les mains des vainqueurs.

A la dislocation militaire s'ajoute la panique civile. Dès le début de l'offensive, des milliers de frontaliers des régions septentrionales, effrayés par l'arrivée des Allemands, dont l'occupation de 1914-1918 avait laissé un cruel souvenir, font marche vers le sud. Après la rupture de la ligne Weygand, l' « exode » s'amplifie : près de 2 millions de personnes quittent la région parisienne pour tenter de gagner le sud de la Loire, sous l'effet conjugué d'une propagande décrivant les envahisseurs comme de nouveaux Huns et de la peur de bombardements massifs sur la population civile, analogues à ceux de Madrid ou de Rotterdam. Au total, 8 millions de personnes forment de pitoyables cortèges de vieillards, d'enfants, de femmes, fuyant par tout moyen de transport individuel ou collectif, sous les bombardements de l'aviation ennemie. La transformation du pays en « un gigantesque camp de nomades errants » (Jean-Pierre Azéma) n'a pas peu contribué à désorienter davantage les esprits, à disloquer les familles et à faire souhaiter qu'au plus vite il soit mis fin aux hostilités.

La défaite de 1940 n'est pas le fruit de l'absence de matériel, pas plus que du manque de bravoure des hommes : en l'espace d'un mois, l'armée française a perdu 92 000 hommes tués au combat et 200 000 blessés, alors que les pertes de la Wehrmacht se sont élevées à 27 000 tués et 18 000 disparus. Au-delà du commandement plus que médiocre de Gamelin, toute une conception de la guerre, fondée sur la primauté de l'infanterie et de la défensive, a été surclassée par une méthode prônant le mouvement et l'utilisation du couplage chars/avions. Cette conception était celle des plus grands hommes de guerre du pays, en parfait accord du reste avec la classe politique et l'opinion publique.

L'armistice. — Paul Reynaud et son gouvernement avaient assisté, stupéfaits et désemparés, à cette accumulation de désastres. A plusieurs reprises, à partir du 10 mai, le président du Conseil avait modifié la composition de son gouvernement, en élargissant encore la représentation de l'éventail politique (entrée de Louis Marin, 10 mai) et en appelant le maréchal Pétain à la vice-présidence du Conseil, le 18 mai, pour renforcer l'autorité morale de son cabinet aux yeux de l'opinion. D'autres modifications avaient abouti à la promotion de Georges Mandel, nommé à l'Intérieur le

18 mai, à l'éviction de Daladier le 5 juin et à l'entrée au gouverne-ment de personnalités proches du président du Conseil, Paul Bau-douin (sous-secrétaire d'Etat aux Affaires étrangères), Yves Bou-thillier (Finances) et le général de Gaulle (sous-secrétaire à la Guerre), spécialement chargé des relations avec les Britanniques. Ce cabinet reste uni jusqu'au 10 juin, date de la rupture définitive du front et de l'évacuation de Paris par les autorités gouverne-mentales.

Du 12 au 22 juin, se joue une partie décisive en deux phases : du 12 au 16, la victoire des partisans de l'arrêt des combats aboutit au départ de Reynaud, remplacé le 16 au soir par Pétain ; du 17 au 22, le processus engagé le 12 mène le 22 à la signature de l'ar-mistice, dont la mise en vigueur est fixée au 25.

Les discussions sur l'opportunité d'une demande d'armistice s'ouvrent par la demande du généralissime Weygand qui fait valoir le 12 juin, lors d'un Conseil des ministres tenu à Cangé, dans la banlieue de Tours, la nécessité d'arrêter les combats. Dès lors, sur la route de Bordeaux, du 12 au 14, et à Bordeaux même, du 14 au 16, partisans et adversaires de l'armistice s'affrontent au sein du Conseil. Les partisans de la poursuite de la lutte, notam-ment Mandel et le général de Gaulle, forts de l'appui de Chur-chill qui va jusqu'à proposer le 16 juin la constitution d'une union franco-britannique, évoquent la possibilité d'un repli en Afrique du Nord.

Leurs adversaires, avant tout les militaires, le maréchal Pétain et le généralissime Weygand, font valoir le caractère déshonorant d'une capitulation, qui s'imposerait dans le cas où les autorités quitteraient la métropole : en outre, cet acte purement militaire priverait le peuple vaincu de toute garantie politique, contraire-ment à un armistice, arrêt des combats assorti de conditions négo-ciées. Pétain insiste sur l'impossibilité morale d'abandonner les Français. Lui-même et Weygand ne sont pas dénués de craintes devant la perspective de troubles pouvant aboutir à la dislocation du pays, voire à sa « soviétisation ».

Ils trouvent au sein du Conseil l'appui de Baudouin, Bouthillier, Frossard et Chautemps, qui, le 15 juin, propose de demander au Reich les conditions de conclusion d'un armistice sans que le Conseil se prononce encore sur le fond de la question. Cette solu-tion de compromis reçoit l'appui de la majorité des ministres, mais le 16 juin, dans la soirée, nerveusement épuisé, Paul Reynaud, après une résistance somme toute assez faible, présente sa démission à Lebrun. Le président de la République demande alors au maréchal Pétain de former le nouveau gouvernement.

Le 17, Pétain annonce à la nation qu' « il faut cesser le combat », ce qui accélère la déroute militaire, puis il fait transmettre aux Allemands une demande des conditions d'armistice. Mais les plus hauts dignitaires de l'Etat, les présidents des assemblées, Herriot et Jeanneney, le président de la République lui-même, envisagent de quitter la France pour gagner l'Afrique du Nord. Pétain fait mine d'accepter, puis temporise, après l'acceptation allemande, le 19, d'engager des discussions ; un groupe d'ultrapacifistes, autour de Laval, exerce alors une forte pression sur Lebrun pour annuler le départ. En fin de compte, le 21 juin, le navire *Massilia* appareille de Bordeaux avec seulement 27 parlementaires, dont Daladier, Mandel, Delbos, Zay et Mendès France. Arrivés à Casablanca le 24 après la signature de l'armistice, ils sont arrêtés : l'affaire est aussitôt exploitée par Pétain contre ces hommes de la IIIe République publiquement mis en cause pour leur « fuite ».

La seule protestation contre l'armistice parvient d'Angleterre le 18 juin, vers 18 heures. Le général de Gaulle, qui a quitté la France la veille, lance alors à la BBC un appel à poursuivre la lutte. La défaite, due à la supériorité de « la force mécanique, terrestre et aérienne » de l'ennemi, n'est nullement définitive, car la guerre « n'est pas tranchée par la bataille de France », elle est « une guerre mondiale », qui, au-delà du territoire national, met en cause l'Empire, la Grande-Bretagne et l'industrie américaine. Malgré l'ampleur et la justesse de la vision, l'appel reste, sur le moment, peu entendu.

L'Allemagne accepte le 19 le principe de l'armistice et transmet deux jours plus tard ses propositions à la délégation française, à la tête de laquelle se trouve le général Huntziger, convoquée à Rethondes, sur les lieux mêmes de l'armistice du 11 novembre 1918. Après une journée de discussion et à la suite d'un ultimatum allemand, le texte est signé le 22 juin, à 18 h 50. Après la signature de l'armistice franco-italien, deux jours plus tard, l'entrée en vigueur est fixée le 25 à 0 h 30.

L'armistice franco-allemand du 22 juin désarme la France qui doit démobiliser ses troupes et livrer la plus grande partie de son matériel de guerre, les pièces d'artillerie, les chars, les « armes d'infanterie », de même que les forteresses et les aérodromes. Il est prévu, cependant, que la clause de désarmement ne pourra s'appliquer « aux troupes nécessaires au maintien de l'ordre intérieur » (art. 4). La flotte de guerre, désarmée sous contrôle allemand, regagnera « les ports d'attache des navires en temps de paix ». Le Reich s'engage à ne pas l' « utiliser pendant la guerre, à ses propres fins » (art. 8). Les prisonniers de guerre français ne seront libérés qu'à la conclusion de la paix.

La convention prévoit en outre l'occupation d'une zone située au nord d'une ligne Genève, Dôle, Bourges, Tours, complétée par une bande de territoire longeant la côte atlantique jusqu'à la frontière espagnole. « Le Reich allemand (y) exerce tous les droits de la puissance occupante... Le gouvernement français invitera immédiatement toutes les autorités et tous les services administratifs français du territoire occupé à se conformer aux réglementations des autorités allemandes et à collaborer avec ces dernières d'une manière correcte » (art. 3). Le gouvernement français se trouve, en outre, mis dans l'obligation de livrer « tous les ressortissants allemands désignés par le gouvernement du Reich ».

Des stipulations d'ordre économique complètent le dispositif : le trafic maritime commercial est soumis au contrôle des vainqueurs, de même que les mouvements aériens, les transports de valeurs ou de marchandises. Les frais d'entretien des troupes d'occupation allemandes sur le territoire français sont mis à la charge du gouvernement français (art. 18).

Sans doute l'armistice laisse-t-il subsister un Etat français qui conserve sa flotte, désarmée, et son empire colonial. Mais l'occupation des régions situées au nord de la Loire fait passer sous le contrôle allemand 55 % du territoire national, 62 % de la population et 73 % des ouvriers d'industrie. Les clauses portant sur la collaboration de l'administration française et des autorités militaires se révéleront lourdes de conséquences. Draconien pour la France, l'armistice permet à Hitler de retourner ses forces contre l'Angleterre, puisqu'il neutralise la flotte française et garantit la mise hors de combat de la France, dont le gouvernement n'a pas gagné Londres. L'existence d'une zone non occupée, qui peut sembler un avantage pour elle, épargne à l'Allemagne les unités nécessaires à son occupation. Enfin, les prisonniers de guerre français représentent près de 1 800 000 otages tombés aux mains du Reich.

La signature de l'armistice est suivie de la rupture franco-britannique. Churchill redoute que la flotte française ne tombe entre les mains du vainqueur, car il n'accorde guère de valeur à l'engagement allemand de ne pas s'en emparer. Le 3 juillet, les bâtiments de guerre français mouillés dans le port d'Alexandrie et dans les ports anglais sont saisis. Une puissante escadre se présente au large de Mers-el-Kébir, l'amiral français est sommé de conduire ses navires vers un port britannique ou un port français des Antilles pour y être désarmés, à défaut de les saborder. Sur son refus, les Anglais ouvrent le feu et détruisent 3 cuirassés et 3 contre-torpilleurs, provoquant la mort de près de 1 300 marins. Les relations diplomatiques sont rompues. Mers-el-Kébir crée une situation nouvelle, sinon de belligérance, au moins de forte tension, entre la France et le Royaume-Uni, à l'heure où celui-ci doit résister aux assauts aériens d'Hitler.

La fin de la IIIᵉ République

Le gouvernement formé par Pétain le 16 juin comprend, sur un total de 18 membres, 11 anciens ministres de Reynaud, nommés en fonction de leur choix en faveur de l'arrêt des combats, notamment Camille Chautemps et Ludovic Frossard. Le cabinet, composé de représentants de la totalité de l'éventail politique, du PSF aux socialistes, approuve les conditions de l'armistice, signé le 22 juin.

Mais les indices de changement apparaissent avant cette date. Dans le gouvernement formé le 16, le Maréchal a fait entrer l'un de ses familiers, Raphaël Alibert, maître des requêtes honoraire au Conseil d'Etat, proche de l'Action française, comme sous-secrétaire d'Etat à la présidence du Conseil. Autre élément de rupture : le cabinet est composé pour moitié de non-parlementaires, « techniciens », généraux et hauts fonctionnaires. Aussitôt après la signature de l'armistice, Pétain nomme Pierre Laval ministre d'Etat et vice-président du Conseil. Celui-ci revient au pouvoir assoiffé de revanche, car il a ressenti sa mise à l'écart, en janvier 1936, comme un congédiement immérité. La marche à la guerre, puis la débâcle lui ont semblé apporter une confirmation de la justesse de sa politique, tournée vers la conciliation avec l'Italie, voire le rapprochement avec l'Allemagne.

Au-delà de ces changements cheminait l'idée d'une rénovation nationale, qui supposait la remise en cause du régime existant. Pétain, au cours des cinq allocutions prononcées du 17 juin au 11 juillet, attribue la défaite au désordre social (« On a revendiqué plus qu'on a servi. L'esprit de jouissance l'a emporté sur l'esprit de sacrifice », 20 juin), aux tromperies des hommes politiques (« Je hais les mensonges qui vous ont fait tant de mal », 25 juin) et à l'irresponsabilité collective (« N'espérez pas trop de l'Etat, il ne peut donner que ce qu'il reçoit »). Le Maréchal annonce, le 25, qu'un ordre nouveau commence et convie les Français à une tâche de « redressement intellectuel et moral ». Plus brutalement, Weygand, dans une note du 28 juin, dénonce l'ancien ordre des choses, « un régime politique de compromissions maçonniques, capitalistes et internationales », qui a permis la lutte des classes, la dénatalité, l'afflux d'étrangers, l'abandon des valeurs traditionnelles — Dieu, la Patrie, la Famille, le Travail —, et conclut que les réformes indispensables ne pourront être mises en œuvre que par des hommes nouveaux.

Le souvenir de la Grande Guerre et son passage au gouvernement en 1934 ont rendu Pétain très réservé à l'égard du parlementarisme. Le Front populaire ne lui a inspiré qu'une exécration soigneusement dissimulée, mais il s'est toujours tenu prudemment à l'écart de toute tentation subversive. En juin 1940, il n'a pas de projet politique précis, mais souhaite se prémunir contre le personnel parlementaire et mener à bien son projet de « redressement » qui lui tient particulièrement à cœur. Il reste soucieux, d'autre part, de ne pas nuire au climat d'unanimité nationale qui s'attache à son nom. Aussi accueille-t-il favorablement la proposition émise par Laval le 29 juin : les sénateurs et députés, réunis en Assemblée nationale, voteraient un texte autorisant le Maréchal à promulguer une nouvelle loi constitutionnelle.

La partie décisive se joue à Vichy, où le gouvernement s'installe le 1ᵉʳ juillet : la cité thermale a été choisie pour le grand nombre de ses hôtels, mais aussi pour éviter Lyon, la ville d'Herriot, ou Marseille, trop éloignée de la zone occupée dont Vichy n'est distant que de quelques kilomètres. Le 4 juillet, Laval présente aux ministres le texte de l'article unique du projet de réforme de l'Etat : « L'Assemblée nationale donne tous pouvoirs au gouvernement de la République, sous la signature et l'autorité du maréchal Pétain, président du Conseil, à l'effet de promulguer par un ou plusieurs actes la nouvelle constitution de l'Etat français. Cette constitution devra garantir les droits du Travail, de la Famille et de la Patrie. Elle sera ratifiée par les Assemblées qu'elle aura créées. »

Le vice-président du Conseil allait devoir, les jours suivants, s'employer à convaincre les parlementaires, unanimes sur la question du transfert des pleins pouvoirs à Pétain, mais réticents, pour certains d'entre eux, sur la réforme constitutionnelle. Plusieurs contre-projets sont avancés : 25 sénateurs anciens combattants demandent la participation des commissions parlementaires à la révision de la constitution ; Pierre-Etienne Flandin propose que le Maréchal remplace Lebrun à la présidence de la République ; 27 parlementaires, autour de Vincent Badie, déclarent se refuser à approuver un projet qui « aboutirait inéluctablement à la disparition du régime républicain ». Mais tous acceptent que soient confiés les pleins pouvoirs au Maréchal.

Dès lors, du 4 au 9, Laval utilise toutes les ressources de son habileté manœuvrière. Tour à tour rassurant, menaçant, séduisant, le vice-président du Conseil, tout en soulignant la faillite de la démocratie parlementaire, insiste sur le caractère de transition légale que représente la délégation du pouvoir constituant au Maréchal, bien préférable au coup de force qu'il n'hésite pas à évoquer. Il obtient des ralliements de poids : Pierre-Etienne Flandin et le socialiste Charles Spinasse, ancien ministre de l'Economie nationale de Blum. Une centaine de parlementaires signent d'autre part un texte, rédigé par l'ancien radical Gaston Bergery, qui réclame « un ordre nouveau, autoritaire, national et social » : parmi eux figurent des représentants de la droite dure, comme Xavier Vallat, des pacifistes de gauche, dont bon nombre de « paul-fauristes », et des hommes autrefois rejetés par leur parti, tel Marcel Déat.

Le 9 juillet, quand la procédure officielle s'engage, la partie est déjà gagnée. La Chambre et le Sénat, réunis séparément, votent à l'unanimité, moins trois députés et un sénateur, le principe de la révision. Le matin du 10, Laval, devant les parlementaires réunis en séance non officielle, donne l'assurance que la nouvelle constitution sera ratifiée par la nation et procède aux ultimes mises en garde. L'après-midi, après avoir annoncé le texte nouveau — « (la constitution) sera ratifiée par la nation et appliquée par les assemblées qu'elle aura créées » —, il précise que les chambres existantes seront maintenues jusqu'à l'entrée en vigueur de la nouvelle constitution. Des manœuvres de procédure permettent d'asseoir le calcul de la majorité sur le nombre des suffrages exprimés par les quelque 700 parlementaires présents et non sur le total des 932 sièges, dont certains titulaires sont déchus, comme les communistes, absents, prisonniers ou empêchés. Le projet gouvernemental reçoit la priorité du vote, ce qui élimine tout contre-projet ; la discussion générale et les explications de vote sont supprimées.

Le projet reçoit l'approbation de 569 parlementaires ; 20 d'entre eux, dont les présidents Jeanneney et Herriot, s'abstiennent. Il s'en trouve 80 pour refuser la mise à mort de la République : 36 socialistes dont Léon Blum, Vincent Auriol, Jules Moch, 13 députés radicaux et 14 sénateurs de la Gauche démocratique, le reste se répartissant ponctuellement sur l'ensemble de l'éventail, de l'Union socialiste républicaine (Paul Ramadier) à la droite (Laurent Bonnevay, le marquis de Moustier), en passant par les démocrates chrétiens (Champetier de Ribes). Beaucoup plus qu'à la peur, à la menace ou à la pression, l'écrasante majorité cédait avant tout au sentiment de l'inéluctable — voter contre aurait pu entraîner l'annulation de l'armistice, pensaient beaucoup d'entre eux — et à un profond complexe de culpabilité. Les parlementaires ressentaient péniblement l'atmosphère d'hostilité générale dont ils étaient entourés alors que le pays, dans son immense majorité, se tournait vers le sauveur, le maréchal Pétain.

L'abîme : Vichy, l'Occupation, la collaboration (de juillet 1940 à novembre 1942)

Tandis qu'à l'intérieur s'établit un régime nouveau, l'Etat français et sa Révolution nationale, la destinée du pays est désormais liée au sort des armes allemandes. Le tournant décisif semble avoir été l'installation de l'Allemagne dans la guerre longue au début de 1942, après l'échec de la guerre éclair menée dans le courant du 2e semestre de 1941 contre l'Union soviétique. Le printemps 1942 voit en France un net infléchissement de la politique franco-allemande, tandis que s'opèrent des reclassements décisifs vers la Résistance.

En novembre 1942, le débarquement en Afrique du Nord aboutit à la recomposition définitive de la situation politique française.

Vichy et la Révolution nationale

Le régime né au lendemain du désastre se donne pour tâche de transformer les structures politiques, économiques et sociales du pays : cet ensemble de mesures constitue la « Révolution nationale ».

Un régime personnel et autoritaire. — Le régime, incarné par son chef, remanie les structures du pouvoir dans un sens totalement contraire à celui du régime républicain et s'appuie sur un personnel partiellement nouveau.

— Pétain et ses ministres. Le vote du 10 juillet 1940 avait porté délégation du pouvoir constituant au maréchal Pétain. Le 11 juillet, le Maréchal promulgue les trois premiers actes constitutionnels, rédigés par Raphaël Alibert. L'acte constitutionnel n° 1 évoque « les fonctions de chef de l'Etat français », ce dernier terme remplaçant celui de « République française » dans les actes officiels. La formule inhabituelle utilisée dans cet acte : « Nous, Philippe Pétain, ... déclarons assurer les fonctions de chef de l'Etat », suggère d'autre part un pouvoir personnalisé (pluriel de majesté), ce que confirme l'acte constitutionnel n° 7 de janvier 1941, qui exige des ministres et des hauts fonctionnaires un serment de fidélité au chef de l'Etat. Cette obligation sera étendue par la suite aux magistrats, aux militaires, puis à l'ensemble des fonctionnaires.

Le chef de l'Etat cumule les pouvoirs exercés dans les régimes libéraux et démocratiques par des organes différents. Il a « la plénitude du pouvoir gouvernemental », il nomme et révoque les ministres et secrétaires d'Etat, « qui ne sont responsables que devant lui ». « Il exerce, d'autre part, le pouvoir législatif en Conseil des ministres », au moins jusqu'à la formation des nouvelles assemblées (acte n° 3). Ainsi le Maréchal n'est-il limité par aucune autre instance. Les assemblées « subsisteront » jusqu'à la promulgation de la nouvelle constitution, mais « sont ajournées jusqu'à nouvel ordre » par l'acte constitutionnel n° 3. Elles ne peuvent se réunir que sur convocation du chef de l'Etat. Dans un tel système, le Conseil des ministres n'est pas un organe délibératif. La solidarité ministérielle n'existe pas et il n'y a pas de fonction de chef de gouvernement distincte de celle de chef de l'Etat.

Reposant sur le chef de l'Etat, objet d'un véritable culte, le régime connaît nécessairement les faiblesses de ce type de pouvoir concentré à l'extrême. Le grand âge du Maréchal (84 ans) et sa surdité ont pu être invoqués pour diminuer la responsabilité du vieillard. Mais, dans l'ensemble, celle-ci reste pleine et entière. La faiblesse majeure du caractère monarchique de ce pouvoir réside ailleurs : l'extrême concentration aboutit nécessairement à sa dilution. Dès le début du régime, un dualisme s'établit entre deux centres du pouvoir : le cabinet personnel du chef de l'Etat et les ministres, rarement réunis au grand complet, le Maréchal préférant convoquer quotidiennement quelques-uns d'entre eux dans un petit Conseil.

Enfin, entre le chef de l'Etat et ses « premiers ministres », la division des tâches, malgré les soins jaloux du Maréchal pour tout ce qui concernait son pouvoir, aboutit au printemps de 1942 à l'instauration d'une véritable dyarchie. Dans le régime de Vichy, les fonctions de chef de l'Etat et de chef du gouvernement ne sont pas distinctes ; mais il existe, dès le départ, un vice-président du Conseil, successeur désigné du chef de l'Etat. Pierre Laval, titulaire de cette fonction, entreprend dès l'automne de 1940 des démarches de plus en plus personnelles dans le domaine de la politique extérieure. Le 13 décembre 1940, Pétain, irrité par ces initiatives, le met en demeure de démissionner, avant d'ordonner sa mise en résidence surveillée, à laquelle met fin une intervention allemande. Contrairement à certaines interprétations, l'épisode du 13 décembre ne résulte pas d'une divergence entre Pétain et Laval à propos de la politique extérieure, mais d'une rivalité de pouvoir. Le Maréchal lui-même avait, dès octobre, donné le branle à la politique de collaboration mise en œuvre par Laval.

Pierre-Etienne Flandin, ancien dirigeant parlementaire de premier plan, munichois et pacifiste notoire, choisi pour lui succéder, mais avec qui les Allemands refusent d'entrer en contact, doit démissionner le 9 février 1941. François Darlan, amiral de la Flotte — une flotte restée intacte —, accède alors à la vice-présidence. L'acte constitutionnel n° 4 *quater* lui confère personnellement la qualité de successeur du Maréchal, alors que l'acte n° 4 du 12 juillet 1940 l'avait conféré à Laval en tant que vice-président du Conseil. Plus proche de Pétain par le milieu d'origine commun, l'amiral sait, de plus, déployer une grande habileté, manifestant en toute occasion une grande déférence envers le Maréchal. Mais l'échec de la Révolution nationale, l'impasse dans laquelle s'est engagée la politique de collaboration, la pression exercée par Laval et les menaces allemandes poussent le chef de l'Etat à se séparer de lui le 17 avril 1942.

Le retour de Laval, le 18 avril 1942, marque une rupture : l'acte constitutionnel n° 11 lui confère le titre, désormais officiel, de chef du gouvernement et donc des prérogatives propres dans le domaine gouvernemental, bien qu'il demeure responsable devant le chef de l'Etat. L'engagement de l'Allemagne dans la guerre totale, sans que les acteurs le réalisent de façon parfaitement claire, allait peser de plus en plus lourd dans les jeux politiques à Vichy.

— La mise en sommeil du système représentatif. Le nouveau régime marque d'emblée sa méfiance à l'égard du système électif fondé sur le suffrage universel. En matière politique, il étouffe, épure, encadre. La mise en sommeil des assemblées, l'épuration des collectivités locales, la création de la Légion des combattants sont dans ce domaine les grandes orientations du régime.

Les chambres de la IIIᵉ République « subsistent » théoriquement, mais Pétain se garde bien de jamais les convoquer. Leurs organes permanents, les bureaux, sont supprimés en août 1942. La suppression en août 1941 de l'indemnité parlementaire réduit les députés et sénateurs à la condition commune. Les plus notoires représentants du régime parlementaire sont mis en résidence surveillée, tels Reynaud, Mandel, Auriol, en application d'un décret-loi pris pendant la période de l'état de guerre en novembre 1939. L'acte constitutionnel n° 5 du 30 juillet 1940 crée une Cour suprême de justice, instituée pour juger les ministres qui ont « trahi les devoirs de leurs charges ». Blum et Daladier sont incarcérés en novembre 1940, avant d'être traduits devant la Cour, à Riom, en février 1942, avec Reynaud et Gamelin. Le procès, qui tourne à la confusion de ses initiateurs, puisqu'il permet aux accusés de mettre en cause la responsabilité des militaires les plus haut placés, dont Pétain lui-même, est interrompu en avril 1942. Les accusés retournent alors en prison, Pétain les ayant déjà condamnés préventivement en octobre 1941.

Cependant, au début de 1941, pressé par Flandin, lui-même soucieux de se prémunir contre Laval, désireux peut-être de faire bonne impression auprès des Américains, le Maréchal décide la création d'un Conseil national de 213 membres nommés, parmi lesquels siègent 77 parlementaires et 136 représentants des élites sociales, économiques et culturelles. Si les parlementaires de droite et du centre droit sont majoritaires parmi les anciens élus, la gauche pacifiste (Georges Bonnet, Paul Faure) n'est pas absente. La présence des « élites » procède manifestement de l'idée d'une représentation non politique, largement évoquée dans les années 1930. Le Conseil national, purement consultatif, sans aucune latitude d'action — il siège toujours en commissions temporaires, jamais en séance plénière —, élabore au cours de l'été 1941 un projet de constitution, d'inspiration organiciste, dont l'application est subordonnée à la signature du traité de paix. Le Conseil national ne sera plus réuni après avril 1942.

Les assemblées locales sont surveillées et épurées. Le régime éprouve à l'égard des notables qui les peuplent un sentiment ambivalent : un tel réseau de notabilités forme en effet l'ossature du pays, mais leur légitimité reposant sur le suffrage populaire les rend suspectes à ses yeux. Vichy décide par la loi du 12 octobre 1940 de remplacer les conseils généraux élus par des commissions administratives nommées, composées pour un tiers environ d'anciens conseillers généraux : cette mesure permet d'éliminer discrètement le personnel de gauche. De même, en matière municipale, si le pouvoir ne modifie rien en milieu rural, il procède immédiatement à la suspension de 363 conseils municipaux, dans des localités importantes, dont Lyon, Marseille et Toulouse. La loi du 16 novembre 1940 confère au préfet le droit de désigner les maires des communes de plus de 2 000 habitants et de choisir avec eux les membres de la « délégation municipale » qui remplace les conseils. La mesure permet d'écarter les élus de gauche, mais les notables désignés, de droite ou « apolitiques », conservent leurs habitudes d'autonomie dans la gestion.

— Le personnel politique et administratif. L'avènement du régime entraîne un renouvellement des « élites » politiques. Les hommes qui parviennent au pouvoir ne sont pas nécessairement de nouveaux venus. Laval et Flandin ont appartenu au personnel de la IIIe République ; 11 des 35 ministres de Vichy sont d'anciens parlementaires. Mais, dans l'ensemble, Vichy regroupe d'abord, sur la base du rejet de la démocratie républicaine, des éléments par ailleurs fort hétérogènes.

Deux groupes principaux ont été mis en valeur. Les réactionnaires de l'Action française, représentés par Raphaël Alibert, garde des Sceaux jusqu'en décembre 1940, auteur des lois antirépublicaines, antisémites et antimaçonniques de l'été 1940, et par Maxime Weygand, écarté à la fin de 1941 sur l'ordre des Allemands, sont présents à Vichy. L'influence de l'Action française ne saurait toutefois être surestimée : si son inspiration n'est pas niable, les représentants de cette mouvance n'occupent qu'une place limitée et temporaire dans les sphères du pouvoir.

Le groupe des « technocrates », soucieux de gestion rationalisée, efficace et moderniste, joue en revanche un rôle considérable, surtout avec l'arrivée au pouvoir de Darlan, au début de 1941 ; 18 des 35 ministres de Vichy relèvent de cette catégorie. Héritiers de certains aspects de l' « esprit des années 1930 », partisans d'une économie dirigée par les soins d'une élite compétente, Pierre Pucheu, François Lehideux, Jean Bichelonne, Jacques Barnaud, gèrent l'Etat et l'économie vichystes sans souci d'humanisme, ni de libéralisme. D'un état d'esprit différent, des libéraux à la mode du XIXᵉ siècle, tels Jacques Bardoux, publiciste écouté, ou Lucien Romier, conseiller personnel de Pétain, se rallient à Vichy par méfiance à l'égard de la démocratie et refus de l' « ère des masses » inaugurée en 1936.

Enfin, Vichy recueille des adhésions disparates de personnalités d'origines diverses séduites par son projet social : des catholiques traditionalistes, adeptes du corporatisme (Louis Salleron, Jean Le Cour-Grandmaison) ou des syndicalistes venus de la gauche, souvent animés par l'anticommunisme, comme l'ancien secrétaire général adjoint à la CGT, René Belin, ministre du Travail de juillet 1940 à avril 1942, à qui succède Hubert Lagardelle, autrefois théoricien du syndicalisme révolutionnaire.

Dès les premiers jours, le régime s'engage par ailleurs dans une tâche d'épuration administrative. La loi du 17 juillet 1940 permet au gouvernement de relever de ses fonctions par simple décret ministériel tout fonctionnaire de l'Etat. Dans les six mois qui suivent, certains corps de hauts fonctionnaires sont lourdement frappés : près de la moitié des cadres supérieurs de l'administration préfectorale sont révoqués (49 préfets, 58 sous-préfets et secrétaires généraux). Le Conseil d'Etat, épargné par cette épuration, est touché par l'application des lois antisémites qui entraînent l'exclusion de 17 de ses 120 membres. Si Vichy entend s'en remettre aux « compétences », il lui semble nécessaire de procéder préalablement à un « tri » politique.

La société. — La devise du régime, contenue dans le texte de la loi portant délégation du pouvoir constituant au maréchal Pétain, « Travail, Famille, Patrie », allait bien au-delà d'une banale exhortation moralisante. Elle sous-entendait une refonte du système social qui, délaissant les principes républicains de l'individualisme libéral, serait désormais régi par une conception organiciste de la société. Cette réforme en profondeur, qui constitue, au sens propre, la « Révolution nationale », n'allait épargner aucun domaine, l'éducation, la famille, le travail. Elle allait aboutir à la remise en cause des droits individuels garantis par les principes de la Révolution française.

— Morale et éducation. Le Maréchal, dans ses premières allocutions, avait attribué la défaite au déclin moral et à l'abandon des valeurs traditionnelles. Le régime tente d'œuvrer à la restauration de ces valeurs familiales et religieuses.

La politique éducative du régime se donne pour premier objectif de combattre la néfaste influence des instituteurs réputés socialistes et pacifistes. La suppression des Écoles normales départementales et le transfert dans les lycées de la formation des futurs maîtres d'école relèvent du désir de détruire les « séminaires laïques » beaucoup plus que du souci d'améliorer le contenu scientifique de l'enseignement qui leur était dispensé. Vichy, hostile par ailleurs à l'extension de la scolarisation secondaire, revient partiellement sur la gratuité du lycée en rétablissant les frais de scolarité pour le deuxième cycle.

Vichy fait aussi porter ses efforts sur les aspects extrascolaires de l'éducation. L'hostilité de l'Église à tout mouvement de jeunesse unique l'amène à limiter ses efforts en ce domaine : les Compagnons de France, le mouvement officiel, ne recrute que quelques milliers d'adhérents. Le rôle principal est dévolu aux Chantiers de jeunesse, qui, à partir de janvier 1941, remplacent le service militaire pour les jeunes gens de 20 ans, astreints, pendant une durée de neuf mois, à des travaux d'intérêt collectif, agrestes ou forestiers, dans un esprit proche de celui du scoutisme. Enfin, le souci de formation des cadres entraîne la création de l'École nationale des cadres, décidée en décembre 1940. Implantée à Uriage, il y règne l'état d'esprit des non-conformistes des années 1930, soucieux de former des « chefs » animés d'un esprit communautaire et spiritualiste, davantage portés vers le service que vers le pouvoir. L'école est dissoute en décembre 1942 et ses membres passent à la Résistance.

La famille est considérée comme la cellule de base de la vie française. Outre son rôle dans le maintien de la cohésion sociale et de la hiérarchie — le père y exerce l'autorité sur la femme et les enfants —, elle est considérée comme un facteur essentiel du redressement du faible taux de natalité. Aussi le divorce est-il rendu plus difficile, l'avortement sévèrement réprimé, les pères de famille nombreuse particulièrement honorés. Une loi d'octobre 1940 tente d'inciter les femmes à rester au foyer en instituant notamment l'allocation de salaire unique. En tenant compte fiscalement des charges de famille, le régime poursuit les efforts entrepris tardivement par les gouvernements de la IIIe République, auteurs en janvier 1939 du Code de la famille.

Le régime, comme tous les traditionalismes, considère l'Église comme le pilier de l'ordre moral qu'il veut promouvoir, même si les dirigeants de l'État français sont souvent éloignés de la pratique et de la foi. Des subventions sont accordées aux écoles libres, les congréganistes reçoivent le droit d'enseigner, les associations diocésaines sont pourvues des biens encore non dévolus. L'Eglise, le clergé, comme les fidèles, sont sensibles à l'officialisation des valeurs qui sont les leurs et à la présence de catholiques dans les instances du nouveau pouvoir.

Mais l'entente du début, parfois soulignée de façon appuyée par le haut clergé, n'allait pas se révéler durable. Le régime, dirigé par des hommes de la IIIᵉ République, comme Laval, ou par les technocrates qui entourent Darlan, rejette tout « cléricalisme ». La majorité des catholiques s'en détourne à partir de 1942, tout en gardant leur estime, sinon leur confiance au Maréchal, au fur et à mesure que s'affirment la tendance au totalitarisme et la collaboration. Par ailleurs, les pratiques de Vichy en 1942, la répression antirésistante et la persécution antisémite achèvent de conforter la minorité démocrate-chrétienne dans sa totale opposition au régime, qu'elle combat au même titre que les Allemands et les nazis.

— Travail et métiers. Le projet social de Vichy vise à réorganiser la société dans un sens traditionaliste : la primauté officielle donnée à l'agriculture (« La terre, elle, ne ment pas..., elle est la Patrie elle-même, un champ qui tombe en friche, c'est une partie de la France qui meurt », avait proclamé Pétain le 25 juin 1940), le souci avoué de faire disparaître les antagonismes sociaux, le rejet simultané de l'individualisme égoïste et du collectivisme sans âme entraînent la mise en place de nouvelles structures d'encadrement.

La paysannerie, durement éprouvée par la première guerre et par la crise des années 1930, avait critiqué l'Office du blé, croyant y discerner l'amorce d'un système étatiste, et réclamé une organisation professionnelle autonome et indépendante. La loi du 2 décembre 1940 semble, en établissant la Corporation paysanne, lui donner satisfaction. Le syndicat corporatif local regroupe tous ceux qui vivent de la terre, exploitants, salariés et propriétaires, et fixe les rapports professionnels ; le syndicat régional a des attributions relatives à l'organisation de la profession et détermine, à certaines conditions, les prix et la production. Au sommet siège une Commission nationale d'organisation corporative. Le système, conçu par un corporatiste chrétien, Louis Salleron, devait laisser aux agriculteurs une large autonomie par rapport à l'Etat. En réalité, la nécessité du ravitaillement incita l'Etat à transformer la Corporation en instrument du pouvoir.

La réorganisation du monde industriel procède au premier chef du souci de mettre un terme aux antagonismes de classes : la peur de la révolution née à l'époque du Front populaire est encore présente dans les esprits. Cette préoccupation, jointe au désir de renforcement de l'unité nationale, se nourrit des projets corporatistes des années 1930, qui renvoyaient dos à dos le libéralisme anarchique et le collectivisme oppresseur. Une loi de novembre 1940 liquide l'ordre ancien en ordonnant la dissolution des organisations professionnelles existantes, qu'il s'agisse des syndicats de salariés (CGT, CFTC) ou des associations patronales (Comité des houillères, Comité des forges, CGPF).

Mais l'effet de symétrie se révèle bien vite illusoire. Si, dans l'ordre économique, la loi sur les Comités d'organisation renforce le pouvoir patronal, la Charte du travail n'instaure qu'une protection très relative des droits des salariés. Créés par la loi du 16 août 1940, les Comités d'organisation, chargés d'évaluer la capacité de production de la branche de l'industrie ou du commerce qui relève de leur compétence, de répartir les matières premières, d'établir les programmes de fabrication et de proposer les prix aux services ministériels, sont en fait gérés par les anciens dirigeants patronaux. Cette liaison entre les oligarchies économiques et la bureaucratie d'Etat relève d'ailleurs davantage des impératifs du rationnement et de la productivité que des idéaux corporatistes.

Dans le domaine social, la Charte du travail, promulguée en octobre 1941, un an après la création des Comités d'organisation, se borne à interdire la grève et à créer des comités sociaux d'entreprise, chargés de représenter les intérêts purement professionnels des salariés. Cette initiative, qui semble régler les rapports entre patrons et salariés sur une base inégalitaire, recueille peu d'adhésion chez les ouvriers.

— Exclusions et persécutions. La dénonciation de l' « anti-France » figurait depuis longtemps parmi les principaux thèmes de l'extrême droite traditionaliste. Une politique, qui relève de fantasmes permanents, comme la peur de l'étranger ou la hantise de la conspiration, juive ou maçonnique, est alors mise en œuvre en dehors de toute pression allemande.

La République avait durement traité les réfugiés allemands et espagnols, soupçonnés d'être des fauteurs de guerre et de révolution, faisant interner certains d'entre eux dans des « camps de

concentration ». Le régime, non content de conserver ces possibilités répressives, décide de revenir sur les naturalisations opérées
depuis 1927, jugées trop « laxistes » : 15 000 personnes sont privées
de la nationalité française, dont 6 000 juifs, sur un total de
500 000 dossiers examinés. Les réfugiés politiques allemands sont
livrés aux occupants, conformément à l'armistice.

L'antisémitisme de Vichy prétend s'appuyer sur la soi-disant
inaptitude d'un groupe à se fondre dans l'ensemble français. Le statut du 3 octobre 1940, rédigé par Alibert, relatif aux juifs de nationalité française, définit cependant la nature juive par l'ascen-
dance : trois grands-parents de « race juive ». La haute
administration, l'armée, l'enseignement, la magistrature, la presse,
l'édition, la radio, le théâtre, le cinéma sont désormais des
domaines qui leur sont interdits. Au printemps de 1941, Darlan
crée un Commissariat aux questions juives compétent pour les deux
zones, confié à Xavier Vallat, qui est aussi germanophobe qu'antisémite. Plusieurs lois de juin et juillet 1941 imposent aux juifs un
numerus clausus pour les professions libérales et commerciales, limitent leur accès à l'enseignement secondaire et supérieur, et permettent d'imposer à chaque entreprise juive un administrateur qui
pourra la liquider.

Quant aux juifs étrangers, une loi permet, dès octobre 1940,
leur internement dans des « camps spéciaux ». A Gurs, Rivesaltes,
aux Milles, en l'absence de ravitaillement et de soins, les conditions
de vie deviennent rapidement déplorables ; la plupart des
40 000 internés n'en sortiront que pour être livrés aux Allemands, à
partir du printemps de 1942.

Le régime désigne également, dès l'été 1940, un autre ennemi,
la franc-maçonnerie, qu'une opinion largement répandue à l'extrême droite accusait depuis longtemps de constituer un Etat dans
l'Etat. Mais, là encore, il s'agissait d'une vue largement fantasma-
tique : l'influence des loges, indéniable sur le plan des mentalités,
était dans le jeu proprement politique infiniment moins grande que
ne le croyaient leurs adversaires. La loi du 13 août 1940 dissout les
« sociétés secrètes » et oblige les fonctionnaires maçons à se déclarer. Un an plus tard, la fonction publique est interdite aux anciens
dignitaires de la franc-maçonnerie.

Ces mesures, censées contribuer au redressement français, n'atteignent bien évidemment pas ce but. Bien au contraire : en distin-
guant, contrairement à une tradition nationale bien ancrée depuis
la Révolution française, des catégories d'exclus et de persécutés,

elles éloignent le régime de son but affiché, le maintien de la cohésion nationale.

L'opinion. — Le régime, dès le départ, assure sa mainmise sur l'information, prolongeant d'ailleurs en cela la situation de l'état de guerre. Un secrétariat général à l'Information et un service de censure surveillent étroitement la presse, qui ne se fait plus guère l'écho de l'opinion. Les partis politiques ne sont pas dissous, mais progressivement étouffés. Placés en liberté surveillée, ils peuvent tenir des réunions privées jusqu'en août 1941 : le durcissement du régime entraîne alors la suspension de leurs activités. Un dense réseau de propagande enserre la population française, par le biais des divers médias, la presse, la radio, le cinéma, mais aussi par les affiches et les tracts, et impose partout le culte du Maréchal, dont l'image calme et majestueuse devient omniprésente. Le rituel des voyages renforce encore la vénération dont le chef de l'Etat est l'objet.

Le régime ne croit pas devoir recourir à la technique du parti unique. Le Maréchal et ses conseillers conservateurs préfèrent utiliser les associations d'anciens combattants, dont l'affection se porte naturellement vers Pétain, en créant par une loi d'août 1940 la Légion française des combattants. Cette organisation, qui regroupe 650 000 membres au début de 1941, reçoit la mission de diffuser l'esprit de la Révolution nationale par sa presse et l'organisation de cérémonies, mais également d'assurer une mission d'ordre public, en éclairant les autorités sur ce qui « leur paraît se développer contrairement aux instructions du maréchal Pétain sur les plans civique, social et moral », ce qui implique surveillance, pression, voire dénonciations.

Il est malaisé d'appréhender l'état de l'opinion en 1940-1941. Mais si le régime peut compter sur le vichysme des partisans de la Révolution nationale, une bonne fraction des notables et des anciens combattants, la majorité de l'opinion n'est affectée que par un sentiment beaucoup plus éphémère et fragile, le « maréchalisme », simple attachement à la personne du Maréchal, sans doute assez puissant en 1940, mais qui décline en 1941. A la fin de 1941, l'échec de Vichy est patent sur le terrain même qu'il avait choisi, la rénovation nationale. Déjà, Pétain, dans un discours du 12 août (« Je sens se lever depuis quelques semaines un vent mauvais »), avait évoqué l'inquiétude et le doute « qui s'emparent des âmes ». Le poids du problème principal, les relations franco-allemandes, se fait alors de plus en plus sentir.

L'Occupation

La convention d'armistice laisse à l'Etat français les signes de la souveraineté : un territoire, le droit d'avoir une représentation diplomatique, le droit de légiférer, les prérogatives attachées au maintien de l'ordre public. Dans la réalité, le régime d'occupation aboutit à un contrôle étroit de ce qui reste d'un Etat souverain.

L'Occupation : l'emprise allemande. — Dès l'été 1940, les structures de l'Occupation sont mises en place. Une commission d'armistice allemande, siégeant à Wiesbaden, surveille l'application de la convention d'armistice et transmet ses observations, la plupart du temps impératives, à la délégation française. A Paris, l'autorité allemande est exercée par le Gouverneur militaire (Militärbefehlshaber in Frankreich), installé avec son administration à l'hôtel *Majestic.* Les liaisons politiques entre le gouvernement français et les autorités allemandes sont assurées par un représentant du ministère des Affaires étrangères du Reich, Otto Abetz, nommé au début d'août 1940, et un délégué général du gouvernement français, résidant à Paris, poste confié en décembre 1940 au journaliste Fernand de Brinon, connu de longue date pour sa germanophilie.

L'Occupation, dès 1940, allait se traduire par le démembrement territorial, le pillage économique et la mainmise politique.

Dès l'été de 1940, la France est divisée en cinq zones. La ligne de démarcation qui sépare la *zone occupée* de la *zone libre* permet aux autorités allemandes de limiter éventuellement le passage des personnes et des marchandises, dont la zone non occupée a un besoin vital. Une ligne du nord-est, de la Somme au Jura, délimite une *zone interdite,* où les réfugiés de l'exode ne peuvent revenir ; à l'intérieur de ce périmètre, les départements du Nord et du Pas-de-Calais sont détachés de la juridiction du Commandement militaire de Paris et rattachés à celle de Bruxelles *(zone rattachée).* Enfin, en août 1940, le gouvernement du Reich procède, *de facto,* à l'*annexion* des trois départements de la Moselle, du Haut-Rhin et du Bas-Rhin, d'où sont expulsés les juifs et les personnes originaires d'autres régions de France installées en Alsace-Lorraine depuis le 11 novembre 1918.

Le pillage économique est réalisé par la mise en place d'une série de mécanismes. Le montant de l'indemnité destinée à couvrir les frais d'occupation est évalué par la commission de Wiesbaden à

20 millions de marks par jour, de quoi entretenir plusieurs millions de soldats (!). L'Allemagne fixe le taux de change à 20 francs pour 1 mark, soit une surévaluation du mark de 50 % par rapport à la valeur du dollar en juin 1940. En novembre 1940, un accord de « compensation », permettant d'éviter le transfert de devises, est signé entre la France et l'Allemagne, mais le large excédent des achats allemands sur les ventes en pervertit le fonctionnement : alors que les Français accumulent à Berlin un crédit inutile, la Banque de France doit avancer les fonds pour désintéresser les exportateurs français et, par là, financer le déficit allemand.

Les occupants peuvent, avec ces sommes énormes, se procurer les denrées et marchandises disponibles, soit officiellement, soit, par l'intermédiaire de bureaux d'achat clandestins, sur le marché noir. Ils peuvent acheter, en exerçant une pression politique sur le gouvernement, les titres français dans des sociétés étrangères, comme les mines de Bor en Yougoslavie. En zone occupée comme en zone libre, ils passent des commandes aux entreprises, notamment aux fournisseurs de bauxite et d'aluminium de la zone sud, de même qu'aux fabricants d'avions, à la fin de 1940.

La mainmise politique résulte de l'extension démesurée de l'article 3, selon lequel le Reich devait exercer « tous les droits de la puissance occupante ». La censure s'exerce sur le *Journal officiel* de l'Etat français qui ne peut publier ses décisions en zone occupée, où les Chantiers de jeunesse et la Légion des combattants n'ont jamais pu être organisés. Les nominations des hauts fonctionnaires sont soumises à l'approbation du Commandement allemand. Dès septembre 1940, celui-ci édicte des ordonnances relatives aux juifs propres à la zone nord, telles que l' « aryanisation » des entreprises appartenant à des juifs, mesure reprise par Vichy en juin 1941. D'autres dispositions, l'interdiction de fréquenter un grand nombre de lieux publics, l'obligation de porter un signe distinctif, l'apposition de la mention « juif » sur la carte d'identité en septembre 1940, restent propres à la zone occupée, au moins dans un premier temps.

Les moyens d'information sont directement pris en main. Alors que *Le Figaro*, *L'Action française* et *La Croix* se sont repliés en zone sud, la presse demeurée à Paris est entièrement dépendante de l'occupant, dont elle reçoit les informations, le papier, les moyens de financement. La « Propaganda Abteilung », qui relève du ministère de l'Information du Reich, contrôle la presse écrite, la radio, le cinéma, dresse des listes de livres interdits. Abetz favorise l'essor d'une presse entièrement favorable à l'Allemagne, représentée soit par des gros tirages, comme *Paris-Soir* ou *Le Petit Parisien,* soit par des organes qui militent ouvertement en faveur de la collaboration, comme *L'Œuvre* de Marcel Déat, qui reparaît en septembre 1940.

L'Occupation et la vie quotidienne des Français. — Pour la plus grande partie des Français, l'Occupation se marque par l'adoption de l'heure allemande, la multiplicité des interdits administratifs, le couvre-feu, les recensements en tout genre (vélos, radios...), parfois, surtout à Paris, la germanisation de la topographie urbaine. Mais le problème majeur reste celui des restrictions.

Le rationnement alimentaire est institué à partir d'août 1940, il est total à l'automne 1941, s'étendant au pain, au sucre (août 1940), au beurre, au fromage, à la viande, au café, à l'huile (octobre 1940), au chocolat, au poisson frais (juillet 1941), aux pommes de terre, au lait, au vin. Les rations sont modulées en fonction de l'âge et de l'activité, qui permettent de distinguer 8 types de rationnaires (ex. J3 : adolescent de 13 à 21 ans ; T : travailleur de force de 21 à 70 ans ; A : adulte de 21 à 70 ans, ni travailleur de force, ni travailleur agricole). Elles sont évidemment très inférieures aux rations « normales ».

Exemple de ration A

	Consommation en septembre 1939	Rations en janvier 1942
Pain	450 g/jour ([1])	285 g/jour ([1])
Viande	875 g/semaine	180 g/semaine
Vin	12 l/mois	4,5 l/mois

([1]) Taux de blutage du pain :
— en 1939, 100 kg de blé donnent 75 kg de farine ;
— en janvier 1942, 100 kg de blé donnent 90 kg de farine (d'après Henri Amouroux, *La vie des Français sous l'Occupation*).

La production est contrôlée au même titre que la consommation. A partir d'octobre 1941, l'administration du Ravitaillement fixe les quantités à fournir par chaque cultivateur ; la taxation des prix est bien entendu générale.

Pour la plupart, il a donc été nécessaire, à partir de 1941, de recourir à un ravitaillement complémentaire, principalement fourni par le recours aux marchés parallèles, le « marché noir » ou le « marché gris ». Le premier terme se rapporte à des trafics à grande échelle, alors que le « marché gris » se caractérise par des quantités moins importantes et une pratique plus personnalisée. Sur ces circuits parallèles, les prix sont évidemment plus élevés que sur le marché officiel. Ainsi, en 1942, par rapport au marché officiel, le kilo de pommes de terre est trois fois plus cher sur le marché noir, 2,5 fois plus cher sur le marché gris.

Le marché noir est générateur d'inégalités sociales. Les paysans, autoconsommateurs, sont protégés de la pénurie alimentaire. En 1942, ils consomment 25 % du beurre produit, 41 % des pommes de terre récoltées, 50 % de la viande de porc. Ils tirent indéniablement parti de la situation : 35 % du beurre aurait été écoulé sur les circuits parallèles. Mais les profits accumulés sont en grande partie stérilisés sous forme d'épargne, faute de biens disponibles sur le marché. Les commerçants ne sont pas trop défavorisés, grâce au recours au troc.

Pour le reste de la population, un double facteur détermine les possibilités de ravitaillement, les revenus et la possibilité d'établir des liens, directs ou non, avec la ruralité. Les salariés, ouvriers et employés, sont durement frappés par le blocage des salaires. Les titulaires de revenus plus élevés sont relativement protégés, à conditions de pouvoir se brancher sur un circuit de distribution clandestin. Le dénuement des isolés, des vieillards, des malades internés dans les hôpitaux psychiatriques, est atroce. La poussée de la mortalité infantile est liée à l'insuffisance du ravitaillement en lait.

On discerne aisément les raisons d'une telle situation. Les Allemands, par le biais des réquisitions et des achats massifs, diminuent fortement les quantités disponibles. Mais la pénurie résulte également de la diminution des récoltes (qui aurait avoisiné 20 % pour le blé, 40 % pour la pomme de terre, 25 % pour la betterave), de la production de viande (40 à 50 % pour le porc) et de lait (30 %). L'agriculture manque, en effet, de bras (700 000 travailleurs de la terre parmi les prisonniers de la guerre) ; le matériel est mal entretenu, par suite du manque de pièces de rechange ; les engrais chimiques et le carburant font gravement défaut. L'arrêt des importations en provenance de l'étranger ou des colonies aggrave les insuffisances en sucre ou en matières grasses.

Les effets psychologiques sont plus difficilement discernables. Sans doute la recherche de nourriture, devenue une préoccupation vitale et parfois exclusive, a-t-elle pu conduire à négliger tout sentiment de solidarité, voire d'appartenance à une collectivité. A l'in-

verse, on a pu remarquer que la prise de conscience des responsabilités de l'occupant et de Vichy a pu jouer un rôle dans les retourne-
ments ultérieurs.

La collaboration

Le terme de « collaboration » recouvre un ensemble de phénomènes différents : en particulier, une distinction doit être introduite
entre la collaboration d'Etat et le collaborationnisme. La première
se présente comme une action diplomatique, au sens classique du
terme, visant à obtenir des avantages par la négociation. Le second
désigne la prise de position de ceux qui prônent l'alignement total,
politique et idéologique, sur le Reich hitlérien.

La collaboration d'Etat, de juillet 1940 à avril 1942. — La politique
de collaboration avec l'Allemagne repose, au moins jusqu'en 1942,
sur deux postulats, la certitude de la victoire allemande et la
croyance en la possibilité pour la France de se concilier le vainqueur en prévenant ses exigences, dans le double but d'obtenir, à
court terme, des améliorations pratiques, le retour des prisonniers,
l'allégement des charges financières et l'assouplissement de la ligne
de démarcation ; à long terme, la place la plus honorable possible
dans l'Europe allemande. Pétain, Laval et Darlan partagent tous
trois ce point de vue, même si le style diplomatique et le contenu
donné à la collaboration permettent d'établir entre eux des
différences.

De juillet à décembre 1940, c'est la phase de lancement de la
collaboration d'Etat. Dès juillet, Vichy lance l'idée d'une négociation. Des contacts noués entre Laval et Abetz aboutissent le
24 octobre 1940 à une rencontre entre Hitler et Pétain, à Mon-
toire, dans le Loir-et-Cher. Pétain, sans avancer de propositions
précises, évoque le principe d'une collaboration devant Hitler, qui
reste évasif, avant d'annoncer six jours plus tard à la radio l'entrée
de la France « dans la voie de la collaboration », « dans le cadre du
nouvel ordre européen ». Dès lors, Laval multiplie les efforts dans
le domaine économique, en favorisant notamment la cession des
avoirs français à l'étranger. Il envisage une opération militaire sur
l'Afrique équatoriale française, passée aux mains des partisans de
De Gaulle. Son renvoi, le 13 décembre 1940, résulte d'un double

mouvement, la crainte de Pétain de se voir dépossédé de son autorité et l'existence à Vichy d'un groupe hostile à la collaboration, formé autour de Weygand, nommé délégué du gouvernement en Afrique du Nord.

Darlan, qui n'accède au pouvoir qu'après avoir préalablement rencontré Hitler, est entouré d'hommes nouveaux, des technocrates comme Pierre Pucheu, favorables à l'intégration de la France dans l'Europe hitlérienne, de même que son conseiller pour les affaires étrangères, Jacques Benoist-Méchin. Darlan est inspiré par un grand dessein : laissant à l'Allemagne l'hégémonie sur le continent, la France axerait son développement sur les mers et l'outre-mer, l'Angleterre étant désignée dans cette perspective comme l'ennemi principal. Au printemps de 1941, Darlan va jusqu'à envisager la collaboration militaire. Il s'engage, par les protocoles de Paris, signés le 28 mai 1941, à autoriser des transits nécessités par les opérations des Allemands contre l'Angleterre par les bases d'Alep, de Bizerte et de Dakar. Darlan fait préciser que les risques de conflit franco-anglais impliqués par un tel accord supposent de la part de l'Allemagne des « concessions politiques et économiques » pouvant justifier devant l'opinion une telle éventualité. Les accords ne furent jamais ratifiés — dès le début de juin, Weygand s'y oppose vigoureusement en Conseil des ministres — mais partiellement exécutés : ainsi Alep, au printemps de 1941, est mis à la disposition des Allemands. Le projet de collaboration militaire tourne court malgré tout : Hitler, après l'invasion de l'URSS en juin 1941, se désintéresse du théâtre méditerranéen et du Moyen-Orient, où, du 8 juin au 14 juillet 1941, les Français libres, appuyés par les Britanniques, s'emparent de la Syrie, défendue militairement par les troupes de Vichy.

Au total, le bénéfice de l'opération demeure réduit. Sans doute, dans le domaine des concessions immédiates, les Allemands ramènent-ils l'indemnité à 15 millions de marks par jour et libèrent-ils une partie des prisonniers, anciens combattants de 1914-1918. Mais l'échec est cinglant sur les perspectives à long terme. Il apparaît, à la lumière des sources allemandes, que les offres françaises reposaient sur une illusion, entretenue par Abetz : les intentions d'Hitler n'étaient nullement de traiter d'égal à égal avec la France, mais bien de la démembrer, et, ultérieurement, de réduire son rôle à celui de pourvoyeur de denrées agricoles et de Luna Park de l'Europe nouvelle. Dans l'immédiat, aucune concession ne devait être accordée à la France dans l'application de l'armistice : elle n'avait pas à connaître d'autre sort que la dure loi des vaincus.

Au début de 1942, l'échec de Darlan, qui a perdu la confiance des Allemands, est patent. Pétain envisage de le remplacer, et, quoique ce choix ne l'enthousiasme guère, accepte de rappeler Laval, qui lui semble avoir les meilleures chances de relancer la collaboration, à laquelle il croit toujours. La collaboration va connaître un nouvel essor, mais dans un contexte tout différent, celui de l'engagement de l'Allemagne dans la guerre totale.

Laval et le nouveau cours de la collaboration. — Laval revient aux affaires le 18 avril 1942, doté cette fois du titre de « chef du gouvernement ». Dans sa nouvelle équipe, il fait figurer des collaborationnistes vichyssois, mais non parisiens, tels Benoist-Méchin et Marion, des pétainistes d'inspiration « Révolution nationale » (Lucien Romier), des hommes venus de la gauche : l'ancien radical Pierre Cathala ou le théoricien du syndicalisme Hubert Lagardelle.

Laval se préoccupe peu de la Révolution nationale qui lui paraît à bout de souffle et à laquelle il n'a jamais cru. Sa grande affaire est la relance des rapports franco-allemands, placés dans une optique anticommuniste. « Je souhaite la victoire allemande, déclare-t-il le 22 juin 1942, parce que, sans elle, le bolchevisme demain s'installerait partout. » La France, ajoute-t-il en substance, ne peut rester à l'écart de l'édification de l'Europe nouvelle, dans laquelle elle doit prendre place.

Cette Europe, l'Allemagne en dessine plus nettement les contours au début de 1942. Le Reich, après l'échec de sa guerre éclair en URSS, s'installe dans la guerre longue. La décision, prise antérieurement, de mettre à mort les populations juives d'Europe, est mise à exécution sur la totalité du continent à partir du printemps de 1942. Enfin, dans le domaine plus spécifiquement français, les troubles de la fin de 1941 ont convaincu les Allemands de confier en avril 1942 les tâches de répression aux seuls SS et à la Gestapo.

Que peut, dans ces conditions, négocier Laval ? Dans le domaine policier, le chef du gouvernement reprend les pratiques de Pucheu tendant à obtenir en zone occupée une large autonomie des services français par rapport à l'autorité allemande. Les « accords » conclus en juillet 1942 entre René Bousquet, secrétaire général à la Police, et le général SS Oberg tendent à limiter la compétence allemande aux actes commis contre les troupes d'occupation, la police française pouvant déployer de façon autonome son action contre « l'anarchie, le terrorisme, le communisme... toutes activités d'étrangers susceptibles de perturber l'ordre ». La coopération s'étend même à la zone sud : en septembre 1942, des agents allemands reçoivent le droit de venir y saisir les émetteurs clandestins.

Dans le domaine de la « question juive », Laval, désireux de donner des gages aux Allemands, remplace Vallat, trop indocile à leurs yeux, par Louis Darquier, antisémite frénétique totalement acquis aux nazis. En juin, il doit faire face à la demande de Berlin portant sur la déportation de 100 000 juifs. Au cours des négociations menées entre le responsable ss Dannecker et Laval, représenté par Bousquet, il est décidé que la police française participera en zone nord aux rafles de juifs étrangers. A Paris, les 16 et 17 juillet 1942, 13 000 personnes — sur les 28 000 prévues — sont arrêtées par 9 000 policiers et gendarmes français, concentrées au Vélodrome d'Hiver, dans des conditions affreusement précaires, puis transférées à Drancy, d'où partent les trains de déportation vers la Pologne orientale. Les juifs étrangers de la zone sud, déjà détenus dans des camps d'internement ou raflés par la police française, sont également livrés aux Allemands en septembre. Au total, durant l'année 1942, 42 655 juifs ont été déportés.

Sans doute Laval, qui proposa le départ des enfants avec les parents, ignorait-il leur sort réel. Il n'en reste pas moins que les responsables de l'Etat français, aussi bien par la mise en œuvre de leur politique de discrimination et de fichage que par l'aide directe de la police, ont participé à l'opération de destruction des juifs d'Europe.

Les rafles massives de l'été 1942, pratiquées au grand jour, soulèvent l'indignation de larges secteurs de l'opinion. Les Eglises catholique et protestantes font savoir leur condamnation. Les évêques de Toulouse et de Montauban publiquement, d'autres officieusement, expriment leur réprobation. Aussi, en 1943-1944, le régime montre-t-il davantage de circonspection. Laval et Pétain, qui se sont toujours opposés à la déportation des juifs français, refusent les demandes allemandes de révision des naturalisations. La mise en place, par des organisations juives, chrétiennes, résistantes de toute obédience, de réseaux d'entraide, fait tomber le nombre des déportations à 17 000 en 1943 et 16 000 en 1944. Le nombre total de déportés raciaux s'est élevé pour les trois années à 75 721, soit 23 % des 330 000 juifs vivant en France en 1940. La quasi-totalité, transférée à Auschwitz, a été mise à mort par gazage ; 3 % seulement — 2 500 — sont revenus en 1945. Les deux tiers des victimes étaient des juifs étrangers.

Dans le domaine de la main-d'œuvre, la prolongation de la

guerre entraîne des exigences nouvelles des nazis. Les départs volontaires, encouragés depuis 1940, n'avaient guère concerné que 130 000 travailleurs, dont une moitié seulement se trouvait encore en Allemagne au printemps de 1942. Fritz Sauckel, nommé par le gouvernement du Reich responsable de la main-d'œuvre en mars 1942, annonce en mai ses exigences au gouvernement français : 250 000 travailleurs, dont 150 000 qualifiés. Ses discussions avec Laval aboutissent au système de la « relève » : pour trois travailleurs volontaires, un prisonnier serait libéré. Laval promulgue, le 4 septembre, une loi sur l'utilisation de la main-d'œuvre, qui lui donne la possibilité de mobiliser tout Français de 18 à 50 ans et toute Française de 21 à 35 ans, pour tous travaux d'intérêt public. Ainsi, selon un procédé qui semble être devenu un principe de gouvernement, pour ne pas laisser les Allemands prendre en main la réquisition, Laval l'organise lui-même.

Le collaborationnisme. — Le collaborationnisme se démarque du vichysme aussi bien sur la question des rapports franco-allemands que dans le domaine de la politique générale. Les collaborationnistes poursuivent de leurs sarcasmes le Vichy ruralisant, corporatiste, traditionaliste, voire passéiste. Ils se proclament résolument « révolutionnaires », c'est-à-dire partisans de l'Europe sous hégémonie allemande, favorables à une société « socialiste », autrement dit dirigiste, et structurée par un parti unique. La plupart se trouvent à Paris, mais pas tous : Benoist-Méchin ou Pucheu, titulaires à Vichy de postes importants, peuvent prendre place parmi eux.

Abetz, fort habilement, comprend vite le rôle que peuvent jouer ces hommes. Aussi finance-t-il leur presse : *Les Nouveaux Temps* de Jean Luchaire, *La Gerbe* d'Alphonse de Châteaubriant, *Je suis partout*, qui reparaît en février 1941 et compte parmi ses collaborateurs Lucien Retabet et Robert Brasillach. Ces feuilles tirent respectivement, en 1943, à 60 000, 120 000 et 220 000 exemplaires. Conscient de l'importance de la vie littéraire dans un pays comme la France, l'ambassadeur place Drieu La Rochelle à la tête de la *Nouvelle Revue française*.

Les Allemands tolèrent par ailleurs et accordent, à Paris, leur appui financier à des groupes politiques collaborationnistes. Parmi ceux-ci émergent le Parti populaire français de Jacques Doriot (20 000 membres en 1942 ?) et le Rassemblement national populaire (20 000 à la même date ?), fondé en janvier 1941 par Marcel Déat, dans lequel viennent se fondre pour quelques mois les maigres troupes d'Eugène Deloncle. L'invasion de l'URSS donne aux chefs collaborationnistes l'occasion de manifester leur sympathie active à la cause « européenne ». A leur initiative, se constitue en juillet 1941 une Légion des volontaires français contre le bolchevisme (LVF) ; Vichy, d'abord réticent, devait l'officialiser par la suite, mais seulement en février 1943. La participation de la LVF à la campagne de Russie est réduite (2 300 hommes engagés ?), mais elle sert la propagande de Doriot, fréquemment présent sur le front russe.

Au total, les collaborationnistes parisiens ne devaient jamais atteindre leur objectif, la prise du pouvoir : leurs maîtres allemands les utilisaient comme moyen de pression sur Vichy, mais, conscients des limites de leur influence, préféraient le maintien du Maréchal, dont le prestige auprès des Français, infiniment supérieur au leur, était un bien meilleur garant de la neutralisation et de la docilité du pays.

Le sursaut national : la France libre, la Résistance, le tournant de la guerre et la Libération

La France libre et la Résistance jusqu'en 1942

Si la collaboration d'Etat et le collaborationnisme ne font pas recette, le vichysme et le maréchalisme contribuent, tout autant que les difficultés matérielles, à freiner les mouvements de refus de la défaite, la France libre et la Résistance intérieure.

La France libre du 18 juin 1940 à novembre 1942. — L'appel lancé par de Gaulle le 18 juin 1940 rencontre sur le moment peu d'écho. A la fin de 1942, cependant, le mouvement de la France libre représente une force réelle.

Le lancement est difficile. Si l'appel du 18 juin, renouvelé les 19 et 22 juin, provoque l'adhésion de quelques aviateurs et des 130 hommes de l'île de Sein, qui gagnent l'Angleterre du 24 au 26 juin, parmi les forces françaises stationnées en Angleterre, les évacués de Dunkerque et les troupes revenues de Narvik, de Gaulle n'obtient que 15 % de ralliement dont celui, collectif, de la 13e demi-brigade de la Légion étrangère, le 29 juin. Fin juillet, le mouvement dispose d'une petite armée de 7 000 hommes. Parmi les hommes qui l'entourent, très peu jouissent de quelque notoriété, sauf, par exemple, le professeur de droit René Cassin ou le général Catroux, ex-gouverneur général de l'Indochine.

Le gouvernement britannique, après avoir reconnu le général de Gaulle comme « chef des Français libres », accepte, par l'accord du 7 août, l'existence d'une force française autonome, distincte de l'armée britannique. Mais les tentatives pour donner au mouvement une base territoriale ne sont pas toutes couronnées de succès. Si le Tchad se rallie le premier, le 26 août, suivi du Cameroun (27 août), du Congo (29 août), de l'Oubangui (septembre), les autorités vichystes du Gabon résistent jusqu'en novembre. Plus grave : une opération visant Dakar, montée conjointement avec les Anglais, échoue le 24 septembre, par suite de la résistance des autorités de l'Afrique occidentale française. Ces ralliements permettent toutefois de renforcer les Français libres (FFL) qui atteignent 35 000 hommes à la fin de 1940.

Désormais, de décembre 1940 à la fin de 1942, la France libre allait affirmer sa présence sur le double terrain militaire et politique. Les FFL combattent sur mer (3 600 marins et une quarantaine de navires en 1942), dans les airs (quatre groupes aériens spécifiquement français), sur terre, contre les Italiens, en Erythrée et en Ethiopie (début 1941), en Libye (prise de l'oasis de Koufra par Leclerc le 1ᵉʳ mars 1941, puis des oasis du Fezzan, au début de 1942). En juin-juillet 1941, ce sont les forces vichystes qu'il faut affronter en Syrie. La bataille de retardement de Bir-Hakeim, en Libye, qui met aux prises les FFL de Koenig et l'Afrika Korps, en juin 1942, a un retentissement considérable. En métropole même, dès 1941, le 2ᵉ bureau de la France libre organise, depuis Londres, ses propres réseaux de renseignement.

Politiquement, le mouvement se définit et s'organise. Très tôt la France libre, mouvement patriotique, affirme aussi son engagement républicain : de Gaulle prend l'engagement, le 27 octobre 1940, de rendre compte de ses actes devant les représentants librement élus du peuple français. Dans l'immédiat, les nécessités imposent un pouvoir largement centralisé et personnalisé, exercé par le Général au sein du Conseil de défense de l'Empire, créé en octobre 1940, à qui succède en septembre 1941 un Comité national français. Adversaire sans concession de Vichy et du Maréchal (« triste enveloppe d'une gloire passée »), le mouvement affirme sa présence en métropole avant tout par la radio : de Gaulle intervient à la BBC une ou deux fois par mois. Mais les liens avec les mouvements de résistance intérieure restent ténus jusqu'à la fin de 1941. La prise de contact et le travail de coordination allaient être l'œuvre de Jean Moulin, parachuté en France dans la nuit du 1er au 2 janvier 1942.

De Gaulle s'affirme face aux Britanniques soupçonnés de vouloir, en Syrie en juin-juillet 1941, et à Madagascar en 1942, faire prévaloir leurs visées coloniales au détriment de la France, mais aussi face aux Américains. Roosevelt, en effet, jusqu'au retour de Laval en avril 1942, et sur la foi des rapports de son ambassadeur à Vichy, l'amiral Leahy, prend le parti de ménager Pétain. Les mauvaises relations entre de Gaulle et Roosevelt, qui considère le Général comme un apprenti dictateur, allaient peser lourd dans la suite des événements.

La naissance des mouvements de Résistance, de l'été 1940 à l'automne 1942.
— La Résistance intérieure n'a pas de date de naissance. Une série d'actes simultanés, mais isolés, attestent dès la fin du mois de juin 1940 la volonté de refuser de mettre bas les armes, dans les milieux les plus divers. Ainsi, le 19 juin, l'ouvrier agricole Etienne Achavanne sabote en Seine-Inférieure les câbles téléphoniques de l'armée allemande. Dès le 16 juin, le général Cochet, commandant la région de Saint-Etienne, exhorte ses soldats à poursuivre le combat. L'analyse des débuts de la Résistance pose le double problème des modalités de l'action et de la structuration des groupes.

L'action des premiers résistants est lancée par des hommes et des femmes démunis de moyens matériels, sans liaison avec l'extérieur, dans un contexte de totale disproportion des forces. Les premières actions de type militaire consistent, en dehors des sabotages, souvent commis par des isolés, à mettre en place des filières d'évasion pour les prisonniers de guerre évadés ou les fugitifs. L'idée de recueillir des renseignements de nature militaire a nécessité la mise sur pied de réseaux en relation avec une centrale extérieure comme l'Intelligence Service (Alliance, de Loustaunau-Lacau), ou le 2e bureau de la France libre (la Confrérie Notre-Dame). Les liaisons se font par « courrier », par radio — le premier opérateur venu d'Angleterre est parachuté en mai 1941 —, par Lysander, avion de petite taille pouvant atterrir sur un terrain de dimensions réduites.

Mais ces actions de type militaire se doublent d'un autre type d'activité, de nature politique. Il s'agit d'éclairer les Français soumis à la propagande de Vichy ou de l'occupant. Dans des conditions rendues particulièrement difficiles par le manque de matériel d'imprimerie et de papier, et par la clandestinité de la distribution, naissent une série de journaux clandestins : en zone occupée, à la fin de 1940, *Pantagruel,* puis *Libération, Résistance,* créé par le groupe du Musée de l'Homme ; en zone interdite, *L'Homme libre, La Voix du Nord* ; en zone libre, *Combat* et à partir de novembre 1941 *Franc-Tireur,* à la même époque *Témoignage chrétien.* Autour de ces feuilles se développent les mouvements de résistance, distincts des réseaux : alors que ceux-ci sont des organisations constituées en vue d'un objectif technique précis, renseignement, action ou évasion, le mouvement vise à organiser militairement et politiquement la population de manière plus large.

L'année 1940 est celle des prises de contact, 1941 voit l'extension de certains mouvements, puis des regroupements finissent par s'opérer. La ligne de démarcation représente une gêne réelle, puisque dans le courant de 1941 se constituent des mouvements spécifiques à la zone libre, Combat, Libération-Sud et Franc-Tireur, et à la zone occupée, Libération-Nord et l'Organisation civile et militaire.

Ces groupes, dont l'objectif est patriotique, ne s'attribuent bien sûr aucune couleur « politique ». Ils recrutent cependant dans des milieux précis, certains dans les milieux socialistes et syndicalistes (Libération-Nord, fondé par Christian Pineau ; Libération-Sud), d'autres chez les officiers supérieurs et les hauts fonctionnaires (l'ocm), d'autres enfin dans les couches moyennes (petits commerçants, cadres administratifs, intellectuels, nombreux à Franc-Tireur). Combat est issu de la fusion d'un groupe fondé par un officier conservateur, Henri Frenay, et d'un noyau d'intellectuels démocrates-chrétiens (Edmond Michelet, Pierre-Henri Teitgen, Georges Bidault). Une forte proportion d'entre eux, issue des milieux socialistes et démocrates-chrétiens, combat tout à la fois l'occupant, l'idéologie hitlérienne et le régime de Vichy. Les nationalistes, précocement mobilisés en zone nord contre l'Allemand, sont en zone sud déconcertés par Vichy : le mythe du « double jeu » de Pétain ne disparaît qu'en 1942.

Si l'année 1942 marque pour Vichy le basculement vers une collaboration accentuée, elle représente pour la Résistance et la France libre une étape décisive. L'intensification et le renouvellement du recrutement de la Résistance sont favorisés par le nouveau cours de la collaboration, le discours du 22 juin de Laval, la persécution des juifs et les débuts de la déportation de main-d'œuvre. Une « deuxième génération » entre en Résistance, parfois critique à l'égard des « chefs historiques ». Les mouvements répandent plus largement leur presse, intensifient leurs activités de renseignement et d'évasion et commencent à mettre sur pied des corps francs.

1942 est l'année du ralliement à la France libre, dont les mouvements attendent des subsides. Leurs chefs, à partir du printemps 1942, se rendent à Londres, Pineau en mars, Emmanuel d'Astier de La Vigerie, dirigeant de Libération-Sud, en mai, Frenay en novembre. En juin 1942, de Gaulle affirme son attachement à la République et sa volonté de réforme sociale. Ce dernier point rassure les socialistes qui forment une composante essentielle de la Résistance non communiste. Jean Moulin parcourt clandestinement le pays durant l'année 1942, tissant les liens entre les mouvements, créant des organes techniques communs, distribuant les subsides, renforçant les liaisons avec la France libre, désormais assurées à Londres par le BCRA (Bureau central de renseignement et d'action). Aussi les mouvements se rallient-ils tour à tour : Libération-Sud en mai 1942, Combat en août, Franc-Tireur en septembre, Libération-Nord en décembre.

Le Parti communiste et la Résistance. — Durant la campagne de mai-juin 1940, le PCF clandestin, dirigé de Moscou par Thorez et à Paris par Jacques Duclos, maintient son attitude de renvoi dos à dos des deux « impérialismes », allemand et allié. Maintenant après l'armistice la ligne « neutraliste », assortie d'une vigoureuse condamnation de Vichy et des « fauteurs de guerre », un « appel au peuple de France », daté du 10 juillet, propose la formation d'un gouvernement populaire, dans la perspective de la paix et du rétablissement de l'amitié franco-soviétique. Cependant, des responsables régionaux du parti, Charles Tillon, Auguste Havez, Georges Guingouin, lancent de leur côté un appel à la lutte patriotique, que ne repousse d'ailleurs pas l' « appel du 10 juillet » qui évoque « la volonté d'indépendance de tout un peuple », sans toutefois donner la priorité à l'action contre l'occupant. En réalité, la direction du PCF ménage ce dernier, aussi bien par conformité à l'esprit du pacte du 23 août 1939 que dans l'espoir d'une légalisation, dont témoignent plusieurs demandes, en définitive repoussées, de reparution de *L'Humanité*.

Dès octobre, l'espoir de légalisation s'évanouit devant la reprise de la répression exercée par la police française, avec l'accord implicite des Allemands. La pression des tenants de la ligne antifasciste, aussi bien des intellectuels de l'Université libre, autour de Georges Politzer, que des partisans isolés de l'action directe, dont les sabotages commencent dès août, s'accentue à la fin de 1940. L'appareil syndical doit prendre en compte la pression revendicative qui mène au déclenchement spontané de la grève des mineurs du Nord et du Pas-de-Calais en mai 1941, ensuite orientée vers des mots d'ordre patriotiques et prise en main par des militants communistes.

Mais la ligne officielle s'infléchit surtout à la suite de la détérioration des rapports germano-soviétiques, qui, visible dès novembre 1940, s'accentue à la mi-mars 1941. Le 15 mai, le PCF lance un « Front national de lutte pour l'indépendance de la France ». Le 22 juin 1941, les Allemands envahissent l'URSS. L'Internationale lance alors le mot d'ordre de lutte armée.

Celle-ci débute en France le 21 août 1941, quand Pierre Georges (le futur « colonel Fabien ») abat sur le quai de la station Barbès l'enseigne de vaisseau Moser. Tandis que Vichy crée des « sections spéciales », tribunaux d'exception incités à faire des exemples, les Allemands ripostent par l'exécution d'otages, choisis parmi les personnes détenues par les Allemands, ou parmi les communistes emprisonnés par la police française, que leur livre le ministre de l'Intérieur Pucheu. D'août à décembre 1941, en représailles à des attentats commis sur des officiers de la Wehrmacht, ont lieu des exécutions massives, 48 otages fusillés à Nantes, 50 à Bordeaux à la fin d'octobre, 95 à Paris, dont les dirigeants communistes Gabriel Péri et Lucien Sampaix, le 15 décembre. L'atrocité de la répression soulève d'horreur l'opinion et met fin au mythe de l'Allemand « correct », mais le doute saisit certains militants quant à la nécessité d'une telle hécatombe. De Gaulle, tout en justifiant le procédé, estime préférable de l'abandonner momentanément, « pour que cesse le massacre de nos combattants désarmés ».

Durant l'année 1942, le PCF, loin de renoncer à la lutte armée, organise et intensifie son action. Le mouvement qu'il a mis sur pied en mai 1941, le Front national, crée une branche armée, les Francs-Tireurs partisans (FTPF), dirigés par Charles Tillon, qui pratiquent le sabotage et l'attaque directe des soldats ennemis. A la fin de l'année seulement, le parti envisage, dans le cadre du mécontentement social grandissant provoqué par les transferts de main-d'œuvre, une action de masse et un rapprochement avec les autres mouvements et la France libre.

1943 : la renaissance d'un Etat

L'opération Torch (novembre 1942). — Le débarquement en
Afrique du Nord française (opération Torch), décidé pour les
Anglo-Américains en juillet 1942, dans le cadre de la stratégie péri-
phérique chère à Churchill, est conçu comme une opération d'envergure limitée. Les Alliés estiment en effet qu'ils rencontreront une
résistance faible ou nulle de la part des 120 000 Français équipés
par les soins de Weygand. Mais, pour parer à l'éventualité d'une
réaction trop vive de ces troupes, fortement pétainistes et anglo-
phobes, qui ont reçu de Vichy l'ordre de défendre ces territoires
contre tout agresseur, une opération politique est envisagée avec
des personnalités pétainistes et royalistes d'Afrique du Nord : le
général Giraud, vichyste de conviction, mais qui bénéficie d'un
grand prestige à la suite de son évasion d'une forteresse allemande,
quelques mois plus tôt, serait placé à la tête du territoire libéré.

Ce plan ne rencontre pas le succès escompté. Alors que, dans la
nuit du 7 au 8 novembre 1942, commence le débarquement de
trois divisions d'infanterie et de deux divisions blindées américaines
et britanniques, en trois points différents, à Alger, dans l'Oranais et
au Maroc, la tentative de putsch tourne court. Les militaires français appliquent la consigne de défense contre tout agresseur, les
combats font au Maroc près de 3 000 victimes. Un fait inopiné
vient compliquer la situation. L'amiral Darlan, toujours « dau-
phin » officiel de Pétain, se trouve par hasard à Alger. Craignant
d'être évincé par Giraud, il donne le 10 au matin l'ordre de cessez-
le-feu. Trois jours plus tard, il déclare assumer la responsabilité du
gouvernement en Afrique en accord avec les Américains, avec lesquels « il a convenu de défendre l'Afrique du Nord ». Le retournement est complet, puisque les Allemands envahissent alors la Tunisie. Mais Darlan se réclame toujours du Maréchal, alléguant
l'impossibilité où se trouverait ce dernier de faire connaître publiquement son appui aux décisions qu'il a prises.

En métropole, dès le début des opérations, redoutant l'invasion
de la zone sud, Pétain et Laval donnent l'ordre de « défendre »
l'Afrique du Nord. Pétain, tiraillé entre cette crainte et sa sympathie pour les Américains, aurait, par un télégramme aujourd'hui
disparu, approuvé le cessez-le-feu, mais il exclut catégoriquement
son départ pour l'Afrique. Laval se résout, le 10, à accepter l'arrivée des troupes allemandes en Tunisie, mais la décision d'Hitler est

déjà prise : le 11, à 7 heures, la Wehrmacht envahit la zone libre, et, simultanément, prend pied en Tunisie. Le 27 novembre, les Allemands désarment les troupes de l'armée d'armistice et tentent de s'emparer de la flotte de Toulon, dont les chefs appliquent alors la consigne de sabordage : 60 unités sont envoyées par le fond. Vichy a perdu tous ses atouts, alors que deux pouvoirs, à Alger et à Londres, se posent en représentants de la nation française.

Alger en 1943 : de l' « expédient provisoire » au CFLN (novembre 1942 - fin 1943). — Darlan s'empare alors du pouvoir à Alger avec l'appui des Américains, qui voient surtout en lui un « expédient provisoire », qui leur permettra de contrôler l'Afrique du Nord. Devenu dirigeant suprême avec le titre de haut-commissaire de France, il crée un Conseil impérial, composé des hauts fonctionnaires nommés par Vichy. Mais son court proconsulat s'achève brutalement le 24 décembre 1942 : l'amiral tombe alors sous les balles d'un jeune homme de 20 ans, Fernand Bonnier de La Chapelle, dont les inspirateurs n'ont jamais été clairement identifiés. Sa disparition ne provoque pas de bouleversements significatifs. Le 26 décembre, les membres du Conseil, se déclarant « dépositaires du pouvoir », désignent Giraud comme successeur de Darlan. Le général, qui ne cache pas ses sympathies vichystes accentuées, maintient en vigueur les lois antisémites, tandis que les nombreux prisonniers politiques, notamment communistes, restent incarcérés.

Les hommes de Londres et de la Résistance ont assisté, atterrés, à la promotion de Darlan. La disparition du signataire des protocoles de Paris laisse face à face de Gaulle et Giraud. Roosevelt et Churchill provoquent une rencontre des deux généraux à Anfa, banlieue résidentielle de Casablanca, le 17 janvier 1943. Rien ne sort de l'entrevue, hormis une poignée de main devant les photographes de la presse anglo-saxonne. En réalité, deux différends majeurs séparent les deux hommes : de Gaulle veut constituer un véritable pouvoir politique français, Giraud accepte la thèse américaine selon laquelle les Etats-Unis, puissance occupante, n'ont en face d'eux que des « autorités locales ». De Gaulle situe ce pouvoir dans une perspective républicaine ; Giraud refuse de désavouer Vichy. Au lendemain de l'échec d'Anfa, les Anglo-Saxons reconnaissent comme « gérant » des intérêts français le général Giraud, paré le 2 février 1943 du titre de « commandant en chef civil et militaire », tandis que de Gaulle regagne Londres.

Sous la pression américaine, exercée par l'intermédiaire de Jean Monnet, Giraud, le 14 mars, déclare l'armistice nul et non avenu et évoque clairement la perspective d'une restauration républicaine. Mais il est dépassé par la rapide évolution de la situation : de nombreux éléments de l'armée d'Afrique se rallient au général de Gaulle ; le 15 mai, un message de Jean Moulin, au nom du Conseil national de la Résistance en voie de formation, informe le général du refus des mouvements de Résistance d'admettre sa subordination au général Giraud. Aussi, de Gaulle, quand il regagne Alger le 30 mai, se trouve-t-il en position de force.

Les tractations engagées dès l'arrivée de De Gaulle aboutissent, le 3 juin, à la mise sur pied d'un Comité français de Libération nationale (CFLN), responsable de l'effort de guerre et dépositaire de la souveraineté française sur les territoires libérés. Coprésidé par de Gaulle et Giraud, il comprend 5 autres commissaires. Ce dualisme, incommode fonctionnellement et politiquement, disparaît au cours de l'année 1943. Des décrets pris pendant l'été séparent les fonctions politiques, confiées à de Gaulle, et le commandement militaire, assuré par Giraud. Celui-ci, confiné dans ses tâches militaires, est définitivement écarté par un décret du 2 octobre, qui met fin à la dyarchie. De Gaulle l'emporte et, avec lui, la Résistance intérieure, représentée au CFLN à partir de novembre, tandis que le giraudisme, vichysme à peine déguisé, est définitivement évincé. L'évolution s'achève avec l'entrée, en avril 1944, de deux communistes dans le CFLN.

Désormais, à Alger, il existe un Etat. En septembre 1943, le CFLN décide la convocation d'une Assemblée consultative, composée de 84 membres, parlementaires ayant figuré parmi les « 80 », ou communistes, élus locaux d'Algérie, représentants de la Résistance. Au cours du deuxième semestre, le CFLN reconstitue une armée, issue de la fusion des FFL, de l'armée d'Afrique, des conscrits pieds-noirs, des indigènes d'AFN et d'AOF et des volontaires venus de métropole. L'équipement est américain ; les chefs viennent soit des FFL (Leclerc), soit de l'armée d'Afrique (Juin), parfois de l'armée d'armistice dissoute : le général de Lattre de Tassigny, emprisonné par les Allemands après avoir refusé l'invasion du 11 novembre, évadé au début de 1943, avait pu rejoindre l'Afrique du Nord. Le territoire s'agrandit en septembre 1943 de la Corse, libérée par les efforts conjoints de la Résistance intérieure et de l'armée d'Afrique. Trois divisions, sous les ordres de Juin, participent à la campagne d'Italie au cours de l'hiver 1943-1944.

L'unification de la Résistance intérieure. — Les événements de novembre 1942 provoquent l'entrée en résistance d'une dernière « génération », celle des membres de l'appareil d'Etat qui ne se reconnaissent plus dans le Vichy de 1943. Les militaires de l'armée d'armistice forment l'Organisation de Résistance de l'armée (ORA). Dans les administrations civiles, le réseau des NAP (Noyautage des administrations publiques), créé par Combat à la fin de 1942, s'étoffe dans l'administration préfectorale et la police.

Jean Moulin avait, en 1942, œuvré en faveur de la fusion des mouvements de Résistance. Ainsi naissent les Mouvements unis de Résistance, issus de la fusion des mouvements de zone sud ; ainsi est mis sur pied en zone nord un comité de coordination. Mais, au printemps de 1943, les efforts du délégué du général de Gaulle portent sur la constitution d'un organisme représentatif de toutes les forces de Résistance, mouvements, partis ou syndicats.

La politique, en effet, s'insère de façon plus affirmée dans la lutte patriotique. Le Parti communiste, à partir de novembre 1942, infléchit sa stratégie. Le Front national, réactivé à partir du début de 1943, se développe dans les milieux les plus divers, parfois fort éloignés du communisme. Resté à l'écart des mouvements de fusion, mais soucieux de participer à l'Union nationale, le parti délègue en janvier 1943 un représentant auprès du comité national de Londres. Sa puissance amène les autres forces de la Résistance à faire contrepoids et à affirmer leur rôle spécifique dans la lutte commune : le Parti socialiste clandestin, reconstitué définitivement en mars 1943, avec comme secrétaire général Daniel Mayer, un proche de Léon Blum ; les catholiques, qui envisagent la création d'un grand parti démocrate-chrétien rénové. De Gaulle, de son côté, considère les membres des mouvements comme des soldats aux ordres de la France libre et se méfie des partis politiques, mais il doit faire la preuve de sa représentativité auprès des Alliés. Aussi approuve-t-il le projet.

Les efforts de Jean Moulin aboutissent à la constitution d'un Conseil national de la Résistance (CNR), où siègent huit délégués des mouvements (les MUR, l'OCM, « Ceux de la Résistance », « Ceux de la Libération », Libération-Nord, le Front national), six représentants des partis (le PCF, la SFIO, le PDP, le Parti radical, l'Alliance démocratique et la Fédération républicaine), deux des syndicats (CFTC et CGT, réunifiée par l'accord du Perreux). Réuni le 27 mai 1943 à Paris sous la présidence de Moulin, le CNR émet le vœu de voir le général de Gaulle prendre en charge les affaires politiques de la nation, Giraud assurant le commandement de l'armée. Par la suite, les réunions plénières sont, pour des raisons de sécurité, remplacées par des contacts entre les cinq membres du bureau, mais les commissions du CNR élaborent un programme pour la libération et, dans l'immédiat, renforcent la coordination des mouvements.

L'année 1943 voit la mise sur pied d'un véritable potentiel militaire, mais les actions gardent un caractère limité. Les groupes des FTP — en particulier les FTP-MOI, main-d'œuvre immigrée — pratiquent la guérilla urbaine, comme le groupe Manouchian, décimé à la fin de 1943. La formation de troupes de combattants armés dans les zones rurales, ou maquis, constitue l'originalité de l'année 1943. Les premiers sont des groupes francs chargés de réceptionner les envois d'armes parachutés et de surveiller les caches d'armes ; puis, au début de 1943, ces groupes viennent en aide aux réfractaires au STO.

La formation de ces groupes pose des problèmes de sécurité : le chiffre maximal, permettant de faciles décrochages, est de l'ordre de la cinquantaine. Les trop fortes concentrations sont rapidement détruites, comme le maquis des Glières en février 1944. L'armement, parcimonieusement distribué par des parachutages, reste nettement insuffisant. Le ravitaillement oblige à recourir à des actions contre les mairies ou à réquisitionner chez l'habitant. Nombreux dans les zones montagneuses et boisées, comme dans les Alpes (le Vercors) ou le Massif central, mais aussi en Bretagne, les maquis subissent les premiers chocs au cours de l'automne 1943 et au début de 1944. Les combats demeurent malgré tout exceptionnels : parmi les grandes formations paramilitaires, l'Armée secrète et l'ORA préfèrent attendre le débarquement allié ; les FTP inclinent plutôt vers le harcèlement par petits groupes.

La guérilla urbaine et rurale fait l'objet d'une action de coordination et d'unification. Un délégué militaire national, nommé par Alger, chargé des liaisons avec Londres et Alger à partir de septembre 1943, joue un rôle prédominant dans la répartition des moyens militaires. Une commission du CNR, le Comac (Comité d'action), tend à devenir un état-major issu de la Résistance intérieure. Sous cette double pression, intérieure et extérieure, une unification est imparfaitement réalisée en février 1944 : les Forces françaises de l'intérieur (FFI) absorbent les formations paramilitaires ; cet ensemble est doté d'un état-major national et d'états-majors régionaux. La nouvelle organisation se heurte toutefois à la volonté d'autonomie de certains groupes, comme l'ORA, restée marquée par le giraudisme.

La mise en place de ces structures clandestines a été réalisée dans les conditions, particulièrement difficiles, de la clandestinité, face à un adversaire cruel et sans scrupules. Les tâches de répression sont assurées depuis avril 1942 par la Gestapo et la SS, appuyées depuis 1941 par la police française, puis à partir de 1943 par la Milice. Le travail d'infiltration mené à partir de 1942 permet de procéder à de véritables décapitations de mouvements et de réseaux, particulièrement à la fin de 1943. Arrêté le 21 juin 1943, à la suite d'une trahison, Jean Moulin meurt quelques semaines plus tard sous la torture, sans avoir livré les noms que son bourreau lui réclamait. La répression, devenue particulièrement sauvage en 1943-1944, se caractérise par le recours systématique à la torture, odieusement et scientifiquement raffinée, et la pratique de la déportation, équivalant à une liquidation différée — dans d'atroces conditions — dans les camps de concentration allemands.

Les derniers temps de Vichy (novembre 1942 - printemps 1944). — Vichy, en novembre 1942, a perdu son territoire, son empire, sa flotte, son armée. Pétain et Laval ne croient plus guère à la victoire allemande, mais pensent toujours disposer d'une marge de manœuvre suffisante pour rêver d'une paix de compromis, dont ils pourraient être les médiateurs, entre les Etats-Unis et l'Allemagne, qui pourraient s'unir contre le bolchevisme.

A la fin de 1943, certains des conseillers du Maréchal, dont Lucien Romier, envisagent un rapprochement avec les Américains. Pétain envisage de diffuser le 13 novembre un discours par lequel il annoncerait la promulgation d'un acte constitutionnel qui rendrait à l'Assemblée nationale, dans le cas de vacance du pouvoir, la compétence constituante qu'elle lui avait déléguée le 10 juillet 1940. L'opération permettrait d'écarter Laval, ce qui est depuis longtemps le plus vif désir du Maréchal. Les Allemands, redoutant une opération analogue à celle de l'Italie, s'opposent catégoriquement à la diffusion du discours. Ribbentrop exige, explicitement, que toute loi française soit désormais portée à la connaissance préalable de l'Allemagne. Le « 13 novembre », suivi par la capitulation définitive du Maréchal un mois plus tard, marque la déchéance politique de Pétain, désormais privé de toute initiative. La voie est ouverte vers la fascisation du régime.

Durant les dix-huit derniers mois de l'occupation allemande, l'exploitation économique du pays s'intensifie. Après l'occupation de la zone non occupée, les frais d'occupation sont portés à 25 millions de marks par jour. Les paiements à l'Allemagne représentent en 1943 36 % du revenu national français ; en 1944, 27 % pour huit mois, contre 20 % en 1941 et 1942. Leur montant représente la moitié de la dépense publique.

L'appareil productif est entièrement tourné vers les besoins allemands : en 1943 et 1944, l'industrie automobile aurait fourni au Reich respectivement 60 et 70 % de sa production ; l'industrie aéronautique aurait travaillé en totalité pour les Allemands ces deux années. Globalement, l'économie industrielle s'effondre en 1943-1944, avec les indices 43 en 1944 et 55 en 1943, contre 61 en 1942 et 72 en 1941, sur la base 100 en 1938. L'industrie souffre du manque de matières premières. Les moyens de transport sont prioritairement affectés aux besoins allemands. La baisse de l'investissement dans les secteurs non affectés aux besoins allemands provoque un vieillissement du parc de machines ; la coupure entre l'économie française et le reste du monde aboutit à cumuler les retards techniques.

L'exploitation de la main-d'œuvre est elle aussi intensifiée. Pour répondre aux nouvelles demandes de Sauckel, Laval institue, le 16 février 1943, le Service du travail obligatoire (STO) : les jeunes gens nés entre le 1er janvier 1920 et le 31 décembre 1922 sont mobilisés pour accomplir une période de deux ans de travail en Allemagne. Cette mesure soulève une opposition générale : au printemps de 1943, les réfractaires se multiplient, de même que les techniques multiples destinées à les cacher. Les troisième, quatrième et cinquième « actions Sauckel » en avril et août 1943, et début 1944, n'obtiennent que des résultats limités. Les nazis, d'ailleurs, donnent un infléchissement, sous l'influence du ministre de l'Armement Speer, à leur politique de main-d'œuvre. Pour éviter les problèmes trop aigus d'hébergement et de ravitaillement — même réduits au minimum ! —, Speer propose à Bichelonne, ministre français de l'Industrie, de dispenser du STO la main-d'œuvre employée dans les entreprises travaillant à 80 % pour l'Allemagne, dénommées « Speer-Betrieb ».

Au total, 3,6 millions de Français travaillent au début de 1944 pour l'Allemagne nazie, 40 000 volontaires, 650 000 transférés au titre du STO, 900 000 prisonniers de guerre, 2 millions employés en France dans des entreprises travaillant pour l'Allemagne (dont un million dans des Speer-Betrieb). En contrepartie, 101 000 prisonniers de guerre seulement ont été rapatriés au titre de la relève.

Après le 13 novembre 1943, Vichy aborde la phase ultime de son existence. Sous la pression allemande, Laval, qui n'est pas le vrai vainqueur du « 13 novembre », doit accepter l'entrée dans son gouvernement de trois collaborationnistes, partisans de l'alignement intégral sur l'Allemagne : Joseph Darnand, chef de la Milice, devient secrétaire au Maintien de l'ordre, Philippe Henriot, secrétaire à l'Information, Marcel Déat, secrétaire au Travail. L'entrée au gouvernement de deux représentants d'un organisme armé, qui établit une hiérarchie parallèle au pouvoir d'Etat et investit celui-ci, a pu faire parler de « fascisation » de Vichy, transformé en « Etat milicien ».

La Milice, issue du service d'ordre de la Légion (SOL), formée des plus activistes parmi les vichystes, a été, par une loi du 31 janvier 1943, reconnue d'utilité publique, et spécialement chargée du maintien de l'ordre et de la lutte anticommuniste. Au début de 1944, elle compte environ 15 000 hommes sur les deux zones, de recrutement varié : les éléments d'origine populaire y côtoient des notables et des officiers, sans parler de recrutements opérés parmi les milieux les plus louches.

Les miliciens participent aux côtés des Allemands, spécialement des SS, à la répression de la Résistance. Ils pratiquent l'infiltration, l'attaque des maquis, le meurtre politique — le radical Maurice Sarraut est assassiné le 2 décembre 1943 ; Victor Basch, ancien président de la Ligue des droits de l'homme, le 12 janvier 1944 ; Jean Zay, le 20 juin ; Georges Mandel, le 7 juillet. Ils torturent, avec d'abominables raffinements. Le noyautage de l'Etat par cette organisation s'accélère au printemps de 1944 : Darnand nomme des miliciens directeurs de l'administration pénitentiaire, intendants de police, voire préfets. Des « tribunaux » miliciens sont créés en janvier 1944, qui permettent de donner une couverture « légale » à de purs et simples assassinats.

La Libération

Les opérations militaires. — A partir du printemps 1944, la France redevient un champ d'affrontements. Dès l'été de 1943, le débarquement en Italie éveille les espoirs du grand nombre et, en même temps, la crainte de nouvelles batailles. De fait, Roosevelt et Churchill avaient décidé, dès mai 1943, l'opération Overlord, sur les côtes septentrionales de la France.

L'intensification des bombardements pendant les six premiers mois de 1944 est le signe le plus évident de l'imminence de l'assaut. A partir de janvier 1944, les bombardiers pilonnent systématiquement les centres industriels, puis, en avril, les gares de triage, les ponts, les terrains d'aviation, les routes, sur une aire très vaste, des Flandres à la Bretagne, le secret du lieu du débarquement étant un facteur essentiel de la réussite. La technique des « tapis de bombes » provoque la mort de nombreuses victimes : 650 à Paris les 20 et 21 avril, 2 000 à Marseille le 27 mai, provoquant critiques et mécontentement des populations à l'égard des Américains.

L'action de la Résistance est prise en compte dans le plan allié. Le général Koenig, nommé à la tête des FFI en mars 1944, participe à Londres à la mise sur pied des divers « plans » d'action de la Résistance : paralysie du réseau ferroviaire (plan « Vert »), sabotage des installations électriques (plan « Bleu ») ou téléphoniques (plan « Violet »), actions de guérilla destinées à retarder l'arrivée des renforts ennemis (plan « Tortue »). Il apparaît cependant que la direction de la Résistance, tout en accordant la priorité à l'exécution de ces directives — les sabotages ferroviaires atteignent en avril une grande ampleur —, envisage une « action de résistance de masse à caractère insurrectionnel » : la Résistance intérieure entend par là la réalisation d'un soulèvement national et patriotique, qui dépasserait le simple rôle de complément que lui attribue l'état-major allié.

Le 6 juin 1944, à l'aube, une armada de 4 200 bateaux de transport, appuyés par 720 navires de guerre, débarque 5 divisions alliées sur un front de côte de 90 km, entre Caen et le Cotentin. La résistance immédiate des Allemands est limitée. Le « mur de l'Atlantique », ensemble de plusieurs milliers d'ouvrages bétonnés construits depuis 1943 par les Allemands, manque de profondeur. Les Alliés parviennent à établir une tête de pont du 6 au 11 juin, tandis que le port artificiel d'Arromanches permet le débarquement de centaines de milliers d'hommes (1 million au début juillet) ; Bayeux est la première ville française libérée. Mais les Allemands opposent une vigoureuse résistance : si Cherbourg tombe le 26 juin, il faut attendre le 10 juillet pour que Caen soit libérée par les Anglais, à l'est du dispositif allié.

A l'ouest de ce dispositif, les Américains parviennent, du 25 au 30 juillet, à percer le front vers Avranches. Le 31, Patton et la IIIe armée, dans laquelle combattent les Français de la 2e division blindée, commandée par Leclerc, s'engouffrent dans la brèche en direction de la Bretagne, de la Loire et du Mans. Le 6 août, les Allemands déclenchent une contre-offensive sur l'axe Avranches-Mortain, mais doivent se replier une semaine plus tard ; la plus grosse partie de leur VIIᵉ armée est encerclée et détruite le 21 août, sauf quelques unités qui parviennent à gagner la Seine. Paris est libéré le 24 août. Du 15 au 17 août, la VIIᵉ armée américaine et la Iʳᵉ armée française, aux ordres de De Lattre de Tassigny, débarquent en Provence, dans le secteur de Fréjus - Saint-Raphaël ; la Iʳᵉ armée libère Toulon le 23 août et Marseille le 28, puis fait route vers le nord, à la suite de la VIIᵉ armée américaine.

L'ordre de lancement de guérilla lancé dès le débarquement obéissait à deux motifs, l'un d'ordre militaire, opérer des « fixations » de troupes ennemies, l'autre politique, restaurer l'Etat républicain, sans attendre l'arrivée des troupes alliées et l'éventuelle instauration d'une administration américaine. Les opérations militaires prennent parfois la forme de la concentration : dans le Vercors, 8 000 maquisards se concentrent dès l'annonce du débarquement ; de même, à Saint-Marcel, dans le Morbihan, ou dans la Margeride, au mont Mouchet. Ces groupes sont détruits ou dispersés ; celui du Vercors est totalement anéanti du 21 au 23 juillet 1944.

Le harcèlement produit des effets nettement plus bénéfiques : les guérillas bretonne et alpine favorisent l'avance alliée, tandis que celles du Sud-Ouest libèrent seules l'Aquitaine et le Limousin. Le coût humain a cependant été considérable : au massacre des combattants, traités comme des francs-tireurs, s'ajoutent les atrocités commises contre la population civile. Ainsi, la division ss Das Reich, stationnée à Montauban, rappelée sur le front de Normandie, pend 99 otages à Tulle après la reprise de la ville, avant de massacrer les 642 habitants d'Oradour-sur-Glane deux jours plus tard : ces procédés de terreur massive avaient été largement mis en œuvre dans l'Est européen.

A Paris, la Résistance, dans une capitale en proie à une forte agitation populaire, où les cheminots, les postiers, les policiers se sont mis en grève entre le 10 et le 15 août, donne le 19 août le mot d'ordre d'insurrection, lancé par l'état-major local FFI, le comité de Libération et le CNR. Les bâtiments publics sont occupés, les heurts avec les troupes allemandes, infiniment plus puissantes, se multiplient. Des barricades se dressent. A la demande des responsables de la Résistance, la deuxième DB de Leclerc se dirige sur Paris, qu'elle atteint le 24 août au soir. Le lendemain après-midi, le général allemand commandant la place capitule. A l'Hôtel de Ville, où s'est installé le CNR, Bidault, qui le préside depuis la mort de Jean Moulin, reçoit le général de Gaulle. Le 26 août, de Gaulle et les chefs de la Résistance, au milieu d'une foule innombrable, descendent les Champs-Elysées et assistent à un *Te Deum* célébré à Notre-Dame.

Dès lors, la progression des armées libératrices se poursuit dans l'est et le nord du pays.

Au 31 août, les Alliés contrôlent un vaste quadrilatère compris entre Nantes, Brest, Le Havre et la limite orientale de l'Ile-de-France, et un triangle délimité par Montpellier, Grenoble et Nice. Les FFI ont libéré le Sud-Ouest aquitain, la plus grande partie du Massif central, le Jura et la Savoie. Le 16 septembre, les Allemands n'occupent plus que les départements vosgiens, lorrains et alsaciens. Pendant l'hiver, les troupes françaises, sous le commandant de De Lattre de Tassigny, libèrent la majeure partie des départements de l'Est. Leclerc entre à Strasbourg le 23 novembre. L'ultime contre-offensive allemande lancée dans les Ardennes retarde l'assaut final, mais, le 20 mars, la totalité du territoire est libérée, sauf les poches côtières de l'Atlantique, qui tiennent jusqu'à la fin de la guerre.

La Ire armée participe à l'invasion de l'Allemagne et le 8 mai 1945 le général de Lattre de Tassigny reçoit, au même titre que les commandants en chef alliés, la capitulation allemande. Cet effort militaire final, qui assure à la France une présence parmi les vainqueurs, cinq ans après le désastre, a été rendu possible par l'intégration d'une partie des FFI et l'appel des jeunes du contingent. La victoire permet, dans le courant de l'année 1945, le retour des millions de Français déplacés vers l'Allemagne, prisonniers de guerre, travailleurs transférés au titre du STO, déportés encore en vie, dont le témoignage suscite un profond traumatisme.

La transition politique. — La défaite allemande accélère la décomposition de Vichy. Alors que le dernier carré milicien multiplie les exactions et les atrocités aux côtés des Allemands, Pétain, devant le débarquement, appelle les Français à la neutralité. Les 17 et 20 août, Laval et Pétain sont emmenés par les Allemands et mis en résidence surveillée avec leurs ministres au château de Sigmaringen. Les miliciens sont versés dans la division SS Charlemagne, forte de 7 500 hommes, qui disparaît en Poméranie durant l'offensive soviétique de mars 1945. Doriot, qui tente de former un gouvernement en exil, est abattu en février 1945 par un avion non identifié. La défaite allemande disperse les derniers tenants du pétainisme et du collaborationnisme. Laval, réfugié en Espagne, est livré par Franco, tandis que Pétain, passé en Suisse, se présente spontanément à la frontière.

Le premier souci du général de Gaulle est d'écarter le projet américain d'une administration militaire provisoire. Puis le CFLN, devenu le 3 juin le GPRF (Gouvernement provisoire de la République française), prononce, par l'ordonnance du 9 août, la nullité de l'acte du 10 juillet 1940 et rétablit la légalité républicaine. Le 9 septembre, à Paris, un nouveau gouvernement d'Union nationale est formé, comprenant un tiers de membres issus de la Résistance intérieure.

Le GPRF fait face à une situation difficile dans les provinces. Conformément à un plan établi avant la Libération, le pouvoir local, après la déchéance et l'évanouissement des autorités vichystes, revient aux comités locaux de Libération, coiffés au niveau départemental par des CDL (comités départementaux de Libération), qui n'acceptent pas toujours aisément de reconnaître l'autorité des commissaires de la République nommés par le GPRF. Les CDL ont d'ailleurs du mal à se faire obéir des milices civiques, créées en mars 1944 et chargées des arrestations des traîtres et de la lutte contre le marché noir, théoriquement en collaboration avec la police officielle. Souvent accusées d'être aux mains des communistes, elles sont dissoutes fin 1944.

L'épuration. — Période trouble, l'été 1944 voit se multiplier les exécutions sommaires, de juin à septembre. Il faut retenir le chiffre de 9 000 exécutions au cours de l'été 1944, concernant pour les trois quarts des miliciens et des agents doubles dans les zones où la bataille fait rage. Les cas de vengeance crapuleuse ont naturellement pu se produire, mais en nombre en définitive réduit. Les cours de justice instituées en septembre 1944 instruisent 163 000 dossiers à partir de cette date : elles rendent un non-lieu dans 45 % des cas, et prononcent 26 000 peines de prison, 13 000 peines de travaux forcés, 7 000 condamnations à mort, dont 767 sont exécutées. L'épuration frappe durement la collaboration militaire, un peu moins la collaboration politique, assez peu la collaboration économique (33 % des prévenus sur ce chef d'accusation ont été condamnés). Les grands procès de l'automne 1945 se terminent par la condamnation à mort de Pétain (peine commuée), de Laval, de Darnand, précédée de celle de figures intellectuelles emblématiques comme Robert Brasillach (janvier 1945). Dure pour les humbles et les figures de proue, l'épuration a épargné les nantis suffisamment discrets.

Bilan global

Les pertes pour faits de guerre peuvent être estimées ainsi :

Militaires tués en 1939-1940	123 000
Prisonniers décédés en Allemagne	45 000
Alsaciens-Lorrains tués dans la Wehrmacht	31 000
Pertes des FFL	11 700
Pertes des FFI	8 000
Engagés dans la Wehrmacht	2 000 (?)
Armée de la Libération	43 000
Fusillés	25 000
Résistants morts en déportation	27 000
Total des militaires et assimilés	316 000
Déportés raciaux	83 000
Requis morts en Allemagne	40 000 (?)
Victimes des bombardements	67 000
Victimes des opérations terrestres	58 000
Exécutés à la Libération	10 000 (?)
Massacrés par les Allemands	6 000
Total des civils	264 000

(Source : Alfred Sauvy, in *Histoire de la population française*, J. Dupâquier (sous la direction de).)

Les pertes de la deuxième guerre sont à la fois lourdes et très inférieures à celle de la première. Le nombre élevé de victimes civiles, 44 % du total, caractérise un conflit qui n'a pas épargné les civils. Le chiffre total ne représente que 42 % des tués de la Grande Guerre. Une autre caractéristique capitale de la deuxième guerre est la reprise de la natalité en pleine guerre, à partir de 1942. Cette hausse n'était pas un phénomène provisoire, elle allait se poursuivre durant une trentaine d'années.

En revanche, l'économie sort gravement affaiblie du conflit, sous le double effet du pillage et l'état de guerre. La production industrielle représente en 1944 50 % du niveau atteint en 1938. Les bombardements massifs ont détruit son infrastructure : 82 % des locomotives, 5 000 km de voies ferrées sont hors d'usage. Les récoltes de 1945 représentent 60 % de celles de 1938. Les prix ont quadruplé, alors que les salaires ont été multipliés par 2,7. Le sous-investissement dans la plupart des secteurs, conséquence de la mise à la disposition des Allemands de l'appareil productif français, a entraîné un important retard technique. La reconstruction allait être longue et difficile. L'opinion ne se doute pas en 1944 que le rationnement ne sera supprimé que cinq ans plus tard.

Sur le plan politique, chargée de la responsabilité de la défaite, la IIIe République n'a pas survécu au désastre militaire, lui-même issu davantage d'un « refus » global de la guerre (Sauvy), explicable par le souvenir de la Grande Guerre, que des carences du système : l'analyse de Vichy reposait à cet égard sur des postulats radicalement erronés. Bien au contraire, le sursaut national, incarné par un homme, le général de Gaulle, s'est réalisé grâce au lien indissoluble que la République avait su établir entre les valeurs nationales et les valeurs républicaines.

BIBLIOGRAPHIE

Azéma Jean-Pierre, *De Munich à la Libération (1938-1944)*, Le Seuil, 1979.
Azéma Jean-Pierre, *1939-1940. L'année terrible*, Le Seuil, 1990.
Azéma Jean-Pierre, Bédarida François (sous la direction de), *Vichy et les Français*, Fayard, 1992.
Braudel Fernand, Labrousse Ernest (sous la direction de), *op. cit.*
Cointet Michèle, *Vichy et le fascisme*, Bruxelles, Complexe, 1987.
Cointet Michèle et Jean-Paul, *La France à Londres (1940-1943)*, Bruxelles, Complexe, 1990.
Cointet Jean-Paul, *Laval*, Fayard, 1993.
Delperrie de Bayac J., *Histoire de la Milice*, Fayard, 1969.
Dupâquier Jacques (sous la direction de), *op. cit.*
Durand Yves, *Vichy, 1940-1944*, Bordas, 1972.
Durand Yves, *La France dans la deuxième guerre mondiale (1939-1945)*, Armand Colin, 1989.
Duroselle Jean-Baptiste, *L'abîme*, Imprimerie nationale, 1982.
Ferro Marc, *Pétain*, Fayard, 1987.
L'Histoire : *Etudes sur la France de 1939 à nos jours*, Le Seuil, 1985.
Kaspi André, *Les Juifs pendant l'Occupation*, Le Seuil, 1991.
Kupferman Fred, *Laval (1883-1945)*, Flammarion, 1988.
Laborie Pierre, *L'opinion française sous Vichy*, Le Seuil, 1990.
Michel Henri, *Pétain et le régime de Vichy*, PUF, 1978.
Michel Henri, *Pétain, Laval, Darlan, trois politiques ?*, Flammarion, 1972.
Michel Henri, *Histoire de la France libre*, PUF, 1967.
Muracciole Jean-François, *Histoire de la Résistance en France*, PUF, 1993.
Ory Pascal, *Les collaborateurs (1940-1945)*, Le Seuil, 1977.
Ory Pascal, *La France allemande*, Gallimard-Julliard, 1977.
Paxton Robert O., *La France de Vichy (1940-1944)*, Le Seuil, 1973.
Rioux Jean-Pierre, *La France de la IVe République*, 1 : *L'ardeur et la nécessité (1944-1952)*, Le Seuil, 1980.
Rousso Henry, *La Collaboration, les noms, les thèmes, les lieux*, MA Editions, 1987.

6. La IVᵉ République : espoirs et déceptions (1944-1952)

La IVᵉ République n'a pas d'acte de naissance officiel puisque selon Charles de Gaulle, chef du gouvernement provisoire, « la République n'a jamais cessé d'être... Vichy fut toujours et demeure nul et non avenu ». Ce souci de continuité et de légitimité, par-delà la « parenthèse » de la guerre et de Vichy, traduit bien une volonté qui se manifeste souvent parmi les résistants et qui, dans la mémoire républicaine, persiste aujourd'hui.

Plusieurs dates de naissance sont possibles. Historiquement, le 25 août 1944 s'impose puisqu'il marque la libération de la capitale : mais la guerre traîne et la « victoire s'attarde » (de Gaulle). Sur le plan politique, le départ du général de Gaulle, le 20 janvier 1946, de la présidence du Conseil des ministres souligne que la France entre dans une phase nouvelle où l'épopée de la guerre et de la France combattante tend à s'éloigner. Mais, juridiquement, la mise en place des institutions nouvelles et l'installation du gouvernement Paul Ramadier concrétisent, d'octobre 1946 à janvier 1947, la naissance d'un système constitutionnel nouveau.

Ces quelques rappels chronologiques signifient qu'un long prologue précède la IVᵉ République constitutionnelle, que l'on appelle habituellement « la Libération ». Période de gestation au cours de laquelle les gouvernements doivent non seulement rétablir un fonctionnement normal de l'autorité et du pouvoir politique, mais aussi prévoir les grandes orientations d'avenir et gérer les séquelles politiques, sociales, économiques de la guerre.

Les ambitions sont grandes, les espoirs multiples et complexes : une France nouvelle doit naître. Mais la gestation est difficile ; les tensions politiques et sociales toujours fortes la rendent malaisée.

Enfin, la situation internationale, en se dégradant très vite, contraint à des choix de compromis. Les espoirs déçus de la Libération vont faire de la IVᵉ République un régime souvent mal aimé, qui doit affronter des problèmes auxquels elle n'est pas toujours bien préparée.

Restaurer l'Etat

Les objectifs

Dès son arrivée à Paris, le 25 août, le général de Gaulle lance un vibrant appel à l'unité des Français qui doivent tous, « hormis quelques traîtres », marcher d'un même pas. Quelques jours plus tard, dans un discours radiodiffusé il rappelle la maturité des Français — « un peuple averti de tout » — et souligne la nécessité de « l'ordre républicain sous la seule autorité valable, celle de l'Etat » et de « l'ardeur concentrée qui permet de bâtir légalement et fraternellement l'édifice du renouveau ».

Pour de Gaulle, la situation provisoire qui est celle de la France ne relève pas d'une stratégie insurrectionnelle. La ruine de Vichy ne doit pas aboutir à une démarche révolutionnaire ; l'heure n'est pas aux revanches intérieures, mais à la reconstruction du pays sous l'autorité de l'Etat républicain.

Ces rappels confirment des choix qui ont été effectués pendant la guerre. Depuis l'automne 1941, à Londres ou à Alger, bien des préparatifs politiques sont imaginés pour construire, dans la France libérée, « un pouvoir central français unique ». Il serait chargé d'assurer l'ordre et le retour à une situation politique normale. Les cadres et les moyens juridiques sont définis : une assemblée consultative provisoire, des commissaires de la République et des préfets en province, le contrôle du pouvoir militaire, la réorganisation rapide des pouvoirs civils. Le gouvernement provisoire de la République française (GPRF), formé, on l'a vu, le 3 juin 1944, dirige le retour à la légalité républicaine.

La réorganisation suppose la subordination des mouvements de Résistance intérieure. Les comités locaux de libération (CLL) et les comités départementaux de libération (CDL) qui ont participé à l'insurrection nationale, ne doivent pas maintenir un pouvoir parallèle qui, disposant de moyens militaires, pourrait menacer l'Etat. Cette exigence est d'autant plus forte que l'influence communiste s'est étoffée au sein de la Résistance intérieure. Le jacobinisme de De Gaulle et la crainte des communistes conjuguent leurs effets pour réduire rapidement l'activisme de la Résistance. Le CNR a protesté, mais, comme les partis politiques réorganisés, il se rallie à ces objectifs. Cependant la tentation demeure forte pour certaines organisations et dans certaines régions de mettre en cause l'autorité du commissaire de la République pour imposer une autorité issue de la clandestinité et des combats. C'est le cas du Limousin, de l'Auvergne, mais surtout de la région toulousaine. Dans la France du Nord, les difficultés sont moindres.

Les moyens et les effets

Les commissaires de la République sont les clés de voûte de cette stratégie politique et administrative. Remplaçant les préfets régionaux, nommés par Pétain, ils doivent installer, dans les délais les plus courts et par tous les moyens, le pouvoir légal face à tous les pouvoirs de fait. Issus de milieux divers, ils sont les « mandataires extraordinaires du gouvernement » et commandent toutes les administrations au niveau régional, notamment les préfets qui ont été nommés par le Comité français de libération.

De Gaulle, chef du gouvernement provisoire, multiplie les tournées et les visites en province, notamment dans les régions les plus perturbées ou les plus éloignées de Paris. L'enthousiasme populaire qu'il reçoit lui permet de renforcer l'autorité des représentants de l'Etat et de réduire l'activité sinon l'activisme des CDL.

Un nouveau gouvernement provisoire qualifié de « gouvernement d'unanimité nationale », que préside Charles de Gaulle, est installé le 9 septembre 1944. Il rassemble, dans un subtil dosage politique, 13 représentants des grands partis (2 communistes, 4 socialistes, 3 démocrates-chrétiens, 3 radicaux et 1 modéré) et 9 membres de la Résistance. Pour éviter les tensions, de Gaulle fusionne les résistances au sein de ce gouvernement en faisant appel à des membres de la Résistance intérieure mais aussi à celle de Londres. Parmi ces hommes on doit signaler, entre autres :

— aux Affaires étrangères, Georges Bidault, ancien président au CNR, démocrate-chrétien ;

— à l'Intérieur, Adrien Tixier, socialiste ;
— à l'Economie nationale, Pierre Mendès France, radical ;
— à l'Air, Charles Tillon, chef des francs-tireurs et partisans français (FTPF), communiste. En désignant comme ministre d'Etat, chargé de la réorganisation des pouvoirs publics, l'ancien président du Sénat de la IIIe République, Jules Jeanneney, de Gaulle veut parvenir à réaliser l'amalgame de toutes les traditions et forces politiques françaises. Mais il prétend aussi renouveler le personnel dirigeant en désignant aux côtés des ancien parlementaires des techniciens comme Alexandre Parodi (Travail et Sécurité sociale).

Les résultats

La restauration de l'Etat s'opère assez rapidement même si les tensions persistent pendant plusieurs semaines, voire plusieurs mois. Elle pose le problème de la stratégie du Parti communiste en 1944-1945.

Le Parti communiste français a largement participé à l'action de la Résistance en utilisant des structures diverses et complexes. Si le parti entre en clandestinité, il participe aussi au Front national, mouvement qu'il contrôle, au syndicat CGT où il prend peu à peu la majorité, ou à des organisations qui naissent progressivement comme l'Union des femmes françaises, ou les Forces unies de la jeunesse patriotique. Cette présence très large permet aux communistes d'influencer bien des CDL, notamment en France méridionale, ou de disposer d'une force militaire, les Francs-Tireurs et Partisans français (FTPF), et d'animer les milices patriotiques créées pour organiser le soulèvement national contre les Allemands. En 1944, le Parti communiste représente une grande force politique omniprésente d'autant plus influente que les autres partis sont désorganisés ou en voie de réorganisation.

A-t-il une stratégie de conquête du pouvoir politique ? Cette question demeure l'objet d'un débat historique, car si le Parti communiste participe au gouvernement provisoire, il maintient une grande activité au sein de CDL ou des milices patriotiques.

La résistance des CDL à l'action du pouvoir politique est inégale. En effet, bien des membres du CDL estiment que, l'occupation étant près de se terminer, leur activité doit cesser. Par ailleurs, dans certaines régions, des difficultés sérieuses apparaissent entre CDL et population. Enfin, le Parti communiste parvient à s'imposer dans quelques CDL et à maintenir un certain activisme, notamment lorsqu'il s'agit de l'épuration.

Mais les CDL ne se soumettent pas tous sans lutter pour leur survie. Dans le sud-est du pays, bien des réunions de CDL retentissent de discours d'allure révolutionnaire. De même, à la fin de l'automne 1944, près de quarante CDL décident de convoquer à Paris une assemblée nationale des Comités départementaux pour préparer la tenue des états généraux de la Renaissance française, en juillet 1945.

Cette agitation se développe dans les CDL où les communistes exercent une influence décisive. A travers elle, peut s'exprimer sinon s'imposer un pouvoir populaire face au pouvoir central en reconstruction. Il est possible aussi que ces impatiences traduisent des revendications régionales à un profond renouveau des méthodes administratives et politiques. Il faut souligner que ces tentatives s'essoufflent assez vite. Lorsque se préparent les consultations électorales de 1945, les cadres traditionnels de la vie politique sont pratiquement rétablis. Mais entre-temps, en janvier 1945, le Parti communiste accepte la soumission au GPRF des pouvoirs nés de la Résistance.

Les milices patriotiques posent un problème plus aigu, car elles survivent à la Libération et tendent à se transformer en une force policière parallèle qui, illégalement, procède à des perquisitions, des arrestations et, dans certains cas, à des exécutions.

Le 28 octobre 1944, le gouvernement provisoire qui s'inquiète de cette puissance ordonne le désarmement des milices comme prélude à leur dissolution. Le Parti communiste refuse et engage une vigoureuse campagne d'opinion dans l'ensemble du pays. A vrai dire, le CNR et une large partie de la presse issue de la Résistance protestent aussi contre l'initiative gouvernementale. Le gouvernement contre-attaque en offrant aux résistants miliciens qui refusent d'entrer dans l'armée de participer à l'organisation des Compagnies républicaines de sécurité (CRS). Mais la tension demeure très vive avec le Parti communiste qui n'hésite pas à accuser de Gaulle de mépriser la Résistance.

L'affaire ne trouve sa solution qu'au début de l'année 1945. Le secrétaire général du Parti communiste, Maurice Thorez, de retour d'URSS où il s'était réfugié en 1939, finit par imposer la soumission des milices.

Pourquoi cette évolution en quelques semaines ? S'il est possible que le Parti communiste ait songé à la mise en œuvre de la stratégie du « double pouvoir », il n'en demeure pas moins qu'à la fin de l'hiver 1944-1945, les communistes n'imaginent plus être capables de prendre le pouvoir par des moyens révolutionnaires. Le Parti communiste choisit la restauration de l'Etat républicain. Ce faisant, défend-il les intérêts prioritaires de l'URSS (Annie Kriegel, Jean-Jacques Becker) ou évalue-t-il lucidement la situation particulière de la France libérée par les Alliés occidentaux et l'état réel de l'opinion ? Dans ces conditions, il définit une démarche d'intégration à l'Etat qu'il développe, avec des aléas divers. Il s'agit de rebâtir le Front populaire pour reconstruire l'économie nationale.

Les cadres de la restauration économique

L'impératif martelé par tous — hommes politiques, presse — est de produire. La restauration économique est assimilée à une nouvelle « bataille de France » qu'il importe de gagner rapidement.

Conjoncture et perspectives

Le bilan économique est lourd, car les pertes matérielles sont réparties sur l'ensemble du territoire. Les prélèvements allemands entre 1940 et 1944 ont réduit les capacités de ravitaillement des Français. Par ailleurs, les bombardements de la Libération, les sabotages organisés par la Résistance ont affaibli l'appareil productif : usines, voies de communication, moyens de transport sont particulièrement touchés. A la fin de l'année 1944, la production industrielle représente 40 % de celle de 1938. Elle a fait un bond en arrière de 50 à 60 ans. L'état de l'agriculture n'est pas bien meilleur : faute de main-d'œuvre, de matériel et d'engrais, la production a baissé de plus de 20 % par rapport à 1938.

Cet état économique a de graves conséquences :

— les salaires réels ont baissé entre 1940 et 1944. Pour éviter la montée de la revendication sociale, et les risques de troubles, le gouvernement décide de les augmenter. En moyenne, les aug-

mentations atteignent 50 %, sans compter celle des allocations familiales ;
— la pénurie engendre l'inflation. Certes le gouvernement fait bloquer les prix, mais cette politique dure peu de temps car les producteurs renâclent. Rigueur ou satisfaction des attentes, tel est le dilemme qui s'impose alors au gouvernement. Pierre Mendès France, ministre de l'Economie nationale, choisit la rigueur : blocage des prix et des salaires, blocage des moyens monétaires, en attendant la reprise de l'activité économique. Mais il est désavoué par de Gaulle. Celui-ci se rend aux arguments des ministres qui estiment que l'austérité et la rigueur vont entraîner de « périlleuses convulsions ». Pierre Mendès France démissionne du gouvernement, tandis que l'inflation prend une irrésistible ampleur (+ 40 % en 1945). La France s'installe, pour longtemps, dans la spirale inflationniste puisque les salaires courent pour rattraper les prix.

Le CNR a élaboré un long programme de réformes pour libérer la France de l'influence des trusts. Rénovation de l'économie par les nationalisations et la planification, transformation des rapports sociaux, tels sont les projets ambitieux des mouvements de Résistance.

Les partis politiques présents au gouvernement acceptent ces perspectives avec faveur (Parti socialiste, démocrates-chrétiens, Parti communiste) ou s'y résignent (radicaux, modérés). De Gaulle, qui ne manque jamais de rappeler qu'il n'a pas vu de nombreux patrons à Londres, inscrit ces objectifs dans le programme du GPRF. L'idée prévaut que l'Etat doit assumer la responsabilité de la reconstruction en définissant les orientations et en confiant à la collectivité « les grandes sources de richesses ». Officiellement, les projets suscitent une large adhésion ; les adversaires sont minoritaires et, dans la conjoncture, doivent se taire.

Mais si l'accord se réalise sur une stratégie, le choix de l'économie dirigée n'est pas assumé avec une totale cohérence. Il n'est pas question de nationaliser ni de collectiviser toutes les sources de richesse : le socialisme n'est pas à l'ordre du jour. De même si l'on imagine la nécessité du plan, il n'est pas question de construire une planification autoritaire, obligatoire et générale. La place effective de l'Etat, celle du service public ne sont pas clairement déterminées. Les moyens ne sont pas clairement précisés. Réticences, contradictions, hésitations provoquent d'inévitables ambiguïtés.

Les nationalisations

Si les nationalisations font partie du programme de la Résistance, le climat social de la Libération les impose. Comme le montre l'ampleur de socialisations locales d'entreprises (surtout en France méridionale), les ouvriers révèlent une profonde volonté de participer à la gestion des entreprises. Des raisons patriotiques alimentent souvent ce mouvement nationalisateur « venu d'en bas » qui rencontre un profond écho parmi les employés, les techniciens et les cadres. L'opinion française — comme le soulignent bien des sondages — en approuve le principe. La conjoncture sociale et politique est donc favorable à la réforme des structures économiques. Pourtant, les mesures prises par le gouvernement sont assez limitées.

Deux grandes vagues de nationalisations se développent en 1945-1946. Une troisième vague plus tardive va suivre, mais s'inscrit dans un mouvement différent.

Au cours de l'automne 1944 et de l'hiver 1944-1945, l'Etat nationalise les Houillères du Nord - Pas-de-Calais, les Usines Renault et l'entreprise de moteurs d'avions Gnôme et Rhône. Dans le premier cas, l'Etat modifie la gestion des Houillères mais non la propriété. Dans les second et troisième cas, il s'agit de sanctionner des chefs d'entreprises soupçonnés de collaboration avec l'occupant.

La timidité du gouvernement peut trouver plusieurs explications :

— le gouvernement provisoire n'a pas la légitimité constitutionnelle nécessaire pour s'engager hardiment dans cette voie. C'est le point de vue de Charles de Gaulle, des radicaux, des démocrates-chrétiens ;
— les experts économiques estiment que de telles mesures n'admettent pas l'improvisation. Ils préconisent préparation et prudence ;
— les organisations politiques et syndicales très favorables aux nationalisations se partagent sur leur ampleur et leurs modalités. En effet, si la SFIO s'impatiente, le Parti communiste montre plus de réserve, car il craint que les militants, en confondant nationalisations et socialisme, ne se démobilisent.

L'année 1945 et le premier semestre de l'année 1946 voient se réaliser un projet politique cohérent et ambitieux. L'Etat veut se donner les moyens d'engager une action économique efficace pour accélérer la reconstruction et la modernisation. Les nationalisations touchent cette fois :

— le secteur bancaire : Banque de France, les quatre principales banques de dépôt (Crédit lyonnais, Société générale, Banque nationale pour le commerce et l'industrie, Comptoir national d'escompte de Paris) ;
— les assurances ;
— les ressources énergétiques : toutes les compagnies charbonnières, l'électricité et le gaz.

Ces nationalisations sont longuement discutées. Mais elles ne manquent pas d'ambiguïté ni de contradictions. Ainsi la nationalisation ne concerne pas les banques d'affaires ; toutes les compagnies d'assurances ne sont pas visées. En fait, à travers elles, l'Etat amplifie une tendance au dirigisme économique et cherche assez peu à confier à une nouvelle élite, issue du syndicalisme, la mission d'engager la « bataille de la production ». Par ailleurs, la nationalisation sanction est abandonnée : les anciens actionnaires reçoivent des indemnisations substantielles. A la tête des entreprises nationales sont nommés, le plus souvent, des hauts fonctionnaires qui, d'ailleurs, en se transformant en véritables managers, vont moderniser l'économie et contribuer à l'évolution des méthodes et des conditions de travail.

Cependant, le climat politique et social change rapidement. Si 70 % des Français approuvent les nationalisations au début de 1945, moins de 45 % maintiennent leur approbation un an plus tard.

Les nationalisations réalisées intéressent moins. Les ouvriers et les employés, que préoccupent la vie quotidienne et l'inflation, manifestent moins d'enthousiasme à l'égard de la gestion des entreprises, car les nationalisations ne leur ont pas donné le pouvoir. Les chefs d'entreprise commencent à relever la tête et se préparent à constituer le Conseil national du patronat français (CNPF). Par ailleurs, la puissance supposée des syndicats et la recrudescence des grèves commencent à inquiéter une population qui veut reprendre une vie meilleure, alors que persistent rationnement et pénurie.

La troisième vague de nationalisations, au cours du premier semestre de 1948, n'a pas les ambitions de la précédente. La création de société d'économie mixte dans les transports (Air France, RATP, Marine marchande) relève d'une tradition nationale des services publics contrôlés par l'Etat. Le temps des expropriations est passé. Les quelques nationalisations locales et sauvages engagées à l'automne 1944 ne sont pas régularisées. Néanmoins, les choix de 1944-1946 sont maintenus, preuve que l'objectif de reconstruction économique et de modernisation persiste.

La planification

Le 3 janvier 1946, un décret signé par le président du gouvernement provisoire crée, sans consultation de l'Assemblée, un « premier plan d'ensemble pour la modernisation et l'équipement économique de la métropole et des territoires d'outre-mer ». Il reçoit pour missions de « développer la production nationale et les échanges extérieurs », d' « accroître le rendement du travail, d'assurer le plein emploi de la main-d'œuvre », d' « élever le niveau de vie de la population ». Un commissaire au plan, Jean Monnet, est nommé ; il est aidé par un « Conseil du Plan » qui est chargé de faire toutes les propositions utiles au gouvernement.

L'idée de planification a germé en France dans les années 1920. En effet, après la première guerre mondiale, la CGT en a fait une des références de son programme de revendications économiques. Dans les années 1930, le mouvement s'est élargi à des ingénieurs, à des économistes, à des fonctionnaires qui se réfèrent aux interventions de l'Etat en temps de guerre. La crise économique impose, selon eux, à l'Etat d'organiser et de rationaliser la production économique. Dans une certaine mesure, le régime de Vichy avait repris quelques-unes de ces préoccupations.

Jean Monnet ne partage pas tous ces points de vue. Homme d'affaires impliqué dans le commerce international, il définit une planification expérimentale et pragmatique. Le plan doit permettre, dans un premier temps, d'organiser le ravitaillement des Français et des industries, programmer les aides financières venues de l'étranger. Mais dans un deuxième temps, il doit préparer la reconstruction d'entreprises capitalistes. La planification, selon Jean Monnet, doit permettre à l'économie de marché de mieux fonctionner et de mieux répondre à la nouvelle conjoncture internationale. Elle doit aussi coordonner l'effort national et favoriser l'adhésion de tous les partenaires du renouveau indispensable. Entouré de quelques hauts fonctionnaires, d'experts économiques et de techniciens brillants, Jean Monnet élabore le premier plan français et contribue à donner à l'Etat les instruments d'une politique économique active et efficace.

Prévu pour quatre années, ajustable à tout moment, le plan sélectionne et hiérarchise les priorités économiques. L'objectif principal consiste à produire et à moderniser de manière simultanée ; il faut rattraper en 1949 le niveau de production atteint en 1929. Le plan impose ses contraintes dans les entreprises nationalisées et le secteur public ; mais il n'est qu'incitatif pour les entreprises du secteur privé qui peuvent négocier des contrats avec l'Etat.

Pourtant, le plan ne dispose pas de grands moyens d'action et, notamment, manque de moyens financiers. Néanmoins, le consensus initial, le pragmatisme de ses créateurs et l'aide américaine favorisent son succès.

Vers l'Etat-providence ?

La conjoncture de la Libération favorise l'adoption de réformes qui modifient les rapports sociaux dans la vie quotidienne comme dans l'organisation du travail. L'espérance de changements profonds qui anime les salariés, les engagements de la Résistance et le programme du CNR, la volonté du général de Gaulle d'atténuer les conflits sociaux, comme la force politique des partis de réforme sociale et la pression des syndicats réorganisés, la marginalisation du patronat et des milieux conservateurs poussent à l'adoption de réformes sociales qui définissent de nouvelles règles du jeu et un nouveau statut du salarié. Trois directions principales sont retenues :

— le salarié et l'entreprise ;
— la Sécurité sociale ;
— l'organisation professionnelle.

Le salarié et l'entreprise

Une ordonnance publiée le 22 février 1945 impose la création de comités d'entreprises dans les établissements industriels commerciaux qui emploient plus de 100 salariés.

Cette mesure n'est pas entièrement nouvelle. Elle complète la loi de 1936 sur les délégués du personnel et reprend certaines dispositions mises en œuvre à l'époque du gouvernement de Vichy. Elle répond aussi aux exigences de l'actualité puisque dans de nombreuses entreprises se sont créés, au second semestre 1944, des comités de gestion qui prennent en charge l'administration d'établissements d'où les patrons ont été chassés. Certes, le projet est inscrit dans le programme du CNR, mais l'adoption rapide de cette mesure vise aussi à mettre un terme à l'agitation dans les usines et les ateliers.

L'ordonnance de 1945 ne met pas en cause l'autorité du chef d'entreprise ni sa fonction de direction. Le comité a un rôle consultatif, sauf en ce qui concerne les affaires sociales qu'il gère. Composé d'élus sur listes syndicales, il a un droit de regard sur la comptabilité de l'entreprise, donne des avis sur son fonctionnement. Cet organe de contrôle peut introduire une nouvelle conception de la gestion, mais le chef d'entreprise est libre de retenir ou de refuser les avis.

Une loi adoptée le 16 mai 1946 élargit les effets de l'ordonnance à tous les établissements de plus de 50 employés. Deux autres mesures concernent le statut du salarié :

— la loi du 23 décembre 1946 rétablit les conventions collectives et ouvre, à nouveau, le dialogue social. Mais les problèmes que posent la reconstruction et la crainte d'une accélération de l'inflation incitent le gouvernement à exclure les salaires des discussions entre patrons et salariés ;
— la loi du 30 octobre 1946 sur la prévention des accidents du travail marque le point de départ d'un nouveau droit de la santé du travail puisqu'il s'agit de prévenir et non plus seulement de réparer.

Ces réformes tendent à établir un meilleur équilibre entre les chefs d'entreprises et les employés. Elles visent à remplacer les conflits par la négociation et la coopération. Opportunité politique et sociale et volonté de rénovation conjuguent leurs effets pour compléter l'évolution des rapports sociaux.

La Sécurité sociale

C'est une idée nouvelle qui finit par s'imposer. Alors que les dispositifs créés dans les décennies antérieures (mutualité, assurance maladie, retraites) cherchent à réduire les difficultés de la vie quotidienne, la Sécurité sociale impose la conception du droit de vivre et du bien-être. En ce sens, elle contribue à construire ce que l'on a appelé l'Etat-providence. Ce droit est inscrit dans le préambule de la Constitution de 1946.

La mise en place de cette politique sociale s'effectue en plusieurs étapes :

— des ordonnances du 30 décembre 1944 augmentent les cotisations des assurances sociales ;
— les ordonnance d'octobre 1945 rattachent les assurances à un organisme unique et inscrivent tous les salariés à la Sécurité sociale. Le financement de cet organisme est assuré par les cotisations des employés et des employeurs ;
— la gestion des caisses régionales et nationales de la Sécurité sociale est assurée par les salariés qui élisent leurs administrateurs sur listes syndicales.

La Sécurité sociale couvre les risques de la maladie, de l'invalidité et de la vieillesse ; elle gère les prestations familiales qui retrouvent leur autonomie en 1948. L'Etat garde à sa charge les risques du chômage, tandis que les entreprises doivent couvrir les risques des accidents de travail.

Le principe d'une généralisation de la Sécurité sociale à tous les Français est acquis en 1946. En effet, les salariés sont les seuls assujettis initiaux et ne représentent pas la majorité de la population. Mais l'application de cette ambition tarde vingt ans. Par ailleurs, subsistent des « régimes particuliers » : mineurs, fonctionnaires, cheminots gardent leur organisation. L'obligation éventuelle soulève débats dans les catégories sociales plus individualistes comme les paysans, les artisans ou les commerçants. La charge financière immédiate peut apparaître, pour certains, d'autant plus lourde que la Sécurité sociale organise un véritable transfert des revenus. En effet, en organisant une forme de solidarité sociale, elle répartit le coût des risques sur l'ensemble des salariés inscrits.

Si des critiques surgissent en 1945-1946, la population va manifester rapidement son attachement à une politique sociale qui permet de s'affranchir des inquiétudes du lendemain.

L'organisation professionnelle

Dès avant son installation à Paris, le gouvernement provisoire abolit la Charte du travail et rétablit les syndicats dans leurs droits, leurs attributions et leurs biens de 1939. La liberté syndicale est donc restaurée selon les termes des lois de 1884 et de 1920.

Mais l'immédiat après-guerre se caractérise aussi par une évolution sensible, à terme, du syndicalisme. En effet, ses principes fondamentaux en faisaient un instrument de contestation du pouvoir économique et de défense des salariés. Or, en 1944-1945, le besoin se fait sentir de disposer d'interlocuteurs efficaces auprès des salariés. C'est pourquoi le gouvernement provisoire décide de reconnaître les organisations syndicales qui ont des états de services patriotiques et qui expriment leur loyauté à l'égard de la politique sociale. Ainsi s'établit un système où le syndicalisme devient un acteur sinon un partenaire principal dans l'application des mesures sociales.

Cette décision gouvernementale prend acte d'un phénomène né avant guerre, mais amplifié à la Libération : les professions veulent s'organiser pour pouvoir être représentées. Toutes les catégories professionnelles sont concernées par ce mouvement :

— le syndicalisme ouvrier bénéficie d'une forte poussée comme à d'autres moments cruciaux (1936). En 1945-1946, les effectifs de six millions de syndiqués semblent être dépassés ;
— les cadres et les techniciens fondent la Confédération générale des cadres (CGC) en 1944 avec l'ambition de définir une voie intermédiaire entre les revendications ouvrières et les exigences patronales ;
— pour disposer de moyens de pression sur les pouvoirs publics, les anciens syndicats agricoles fusionnent dans une Confédération générale de l'agriculture (CGA). La Fédération nationale des syndicats d'exploitants agricoles (FNSEA) est constituée en 1946.

Mais cette organisation des professions demeure fragile. En effet, les discordes et les tensions persistent. C'est le cas notamment du syndicalisme ouvrier qui, sous couvert d'un accord officiel, cache mal des divisions et son émiettement. La CFTC, qui a sensiblement progressé depuis les années 1930, continue de défendre ses références chrétiennes dans le monde du travail. La CGT, où les communistes sont devenus les maîtres, et qui exerce une forte puissance (environ 5 millions d'adhérents), se prépare à l'éclatement. Le syndicalisme n'est pas en état de devenir un partenaire décisif dans la définition d'une politique économique et sociale. La rénovation est donc limitée.

La mise en place d'un nouveau régime constitutionnel (1944-1946)

Les ambitions de la Résistance vont à un renouvellement profond des règles et de l'organisation de la vie politique nationale. Les résistants rejettent le retour de la IIIe République et le régime parlementaire inefficace et bavard qu'elle peut représenter, mais réprouvent aussi le système de Vichy pour ses atteintes profondes à la démocratie et à la légalité républicaine. Dès lors, la majorité des hommes de la Résistance se prononce pour une République libérale dotée d'un gouvernement fort et cohérent, qui parvienne à s'imposer à un Parlement dont l'activité serait tempérée. Cette exigence initiale préside à la réorganisation progressive des pouvoirs publics. Mais, assez vite, l'aspiration au renouveau est compensée par le retour en force des pratiques traditionnelles dans la vie politique française.

Le renouvellement et ses limites

Beaucoup de parlementaires qui ont abdiqué leurs pouvoirs entre les mains du maréchal Pétain, en juillet 1940, sont exclus de leur parti ou sont frappés d'inéligibilité. Cette circonstance impose un véritable renouvellement du personnel politique et la promotion d'une génération de la Résistance.

De nombreux hommes politiques commencent leur carrière dans la Résistance et la poursuivent ultérieurement, à droite comme à gauche, au Parlement comme au gouvernement. C'est le cas, notamment, chez les communistes, de Charles Tillon, chez les socialistes de Daniel Mayer, chef du Parti socialiste clandestin, ou de Christian Pineau, de Georges Bidault ou Maurice Schumann chez les démocrates-chrétiens, de Joseph Laniel chez les modérés, ou de Jacques Chaban-Delmas et Maurice Bourgès-Maunoury chez les radicaux. Les partis politiques, les assemblées sont renouvelés en profondeur au moment de la Libération. Mais, peu à peu, avec le retour à une situation normale réapparaissent des hommes qui ont joué un grand rôle avant 1939 : Léon Blum chez les socialistes, Edouard Herriot ou Edouard Daladier chez les radicaux, Paul Reynaud chez les modérés, Maurice Thorez chez les communistes. Très vite l'amalgame permet la fusion entre les deux groupes au point que la distinction devient difficile à faire.

La Résistance a proposé de rétablir dans leurs compétences les partis politiques qui souvent cherchent à se rénover.

• La SFIO est le premier à se réorganiser dès l'automne 1944 en procédant, sous la direction de Daniel Mayer, à une épuration vigoureuse de tous ceux qui ont appuyé le régime de Vichy. Par ailleurs, Daniel Mayer propose une réforme de la vie politique et du jeu des partis afin de rajeunir la démocratie. Des discussions ont lieu avec le Parti communiste, mais aussi avec des acteurs de mouvements de résistance comme Libé-Nord ou l'OCM pour bâtir un grand mouvement de transformation sociale dans le cadre d'une Union travailliste.

• Le Parti radical, identifié aux échecs de la IIIe République, a du mal à renaître car, même si certains de ses animateurs ont participé à la Résistance (Henri Queuille, M. Bourgès-Maunoury), son image est très dégradée.

• Les modérés cherchent à réapparaître, mais ils sont souvent compromis avec Vichy et se montrent discrets. Cependant, Joseph Laniel puis, à son retour, Paul Reynaud essaient de rassembler les modérés.

• Le Parti communiste bénéficie d'une influence croissante, qu'il exploite habilement par l'intermédiaire de mouvements de Résistance comme le Front national. Il accueille de nombreux hommes nouveaux qui ont été séduits par l'efficacité des communistes après 1941 et par la propagande qu'il a développée.

• Les démocrates-chrétiens se sont organisés à l'automne 1944, dans le Mouvement républicain populaire. Le MRP souhaite se différencier des partis classiques en se dotant d'une organisation souple. S'il se défend d'être un parti confessionnel, il recrute surtout parmi les catholiques sociaux et les syndicalistes chrétiens et réunit des militants issus, pour la plupart, des mouvements de jeunesse catholique. Le MRP, en se constituant, achève l'intégration des catholiques à la République. Mais si le mouvement représente une novation intéressante, il assume aussi l'héritage du Parti démocrate populaire des années 1920-1930. Georges Bidault, Maurice Schumann, Pierre-Henri Teitgen en sont les animateurs principaux.

• Au début de 1945, une force politique représentant effectivement la Résistance cherche à naître à travers la fusion du Front national et du Mouvement de libération nationale. Mais cette fusion échoue, car l'influence des communistes au sein du Front est trop importante. En fait, l'association de membres du MLN à ceux d'autres réseaux (Libé-Nord, OCM) va aboutir à la création d'un parti composite, l'Union démocratique et socialiste de la Résistance (UDSR), qui occupe une place marginale même si ses leaders exercent une influence indéniable (René Pleven, François Mitterrand).

Par-delà ces efforts de renouvellement, persistent des lignes de clivage plus classiques. Ainsi le souhait de bâtir une Union travailliste entre SFIO et MRP se heurte au principe de la laïcité sur lequel les deux partis ne parviennent pas à s'entendre. La SFIO soulève le problème du financement des écoles privées accordé par Vichy et demande, soutenue par les communistes, l'abrogation des subventions. Le MRP ne peut que s'opposer à cette démarche. De même, les projets de rencontres ou d'union entre les communistes et les socialistes soulèvent bien des contraintes et des arrière-pensées. L'influence grandissante du Parti communiste qui se présente comme le parti des « fusillés » réveille les souvenirs de l'avant-guerre pour limiter la portée de ces projets.

Premiers efforts pour sortir du provisoire

Selon les principes républicains, le gouvernement provisoire engage le processus électoral pour réorganiser l'administration et la gestion de l'Etat.

Au printemps 1945, les électeurs sont appelés à renouveler les municipalités. Dans la conjoncture politique difficile, cette première consultation permet d'évaluer l'importance des changements politiques depuis l'avant-guerre. Radicaux et modérés, fort influents en 1935, subissent un échec sensible. En revanche, les partis de gauche progressent, mais cette poussée profite plus aux communistes qu'aux socialistes qui éprouvent un net tassement. Le MRP réalise une percée honorable puisqu'il s'agit d'une nouvelle formation. Mais, dans bien des régions, les électeurs d'une droite désorientée y ont trouvé une excellente structure d'accueil. Le vote féminin (établi par l'ordonnance du 21 avril 1944), les perturbations politiques apportées par le Front populaire et Vichy et l'aspiration au renouvellement expliquent, dans une large mesure, la distribution des suffrages.

L'élection de l'Assemblée a lieu à l'automne. Selon la tradition libérale et démocratique, les députés doivent avoir la mission de discuter et de voter les projets constitutionnels. Mais de Gaulle se méfie du parlementarisme et, s'il admet l'élection d'une assemblée constituante, il impose le recours au référendum — pratique inutilisée depuis 1870 — pour préciser et limiter les compétences de l'assemblée élue. Cette exigence soulève l'inquiétude des partis politiques ; ils craignent une dérive plébiscitaire. Les controverses laissent des traces et tendent les relations.

Le 21 octobre 1945 (le gouvernement a jugé nécessaire d'attendre le retour des prisonniers et des déportés d'Allemagne), les Français sont appelés à émettre deux votes. Par le premier, ils choisissent les députés. Par le second, ils répondent à deux questions du référendum sur la nature des pouvoirs qu'ils accordent aux élus, constituants ou non, sur la durée du mandat de l'assemblée et sur les compétences du chef du gouvernement provisoire. La procédure complexe provoque bien des remous au sein des partis politiques. Le MRP et la SFIO proposent une réponse affirmative aux deux questions du référendum, tandis que les radicaux et les modérés appellent à une réponse négative. Pour les communistes, l'assemblée doit être constituante, mais les électeurs ne doivent pas réduire les compétences du Parlement.

Avec des nuances, les électeurs confirment leurs votes du printemps. Radicaux et modérés se maintiennent à un niveau modeste (10 % des voix pour chacun). Communistes, socialistes, MPR sont les principales forces politiques. Le Parti communiste confirme sa prééminence, mais le MRP le talonne d'assez près en engrangeant toujours une bonne partie des voix conservatrices. Mais la SFIO — troisième parti — obtient un résultat décevant puisqu'elle est devancée. Pourtant, l'audience du socialisme progresse légèrement auprès d'un électorat modéré qui tente de limiter l'hégémonie possible du Parti communiste.

Même si les références sont mouvantes, les élections de 1945 soulignent la forte poussée des formations politiques qui préconisent une rénovation. Plusieurs majorités politiques sont possibles. Les valeurs traditionnelles permettent de construire un nouveau Front populaire ; mais, marginalisés, les radicaux ne sont plus indispensables. Communistes et socialistes ont obtenu ensemble une courte majorité absolue ; mais les socialistes ne veulent pas d'un tête-à-tête permanent avec un Parti communiste plus puissant qu'eux. La raison impose l'union des partis et des hommes issus de la Résistance derrière de Gaulle. Mais les germes de division ne manquent pas : la laïcité, la place du Parti communiste, les problèmes constitutionnels.

L'Assemblée désigne de Gaulle comme chef du gouvernement. Le prestige de Charles de Gaulle, la volonté d'union pour la reconstruction, l'absence d'alternative crédible imposent de poursuivre la stratégie adoptée depuis août 1944. Pourtant, fort de ses succès électoraux répétés, le Parti communiste revendique des responsabilités conformes à son influence électorale. De Gaulle refuse de lui laisser les ministères réclamés. Une première crise éclate qui, malgré une solution habile (diviser le ministère de la Défense nationale), laisse des traces. Les partenaires du Parti communiste s'interrogent sur ses objectifs. Mais, plus généralement, les partis s'inquiètent des méthodes gaullistes qui semblent faire peu de cas des formations parlementaires. Et la crainte du communisme ne l'emporte pas sur les menaces supposées du gaullisme. Les accrochages se multiplient. De Gaulle apprécie peu les débats parlementaires, les interpellations dont il est l'objet. Il s'agace de la volonté tatillonne des élus d'exercer un contrôle permanent de l'action gouvernementale. Les députés sont rebutés par la hauteur, voire le mépris du chef du gouvernement, par son refus d'expliquer et de justifier. En fait, de Gaulle et les partis ont du mal à s'entendre parce que les projets et les ambitions sont de moins en moins communs.

Soudainement, le 20 janvier 1946, Charles de Gaulle donne sa démission. Dans un message au pays, il expose des raisons officielles : sa mission est remplie puisque la libération est faite et que la reconstruction s'engage. Devant les ministres, il dénonce le poids excessif des partis. Si les motifs de la démission sont clairs, ses objectifs le sont moins. De Gaulle choisit-il de faire pression sur les parlementaires et notamment ceux du MRP ? Sa décision est-elle provisoire ? définitive ? Selon Jean Charlot, l'historien du gaullisme d'opposition, le départ n'est pas une retraite mais une tactique mûrie. De Gaulle veut un sursaut de ses partisans et particulièrement du MRP, il attend un rappel très rapide. Or, cette tactique échoue. Le MRP n'effectue aucune démarche auprès du chef du gouvernement démissionnaire et ne manifeste aucun regret public. D'ailleurs, il confirme très vite son alliance politique et gouvernementale avec les socialistes et les communistes. Ces derniers se gardent de toute intervention.

Les Français, pour leur part, apparaissent très surpris, mais n'affichent aucune inquiétude. Les sondages révèlent une opinion critique et une image de Charles de Gaulle dégradée. La population se préoccupe de la vie quotidienne, du ravitaillement, de la hausse des prix, tandis que de Gaulle passe pour songer d'abord au rang de la France dans le monde. S'il n'est pas consommé, le divorce est proche car, au moment de sa démission, de Gaulle n'obtient plus l'approbation d'une majorité de Français. Le chef du gouvernement a déçu ; son départ ne marque pas un coup de tonnerre. Le retour au pouvoir espéré va exiger un délai de douze ans.

La « charte de collaboration » des trois partis de la majorité — le tripartisme — est signée le 23 janvier 1946. Mais comme la confiance entre les organisations politiques au pouvoir se dégrade, il s'agit plus d'un pacte de non-agression que d'un programme de gouvernement. En effet, les trois partis, par contrat écrit, s'engagent à soutenir collectivement les décisions prises en commun et affirment une ambition commune : désigner un chef de gouvernement plus arbitre que capitaine qui puisse ne faire aucune ombre aux chefs des partis respectifs.

Le premier successeur de Charles de Gaulle, le socialiste Félix Gouin, se borne à partager les ministères avec équité, mais se garde bien de construire une véritable équipe ministérielle. Les responsabilités sont partagées : aux communistes et aux socialistes, les ministères économiques et sociaux, aux élus du MRP les ministères politiques (Affaires étrangères, Justice) ; les ministères de l'Intérieur et de l'Education nationale reviennent à des socialistes. Le second successeur de De Gaulle, le MRP Georges Bidault, accepte des modalités très voisines en dirigeant le gouvernement jusqu'à la mise en place des nouvelles institutions, en janvier 1947.

Dans le cadre provisoire de l'Assemblée constituante se met en forme la pratique d'un gouvernement des partis. En effet, ce sont moins les ministres ou les députés qui prennent les décisions essentielles que les chefs de partis, qui les répercutent dans les instances gouvernementales. Ce phénomène est d'autant plus important que ce sont souvent des militants de ces partis qui constituent désormais les cadres administratifs des ministères.

Les débats constitutionnels

Le référendum d'octobre 1945 a montré qu'une très forte majorité des électeurs et des électrices (96 %) rejette le système de la IIIᵉ République. Ce vote des Français exprime donc une large victoire de De Gaulle. Mais le projet gaulliste de réduire le pouvoir parlementaire et d'imposer l'autorité gouvernementale divise l'opinion ; il obtient une majorité sensiblement affaiblie. La démission de De Gaulle trouve son origine aussi dans cette situation politique très complexe.

La discussion et l'élaboration de la nouvelle Constitution vont connaître plusieurs phases.

Au cours du premier semestre 1946, d'intenses débats se développent au sein de l'Assemblée. Les socialistes et les communistes se séparent du MRP pour essayer d'imposer un projet qui leur convienne. Une assemblée élue pour cinq ans disposerait de très larges pouvoirs. Elle élirait le président de la République et le président du Conseil que, par ailleurs, elle pourrait renverser par un vote de censure ; la dissolution de l'Assemblée, en ce cas, pourrait être prononcée. Les communistes et leurs alliés socialistes reprennent la tradition révolutionnaire : une assemblée unique très puissante, que leurs forces électorales conjuguées permettraient de contrôler.

Ce premier projet soulève une double opposition. Radicaux et modérés, favorables au retour à une IIIᵉ République rationalisée, poursuivent leur stratégie du référendum : ne rien modifier aux textes constitutionnels antérieurs. Le MRP refuse d'approuver une Constitution qui réduirait les compétences de l'exécutif et imposerait l'omnipotence d'une assemblée unique. Les maigres concessions qu'il obtient au terme de négociations tendues l'encouragent à ne pas modifier sa position.

Soumis à l'Assemblée, ce projet est adopté par la majorité constituée par les communistes et les socialistes. Mais, selon les termes du référendum d'octobre 1945, les Français doivent ratifier le texte parlementaire. Le 5 mai 1946, à une majorité de 53 % des suffrages, les Français repoussent la Constitution. Si le débat semble opposer la gauche et la droite, il partage aussi la SFIO où certains militants s'interrogent publiquement sur le poids communiste à l'Assemblée.

La première Assemblée constituante est dissoute ; une nouvelle assemblée doit être élue pour élaborer un nouveau texte. Les élections du 2 juin 1946 permettent au tripartisme de conserver la majorité. Mais l'équilibre interne des forces politiques se modifie. Le MRP dépasse le score du Parti communiste et devient, avec plus de 28 % des suffrages exprimés, le premier parti de France. Les communistes se maintiennent tandis que les socialistes régressent légèrement et gardent la troisième place. La gauche perd la majorité absolue ; une majorité de Front populaire n'est plus envisageable. En revanche, les progrès du MRP qui amorce une orientation à droite et la stabilité des modérés permettent d'imaginer une coalition centriste. Le MRP exploite la nouvelle situation parlementaire pour obtenir des concessions significatives de ses partenaires.

Un projet est mis en chantier qui restaure une deuxième assemblée ; le Conseil de la République est créé de même que le Conseil de l'Union française. Le président de la République, élu par le Congrès, retrouve des compétences proches de celles de ses prédécesseurs de la IIIe République.

Au moment où les députés commencent la discussion du nouveau projet, Charles de Gaulle intervient publiquement. Le 16 juin, dans son discours de Bayeux, il dénonce les tractations et les compromis, critique sévèrement le projet et soumet au pays ses propositions. Pour de Gaulle, il est essentiel que le gouvernement ne procède pas du Parlement afin que l'on ne confonde pas les pouvoirs et que l'exécutif puisse disposer de l'autorité dont il a besoin. La clé de voûte du système gaulliste serait le président de la République élu non par les assemblées, mais par un collège électoral élargi ; il recevrait la mission d'être le gardien de l'intérêt national et l'arbitre suprême.

Le discours de Bayeux cherche à exploiter la situation politique et à obliger le MRP à se séparer des socialistes et des communistes. Pourtant, loin de contribuer à rapprocher le MRP de De Gaulle, le discours de Bayeux l'éloigne encore plus. Car le MRP, à l'instar des socialistes, juge l'intervention du général de Gaulle comme une « sommation ». Par ailleurs, tous les partis réprouvent la proposition qui réduirait trop fortement les pouvoirs parlementaires. Dans ces conditions, loin de favoriser le retour de De Gaulle au pouvoir, le discours de Bayeux laisse croire que des menaces se profilent et qu'il faut les endiguer. Georges Bidault comme Léon Blum sont d'accord pour estimer nécessaire d'écarter ce « projet dangereux et inviable ». La rupture est consommée entre de Gaulle et les partis politiques.

Le discours de Bayeux a donc un effet inattendu : ressouder les partis au pouvoir et élargir leur influence parlementaire. Car ce sont les défenseurs du Parlement qui peaufinent le texte voté à une très forte majorité. La Constitution est soumise à référendum le 13 octobre 1946. Si un tiers des électeurs s'abstiennent, une majorité étroite mais réelle (53 % des suffrages) l'adopte, malgré une nette condamnation de De Gaulle.

La Constitution de 1946 est un compromis entre les partis attachés à la prépondérance du Parlement ; en ce sens, elle restaure le régime parlementaire. Mais ce régime parlementaire est très déséquilibré, car l'Assemblée nationale devient la clé de voûte des institutions. Le Conseil de la République ne retrouve pas les pouvoirs du Sénat de la IIIᵉ République. Le président de la République, élu en Congrès par les deux chambres, dispose de pouvoirs modestes même s'il désigne le président du Conseil. Cependant, la durée de sa magistrature (sept ans) peut lui permettre d'exercer sinon un rôle du moins une influence politique indéniable.

En revanche, la vie d'un gouvernement est suspendue au vote de la censure ou de la confiance par l'Assemblée nationale.

La mise en route de la IVᵉ République

Elle se déroule en quatre étapes principales.

La logique institutionnelle impose le préalable de l'élection de l'Assemblée nationale. Les Français sont appelés à désigner leurs représentants le 10 novembre 1946. Cette cinquième consultation en un an exprime un certain malaise. La campagne manque d'enthousiasme ; l'abstentionnisme continue de progresser.

		% Inscrits	% Exprimés
Inscrits	25 053 233		
Abstentions	5 488 157	21,9	
Parti communiste	5 524 799	22	28,8
Parti socialiste	3 480 773	14	18,1
Radicaux	2 190 712	8,7	11,4
MRP	5 053 084	20,2	26,3
Indépendants	2 953 692	11,8	15,4

Comparativement aux élections de juin 1946, les résultats soulignent que le paysage politique demeure sans grands changements.

Les trois principaux partis, PCF, socialistes, MRP, gardent leur primauté. Mais les équilibres internes sont à nouveau modifiés puisque le Parti communiste, en léger progrès, redevient le premier parti de France et devance le MRP, en léger recul. Les socialistes subissent une nouvelle érosion ; le refus de choisir entre la gauche et la droite est sanctionné par le corps électoral. Les radicaux associés à l'UDSR dans le Rassemblement des gauches républicains (RGR) gardent leur stabilité mais à un niveau toujours modeste. Les modérés constituent le quatrième parti et sauvegardent leurs positions antérieures. Ils gagnent quelques sièges aux dépens du MRP et de la SFIO.

Cependant, le climat politique change assez sensiblement :

— le MRP et le PCF se sont affrontés directement pendant la campagne en annonçant qu'ils s'excluaient mutuellement. Le maintien du tripartisme devient plus malaisé ;

— la nouvelle perte d'influence de la SFIO interdit toute majorité absolue à gauche. D'ailleurs, désorienté, le Parti socialiste cherche sa voie. Léon Blum soutenu par Daniel Mayer souhaite renouveler en profondeur l'idéologie et l'organisation du parti, pour mieux répondre aux vœux des électeurs. Mais la majorité des militants, séduite par le rappel de la tradition marxiste, porte à la tête de la SFIO un nouveau secrétaire général, Guy Mollet, qui gardera ses fonctions pendant vingt-trois ans. La rigueur idéologique n'interdit pas un grand pragmatisme politique.

Le Conseil de la République est élu les 24 novembre et 8 décembre 1946. Le Parti communiste et le MRP obtiennent une majorité écrasante.

Le 16 janvier 1947, réunies en Congrès, les deux assemblées procèdent à l'élection du président de la République. Dès le premier tour de scrutin, elles élisent Vincent Auriol, le président de l'Assemblée nationale.

Celui-ci, qui est âgé de 63 ans, appartient à la SFIO. D'origine modeste, il exerce la fonction d'avocat avant de devenir l'expert financier du Parti socialiste dans les années 1930. Ministre des Finances du gouvernement Léon Blum en 1936, il doit décréter la dévaluation du franc en septembre 1936. Dans le gouvernement présidé par Camille Chautemps en 1937, il assume la responsabilité de ministre de la Justice et de garde des Sceaux. Il rejoint la Résistance très tôt après avoir refusé les pleins pouvoirs à Pétain le

10 juillet 1940. L'Assemblée constituante le désigne comme président en février 1946. Vincent Auriol est un fidèle de Léon Blum. Il souhaite en 1945-1946 la rénovation du parti afin de mieux l'adapter à la nouvelle société. Homme d'Etat, convaincu de la prééminence de la fonction présidentielle, il va exercer ses fonctions en étirant les compétences que lui accorde la Constitution. Une présidence fort active lui permet d'imposer une magistrature d'influence efficace. L'Assemblée nationale désigne pour lui succéder à la présidence le cacique de la IIIe République, le leader radical Edouard Herriot.

Le nouveau président de la République propose à l'investiture de l'Assemblée, comme président du Conseil, Paul Ramadier, membre de la SFIO. A l'unanimité, celui-ci obtient l'investiture sollicitée.

Agé de 59 ans, avocat, animateur de coopératives ouvrières dans l'Aveyron, Paul Ramadier a été député sous la IIIe République. Membre de la SFIO, puis de l'Union socialiste et républicaine, il devient sous-secrétaire d'Etat aux Mines dans les gouvernements Léon Blum et Camille Chautemps, puis ministre du Travail dans le gouvernement Daladier en 1938. Le 10 juillet 1940, il refuse les pleins pouvoirs à Pétain qui le fait révoquer de ses fonctions de maire de Decazeville pour appartenance à la franc-maçonnerie. Membre de l'Assemblée consultative provisoire en 1944, il réintègre la SFIO.

Cet homme intègre, estimé de tous les parlementaires, est un humaniste très cultivé. Sa pensée politique peut se résumer en une formule : République et socialisme sont étroitement liés. Socialiste pragmatique, gestionnaire sérieux, Paul Ramadier est confronté à une conjoncture politique intérieure et internationale qui évolue rapidement.

La nomination des principaux responsables politiques de la IVe République montre que le choix s'est porté sur des hommes d'expérience, rompus à la pratique du pouvoir politique. C'est le résultat de l'amalgame qui donne à la Résistance toute son influence politique. Mais elle révèle aussi que la rénovation est tempérée et que les risques de retour aux pratiques de la IIIe République sont grands. D'ailleurs, investi par l'Assemblée, le nouveau président du Conseil sollicite des parlementaires la confiance qu'il croit nécessaire. Ce choix, que n'impose pas la Constitution, restaure la suprématie de l'Assemblée et affaiblit l'autorité gouvernementale. Ce faux pas initial va marquer l'évolution ultérieure du régime.

La fin du tripartisme puis la Troisième Force (1947-1952)

Cette étape, qui marque la première législature de la IVe République (1947-1951), liquide en partie l'héritage de la guerre et fait entrer la France dans une nouvelle configuration politique.

1947 : l'année de tous les dangers

Paul Ramadier compose un gouvernement qui, par certains aspects, peut paraître d'union nationale. En effet, aux côtés des ministres issus du tripartisme et qui assument les responsabilités principales, le président du Conseil fait appel à des modérés et à des radicaux. Mais Paul Ramadier refuse les dosages demandés par les partis en considérant qu'un gouvernement démocratique n'est pas nécessairement le gouvernement des partis politiques. A la tête d'un gouvernement qu'il veut solidaire, il prétend gouverner, c'est-à-dire régler les problèmes qui se posent au pays. Or, en 1947, ces problèmes sont multiples et difficiles.

• La situation économique est désastreuse ; la production plafonne à un niveau modeste ; la reprise industrielle se fait attendre, tandis que le ravitaillement demeure très malaisé. La France dépend toujours de l'étranger ; elle doit importer blé, charbon, matières premières, machines, sans pouvoir exporter, car la demande intérieure est plus forte que l'offre. Du fait de ses moyens financiers et budgétaires réduits, elle doit emprunter auprès des Etats-Unis. La tendance inflationniste, loin de s'atténuer, s'aggrave et maintient un pouvoir d'achat médiocre.

• La crise sociale se rapproche car la lassitude et le découragement gagnent la population. La baisse de la ration quotidienne de pain, la montée rapide des prix et la stagnation des salaires provoquent le désenchantement des milieux populaires. Les appels au civisme demeurent sans écho, tandis que des grèves spontanées éclatent un peu partout et débordent les organisations syndicales dès la fin de l'hiver 1946-1947.

• La montée des tensions internationales. La mainmise de l'URSS sur les pays de l'Europe centrale qu'elle a libérés, le maintien d'une armée soviétique nombreuse et mobilisée, les malentendus entre Américains et Soviétiques dégradent le climat international. Dès le mois de mars 1946, Churchill, le premier ministre britannique, parle du rideau de fer. L'Allemagne devient publiquement une pomme de discorde entre les vainqueurs de la guerre, tandis que les Etats-Unis définissent en mars 1947 la doctrine de l'endiguement du communisme (doctrine Truman).

• A toutes ces difficultés s'ajoutent les premiers incidents sérieux en Indochine ; de surcroît, l'insurrection gagne Madagascar.

La crise multiforme que le pays traverse en 1947 se nourrit de ce climat dégradé. Plusieurs étapes la caractérisent et additionnent leurs effets.

• La révocation des ministres communistes et la rupture du tripartisme constituent la première phase. Depuis la constitution du gouvernement Ramadier, les escarmouches se multiplient entre le Parti communiste et les partenaires de la coalition ministérielle. Si les ministres communistes manifestent leur solidarité (Maurice Thorez, François Billoux, Charles Tillon, Ambroise Croizat, Georges Marrane), les députés communistes se montrent plus critiques. Une première escarmouche éclate sur la politique indochinoise le 22 mars 1947 ; les députés communistes ne votent pas la confiance. Mais c'est la politique économique et sociale qui provoque la rupture. Le blocage des prix et des salaires, dans le cadre de l'austérité nécessaire, soulève le mécontentement des salariés qui s'exprime à travers la flambée des grèves. La CGT hésite à apporter son soutien au mouvement mais, devant son ampleur, s'y rallie, fin avril 1947. L'Assemblée nationale est appelée à débattre de la situation et à renouveler sa confiance au gouvernement. Le 4 mai, les communistes — députés et ministres — refusent d'approuver la politique de rigueur économique du gouvernement.

Même si le tripartisme développe une conception assez vague de la solidarité ministérielle, le vote des ministres communistes crée une situation politique sans précédent dont le parti évalue mal la gravité symbolique. Le président du Conseil, plutôt que de démissionner, préfère révoquer les ministres communistes le 5 mai 1947 et reconstituer un gouvernement axé un peu plus à droite. Cette démarche est approuvée par les instances de la SFIO qui semblent y voir une décision ponctuelle sans portée d'avenir, une péripétie politique plus qu'un tournant déterminant. C'est en partie le point de vue des militants et des élus communistes.

Les communistes portent une responsabilité essentielle dans le déclenchement de la crise. Mais leur stratégie de parti de la classe ouvrière les contraint à tenir compte des réactions populaires ; à ce titre, il leur est difficile d'approuver une politique économique trop impopulaire. Par ailleurs, il faut rappeler que, depuis le référendum d'octobre 1946, le MRP cherche à récupérer une partie des voix qu'il a perdues et, pour y parvenir, n'hésite pas à souligner qu'il constitue le meilleur barrage contre l'influence du communisme. La création par de Gaulle, un mois plus tôt, en avril, d'un nouveau parti, le RPF, convainc les dirigeants du MRP qu'ils doivent élargir leur audience et réduire cette concurrence. Enfin, le chef du gouvernement qui prétend promouvoir la solidarité ministérielle ne peut admettre une telle indiscipline parce qu'il doit sauvegarder l'avenir.

Bien des préoccupations tactiques déterminent donc les choix des principaux acteurs qui peuvent partager la conviction d'un accident réparable. La conjoncture internationale et la situation intérieure vont imprimer un autre cours à ce qui aurait pu n'être qu'une péripétie.

• L'entrée en guerre froide aggrave la rupture du tripartisme. En effet, depuis la fin de la guerre, les gouvernements français se sont efforcés de maintenir des liens avec les Américains et les Soviétiques. De par la nature des rapports entre l'URSS et le Parti communiste, la présence au gouvernement de ministres communistes et non communistes garantit un équilibre qui persiste après le déclenchement de la brouille entre les deux Grands. L'annonce par les Etats-Unis, au début du mois de juin 1947, d'une aide économique et financière à l'Europe — le plan Marshall — perturbe la stratégie internationale de la France. Refusé par l'URSS et par les communistes européens, le plan Marshall provoque la rupture officielle entre les Grands, mais aussi entre les partis communistes et les autres. Il fait naître, en France et dans toute l'Europe occidentale, de nouvelles tensions internes. En l'acceptant, le gouvernement français espère bénéficier des moyens de poursuivre sa politique économique de modernisation et d'équipement en limitant les risques sociaux et politiques. Par ce choix, il s'aligne sur les positions américaines et choisit le camp occidental dont il est plus proche idéologiquement et dont, de surcroît, il peut attendre blé, matières premières et investissements nécessaires à la survie et à la reconstruction françaises. Mais il rompt avec le Parti communiste qui s'aligne sur l'URSS et Staline. La guerre froide impose une nouvelle majorité politique.

• La crise sociale de l'automne 1947 est d'une exceptionnelle gravité. Au début de l'été, une vague de grèves, souvent spontanées, se développe en France. Après une certaine accalmie, l'agitation reprend à l'automne. Les fonctionnaires réclament un « rattrapage des salaires » avant que les mineurs et les ouvriers métallurgistes ne prennent le relais en novembre 1947. Dans certaines régions, l'agitation prend des formes proches de l'émeute comme à Marseille ou dans certaines villes du Sud-Est. La flambée des prix et le mécontentement profond qu'elle suscite sont à l'origine du mouvement. Mais en s'élargissant, celui-ci obtient le soutien très actif de la CGT — contrôlée par les communistes — et du Parti communiste lui-même qui invitent les salariés à intensifier la lutte sociale et à combattre avec fermeté le plan Marshall. La peur de l'insurrection, entretenue par une tension persistante, notamment dans le Nord, gagne les milieux ministériels ; les forces de l'ordre ne semblent pas en état de réduire l'agitation. Paul Ramadier doit démissionner le 19 novembre ; son successeur, Robert Schuman, qui appartient au MRP, ne réussit pas mieux. Pourtant, le 9 décembre, la CGT, contre toute attente, donne l'ordre de cesser la grève et de reprendre le travail.

Qu'ont prétendu faire le PCF et la CGT à l'automne 1947 ? La réponse n'est pas simple, mais quelques remarques peuvent éclairer l'analyse. En effet, les grèves ont été politiques ; la nature des slogans et la résistance des non-communistes le soulignent clairement. Il est donc probable que les choix communistes relèvent d'une tactique adoptée par l'URSS. Mais ces grèves n'expriment pas une ambition insurrectionnelle. Les communistes ont exploité, à des fins politiques, une situation sociale tendue pour réaffirmer une vocation révolutionnaire. D'ailleurs, le parti retrouve ses accents de parti de classe et adopte une opposition systématique à tous les gouvernements et particulièrement au Parti socialiste.

Les conséquences de la crise sociale jouent un rôle déterminant sur la vie politique des années ultérieures :

— le Parti communiste perd, en quelques semaines, la respectabilité acquise depuis la guerre. Si dans l'immédiat, il n'y voit aucun inconvénient, à moyen et long terme le choix de 1947 lui est fort dommageable puisqu'il sera, de fait, écarté de la vie politique nationale pendant plus de trente ans ;
— une vague d'anticommunisme déferle et s'amplifie dans le pays. Elle affecte le personnel politique et l'électorat. Elle touche

aussi le syndicalisme puisque la CGT perd à la fin de 1947 ses syndiqués hostiles aux communistes qui forment la CGT-Force ouvrière ; l'anticommunisme cimente cette nouvelle sécession. D'autre part, le refus de choisir amène les enseignants à fonder un syndicat autonome, la Fédération de l'Education nationale, dans laquelle les communistes occupent une place minoritaire ;
— le centre de gravité des majorités gouvernementales glisse vers la droite. Ces majorités reposent sur une coalition des socialistes, du MRP et des modérés ou radicaux. L'unité de la Résistance est donc rompue au profit d'équilibres politiques renouvelés jusqu'en 1951 : la « Troisième Force ».

Cette « Troisième Force » aura, en fait, à lutter sur deux fronts. L'année 1947 voit surgir une autre opposition que celle des communistes. En effet, le 7 avril 1947, Charles de Gaulle fait sa rentrée en invitant, à Strasbourg, les Français à créer un vaste mouvement en dehors des partis politiques organisés. Il s'agit d'engager l'action nécessaire au salut national et à la réforme de l'Etat.

D'emblée, l'opinion montre une grande faveur à l'égard de cette tentative. Les enquêtes d'opinion soulignent que plus du quart des Français se sentent proches des positions et des préoccupations gaullistes. Le Rassemblement du peuple français (RPF) se veut mouvement de masse, populaire ; en fait, il séduit d'abord les classes moyennes et les agriculteurs. Si de Gaulle prêche l'union nationale, il n'en demeure pas moins que son mouvement se nourrit peu à peu de l'anticommunisme ambiant et du malaise politique et social. Au fil des voyages et des discours en province, le flot des adhésions au RPF a tendance à gonfler. Il atteint environ 400 000 personnes au début de 1948. Sans engagements politiques antérieurs, ces adhérents nouveaux se recrutent de plus en plus dans les milieux modestes (fonctionnaires, ouvriers, artisans et petits commerçants).

Que faire de ce mouvement naissant ? De Gaulle croit pouvoir ébranler les partis politiques. Ceux-ci ripostent en rejetant la double appartenance politique. De Gaulle tente alors d'intervenir au Parlement en créant un groupe avec des députés sympathisants : c'est à nouveau l'échec. En octobre 1947, de Gaulle lance le RPF dans la bataille des élections municipales et obtient des résultats inespérés. En effet, le RPF recueille près de 40 % des suffrages exprimés dans les villes. Les principales villes passent sous la direction de maires gaullistes (Marseille, Bordeaux, Lille, Strasbourg, Grenoble,

Nancy, Paris, etc.). Les électeurs de De Gaulle sont des mécontents du fonctionnement de la IVᵉ République et attendent le retour au pouvoir du général et la réforme de la Constitution.

Le RPF multiplie les efforts de séduction en direction des parlementaires. Le MRP, qui apparaît comme le parti de la fidélité à de Gaulle, subit de multiples pressions. Mais les revendications gaullistes limitent les débauchages à quelques individualités comme Edmond Michelet ou Louis Terrenoire.

La politique de la Troisième Force

Combattue par les communistes et les gaullistes, la majorité ministérielle tente de résister. Mais elle est fragile parce que plusieurs lignes de clivage la traversent.

• Les problèmes économiques et sociaux peuvent rapprocher, sur certains thèmes, socialistes et MRP, mais les séparent des radicaux et des modérés. Les relations avec les syndicats, CGT-FO et CFTC, peuvent être déterminantes.

• En revanche, l'école et la laïcité continuent à rapprocher les socialistes et les radicaux, tandis que le MRP doit prendre ses distances avec ses partenaires. Le RPF utilise, comme les communistes, cette querelle politique classique pour tenter de dissocier la coalition.

• Les problèmes de l'outre-mer, et notamment ceux que soulève l'Indochine, contribuent à émietter la majorité. Si les socialistes et certains élus du MRP souhaitent une politique nouvelle, adaptée aux conditions politiques, les radicaux et les modérés auxquels se joignent la majeure partie des parlementaires MRP parlent de fermeté et de défense de l'Union française.

Dès lors, les gouvernements de Troisième Force sont contraints d'élaborer des compromis provisoires longs à bâtir ou de retarder une décision difficile. Les partis politiques qui pensent au maintien, sinon au progrès de leur influence électorale, songent aux moyens de reporter des solutions ou des mesures impopulaires. La durée de vie des gouvernements est courte, car bien souvent un problème sérieux (les crédits militaires, la politique indochinoise) provoque l'implosion de la coalition. Les mêmes hommes se succèdent à eux-mêmes, à des responsabilités différentes.

Parmi ces gouvernements de Troisième Force dirigés par des parlementaires MRP (Robert Schuman ou Georges Bidault), radicaux (André Marie, Henri Queuille) ou UDSR (René Pleven), se distingue celui que préside le Dʳ Queuille. Député radical et ministre sous la IIIᵉ République, le « Bon Dʳ Queuille » estime que l'homme d'Etat doit être capable de « retarder la solution des problèmes jusqu'à ce qu'ils aient perdu leur importance ». Prudent mais ferme, il préside le gouvernement le plus long de cette période (treize mois). En usant habilement ses adversaires communistes et gaullistes, il parvient à limiter et à réduire les tensions politiques.

Malgré leur faiblesse politique, les gouvernements de Troisième Force ne sont pas immobiles et se révèlent capables d'effectuer les choix qui engagent l'avenir et permettent de sortir peu à peu de la crise d'après guerre.

• Dans le domaine économique, ils poursuivent la politique élaborée par le tripartisme en s'appuyant sur les nationalisations, la planification et l'aide américaine du plan Marshall. Progressivement, la production industrielle reprend ; elle retrouve, en 1948, le niveau de 1938. De même, dès 1949, le commerce extérieur devient excédentaire. Mais l'agriculture reste à la traîne, tandis que l'inflation n'est pas totalement maîtrisée. Cette très sensible amélioration de la situation économique explique l'atténuation des difficultés sociales.

• Dans le domaine politique, ils parviennent à contenir la double offensive des communistes et des gaullistes. La grève des mineurs, lancée en octobre 1948 par la CGT et le Parti communiste, prend des formes assez violentes. En venant à bout de cette « nouvelle manœuvre de guerre sociale », la Troisième Force confirme sa détermination d'en finir avec la pression communiste. De même, l'action anticommuniste menée avec persévérance par les gouvernements affaiblit peu à peu le RPF et oblige de Gaulle à attendre les échéances électorales normales.

• En politique étrangère, ils participent à la construction d'un camp occidental contre l'URSS et les démocraties populaires. L'Union de l'Europe occidentale et l'adhésion à l'OTAN (1949) sont approuvées par les partis de la Troisième Force, mais condamnées par l'opposition conjointe des gaullistes et des communistes. Par ailleurs, sous l'impulsion du ministre des Affaires étrangères (appartenant au MRP), se prennent des initiatives européennes d'avenir comme la mise en place du Conseil de l'Europe (1949), l'instauration d'une Communauté européenne du charbon et de l'acier (CECA, en 1950) et le projet d'une Communauté de défense (CED, 1951-1952).

• Face aux problèmes posés par l'outre-mer, la Troisième Force montre une évidente impuissance. En 1949, la guerre s'étend dans l'ensemble de la péninsule indochinoise. Très vite, la conjoncture internationale transforme cette guerre coloniale en « défense du monde libre » contre le communisme. De même, l'aveuglement caractérise la politique en Afrique du Nord, où les nationalismes sont en pleine recrudescence. Les gouvernements, face à une opinion publique souvent indifférente, se refusent à examiner les moyens d'une décolonisation nécessaire mais complexe, à l'exception du gouvernement Queuille et du ministre François Mitterrand.

Les élections législatives de 1951

L'Assemblée nationale élue en novembre 1946 doit être renouvelée au terme de son mandat. L'échéance normale inquiète les gouvernements et les partis de la Troisième Force, car ils craignent que les deux oppositions — gaullistes et communistes — ne parviennent à rassembler une majorité hétérogène qui chasserait, à moins de reclassement, la majorité sortante devenue minoritaire. L'inquiétude des députés et des partis porte sur la réélection des sortants qui ont pris des responsabilités importantes. Elle porte aussi sur l'avenir des institutions. L'Assemblée deviendrait ingouvernable, ce qui renforcerait la propagande de la double opposition aux institutions.

Pour sortir de cette situation complexe, les partis au pouvoir imaginent un aménagement du mode de scrutin. Tout en maintenant le principe du scrutin de liste à la proportionnelle, les législateurs inventent un expédient : l'apparentement. En déclarant qu'elles s'apparentent, les listes peuvent garder leurs candidats et leurs programmes comme leurs électeurs. Au moment de la proclamation des résultats, l'addition des suffrages obtenus par les listes apparentées peut permettre, si elle dépasse 50 %, d'obtenir tous les sièges concernés. A l'évidence, l'apparentement est une tactique qui exclut les communistes et les gaullistes qui ne peuvent s'apparenter ; il doit réduire la représentation parlementaire de chacune de ces oppositions. En revanche, l'apparentement permet aux partis de la Troisième Force de confirmer leur alliance parlementaire sur le terrain électoral.

Les communistes isolés sur la scène politique et les gaullistes du RPF dénoncent une « escroquerie » et orientent leur campagne pour la condamner. Mais dans certains départements des candidats du RPF passent outre au refus du général de Gaulle, prélude à l'éclatement du RPF en 1953. L'opinion comprend mal une manœuvre qui semble dilatoire, même si elle répond à une évidente logique politique. De ce fait, la campagne électorale réveille un antiparlementarisme toujours latent.

Les résultats sont en partie conformes à ceux que souhaitent les partis de la Troisième Force puisqu'ils conservent la majorité, même s'ils subissent tous une évidente érosion par rapport à 1946.

		% Inscrits	% Exprimés
Inscrits	24 530 523		
Abstentions	4 859 868	19,8	
Parti communiste	4 939 380	20,1	26,0
Parti socialiste	2 894 001	11,8	15,3
Radicaux et RGR	1 913 003	7,8	10,1
MRP	2 369 778	10,3	13,4
RPF	4 122 696	16,8	21,7
Modérés indépendants	2 563 782	10,5	13,5
Gauche	7 833 381	31,9	
Droite	11 133 586	45,4	

Par ailleurs, ces partis contiennent l'influence du Parti communiste qui recule dans les régions où la participation à la Résistance lui avait permis de pénétrer. Les communistes subissent les effets de leur image révolutionnaire. Cependant, la Troisième Force ne parvient pas à empêcher le fort bon score électoral du RPF qui, avec 120 sièges, devient le deuxième parti de France. La résistance du MRP et de la droite modérée comme l'intransigeance de De Gaulle limitent l'ampleur du succès.

La situation politique est donc profondément transformée. La gauche n'est plus majoritaire dans le pays. Le tripartisme ne représente plus non plus une majorité ni d'ailleurs une alternative. En revanche, à la condition que le RPF, en totalité ou en partie, rejoigne les modérés, les radicaux et le MRP, l'Assemblée peut construire une majorité conservatrice. Ce retour remarqué des conservateurs et des modérés comme partenaires décisifs du débat politique est une conséquence essentielle de la consultation.

Les paysages politiques sont aussi modifiés. La France retrouve, une fois fermée la parenthèse de la Libération, les grandes répartitions traditionnelles. L'Est, l'Ouest et le Centre-Sud redeviennent les bastions principaux de la droite, tandis que la gauche se distingue particulièrement dans le Nord, le Centre et le Sud-Est.

La Troisième Force peut, en principe, poursuivre son action puisqu'elle obtient 388 sièges sur 627. Mais comme les électeurs ont glissé à droite, les tensions internes s'amplifient d'autant plus que les pressions communistes et gaullistes peuvent s'exercer sur la gauche et la droite de la coalition. Les socialistes, qui continuent de régresser, ne sont pas prêts à reprendre, sans inventaire, des responsabilités au sein de la Troisième Force. Par ailleurs, le RPF est tenté d'exploiter toutes les dissensions internes de la majorité : la querelle de l'école est un moyen très efficace.

En effet, en septembre 1951, des députés appartenant à la droite et soutenus par un groupe de pression extraparlementaire puissant présentent un projet de loi visant à instaurer une allocation financière pour tout enfant d'âge scolaire, quel que soit l'établissement fréquenté. Si l'enseignement public doit en tirer beaucoup d'avantages, le projet marque une entorse aux principes de la laïcité puisque les écoles privées peuvent en être bénéficiaires. Une majorité parlementaire comprenant les députés MRP, indépendants et modérés, RPF et quelques radicaux vote le projet qui devient la loi Barangé. Les socialistes comme les communistes la refusent et vont poursuivre une opposition véhémente en s'engageant à en obtenir l'abrogation.

Cette crise interne aboutit, en janvier 1952, à la cassure de la Troisième Force : le Parti socialiste entre dans l'opposition. Cette rupture matérialise des déchirements qui se sont multipliés dès les élections puisque les socialistes n'ont participé à aucun gouvernement depuis juin 1951.

Une majorité nouvelle est donc indispensable : elle ne peut reposer que sur la coalition du centre et de la droite. Une nouvelle étape a été franchie.

BIBLIOGRAPHIE

MANUELS ET SYNTHÈSES

Becker Jean-Jacques, *Histoire politique de la France depuis 1945*, Armand Colin, 1988.
Elgey Georgette, *La République des illusions (1945-1951)*, Fayard, 1965.
Fauvet Jacques, *La IVᵉ République*, Fayard, 1959.
Julliard Jacques, *La IVᵉ République (1945-1958)*, Calmann-Lévy, 1968 ; Hachette Pluriel, 1980.
Rioux Jean-Pierre, *La France de la IVᵉ République : l'ardeur et la nécessité (1944-1952)*, Le Seuil, 1980.
Zéraffa-Dray Danièle, *D'une République à l'autre, 1918-1958*, Hachette, 1992.

LA RECONSTRUCTION

Braudel Fernand et Labrousse Ernest (sous la direction de), *Histoire économique et sociale de la France*, t. IV, PUF, 1982.
Eck Jean-François, *Histoire de l'économie française depuis 1945*, Armand Colin, 1992.
Jeanneney Jean-Marcel, *Forces et faiblesses de l'économie française (1945-1959)*, Armand Colin, 1959.
Parodi Maurice, *L'économie et la société françaises de 1945 à 1970*, Armand Colin, 1981.

POLITIQUES ÉCONOMIQUES ET SOCIALES

Andrieu Claire, Le Van Lucette, Prost Antoine, *Les nationalisations de la Libération*, Presses de la Fondation nationale des sciences politiques, 1987.
Bloch-Lainé François, Bouvier Jean, *La France restaurée (1944-1954)*, Fayard, 1986.
Ehrmann H. W., *La politique du patronat français (1936-1945)*, Armand Colin, 1959.
Le Goff Jacques, *Du silence à la parole : droit du travail, société et Etat (1830-1985)*, La Dégitale, 1985.

LES CRISES DE 1947-1948

Fontaine André, *Histoire de la guerre froide*, Fayard, 2 vol., 1965-1967.
Marcou Lily, *La guerre froide : l'engrenage*, Bruxelles, Complexe, 1987.
Melandri Pierre, *L'Alliance atlantique*, Gallimard, 1979.

LA VIE POLITIQUE

Berstein Serge, *Paul Ramadier, la République et le socialisme*, Bruxelles, Complexe, 1990.
Charlot Jean, *Le gaullisme d'opposition (1946-1958)*, Fayard, 1983.
Kriegel Annie, *Les communistes français : essai d'ethnographie politique*, Le Seuil, 1985.
Lavau Georges, *A quoi sert le Parti communiste français ?*, Fayard, 1981.
Mayeur Jean-Marie, *Des partis catholiques à la démocratie chrétienne*, Armand Colin, 1980.
Nordmann Jean-Thomas, *Histoire des radicaux (1820-1973)*, La Table ronde, 1974.
Robrieux Philippe, *Histoire intérieure du Parti communiste*, Fayard, 4 vol., 1980-1984.

7. La IVᵉ République :
une mort prématurée ? (1952-1958)

Les années 1952-1958 constituent une nouvelle étape de l'histoire de la IVᵉ République, qui se termine par la mort du régime. Les aspects de la nouveauté sont de plusieurs ordres :

— L'économie française entre dans « le premier cycle d'après guerre » pour reprendre le terme utilisé. Le redémarrage réussi de l'économie entraîne un rythme de croissance forte que stimule la guerre de Corée. En effet, celle-ci joue un rôle d'entraînement remarquable sur l'économie de tous les pays développés et particulièrement sur les activités industrielles. La France subit ses effets favorables que renforce partiellement la demande de consommation des ménages. Pourtant, cette croissance rapide provoque une poussée inflationniste qui affecte la France plus que les autres pays européens. La complexité et le manque de souplesse des mécanismes de contrôle des prix et des salaires expliquent la gravité de l'inflation française. Les gouvernements doivent donc imaginer des solutions susceptibles de combattre l'inflation tout en ne perturbant pas la croissance économique.
— L'Union française impose fortement sa présence. La guerre d'Indochine devient un piège pour les gouvernements, tandis que les pays du Maghreb sont affectés par la vague de revendications nationales. Dès lors, les gouvernements sont confrontés au phénomène de décolonisation qui affecte tous les continents colonisés et tous les Etats colonisateurs.
— C'est en 1950 que commence à s'affirmer l' « aventure européenne », puis qu'elle se réalise à un rythme accéléré. L'opinion française, appelée à faire des choix, se déchire.

Toutes ces préoccupations contribuent à créer de nouveaux clivages politiques, mais surtout à révéler au grand jour les faiblesses d'un Etat dont on attend beaucoup depuis 1945. Pourtant des expériences politiques intéressantes sont tentées qui soulignent que la fragilité politique de la IVᵉ République n'empêche pas que des personnalités talentueuses aient pu s'exprimer. C'est le cas d'expériences gouvernementales comme celle d'Antoine Pinay ou, plus encore, Pierre Mendès France.

Une nouvelle donne politique

Moins de six mois après le renouvellement de l'Assemblée, la majorité de la Troisième Force s'est brisée officiellement. La rupture de la coalition au pouvoir, sous des formes différentes, entraîne l'arrivée inattendue d'un président du Conseil de droite, Antoine Pinay. Mais ce premier gouvernement dirigé par la droite depuis 1944 est suivi par d'autres et notamment par Joseph Laniel. La situation politique a donc changé.

L'expérience gouvernementale de « Monsieur Pinay »

Le 5 mars 1952, Vincent Auriol désigne Antoine Pinay pour solliciter l'investiture de l'Assemblée nationale. Le lendemain, le président du Conseil pressenti obtient l'investiture à la majorité absolue des suffrages. Que s'est-il passé ?
• La personnalité du candidat éclaire le scrutin. Agé de 62 ans, Antoine Pinay est un bourgeois provincial, petit industriel, qui se présente en Français moyen. Député en 1936, hostile au Front populaire, il est élu sénateur en 1938. Le 10 juillet 1940, il vote les pleins pouvoirs à Pétain et ne participe pas à la Résistance. En 1946, il retrouve un siège de député qu'il conserve en 1951. C'est un homme assez effacé qui prend peu d'initiatives personnelles, mais qui, sans faire ombrage à plus prestigieux que lui, sait manifester quelque autorité. Avant de constituer le nouveau gouvernement, il n'a pas exercé des fonctions ministérielles importantes hormis dans des ministères techniques.

• Antoine Pinay appartient au Centre national des indépendants et paysans (CNIP). Fondée entre 1948 et 1950, cette formation coordonne l'activité d'organisations politiques modérées et conservatrices et collabore avec la Troisième Force depuis 1948. Mais Antoine Pinay n'assume pas de responsabilités partisanes. En ce sens, il apporte une nouveauté symbolique.

• Seul l'apport de voix gaullistes peut lui permettre d'obtenir la majorité. En effet, le président de la République veut mettre les indépendants devant leurs responsabilités, car, depuis les élections, ils exploitent leur succès parlementaire. Mais l'éventualité d'une majorité de droite dépend du groupe RPF qui, depuis 1951, pratique l'opposition systématique. Or, contre toute attente, Antoine Pinay obtient les suffrages nécessaires à son investiture. En fait, le groupe gaulliste est traversé de tensions fortes. Certains, de plus en plus nombreux, estiment que la politique du pire est particulièrement périlleuse. Antoine Pinay bénéficie de ce nouvel état d'esprit.

Les objectifs du gouvernement sont déterminés par rapport à la priorité financière et budgétaire. En effet, Antoine Pinay estime que le redressement des grands équilibres doit permettre la restauration de l'Etat parce que son autorité et son influence pourront mieux s'exercer. Le président du Conseil, que l'on connaît pour ses orientations non dirigistes, propose des solutions libérales classiques. L'impopularité de la pression fiscale l'incite à préférer la réduction des dépenses de l'Etat (la déflation) et le recours à l'emprunt ; à cet égard, l' « emprunt Pinay », indexé sur l'or, remporte un succès populaire très caractéristique. Par ailleurs, pour favoriser les investissements, le chef du gouvernement fait appel à l'épargne des Français, mais aussi, grâce à l'amnistie fiscale, au retour des capitaux placés à l'étranger. Toutes ces mesures visent à réduire l'inflation et à défendre le franc ; pour y parvenir de nombreuses campagnes d'opinion sont lancées.

Cette politique rencontre des succès indéniables. L'emprunt Pinay réussit au-delà des espérances ; il va devenir la rente la plus célèbre des Français parce que, en plus de l'indexation sur l'or, il assure des bénéfices fiscaux avantageux. L'appel au civisme des commerçants, l'insistance mise sur la confiance séduisent une France d'épargnants qui préfèrent cette démarche aux contrôles et à l'impôt de l'Etat. Mais ces méthodes n'ont que des effets provisoires. La lutte contre l'inflation et la stabilisation des prix mécontentent syndicats de salariés et consommateurs qui réclament l'échelle mobile des salaires. Le gouvernement finit par céder ; mais l'échelle mobile ne s'applique qu'au Salaire minimum garanti (SMIG). L'inflation contenue reprenant au cours de l'automne 1952, Antoine Pinay doit revenir à des moyens plus classiques de contrôle des prix, qui mécontentent la droite et les organismes patronaux. En décembre 1952, le président du Conseil démissionne pour éviter la défiance du Parlement.

La politique menée par Antoine Pinay doit être évaluée sur deux plans :

— Economiquement sa réussite est limitée puisqu'elle ne maîtrise pas longtemps les mécanismes inflationnistes. Par ailleurs, l'épargne qu'il draine n'est pas investie dans la production qu'elle n'aide pas à progresser. La baisse de la consommation entraîne de ce fait une récession dont les effets sociaux se font sentir ultérieurement ; la crise de l'été 1953 y trouve son origine.

— Antoine Pinay a acquis une popularité qui lui confère un statut particulier au sein du personnel politique. Il devient un des chefs éminents de la droite modérée parce qu'il rassure les milieux d'affaires comme les petits épargnants. Le bon sens qu'il met en valeur le fait passer pour un sage que l'on consulte et dont on attend les avis. L'homme au petit chapeau devient lui aussi un « cacique de la République ».

Les successeurs d'Antoine Pinay, qui intègrent les gaullistes au gouvernement, René Mayer, un radical, puis Joseph Laniel, un indépendant, poursuivent la même voie. En décembre 1953, Vincent Auriol laisse la place à René Coty, sénateur issu du CNIP. Le retour de la droite au pouvoir, en mars 1952, n'est donc pas une simple péripétie ; il s'inscrit dans la durée. L'éclatement, en mai 1953, du groupe parlementaire gaulliste et la naissance de l' « Union des républicains d'action sociale » montrent que la droite modérée peut coaliser une nouvelle majorité où se retrouvent radicaux, MRP, CNIP et gaullistes.

Les problèmes d'outre-mer et leurs effets politiques

La « Galère indochinoise ». — Dès la fin de la guerre en Asie en 1945, les communistes vietnamiens qui sont parvenus à s'identifier au mouvement nationaliste, proclament l'indépendance du

Viêtnam. En écho, la France cherche, en Indochine comme ailleurs, à rétablir son autorité et son pouvoir. Les mécanismes qui mènent à la guerre sont enclenchés dès la fin de l'année 1946.

Jusqu'en 1950, la guerre d'Indochine demeure une guerre coloniale qui alterne offensives militaires, concessions politiques, exploitation des divisions internes. La rupture du tripartisme impose la solution de fermeté, car aucun des partis qui composent la Troisième Force ne souhaite l'abandon de la péninsule indochinoise. En 1947 et 1948, le gouvernement français accepte l'indépendance du Viêtnam dans le cadre de l'Union française, mais la définit dans des conditions très strictes. C'est ensuite le cas du Cambodge et du Laos. Mais ces concessions ne réduisent pas les revendications nationales : les opérations militaires se poursuivent avec l'accord des gouvernements où MRP et radicaux parviennent à imposer leur politique indochinoise. Certaines voix, à la SFIO, chez les radicaux (Pierre Mendès France) à l'UDSR (François Mitterrand) commencent à demander des négociations que réclament les communistes depuis 1945. Mais c'est en vain. L'opinion n'éprouve pas de grand intérêt pour ce territoire lointain. La guerre d'Indochine est donc une « guerre coloniale oubliée ».

A partir de 1949-1950, la conjoncture et les objectifs se modifient. La guerre froide, l'arrivée au pouvoir des communistes chinois, le déclenchement de la guerre de Corée, transforment le Viêtnam en un « front de la guerre froide ». Combattre les communistes vietnamiens d'Hô Chi-Minh, c'est lutter pour la défense du monde libre. Tous les moyens sont bons pour réussir la « croisade » : trouver appui auprès des clans indochinois, utiliser la pression des milieux catholiques, augmenter les renforts militaires. Dès lors, la guerre s'internationalise ; les Etats-Unis apportent leur aide financière à l'effort militaire français.

C'est désormais la « sale guerre » que dénoncent les communistes qui la baptisent ainsi et les anticolonialistes de la métropole (des écrivains comme Jean-Paul Sartre, des universitaires comme Paul Mus, des journalistes, quelques hommes politiques comme Pierre Mendès France). Les gouvernements de Troisième Force envoient des renforts. Mais c'est l'armée de métier qui arrive en Indochine. Très vite les officiers imposent aux gouvernements leur vision de la guerre et leur stratégie. Aussi, en 1952, le gouvernement Pinay a conscience du coût de la guerre, des scandales qu'elle suscite, mais se refuse à choisir une solution politique — négocier — parce qu'il ne « veut pas porter atteinte au moral de l'armée ».

L'opinion métropolitaine évolue sensiblement, même si la majorité de la population demeure assez indifférente à l'égard de cette guerre lointaine. Le coût s'élève ; les Alliés hésitent à fournir les moyens supplémentaires. La nature de la guerre elle-même tend à changer ; la guérilla s'impose et prend une allure de plus en plus révolutionnaire. L'opposition à la guerre se renforce : en 1953, les Français n'approuvent plus à la majorité la poursuite des combats. L'opposition varie selon les électorats. Unanime chez les communistes, forte à la SFIO, elle est faible au RPF ou chez les indépendants. Mais une autre politique est attendue ; les gouvernements le comprennent.

René Mayer puis Joseph Laniel (avec Paul Reynaud) insistent sur la nécessité de « vietnamiser la guerre » pour trouver une solution militaire et politique au conflit et sur l'ouverture indispensable de pourparlers pour trouver une sortie honorable. La guerre d'Indochine domine les débats parlementaires en 1953 et 1954 en soulignant les hésitations gouvernementales sur les modalités et l'ampleur d'une négociation.

Les protectorats d'Afrique du Nord. — Le système du protectorat établi au Maroc et en Tunisie est en crise au début des années 1950. Les réformes engagées à la Libération sont insuffisantes et ne peuvent empêcher la recrudescence des revendications nationales soutenues par les souverains marocain et tunisien qui refusent la « cosouveraineté » que Paris veut leur imposer et rappellent leur souhait de voir restaurer une souveraineté totale. Devant le rejet par la France d'une politique d'évolution réelle, l'agitation s'amplifie. Grèves, actions terroristes, puis émeutes, créent un état de crise qui affecte les deux pays, car les événements marocains et tunisiens interfèrent et imposent leur contagion.

En fait, les gouvernements français hésitent et laissent agir leurs représentants qui prennent sur place les initiatives. A Paris, jusqu'en 1954, sous couvert de pourparlers ou de discussions que l'on s'engage à mener, c'est une politique de fermeté que l'on conduit. Dans les protectorats, les résidents français n'hésitent pas à mener une politique répressive qui, souvent, va au-delà de ce que les traités de protectorat pouvaient admettre. Choix des personnalités ministérielles locales, interventions dans les familles féodales marocaines, actions de police et actions militaires contre les partis nationalistes sont la règle. Les gouvernements français couvrent toutes ces méthodes.

La crise prend des aspects plus complexes en 1953 :

— organisation d'armées de libération nationale (« les fellaghas tunisiens ») inspirées de l'exemple égyptien ;
— au Maroc, les grandes familles féodales se dressent contre le sultan. Ce complot est soutenu par la Résidence qui suspend et exile le souverain marocain (août 1953) ;
— coordination des partis nationalistes marocain (Istiqlal) et tunisien (Néo-Destour) pour obtenir l'indépendance de leur pays. En Algérie ces mouvements rencontrent un écho très favorable auprès du Mouvement pour le triomphe des libertés démocratiques (MTLD).

L'épreuve de force s'engage très rapidement. Le terrorisme tunisien et marocain gagne les villes et les campagnes. En Tunisie, les fellaghas tiennent très vite les villages où ils multiplient les assassinats des colons français. Les solutions répressives proposées par les résidents sont désormais inopérantes d'autant plus que l'ONU ne demeure pas indifférente à la question du Maghreb.

Cette politique n'est rendue possible que par l'attachement de la population française à l'Empire colonial transformé en Union française. La majorité de la population ignore les problèmes coloniaux, mais pense que l'intérêt de la France suppose le maintien de l'Union française et des colonies. Ce sentiment général est largement et longtemps partagé.

• Les mouvements anticolonialistes bénéficient d'une influence limitée. Des journaux ou des revues *(Combat, L'Humanité, Esprit, Les Temps modernes)* diffusent leurs options et cherchent à ébranler la force de la tradition républicaine favorable à la colonisation (essor de la civilisation, de la mise en valeur). Mais ils n'obtiennent pas un accueil très favorable. Les intellectuels sont partagés. A gauche, ils sont assez souvent favorables à l'émancipation des colonies (Daniel Guérin, Claude Bourdet, Jean-Paul Sartre). François Mauriac entre dans la bataille en faveur de l'évolution du Maghreb en des termes moraux.

Raymond Aron, pour sa part, développe l'idée que la grandeur d'une démocratie ne se mesure pas à la taille d'un Empire ; mais, à droite, il est bien isolé. Enfin, l'Eglise catholique, qui a longtemps accompagné la colonisation, s'en éloigne assez rapidement à la fin des années 1940 ; de plus en plus nombreux sont les membres du clergé qui appuient le mouvement de décolonisation.

• Cependant, le « parti colonial » demeure puissant et cultive le mythe impérial : l'Union française reste « l'élément le plus tangible de la grandeur française ». Groupe de pression économique, il met l'accent sur la nécessité pour l'Union française de contribuer à la reconstruction française. Utilisant des moyens d'information et de propagande, il essaie de devenir un groupe de pression politique efficace en lançant de nombreuses campagnes d'opinion vigoureusement hostiles à la décolonisation. Dénoncer l'ONU, le communisme, le défaitisme métropolitain, le nationalisme, l'anticolonialisme, est œuvre permanente. Ce groupe de pression dispose d'un relais parlementaire très présent, qui rassemble des députés indépendants, radicaux, MRP et gaullistes et dénonce les hommes politiques qui recherchent une évolution : le MRP Robert Schuman, Pierre Mendès France ou Edgar Faure. Ces comités, ces associations, ces hommes, sont capables de freiner les réformes libérales, d'imposer la force et la répression par moments. Mais, lorsque leurs choix s'avèrent très lourds pour la population, ils ne parviennent pas à marquer durablement une opinion qui modifie ses points de vue.

• Car, entre 1950 et 1954, des économistes et des financiers commencent à évaluer le coût d'une politique impériale et soulignent que des dépenses civiles et militaires à destination de l'outre-mer tendent à grossir. Ils s'interrogent sur le poids du « fardeau colonial » pour la métropole et proposent de le limiter : débarrassée de l'outre-mer, la France pourrait se moderniser. Ces thèmes peuvent mener à insister sur la nécessité d'une rupture avec l'Empire (thèses diffusées par le journaliste Raymond Cartier) ou à proposer un partage de la charge (Guy Mollet).

Le patronat approuve, dans sa forte majorité, une politique de présence coloniale qui permet de sauvegarder des marchés privilégiés ; mais des patrons investissent de plus en plus nombreux en dehors de l'Union française.

Avant le déclenchement de la crise algérienne, les problèmes coloniaux imposent leur actualité dans la vie politique. La diversité des intérêts en cause rend plus fragiles des gouvernements qui ne peuvent s'appuyer sur une opinion métropolitaine hésitante.

Les choix européens

Depuis la fin de la guerre, des organisations et des hommes politiques sont à la recherche de solutions qui permettraient d'éviter un retour de la guerre en Europe. La reconstruction économique dans le cadre du plan Marshall et la guerre froide renforcent l'idée d'une construction européenne. Enfin, la place de l'Allemagne en Europe soulève des interrogations. Mais les partisans d'une éventuelle construction européenne se partagent sur ses modalités, ses formes, son calendrier.

L'initiative vient du gouvernement français qui, en mai 1950, présente un projet de Communauté européenne du charbon et de l'acier (CECA). Elaboré par le ministre des Affaires étrangères, Robert Schuman, un Lorrain, catholique, membre du MRP dont il est une des figures principales, convaincu qu'une entente franco-allemande est indispensable, le plan est inspiré par Jean Monnet. Il propose que les pays qui le souhaitent en Europe coopèrent dans le domaine industriel et bâtissent une véritable communauté. Le Benelux et l'Italie rejoignent la France et l'Allemagne de l'Ouest.

Le traité de la CECA soulève en France, dans la presse et à l'Assemblée nationale, de longs débats, parfois violents. Partisans et adversaires se partagent sur plusieurs thèmes :

— les communistes et la CGT dénoncent une forme d'agression à l'égard de l'URSS et l'atteinte à la souveraineté nationale, thème sur lequel les gaullistes du RPF les rejoignent. De Gaulle qui critique le « méli-mélo » du charbon et de l'acier déplore, de plus, la subordination de l'industrie française à celle de l'Allemagne ;
— la droite française craint les aspects « dirigistes » du plan comme le CNPF et s'inquiète de la puissance allemande ;
— les socialistes de la SFIO, pour être favorables à la politique de Robert Schuman, s'interrogent sur les implications de politique sociale.

Interrompue par les élections législatives, la discussion parlementaire aboutit en décembre 1951 à la ratification du traité de la CECA, malgré les efforts conjugués des communistes et des gaullistes.

Le gouvernement français prend, à l'automne 1950, une seconde initiative. Aux Américains qui veulent imposer le réarmement allemand, le gouvernement français apporte une réponse habile en apparence : le plan Pleven. Le projet de « Communauté européenne de défense » (CED) ne permet pas de réarmer directement l'Allemagne de l'Ouest. Mais par la création d'une armée européenne, placée sous la responsabilité d'un ministre commun de la Défense et contrôlée par une assemblée européenne, l'Allemagne intégrerait des contingents militaires à ceux des autres pays membres.

Le plan Pleven soulève des interrogations à l'étranger comme en France. Mais, de 1950 à 1953, deux phénomènes se produisent :

— à l'extérieur, dans la conjoncture de guerre de Corée, le projet est accueilli de façon de plus en plus favorable ;
— à l'intérieur, les oppositions se multiplient et paralysent les gouvernements. En mai 1952, le gouvernement signe le traité, mais Antoine Pinay ne peut chercher à le faire ratifier car ses ministres sont fort partagés. Ses successeurs hésitent. Ce n'est qu'à la fin de l'année 1953 que l'Assemblée nationale en discute pour la première fois.

La Communauté européenne de défense provoque au sein des partis politiques, des groupes sociaux, des familles, des clivages fort importants : on est « cédiste » ou « anticédiste ».

• Les cédistes estiment que l'Allemagne va exiger le droit de disposer d'une armée pour faire face à la menace de l'Est. La CED doit donc limiter ce risque pour la France et représenter un nouveau symbole de l'entente franco-allemande.

• Les anticédistes refusent, avec véhémence, le réarmement de l'Allemagne mais aussi la perte de souveraineté nationale qu'implique la CED. Ils refusent d'accepter de limiter les initiatives françaises en renforçant l'Allemagne et de briser une armée appelée à intervenir en Europe et en Union française. Les communistes ajoutent leur refus d'une « nouvelle agression » envers l'URSS.

Ces clivages traversent la plupart des formations et sensibilités politiques. Communistes et gaullistes se rejoignent dans une opposition déterminée et constante même si leurs motivations diffèrent sensiblement. Le MRP, favorable à l'intégration européenne, garde une façade à peu près unanime. Mais la SFIO, les radicaux, le CNIP sont profondément divisés. Le rôle déterminant qu'une large partie des gaullistes jouent dans la majorité depuis mars 1952 leur permet d'empêcher un véritable débat de ratification devant la Chambre et paralyse l'action gouvernementale. Le crédit de l'Etat, à l'intérieur comme à l'extérieur, se dégrade.

Les dysfonctionnements du système politique

Depuis sa naissance, la fragilité du système mis en place en 1946 est patente. Mais l'existence d'une majorité apparemment cohérente lui permet de durer. En revanche, l'éclatement de la majorité de Troisième Force après 1951 aggrave le mauvais fonctionnement des mécanismes politiques.

Un exécutif affaibli

Le premier président de la République, Vincent Auriol, a joué un rôle personnel déterminant. La magistrature d'influence qu'il a exercée auprès du gouvernement dans les domaines diplomatique, militaire et colonial, a marqué certaines orientations. De même, la compétence constitutionnelle de pressentir un président du Conseil lui a permis d'infléchir l'action gouvernementale. En 1947, il a contribué à la rupture avec les communistes comme en 1952, il a provoqué l'émergence d'une majorité de droite en provoquant la cassure du RPF.

En revanche, son successeur, René Coty, développe une conception plus modeste de sa fonction. Fidèle à la prééminence du Parlement, il se refuse aux interventions qui pourraient passer pour des pressions politiques. De même, il ne cherche pas à peser sur les événements et préfère se soumettre aux majorités parlementaires. La crainte d'une sédition militaire, tandis que se déroule la guerre d'Algérie, l'incite à multiplier les conseils de prudence.

Le président du Conseil dispose, en principe, de pouvoirs plus importants que ceux de ses prédécesseurs de la IIIᵉ République. En fait, le président du Conseil ne peut prendre de décisions qu'en conseil des ministres et doit faire contresigner ses actes par un de ses ministres. Certes, les services de la présidence du Conseil ont tendance à s'étoffer, mais les titulaires des « grands ministères » (Justice, Affaires étrangères, Finances, Intérieur) exercent leurs compétences dans une autonomie relative, car ils sont souvent des membres éminents des partis politiques. Ceux-ci imposent de subtils dosages pour tenir compte de leurs exigences. Dans ces conditions la moindre turbulence, à l'intérieur ou à l'extérieur du Parlement, provoque la chute du chef de gouvernement.

Car chaque crise gouvernementale aboutit au remplacement du président du Conseil et à la mise en place d'une combinaison « replâtrée ». En effet, si l'instabilité ministérielle est la règle, la stabilité des ministres en modère les effets. Les mêmes parlementaires se retrouvent pour exercer des fonctions différentes, avec une durée de vie modeste. Le président du Conseil peut difficilement s'imposer et doit savoir construire des compromis provisoires, même au sein de l'équipe qu'il anime.

Dans ces conditions, les administrations jouent un rôle plus important que leurs compétences. Parfois, ces administrations font preuve d'insubordination. La politique coloniale, en Indochine ou au Maghreb, a souvent été freinée sinon même inappliquée par les administrations locales. L'armée, à travers les guerres coloniales, manifeste souvent une grande indépendance et affaiblit l'action des hommes politiques. L'exemple algérien est particulièrement révélateur.

Le Parlement

Si deux assemblées le constituent — Assemblée nationale et Conseil de la République —, ce sont les députés de l'Assemblée nationale qui assument les plus grandes responsabilités.

Les députés sont élus au scrutin de liste proportionnel. Ils représentent au Parlement le corps électoral français mais aussi les partis politiques qui les ont présentés. Au Parlement, ils appartiennent à des groupes qui contribuent à organiser les débats ; les présidents de groupe ont pour fonction de s'entendre sur le fonctionnement du travail parlementaire (ordre du jour, discussions).

L'Assemblée nationale définit le calendrier de ses travaux. Or, très vite, l'activité parlementaire devient désordonnée car les débats sont mal programmés, les ordres du jour mal respectés. Dans ces conditions, beaucoup de projets sont discutés avec retard, voire abandonnés. Loin de renforcer son prestige auprès du corps électoral, l'organisation du travail des députés les déconsidère devant le pays.

Les députés exercent un contrôle permanent de l'action gouvernementale. Les interpellations ponctuent la vie d'un gouvernement et contribuent souvent à le faire tomber. Par ailleurs, le mode de constitution des gouvernements permet aux députés de voter deux fois : au moment de l'investiture du président du Conseil, puis à l'occasion de la présentation du gouvernement complet. Les négociations entre les groupes et l'équilibre des dosages politiques sont indispensables pour franchir ces obstacles.

Le pouvoir exécutif s'efforce de réduire en partie l'omnipotence des parlementaires.

• En utilisant, surtout après 1950, la pratique de la question de confiance. Arme de tactique parlementaire, la question de confiance permet d'évaluer la solidité d'une majorité. Elle offre l'occasion d'accélérer ou de retarder une crise ministérielle. Mais, en obligeant une majorité à se rassembler, la question de confiance devient un moyen très efficace pour écarter les crises ; en revanche, elle contribue à stériliser la discussion parlementaire.

• Le Parlement vote la loi et le budget. Mais les conditions du travail parlementaire et la faiblesse des majorités amènent les gouvernements à limiter ces compétences. Les décrets-lois puis le recours aux « pouvoirs spéciaux », après 1952, enfin, le vote de « lois-cadres », permettent aux gouvernements d'agir mais limitent les fonctions du Parlement.

Le Conseil de la République renforce ses pouvoirs et son influence. Assemblée conservatrice, elle exerce une fonction de réflexion, même si, souvent, elle cherche à freiner les politiques qu'elle juge trop réformatrices.

Les forces politiques

Les adversaires de la IVe République, particulièrement de Gaulle et les gaullistes, dénoncent, dans le fonctionnement du régime, *le système des partis*. L'après-guerre a vu naître de nouveaux partis politiques comme le MRP, le RPF, le CNIP, d'autant plus que le système électoral contribue à la réorganisation des formations politiques. Mais les partis sont fort différents par leurs structures, le nombre de leurs adhérents et de leurs militants, la discipline imposée aux élus, les projets politiques. En fait, à l'exception du Parti communiste, et dans une certaine mesure de la SFIO et du RPF, les partis politiques sont le plus souvent des groupements de notables destinés à conquérir des sièges électoraux. La médiocrité des moyens financiers, la faiblesse des moyens d'encadrement permettent aux élus (particulièrement aux députés) de disposer d'une large liberté de manœuvre et d'action. Les partis politiques ne sont pas souvent capables d'élaborer un projet politique qu'ils puissent réellement appliquer.

Par ailleurs, les partis politiques se distinguent par leurs électeurs et leur enracinement géographique ; ils sont donc les représentants de clientèles aux intérêts divergents. Si le *Parti communiste* incarne les revendications des ouvriers des grandes régions industrielles et d'une petite paysannerie modeste, la *SFIO* défend plutôt les préoccupations de la petite bourgeoisie des employés et des fonctionnaires, des cadres moyens, même si elle garde une partie de l'électorat ouvrier inquiet de la prééminence communiste ; elle s'enracine plutôt dans les villes petites ou moyennes où elle tend à prendre le relais du radicalisme. Pour sa part, le *MRP* séduit l'électorat catholique de l'Ouest et de l'Est. Ses références chrétiennes et catholiques l'incitent à mobiliser des électeurs d'origines complexes, citadins ou ruraux ; mais le poids des électeurs conservateurs l'emporte rapidement. L'électorat du *Parti radical* lui ressemble assez bien sur le plan sociologique mais s'en différencie sur le plan idéologique, car l'anticléricalisme continue à l'animer et à le rapprocher de la SFIO. Le CNIP fédère la droite traditionnelle des villes et des campagnes et laisse aux couches bourgeoises classiques (entrepreneurs, professions libérales, propriétaires) le soin d'animer la confédération électorale. Enfin, le *RPF* s'est écarté, à ses débuts, de classifications traditionnelles en cherchant à rassembler des électeurs issus de milieux sociaux différents et en gardant un électorat populaire. Mais, après 1952, les gaullistes tendent à construire, malgré de Gaulle, une formation politique conservatrice où les éléments de gauche n'exercent pas une forte influence.

Les formations politiques ne parviennent qu'imparfaitement à représenter les tendances et les sensibilités de l'opinion française que traversent des clivages complexes. Mis à part le Parti communiste qui impose un discours permanent et unanime, les autres partis politiques sont souvent divisés sur les questions principales. Le MRP rassemble une droite et une gauche qui, en matière sociale et économique, écartèlent le parti ; il en est de même des radicaux. La SFIO se divise sur bien des thèmes, notamment sur la stratégie et la tactique du parti, et ne parvient à une unanimité de façade qu'au prix de compromis fragiles. Après 1950, la crise de l'outre-mer et la politique étrangère élargissent les clivages internes.

Les partis politiques subissent les influences des *groupes de pression*. Les organisations professionnelles de salariés, mais surtout d'agriculteurs ou de chefs d'entreprises, pèsent sur les choix des partis et le vote des parlementaires. Des associations plus hétérogènes, comme le « lobby des bouilleurs de cru », le « lobby colonial » ou celui des défenseurs des écoles catholiques, peuvent jouer un rôle décisif dans le refus d'une réforme.

L'idée s'impose progressivement que les pratiques gouvernementales et parlementaires doivent être modifiées tant les mauvais fonctionnements du système s'aggravent. Mais une réforme constitutionnelle profonde s'avère difficile sinon impossible, car, si les Français désapprouvent la toute-puissance du Parlement et des partis, ils ne préfèrent pas l'hégémonie d'un président. Le régime présidentiel s'exclut ; la réforme passe donc par un effort de discipline du Parlement. C'est le sens de projets de réforme constitutionnelle déposée à plusieurs reprises, notamment en 1954, et particulièrement celui que défend Pierre Mendès France.

Gouverner, c'est choisir : l'expérience Mendès France

Le 7 mai, le camp retranché de Diên Biên Phû au Tonkin tombe aux mains des troupes communistes. Le gouvernement Laniel, qui a soutenu la stratégie militaire, perd la confiance de l'Assemblée nationale. Pierre Mendès France, qui a mené une active campagne pour mettre un terme à la guerre d'Indochine, devient le 17 juin 1954 président du Conseil des ministres. Il préside un gouvernement et mène une action, limitée dans le temps (sept mois), mais populaire dans le pays.

Objectifs et méthodes

Pierre Mendès France a déjà une longue carrière politique, même s'il n'a pas exercé de très hautes responsabilités. Avocat, jeune député radical élu en 1932, il exerce les fonctions de sous-secrétaire d'Etat au Trésor dans le second cabinet Blum, en 1938. Mobilisé en 1939, il est un des parlementaires qui sont appelés à partir au Maroc et que Vichy fait poursuivre au cours de l'été 1940. Condamné à la prison, il parvient à s'échapper et à rallier la Résistance à Londres. Membre du Comité de Libération nationale, il est chargé de la réorganisation économique et financière de la France d'après guerre. En avril 1945, en désaccord avec de Gaulle sur le choix d'une politique économique, il donne sa démission. Dès lors, Pierre Mendès France devient à la fois un « Cassandre de la politique » qui dénonce les erreurs et les maladresses et propose d'autres solutions, mais aussi un économiste talentueux. La guerre d'Indochine est l'occasion pour lui de définir une démarche politique : lucidité et rigueur. Grâce au magazine *L'Express*, il acquiert une grande popularité : on parle de « PMF ».

Pierre Mendès France n'a jamais caché qu'il n'approuvait pas la Constitution de 1946 et qu'il fallait la réformer. Mais il demeure un défenseur ardent des droits du Parlement et des compétences des partis politiques. PMF, qui estime de Gaulle, s'oppose à lui sur ce thème. Pourtant, quand il forme son gouvernement, il refuse de négocier avec les partis ; il choisit les parlementaires qui acceptent d'agir avec lui. Les socialistes sont absents ; en revanche, les gaullistes sont bien représentés, le CNI et les radicaux appartiennent, comme individualités, à l'équipe ministérielle. C'est aussi le cas de quelques personnalités MRP « en congé de parti » comme Robert Buron.

La majorité qui l'investit est très large puisqu'elle va des socialistes à la droite. Mais PMF exclut du décompte les communistes ; le MRP — à quelques exceptions près — est dans l'opposition. Ce gouvernement hétérogène s'appuie sur une majorité de centre gauche, mais ne s'enferme pas dans les clivages traditionnels. Par ailleurs, les soutiens parlementaires évoluent dans le temps, en fonction des problèmes posés. Mais, très vite, la droite classique entre en opposition.

Pierre Mendès France doit faire accepter à l'Assemblée élue en 1951, donc conservatrice, une politique d'action et de réformes qu'il juge indispensables à l'intérêt national. Tout en jouant la stratégie parlementaire, il fait appel à l'opinion publique, utilise la presse (*L'Express* poursuit la promotion politique de PMF) et pratique régulièrement les « causeries au coin du feu », que diffuse la radio. Ces méthodes gouvernementales permettent d'expliquer mais aussi de créer un climat de sympathie qui rapidement se cristallise dans un mouvement d'opinion, le « mendésisme ». Elles heurtent pourtant bien des parlementaires qui n'exercent plus le rôle exclusif antérieur.

Le président du Conseil estime que la démocratie suppose débat mais aussi autorité. L'exécutif, une fois la concertation terminée, doit faire des choix qui répondent à la réflexion et à la raison. Des priorités doivent être définies, les moyens précisés, un calendrier élaboré et tenu. La république parlementaire peut avoir l'efficacité nécessaire à la condition de se discipliner et de se doter des moyens nécessaires à l'action.

La solution des problèmes immédiats

La guerre d'Indochine. — Depuis la fin d'avril 1954, se tient à Genève une conférence internationale consacrée aux problèmes asiatiques (Etats-Unis, URSS, Grande-Bretagne, Chine, France). Les guerres de Corée et d'Indochine sont à l'ordre du jour. Les travaux ont peu avancé, car le ministre des Affaires étrangères, Georges Bidault, n'approuve pas l'ouverture des négociations. Le nouveau gouvernement exploite la conjoncture internationale : l'URSS, en déstalinisation, se montre conciliante. Pierre Mendès France utilise aussi la situation intérieure française, car la défaite de Diên Biên Phû renforce, dans l'opinion, les adversaires de la guerre en Indochine. Il s'est donné un mois pour trouver une solution diplomatique au conflit ; le pari étonne mais souligne, sur la scène internationale, que la politique de la France tend à changer.

Après un mois de négociations, Pierre Mendès France obtient la signature des accords de Genève. L'Indochine est partagée en deux ; la ligne de démarcation est provisoire puisque des élections libres doivent déterminer, ultérieurement, l'avenir du territoire. La Chine, qui craint une intervention militaire directe des Etats-Unis, soutient cette politique qu'elle impose, avec l'URSS, aux communistes indochinois. Les accords de Genève semblent donc marquer l'entrée dans la détente international en mettant un terme à une longue guerre coloniale.

En France, l'Assemblée nationale accueille avec soulagement la signature des accords. Seuls le MRP, la majorité des gaullistes et des indépendants s'abstiennent. La majorité mendésiste comprend les communistes, les socialistes, les radicaux, une minorité de gaullistes, de MRP et d'indépendants. La presse approuve la fin de la guerre comme la « liquidation douloureuse, mais inéluctable d'une situation sans issue ».

La Tunisie. — Quelques jours après la fin de la guerre d'Indochine, Pierre Mendès France définit une politique nouvelle pour résoudre la crise tunisienne. Le 31 juillet 1954, à Carthage, il annonce que son gouvernement est prêt à accorder l'autonomie interne de la Tunisie. Il s'agit d'établir, par contrat, une décolonisation délicate mais indispensable puisque l'effervescence a augmenté. Des mesures de détente à l'égard des nationalistes, la mise sur pied d'un gouvernement qui ait l'approbation des milieux tunisiens, la signature de nouvelles conventions entre la France et la Tunisie, préparent l'avenir selon un échéancier progressif. Mais si le cap est maintenu, le mécontentement des Français de Tunisie, du groupe de pression colonial de la Chambre des députés et du Sénat, la poursuite du terrorisme en Tunisie, freinent la bonne marche du processus.

La Communauté européenne de défense. — Pierre Mendès France estime que le Parlement français doit engager le débat de ratification du traité et qu'aucune mesure dilatoire ne doit l'empêcher ou le différer davantage. Mais son gouvernement est divisé sur ce thème de même que la majorité sur laquelle il s'appuie à l'Assemblée nationale. Pierre Mendès France pense, pour sa part, sans prendre position publiquement que le réarmement de l'Allemagne est inévitable et que la CED n'en est pas le meilleur moyen, car il se méfie des limites de souveraineté nationale qu'elle impose. Le chef du gouvernement recherche un compromis, mais les pressions américaines comme celles des partisans intransigeants de la CED le font échouer. Dès lors, Pierre Mendès France décide de se tenir à l'écart du débat de ratification, ce que les défenseurs de la CED vont lui reprocher avec beaucoup d'amertume.

Le 30 août 1954, l'Assemblée nationale décide, à une forte majorité, par la procédure de la question préalable, que le débat engagé ne doit pas se poursuivre ; c'est un enterrement de la CED que le chef du gouvernement ne cherche pas à empêcher. Communistes, gaullistes, la moitié des socialistes et des radicaux votent ensemble pour rejeter implicitement la CED. Les conséquences de ce vote sont importantes pour le gouvernement, qui perd ses ministres procédistes fervents. Le MRP estime que Pierre Mendès France est responsable du « crime du 30 août » ; il devient un adversaire sans nuances et sans réserves de la politique gouvernementale.

Pourtant, le chef du gouvernement prépare une politique de rechange. Les accords de Londres (octobre 1954) prévoient la reconnaissance de la souveraineté de l'Allemagne fédérale, celle-ci peut donc réarmer. De même, l'Allemagne fédérale est accueillie au sein de l'OTAN. Ces accords sont ratifiés au terme d'un débat périlleux. Les communistes qui refusent le réarmement allemand, en compagnie de certains socialistes, le MRP qui ne pardonne pas l'échec de la CED, s'opposent au traité.

Moderniser la France

Pierre Mendès France a insisté constamment sur l'exigence de modernisation économique et sociale. Pour y parvenir, l'intervention de l'Etat est nécessaire ; mais il ne faut pas qu'elle soit trop tatillonne. Par ailleurs, l'expansion économique dépend des capacités d'exportation ; c'est pourquoi Pierre Mendès France estime nécessaire d'ouvrir l'économie vers l'outre-mer et l'Europe. Enfin, le développement économique et social suppose des choix ; les investissements financiers publics et privés doivent être bien ciblés.

Pendant la durée de son gouvernement, Pierre Mendès France laisse agir son ministre des Finances, Edgar Faure, qui a exercé les mêmes fonctions dans l'équipe de Joseph Laniel. Les choix portent sur une longue durée et concernent l'adaptation et la décentralisation industrielles, la modernisation agricole, le développement de l'équipement, la réduction des dépenses militaires, la libération des échanges commerciaux. Par ailleurs, Pierre Mendès France met l'accent sur la coopération économique entre la métropole et l'outre-mer.

Les réalisations du gouvernement demeurent timides car les contraintes de l'outre-mer et de la CED pèsent sur les choix. Néanmoins, on peut citer :

— un programme de logements sociaux renforcé pour répondre aux besoins en ville ;

— la construction d'établissements scolaires pour répondre aux premiers effets du *baby boom* d'après guerre ;

— la lutte contre l'alcoolisme et la promotion du lait, accompagnées d'une politique de la santé publique (constructions d'hôpitaux), afin d'améliorer niveaux de vie et modes de vie de la population.

Echec du mendésisme ?

Le 5 février 1955, la confiance lui étant refusée par l'Assemblée nationale, le gouvernement Pierre Mendès France démissionne. La crise en Algérie et la politique algérienne esquissée par le gouvernement sont officiellement au centre du débat parlementaire. Mais les oppositions s'additionnent pour abattre le gouvernement et son chef :

— les parlementaires critiquent les méthodes d'un chef de gouvernement qui prétend gouverner en coordonnant la politique ministérielle ;
— les communistes ont décidé de mettre un terme à l'expérience qui peut être dangereuse pour leur avenir électoral, car le mendésisme recueille une audience indiscutable et réveille la gauche politique ;
— la droite s'inquiète des projets de politique économique qui s'esquissent. Quant au MRP, il ne peut pardonner une politique qui, réformatrice dans les colonies et peu européenne, menace ses projets.

Pourtant, l'opinion soutient assez largement les grandes orientations de sa politique. Près de 60 % des Français ont approuvé les accords de Genève, 70 % les projets pour la Tunisie. Les deux tiers des Français estiment nécessaire la modernisation économique et les restructurations industrielles. La démission du PMF, le 5 février 1955, mécontente une majorité de Français qui attendent son prochain retour au pouvoir. De fait, paraissant difficile à situer sur l'axe politique gauche-droite, Pierre Mendès France apparaît comme l'homme d'un certain consensus provisoire.

La tentative de Pierre Mendès France laisse dans la mémoire collective le souvenir d'un épisode important mais éphémère. Les intellectuels renouent avec un débat politique déprécié, tandis que l'efficacité de la méthode souligne que les gouvernements peuvent agir. Mais l'expérience échoue parce que Pierre Mendès France dispose d'une popularité forte dans le pays mais d'un isolement certain au Parlement. En voulant rompre avec les inerties parlementaires, les routines économiques, les schémas classiques d'une politique étrangère, le chef du gouvernement s'oppose à trop de groupes d'intérêts. En sortant du milieu parlementaire, en utilisant la presse, en multipliant les voyages en province, Pierre Mendès

France cherche à rapprocher électeurs et dirigeants, à expliquer les choix nécessaires. L'utilisation qu'il fait des techniciens et des compétences pour préparer les dossiers souligne son goût pour la recherche d'une efficacité concertée. En ce sens, Pierre Mendès France prétend « moderniser la République » et prépare une démarche que Charles de Gaulle reprend quelques années plus tard, même si la Ve République n'est pas approuvée, bien au contraire, par Pierre Mendès France.

Edgar Faure assure la succession jusqu'à la fin de l'année 1955. Sa démarche ressemble beaucoup à celle de PMF au point que l'on a souvent dit qu'il a fait du mendésisme sans Mendès. Dans le domaine économique, comme dans le domaine colonial, il reprend les projets de son prédécesseur. Il contribue à débloquer la situation au Maroc, comprend qu'une solution nouvelle doit être imaginée en Algérie. Mais il se heurte dans le pays à une double opposition : celle du poujadisme, qui affecte artisans et commerçants et s'élargit à une population inquiète de l'avenir, et celle du mendésisme, qui cristallise les ambitions de ceux qui souhaitent un renouvellement profond de la société française et de la vie politique.

Pour réduire l'ampleur populaire de ces deux oppositions, Edgar Faure dissout l'Assemblée nationale. Cette démarche, pour être constitutionnelle, rompt avec les pratiques utilisées depuis 1877 et soulève l'indignation de bien des parlementaires et de larges secteurs de l'opinion. Elle relève, une fois encore, la profondeur des dysfonctionnements politiques.

La Front républicain et son échec

La constitution du gouvernement Guy Mollet

Les élections du 2 janvier 1956 opposent quatre grandes tendances politiques :

— le Parti communiste qui cherche vainement à sortir de son isolement du fait des tentatives de dégel en URSS mais que la gauche non communiste continue de rejeter ;
— le Front républicain qui rassemble le Parti socialiste SFIO, le Parti radical, l'UDSR et les gaullistes de sensibilité progressiste. Si

des hommes comme Guy Mollet, François Mitterrand ou Jacques Chaban-Delmas dirigent la coalition, pour l'opinion, le véritable leader ne peut être que Pierre Mendès France ;
— la coalition de droite où se retrouvent partis et groupes parlementaires qui gouvernent sous la présidence d'Edgar Faure : radicaux de droite, MRP, gaullistes, CNIP. Antoine Pinay en constitue vite la référence principale ;
— l'extrême droite qui cristallise un mouvement d'opposition au système de la IVe République. Au nom du combat contre la fiscalité, les parlementaires, l' « Etat dépensier », Pierre Poujade, lance une offensive de séduction en direction des artisans, des commerçants, des régions en retard ou des laissés-pour-compte de la modernisation économique et sociale. Le poujadisme qui s'incarne dans l'Union de défense des commerçants et artisans (UDCA) et dans l'Union et fraternité française (UFF) est né en terre radicale, mais dérive vite vers les thèmes de la revendication corporative, du nationalisme, du colonialisme, voire de l'antisémitisme. Une des cibles principales du mouvement n'est autre que Pierre Mendès France.

La campagne électorale est particulièrement troublée par les agitations violentes menées par les poujadistes qui s'en prennent très vivement à bien des députés candidats au renouvellement de leur mandat : avec le slogan de « Sortez les sortants », ils essaient de soulever l'indignation populaire. Mais, à l'évidence, la démagogie des chefs du poujadisme n'empêche pas que Pierre Mendès France et ses projets soient au cœur du débat. Le fonctionnement de la démocratie républicaine, les problèmes sociaux, la situation en Algérie, sont discutés avec ardeur alors que les moyens audiovisuels commencent à jouer un rôle important.

Les résultats du scrutin sont assez ambigus. L'impression première est celle d'une victoire du Front républicain qui obtient 27 % des voix et un peu moins de 180 sièges. En fait, le « courant mendésiste » gagne sans nul doute les élections, mais la coalition à laquelle il appartient perd des sièges. D'autre part, l'échec du MRP, comme celui des gaullistes de tous bords, rend plus sensible la progression des indépendants. Enfin, le succès du poujadisme est assez spectaculaire puisqu'il peut constituer un groupe parlementaire (11,6 % de voix). Par conséquent, aucune coalition ne peut se prévaloir de la victoire électorale d'autant plus que l'extrême gauche comme l'extrême droite sont exclues.

Le président de la République fait appel au secrétaire général de la SFIO Guy Mollet pour constituer le nouveau gouvernement. Plusieurs raisons ont été déterminantes. Il dirige le groupe le plus important à gauche (à l'exception de celui des communistes dont il peut tenter d'obtenir la neutralité) ; il semble le plus apte à rassembler une majorité qui, en se déportant vers la droite, peut neutraliser le MRP qui déteste Pierre Mendès France ; Européen, Guy Mollet peut espérer cristalliser une « majorité d'idées » qui évolue avec la diversité des problèmes politiques.

En 1956, Guy Mollet est âgé de 51 ans. Secrétaire général de la SFIO depuis 1946, il est député du Pas-de-Calais et maire d'Arras. Mais c'est surtout un homme d'appareil, militant socialiste déterminé. Attaché à la tradition doctrinale, il est un adversaire résolu du Parti communiste qui, dit-il, n'est pas « à gauche, mais à l'est ». Adepte de la construction européenne, il a fait sanctionner les députés socialistes hostiles à la CED. Enfin, il arrive aux affaires au moment où la crise algérienne s'approfondit ; il a taxé la guerre d'imbécile, mais va y engager la métropole plus avant.

Le choix du président du Conseil et le gouvernement qu'il construit déçoivent l'opinion qui, à gauche, attendait Mendès France. Ce dernier n'occupe pas de responsabilité d'envergure dans une équipe ministérielle nombreuse où figurent les principaux leaders du Front républicain. François Mitterrand, ministre d'Etat, assume la responsabilité de la Justice, Jacques Chaban-Delmas est ministre des Anciens Combattants. Ce sont des socialistes qui occupent les ministères clés, aux Affaires étrangères, à l'Intérieur, à l'Economie et aux Finances (Paul Ramadier), aux Affaires sociales (Albert Gazier). C'est un autre socialiste, Robert Lacoste, qui finit par prendre en charge l'Algérie.

L'œuvre du Front républicain

Les projets du gouvernement sont ambitieux. L'appui des syndicats suppose l'adoption d'une politique sociale active. Par ailleurs, le nouveau gouvernement s'engage à rechercher et à appliquer des solutions originales en Algérie, mais aussi dans l'Empire colonial. Enfin, il insiste beaucoup sur la nécessité de reprendre la construction européenne freinée par l'échec de la CED. Comme il ne dispose pas d'une majorité absolue, Guy Mollet doit utiliser très fréquemment une méthode classique, le recours à la question de confiance pour mobiliser les soutiens parlementaires indispensables. Ce faisant, le ministère Guy Mollet bénéficie du délai de vie le plus long de la IVᵉ République : près de seize mois (1ᵉʳ février 1956 - 21 mai 1957).

Une action sociale dynamique. — Pour Guy Mollet, l'arrivée au pouvoir d'un gouvernement à direction socialiste suppose l'adoption rapide de mesures sociales hardies. C'est pourquoi, en quelques semaines, il fait voter par les députés quatre mesures importantes :

— une troisième semaine de congés payés ;
— une retraite améliorée pour les vieux travailleurs grâce au Fonds de solidarité financé par l'impôt (la « vignette automobile ») ;
— l'amélioration des remboursements des frais médicaux par la Sécurité sociale ;
— le vote d'une loi-cadre sur le développement du logement social.

Ainsi, Guy Mollet espère se situer dans l'héritage de Léon Blum et du Front populaire, comme de la Libération.

Cette politique sociale accroît la charge financière de l'Etat et accélère l'inflation. Certains historiens sont très sévères (Jean-Paul Brunet). Mais il faut rappeler que la tradition de gauche et notamment la tradition socialiste s'inscrivent dans une démarche d'évolution sociale que revendique le dirigeant socialiste. En effet, aux yeux de Guy Mollet, le Parti socialiste, s'il est au pouvoir, doit engager des réformes favorables à sa clientèle électorale modeste, même si les économistes recommandent la prudence. S'il est vrai que la politique sociale grève le budget, il faut rappeler aussi le coût élevé de la guerre d'Algérie. C'est l'addition des deux choix qui accroît le déficit budgétaire.

La participation à la relance européenne. — Le gouvernement Guy Mollet n'est pas à l'origine de la reprise européenne même si, par la suite, il intervient activement dans les négociations. La politique européenne qui s'engage en 1956-1957 résulte de compromis acceptés par la France qui impose à ses partenaires certaines de ses conditions :

— c'est la France qui souhaite obtenir la création de l'Euratom, c'est-à-dire d'une Communauté européenne de l'énergie atomique. Mais en France les débats sont tendus entre les partisans

d'une énergie atomique pacifique (Guy Mollet et la gauche) et les adeptes de l'arme nucléaire (les militaires, les gaullistes). Le projet Euratom est adopté par le Parlement français en juin 1956, puis intégré au traité de Rome ;
— en revanche, la France doit accepter la Communauté économique européenne (CEE). L'opinion française est partagée ; le patronat évolue mais multiplie les réserves. Des hommes politiques (Pierre Mendès France) estiment que l'insuffisante modernisation économique française risque de la gêner au sein du futur Marché commun. Gaullistes et communistes critiquent les probables abandons de souveraineté. Dans les négociations, animées, du côté français par Maurice Faure, la France recherche les garanties les plus nombreuses pour limiter les inquiétudes de l'opinion.

L'ensemble de cette politique européenne compose le traité de Rome que signent la France et ses cinq partenaires le 25 mars 1957. Mais la ratification du traité intervient après la chute du gouvernement Guy Mollet.

Une politique coloniale ambiguë. — En effet, le gouvernement Guy Mollet prolonge la politique de ses prédécesseurs en Tunisie et au Maroc qui obtiennent leur indépendance en février et mars 1956 dans le cadre de l' « interdépendance librement réalisée » avec la France. Très vite ces Etats réclament les signes de la souveraineté, armée et diplomatie. Mais les accords avec la France ne sont pas conclus. De même, le gouvernement Mollet termine les négociations à propos des comptoirs en Inde qui reviennent à la République indienne. Alain Savary anime cette politique.

Par ailleurs, Gaston Defferre fait voter, le 23 juin 1956, la loi-cadre sur l'Afrique noire qui accorde le suffrage universel aux populations africaines, la création de conseils de gouvernement locaux et élargit les compétences des assemblées élues en même temps qu'elle s'engage à développer le recrutement des cadres africains et à promouvoir le développement économique et social.

La guerre d'Algérie dans laquelle le gouvernement Guy Mollet fait s'enfoncer la métropole a occulté l'œuvre libérale menée à cette époque en laissant le souvenir d'une action contradictoire de celle qui avait été annoncée. En fait, la loi-cadre de Gaston Defferre prépare la Communauté de 1958, même si, à l'époque, elle ne satisfait pas les élites africaines les plus progressistes.

Le gouvernement Guy Mollet jouit pendant plusieurs mois d'une popularité indiscutable qui atteint son apogée à l'automne 1956 au moment où il lance la France dans l'expédition de Suez contre la nationalisation du canal et la politique nationaliste du colonel Nasser. Mais très vite il connaît la disgrâce, car, en se refusant de définir une politique libérale active en Algérie, il mécontente une gauche déçue. La politique sociale coûteuse qui contribue à l'augmentation des impôts inquiète les modérés et la droite, car l'inflation reprend avec ampleur. Le 22 mai 1957, une opposition hétéroclite additionne les suffrages communistes, poujadistes, conservateurs (CNI), pour renverser le gouvernement qui, par ailleurs, cherche à « tomber à gauche ».

Guy Mollet laisse, dans la mémoire collective, une réputation négative partiellement injustifiée. En effet, l'œuvre accomplie est loin d'être insignifiante, notamment sur les plans social et européen. Disposant d'une majorité relative, il a utilisé l'arme de la question de confiance pour sauvegarder la coalition, car l'exécutif ne disposait pas de meilleurs moyens pour mobiliser sa majorité. Au total, en gouvernant dans des conditions difficiles, quand se multiplient les contradictions, Guy Mollet incarne les hésitations d'une population devant la gravité des choix à opérer et les atermoiements d'un personnel politique trop peu apte à prendre du recul par rapport aux oscillations immédiates de l'opinion.

Les crises politiques

A partir du printemps 1957, les gouvernements ne peuvent plus prendre d'initiatives, car les majorités gouvernementales sont toujours fort fragiles. Les députés poujadistes peuvent défaire une majorité, mais sont incapables d'aider à la reconstitution d'une autre. Le mendésisme s'essouffle. Pierre Mendès France a quitté le gouvernement Mollet en 1956 et a échoué dans ses tentatives pour rénover le Parti radical. La décomposition des forces politiques s'accélère.

Deux équipes ministérielles succèdent à Guy Mollet. La première présidée par l'ancien ministre de la Défense nationale Maurice Bourgès-Maunoury s'épuise à essayer de faire adopter une loi-cadre pour l'Algérie. La seconde dirigée par un autre radical, Félix

Gaillard, le plus jeune président du Conseil qu'ait eu la France à cette date, affronte la renaissance des problèmes économiques et financiers. Les difficultés du commerce extérieur, la dépréciation du franc et l'inflation accroissent les tensions sociales et dégradent l'image de la France sur la scène internationale.

La guerre d'Algérie mine en profondeur les organisations et les partis politiques. Le Parti communiste peut en apparence sauvegarder son unité, mais les effets de la déstalinisation commencent à se faire sentir, tandis que ses positions sur l'Algérie demeurent vagues ; s'il défend la paix, il ne parle pas d'indépendance. Toutes les autres familles politiques sont profondément divisées. A la SFIO, l'aile gauche combat le « national-molletisme », c'est-à-dire la participation à la guerre. Au MRP, des hommes, comme Georges Bidault, adoptent des positions de refus intransigeant à l'égard de toute évolution en Algérie. Le Parti radical a explosé comme la droite modérée où des hommes comme Antoine Pinay et Paul Reynaud ont du mal à faire entendre un discours politique ouvert à une solution libérale en Algérie.

C'est directement la guerre d'Algérie qui conduit Félix Gaillard à quitter le pouvoir le 15 avril 1958 à propos de la crise franco-tunisienne et de l'affaire des « bons offices » proposés par les Britanniques et les Américains. En fait, Félix Gaillard a cristallisé contre lui une double opposition : à gauche, communistes, progressistes, Pierre Mendès France et François Mitterrand, à droite, le groupe parlementaire du CNI, des radicaux, des MRP, des poujadistes et des gaullistes. Il est évident que la majorité élue sous le signe du Front républicain s'est disloquée et qu'il est difficile de construire une équipe parlementaire et ministérielle efficace.

Mai 1958

Les événements

La démission de Félix Gaillard ouvre la crise gouvernementale. Le président de la République oriente sa recherche vers la droite parlementaire qui assume la responsabilité de l'échec du gouvernement. Georges Bidault, favorable à une politique répressive en

Algérie et membre du MRP, échoue dans sa tentative, car son parti préfère une solution plus libérale. En se tournant vers le centre, René Coty sollicite René Pleven auquel la SFIO, cette fois, refuse d'accorder son appui parce qu'il n'offre pas d'engagements assez précis sur une action réformatrice. Les solutions parlementaires classiques semblent donc, début mai 1958, mener à l'impasse.

Entre-temps, en Algérie, la population européenne se laisse gagner par l'influence des groupes activistes, tandis que le trouble s'empare de l'armée. En métropole, les réseaux gaullistes se réveillent pour rappeler l'éventualité d'un recours dans une crise que la presse juge grave mais qu'en apparence les parlementaires sous-estiment.

Une majorité parlementaire semble donc s'esquisser en faveur d'une solution libérale. C'est pourquoi René Coty désigne Pierre Pflimlin qui, leader du MRP, passe pour avoir des idées réformatrices sur l'Algérie. D'autre part, il peut apparaître comme un homme neuf qui partage quelques fortes convictions. Celui-ci s'efforce, devant la défection des socialistes, de bâtir un gouvernement de centre droit qui très vite inquiète les activistes algérois et plus généralement les partisans de l'Algérie française. Ceux-ci qui composent des groupes très hétérogènes, d'anciens partisans du régime de Vichy, de réactionnaires de diverses origines, de gaullistes, lancent une manifestation à Alger, le 13 mai, pour affirmer leur opposition à une candidature qu'ils jugent inacceptable. Cette manifestation aboutit à une véritable émeute qui impose un *Comité de salut public* dont la présidence est confiée au général Massu, commandant du corps d'armée d'Alger.

Ce contre-pouvoir insurrectionnel a des implications paradoxales. En voulant imposer ses orientations, un gouvernement qui lui convienne, il permet au gouvernement Pflimlin d'obtenir l'investiture parlementaire. En défiant les institutions républicaines, il provoque un sursaut qui permet au gouvernement d'élargir son assise parlementaire aux socialistes et de choisir des solutions de fermeté pour réduire la dissidence algérienne. Le 16 mai, l'état d'urgence est proclamé.

L'épreuve de force est donc engagée avec le Comité de salut public qui étend son influence aux principales villes du territoire algérien. Pour contrecarrer cette autorité, Pierre Pflimlin accorde les pleins pouvoirs civils et militaires au général Salan (commandant en chef de l'armée en Algérie) qui a manifesté ses réserves et ses réticences. Celui-ci, sous la pression du Comité inquiet des résistances en métropole, finit par en appeler au général de Gaulle, qui, le 15 mai, prend une position très ambiguë. En réponse aux militaires d'Algérie, il annonce que, devant la dégradation de l'Etat, il se tient prêt à assumer les pouvoirs de la République. Cette intervention ne condamne pas les auteurs du coup de force et semble les cautionner, tandis qu'elle affaiblit la légitimité du gouvernement Pflimlin.

En effet, de Gaulle propose une alternative à la crise politique ouverte par le 13 mai. Ce faisant, il contribue à déplacer les enjeux et à ébranler la majorité parlementaire. Il confirme ses propos dans une conférence de presse le 19 mai, au cours de laquelle, tout en cherchant à rassurer les milieux politiques et parlementaires, il manifeste très clairement son intention de revenir au pouvoir. Dès lors, la démarche gaulliste, même si elle cristallise les oppositions collectives, détermine les choix de bien des personnalités. Si le Parti communiste, la SFIO, des radicaux comme Pierre Mendès France, dénoncent les mauvais coups portés à la République, Georges Bidault, Antoine Pinay, Guy Mollet, René Coty, tentent d'approcher de Gaulle.

L'autorité du gouvernement s'effrite. Les activistes algérois profitent de cette conjoncture pour multiplier les pressions sur la métropole. Le 24 mai, des parachutistes débarquent en Corse qui tombe dans la dissidence. Les rumeurs s'amplifient selon lesquelles d'autres groupes sont prêts à intervenir sur le territoire métropolitain. Le gouvernement essaie de réagir en instaurant la censure de la presse et en s'engageant dans une procédure de révision constitutionnelle. Mais les événements se précipitent. Après hésitation, Pierre Pflimlin se résout à rencontrer Charles de Gaulle qui, le 27 mai, fait savoir — nouvelle pression sur les parlementaires et l'opinion — qu'il a engagé le processus nécessaire à l'établissement d'un gouvernement républicain. Le 28, en riposte à l'intervention de militaires en Corse, les partis de gauche, communiste, socialiste, des radicaux, les syndicats, CGT, CFTC, FEN, manifestent en commun leur soutien à la République. Ce défilé unitaire — fait nouveau — plus nombreux qu'on ne l'a dit, ne manque pas d'ambiguïtés, car, si l'hostilité populaire à l'égard du coup de force algérois est évidente, si les manifestants ne partagent pas les objectifs des membres du Comité de salut public, ils ne défendent pas sans nuances la IVᵉ République.

D'ailleurs, il est bien tard. Le 28 mai, Pierre Pflimlin donne sa démission : il semble que la crainte du Front populaire ait produit son effet. Dès le lendemain, René Coty fait appel à Charles de Gaulle et presse les députés de soutenir cette candidature. Le 1ᵉʳ juin, après avoir accepté de faire quelques concessions au protocole parlementaire, de Gaulle obtient l'investiture à la tête d'un gouvernement d'union qui exclut les communistes et l'extrême droite parlementaire. Ce cabinet comprend d'ailleurs les principaux leaders politiques, des modérés comme Antoine Pinay, des MRP comme Pierre Pflimlin et des socialistes comme Guy Mollet. Le lendemain, 2 juin, de Gaulle obtient les pouvoirs spéciaux pour traiter le problème algérien et le droit d'élaborer une nouvelle constitution.

Les 1ᵉʳ et 2 juin, le pouvoir législatif cède le pas à l'exécutif. Une forte majorité accepte ce processus à l'exception du groupe communiste, d'une moitié du groupe socialiste, de radicaux comme Pierre Mendès France ou de personnalités comme François Mitterrand. Les votes des députés marquent l'acte de décès effectif de la IVᵉ République.

A propos de quelques interprétations

Assassinat ? Suicide ? Euthanasie ? La crise du 13 mai a suscité bien des débats, des analyses et des efforts d'interprétation.

A l'époque — et dans les mois qui suivent — seuls les gaullistes donnent une version des faits linéaire ; mal conçue à l'origine, la IVᵉ République est tombée normalement. Leurs adversaires, des hommes politiques mais aussi des journalistes divers, mettent au contraire l'accent sur le coup de force, voire sur des complots. Les journalistes comme Pierre Viansson-Ponté du *Monde* ou les frères Bromberger du *Figaro* démontent l'un quatre complots, les seconds treize. Pierre Mendès France ou François Mitterrand ont toujours dénoncé le « coup d'Etat » qui, sans avoir de Gaulle pour auteur, a pu bénéficier au retour du Général au pouvoir. Des intellectuels gaullistes, comme à l'époque du RPF Raymond Aron, partagent d'ailleurs ce point de vue : la rébellion militaire a fait céder la République.

D'autres témoins, historiens de surcroît, comme Michel Winock ou Jacques Julliard, soulignent la décomposition du régime républicain. Hubert Beuve-Méry, le directeur du journal *Le Monde*, rappelle que la République est morte, moins du coup d'Etat que de son inaptitude à vivre, et souligne le nombre des obstacles qui ont révélé son impuissance effective à répondre aux défis. En la circonstance, la rébellion algéroise accélère le processus de décomposition sans le provoquer.

Depuis lors, un historien comme René Rémond insiste sur le fait que la disparition de la IVe République n'avait, en mai-juin 1958, rien d'inéluctable. Crise gouvernementale et crise politique, le 13 mai 1958 est, selon René Rémond, un événement majeur riche d'imprévu et de hasard ; dans ces conditions, la mort de la République est aussi liée à une conjoncture où les hommes ont joué un très grand rôle. L'attitude de De Gaulle comme celle des caciques de la République sont déterminantes.

Jean Charlot souligne la complexité de la crise du 13 mai. Si un putsch a éclaté, si des complots se sont montés, les initiatives sont d'origines multiples ; elles ne révèlent pas de plan parfaitement préétabli. En la circonstance, les gaullistes ont exploité une situation qu'ils n'ont pas précisément créée. Odile Rudelle confirme ce point de vue quand elle souligne, au jour le jour, la manière dont les réseaux gaullistes ont réussi à retourner, à leur profit, une situation qu'ils n'avaient pas créée. Pour ces deux historiens, la crise politique a donc été largement exploitée par des acteurs, activistes, gaullistes, objectivement complices même s'ils sont rivaux, pour abattre un régime qu'ils rejettent.

Ces interprétations de la crise portent sur des phénomènes politiques apparents en métropole. Or, toute crise révèle, en profondeur, l'état des institutions et de l'opinion. D'autre part, les événements qui mènent au 13 mai ont leurs origines dans la guerre d'Algérie qui n'est pourtant pas, au premier semestre 1958, une des préoccupations principales des Français. En effet, ceux-ci considèrent qu'à terme l'Algérie doit acquérir son indépendance et qu'il importe d'engager des négociations avec les nationalistes insurgés.

Ce rappel peut éclairer différemment le 13 mai. Car, minoritaires au Parlement et plus encore dans l'opinion, sentant la situation leur échapper, les partisans les plus résolus de l'Algérie française cherchent à imposer un changement de régime pour empêcher une évolution rapide qu'ils craignent et pour dicter leurs choix. En ce sens, le 13 mai est assurément un coup de force. Les gaullistes, qui ne partagent pas sur l'Algérie des points de vue communs mais combattent la IVᵉ République depuis 1946, saisissent et exploitent une situation d'autant plus favorable que l'opinion française n'est pas prête à défendre, dans n'importe quelles conditions, cette République mal aimée et rejette les risques d'une guerre civile éventuelle. La solution gaulliste, acceptée par le Parlement, semble pouvoir écarter cette menace.

Si la popularité de De Gaulle s'est renforcée dans les mois qui précèdent mai 1958, elle n'atteint pas une ampleur exceptionnelle. De Gaulle coalise à la fois déceptions et espérances. Mais la part de la résignation est très forte. Les chefs de la IVᵉ République qui participent à son gouvernement et accompagnent la mise en place du nouveau régime ne pensent pas très différemment. Le retour de De Gaulle ouvre une parenthèse qui doit se fermer quand les solutions aux grands problèmes d'actualité seront trouvées et appliquées. C'est sur ce malentendu apparent que s'instaure le nouveau régime avec l'aide des principaux leaders de la IVᵉ République. Charles de Gaulle l'exploite, car leurs interventions lui permettent d'engager la transition qu'il estime nécessaire pour construire l'état et le système politique qui conviennent à ses vues.

BIBLIOGRAPHIE

MANUELS ET SYNTHÈSES

Elgey Georgette, *La République des contradictions (1945-1954)*, Fayard, 1968.
Elgey Georgette, *La République des tourmentes (1954-1959)*, Fayard, 1992.
Rioux Jean-Pierre, *La France de la IVᵉ République : l'expansion et l'impuissance (1952-1958)*, Le Seuil, 1983.

LA VIE POLITIQUE

Bédarida François, Rioux Jean-Pierre (sous la direction de), *Pierre Mendès France et le mendésisme*, Fayard, 1985.
Borne Dominique, *Petits bourgeois en révolte. Le mouvement Poujade*, Flammarion, 1977.
Guillaume Sylvie, *Antoine Pinay*, Presses de la FNSP, 1983.
Lacouture Jean, *Pierre Mendès France*, Le Seuil, 1981.
Ménager Bernard *et al.* (sous la direction de), *Guy Mollet, un camarade en République*, Presses Universitaires de Lille, 1987.
Williams Philip, *La vie politique sous la IVᵉ République*, Armand Colin, 1971.

LES PROBLÈMES DE L'OUTRE-MER

Ageron Charles-Robert, *La décolonisation française,* Armand Colin, 1991.
Dalloz Jacques, *La guerre d'Indochine,* Le Seuil, 1987.
Michel Marc, *Décolonisations et émergence du Tiers Monde,* Hachette, 1993
Pervillé Guy, *De l'Empire français à la décolonisation,* Hachette, 1991.

LA POLITIQUE ÉTRANGÈRE

Gerbet Pierre, *La construction de l'Europe,* Imprimerie nationale, 1983.
Poidevin Raymond, *Robert Schuman, homme d'Etat (1886-1963),* Imprimerie nationale, 1986.

LA CRISE DE 1958

Rémond René, *1958. Le retour de De Gaulle,* Bruxelles, Complexe, 1984.
Rudelle Odile, *1958. De Gaulle et la République,* Plon, 1988.

8. Les Français et la guerre d'Algérie (1954-1962)

Le 1ᵉʳ novembre 1954, divers points du territoire algérien sont l'objet d'attentats. Si les départements d'Alger et d'Oran sont assez peu touchés, celui de Constantine — et spécialement la région des Aurès — connaît de nombreuses violences meurtrières. Cette insurrection, elle est annoncée comme telle, provoque la stupeur en métropole, car l'Algérie passe, à l'époque, pour être calme. De fait, les autorités politiques et administratives locales et nationales ont le plus souvent sous-estimé « le problème algérien ».

Les origines d'une guerre

La mythologie politique française a obscurci les données du problème algérien, car il allait de soi que l'Algérie était le prolongement de la France et constituait un ensemble administratif et économique cohérent. Dans une large mesure, l'Etat français était inconscient des réalités.

L'émergence de la question algérienne

En conquérant l'Algérie, la France prétend installer et développer une *colonie de peuplement*. De plus, en dissuadant — répression ou persuasion — les indigènes de se révolter, elle s'efforce de promouvoir, surtout après 1870, une politique d'assimilation. Divisée en trois départements, l'Algérie est administrée comme une fraction du territoire français.

Cependant cette politique d'assimilation rencontre des limites fort importantes :

— les Français parviennent à assimiler les étrangers venus d'Europe ou les juifs. Mais peu de musulmans sont effectivement intégrés ;
— les indigènes ont reçu entre 1830 et 1870 la nationalité française. Mais ils sont, en fait, privés de ce droit et sont assujettis à l'arbitraire administratif par le *code de l'indigénat*. Ils peuvent accéder à la citoyenneté française s'ils en font la demande ; mais peu nombreux sont ceux qui effectuent la démarche, car ils ne souhaitent pas reconnaître la subordination à une autorité étrangère. D'ailleurs, l'administration française ne les encourage pas à demander la naturalisation.

Dans les années 1930, des hommes politiques comme le gouverneur Maurice Viollette se sont rendu compte de ces ambiguïtés. Maurice Viollette a proposé d'accorder la citoyenneté française à des élites par le diplôme, les distinctions professionnelles, les décorations militaires, tout en permettant de garder un statut traditionnel fondé sur le Coran ou les coutumes. Mais ces projets ont échoué parce que les colons européens ont résisté et que les modes de vie des musulmans différaient de ceux des Européens (polygamie, mariage forcé, etc.). La politique d'assimilation semblait aller à l'impasse.

Une autre voie était ouverte, celle de l'*association franco-musulmane* ébauchée par Napoléon III. A la fin de la première guerre mondiale, Georges Clemenceau a repris l'idée en créant un deuxième collège électoral, restreint et minoritaire, pour permettre aux indigènes d'être représentés dans les conseils généraux et municipaux. Mais ce deuxième collège resta privé de représentants au Parlement français.

Le double échec de la politique française — assimilation et association — ne pouvait mener qu'à l'expansion des revendications nationalistes. Celles-ci demeurent vagues jusqu'à la seconde guerre mondiale qui renforce l'exigence d'un Etat et d'une citoyenneté algérienne.

Le statut de 1947

Pendant la guerre, l'Algérie devient la terre d'accueil du gouvernement provisoire qui propose d'octroyer la citoyenneté française aux musulmans en élargissant le deuxième collège et en étoffant leur représentation dans les conseils. D'autre part, il élabore un vaste plan de développement économique et social : scolarisation, amélioration des services médicaux, aide à l'habitat, application de la législation sociale métropolitaine, création d'industries, amélioration de l'agriculture indigène.

Cette nouvelle politique peut satisfaire les élites musulmanes européanisées, mais ne parvient pas à rallier les milieux nationalistes qui, toutes tendances confondues, créent un mouvement, les « Amis du Manifeste et de la Liberté » (Ferhat Abbas, Messali Hadj).

Quelques mesures de réforme sont appliquées, à partir de septembre 1944, par un gouverneur libéral, Yves Chataigneau. L'objectif consiste à créer une conjoncture nouvelle et à encourager les nationalistes modérés favorables au maintien de liens étroits avec la France, comme Ferhat Abbas. Mais la surenchère des intransigeants du Parti du peuple algérien (Messali Hadj) aboutit à une crise grave au printemps 1945. En effet, le 8 mai 1945 — jour de la capitulation allemande —, des émeutes populaires éclatent dans certaines villes des Aurès et notamment à Sétif. Leurs origines sont encore controversées. La misère n'en paraît pas la raison essentielle ni même la principale. En revanche, les émeutiers expriment une violente colère entretenue par des promesses mal tenues et d'indiscutables provocations. La métropole, en ce moment, a bien d'autres préoccupations que l'Algérie pour imaginer d'autres remèdes que le recours à la répression contre une agitation sanglante qui prend parfois l'allure d'une guerre sainte. La population algérienne garde la mémoire d'un malentendu déterminant vers le divorce inéluctable.

A Paris, les débats se développent sur un futur statut de l'Algérie. Il faut en finir rapidement. En fait, les décisions sont prises progressivement :

— les deux collèges électoraux désignent des représentants au Parlement français mais en nombre inégal ;
— une loi d'amnistie est votée en faveur des victimes de la répression de mai 1945 afin de calmer les tensions les plus vives ;

— le 20 septembre 1947, l'Assemblée nationale adopte le *statut de l'Algérie*. Trois départements français sont les cadres de l'administration confiée à un double pouvoir. Le gouverneur général, qui incarne l'exécutif, représente l'Etat français. L'Assemblée algérienne, élue par les deux collèges, applique la législation métropolitaine, vote le budget, étudie les réformes nécessaires au peuple algérien. Le statut innove peu par rapport au régime antérieur. La création de l'Assemblée algérienne confirme l'impossibilité de mener une politique d'assimilation ; terre française, l'Algérie est à part. Mais ce compromis entre les partis politiques ne règle pas les problèmes essentiels, car il est périmé au moment où le gouvernement le promulgue.

L'Algérie oubliée

Le statut est mis en œuvre dans une conjoncture délicate :

— Yves Chataigneau est remplacé par Marcel Edmond Naegelen, un socialiste patriote et homme à poigne. Ce dernier veut réduire l'influence des milieux nationalistes ;
— les fraudes électorales se multiplient. Ainsi, en avril 1948, pour reprendre les termes de Guy Mollet, les élections à l'Assemblée algérienne n'ont, dans le deuxième collège, « aucun rapport avec la liberté de vote et la démocratie ». Ces fraudes se reproduisent à chaque consultation. L'administration française prétend barrer la route aux partis nationalistes et fait élire des musulmans très minoritaires et très intégrés à la culture française, qui représentent assez mal les vœux des électeurs indigènes ;
— la politique de réformes économiques et sociales ne tient pas ses engagements, car la métropole n'a pas les moyens d'aider l'Algérie et d'assurer la reconstruction. De fait, l'Algérie demeure dans une grande dépendance économique par rapport à la métropole. Les Français ne sont pas prêts à mettre en œuvre des plans ambitieux pour contribuer au progrès économique et social de l'Algérie, car ils ne souhaitent pas en supporter toute la charge. Pourtant, le commerce avec l'Algérie occupe la première place dans le commerce extérieur français. La démarche française est donc typiquement coloniale ;

— l'Assemblée algérienne ne joue pas le rôle espéré. Ses membres ne font pas preuve d'un dynamisme réformateur évident. Par ailleurs, les dissensions entre les élus des deux collèges paralysent son action.

Loin de réduire les revendications nationalistes, l'application du statut les aggrave. Les nationalistes algériens s'éloignent de plus en plus rapidement de l'adhésion au compromis de 1947.

• L'évolution politique de la population musulmane marginalise les modérés de l'Union du Manifeste algérien de Ferhat Abbas. Ce parti de notables francisés continue à plaider pour une Algérie autonome et démocratique. Mais le respect de la légalité républicaine qu'il invoque n'éveille plus d'écho dans la population indigène et ne bénéficie pas de l'aide attendue de l'administration française.

• Le Parti populaire algérien (PPA) ou Mouvement pour le triomphe des libertés démocratiques (MTLD) créé par Messali Hadj exerce la plus forte influence sur la population non européenne. Il mène double jeu. Officiellement, il joue la démocratie ; en fait, il prépare clandestinement l'insurrection et s'organise militairement. Les fraudes électorales consolident cette option insurrectionnelle. Mais, en 1953, le parti traverse une crise grave. L'autorité de Messali Hadj est contestée. Les plus radicaux lancent un appel à tous les Algériens pour bâtir une armée de libération nationale et pour rassembler tous les nationalistes dans un Front de libération nationale (FLN). Ces radicaux constituent l'équipe qui en novembre 1954 se lance dans l'insurrection : Ahmed Ben Bella, Houari Aït Ahmed, Mohammed Boudiaf, Belkacem Krim, ou Ben Khedda.

L'ordre républicain et les réformes (1954-1956)

C'est Pierre Mendès France qui dirige le gouvernement lorsque éclate l'insurrection. Il est arrivé au pouvoir pour imaginer une politique d'urgence en Indochine et pour accélérer l'évolution politique des protectorats marocain et tunisien. Son accession au pouvoir est saluée par les élus musulmans et les nationalistes comme Ferhat Abbas. Mais, en raison d'une stratégie déterminée par les priorités, le dossier algérien n'est pas vraiment étudié avant que les « troubles » ne débutent.

« Entre l'Algérie et la France, il n'y a pas de sécession concevable »

Dès l'annonce des massacres perpétrés en Algérie, le 1er novembre 1954, le gouvernement prend d'importantes mesures de sécurité en renforçant les effectifs des forces de l'ordre. Le ministre de l'Intérieur, François Mitterrand, dont dépend l'administration algérienne, définit une position sans ambiguïtés : « L'Algérie c'est la France et la France ne reconnaîtra pas, chez elle, d'autre autorité que la sienne » (7 novembre 1954).

Pierre Mendès France confirme cette orientation : « On ne transige pas lorsqu'il s'agit de défendre la paix intérieure de la nation, l'unité, l'intégrité de la République. Les départements d'Algérie constituent une partie de la République française. Ils sont français depuis longtemps et d'une manière irrévocable » (12 novembre 1954). Le gouvernement réaffirme donc une union classique de l'Algérie, terre non européenne bien particulière pour la France. Dès lors, le rétablissement de l'ordre est une priorité que la métropole doit prendre résolument en compte.

Cependant, Pierre Mendès France et François Mitterrand ne se satisfont pas d'une politique de répression. C'est pourquoi ils mettent au point un programme de réformes qui devrait s'appliquer lorsque le calme serait rétabli. Le chef du gouvernement le justifie en ces termes : « Par l'exercice des droits démocratiques, par la coopération généreuse de la métropole, nous saurons créer en Algérie la vie meilleure que la France doit assurer à tous les citoyens et à tous ses enfants. » Il estime que la crise algérienne se nourrit de la misère et du mal-développement et se propose de lancer un vaste programme d'équipement et de modernisation agricole et industrielle.

Un programme de *réformes ambitieuses* mais disparates est élaboré par François Mitterrand : application du statut de 1947 dans son intégralité, organisation d'un enseignement en langue arabe, droit de vote des femmes musulmanes, formation de hauts cadres administratifs musulmans, mise en valeur des terres incultes, etc. Ces mesures, pour généreuses qu'elles soient, ont un inconvénient : en ne choisissant pas entre l'intégration et la reconnaissance de la spécificité algérienne, elles mécontentent les colons et les élus européens comme les nationalistes de Messali Hadj. Seuls l'UDMA, le Parti communiste et les socialistes algériens leur réservent un accueil favorable. Pour le mettre en œuvre, le gouvernement fait appel à un nouveau gouverneur : Jacques Soustelle. Ce dirigeant du RPF, universitaire spécialiste des cultures non européennes, a la réputation d'un libéral, adepte d'une réforme profonde de l'Union française. Sa nomination est mal accueillie par les Européens d'Algérie.

Le gouvernement Mendès France tombe le 5 février 1955. L'Algérie explique en partie sa chute. Mais la politique qu'il a prétendu mettre en œuvre demeure à l'ordre du jour sous le gouvernement de son successeur Edgar Faure. Cependant son échec aboutit rapidement à une dérive évidente.

L'échec de la politique d'intégration

De fait, l'objectif prioritaire retenu par le nouveau gouverneur est de réussir, par des réformes profondes, à rallier les masses algériennes qui s'éloignent rapidement. En nouant le dialogue avec les élites musulmanes attentistes, en usant de fermeté à l'égard des milieux coloniaux les plus activistes, Jacques Soustelle espère réussir. La lutte contre le chômage des jeunes Algériens, la mise en œuvre d'une politique de développement doivent contribuer à créer un climat favorable. Pour l'aider, Jacques Soustelle fait appel à des libéraux : la sociologue Germaine Tillion ou l'ethnologue Vincent Monteil. Parallèlement, il applique l'état d'urgence en Algérie qu'a voté le Parlement français ; la lutte contre les rebelles est le fait des gendarmes et des CRS, mais aussi des « sections administratives spécialisées » (SAS), qui doivent remobiliser la population musulmane dans les campagnes.

Cette politique orientée vers une intégration effective de l'Algérie à la France mécontente les deux communautés. Les groupes de pression européens redoutent les réformes, l'accès des élites musulmanes aux responsabilités, l'égalité juridique, tandis que les nationalistes du FLN clandestin craignent qu'en se laissant séduire la population musulmane ne s'éloigne de la revendication nationale. Le terrorisme, loin de se réduire, s'étend rapidement dans l'ensemble du territoire.

Exaspéré par une double opposition, virulente sinon violente, Jacques Soustelle glisse peu à peu vers une politique d'autorité en oubliant les réformes. Ses collaborateurs libéraux le quittent, tandis que les partisans de l'ordre public imposent leur influence. L'état d'urgence permet de faire appel à des renforts militaires de la métropole. L'armée prend une place de plus en plus décisive dans la crise algérienne.

C'est dans ce climat qu'éclatent les émeutes des 20 et 21 août 1955. Dans le Constantinois, des milliers de paysans encadrés par des militants armés du FLN attaquent les forces de l'ordre mais aussi les civils musulmans et européens qu'ils massacrent dans des conditions atroces. L'armée intervient rapidement et parvient à limiter les effets de ces nouvelles émeutes. Mais cette poussée de fièvre laisse des séquelles très graves :

— en acceptant l'envoi de nouveaux renforts, le gouvernement s'engage dans une vraie guerre. La politique en Algérie est d'ailleurs de plus en plus élaborée à Alger et non à Paris ;

— le basculement des élites attentistes ou modérées vers le FLN tend à s'accélérer. Les succès obtenus par les nationalistes marocains (l'indépendance) poussent dans cette voie ;

— les émeutes provoquent une coupure décisive entre les deux communautés qui vont vivre désormais dans une véritable psychose ;

— les hommes politiques français s'interrogent sur le bien-fondé de cette politique. La droite pense que la seule réponse est celle d'une répression aggravée. Une partie de la gauche tend à penser que les réformes sont dépassées et que la négociation avec les insurgés devient la stratégie nécessaire ;

— dans l'immédiat, les élections du 2 janvier 1956 sont suspendues en Algérie, car le gouvernement ne peut garantir qu'elles se déroulent correctement.

La France se résout à la guerre en Algérie (1956-1958)

Les élections du 2 janvier 1956 portent au pouvoir une majorité de Front républicain que dirigent Guy Mollet et Pierre Mendès France. Pour Guy Mollet il faut faire cesser « cette guerre imbécile et sans issue ». Pierre Mendès France estime qu'une solution politique peut seule mettre fin à la crise. L'opinion française, dans sa majorité (mais elle est faible), semble souhaiter une politique différente. Pourtant, les premières tentatives du nouveau gouvernement échouent à leur tour. Désormais, la France, sans vouloir le dire, fait la guerre en Algérie.

L'échec de la politique Guy Mollet

Guy Mollet innove en créant un ministère spécifique pour l'Algérie qu'il confie au général Catroux. Ce disciple de Lyautey qui connaît bien l'Afrique du Nord passe pour un libéral susceptible de mettre fin à la guerre. La solution de Guy Mollet réside dans un *triptyque* : cessez-le-feu pour apaiser les esprits, élections libres au collège unique, négociations du futur statut de l'Algérie entre le gouvernement et les élus algériens.

Le président du Conseil décide un voyage en Algérie pour installer le nouveau ministre et annoncer sa politique, le 6 février 1956. Des manifestants saisissent l'occasion pour transformer cette journée en un véritable branle-bas de combat ; grève générale, foule en colère accueillent le président Guy Mollet. Devant les cris de haine provoqués par les groupes d'activistes, Guy Mollet change de ministre et désigne Robert Lacoste comme responsable du ministère.

Les conséquences politiques du 6 février sont considérables.

• Le gouvernement de la République a capitulé devant l'émeute ; les Européens d'Algérie vont s'en souvenir ; les musulmans perdent toute confiance, ce qui ne peut que renforcer l'influence du FLN.

• Si Guy Mollet et Robert Lacoste n'abandonnent pas le « triptyque », peu à peu le maintien de l'ordre en Algérie devient la priorité. Les « pouvoirs spéciaux » votés par la Chambre des députés, en mars 1956, autorisent le gouvernement à prendre toute mesure exceptionnelle en vue du rétablissement de l'ordre en Algérie. Par décrets, le gouvernement décide l'envoi des soldats du contingent et l'allongement de la durée du service militaire. Ce faisant, l'armée doit disposer de moyens renforcés pour lui permettre de « quadriller le pays » et de réduire les forces de l'insurrection.

Même si les mesures militaires occupent la plus grande place, il ne faut pas négliger les éléments d'une politique de réforme et de détente.

• Un ambitieux programme de constructions d'écoles pour scolariser les musulmans, des mesures pratiques de réforme agraire, l'accession des musulmans aux carrières de la fonction publique constituent une politique de réforme intéressante.

• De même, le gouvernement recherche des contacts avec des représentants du FLN. Un accord semble se réaliser autour de notions et de procédures comme le cessez-le-feu, les élections libres, l'exécutif provisoire. La fragilité parlementaire du gouvernement l'empêche de concrétiser cette démarche.

En octobre 1956, l'arrestation — au mépris des règles du droit international — de dirigeants nationalistes algériens (Ben Bella, Khider, Boudiaf, Aït Ahmed) laisse croire au double jeu du gouvernement qui se déconsidère auprès des responsables du FLN, des nationalistes modérés qui n'ont pas fait leur choix et des Européens libéraux désorientés. En novembre 1956, l'expédition militaire à Suez, qui prétend réduire les bases arrière de l'insurrection, dégrade un peu plus le climat politique.

Le programme initial de Guy Mollet n'est pas tenu. Les promesses de paix s'éloignent, tandis que les effets de la pacification demeurent modestes. Le gouvernement a déçu ; certains de ses membres éminents (Pierre Mendès France) ou emblématiques (Alain Savary) l'ont quitté. Si une majorité de Français semble approuver cette politique, il est vrai qu'elle ressemble plus à une politique de droite qu'à une démarche d'une gauche acquise au libéralisme politique. Par ailleurs, les sondages soulignent la montée progressive du nombre des Français qui attendent l'arrêt des combats et l'ouverture de négociations avec les dirigeants du FLN.

Néanmoins, malgré son échec, le gouvernement Guy Mollet fait prendre conscience de l'acrité du problème algérien. Les familles françaises se sentent concernées par une guerre qui commence à les toucher dans leur vie quotidienne. Le personnel politique comprend la complexité des problèmes posés et l'étroitesse de la marge de manœuvre. La longévité du gouvernement trouve dans ce phénomène une de ses raisons.

Les réalités de la guerre

Dès le début de 1957, le FLN intensifie son action terroriste et militaire. Robert Lacoste et le général Salan, commandant les forces de l'ordre, lancent une série d'actions qui remportent d'évi-

dents succès ; c'est la période au cours de laquelle la pression militaire est probablement la plus forte de toute la durée de la guerre.

• La *bataille d'Alger*, dirigée par le général Massu, se déroule de
janvier à octobre 1957. Les parachutistes parviennent en quelques
mois à briser les mouvements de grèves, à démanteler les réseaux terroristes et l'organisation du FLN, à capturer des dirigeants importants.
L'armée n'hésite pas sur les méthodes, car on lui a donné l'ordre
d'être efficace : quadrillage des quartiers musulmans, encadrement
strict de la population par la propagande, manipulation de militants
du FLN, exploitation des repentis, mais aussi recours à la torture. Pour
le FLN, le bilan est lourd puisqu'il perd une bonne partie de son élite
militante établie depuis longtemps à Alger. Mais la France n'emporte de succès qu'en utilisant des méthodes très contestables. Le FLN
subit une défaite militaire, mais la France affronte une condamnation internationale très dommageable sur le plan politique.

• Les *frontières* entre l'Algérie, le Maroc et la Tunisie sont fermées par la construction de lignes fortifiées. La « ligne Morice »
devient l'enjeu d'une bataille des frontières que l'armée va longtemps soutenir. Il s'agit d'isoler l'Algérie de l'ensemble du Maghreb et d'interdire les relations entre le FLN intérieur et les dirigeants installés en Tunisie ou en Egypte, mais aussi de bien situer
les commandos terroristes pour mieux les contrôler.

La *pacification* — tel est le terme par lequel on désigne la
guerre — répond à un terrorisme meurtrier des groupes armés
algériens. En effet, le FLN cherche à inquiéter les populations civiles
musulmanes et à les intimider afin d'obtenir le plus large ralliement
à la cause nationale. Par ailleurs, le FLN cherche à imposer son
hégémonie sur l'ensemble des mouvements nationalistes. En 1956
et 1957, une lutte d'influence particulièrement sanglante se déroule
entre les militants du FLN et les partisans de Messali Hadj rassemblés dans le Mouvement national algérien (MNA) sur l'ensemble du
territoire algérien et se diffuse en métropole.

L'*armée* croit s'engager dans une stratégie contre-révolutionnaire, car les nationalistes algériens se veulent révolutionnaires. Le
contrôle des populations par les SAS, la reconquête des esprits supposent une action psychologique permanente. La mission de l'armée dépasse donc rapidement celle qu'on lui confie habituellement.
Cette dérive entraîne la politisation de bien des officiers qui sont
tentés de combattre un nationalisme auquel ils donnent le visage de

la subversion communiste. Lutter pour le monde libre permet l'usage de méthodes diversifiées, dont la torture.

Les Français perçoivent de plus en plus une guerre coûteuse. On évoque l'alourdissement des prélèvements de main-d'œuvre, car la durée du service militaire a été portée à vingt-sept mois. On rappelle la recrudescence de l'inflation, les déséquilibres budgétaires. En fait, la métropole imagine le fardeau plus lourd qu'il ne l'est réellement. La charge des dépenses militaires s'élève, mais dans les limites du supportable. L'Algérie absorbe la part essentielle du budget consacré à l'Union française. Le rajeunissement de la population et l'arrivée de la main-d'œuvre immigrée, notamment algérienne, compensent les besoins démographiques. Par ailleurs, le commerce extérieur français tend à s'orienter vers de nouveaux partenaires européens. Dès lors, l'idée peut se diffuser selon laquelle l'Algérie, loin d'être la chance de la France, tend à devenir un fardeau. Bien des industriels partagent l'analyse, mais aussi des journalistes (Raymond Cartier) ou des intellectuels (Raymond Aron).

Les réactions politiques de l'opinion métropolitaine évoluent. Les partisans de l'Algérie française, même s'ils jouent des rôles influents, rencontrent un écho plus assourdi. Les Français n'apprécient pas le FLN, ont peur des « règlements de compte ». Mais ils demandent, de plus en plus souvent, des conversations avec les chefs de l'insurrection. Les discussions ne présupposent pas l'indépendance mais une évolution vers l'autonomie et surtout l'arrêt des combats. Les divisions persistent et se creusent ; elles affectent les hommes politiques et les partis, les intellectuels. Les thèmes des débats concernent :

— les méthodes de pacification : la presse de gauche, communiste ou non *(L'Humanité, France-Observateur, Témoignage chrétien, L'Express)*, un quotidien comme *Le Monde,* des écrivains comme François Mauriac dénoncent la torture. Mais les partisans de l'Algérie française en minimisent l'importance, même s'ils en admettent la réalité. Le gouvernement prétend l'occulter devant une population assez lointaine ;

— l'avenir de l'Algérie : les clivages ont tendance à s'élargir dans une opinion encore hésitante ; seules des minorités actives prennent des positions publiques en territoire métropolitain. En 1956-1958, les Français ne souhaitent ni la guerre totale ni le soutien au terrorisme FLN. Pour sa part, la grande presse nationale formule des commentaires proches des thèses de l'Algérie française, mais ne parvient pas à rallier la majeure partie de la population. Les élites intellectuelles mobilisent des deux côtés en adoptant souvent des options plus tranchées ; les campagnes de pétition commencent à se développer. Enfin, mis à part les communistes qui militent désormais, après avoir longtemps hésité, pour « un règlement pacifique de la question algérienne », et le CNI, qui adhère aux thèses de l'Algérie française, l'avenir de l'Algérie divise les autres partis politiques, même si la lassitude de la guerre s'affirme plus nette à la SFIO qu'au MRP ou chez les radicaux. Mais, à cette date, les partisans de l'intégration sont devenus minoritaires, tandis que progresse le nombre des partisans de l'indépendance ou de l'autonomie.

La population d'Algérie affronte directement les effets de la guerre. Ses choix sont donc plus tranchés. La population musulmane se laisse séduire par les thèses du FLN, tandis que les Européens se crispent de plus en plus sur le thème de la défense d'une Algérie française. L'opinion européenne peut alimenter le dynamisme de groupes activistes très divers qui trouvent un écho intéressé auprès de certains officiers. Mais ces choix très contrastés n'interdisent pas la persistance de libéraux et de modérés qui essaient, dans les deux communautés, d'éviter le pire.

L'internationalisation de la guerre et ses effets

Rapidement, les dirigeants du FLN s'efforcent de faire entendre leurs revendications sur la scène internationale. En profitant de mouvements dans les jeunes Etats comme celui des « non-alignés » ou de l'essor du panarabisme lancé par l'Egypte, les nationalistes du FLN veulent attirer l'attention du « Tiers Monde » mais aussi de l'ONU. De fait, le gouvernement français essaie de retarder les discussions sur l'Algérie à l'ONU, mais il n'y parvient pas. Si l'URSS apporte une aide discrète et modérée à l'insurrection qu'elle ne comprend pas bien, les Etats-Unis ne cachent pas que leurs préférences vont à une solution négociée, sinon même à l'indépendance.

Les pressions internationales, prudentes ou plus sensibles, se multiplient. Celles qui viennent des Etats-Unis sont d'autant plus embarrassantes que les gouvernements français ont besoin de l'aide américaine.

L'armée française a pris, dans l'organisation de la « pacification », une influence de plus en plus exclusive. Des dérapages se répètent comme le bombardement, le 8 février 1958, d'un village tunisien, Sakiet Sidi Youcef. Dans le cadre de la bataille des frontières, l'armée française attaque ce village auprès duquel se réfugiaient des maquisards algériens. En la circonstance, ce sont des civils qui sont blessés ou tués. Ce grave incident provoque une crise très sérieuse entre la France et la Tunisie. En effet, la France a violé le territoire de la Tunisie. Par ailleurs, le gouvernement tunisien, soutenu par les Etats-Unis et l'ONU, a proposé de s'entremettre entre la France et le FLN. Cette attaque apparaît comme une tentative de militaires, mal contrôlés par le gouvernement, pour empêcher la recherche d'une solution pacifique.

A leur tour, les Etats-Unis, appuyés par la Grande-Bretagne, proposent leurs « bons offices » pour tenter de régler le contentieux franco-tunisien. Cette proposition, qu'accepte le président du Conseil Félix Gaillard, est à l'origine immédiate de la crise gouvernementale et de la chute de la IVᵉ République. Les Français n'apprécient pas l'idée d'une médiation étrangères et pensent que s'il faut négocier, mieux vaut le faire avec le FLN qu'avec la Tunisie, les Etats-Unis ou l'ONU.

De Gaulle à la recherche d'une politique algérienne

Les équivoques de 1958

En juin 1958, Charles de Gaulle constitue un gouvernement d'union nationale pour assurer la paix civile en métropole, le retour au calme en Algérie et la réforme de l'Etat en laquelle il voit un préalable. Mais il ne semble pas avoir défini une politique algérienne. Depuis 1954, il a toujours manifesté beaucoup de discrétion ; il a laissé entendre, aux uns, qu'il souhaitait une évolution, aux autres, que l'Algérie devait demeurer française. Ses déclarations initiales sont donc fort ambiguës. Les slogans les plus martelés — « Vive l'Algérie française » — laissent penser qu'il se range dans le camp des adeptes de l'intégration. Cependant, il partage la conviction qu'une politique algérienne doit obtenir l'adhésion de la population musulmane ; il ne semble pas persuadé que les musulmans demeurent favorables à l'intégration. De Gaulle ne prend aucun engagement. En réaliste, il se donne le temps d'évaluer le rapport de forces pour promouvoir l'ébauche d'une politique véritable.

Le *13 mai* et son issue surprennent le FLN. Il ne comprend pas la réaction des Européens et s'inquiète des fraternisations qui ont eu lieu entre musulmans et Européens. Tous ces comportements semblent signifier que le terrorisme n'a pas eu tous les effets escomptés. Par ailleurs, la crise de mai aggrave les tensions et les divergences entre les chefs de l'insurrection ; les oppositions s'aiguisent entre les militaires et les politiques.

Dès lors, le FLN mène son action dans trois directions :

— relancer les opérations en Algérie, aux frontières, mais aussi dans les villes et les villages algériens. Le recours à la force doit, par l'intimidation, faire basculer une population musulmane ébranlée, mais pas acquise aux objectifs du FLN ;
— ouvrir un front terroriste en métropole pour aggraver l'angoisse et la lassitude des Français ;
— obtenir une reconnaissance internationale. A l'automne 1958, se crée un « Gouvernement provisoire de la République algérienne » (GPRA). Le FLN ne désespère pas d'obtenir du gouvernement français des concessions significatives qui permettent d'envisager l'ouverture de négociations.

Charles de Gaulle attend le référendum du 28 septembre avant de présenter quelques propositions. En effet, la victoire massive du oui en métropole et le triomphe qu'il obtient en Algérie, en dépit des menaces du FLN, renouvellent et renforcent son autorité. Le rapport de forces s'inverse aux dépens du FLN. Les élections législatives qui ont lieu en Algérie au collège unique confirment cette conjoncture nouvelle.

Réformes et pacification : réédition d'un programme ancien

A l'occasion d'un nouveau voyage en Algérie, au début d'octobre 1958, de Gaulle annonce ses propositions :

— la remise en ordre : il exige de l'armée, responsable de l'ordre, de permettre le bon déroulement des élections législatives,

« dans des conditions de liberté et de sincérité absolues ». Par ailleurs, il ordonne aux militaires de rentrer dans leurs casernes et de se soucier de la défense de l'ordre ;
— la lutte militaire : de Gaulle appelle les insurgés à cesser la guerre (« la paix des braves ») et les Etats étrangers à ne plus apporter d'aide ;
— le *plan de Constantine*, c'est-à-dire un plan quinquennal de développement en faveur de l'Algérie et particulièrement de la population musulmane.

Ce plan est annoncé par de Gaulle le 3 octobre 1958. Il semble signifier que la France a l'intention de rester en Algérie puisqu'elle engage une politique de développement. Dès lors, de Gaulle reprend à son compte les stratégies de Pierre Mendès France et de Guy Mollet, en se donnant des moyens plus ambitieux. Quelques axes prioritaires sont retenus, comme l'accélération de l'industrialisation pour réduire le chômage, une réforme agraire pour reconstruire une classe de petits paysans propriétaires musulmans, la construction de logements en villes ou la croissance de la politique de scolarisation des jeunes musulmans. L'Etat français décide d'aider et de garantir les investissements nécessaires.

Ce plan doit couvrir une période de cinq ans. En fait, la réalisation du plan cesse à la fin de l'année 1961. Pourquoi ? La guerre ne semble pas entraver l'application du plan. En revanche, les investissements publics demeurent insuffisants, tandis que les entreprises privées gardent une grande réserve. Il semble bien que le regard des industriels et des financiers français a changé et que l'annonce d'une évolution de la politique française, à partir de 1959, les incite à penser à l'indépendance de l'Algérie plus qu'à son maintien au sein de la République française.

La pacification constitue le deuxième volet de la stratégie gaulliste. Comme le FLN refuse la paix des braves dans laquelle il voit un piège, le général Challe, nouveau commandant militaire, définit un plan qui reprend la tactique de ses prédécesseurs. Il fait renforcer les frontières pour séparer les insurgés de l'intérieur de ceux qui sont en Tunisie. Il traque les commandos armés et quadrille les territoires contrôlés par le FLN, pour reprendre en main les régions menacées par le terrorisme. Pour limiter les renforts métropolitains, il recourt aux harkis (supplétifs) qui aident l'armée française. Enfin, pour limiter l'influence politique du FLN, il procède à de nombreux « regroupements » de population. Challe obtient des résultats indiscutables. Les insurgés subissent une série de crises graves. Mais ces succès militaires favorisent paradoxalement la stratégie de celui qui s'impose désormais au sein de l'ALN : Houari Boumedienne. En tout cas, une conjoncture nouvelle permet au président de la République de prendre des initiatives.

Le choix de l'autodétermination

L'*autodétermination* marque le véritable tournant. Le choix a été bien préparé à l'occasion de voyages en Algérie (« la tournée des popotes ») et d'entretiens avec quelques chefs d'Etat étrangers. Elle est annoncée le 16 septembre 1959.

Le discours du 16 septembre 1959. Le président de la République informe la presse et la population qu'il a choisi de laisser les Algériens « décider de leur destin, une fois pour toutes, librement, en connaissance de cause » et de demander aux Français d'entériner leur choix. Il propose trois options possibles : la sécession, c'est-à-dire l'indépendance en rupture totale avec la France, qu'il rejette, la francisation, c'est-à-dire l'égalité entre l'Algérie et la métropole, qu'il ne défend pas spécialement, ou le « gouvernement des Algériens par les Algériens eux-mêmes, dans le cadre de relations solidaires avec la France ». Cette dernière solution semble avoir sa faveur. Enfin, il invite les insurgés à cesser le combat, mais continue à récuser le GPRA comme interlocuteur valable.

Les réactions de l'opinion et des partenaires sont complexes :

— en métropole, les partisans de l'intégration, qui appartiennent à la majorité présidentielle (Jacques Soustelle) comme à la gauche (Robert Lacoste) et à la droite, ne peuvent refuser l'autodétermination, même si l'indépendance de l'Algérie peut en découler. Mais de Gaulle retrouve à gauche les appuis qu'il perd à droite : Pierre Mendès France ou Guy Mollet l'approuvent avec résolution, comme le Parti communiste ;
— en Algérie, les propositions du président déçoivent les Européens, car, de fait, elles écartent l'intégration. L'inquiétude monte, que les activistes cherchent à exploiter d'autant plus que

les succès militaires les incitent à estimer possible une solution de force ;
— le GPRA apprécie les principes posés par l'autodétermination, mais souhaite au préalable une négociation effective sur les garanties à espérer en cas de cessez-le-feu ;
— la pression internationale continue, dans le cadre de la CEE, de l'OTAN, ou de l'ONU, pour obtenir de la France une politique pacifique. Les gouvernements saluent le choix du président de Gaulle.

« *La semaine des barricades* » (24 janvier - 1ᵉʳ février 1960). Le rappel du général Massu — le seul officier supérieur à n'avoir pas été déplacé depuis 1958 — fait éclater de nouvelles manifestations. Le 24 janvier, organisations patriotiques et activistes exigent le retour de celui qui a gagné la « bataille d'Alger ». Des barricades protègent un véritable camp retranché où se rassemblent des hommes armés qui n'hésitent pas à tirer sur les forces de l'ordre. Des mouvements de sympathie se développent dans la plupart des grandes villes d'Algérie, mais la population musulmane se montre très discrète. Malgré les pressions de nombreux officiers, ni le général Challe ni Paul Delouvrier n'acceptent de rejoindre les insurgés qui prétendent refaire le 13 mai.

Le 29 janvier, à Paris, de Gaulle, dans un discours radiotélévisé, condamne avec force ce « mauvais coup porté à la France », exige l'obéissance des militaires, adjure les partisans de l'émeute de rejoindre l'ordre, tout en réaffirmant la nécessité de la politique d'autodétermination.

Cette intervention mobilise certains cadres de l'armée d'Algérie, réduit l'enthousiasme des Européens à l'égard des insurgés, tandis que l'opinion métropolitaine approuve Charles de Gaulle. La résistance des barricades tend à s'amoindrir. Le 1ᵉʳ février, leurs principaux animateurs (J. Ortiz, P. Lagaillarde) s'enfuient ou se rendent.

Cette épreuve de force a des conséquences politiques importantes :

— le gouvernement a tenu bon. Cependant de Gaulle décide de le remanier en écartant les ministres trop favorables à l'Algérie française (Jacques Soustelle) ;
— de Gaulle obtient les pouvoirs spéciaux en Algérie pour un an. Il va les utiliser pour engager une véritable remise en ordre (épuration de l'armée et de l'administration) ;

— l'autodétermination est confirmée. Les propos sur « l'Algérie algérienne liée à la France » inquiètent les partis de droite — et même une fraction de l'UNR —, s'ils sont appréciés par les partis de gauche. De Gaulle, tout en gardant le cap, demeure prudent ; procès et sanctions pèsent sur les partisans de l'indépendance de l'Algérie (procès du réseau Jeanson).

L'opinion métropolitaine approuve les orientations présidentielles ; de Gaulle est à l'apogée de sa popularité. Cependant, la politique algérienne du président de la République affecte en profondeur l'opinion française. Tous les partis, toutes les institutions sont touchés et subissent des tiraillements d'intensité variable. Le Parti communiste et la CGT peuvent garder une certaine unanimité de façade en affirmant leur attachement à une politique de paix ; ils sont l'objet de contestations internes de militants qui souhaitent un alignement sur les thèses du FLN. A l'opposé, les partisans de l'Algérie française qui fondent le *Comité de Vincennes* appartiennent à des sensibilités différentes correspondant à des fractions d'un large éventail politique, depuis l'extrême droite jusqu'à la SFIO en passant par le CNI, le MRP, les radicaux ou même le gaullisme de l'UNR. En fait, dans des proportions inégales, puisque les adeptes de l'Algérie française se recrutent majoritairement dans des milieux conservateurs, les clivages traditionnels sont bousculés.

La guerre d'Algérie suscite des batailles d'intellectuels à travers la presse ou les pétitions. Elle touche les étudiants mais aussi les universitaires, les journalistes, les écrivains et les artistes. Si les intellectuels de gauche sont les plus actifs, le phénomène touche une large part des milieux de la culture. A gauche, avec Jean-Paul Sartre, la bataille idéologique vise la colonisation ; on combat pour le droit des peuples. Mais on souhaite aussi une transformation en profondeur de la société et de la politique françaises. Les adeptes de l'Algérie française veulent défendre l'unité de la nation, le libéralisme que semble menacer le communisme, la civilisation occidentale attaquée par le panislamisme. La bataille des pétitions qui se développe dans les organes de presse (*Le Monde,* notamment), surtout entre 1959 et 1961, entraîne des interventions de chaque camp. Ainsi au « Manifeste des 121 » de septembre 1960, qui soutient le droit à l'insoumission des jeunes soldats, répond le « Manifeste des intellectuels français » qui défend le rôle de l'armée en Algérie.

L'élargissement des clivages n'empêche pas que les partisans de l'Algérie française ne soient pas approuvés par le corps électoral et qu'un divorce s'instaure ; Charles de Gaulle l'exploite pour mener sa politique à son terme.

Vers l'indépendance de l'Algérie

Une guerre qui s'éternise

La politique d'autodétermination donne l'impression que la guerre n'a plus de sens et qu'il faut y mettre fin le plus rapidement possible. La grande majorité des électeurs la jugent coûteuse pour le progrès économique et social et inutile puisque, à terme, l'Algérie doit devenir algérienne. Le « boulet colonial » semble d'autant plus lourd qu'à partir de 1960 les perspectives européennes deviennent plus concrètes et plus proches. Dès lors, les Français métropolitains sont de plus en plus nombreux à penser que la guerre d'Algérie épuise leurs forces, pèse sur l'économie, menace la jeunesse. Par ailleurs, la guerre divise l'armée, car les résultats, sur le terrain, semblent lui donner la victoire alors que dans le domaine politique elle entrevoit une solution bien différente. Si les officiers activistes ne sont pas la majorité, c'est que le plus grand nombre estiment qu'ils doivent se résigner à admettre l'évolution vers l'indépendance.

Le GPRA et les combattants algériens éprouvent des sentiments de lassitude assez voisins. Les luttes internes se prolongent entre ceux qui veulent utiliser l'autodétermination et ceux qui prétendent arracher le maximum de concessions et de garanties. Comme les opérations militaires ne sont pas favorables, il faut exploiter les diverses possibilités diplomatiques et obtenir des appuis et des soutiens auprès des Etats arabes mais aussi des grandes puissances. Ces choix incitent les dirigeants nationalistes algériens à se rallier à la négociation, d'autant plus que les musulmans, en Algérie, sont de plus en plus favorables à l'indépendance. Le GPRA accepte, au printemps 1960, des discussions à Melun avec des représentants du gouvernement français. Si celles-ci échouent, le principe est acquis qu'il faut poursuivre dans cette voie.

Le président de la République décide de faire approuver sa politique algérienne par voie de référendum. Avant l'autodétermination, seraient installés, en Algérie, un exécutif provisoire et une assemblée. En métropole, l'UNR, le MRP, la SFIO préconisent une réponse favorable, tandis que le CNI et l'extrême droite, comme le Parti communiste, recommandent le non. En Algérie, le FLN lance le mot d'ordre du non.

Le scrutin du 8 janvier 1961 souligne l'écrasante majorité des partisans de la politique gaulliste (80 % des exprimés) et la faiblesse des adeptes de l'Algérie française (10 % des exprimés). En revanche, en Algérie, une majorité relative d'électeurs musulmans adhère au non du FLN auquel se joint le vote négatif de la grande majorité des Européens.

Les résultats du référendum encouragent de Gaulle à mener à terme la stratégie de la négociation et confirment le FLN dans un statut de représentant légitime du peuple algérien. Mais ils aggravent l'angoisse des Européens d'Algérie et la colère des milieux activistes, qui fondent l'Organisation armée secrète (OAS). Ils incitent des militaires à une tentative de putsch.

Le putsch des généraux (20-26 avril 1961) est organisé par les généraux Challe, Salan, Jouhaud et Zeller qui ont commandé en Algérie. Leur coup de force est accéléré par les choix de plus en plus insistants de Charles de Gaulle qui répète des analyses identiques à celle-ci : « Il m'apparaît contraire à l'intérêt actuel et à l'ambition nouvelle de la France de se tenir rivés à des obligations, à des charges qui ne sont plus conformes à ce qu'exigent sa puissance et son rayonnement. C'est un fait. La décolonisation est notre intérêt et par conséquent notre politique » (Conférence de presse, 11 avril 1961).

Challe est convaincu que l'autodétermination mène à l'abandon de l'Algérie, mais qu'une action militaire bien menée peut conduire à la victoire. Il prétend donc prendre l'Algérie en main, contre la République de de Gaulle, la pacifier et la garder française.

Ce projet, qui oublie la réalité musulmane, mobilise peu l'administration et les militaires du contingent ; il est ignoré des Etats étrangers sur lesquels comptent les généraux. Largement improvisée, opposée aux souhaits de la population musulmane d'Algérie et à ceux de la population métropolitaine, la tentative de coup d'Etat avorte. « Le quarteron de généraux en retraite » doit se rendre (Challe) ou rejoindre l'OAS dans la clandestinité (Salan).

Ce nouvel échec des partisans de l'Algérie française qui prétendent interrompre le cours d'une politique voulue par le pays ne peut qu'encourager le président de la République à garder le cap et à engager de véritables négociations le plus rapidement possible parce que la crise peut laisser des séquelles.

Les négociations (mai 1961 - mars 1962)

Elles s'ouvrent le 20 mai 1961 à Evian entre les délégations française et algérienne dirigées, respectivement, par Louis Joxe et Belkacem Krim. Dans un souci d'apaisement, le gouvernement français décide de suspendre, unilatéralement, les opérations militaires. Mais loin de se renforcer, la position française se détériore, car le GPRA n'ignore pas que la France veut en finir avec la guerre en Algérie.

Les discussions se déroulent en quatre moments principaux.

• Dans un premier temps, l'accord se fait sur la participation du FLN à l'exécutif provisoire ; mais le statut particulier des Français dans l'Algérie indépendante et celui du Sahara soulèvent de sérieux problèmes. Les débats au sein du FLN et du GPRA (les modérés sont écartés au profit de radicaux) et la pression d'Etats arabes viennent compliquer les négociations. L'impression d'impasse diplomatique encourage le gouvernement français à reprendre les offensives militaires et à imaginer des solutions de rechange telles que le partage de l'Algérie.

• Les discussions reprennent difficilement à l'automne 1961. Le gouvernement français accepte de reconnaître la souveraineté algérienne sur le Sahara (les ressources pétrolières) ; mais le FLN propose un calendrier que la France ne peut approuver. C'est à nouveau l'impasse.

• Au cours de l'automne et de l'hiver 1961, une période violente et meurtrière tend à se prolonger, en Algérie comme en métropole. Les terrorismes du FLN et de l'OAS se répondent, tandis que l'armée française poursuit son effort militaire. De nombreux attentats sont organisés contre des personnalités politiques françaises, dont le chef de l'Etat, par des membres de l'OAS qui frappent partout en France. Le gouvernement riposte en s'en prenant à tous ceux qui mettent en cause son autorité. Ainsi, le 17 octobre 1961, les forces de l'ordre répriment avec une extrême brutalité une manifestation pacifique d'Algériens à Paris : plus d'une centaine de manifestants sont tués. Devant la montée du terrorisme de l'OAS,

des manifestations populaires sont organisées, comme celle du
8 février 1962 ; de nouvelles violences policières aboutissent ce jour-
là à la mort de 9 personnes. L'opinion est profondément choquée
par la tactique du gouvernement qui semble réprimer les mouvements de soutien à sa politique plutôt que ses adversaires.

• Au début du mois de mars 1962, les négociations reprennent
dans un climat tragique. Chaque délégation est pressée d'obtenir
un résultat. Au terme de débats tendus, elles aboutissent à la signature, le 18 mars, des accords d'Evian. Les deux délégations
conviennent d'un cessez-le-feu qui doit prendre effet dès le 19 mars
et d'un programme d'action pour l'avenir. L'exécutif algérien, pendant la période transitoire précédant l'indépendance, sera partagé
entre un haut-commissaire français et un « exécutif provisoire algérien ». Un référendum doit permettre de connaître librement l'avis
des Algériens avant la proclamation de l'indépendance. Les Européens doivent pouvoir exercer la totalité des droits civiques (garantie de la propriété, de la religion). Une coopération économique,
financière et culturelle doit être mise en œuvre.

Le gouvernement français soumet les accords à ratification du
peuple français, par référendum, le 8 avril 1962. Si les Français
approuvent à une très forte majorité (90 %) la signature des
accords, c'est pour plébisciter les orientations algériennes de De
Gaulle, mais c'est aussi par soulagement. Car ils ignorent, au
moment du vote, l'évolution de la situation en Algérie.

L'indépendance de l'Algérie (mars-juillet 1962)

La guerre se termine dans une conjoncture tout à fait dramatique. En effet, les accords d'Evian renforcent les activités terroristes de l'OAS en Algérie qui s'en prend aux libéraux, mais le plus
souvent à la population musulmane et à l'armée. Les commandos
de l'OAS prétendent construire dans les principales villes d'Algérie,
et particulièrement à Alger, des zones insurrectionnelles qui peuvent exercer une forte pression sur l'application des accords. Malgré le soutien de la population désemparée, l'OAS ne parvient pas à
s'imposer. Mais elle contribue au martyre de la population européenne d'Algérie, les « Pieds-noirs ». En effet, l'Algérie a peur. Les
deux communautés se séparent de manière définitive. Les Euro-

péens d'Algérie, qu'impressionne la violence inutile de l'OAS et surtout qu'inquiète le FLN, prennent la route de l'exil. Au début de
l'été, l'exode des « Pieds-noirs » s'amplifie.

La violence des commandos de l'OAS se prolonge jusqu'au mois
de juin 1962. Elle parvient, longtemps, à paralyser la mise en place
de l'exécutif provisoire algérien. Elle s'efforce de détruire la
machine économique pour laisser l'Algérie indépendante au niveau
qu'elle avait atteint en 1830. Mais c'est en vain ; l'OAS doit cesser le
combat, car elle ne réussit pas à imposer ses solutions. En effet, l'armée parvient à rétablir un semblant d'ordre. Néanmoins, les conséquences de cette violence meurtrière sont graves puisqu'elle encourage le FLN à remettre en cause les accords d'Evian.

En Algérie, le référendum d'autodétermination est fixé au
1ᵉʳ juillet 1962. Approuvé à une très forte majorité (près de 90 %
des électeurs inscrits), il aboutit à la proclamation de l'indépendance. Si les Européens participent massivement à la consultation,
ils sont aussi très nombreux à continuer de quitter l'Algérie. Enfin,
même si sa victoire est totale, le FLN qui prétend diriger les affaires,
est entré dans une nouvelle crise qui ne facilite pas l'organisation
du gouvernement.

La guerre d'Algérie dans la mémoire française

Trente ans après son achèvement, la guerre d'Algérie soulève
encore des passions qui, pour être en partie apaisées, demeurent
vivaces. Par ailleurs, elle continue de laisser dans l'ombre certaines
questions qui portent sur le coût humain, que l'on évalue à
250 000 victimes, sur son coût économique et financier, sur ses
effets sociaux et politiques, sur ses implications culturelles.

Dès lors, cette mémoire de la guerre d'Algérie appelle quelques
remarques.

• Elle a été largement occultée ; on parle de la « guerre sans
nom ». En effet, aucun gouvernement français n'a admis que la
République a mené une guerre en Algérie, même si, par ailleurs, les
soldats ayant servi entre 1954 et 1962 en Algérie peuvent utiliser le
qualificatif d' « ancien combattant ». Aucune date ne commémore
officiellement cette guerre effective.

• Les Français ont une mémoire sélective de la guerre d'Algérie. En effet, elle s'est déroulée dans une « lointaine Algérie », peu connue des métropolitains, et n'a pas été subie directement au quotidien par les habitants de la métropole. En revanche, des groupes sociaux souvent antagonistes l'ont vécue ou pratiquée : pieds-noirs, harkis, soldats du contingent, officiers d'active. Le souvenir de la guerre touche une minorité de Français qui, par ailleurs, n'ont pas le même regard sur les « événements ». Pour les uns, ce peut être une grave défaite, pour les autres, une victoire puisque la paix finit par s'imposer. Dès lors, la guerre d'Algérie laisse des traces profondes comme guerre « franco-française ».

• Comme toutes les guerres coloniales, la guerre d'Algérie ne trouve pas facilement sa légitimité. En effet, en s'opposant avec force au mouvement de décolonisation qui se réfère aux droits de l'homme et au droit des peuples à disposer d'eux-mêmes, la France se met en contradiction avec ses principes. Les formes qu'elle donne à certaines opérations militaires, la torture notamment, ne répondent pas mieux à l'image libérale et démocratique de la France. En ce sens, on peut dire que la guerre est taboue parce qu'elle lève des interrogations morales pénibles.

• Dès lors, la guerre d'Algérie peut apparaître comme une « guerre sans cause ». Il est vrai que les actions terroristes menées par le FLN imposaient des réactions de fermeté, mais ne contraignaient pas les gouvernements français à mener un effort de guerre sans rechercher de solutions politiques. La durée de la guerre a lassé la métropole et a laissé de vains espoirs aux Européens d'Algérie dont, par ailleurs, l'avenir n'a pas été assuré. L'aveuglement des gouvernements ou la faiblesse devant des groupes de pression minoritaires sont évidents ; ils ont contribué à allonger dans le temps la durée de la guerre. Mais, par ailleurs, les mêmes ont compris la nécessité de réorienter l'avenir du pays. C'est ainsi que Guy Mollet négocie et signe le traité de Rome au moment où il accepte d'intensifier l'effort militaire. Il engage un virage prometteur tout en confirmant des choix dépassés.

• Si l'attachement à la puissance coloniale n'apporte pas de réponse totalement satisfaisante, les avantages économiques n'éclairent pas vraiment les choix français. En effet, la guerre d'Algérie a coûté, mais elle a aussi contribué à maintenir une certaine croissance. Or, la rupture de 1962, loin de plonger la France dans le désastre, renforce la croissance et la modernisation dont elle partage les fruits jusqu'en 1973. Le choc économique de la décolonisation a été facilement absorbé.

BIBLIOGRAPHIE

MANUELS ET SYNTHÈSES

Droz Bernard, Lever Evelyne, *Histoire de la guerre d'Algérie,* Le Seuil, 1982.
Horne Alistair, *Histoire de la guerre d'Algérie,* Albin Michel, 1980.

L'OPINION FRANÇAISE ET LA GUERRE

Lemalet Martine, *Lettres d'Algérie, la guerre des appelés (1954-1962),* J.-C. Lattès, 1992.
Rioux Jean-Pierre (sous la direction de), *La guerre d'Algérie et les Français,* Fayard, 1990.
Rioux Jean-Pierre, Sirinelli Jean-François (dir.), *La guerre d'Algérie et les intellectuels français,* Bruxelles, Complexe, 1991.

LA MÉMOIRE DE LA GUERRE

Stora Benjamin, *La gangrène et l'oubli,* La Découverte, 1991.

LA GUERRE VUE PAR LES ALGÉRIENS

Harbi Mohammed, *Le FLN, mirage et réalité (1945-1962),* Editions Jeune Afrique, 1980.
Harbi Mohammed, *1954 : la guerre commence en Algérie,* Bruxelles, Complexe, 1984.

QUELQUES ASPECTS PARTICULIERS

Vaïsse Maurice, *Alger. Le putsch,* Bruxelles, Complexe, 1983.

9. La présidence de Charles de Gaulle (1958-1969)

L'investiture de Charles de Gaulle comme président du Conseil marque la fin de la IVᵉ République et l'élaboration d'un nouveau système politique. Pendant plus de dix ans, de Gaulle domine la vie politique nationale et oriente son action autour de quelques objectifs : la restauration de l'Etat, la solution de la crise algérienne, l'ouverture européenne et la modernisation économique.

Le principat gaulliste constitue donc une des périodes de l'histoire contemporaine au cours de laquelle la France s'est transformée en profondeur. Mais ces mutations poursuivent, sur bien des plans, celles qui ont été engagées précédemment sous la IVᵉ République. Si des ruptures existent, de très nombreuses continuités sont à rappeler.

« Restaurer l'Etat »

Investi de la fonction et des responsabilités de président du Conseil, le général de Gaulle obtient, comme il l'a souligné dans ses *Mémoires d'espoir*, « l'occasion historique... de doter l'Etat de nouvelles institutions ». Fidèle à ses principes et à sa persévérante condamnation de la IVᵉ République, Charles de Gaulle estime qu'une réorganisation de l'Etat est un préalable indispensable au redressement. Même si les analyses gaullistes surestiment la dégradation de la situation en 1958 et confirment la condamnation sans nuances du « système des partis », il est exact que la faiblesse de la IVᵉ République soulève le problème de sa réforme.

La transition à la Ve République

La loi du 3 juin 1958, que l'on peut envisager aussi comme un aboutissement de la réforme constitutionnelle ébauchée depuis 1955, confère au gouvernement, et non au Parlement, le soin d'élaborer une nouvelle Constitution. C'est une procédure originale, car, dans la tradition libérale française, ce sont les assemblées élues qui ont exercé un pouvoir constituant. La loi définit les cadres et les principes de l'action constitutionnelle du gouvernement :

— le suffrage universel est la source du pouvoir ;
— la séparation des pouvoirs législatif, exécutif ;
— l'indépendance du pouvoir judiciaire ;
— la responsabilité du gouvernement devant le Parlement ;
— les rapports de la République avec l'outre-mer.

Un comité consultatif, composé de parlementaires, et le Conseil d'Etat sont chargés de donner leurs avis. Un référendum populaire doit approuver, en dernier ressort, la nouvelle Constitution. C'est dire que l'influence du Parlement est très réduite.

Sous la direction du ministre de la Justice, Michel Debré, et avec la collaboration du Comité ministériel réunissant de Gaulle, Antoine Pinay, Guy Mollet et Pierre Pflimlin, un projet est discuté et élaboré. A la fin du mois de juillet, ce projet est soumis au gouvernement dans son ensemble qui donne son approbation. Puis, en août 1958, le Comité consultatif présidé par Paul Reynaud présente ses remarques et ses amendements. Le 3 septembre 1958, le gouvernement lui donne une approbation définitive. Le 4 septembre, à l'occasion d'une manifestation spectaculaire, place de la République à Paris, de Gaulle l'explique au pays et annonce le référendum pour le 28 septembre.

La campagne référendaire se développe dans la résignation, car l'impopularité de la IVe et l'autorité de de Gaulle imposent la nécessité de changements. Le MRP, les modérés du CNI, les gaullistes font campagne pour le oui en compagnie des radicaux et des socialistes divisés. En effet, une minorité significative de la SFIO et des personnalités comme Pierre Mendès France et François Mitterrand défendent le non comme les communistes au nom de la tradition d'une République parlementaire qu'ils opposent à un système dont ils dénoncent les aspects autoritaires. Le pays approuve le texte constitutionnel à une très forte majorité.

		% inscrits	% exprimés
Inscrits	26 603 464		
Abstentions	4 006 614	15,1	
Oui	17 668 790	66,4	79,2
Non	4 624 511	17,4	20,8

Mais par-delà la réponse sur le texte constitutionnel, se profilent trois autres phénomènes politiques essentiels : le triomphe de De Gaulle qui est plébiscité, la défaite très sévère du Parti communiste, l'échec très sensible de la gauche non communiste mais antigaulliste. Pourtant, ces remarques méritent nuances, car le oui s'impose massivement dans les régions orientées à droite, tandis que les régions de gauche lui accordent une audience plus assourdie.

Les 23 et 30 novembre 1958, se déroulent les élections législatives. Le calendrier imprime une orientation décisive ; de fait, les candidats, en se définissant par rapport à de Gaulle, obligent les électeurs à approuver ou à désapprouver le gaullisme et sa démarche. La restauration du scrutin majoritaire d'arrondissement limite mais ne brise pas la vague électorale ; la consultation impose une majorité parlementaire se réclamant du gaullisme. Le Parti communiste recule à nouveau, tandis que la SFIO et le MRP gardent une certaine stabilité en voix. Les candidats qui se réclament de de Gaulle et qui se sont regroupés dans une nouvelle formation, l'Union pour la nouvelle République (UNR), remportent un succès électoral très net, tandis que les candidats du CNI progressent fortement. L'Assemblée nationale dispose d'une très forte majorité à droite grâce aux effets amplificateurs du second tour. La gauche subit un échec spectaculaire : le PC ne sauve que 10 sièges, la SFIO en conserve 40, les familles radicales 20. L'Assemblée, dans laquelle l'UNR obtient près de 200 sièges et le CNI plus de 130, est la plus à droite depuis 1871. Le personnel parlementaire est profondément renouvelé. Des personnalités d'envergure comme Jacques Duclos, Gaston Defferre, Pierre Mendès France, Edgar Faure, François Mitterrand, Joseph Laniel sont battues. Les députés ne doivent pas constituer, *a priori*, un contrepoids à l'autorité politique de l'exécutif.

Le 21 décembre 1958, un collège électoral de 80 000 personnes désigne à une nette majorité (77 %) Charles de Gaulle comme président de la République. Le nouveau président nomme son successeur en la personne de Michel Debré, un fidèle. Le nouveau premier ministre constitue un gouvernement correspondant à la majorité de droite où sont donc associés des membres de l'UNR, du CNI et du MRP, mais aussi des hauts fonctionnaires.

Michel Debré, qui a 47 ans en 1959, est un ancien résistant, commissaire de la République à la Libération. Membre du RPF, sénateur gaulliste, il a été un adversaire résolu de la IVe République, mais aussi d'une politique d'évolution dans l'Union française. Inspirateur et rédacteur de la Constitution, il en applique les principes. « Second du navire », il est l'homme du président et s'appuie sur la confiance du président de la République pour assumer ses fonctions. Mais, favorable à une conception britannique du système, il veille à établir la primauté effective du premier ministre sur l'ensemble de l'équipe gouvernementale et à imposer une grande homogénéité à l'action. Il procède à de profonds remaniements, n'hésitant pas à se séparer d'hommes importants comme Antoine Pinay, ou Jacques Soustelle, en désaccord avec la politique gouvernementale.

Les hauts fonctionnaires qui sont associés à cette équipe (Maurice Couve de Murville aux Affaires étrangères, Pierre Messmer aux Armées) contribuent aussi à consolider l'influence du président et du premier ministre.

La Constitution du 4 octobre 1958 : un compromis provisoire

Les institutions nouvelles adoptées par les Français portent une double marque. En apparence, elles reprennent les grands principes constitutionnels de la France républicaine. Mais en fait, derrière cette façade, les exigences de De Gaulle impriment une orientation profondément renouvelée.

Selon la tradition française, la séparation des pouvoirs est confirmée : le pouvoir exécutif, le pouvoir législatif et le pouvoir judiciaire sont donc bien différenciés. De même, le rôle du Parlement est très précisément défini. Composé d'une Assemblée nationale élue au suffrage universel direct, pour cinq ans, et d'un Sénat élu au suffrage indirect pour neuf ans, le Parlement exerce ses fonctions classiques : le vote de la loi, du budget, la ratification des traités, le contrôle de l'action gouvernementale par l'adoption d'éventuelles motions de censure ou, au contraire, par le vote de la confiance. Les navettes entre les deux instances sont maintenues ; mais en cas de conflit entre Sénat et Assemblée nationale, la décision revient à l'Assemblée.

Les exigences de Charles de Gaulle ont obtenu un accord partiel des ministres d'Etat, Guy Mollet et Pierre Pflimlin. Elles aboutissent à des innovations essentielles pour l'action politique.

• Le *Parlement* est réellement mis au pas. En effet, ses sessions sont précisément limitées dans le temps ; il ne peut plus siéger en permanence. L'Assemblée nationale perd son droit d'interpeller ministres et gouvernement. Les propositions de lois d'origine parlementaire deviennent irrecevables dès qu'elles aggravent les charges financières de l'Etat. De surcroît, le Parlement n'est pas le maître de son ordre du jour. En outre, en cas de motion de censure n'entrent en compte que les votes favorables au texte présenté. Enfin, l'usage de l'article 49-3 permet au gouvernement de faire accepter un texte sans vote.

• La création du *Conseil constitutionnel* composé de membres nommés par le président de la République, les présidents de l'Assemblée nationale et du Sénat, réduit aussi le rôle du Parlement. Sa mission consiste à veiller à la conformité constitutionnelle des textes votés par le Parlement. A l'évidence, le Conseil constitutionnel doit chercher à éviter tout empiétement du pouvoir parlementaire.

• L'autorité du *gouvernement* est renforcée. L'article 20 lui confie la charge de déterminer et de conduire la politique de la nation. En confiant au gouvernement la maîtrise effective de la procédure législative, en lui réservant le droit de prendre les ordonnances sans contrôle parlementaire, en séparant de manière stricte les fonctions ministérielles et parlementaires, la Constitution place le gouvernement en position dominante par rapport aux parlementaires. C'est une innovation fondamentale par rapport aux systèmes républicains précédents. Un véritable pouvoir d'Etat se met en place qu'incarnent partiellement le premier ministre et ses collaborateurs.

• La clef de voûte du système — c'est une autre innovation — est le *président de la République*. Le texte constitutionnel peut le faire apparaître comme un arbitre. En effet, il veille au respect de la Constitution, assure, par son arbitrage, le fonctionnement régulier des pouvoirs publics. Il promulgue la loi et signe les ordonnances. Garant de l'indépendance nationale, il signe les traités qu'il fait respecter. Comme chef des armées, il défend l'intégrité du territoire. En ce sens, le président de la République assume des pouvoirs et une responsabilité assez comparables à ceux des régimes antérieurs.

Mais ses compétences effectives sont plus larges. En effet, il nomme les ministres et met fin à leurs fonctions. Il préside le Conseil des ministres. Après consultation du premier ministre, il a la possibilité de dissoudre l'Assemblée nationale. D'autre part, il peut soumettre au référendum des projets ayant trait à l'organisation des pouvoirs publics.

Enfin, l'article 16 lui octroie la capacité d'exercer une véritable dictature temporaire lorsque l'Etat ne peut plus fonctionner normalement, que les institutions républicaines sont en danger ou que l'intégrité et l'indépendance nationales sont menacées.

Dès lors, le président de la République détient et exerce une large partie du pouvoir d'Etat. L'élection par un collège de 80 000 notables renforce sa primauté par rapport au premier ministre qui procède de lui. Charles de Gaulle a réussi à imposer certaines des propositions contenues dans le discours de Bayeux.

Vers la monarchie républicaine ?

Le juriste Maurice Duverger, favorable au régime présidentiel, définit sous cette étiquette l'évolution de la Ve République. Cette mutation se prolonge au-delà de 1969. C'est un processus qui caractérise aussi d'autres démocraties dans le monde comme les Etats-Unis par exemple. L'évolution du système politique français correspond donc à un mouvement plus général dans le monde occidental.

La Constitution de 1958 propose plusieurs lectures. Les juristes ont, à l'époque, insisté sur certaines évolutions potentielles vers la prééminence du président et la subordination du premier ministre et du Parlement. Certains des inspirateurs du texte (Guy Mollet, Paul Reynaud) dénoncent les dérives qu'ils croient percevoir parce qu'ils ne reconnaissent plus les aspects parlementaires qu'ils ont cru garantir. Or, de Gaulle estime que les institutions ne doivent pas demeurer figées, qu'il faut les adapter à la conjoncture. Pour lui, une constitution ne se respecte pas à la lettre, mais dans son esprit. De ce fait, le président de la République, en tant que gardien de la

Constitution, est le juge effectif de la pratique et des infléchissements qu'il imprime.

Cette position tranche fortement avec les conceptions juridiques et politiques classiques. La manière d'agir de De Gaulle soulève des contestations nombreuses aussi bien chez ceux qui l'ont rallié en 1958 en assurant la transition avec la IVe République que chez ceux qui, depuis mai 1958, combattent l'homme qui mène « un coup d'Etat permanent » (François Mitterrand).

Très vite de Gaulle n'exerce plus un rôle d'arbitre mais plutôt de capitaine. En effet, il constitue à l'Elysée un groupe de spécialistes et d'experts qui le conseillent dans tous les domaines de l'action gouvernementale. Chaque ministre est donc « surveillé » par un conseiller du président avec lequel il doit négocier ses choix. D'autre part, dès 1959, l'UNR estime que le président doit disposer de compétences particulières dans les domaines où l'intérêt national se trouve engagé. La diplomatie, la défense, l'Algérie, constitueraient, selon les gaullistes, le « domaine réservé ». Les autres domaines (éducation, culture, santé, finances, travail, justice) relèveraient d'un « secteur ouvert » confié au gouvernement. Enfin, la subordination des parlementaires gaullistes au président crée une hiérarchie naturelle puisque la majorité parlementaire inscrit sa démarche dans la stratégie du président de Gaulle.

Dès janvier 1959, les rapports entre les pouvoirs sont clairement définis. De Gaulle attend une fidélité totale de ses ministres qui sont d'abord responsables devant lui puisqu'il les nomme et qu'il peut les démettre. De même, le Parlement est régulièrement affaibli ; il n'est plus le maître de son ordre du jour et n'est plus réellement appelé à définir les grandes orientations nationales. Le Parlement ne peut plus se réunir de plein droit en session extraordinaire, même si la Constitution le prévoit. Enfin, le recours, en temps de crise, aux ordonnances ou aux pleins pouvoirs contribue à limiter, dans les faits, les prérogatives du Parlement. Les conférences de presse, les allocutions radiotélévisées, les voyages en province permettent d'établir un contact direct avec le pays en écartant les parlementaires qui désormais constituent un niveau de pouvoir modeste.

Plusieurs raisons peuvent rendre compte de l'évolution rapide :

— la personnalité de de Gaulle qui n'a jamais caché ses réserves à l'égard de la prééminence du Parlement. Le président de la République peut exploiter les réticences d'une opinion française auprès de laquelle l'antiparlementarisme rencontre quelque écho. Il bénéficie de l'aide de la haute administration qui, soucieuse de modernisation et d'efficacité, trouve, dans le régime, des préoccupations qu'elle partage ;

— l'échec de l'opposition de gauche en 1958 a écarté de l'Assemblée nationale de nombreux dirigeants politiques de la IVᵉ République. Bien des parlementaires sont des nouveaux élus qui acceptent les infléchissements ou qui s'y résignent ;

— la conjoncture politique permet au président de la République d'utiliser toutes les armes constitutionnelles comme le recours au référendum ou à l'article 16. La guerre d'Algérie donne en effet à Charles de Gaulle les moyens d'éviter ou de contourner les hésitations ou les réserves parlementaires puisque le peuple est appelé à décider ou à confirmer des choix par voie de référendum ;

— l'opposition constitutionnelle peut très médiocrement s'exprimer. Ce n'est pas à l'Assemblée nationale mais au Sénat qu'elle a la possibilité de faire entendre la contestation. En effet, la plupart des grands parlementaires, battus en 1958, trouvent refuge au Sénat. Gaston Defferre, François Mitterrand, Edgar Faure, Jacques Duclos incarnent une opposition active dans une assemblée qui ne dispose pas de grands pouvoirs. Cependant, à l'Assemblée nationale, la fin de la guerre d'Algérie, les débats sur la politique européenne et sur l'évolution du régime provoquent la montée d'une opposition qui, à l'automne 1962, vote une motion de censure à l'égard du gouvernement présidé, depuis avril 1962, par Georges Pompidou qui n'est pas un parlementaire ni même un élu.

La réforme constitutionnelle proposée à l'automne 1962 achève le processus engagé et adapte la Constitution à la pratique mise en œuvre depuis 1959. Ni avant 1958 (le discours de Bayeux n'en parle pas) ni en 1958, Charles de Gaulle n'a posé la question de l'élection du président de la République au suffrage universel. Son autorité personnelle, la nécessité du compromis politique, la conjoncture et les mentalités (le souvenir de 1848) ont incité de Gaulle à faire élire le président par un collège de notables qui, le plus souvent, n'appartenaient pas à une formation politique. Ce choix suffisait à rendre le président indépendant du Parlement et des partis politiques. Or, le 20 septembre 1962, Charles de Gaulle annonce le projet de faire élire le président de la République par le suffrage universel et précise que la réforme sera décidée par référendum. Les raisons de cette proposition présidentielle sont complexes. L'attentat du 22 août 1962 au Petit-Clamart, qui révèle une certaine fragilité du régime, accélère une décision qui parachève l'édifice construit depuis 1958. En effet, l'élection au suffrage universel ne modifie pas la conception gaulliste de la fonction, mais doit permettre de rompre définitivement avec le régime des partis et offrir aux futurs présidents l'onction populaire indispensable à un homme qui ne disposera pas de la légitimité gaulliste.

La décision de Charles de Gaulle ouvre une crise grave entre l'exécutif et le législatif. En effet, à l'exception des gaullistes, les parlementaires dénoncent l'accroissement du pouvoir présidentiel et la démarche de type plébiscitaire. La plupart des juristes rejoignent les adversaires du référendum, car ils y voient une interprétation abusive de la Constitution. Dès lors, la bataille se déroule à la fois sur le terrain juridique et dans le champ politique. Le Sénat, dont la majorité n'est pas gaulliste, prend l'offensive à l'initiative de son président, Gaston Monnerville, qui dénonce une violation grave de la Constitution et une « forfaiture ». A l'Assemblée nationale, Paul Reynaud et Guy Mollet font censurer le gouvernement Pompidou, qui, le 5 octobre, donne sa démission. En riposte, Charles de Gaulle confirme le premier ministre, ce qui ne correspond pas à la tradition parlementaire, et prononce la dissolution de l'Assemblée.

Le référendum annoncé a lieu le 28 octobre 1962. Au cours de la campagne, très tendue, seuls les gaullistes de l'UNR appellent à voter oui. Les adversaires du projet demandent un vote négatif au nom d'une lecture parlementaire de la Constitution (Paul Reynaud, Guy Mollet). Certains comme François Mitterrand ou Pierre Mendès France, tout en rejetant le régime présidentiel, n'imaginent pas le retour au système de la IVe République et demandent un réel équilibre des pouvoirs. Pourtant, les Français approuvent de Gaulle puisque plus de 60 % d'entre eux votent oui. Mais s'il s'agit d'un incontestable succès du président de la République, le référendum permet à l'opposition au gaullisme de se renforcer, même si elle demeure très hétérogène.

Vaincus au référendum, les antigaullistes rassemblés dans le « Cartel des non » peuvent espérer prendre une revanche lors des élections législatives des 18 et 25 novembre en exploitant les réseaux et les clientèles politiques traditionnelles. En face, les candidats qui se réclament du gaullisme fondent l'*Association pour la Ve République* qui présente un seul candidat par circonscription.

Les communistes restent à l'écart du « Cartel des non ». Charles de Gaulle n'hésite pas à intervenir avec véhémence dans la campagne pour dénoncer le « Cartel » et pour donner son soutien aux candidats gaullistes. Ainsi, déclare-t-il :

> Françaises, Français, vous avez, le 28 octobre, scellé la condamnation du régime désastreux des partis et marqué votre volonté de voir la République nouvelle poursuivre sa tâche de progrès, de développement et de grandeur. Mais les 18 et 25 novembre, vous allez élire les députés. Ah ! puissiez-vous faire en sorte que cette deuxième consultation n'aille pas à l'encontre de la première (Allocution du 7 novembre 1962, *in* André Passeron, *De Gaulle parle : 1962-1966*, Fayard).

Le président de la République souhaite une étroite corrélation entre la majorité parlementaire et la majorité présidentielle. Le projet, pour être cohérent, accroît un peu plus les pouvoirs politiques du président.

Les résultats des élections soulignent un raz de marée gaulliste : l'UNR et ses alliés obtiennent la majorité absolue de l'Assemblée (253 sièges sur 482). L'UNR devient le premier parti de France et s'affirme, auprès des électeurs, comme le parti du général de Gaulle. Les membres du « Cartel des non » subissent une nouvelle défaite. Si les socialistes, grâce à des désistements corrects à gauche, améliorent leur représentation parlementaire en dépit d'une légère régression, les droites traditionnelles subissent un échec cuisant ; la défaite de Paul Reynaud est, à cet égard, significative. CNI et MRP perdent une large fraction de leur électorat qui rejoint l'UNR. Le parti gaulliste, qui garde l'influence en milieu populaire acquise en 1958, rallie des modérés et des conservateurs ; il tend à devenir un rassemblement à vocation hégémonique, mais n'entame plus le Parti communiste qui résiste bien. Enfin, la progression de l'abstentionnisme révèle que des électeurs, issus de la gauche, après avoir voté oui au référendum, se refusent à élire des députés gaullistes. Ce vivier peut devenir l'enjeu des élections ultérieures entre gauche et droite.

L'issue de la crise politique ne modifie pas l'organisation du régime ; elle n'en bouleverse pas le fonctionnement, mais accentue les infléchissements qui lui ont été donnés depuis 1959. Elle contribue à consolider l'autorité présidentielle en élargissant son assise électorale et impose la responsabilité politique du président. Tout en affaiblissant le Parlement, puisque ses membres n'ont pas la même représentativité, elle crée ouvertement de nouvelles relations entre l'exécutif et le législatif. Une majorité parlementaire est essentielle au bon fonctionnement de l'Etat. La confirmation de Georges Pompidou à la tête du gouvernement remanié en fait le leader d'une majorité homogène. Enfin, elle brise les partis politiques traditionnels et les oblige soit à disparaître, soit à se rénover, soit à se fondre dans des coalitions. C'est le cas notamment des indépendants ou du MRP.

Moderniser l'économie et la société

La croissance économique

La France a connu, dans les années 1960, une période de croissance économique et de mutations sociales rapides. La construction européenne et la conjoncture internationale rendent compte de cette évolution dont la République gaullienne a tiré profit. Mais s'il est vrai que la politique menée par les gouvernements de Michel Debré et de Georges Pompidou a contribué à cette modernisation, il faut rappeler que le gaullisme a profité aussi de l'héritage laissé par la IVe République et que, dans bien des domaines, il a poursuivi une action décidée par ses prédécesseurs.

Certes, en 1958, la situation économique et financière française n'est pas saine. Le déficit budgétaire est élevé, la balance commerciale demeure déficitaire, les capacités d'investissement se réduisent. La monnaie se dégrade sous l'effet d'une inflation persistante : au cours du printemps 1958, le gouvernement de Félix Gaillard a opéré, de manière discrète, une septième dévaluation depuis la Libération. Néanmoins, l'héritage n'est pas aussi sombre que l'a dit Charles de Gaulle. En effet, le régime défunt a modernisé les structures économiques ; il a ouvert sur l'étranger une économie traditionnellement protectionniste et a donné au pays et à l'Etat les moyens d'une politique active. En fait, en 1958, les problèmes sont d'ordre budgétaire. Entre juin et décembre 1958, Antoine Pinay, ministre des Finances, s'engage dans une politique de rigueur, tandis qu'un comité d'experts prépare un plan — le plan Pinay-Rueff — destiné à définir les perspectives d'une nouvelle politique économique. Ce plan détermine trois axes principaux :

— la lutte contre l'inflation : il s'agit de comprimer très fortement le budget de l'Etat ;

— l'assainissement de la monnaie pour permettre l'entrée effective de la France dans la CEE (création du « franc lourd ») ;
— la mise en œuvre des stratégies destinées à faire entrer la France dans la compétition internationale : politique agricole et politique industrielle.

Le plan Rueff entre en application en même temps que le traité de Rome, le 1ᵉʳ janvier 1959. Les deux stratégies sont donc parallèles.

Si les questions économiques ne relèvent pas de la compétence directe du président de la République, Charles de Gaulle s'est intéressé à l'économie, car elle occupe une position stratégique ; elle conditionne la mise en œuvre d'une grande politique internationale. Pour de Gaulle, la modernisation économique est donc une nécessité qui s'inscrit dans le cadre d'une économie de marché, mais que l'Etat doit favoriser et aider en définissant perspectives et orientations et en donnant aux acteurs les moyens de leur stratégie. La planification — ardente obligation —, en fixant les objectifs et en établissant une hiérarchie des urgences, joue ce rôle complexe.

Jusqu'en 1962, Charles de Gaulle laisse agir le gouvernement et notamment le premier ministre, Michel Debré, les ministres de l'Industrie et de l'Agriculture, Jean-Marcel Jeanneney et Edgard Pisani. Après avril 1962, avec l'arrivée de Georges Pompidou, et de Valéry Giscard d'Estaing au ministère de l'Economie et des Finances, de Gaulle prend une part plus active à la décision de politique économique. Mais de manière paradoxale, les interventions de l'Etat se réduisent au profit de l'initiative privée et de la rentabilité économique.

De 1959 à 1968, la croissance est forte, même si elle se ralentit à partir de 1964, car le nouveau combat contre l'inflation impose ses effets (plan de stabilisation de Valéry Giscard d'Estaing).

La politique agricole

La modernisation agricole a commencé après 1945. Mais le gaullisme a accéléré la transformation agricole française afin de réduire l'écart entre paysans et citadins et de favoriser une meilleure compétitivité dans le cadre européen.

La loi d'orientation de 1960, complétée par la loi de 1962, vise à engager les paysans français dans la voie d'une véritable « révolution ». Il s'agit de détruire les structures vieillies, les méthodes sclérosées pour faire naître une agriculture de qualité, capable de répondre aux besoins des consommateurs, de procurer des revenus corrects aux familles d'exploitants et d'établir une parité entre l'agriculture et les autres activités économiques.

L'Etat intervient donc sensiblement, d'abord sous la responsabilité effective de Michel Debré, puis, à partir de 1961, sous celle d'Edgard Pisani. Il prétend maintenir une agriculture familiale mais rentable. Les exploitants propriétaires, capables d'utiliser les ressources de la technologie les plus modernes et de véritables méthodes scientifiques, doivent moderniser les pratiques. La maîtrise des prix de la terre à travers les SAFER (Sociétés d'aménagement foncier et d'établissement rural) et la distribution sélective du crédit doivent favoriser l'accroissement des superficies exploitées et l'essor d'une agriculture exportatrice. Pour l'Etat, la politique nationale doit ajouter ses effets à la politique européenne qui, en garantissant les prix, doit encourager la progression des revenus agricoles.

Cette politique suppose l'installation de jeunes et le départ des paysans âgés. Elle implique aussi un exode rural accéléré et la poussée rapide de l'urbanisation. Elle engage enfin les paysans à s'endetter afin de s'engager dans la voie de la modernisation. Une transformation en profondeur de la société rurale est ainsi engagée.

Ces transformations inquiètent d'abord les notables et affectent l'agriculture des régions en difficultés (Bretagne, Massif central, Sud-Ouest). Des manifestations, en 1960-1962, se transforment souvent en de véritables émeutes tant la colère et l'inquiétude sont grandes. Le relais du principal syndicat agricole, la FNSEA, fort ébranlé par la politique gaulliste, est insuffisant.

Le gouvernement s'appuie dès lors sur le jeune syndicalisme (le CNJA : Centre national des jeunes agriculteurs) acquis aux idées de modernisation. La « révolution silencieuse » ne manque pas de violence, car la peur du lendemain — une France sans paysans — agite les milieux agricoles.

S'il est vrai que la modernisation réussit au point que, dans les années 1960, la production agricole double par rapport à 1946 avec des effectifs réduits de moitié, la croissance de la productivité cache mal les limites de la politique adoptée. En effet, la production agricole s'accroît moins vite que l'industrie, tandis que le revenu des paysans progresse moins vite que celui des citadins.

La priorité industrielle

Pour les gouvernements de Michel Debré, mais surtout de Georges Pompidou, un véritable impératif industriel préside aux choix de la politique économique. Cette volonté définit une stratégie qui prend en compte à la fois les nécessités de la construction européenne (la politique douanière) et la croissance de l'économie française.

Pendant les années 1959-1969, l'Etat joue un rôle incitatif complexe qui prolonge dans une large mesure, mais avec des nuances et des inflexions, l'action menée par la IVᵉ République.

Le pari industriel suppose une politique économique rigoureuse : les salaires doivent donc être contrôlés pour éviter les dérapages inflationnistes ; les finances de l'Etat doivent être équilibrées.

L'Etat doit développer les « investissements productifs », c'est-à-dire construire les infrastructures nécessaires (routes, voies ferrées, ports, etc.), favoriser la recherche scientifique et technologique (nucléaire, informatique, spatial, etc.) pour donner au pays l'ossature dont la croissance a besoin.

L'Etat encourage la modernisation énergétique en incitant à l'utilisation du pétrole (source d'énergie bon marché, mais non produite en France) ou du nucléaire (afin d'assurer l'indépendance énergétique nationale), aux dépens des sources trop anciennes et trop coûteuses comme le charbon.

L'Etat doit aussi contribuer à l'essor d'industries de haute technologie (aéronautique, nucléaire, informatique) qui, parce qu'elles sont d'avenir, relèvent d'une ambition nationale.

Il doit aider enfin les entreprises françaises à se développer dans le cadre européen. Il lui faut donc encourager une politique d'investissements et les concentrations nécessaires, car l'entreprise est l'acteur essentiel du dynamisme espéré. Par ailleurs, il cherche à protéger les entreprises en sélectionnant les investissements étrangers et en manifestant une grande vigilance à leur égard (notamment américains). Une ordonnance de 1967 prend les dispositions nécessaires à l'accentuation de cette démarche.

Cette politique a des résultats indiscutables :
• Aucun secteur de l'économie n'échappe aux concentrations. C'est le cas des banques en 1965 ; dans le secteur nationalisé, naît

la Banque nationale de Paris, fusion de la Banque nationale pour le commerce et l'industrie et du Comptoir national d'escompte de Paris. Le Crédit agricole devient, à cette date, un des principaux établissements financiers européens. Les concentrations et les restructurations affectent aussi bien des entreprises industrielles dans la chimie, l'électronique, l'informatique que, dans une moindre mesure, le textile ou l'automobile.

• Les effets de cette politique sont contrastés. Certains auteurs ont parlé de « miracle français » pour caractériser la croissance industrielle des années 1960. D'ambitieux programmes aéronautiques (Concorde, Airbus) sont lancés pour riposter aux offensives américaines. De même le nucléaire et l'électronique connaissent un essor remarquable comme les industries de consommation (automobiles, équipements ménagers). En revanche, malgré les efforts de restructuration, les industries textiles et sidérurgiques subissent le choc des changements de la consommation et du démarrage des pays neufs. Enfin, les entreprises françaises sont, pour la plupart, exclues du marché international : ce sont 1 500 entreprises qui réalisent plus de 90 % des exportations industrielles.

• Une nouvelle géographie industrielle tend à se dessiner ; elle amplifie celle qui s'est ébauchée dans les années 1950. Les gouvernements gaullistes développent les intentions de la IVᵉ République en mettant en place une stratégie d'aménagement du territoire qui reprend les méthodes de la IVᵉ République. Confiée à la DATAR, créée en 1963 (Direction à l'aménagement du territoire), qui, à partir de 1967, devient ministère, cette politique s'efforce de décentraliser les activités économiques vers la province. Si elle peut corriger certains effets de la désindustrialisation ou de la faible industrialisation, grâce à la distribution de subventions, elle ne peut peser sur les entreprises dont le dynamisme conditionne principalement l'essor régional. D'autre part, elle ne peut compenser réellement les conséquences de l'exode rural (appauvrissement, désertification des campagnes) ni maîtriser toujours l'explosion urbaine qui développe un peu partout en France des cités-dortoirs à la périphéries des villes. A terme, cette politique crée une situation sociale difficile puisque de nombreux ruraux déracinés gonflent des quartiers citadins sans urbanisme.

Paris, les régions marseillaise et lyonnaise, l'Alsace constituent les pôles principaux de l'activité économique, tandis que le déclin des industries traditionnelles (charbon et textile) affecte les anciennes régions industrialisées (Lorraine, Nord - Pas-de-Calais). Une France active et moderne tend à se différencier d'une France à la traîne.

La politique sociale : un partage des fruits de la croissance ?

La croissance implique plusieurs effets sociaux :

• La modernisation agricole s'accompagne d'un déclin rapide du nombre de paysans dans la population active. En 1958, 25 % des actifs travaillaient la terre ; en 1970, les paysans ne représentent plus qu'un actif sur dix. L'exode rural, l'endettement paysan entretiennent un malaise dont les effets les plus spectaculaires encadrent les débuts et la fin de la présidence de Charles de Gaulle. Certes, les revenus agricoles s'accroissent notablement, mais le niveau de vie des paysans se situe toujours en dessous de celui des autres catégories sociales.

• Le petit patronat (de l'artisanat et du commerce) apparaît aussi comme une des victimes de la modernisation. Mis en cause par l'essor des grandes entreprises industrielles et commerciales, les artisans et commerçants se sentent menacés aussi par les revendications des salariés. Ils expriment un profond malaise à travers des actions corporatives qui, des années 1950 aux années 1960, mènent de P. Poujade au CID-UNATI de Gérard Nicoud.

• L'industrialisation impose le recours aux travailleurs immigrés, car la main-d'œuvre nationale ne satisfait pas les besoins. Si l'Europe méridionale (Espagne et Portugal) fournit l'immigration nécessaire à la fin des années 1950 ou au début des années 1960, c'est l'appel aux travailleurs du Maghreb qui caractérise les années 1960. En effet, les entreprises apprécient une main-d'œuvre disponible, peu coûteuse et peu revendicative et attendent de l'Etat la libre circulation des étrangers. Le gouvernement répond aux vœux des industriels en n'engageant de contrôle des entrées qu'à partir de 1968.

• L'essor des activités industrielles qualifiées entraîne une sensible diversification ouvrière. Une « nouvelle classe ouvrière », pour reprendre une formule des sociologues Pierre Belleville et Serge Mallet, a tendance à naître. Chefs d'atelier, techniciens, dessinateurs, « ouvriers en blouse blanche », ces salariés de l'industrie s'imposent aux ouvriers traditionnels qui se marginalisent d'autant plus qu'ils appartiennent aux industries en déclin ou aux populations étrangères.

• Enfin, les mutations économiques provoquent la consolidation des classes moyennes salariées (cadres, professions intellectuelles, employés du secteur tertiaire) qui souhaitent participer activement à la société de consommation.

Ces mutations impliquent certaines orientations politiques :
• En matière éducative : l'économie française a besoin d'une main-d'œuvre plus instruite et plus qualifiée. La population, de son côté, demande une sensible amélioration de la formation. Ces deux exigences amènent le gouvernement à prendre des mesures par lesquelles la durée de la scolarité est allongée à 16 ans (1959), tandis que des collèges d'enseignement secondaire doivent accueillir le nouveau public d'élèves (1963-1964). La mise en place des Instituts universitaires de technologie (1964-1966) doit contribuer à la formation des techniciens dont le pays a besoin, car la formation professionnelle est appelée, dès lors, à devenir une obligation nationale (1966).
• Dans le domaine des relations sociales : Charles de Gaulle souhaite modifier les relations sociales dans l'entreprise. C'est pourquoi il fait adopter l'ordonnance du 7 janvier 1959 qui tend à favoriser l'association et l'intéressement des travailleurs à l'entreprise. Cette ordonnance est peu appliquée ; elle est reprise, en 1967, par un nouveau texte qui cherche à construire une véritable participation des travailleurs dans l'entreprise. En fait, ces deux mesures, contestées par le patronat, les syndicats ouvriers et des responsables gaullistes (Georges Pompidou lui-même), sont incapables de bâtir une citoyenneté véritable dans l'entreprise. Même si les demandes se multiplient et si la contestation de l'entreprise traditionnelle s'amplifie (François Bloch-Lainé : *Pour une réforme de l'entreprise*), le gaullisme ne parvient pas à mettre en œuvre une autre stratégie sociale. Sa politique se limite donc, malgré ces velléités, à un contrôle des salaires pour limiter les risques de dérapages inflationnistes.

Dans ces conditions, les rapports sociaux demeurent largement conflictuels. Les années qui couvrent la guerre d'Algérie sont celles d'un certain calme social à l'exception des manifestations paysannes ; la parenthèse se referme après les accords d'Evian. Les syndicats qui ont contribué à l'accalmie sociale reprennent leurs actions revendicatives qui touchent la plupart des catégories de salariés. A cet égard, la grande grève des mineurs du printemps 1963 marque un véritable tournant dans les rapports entre le gouvernement de Georges Pompidou et les organisations syndicales. Le refus de « la police des salaires » et d'une politique économique orientée vers la promotion de la rentabilité et de la compétitivité des entreprises cristallise une opposition syndicale de plus en plus forte. La laïcisation de la CFTC qui, en 1964, se transforme en CFDT (Confédération française démocratique du travail) contribue à cette évolution marquée, notamment, en 1966, par l'unité d'action avec la CGT afin d'engager des actions revendicatives.

Le grand dessein

Dès son retour au pouvoir, Charles de Gaulle ne cache pas son intention de faire jouer à la France un rôle éminent sur la scène internationale. La politique étrangère l'intéresse particulièrement depuis longtemps. La réorganisation de l'Etat et la prospérité économique doivent offrir les conditions indispensables à la France pour disposer de la capacité à tenir son rang.

Par le ton et le style, la diplomatie française semble rompre avec celle de la IVe République. En fait, les choix de continuité prennent dans plusieurs domaines une très grande force derrière les apparences. Car les gouvernements précédents n'ont pas toujours eu de politique étrangère ni continue ni homogène et Charles de Gaulle a dû, au nom des principes de la continuité de l'Etat, poursuivre dans la voie tracée par ses prédécesseurs. De Gaulle imprime donc des inflexions plus que des réorientations à la diplomatie française.

La Constitution de 1958 et sa pratique confient au président de la République la charge d'élaborer et d'appliquer les choix de politique étrangère. De Gaulle exploite largement cette capacité (la diplomatie devient un « domaine réservé ») ; le ministre des Affaires étrangères, de 1958 à 1968, Maurice Couve de Murville, est à la fois un commis efficace et un conseiller écouté. Par ses nombreux voyages à l'étranger, ses entretiens à Paris, ses conférences de presse, Charles de Gaulle devient l'acteur principal de la diplomatie française qui remporte de nombreux succès mais qui subit aussi un certain nombre de revers.

Quatre champs principaux déterminent son action : les pays neufs issus de la décolonisation, l'Europe, les « Grands », le Tiers Monde.

L'échec de la Communauté française

La guerre d'Algérie par ses aspects dramatiques ne doit pas cacher le succès de la décolonisation en Afrique, au sud du Sahara. Déjà engagée avec la loi-cadre votée en 1956 à l'initiative du ministre Gaston Defferre, la décolonisation est réalisée avec la Constitution de 1958 qui crée la Communauté.

Les débats ne manquent pas sur l'avenir du continent africain et particulièrement de ceux de ces pays qui sont placés sous l'administration française. En effet trois problèmes principaux interfèrent :

— l'organisation politique africaine : faut-il construire une Afrique émiettée politiquement ou au contraire plus fédérée ?
— les modalités de l'indépendance : doit-elle être rapide, doit-elle au contraire être progressive ?
— les rapports avec la France doivent-ils être privilégiés ?

Les leaders politiques africains partagent des points de vue très divergents. Certains, comme Félix Houphouët-Boigny (Côte-d'Ivoire), songent à une fédération égalitaire liée étroitement à la France, d'autres préfèrent, comme Léopold Sédar Senghor (Sénégal), une confédération d'Etats indépendants. Ceux qui prétendent à une indépendance très rapide (Sékou Touré en Guinée) sont peu nombreux.

Charles de Gaulle soumet, au cours de l'été 1958, un projet qui, par sa prudence, inquiète les hommes politiques africains. Il présente dès lors d'autres ambitions : les Africains vont disposer de leur autonomie, soit dans le cadre d'une Communauté regroupée autour de l'ancienne métropole, soit en dehors de toutes relations avec la France. Le vote négatif — sécession — ou positif — communauté — doit définir le choix des peuples concernés. La Communauté telle que l'imagine de Gaulle laisse la part belle à la France qui dans les instances essentielles (présidence, Sénat, conseil exécutif de la Communauté) assume les responsabilités fondamentales. Mais, lors du référendum d'octobre 1958, seule la Guinée refuse la Communauté en votant non ; ce pays, par la force des choses, est contraint de rompre avec la France, car celle-ci le met au ban des relations franco-africaines.

Dès l'entrée en vigueur de la Communauté dont il est le président, Charles de Gaulle imprime une orientation très centralisée et très présidentialiste. D'autre part, il utilise les divergences de vues entre les chefs de gouvernement africains pour imposer les propositions françaises.

Ces pratiques, aux résultats inverses de ceux qu'il souhaite, font que les leaders africains, même les plus modérés, se sentent obligés de multiplier les concessions et de déclarer leur souhait d'une indépendance rapide pour éviter d'être débordés par une opposition interne plus radicale. A la fin de l'année 1959, moins d'un an après les débuts effectifs de la Communauté, le Conseil exécutif décide d'ouvrir la voie « de l'accession à la souveraineté internationale » des Etats membres, c'est-à-dire à l'indépendance totale. Au cours de l'été 1960, la Communauté est pratiquement dissoute même si, en apparence, elle fonctionne jusqu'en 1963.

Le mouvement à l'indépendance politique des Etats africains qui s'amplifie et se généralise en 1960 soulève trois problèmes politiques :

— les Etats africains ne parviennent pas à se regrouper. L'émiettement politique, issu de l'organisation ethnique et de la colonisation, devient la nouvelle donnée de la vie politique africaine ;
— indépendants, les nouveaux Etats essaient de dominer cette diversité en signant, entre eux, des conventions diplomatiques afin de bâtir une organisation de l'Unité africaine bien fragile.
— De même, des accords de coopération économique et politique peuvent lier ces pays à la France (Sénégal, Côte-d'Ivoire, Madagascar). Ces conventions bilatérales doivent permettre d'élaborer une politique d'aide au développement tout en favorisant le maintien du rayonnement français. Une telle stratégie, en Afrique comme en France, peut être parfois interprétée comme une forme renouvelée du néo-colonialisme, tandis que le coût de la coopération est dénoncé, dans certains secteurs de l'opinion française (le « cartiérisme »).

La construction européenne et la situation internationale ont aussi des effets. Car si la solidarité européenne doit s'exprimer à l'égard des jeunes nations (ce que souhaite faire la CEE), la coopération peut-elle ne pas devenir européenne et demeurer française ? De même encore, les deux Grands cherchent à multiplier les interventions pour disposer de nouveaux réseaux d'influence.

La construction européenne

A son retour au pouvoir, Charles de Gaulle garde un jugement sévère à l'égard de l'Europe ; il veut ignorer le Conseil de l'Europe, dénigre la CECA et condamne toute forme de fédération européenne. Mais l'opinion française s'habitue à l'idée d'une communauté économique qui devient populaire, tandis que le nouveau gouvernement, au nom de la continuité de l'Etat, se doit de mettre en œuvre la démarche engagée par ses prédécesseurs. Devenue réalité, la CEE impose les premières réductions de tarifs douaniers à partir du 1er janvier 1959 ; la politique économique menée dès l'automne 1958 tend à adapter la France à cette situation nouvelle.

La vision qu'a de Gaulle de l'Europe évolue peu. En effet, si les problèmes économiques ont leur part, l'Europe doit devenir une réalité sur les plans politique et culturel. En outre, l'Europe des Six doit être élargie, dès que possible, à l'Europe de l'Est et instituer une véritable coopération avec des Etats extra-européens. Enfin, si de Gaulle rejette toute intégration européenne, il entend mettre en œuvre une concertation entre les Etats et leurs gouvernements.

Contrairement aux vœux des Britanniques, de Gaulle insiste pour que la libération des échanges commerciaux, suscitée par l'application du traité de Rome, soit subordonnée à l'instauration d'une politique douanière et d'une politique agricole communes. L'association des deux devient, pour le gouvernement français, une des conditions principales de l'avancement du Marché commun.

Cette double politique mise en œuvre à partir de 1960 contribue dans une large mesure à la modernisation de l'économie industrielle et agricole, même si la garantie des prix des produits agricoles et des revenus paysans l'emporte sur la transformation des campagnes.

Mais si de Gaulle est tout acquis à l'application du traité de Rome, tout en défendant avec force les intérêts français — notamment lors des nombreux « marathons agricoles » —, il est très réservé sinon même hostile à l'égard d'une construction européenne qui limiterait la souveraineté nationale. Adepte de l' « Europe des patries », il rejette le système fédéral qui, proclame-t-il à l'occasion d'une fameuse conférence de presse tenue le 15 mai 1962, a les faveurs des « apatrides... qui parlent ou écrivent en quelque espéranto ou volapük ». En revanche, au nom de l'union politique de l'Europe, il soutient et inspire des formes de coordination politique entre les Etats telles que celles préconisées par le « plan Fouchet ». De même, il multiplie les mises en garde à l'égard des institutions européennes et particulièrement envers la Commission européenne de Bruxelles.

Cette stratégie persévérante inquiète bien des partenaires de la France et particulièrement la Belgique et les Pays-Bas. Elle indigne, en France, ceux qui, depuis le début, défendent une Europe intégrée : c'est le cas de certains indépendants comme Paul Reynaud, de socialistes comme Guy Mollet et surtout du MRP. La politique européenne est à l'origine de tensions politiques graves sinon même de crises. En mai 1962, les ministres MRP quittent le gouvernement Pompidou pour protester contre les choix européens de Charles de Gaulle. Dès lors, le débat européen cristallise une opposition de plus en plus forte qu'alimentent orientations et méthodes gouvernementales.

Les débats sur la « supranationalité » ne doivent pas cacher d'autres objectifs importants. En effet, de Gaulle cherche à limiter l'influence américaine en Europe. Or, les adeptes d'une Europe intégrée sont souvent favorables à une alliance étroite avec les Etats-Unis (rôle par exemple de Jean Monnet ou même de Guy Mollet). Cette stratégie incite Charles de Gaulle à rejeter, le 14 janvier 1963, la candidature de la Grande-Bretagne à l'entrée à la CEE. Certes, l'argumentation officielle du président de la République insiste sur l'incapacité des Britanniques à respecter les règles communautaires ; elle évoque beaucoup moins la crainte que, derrière la Grande-Bretagne, ne se profilent les Etats-Unis.

Selon le gouvernement, l'Europe à construire doit être d'inspiration française. C'est la raison pour laquelle de Gaulle développe un véritable dialogue avec l'Allemagne fédérale que dirige toujours le chancelier Adenauer (jusqu'en 1963). La RFA, à la différence de la Grande-Bretagne, ne peut pas prétendre à la rivalité politique et culturelle avec la France. Le traité de coopération, signé le 30 janvier 1963, organise une coopération active entre les deux Etats. Mais l'ambition gaulliste rencontre de strictes limites, car la population allemande et ses nouveaux gouvernants (après le départ d'Adenauer) n'imaginent pas d'abandonner la protection américaine au profit d'une aide française aléatoire.

« La politique de la grandeur »

L'achèvement de la décolonisation et la construction européenne permettent au gouvernement français d'intervenir plus efficacement sur la scène internationale. Or, le général de Gaulle persévère dans son refus des blocs et de la division du monde issue de la seconde guerre mondiale. A travers cette stratégie, il cherche à confirmer sa volonté d'indépendance nationale.

La rivalité, puis l'affrontement avec les Etats-Unis, constituent une première étape. Dès son retour au pouvoir, Charles de Gaulle réitère son refus d'admettre que le gouvernement américain puisse être le seul à déterminer les choix occidentaux. C'est pourquoi il affirme son exigence d'une réforme de l'OTAN qui permettrait à la France de participer, effectivement, à la prise de décision. Malgré ses interventions sans cesse répétées, le gouvernement français n'obtient aucun résultat concret. La France prend ses distances avec les Etats-Unis qui d'ailleurs sont préoccupés, de plus en plus, par l'Asie et la guerre du Viêtnam. En février 1966, Charles de Gaulle décide de quitter l'alliance militaire de l'OTAN.

L'affrontement avec les Etats-Unis permet à de Gaulle de s'engager dans une véritable défense des pays en voie de développement. Ses voyages en Amérique latine (en 1964 au Mexique, en 1965 au Brésil, au Venezuela), en Asie (en 1966, au Cambodge) ou ses prises de position en faveur de certaines revendications arabes au Proche-Orient (le problème palestinien) donnent à la diplomatie française une allure « tiers-mondiste ».

La dérive est parfois proche : c'est le cas des voyages au Québec en juillet 1967. A l'occasion d'un discours improvisé à Montréal, Charles de Gaulle s'écrie : « Vive le Québec libre. » Dans son contexte, ce cri sonne comme un appel à la libération du Canada par rapport à « son colossal voisin » mais aussi des « Français canadiens » par rapport aux Anglo-Saxons. Ce slogan satisfait une partie des nationalistes québécois. Il inquiète surtout la communauté nationale et internationale.

La rivalité avec les Etats-Unis s'exprime aussi à travers le rapprochement avec les pays socialistes. Le voyage de Nikita Khrouchtchev en France, en mars 1960, ne réduit pas les tensions entre les deux pays, tandis que la France demeure fidèle à ses alliés occidentaux. Mais la tendance s'esquisse peu à peu d'une ouverture de la France vers l'Est ; la visite du président français en URSS, en 1966, après la reconnaissance diplomatique de la Chine communiste en 1964, ouvre de nouvelles perspectives au moment où les Américains voient leur image se dégrader.

La politique d'indépendance suppose aussi de disposer des

moyens militaires adaptés. En ce sens, la France gaulliste prolonge la politique nucléaire envisagée par la IVe République. En faisant exploser sa première bombe atomique, au Sahara, le 13 février 1960, la France fait partie du cercle très fermé des puissances nucléaires. Dès lors, la France se dote du matériel nécessaire à son arme de « dissuasion » (avions, missiles, sous-marins) et à sa « force de frappe ».

La diplomatie gaulliste secoue certaines tendances antérieures. Mais il faut souligner qu'elle pèse peu sur le cours des événements. De Gaulle propose de nouvelles orientations, mais ne parvient pas vraiment à imposer une stratégie nouvelle. Cette politique étrangère bouscule les classifications politiques traditionnelles françaises et inquiète les partisans de l'Europe, de l'Alliance atlantique, qui craignent toujours la menace soviétique. Elle parvient à convaincre les Français qui, comme le montrent de nombreux sondages, sont favorables à cette stratégie. Mais ils partagent souvent la conviction que la France n'a pas les moyens de sa politique de grandeur, que son coût limite les fruits d'une croissance économique qu'il faudrait distribuer. Ce refus mal exprimé de la politique de grandeur explique, en partie, l'insuccès de De Gaulle au premier tour des élections présidentielles de 1965. La crise de mai 1968 y trouve aussi son origine car si de Gaulle veut la prospérité pour assurer la grandeur française, les Français souhaitent la grandeur comme fruit d'une prospérité partagée. Enfin cette stratégie contribue à briser le système politique antérieur. En effet, les partis politiques qui ont gouverné la IVe République sont en général hostiles à ces choix de politique étrangère. Dès lors, la démarche gaulliste favorise aussi un reclassement et un renouvellement de la vie politique intérieure.

Le renouvellement de la vie politique et ses limites

Le nouveau système politique contribue au remodelage des paysages politiques français. La guerre d'Algérie, en divisant les partis, la bataille de 1962 et la victoire du gaullisme, en écrasant les stratégies parlementaires, bousculent les clivages traditionnels et impriment de nouvelles orientations. Car les électeurs, en confirmant longtemps leur soutien à Charles de Gaulle, approuvent et accélèrent les mutations.

La défaite des partis traditionnels

Les consultations électorales, législatives ou référendaires marquent une défaite de plus en plus lourde des partis classiques qui ont modelé les régimes antérieurs et particulièrement la IVe République.

• Depuis 1958, le Parti communiste est totalement isolé. Certes, il subit les effets de la guerre froide qui se prolonge. Mais son refus total et sans nuances de la Ve République aggrave son isolement et réduit ses capacités d'action d'autant plus que ses parlementaires, à l'Assemblée nationale, ne peuvent constituer un groupe. D'autre part, les premiers effets de la déstalinisation provoquent de sérieuses perturbations dans ses rangs. Le raidissement de la direction du parti, encore aux mains de Maurice Thorez, interdit toute évolution effective puisque les militants qui souhaitent prendre en compte les changements qui interviennent en France et dans le monde sont l'objet de lourdes sanctions. Si le PCF commence à sortir de son isolement à partir de 1962, il le doit à l'évolution tactique du Parti socialiste qui lui permet de constituer, à nouveau, un groupe à l'Assemblée. Mais il faut attendre l'arrivée au secrétariat général de Waldeck Rochet, à partir de 1964, pour que s'ébauche un certain assouplissement idéologique. Cependant, le Parti communiste constitue, avec plus d'un cinquième des voix des électeurs, le premier parti de gauche.

• Le Parti socialiste SFIO est en crise. En 1958, son adhésion à de Gaulle a entraîné le départ des militants de l'aile gauche qui ont fondé le Parti socialiste autonome, devenu en 1960 le Parti socialiste unifié (PSU). Par ailleurs, la guerre d'Algérie l'a divisé. Depuis 1960, il est entré progressivement dans une « opposition constructive » au gouvernement. La fin de la guerre d'Algérie, la politique européenne de De Gaulle, puis l'évolution constitutionnelle du régime, l'amènent à prendre la tête d'une opposition parlementaire renforcée par la situation. Mais sa participation au « Cartel des non » aux élections de 1962 lui fait perdre plus de 900 000 suffrages. Si l'habileté tactique de Guy Mollet permet au parti de survivre, la SFIO ne représente plus que 12 % du corps électoral, tandis que les militants comprennent mal les revirements du secrétaire général.

• Le mode de scrutin instauré en 1958 contribue à marginaliser les groupes centristes, radicaux et démocrates-chrétiens du MRP. Les radicaux, divisés depuis la tentative de rénovation engagée par Pierre Mendès France en 1955, tendent à s'éloigner dans des directions différentes. Les uns rejettent, avec Pierre Mendès France, la Vᵉ République et rejoignent le PSA. D'autres rejoignent peu à peu, comme Edgar Faure, le gaullisme. Aux élections de novembre 1962, les candidats radicaux ne représentent plus que 7 % des électeurs. Le MRP n'est pas dans une meilleure situation. Si, en 1958, le soutien à de Gaulle lui permet de conserver un certain capital électoral, les rapports entre démocrates-chrétiens et gaullistes se tendent surtout après 1962. La politique européenne les éloigne résolument du chef de l'Etat même si une fraction dirigée par Maurice Schumann garde sympathie pour le président de la République et rejoint l'UNR. La démocratie chrétienne devient une force politique secondaire qui garde ses bastions dans l'ouest et dans l'est du territoire, mais ne peut plus compter peser sur les grandes orientations.

• La droite traditionnelle, rassemblée dans le Centre national des indépendants et paysans, s'effondre. En effet ses principaux leaders se divisent sur la politique algérienne. Par ailleurs, la politique étrangère et européenne du gaullisme les éloigne du gouvernement. Enfin leur refus de la réforme constitutionnelle et leur participation au « Cartel des non » ne mobilisent pas l'électorat conservateur. En novembre 1962, en perdant plus de 2 000 000 de suffrages, le CNIP ne représente plus que 10 % du corps électoral français. D'ailleurs une fraction des indépendants dirigée par Valéry Giscard d'Estaing fait sécession. La droite classique qui a caractérisé la IVᵉ République n'est donc plus en état de participer aux choix politiques.

« Le phénomène gaulliste »

La renaissance d'un mouvement gaulliste à partir des élections de novembre 1958 constitue un événement fort important. Mais, en 1958, ce mouvement ne manque pas d'ambiguïtés. Créée en fonction de l'opportunité électorale, l'Union pour la nouvelle République (UNR) rassemble les gaullistes fidèles qui viennent du RPF (Michel Debré, Jacques Chaban-Delmas, Roger Frey), mais aussi les gaullistes partisans de l'Algérie française (Jacques Soustelle) et même certains activistes. Le succès électoral remporté en 1958 était inespéré. Mais la politique algérienne fait éclater la fédération gaulliste ; en 1960 sont exclus du mouvement tous les partisans de l'Algérie française.

Dès lors, le parti gaulliste devient un parti de cadres qui recrute parmi les gaullistes éprouvés et les élites locales. Au Parlement, les députés ont pour fonction de soutenir sans nuances tous les aspects de la politique menée par le président de la République et le gouvernement. L'UNR devient, dans ces conditions, un parti de « godillots », relais tout à fait discipliné au Parlement et dans le pays des orientations de l'exécutif. Il n'a pas à concevoir un programme politique, comme le font les autres partis, mais à défendre une politique conçue au sommet de l'Etat.

• Les analyses du mouvement gaulliste ne manquent pas. Si René Rémond montre que le gaullisme partage bien des références de la droite française (la grandeur nationale, une démarche assez autoritaire) et se rattache plus précisément à l'un de ses rameaux, la « droite bonapartiste », bien des hommes politiques et des observateurs contemporains ont insisté sur la précarité du mouvement et sur sa personnalisation.

• Le phénomène gaulliste — pour reprendre la formule de Jean Charlot — n'est pas simple à caractériser. Si l'UNR doit son influence politique au charisme de Charles de Gaulle, il faut constater que les électeurs gaullistes partagent des convictions qui vont au-delà de la personne du président : la stabilité et l'autorité de l'Etat, l'indépendance nationale, le refus des partis politiques. Mais si l'UNR veut être le « parti de la fidélité », tous les gaullistes militants ne s'y retrouvent pas. Les groupes divers de la « gauche gaulliste » ainsi que les républicains indépendants (Valéry Giscard d'Estaing) alliés du gaullisme conservent leur autonomie. Le gaullisme ne saurait donc se confondre avec le seul parti de l'UNR.

Les consultations électorales soulignent cette complexité. Les référendums mettent en valeur un électorat gaulliste attaché à de Gaulle et à sa politique. Il déborde, assez largement, du moins jusqu'en 1965, les clivages traditionnels et mobilise une partie de l'électorat populaire de gauche. En revanche, les élections législatives révèlent que le parti gaulliste bénéficie d'un électorat plus étroit, sociologiquement proche de la droite traditionnelle. Ce parti, en absorbant peu à peu des électeurs de droite désorientés, constitue le point d'appui nécessaire à l'action gouvernementale. En effet, à partir de 1962, l'UNR occupe, dans cette majorité parlementaire, une place fondamentale. C'est dire que le parti n'agit pleinement qu'à l'occasion des campagnes électorales. Ce n'est qu'après 1967 que l'UNR se transforme en parti véritable.

Cependant, la force politique du parti gaulliste s'exprime surtout à la Chambre des députés. En effet, aux élections de 1962, l'UNR obtient plus de 32 % des suffrages au premier tour et frôle la majorité absolue des députés (233 élus). Mais le parti est mal enraciné dans le pays. Les élections municipales de 1959 comme celles de 1965 ne lui permettent pas de conquérir ni de très grandes villes ni même de villes moyennes. Les élections locales confirment souvent les notables traditionnels dans leurs fonctions électives.

Les élections présidentielles de 1965

La réforme du mode de scrutin présidentiel entre en application en décembre 1965, au terme du premier mandat de Charles de Gaulle. Même si quelques spéculations avancent d'autres noms, il est entendu que le président sortant va demander le renouvellement de sa charge. Dès le début de 1963, la France entre, de fait, en campagne électorale.

• Ces perspectives électorales entraînent une profonde réflexion à gauche et au centre, moins à l'intérieur des partis traditionnels qu'au sein des clubs qui, depuis le début des années 1960, cherchent à rénover les méthodes et le débat politiques. Ces novateurs estiment que les références idéologiques classiques sont périmées et qu'il importe de rassembler, autour d'un homme et d'une équipe, toutes les forces vives nationales, syndicats de salariés, organisations paysannes, groupes patronaux modernistes, pour construire une alternative à de Gaulle, autour d'un projet adapté aux besoins de la société française. L'élection présidentielle, en créant une conjoncture favorable, doit permettre de poser des problèmes et de proposer des solutions concrètes. Ce faisant, elle doit contribuer à renouveler en profondeur la vie politique.

Dès le début de l'année 1963, une campagne s'est amorcée autour des clubs, notamment le club Jean Moulin. Au cours de l'automne 1963, l'hebdomadaire *L'Express* dirigé par Jean-Jacques Servan-Schreiber lance la candidature de « M. X... ». Le portrait-robot du candidat potentiel contre de Gaulle correspond à celui du député-maire socialiste de Marseille, Gaston Defferre. En effet, pour combattre de Gaulle, les novateurs souhaitent un bon gestionnaire, pragmatique, plus qu'un militant.

Gaston Defferre s'efforce de rassembler les réformateurs venus d'horizons variés, indépendamment de leur appartenance à un parti politique. De la sorte, la candidature Defferre prétend briser les clivages partisans antérieurs et remodeler le paysage politique autour d'un projet renouvelé. Sa candidature heurte la sensibilité des principaux partis politiques à gauche et au centre. Le Parti communiste jette l'exclusive sur elle. Le MRP refuse toute référence au socialisme et à la laïcité qui, pour la SFIO, sont indispensables. La « grande fédération » démocrate et socialiste, imaginée par le maire de Marseille, ne peut voir le jour ; au début de l'été 1965, malgré une campagne très active, l'équipe de Gaston Defferre doit reconnaître l'échec. Il semble que la greffe de courants novateurs sur les partis classiques ne peut prendre. Le renouvellement semble s'éloigner.

• C'est à partir de ce constat d'échec que, le 9 septembre 1965, François Mitterrand présente sa candidature, sans solliciter l'avis préalable des partis politiques. Son analyse est à la fois analogue et différente de celle de Gaston Defferre.

En effet, dès l'annonce de sa candidature, François Mitterrand souligne qu'il y a, selon lui, « incompatibilité d'humeur entre de Gaulle et la démocratie ». Il place donc sa candidature sous l'égide d'un rassemblement républicain qui puisse unir tous les antigaullistes. Mais cette fédération des républicains doit s'enraciner dans l'opinion de gauche car pour lui, et cela depuis les élections de 1962, si l'alternative au gaullisme est envisageable c'est par l'union de la gauche. Sa reconstruction est indispensable ; mais plutôt que de l'engager avant l'élection, François Mitterrand estime que la dynamique lancée par la consultation électorale doit favoriser une alternative démocratique réelle. Enfin, il ne juge pas habile de briser les partis, mais pense plutôt les fédérer.

Si sa candidature est celle d'un homme presque seul — son petit mouvement de la Convention des institutions républicaines est fragile —, François Mitterrand cherche à obtenir l'appui des partis de gauche. Ceux-ci n'ont pas le choix. Communistes, socialistes et radicaux lui apportent donc leur soutien. Parallèlement, socialistes et radicaux fondent la Fédération de la gauche démocrate et socialiste (FGDS).

La candidature du député de la Nièvre, adversaire farouche et persévérant du gaullisme, prétend être celle des opposants sans complexes à la politique menée par la Vᵉ République mais aussi aux méthodes du « pouvoir personnel ». François Mitterrand demeure hostile aux procédures présidentielles et réclame toujours un rééquilibrage des pouvoirs en faveur du Parlement. Mais ce faisant, il pousse la gauche au ralliement à l'esprit des institutions, quitte à les modifier, une fois l'élection gagnée.

Au centre et à droite, la candidature François Mitterrand lève une hypothèque. Le soutien du Parti communiste et l'antigaullisme permanent interdisent d'appuyer ce candidat. Le MRP et le CNI doivent donc choisir un héraut. Le refus d'Antoine Pinay d'engager le combat conduit ces partis à choisir la candidature du président du MRP, Jean Lecanuet, qui s'affirme « démocrate, social et européen ». Ces trois qualificatifs donnent le ton d'une campagne présidentielle fondée sur une opposition résolue à une politique plus qu'à un homme. Mais en jouant aussi la carte de la modernité et de la jeunesse, en se présentant comme un Kennedy français, Jean Lecanuet, alors âgé de 45 ans, prétend montrer que la relève des générations est possible après la « parenthèse gaulliste ».

Deux autres candidatures sont présentées dans cette famille politique. Pierre Marcilhacy incarne un libéralisme politique assez classique. La droite extrême avec l'avocat Jean-Louis Tixier-Vignancour cherche à mobiliser tous les électeurs qui, à droite, se reconnaissent dans un antigaullisme résolu.

Charles de Gaulle, pour sa part, présente sa candidature très tardivement puisqu'il l'annonce au début novembre, soit un mois avant le premier tour.

• La campagne officielle dure peu de temps ; mais depuis de longues semaines les principaux candidats multiplient les rencontres et les meetings en province en s'appuyant sur les partis respectifs. Très vite, les électeurs, comme le soulignent les sondages, manifestent un grand intérêt pour une consultation inédite par bien des aspects.

En effet, les moyens médiatiques interviennent tout au long de la campagne. Les radios, publiques et privées, organisent de nombreux débats auxquels participent d'éminentes personnalités politiques : c'est le cas d'un grand débat entre Pierre Mendès France et Michel Debré. Mais surtout, peut-être, la télévision devient le support de l'information et des discussions politiques ; à l'évidence, elle contribue, dans une large mesure, à révéler les caractères, à imposer des stratégies, à souligner les personnalités fortes. Elle renforce la personnalisation du débat politique tout en ouvrant un espace de liberté d'information comme les Français n'en avaient pas bénéficié depuis 1958. Enfin, l'utilisation des sondages d'opinion tout au long de la campagne électorale donne au débat politique bien des aspects spectaculaires, en maintenant les électeurs en haleine ou en accentuant certaines orientations.

En annonçant sa candidature le 4 novembre 1965, Charles de Gaulle prend un ton dramatique que la presse va résumer en ces termes : « Moi ou le chaos ». Sûr du résultat, puisque certaines estimations évoquent une réélection triomphale, de Gaulle se refuse à faire campagne. Ses adversaires occupent donc la première place. Si François Mitterrand, qui maîtrise mal la télévision, veut transmettre un message et rallier la gauche sur des idées et des projets, Jean Lecanuet, désireux de rassurer, tente « d'opposer au père l'image du fils conquérant ».

Le déroulement de la campagne, à la télévision, mais aussi dans les meetings, révèle un Mitterrand sarcastique qui lance une offensive constamment vigoureuse et un Lecanuet incisif mais persuasif qui, par son sourire, cherche à séduire. Très rapidement, les principaux adversaires de de Gaulle progressent dans les sondages au point que la réélection du président sortant, dès le premier tour, devient de plus en plus problématique. De Gaulle réagit, de mauvais gré, en gardant le même ton de mépris (« Cinq oppositions vous présentent cinq candidats »). La conjoncture politique — l'annonce de l'assassinat à Paris du leader marocain d'opposition Mehdi Ben Barka a lieu pendant cette période — n'améliore pas l'image de marque.

Le 5 décembre, tombe le verdict des urnes. Le chef de l'Etat est en ballottage et a obtenu 44,65 % des suffrages. François Mitterrand en obtenant plus de 32 % des voix et Jean Lecanuet un peu moins de 16 % imposent cet échec qui ébranle sérieusement de Gaulle. Celui-ci hésite à se maintenir au second tour ; mais très vite, il reprend le combat.

• La campagne du second tour oppose les deux candidats arrivés en tête, de Gaulle et François Mitterrand ; Jean Lecanuet ne se désiste pas, mais appelle à voter pour le candidat européen, c'est-à-dire contre Charles de Gaulle. La tactique de François Mitterrand consiste donc à mobiliser et à rassembler tous les antigaullistes au nom de la défense de la République ; le militant politique devient homme d'Etat potentiel. De son côté, Charles de Gaulle rompt le silence antérieur et devient une véritable vedette de la télévision. Tantôt solennel, le plus souvent paternel sinon goguenard, il cherche à promouvoir une autre image de lui-même, moins distant et lointain, plus proche des préoccupations des Français. A dire vrai, les deux adversaires, qui ne se rencontrent jamais, impriment à la campagne un style de très haut niveau.

Le 19 décembre, le corps électoral qui s'est fort mobilisé (moins de 16 % d'abstentions) renouvelle le mandat présidentiel de Charles de Gaulle qui obtient 55,2 % des suffrages. En réunissant les voix de 44,8 % des Français, François Mitterrand est battu, mais il s'est imposé comme un adversaire incisif aux capacités de « futur président » que certains commentateurs se plaisent à lui reconnaître.

Un système ébranlé

Le scrutin présidentiel de décembre 1965 laisse des traces profondes car si le pouvoir politique n'est pas vraiment usé, une alternance semble possible sinon proche.

Les conditions de la victoire électorale de Charles de Gaulle doivent être relativisées. Contrairement à ce que de Gaulle a cru longtemps, une élection n'est pas un référendum ni, à plus forte raison, un plébiscite. Charles de Gaulle est élu, au second tour, comme bien des chefs d'Etat à l'étranger. Néanmoins, le ballottage apparaît aussi comme un échec que bien des motifs peuvent éclairer. La modestie de la politique sociale a rassemblé une gauche ragaillardie ; de Gaulle, en 1965, perd une fraction très importante de l'électorat populaire acquis en 1958. Par ailleurs, l'ironie blessante à l'égard des Européens a rangé dans une opposition décisive bien des électeurs centristes. Enfin, les méthodes gouvernementales, des comportements autoritaires, une conception trop lointaine du pouvoir ont aliéné des électeurs nombreux qui estiment que la situation politique ne les impose plus. Dès lors, de Gaulle et les gaullistes pensent au « 3e tour », c'est-à-dire aux élections législatives du printemps 1967.

Le chef de l'Etat cherche à rassurer un électorat désorienté et à reconquérir les électeurs déçus. Il confirme Georges Pompidou dans ses fonctions de premier ministre, mais confie à des fidèles (Michel

Debré, Jean-Marcel Jeanneney) la mission de définir une politique économique et sociale volontariste. En revanche, il veut apaiser les milieux agricoles et fait abandonner les projets de réforme. De même, il accepte d'assouplir les positions françaises à l'égard des partenaires européens et d'abandonner la « tactique de la chaise vide » de l'automne 1965. Mais, par ailleurs, il poursuit le raidissement de la diplomatie française envers les Etats-Unis (abandon de l'OTAN, ouverture à l'Est) et développe une démarche de plus en plus favorable aux nouveaux Etats indépendants ou aux revendications nationales (le problème des Palestiniens).

Cette stratégie se caractérise par sa complexité. Loin de rassurer un électorat gaulliste de plus en plus conservateur, elle inquiète une opinion qui ne comprend pas les choix anti-américains. Elle ne permet pas de reconquérir l'électorat populaire, car les projets de réforme sociale bien timides sont, de fait, abandonnés. Au total, le pouvoir semble s'user, ce dont certains partenaires ou les adversaires cherchent à profiter.

Au centre et à droite, s'esquisse une recomposition politique propre à rassembler l'électorat modéré.

Valéry Giscard d'Estaing, écarté du gouvernement après les élections, prétend demeurer un des partenaires de la « majorité présidentielle » gaulliste sans devoir se soumettre à toutes les contraintes de la solidarité. Il résume sa stratégie dans un slogan particulièrement clair : « Oui, mais... » C'est dire qu'il entend se conduire en membre critique de la majorité en n'hésitant pas à prendre des positions très nuancées, voire très réservées à l'égard de la politique gouvernementale. La Fédération nationale des républicains indépendants est fondée, au début de l'été 1966, pour rassembler les « libéraux, centristes et européens » qui attendent du gouvernement et du président de la République un sens du dialogue plus affirmé et le goût du compromis. De l'intérieur de la majorité, ils s'efforcent d'obtenir les infléchissements nécessaires.

Auparavant, dans la foulée des élections présidentielles, Jean Lecanuet propose aux militants et aux adhérents du MRP, du CNI, du Parti radical, de se rassembler dans une nouvelle organisation « libérale et européenne ». Fondé en février 1966, le Centre démocrate veut mobiliser tous ceux qui, non gaullistes, tout en excluant d'écarter de Gaulle et les gaullistes du pouvoir, prétendent faire pression, de l'extérieur, sur l'action gouvernementale. Le Centre démocrate est donc un parti d'opposition qui, pour l'essentiel, recrute des adeptes au sein de l'ancien MRP, mais se place nettement au centre droit de l'échiquier politique. Républicains indépendants et Centre démocrate sont donc des rivaux puisqu'ils recherchent un électorat assez voisin. Mais il est clair que la marge de manœuvre des républicains indépendants est assez faible, car l'UNR, en prévision des élections de 1967, impose l'unité de candidatures à ceux qui se réclament du gaullisme. Valéry Giscard d'Estaing ne rompt avec les pratiques et les choix du gaullisme qu'en 1969, même si, très tôt, il dénonce « l'exercice solitaire du pouvoir ».

A gauche, la FGDS se donne des structures permanentes : la SFIO, le Parti radical, les clubs de la Convention des institutions républicaines se partagent les responsabilités d'une Fédération présidée par François Mitterrand. Celui-ci parvient à imposer à ses partenaires un programme politique qui définit les grandes orientations de la gauche non communiste. Attachement à la construction européenne, alliance avec les Etats-Unis, acceptation du rôle et des fonctions du président de la République, réformes sociales, tels sont les principaux objectifs de la FGDS. Dans la perspective des élections législatives du printemps 1967, un accord établit la candidature unique au sein de la FGDS et le désistement avec le Parti communiste.

Pour concrétiser cette stratégie et l'alternative politique qu'elle suppose, François Mitterrand décide de créer, au printemps 1966, un « contre-gouvernement » sur le modèle britannique. Mais ce cabinet fantôme provoque la déception à gauche, car ses principaux animateurs sont les anciens leaders de la IVᵉ République. L'effort de modernisation semble faire long feu. Les limites de la tentative sont largement soulignées par la « nouvelle gauche » qui, autour du Parti socialiste unifié et de militants de la CFDT, cherche à promouvoir des réformes et des projets novateurs dans le cadre d'un programme de « socialisme du quotidien » avec la collaboration d'hommes comme Pierre Mendès France ou Michel Rocard.

Cependant, malgré des critiques parfois sévères, le PSU se rallie à l'union électorale à gauche pour les législatives de 1967. Tend donc à se constituer une coalition de toutes les forces de gauche contre le « pouvoir personnel ».

Arrivée au terme de son mandat, l'Assemblée nationale est renouvelée à l'occasion des élections de mars 1967. Les principaux leaders politiques s'engagent dans la bataille en utilisant toutes les formes du combat politique : meetings, débats radiotélévisés, allocutions. Le président de la République intervient avec force pour dénoncer, à l'indignation des non-gaullistes, le retour au régime des partis.

Les résultats doivent être distingués selon les tours :

— au premier tour, les candidats de la majorité progressent par rapport à 1962 en obtenant les voix de 38 % des électeurs. A gauche, le Parti communiste, en progrès dans les régions ouvrières, confirme, avec 22 % des suffrages, sa première place. Quant à la FGDS, elle ne réalise pas la poussée électorale attendue puisqu'elle n'obtient que 18 % des voix. Le Centre démocrate est aussi en deçà des résultats obtenus en 1965 par Jean Lecanuet ;

— le second tour ne confirme pas, en sièges, les résultats antérieurs. En effet, si la majorité sortante (gaullistes et républicains indépendants) est confirmée, la marge de sécurité est très fragile. Les reports qui se sont mal organisés à droite et au centre droit font perdre à la majorité 25 sièges, tandis que la gauche en gagne 50. Le Centre démocrate est le grand perdant de cette consultation qui, de fait, a opposé deux grandes coalitions électorales et a maintenu une opposition centriste fragilisée.

Les résultats de 1967, qui confirment ceux de 1965, montrent qu'une alternative politique est possible, que le rapport des forces politiques peut être inversé même si, sur la gauche, le poids du Parti communiste demeure toujours très fort.

La majorité sortante est menacée. Certes l'autorité du premier ministre Georges Pompidou se renforce au détriment de celle de Charles de Gaulle. Mais au Parlement, elle doit tenir compte de sa faible marge de manœuvre d'autant plus que les républicains indépendants, devenus indispensables, imposent leurs conditions. Le gouvernement hésite à organiser les débats parlementaires ; il procède par ordonnances, c'est-à-dire par des méthodes qui, pour être constitutionnelles, relèvent d'une pratique politique où le contrôle parlementaire est limité. D'autre part, ces ordonnances portent sur la politique sociale (assurance contre le chômage, agence nationale pour l'emploi, sécurité sociale). Comme aucune négociation ni de concertation n'a lieu avec les organisations syndicales, le mécontentement monte parmi les salariés. Les opposants de gauche comme François Mitterrand ou Pierre Mendès France peuvent, le plus souvent avec justesse, combattre le recours à l'autorité comme une nouvelle forme de renforcement du pouvoir personnel.

« Mai 1968 »

Le journaliste Pierre Viansson-Ponté publie dans un numéro du journal *Le Monde* daté de mars 1968 un article intitulé « La France s'ennuie ». Après les élections présidentielles et législatives, aucun événement important ne semble devoir se produire avant plusieurs années.

Pourtant, le climat social s'assombrit. Des grèves dures, souvent spontanées, peu encadrées par les syndicats, éclatent dans des régions d'industrialisation récente et dans des entreprises qui emploient une main-d'œuvre d'origine rurale et immigrée. Ces jeunes ouvriers reçoivent parfois le soutien d'étudiants contestataires qui développent une critique radicale de l'organisation économique et sociale française. Par ailleurs, la fièvre gagne certains campus universitaires construits depuis le début des années 1960 dans les banlieues : c'est le cas de Nanterre qui connaît une effervescence importante à propos de la réforme des études mais aussi des conditions de vie quotidienne à l'université. C'est sur ce campus que naît le « mouvement du 22 mars » animé par Daniel Cohn-Bendit. Ce mouvement est à l'origine immédiate du « grand chambardement de mai ».

La crise de mai

En effet, à partir de la fin du mois de mars, la fièvre s'amplifie à Nanterre autour de groupes d'étudiants d'extrême gauche ou d'inorganisés. La crise se durcit lorsque, au début du mois d'avril 1968, le Conseil des ministres adopte un projet de réforme universitaire qui impose la sélection. Cette décision apparaît comme un défi, mais aussi, plus largement, comme une menace aux yeux de très nombreux étudiants. Le 2 mai, l'Université de Nanterre est fermée ; mais, loin de s'apaiser, l'agitation s'amplifie et gagne les universités parisiennes au Quartier latin. Le 3 mai, pour se protéger d'éventuelles agressions du groupe d'extrême droite, « Occident », les étudiants grévistes tiennent un meeting particulièrement agité à la Sorbonne. A la demande des autorités universitaires de Paris, la police évacue la Sorbonne qui désormais est fermée. Cet appel à la force ne calme pas l'agitation, mais provoque un élan de solidarité de l'ensemble des étudiants. Aux cris de « libérez nos camarades », les manifestations estudiantines se développent à Paris. Les groupes d'extrême gauche utilisent avec beaucoup d'habileté une tactique simple ; la provocation entraîne la répression policière qui, à son tour, suscite la solidarité des étudiants. L'engrenage est mis en route.

Les autorités hésitent. Georges Pompidou est en voyage officiel en Iran et en Afghanistan. Le président de la République s'apprête à partir en Roumanie. Les ministres s'interrogent. Certains sont partisans de l'autorité face aux « enragés ». D'autres, comme le ministre de l'Intérieur Christian Fouchet ou comme Louis Joxe, premier ministre par intérim, font plutôt partie des indulgents. Cependant, le gouvernement semble pris au dépourvu par la poussée contestataire, même si, longtemps, Charles de Gaulle qui croit à la sélection universitaire, préconise la fermeté contre tous ces « enfantillages ».

Les étudiants grévistes, arrêtés le 3 mai, sont jugés le 6 en procédure de flagrant délit ; au lieu d'être libérés, ils sont condamnés à la prison. Dans la soirée et la nuit, de nouvelles barricades se dressent au Quartier latin. De véritables bagarres de rue se déroulent autour de la Sorbonne ; plus de 400 blessés chez les manifestants et plus de 200 parmi les policiers sont relevés dans la nuit.

Les jours suivants, les défilés se multiplient dans les rues de Paris, sans violence, pour réclamer la libération des étudiants. En vain, car de Gaulle exige que le « pouvoir ne recule pas ».

Dans la nuit du 10 au 11 mai, après des heures de pourparlers et de tergiversations avec des leaders du mouvement (Daniel Cohn-Bendit, Jacques Sauvageot, Alain Geismar), amplifiées par la radio des transistors, se déroule une véritable bataille de rues, car l'ordre est donné de détruire les barricades qui ont été élevées. A la fin de la nuit, si force reste à la police, le spectacle, dans les rues de Paris, est désolant. Des chaussées sont défoncées, des arbres abattus, des dizaines de voitures incendiées ; des centaines de blessés sont dénombrées.

La violence des affrontements avec les forces de l'ordre stupéfie l'opinion qui, avec la presse, se prend de sympathie pour les manifestants étudiants.

De retour à Paris le 11 mai, Georges Pompidou décide de prendre des mesures de détente : promettre la libération des étudiants, réouvrir les facultés fermées et permettre la reprise des cours, tels sont les objectifs d'un premier ministre qui, dès lors, semble être le vrai détenteur de l'autorité de l'Etat.

Ces décisions de compromis arrivent trop tardivement. En effet, les organisations syndicales, réservées à l'égard des étudiants, lancent, pour le 13 mai, un mot d'ordre de grève générale. Elles veulent exprimer non seulement leur solidarité devant la répression à l'égard des étudiants, mais aussi rappeler au pouvoir politique la crise intervenue dix ans auparavant. Elles souhaitent surtout, peut-être, canaliser un mécontentement qui monte dans les usines et entraîne des grèves sauvages auxquelles poussent les groupes gauchistes et anarchistes.

La grève du 13 mai est un succès. Les défilés se multiplient dans les villes industrielles et à Paris. « Dix ans, ça suffit », « Charlot, des sous » sont les cris que lancent le plus souvent les manifestants. Loin de reprendre les jours suivants, le travail est suspendu dans de nombreuses entreprises, mais aussi dans les transports et les services publics. En huit jours, le nombre de grévistes atteint près de 10 millions de salariés. La paralysie menace le pays, car la rupture des approvisionnements bloque l'activité, le cycle de la crise sociale est enclenché.

Facultés et usines sont peu à peu occupées. Les discussions vont bon train. S'y expriment des revendications souvent inédites ou insolites. On parle moins de salaire, d'heures de travail et bien plus de la hiérarchie dans l'entreprise ou dans les facultés. On rejette l'autorité sans concertation, on souhaite reconnaissance et dignité, on réclame plus de responsabilité, une participation effective aux décisions. En fait, les longs palabres, souvent désordonnés, aboutissent à modeler une société nouvelle où les rapports humains auraient toute leur place. L'utopie n'est pas loin.

Cette poussée de révolte n'aboutit pas vraiment à une flambée révolutionnaire. La contestation est forte à Paris et dans certaines villes de province comme Nantes, Caen, Toulouse ; partout ailleurs, elle est le plus souvent diffuse. Toutes les formes d'autorité sont critiquées, que ce soit celle du pouvoir politique ou celle des syndicats. Les hiérarchies classiques sont marginalisées, voire ignorées.

« La situation est devenue insaisissable », dira quelques jours plus tard le général de Gaulle. A l'Assemblée nationale, une motion de censure manque de peu de réussir. Le président de la République, qui condamne toujours avec force la « chienlit », prend la décision, le 24 mai, d'organiser un référendum.

Sa prestation télévisée est un échec complet qui semble souligner que le pouvoir politique est au plus mal, d'autant que le soir même commence à Paris une seconde nuit des barricades. Georges Pompidou préfère une grande discussion classique les 25, 26 et 27 mai, avec les organisations syndicales et patronales. Les accords de Grenelle qui en découlent constituent une avancée sociale spectaculaire : le SMIG est augmenté de 35 %, les salaires de 10 %, le principe de la section syndicale d'entreprise est reconnu ; on envisage une amélioration de la formation professionnelle, des conditions de vie des retraités. Mais si la CGT et FO acceptent de signer, avec le CNPF, ces accords, la CFDT est très réservée. De toute manière, les salariés en grève dans les usines les rejettent. Les responsables syndicaux sont eux-mêmes désavoués.

Dès lors, le pays entre dans une crise politique grave. Le gouvernement et le chef de l'Etat viennent de subir deux graves échecs. Les ministres sont désemparés. L'administration d'Etat répond mal. Le pouvoir semble vacant.

Les initiatives se multiplient. Le 27 mai, à l'appel de la CFDT, du PSU, de l'UNEF, se tient une grande manifestation à Paris, au stade Charléty. Si l'on applaudit Pierre Mendès France qui est présent, on revendique surtout une orientation révolutionnaire. Le 28, une entrevue entre les responsables du PCF et de la FGDS n'aboutit à aucun résultat. François Mitterrand propose, le même jour publiquement, un gouvernement de transition que présiderait Pierre Mendès France, et annonce qu'il serait lui-même candidat à la présidence de la République si le général de Gaulle se retirait. Le 29 mai, à l'appel de la CGT, relayée par le PCF, des manifestations ont lieu dans tout le pays. Les responsables communistes, jusqu'alors très réservés, semblent pousser à la radicalisation de la crise.

L'après-midi du 29, les radios annoncent que de Gaulle a quitté Paris. Dans la soirée on apprend qu'après un passage en Allemagne il est parti dans sa maison de Colombey. C'est en apparence la fin du pouvoir gaulliste. Le 30 mai, Valéry Giscard d'Estaing réclame un changement de gouvernement.

Dans l'après-midi du 30 mai, conformément à un message de la veille, de retour à Paris, Charles de Gaulle prononce à la radio — et non à la télévision — une allocution très ferme.

Il annonce l'abandon du référendum, la dissolution de l'Assemblée nationale et des élections anticipées. Après avoir dénoncé « l'intimidation, l'intoxication et la tyrannie exercées par un parti qui est une entreprise totalitaire », les menaces provoquées par « le communisme totalitaire... utilisant l'ambition et la haine de politiciens au rancart », il appelle à l'action civique.

Cette intervention remplit son effet. Elle ranime le courage des militants gaullistes qui, dans la soirée du 30 mai, organisent défilés et manifestations dans les principales villes de province et surtout à Paris où se déroule, sur les Champs-Elysées, une manifestation impressionnante. Le retour à l'ordre se fait progressivement ; le mouvement de mai est en reflux, même si la grève ne cesse effectivement, dans certaines entreprises, qu'au bout de plusieurs semaines. Pourtant, des soubresauts parfois meurtriers éclatent en juin ; les 10 et 11 juin dans la banlieue parisienne, à Lyon, des échauffourées sévères provoquent la mort de quatre personnes, les seules de cette crise. Mais les facultés sont évacuées, les examens vont parfois s'organiser, les premiers vacanciers prendre leurs congés.

Les partis politiques préparent la consultation électorale des 23 et 30 juin, même si les groupes gauchistes dénoncent les élections comme un « piège à cons ». L'ensemble des droites fait bloc : les réserves de Valéry Giscard d'Estaing s'estompent, tandis que l'unité de candidature est réalisée entre gaullistes et républicains indépendants. A gauche, PCF et FGDS réactivent leur accord de désistement, tandis que le PSU multiplie les candidatures pour témoigner de l' « esprit de mai ».

Les deux tours confirment la forte poussée de la droite, le recul de la gauche et l'effondrement du centre. En remportant 293 sièges sur 487, le groupe gaulliste obtient, à lui seul, la majorité absolue de l'Assemblée nationale. Comme les républicains indépendants emportent 61 sièges, la majorité impose sa force en réunissant près de trois quarts des députés. La crise de mai aboutit à consolider les assises parlementaires du pouvoir gaulliste.

La gauche est sévèrement battue puisqu'elle ne retrouve que la moitié des sièges obtenus en 1967 (34 communistes, 57 FGDS). Des leaders comme Pierre Mendès France sont battus. Quant aux centristes, ils sont laminés entre les gaullistes et la gauche, une bonne partie de leurs électeurs, qui a voté à gauche en 1967, choisit le camp conservateur en juin 1968.

La nouvelle Assemblée nationale semble une « Chambre

introuvable », comme le soulignent bien des observateurs. Depuis 1919 et la « Chambre bleu horizon », aucune majorité parlementaire n'a été aussi marquée à droite. Ce triomphe de la droite exprime la riposte de la « majorité silencieuse » qui, après avoir éprouvé de la sympathie pour les étudiants, a pris peur des désordres, des défilés, des drapeaux rouges et noirs, de la violence parfois, de la désorganisation de la vie quotidienne. Ces élections de la peur traduisent la recherche de l'ordre public.

De Gaulle, une fois encore, a gagné. Mais sa marge de manœuvre est étroite. En effet, le plus grand nombre des électeurs et des élus se sentent plus proches de la prudence et de l'autorité de Georges Pompidou que de la réforme en profondeur. En ce sens, la victoire gaulliste est plus celle du premier ministre que celle du président de la République.

Retour sur quelques interprétations

Par sa durée, la crise de mai apparaît éphémère. D'autre part, elle semble difficilement compréhensible puisque, après avoir éclaté brutalement, elle s'est terminée de manière assez rapide. Enfin, la diversité des revendications, qui lui a donné des inflexions très diverses, a suscité bien des analyses et bien des interprétations.

Acteurs ou témoins, observateurs ou analystes, essaient, pendant les événements ou assez vite après leur achèvement, de proposer quelques grilles d'analyse. Hommes politiques, journalistes, sociologues et politologues, dans leurs interventions ou dans leurs publications offrent leur vision des événements. Si des désaccords s'expriment, des points d'accord intéressants peuvent aussi se dégager.

Crise nationale ou crise internationale ? Dans un mouvement qui affecte bien des pays dans le monde, la France présente-t-elle une certaine originalité ? André Malraux, mais aussi Georges Pompidou parlent d'une crise de civilisation qui affecte les pays industrialisés. La critique de Georges Pompidou porte sur la modernité, l'abandon des valeurs spirituelles traditionnelles et sur l'hégémonie de la science. En revanche, pour Pierre Mendès France, la crise de mai est d'abord une crise française qui exprime le divorce d'un système politique avec sa jeunesse en révolte. Un sociologue comme Michel Crozier le rejoint sur ce thème : à ses yeux, une « société bloquée » explique dans une large mesure la crise de 1968 en France. Raymond Aron partage une opinion qui n'est pas très éloignée sur la « spécificité française ».

La crise de mai a-t-elle été une forme de révolution ? Les discussions sur ce thème sont particulièrement vives ; sociologues et — dans une certaine mesure historiens — acteurs ou témoins échangent des analyses contradictoires. Pour Alain Touraine *(Le mouvement de mai ou le communisme utopique)*, le mouvement de mai a créé une force de combat contre le système capitaliste en même temps qu'un projet utopique destiné à le remplacer. Dans un registre un peu différent, Edgar Morin *(La brèche)* estime que mai, sous la forme d' « utopie vécue », a été véritablement « une révolution sans visage » qui prépare des mutations futures. En revanche, pour Raymond Aron *(La révolution introuvable)*, la crise de mai n'a été qu'une « comédie burlesque » ou qu'un véritable « psychodrame ». Selon lui, les étudiants, suivis en partie par les ouvriers en grève, ont joué à la révolution plus qu'ils n'ont cherché à la faire. Si des groupes gauchistes ou anarchistes ont des projets sinon des programmes qu'ils cherchent à mettre en œuvre, la plupart des étudiants et des jeunes ouvriers en grève contestent une société dans ses modes de fonctionnement bien plus qu'ils ne souhaitent construire un modèle de société tout à fait différent.

Au total, la médiocrité des acquis de mai, l'incapacité à dégager une solution politique nouvelle et la victoire facile du gaullisme conservateur inclinent à penser que la force révolutionnaire du mouvement demeure modeste, même si, ultérieurement, des réformes peuvent s'inscrire dans la perspective ouverte par le mouvement de mai 1968.

L' « esprit de 68 » ? Dans son déroulement, la crise ne donne pas l'impression de répondre à beaucoup de cohérence. Pourtant, des critiques qui fusent un peu partout, se distinguent quelques thèmes forts qui peuvent caractériser le mouvement de mai.

• Le mouvement de mai n'est pas, au sens classique, un mouvement politique. En effet, les institutions politiques, leur fonctionnement laissent souvent indifférents les défilés d'étudiants en grève. Ils songent à occuper la Sorbonne, le théâtre de l'Odéon, mais ni l'Assemblée nationale ni l'Elysée.

• En revanche, il procède d'une démarche : « Prenez vos désirs pour des réalités », « l'imagination est au pouvoir » ; tous soulignent un rejet de la société vécue. On dénonce la tyrannie de l'économie et la prépondérance de la technocratie. On rejette la société de consommation, car si le progrès social et l'élévation du niveau de vie se sont développés, de nouvelles contraintes se sont imposées. En ce sens, les contestataires rejettent ces acquis, mais ils en sont les détenteurs et les héritiers.

• L'utopie met en valeur l'individu. Dans le droit fil du refus de l'autorité sous toutes ses formes (le pouvoir, les hiérarchies, les bureaucrates de l'Etat, de l'Université, des partis, des syndicats), on affirme le rejet de règles ou de contraintes non consenties. En célébrant la démocratie directe, en formulant le principe qu' « il est interdit d'interdire », on voit s'exprimer une véritable explosion d'individualisme. Combat contre l'Etat réglementant, l'Eglise normative ou la société contraignante, le mouvement de mai revendique l'autonomie de l'individu. En ce sens, l'esprit de mai qui insiste sur le désir et le plaisir porte en lui la volonté de libérer les mœurs.

• Cependant, sous certains aspects, l'esprit de mai apparaît parfois passéiste. En effet, la critique de la rentabilité, de la recherche de la productivité, la dénonciation de la concentration capitaliste et de l'urbanisme des « barres et des tours » soulignent, *a contrario*, l'intérêt porté à une société de petites communautés qui ne ferait plus de l'industrialisation un objectif prioritaire. Dans une large mesure, la diffusion de l'écologie est fille de l'esprit de mai. Enfin, la critique de la culture n'est pas sans conséquences. En soulignant que la culture est celle d'une classe sociale, que la « culture des élites » impose ses valeurs, les contestataires veulent montrer que la culture générale n'existe pas et que les valeurs universelles n'ont aucune réalité effective. L'humanisme est, en ce sens, abandonné.

De la crise de Mai 68 quelques caractéristiques doivent être notées qui peuvent rendre plus clairs les « événements ».

• Le mouvement de mai s'inscrit dans une conjoncture de croissance. Le rapide développement économique a fait naître une société plus urbaine et plus industrielle. Cependant, la société continue à vivre selon des règles et des modes assez traditionnels.

L'éclairage apporté par Michel Crozier sur la « société bloquée » est, à cet égard, particulièrement important. Les méthodes du gouvernement, en refusant le dialogue et la concertation, ont accentué le malaise social qui fait éclater un conflit d'une nature nouvelle puisqu'il se déclenche dans une période de prospérité et qu'il touche une bonne partie de ses bénéficiaires.

• La crise exprime aussi les difficultés d'intégration de la jeunesse. Les étudiants protestent contre un système universitaire accusé de les sélectionner et de les orienter en fonction des exigences de l'économie et des débouchés professionnels. Les jeunes ouvriers, à l'origine des mouvements dans les entreprises, souvent mieux formés que leurs parents, récusent le mode de fonctionnement des entreprises. En ce sens, 68 exprime aussi un conflit de générations qui a affecté déjà, dans les années antérieures, d'autres organisations (l'Eglise par exemple).

• Ce mouvement, comme bien d'autres, est le fait de minorités militantes qui s'inspirent de formes diverses du marxisme et du communisme, à l'exclusion du stalinisme que l'on récuse, mais aussi de l'anarchisme. Ces « groupuscules » parviennent à entraîner le grand nombre des étudiants. Comment ? La spontanéité du mouvement doit laisser croire à un phénomène de diffusion qui correspond aux attentes d'une fraction importante de la population, sinon même d'une génération. Le sentiment d'une faiblesse insoupçonnée du gouvernement et du régime politique a favorisé l'expansion des revendications à des catégories sociales plus diversifiées.

La fin de la présidence de Charles de Gaulle

Le premier ministre déchu de ses fonctions

Au début de juillet 1968, le président de la République ne reconduit pas le premier ministre Georges Pompidou dans ses fonctions. Ce choix provoque la surprise dans les milieux gaullistes, mais aussi dans l'opinion française. En effet, la victoire des 23 et 30 juin apparaît d'abord comme celle de Georges Pompidou.

Pourquoi Charles de Gaulle prend-il cette décision ? Les raisons, encore mal connues, semblent complexes. La majorité issue des élections apparaît trop pompidolienne au président de la République qui n'a pas abandonné ses projets de réforme. D'autre part, la victoire électorale de Georges Pompidou en fait un concurrent pour le chef de l'Etat dont l'autorité sort émoussée. Enfin, le président de la République, qui n'a pas toujours joué le premier rôle dans la crise de mai, souhaite reprendre l'initiative ; il ne peut le faire avec le premier ministre sortant.

Il confie le soin de constituer le nouveau gouvernement à Maurice Couve de Murville. Celui-ci, qui, en tant que haut fonctionnaire, a rejoint de Gaulle pendant la guerre, a dirigé la diplomatie française depuis 1958. Il a été, dès lors, un exécutant fidèle des options du général de Gaulle tout en révélant, parfois, de sérieuses capacités d'initiative.

Le nouveau gouvernement subit assez peu de modifications ; la plupart des grands ministères gardent leur titulaire. Cependant, deux désignations méritent d'être soulignées. D'abord, Jean-Marcel Jeanneney est chargé des « réformes institutionnelles » ; ce fidèle, réformateur d'esprit, doit donc débloquer l'administration française. Edgar Faure reçoit la charge de l'Education nationale : la subtilité et l'imagination de l'ancien ministre de l'Agriculture et de l'ancien président du Conseil sont nécessaires pour réformer les facultés.

Trois grands sujets préoccupent le gouvernement.

• En novembre, éclate une grave crise monétaire. L'augmentation des impôts, décidée quelques semaines plus tôt, crée un climat de méfiance envers le franc qu'alimentent de multiples pressions spéculatives. La « débâcle monétaire » laisse penser à une inévitable dévaluation du franc dans laquelle bien des observateurs voient une conséquence de la crise de mai. Mais comme une telle décision soulignerait l'échec de la politique économique du gaullisme, de Gaulle la refuse. Un plan sévère de redressement monétaire est, néanmoins, indispensable.

• La réforme de l'enseignement supérieur — la loi Edgar Faure — est adoptée en novembre. Trois principes fondent le nouveau système. Tous les membres de l'Université, y compris les étudiants, reçoivent le droit d'élire les responsables et de participer à la gestion des établissements, dans le cadre d'une autonomie pédagogique et de formations pluridisciplinaires. Cette réforme, votée à la quasi-unanimité (seuls les communistes s'abstiennent), doit être la première étape de la modernisation institutionnelle à laquelle songe le président de la République ; désormais les universités devront être organisées et gérées selon un modèle assez proche des établissements dans les autres grands pays développés.

• La « participation » : de Gaulle n'a pas abandonné son projet que Georges Pompidou a freiné et retardé. La crise de mai a confirmé son intention qu'il reprend au début du mois de septembre 1968. Selon lui, il importe de transformer les rapports du capital et du travail en accordant dans l'entreprise des pouvoirs analogues aux salariés et aux actionnaires. Sur ce terrain de la réforme, Charles de Gaulle veut mesurer, par référendum, sa popularité et évaluer son autorité. Cependant, la procédure du référendum qui concerne exclusivement l'organisation des pouvoirs publics impose au président de la République d'envisager la participation sous deux formes. Dans l'entreprise, en décembre 1968, l'engagement pris à Grenelle est tenu ; comme le réclament les syndicats (la CFDT), la section syndicale d'entreprise est reconnue dans le droit social. Quant aux pouvoirs publics, c'est une réforme de l'administration et du Sénat que proposent le président de la République et le gouvernement. Régionalisation et intégration au Sénat de personnalités issues des activités économiques et du Conseil économique et social sont les propositions que de Gaulle soumet à référendum le 27 avril 1969.

La campagne référendaire

La bataille du référendum est voulue par le président de la République malgré les réserves et les hésitations de certains ministres. Le projet de régionalisation est plutôt populaire. En effet, depuis de longues années, les débats se sont multipliés et l'idée s'est imposée, progressivement, qu'un Etat trop centralisé ne dispose pas des compétences indispensables et de l'efficacité nécessaire. De Gaulle lui-même, adepte de l'Etat fort, a admis le principe de la régionalisation avant Mai 68. La création de régions, gérées à la fois par les élus et des représentants des milieux professionnels, tend donc à rapprocher la gestion locale des besoins effectifs de la population. En revanche, la refonte du Sénat semble inefficace, car elle ne doit, en rien, modifier les méthodes législatives. D'autre part, elle apparaît contradictoire puisque, depuis 1875, le Sénat représente les collectivités locales. Enfin, dans la mesure où le Sénat cherche à contenir l'hégémonie gaulliste, le projet référendaire peut laisser penser à une procédure indirecte destinée à réduire un pôle constitutionnel d'opposition.

La bataille est engagée à la fin de l'hiver 1968-1969. La conjonction des enjeux permet à tous les opposants de se retrouver en demandant de voter non. Les partis de gauche peuvent espérer prendre leur revanche de juin 1968. Les sénateurs, qui n'ont pas l'intention de signer leur disparition, se lancent dans un combat résolu sous la direction de leur nouveau président, Alain Poher, élu du centre d'opposition. Très habilement, les sénateurs défendent une assemblée qui, dans le cadre du bicamérisme, permet un certain équilibre institutionnel.

Au sein de la majorité, les hésitations deviennent de plus en plus évidentes au fur et à mesure que l'échéance approche. L'UDR doit soutenir le projet au nom de la fidélité gaulliste ; mais elle ne le fait pas avec enthousiasme. Georges Pompidou, réservé lui aussi, est dans cet état d'esprit. Chez les républicains indépendants, la campagne des sénateurs remporte un certain écho ; Valéry Giscard d'Estaing fait appel à voter non. Sa décision d'avril 1969 est l'aboutissement d'un itinéraire qui l'a conduit à exprimer des réserves de plus en plus fortes et à rejoindre, sur ce thème, l'opposition.

Face à un nouveau cartel du non, la majorité gaulliste est en difficulté, car de Gaulle n'est plus, depuis juin 1968, le meilleur rempart contre le désordre public. Or la campagne est personnalisée à l'extrême par Charles de Gaulle ; le référendum évolue donc très rapidement vers une forme de plébiscite. Au fur et à mesure qu'approche la date de la consultation, les sondages pronostiquent un résultat de plus en plus aléatoire.

Le 27 avril, plus de 80 % des électeurs vont voter : c'est un signe qui révèle que les Français ont bien compris l'importance de l'enjeu. Le non l'emporte avec un peu plus de 53 % des suffrages ; il est majoritaire dans plus de 70 départements. Ce sont les régions françaises situées au centre droit de l'échiquier qui, en s'effritant, provoquent l'échec de De Gaulle, tandis que l'électorat populaire demeure solide. Les républicains indépendants, comme les centristes en 1965, font basculer une majorité de départements. Enfin, on peut souligner qu'en calculant les résultats par rapport aux inscrits, de Gaulle obtient autant de voix en 1969 qu'au premier tour des présidentielles de 1965, mais aussi autant de suffrages que les candidats UDR en juin 1968. Le gaullisme de rassemblement, voulu par de Gaulle, n'est plus majoritaire. En revanche, le gaullisme constitue toujours la première force électorale. Le « gaullisme gaullien », en se réduisant, a rejoint le « gaullisme parlementaire et législatif ».

Sitôt connu le résultat, de Gaulle fait annoncer sa démission de la présidence de la République. Son successeur constitutionnel n'est autre que le président du Sénat, Alain Poher, qui doit organiser les élections présidentielles en juin. De Gaulle se retire de tous les débats politiques, voyageant en Irlande et en Espagne et surtout rédigeant ses *Mémoires d'espoir*. Le prestige de l'ancien président de la République sort renforcé de l'épreuve, car les accusations de pouvoir personnel tombent d'elles-mêmes puisque de Gaulle a démissionné de manière démocratique. De même, en l'abandonnant le 27 avril, une partie de la droite modérée souligne que de Gaulle n'est pas d'abord un conservateur.

Sa mort brutale, le 9 novembre 1970, est l'occasion de manifestations d'une grande fidélité populaire, qui persiste vingt ans après. Les enquêtes effectuées à l'occasion du 100e anniversaire de sa naissance soulignent que les Français continuent à lui attribuer une appréciation largement positive. Si l'acte fondateur de la popularité est toujours le 18 juin, l'action présidentielle entre 1959 et 1969 suscite estime et sympathie. On l'associe le plus souvent à une période de prospérité et de progrès.

Les regards portés sur de Gaulle convergent sur quelques thèmes : l'homme de l'autorité, de la grandeur nationale, de la souveraineté de l'Etat. Les antigaullistes, très véhéments dans les années 1960, maintiennent des critiques en les atténuant. Si de Gaulle, pour eux, s'est beaucoup plus préoccupé de la France que des Français, il n'est plus seulement l'homme du grand capital que dénonçaient les communistes. De même, il n'est plus d'abord l'homme du pouvoir personnel puisque les institutions qu'il a mises en place sont généralement appréciées. Cette apparente unanimité laisse subsister deux lignes de fractures importantes. L'Algérie n'apparaît pas comme un point d'accord. Mai 68 ne semble pas avoir été compris par de Gaulle.

Si de Gaulle n'apparaît plus comme un clivage à partir duquel les familles politiques se déterminent, c'est que le temps a réévalué certaines querelles et que plusieurs problématiques gaullistes ont été intégrées à la réflexion des Français. Pourtant, la complexité du phénomène gaulliste demeure, car si de Gaulle peut s'inscrire dans une tradition politique — selon René Rémond, le bonapartisme —, son héritage peut être revendiqué très différemment. En effet, les lectures du gaullisme varient encore selon les références idéologiques, mais aussi selon les groupes sociaux ; les communistes gardent une vision polémique de De Gaulle, mais les socialistes se sont rapprochés sinon des méthodes, du moins de certains des objectifs du gaullisme.

Le gaullisme n'apparaît pas comme une parenthèse, comme un accident politique, contrairement à ce que croyaient certains accompagnateurs ou certains adversaires du général de Gaulle en 1958. Il s'enracine dans la vie politique qu'il a contribué à remodeler.

BIBLIOGRAPHIE

SYNTHÈSES

Berstein Serge, *La France de l'expansion*, I : *La République gaullienne, 1958-1969*, Le Seuil, 1989.
Institut Charles de Gaulle, *De Gaulle en son siècle*, 6 vol., Documentation française, 1990-1992.
Lacouture Jean, *De Gaulle*, Le Seuil, 3 vol., 1984-1986.

HISTOIRE POLITIQUE

Chapsal Jacques, *La vie politique sous la Ve République*, PUF, 1984.
Portelli Hugues, *La politique en France sous la Ve République*, Grasset, 1987.
Viansson-Ponté Pierre, *Histoire de la République gaullienne*, Robert Laffont, 1984.

LES INSTITUTIONS

Duhamel Olivier, Parodi Jean-Luc, *La Constitution de la Ve République*, Presses de la FNSP, 1985.
Massot Jean, *L'arbitre et le capitaine*, Flammarion, 1987.
Quermonne Jean-Louis, *Le gouvernement de la France sous la Ve République*, Dalloz, 1987.

LES FORCES POLITIQUES

Charlot Jean, *Le phénomène gaulliste*, Fayard, 1980.
Colliard Jean-Claude, *Les républicains indépendants*, PUF, 1971.
Duhamel Olivier, *La gauche et la Ve République*, PUF, 1980.
Portelli Hugues, *Le socialisme français tel qu'il est*, PUF, 1980.
Rémond René, *Les droites en France*, Aubier, 1982.
Sirinelli Jean-François (sous la direction de), *Histoire des droites en France*, Gallimard, 1992, 3 vol.

ÉCONOMIE ET SOCIÉTÉ

Gauron André, *Histoire économique et sociale de la Ve République,* t. I : *Le temps des modernistes,* La Découverte-Maspero, 1983.
Reynaud Jean-Daniel, *Les syndicats en France,* 2 vol., Le Seuil, 1975.
Sadoun Marc, Sirinelli Jean-François, Vandenbussche Robert, *La politique sociale du géné-ral de Gaulle,* Villeneuve d'Ascq, Editions du Centre d'Histoire de la région du Nord, 1990.

LA CRISE DE MAI 1968

Capdevielle Jacques, Mouriaux René, *Mai 1968. L'entre-deux de la modernité. Histoire de trente ans,* Presses de la FNSP, 1988.
« Mai 1968 », *Pouvoirs,* n° 39, PUF, 1986.

LA POLITIQUE ÉTRANGÈRE

Barnavi Elie, Friedlander Saul, *La politique étrangère du général de Gaulle,* PUF, 1985.

10. La France au cœur des « Trente Glorieuses »

Durant la période d'une trentaine d'années qui va de la Libération au premier choc pétrolier à l'automne 1973, la France a connu, trois décennies durant, une croissance économique forte et soutenue. En découlèrent une hausse considérable du niveau de vie des Français et leur entrée dans la « société de consommation ». Plus largement, du reste, s'amorcent alors une mutation en profondeur de la société française et une uniformisation croissante du comportement social. En 1979, l'économiste Jean Fourastié baptisera ces années, rétrospectivement, les « Trente Glorieuses », dans un livre portant le même titre.

Si un tel découpage chronologique appelle dans le détail, nous le verrons, nuances et amendements, il n'en demeure pas moins que cette période de forte croissance est une phase déterminante de notre histoire socio-économique et que les mutations qui eurent lieu alors ou qui s'amorcèrent — car il faudra aussi évoquer plus loin les phénomènes de continuité, dans certains domaines, par-delà le tournant de 1973-1974 — furent et demeurent essentielles.

Les « Trente Glorieuses »

Une croissance soutenue et des effets différés

La reconstruction fit rapidement entrer la France dans l'ère de la croissance soutenue. Dès 1948, le niveau de 1938 est retrouvé et, deux ans plus tard, celui de 1929 est à son tour dépassé. Au seuil des années 1950, donc, l'effet de langueur des années 1930 et l'effet de choc des années de guerre ont été résorbés. A partir de cette date, malgré des à-coups — et notamment un ralentissement en 1951-1953 —, durant les deux décennies suivantes le taux de croissance moyen annuel de la production industrielle se situe à 5,3. Et au début des années 1970, avant le premier choc pétrolier de l'automne 1973, ce taux moyen annuel passe même à 6,5 entre 1969 et 1973.

En toile de fond de cette croissance économique, on observe une forte augmentation démographique. Si les années 1930 avaient vu la mortalité (16 ‰) l'emporter sur la natalité (15 ‰), la tendance s'inverse pendant l'Occupation : c'est en 1942 que la reprise de la fécondité s'amorce. Dès lors, durant plus de vingt ans, jusqu'en 1964, cette fécondité sera en hausse ou stable. La natalité l'emportant largement sur la mortalité, on observe un accroissement naturel de 8 ‰. La population augmente de 13 millions d'habitants entre 1946 et 1976, progressant donc d'un tiers entre ces deux dates. Auparavant, un siècle et demi avait été nécessaire pour observer une progression comparable.

En 1946, on compte 844 000 naissances et la crête des 800 000 naissances annuelles sera désormais longtemps la norme (contre 612 000 en moyenne dans les années 1930). Le taux de fécondité dépasse trois enfants par femme trois années de suite, de 1946 à 1948 (contre 2,06 en 1935), et jusqu'au milieu des années 1960 il ne redescendra jamais au-dessous de 2,6. Ce *baby boom* de l'après-guerre n'est, du reste, pas propre à la France. Et l'effet de ce *baby boom* a été prolongé dans les années 1950 par la très forte baisse de la mortalité, notamment infantile.

Si les conséquences de cette reprise démographique furent immédiatement sensibles dans la vie quotidienne, les retombées sociales de la forte croissance économique, en revanche, ne furent pas immédiatement perceptibles, d'autant que, même dans le domaine économique, compte tenu de la relative stagnation des années 1951-1953, c'est « l'année 1954 (qui) engage la France dans l'expansion » (Hubert Bonin). Il y eut donc, dans ce domaine social, un effet différé des « Trente Glorieuses ». A tel point qu'une telle expression, pour parlante qu'elle soit, ne doit pas induire en erreur : les changements sociaux qui seront décrits plus loin sont davantage un phénomène des années 1950 et 1960 que de la période qui suit immédiatement la Libération. Certes, l'observation peut varier avec les domaines concernés et les lieux étudiés, mais, d'une façon générale, la période tournante, pour l'histoire socioculturelle, est probablement la deuxième partie des années 1950.

Ce n'est donc pas une coïncidence si c'est à partir du milieu de cette décennie que la croissance économique qui nourrit l'expansion et la mutation sociale qui s'amorce produisent leurs effets dans le domaine politique. Au moment de la poussée du poujadisme et lors des élections du 2 janvier 1956, la géographie et la sociologie du mouvement de Pierre Poujade sont, en effet, éclairantes. L'écho le plus fort et les résultats les plus importants sont localisés au sud d'une ligne Saint-Malo - Genève, c'est-à-dire dans une France moins industrialisée à cette époque et qui profite moins directement et moins rapidement des premiers effets de la croissance. Sociologiquement, le socle du mouvement Poujade est constitué de groupes sociaux qui ont le sentiment d'être les oubliés, voire les victimes, de l'évolution en cours : petits paysans et, surtout, petits commerçants en proie à de lourdes difficultés, après la période faste de la décennie précédente et devant la concurrence de nouveaux moyens de distribution. Indépendamment d'autres aspects importants du mouvement — un nationalisme inquiet devant les premières lézardes de l'Empire colonial et un antiparlementarisme reflétant une hostilité au régime considéré comme impuissant —, il y a bien là une crainte explicite devant la mutation économique et sociale qui devient perceptible.

Inversement, le courant mendésiste qui se développe à la même époque apparaît bien, par certains aspects, comme l'antithèse de cette crainte et de cette réaction. Pierre Mendès France apparaîtra, en effet, à certains de ses contemporains non seulement comme le symbole d'une politique coloniale libérale, mais surtout comme l'homme qui, par son style et son action, pourrait incarner et accompagner, voire accélérer, la modernisation du pays. Par-delà l'hétérogénéité de la mouvance mendésiste, il y a là une commune aspiration moderniste.

Certes, le parallèle entre un poujadisme qui serait une simple réaction d'archaïsme et le dernier soubresaut d'une France moribonde et un mendésisme ferment de modernité et levain de la France à venir est assurément excessif. Il reste que la concomitance des deux courants, au milieu des années 1950, est significative : la France, à cette époque, entre dans une phase de mutation rapide et les réactions à cette mutation imprègnent forcément le débat politique.

La mutation sociale

La fin des paysans ? — En 1967, dans un livre au titre délibérément provocateur, *La fin des paysans,* le sociologue Henri Mendras diagnostique une transformation profonde et irréversible du monde rural. Cette transformation, on l'a vu, s'était amorcée avant la seconde guerre mondiale : le recensement de 1931 indique, pour la première fois, une population urbaine supérieure à la population rurale (51,2 % contre 48,8 %). Mais, durant les quinze ans qui avaient suivi, la situation ne s'était guère modifiée et le recensement de 1946 montre une population française encore rurale à 46,8 %.

C'est au cours des vingt ans qui suivent, en fait, que s'opère un changement massif : entre les recensements de 1946 et de 1968, les citadins passent de la moitié aux deux tiers de la population française, plus précisément de 53,2 % à 66,2 %. Et le phénomène est encore plus sensible pour ce qui concerne la population active : entre les mêmes dates, l'agriculture y passe de 36 % à 14,9 %, pour descendre à 9,5 % en 1975. A cette date, les paysans ne sont plus que 2 millions, contre plus de 7 millions après la Libération.

Mais la transformation du monde rural ne s'est pas seulement traduite par la chute du poids des paysans dans la société française. S'est opérée aussi la « révolution des campagnes », aussi bien dans le mode de vie des paysans que dans leur environnement technique. La modernisation et la mécanisation ont entraîné un changement des pratiques agricoles et une hausse des rendements. Pour mesurer le chemin parcouru et la rapidité de la mutation, il faut rappeler qu'au début des années 1950 encore, nombre de paysans ne sont pas pleinement insérés dans des circuits de distribution modernes et vivent largement dans une situation proche de l'autoconsommation.

Par ailleurs, l'amélioration de l'habitat, l'usage de l'automobile, l'introduction croissante du téléphone et de la télévision ont profondément modifié les genres de vie.

L'urbanisation. — Le phénomène essentiel demeure pourtant le transfert massif vers les villes, avec les problèmes d'urbanisme ainsi entraînés. Dans les années 1950, des grands ensembles commencèrent à naître dans les banlieues des grandes villes : avant même l'apparition des tours, les « barres » fleurirent. Sur le moment, ces grands ensembles contribuèrent incontestablement à faciliter l'absorption de l'exode rural. De surcroît, ils constituaient souvent, pour leurs habitants, un progrès du confort et de l'hygiène. Les inconvénients, en revanche, n'apparurent que progressivement : la « ville-dortoir » — dont on fit de Sarcelles, en région parisienne, l'archétype — fut bientôt considérée comme porteuse d'ennui et de dépaysement.

La montée des classes moyennes. — L'effondrement des effectifs du secteur primaire a-t-il pour autant fait augmenter ceux du secteur secondaire ? Ce secteur secondaire — la proportion des ouvriers dans la population active — augmente tout d'abord, passant de 29,8 % en 1946 à 38 % en 1962. On observe ensuite un tassement, avec un taux de 39,4 % en 1968.

Mais autant que sa place dans la population active, c'est la composition de cette classe ouvrière qui importe ici. Apparaissent, en effet, en son sein, de nouvelles stratifications : baisse du nombre des manœuvres, augmentation de celui des ouvriers spécialisés (os), des ouvriers qualifiés (oq) et des contremaîtres. En d'autres termes, on observe aussi bien une multiplication des emplois non qualifiés (os), en raison de la parcellisation du travail, qu'une augmentation de la qualification d'autres catégories (oq, contremaîtres). De surcroît, pour ces catégories, on observe une transformation de leur genre de vie — qui fit écrire, dans les années 1960, qu'était en gestation une « nouvelle classe ouvrière » — et un alignement croissant sur celui des classes moyennes.

Ces classes moyennes connaissent une augmentation d'autant plus rapide qu'à leur source se trouve le secteur tertiaire, en croissance rapide au cours des décennies d'après guerre. Cette croissance des « cols blancs » est même le fait social le plus important de cette période. Les chiffres parlent d'eux-mêmes : entre le recensement de 1954 et celui de 1975, la part des employés de bureau dans la population active passe de 8,5 % à 14,3 %, celle des techniciens et cadres moyens de 3,9 % à 9,3 % et les cadres supérieurs de 1,8 % à 4,2 %. Le recensement de 1975 est, à cet égard, symbolique : à cette date, le tertiaire passe le seuil de 50 % des actifs (51 % plus précisément), contre 34 % en 1946. Et le « cadre » est devenu entre-temps la figure type des « Trente Glorieuses ».

Cela étant, les classes moyennes ne sont pas constituées seulement par ce tertiaire en expansion rapide. Une partie de la classe ouvrière également, on l'a vu, s'y est peu à peu intégrée. Et l'ensemble de ces classes moyennes est peu à peu cimenté par une uniformisation croissante des comportements et du genre de vie, elle-même sous-tendue et rendue possible par le plus rapide et le plus spectaculaire enrichissement qu'aient connu les Français.

La hausse du niveau de vie

Le revenu par tête va connaître, en effet, une hausse considérable au fil des années 1950 et 1960 : si l'on prend comme base 100 l'année 1963, ce revenu était à 69 en 1953 et il sera à 123 en 1968 ; en quinze ans, il a donc presque doublé. Et la hausse s'accélère encore au début des années 1970, jusqu'aux premiers effets du choc pétrolier. Durant une vingtaine d'années, l'enrichissement a donc été fort et constant. Le tournant de 1973-1974 n'en sera que plus durement ressenti.

Cet enrichissement, il est vrai, ne fut pas général, certaines catégories profitant moins des fruits de la croissance : la main-d'œuvre immigrée, utilisée pour des travaux pénibles et peu qualifiés, une partie des personnes âgées, certains secteurs de la population active féminine, proportionnellement moins bien rétribuée que les hommes. De surcroît, on l'a vu, petits paysans et artisans seront souvent les oubliés de la croissance, voire ses victimes.

Cet enrichissement ne fut pas non plus spécifique. Dans tous les pays industrialisés, le changement social a été considérable au cours des décennies qui suivent la seconde guerre mondiale. A cet égard, du reste, les Etats-Unis anticipaient : en 1927 déjà, le politologue André Siegfried, dans *Les Etats-Unis d'aujourd'hui*, constatait une « transposition du luxe en consommation courante » et une « extension à tous des conditions de vie jadis réservées à quelques-uns » et s'émerveillait devant ce « progrès splendide ». De fait, sur le vieux continent également, après la seconde guerre mondiale, l'industrialisation et l'urbanisation allaient entraîner de profondes mutations des sociétés et des genres de vie. En Grande-Bretagne, par exemple, le tertiaire passe de 30 % à 50 % des actifs entre 1950 et 1966. Et, dans les pays de l'Est, l'évolution, moins massive, reste significative et de même tendance : en Union soviétique, durant la même période, le tertiaire passe du quart (25 % en 1950) au tiers (32 % en 1964) de la population active. Et, si l'enrichissement est moindre à l'Est, les pays industrialisés de l'Occident connaissent tous, ainsi que le Japon, une forte progression du revenu par tête, dont rend bien compte le tableau suivant :

Evolution du revenu par tête (indice : base 100 en 1963)

	1953	*1968*	*1970 (en $ US)*
Etats-Unis	89	121	4 734
RFA	57	119	3 034
France	68	123	2 901
Angleterre	81	113	2 218
Japon	46	160	1 911
Italie	62	122	1 727

Ni générale, ni spécifique, la hausse du niveau de vie des Français fut pourtant une réalité massive, qui allait stimuler la consommation et permettre notamment aux familles de consacrer désormais une part plus importante de leurs ressources aux dépenses autres que l'alimentation. En 1954, celle-ci représentait encore 40 % des dépenses d'un ménage ; en 1974, cette proportion s'était abaissée à 25 %.

Les Français entrent donc progressivement dans la « société de consommation ».

• La forte hausse du niveau de vie et l'aspiration croissante au confort qui en découle stimulent la consommation de masse, que facilite aussi le crédit. La pratique du crédit se généralise, en effet, et ce fait constitue un changement fondamental du comportement social : à la frugalité et à la prévoyance, considérées jusque-là comme des vertus cardinales, succède la satisfaction immédiate des besoins matériels que permet le crédit. Le personnage du rentier n'incarne plus désormais le type social idéal.

• De surcroît, la hausse du niveau de vie permet, on l'a vu, de consacrer une part de plus en plus importante des ressources des familles à d'autres dépenses que l'alimentation. L'amélioration de l'habitat et la modernisation de l'équipement électroménager en constituent longtemps l'aspect le plus spectaculaire.

• Dans le domaine de l'habitat, notamment, le tournant du milieu des années 1950 est frappant. Jusque-là, la situation restait difficile. Certes, le nombre de logements construits double entre 1950 et 1954, mais, durant cette période, un tel nombre est deux fois plus élevé en Grande-Bretagne et quatre fois plus élevé en Allemagne de l'Ouest. Les mal-logés restent nombreux et la qualité de l'habitat du plus grand nombre n'a pas, à cette date, subi de réelle amélioration par rapport à l'avant-guerre. L'action menée par l'abbé Pierre durant l'hiver 1954 eut un grand écho en raison de la rigueur de cet hiver-là, mais aussi parce que, précisément, une telle rigueur fit apparaître les carences les plus criantes de l'habitat à cette date. On l'a déjà vu plus haut, les grands ensembles qui se multiplièrent par la suite furent perçus sur le moment comme porteurs d'incontestables progrès. Plus largement, l'habitat allait connaître au cœur des « Trente Glorieuses » une indéniable et rapide amélioration.

• De même, l'équipement électroménager profite en tout premier lieu des nouvelles habitudes de consommation, en même temps que des progrès techniques qui le rendent de plus en plus efficace et attrayant. A tel point que cet équipement devient d'une certaine façon le symbole de ces « Trente Glorieuses » : en 1954, 7,5 % des ménages disposaient d'un réfrigérateur et 8,4 % d'une machine à laver. Une vingtaine d'années plus tard, en 1975, ce sont 91 % des ménages qui posséderont un réfrigérateur et 72 % une machine à laver le linge. Et l'accélération après le milieu des années 1950 avait été foudroyante : c'est à partir de juin 1964 que 50,1 % des ménages possèdent un réfrigérateur.

La hausse du niveau de vie permet aussi la progression de pratiques socioculturelles de masse. C'est, du reste, au début des années 1960 que certains sociologues commencent à évoquer une « civilisation des loisirs » (Joffre Dumazedier, 1962).

• L'automobile, notamment, à la fois objet de consommation et instrument de mobilité, incarne et facilite cette phase d'entrée dans l'ère des loisirs. Plusieurs véhicules symbolisent cette entrée : la 4 ch Renault, présentée au Salon de l'automobile de 1946 et dont plus d'un million d'exemplaires — 1 105 499 exactement, chiffre considérable pour l'époque — seront fabriqués entre 1947 et 1961 ; la 2 ch Citroën, lancée en 1948, fut également un modèle très populaire ; tout comme, un peu plus tard, la « Dauphine » Renault. L'automobile, peu à peu, allait devenir un produit de consommation courante. Certes, encore dans les années 1950, elle est un objet de luxe — 21 % seulement des ménages en sont équipés en 1954 — , mais son usage va s'élargir rapidement : en 1955 déjà, 38 % des acheteurs sont des ouvriers.

• Autre symbole de la civilisation des loisirs, et autre conséquence de la hausse du niveau de vie : les vacances, dont la pratique s'accroît. Là encore, le phénomène, dans ses aspects massifs, est moins une donnée des années 1950 que des décennies suivantes. En 1956, encore 5 Français sur 7 ne partaient pas en vacances, et ceux qui pouvaient le faire ne s'éloignaient pas, en moyenne, de plus de 250 km de chez eux. En 1981, plus de la moitié des Français ont pris des vacances, dont 17 % à l'étranger.

• C'est aussi dans la montée d'une « culture de masse » qu'est perceptible l'avènement de la « civilisation des loisirs ».

L'irrésistible ascension d'une culture de masse ?

Durant l'entre-deux-guerres, s'étaient déjà amorcés des phénomènes culturels de masse. Les progrès de la scolarisation, la hausse du niveau de vie, le développement des loisirs, l'uniformisation croissante d'une vaste classe moyenne et, sur un autre registre, le progrès des techniques de communication, autant de facteurs qui vont accélérer cette massification des pratiques culturelles.

D'autant que les décennies d'après guerre ont été, progressivement puis sous la Ve République massivement, marquées par la scolarisation de masse dans l'enseignement secondaire. Le nombre des élèves du secondaire est passé de 1,5 million en 1956 à près de 5 millions en 1972. De leur côté, les effectifs de l'enseignement supérieur montent de 140 000 étudiants en 1950 à 570 000 en 1967. Et le personnel de l'Education nationale est passé de 263 000 fonctionnaires en 1952 à 912 000 en 1978.

Parallèlement, l'imprimé connaît une diffusion plus grande, par le livre et la presse périodique. Le « Livre de poche », à partir de 1953, puis d'autres collections d'ouvrages à bon marché et de format réduit rendent le livre, qui cesse d'être un produit cher, beaucoup plus accessible. Les collections de poche vont, dès lors, se multiplier, surtout dans les années 1960 où l'augmentation rapide du nombre des étudiants et le rayonnement des sciences humaines accroissent sensiblement le public potentiel pour ces collections. En 1962, par exemple, sont créées « Idées », « 10/18 » et la « Petite Bibliothèque Payot ».

De son côté, la presse périodique, plus encore que sous la IIIe République, est un vecteur important de la culture de masse : non seulement la presse quotidienne, mais aussi les magazines féminins, la presse sportive et surtout les magazines fondés sur la photographie, avant que la concurrence de la télévision entraîne chez eux de réelles difficultés. A partir de 1949, *Paris-Match* connaîtra ainsi une réussite spectaculaire, avant d'être confronté dans les années 1960 à une forte baisse de sa diffusion. Les hebdomadaires politiques — *France Observateur,* fondé en 1950 et devenu en 1964 *Le Nouvel Observateur,* et surtout *L'Express,* lancé en 1953 — trouveront, pour leur part, un lectorat de plus en plus large, mais inférieur à celui de la grande presse populaire.

Dans cette presse populaire, les magazines de télévision comptent bientôt parmi les plus forts tirages de la presse périodique. C'est le cas, par exemple, de *Télé 7 jours* qui est fondé en 1960 et qui atteint dès 1965 une diffusion de 2 millions d'exemplaires.

C'est, à cette date, le reflet de l'irrésistible ascension de la télévision. Cette ascension fut d'abord limitée : à la fin de 1954, il n'y a que 125 000 téléviseurs et, en 1960 encore, le « parc », pourtant multiplié par onze, n'est que de 1 368 000 récepteurs déclarés. Tout change au cours des années 1960 : 5 millions de téléviseurs au milieu de la décennie, 10 millions à la fin. A cette date, 70,4 % des foyers sont équipés d'un téléviseur. Avant même la décennie suivante qui portera ce taux au-dessus de 80 % — 82,4 % dès 1974 — et introduira peu à peu la couleur, l'audiovisuel est devenu un vecteur essentiel et bientôt prépondérant des pratiques socioculturelles. En 1965, les Français équipés d'un téléviseur le regardent déjà vingt-deux heures par semaine en moyenne.

Il y a là, bien sûr, un facteur déterminant de brassage sociologique et, partant, d'homogénéisation encore plus grande des pratiques socioculturelles. Ainsi, dans le domaine sportif, les héros sportifs deviennent des personnages médiatiques — Jean-Claude Killy, Jacques Anquetil, Raymond Poulidor — et les sports se « nationalisent » : le rugby va désormais être également prisé au nord de la Loire.

Il se crée, du reste, on l'a vu, une presse de télévision, qui atteint bientôt des tirages très importants : *Télé 7 jours* après avoir atteint dès 1965 une diffusion de 2 millions d'exemplaires, frôlera rapidement un tirage de 3 millions, ce qui lui permet de prendre la première place de la presse périodique française, place qu'il occupait encore au début des années 1990.

Et un style télévisuel s'épanouit à cette époque — reçu de façon d'autant plus homogène que jusqu'en 1972 il n'y a que deux chaînes en France, la 2ᵉ chaîne ayant été créée en 1964. Plusieurs émissions illustrent ce style, dont certaines sont restées célèbres dans la mémoire collective : « La Caméra explore le temps », « Cinq colonnes à la une », « Au théâtre ce soir », « Les Dossiers de l'écran ». A travers le succès d' « Intervilles », à partir de 1962, l'animateur Guy Lux devient un peu le symbole — contesté par certains — d'une télévision populaire de masse.

Certes, l'essor de la télévision en France a été plus tardif que dans la plupart des autres grands pays occidentaux : en 1957 encore, par exemple, seuls 6,1 % des foyers français étaient équipés d'un récepteur de télévision, à un moment où les taux sont déjà beaucoup plus importants dans les autres pays. Mais, on l'a vu, le changement est massif dans les années 1960 : en 1967, le taux d'équipement est passé à 57 % en France. Dès ce deuxième versant des années 1960, la télévision est donc devenue une pratique de masse. Le fait est d'autant plus important que l'univers mental des Français s'élargit alors, progressivement, aux dimensions du « village planétaire ». L'information, que la radio rendait déjà quasi instantanée, prend, par l'image, une résonance plus grande encore, par sa simultanéité. De surcroît, les séries américaines et, plus tard, la vogue des films d'animation japonais deviennent des éléments d'une culture de masse à l'échelle mondiale. Avec, du reste, des inquiétudes qui pointeront sur l'opportunité et les risques éventuels d'une telle massification des pratiques culturelles et une crainte qui se fera jour que s'étiole la culture nationale.

Cette massification est encore accrue par l'accession des classes d'âge jeunes à la consommation. La hausse du niveau de vie permet, en effet, aux jeunes d'être consommateurs : ils seront désormais nantis d'un pouvoir d'achat. La génération du *baby boom*, qui a une douzaine d'années au début des *sixties*, accède à l'adolescence quand les effets des « Trente Glorieuses » commencent à se faire sentir : c'est la première génération entrant de plain-pied dans la société de consommation. Et cela à une époque où les progrès techniques rendent les moyens de communication moins chers et plus maniables : le nombre des « transistors » passe de 260 000 à 2 215 000 de 1958 à 1961.

Cette rencontre entre les nouvelles classes d'âge et la consommation audiovisuelle sera symbolisée par le succès de l'émission et du journal *Salut les copains* : le début des années 1960 sera l'âge d'or des « copains » et de leurs « idoles ». C'est l'époque du « yé-yé » : une classe d'âge à fort pouvoir d'achat aura sa musique propre, sa presse, ses lieux mythiques (le Golf-Drouot, l'Olympia, le Palais des Sports), sa sonorité (la guitare électrique), sa télévision (l'émission « Age tendre et tête de bois »), sa sociabilité (les « copains », le « flirt ») et son vêtement (le *jean*). Cette classe d'âge, devenue consommatrice avant d'être productrice ou électrice, donnera, du reste, une partie de sa coloration musicale aux années 1960, par « transistors » interposés.

Au cœur des « Trente Glorieuses » : les débuts de la « seconde Révolution française »

Si la vision, popularisée par le livre de Jean Fourastié, de trois décennies de croissance économique conquérante et de mutation sociologique accélérée entre 1944 et 1974 repose assurément sur une réalité indéniable, il faut toutefois lui apporter plusieurs amendements qui, notamment, précisent et infléchissent la chronologie globale. D'une part, vers l'amont, nous l'avons vu, les effets différés du décollage économique donnent au second versant des années 1950 un statut de période tournante. D'autre part, en aval, dans les années 1970, nous le verrons dans un autre chapitre, le choc de la crise économique de 1973-1974 n'empêche pas la poursuite, pour le plus grand nombre, de la hausse du niveau de vie et la continuation de la montée en puissance d'une culture de masse.

Bien plus, au milieu des « Trente Glorieuses », dans les années 1960, s'amorce une évolution essentielle des comportements collectifs et des pratiques socioculturelles. Nichée au cœur des « Trente Glorieuses » et portée par elles, commence ce que le sociologue Henri Mendras a appelé la « Seconde Révolution française », pour laquelle la date de 1973-1974 n'a guère de signification. Ce sont donc, en fait, deux phases imbriquées que l'on peut observer en ce milieu des années 1960 : à la fois le cœur des

« Trente Glorieuses » — entendons le moment où les effets de la croissance seront les plus massifs — et les débuts de la « Seconde Révolution française ».

La tournant de 1965

Les sociologues ont montré qu'au cœur des « Trente Glorieuses » 1965 est une « année tournante ». A partir de cette date, en effet, de nouveaux changements s'amorcent, annonciateurs d'évolutions ultérieures qui franchiront le cap du premier choc pétrolier et continueront au-delà des « Trente Glorieuses ». Ces changements concernent aussi bien les structures démographiques que le domaine des mentalités collectives ou celui du comportement social.

A partir de 1964, plus précisément, on observe une baisse de la fécondité. Le phénomène n'est pas immédiatement perceptible dans la natalité, car les mères commencent à être, dans ces années, celles issues du *baby boom* : elles sont donc plus nombreuses et, même avec une fécondité désormais moindre, le nombre de leurs enfants n'est pas, globalement, en baisse. Pour dix ans, le phénomène de la baisse de la fécondité sera donc mécaniquement occulté. Ce n'est qu'aux alentours de 1975 que la natalité est à son tour touchée, passant en dessous de la barre des 15 ‰. Le fait démographique essentiel reste pourtant cette baisse de la fécondité surgie au milieu des années 1960, au cœur des « Trente Glorieuses » et au sein d'une société d'abondance. L'observation avait de quoi déconcerter les démographes.

Ce milieu des années 1960 est d'autant plus important que ce sont aussi les valeurs et les normes qui sont en train de se modifier à cette date. Jusque-là, en effet, malgré la croissance économique soutenue et la mutation sociale en cours, valeurs et normes restaient encore largement celles de l'avant-1945, héritées d'une nation longtemps rurale et qui n'était pas encore entrée dans l'ère de l'abondance et de la société de consommation. Les valeurs dominantes y demeuraient « l'endurance, la frugalité et la prévoyance, bref le report de la satisfaction » (Jean-Daniel Reynaud). Ces valeurs étaient posées en vertus cardinales, et les comportements économiques relevaient bien davantage de la subsistance que de la consommation : le rentier, on l'a vu, était une figure sociale représentative.

Au fil des deux décennies d'après guerre, ces valeurs et normes s'étaient, d'abord, peu modifiées. Ce n'est que dans les années 1960 que l'évolution s'amorce réellement, et c'est en 1965 que le phénomène devient apparent, par plusieurs symptômes eux-mêmes annonciateurs des grands ébranlements de Mai 68 et des années qui suivirent : en 1965, a observé le sociologue Henri Mendras, « on note un premier décrochement dans le taux de la pratique religieuse chez les jeunes... le nu apparaît dans les magazines et dans les films. Les enquêtes de motivation et d'opinion permettent de préciser et de dater cette "crise des valeurs", dont on commençait à parler à l'époque ».

Révélation plus que révolution, Mai 68 sera donc, à cet égard, beaucoup plus le révélateur d'une évolution déjà amorcée au fil des années 1960 qu'un événement fondateur. Révélateur mais aussi catalyseur et accélérateur, tant la secousse de 1968 rendit béant le fossé entre la société née des « Trente Glorieuses » et le système de normes et valeurs encore largement hérité de la France d'avant 1945. A la croissance économique et à la mue sociologique s'est donc ajoutée, avec un décalage chronologique, une mutation socioculturelle. De ce décalage découleront des « blocages » : dès 1970, le sociologue Michel Crozier, dans son livre *La société bloquée*, recensait et dénonçait certains de ces blocages, notamment bureaucratiques.

C'est aussi vers 1965, au moment du concile Vatican II, que l'on voit apparaître, en France, les symptômes d'une crise profonde. D'une part, on observe une accélération de la baisse de la pratique religieuse, sensible dans la diminution du nombre de certains sacrements comme le baptême ou le mariage religieux. D'autre part, c'est l'institution religieuse elle-même qui connaît une crise interne et le phénomène devient directement perceptible au fil de ces années 1960, dans la chute des vocations et donc des ordinations de prêtres : celles-ci passent de 567 en 1959 à 370 en 1969, ce qui constitue un effondrement de plus du tiers (34,7 %) en une décennie. Et la décennie suivante allait être marquée par un véritable effondrement : en 1979, le nombre annuel d'ordinations ne sera plus que de 125.

Si la crise de l'Eglise comme institution est indéniable, en va-t-il de même de l'institution familiale ? Dans ce domaine, la réponse des sociologues est beaucoup plus nuancée et l'évolution est globalement postérieure à 1968. C'est à partir des années 1970 que le mariage, statistiquement, se nouera moins fréquemment et se dénouera plus aisément. Il faudra, dans un autre chapitre, revenir sur ce point, et constater que, plus qu'une crise, il s'agit, dans ce cas, d'une modification de la structure familiale.

Toujours est-il que la période qui débute au milieu des années 1960 a vu le déclin, dans le cas de l'Eglise, ou la modification, pour la famille, de plusieurs institutions jouant le rôle jusquelà de dépositaires et de gardiennes des normes du comportement collectif et des valeurs qui le sous-tendent. Leurs adversaires parleront même, dans l'effervescence de la fin des années 1960, de « Bastilles » en train de s'écrouler. Plus prosaïquement, les sociologues parleront d'une « crise des régulations traditionnelles » (Michel Crozier).

De là, une modification du comportement et des mœurs, sensible notamment par rapport aux temps forts de toute société : la naissance, la mort, le mariage, le travail, la sexualité. Dans ce dernier domaine, le changement est sensible : la diffusion des moyens contraceptifs modernes (1967) et l'autorisation de l'interruption volontaire de grossesse (1975) ont marqué un tournant déterminant, qui n'a pas été sans débats ni division des consciences. Plus largement, y a-t-il eu l'entrée dans une « société permissive », le terme étant d'ailleurs connoté différemment selon que le jugement porté sur l'évolution est favorable ou négatif ?

L'évolution toucha aussi, plus largement, le comportement social, individuel aussi bien que collectif. D'une part, le rapport à la consommation, on l'a vu, s'était déjà modifié auparavant. La mutation en ce domaine va s'accélérer à cette époque : la frugalité et la prévoyance continuent à céder le pas à un usage du crédit devenu habituel et sans réticence, et sous-tendu par l'individualisme et l'hédonisme qui se développent. D'autre part, l'autorité et les relations hiérarchiques sont souvent, désormais, plus difficilement admises et suivies d'effet.

Le lieu de travail, de ce fait, est le lieu de tensions nouvelles. Comme l'avait diagnostiqué Alain Touraine dans *Le communisme utopique,* on observe après 1968 de nouvelles formes de luttes sociales sécrétées par l'avènement d'une société « postindustrielle ». L'historien américain Stanley Hoffmann, dans ses *Essais sur la France* (1974), a, dans le même ordre d'analyse, décelé une « révolte contre le système français d'autorité ». Bien des expériences des années suivantes — l' « autogestion » des usines Lip, les actions des paysans du Larzac —, en tout cas, sont dans le prolongement de ces craquements de la fin des années 1960.

Les débuts des « Vingt Décisives »

Le milieu des années 1960 ne représente donc pas seulement le cœur des « Trente Glorieuses ». Certes, à ce titre déjà, cette période occupe une place marquante dans notre histoire proche : si l'on prend l'année 1962 comme base 100, l'indice de la production industrielle aura exactement doublé entre la fin de la guerre d'Algérie et 1974 (indice 200). Mais, de surcroît, en ce milieu des années 1960 s'enclenche la « Seconde Révolution française », mutation essentielle qui eut lieu, selon Henri Mendras, entre 1965 et 1984.

Il faudra y revenir plus loin. Soulignons pour l'instant que, si dans le domaine économique les « Trente Glorieuses » s'achèvent en 1974, pour ce sociologue la mutation socioculturelle non seulement continue au-delà de cette date, mais elle s'amplifie, avec, d'une part, la confirmation de l'affaissement du monde rural et de la montée des « cadres », d'autre part la poursuite de la perte de prestige et de pouvoir de grandes institutions : non seulement l'Eglise ou l'armée, mais aussi les syndicats et, semble-t-il, l'Ecole.

A l'autre bout de cette période de deux décennies, et lui conférant aussi son ampleur et son statut historique, il faut observer — et nous y reviendrons — l'extinction ou l'apaisement de plusieurs conflits sociopolitiques qui s'inscrivaient dans la longue durée historique. D'une part, avec le tournant de 1983 et la « rigueur » alors proclamée, le gouvernement socialiste reconnaîtra tacitement les lois de l'économie de marché et s'amorcera dès lors de sa part un ralliement progressif au libéralisme économique. D'autre part, avec le dénouement en 1984 de la crise sur l'Ecole libre, était enterrée désormais la « question scolaire » dont les effets s'étaient fait sentir sous plusieurs Républiques.

De cette période des « Trente Glorieuses » et emboîtées en elles sont donc sorties les « Vingt Décisives ». Et l'évolution est d'autant plus sensible qu'on la retrouve aussi dans le domaine idéologique : durant une trentaine d'années, après la Libération, les intellectuels français ont pesé sur les grands débats, avant de connaître, enclenchée probablement avant 1974 mais prenant toute son ampleur après cette date, une crise idéologique profonde.

Les « Trente Glorieuses » des intellectuels

Les progrès de la scolarisation secondaire et la montée des couches diplômées de l'enseignement supérieur ont entraîné une augmentation du nombre des intellectuels dans la société française des « Trente Glorieuses ». Mais ce n'est pas seulement le poids statistique de ces intellectuels qui augmente alors. Les trente années qui suivent la seconde guerre mondiale constituent pour eux une période essentielle : leur poids idéologique dans les grands débats civiques sera lourd, jusqu'à ce que s'amorce pour eux, dans les années 1970, le temps des remises en cause.

Le choc de la guerre

A la Libération, le milieu intellectuel français connaît une épuration de ceux de ses membres qui sont accusés de collaboration avec l'occupant. Quelques-uns sont exécutés : ainsi Robert Brasillach, qui fut jusqu'en 1943 rédacteur en chef de l'hebdomadaire collaborationniste *Je suis partout,* est condamné à mort en janvier 1945 et fusillé le 6 février suivant. D'autres sont condamnés à des peines de prison.

A cette épuration judiciaire vient s'ajouter une épuration interne, corporative : le Comité national des écrivains (CNE), composé d'intellectuels résistants, publie des listes d'auteurs considérés comme collaborationnistes, en annonçant que ses propres membres s'abstiendront désormais de se faire publier par des éditeurs continuant à faire paraître les auteurs portés sur ces listes. En raison du poids du CNE à la Libération, se retrouver sur de telles listes revient donc, même si l'on est épargné, par ailleurs, par l'épuration judiciaire, à être réduit, pour des années, au discrédit et au silence. Cette double épuration, judiciaire et corporative, entraînera, dans certains cas, des débats parmi les intellectuels résistants. Sur l'épuration judiciaire, par exemple, François Mauriac et Albert Camus s'opposeront, moins sur le principe de l'épuration que sur l'ampleur à donner à la sanction et sur la notion de pardon. Quant à l'épuration interne, certains résistants en contesteront bientôt moins le fondement que la marge d'incertitude, et donc d'injustice, qu'elle peut présenter, ainsi que les règlements de comptes politiques, à l'initiative notamment du Parti communiste, qu'elle a pu parfois recouvrir.

Toujours est-il que, par-delà ces débats, contemporains puis rétrospectifs, cette double épuration s'opéra et que ce furent ainsi nombre d'intellectuels, de droite et d'extrême droite pour la plupart, qui furent touchés. Et, en raison du discrédit des hommes et de la délégitimation des idées qui en découlèrent, le rapport droite-gauche au sein du milieu intellectuel penchera désormais très largement en faveur de la gauche intellectuelle, qui se retrouve ainsi en position dominante pour plusieurs décennies.

Cette gauche intellectuelle proclame le devoir d'engagement. Certes, l'engagement politique des intellectuels ne date pas de cette période de la Libération. Déjà, on l'a vu, dans les années 1930 les intellectuels s'étaient engagés en nombre. Ce qui est nouveau à la Libération, c'est que le devoir d'engagement est proclamé haut et fort, à tel point que, pour ceux qui se font les hérauts de ce devoir d'engagement, un tel devoir devient consubstantiel de la notion même d'intellectuel : à leurs yeux, un intellectuel ne peut qu'être engagé.

Jean-Paul Sartre va à la fois théoriser ce devoir d'engagement et le personnifier. Dans plusieurs textes, et notamment dans la « Présentation » du premier numéro de sa revue *Les Temps modernes,* en octobre 1945, il explique cette nécessité de l'engagement de l'intellectuel. Et lui-même va bientôt incarner un tel engagement : la notoriété qu'il acquiert rapidement après la guerre, l'écho que la presse donne à ses prises de position, la vogue que connaissent l' « existentialisme » et Saint-Germain-des-Prés, auxquels on a tôt fait de l'assimiler, autant de données qui le propulsent sur le devant de la scène et font de lui, et pour longtemps, l'archétype de l'intellectuel engagé.

Après la Libération, le milieu intellectuel français est donc profondément remodelé, par rapport à l'avant-guerre, et sous l'effet de l'ébranlement de la seconde guerre mondiale : en son sein, les intellectuels de droite sont devenus largement minoritaires ou, pour le moins, ont perdu une grande part du pouvoir d'influence qui était le leur jusqu'ici. Par ailleurs, personne, à la différence de la période précédente, ne songe à nier la nécessité et la légitimité du devoir d'engagement. Les acteurs principaux du milieu intellectuel seront donc, pour la période qui commence alors, des intellectuels de gauche et engagés dans le débat civique. Or, la France va se trouver touchée, au cours de cette période, par les deux grandes ondes de choc qui parcourent la planète : la guerre froide et la décolonisation. Leurs retombées vont être importantes et elles seront notamment au cœur de l'engagement des intellectuels.

L'attrait du communisme

Si la gauche intellectuelle est en position dominante après la guerre, en son sein c'est le communisme qui exerce l'attraction la plus forte. Quelle fut l'amplitude de cette attraction ? Et quelles en furent les causes ?

Peut-on parler d'hégémonie exercée par le Parti communiste sur le milieu intellectuel français après la guerre ? Une telle affirmation serait assurément excessive. Parmi les intellectuels ayant à cette époque une forte notoriété, peu avaient leur carte de membre du Parti communiste : dans ses travaux, la sociologue Jeannine Verdès-Leroux a même parlé d'un « cercle restreint » d'intellectuels communistes alors au zénith de la notoriété (*Au service du parti*, Fayard Editions de Minuit, 1983). Si une telle analyse est scientifiquement fondée, elle n'est pas contradictoire avec l'image d'un Parti communiste exerçant une forte attraction sur les intellectuels français. Trois éléments rendent compte de cette attraction :

— D'une part, il s'est trouvé tout de même plusieurs intellectuels de grand renom dans les rangs du Parti communiste à cette date : ainsi Picasso, qui prend sa carte à l'automne 1944, Aragon, déjà communiste depuis plus de quinze ans, Eluard, qui entré comme Aragon au PCF en 1927 l'avait quitté quelques années plus tard, puis y était revenu dans la Résistance, Frédéric Joliot-Curie, prix Nobel de chimie. Ces noms frappent d'autant plus l'opinion que le parti veille à les mettre en avant et à se proclamer le « parti de l'intelligence ».

— D'autre part, au sein des jeunes intellectuels, qui ne disposent pas encore d'une notoriété ou d'une position reconnue, l'attraction est très forte. Nombre d'étudiants ont ainsi rejoint à cette époque le Parti communiste. Les uns ont pu le faire à l'époque de la Résistance : le sociologue Edgar Morin, par exemple, a ensuite raconté dans son livre *Autocritique* cet engagement communiste commencé dans les rangs de la Résistance. Les autres, un peu plus jeunes, s'engageront après la Libération : ainsi, les historiens Maurice Agulhon et Emmanuel Le Roy Ladurie ont raconté (respectivement dans *Essais d'Ego-histoire,* 1987, et *Paris-Montpellier,* 1982) leur entrée au sein du Parti communiste alors qu'ils étaient, après la guerre, khâgneux puis normaliens. Et un tel engagement communiste de jeunes intellectuels nés dans les années 1920, sans être aussi massif qu'on l'a parfois dit par la suite, est un phénomène historiquement repérable et, nous y reviendrons, à analyser.

— D'autant qu'un troisième élément rend bien compte, également, de la force de l'attraction communiste à cette date : c'est le nombre important des « compagnons de route ». On nomme ainsi ceux qui, jeunes ou moins jeunes, soutiennent publiquement la politique du Parti communiste sans en être membres pour autant. Dans le milieu intellectuel, notamment, ce phénomène que l'on observait déjà, on l'a vu, à une échelle moindre dans les années 1930, prend au fil de la première décennie d'après guerre une réelle ampleur. L'écrivain Vercors, par exemple, symbole de la Résistance intellectuelle avec son livre *Le silence de la mer,* participera aux activités d'organisations contrôlées ou manipulées par le Parti communiste. Des artistes, aussi, s'aligneront sur les positions de ce parti : Simone Signoret a raconté, dans *La nostalgie n'est plus ce qu'elle était* (1976), cette phase de compagnonnage de route qui fut alors la sienne et celle de son compagnon, Yves Montand. Et le philosophe Jean-Paul Sartre, à l'époque probablement l'intellectuel français le plus célèbre, entretiendra pendant quatre ans, de 1952 à 1956, des rapports de proximité avec le Parti communiste français et surtout de soutien à la politique de l'Union soviétique : sa série d'articles dans sa revue *Les Temps modernes,* en 1952, intitulée « Les communistes et la paix », en témoigne.

Au bout du compte, on le voit, la place du communisme en milieu intellectuel durant la décennie qui suit la Libération est très importante. D'autant que même ceux qui ne sont pas attirés ou qui, de surcroît, sont hostiles au communisme doivent à cette époque se situer, même en position d'hostilité, par rapport à lui. Ainsi quand Raymond Aron, en 1955, publie *L'opium des intellectuels,* c'est l'attrait du marxisme et la place du communisme au sein du milieu intellectuel français qu'il dénonce.

Le communisme est donc, à cette époque, à la fois un pôle d'attraction et un point de référence et de débat dans ce milieu intellectuel. Il convient de s'interroger sur les causes d'une telle position.

• Il faut d'abord noter qu'au sein de la gauche intellectuelle, qui occupe à cette date, on l'a vu, la plus grande partie de la scène, les composantes autres que le communisme apparaissent moins attractives : le radicalisme est assimilé à la IIIe République et le socialisme français, malgré le prestige de Léon Blum revenu de déportation, semble peu porteur d'avenir au regard de ce que paraît incarner l'Union soviétique.

• Car là est précisément l'essentiel : si l'image de l'Union soviétique, aux yeux de nombre d'intellectuels de gauche, s'était brouillée à la fin des années 1930, en raison des grands procès dont les victimes ne furent confrontées qu'à une justice expéditive et surtout en raison du Pacte germano-soviétique de l'été 1939, l' « effet Stalingrad » — c'est-à-dire, symboliquement, à travers cette victoire soviétique sur les armées du IIIe Reich, le rôle joué à partir de 1941 par l'Union soviétique dans la lutte contre le nazisme et ses lourds sacrifices dans cette lutte — va redonner des vertus attractives à cette image. D'autant qu'en France la participation active du PCF à la Résistance — tout au moins à partir de juin 1941 ; auparavant, il y a sur ce point un débat historiographique — lui confère aussi cette image largement positive.

• Du coup, l'Union soviétique — et, en France, le Parti communiste — redevient ainsi, comme dans les années 1930, un modèle historique pour ceux des intellectuels qui se veulent avant tout soucieux de justice sociale. D'autant que, chez ces intellectuels, vient s'ajouter au rayonnement de ce modèle la vision d'un sens de l'Histoire qui doit conduire à une société sans classes, sous l'effet, précisément, de la lutte des classes et avec comme levain la classe ouvrière, à la fois classe exploitée du régime capitaliste et fer de lance des révolutions à venir. Dans une telle perspective, les intellectuels doivent hâter le processus en se mettant « au service du parti », c'est-à-dire en combattant, au sein du Parti communiste, pour et aux côtés de la classe ouvrière. Y compris en mettant leur art — ainsi le « réalisme socialiste » à la française d'un peintre comme André Fougeron ou d'un romancier comme André Stil — ou leur silence au service d'une cause politique.

Certains sociologues, étudiant cet engagement communiste des intellectuels et entendant analyser la densité et la ferveur d'un tel engagement, ont assimilé cette ferveur à une sorte de foi, de croyance profane. La thèse est débattue, mais cette assimilation rend bien compte de deux choses. D'une part, elle éclaire les phénomènes d'orthodoxie qui rythment les grands débats entre les intellectuels communistes et les autres, y compris à gauche : qui n'est pas aligné sur la doctrine et sur les thèmes du parti est, par essence, hérétique et à combattre comme tel. D'où l'âpreté du combat idéologique et le sentiment de défendre une citadelle assiégée de toutes parts. D'autre part, une telle foi était si profondément intériorisée que les ébranlements, quand ils survinrent, n'eurent pas toujours un effet immédiat, tant était solide et cohérent l'ensemble des convictions. Cela étant, l'effet d'ébranlement, même tardif, s'opéra tout de même pour un certain nombre d'intellectuels communistes, en 1956.

● Il y avait eu auparavant une première série d'ébranlements entre 1949 et 1951, liés aux grands procès dans les démocraties populaires et aux débats franco-français autour de l'affaire Kravchenko — qui, dans *J'ai choisi la liberté,* avait donné un témoignage accablant sur la Russie soviétique des années 1930 —, mais dont l'effet était resté très limité parmi les intellectuels.

● Le catalyseur, en fait, sera constitué par l'année 1956, et par les deux chocs successifs, d'amplitude croissante, qui ébranleront certains des intellectuels communistes ou compagnons de route. C'est, tout d'abord, au premier semestre, le rapport Khrouchtchev, prononcé à huis clos à Moscou en février, mais dont la teneur commencera à filtrer au printemps avant d'être connue dans sa quasi-intégralité au mois de juin : ce rapport est source de trouble puisqu'il met en cause Staline, mort trois ans plus tôt et qui apparaissait jusqu'ici aux intellectuels comme l'incarnation de la grandeur et des réussites du régime soviétique. Cela étant, l'ébranlement le plus important survient au second semestre, avec les retombées de la crise hongroise. Même si les débats immédiats sont rares parmi les intellectuels, la secousse est profonde et durable. De départs seulement différés en prises de distance opérées, toute une gamme d'attitudes iront dans le même sens : un lien plus ou moins distendu avec l'appareil communiste, et des convictions qui pourront se faire critiques. Bien plus, l'image de l'Union soviétique connaîtra dès cette date une certaine érosion. Surtout, l'attrait exercé sur la nouvelle génération — celle qui a vingt ans dans la deuxième partie des années 1950 — sera moins fort que celui créé, dix ans plus tôt, sur les jeunes intellectuels de l'époque qui suit la Libération.

Les intellectuels et les guerres coloniales

L'engagement de cette nouvelle génération, souvent, se fera sous le signe des guerres coloniales. Tel est bien, en effet, le second grand terrain d'engagement des intellectuels français sous la IVe et au début de la Ve République.

La guerre d'Indochine, entre 1946 et 1954, n'avait pas mobilisé massivement les intellectuels. Seuls les intellectuels communistes avaient, tout au long du conflit, condamné la « sale guerre », ainsi qu'elle était appelée par le Parti communiste français. En dehors de ceux-ci, quelques intellectuels de la gauche non communiste — par exemple ceux regroupés autour de l'hebdomadaire *France Observateur,* après 1950 — témoignèrent à plusieurs reprises de leur opposition à la guerre d'Indochine, notamment au moment de l' « affaire Henri Martin » : ce dernier, quartier-maître communiste accusé du sabotage des machines d'un navire, avait été condamné à la prison militaire et le Parti communiste lança une campagne en sa faveur, à laquelle s'associèrent aussi des intellectuels non communistes comme Simone de Beauvoir ou Jean-Paul Sartre, ou encore Vercors ou Gérard Philipe.

La guerre d'Algérie fut, au contraire, un moment important de l'histoire des intellectuels français, en raison de l'engagement très dense qui fut le leur à cette occasion. Cet engagement a été évoqué dans le chapitre consacré à la guerre d'Algérie. On se bornera ici à rappeler sa chronologie et ses principaux aspects.
 • Cet engagement, dans la plupart des cas, ne fut pas immédiat. En 1954, au début de la guerre, ce sont plutôt les questions

liées aux rapports Est-Ouest qui demeurent déterminantes. Mais progressivement, à partir de l'automne 1955 et surtout de 1956, l'engagement se fit plus dense. Cet engagement, dès lors, va se radicaliser et, sur des positions de plus en plus tranchées de part et d'autre, une ligne de faille va se dessiner entre les partisans du maintien de l'Algérie française et ceux qui souhaitent la recherche d'une solution libérale, voire l'indépendance. Pour rendre compte de cette ligne de faille, le clivage droite-gauche n'est alors qu'en partie opératoire et s'y entremêle le clivage de générations. Nombre d'intellectuels de gauche d'un certain âge — ainsi Paul Rivet ou Albert Bayet — pensent, en effet, que l'émancipation doit être progressive et se montrent, de ce fait, réticents quant à une évolution trop rapide du statut de l'Algérie. Ils sont proches, à cet égard, de Guy Mollet, dont ils estiment qu'il ne s'est ni déjugé ni renié lors de son passage à la présidence du Conseil en 1956-1957. Inversement, d'autres intellectuels de gauche, en général plus jeunes et pour certains encore étudiants — ainsi le rôle du syndicat étudiant UNEF ou de l'association catholique JEC (Jeunesse étudiante chrétienne) —, estiment que la gauche est infidèle à ses valeurs en pratiquant ou en soutenant une politique favorable à l'Algérie française et la « pacification » militaire qui en découle. Souvent c'est Pierre Mendès France qui leur apparaîtra comme le plus à même d'incarner et de mener une politique libérale.

• Progressivement, donc, une opposition à la guerre d'Algérie se constitue en milieu intellectuel. L'historien Pierre Vidal-Naquet a distingué en son sein trois « tempéraments idéologiques et politiques majeurs : les dreyfusards, les bolcheviks et les tiers-mondistes ».

• Des deux côtés de cette « bataille de l'écrit » — l'expression est de Michel Crouzet —, ce sont donc dans un premier temps, en fait, souvent des arguments d'ordre éthique qui sont mis en avant : d'un côté, on dénonce le choix de la « pacification » avant celui de la négociation, et les méthodes utilisées pour « pacifier », avec la dénonciation de l'usage de la torture ; de l'autre, on justifie souvent cet engagement militaire par la mission civilisatrice — et éventuellement émancipatrice sur le moyen terme — de la France. Au cours des années suivantes, au contraire, le débat, sans quitter pour autant le terrain éthique, se teintera davantage de politique et d'idéologie. La radicalisation de la guerre entraînera notamment une radicalisation du débat chez les intellectuels : la défense de l'Algérie française ou, au contraire, la mise en avant des thèses de l'indépendance sont désormais formulées de façon plus directement politique. Et, à travers cette radicalisation et cette explicitation du débat, on observera un rejeu du clivage droite-gauche.

• Les dernières années du conflit algérien seront marquées par plusieurs grands débats d'intellectuels, ponctués par la publication de textes collectifs. Ainsi, le « manifeste des 121 », en septembre 1960, qui soutenait « le droit à l'insoumission » :

... Les soussignés, considérant que chacun doit se prononcer sur des actes qu'il est désormais impossible de présenter comme des faits divers de l'aventure individuelle, considérant qu'eux-mêmes, à leur place et selon leurs moyens, ont le devoir d'intervenir, non pas pour donner des conseils aux hommes qui ont à se décider personnellement face à des problèmes aussi graves, mais pour demander à ceux qui les jugent de ne pas se laisser prendre à l'équivoque des mots et des valeurs, déclarent :

— Nous respectons et jugeons justifié le refus de prendre les armes contre le peuple algérien.

— Nous respectons et jugeons justifiée la conduite des Français qui estiment de leur devoir d'apporter aide et protection aux Algériens opprimés au nom du peuple français.

— La cause du peuple algérien, qui contribue de façon décisive à ruiner le système colonial, est la cause de tous les hommes libres.

Un mois plus tard est publié, en réaction, le « manifeste des intellectuels français » :

Le public français a vu paraître ces temps derniers, sous forme de professions de foi, de lettres ou de dépositions et plaidoiries devant les tribunaux, un certain nombre de déclarations scandaleuses.

Ces exhibitions constituent la suite logique d'une série d'actions soigneusement concertées et orchestrées depuis des années, contre notre pays, contre les valeurs qu'il représente — et contre l'Occident. Elles sont l'œuvre d'une « cinquième colonne » qui s'inspire de propagandes étrangères — voire de mots d'ordre internationaux brutalement appliqués. De telles menées n'ont pas commencé avec la guerre en Algérie. Il est évident que l'Algérie n'est qu'un épisode ; hier il y en eut d'autres ; il y en aura d'autres demain.

Les principaux moyens actuellement mis en œuvre consistent :

A laisser entendre que le combat de la France en Algérie est blâmable, pour la double raison que le pays le condamne et que le territoire national n'est pas menacé.

A mettre en accusation l'armée française chargée de ce combat et à la séparer du peuple français.

A affirmer que la France se bat contre le « peuple algérien » en lutte pour son indépendance.

A appeler les jeunes Français à l'insoumission et à la désertion — en déclarant ces crimes « justifiés ».

A laisser croire que l'ensemble, ou au moins la plus grande partie de nos élites intellectuelles, condamne l'action de la France en Algérie.

Les professeurs de trahison vont jusqu'à préconiser l'aide directe au terrorisme ennemi.

Mis en présence de ces faits, les signataires du présent manifeste — écrivains, universitaires, journalistes, artistes, médecins, avocats, éditeurs, etc. — estiment qu'un plus long silence de leur part équivaudrait à une véritable complicité. Ils dénient, d'autre part, aux apologistes de la désertion le droit de se poser en représentants de l'intelligence française...

> (Source : pour les textes complets de ces deux manifestes, on pourra, par exemple, se reporter à Jean-François Sirinelli, *Intellectuels et passions françaises,* Fayard, 1990, p. 211 sq.)

La tonalité générale de la liste des signataires et la teneur du texte étaient à droite de l'échiquier politique. Ce qui conduit à deux remarques : d'une part, on l'a déjà souligné plus haut, si le clivage droite-gauche n'est qu'en partie opératoire, au début de la guerre d'Algérie, pour rendre compte des divergences d'analyse et des positions publiques qui en découlent, la radicalisation du conflit a ensuite entraîné des reclassements et le clivage droite-gauche est alors devenu plus significatif ; d'autre part, et pour cette raison même, on peut constater qu'en ce début des années 1960 la droite et l'extrême droite intellectuelles commencent à retrouver une place non négligeable dans le débat idéologique, après les ébranlements de la guerre et de la Libération. Certes, à cette date, la gauche et l'extrême gauche intellectuelles continuent à occuper des positions dominantes dans ce débat, mais la situation en ce domaine n'est donc plus désormais celle des années d'après guerre, évoquée plus haut.

• Se pose, au bout du compte, la question de l'influence des intellectuels sur le déroulement et le dénouement de la guerre d'Algérie : ceux-ci ont-ils pesé sur celle-là ? La réponse est à la fois positive et complexe. Positive dans la mesure où « la guerre d'Algérie fut d'abord une guerre politique où la partie non militaire fut plus déterminante que les opérations militaires » (Charles-Robert Ageron) : dans cette perspective, les intellectuels, comme relais d'opinion, ont joué un rôle très important, on l'a vu, découlant de leur engagement très dense ; engagement qui, du reste, fut à ce point marquant pour eux-mêmes qu'on parle d'une génération intellectuelle de la guerre d'Algérie, composée de ceux qui s'éveillèrent à la conscience politique à l'époque et, souvent, à l'occasion du conflit algérien. Mais le poids réel de l'intervention des intellectuels est malaisé à établir dans la mesure où d'autres relais d'opinion ont joué aussi un rôle majeur, la presse et la radio notamment. « Guerre de l'écrit » assurément, la guerre d'Algérie est également une période charnière où, nous l'avons vu, l'image — à cette époque, et dans le cas de cette guerre, la photographie plus que la télévision — et le son continuaient leur montée en puissance au sein des pratiques socioculturelles des Français.

Les « sixties » des intellectuels

Après 1962, la fin de la guerre d'Algérie et les débuts de la coexistence pacifique entre l'Est et l'Ouest vont-ils entraîner une baisse d'intensité de l'engagement des intellectuels ? A cette date, assurément, et pour plusieurs années, cet engagement se fera moins puissant. Mais, à nouveau, des ferments d'évolution seront rapidement à l'œuvre.

La génération du *baby boom* arrive à l'âge de l'éveil à la politique. Or, ces classes d'âge seront beaucoup plus massivement scolarisées et, surtout, elles accéderont en bien plus grand nombre à l'enseignement supérieur : déjà, de 1957 à 1963, la Sorbonne avait vu ses effectifs passer de 18 000 à 30 000 étudiants. Et, dans cet établissement comme à l'échelle de la France entière, la croissance s'accélère au cours des années suivantes. Le résultat est saisissant : 570 000 étudiants en 1967, quatre fois plus qu'en 1950, sept fois plus qu'en 1939.
Avant même l'effet des facteurs de déséquilibre statistique et d'inquiétude qui, nous l'avons vu dans un autre chapitre, attiseront au sein de ce milieu étudiant en progression foudroyante les événements du printemps 1968, un certain nombre de ces jeunes diplômés sont séduits, au fil de cette décennie, par des engagements d'extrême gauche.

De fait, malgré l'érosion, après 1956, du modèle soviétique, des modèles révolutionnaires de substitution avaient remplacé l'Union soviétique : plusieurs pays du Tiers Monde, et notamment la Chine et Cuba, incarneront progressivement le combat révolutionnaire et les luttes encore à venir. Un transfert géographique s'était donc opéré.

A ce transfert géographique s'ajoutait un transfert sémantique. Jusque-là, les luttes révolutionnaires se déclinaient à travers l'opposition prolétariat-bourgeoisie : le premier, exploité, devrait être le levain des révolutions à venir ; la seconde, responsable de cette exploitation et détentrice du pouvoir économique et politique, serait ainsi abattue. Désormais, c'est l'opposition Tiers Monde - « impérialisme » qui semble devoir expliquer les combats présents et futurs : l'espoir révolutionnaire longtemps identifié aux prolétariats ouvriers des nations industrialisés s'incarne désormais dans les nations du Tiers Monde, supposées reprendre le flambeau et abattre l' « impérialisme » qui a déplacé l'exploitation capitaliste aux dimensions de la planète.

Les enjeux se sont géographiquement déplacés, mais la vision globale et son substrat idéologique restent les mêmes : la lutte des classes, transférée à l'échelle planétaire, reste le moteur de l'Histoire. La Chine, notamment, devient souvent le dépositaire de ces aspirations et incarne non seulement un modèle de communisme du Tiers Monde mais aussi, plus largement, d'aiguillon et de modèle révolutionnaires.

Dans un tel contexte idéologique, la guerre du Viêtnam va souvent apparaître comme l'illustration de cette lutte des classes dilatée à l'échelle planétaire. Nombre de lycéens et d'étudiants de la génération du *baby boom* feront leur apprentissage politique à l'ombre de cette guerre, comme la génération précédente l'avait fait — beaucoup plus massivement — à l'ombre de la guerre d'Algérie. Les « comités Viêtnam de base » se multiplieront dans les lycées et les universités et témoigneront, avant même 1968, de la reviviscence d'une extrême gauche.

Tel est bien, du reste, l'un des traits essentiels des années 1960, et plus particulièrement de leur second versant : la présence d'une extrême gauche qui, certes, n'est pas très nombreuse mais qui entretient une effervescence idéologique qui culminera en mai 1968 et durant les quatre années qui suivront. Cette extrême gauche est multiforme, avec trois composantes essentielles : trotskyste, maoïste et libertaire.

Si les deux premières composantes restent fondées sur le marxisme, tel n'est pas le cas de la troisième. Là se trouve probablement la clé de l'ambivalence à la fois des événements de Mai 68 et de leurs conséquences idéologiques : si le marxisme imprègne encore largement à cette époque l'analyse et le discours, une composante libertaire est également à l'œuvre qui, probablement, eut une portée sociologique et idéologique, sur le moyen et le long terme, beaucoup plus profonde et durable. Dans les années 1970, nous le verrons, viendra pour les intellectuels le temps des remises en cause. Mais celles-ci, si elles ne prennent une forme visible et explicitée qu'après 1974, étaient donc déjà en gestation dans l'après-1968.

BIBLIOGRAPHIE

Berstein Serge, *La France de l'expansion*, I : *La République gaullienne, 1958-1969*, Le Seuil, 1989.

Bonin Hubert, *Histoire économique de la France depuis 1880*, Masson, 1988.

Borne Dominique, *Histoire de la société française depuis 1945*, Armand Colin, 3ᵉ éd., 1992.

Cholvy Gérard et Hilaire Yves-Marie (sous la direction de), *op. cit.*, t. 3, *1930-1988*, Toulouse, Privat, 1988.

Dupâquier Jacques (sous la direction de), *Histoire de la population française*, t. 4 : *De 1914 à nos jours*, PUF, 1988.

Fourastié Jean, *Les Trente Glorieuses*, Fayard, 1979, rééd., « Pluriel », 1980.

Gueslin André, *Nouvelle histoire économique de la France contemporaine*, 4 : *L'économie ouverte, 1948-1990*, La Découverte, 1989.

Mendras Henri (sous la direction de), *La sagesse et le désordre. France, 1980*, Gallimard, 1980.

Monneron Jean-Louis et Rowley Anthony, *Histoire du peuple français*, t. IV : *Les 25 ans qui ont transformé la France*, Nouvelle Librairie de France, 1986.

11. Georges Pompidou : un septennat interrompu (1969-1974)

La démission de De Gaulle pose un premier problème : celui de l'après-gaullisme. Lui-même avait souvent annoncé qu'après lui se produirait le chaos ; il a rappelé cette analyse à la veille d'engager le débat du référendum. Pourtant la transition s'effectue sans à-coups importants : le gouvernement Couve de Murville continue à gouverner sous la présidence d'A. Poher. En ce sens, pendant quelques semaines la France vit une première expérience de cohabitation. Le président par intérim prend quelques mesures symboliques telles que le rappel des responsables de la radio et de la télévision à leur devoir d'impartialité pendant la campagne électorale ou la mise à l'écart de quelques collaborateurs de De Gaulle impliqués dans les services secrets ou les polices parallèles. Mais cette période transitoire ne se caractérise ni par aucun désordre particulier ni par aucun trouble manifeste. La campagne électorale se déroule dans le calme.

Le second problème vient de la campagne elle-même puisque, à l'évidence, les conditions sont différentes de celles de 1965.

Les élections présidentielles

Le premier tour est fixé au 1er juin, le second au 15 juin. Les candidats disposent donc d'un délai de quatre à six semaines pour organiser leur campagne et tenter de l'emporter.

Les candidatures et la campagne du premier tour

Georges Pompidou est le premier candidat à se déclarer. En fait, il est « candidat virtuel » depuis le « coup de Rome », en janvier 1969, à l'occasion duquel il a annoncé qu'il serait candidat le moment venu. Sa stratégie lui impose d'abord de rassembler la famille gaulliste. C'est pourquoi il impose sa candidature au parti UDR qui lui apporte son soutien. Au sein du mouvement gaulliste, un certain nombre de militants lui reprochent certaines attitudes depuis juin 1968 ; les gaullistes de gauche ne cachent pas leurs réserves. Pourtant, ces opposants éventuels se rallient. Mais Georges Pompidou, même en se plaçant au-dessus des partis, n'obtient pas le moindre signe de la part de Charles de Gaulle. Georges Pompidou ne peut donc se recommander du président démissionnaire.

D'autre part, Georges Pompidou doit rassembler au-delà de l'UDR pour essayer de l'emporter. Il obtient l'appui des républicains indépendants de Valéry Giscard d'Estaing. Mais le centrisme d'opposition ne le rejoint pas dans son intégralité.

• En effet, après hésitation, Alain Poher présente sa candidature au titre de « l'Union des républicains et de la réconciliation des Français ». Une large coalition lui apporte son soutien, de certains membres de la SFIO au Centre national des indépendants. L'objectif d'Alain Poher consiste à n'être pas seulement le candidat d'un centrisme d'opposition au gaullisme. D'ailleurs, un certain nombre de ces centristes, minoritaires, rallient dès le 1er tour la candidature de Georges Pompidou ; c'est le cas de Jacques Duhamel ou de Joseph Fontanet.

• A gauche, prévaut la division, depuis la crise de mai. François Mitterrand, qui conserve des sympathies chez les communistes, est banni par la gauche non communiste qui l'a écarté de la campagne officielle du référendum. Des tentatives pour bâtir une candidature unique de la gauche échouent rapidement car la conjoncture, depuis 1965, a beaucoup changé. Les rapports entre communistes et non-communistes se sont dégradés du fait de l'intervention des forces du pacte de Varsovie en Tchécoslovaquie au mois d'août 1968. D'autre part, si la SFIO et les clubs essaient de construire un nouveau Parti socialiste, l'échafaudage est fragile. Enfin, des dirigeants de la SFIO ne cachent pas (c'est le cas de Guy Mollet) que la candidature d'Alain Poher peut avoir plus d'efficacité qu'une candidature de gauche.

Dans ces conditions, toutes les familles de la gauche (même les gauchistes) présentent un candidat :

— Gaston Defferre, au nom des socialistes, pour une alliance au centre comme celle qu'il imaginait en 1963-1965 ; Pierre Mendès France se joint à lui ;
— Michel Rocard, investi par le PSU, pour représenter l'esprit de Mai 68 et une « alternative socialiste véritable » ;
— Jacques Duclos, présenté par le Parti communiste comme le candidat de « l'Union des forces ouvrières et démocratiques ».

La campagne est brève. Le nombre des candidatures (7 au total) impose des personnages plus que des programmes politiques dont la crédibilité est assez modeste. En fait, Georges Pompidou et Alain Poher développent des positions très voisines, car leur stratégie vise des électorats très proches. Pour le premier, il s'agit d'affirmer la fidélité au gaullisme tout en pratiquant l'ouverture. Pour le second, il s'agit d'élargir, à gauche et à droite, la surface politique occupée.

Les débats et les interventions sont, en général, de modeste tenue. En fait, les candidats s'adressent tous à des clientèles électorales qu'ils cherchent à conquérir par des engagements assez vagues. Paysans, commerçants, classes moyennes, rapatriés d'Algérie, anciens combattants sont l'objet de sollicitudes répétées. Néanmoins, ce sont les femmes que les candidats s'efforcent surtout de séduire.

Le recours à la télévision comme aux sondages préélectoraux impose ce type de campagne où l'image du candidat revêt plus d'importance que le projet politique. Certains observateurs n'ont pas hésité à parler de « campagne américaine ».

Des résultats du premier tour, il faut retenir quelques traits :

— Georges Pompidou arrive en tête des candidats en obtenant près de 45 % des suffrages (autant que de Gaulle en 1965). Mais il ne parvient pas à récupérer tous les oui du référendum du 27 avril ;
— le succès de Jacques Duclos, qui, avec près de 22 % des voix est parvenu à conquérir la 3e place. L'appel au « vote utile et unitaire » rallie à lui un électorat de gauche désemparé par la division. Son audience progresse assez régulièrement au cours d'une campagne qui ne favorise pourtant pas les communistes ;

— l'effondrement de la gauche non communiste qui avec ses deux candidats n'obtient pas 10 % des voix. C'est un désastre pour la SFIO puisque Gaston Defferre franchit à peine 5 % du corps électoral ;

— l'insuccès d'Alain Poher dont l'audience régresse pendant la campagne pour se stabiliser à 23 % des voix. L'hétérogénéité de sa coalition politique, l'image d'homme du passé qu'il s'est donnée, le flou de la plupart de ses propositions lui ont fait perdre le capital de confiance acquis comme président intérimaire.

Le second tour

En plaçant en tête, pour le second tour, Georges Pompidou et Alain Poher, les électeurs confirment le paysage politique remodelé par Mai 68 en en aggravant certains aspects. En effet, en ne totalisant qu'un peu plus de 30 % des suffrages, les gauches sont marginalisées et absentes du débat au second tour. Gaston Defferre se désiste pour Alain Poher tandis que le Parti communiste se refuse de choisir et recommande l'abstention en considérant que le choix c'est « bonnet blanc et blanc bonnet ». En revanche, Antoine Pinay et certains membres du CNI rejoignent Georges Pompidou.

La campagne du second tour s'engage sur un rythme plus soutenu et avec une vigueur plus forte. La personnalisation et la politisation ont une envergure largement amplifiée. Chacun des candidats cherche à conquérir l'audience des masses populaires plus que celle des notables déjà acquise. C'est dire que tout est mis en œuvre pour conquérir les électeurs nécessaires.

Alain Poher, dont la situation est délicate, s'affiche comme le candidat des démocrates, de tous les adversaires du gaullisme et force les attaques contre les pratiques des gouvernements présidés par son adversaire. Les meetings populaires se multiplient à l'occasion desquels sont dénoncées les atteintes à l'indépendance de la magistrature, de la radio, et de la télévision, et est attaqué le clan qui a accaparé le pouvoir depuis plus de dix ans. C'est l'occasion de réunir des équipes qui semblent reconstruire la « Troisième Force » des années 1950.

Georges Pompidou peut, à loisir, combattre avec force le retour supposé aux institutions et aux orientations d'une IVe République que les gaullistes ont toujours combattue.

Les résultats du second tour accordent 58 % à Georges Pompidou alors qu'Alain Poher n'en obtient que 42 %. Mais Georges Pompidou a moins progressé que son adversaire : la tactique de rassemblement des opposants s'est donc révélée efficace. Cependant, un taux d'abstention record — 31 % — fait que l'élu représente une minorité du corps électoral.

Cette deuxième élection présidentielle au suffrage universel consolide les institutions de la Ve République et le choix de 1962. Le pays ratifie, une nouvelle fois, la « primauté du chef de l'Etat qui lui vient de son mandat national ». Mais en proposant, d'entrée, une conception plus conciliante de l'action gouvernementale, Georges Pompidou met un terme à la « guerre des Républiques ».

« Le président Pompidou »

Georges Pompidou devient président à l'âge de 58 ans, au terme d'un itinéraire professionnel et personnel diversifié.

Issu d'un milieu de petite bourgeoisie (son père, fils de paysan, a été instituteur puis professeur), Georges Pompidou est un ancien élève de l'Ecole normale supérieure, agrégé des lettres. Professeur de lycée en province, puis à Paris, jusqu'en 1944, il entre au cabinet du général de Gaulle à la Libération. Mais, s'il a été hostile au nazisme et à la collaboration, il n'a aucun passé de résistant.

A la démission, en janvier 1946, du chef du gouvernement provisoire, Georges Pompidou entre au Conseil d'Etat. Lors de la fondation du RPF, de Gaulle l'appelle pour devenir son « chef de cabinet ». Mais, s'il entre dans le cercle très étroit des dirigeants gaullistes, Georges Pompidou n'adhère pas au parti. Lorsque de Gaulle dissout le RPF en 1953, Georges Pompidou demeure un proche mais abandonne le service de l'Etat pour devenir fondé de pouvoir à la banque Rothschild.

Le 1er juin 1958, de Gaulle, dernier président du Conseil de la IVe République, l'institue directeur du cabinet, fonction qu'il quitte en janvier 1959 quand de Gaulle est élu président de la République.

Redevenu directeur de banque, nommé membre du Conseil constitutionnel, Georges Pompidou exerce un rôle politique discret. En effet, il est, en 1961, au cœur des discussions secrètes avec le FLN qui permettent la reprise des négociations avec les nationalistes algériens et la signature, l'année suivante, des accords d'Evian. En avril 1962, de Gaulle l'appelle pour diriger le gouvernement après la démission de Michel Debré. Il garde ses fonctions jusqu'en juillet 1968.

La crise de mai le met probablement en concurrence avec de Gaulle car les deux hommes ne partagent pas les mêmes opinions sur la crise. Néanmoins, il faut souligner que, progressivement, derrière la fidélité gaulliste, émerge le « pompidolisme » qui anime, pour l'essentiel, le groupe parlementaire après 1967.

Formé à l'école laïque, influencé par le socialisme dans sa jeunesse, Georges Pompidou n'est pas un militant politique. C'est un pragmatique qui pense à gérer plutôt qu'à modeler une société. Il se veut d'ailleurs le gérant de « l'entreprise France ». Il est donc, dans une certaine mesure, l'antithèse de Charles de Gaulle. S'il demeure longtemps un proche de de Gaulle, il n'appartient pas au cercle des « barons du gaullisme » qui lui font sentir qu'il est étranger à leur passé de résistants et d'engagés politiques. Ce sont probablement ses qualités personnelles — le réalisme, la lucidité, le sang-froid — qui en ont fait un collaborateur proche de De Gaulle, mais aussi la conjoncture politique.

Chef de gouvernement malhabile en 1962, Georges Pompidou s'aguerrit rapidement. L'homme « tout rond » devient un personnage redoutable, débatteur parlementaire féroce, qui impose une autorité très ferme sur ses collaborateurs et les députés de la majorité. Son sens de la politique l'incite à placer ses hommes dans les lieux stratégiques du pouvoir et à former une nouvelle génération d'hommes politiques capables de remplacer, le moment venu, les « compagnons ». Parmi eux, Jean Charbonnel mais surtout Jacques Chirac.

Devenu président, Georges Pompidou exerce une autorité grandissante en s'appuyant sur une équipe de collaborateurs fidèles : Michel Jobert, secrétaire général de l'Elysée et ancien collaborateur de Pierre Mendès France ; Edouard Balladur, secrétaire général adjoint. Pierre Juillet et Marie-France Garaud, chargés de mission fort influents, représentent la sensibilité conservatrice. La volonté d'affirmer la primauté du chef de l'Etat l'incite à n'exclure aucune question de son champ d'intervention. La présidentialisation du pouvoir l'amène à limiter les domaines de compétences du premier ministre. Georges Pompidou n'hésite pas à traiter de tout sujet avec chaque ministre sans consulter le premier ministre.

En plaçant son mandat sous le signe de la continuité, Georges Pompidou cherche à rassurer une opinion gaulliste traditionnelle : les références à la grandeur, à la souveraineté de l'Etat, s'inscrivent dans le droit fil de cette stratégie. L'ouverture promise concerne surtout les orientations de politique étrangère : le ralliement des centristes est à ce prix. Car la dimension sociale de la démarche présidentielle demeure faible même si son premier gouvernement contribue à moderniser les rapports sociaux.

Ouverture et novations (1969-1972)

C'est Jacques Chaban-Delmas qui forme le premier gouvernement de Georges Pompidou. Le nouveau premier ministre correspond à la continuité puisqu'il appartient au cercle des « gaullistes historiques ». Jacques Chaban-Delmas est issu de la résistance intérieure : il était délégué national militaire à la Libération. Après 1947, il est une des personnalités essentielles du RPF, avant de devenir un des fondateurs de l'UNR en 1958. Ancien radical, il participe au Front républicain en 1956 ; après avoir été ministre de Pierre Mendès France, il participe au gouvernement de Guy Mollet. De 1958 à 1969, il préside avec courtoisie l'Assemblée nationale. C'est l'homme qui, par son passé, peut le mieux contribuer à mettre un terme à la « guerre des Républiques ».

L'arrivée de ministres centristes (René Pleven à la Justice, Jacques Duhamel à l'Agriculture, Joseph Fontanet au Travail) concrétise l'ouverture politique. Le retour de Valéry Giscard d'Estaing (Economie et Finances) aux côtés de Michel Debré et de Maurice Schumann (Affaires étrangères) confirme la réunification des familles se réclamant du « phénomène gaulliste ».

L'équipe qui entoure le premier ministre est probablement plus novatrice. Peu de collaborateurs gaullistes participent au cabinet.

En revanche, Simon Nora, ancien mendésiste, est chargé des questions économiques tandis que Jacques Delors, syndicaliste de la CFDT, est chargé des questions sociales. Le gouvernement s'est donné cinq objectifs simples :

— contribuer à l'avancement de l'Europe ; mais ce domaine relève plutôt des compétences présidentielles ;
— améliorer la compétitivité industrielle dans le cadre européen ;
— modifier le rôle de l'Etat dans un système trop centralisé ;
— rajeunir les moyens de fonctionnement des relations sociales dans l'entreprise, privée ou publique ;
— mieux informer le citoyen.

Ces projets relèvent du modernisme tel que le définissaient Pierre Mendès France et les novateurs des années 1960. Ils définissent les perspectives de réforme dans une « société bloquée ».

L'ouverture européenne

Plusieurs raisons justifient ce choix :

— la conviction du président que la Grande-Bretagne doit appartenir à la CEE ;
— les interventions des partenaires de la France ;
— l'influence des centristes dans la majorité présidentielle ;
— la crise monétaire de l'été 1969 accentue la prise de conscience.

• La crise monétaire subsiste en France depuis l'automne 1968. A partir d'avril 1969, le franc est déprécié car les spéculations contre la monnaie sont de plus en plus fortes. Au début de l'été, le franc a perdu environ 10 % de sa valeur. La décision est prise de dévaluer la monnaie de 12,5 % de façon à l'adapter à la situation internationale, et notamment à la valeur du mark allemand. La France souhaite, en effet, relancer des projets d'union monétaire européenne.

• Georges Pompidou souhaite que l'on achève la construction européenne avant de songer à l'élargissement de la CEE. L'entrée de la Grande-Bretagne — et de pays de l'Europe du Nord-Ouest — lui semble une nécessité d'autant plus que, de plus en plus, l'Allemagne s'engage dans une stratégie de rapprochement avec l'est de l'Europe.

Un nouveau grand dessein :
la politique industrielle

Georges Pompidou, dès avant 1969, s'est intéressé à la modernisation industrielle ; mais c'est en 1971, qu'à l'occasion de l'élaboration du VIᵉ Plan, un projet de grande ampleur est adopté. Deux principes définissent cette politique :

— l'industrialisation doit donner à la France la maîtrise de son avenir et répondre à la volonté de mieux vivre de la population ;
— dans le cadre de l'économie de marché, l'Etat doit stimuler l'expansion. Georges Pompidou choisit une croissance forte. Elle seule peut contribuer au plein emploi.

• Les moyens choisis visent d'abord à encourager la concentration des entreprises. Toutes les fusions utiles sont favorisées (Saint-Gobain, Pont-à-Mousson, Ugine Kuhlmann, Péchiney). De même, l'Etat pousse à une réorganisation de l'industrie électrique et électronique comme de la chimie ou de la métallurgie (Creusot-Loire). Parallèlement, il se préoccupe du développement des activités commerciales ; la diplomatie doit largement aider à l'essor des implantations industrielles à l'étranger.

• Mais la croissance ne peut être analogue dans l'ensemble des activités ; c'est pourquoi l'Etat, quand il le peut, définit des priorités. Selon Georges Pompidou, l'aéronautique, le nucléaire, l'informatique, les télécommunications, sont autant de secteurs stratégiques qu'il importe de promouvoir. Ces années sont celles du lancement des grandes centrales nucléaires sous l'action conjointe d'EDF et du Commissariat à l'énergie atomique (CEA). De même, dans le domaine aéronautique, c'est la poursuite du projet Concorde.

• Enfin, cette stratégie industrielle s'inscrit aussi dans une perspective européenne. L'usine du Tricastin (enrichissement de l'uranium) et l'avion Airbus soulignent cette dimension comme le projet de la fusée Ariane.

De 1969 à 1973, l'industrie joue le rôle moteur de la croissance économique ; la productivité industrielle s'élève, en moyenne, par an, de 6 %, ce qui situe la France aux premiers rangs, derrière le Japon mais aussi devant les Etats-Unis et les autres pays européens. Les exportations doublent : la France s'installe désormais à la troisième place dans le commerce mondial, après les Etats-Unis et l'Allemagne.

• Cette politique s'est accompagnée d'orientations d'aménagement du territoire destinées à corriger les déséquilibres imposés par un développement économique rapide. La DATAR est chargée de limiter les effets douloureux des mutations économiques car, pour Georges Pompidou, le peuple français doit accepter l'industrie ; il ne doit pas s'y résigner.

La réussite de ces mutations dépend de la volonté présidentielle et de l'action menée par les industriels volontaires. Mais il faut souligner aussi qu'une conjoncture favorable, aidée par la dévaluation de 1969, sert la politique industrielle. Il reste à distribuer les fruits de la croissance puisque, selon le président, la politique sociale doit dépendre avant tout des résultats de l'économie.

« La nouvelle société »

Plus qu'un projet présidentiel, il s'agit d'une ambition voulue par le premier ministre qui s'efforce de tenir les orientations définies lors de la présentation de la politique du gouvernement à l'automne 1969 et d'aller au-delà de ce que souhaite Georges Pompidou.

La politique sociale menée par Jacques Chaban-Delmas revêt plusieurs aspects complémentaires mais incontestablement novateurs :

— faire partager aux salariés les bénéfices de la croissance économique : c'est le sens de la création du SMIC (salaire minimum interprofessionnel de croissance) ou de la mensualisation de tous les salariés ouvriers ;
— réformer les rapports sociaux : le gouvernement encourage patrons et salariés à développer les conventions collectives pour organiser le travail, assurer la formation professionnelle, la pré-retraite (loi du 13 juillet 1971). Il s'agit de faire en sorte que, dans les entreprises, patrons et employés apprennent à être des « partenaires sociaux » ;
— faire évoluer la situation du salarié par le droit à la formation professionnelle continue (loi du 16 juillet 1971) à laquelle l'entreprise doit contribuer ;
— rapprocher les choix des citoyens par la décentralisation. La loi

du 5 juillet 1972 crée la région dont les compétences demeurent limitées à l'économie. La tutelle préfectorale subsiste ;
— libéraliser l'information audiovisuelle car chaque Français est un citoyen. Le gouvernement limite la tutelle de l'Etat et fait appel à des journalistes connus pour leur indépendance (Pierre Desgraupes par exemple) ;
— l'application persévérante et prudente de la loi sur les universités votée à l'automne 1968 à l'initiative d'Edgar Faure, ministre de l'Education nationale.

L'accueil fait à cette politique

L'opinion reçoit cette politique de manière contradictoire :
— les années 1969-1972 connaissent une vague d'agitation gauchiste violente. Les groupes maoïstes ou trotskistes ne sombrent pas dans le terrorisme mais adoptent des méthodes d' « action directe ». Le gouvernement engage une politique répressive pour rétablir l'ordre. Les organisations gauchistes sont dissoutes ; la loi anticasseurs (juin 1970) introduit la notion de responsabilité collective tandis que l'on songe à modifier la loi sur les associations ;
— la gauche politique poursuit sa politique d'opposition. Les syndicats observent, circonspects, la législation sociale ;
— les manifestations de mécontentement se multiplient dans les milieux sociaux touchés par la modernisation industrielle : agriculteurs, artisans et commerçants ;
— elles se développent aussi dans les milieux qui estiment que leur situation n'est pas bien prise en compte : ce sont notamment les femmes ou les mouvements régionalistes.

• La majorité parlementaire est troublée car les mesures lui sont imposées alors que leurs inspirateurs n'appartiennent pas aux sensibilités qu'elle incarne. Elle estime que des concessions insupportables sont faites à ses adversaires politiques qui, par ailleurs, se rénovent avec le nouveau Parti socialiste. D'autre part, elle est éclaboussée par des scandales politico-financiers que les magistrats instruisent avec vigilance. Les gaullistes orthodoxes sont les premiers à exprimer ce malaise contre le président et le premier ministre dont les désaccords sont connus.

• Georges Pompidou, conscient de ce malaise, souhaite ressaisir l'opinion par un référendum, selon la tactique classique du gaullisme. Il choisit le terrain de la politique européenne car, à l'exception des communistes, tous les partis sont favorables à la construction de l'Europe. En divisant socialistes et communistes, il pense pouvoir engranger tous les votes favorables.

Or le référendum du 23 avril 1972, que les observateurs imaginent comme une bonne idée, constitue un échec pour le président. En effet, Georges Pompidou engage son action dans la campagne alors que les communistes annoncent un vote négatif et que les socialistes appellent à l'abstention ou au vote nul. Les résultats de la consultation révèlent que :

32 % des suffrages exprimés vont au non ;

68 % vont au oui ;

40 % des électeurs s'abstiennent ;

7 % votent blanc ou nul.

Dans ces conditions, un peu plus du tiers seulement des électeurs inscrits approuvent le président. Une fraction assez importante de l'électorat traditionnellement gaulliste a fait défection tandis que le Parti socialiste peut se prévaloir d'une forte proportion des abstentionnistes.

• L'opération politique échoue ; le président n'en sort pas renforcé. L'arme constitutionnelle du référendum n'est pas simple à utiliser dans une période politique calme puisqu'elle permet à tous les mécontents d'exprimer de manière globale leur insatisfaction. Les successeurs de Georges Pompidou s'en souviendront.

La disgrâce de Jacques Chaban-Delmas

Georges Pompidou impute l'échec de son référendum au premier ministre. En effet, le trouble dans la majorité peut expliquer, en partie, l'échec présidentiel. En prévision des élections législatives de 1973, il lui paraît utile de changer de gouvernement. Le 5 juillet 1972, Jacques Chaban-Delmas donne sa démission. Mais, en la circonstance, il s'agit d'une révocation effective.

En effet, quelques semaines auparavant, le gouvernement a obtenu de l'Assemblée un vote de large confiance. L'éviction de Jacques Chaban-Delmas surprend l'opinion.

Plusieurs raisons l'expliquent :

— l'image du premier ministre est tachée par la révélation opportune de certaines affaires fiscales ;
— la volonté réformatrice du premier ministre, après avoir inquiété Georges Pompidou, le mécontente car elle ne correspond pas à sa sensibilité personnelle. Ce conservateur, depuis son accession à la présidence, semble être de plus en plus attaché à une extrême prudence en matière politique sociale ;
— les méthodes du gouvernement déplaisent profondément au président qu'elles agacent. Héritier du gaullisme, Jacques Chaban-Delmas peut se prévaloir de certaines audaces du général de Gaulle. D'autre part, le premier ministre ne cache pas qu'il souhaite une recomposition politique. Il estime qu'une ouverture est possible en direction de radicaux, de certains socialistes, de certains syndicalistes (CFDT et FO) après les élections de 1973. De ce recentrage, Georges Pompidou ne veut pas ;
— enfin, le président s'irrite de la popularité de Jacques Chaban-Delmas qui peut devenir un rival. Une telle concurrence ne correspond pas aux pratiques de la Ve République.

La révocation de Jacques Chaban-Delmas confirme la prééminence présidentielle. Elle souligne que le gouvernement dépend du président plus que du Parlement. Par ailleurs, elle consolide le raidissement conservateur des héritiers du gaullisme. Ceux-ci ne peuvent plus se prévaloir, unanimement, du rassemblement puisque le pompidolisme incline fortement à droite. L'échec de Jacques Chaban-Delmas pousse vers la gauche les modernistes et les réformateurs. En ce sens, il marque une nouvelle étape vers la bipolarisation et le développement d'un pôle réformateur autour de la gauche.

La rénovation de la gauche

La gauche sort sinistrée de la crise de Mai 68 et de l'élection présidentielle de juin 1969. Si les communistes résistent mieux que les socialistes, les partis de gauche ne représentent plus que 30 % du corps électoral. La remobilisation des électeurs suppose un sérieux effort de rénovation.

Comme à l'époque du gaullisme triomphant, l'action syndicale a tendance à relayer des partis de gauche défaillants. En 1970, CGT et CFDT renouvellent leur pacte d'unité d'action. Si la CGT combat la « nouvelle société » de Jacques Chaban-Delmas, la CFDT adopte des positions contradictoires ; séduite par certains aspects de cette politique, elle engage souvent des combats sociaux divers avec les gauchistes. Elle mûrit son projet de « socialisme autogestionnaire » qui la mène à jouer un rôle plus complexe que celui d'une organisation syndicale en appelant la construction d'un parti socialiste combatif et moderne. Mais ni la CGT ni la CFDT ne se substituent aux partis.

La refondation du Parti socialiste

Dès 1969, un projet de rénovation de la SFIO est élaboré qui aboutit au « nouveau Parti socialiste » créé en juillet. La SFIO vieillie et sclérosée fusionne avec l'Union des clubs pour le renouveau de la gauche (UCRG) dirigée par Alain Savary et l'Union des groupes et clubs socialistes (UGCS) dirigée par Jean Poperen. Guy Mollet s'écarte de la direction du nouveau parti qui revient à Alain Savary. Celui-ci oriente la rénovation dans deux directions principales : renforcer le militantisme et enraciner le parti à gauche en envisageant les moyens et les méthodes d'une union de la gauche permanente. Ni les clubs de François Mitterrand ni le PSU ne se joignent à l'opération.

Le processus doit se poursuivre à l'occasion du congrès qui se tient à Epinay en juin 1971. Cette fois, les clubs de la Convention des institutions républicaines (CIR) dirigés par François Mitterrand décident d'adhérer au parti en voie de rénovation. Au terme de manœuvres fort habiles, en s'appuyant sur ses partisans, sur l'aile gauche du Parti socialiste (le CERES) et certaines grandes fédérations, François Mitterrand parvient à prendre la direction du parti en évinçant Alain Savary. C'est l'acte de naissance de l'actuel Parti socialiste (PS).

Le changement intervenu est important. En effet, François Mitterrand, qui est plus républicain que socialiste, veut faire du parti un instrument de la conquête du pouvoir politique. Pour y parvenir, il doit renforcer le militantisme partisan mais aussi rééquilibrer le Parti socialiste face à un Parti communiste hégémonique à gauche depuis 1944. Peu intéressé par les problèmes de doctrine, il prétend recruter hors du vivier traditionnel du socialisme français (chrétiens, classes moyennes).

Pour vaincre la droite, il faut réussir l'union de la gauche ; il importe donc de conclure un contrat avec le Parti communiste dont l'électorat populaire doit compléter celui du socialisme. Mais ce contrat ne doit pas être idéologique : il doit être politique, reposer sur une démarche électorale et un programme de gouvernement.

Ce programme doit, pour François Mitterrand, placer l'union sur un terrain concret, avoir une durée déterminée (une législature) et préserver l'originalité de chaque parti. Il doit, pour le Parti socialiste, ancrer à gauche une formation rénovée qui, à terme, peut espérer exercer le rôle hégémonique. Enfin, ce programme ne s'applique pas à l'occasion des élections présidentielles.

L'alliance avec les communistes est, en apparence, dangereuse puisque les forces électorales sont très inégales. Mais François Mitterrand parie sur plusieurs phénomènes : l'évolution internationale, les mutations profondes de la société française qui tendent à réduire la classe ouvrière traditionnelle au profit des « couches nouvelles salariées ». Mais l'alliance suppose vigilance.

Le programme commun de gouvernement

Depuis plusieurs années, le Parti communiste souhaite le dialogue à gauche ; l'élection de 1965 l'a convaincu qu'il est possible de sortir de l'isolement. Tout en maintenant l'essentiel de ses références idéologiques, le PCF se résigne à certaines évolutions. Sous la direction de Waldeck Rochet, de 1964 à 1970, puis sous celle de Georges Marchais, le Parti communiste entre dans une période de dégel. En 1968, à son Congrès de Champigny, il préconise une « démocratie avancée ». En 1970, après avoir « réprouvé » l'invasion soviétique de la Tchécoslovaquie en août 1968 et pris ses distances avec les démocraties populaires et l'URSS, le parti accepte le principe de l'alternance démocratique, principe qu'il a toujours refusé. Le programme qu'il définit en 1971, « Changer de cap », propose à la fois un programme de gouvernement et l'union populaire. Le PCF semble donc se déstaliniser et être prêt à jouer un rôle actif à gauche.

Ces évolutions s'expliquent pour des motifs intérieurs mais aussi internationaux. Il ne faut pas oublier que le PCF, s'il garde la première place à gauche, ne connaît pas de sensibles progressions de ses effectifs. L'Union de la gauche et le programme commun apparaissent, aux dirigeants communistes, comme une méthode capable de remobiliser l'électorat populaire. L'ouverture communiste demeure fragile et aléatoire : le philosophe communiste Roger Garaudy qui, depuis de nombreuses années, souhaite que le parti se réforme en profondeur, en est exclu en 1970. Cependant, les communistes sont prêts à la discussion, surtout dans la mesure où le Parti socialiste est faible.

La négociation entre socialistes et communistes est longue et difficile. Des concessions réciproques sont acceptées de part et d'autre ; un programme de nationalisations économiques ambitieux, l'Alliance atlantique, la construction européenne, le pluralisme des partis, sont admis par les contractants. Malgré les risques multiples de division, ce programme est signé en juin 1972.

De cet accord, l'opinion retient l'union de la gauche. Les divergences demeurent nombreuses. Néanmoins, cette stratégie est attractive. Une partie des radicaux quitte le Parti républicain radical pour fonder le Mouvement des radicaux de gauche (MRG) qui accepte de se joindre à l'Union de la gauche naissante. Celle-ci concrétise, à gauche, l'évolution vers la bipolarisation déjà effective à droite.

Un septennat interrompu

Nommé premier ministre pour remplacer Jacques Chaban-Delmas, Pierre Messmer est un gaulliste orthodoxe pour lequel la prééminence présidentielle ne se discute pas ; en ce sens, il se veut le lieutenant du président comme il a été l'exécutant fidèle de la politique militaire de de Gaulle pendant dix ans. Homme d'ordre, il n'entend pas définir de projets de société ambitieux ; il doit gérer et non réformer. Héritier fidèle de la pensée gaulliste, il souhaite, à la demande de Georges Pompidou, réduire les préventions des « barons du gaullisme » à l'égard du président et rassurer un électorat perturbé par la politique de son prédécesseur. D'emblée, il donne une tonalité conservatrice à son gouvernement chargé de préparer et de gagner les élections de 1973.

1973 : l'échec prometteur de la gauche

La campagne de 1973 réédite en partie celle de 1967, même si la conjoncture s'est modifiée :

— dans la majorité présidentielle l'unité de candidature s'impose assez largement sous l'étiquette d'Union des républicains de progrès (URP). Les républicains indépendants qui souhaitaient une large capacité de manœuvre doivent se résigner même si, depuis plusieurs mois, certains dénoncent « les copains et les coquins » qui dirigeraient l'Etat. Quelques propositions rassemblées un peu à la hâte, « le programme de Provins », servent de références électorales ;
— l'opposition de gauche se bat autour du programme commun. Chaque parti présente ses candidats au premier tour mais un accord de désistement doit fonctionner au second. La dynamique créée incite le PSU à se joindre à l'Union de la gauche ;
— le président Pompidou n'a pas réussi depuis juin 1969 à rallier tout le centrisme. Le centrisme d'opposition s'est regroupé, en 1971, dans le Mouvement réformateur qui associe le Centre démocrate de Jean Lecanuet au Parti radical dirigé par l'ancien directeur de l'hebdomadaire *L'Express*, Jean-Jacques Servan-Schreiber (J.-J. S.-S.).

Ce mouvement présente quelques ambiguïtés. En effet, si J.-J. S.-S. a défini un projet et un programme ambitieux de réformes (manifeste *Ciel et Terre*) et combat avec vigueur et persévérance, « l'Etat UDR », Jean Lecanuet considère la gauche, dominée par le PCF, comme plus menaçante que la majorité présidentielle. Les deux partenaires veulent réduite le pompidolisme mais ne partagent pas la même vision d'avenir.

Les sondages — dont la pratique se développe rapidement — annoncent des résultats serrés. En effet, au premier tour :

— La gauche reconquiert le terrain électoral perdu en 1968 et retrouve son niveau de 1967. Mais si le Parti communiste demeure le premier à gauche, le Parti socialiste, auquel s'est joint le MRG, fait presque jeu égal avec lui. L'Union de la gauche semble confirmer le pari de François Mitterrand : rééquilibrer le rapport de forces entre communistes et non-communistes. Enfin si la gauche stagne dans ses bastions traditionnels (Nord, Pas-de-Calais, Bouches-du-Rhône, région parisienne), elle remporte des succès prometteurs dans des « terres de mission » (l'Ouest, l'Alsace-Lorraine).

— La majorité cède du terrain mais moins que prévu (37 % des voix). Cependant, elle tend à reculer un peu plus dans ses bastions traditionnels (France du Nord, de l'Ouest et de l'Est) et à se maintenir mieux dans les régions acquises depuis la fin des années 1960 (le Sud-Ouest notamment). Les trois dernières consultations électorales révèlent que le gaullisme et son héritage incarnent de plus en plus nettement l'électorat conservateur. Sa clientèle est beaucoup plus rurale qu'au début des années 1960 ; l'électorat populaire citadin se rallie à d'autres organisations politiques.

— Le mouvement réformateur, avec 12,5 % des voix, est l'arbitre du second tour car le succès ou l'échec des candidats de gauche ou de ceux de la majorité dépendent du report des voix centristes. Mais les réformateurs se divisent. Si les radicaux désignent les gaullistes comme les hommes à « abattre » pour établir le pouvoir régional, le Centre démocrate adopte une attitude délibérément anticommuniste ; il prépare aussi un ralliement prochain à la majorité présidentielle.

Le second tour confirme les tendances du premier tour. La majorité perd une centaine de députés ; l'UDR, en en perdant 90, sort défaite du scrutin. Mais, en conservant 268 sièges à l'Assemblée nationale, elle garde la majorité absolue.

Les réformateurs, avec une trentaine de députés, peuvent constituer un groupe parlementaire, mais leur rôle devient moins stratégique que prévu. Enfin, la gauche, avec 175 députés, demeure minoritaire ; mais le scrutin la ragaillardit. Les reports de voix se sont convenablement réalisés, mieux des communistes vers les socialistes que l'inverse. Les élections de 1973 soulignent que les électeurs de gauche se rallient au projet d'Union de la gauche et de programme commun. La gauche demeure exclue du pouvoir ; mais ses capacités d'attraction se sont renforcées. L'écart avec la majorité sortante s'est réduit très sensiblement, ce qui permet aux responsables de la gauche d'envisager un succès proche.

« La fin d'un règne »

La majorité semble assurée de la durée : trois ans (l'élection présidentielle) ou cinq ans (élection législative) la séparent de la prochaine consultation électorale. Mais la confirmation que lui a donnée le corps électoral n'est pas utilisée pour relancer l'action gouvernementale. Pierre Messmer est reconduit à la tête d'un gouvernement où les personnalités conservatrices pèsent plus fortement encore. Le départ d'hommes politiques de stature (Michel Debré) ou de battus aux élections (Maurice Schumann, René Pleven) donne à ce gouvernement une allure délibérément pompidolienne. La seule initiative vient du président : un projet de réforme de la durée du mandat présidentiel de sept ans à cinq ans. Mais cette proposition, votée par l'Assemblée nationale et le Sénat, n'a pas la majorité nécessaire pour être adoptée (trois cinquièmes des parlementaires). La réforme avorte car le président ne souhaite pas engager un référendum sur ce thème.

Le climat social et politique se dégrade rapidement. L'agitation reprend. Les lycéens s'émeuvent de la loi Debré qui réforme la législation sur les sursis militaires pour études. Les étudiants s'agitent contre une réforme des premiers cycles universitaires. Tout évoque un « Mai rampant ». L'agitation gauchiste, mal éteinte, reprend : la Ligue communiste (trotskiste) est dissoute. Surtout des grèves dures, d'origines complexes, éclatent et paralysent des entreprises ; la politique présidentielle en matière industrielle subit une contestation fiévreuse. Ces grèves suscitent des projets plus ou moins utopiques ; c'est le cas de Lip (horlogerie) où la revendication autogestionnaire prétend suppléer une direction défaillante ; ce sont aussi les manifestations des régionalistes et des antimilitaristes à propos de l'extension de certains camps militaires (le Larzac).

La popularité du président, encore élevée au printemps 1973, s'effrite rapidement tandis qu'augmente le nombre des mécontents. La presse se fait l'écho, de manière de plus insistante, de la maladie du président. L'autorité de Georges Pompidou diminue ; l'Etat semble de moins en moins gouverné d'autant plus que le premier ministre ne sait pas s'affirmer comme tel.

Le premier choc pétrolier (automne 1973) aggrave cette atmosphère de « fin de règne ». Entre octobre et décembre 1973, le prix du pétrole quadruple. Cette explosion des prix frappe de plein fouet une économie qui, depuis plus de dix ans, dépend, dans une large mesure, d'une énergie à bon marché ; il faut accepter les décisions des pays producteurs, ce qui souligne la dépendance énergétique de l'économie française (comme de toutes les économies industrielles occidentales). Mais, loin de s'engager dans une stratégie de long terme — comprendre que l'énergie ne sera plus bon marché — le gouvernement agit au coup par coup en signant des accords préférentiels avec certains Etats producteurs du Proche-Orient. Les importations pétrolières compliquent une conjoncture internationale devenue moins favorable : la crise monétaire américaine rend instables les monnaies dans le monde, désorganise le commerce international et tend à exporter le chômage américain vers l'Europe.

La situation économique française se dégrade. L'inflation reprend tandis que stagne l'activité : c'est la « stagflation ». Le franc se déprécie : le gouvernement doit se résigner à le laisser « flotter ». Partager les bénéfices d'une croissance réduite ne peut plus étayer un projet social.

Le 2 avril 1974, un communiqué radiotélévisé annonce la mort du président de la République. C'est la stupeur dans la presse et l'opinion qui s'interroge sur le bien-fondé du silence qui a été observé. Si l'on rend hommage au courage personnel de Georges Pompidou, on se laisse aussi aller à un débat d'éthique politique sur les responsables gouvernementaux en démocratie.

Georges Pompidou qui, pendant cinq ans, a été plus soucieux de gérer et de conserver que d'innover et de réformer, marque l'histoire nationale sur trois plans principaux :

— Il a donné une impulsion décisive à la modernisation économique française, comme premier ministre et comme président de la République. Particulièrement vantée à l'époque, cette mutation rapide laisse un prix très élevé. L'industrialisation entraîne l'urbanisation, c'est-à-dire l'entassement dans des quartiers périphériques d'une population déracinée qui vit dans l'anonymat et la solitude. Les risques d'une véritable pathologie sociale sont en germe.

— Il a enraciné les institutions. Charles de Gaulle évoquait le chaos ou le trop-plein après sa disparition. Georges Pompidou prouve qu'une succession paisible est possible tout en respectant, en les infléchissant, les pratiques constitutionnelles gaullistes. Les institutions de la Ve République, dont on disait qu'elles étaient faites pour leur fondateur, peuvent être mises en œuvre par d'autres dirigeants.

— Il a consolidé le rôle international de la France, tant vers l'Europe de l'Est et les pays communistes (URSS et Chine) qu'en direction de l'Afrique et des pays arabes. Politique d'indépendance entre les deux grands, cette stratégie, en continuité avec le gaullisme, est devenue une ligne directrice de la diplomatie française.

BIBLIOGRAPHIE

Bergounioux Alain, Grunberg Gérard, *Le long remords du pouvoir*, Fayard, 1992.
Bredin Jean-Denis, *La République de Monsieur Pompidou*, Fayard, 1974.
Debbash Charles, *La France de Pompidou*, PUF, 1974.
Roussel Eric, *Georges Pompidou*, J.-C. Lattès, 1984.
Schwartzenberg Roger-Gérard, *La guerre de succession*, PUF, 1969.

12. Le septennat
de Valéry Giscard d'Estaing

Dès le 3 avril, conformément à la Constitution, le président du Sénat, Alain Poher, est chargé de l'intérim de la Présidence de la République. Au fil des jours suivants, plusieurs candidatures sont successivement annoncées, dont certaines (Edgar Faure, Pierre Messmer) seront bientôt retirées.

L'élection présidentielle de 1974

Au bout du compte, ce sont douze candidats qui seront en lice : Jacques Chaban-Delmas, René Dumont, Valéry Giscard d'Estaing, Guy Héraud, Alain Krivine, Arlette Laguiller, Jean-Marie Le Pen, François Mitterrand, Emile Muller, Bertrand Renouvin, Jean Royer, Jean-Claude Sebag.

En fait, les deux traits essentiels de la campagne qui s'ouvre sont les suivants :

— François Mitterrand est candidat unique de la gauche (si l'on excepte les deux candidats d'extrême gauche, Alain Krivine et Arlette Laguiller) : le premier secrétaire du PS est soutenu par le Parti communiste, les radicaux de gauche et le PSU. La dynamique de l'Union de la gauche, après la signature du programme commun de gouvernement en juin 1972, a permis cette candidature unique.

— Dans le camp de la majorité, au contraire, Jacques Chaban-

Delmas et Valéry Giscard d'Estaing sont en position de concurrence. La candidature du premier est fragilisée par la défection de 43 parlementaires UDR, conduits par Jacques Chirac, qui, en publiant un communiqué déplorant la multiplicité des candidatures au sein de la majorité, prenaient en fait publiquement position en faveur du second.

Le 5 mai a lieu le *premier tour,* avec une très forte participation (15,77 % d'abstention). Si six candidats obtiennent des scores inférieurs à 1 % (Alain Krivine, Emile Muller, Guy Héraud, Jean-Claude Sebag, Bertrand Renouvin et Jean-Marie Le Pen, qui plafonne à 0,74 %), les autres candidats obtiennent les scores suivants :

François Mitterrand	43,35 %
Valéry Giscard d'Estaing	32,60 %
Jacques Chaban-Delmas	15,10 %
Jean Royer	3,17 %
Arlette Laguiller	2,33 %
René Dumont	1,32 % des suffrages exprimés.

Ces résultats annoncent un second tour serré entre les deux candidats restés en lice. Ceux-ci s'opposent dans un débat télévisé très suivi (10 mai), et qui était à l'époque une innovation en France. Si les effets d'un tel débat sur l'opinion sont difficiles à évaluer, plusieurs formules de Valéry Giscard d'Estaing visant François Mitterrand (« l'homme du passé », qui n'a pas « le monopole du cœur ») frapperont.

Au second tour (19 mai), les Français se rendent encore plus massivement aux urnes (12,66 % d'abstention, le taux le plus bas, jusqu'ici, à une élection présidentielle, 1988 inclus) que lors du premier tour, pourtant déjà placé sous le signe d'une très forte participation.

Valéry Giscard d'Estaing est élu président de la République, avec un peu plus de 400 000 voix d'avance. Le résultat est très serré, en effet, entre les deux hommes :

	Voix	% par rapport aux suffrages exprimés
Valéry Giscard d'Estaing	13 396 203	50,81
François Mitterrand	12 971 604	49,19

La bipolarisation de la vie politique est alors très forte. Le résultat serré du second tour l'atteste, mais aussi l'analyse de celui du premier tour : les deux candidats de la majorité et François Mitterrand totalisent alors à eux trois 91 % des suffrages exprimés. Le mouvement écologiste naissant, à travers son candidat René Dumont, dépasse à peine 1 %, score que n'atteint pas l'extrême droite représentée par Jean-Marie Le Pen.

Installé officiellement dans ses fonctions le 27 mai, Valéry Giscard d'Estaing est le premier président non gaulliste de la Ve République. Il a, à cette date, 48 ans. Né le 2 février 1926, polytechnicien, énarque, inspecteur des finances, il a connu une carrière précoce et brillante : député à 29 ans (janvier 1956), secrétaire d'Etat à 32 ans (janvier 1959), ministre des Finances du général de Gaulle à 35 ans (janvier 1962). Il soutient ce dernier en 1962 au moment du référendum sur l'amendement de la Constitution, pour lequel sa famille politique d'origine, les Indépendants, préconise le non.

Au fil des années 1960, il entretient des rapports complexes avec de Gaulle : ministre des Finances jusqu'au début 1966, il prend ensuite ses distances, adoptant une attitude de « oui mais » (janvier 1967) dans son soutien à la politique gouvernementale. En août 1967, il dénonce l' « exercice solitaire du pouvoir » et, en 1969, se prononce pour le non au référendum.

Redevenu ministre de l'Economie et des Finances après l'élection de Georges Pompidou, ayant entre-temps récupéré le gros de l'héritage de la droite libérale dans la Fédération nationale des républicains indépendants (juin 1966), il incarne au début des années 1970 l'autre rameau de droite de la majorité au pouvoir, et le duel avec Chaban-Delmas en 1974 apparaîtra comme une compétition entre le gaullisme et cette droite libérale, qui sort donc victorieuse de l'élection de 1974.

Le nouveau président, dans sa déclaration de prise de fonctions (27 mai), place son action sous le signe du « changement ». Cela étant, par-delà cette volonté proclamée d'innovation, il doit tenir compte de plusieurs paramètres :

— En 1972, à la Convention de Charenton des républicains indépendants, il avait déclaré : « La France aspire à être gouvernée au centre. » Si une telle intuition a probablement été un facteur important de sa victoire deux ans plus tard, sa mise en pratique s'annonce difficile dans une France politiquement bipolarisée et après un résultat très serré. A cet égard, les thèmes de « décrispation » et de « consensus » que le nouveau président de la République utilisera à plusieurs reprises n'auront ni réel écho ni portée pratique.

— Sa victoire électoralement serrée le 19 mai lui donne une marge de manœuvre d'autant plus étroite que la gauche, en fait, a encore progressé entre 1973 et 1974. Dans une France à peu près coupée en deux politiquement, la dynamique de l'Union de la gauche, si elle se poursuit, peut inquiéter le pouvoir au moment des échéances politiques à venir : cantonales (1976), municipales (1977), législatives (1978). Inversement, il est vrai, un tel calendrier sans échéance immédiate reste, somme toute, favorable à une reprise de l'initiative.

— A condition, toutefois, de préserver la cohérence de la majorité, ébranlée par la compétition entre Valéry Giscard d'Estaing et Jacques Chaban-Delmas pour le premier tour et par les divisions qu'une telle situation avait entraînées au sein de l'UDR.

— Le premier « choc pétrolier » de l'automne 1973 — le prix du baril de pétrole brut a quasiment quadruplé en deux mois, d'octobre à décembre — commence rapidement à faire sentir ses effets : une crise économique longue et profonde s'amorce alors, sensible notamment dans le domaine de l'inflation (15,2 % en 1974). Tout comme l'inflation, le chômage augmentera brutalement à partir de 1974 : les chômeurs sont 450 000 au début de cette année 1974 et 900 000 à la fin de 1975.

Malgré cette marge de manœuvre étroite, Valéry Giscard d'Estaing prend immédiatement plusieurs décisions :

— Sur le plan politique, il nomme Jacques Chirac, alors âgé de 41 ans, premier ministre. Si l'UDR est bien moins représentée dans ce gouvernement que dans les précédents, au profit des républicains indépendants (Michel Poniatowski à l'Intérieur) et des centristes (Jean Lecanuet, jusque-là dans l'opposition, devient garde des Sceaux), la nomination d'un premier ministre gaulliste et le maintien de l'Assemblée nationale élue en 1973 — où les gaullistes étaient beaucoup plus nombreux que les républicains indépendants — apaisent momentanément les tensions au sein de la majorité.

— Sur le plan social, le « changement » proclamé est concrétisé par plusieurs mesures importantes, adoptées très rapidement : majorité à 18 ans et libéralisation de la contraception (juin), loi sur le divorce par consentement mutuel et nomination d'une secrétaire d'Etat à la condition féminine, Françoise Giroud (juillet), loi Veil sur l'interruption volontaire de grossesse (décembre), votée grâce à l'appui des parlementaires de gauche et malgré les réticences d'une partie de la majorité.

Sous le signe de la crise

Si l'élan donné au changement est incontestable, une donnée structurelle allait rapidement faire sentir ses effets déstabilisateurs : la France allait s'installer durablement dans la crise, à la suite notamment des deux chocs pétroliers successifs.

La crise économique

Le premier choc pétrolier de l'automne 1973 eut des effets quasi immédiats : si l'on prend l'année 1970 comme base 100 de l'indice de production industrielle, on ne retrouve que 126 en 1977, soit à peu près le même indice qu'en 1974. Effets immédiats et, de surcroît, durables : par rapport à la même base, 1983 n'enregistrera que 132 ; la crise, entre-temps, avait passé le cap du début des années 1980. Et, alors que la production industrielle avait connu une progression de 100 % entre 1962 et 1974, elle n'enregistra donc qu'une hausse de moins de 10 % entre 1974 et 1983. A partir de 1974, la stagnation a succédé à l'expansion, avec une croissance quasiment nulle.

Et cette inversion fut d'autant plus fortement ressentie qu'elle fut chronologiquement brutale. Pour les contemporains, le contraste fut donc durement vécu. D'autant que ces contemporains étaient non seulement habitués à une croissance économique soutenue mais aussi à une société de quasi plein emploi. Or, le marché de l'emploi, on l'a vu, se dégrade rapidement, le chômage doublant entre le début de l'année 1974 et la fin de l'année 1975 et passant de 450 000 à 900 000.

Un an plus tard, les chômeurs avaient dépassé le cap du million et la montée de leur nombre, même si elle se ralentit nettement, continuera au fil du septennat : la France comptera 1 650 000 chômeurs à la fin de l'hiver 1981. Progressivement, mais avec un décalage dû à une perception différée de l'ampleur de la crise, s'insinuera dans l'opinion publique le sentiment que cette crise avait entraîné « la fin des années faciles » (Jean Fourastié).

Au bout du compte, le septennat de Valéry Giscard d'Estaing allait être placé sous le signe de la *stagflation,* alliage d'inflation et de stagnation économique. Le premier choc pétrolier avait entraîné, on l'a vu, une hausse brutale de l'inflation, supérieure à 15 % en 1974. Et la lutte menée contre cette inflation fut ruinée par le second choc pétrolier en 1979 : en 1980, la hausse des prix de détail atteignit 13,6 %.

Les difficultés du gouvernement Chirac

Face aux premiers effets de la crise, est immédiatement mis en chantier un plan de « refroidissement de l'économie », dont l'effet, semble-t-il, fut de freiner fortement l'investissement. D'où, à l'automne 1975, un plan de relance par la consommation, qui entraîna un fort déficit de la balance commerciale.

A ces difficultés économiques viennent de surcroît s'ajouter des tensions sociales et surtout politiques :

— Une agitation sociale multiforme (prostituées, comités de soldats) et de graves incidents en Corse (deux gendarmes mobiles et un CRS tués par balle en août) marquent l'année 1975. En mars 1976, des manifestations paysannes dans le Midi entraînent un mort parmi les forces de l'ordre et un autre parmi les agriculteurs.

— A la même date, l'opposition de gauche progresse aux élections cantonales : 15 présidences de conseils généraux basculent à gauche à la suite de ces élections.

— De surcroît, en ce même printemps 1976, des divergences se font jour entre Valéry Giscard d'Estaing et son premier ministre Jacques Chirac. Ce dernier démissionne le

25 août 1976, justifiant ainsi sa décision : « Je ne dispose pas des moyens que j'estime aujourd'hui nécessaires pour assurer efficacement mes fonctions de premier ministre. » Cette démission explicite est une première sous la Vᵉ République.

Raymond Barre premier ministre (1976-1981)

C'est Raymond Barre qui succède à Jacques Chirac. Il restera premier ministre jusqu'à la fin du septennat.

La fin de la législature (1976-1978)

Au moment où il accède ainsi à la tête d'un gouvernement, Raymond Barre n'est guère connu des Français. Né en 1924, professeur de science économique et haut fonctionnaire — notamment du Marché commun —, il n'était ministre que depuis janvier 1976 — au Commerce extérieur — quand Valéry Giscard d'Estaing le nomme premier ministre. N'ayant jusque-là jamais brigué de mandat électif — il sera élu député du Rhône en 1978 —, il apparaît à cette date comme un technicien, présenté par le président de la République comme « le meilleur économiste de France ».

Face à la récession économique, Raymond Barre, qui a pris également en charge le ministère de l'Economie et des Finances, met en place, dès le mois de septembre, un plan de redressement, visant au retour aux grands équilibres (budget, commerce extérieur), à la baisse de l'inflation et au redémarrage de l'investissement.

Dans un premier temps, jusqu'au second choc pétrolier de 1979, certains des indices économiques commencent à se redresser, même si l'inflation reste forte. La hausse du pétrole compromet ensuite ces efforts : le chômage s'accroît, atteignant 1 650 000 à la fin du septennat, et le taux d'inflation augmente, dépassant 13 % en 1980.

Pour l'heure, à la fin de 1976, les perspectives politiques s'assombrissent pour la majorité. D'une part, au sein de cette majorité, la tension subsiste entre les partisans de Valéry Giscard d'Estaing et l'UDR (qui critique, par exemple, le plan Barre), transformée en

Rassemblement pour la République (RPR) en décembre 1976. D'autre part, malgré des divergences surgies entre socialistes et communistes à la fin de 1974, l'Union de la gauche, renforcée par les résultats des élections cantonales, apparaît d'autant plus solide que ce sont des listes fondées sur cette Union qui se constituent en vue des élections municipales prévues pour mars 1977, et non plus, comme jusqu'ici dans nombre de grandes villes, des listes socialo-centristes (les précédentes élections municipales remontaient, en effet, à mars 1971, avant la signature du programme commun de gouvernement).

De fait, les élections municipales des 13 et 20 mars 1977 confirment à la fois les tensions au sein de la majorité — ainsi, à Paris, la candidature de Michel d'Ornano, proche du président de la République, et celle de Jacques Chirac, qui l'emportera — et la poussée de la gauche dans les villes de plus de 30 000 habitants. Plusieurs grandes villes passent de droite à gauche : par exemple, Montpellier, Nantes, Rennes et Saint-Etienne.

Dès lors, l'échéance politique importante devient celle des élections législatives de mars 1978 : les résultats des élections municipales et les sondages donnent, en effet, à penser qu'une victoire de la gauche est possible. Un élément nouveau, il est vrai, apparaît en septembre 1977 : la réunion des partenaires de l'Union de la gauche consacrée à la réactualisation du programme commun de gouvernement met en lumière de profondes dissensions entre les communistes d'une part, les socialistes et radicaux de gauche d'autre part ; l'Union de la gauche s'en trouve *de facto* rompue.

Dans ce contexte, et même si les sondages continuent à prévoir une victoire de la gauche, rien ne semble joué à l'avance. A droite, les partis de la mouvance giscardienne — Parti républicain, CDS et Parti radical — se rassemblent le 1er février 1978 en une Union pour la démocratie française (UDF). La majorité a donc désormais deux pôles, l'UDF et le RPR, entre lesquels les relations restent tendues mais que rapprochent l'échéance électorale et la menace d'une victoire de la gauche. Le président de la République s'engage directement dans la campagne (discours sur le « bon choix » pour la France, à Verdun-sur-le-Doubs, le 27 janvier). Le premier ministre fait campagne sur le thème « Barre confiance ».

A gauche également, la tension reste vive entre partenaires de l'ancien programme commun, mais la base électorale reste unitaire.

Le premier tour (12 mars 1978) est caractérisé à la fois par un très fort taux de participation (83,37 %, le plus fort taux depuis les débuts de la IVᵉ République à une élection législative) et par une très forte bipolarisation : 48,6 % pour la gauche et l'extrême gauche, 46,5 % pour la majorité sortante. Entre les deux tours, les partis de gauche, malgré la tension ouverte depuis septembre 1977, parviennent à un accord de désistement. En dépit de cet accord, les résultats de la gauche sont décevants : les socialistes et radicaux de gauche obtiennent 114 sièges, dont 10 pour les seconds, et les communistes 86 sièges. Ce total de 200 sièges constitue incontestablement un échec, dû notamment à un mauvais report sur les candidats communistes au second tour et, plus largement, à l'éclatement de l'Union de la gauche quelques mois plus tôt. Le soir même du second tour, l'un des leaders socialistes, Michel Rocard, refuse la « fatalité de l'échec » et entend « parler vrai, même si ça ne fait pas plaisir à tout le monde » : déjà s'amorce ainsi la concurrence avec François Mitterrand, pour l'investiture du candidat socialiste aux élections présidentielles en 1981.

Pour la droite, au contraire, menacée depuis plusieurs mois par la forte poussée de la gauche, ces élections législatives constituent un succès — « Le succès de ce soir est celui du bon sens », déclare Raymond Barre —, concrétisé par l'obtention de 291 sièges : le RPR, en recul, restait le groupe le plus puissant avec 148 sièges ; l'UDF réalisait un beau score, avec 137 sièges, 6 divers droite complétant l'ensemble.

La fin du septennat (1978-1981)

Rendre compte de cette période 1978-1981 est, pour l'historien, une tâche complexe. Il y a, en effet, quelque paradoxe à constater qu'elle est balisée au départ, en mars 1978, par une victoire qui parut à nombre d'observateurs comme inespérée — « La majorité miraculée », pour reprendre l'expression de René Rémond dans *Notre Siècle* —, à l'arrivée par une défaite qu'auraient pu faire éviter à la fois une opposition entre communistes et socialistes et, à l'intérieur du PS, un conflit ouvert entre les partisans de Michel Rocard et ceux de François Mitterrand.

Malgré l'accord de désistement conclu entre les deux tours des élections législatives entre communistes et socialistes, la tension reste grande, en effet, entre les deux partis. L'Union de la gauche semble défunte, et cette tension est encore avivée au fil des années suivantes par l'aggravation des relations internationales et le réalignement du Parti communiste sur les positions soviétiques : après l'intervention soviétique en Afghanistan en décembre 1979, le secrétaire général du PCF Georges Marchais approuve et justifie cette intervention. Et, à la différence de 1974, le PCF n'envisagera pas, le moment venu, une candidature de gauche unique dès le premier tour de l'élection présidentielle.

Mais c'est au sein même du PS que la préparation de cette élection présidentielle révèle et attise la concurrence entre François Mitterrand et Michel Rocard. Cette concurrence, on l'a vu, était apparue clairement le 19 mars 1978, au soir du second tour des élections législatives, quand Michel Rocard constate que « la gauche vient donc de manquer un nouveau rendez-vous avec l'histoire », déclare « refuser la fatalité de l'échec » et invite à « parler vrai ». En septembre, il dénonce « un certain archaïsme politique », selon lui « condamné », et tous les observateurs y verront un coup de griffe à François Mitterrand. L'année suivante, au Congrès de Metz (6-8 avril 1979), le choc est frontal entre les partisans des deux hommes, et la compétition pour l'investiture à l'élection présidentielle se dessine déjà.

A droite, il est vrai, l'affrontement larvé entre le RPR et l'UDF va s'amplifier. A plusieurs reprises, dès 1978, Jacques Chirac critique l'action du gouvernement de Raymond Barre et la politique étrangère du président de la République : le 6 décembre notamment, à quelques mois des élections européennes, le leader du RPR dénonce le « parti de l'étranger », toujours « à l'œuvre avec sa voix paisible et rassurante ». Malgré un échec du RPR à ces élections européennes du 10 juin 1979 (16,09 % des suffrages exprimés, la liste de tendance UDF, conduite par Simone Veil, en obtenant 27,39 %), la guérilla entre les deux formations continue, et le RPR marque aussi sa différence au Parlement, pour le vote de plusieurs projets de loi et même dans les débats budgétaires. Le recours à l'alinéa 3 de l'article 49 de la Constitution permettra au premier ministre Raymond Barre de tourner ce type de situation : il est, en effet, possible à un gouvernement, grâce à cet article, d'engager sa responsabilité devant l'Assemblée nationale sur le vote d'un texte ; « dans ce cas, précise la Constitution, ce texte est considéré comme adopté, sauf si une motion de mesure, déposée dans les vingt-quatre heures qui suivent, est votée ».

Malgré la division de la gauche, le président sortant n'est donc pas pour autant en position favorable en vue d'une éventuelle réélection. D'autant que difficultés et problèmes s'accumulent :

— Le premier ministre Raymond Barre connaît au début 1981 des taux de popularité très faibles (31 % des Français, par exemple, lui accordent leur confiance en janvier 1981).

— Le président lui-même est atteint, depuis l'automne 1979, par une campagne de presse : *Le Canard enchaîné*, relayé par plusieurs journaux d'opposition, évoque la remise en 1973 par le président de la République centrafricaine Bokassa d'une plaquette de diamants à Valéry Giscard d'Estaing. En outre, le suicide, en octobre 1979, de Robert Boulin, ministre du Travail et de la Participation, et la mort par balle en février 1980 de Joseph Fontanet, ancien ministre, précédé, quelques années plus tôt (décembre 1976), de l'assassinat de Jean de Broglie, député et ancien ministre, ne contribuent pas à assainir le climat.

— Plusieurs projets de lois, par exemple le projet « sécurité et liberté » du garde des Sceaux, Alain Peyrefitte, sont contestés jusque dans les rangs de la majorité (1980).

— Surtout, les rapports au sein de cette majorité restent tendus et Jacques Chirac, durant sa campagne présidentielle de 1981, réservera une partie de ses attaques au président sortant.

— Et, en toile de fond, non seulement la situation économique ne paraît pas s'améliorer, mais de surcroît, on l'a vu plus haut, le second choc pétrolier de 1979 vient encore aggraver la situation et compromettre les effets des mesures prises par le gouvernement de Raymond Barre. Dès mai 1980, Valéry Giscard d'Estaing prend acte de ce que « le prix du pétrole ne baissera plus jamais » et, deux mois plus tard, Raymond Barre annonce à la télévision des « années difficiles » pour la France.

De fait, au cours de son septennat, Valéry Giscard d'Estaing fut confronté au passage des « années faciles » — tout au moins pour ce qui concerne la croissance économique — à ces « années difficiles », apparues à partir de 1974, même si leur réelle perception fut décalée chez nombre d'observateurs et dans l'opinion publique. Pour celle-ci, le réveil n'en fut que plus dur et pour la majorité au pouvoir le déficit de popularité se creusa peu à peu.

Il y a donc un premier paradoxe dans ce septennat placé, à ses débuts, sous le signe du « changement » et de la « décrispation » et qui, la crise s'aggravant, dut vite ralentir le rythme des réformes. Quant à la « décrispation », et nous touchons là à un second paradoxe, force est de constater que ce septennat qui se réclamait du « centre » correspondit au contraire, chronologiquement, à une phase de bipolarisation extrême de la vie politique. Si, en 1965, il subsistait encore un centre d'opposition, distinct aussi bien de la majorité que du rassemblement des forces de gauche autour de la candidature de François Mitterrand, et si ce centre pouvait encore à cette date drainer sur le nom du candidat du MRP Jean Lecanuet près de 4 millions de voix, soit 15 % des suffrages exprimés, dès l'élection présidentielle suivante, celle de 1969, le Centre démocrate, héritier du MRP, avait éclaté, une partie de ses membres ralliant le camp de la majorité en soutenant Georges Pompidou. Et l'autre partie les rejoignait cinq ans plus tard, en soutenant comme eux Valéry Giscard d'Estaing et l'ensemble se ressoudant ensuite en un Centre démocrate et social (CDS), qui deviendra, en 1978, une composante de l'UDF. De même, au centre gauche, le Parti radical avait éclaté en 1972, une partie de ses membres — regroupés au sein des radicaux de gauche — ralliant l'Union de la gauche, les autres — conservant le sigle du Parti radical — soutenant Valéry Giscard d'Estaing en 1974.

A cette date, donc, et au terme d'une évolution d'une dizaine d'années, le centre avait été laminé et la vie politique était structurée autour de quatre grandes formations, réunies deux à deux — PS et PC, UDR (devenue en 1976 RPR) et mouvance giscardienne (fédérée en 1978 au sein de l'UDF) — en un « quadrille bipolaire » (Maurice Duverger). Et au second tour de 1981 c'est le même cas de figure qui prévaudra. Le septennat de Valéry Giscard d'Estaing, malgré les efforts de ce dernier, sera donc, au bout du compte, bordé par deux élections où la bipolarisation fut extrême. Et ce furent tour à tour l'un et l'autre camp qui l'emportèrent à ces deux élections : 1981 fut, en effet, pour la première fois depuis les débuts de la Ve République, l'année d'une « alternance » politique.

BIBLIOGRAPHIE

Portelli Hugues, *La vie politique en France sous la Ve République*, Grasset, 1987, rééd., Poche-Références, 1994.

13. La présidence de François Mitterrand

La victoire de la gauche

L'élection de François Mitterrand (10 mai 1981)

Les difficultés accumulées dans les dernières années du septennat de Valéry Giscard d'Estaing ne rendaient pas pour autant sa réélection perdue d'avance. A la même date, en effet, la gauche apparaît doublement divisée : d'une part, au sein du PS, la concurrence Rocard-Mitterrand s'est encore avivée à proximité de l'échéance électorale, d'autre part, les rapports PS-PC se sont encore davantage tendus.

• Au PS, la situation tourne à l'avantage de François Mitterrand, mais l'issue de la compétition pour l'investiture à l'élection présidentielle sembla longtemps indécise. Le 19 octobre 1980, Michel Rocard, depuis sa mairie de Conflans-Sainte-Honorine, avait proposé sa candidature. Mais le 8 novembre suivant, au terme de la réunion du comité directeur du PS, François Mitterrand est lui aussi candidat et son concurrent se retire quelques jours plus tard. Le candidat fondera sa campagne sur un thème, « la force tranquille », et un programme articulé sur « 110 propositions ».

• François Mitterrand ne deviendra pas pour autant, comme en 1974, candidat unique de la gauche : le secrétaire général du Parti communiste, Georges Marchais, annonce sa candidature. Comme en 1969, c'est-à-dire avant la signature du programme commun, la gauche ira désunie à l'élection.

• De son côté, le camp de la majorité voit en position de concurrence un candidat de la droite libérale, le président sortant, et un gaulliste, Jacques Chirac. Si deux autres gaullistes, Michel Debré et Marie-France Garaud, sont aussi en lice, Jacques Chirac est soutenu par le RPR.

• En dehors des quatre grandes formations que sont le PS, le PCF, l'UDF et le RPR, seuls six autre candidats sont présents : outre Debré et Garaud, la trotskyste Arlette Laguiller, l'écologiste Brice Lalonde, la PSU Huguette Bouchardeau et le radical de gauche Michel Crépeau. A l'extrême droite, en revanche, Jean-Marie Le Pen n'est pas parvenu à réunir les signatures d'élus nécessaires pour être candidat.

Les résultats du premier tour (26 avril) sont les suivants (avec 18,91 % d'abstention) :

Valéry Giscard d'Estaing	28,31 %
François Mitterrand	25,84 %
Jacques Chirac	17,99 %
Georges Marchais	15,34 %
Brice Lalonde	3,88 %
Arlette Laguiller	2,30 %
Michel Crépeau	2,21 %
Michel Debré	1,66 %
Marie-France Garaud	1,33 %
Huguette Bouchardeau	1,10 % des suffrages exprimés.

Ces résultats appellent plusieurs remarques :

— le président sortant, avec 28,31 % des voix, ne retrouve pas son score de 1974. Avec les voix, au second tour, des candidats gaullistes il conserve pourtant un résultat potentiel de 49,29 % ;

— à gauche, l'événement historiquement marquant est le recul du Parti communiste qui, avec 15,34 %, connaît un décrochage très net par rapport à ses scores habituels des années 1970, le plus souvent placés autour de 20-21 %.

Les voix potentielles communistes et radicales devraient, en cas de désistement réussi, assurer à François Mitterrand un plancher de 43,39 %. Si l'on ajoute les voix d'Arlette Laguiller et celles d'Huguette Bouchardeau, le capital de départ atteint 46,79 % (sans compter les voix écologistes, Brice Lalonde ne donnant pas de consigne de vote). Le score s'annonce donc serré pour le second tour et décisifs les reports de voix au sein des deux camps. D'autant que le faible score communiste rend la candidature Mitterrand moins inquiétante pour nombre de centristes et rend plus efficient le thème de la « force tranquille ».

Entre les deux tours, Georges Marchais appelle « à voter pour François Mitterrand sur des bases bien précises : les 131 propositions que nous avons soumises ». Jacques Chirac soutient Valéry Giscard d'Estaing sans enthousiasme excessif : « Le 10 mai, chacun devra voter selon sa conscience. A titre personnel... je ne puis que voter pour M. Giscard d'Estaing. » Par ailleurs, durant cet entre-deux-tours, le ton se fait plus dur de part et d'autre. Le 1er mai, à Montpellier, François Mitterrand attaque le « candidat finissant ». Le 5 mai, comme sept ans auparavant, un face-à-face télévisé oppose les deux hommes et François Mitterrand dénonce l' « homme du passif ».

Poursuite d'une dynamique de la candidature Mitterrand ? Défection, dans l'autre camp, de voix gaullistes hostiles au président sortant ? Les politologues ont avancé différentes hypothèses à propos du résultat du 10 mai 1981. Le résultat, en tout cas, est sans appel : au soir du second tour marqué par une très forte participation (14,15 % d'abstention), François Mitterrand est élu président de la République, avec 51,75 % des suffrages exprimés. Vingt-trois ans après la fondation de la Vᵉ République, la gauche arrivait au pouvoir : c'est ce que l'on a appelé l' « alternance politique ».

Au moment où il accède à la magistrature suprême, François Mitterrand est âgé de 64 ans. Né le 26 octobre 1916, il connaîtra après la Libération une carrière précoce, rapide et brillante. Elu député de la Nièvre à 30 ans, aux élections législatives de novembre 1946, il devient deux mois plus tard ministre des Anciens combattants dans le gouvernement Ramadier. Dans les dix ans qui suivent, jusqu'à la fin du gouvernement Guy Mollet en mai 1957, il sera onze fois ministre ou secrétaire d'Etat, dans des fonctions de plus en plus importantes : il est ainsi ministre de l'Intérieur de Pierre Mendès France et, un an plus tard, garde des Sceaux dans le ministère Guy Mollet. Etant l'un des dirigeants de l'Union démocratique et socialiste de la Résistance (UDSR), petit parti centriste fondé par d'anciens résistants et surtout parti charnière de nombre de coalitions gouvernementales, il connaît donc une ascension accélérée et apparaît, aux approches de la quarantaine, comme une des étoiles montantes de la IVᵉ République. C'est dire que la brusque disparition de ce régime aurait pu, comme ce fut le cas d'autres dirigeants, mettre fin à sa carrière politique. D'autant qu'ayant pris position, en mai-juin 1958, contre les conditions du retour au pouvoir du général de Gaulle, puis, en septembre, contre les institutions de la Ve République, il est battu aux élections législatives de novembre.

Se manifeste alors une donnée constante de la carrière politique de François Mitterrand : sa capacité de rebond, qui lui permettra à plusieurs reprises de surmonter ses échecs. Pour l'heure, en ces débuts de la Ve République, il paraît d'autant plus hors jeu qu'à son échec électoral s'ajoute en 1959 l'affaire des jardins de l'Observatoire : il déclarera avoir été la cible d'une fusillade, pour laquelle certains parleront d'un attentat simulé et dont il aurait été averti préalablement. L'affaire, probablement une machination contre lui, lui aliéna nombre d'appuis et de sympathies et accrédita l'image d'un personnage calculateur et secret, volontiers manipulateur, « florentin » comme l'avait qualifié François Mauriac. Toujours est-il qu'à force de volonté, François Mitterrand opéra un rétablissement politique : très isolé, sans parti — l'UDSR n'est plus que l'ombre d'elle-même —, il parvient à récupérer en 1962 son siège de député et s'impose ensuite à l'Assemblée nationale comme l'un des plus brillants orateurs de l'opposition. Surtout, il parvient, on l'a vu, à devenir en septembre 1965 le candidat unique de la gauche. Et les beaux scores obtenus aussi bien au premier tour qu'au second en font le leader de la gauche non communiste, alors qu'il n'est même pas membre de la SFIO qui est alors la principale composante de cette gauche non communiste. En 1966, il est l'un des artisans d'un rapprochement entre celle-ci et les communistes, rapprochement qui se traduit par une progression de l'opposition aux élections législatives de mars 1967. Mais les événements de Mai 68, à nouveau, semblent compromettre gravement son avenir politique : il lui sera ensuite reproché à la fois d'avoir surtout songé, au plus fort de la crise, à ses propres intérêts politiques et d'avoir adopté, dans sa conférence de presse du 29 mai, une attitude peu respectueuse des institutions. Toujours est-il qu'à l'automne 1968 nombre d'observateurs pensent que cet homme de 52 ans a sa carrière politique derrière lui. C'est compter sans cette aptitude à surmonter ses revers et à rebondir. Deux ans et demi plus tard, en juin 1971, il participe au Congrès fondateur (Epinay, 11-13 juin) du Parti socialiste et en devient, grâce à un talent manœuvrier qui lui permet de s'appuyer à la fois sur l'aile droite et sur l'aile gauche du parti, le premier secrétaire.

Défenseur d'une union des forces de gauche, il avait notamment déclaré à la tribune : « Celui qui n'accepte pas la rupture avec l'ordre établi, la société capitaliste, ne peut pas être adhérent du PS. La révolution, c'est la rupture. Notre base, le front de classe. Le véritable ennemi, c'est le monopole de l'argent, l'argent qui corrompt, l'argent qui achète, l'argent qui écrase. L'argent roi qui ruine et qui pourrit jusqu'à la conscience des hommes. »

Dès lors, il va incarner, à travers la remontée électorale du PS, sur les ruines de la vieille SFIO, la renaissance d'un fort courant socialiste français. Et il va s'identifier à la politique d'Union de la gauche, conclue avec le PCF en juin 1972 et qui lui fera frôler la victoire à l'élection présidentielle de 1974. D'autant que cette dynamique électorale semble se poursuivre après cette date, malgré la victoire de Valéry Giscard d'Estaing.

Mais, à nouveau, trois ans plus tard, tout semble largement compromis : au mois de septembre 1977, l'Union de la gauche est gravement ébranlée par l'échec de la « réactualisation » du programme commun de gouvernement signé cinq ans plus tôt et par la rupture de fait avec les communistes qui en découle ; d'autre part, du fait même de cette crise de l'Union de la gauche, la dynamique victorieuse semble s'enrayer et c'est l'échec aux élections législatives de mars 1978. Cet échec permet à une autre personnalité du PS, Michel Rocard, de se poser en concurrent de François Mitterrand, dénonçant implicitement l' « archaïsme » qu'il incarnerait désormais et entrant en compétition avec lui, pour l'investiture du PS à l'élection présidentielle de 1981. Le danger est d'autant plus grand que Michel Rocard est porté par une cote de popularité alors bien plus élevée que celle de François Mitterrand qui, à plus de 60 ans, apparaît à une partie de l'opinion comme un homme du passé et même, à une partie de la gauche, comme un obstacle à la modernisation et à la victoire. Or, à nouveau, on l'a vu, l'homme saura rebondir, triomphant de son concurrent socialiste avant de connaître, à sa troisième tentative, la victoire électorale en mai 1981.

« L'état de grâce »

Pendant sa campagne électorale, François Mitterrand avait prévu, en cas de victoire, un « état de grâce » permettant de procéder rapidement à des réformes profondes. L'installation officielle au pouvoir se fait le 21 mai. François Mitterrand, symboliquement, se rend au Panthéon où il se recueille devant les tombes de Jean Jaurès, Jean Moulin et Victor Schœlcher. La journée est marquée, comme le 10 mai place de la Bastille, par des scènes de liesse de l'électorat de gauche.

Pierre Mauroy est nommé, le même jour, premier ministre et son gouvernement comprend notamment Gaston Defferre au ministère de l'Intérieur et Jacques Delors au ministère de l'Economie et des Finances. Le 22 mai, l'Assemblée nationale est dissoute et des élections législatives sont prévues pour les 14 et 21 juin.

Au premier tour, les socialistes obtiennent 37,7 % des voix (avec les radicaux de gauche), tandis que les communistes voient leur recul confirmé (16,12 % des voix). Grâce au scrutin uninominal à deux tours, qui amplifie classiquement les résultats du premier tour, et à un bon report des voix communistes, le PS obtient 285 sièges, dépassant ainsi à lui seul de 39 sièges la majorité absolue. C'est seulement la seconde fois sous la Ve République qu'un parti détient ainsi la majorité absolue à l'Assemblée nationale : la première fois, on l'a vu, s'était produite en juin 1968, quand, après la crise de mai et la dissolution de l'Assemblée nationale par le général de Gaulle, l'UDR avait obtenu 293 députés.

Si les résultats du second tour ont les causes « mécaniques » évoquées plus haut, ceux du premier tour et notamment l'ampleur du succès socialiste doivent être cherchés plus largement à la fois dans l' « état de grâce » et la dynamique créés par la victoire de François Mitterrand un mois et demi plus tôt, et, par défaut, dans la progression de l'abstention entre mai et juin (14,15 % le 10 mai, 29,1 % le 14 juin) qui aurait frappé surtout l'électorat de droite et amplifié d'autant le succès de la gauche. Cette analyse a été développée par le politologue François Goguel (cf. *Chroniques électorales*, t. 3, 1983).

Par-delà les causes conjoncturelles — défection de voix gaullistes le 10 mai, abstention d'une partie de l'électorat de droite aux législatives de juin —, la question essentielle reste de savoir si les victoires socialistes de mai et juin 1981 avaient aussi des causes structurelles et s'inscrivaient dans le droit fil d'une montée de la gauche tout au long de la décennie précédente, dont ces victoires de 1981 auraient été l'aboutissement logique. Le point est débattu, mais la montée en puissance de la gauche au fil des années 1970 est en revanche indéniable. Le politologue Jérôme Jaffré a proposé de cette montée en puissance les explications suivantes (Retour sur les élections de 1981, *Pouvoirs*, n° 24, 1983) :

— « les transformations sociologiques », avec notamment l'accroissement du salariat au sein de la population active ;
— « les changements culturels », avec la baisse de la pratique religieuse (pratique qui est considérée comme une variable essentielle d'explication du vote de droite) ;
— la crise économique qui a doublement favorisé l'alternance : « usure du pouvoir », à cause de son incapacité à juguler l'inflation et la hausse du chômage, et légitimation des programmes de gauche préconisant un Etat davantage interventionniste ;
— les tensions au sein de l'ancienne majorité ;
— le rééquilibrage au sein de la gauche, au profit des socialistes. Confirmé massivement par le décrochage communiste en 1981, ce rééquilibrage a permis, on l'a vu, de lever une hypothèque : la crainte inspirée à un électorat modéré par un Parti communiste trop fort.

Le gouvernement de Pierre Mauroy

Deux phases très contrastées sont perceptibles. D'une part, la mise en place du « socle du changement » — pour reprendre une formule de Pierre Mauroy —, en d'autres termes les réformes opérées après la victoire de mai-juin 1981. D'autre part, et ce dès l'année suivante, le coût de ces réformes et les contraintes économiques entraînèrent un changement de cap et le passage à la « rigueur » et au socialisme gestionnaire. Entre-temps, l' « état de grâce » s'était dissipé et les courbes de notoriété des dirigeants de gauche avaient commencé à s'infléchir.

Le « socle du changement »

Après les législatives, a lieu un remaniement du gouvernement, marqué par l'entrée en son sein de quatre ministres communistes. Plusieurs mesures prises rapidement se veulent autant symboliques que pratiques : abolition de la peine de mort, suppression de la Cour de sûreté de l'Etat, arrêt de l'extension du camp militaire du Larzac, amnistie et libération de 6 200 détenus, régularisation des immigrés en situation irrégulière.

Si le principe des nationalisations est acquis, ont lieu durant l'été des débats — alors inconnus de l'opinion publique — sur la nature de ces nationalisations : Jacques Delors est réticent à l'idée de procéder à des nationalisations à 100 % (tout comme Michel Rocard, ministre du Plan, et Robert Badinter, garde des Sceaux). Il sera pourtant décidé de procéder à des nationalisations totales. Dès juillet, le premier ministre, dans sa déclaration gouvernementale, avait affirmé que les nationalisations « donneront au gouvernement des moyens déterminants pour conduire sa politique économique ». Cette extension du secteur public entraîna la nationalisation de cinq sociétés industrielles (Saint-Gobain, Compagnie générale d'électricité, Péchiney-Ugine-Kuhlmann, Rhône-Poulenc, Thomson), de trente-six banques et de deux compagnies financières (Paribas et Suez).

L'autre trait essentiel de la politique économique alors menée est la relance par la consommation. Mesure sociale et en même temps instrument de relance, l'augmentation du SMIC est rapidement mise en œuvre, tout comme la majoration du minimum vieillesse et des allocations familiales, ainsi que celle de l'allocation logement.

La lutte contre le chômage est également considérée contre une priorité nationale. Au mois de juin, lors de son premier déplacement officiel en province, François Mitterrand, à Montélimar, proclame « la bataille de l'emploi ». Et le premier ministre évoquera le combat à mener sur « la crête des deux millions de chômeurs ».

D'importantes réformes sociales sont mises en œuvre :

— la durée du travail hebdomadaire est ramenée à trente-neuf heures, la baisse d'une heure s'opérant sans diminution de salaire ;
— la cinquième semaine de congés payés est généralisée ;
— la retraite est abaissée à 60 ans ;
— les « lois Auroux » — du nom de Jean Auroux, ministre du Travail — introduisent d'importantes modifications dans le domaine du droit du travail, avec notamment, par la loi du 4 août 1982, le droit d'expression directe des salariés sur le lieu de travail.

La loi de décentralisation, préparée et mise en œuvre par le ministre de l'Intérieur Gaston Defferre, fut promulguée le

2 mars 1982. Elle transférait aux élus locaux — présidents de conseils généraux et régionaux, maires — le pouvoir exécutif jusque-là détenu par le préfet, rebaptisé commissaire de la République. Les collectivités locales voient donc leurs compétences largement étendues et disposent de ressources nouvelles par transfert vers elles de certaines recettes fiscales et par dotations de l'Etat.

Dans le domaine de l'audiovisuel, les radios locales privées sont autorisées et une Haute Autorité de l'audiovisuel est créée.

Le temps des difficultés

Les premières difficultés apparaissent à l'automne. Ainsi, si une dévaluation avait été envisagée dès le mois de mai, elle n'aura pas lieu à cette date et quand elle interviendra en octobre, elle sera à la fois de peu d'ampleur (3 %, et une réévaluation du mark de 5,5 %) et sans véritables mesures d'accompagnement.

Et l'année 1982 allait être une année difficile. Dès le mois de décembre 1981, Jacques Delors, inquiet, avait réclamé une « pause ». Depuis l'automne, en effet, le déficit de la balance commerciale s'était aggravé, l'inflation demeurait à un taux élevé — 13,9 % pour 1981 et, de surcroît, un « différentiel d'inflation » avec les principaux pays européens — et la crête des deux millions de chômeurs allait bientôt être atteinte. Certes, lors de la présentation de ses vœux aux Français, le 31 décembre 1981, François Mitterrand avait affirmé : « la reprise est là », mais celle-ci, au cours des mois suivants, n'avait pas eu lieu. Ce qui avait contraint le gouvernement, au mois de juin 1982, à une nouvelle dévaluation (12 juin) et à un plan d'accompagnement fondé sur la « rigueur » — en septembre, le président, en visite dans la région Midi-Pyrénées prônera « la rigueur et l'effort » —, avec blocage des prix et des salaires (13 juin).

Mais, avant même ces décisions, un reflux politique semblait s'être amorcé, sonnant la fin de l'état de grâce. Déjà, en octobre 1981, le Congrès du PS à Valence avait choqué l'opinion par quelques phrases maladroites paraissant annoncer une radicalisation des socialistes. En janvier 1982, lors de quatre élections législatives partielles, les députés sortants, tous socialistes ou apparentés, avaient été battus. Surtout, en mars 1982, les élections cantonales avaient vu un échec de la gauche. Et, après les mesures économiques de juin, les courbes de popularité de François Mitterrand et de Pierre Mauroy commencèrent à fléchir.

Les problèmes économiques persistants entraînèrent au début de 1983 un débat — non rendu public sur le moment — au sein du gouvernement et surtout à l'Elysée sur l'opportunité de la sortie du franc du système monétaire européen (SME). Le président consulte et hésite. Entre-temps ont lieu à la fin de l'hiver (6 et 13 mars 1983) les élections municipales. Malgré les déclarations rassurantes du premier ministre durant la campagne électorale — « actuellement, pratiquement tous les indicateurs de la politique gouvernementale se remettent tranquillement au vert » —, le premier tour est catastrophique pour la gauche. Et si le second tour permet de conserver Marseille, où Gaston Defferre risquait de perdre la mairie, ce sont tout de même trente villes de plus de 30 000 habitants qui sont conquises par l'opposition. Et le premier secrétaire du PS, Lionel Jospin, prend acte du recul depuis 1981 : « Malgré le redressement du second tour, nous n'avons pas pu conserver ceux qui s'étaient rassemblés autour de nous le 10 mai 1981. »

Après cet échec électoral, le président de la République semble avoir envisagé de faire sortir le franc du SME. Les conseils en sens contraire de Pierre Mauroy — et du ministre directement concerné, Jacques Delors — entraînèrent encore dix jours d'hésitation de François Mitterrand : le 21 mars, le franc, maintenu dans le SME, était dévalué ; le 22 mars, Pierre Mauroy était reconduit dans ses fonctions de premier ministre.

Celui-ci allait avoir à affronter des difficultés redoublées :

— dans le domaine économique et social, le chômage, loin d'être endigué, continuait sa progression : presque deux ans exactement après l'élection de François Mitterrand, en avril 1983, le chiffre des deux millions de chômeurs était atteint ;
— de surcroît, tout le premier semestre de l'année 1984 allait être occupé par l'affaire dite de l'école libre, qui allait profondément ébranler le premier ministre et le président de la République. Parmi les 110 propositions de ce dernier en 1981 se trouvait la mise en place d'un grand service public laïc unifié. Chargé de mettre en œuvre une telle promesse, le ministre de l'Education, Alain Savary, avait multiplié les consultations et tenté de par-

La présidence de François Mitterrand

venir à un compromis acceptable aussi bien par les tenants de l'école libre que par les défenseurs des principes laïques. Mais son projet se heurta à une hostilité de plus en plus massive. Le début de l'année 1984 avait été marqué par plusieurs rassemblements importants en faveur de l'école libre jusqu'à la manifestation de Versailles, le 4 mars, où les leaders de l'opposition avaient défilé aux côtés de centaines de milliers de participants. Surtout, le 24 juin, une manifestation réunissant un million de personnes défile dans Paris. Le pouvoir politique est d'autant plus ébranlé que, la semaine précédente, aux élections européennes, la liste socialiste conduite par Lionel Jospin n'avait obtenu que 20,75 % des suffrages exprimés, contre 43,02 % à la liste de l'opposition conduite par Simone Veil et que le Front national de Jean-Marie Le Pen avait fait, à cette occasion, une percée spectaculaire, obtenant 10,95 % des suffrages, c'est-à-dire pratiquement autant que la liste communiste (11,20 %).

Devant une telle situation, François Mitterrand, dans son allocution télévisée du 14 juillet, propose une révision constitutionnelle sur l'élargissement du champ d'application du référendum, et, surtout, il annonce le retrait du projet Savary. Alain Savary démissionne aussitôt et, quatre jours plus tard, Pierre Mauroy est remplacé par Laurent Fabius.

Le ministère de Laurent Fabius

« Moderniser et rassembler »

Laurent Fabius, né en août 1946, normalien, agrégé, énarque, député de Seine-Maritime depuis 1978, proche conseiller de François Mitterrand avant 1981, ministre (chargé du Budget en 1981-1983, à l'Industrie et à la Recherche en 1983-1984) après 1981, devient donc premier ministre à 37 ans.

Il annonce immédiatement son intention de « moderniser » et de « rassembler ». Si l'assise parlementaire de son gouvernement est affaiblie par le refus des communistes d'y participer et par la distance qu'ils commencent à prendre dès cette date, il dispose de plusieurs atouts :

— D'une part, si les dures années 1982-1984 avaient usé les cotes de popularité et de confiance de son prédécesseur Pierre Mauroy, Laurent Fabius dispose d'un crédit initial non négligeable dans l'opinion. D'autant que, de façon quelque peu injuste, les échecs de la gauche à partir de 1982 et l'usure apparente de Pierre Mauroy avaient fini par faire de ce dernier un symbole d'archaïsme, archaïsme qui faisait d'autant mieux ressortir la jeunesse de son successeur et rendait davantage crédibles ses appels à la modernisation.

— D'autre part, la période d'austérité et de rigueur, sans avoir totalement rétabli les grands équilibres économiques, avait entraîné une baisse du déficit commercial et surtout une baisse de l'inflation : 9,3 % à la fin de l'année 1983, 6,7 % à la fin 1984.

Plusieurs problèmes, il est vrai, occupent les premiers mois du gouvernement Fabius. Dans le domaine économique, le chômage continue d'augmenter. En Nouvelle-Calédonie, la situation s'aggrave à la fin de l'année 1984. Et au Liban, à deux Français emprisonnés dans un endroit inconnu, à partir du 22 mars, viennent s'ajouter deux nouvelles victimes le 22 mai. Le sort de ces otages allait peser lourdement, par la suite, sur la vie politique intérieure, tout comme, quelques années plus tôt, les Américains retenus à l'ambassade des Etats-Unis en Iran avaient pesé sur la fin de la présidence de Jimmy Carter. D'autant que d'autres noms s'ajouteront par la suite à la liste des otages français.

Cela étant, comparée à la période 1982-1984, la première année du gouvernement de Laurent Fabius, jusqu'à l'été 1985, avait été placée sous le signe d'un certain apaisement. D'autant qu'aucune échéance électorale importante — hormis les cantonales de mars 1985, perdues par la gauche — n'était intervenue durant cette période. Et le capital de popularité du premier ministre s'était alors globalement maintenu.

Mais, durant l'été 1985, l'affaire du *Rainbow-Warrior* allait affaiblir le gouvernement Fabius. Le *Rainbow-Warrior*, navire de l'organisation écologiste Greenpace, est coulé, le 10 juillet, dans le port d'Auckland, en Nouvelle-Zélande, par deux charges explosives, et un photographe qui se trouvait à bord est tué dans l'explosion. Le navire s'apprêtait à venir protester au large de l'atoll de Mururoa contre les expériences nucléaires françaises. Or, il apparaît bientôt qu'il s'agit d'une opération montée par les services français de renseignement (DGSE), probablement à l'initiative du ministre de la Défense, Charles Hernu, soucieux de protéger la zone de tirs nucléaires français. Le gouvernement commença par nier puis, devant les révélations de la presse, Charles Hernu et le directeur de la DGSE, l'amiral Lacoste, furent contraints à la démission.

Le premier ministre, déjà déstabilisé par une gestion maladroite de l'affaire du *Rainbow-Warrior*, connut de surcroît un échec lors d'un débat télévisé où il fut dominé par l'un des chefs de l'opposition, Jacques Chirac (27 octobre). En cette fin d'année 1985, à trois mois d'élections législatives décisives, son gouvernement peut cependant faire valoir d'indéniables résultats. La lutte contre le chômage semble d'abord porter quelques fruits. Les TUC (travaux d'utilité collective), par exemple, furent destinés aux jeunes chômeurs. Surtout, le rythme d'augmentation parut se ralentir — les chômeurs étaient 2 370 000 à la fin de 1985 — et même enregistrer une inversion de tendance au début de l'année suivante. Certes, ce succès était fragile et se révélera conjoncturel : il n'en était pas moins significatif, dans un domaine essentiel. En outre, l'inflation semble maîtrisée et passe largement en dessous de la barre de 5 %. Ces résultats peuvent-ils permettre de renverser une tendance annoncée par tous les sondages, c'est-à-dire la victoire de l'opposition en mars 1986 ?

Les élections législatives du 16 mars 1986

Le passage au scrutin proportionnel, intervenu à quelques mois de l'échéance, permet au Front national, avec 9,80 % des suffrages exprimés, d'obtenir 35 sièges (comme le PCF qui, avec 9,69 %, passe — pour la première fois depuis 1932 — en dessus de la barre des 10 %). Jamais depuis le mouvement Poujade aux élections de janvier 1956, l'extrême droite n'a été aussi largement représentée à l'Assemblée nationale.

Cette percée de l'extrême droite n'empêche pas la victoire de la droite. L'UDF et le RPR l'emportent largement (42,03 %, et 44,81 % avec les « divers droite ») sur un PS en recul par rapport à 1981 mais dont le score reste élevé (31,61 %, et 32,76 % avec les radicaux de gauche et les « divers gauche »). Le changement du mode de scrutin, s'il limite les effets en nombre de sièges de ce succès, n'empêche pas l'opposition de droite d'obtenir une courte majorité absolue : 291 élus sur 577 (contre 216 pour le PS et apparentés). Ce succès est encore amplifié par le succès de l'opposition aux élections régionales qui ont lieu le même jour : la droite emportera 20 des 22 présidences de conseils régionaux (la gauche ne conserve plus que celles du Limousin et du Nord - Pas-de-Calais).

La cohabitation

Pour la première fois depuis les débuts de la Vᵉ République, un président n'a pas une majorité politiquement favorable à l'Assemblée nationale. Commence donc une phase institutionnellement inédite, bientôt appelée la cohabitation, avec un président de gauche et un gouvernement de droite. Le lendemain de l'élection, en effet, le président de la République prend acte de la victoire d'une majorité nouvelle et le 18 mars 1986 Jacques Chirac est nommé premier ministre.

Jacques Chirac, premier ministre

C'est la seconde fois que le chef du RPR devient chef du gouvernement. Né le 19 novembre 1932, ancien élève de l'ENA, il avait d'abord fait partie de ceux que les journalistes avaient appelés dans les années 1960 les « jeunes loups » du premier ministre Georges Pompidou : en 1967, il était devenu député de la Corrèze puis avait connu une ascension sous la présidence de Georges Pompidou, occupant des postes ministériels de plus en plus importants (notamment l'Agriculture et l'Intérieur). Ayant favorisé au premier tour de l'élection présidentielle de 1974 Valéry Giscard d'Estaing contre le candidat gaulliste Jacques Chaban-Delmas, il devint après l'élection premier ministre puis parvint à s'assurer sept mois plus tard, le 14 décembre 1974, la direction de l'UDR malgré l'hostilité des « barons » historiques du gaullisme. Après avoir démissionné de ses fonctions de premier ministre en août 1976, il fonde, le

5 décembre 1976, le Rassemblement pour la République (RPR). Maire de Paris en 1977 — après une compétition électorale avec le candidat giscardien, Michel d'Ornano —, il mène, à l'intérieur de la majorité, une guérilla parlementaire contre son successeur à Matignon, Raymond Barre, et attaque explicitement la politique européenne du président de la République dans son « appel de Cochin » (décembre 1978). En 1981, on l'a vu, la compétition fut âpre avec le président sortant, les deux hommes se portant candidats à l'élection présidentielle. Et l'appel de Jacques Chirac à voter en faveur de Valéry Giscard d'Estaing au second tour fut, pour le moins, sans chaleur. Après l'échec de Valéry Giscard d'Estaing, Jacques Chirac se consacra à renforcer le RPR qui, avec 148 élus aux élections législatives de mars 1986 et 19 sièges de plus que l'UDF, pouvait revendiquer la direction du gouvernement au soir du 16 mars.

Le choix des principaux ministres est à la fois le reflet de la composition de la majorité parlementaire victorieuse et le symbole des lignes directrices de l'action ministérielle qui commence. Les 40 membres du gouvernement se répartissent notamment entre 20 RPR et 17 UDF. La nomination d'Edouard Balladur à la tête d'un ministère significativement dénommé « de l'Economie, des Finances et de la Privatisation » reflète le choix d'une politique placée sous le signe du libéralisme économique. Et l'attribution du ministère de l'Intérieur à Charles Pasqua symbolise l'option sécuritaire, qui avait été, du reste, l'un des thèmes de la campagne électorale. Le 22 mars 1986, dans une atmosphère glaciale, a lieu, présidé par le chef de l'Etat, le premier Conseil des Ministres du gouvernement de Jacques Chirac.

Dans le domaine économique, ce gouvernement, porté par un programme d'inspiration libérale, va entreprendre des privatisations. Celles-ci concerneront non seulement les nationalisations de 1982 mais aussi certaines de celles opérées après la Libération par le général de Gaulle. Soixante-cinq entreprises sont touchées, dans l'industrie, les assurances et les banques, ainsi que dans le domaine de la communication. La procédure initialement prévue, par voie d'ordonnances, ayant été refusée par le président de la République, c'est par la voie parlementaire que s'opéreront les privatisations. Ce programme, enclenché dès l'automne 1986 avec la privatisation de Saint-Gobain, connaîtra un grand succès populaire : des millions de souscripteurs achèteront des titres des sociétés privatisées.

Intervint aussi la libération des prix. Déjà en 1984-1985, Pierre Bérégovoy, ministre de l'Economie et des Finances, avait libéré une grande partie des prix industriels. L'ordonnance du 1er décembre 1986 va plus loin et pose le principe de la liberté de tous les prix.

Dans le domaine social, si les acquis sociaux de 1981 ne sont pas remis en cause (retraite à 60 ans, 5e semaine de congés payés), l'impôt sur les grandes fortunes est supprimé, tout comme l'autorisation administrative de licenciement.

Rapidement, le gouvernement de Jacques Chirac va se trouver confronté à des difficultés de différentes natures :

• Au mois de septembre 1986, la France eut à affronter une vague d'attentats sanglants.

• Surtout, à partir de la fin novembre, le projet de loi du secrétaire d'Etat aux Universités, Alain Devaquet, perçu comme devant instaurer la sélection à l'entrée à l'Université et prévoyant d'augmenter les droits d'inscriptions, entraîne une agitation lycéenne et étudiante. Le mouvement de protestation culmine le jeudi 4 décembre 1986, avec des manifestations très importantes dans les grandes villes universitaires et notamment à Paris. L'ampleur de ces manifestations et la mort tragique le lendemain d'un jeune homme, Malik Oussekine, violemment frappé par des membres d'un peloton voltigeur motocycliste, entraînent le retrait du projet. C'est un échec indéniable pour le gouvernement.

• De surcroît, quelques semaines plus tard, une grève de la SNCF contre les nouvelles modalités d'avancement dans la grille indiciaire durera plus d'un mois, au cœur de l'hiver.

• Dans le même temps, la cohabitation permet au président, qui apparaît à la fois comme le garant des institutions et, à gauche, comme le gardien des acquis sociaux contre le gouvernement en place, de récupérer une popularité qui s'était effondrée au cours des années précédentes.

• En outre, l'année suivante, les privatisations qui avaient réussi à attirer un actionnariat populaire — les « petits porteurs » — voient leur image altérée après le « krach » de la Bourse, le 19 octobre 1987, où l'indicateur de tendance enregistre une très forte baisse.

• La tension reste forte en Nouvelle-Calédonie. En 1985, le plan d' « indépendance-association » élaboré par Edgard Pisani avait été rejeté par les anti-indépendantistes, représentés par le Rassemblement pour la Calédonie dans la République (RCPR), proche du RPR, dont les élections régionales de septembre 1985 avaient confirmé la prépondérance. Le Front de Libération nationale kanak socialiste (FLNKS), indépendantiste, avait cependant gagné, à l'occasion de ces élections, le contrôle de trois régions sur quatre. En septembre 1987, un référendum d'autodétermination est un succès pour les anti-indépendantistes, qui rassemblent 98,30 % des suffrages exprimés, avec, il est vrai, 40 % d'abstentions, venues surtout des rangs indépendantistes. Le fossé reste large entre les deux communautés. Deux jours avant le premier tour de l'élection présidentielle, le 22 avril 1988, un poste de gendarmerie est attaqué par des indépendantistes canaques sur l'île d'Ouvéa : quatre gendarmes sont tués, et vingt-sept sont pris en otage. Ces otages seront libérés le 5 mai suivant, après une opération qui coûtera la vie à deux militaires et à dix-neuf Canaques.

La victoire de François Mitterrand en 1988

La France était à cette date entre les deux tours de l'élection présidentielle. Depuis les débuts de la cohabitation, deux ans plus tôt, les deux camps s'y préparaient. Ces élections allaient voir, d'une part, la large victoire de François Mitterrand, d'autre part, la confirmation de la montée en puissance du Front national.

La grande différence avec 1981, en effet, est qu'aux candidats des deux camps — tels qu'ils se recomposent au second tour — vient s'ajouter la candidature de Jean-Marie Le Pen.

• Dans les rangs de la majorité parlementaire, il y a, comme en 1981, deux candidats : Jacques Chirac annonce sa candidature le 16 janvier ; Raymond Barre, auquel l'UDF a apporté son soutien, est candidat le 8 février. Malgré la proclamation réciproque d'un « climat de loyauté et de franchise sans affrontement », une compétition tendue marque la campagne des deux hommes, un seul pouvant éventuellement rester en lice au second tour. Et même si durant cette campagne est évoquée par Edouard Balladur la perspective à terme d'une « confédération RPR-UDF », les deux partis partent donc désunis à la bataille électorale.

• La droite désunie doit, de surcroît, compter avec la présence d'un candidat d'extrême droite, Jean-Marie Le Pen. Ce dernier, né en 1928, leader étudiant d'extrême droite au Quartier latin au début des années 1950, officier parachutiste en Indochine à la fin de la guerre, plus jeune député (poujadiste) de France en 1956, engagé volontaire en Algérie en 1957 — durant la « bataille d'Alger », il aurait, selon des accusations postérieures, démenties par l'intéressé, assisté ou participé à des séances de torture —, réélu député en 1958 et battu en 1962, fut ensuite, durant les périodes de basses eaux de l'extrême droite, le leader d'un minuscule parti, le Front national, fondé en 1972, qui obtient 0,74 % des voix à l'élection présidentielle de 1974 (Jean-Louis Tixier-Vignancour avait obtenu 5,19 % des voix en 1965). En 1981, il ne pourra même pas trouver les signatures nécessaires pour être candidat à l'élection présidentielle.

A cette date, l'extrême droite est électoralement inexistante : les statistiques du ministère de l'Intérieur la créditent de 0,35 % des suffrages exprimés au premier tour des élections législatives de juin 1981. C'est à partir de 1983 et surtout de 1984 et 1986 que le Front national s'affirme et prend de l'ampleur. L'élection présidentielle va-t-elle confirmer cette montée ?

• A gauche, François Mitterrand, après avoir laissé planer pendant plusieurs mois le doute sur ses intentions, annonce, le 22 mars, qu'il est candidat. Comme en 1981, le Parti communiste présente un candidat. Mais celui-ci, André Lajoinie, est le représentant d'un parti dont le recul s'est accéléré depuis 1981. Il doit compter, de surcroît, avec la candidature d'un ancien dirigeant du Parti communiste, Pierre Juquin.

• Les écologistes présentent Antoine Waechter et deux candidats sont présents à l'extrême gauche trotskyste, Arlette Laguiller et Pierre Boussel.

Au soir du premier tour, le 24 avril, les résultats sont les suivants (avec un taux d'abstention de 18,62 %) :

François Mitterrand	34,09 %
Jacques Chirac	19,94 %
Raymond Barre	16,54 %
Jean-Marie Le Pen	14,39 %
André Lajoinie	6,76 %
Antoine Waechter	3,78 %
Pierre Juquin	2,10 %
Arlette Laguiller	1,99 %
Pierre Boussel	0,38 % des suffrages exprimés.

A droite, l'enseignement du scrutin est double : la droite parlementaire (36,5 %) est en recul par rapport à 1981 (49,3 %) et par rapport aux élections législatives de 1986 (44,8 % au premier tour) ; inversement, le Front national confirme et amplifie sa percée.

A gauche, le président sortant obtient un bon résultat, mais le Parti communiste ayant enregistré un nouveau recul, les voix de gauche dépassent à peine 40 %. Le report éventuel des voix d'extrême droite sur le candidat de droite et l'attitude de l'électorat centriste s'annoncent donc décisifs.

L'entre-deux-tours oppose rudement les deux candidats restés en lice, Jacques Chirac et François Mitterrand, notamment à l'occasion d'un débat télévisé. Si le PCF appelle à voter Mitterrand, tandis que l'UDF annonce son soutien à Jacques Chirac, Jean-Marie Le Pen, le 1er mai, aux Tuileries, laisse ses électeurs choisir entre « le pire et le mal », tout en souhaitant qu'aucune voix « n'aille à François Mitterrand ».

Au second tour, le 8 mai, François Mitterrand est réélu, avec une large avance :

François Mitterrand	54,01 %
Jacques Chirac	45,98 %

Le taux d'abstention étant à peine supérieur (15,94 %) à celui des seconds tours des élections précédentes, c'est plutôt vers des transferts de voix d'un camp à l'autre qu'il faut chercher les causes du succès de François Mitterrand. D'une part, le candidat sortant, dont la courbe de popularité était fortement remontée durant la phase de cohabitation, s'est moins présenté comme le candidat socialiste ou de gauche, comme en 1981, que comme celui de la « France unie », thème choisi pour sa campagne ; ce facteur lui a probablement permis de rallier des voix centristes qui s'étaient portées au premier tour sur Raymond Barre. D'autre part, et inversement, à droite, l'analyse des résultats du scrutin indique qu'une partie de l'électorat du Front national — un tiers selon certains politologues — n'a pas reporté ses voix vers Jacques Chirac.

Pour la droite parlementaire, la période de la cohabitation s'achève sur un échec politique. Pour la gauche, au contraire, c'est la revanche de la défaite électorale de 1986.

L'importance du score du Jean-Marie Le Pen au premier tour est un autre trait marquant de cette élection présidentielle. Le décollage du Front national s'était amorcé, semble-t-il, en 1983, comme le montrent les résultats enregistrés à Dreux, lors d'une élection municipale partielle (16,7 % des suffrages exprimés). Ce sont les élections européennes de l'année suivante qui révèlent brusquement l'ampleur déjà acquise : au soir du 17 juin 1984, nous l'avons vu, le Front national franchit, à la surprise générale, la barre des 10 % des suffrages exprimés (10,95 %). Et, deux ans plus tard, l'accession à l'Assemblée nationale, grâce au scrutin proportionnel, d'un groupe de 35 députés frappe l'opinion par son ampleur et atteste que le résultat de 1984 n'était pas un feu de paille. Comment expliquer cette percée puis ce maintien en profil électoral haut, confirmé et largement amplifié en 1988 ?

Question d'autant plus importante que, rappelons-le, à cette date la percée est très récente. Le Front national a été fondé en octobre 1972. Durant une décennie ses résultats seront insignifiants : aux élections législatives de 1973, l'ensemble de l'extrême droite n'obtient que 2 % des voix. L'année suivante, aux élections présidentielles, le score de Jean-Marie Le Pen est de 0,74 % des voix, et aux élections législatives de 1978 le Front national recueille 0,33 % des suffrages. Bien plus, nous l'avons vu, en 1981, Jean-Marie Le Pen ne parvint pas à réunir les 500 signatures nécessaires à une candidature officielle.

Ce n'est qu'au fil des années 1980 que le Front national prend son essor. Ce parti, très hétérogène dans sa composition — on y distingue notamment une droite ultraconservatrice et un « national-populisme » —, est complexe à analyser. Il est possible toutefois de voir dans son succès durable le reflet d'une triple crise : sociale, identitaire et, plus récemment, politique. Même si le Front national ne se développe pas durant la période centrale de crise sociale qu'a connue la France après 1973-1974 — période qui correspond au contraire à une phase de basses eaux de l'extrême droite —, il y a tout de même corrélation avec l'incertitude et le désarroi nés de cette crise et qui marquent les années 1980.

Dans un tissu social fragilisé par cette inquiétude et bientôt déchiré par la hausse du chômage, le paramètre sociologique est indéniable. D'autant que la « fonction tribunitienne » — à la fois forme d'expression de mécontentements et de frustrations et, par là même, facteur d'intégration — tenue par le Parti communiste s'est peu à peu dissipée, au fil du recul électoral de ce parti.

Mais le facteur déclenchant a été, semble-t-il, ailleurs : c'est le rejet de l'immigration qui a grossi puis maintenu en position haute l'électorat du Front national. Le thème de l'immigration est d'ailleurs explicitement et régulièrement manié par ce parti. D'autant qu'il est associé dans le discours du Front national à la petite délinquance. La crise identitaire se double donc d'un réflexe sécuritaire, qui donne plus d'impact aux slogans de Jean-Marie Le Pen.

C'est donc un aspect doublement protestataire — né du malaise social et de l'interrogation identitaire et des rejets et phobies qui en découlent — qui nourrit, au bout du compte, la mouvance électorale du Front national. Aspect protestataire d'autant plus important qu'il se double d'une méfiance — alimentée par le discours lepéniste contre l' « établissement » — envers les partis de gouvernement, de gauche aussi bien que de droite. Or, cette méfiance va s'accroître au fil des années 1980 pour déboucher, au début de la décennie suivante, sur une véritable crise de la représentation politique, les craintes et les aspirations de l'électorat n'étant plus forcément relayées par les formations traditionnelles. Ce « déficit démocratique » sera également pour le Front national une source de force électorale et un facteur d'enracinement.

Le second mandat de François Mitterrand

Ce sont trois premiers ministres qui vont se succéder entre mai 1988 et le retour de la droite parlementaire au pouvoir, après les élections législatives de mars 1993.

Le ministère Rocard

Le nouveau premier ministre est né en 1930. Enarque, inspecteur des Finances, Michel Rocard avait rompu avec la SFIO au moment de la guerre d'Algérie et avait appartenu à la « nouvelle gauche » née à cette époque et dont l'élément essentiel sera, à partir de 1960, le Parti socialiste unifié (PSU). Il dirigera ce parti de 1967 à 1973. Candidat aux élections présidentielles de 1969, il obtient un score modeste — 3,61 % des suffrages exprimés — mais qui retiendra l'attention des observateurs : il n'était alors, en effet, que le candidat d'un parti électoralement très faible ; de surcroît, le candidat de la SFIO, Gaston Defferre, pourtant épaulé par Pierre Mendès France, n'obtiendra pour sa part que 5,01 % des suffrages.

Elu député des Yvelines lors d'une élection partielle en octobre 1969, sa victoire rencontre un certain écho, car il bat à cette occasion l'ancien premier ministre Maurice Couve de Murville.

Mais c'est au sein du PS, qu'il rejoint à l'automne 1974, que son ascension politique va réellement s'opérer et qu'il entrera rapidement en concurrence ouverte avec François Mitterrand. Déjà, au Congrès du PS à Nantes, en juin 1977, il avait marqué sa différence en opposant « deux cultures politiques dans la gauche française », l'une « jacobine, étatique et centralisatrice », l'autre « décentralisatrice », préférant « l'autonomie des collectivités de base et l'expérimentation » et puisant à des sources idéologiques davantage ramifiées : implicitement, Michel Rocard incarnait la seconde, et François Mitterrand la première. Bientôt, Michel Rocard apparaîtra comme le représentant d'une « deuxième gauche » entendant allier progrès social et modernisme économique, et très réticente notamment sur le marxisme qui imprègne, encore largement à cette date, le discours officiel du PS. A la même époque, sa courbe de popularité dans l'opinion va croître régulièrement et bientôt dépasser celle de François Mitterrand.

Au soir du second tour des élections législatives de mars 1978, il prend ouvertement ses distances avec ce dernier et, nous l'avons vu, durant les trois ans qui précèdent l'élection présidentielle de 1981, la concurrence est publique entre les deux hommes pour l'investiture du candidat du PS. Au terme d'une lutte serrée, François Mitterrand est investi candidat par son parti.

Après la victoire de 1981, Michel Rocard est nommé à la tête du ministère du Plan puis, deux ans plus tard, il devient ministre de l'Agriculture. La nomination en 1984 de Laurent Fabius à la tête du gouvernement avait fait de ce dernier un concurrent potentiel sur le terrain du modernisme et du réalisme économique. En avril 1985, après la décision d'établir le scrutin proportionnel, il quitte le gouvernement. Et, dès le mois de juin, il affirme son intention d'être candidat lors de l'élection présidentielle de 1988. Mais, une seconde fois, comme à l'automne 1980, les circonstances le contraindront à s'effacer derrière François Mitterrand, à la campagne électorale duquel il participera activement en avril-mai 1988.

Michel Rocard avait été nommé premier ministre le 10 mai et le 14 mai intervient la dissolution de l'Assemblée nationale. Entre ces deux dates, à l'occasion de la constitution du gouvernement Rocard, l' « ouverture », c'est-à-dire l'entrée de centristes dans ce gouvernement, prélude à une recomposition du paysage politique et à une alliance avec ces centristes, semble avoir été envisagée. En fait, cette « ouverture » ne se fera pas et les ralliements ne seront qu'individuels.

Les élections législatives ont lieu les 5 et 12 juin, au scrutin majoritaire rétabli par le gouvernement Chirac durant la cohabitation. Le résultat majeur est que les candidats socialistes et apparentés, avec 37,52 % des suffrages exprimés au premier tour, n'obtiennent pas la majorité à l'Assemblée nationale : 275 sièges sur 575. Michel Rocard devra donc gouverner avec une majorité relative. L'UDF obtient 132 sièges, le RPR 131, le PCF 27 (avec 11,32 % des suffrages exprimés) et le Front national, laminé par le scrutin majoritaire, n'a qu'un seul élu (tout en obtenant 9,65 % des suffrages exprimés).

Malgré l'hypothèque que constitue cette majorité relative, le gouvernement de Michel Rocard prendra rapidement des décisions importantes :

• En Nouvelle-Calédonie — où la situation, on l'a vu, s'était encore aggravée pendant la campagne électorale —, après les travaux sur place d'une mission de conciliation, et après une rencontre à Matignon de Jacques Lafleur, président du RPCR, et Jean-Marie Tjibaou, président du FLNKS (26 juin), un référendum est organisé dès l'automne suivant. Le oui l'emporte largement (79,99 %), mais avec, il est vrai, un très fort taux d'abstention (63,1 %, le plus fort taux pour une consultation électorale en France).

• Dans le domaine économique et social, dès le 18 mai était adopté le principe d'un revenu minimum d'insertion (RMI), financé par un impôt de solidarité sur la fortune, qui reprend l'impôt sur les grandes fortunes qu'avait abandonné le gouvernement de Jacques Chirac. Un « plan pour l'emploi » est annoncé en septembre.

• Dans le domaine de l'Education nationale, une priorité est accordée au budget de ce ministère. Le gouvernement annonce une « revalorisation » de la fonction enseignante. Et, l'année suivante, le ministre de l'Education nationale, Lionel Jospin, fera adopter une loi d'orientation dont le but proclamé est de conduire, dans les dix ans, 80 % d'une classe d'âge au niveau du baccalauréat.

Plusieurs handicaps gênent l'action du premier ministre :

— l'absence d'une majorité absolue à l'Assemblée nationale. D'autant que, dès l'été 1988, la recherche de l' « ouverture » est définitivement abandonnée : le 14 juillet, dans son entretien télévisé avec des journalistes, François Mitterrand estime que le gouvernement de Michel Rocard doit s'appuyer sur « une majorité de gauche » ;

— par ailleurs, immédiatement après la réélection de François Mitterrand, les tensions entre « courants » du PS se manifestent : ainsi, le 14 mai, Pierre Mauroy est élu premier secrétaire du PS contre Laurent Fabius, sur lequel s'était porté le choix du président ;

— un climat de désaffectation vis-à-vis des dirigeants politiques semble se faire jour à partir de l'automne 1988 : aux élections cantonales du 25 septembre le taux d'abstention atteint 50,87 % au premier tour et 52,97 % au deuxième tour. Et le 6 novembre le référendum sur la Nouvelle-Calédonie voit l'abstention monter à 63,10 % ;

— à la même date, des grèves éclatent dans plusieurs secteurs : infirmières, gardiens de prison puis, en novembre, postes et transports parisiens. Michel Rocard entend toutefois ne pas remettre en cause sa politique de rigueur salariale et budgétaire et il déclare que le gouvernement ne peut pas « distribuer de pouvoir d'achat au-delà de ce que permet l'état actuel de l'économie » ;

— dans ce domaine de l'économie, la *Lettre à tous les Français,* document de base du candidat François Mitterrand pendant la campagne électorale de 1988, préconisait le « ni ni » : ni nationalisations nouvelles, ni privatisations supplémentaires. Très vite, une telle promesse paraît limiter la marge de manœuvre et d'initiative du gouvernement ;

— plusieurs proches de membres du gouvernement ou du président lui-même sont suspectés de « délit d'initiés ». Et, au mois de février 1989, les premières affaires de « fausses factures », liées au financement occulte des partis politiques, commencent à être évoquées par la presse.

Cela étant, dans un premier temps, ces difficultés ne paraissent pas entraîner de conséquences électorales. Aux élections municipales (12-19 mars 1989), le PS gagne plusieurs villes importantes — notamment Strasbourg, Dunkerque, Brest et Aix-en-Provence.

Bien plus, à l'approche des élections européennes, prévues pour le mois de juin suivant, l'opposition connaît des divisions internes. C'est moins la division UDF-RPR qui joue à cette occasion qu'un clivage de générations : plusieurs quadragénaires de l'opposition — notamment Philippe Séguin, Michel Noir, Charles Millon, Dominique Baudis —, bientôt surnommés les « rénovateurs », envisagent de présenter leur propre liste aux élections européennes, alors que le projet des dirigeants de l'opposition était une liste d'union RPR-UDF conduite par Valéry Giscard d'Estaing.

Si la tentative des « rénovateurs », en définitive, n'aboutit pas, certains d'entre eux soutiennent la liste conduite par la centriste Simone Veil. Et, le 18 juin, les résultats sont les suivants :

Valéry Giscard d'Estaing (UDF-RPR)	28,87 %
Laurent Fabius (PS)	23,61 %
Jean-Marie Le Pen (FN)	11,73 %
Antoine Waechter (Verts)	10,59 %
Simone Veil (CDS)	8,42 %
Philippe Herzog (PCF)	8,15 % des suffrages exprimés.

Plusieurs faits sont à noter :

— d'une part, l'ampleur du taux d'abstention (51,27 % contre 43,27 % en 1984 et 45 % en 1979) ;
— d'autre part, la percée des écologistes, qui triplent leur score — en pourcentage — par rapport à celui de l'élection présidentielle de l'année précédente. En outre, le Front national, sans retrouver les 14,39 % de Jean-Marie Le Pen à cette même élection, reste en profil électoral haut.

Après l'été, marqué par les cérémonies et les festivités commémorant 1789 — et notamment, le 14 juillet au soir, un défilé orchestré par le publicitaire Jean-Paul Goude —, et un automne dominé par la chute du Mur de Berlin le 9 novembre et les événements de Roumanie en décembre (fin du régime de Ceausescu), le fait marquant en politique intérieure est le vote par l'Assemblée nationale, le 7 décembre, d'une amnistie des délits politico-financiers antérieurs au 15 juin 1989. Cette disposition, votée à l'occasion de nouvelles lois sur le financement des partis politiques, aura des effets inverses de ceux que les parlementaires — qui s'excluaient pourtant de cette amnistie — souhaitaient.

Commencera à se développer dans l'opinion le thème, dévastateur, de l' « auto-amnistie ».

Mais, somme toute, en cette fin d'année 1989, au terme d'un an et demi à la tête du gouvernement, Michel Rocard peut se prévaloir d'un bilan qui, compte tenu des obstacles recensés plus haut et notamment de l'absence d'une majorité absolue à l'Assemblée nationale, est largement satisfaisant pour lui-même et pour le PS. Les élections municipales et européennes n'ont pas entraîné des ébranlements comparables à ceux, respectivement, de 1983 et 1984. La reprise d'une croissance économique relativement élevée (3,4 % du PNB en 1987, 4,4 % en 1988, 3,4 % en 1989) lui donne une certaine marge de manœuvre dans le domaine économique et social. Bien plus, face aux importants mouvements sociaux que doit affronter le pouvoir, notamment à l'automne 1988, la « méthode Rocard », fondée sur le dialogue, permet au gouvernement de faire face.

Mais l'année 1990 sera, pour Michel Rocard, en demi-teinte. Au mois de mars 1990, le Congrès du Parti socialiste réuni à Rennes laisse apparaître publiquement de profondes dissensions internes, et l'effet en est désastreux sur l'opinion publique. D'autant que la cote de popularité du président, après sa remontée au moment de la cohabitation et après la brillante victoire de 1988, recommence à se dégrader. Mais, à partir du 2 août, la crise du Golfe va, pendant plusieurs mois, occuper le devant de la scène et occulter cette dégradation. Dès le 27 août, le Parlement est réuni en session extraordinaire et l'opposition de droite, à l'exception du Front national, approuve l'attitude de fermeté adoptée par François Mitterrand. Malgré un automne chargé en politique intérieure — agitation dans les banlieues, manifestations lycéennes en novembre, motion de censure repoussée de justesse le 16 novembre —, c'est cette crise du Golfe qui focalise l'attention à cette date. D'autant que le président parle d'une « logique de guerre ». De fait, en janvier et février 1991, la France participe aux opérations militaires au Koweit et en Irak. L'opposition à cette guerre du Golfe reste limitée, même si Jean-Pierre Chevènement, ministre de la Défense, démissionne le 29 janvier pour exprimer son désaccord avec la participation de la France à l'intervention militaire. Le 3 mars 1991, le président de la République déclare « avec fierté que la France a tenu son rôle et son rang ».

Le capital retrouvé de popularité du président de la République va pourtant s'éroder rapidement et, dans un tel processus, deux facteurs semblent avoir joué un rôle important : le renvoi du premier ministre le 15 mai 1991, et, en politique extérieure, l'impression donnée de mal apprécier les conséquences de l'implosion des régimes communistes à l'Est.

Durant la période 1988-1991, en fait, comme auparavant, les rapports n'ont jamais été simples entre Michel Rocard et François Mitterrand et plusieurs signes en avaient, notamment, été manifestes durant l'année 1990. En juin, le président avait parlé d'un « déficit social » à propos de la politique menée par le gouvernement Rocard. Et, en novembre, il donne l'impression de désavouer son premier ministre, au moment des manifestations lycéennes, en recevant une délégation de manifestants.

Au printemps 1991, après la guerre du Golfe, Michel Rocard, dont les cotes de popularité sont toujours restées élevées, pense rester encore longtemps à son poste, où il estime n'avoir pas démérité. Le 15 mai, pourtant, il présente sa démission au président à la demande de celui-ci. Plusieurs mois plus tard, dans une interview, il dira avoir été « viré ».

Il est remplacé par l'une des proches du président, Edith Cresson, plusieurs fois ministre entre 1981 et 1991 et chargée, selon François Mitterrand, d'insuffler un « nouvel élan ».

Le ministère Cresson

Si la nomination d'une femme, pour la première fois, au poste de premier ministre est bien accueillie, Edith Cresson va rapidement décevoir. Le 22 mai sa déclaration de politique générale à l'Assemblée nationale est jugée médiocre sur la forme et sans perspective sur le fond. De surcroît, la reprise, en ce printemps 1991, de l'agitation dans les banlieues place le chef du gouvernement dans une position inconfortable sur une question alors particulièrement sensible. Sa cote de popularité s'effondre rapidement, et celle de François Mitterrand continue à chuter. De plus, durant l'été, le président de la République donne l'impression de commettre une erreur d'appréciation au moment du putsch de Moscou, le 19 août. L'opposition lui reprochera une certaine complaisance vis-à-vis des putschistes, qui tentaient une restauration communiste en URSS.

A l'automne, Edith Cresson lance un programme d'action économique, prévoyant notamment un plan en faveur des petites et moyennes entreprises. Plus largement, le premier ministre et son ministre du Travail, Martine Aubry, entendent lutter pour l'emploi : exonération de charges sociales et mesures de formation doivent faciliter le premier emploi des jeunes sans qualification ; et l'attention est également portée aux chômeurs de longue durée. La formation est aussi analysée à travers la question de l'apprentissage, pour lequel un plan de développement est préparé.

Si plusieurs grandes opérations de restructuration ne suscitent pas l'unanimité — ainsi le rapprochement entre le Commissariat à l'énergie atomique et Thomson —, l'inflation est maintenue à 3 % et le commerce extérieur se redresse notablement. Dans un contexte économique difficile (la croissance a chuté à 1 % pour l'année 1991, contre 2,8 % l'année précédente et 3,4 % en 1989, et l'investissement industriel, pour la même période, est en recul de 9 %), ces résultats sont loin d'être négligeables. Mais le chômage poursuit sa montée : en février 1992, à la veille des élections régionales et cantonales, il avait atteint 9,9 % de la population active, contre 8,9 % treize mois plus tôt, à la fin de l'année 1990.

De surcroît, le climat social est alourdi par le malaise profond des paysans (200 000 d'entre eux viennent manifester à Paris le 29 septembre 1991) et par des vagues de grèves (infirmières durant sept semaines et l'usine Renault de Cléon pendant trois semaines, en octobre-novembre). Surtout, commence à se développer l'affaire de la contamination d'hémophiles par le virus du sida lors de transfusions sanguines en 1984 et 1985 : plusieurs responsables de la Santé puis, aussi, des membres du gouvernement de l'époque seront accusés de négligence aux conséquences dramatiques. En outre, des « affaires » judiciaires concernant des délits d'initiés ou des fausses factures touchent notamment des personnalités très proches du pouvoir et des parlementaires socialistes.

En cette fin d'année 1991, malgré l'ampleur des mouvements sociaux et un nouveau recul de popularité du premier ministre et du président, ce dernier dispose pourtant d'atouts pour tenter de desserrer l'étau. D'une part, le Congrès du PS à La Défense se passe dans de bien meilleures conditions que celui de Rennes, un an et demi plus tôt, et les courants du parti s'entendent pour adopter un nouveau « projet » socialiste. D'autre part, François Mitterrand reste maître du calendrier des échéances électorales : certes, les élections cantonales et régionales prévues pour mars 1992 ne s'annoncent pas sous les meilleurs auspices, mais le 15 décembre, dans une émission télévisée, le président n'exclut pas de recourir en 1992 à la pratique du référendum, aussi bien sur la ratification des accords européens de Maastricht que sur d'éventuelles réformes constitutionnelles. Pour l'heure, il est vrai, la question essentielle reste l'échéance électorale du printemps. Elle va se révéler catastrophique pour le pouvoir en place.

Les forces politiques au début des années 1990 : un « vote éclaté » ?

Le 22 mars 1992 ont lieu les élections régionales et le premier tour des élections cantonales. Contrairement à certaines prévisions, le taux de participation (respectivement 68,71 % et 70,04 %) n'est pas, comme au cours de précédentes consultations, aux alentours de 50 % : la désaffection politique souvent annoncée ne s'est pas confirmée. L'électorat ne s'est pas évaporé. En revanche, l'analyse des résultats livre d'autres indications sur le comportement de cet électorat.

Les élections régionales donnent ainsi les résultats suivants, en s'en tenant ici aux principaux courants représentés :

UPF ([1])	33 %
PS	18,3 %
Front national	13,9 %
PC	8 %
Génération écologie	7,1 %
Verts	6,8 % des suffrages exprimés.

([1]) UPF : Union pour la France : rassemblement électoral du RPR et de l'UDF.

(Source : ministère de l'Intérieur, totalisation en métropole.)

Les observateurs tirèrent notamment deux enseignements de ces élections :

• Le PS qui, depuis les élections législatives de 1988, avait réussi à limiter son recul, connaît un grave échec. A travers cet échec, sont profondément ébranlés, pour le pouvoir en place, deux des piliers politiques classiques sous la Vᵉ République : un parti dominant et une majorité présidentielle solide. En mars 1992, en effet, le score du PS lui enlève ce statut de parti dominant acquis en juin 1981 et reconduit — avec déjà, il est vrai, une érosion — en juin 1988. Situation d'autant plus grave qu'à la différence de l'après 1981, les socialistes n'ont plus d'alliés et que la majorité présidentielle se trouve réduite au seul PS, auquel s'ajoutent des ralliements individuels. Ce double ébranlement posait donc déjà, un an avant les élections législatives de mars 1993, la double question, d'une part d'une probable victoire de la droite, d'autre part du destin électoral du PS et de la recherche, pour lui, de nouvelles alliances.

• Recherche d'autant plus difficile que, et c'est le second enseignement des élections de mars 1992, ces élections révèlent un paysage politique profondément modifié en ce début des années 1990. L'analyse des résultats de mars 1992 faite par trois politologues (Philippe Habert, Pascal Perrineau et Colette Ysmal) concluait notamment à un « vote éclaté », avec trois niveaux d'éclatement :

— « éclatement de l'offre politique », avec de nouvelles forces (ainsi Génération écologie) et aussi de nombreuses dissidences au sein des forces politiques établies ;
— « éclatement des campagnes électorales », avec l'interférence des données nationales et du poids des implantations régionales ou locales ;
— « éclatement des électorats », avec la baisse de puissance des partis dits de gouvernement : ceux-ci (UDF, RPR et PS) n'ont totalisé lors des consultations électorales de mars 1992 que 51 % des suffrages exprimés.

Deux forces politiques situées en dehors de ces partis de gouvernement frappent par leurs résultats, autour de 14 % des suffrages exprimés :

— le Front national, déjà évoqué plus haut ;
— le courant écologiste, représenté à cette date par deux composantes, les Verts et Génération écologie.

Si la défense de l'environnement s'est développée dès la fin des années 1960 et amplifiée au fil des années 1970, notamment dans le combat contre la construction de centrales nucléaires, les retombées électorales du mouvement écologiste naissant furent longtemps limitées. Aux élections présidentielles de 1974, le candidat écologiste, René Dumont, rassembla 1,32 % des suffrages exprimés. Et si les élections municipales de 1977 marquèrent une progression dans certaines grandes villes, confirmée par le score de 4,4 % aux élections européennes de 1979, le seuil de la décennie suivante vit le potentiel électoral des écologistes plafonner à moins de 4 % : aux élections présidentielles de 1981, Brice Lalonde obtint 3,9 % des suffrages exprimés. En 1984, les Verts — nés de la fusion des divers courants de la mouvance écologiste — obtiennent 3,4 % des voix aux élections européennes (avec, il est vrai, la concurrence de la liste ERE de Doubin, Stirn et l'écologiste Lalonde, réunissant 3,3 % de voix). Quatre ans plus tard, Antoine Waechter obtient 3,8 % au premier tour de l'élection présidentielle d'avril 1988.

C'est, en fait, en cette fin des années 1980 que le mouvement écologiste, après une décennie électoralement décevante, va connaître une rapide et forte montée en puissance : aux élections européennes de 1989, les Verts obtiennent 10,67 % des voix. Le mouvement, il est vrai, va se diviser à partir de mai 1990 : à cette date, Brice Lalonde, devenu secrétaire d'Etat à l'environnement dans le gouvernement Rocard en 1988, fonde le mouvement Génération écologie. Aux élections régionales de mars 1992, on l'a vu, les deux composantes du courant écologiste obtiennent chacune 7 % environ des suffrages exprimés. Se pose dès lors la question de l'alliance entre ces deux composantes, en vue des élections législatives de 1993 : cette alliance est conclue en novembre 1992. Se pose aussi, plus largement, la question de l'enracinement — ou pas — du mouvement écologiste comme force politique durable. Par-delà ces bons résultats de 1992, deux questions, notamment, restent en suspens : d'une part, le recul électoral des mouvements écologistes dans d'autres pays européens, d'autre part, le problème de savoir si une partie de l'électorat de Génération écologie, composée d'électeurs socialistes déçus, ne reviendra pas vers le PS au moment des choix décisifs ; le recul (10,70 % pour l'ensemble des listes écologistes, dont 7,63 pour les listes Verts-Génération écologie) enregistré aux élections législatives de mars 1993 ne permet pas encore de dégager une tendance de fond. Se pose aussi, désormais, la question des alliances politiques, aussi bien locales que nationales, que pourraient conclure les écologistes.

Le ministère Bérégovoy

Après les élections, le président de la République hésita, semble-t-il, sur le choix du premier ministre. Edith Cresson, qui souhaitait être maintenue en fonction, fut priée de donner sa démission. Jacques Delors, pressenti pour lui succéder, ne donna pas suite. C'est, en définitive, Pierre Bérégovoy qui fut désigné le 2 avril. Avec trois cent vingt-trois jours passés à l'Hôtel Matignon, Edith Cresson a été jusqu'ici le premier ministre le plus éphémère de la Vᵉ République (devant Maurice Couve de Murville, de juillet 1968 à juin 1969, avec trois cent quarante-quatre jours, et Pierre Bérégovoy, d'avril 1992 à mars 1993, avec trois cent soixante-deux jours).

Agé de 66 ans, d'origine modeste, autodidacte, Pierre Bérégovoy a milité au PSU puis au PS. Secrétaire général de l'Elysée en 1981 après la victoire de François Mitterrand, ce proche du président devient ministre des Affaires sociales en 1982. Surtout, il sera ensuite pendant six années ministre de l'Economie, des Finances et du Budget : de 1984 à 1986 dans le ministère Fabius, puis, après la phase de la cohabitation, de 1988 à 1992 dans les ministères Rocard et Cresson. A ce poste, sorte de « super-ministère », il incarnera un souci de gestion vigilante — à tel point qu'il sera surnommé le « Pinay de gauche » — et le ralliement de la gauche à l'économie de marché. Rassurant pour les milieux économiques, il lui sera parfois reproché, par ses amis politiques, de trop sacrifier à la gestion économique, au détriment du social. Le 8 avril 1992, dans sa déclaration de politique générale, le nouveau premier ministre annonce sa volonté de lutter contre « les trois fléaux qui démoralisent la société française » : le chômage, l'insécurité et la corruption. Pour ce faire, explique-t-il, il lui faudra « décider, expliquer, convaincre ».

Dans le domaine économique et social, la marge est étroite. Aucune reprise économique durable, en effet, ne se manifestera en 1992, contrairement à certaines prévisions émises à la fin de 1991. Après un premier trimestre encourageant — avec un taux de croissance autour de 3,5 % —, l'activité économique a connu une stagnation, due notamment au recul des investissements et de la consommation des ménages. Un taux annuel de croissance finalement voisin de 2 % ne doit donc pas abuser : seuls les premiers mois de l'année l'expliquent. La production industrielle a même reculé (— 0,5 % par rapport à l'année précédente, tandis qu'elle avait stagné en 1991 avec + 0,2 %). Il faut remonter aux années 1981-1982 pour retrouver ainsi une baisse de la production industrielle.

Dans un contexte économique aussi difficile, la lutte contre le chômage, annoncée prioritaire par Pierre Bérégovoy, n'a pu obtenir de résultats tangibles. Au contraire, le nombre des chômeurs frôlait au 31 décembre le seuil symbolique des trois millions et le taux de chômage atteignait alors 10,5 % de la population active. Pourtant, tout comme avant lui Edith Cresson, Pierre Bérégovoy s'était lui aussi attaqué avec détermination au chômage, notamment celui de longue durée, au point de faire la promesse, non tenue, qu' « il n'y ait plus de chômeurs de longue durée au 1er novembre ». Dans le domaine de la lutte contre l'inflation, en revanche, la politique de Pierre Bérégovoy, déjà mise en œuvre sous les ministères précédents, continue à porter ses fruits, avec une hausse des prix de 2 % seulement pour 1992, qui est, de surcroît, l'une des plus faibles des pays industrialisés, qui connaissent une hausse moyenne de 3,1 %. De même, on observe un lent rééquilibrage des échanges extérieurs.

La situation sociale, déjà altérée par le problème du chômage, est également tendue par un malaise paysan persistant et puisant à deux sources : d'une part, une baisse du revenu agricole, d'autre part, l'insertion de l'agriculture française dans la nouvelle politique agricole commune (PAC) et sa place dans les grandes négociations internationales du GATT. Ce malaise a nourri une agitation sporadique, malgré des mesures concrètes d'aide et notamment un plan d'accompagnement de la réforme de la PAC. De surcroît, des grèves paralysantes comme celle des chauffeurs routiers au début de l'été 1992 ou celle de la RATP à l'automne ont montré la difficulté du dialogue social dans cette situation économique déprimée.

Année difficile dans le domaine économique et social, 1992 l'a été également dans le domaine politique. Au mois de mars, on l'a vu, les élections régionales et cantonales avaient constitué un échec sévère pour le gouvernement et le président. Ce dernier, il est vrai, avait gardé une marge de manœuvre, en annonçant par avance le 15 décembre précédent d'éventuelles initiatives en 1992 par voie de référendum. Et de fait, il va, dès le printemps, tenter de reprendre l'initiative, en choisissant le domaine de la construction européenne.

La 10 décembre 1991, au sommet européen de Maastricht (Pays-Bas), avait été adopté un nouveau traité communautaire, signé au même endroit le 7 février 1992. Malgré les réticences britanniques, l'accord prévoyait, notamment, pour 1999 au plus tard, une monnaie unique et une Banque centrale européenne mettant en œuvre une politique monétaire commune. Le 3 juin, le président de la République prend la décision de soumettre la ratification de ces accords de Maastricht à référendum. Quelques jours plus tard, la date en est fixée au 20 septembre.

Les premiers sondages, très favorables, pronostiquent alors une large victoire du oui. Et la révision constitutionnelle permettant l'application de ces accords, en étant approuvée massivement par le Congrès (députés et sénateurs) à Versailles le 23 juin, semble indiquer un large soutien de la classe politique (592 voix pour, 73 contre, 14 abstentions ; les élus RPR n'ont pas participé au vote). De surcroît, pour le président, la procédure référendaire présente l'avantage supplémentaire de diviser l'opposition, la plus grande partie du RPR ne suivant pas Jacques Chirac dans son soutien (4 juillet) au oui.

Malgré cette division au sein du RPR, les hommes politiques appelant à voter non sont, en proportion, beaucoup moins nombreux que ceux favorables au oui : à gauche, le Parti communiste et quelques socialistes derrière Jean-Pierre Chevènement, à droite, une partie du RPR, conduite par Philippe Séguin et Charles Pasqua, quelques membres de l'UDF et, à l'extrême droite, le Front national. Pourtant, on observe au mois d'août une montée du non, qui paraît même rattraper, durant quelques jours, le oui. Début septembre, l'entrée en campagne des leaders de la droite, Jacques Chirac et Valéry Giscard d'Estaing, et l'intervention personnelle du président de la République (dans une émission télévisée, où il dialogue avec l'un des leaders du non, Philippe Séguin) redonnent au oui une légère avance. Cette avance sera, à l'arrivée, très faible : le 20 septembre, les résultats sont, en effet, les suivants :

	Voix	*% par rapport aux suffrages exprimés*
Oui	13 172 710	51,04
Non	12 632 816	48,95

Certes, le taux de participation (30,31 % d'abstention) a été fort : près de 10 points de plus que pour le référendum de 1972 sur l'élargissement de la Communauté économique européenne. Mais on a compté 51,04 % seulement de oui — 68,32 % en 1972 — et, tout de même, près de 12 millions d'abstentionnistes.

Autant de facteurs qui firent que le référendum n'apparut guère comme une victoire du président de la République. D'autant que la brève — et légère — remontée des indices de popularité de ce dernier se dissipa au bout de quelques semaines, pour repartir à la baisse. L'annonce, à la même époque, de la maladie de François Mitterrand (opéré d'un cancer de la prostate au mois de septembre) contribua encore davantage à fragiliser le pouvoir en place.

Surtout, les résultats du référendum mirent en lumière l'ampleur de la crise politique. Les observateurs notèrent, en effet, dans leurs analyses, la coupure socioculturelle entre la France du oui et celle du non, ainsi que le caractère protestataire du vote non. Le premier aspect reflète la crise, à cette date, de la représentation politique, une partie de l'électorat ne se reconnaissant plus dans la classe politique traditionnelle. L'une des raisons du succès du Front national se trouve, du reste, probablement dans ce déficit de représentation. Quant au second aspect, protestataire, il nourrit lui aussi le vote Front national, mais pose aussi un problème à la gauche socialiste : nombre de régions de forte et ancienne implantation socialiste ont voté en majorité pour le non, ainsi le Limousin ou le Nord.

Contexte économique difficile, climat social morose, situation politique fragile, crise morale latente — les « affaires » ont continué à se développer, et la question de la contamination des hémophiles par le virus du sida a connu au second semestre de 1992 un très fort écho —, les élections législatives de mars 1993 s'annonçaient catastrophiques pour le PS. De fait, au soir du premier tour, le 21 mars, les principaux partis ou regroupements de partis obtenaient les résultats suivants :

UPF	39,69 %
Divers droite	4,40 %
PS	17,39 %
Verts - Génération écologie	7,63 %
Front national	12,42 %
PC	9,18 % des suffrages exprimés
	(Abstention : 30,69 %)

Au soir du second tour (28 mars), RPR et UDF, regroupés au sein de l'UPF, obtenaient 486 sièges (dont 37 divers droite), soit

84 % des sièges. Comme en 1986, mais avec une bien plus forte ampleur, le président en place se retrouvait confronté à une majorité politique adverse, sortie des urnes. Le lendemain, il désignait Edouard Balladur comme premier ministre.

Le ministère Balladur

Né en 1929, ancien élève de l'ENA, Edouard Balladur avait été l'un des conseillers de Georges Pompidou à Matignon puis à l'Elysée. A partir de 1980, il était devenu l'un des proches de Jacques Chirac et, dès 1983, dans un article du *Monde*, avait été le théoricien de la « cohabitation » entre un président de gauche et une éventuelle majorité de droite sortie d'une victoire aux élections législatives. Quand celle-ci a lieu en mars 1986, il devient, on l'a vu, ministre de l'Economie, des Finances et de la Privatisation dans le gouvernement de Jacques Chirac. Après la réélection de François Mitterrand en 1988, il apparaît progressivement comme l'un des premiers ministres virtuels en cas de nouvelle « cohabitation ».

Pour l'ensemble des forces politiques, après les élections législatives de 1993, l'échéance déterminante devient *de facto* l'élection présidentielle, prévue pour le printemps 1995. Pour l'heure, le nouveau premier ministre ne se prononce pas sur ses futures intentions en la matière, et Jacques Chirac apparaît comme le candidat potentiel du RPR. A gauche, c'est Michel Rocard qui, au sein du PS, est considéré comme le candidat « virtuel » puis « naturel ». D'autant que la lourde défaite du PS lui permet de prendre la tête de son parti, au détriment de Laurent Fabius. Pour l'heure, il est vrai, ce parti est très ébranlé par les mauvais résultats électoraux successifs de 1992 et 1993. Lionel Jospin, qui en fut le premier secrétaire de 1981 à 1988, annonce qu'il se place en retrait de la scène politique. Jean-Pierre Chevènement, pour sa part, quitte le PS. Le 1ᵉʳ mai 1993, Pierre Bérégovoy, dont la presse avait révélé durant la campagne électorale le prêt sans intérêts que lui avait accordé l'un des proches du président, Roger-Patrice Pelat, pour acheter un appartement, se suicide d'une balle dans la tête. Trois jours plus tard, aux obsèques de son ancien premier ministre, François Mitterrand met à cause les médias : « Toutes les explications du monde ne justifieront pas

qu'on ait pu livrer aux chiens l'honneur d'un homme et finalement sa vie. »

Edouard Balladur a constitué un gouvernement où RPR et UDF
sont à parité, et dans lequel sont présents aussi bien Simone Veil,
qui incarne l'ouverture et la conciliation, que Charles Pasqua, symbole de fermeté sur les deux dossiers de la sécurité et de l'immigration. Ce gouvernement annonce un plan d'économie budgétaire et,
dès le mois de juin, lance un grand emprunt d'Etat. Un projet de
loi de privatisations est voté en juillet. Au début, tout paraît réussir
au nouveau premier ministre :

— l'emprunt d'Etat à 6 % rencontre un très grand succès public ;
— durant l'été 1993, le franc est attaqué sur les marchés monétaires, mais l'accord se fait, par le « compromis de Bruxelles »
  (1ᵉʳ août), sur un élargissement temporaire des marges de fluc-
  tuation des monnaies européennes, et la crise est évitée ;
— les premières privatisations opérées par le gouvernement Balladur (BNP en octobre, Rhône-Poulenc en novembre) obtiennent
  un très grand succès auprès des particuliers ;
— tout au long de l'année 1993, la cote de popularité du premier
  ministre reste très élevée dans les sondages d'opinion.

C'est au premier trimestre 1994 qu'apparaissent les premières
grosses difficultés politiques. Le 16 janvier, une manifestation de
plusieurs centaines de milliers de personnes a lieu à Paris pour la
défense de l'école publique. Un mois plus tôt, en effet, le Parlement
avait révisé la loi Falloux, permettant aux collectivités locales de
financer des établissements privés avec des fonds publics. Le thème
de la défense de la laïcité reste très mobilisateur à gauche, et cette
manifestation apparaît aux observateurs comme une sorte de pendant, dix ans après, aux grandes manifestations en faveur de l'école
libre durant l'année 1984. De surcroît, au début du printemps,
quand le gouvernement met au point le contrat d'insertion professionnelle (CIP), qui proposait notamment de rémunérer à 80 %
du SMIC des jeunes gens à la recherche d'un premier emploi, de
fortes mobilisations lycéennes et étudiantes contraignent Edouard
Balladur à retirer son projet (30 mars).

Dans le camp même de la majorité, une rivalité de plus en plus
sensible avait commencé à poindre dès l'automne 1993 entre Jacques Chirac et Edouard Balladur à propos du choix du futur candidat du RPR à l'élection présidentielle. Le second répète qu'il ne se
prononcera sur ce point qu'au début de 1995, mais sa popularité

persistante le désigne aux yeux de l'opinion comme un candidat potentiel. C'est sur ce fond de rivalité croissante, et tandis que le PS est également parcouru de tensions au fur et à mesure que se rapproche l'échéance des présidentielles, qu'ont lieu les élections européennes du 12 juin 1994. Celles-ci voient les listes « protestataires » (Philippe de Villiers, Bernard Tapie, Jean-Marie Le Pen) obtenir un score élevé, face aux listes des « partis de gouvernement » (RPR-UDF, PS). Comme, de surcroît, le taux d'abstention est particulièrement élevé (47,3 %), il y a là autant d'indices que le malaise politique profond que révélaient déjà les cantonales et régionales de mars 1992 persiste à cette date.

Elections européennes du 12 juin 1994

	Suffrages exprimés
Liste Dominique Baudis (RPR-UDF)	25,58 %
Liste Michel Rocard (PS)	14,49 %
Liste Philippe de Villiers (liste dissidente de l'UDF)	12,33 %
Liste Bernard Tapie (MRG)	12,03 %
Liste Jean-Marie Le Pen (Front national)	10,52 %
Liste Francis Wurtz (PCF)	6,88 %

Outre la persistance d'un vote protestataire, ces élections confirment le très net recul des écologistes, amorcé dès l'année précédente : ceux-ci, repassant en dessous de la barre des 5 %, perdent leurs 9 sièges au Parlement européen acquis en 1989. Elles ont, par ailleurs, une conséquence indirecte : l'échec de la liste du PS entraîne, une semaine plus tard, le remplacement à la tête de ce parti de Michel Rocard par Henri Emmanuelli.

Cela étant, malgré le climat de morosité politique, le premier ministre conserve des taux de popularité élevés. Bien plus, certains indices économiques commencent à s'inverser :

— la croissance, négative en 1993, dépassera, au bout du compte, 2 % en 1994 ;

— en juin 1994, pour la première fois depuis août 1992, l'indice mensuel du chômage accuse une baisse (— 0,4 %). Dès lors, à défaut d'une décrue, le chômage semble connaître une certaine stabilisation : en hausse de 230 000 entre mars et décembre 1993, le nombre des demandeurs d'emploi accusera une augmentation beaucoup moins forte pour l'ensemble de 1994 (50 000) ;

— sans qu'il y ait pour autant une relance forte et globale de la consommation, certaines dispositions (ainsi, dans le domaine automobile, des primes pour la reprise de vieux véhicules et l'achat de véhicules neufs) entraînent tout de même des phénomènes partiels d'amélioration du marché ;

— les privatisations se poursuivent en 1994, avec toujours un bon accueil du public (ainsi, au premier semestre, celles d'Elf-Aquitaine et de l'UAP).

Inversement, plusieurs difficultés subsistent et s'amplifient à l'automne :

— la réduction des différents déficits (Budget, Sécurité sociale, notamment), annoncée au printemps 1993, se révèle plus malaisée que prévu ;

— plusieurs membres du gouvernement, mis en examen dans des affaires relevant souvent du financement de partis ou de campagnes électorales par fausses factures, doivent démissionner (Alain Carignon en juillet, Gérard Longuet en octobre, Michel Roussin en novembre).

Ces difficultés n'empêchent pas Edouard Balladur d'exercer la plénitude de ses fonctions, en continuant à être porté par une forte popularité, d'autant que le président de la République, affaibli par une deuxième intervention chirurgicale en juillet 1994, doit s'expliquer à la télévision, le 12 septembre, sur son passé vichyste, révélé par le livre de Pierre Péan, *Une jeunesse française.*

A partir de l'automne 1994, progressivement, les futurs acteurs de la campagne présidentielle vont commencer à se déclarer :

— le 4 novembre, c'est Jacques Chirac qui annonce sa candidature, pour la troisième fois. Dans un premier temps, jusqu'au mois de février, les sondages n'enregistrent pas de progression en sa faveur. C'est Edouard Balladur qui, sans être candidat déclaré jusqu'au 18 janvier suivant, conserve d'abord la faveur de l'électorat de droite ;

— à gauche, face à la forte popularité d'Edouard Balladur, seul Jacques Delors, selon les sondages, apparaît en mesure d'être un concurrent dangereux. Mais, le 11 décembre, il annonce à la télévision qu'il ne sera pas candidat. S'engage, dès lors, au sein du PS, une lutte pour l'investiture entre Henri Emmanuelli et Lionel Jospin. C'est le vote des militants qui doit arbitrer entre

les deux hommes : finalement, le 3 février 1995, c'est Lionel
Jospin qui est investi ;
— le PCF, pour sa part, a annoncé dès l'automne la candidature de
    Robert Hue qui, depuis janvier 1994, avait remplacé Georges
    Marchais à la tête du parti ;
— la mouvance écologiste est, dans un premier temps, divisée
    entre trois candidats, Dominique Voynet, Brice Lalonde et
    Antoine Waechter. Seule la première, en définitive, persistera
    jusqu'au bout ;
— comme aux élections présidentielles précédentes, Arlette
    Laguiller est candidate ;
— le président du Front national, Jean-Marie Le Pen, est lui aussi
    candidat, tout comme Philippe de Villiers, décidé à capitaliser
    son score de l'année précédente aux élections européennes.

Le premier tour verra donc se livrer à droite un duel inédit sous
la V⁰ République, avec deux candidats principaux issus du RPR. Le
18 janvier, dans sa déclaration de candidature, Edouard Balladur
s'était dit résolu à « réformer sans fractures ni rupture ». Mais Jacques Chirac, progressivement, parviendra à apparaître porteur
d'une solution alternative, en tenant un discours fondé sur le
constat d'une « fracture sociale » et sur la volonté proclamée de
tenter de la réduire. Bien plus, au soir du premier tour (23 avril), il
devance le premier ministre. Les résultats sont, en effet, les
suivants :

	Suffrages exprimés
Lionel Jospin	23,30 %
Jacques Chirac	20,84 %
Edouard Balladur	18,58 %
Jean-Marie Le Pen	15,00 %
Robert Hue	8,64 %
Arlette Laguiller	5,30 %
Philippe de Villiers	4,74 %
Dominique Voynet	3,32 %
Jacques Cheminade	0,28 %

Au regard des sondages des dernières semaines, le score de Jacques Chirac apparaît, sur le moment, étriqué. En fait, une analyse
plus approfondie montre, d'une part, que ce premier tour a joué *de
facto* le rôle de « primaire » à droite dans un contexte de forte

concurrence (Jacques Chirac, Edouard Balladur, mais aussi Philippe de Villiers). D'autre part, le fort résultat du Front national rognait d'autant les flancs de la droite parlementaire. Enfin, le vote « légitimiste » d'une partie de l'électorat de droite avait souvent, par le passé, favorisé le candidat paraissant le plus proche du pouvoir sortant (Pompidou contre Poher en 1969, Giscard d'Estaing contre Chirac en 1981, Chirac contre Barre en 1988). Inversement, au regard des mêmes sondages, le résultat de Lionel Jospin apparaît inattendu et donne un fort dynamisme à sa campagne de second tour contre Jacques Chirac.

Ce premier tour voit aussi, comme l'année précédente, des scores élevés des forces protestataires, qui atteignent 37 % des voix, ce qui, jusque-là, n'avait eu lieu qu'à des scrutins locaux. Le vote du Front national, notamment, progresse encore par rapport à 1988, et réalise une percée dans l'électorat ouvrier et chez les chômeurs. Les écologistes, en revanche, qui avaient réussi en 1992 une percée remarquée, voient leur score encore diminuer par rapport aux législatives de 1993 et aux européennes de 1994. Leurs divisions, notamment, ont joué en leur défaveur, ainsi qu'une inaptitude à s'installer, à gauche, en position alternative aux socialistes.

Au second tour, le 7 mai, le taux d'abstention apparaît plus élevé que de coutume (hormis l'élection de 1969), avec 20,33 % des inscrits. De surcroît, on observe un très fort pourcentage de bulletins blancs et nuls (5,97 %). Sur 29 943 671 suffrages exprimés, Jacques Chirac devance Lionel Jospin de plus de 1,5 million de voix (15 763 027 voix obtenues, contre 14 180 644), obtenant ainsi 52,64 % de ces suffrages.

Ce score se situe entre les deux scores de François Mitterrand en 1981 et 1988.

Seconds tours des élections présidentielles

% par rapport aux exprimés		Taux d'abstentions par rapport aux inscrits
58,21 %	Pompidou 1969	31,15 %
55,20 %	De Gaulle 1965	15,68 %
54,01 %	Mitterrand 1988	15,94 %
52,64 %	Chirac 1995	20,33 %
51,75 %	Mitterrand 1981	14,15 %
50,81 %	Giscard d'Estaing 1974	12,66 %

Le 7 mai au soir, les partisans de Jacques Chirac organisent une fête à la Concorde. Dix jours plus tard, le 17 mai, François Mitterrand quitte officiellement l'Elysée. Ce sont quatorze ans — durée jusque-là jamais atteinte sous la Ve République — d'un double mandat qui s'achèvent. Le même jour, Jacques Chirac nomme Alain Juppé premier ministre.

BIBLIOGRAPHIE

Habert Philippe, Perrineau Pascal, Ysmal Colette, *Le vote éclaté. Les élections régionales et cantonales des 22 et 29 mars 1992,* Presses de la Fondation nationale des sciences politiques, 1992.
Portelli Hugues, *op. cit.*
Sirinelli Jean-François (sous la direction de), *Dictionnaire historique de la vie politique française au XXe siècle,* PUF, 1995.

14. La France fin de siècle.
La société française
depuis le milieu des années 1970

C'est une société de croissance forte et de quasi plein emploi qui est frappée, à partir de 1974, par une situation de « stagflation ». Cette situation n'a pas, pour autant, arrêté l'amélioration du niveau de vie ni enrayé l'évolution de la société française. La mutation socioculturelle française s'est donc poursuivie.

La « stagflation » après le premier choc pétrolier

La croissance économique faisait, jusqu'à l'apparition de la crise, l'objet d'un vaste consensus :
- Certes, la « société de consommation » avait été attaquée en mai 1968. Bien plus, au seuil de la décennie suivante, le thème de la « croissance zéro » avait trouvé ses théoriciens et ses défenseurs : le « club de Rome », par exemple, préconisant le ralentissement, voire l'arrêt, de la croissance, ou Sicco Mansholt, le président de la Commission du Marché commun, parvenant à des conclusions similaires.
- Mais de telles thèses, si elles rencontraient un écho dans certains milieux et si elles ont pu notamment influencer les mouvements écologistes naissants, n'ont jamais emporté la conviction du plus grand nombre : un sondage de l'IFOP d'avril 1972 précisait que 66 % des Français jugent alors la croissance économique indispensable à la qualité de la vie.

C'est donc, en fait, une croissance économique sous-tendue par un large consensus qui est frappée, à l'automne 1973, par ce qu'il est convenu d'appeler le « premier choc pétrolier » : d'octobre à décembre 1973, nous l'avons vu, le prix du baril de pétrole brut va presque quadrupler. Les effets de ce choc pétrolier seront rapides :

— Pour l'année 1974, l'inflation atteint 15,2 %.
— Pour les années 1974 et 1975, le nombre des chômeurs double, passant de 450 000 à 900 000.
— Plus largement, c'est la croissance économique qui accusa un tassement quasi immédiat : nous avons déjà souligné le point dans un autre chapitre, si l'on prend l'année 1970 comme base 100 de l'indice de production industrielle, cet indice n'est que de 126 en 1977, c'est-à-dire sensiblement le même qu'en 1974. De surcroît, par rapport à la même base 100 de 1970, 1983 n'enregistrera que 132 : entre 1974 et 1983, on le voit, la croissance resta pratiquement étale.
— La « croissance zéro » dont certains, au début des années 1970, avaient fait la panacée, était devenue une réalité. La stagnation s'était installée durablement et, avec une inflation qui pendant près d'une dizaine d'années allait rester forte, on parla de « stagflation ».

Ce qui donne à la crise son importance et ce qui explique ses retombées sont donc, on le voit, à la fois son ampleur et sa soudaineté : les contemporains de cette crise étaient habitués à une société portée par une croissance forte et marquée par un quasi plein emploi. De surcroît, malgré les politiques mises en œuvre pour tenter de redresser la situation, celle-ci continuera à se dégrader, d'autant que le « second choc pétrolier » de 1979 ruina ces efforts. Au début de l'année 1981, en mars, le chiffre de 1 650 000 chômeurs est atteint : en sept ans, depuis le début 1974, le chiffre avait donc presque quadruplé. Et, au fil de l'année 1980, l'inflation, qui s'était quelque peu ralentie au cours des années précédentes, retrouve pratiquement le taux de 1974, avec une hausse des prix de détail de 13,6 %.

Cette ampleur et cette rapidité de la crise doivent toutefois être nuancées, pour deux raisons :

— d'une part, la perception, aussi bien par une partie de la classe politique que par l'opinion publique, des effets de cette crise sera très largement différée : il faudra plusieurs années avant

qu'une prise de conscience s'opère que la crise avait entraîné
« la fin des années faciles » (Jean Fourastié) ;
— d'autre part, et peut-être ceci explique-t-il en partie cela, par une
sorte de paradoxe sur lequel il faudra revenir, cette stagflation n'a
pour autant arrêté ni l'amélioration globale du niveau de vie, qui
s'est poursuivie après 1974, ni cette mutation socioculturelle dont
l'ampleur a fait parler d'une « seconde Révolution française ».

Une mutation socioculturelle qui s'est poursuivie

La hausse du niveau de vie

Les travaux du Centre d'étude des revenus et des coûts (CERC)
confirment à la fois cette poursuite de la progression du revenu
national par habitant et, dans le même temps, le ralentissement très
net, après 1973, d'une telle progression. Une étude portant sur la
période 1960-1983 montre que le pouvoir d'achat des Français a
doublé entre ces deux dates, mais avec une progression de 80 %
entre 1960 et 1973 et de 20 % seulement entre 1973 et 1983. Il est
même possible d'affiner encore la chronologie : « La croissance du
pouvoir d'achat du salaire net moyen, qui est en moyenne de 3,9 %
par an de 1960 et 1968, s'accélère légèrement à 4,3 % l'an de 1968
à 1973, puis freine à 1,8 % par an de 1973 à 1980 et même 0,6 %
entre 1981 et 1983. »
La décélération est donc forte. Elle n'a pas pour autant fait
baisser le pouvoir d'achat des Français. Bien plus, si l'on élargit la
perspective chronologique vers l'amont, il apparaît que ce pouvoir
d'achat a triplé entre 1950 et 1985.

Le résultat en est que les changements et l'amélioration de la
vie quotidienne, amorcés avant 1974, ont continué au-delà et que
les processus d'homogénéisation croissante des genres de vie consta-
tés avant cette date se sont encore amplifiés.
Les travaux du CREDOC (Centre de recherche pour l'étude et
l'observation des conditions de vie) ont ainsi tenté d'étudier l'évolution des comportements entre la fin des années 1970 et 1992. Au
début de cette période, seule un peu plus d'une moitié de Français
(57 %) possédait l'ensemble de l' « équipement de base » (w.-c.

intérieurs, douche ou baignoire, télévision couleur, téléphone, voi-
ture) contre 92 % en 1992. Certes, pris individuellement, ces éléments d'équipement étaient souvent, pour la plupart, possédés
avant la fin des années 1970, mais c'est la possession de l'ensemble
par le plus grand nombre qui constitue un fait social essentiel.

C'est le cœur des « Trente Glorieuses », avant 1974, qui avait
vu s'amorcer, on l'a vu, un tel processus. Ainsi remise en perspective chronologique, l'évolution depuis le début des années 1960 est
saisissante. Le pourcentage des ménages équipés d'un réfrigérateur
triple en vingt-cinq ans (32 % en 1963 et 98 % en 1988), celui des
ménages possédant un téléviseur est multiplié par 3,4 (28 %
en 1963 et 94 % en 1988), et celui concernant le téléphone décuple
durant la même période (9 % et 92 %). On pourrait multiplier
ainsi les exemples aussi bien pour les salles de bains (30 % en 1962,
70 % en 1975, 93 % en 1991) que pour les w.-c. intérieurs (41 %,
74 % et 93 % pour les mêmes dates) ou le chauffage central (20 %,
53 % et 79 %) ou le lave-linge (30 %, 65 % et 88 %).

L'ampleur de la décélération économique après 1974 n'a donc
pas, pour autant, entraîné pour le plus grand nombre une dégradation matérielle. De même, les mutations au sein de la population
active française se sont poursuivies après cette date.

L'évolution de la population active

Dans trois domaines, notamment, les études comparant le début
des années 1960 et celui des années 1980 sont particulièrement significatives : « salarisation », « tertiairisation » et « féminisation ».

En 1960, les salariés représentaient 71,7 % de la population
active. En 1983, leur proportion était passée à 84,3 %. L'extension
du salariat et l'homogénéisation de sa pratique — il faudra, par
exemple, attendre le début des années 1970 pour que se généralise
la mensualisation du salaire ouvrier — constituent, à cet égard, une
des grandes mutations sociologiques du second demi-siècle. Au
début des années 1990, les salariés représentaient désormais plus de
85 % de la population totale.

La « tertiairisation » de la population active est également une
donnée essentielle. Le secteur tertiaire représentait en 1990 64,2 %
de la population active, contre 29,6 % au secteur secondaire.

• La part des ouvriers est passée, en effet, de 39 % en 1962 à 31 % en 1985 et 29,6 % en 1990.

• Inversement, la part des salariés des services n'a cessé d'augmenter durant la même période. En 1985, le nombre des cadres supérieurs était de 2 095 000, avec une augmentation que n'avaient pas entravée les deux chocs pétroliers : cette augmentation a été en moyenne de 3,1 % par an entre 1975 et 1985. En moins de trente ans, de 1962 à 1990, les « cadres et professions intellectuelles supérieures » ont vu leur proportion dans la population active multipliée par 2,4, passant de 4,6 % à 11 %. Et les employés, durant la même période, sont passés de 18,4 % à 27 % de la population active. Cette « tertiairisation » s'évalue, du reste, également en proportion du PIB : entre 1960 et 1983, la part des services y passe de 47,4 % à 59,3 %.

• Durant la même période, le nombre des agriculteurs a continué de reculer. Ceux-ci représentaient près de 3,7 millions d'actifs en 1963. En 1990, ils n'étaient plus que 1,4 million. D'autant que les années 1980 n'ont pas vu s'arrêter ce processus d'effondrement du secteur primaire : entre les recensements de 1982 et 1990, les « petits » agriculteurs ont encore diminué de moitié (51,5 %) et les agriculteurs « moyens » du tiers (32,3 %). Et entre ces deux dates, la population agricole active totale a diminué de près de 14 %.

Si, au cœur des « Trente Glorieuses », cette population agricole active a connu les taux de baisse les plus forts, cette baisse s'est donc maintenue par la suite :

	Population agricole active (en milliers)
1963	3 673
1975	2 118
1980	1 650
1990	1 440

En moins de trente ans, le nombre d'exploitations agricoles a baissé de moitié en France : de près de 2 millions (1 917 000) en 1963, on est passé à moins d'un million (956 000) en 1990.

La « féminisation » de la population active est une donnée indéniable : le taux d'activité féminine est passé de 36,2 % en 1962 à 45,4 en 1982. Si une femme sur trois travaillait — au sens, bien sûr, d'un travail rétribué — au début des années 1960, à peine vingt ans plus tard ce pourcentage atteignait presque la moitié de l'ensemble.

De surcroît, l'augmentation du nombre des femmes au travail a continué dans les années 1980 : en 1991, le nombre des femmes recensées dans la population active était de 11 millions, contre 6,7 millions en 1962. Et leur part dans cette population active de ce fait n'a cessé d'augmenter, passant en 1988 à 42 % de l'ensemble.

Bien plus, leur qualification est en augmentation constante : en 1962, elles représentaient un sixième des cadres supérieurs (145 000 sur un total de 892 000) ; en 1991, elles en constituaient quasiment le tiers (822 000 sur 2 560 000).

C'est une question classique posée à l'analyse historique ou sociologique que de tenter de mesurer les écarts sociaux entre catégories de la population active et d'évaluer leurs éventuelles variations sur une période donnée. La réponse apportée est toujours délicate : elle varie avec les indicateurs utilisés, et elle prête souvent à polémique, car elle déborde sur le domaine du débat proprement politique. Cela étant, pour la période étudiée ici, il est tout de même possible de rappeler plusieurs données statistiques :

— Le rapport entre le salaire moyen des cadres supérieurs et celui des ouvriers non qualifiés est passé de 4,5 à 3,1 entre 1972 et 1987.

— La crise a-t-elle multiplié les « nouveaux pauvres », comme semblent l'indiquer des situations de détresse constatées dans les rues ou montrées par les médias ? Des études statistiques semblent indiquer, au contraire, que le nombre de pauvres a baissé en France : Serge Milano, dans *La pauvreté absolue* (1988), a évalué ce nombre à 4 millions en 1974, 2,6 millions en 1979 et 1 million en 1987. Mais dans le même temps, cette pauvreté est devenue plus visible, car le type social du pauvre s'est modifié : les « petits vieux », aux retraites et pensions infimes, composaient une large partie des poches de pauvreté des années 1960 et 1970 ; leur discrétion ne les rendait guère visibles du plus grand nombre ; en revanche, la nouvelle forme de pauvreté, celle des adultes sans emploi et sans domicile fixe, a augmenté les phénomènes de « clochardisation », beaucoup plus visibles dans les rues.

L'évolution des comportements collectifs

Si les principales modifications de structure sociologique étaient déjà largement amorcées avant 1975 — rapport villes-campagnes, montée en puissance des classes moyennes, extension du salariat —, l'évolution s'est donc poursuivie et même, parfois, accélérée depuis cette date. Il en va de même pour le domaine du comportement collectif, des règles qui le régissent, des normes qui le balisent et des institutions qui furent longtemps « régulatrices ». Là encore, les évolutions amorcées avant 1975 vont se poursuivre, voire s'amplifier.

La fécondité était restée forte jusqu'en 1964 puis elle a baissé jusqu'en 1976, atteignant le taux de 1,8 à cette date puis se stabilisant autour de ce niveau (le taux de 2,1 est statistiquement nécessaire pour le renouvellement des générations). L'importance des classes d'âge, issues du *baby boom,* en âge de procréer a différé d'une décennie environ les conséquences de cette baisse de la fécondité sur le taux de natalité, qui a été à son tour touché au milieu des années 1970.

Le groupe d'âge des personnes âgées de 60 ans et plus représentait 13 % de la population en 1901, 16 % en 1946 et 18,7 % en 1988. C'est au cours de la première décennie du prochain siècle que l'arrivée à 60 ans de la génération du *baby boom* jointe à la baisse de la mortalité devrait encore faire augmenter ce taux. A tel point que certains observateurs ont déjà commencé à parler de « papy boom ».

Depuis le début des années 1970, la structure de la famille a profondément évolué.

• Le nombre le plus élevé des mariages sous la Ve République avait été atteint en 1972 : 416 300, ce qui représentait un taux de 8,1 pour 1 000 habitants. Ce taux a ensuite baissé régulièrement jusqu'en 1987, atteignant alors 4,8 ‰. Une légère augmentation à la fin des années 1980 puis une stabilisation au début de la décennie suivante ont entraîné une légère inversion de tendance avec 281 000 mariages en 1989 et 1991 (contre 266 000 en 1986, mais 300 000 en 1983).

• C'est également dans les années 1970 que le nombre des divorces a connu une très forte augmentation, suivie d'une stabilisation en position haute dans les années 1980 (106 709 en 1986,

103 637 en 1989). Pour mesurer l'évolution, il convient de rappeler que, jusqu'en 1970, le taux des divorces était resté inférieur ou égal à 10 % (l'indice de divortialité et de séparation pour 1 000 mariages dans une année est de 100 à cette date) et que, dès 1979, il est passé à 20 % et à 29 % en 1987. Conséquence logique : les familles monoparentales — le plus souvent une femme élevant seule ses enfants — ont presque doublé en trente ans, passant de 700 000 à 1,2 million.

Assurément la loi de 1975 sur le divorce par consentement mutuel, ayant facilité une telle procédure, a donc indirectement favorisé la hausse des divorces. Mais la chronologie précise montre, on l'a vu, que cette hausse s'amorce avant 1975 : la loi prend donc acte d'une évolution plus qu'elle ne la crée.

• Le nombre des couples non mariés, vivant en union libre, est toujours difficile, par essence, à établir. On l'évalue à 300 000 environ dans les années 1960, mais il augmente brusquement à la fin de cette décennie — en 1975, sa croissance a été de 50 % en cinq ou six ans, et on compte environ 450 000 couples en union libre — et, dès lors, l'évolution semble irréversible : 1 million en 1985, peut-être 1,7 million en 1992, soit plus de 10 % de l'ensemble des couples recensés (et un pourcentage beaucoup plus important à Paris et dans les grandes villes).

• La cohabitation prénuptiale — que le démographe Louis Roussel a appelée la « cohabitation juvénile » — a beaucoup augmenté dans la phase après 1968 : à cette date, elle avait concerné 17 % des couples mariés ; en 1977, la proportion atteignait presque la moitié des couples mariés (44 %).

• D'autre part, au début de la décennie suivante, un bébé français sur dix était né hors mariage (et un sur cinq à Paris). En 1987, ce taux était passé à 21,9 %. Il a, depuis cette date, atteint 30 %. Cette proportion a donc été multipliée par 5 depuis le début des années 1960 (6 % en 1962).

Peut-on pour autant parler d'une crise, voire d'un déclin de la famille ? Si l'on examine les deux structures auxquelles renvoie communément le mot famille, il est difficile de conclure à une disparition, mais il convient plutôt de parler d'une mutation en cours.

• D'une part, la parentèle, c'est-à-dire l'ensemble des gens unis par les liens du sang, paraît continuer à jouer un rôle essentiel : plusieurs générations coexistent plus longtemps, du fait de l'allongement de la durée de la vie ; de surcroît, les servitudes de la vie urbaine et le

travail des femmes donnent ou redonnent aux aïeux un rôle important dans la garde et l'éducation des enfants, d'autant que les difficultés économiques des années 1980 ont fait que les jeunes ménages
demeurent plus longtemps hébergés — voire aidés — par l'une ou
l'autre des deux cellules familiales d'origine. Certes, en 1955, le sociologue américain Talcott Parsons, dans un article important, *The normal American family*, avait diagnostiqué pour les Etats-Unis la disparition de la « famille élargie », du fait de l'industrialisation et des
déracinements opérés. Certes, en France, le passage au second plan
du monde rural a pu faire penser que la parentèle perdrait forcément
la cohésion et le rôle qu'elle avait eus jusque-là dans ce monde. Toujours est-il qu'elle n'a pas pour autant connu l'effondrement parfois
diagnostiqué ou pronostiqué.

• Quant au groupe domestique — en d'autres termes, le couple
et les enfants en cours d'éducation, ce que l'on appelle souvent la
« famille nucléaire » —, s'il est devenu fragile, nous l'avons vu, il a
montré aussi une grande faculté d'adaptation.

Dans le domaine de la condition féminine, le début des
années 1970 marque un tournant, car le débat cristallise alors sur
plusieurs affaires qui divisent l'opinion. C'est la question de l'interruption volontaire de grossesse, notamment, qui est au cœur de ce
débat. En quelques années à peine, l'évolution va, sur ce point, être
très rapide. Le 22 novembre 1972, encore, le tribunal de Bobigny
jugeait quatre personnes inculpées dans l'avortement d'une jeune
fille de 17 ans. Deux ans exactement plus tard, au terme d'un débat
de plusieurs jours, grâce à l'appoint de voix venues de l'opposition,
l'Assemblée nationale adoptait, sur proposition du ministre de la
Santé, Simone Veil, et par 284 voix contre 189, une loi autorisant
l'interruption volontaire de grossesse (13-29 novembre 1974). Cette
loi était définitivement adoptée en janvier 1975, après rejet par le
Conseil constitutionnel d'une requête en annulation déposée par
81 députés, appartenant pour la plupart à la majorité. La loi Veil
avait entraîné au sein de cette majorité des réactions hostiles mais
aussi des réticences liées à des problèmes de conscience, eux-mêmes
souvent sous-tendus par des convictions religieuses. A cet égard, le
débat sur l'interruption volontaire de grossesse fut l'un des grands
débats de société de la France des années 1970.

Pour ce qui est de la foi catholique, nous avions vu s'amorcer
une crise profonde de l'Eglise en tant qu'institution, avec une chute

accélérée des vocations, sensible à travers celle des ordinations de prêtres. D'un peu plus de 30 000 au début des années 1980, le nombre des prêtres risquerait, de ce fait, de tomber à 15 000 ou 16 000 au tournant du siècle, si l'on projette les courbes actuelles. Déjà, en 1990, 60 % des 25 000 prêtres vivants avaient plus de 60 ans.

Quant aux fidèles, le fléchissement de leur pratique cultuelle est indéniable. La proportion des pratiquants réguliers, parmi les Français baptisés, serait actuellement située entre 10 et 13 %, contre environ 24 % au milieu des années 1960. Quant aux pratiquants occasionnels, ils ne seraient plus que 30 % (certaines études avancent même le chiffre de 19 %), contre 60 % trente ans plus tôt. Dans les deux cas il y a donc, pour le moins, érosion de moitié.

Et la situation est d'autant plus préoccupante pour l'Eglise catholique que l'attitude religieuse des nouvelles générations a décru. Le nombre des baptêmes est, à cet égard, un indicateur précieux. Au milieu des années 1960, la proportion de baptisés catholiques au sein d'une classe d'âge était d'environ 90 %. En 1983, cette proportion était tombée à 64 %. Par empilement des générations, la proportion des baptisés dans la population française restait certes en 1985 de 84 %, mais la courbe se retrouvait forcément à la baisse.

D'autant que le baptême n'induit plus forcément une éducation religieuse : au début des années 1980, seuls 15 % des élèves du primaire et 8 % de ceux du secondaire avaient des rapports suivis avec des aumôniers dans les établissements scolaires. En aval, cette désaffection se retrouve, du reste, sur le sacrement du mariage. En 1991, 52 % des mariages étaient célébrés à l'Eglise, contre 78 % en 1965.

Vie quotidienne et environnement technologique

Si les mentalités et le comportement collectif ont ainsi connu des mutations apparemment irréversibles au fil des décennies écoulées, cette période, nous l'avons vu, a été aussi celle d'un changement accéléré de l'environnement technologique de la vie quotidienne.

Ce changement est dû à l'élévation du pouvoir d'achat, mais aussi au progrès scientifique lui-même. D'autant que les seuils de passage sont devenus de plus en plus courts entre le moment de la découverte scientifique et celui de l'exploitation industrielle. Jean-Jacques Servan-Schreiber en avait donné, il y a vingt-cinq ans, plusieurs exemples éloquents dans *Le défi américain* :

— 112 ans pour la photographie (1727-1839) ;
— 56 ans pour le téléphone (1820-1876) ;
— 35 ans pour la radio (1867-1902) ;
— 15 ans pour le radar (1925-1940) ;
— 12 ans pour la télévision (1922-1934) ;
— 6 ans pour la bombe atomique (1939-1945) ;
— 5 ans pour le transistor (1948-1953) ;
— 3 ans pour les circuits intégrés (1958-1961).

Ce constat général et ces exemples dépassent, bien sûr, le cas français, mais ils éclairent l'ampleur et la rapidité des changements dans la vie quotidienne, avec des conséquences notamment sur les pratiques culturelles. Deux domaines, notamment, ont connu, du fait de ces progrès accélérés, une mutation profonde, actuellement en cours : l'informatique et les télécommunications. Et, à la charnière des deux, c'est la télématique qui facilite non seulement une gestion comptable et administrative, au plan collectif, mais de surcroît l'accès d'un particulier à des données de plus en plus étendues. Plusieurs générations d'ordinateurs se sont succédé, de plus en plus maniables, la miniaturisation et la baisse des coûts des composants électroniques ont rendu ces appareils de plus en plus accessibles. La révolution industrielle avait, avec le machinisme, promu le muscle artificiel. Avec la « révolution informatique », ce sont un système nerveux et une mémoire artificiels qui s'installent au cœur de nos sociétés, pour des usages collectifs aussi bien que domestiques.

De surcroît, la télématique — il y avait, par exemple, déjà 6 millions de minitels en 1992 — n'est qu'un aspect des progrès techniques dont les retombées socioculturelles sont importantes. Dans le domaine de l'image et du son, on assiste à une prolifération des moyens de communication : les radios locales se sont multipliées après la loi sur l'audiovisuel de 1982 ; surtout, le magnétoscope est en train de modifier en profondeur les pratiques culturelles et amplifie la place de l'image dans ces pratiques.

Avant de revenir sur les retombées socioculturelles d'une telle évolution, il faut aussi observer que d'autres domaines ont été également touchés par ce progrès scientifique et technologique. La médecine, notamment, a connu de nouveaux progrès saisissants, dont bien des applications ont déjà été mises en pratique et dont d'autres constituent des promesses à court terme. Parmi les applications, les techniques de plus en plus sophistiquées du dépistage permettent le diagnostic précoce et la guérison de certains cancers, tandis que les fécondations *in vitro* sont devenues une pratique de lutte contre la stérilité. Et parmi les promesses, la recherche biologique s'éploie dans des domaines aussi décisifs que la chimie du cerveau ou le code génétique.

Ces progrès, et déjà ceux qui précédaient, entraînent des coûts de plus en plus lourds. Certes, ceux-ci sont atténués au plan individuel par l'extension des couvertures sociales ; mais, sur le plan collectif, le financement des dépenses de santé est un problème de plus en plus complexe à résoudre, d'autant que le chômage en hausse et la croissance en baisse altèrent encore davantage l'équilibre entre prélèvements sociaux et dépenses collectives.

Une « civilisation des loisirs » ?

Le progrès technique joint à la poursuite de l'élévation du niveau de vie a entraîné, nous l'avons constaté, une rapide prolifération des moyens de communication. Les retombées dans le domaine des pratiques socioculturelles ont été d'autant plus sensibles que deux autres facteurs ont joué dans le même sens :

— d'une part, la place des loisirs et de l'équipement dans le budget des familles a beaucoup augmenté au fil des récentes décennies. La part des dépenses de « culture et loisirs », plus précisément, dans la consommation des ménages est passée de 5,5 % à 7,6 % de 1960 à 1979. Bien plus, en 1960 « culture et loisirs » représentaient un sixième environ de la part affectée à l'alimentation (respectivement 5,5 % et 33,5 %) contre à peu près un tiers en 1979 (7,6 % et 21,9 %) ;

— d'autre part, les dispositions juridiques et réglementaires ont facilité la multiplication des médias. La loi de 1982 sur l'audiovisuel, en effet, a mis fin au monopole d'Etat et favorisé la mise en place de nombreuses radios locales privées.

Tous les indices le confirment : la « civilisation des loisirs », que nous avions vue s'amorcer, s'est encore développée. Une enquête de l'INSEE portant sur 1985-1986, par exemple, établissait que les adultes citadins, au cours des dix années qui avaient précédé, avaient gagné trente-six minutes de temps libre par jour en moyenne. Et c'est la télévision qui avait été la grande bénéficiaire de ce temps grappillé au travail ou au sommeil : sur ces trente-six minutes gagnées, vingt-six avaient été réinvesties, en moyenne, dans la télévision, regardée durant la période 1975-1985 une heure et quarante-huit minutes par jour. La place essentielle tenue désormais par la télévision mais aussi le rôle de la radio, de la télématique et de la micro-informatique représentent les aspects les plus notables de cette sphère de la communication.

Dans les années 1960, on l'a vu, la télévision a détrôné la radio. Mais ce changement de dynastie audiovisuelle n'a pas, pour autant, fait disparaître la radio. Celle-ci s'est, au contraire, encore multipliée : en 1983, le seuil des 50 millions de récepteurs a été atteint et ce nombre a encore largement augmenté depuis cette date. En 1958, 14 millions de ménages utilisaient 10 600 000 postes de radio et 1 million de postes de télévision. Trente ans plus tard, au seuil des années 1990, 21 millions de ménages possèdent 60 millions de postes de radio et 26 millions de postes de télévision.

La radio est donc restée un élément essentiel de communication et de brassage. D'autant qu'elle s'est, de surcroît, diversifiée. Cette diversification s'est opérée à la fois dans ses heures d'écoute (le recul a été massif le soir), dans ses genres (les feuilletons et le théâtre radiophonique, si prisés au moment de l'âge d'or de la radio, ont disparu) et dans ses supports : les lourds boîtiers de la « TSF » ont été remplacés depuis les années 1960 par le transistor, tandis que l'autoradio est devenu, plus récemment, une pratique généralisée. Le résultat en est que le taux d'écoute quotidien de la radio, loin de régresser, a encore augmenté : de 67 % en 1967, il est passé à 75 % en 1987.

Mais la télévision est bien devenue le support socioculturel le plus important (en 1987, son taux d'écoute quotidien était de 82 %) : en 1992, les Français regardaient en moyenne 3 h 19 la télévision, dont 49 minutes consacrées aux feuilletons et séries, et écoutaient 1 h 59 la radio. En 1963, 28 % des foyers étaient équipés d'un récepteur de télévision, contre 77 % en 1972, 91 % en 1982. Quant aux taux d'équipement en télévision couleur, il est passé de 20 % en 1976 à 56 % en 1982 et 84 % en 1991. A cette date, 93,5 % des foyers français possédaient un téléviseur, regardé en moyenne 184 minutes par jour (et, nous l'avons vu, 199 minutes en 1992). Et les magazines de télévision figurent, nous y reviendrons, parmi les meilleurs tirages de la presse périodique : cinq d'entre eux dépassent 1 million d'exemplaires par semaine, et parmi eux *Télé 7 jours* frôle 3 millions d'exemplaires. Le philosophe Régis Debray a observé que le monde — car le phénomène télévisuel n'est pas propre à la France : 228 minutes quotidiennes en Grande-Bretagne, 216 en Espagne et 196 en Belgique, pour 1991 — était ainsi passé de l'ère de la graphosphère (l'imprimerie) à celle de la vidéosphère.

L'uniformisation culturelle croissante, en effet, n'est pas seulement sensible au plan national, en termes d'homogénéisation croissante des niveaux socioculturels. C'est également au plan mondial que la question se pose : la diffusion des « séries » américaines de télévision, notamment, et le poids du cinéma américain avaient fait parler d' « impérialisme culturel » (Jack Lang, 1982). Le problème est probablement plus complexe et ne se ramène pas à une sorte de volontarisme et de stratégie délibérée, que suggérait une telle formule. Il reste pourtant que la question de l'apparition d'une culture de masse dilatée à l'échelle mondiale, favorisée par la puissance des vecteurs culturels de masse, a souvent été posée : le monde serait-il en train de devenir, par certains aspects, un « village planétaire » ? Dans un tel processus, en tout cas, la place prédominante de la langue anglaise, la suprématie technologique des Etats-Unis dans le domaine de la diffusion de l'image et du son — suprématie battue en brèche, il est vrai, par le Japon, mais le phénomène renforce encore ainsi la place de la langue anglaise —, et la puissance financière des grandes « compagnies » cinématographiques américaines — avec, là encore, le poids croissant des capitaux japonais — et des firmes de télévision donnent assurément aux médias nord-américains une place prépondérante dans ces pratiques culturelles de masse, y compris sur le continent européen.

L'extension des moyens de diffusion télévisuelle, avec les satellites de télécommunication et les réseaux câblés, a encore davantage densifié les canaux de transmission socioculturelle et rendu encore plus présents les événements de l'actualité mondiale, parfois restitués en direct. D'où, d'ailleurs, des interrogations sur les dérapages possibles de cette information en direct et en simultanéité avec d'autres pays, qui peut par exemple donner lieu à des manipulations (charnier de Timisoara, lors des événements roumains de décembre 1989), ou à des amplifications hors de proportions.

Cette puissance de l'image et du son et ses conséquences dans le domaine des pratiques culturelles des Français sont confirmées par les enquêtes les plus sérieuses. Ainsi celle réalisée durant l'hiver 1988-1989 par le département des études et de la prospective du ministère de la Culture permet de mesurer l'évolution, par comparaison avec deux études similaires réalisées en 1973 et 1981. Les auteurs de l'enquête de 1989 confirment le « déplacement du centre de gravité » de ces pratiques culturelles du pôle du livre vers celui de l'audiovisuel et constatent qu'une « culture d'appartement », fondée sur les applications technologiques des progrès en matière de communication, continue de se développer. Peut-on pour autant conclure au recul massif de l'imprimé ? Pour répondre à une telle question, l'historien dispose d'indicateurs quelque peu contradictoires.

• D'une part, l'encadrement scolaire et universitaire a continué à connaître une évolution spectaculaire. La scolarisation longue est devenue le cas le plus fréquent : le taux de scolarisation des 18-19 ans est passé de 40 % en 1982-1983 à 61 % en 1988-1989. 5 % d'une classe d'âge devenaient bacheliers en 1950, 10 % en 1960, 20 % en 1970, et plus de 30 % en 1986 (31,1 %), la barre des 40 % étant atteinte en 1989 (plus précisément 39,9 %).

En aval, c'est la population étudiante qui a connu elle aussi une forte hausse : 1 182 000 étudiants en 1990-1991.

Et l'Education nationale, pour encadrer écoliers, collégiens, lycéens et étudiants, est devenue le plus gros employeur de France : 1 044 924 salariés en 1990, dont près des trois quarts sont des enseignants (les 289 000 restants assurant des fonctions de direction, d'administration et d'entretien).

• D'autre part, la multiplication des collections de poche a rendu le livre toujours plus accessible. Ainsi *L'Etranger* d'Albert Camus, publié en 1942 chez Gallimard, connut dans les cinquante ans qui suivirent 6 millions d'exemplaires vendus, toutes éditions confondues mais avec 4 millions pour la seule collection « Folio ». Et chaque année se vendent 200 000 exemplaires de l'ouvrage. « Le Livre de poche » avait été lancé par Hachette en 1953 — depuis, 700 millions d'exemplaires ont été vendus en quarante ans — puis d'autres éditeurs lancèrent à leur tour des collections de poche. Depuis, l'œuvre d'Emile Zola, par exemple, s'est vendue à 10 millions d'exemplaires.

• L'imprimé, aussi bien par le livre, donc, que par le journal, est, de ce fait, resté un vecteur culturel très présent. Cela étant, il faut nuancer, et triplement, cette observation. D'une part, la « culture d'appartement » mise en lumière par les enquêtes récentes est très largement fondée — et parfois exclusivement — sur l'audiovisuel : radio, télévision, magnétoscope, minitel, micro-informatique. D'autre part, ces enquêtes révèlent une érosion de la lecture, qui touche plus particulièrement les jeunes et serait, de ce fait, annonciatrice d'une dégradation beaucoup plus importante dans quelques années. Et le bilan serait, à cet égard, d'autant moins prometteur que la presse, dont nous avons vu le rôle très important comme vecteur culturel depuis la IIIe République, connaît pour le moins un tassement sensible.

En 1946, la presse quotidienne française comptait plus de 200 titres, dont un huitième à Paris. En 1952, ils n'étaient que 129, dont un dixième à Paris (12). En 1946, le tirage global de cette presse quotidienne était de 15 millions d'exemplaires et 9,5 millions en 1952. En 1992, si le tirage n'a guère été modifié (9,8 millions d'exemplaires) — mais ce tirage, en fait, était remonté à 11,6 millions en 1958 —, il n'y a plus que 10 titres à Paris, et 64 en province.

Il y a bien, en fait, une crise de la presse quotidienne. La presse quotidienne nationale a connu depuis 1970 de grandes difficultés, avec la disparition de certains de ses titres *(Paris-Jour, L'Aurore)* et la chute du tirage d'autres titres *(France-Soir, L'Humanité)*. Et la presse quotidienne régionale, malgré de solides succès (*Ouest-France*, par exemple, premier titre de la presse quotidienne, avec 800 000 exemplaires diffusés), connaît, elle aussi, une érosion.

La presse quotidienne, notamment, est directement concurren-cée par l'information télévisuelle : en 1967, deux Français sur trois lisaient un journal « tous les jours ou presque » ; ils ne sont plus que 42 % en 1987

Inversement, la partie de la presse qui est suscitée par la télévi-sion se porte de mieux en mieux. En une décennie, au fil des années 1980, le tirage total des magazines de télévision a pratique-ment doublé (+ 83 %). En y incluant les 6 millions de suppléments gratuits insérés dans certains quotidiens, les hebdomadaires de télé-vision représentent, en 1990, 16 millions d'exemplaires en circula-tion chaque semaine. Et cinq de ces hebdomadaires dépassent 1 million d'exemplaires, dont près de 3 millions (2 951 599) pour le seul *Télé 7 jours*.

La télévision, on le voit, est non seulement devenue le premier support des pratiques socioculturelles françaises, mais sa montée en puissance est de surcroît sensible indirectement dans les autres vecteurs : l'imprimé, on l'a vu, mais aussi, par exemple, le cinéma.

Dans ce domaine, en effet, le recul est net et lié, selon toutes les analyses, à la concurrence de la télévision : en 1962 la France comptait 5 742 salles de cinéma, contre 4 518 seulement en 1990. Encore la baisse est-elle masquée, dans ce cas précis, par l'éclatement de nombreuses salles en complexes multisalles ; ce phénomène est bien sensible, indirectement, si l'on dénombre le nombre de fauteuils disponibles : 2,8 millions en 1962, 1 million en 1990.

Le résultat est encore sensible pour le nombre de spectateurs : 311,7 millions en 1962, 122 en 1990. En 1964, l'audience télévisuelle était en moyenne d'une heure (cinquante-sept minutes) par jour et par individu, et le nombre d'entrées annuelles au cinéma était encore de 276 millions. En 1990, l'audience télévisuelle quotidienne est passée en moyenne à trois heures et le nombre d'entrées annuelles au cinéma a été, on l'a vu, de 122 millions.

C'est dans ce contexte de suprématie peu à peu acquise qu'il convient de replacer les critiques faites, depuis les années 1960, à la télévision. A celles relevées plus haut, on ajoutera le constat, souvent fait, du caractère supposé passif du regard télévisuel — « le message est le massage » avait noté Marshall McLuhan —, par rapport à l'acte volontaire que représentent l'acquisition d'une langue puis la pratique de la lecture.

En tout état de cause, il y a bien eu, au fil des dernières décennies, un ébranlement de secteurs culturels comme celui de l'imprimé ou du cinéma.

Une crise du milieu intellectuel

La période qui commence au milieu des années 1970 fut aussi, mais pour d'autres raisons, une phase d'ébranlement du milieu intellectuel. Deux causes essentielles expliquent cet ébranlement : d'une part, une crise idéologique profonde, avec l'effritement de toute une vision du monde ; d'autre part, une crise d'identité, liée à la mutation des pratiques socioculturelles et à l'évolution de la notion même de culture.

La crise idéologique

Plusieurs facteurs vont contribuer à susciter une telle crise.

• Au milieu des années 1970, l'érosion des modèles communistes va se trouver amplifiée et accélérée par l' « effet Soljenitsyne ». En 1974, en effet, la traduction française de *L'archipel du goulag* d'Alexandre Soljenitsyne connaît un très grand succès public et réactive, de surcroît, le débat sur l'ampleur de la répression dans les pays communistes et sur la nature totalitaire de ces régimes. Dès lors, non seulement ceux-ci continuent à perdre à la fois la faculté d'attraction qui fut la leur au cours des décennies précédentes, à travers des variantes géographiques successives — URSS, Chine communiste, pays socialistes du Tiers Monde —, et le statut de modèles qui fut le leur, mais, de surcroît, ils deviennent peu à peu, pour la plupart des intellectuels de gauche, des contre-modèles.

• D'autant que les événements survenus dans la péninsule indochinoise après que s'y furent installés des régimes communistes au printemps 1975, événements dont le caractère tragique frappe les opinions publiques — *boat people* qui quittent le Viêtnam communiste par la mer dans des conditions dramatiques, extermination en masse de populations par les « khmers rouges » au Cambodge —, contribuent eux aussi à ternir, encore plus profondément, l'image des régimes communistes. Commencent, en cette fin de décennie, pour nombre d'intellectuels de gauche, des « années orphelines » — selon le titre d'un ouvrage publié par Jean-Claude Guillebaud en 1978.

Les modèles qui avaient souvent prévalu jusque-là sont dévalorisés, et les idéologies qui les sous-tendaient sont largement disqualifiées. La politique dite des « droits de l'homme » qui se développe alors est en large part une réaction contre ces modèles et ces idéologies. Mais la gauche intellectuelle n'en a pas le monopole et doit la partager en copropriété avec les penseurs de la droite libérale.

• Cette droite libérale connaît, du reste, un regain à cette époque. Un penseur comme Raymond Aron rencontre ainsi, dans les dernières années de sa vie — il meurt en 1983 —, un très large écho et ses livres ont une forte influence. A la fois conséquence et facteur aggravant de la crise de la partie gauche du milieu intellectuel, ce regain entraîne une recomposition de ce milieu intellectuel : la gauche qui, depuis la Libération, occupait, on l'a vu, le devant de la scène, doit céder du terrain à cette droite libérale pour qui la crise de la gauche constitue un appel d'air.

• Encore plus qu'à une crise idéologique — dont témoigne aussi la réapparition d'une extrême droite intellectuelle qui connaîtra à la fin des années 1970 une certaine influence —, c'est donc à une recomposition du paysage intellectuel que l'on assiste à cette époque, suite aux grands ébranlements de la décennie. Mais cette recomposition et le rééquilibrage idéologique qui l'accompagnait étaient assurément le contrecoup et le produit d'une crise idéologique qui laissa d'abord dans le trouble et l'interrogation bien des intellectuels de gauche.

• A la fin des années 1980, cette recomposition s'est accélérée à la suite de l'implosion des régimes communistes à l'est. Mais en même temps, la relève des générations aidant, la crise idéologique des intellectuels de gauche s'est largement désamorcée.

Une crise plus profonde, et plus large, car touchant sans distinction d'orientation politique le milieu intellectuel tout entier, s'est, il est vrai, entre-temps amplifiée, d'autant plus grave qu'elle constitue une véritable crise d'identité des intellectuels.

La crise d'identité

Cette crise est sous-tendue par deux questions, étroitement liées l'une à l'autre : la nature de la culture, la définition et le rôle de ces hommes de culture que sont les intellectuels :

A plusieurs reprises, au fil des années 1980, des ouvrages se sont interrogés sur la nature de la culture. Dans *La défaite de la pensée*, en 1987, le philosophe Alain Finkielkraut constatait un « malaise dans la culture », lié à un élargissement et donc à une banalisation du champ culturel, et, de ce fait, diagnostiquait une dilution de la notion même de culture, assimilée, à tort selon lui, à toutes les formes de pratique socioculturelle. La même année, un universitaire américain, Allan Bloom, déplorait dans *L'âme désarmée* le même travers de relativisme culturel : le tout-se-vaut serait en train d'entraîner, selon lui, un étouffement de la culture. En toile de fond des deux constats, c'est, bien sûr, la montée en puissance d'une culture médiatique qui apparaissait comme la cause principale de cette situation.

Situation qui, pour l'intellectuel, est triplement dommageable :

— La culture étant la base et la raison d'être de leur fonction sociale, le phénomène de dilution culturelle touchait à leur identité même.

— D'autant que la montée en puissance d'une culture médiatique a entraîné le passage sur le devant de la scène, comme leaders d'opinion, de personnages médiatiques qui se sont emparés de ce rôle de héraut jusque-là souvent dévolu aux intellectuels : le fantaisiste Coluche ou l'homme d'affaires Bernard Tapie semblent ainsi avoir indirectement supplanté les intellectuels dans leur pouvoir d'influence.

— Si les choses, dans la réalité, sont plus complexes, cet affaiblissement apparent du pouvoir d'influence des intellectuels ajoute, en tout cas, à la crise d'identité entraînée par la banalisation de la notion de culture.

Mais, comme sur le plan idéologique, cette crise est elle-même porteuse d'une mutation : si un glissement s'est opéré au détriment des intellectuels, l'avenir, dans ce domaine, demeure ouvert. Il reste, il est vrai, du domaine de la prédiction, qui n'est pas la vocation de l'historien.

BIBLIOGRAPHIE

Donnat Olivier, Cogneau Denis, *Les pratiques culturelles des Français. 1973-1989*, La Découverte, La Documentation française, 1990.
Guillaume Pierre, *Histoire sociale de la France au XXᵉ siècle*, Masson, 1993.
Le Goff Jacques et Rémond René (sous la direction de), *Histoire de la France religieuse*, t. 4 : *Société sécularisée et renouveaux religieux (XXᵉ siècle)*, Le Seuil, 1992.
Mendras Henri, *La seconde Révolution française. 1965-1984*, Gallimard, 1988.

BIBLIOGRAPHIE GÉNÉRALE

La plupart des manuels et synthèses couvrent une partie seulement de la période étudiée dans ce livre. Ils ont, de ce fait, été signalés dans les bibliographies des chapitres concernés. On citera donc seulement ici quelques ouvrages, de nature au demeurant parfois très différente.

Agulhon Maurice, *La République de Jules Ferry à François Mitterrand, de 1880 à nos jours*, Hachette, 1990, rééd., 2 t., coll. « Pluriel », 1992[1].

Berstein Serge et Milza Pierre, *Histoire de la France au XXᵉ siècle*, 4 t. parus, 1900-1974, Bruxelles, Complexe, 1990-1992.

Duby Georges, Mandrou Robert, avec la participation de Sirinelli Jean-François, *Histoire de la civilisation française*, t. 2, Armand Colin, 1984, rééd., Livre de Poche, 1993.

Prost Antoine, *Petite histoire de la France au XXᵉ siècle*, 2ᵉ éd., Armand Colin, 1992.

Rémond René, avec la collaboration de Sirinelli Jean-François, *Notre siècle (1918-1991)*, Fayard, 2ᵉ éd., 1991, rééd., Livre de Poche, 1993.

Sirinelli Jean-François (sous la direction de), *Dictionnaire historique de la vie politique française au XXᵉ siècle*, PUF, 1995.

---

1. Sauf mention contraire, les ouvrages signalés en bibliographie sont publiés à Paris.

Imprimé en France
Imprimerie des Presses Universitaires de France
73, avenue Ronsard, 41100 Vendôme
Décembre 1997 — N° 44 678

Collection
Premier
Cycle

Dieter GUTZEN — Les conséquences de l'unification allemande

Guy HERMET — L'Espagne au XXᵉ siècle

Winfrid HUBER — L'homme psychopathologique et la psychologie clinique

Michel JARRETY — La poésie française du Moyen Age jusqu'à nos jours

Samuel JOHSUA, Jean-Jacques DUPIN — Introduction à la didactique des sciences et des mathématiques

Arlette JOUANNA — La France du XVIᵉ siècle. 1483-1598

Edmond JOUVE — Relations internationales

Chantal LABRE, Patrice SOLER — Méthodologie littéraire

Philippe LABURTHE-TOLRA, Jean-Pierre WARNIER — Ethnologie-Anthropologie

Jean-Michel LACROIX — Histoire des États-Unis

Viviane de LANDSHEERE — L'éducation et la formation

François LAROQUE, Alain MORVAN, André TOPIA — Anthologie de la littérature anglaise

François LAROQUE, Alain MORVAN, Frédéric REGARD — Histoire de la littérature anglaise

Yann LE BOHEC — Histoire romaine. Textes et documents

Marcel LE GLAY, Jean-Louis VOISIN, Yann LE BOHEC — Histoire romaine

Jean-Marie LEMOGODEUC — L'Amérique hispanique au XXᵉ siècle

Alain de LIBÉRA — La philosophie médiévale

Monique et Jean LOZES — Version anglaise / Filière LEA

Michel MEYER — La philosophie anglo-saxonne

Gaston MIALARET — Statistiques

Arlette MICHEL, Colette BECKER, Marianne BURY, Patrick BERTHIER, Dominique MILLET — Littérature française du XIXᵉ siècle

Chantal MILLON-DELSOL — Les idées politiques au XXᵉ siècle

Georges MOLINIÉ — La stylistique

Gérard MOTTET — Géographie physique de la France

Claude ORRIEUX, Pauline SCHMITT — Histoire grecque

Françoise PAROT — L'homme qui rêve

Françoise PAROT, Marc RICHELLE — Introduction à la psychologie. Histoire et méthodes

Pierre PECH, Hervé REGNAULD — Géographie physique

Michèle-Laure RASSAT — Institutions judiciaires

Olivier REBOUL — Introduction à la rhétorique

Olivier REBOUL — Les valeurs de l'éducation

Dominique ROUX, Daniel SOULIÉ — Gestion

Daniel ROYOT, Jean BÉRANGER, Yves CARLET, Kermit VANDERBILT — Anthologie de la littérature américaine

Daniel ROYOT, Jean-Loup BOURGET, Jean-Pierre MARTIN — Histoire de la culture américaine

Suzanne SAID, Monique TRÉDÉ, Alain LE BOULLUEC — Histoire de la littérature grecque

Pascal SALIN — Macroéconomie

Jean-François SIRINELLI, Robert VANDENBUSSCHE, Jean VAVASSEUR-DESPERRIERS —
La France de 1914 à nos jours

Didier SOUILLER, Wladimir TROUBETZKOY — Littérature comparée

Olivier SOUTET — Linguistique

Nicolas TENZER — Philosophie politique

Raymond THOMAS — Sciences et techniques des activités physiques et sportives

Jean TULARD — La France de la Révolution et de l'Empire

Dominique TURPIN — Droit constitutionnel

Bernard VALADE — Introduction aux sciences sociales

Yvette VEYRET, Pierre PECH — L'homme et l'environnement

Alain VIALA — Le théâtre en France des origines à nos jours

Annick WEIL-BARAIS — L'homme cognitif

Mary WOOD — Thème anglais / Filière classique

Jean-Jacques WUNENBURGER — Questions d'éthique

Hubert ZEHNACKER, Jean-Claude FREDOUILLE — Littérature latine

Michel ZINK — Littérature française du Moyen Age

Charles ZORGBIBE — Chronologie des relations internationales depuis 1945

Charles ZORGBIBE — Histoire de la construction européenne

Roger ZUBER, Emmanuel BURY, Denis LOPEZ, Liliane PICCIOLA — Littérature française
du XVIIᵉ siècle

International Human Resource Management

Fourth edition

Chris Brewster, Elizabeth Houldsworth, Paul Sparrow, Guy Vernon

Chartered Institute of Personnel and Development

Published by the Chartered Institute of Personnel and Development
151 The Broadway, London SW19 1JQ

This edition first published 2016

Designed and typeset by Exeter Premedia Services, India
Printed in Great Britain by Ashford Colour Press Ltd
British Library Cataloguing in Publication Data
A catalogue of this publication is available from the British Library

ISBN 9781843983750
eBook ISBN 9781843984184

The views expressed in this publication are the authors' own and may not necessarily reflect those of the CIPD.

The CIPD has made every effort to trace and acknowledge copyright holders. If any source has been overlooked, CIPD Enterprises would be pleased to redress this in future editions.

Chartered Institute of Personnel and Development

151 The Broadway, London SW19 1JQ
Tel: 020 8612 6200
Email: cipd@cipd.co.uk
Website: www.cipd.co.uk
Incorporated by Royal Charter. Registered Charity
No. 1079797

Shelfie

A **bundled** eBook edition is available with the purchase of this print book.

CLEARLY PRINT YOUR NAME ABOVE IN UPPER CASE

Instructions to claim your eBook edition:
1. Download the Shelfie app for Android or iOS
2. Write your name in **UPPER CASE** above
3. Use the Shelfie app to submit a photo
4. Download your eBook to any device

Contents

List of figures and tables

CHAPTER 15

Author biographies

Chris Brewster is Professor of International HRM at University of Reading.

Elizabeth Houldsworth is Associate Professor in International HRM at Henley Business School, University of Reading.

Paul Sparrow is Director of the Centre for Performance-Led HR and Professor of International HRM at Lancaster University Management School.

Guy Vernon is Associate Professor in Human Resource Management at Southampton University.

Walkthrough of textbook features and online resources

LEARNING OUTCOMES

When you have read this chapter, you will:

- appreciate the growing internationalisation of the world in which human resource management (HRM) is conducted
- understand the additional complexity of HRM in an international context
- be able to describe the strengths and weaknesses of the universalist and contextualist paradigms
- be able to describe the key features of the three main approaches to international HRM (IHRM)
- be able to identify some of the key HRM challenges facing organisations working internationally
- understand the format of the rest of the book.

LEARNING OUTCOMES

At the beginning of each chapter a bulleted set of learning outcomes summarises what you expect to learn from the chapter, helping you to track your progress.

KEY FRAMEWORK

THEORY AND PRACTICE

What is meant by convergence or divergence?

Mayrhofer et al(2004) differentiated a number of forms of change:

Directional convergence: When comparing changes in HRM practices between two countries directional convergence exists when the trend (developmental tendency) goes in the same direction. Each country might start with a different proportion of organisations using a specific practice, and over time the difference in the proportion of organisations using that particular practice in the two countries might actually have grown larger. However, in both cases, a greater proportion of organisations now use the practice, there is convergence in direction – in this case going up. Similarly the opposite might apply, with change in a negative direction.

Final convergence: When changes in the use of an HRM practice in two different countries mean that the two countries' practices get more similar (the differences in use of the practice between the countries decreases in magnitude over time) then there is convergence to some final point.

THEORY AND PRACTICE: KEY FRAMEWORKS

Key theoretical frameworks are highlighted throughout the text, helping you get to grips with these important ideas and debates.

MY GENERATION

CASE STUDY 4.6

Costanza et al (2012) found 20 reliable studies conducted between 1995 and 2009, of which 16 were conducted within the USA, and only four outside, including one in Canada, one in Europe, and two in New Zealand. Together they allowed for 18 generational pairwise comparisons, across the four generations, covering 19,961 respondents.

The results of the meta-analysis generally do not support the notion that there are systematic, substantive differences among generations in work-related outcomes. (Costanza et al 2012, p387)

CASE STUDIES

A range of case studies from different countries illustrate how key ideas and theories are operating in practice around the globe, with accompanying questions or activities.

? REFLECTIVE ACTIVITY 1.2

Look at the sequence of definitions used above to define what IHRM is about. How do the definitions change over time? What do these changing definitions tell you about the sorts of knowledge – and the theoretical understanding – that might be important for the field and that should be incorporated into a textbook of like this?

REFLECTIVE ACTIVITIES

In each chapter, a number of questions and activities will get you to reflect on what you have just read and encourage you to explore important concepts and issues in greater depth.

LEARNING QUESTIONS

1 From your experience and study of the subject, what do you consider to be the key elements of 'best practice' in HRM? To what extent can these be applied on a global basis? Identify the reasons underlying your arguments.

2 Imagine that you are a HR manager in a domestically based company that has decided to operate internationally. You have been charged with sorting out the HR effects of the decision. What questions should you be asking?

LEARNING QUESTIONS

Learning Questions at the end of each chapter will test your understanding of the chapter and highlight any areas of development before you move on to the next chapter.

KEY LEARNING POINTS

- Any analysis of HRM needs to be clear about its level of analysis.
- There will be some aspects of HRM which may be applicable in any country and any circumstances: every organisation in every country has to conduct basic HRM practices such as recruitment, payment, etc.
- There will also be many aspects of HRM which cannot be understood at that level and which must be explored at different levels: workplace, sector, national or regional. A focus on any one of these areas will, like focusing a camera, clarify some areas but blur others. It does not make either true or false – they are merely different perspectives.
- The national level of analysis is particularly informative, and it is often given less priority than it should be. We provide evidence on these issues in the following chapters.
- At the national level, as we show in Chapter 3, HRM can be very different. This is because of cultural and institutional differences between countries.

KEY LEARNING POINTS

At the end of each chapter, a bulleted list of the key learning points summarises the chapter and pulls out the most important points for you to remember.

EXPLORE FURTHER

The following websites provide useful information:

The United Nations Conference on Trade and Development (UNCTAD) website can provide updated information on transnational organisations:

http://unctad.org/en/pages/home.aspx

CIPD International Research:

http://www.cipd.co.uk/global/

OECD guidelines for multinational enterprises:

http://www.oecd.org/daf/inv/mne/oecdguidelinesformultinationalenterprises.htm

The International Labour Organization publications and reports can be found at:

http://www.ilo.org/global/publications/lang–en/index.htm

EXPLORE FURTHER

Explore further boxes contain suggestions for further reading and useful websites, encouraging you to delve further into areas of particular interest.

ONLINE RESOURCES FOR STUDENTS

- PowerPoint slides – design your programme around these ready-made lectures.
- Lecturer's guide – including guidance on the activities and questions in the text.
- Additional case studies – these can be used as a classroom activity, for personal reflection and individual learning, or as the basis for assignments.

EBOOK BUNDLING

CIPD have partnered with BitLit to offer print and eBook bundling. BitLit has built a free eBook bundling app called Shelfie for iOS and Android that allows you to get a highly discounted eBook if you own a print edition of one of our titles.

Visit **www.bitlit.com/how-it-works/**

CHAPTER 1

International HRM: An Introduction

LEARNING OUTCOMES

When you have read this chapter, you will:

- appreciate the growing internationalisation of the world in which human resource management (HRM) is conducted
- understand the additional complexity of HRM in an international context
- be able to describe the strengths and weaknesses of the universalist and contextualist paradigms
- be able to describe the key features of the three main approaches to international HRM (IHRM)
- be able to identify some of the key HRM challenges facing organisations working internationally
- understand the format of the rest of the book.

1.1 INTRODUCTION

This chapter is a general introduction to the book – it outlines the main objectives of the text and the rationale behind its structure. We begin by briefly noting the changing context to international business and the implications for HRM. In explaining the nature of international HRM (IHRM): we outline the importance of countries and present the three main sections of the book: the institutional and cultural context; aspects of comparative HRM; and IHRM. In so doing we explore the differences between domestic and international HRM for practitioners. Then we provide an outline of the book, offering a guide to each chapter. The final section explains what is new about this latest edition.

Whilst all the chapters in this edition of the book have been updated to pick up developments in both the literature and practice since the previous edition was published in 2011, the aim remains the same: to help you explore the meaning and implications of the concepts of contextual, comparative and international HRM. We do not assume that there is only one way of defining or understanding the nature of HRM. On the contrary, we believe that HRM varies according to the country in which it is conducted: the country that provides the institutional and cultural environment for HRM. We address the issues raised by the fact that HRM is different from country to country. This must have an effect on people like you, who are trying to gain an understanding of the full range of meanings of HRM. It will also affect those, like some of you, who are trying to manage HRM in organisations whose reach crosses national boundaries. These issues are covered in this text.

A key task for organisations which operate across international boundaries is to manage the different stresses of the drive for integration (being coherent across the world) and differentiation (being adaptive to local environments). Reading this text will give you some flavour of the way that HRM – and particularly what is seen as 'good' HRM – is defined differently in different national cultures, and is presented and operates differently in different national institutional environments; some flavour too of the ways in which international organisations attempt to deal with the issues these differences create.

We believe that the text will be of value to anyone involved in, or interested in, comparative and international HRM. Whereas in the past the book has focused particularly on HRM specialists, for this edition we have sought to take a more general approach, acknowledging that some readers may only be studying IHRM as one component in a broader qualification programme.

? REFLECTIVE ACTIVITY 1.1

- Why would adopting a global approach to managing people be beneficial to an organisation?
- Why might it be harmful?

Provide examples for each perspective.

For many of you, these first paragraphs will already be raising some key questions. What is the culture of Spain, with its mix of Castilian, Catalan, Andalucian, Basque, and other heritages? Or of Singapore, with its Malay, Indian and Chinese populations? What is the institutional and labour market position of the EU where many laws apply across national boundaries and there are few institutional limitations to cross-border labour markets? Do our findings apply to emerging market countries and under-developed countries in the same way that they apply to the rich countries of the world? Inevitably, basing the text on national differences blurs important 'within-nation' and 'beyond-country' issues. These are critical matters – but outside the scope of this text. We have chosen here to concentrate upon the national differences partly because they are so powerful (institutional differences like employment laws, labour markets, trade unions, etc. tend to operate at national level, even where the cultural boundaries are blurred), and partly as an introduction to an often-neglected element of HRM – the fact that it does vary considerably around the world. Our consideration of these issues is focused on Europe, but we will take the opportunity to draw on examples from other continents whenever that is appropriate.

The number of books and articles on international and comparative HRM has expanded almost exponentially since the first edition of this text was published a decade or more ago. Whereas in many organisations IHRM used to be the concern of a rather separate department arranging terms and conditions for expatriate employees, it is increasingly becoming a more significant part of organisations' attempts to manage their entire workforce across the world in the most cost-effective manner possible. As such, it is becoming a key contributor to organisational success. It is little wonder that it is beginning to attract the attention of more researchers, publishers and consultancies.

It is a truism to point out that the world is becoming more international. This applies to our technology, our travel, our economies and our communications – if not always obviously to our understanding. The growth of global enterprises leads to increased permeability in traditional business boundaries, which in turn leads to high rates of economic change, a growing number and diversity of participants, rising complexity and uncertainty. Traditionally much of our understanding of IHRM has been based on the study of multinational corporations (MNCs). An MNC is defined as an enterprise that operates in several countries but is managed from one home country. MNCs may be of four forms: a decentralised corporation that has a strong home country presence; a global and centralised corporation that can acquire a cost advantage through centralised production; an international company that builds on the parent company's technology or research and development; or a transnational enterprise that combines all three of these approaches. In general, MNCs may not have co-ordinated product offerings in each country, because they are more focused on adapting their products and service to each individual local market. Even some famously international brands (MacDonalds, Coca Cola) vary in different markets. Some people prefer to use the term multinational enterprise (MNE) because the word corporation implies a business organisation, whereas many other forms of organisation such as non-governmental bodies or charities might be deemed to have multinational characteristics. The term transnational corporation (TNC) is typically used to describe much more complex organisations that have invested in foreign operations, have a central corporate facility, but have decision-making, R&D and marketing powers in a variety of foreign markets. As we do not here focus on governments' international operations (Liesink et al 2016), or intergovernmental organisations (Brewster et al 2016) or international charities or religious groups (Brewster and Lee 2006), we shall generally use the abbreviation MNCs throughout the textbook for the sake of convenience and simplicity.

MNCs are presented as being economically dominant – the world's 1,000 largest companies produce 80% of the world's industrial output. They are seen as being crucial to the vitality, health and level of innovation of a geographic location, notably because they help connect it to other and distant international sources of complementary specialised knowledge and expertise. In the process MNCs build and discover new opportunities for themselves as well as for others (Cantwell 2014). Each year the United Nations Conference on Trade and Development (UNCTAD) issues a World Investment Report focused on trends in foreign direct investment (FDI) worldwide and at the regional and country levels. At the time of writing, the latest data, the World Investment Report, the 25th in the series (UNCTAD 2015), covers 2014. Foreign Direct Investment (FDI) inflows in 2014 declined by 16% to $1.2 trillion mainly because of the fragility of the global economy, policy uncertainty for investors and elevated geopolitical risks. As one of the major developed markets in the world, Europe, and the Eurozone area within it, faced major challenges to its stability over the treatment of Greek debt and US economic recovery remained fragile.

In 2003 economists at Goldman Sachs bracketed Brazil with Russia, India and China as the BRIC economies that would come to dominate the world. Developing economies extended their lead in global inflows of FDI, with China becoming the world's largest recipient of FDI. Developing economies now make up five of the top ten FDI recipients in the world. However, interpreting trends in IHRM that might result from shifts in economic power is never easy and complex factors are always at play. Although the Chinese economy has continued to grow, though less rapidly, and so has the Indian economy, the performance of emerging markets is still very volatile. Brazil seems to have stalled and at the time of writing it is difficult to know what is happening in Russia, as a combination of sanctions and falling oil prices seem to be leading to a recession there. Doubts are also beginning to be expressed even about growth in China, with stock market crashes and worries about unsustainable levels of debt featuring in the business press.

We see a number of traditional regional strategies, often reflecting past cultural and institutional linkages. These create new patterns of mobility and trade. There is also much discussion about relative levels of productivity around the world driving investment and growth and the role of labour arbitrage, with MNCs being able to take advantage of lower wages abroad. In reality, MNCs consider many factors when they think about locating activities in various markets. The behaviour of MNCs is driven by many issues, such as complex supply chains at risk of disruption, energy prices, and inventory costs associated with importing. We also witness different responses internationally within the labour force. These shifts are not always as easy or rapid as made out in the business press.

Whatever the driving factors, we do nonetheless seem to be witnessing the global transfer of work – either in terms of the creation of new jobs or through the global sourcing of certain parts of an individual's or unit's work. This is having a major impact on the type of organisations and nature of work that remain viable in different parts of the world. In the first wave of globalisation two decades ago, low-level manufacturing work began to transfer to low-cost locations. In the second wave simple service work such as credit card processing began to relocate. In the third wave higher-skill white-collar work is being transferred.

1.2 WHAT IS INTERNATIONAL HUMAN RESOURCE MANAGEMENT?

In all these MNCs or MNEs, HRM is a key to success. For the vast majority of organisations, the cost of the people who do the work is the largest single item of operating costs. Increasingly, in the modern world, the capabilities and the knowledge incorporated in an organisation's human resources are the key to performance. So on both the cost and benefit sides of the equation, HRM is crucial to the survival, performance and success of the enterprise. For international organisations, the additional complications of dealing with differing institutional constraints and multicultural assumptions about the way people should be managed become important contributors to the chances of that success.

The need for human resource specialists to adopt an increasingly international orientation in their functional activities is widely acknowledged and becoming ever clearer. It is important not just to people working in the giant MNCs, but also to many others in small and medium-sized enterprises (SMEs). The freer economic environment of the twenty-first century, the reduction of restrictions on labour movement in areas such as the European Community, and the advent of new technology, have combined to mean that many fledgling enterprises operate internationally almost as soon as they are established.

Any review of world events over the last few years will emphasise the essentially unpredictable and rapidly changing nature of political, economic and social upheavals. Vaill (1989, p2) used the metaphor of 'permanent white water' to describe the nature of doing business in the latter part of the twentieth century. And whilst we might doubt the extent or novelty of change it is clear that managers working in an international environment are impacted more by multi-country, regional and global change and dynamism than managers in a single-country operation. And this applies to HR managers as much as any others (Stiles and Trevor 2006). Hardly surprisingly, choices in this context become complex and ambiguous.

The additional complexities of managing an international workforce in any of these organisations call for a different mindset and different skills for practitioners. Sparrow et al (2004) argue that individuals working in an international context need to be competent in:

- interpersonal skills (especially cultural empathy)
- influencing and negotiating skills
- analytical and conceptual abilities
- strategic thinking.

They add that individuals will also need a broader base of knowledge in such areas as:

- international business
- international finance
- international labour legislation
- local labour markets
- cultural differences
- international compensation and benefits.

Furthermore, and to complete for a moment the list of complexities that internationalisation adds to the role of HR managers, they will have to manage a wider set of multiple relationships. HR managers in the European context, for instance, might find themselves having to deal with such groups as:

- headquarters, regional and subsidiary line managers
- headquarters and subsidiary employees
- national, European-level and international trade union bodies
- national and European-level legislative bodies
- local and regional communities.

From the mid-1980s to the turn of the 1990s the field of IHRM was considered to be in its 'infancy' (Laurent 1986). Since its early beginnings, there has been both an evolution of territory covered by the IHRM field as well as more critical discussion of whether this evolution has been towards an expanded field, or represents a process of fragmentation.

Scullion (2005) tracked the evolution of definitions of IHRM. He observed that whilst there has been little consensus, definitions have broadly concentrated on examining the HRM issues, problems, strategies, policies and practices which firms pursue in relation to the internationalisation of their business. Budhwar et al (2009) similarly positioned the different views that have existed about the nature of IHRM.

KEY FRAMEWORK

Definitions of HRM

IHRM encompasses:

'the worldwide management of people in the multinational enterprise' (Poole 1990, p1)

'human resource management in an international environment... problems created in an MNC performing business in more than one country, rather than those posed by working for a foreign firm at home or by employing foreign employees in the local firm' (Briscoe and Schuler 2004, p1)

'how MNCs manage their geographically dispersed workforce in order to leverage their HR resources for both local and global competitive advantage' (Scullion 2005, p5).

'a branch of management studies that investigates the design of and effects of organisational human resource practices in cross-cultural contexts' (Peltonen 2006, p523)

'all issues related to the management of people in an international context... [including] human resource issues facing MNCs in different parts of their organisations... [and] comparative analyses of HRM in different countries' (Stahl and Björkman 2006, p1).

'complex relationship between globalisation, national systems and companies' which provides us with 'three distinct "levels of analysis" for interpreting and understanding HRM strategies and practices [the globalisation effect, the regional effect, the national effect, and the organisation effect]' (Edwards and Rees 2008, p22)

'the subject matter of IHRM [must be] covered under three headings: cross-cultural management; comparative human resource management; and international human resource management' (Brewster et al 2007, p5)

'how MNCs manage the competing demands of ensuring that the organisation has an international coherence in and cost-effective approach to the way it manages its

THEORY AND PRACTICE

people in all the countries it covers, while also ensuring that it can be responsive to the differences in assumptions about what works from one location to another' (Dickmann et al 2008, p7)

'the ways in which the HRM function contributes to the process of globalisation within multinational firms' (Sparrow and Braun 2007, p96)

'the implications that the process of internationalisation has for the activities and policies of HRM' (Dowling et al 2008, p293)

? REFLECTIVE ACTIVITY 1.2

Look at the sequence of definitions used above to define what IHRM is about. How do the definitions change over time? What do these changing definitions tell you about the sorts of knowledge – and the theoretical understanding – that might be important for the field and that should be incorporated into a textbook of like this?

1.3 WHY STUDY INTERNATIONAL HUMAN RESOURCE MANAGEMENT?

Why should we be considering the international and comparative dimensions of HRM? After all, every organisation has to recruit workers, deploy them, pay them, motivate them and eventually arrange for their departure. Indeed, many texts are written as if their messages are universal. However, there is little doubt that things are done differently in different countries: each country has its own institutional environments – with differently educated and skilled workforces, in different economic situations, with different labour laws, trade union arrangements, government support or control (covered in Chapter 2), and internationally operating organisations have to cope with different cultures (see Chapters 3 and 4). In order to understand how organisations operate across these different national contexts we need to understand the differences as clearly as possible. There is now extensive research showing that HRM not only varies between countries in the way that it is conducted, but that how it is defined and what is regarded as constituting good practice are also very distinct (Brewster and Mayrhofer 2012).

? REFLECTIVE ACTIVITY 1.3

● Examine existing HRM practices in your company or one that you know about.
● Which of them are the product of your country's legal, economic, political or social institutions?

Provide explanations for your answer.

There are two fundamental paradigms in the exploration of HRM: the universalist and the contextual (Brewster 1999). Comparative HRM is intrinsically contextual, generally focused at the national level. IHRM, however, is often (though not in this book) universalist, assuming that the same things will work in every context. Linked to this debate is another: the debate between those who embrace notions of convergence and those who do not. Whereas researchers have to choose between the universalist and the contextual paradigms, they may decide that, for example, some aspects of HRM may be converging whilst others are not or that HRM converges at the level or rhetoric but less so at the level of practice.

Here we explore briefly these conceptual choices as an introduction to the rest of the book.

1.4 UNIVERSALIST VERSUS CONTEXTUAL HRM

Universalism and contextualism are paradigms: that is, they are taken-for-granted truths that the proponents of each simply assume must be correct. The fact that both paradigms are supported by different scholars indicates that both are intellectual constructs capable of being challenged. But for the proponents of each one, they are 'obviously' correct and the 'only' way to think about management science and HRM.

1.4.1 UNIVERSALIST HRM

The universalist paradigm is dominant in the USA but is widely used elsewhere. This paradigm assumes that the purpose of the study of HRM, and in particular strategic human resource management (SHRM – see for example Tichy et al 1982; Ulrich 1987; Wright and McMahan 1992), is to improve the way that human resources are managed strategically within organisations. The ultimate aim of this work is to improve organisational performance, as judged by its impact on the organisation's declared corporate strategy (Tichy et al 1982; Huselid 1995), the customers (Ulrich 1989) or shareholders (Huselid 1995; Becker and Gerhart, 1996; Becker et al 1997). It is implicit in these writings that this objective will apply in all cases. Thus the widely cited definition by Wright and McMahan (1992, p298) states that SHRM is:

> the pattern of planned human resource deployments and activities intended to enable a firm to achieve its goals.

Much of the universalist writing assumes that HRM, like management generally, is a science and that 'proper science' (Beer et al 2015) requires the search for universal truths, usually couched in HRM as 'best practice' and that understanding can be achieved by testing yes/no hypotheses. Searching for 'best practice' often means finding out what currently successful 'leading edge' companies are doing.

Arguably, there is a degree of coherence in the USA around what constitutes 'good' HRM, and views tend to coalesce around the concept of 'high-performance work systems'. Many years ago these were characterised by the US Department of Labor (1993) as having certain characteristics:

- careful and extensive systems for recruitment, selection and training
- formal systems for sharing information with the individuals who work in the organisation
- clear job design
- local-level participation procedures
- monitoring of attitudes
- performance appraisals
- properly functioning grievance procedures
- promotion and compensation schemes that provide for the recognition and financial rewarding of high-performing members of the workforce.

It would appear that, although there have been many other attempts to develop such lists (see, for example, from the UK, Storey 1992, 2007), and they all differ to some degree, the Department of Labor list can be taken as an exemplar of the universalist paradigm.

Few researchers in HRM in the USA would find very much to argue with in this list. Researchers and practitioners in other countries, however, find such a list contrary to experience and even to what they would conceive of as good practice. So they might argue for sharing information with representative bodies such as trade unions or works councils, for flexible work boundaries, for group or company-wide reward systems. And they might argue that attitude monitoring, appraisal systems, etc are evidence of low trust and culturally inappropriate.

Universalists often produce their work in one country and base it on a small number of 'exemplary' cases. As long as this work is read by specialists in the relevant country, with interests in these kinds of organisations, this may not be too much of a problem. But the world, and especially the academic world in HRM, is becoming ever more international. This is a major problem in relation to the US literature. The cultural hegemony of US teaching, publishing, websites and US journals means that these texts are often utilised by other readers. US-based literature searches generally fail to note much writing outside the universalist tradition. These universalist notions are widely adopted by management consultancies, business schools and HRM gurus across the world. There is an explicit or implicit lesson drawn that countries and organisations that do not adopt the appropriate policies and practices are in some way 'backward'. For analysts and practitioners outside the USA, and even, we might argue, for many inside the country, and for those international firms with interests in different countries, many of these descriptions and prescriptions fail to meet their reality.

1.4.2 CONTEXTUAL HRM

In contrast, the contextual or comparative paradigm searches for an overall understanding of what is contextually unique and why. In our topic area, it is focused on understanding what is different between and within HRM in various contexts, and what the antecedents of those differences are. The policies and practices of the 'leading-edge' companies (something of a value-laden term in itself), which are the focus of much HRM research and literature in the USA, are of less interest to contextualists than identifying the way labour markets work and what the more typical organisations are doing.

Among most researchers working in this paradigm, it is the explanations that matter – any link to organisational performance is secondary. It is assumed that HRM can apply to societies, governments or regions as well as to firms. At the level of the organisation (not just the 'firm', for public-sector and not-for-profit organisations are also included), the organisation's objectives and strategy are not necessarily assumed to be 'good' either for the organisation or for society. There are plenty of examples, particularly in the financial sector in the last few years, where this is clearly not the case. The contextual paradigm is more concerned about the other stakeholders in HRM – the employees and their dependents, and society as a whole (Beer et al 2015). While noting their common interests, it does not assume that the interests of everyone in the organisation will be exactly the same; nor is there any expectation that an organisation will have a strategy that people within the organisation will support.

The assumption is that not only will the employees and the unions have a different perspective from that of the management team (Keenoy 1990; Storey 1992; Purcell and Ahlstrand 1994; Turner and Morley 1995), and different groups of employees within the organisation will have different needs and requirements (Lepak and Snell 1999), but that even within the management team there may be different interests and views (Koch and McGrath 1996; Hyman 1987). These, and the resultant impact on HRM, are issues for empirical study. Contextualist researchers explore the importance of such factors as culture, ownership structures, labour markets, the role of the state and trade union organisation as aspects of the subject rather than as external influences upon it. The scope of HRM goes beyond the organisation to reflect the reality of the role of many HRM departments: for example, in lobbying about and adjusting to government actions, in dealing with such issues as equal opportunities legislation or with trade unions and tripartite institutions.

1.4.3 THE VALUE OF THE DIFFERENT PARADIGMS

So many management researchers find that the universalist paradigm, ironically, excludes much of the work of HRM specialists in such areas as compliance, equal opportunities, trade union relationships and dealing with local government and the environment. In addition, the universalist paradigm only operates at the level of the organisation, ignoring policy at the national or international level. This is not helpful in regions like Europe, where much employment contract bargaining is still often conducted above the organisational level and significant HRM legislation and policy (for example, freedom of movement, employment and remuneration, equal treatment) is enacted at EU level as well as at the level of particular countries or sectors (Sparrow and Hiltrop 1994; Brewster 2004). Ignoring national policy makes even less sense in countries like China and Vietnam (Warner 2013). The contextual paradigm provides better insights into these issues.

Nevertheless, the universalist paradigm exists because it has strengths – a simple, clear focus, a rigorous methodology, and clear relationships with the needs of industry. Neither paradigm is right or wrong. Both these approaches, and the others that exist in other parts of the world, have a contribution to make. The difficulty comes when writers are unaware of the paradigm within which they are working.

It is to some degree the difference between these paradigms, lack of awareness of them, and the tendency for commentators to drift from one to another that has led to the confusion about the very nature of HRM as a field of study, as pointed out by many of its original leading figures (including Boxall 1993; Legge 1995; Storey 1992). In practice, these are often debates between the different paradigms used to understand the nature of HRM.

1.5 CONVERGENCE AND DIVERGENCE IN HRM

1.5.1 CONVERGENCE IN HRM

A second, and linked, debate is between those who believe in globalisation, arguing that all aspects of management, including HRM, are becoming more alike; and those who believe that each country continues to have its own approach to management in general and HRM in particular. For Pudelko and Harzing (2007), at the country level the debate has always been about convergence or divergence of HRM practice, whilst at the organisational level it has been about standardisation versus localisation of practice.

There is more than one version of the convergence concept. Comparative HRM researchers have analysed changes in the adoption of a range of specific tools and practices across countries. In examining changes over time in HRM practice between European countries, and attempting to link the pattern of these changes to competing theoretical explanations of what is happening, Mayrhofer et al (2004) noted that

> [i]t is by no means clear what is meant by convergence. Although the general meaning, intuitively, is clear, it becomes more complex at a closer look. We therefore need a 'more nuanced picture of convergence'. (p434)

THEORY AND PRACTICE

KEY FRAMEWORK

What is meant by convergence or divergence?

Mayrhofer et al(2004) differentiated a number of forms of change:

Directional convergence: When comparing changes in HRM practices between two countries directional convergence exists when the trend (developmental tendency) goes in the same direction. Each country might start with a different proportion of organisations using a specific practice, and over time the difference in the proportion of organisations using that particular practice in the two countries might actually have grown larger. However, in both cases, a greater proportion of organisations now use the practice, there is convergence in direction – in this case going up. Similarly the opposite might apply, with change in a negative direction.

Final convergence: When changes in the use of an HRM practice in two different countries mean that the two countries' practices get more similar (the differences in use of the practice between the countries decreases in magnitude over time) then there is convergence to some final point. This might imply that the country with less uses increases faster, or that one country increases a usage whilst another one decreases it – as long as they get closer together there may be said to be final convergence.

Stasis: When there is no change over time in the proportion of organisations using an HRM practice and a state of stability thus exists.

Divergence: When the changes in use of an HRM practice in two different countries are progressing in truly different directions, one increasing and the other decreasing.

In addition, we might note that HRM might not be uniform – for example, some practices may converge whilst others diverge, or there may be convergence at the policy level but not at the operational level.

Some see convergence as a global market-based issue. They argue, using a kind of Darwinian 'survival of the fittest' analogy, that the logic of technology and its increasing diffusion mean that eventually, in order to compete, everyone will have to adopt the most efficient management and HRM practices (Kidger 1991). The underlying assumption here is that the predominant model will be the US universalist model (Pudelko and Harzing 2007; Smith and Meiksins 1995). There is also a regional institutional perspective, which argues that whilst institutional differences in legal, trade union and labour market conditions can create differences in HRM then where, as in the EU similar legislation covers a number of countries, this might lead to a diminution in the differences between the ways in which countries handle their HRM. The EU is passing legislation for all the member states, including social and employment legislation. There is a free labour market in the EU and some companies now try to operate as if the EU was one country. A developing European model of HRM would reinforce the idea of a move toward convergence – but in the form of regional convergence rather global convergence.

1.5.2 DIVERGENCE IN HRM

Opposed to the idea of convergence are the institutional theories and the concepts of cultural differences outlined in the next three chapters. Proponents of the various versions of each of these two main streams of explanation are unlikely to accept that there is any point at which the same practices will be utilised to the same degree and would have the same effect irrespective of country or location. This book is firmly based on such a notion.

This, of course, gives IHRM practitioners a key paradox. Internationally operating organisations may want to standardise practices wherever possible. But in many areas of management, and particularly HRM, they also have to be aware of and respond to or even utilise national differences. This standardisation/localisation debate is a central issue in IHRM and one that, once we have explored and understood the national variations found in HRM approaches, policies and practices around the world, we explore in the third section of the book.

1.5.3 THE EVIDENCE

There is little empirical data on the issue of convergence versus divergence, and that is largely the result of the difficulties of researching the issue. A number of articles which claim to have researched convergence of HRM practices either use case studies, which are inappropriate for identifying whether national practices are becoming more alike, or use convergence to apply only to directional convergence – they find the same trends in different countries but can say nothing about whether the countries are becoming more alike. Others use single point in time data to explore issues of convergence towards assumed best practices. Obviously, researching convergence seriously would require longitudinal comparative research programmes – but these are expensive and rare. Even this would not resolve the problem entirely. Which issues are we researching? Are we to research institutional arrangements or how they operate? Are we to research at a national level, an organisational level, or a workplace level? Whose opinions are we to canvass?

Katz and Darbishire (2000) identified what they term 'converging divergences'. Looking at the USA, Australia, Germany, Italy, Japan, Sweden and the UK, they argued that they had found not one universal type of employment system but many – the more regulated systems are breaking down to develop more varied systems, like the less regulated economies. They suggested that, although globalisation and internationalisation might be argued to foster a general converging trend in employment systems, such an analysis does not allow for managerial agency – managers can do different things. As a result, they argue that all societies will gradually develop a range of work practices. However, the literature on convergence shows that national differences remain.

The best evidence we have on convergence and divergence comes from the ongoing surveys of HRM policy and practice by the Cranet network. They have been able to provide supporting evidence of similar trends in HRM across a range of countries (Croucher et al 2014; Mayrhofer et al 2011; Poutsma et al 2006; Tregaskis and Brewster 2006; Wood et al 2014), but they have also confirmed that there is no evidence for final convergence – the countries start from different points and develop within their own trajectories and at different speeds, so that even though the trends might be similar, the countries each remain quite distinct. Mayrhofer et al (2011, p60) carried out careful and detailed statistical analysis of the data over 15 years and summarise their findings on convergence and divergence as follows:

> Empirically, the results support the notion that converging and non-converging developments occur simultaneously. While no final convergence can be observed for HRM in Europe... directional similarity is visible in a majority of the areas of HRM analyzed. The results also show the effects of the embeddedness of HRM in national institutional contexts and the interplay between supra-national drivers and national institutional forces.

In other words, there are common trends, but no evidence even in Europe that countries are becoming more alike in the way that they manage their human resources.

?   REFLECTIVE ACTIVITY 1.4

This evidence refers to European countries: what about further afield? It has been argued that introducing emerging economies and under-developed economies into the picture will extend the variety that we see and will show even less divergence (Brewster et al 2015). Think of a non-European country and ask yourself: is HRM here becoming more like that seen in the USA or more like that seen in Europe? Or is it different from both?

1.6 STRUCTURING THE FIELD INTO THREE COMPONENTS

How are we to start the process of understanding all this complexity? The first step is to be clear about different kinds of analysis. These are not always defined in the literature – partly perhaps because of confusion in the USA, where 'international' is often applied to anything outside the USA. Although we appreciate that over the years the different elements of the subject of IHRM have become more interwoven so that to understand one it is necessary to know something of the others (Brewster and Wood 2015), in order to structure the subject we cover it under three headings:

- national institutional and cultural differences
- aspects of comparative human resource management
- international human resource management.

In broad terms, the national institutional and cultural differences section of the book covers the explanations for national differences and their impact on HRM. Every nation has its own unique set of institutions and many share a common culture, the deep-lying values and beliefs reflected in the ways that societies operate, and in the ways that the economy operates and people work and are managed at work. In the second section of the book, we examine particular aspects of the way that people work and explore the differences between nations in the way that they manage this process. In general, the comparative tradition makes more of the institutional differences than the cultural differences. The third section of the book explores IHRM (and its more recent 'strategic' derivative, SIHRM) and examines the way organisations manage their human resources across these different national contexts.

1.7 HOW IS THE OVERALL FIELD OF INTERNATIONAL HRM EVOLVING?

HRM and IHRM are no longer in their 'infancy' as Laurent (1986) originally had it. IHRM has evolved in three directions, with a growing influence of an institutional perspective; the development of a critical perspective; and a problem-solving perspective on IHRM. The institutional perspective has developed rapidly in the last decade and has arguably overtaken the cultural explanation in explaining the differences between countries. These issues are addressed in the next three chapters.

The critical perspective (Peltonen 2006, 2012; Delbridge et al 2011) brings together a number of considerations, rather than bringing together an agreed set of theories, but basically argues that to understand IHRM we have to ask questions about who it serves, who the key stakeholders are and the context in which it operates. Comparative HRM therefore often bears marks of a critical approach. The majority of theories that the field draws upon have been created outside the field of IHRM. This has been reflected in a degree of experimentation and abstractness in the issues that are typically covered. De Cieri et al (2007) argue that globalisation – when seen in terms of the worldwide flow of capital, knowledge and other resources necessary to interconnect international product markets – is associated with concomitant processes involved in the growth in scope and scale of competition. IHRM academics therefore need to understand the (many) ways in which MNCs operate often using ideas from outside HRM. Academics and researchers are increasingly giving attention to the politics of globalisation and the importance of local context. As attention turns from understanding the policy and practice needed to manage international cadres of people in MNCs, towards the need to understand any one HRM policy and practice in its broader international or institutional context, many academic fields have something to say about the phenomenon of IHRM.

Delbridge et al (2011) critiqued the field of IHRM arguing that it had become limited by economic and managerialist perspectives, with too much attention to the organisational level of analysis. They argued that the traditional comparative perspective, or focus on MNCs, should be broadened to incorporate the nature of IHRM both in alternative forms of organisation that often extend beyond the boundaries of the traditional corporation, and also into more diverse economic structures, such as in local economies, regional districts, national institutions, international networks and transnational regulation. There is useful work in the fields of cross-national organisation, comparative political studies and economic geography that could inform our practice. This call has been reflected in work that has extended analysis into multi-stakeholder contexts, for example, the not for profit sector (Lodge and Hood 2012; Beer et al 2015; Brewster et al 2016).

The critical view of IHRM is:

An acknowledgement that we are examining organisational issues that are of high complexity, in an environment of changing context, and with questionable assumptions about the existence of rules of the past that can be generalised to future actions. (Sparrow 2009, p7)

There is then still an evolutionary view of the field (Stahl and Björkman 2006; Sparrow and Braun 2008; Dickmann et al 2008; Sparrow 2009; Stahl et al 2012). By following a problem solving approach to IHRM – that is, by focusing on the progressive issues that have been created in the conduct of business operations as a consequence of internationalisation – this perspective sees IHRM as entailing an explainable set of explorations:

IHRM has moved not through a haphazard and opportunistic expansion, but through a sequential development of thinking that has captured the successively evolving cultural, geographical and institutional challenges faced by the multinational corporation... whilst IHRM indeed now covers a large and complex territory, it has come to represent an accepted set of doctrines about the nature of IHRM... There is a logical pattern to the 'issues-driven' concerns that the field of IHRM has to face, absorb, interpret then re-analyse through international lenses... with a number of contemporary issues – reverse knowledge flows, skill supply strategies, employer branding, e-enablement, outsourcing, global networks – now needing to find [more] voice within the literature' (Sparrow 2009, p4)

The problem-solving perspective acknowledges that there is an increasingly complex set of contextual factors at play, but also considers that the IHRM field has expanded, in parallel with – and has been driven by the drumbeat of – progressive problems of internationalisation. These problems have undoubtedly become more deeply embedded within organisations.

A number of research handbooks on IHRM, including those by Sparrow (2009), Björkman et al (2012), and Dickmann et al (2016), have pointed out the tension between relevance and coherence. Björkman and Welch (2015, p136) capture this as follows:

While the need to broaden the scope and diversity of IHRM research has generally been regarded as essential to the continuing growth of the field, there has been some concern that such developments might come at the expense of cohesion and relevance... [an] issue that may contribute to a sense of lack of cohesion and relevance is the 'research boundary': the overlap between what constitutes IHRM and related areas such as cross-cultural management and comparative employee relations. Without consensus, it is difficult to explain to other scholars in international business what IHRM really is... [but] looking back over the IHRM body of work, it is possible to identify and articulate the overarching key question in IHRM research. It has been and remains: '(i) how are people managed in multinational corporations and (ii) what are the outcomes?'

Björkman and Welch (2015) characterise the field as covering four different levels or areas of analysis:

- macro (encompassing countries, regions and industries)
- MNC (global headquarters and the parent country, how MNCs from different home countries differ in their global practices, contingency factors such as the corporate structure, their control mechanisms, the features of their HRM departments, the role of international experience and organisational learning, and the human, social and organisational capital that this can build)
- unit (typically a subsidiary, but may also be a production unit, sales office, project, inter-organisational alliance or any other such entity that constitutes a relevant whole)
- individual (including teams, various categories of employees deemed to be international workers, and their family members).

Then, within each of these areas of analysis, attention is typically given to the factors that influence behaviour, the structure and role of the HRM department, immediate outcomes (such as control and co-ordination, employment, human capital, shared values, knowledge sharing, adjustment), and finally the more distal performance consequences (topics such as financial performance, efficiency, innovation, flexibility, job performance, or career progression).

Pudelko et al (2015, p128) note the expansion of IHRM concerns into topics such as

knowledge management, change management, the management of joint ventures and of multinational teams, the management of post-merger and post-acquisition processes, the transfer of management practices within a global corporation and the definition and implementation of the strategy of a global corporation.

Far from suggesting that the field has therefore lost its direction, this expansion is seen as a logical consequence of the growing relevance of IHRM research. It is, however, breaking down some of the previous specialisation in academic backgrounds, and leading to a process of 'unsystematic enrichment' by bringing in researchers with backgrounds in strategy, international business (IB), macro-level institutional behaviour and micro-level organisational behaviour.

One could gain the impression that IHRM has ultimately become too important to be left to IHRM scholars alone, just like the management of human resources in companies might have also become too important to be left only to members of the HR department. (Pudelko et al 2015, p128)

1.8 AN OUTLINE OF THE BOOK

Following this introductory chapter, the text is divided into the three areas of theory we have already identified.

Part One deals with the background to and explanations for cross-cultural HRM.

Chapter 2 Differing National Contexts introduces the differences between countries in the way that human resources are managed and gives some detail of the institutional differences that form part, indeed we argue the major part, of the explanation of these differences. The chapter outlines briefly some of the theoretical approaches to institutional differences between countries and market economies and indicates how these apply to HRM.

Chapter 3 The Impact of National Culture defines the meaning of culture, outlines the literature on cultural differences, and explores the extent to which aspects of work practices are nationally or locally based. It uses some previously developed frameworks and applies these to the world of work.

Chapter 4 Culture and Organisational Life continues this exploration, looking at the implications of operating across national cultures for concepts of business, management and HRM. It acts as a bridge chapter between Part One and some of the topics covered later in the book. It signals the complexity of linking culture to organisational life, and places cultural analysis into some broader frames. It outlines the impact of culture on organisational behaviour and HRM practices, and the mechanisms through which national culture shapes HRM. It applies culture to some other developments, such as corporate social responsibility or changes in attitudes across generations. Finally, it examines some of the individual-level consequences of culture such as multiculturalism and cultural intelligence. It places these in the context of the cultural interpretation work that takes place inside international organisations.

Part Two addresses the issue within comparative HRM, exploring the way that different aspects of HRM practices vary across national boundaries. It is important that you understand that in these topics there is no longer a simple divide between comparative and international HRM modules. Many of the topics and issues covered under a comparative theme would find relevance on a course on IHRM. To provide an example, in the chapter on recruitment and selection, the discussion of the impact of culture on practices is used to show how an in-country business partner of an MNC has to understand the local complexities of practice – a topic easily taught under an IHRM banner. Similarly, the coverage of new developments in global mobility and resourcing in that chapter could well be taught alongside traditional IHRM topics of expatriation. We have adopted this structure to best organise the material, but stress that the conceptual divide between Parts Two and Three – and the relative number of chapters in each Part – should not be seen as indicative of the best way to either teach or learn about these topics. In the world of actual HRM practice, the two perspectives are inherently interconnected. Part Two, therefore, concentrates principally on key HRM functions.

Chapter 5 Employee Relations and Collective Communication explores the range of structures of employee relations common in Europe and around the world. It examines the differences in the meaning and role of unions and other representative employee bodies. It draws attention to the role of history, national cultures and legal institutions in influencing these structures and bodies, and signals what this means for the managers of people.

Chapter 6 The Organisation of Work is a new chapter that introduces the topic of work organisation and reviews international variation in practices of direct communication. It considers Taylorism and other broader-based alternatives. It examines how these alternatives are applied in different countries and explains the bases of cross-national comparative variation in work organisation.

Chapter 7 Flexibility and Work–Life Balance explores trends in the issue of flexible working practices and patterns. Flexible working practices include the development of such approaches as part-time employment, short-term employment and a host of other non-standard working forms. It explores the similarities and differences in the use and meaning of such practices across national boundaries and considers the impact of these practices at national, employer and individual levels, as well as the implications for HRM specialists. Finally, it looks at developments concerning work–life balance in an international context.

Chapter 8 Recruitment and Selection explores and compares some of the ways in which organisations across different countries act in order to obtain and retain the kinds of human resources they need. The chapter examines the resourcing process: making sure the organisation has people of the right quality. It therefore looks first at recruitment and selection and considers the ways in which culture can be seen to influence such local HRM practices. However, much international recruitment today is carried out in the context of global resourcing strategies and increasingly global labour markets. The chapter therefore also looks at global skill supply strategies and the role of recruitment in the internationalisation of the organisation. Having outlined the main practices involved, it looks at the comparative factors that lead to differences in labour markets, the role of legislation and institutional influences on resourcing. Finally, it introduces some of the questions that these developments raise about the recruitment of international employees.

Chapter 9 Performance Management defines performance management and performance appraisal and provides an overview of their western origins. Typical approaches to performance management within MNCs are described with reference to the elements of planning, managing and reviewing. The chapter then considers the factors which impact performance management in different contexts and presents a comparative analysis which includes the influence of culture.

Chapter 10 Rewards explores the nature of rewards and the different bases of pay. It considers a number of theoretical perspectives important for the study of rewards such as agency theory, socially healthy pay and distributive justice. The links between national culture and rewards practice are explored and attention is given the international differences in the incidence of pay for performance and comparative evidence on best practice.

Chapter 11 Training and Development identifies key trends, similarities and differences at country level in relation to vocational education and training systems. It also explores workplace and on-the-job training. Finally, attention is given to management development and comparative experiences of this.

Chapter 12 Global HRM Departments looks at similarities and differences at country level in relation to the meaning of HRM, the role of the national institutes, and the role of the HRM department in terms of issues such as strategic integration and devolvement. It examines the cross-national differences in the place or role of HRM departments and outline the differences between countries in the allocation or assignment of HRM tasks to line managers. It considers the potential effects of outsourcing, shared services and e-HRM on the role of the HRM function and evaluates the bases of cross-national comparative variation in the role of HRM departments. Finally, it considers the potential of MNCs' global HR departments to fulfil global roles, and the challenges they face in so doing.

Part Three of the book deals with IHRM, the way that different organisations respond to, deal with and exploit the different cultural and national institutional contexts within which they have to operate.

Chapter 13 International HRM: Theory and Practice examines the link between strategic IHRM and international business strategy, applying various theoretical perspectives to strategic IHRM. The chapter explores key issues in IHRM, such as the importance of context, forms of organisation and the ever-present tension between differentiation and integration. A range of different theories that can act as lenses for examining these issues are outlined and evaluated. Finally, the chapter explores a potential model of global HRM.

Chapter 14 Managing Expatriate Assignments considers the most widely discussed aspect of IHRM activities – managing people on international assignments. It examines how international assignments link to an organisation's international strategy and evaluates the main trends in the nature of expatriation. It looks at the whole expatriate management cycle, giving particular attention to theory versus practice in international manager selection. The antecedents to adjustment in international assignments are considered, as is the challenge of designing appropriate pre-departure preparation programmes for expatriates. Finally, the issue of repatriation is examined.

Chapter 15 Managing Diversity in International Forms of Working addresses issues of diversity in international organisations. This chapter examines the various forms of international working and assesses the pros and cons for international enterprises of using each form. It considers what should be involved in measuring the value of international assignments. Attention is given to the strengths and weaknesses of various forms of diversity initiatives in international organisations, and how organisations could increase the number of women in international management. The problems of assessing performance in international work are discussed. Finally, the chapter examines the challenge of managing international management teams.

Chapter 16 Integrating Global HRM Practices takes a strategic view of some of the developments in IHRM that are occurring as a result of decisions being made about the function and the scope and scale of its activities. It examines how, as organisations implement global operations, the IHRM function can help facilitate this. It looks at the integration mechanisms provided by the corporate centre, and how they manage the balance between global integration and local responsiveness. It reviews debates around county of origin, country of management and hybridising processes on the nature of IHRM and analyses the processes involved in the transfers of HRM practices. By focusing on the nature of operational integration in IHRM, it looks at three particular practices: global leadership and management development, global performance management and global talent management.

Chapter 17 Globalising HRM, the final chapter, explains the nature of subsidiary knowledge flows in MNCs and the challenges they face when trying to manage multi-directional knowledge transfers in MNCs. It identifies a series of integration mechanisms used in the pursuit of global knowledge management strategies in order to create intellectual, social and emotional integration within the global organisation. It examines the role of knowledge management and knowledge transfer between international operations, and the issues involved in building organisational capability through global expertise networks. It reviews how different types of 'HRM architecture' help enable these knowledge flows. Finally, it positions employer branding as part of a longer-term strategy to create social and emotional integration within an organisation and examines what is involved in managing the perceptions of the external and internal labour market.

1.9 WHAT IS NEW ABOUT THIS EDITION?

This is the fourth edition of this book. As can be seen, the chapters in this edition are a little different from the previous edition. In general terms we have broadened the geographical coverage of the vignettes and case study examples, with more examples from Asia. We have strengthened and updated the institutional perspectives throughout the book, and in Part One through the addition of a chapter on differing national contexts. We have updated the coverage of national culture, in terms of methodological critiques and advances, a review of the work that has applied the concept of culture in the last five years, but also by bringing in more material around individual consequences of culture, such as multiculturalism, and the cultural interpretation work that is done by international managers. All of the functional chapters in Part Two of the book have been updated to pick up developments in both the literature and practice in the last five years. Chapter 12 has undergone a very significant review and updating and serves as a bridge chapter into Part Three of the book. Part Three of the book on IHRM has undergone a significant set of revisions. We have re-balanced the number of chapters and have introduced more material into this part. Chapter 13 on IHRM theory has more material on the 'born global' issue, and brings in more discussion of the knowledge-based view of the firm and absorptive capacity. Chapters 14 and 15 on expatriation and the variety of forms of international working have been updated to include the latest trends and developments. Chapter 16 provides a deeper analysis of the issues involved in HR practice transfer, global integration and local responsiveness, and management development, and introduces global talent management. Finally, we have also brought in much new work on global knowledge management and employer branding to Chapter 17.

? REFLECTIVE ACTIVITY 1.5

- From your experience and study of the subject, what do you consider to be the key elements of 'best practice' in HRM?
- To what extent can these be applied on a global level?

(Identify the reasons underlying your arguments.)

? REFLECTIVE ACTIVITY 1.6

- Imagine that you are a human resource manager in a domestically based company that has decided to operate internationally. You have been charged with sorting out the HR effects of the decision.
- What questions should you be asking?

KEY LEARNING POINTS

- Much of our initial understanding about IHRM was traditionally based on the study of MNCs.
- Definitions of IHRM have concentrated on examining the HRM issues, problems, strategies, policies and practices which firms pursue in relation to the internationalisation of their business.
- The additional complexities of managing an international workforce in organisations that are internationalising call for a different mindset and different skills for practitioners.
- Internationalisation is also becoming more widespread. The levels of foreign direct investment can be huge although these developments are always fraught with risks and uncertainties.
- There are continental shifts occurring in the focus of this economic activity, leading to new patterns of mobility and trade, and MNCs dominated by new mindsets and approaches.

- We are also witnessing the global transfer of work – either in terms of the creation of new jobs or through the global sourcing of certain parts of an individual's or unit's work. This is having a major impact on the type of organisations and nature of work that remain viable in different parts of the world.
- Rather than just studying the operation of MNCs, the subject matter of IHRM is best covered under three headings: exploration and explanation of national differences in HRM; specific aspects of comparative HRM practice; and international HRM.
- These three fields each show that there is an increasingly wide set of contextual factors at play. Each field has expanded in depth, in parallel with the progressively complex problems of internationalisation. We devote a separate Part of the book to each approach.

?

LEARNING QUESTIONS

1 From your experience and study of the subject, what do you consider to be the key elements of 'best practice' in HRM? To what extent can these be applied on a global basis? Identify the reasons underlying your arguments.

2 Imagine that you are a HR manager in a domestically based company that has decided to operate internationally. You have been charged with sorting out the HR effects of the decision. What questions should you be asking?

EXPLORE FURTHER

The following websites provide useful information:

The United Nations Conference on Trade and Development (UNCTAD) website can provide updated information on transnational organisations:

http://unctad.org/en/pages/home.aspx

CIPD International Research:

http://www.cipd.co.uk/global/

OECD guidelines for multinational enterprises:

http://www.oecd.org/daf/inv/mne/oecdguidelinesformultinationalenterprises.htm

The International Labour Organization publications and reports can be found at:

http://www.ilo.org/global/publications/lang–en/index.htm

The World Federation of People Management Associations website:

http://www.wfpma.com

REFERENCES

BECKER, B. and GERHART, B. (1996) The impact of human resource practices on organisational performance: progress and prospects. *Academy of Management Journal.* Vol 39. pp779–801.

BECKER, B., HUSELID, M., PICKUS, P. and SPRATT, M. (1997) HR as a source of shareholder value: research and recommendations. *Human Resource Management.* Vol 36, No 1. pp39–47.

BEER, M., BOSELIE, P. and BREWSTER, C. (2015) Back to the future: implications for the field of HRM of the multi-stakeholder perspective proposed 30 years ago. *Human Resource Management.* Vol 54, No 3. pp427–438.

BJÖRKMAN, I. and WELCH, D. (2015) Framing the field of international human resource management research. *International Journal of Human Resource Management.* Vol 26, No 2. pp136–150.

BJÖRKMAN, I., STAHL G.K., and MORRIS S. (2012) International human resource management research: an introduction to the field. In: STAHL, G.K., BJÖRKMAN, I. and MORRIS, S. (eds). *Handbook of research in international human resource management.* 2nd edition. Cheltenham: Edward Elgar.

BOXALL, P. (1993) The significance of human resource management: a reconsideration of the evidence. *International Journal of Human Resource Management.* Vol 3. pp645–664.

BREWSTER, C. (1999) Strategic human resource management: the value of different paradigms. *Management International Review.* Special Issue 3, No 39. pp45–64.

BREWSTER, C. (2004) European perspectives on human resource management. *Human Resource Management Review.* Vol 14, No 4. pp365–382.

BREWSTER, C. and LEE, S. (2006) HRM in not-for-profit international organizations: different, but also alike. In: LARSEN, H.H. and MAYRHOFER, W. (eds) *European Human Resource Management.* London: Routledge. pp131–148.

BREWSTER, C. and MAYRHOFER, W. (eds) (2012) *A handbook of research on comparative HRM.* Cheltenham: Edward Elgar.

BREWSTER, C. and WOOD, G. (2015) Comparative HRM and International HRM. In COLLINGS, D.G., WOOD, G. and CALIGIURI, P. (eds) *The Routledge companion to international human resource management.* London: Routledge. pp121–136.

BREWSTER, C., BOSALIE, P., LIESINK, P. and ALFES, K. (2016) Beyond the private sector: international HRM in the not for profit sectors. In: DICKMANN, M., BREWSTER, C. and SPARROW, P.R. (eds). *International human resource management: contemporary HR issues in Europe.* London: Routledge.

BREWSTER, C., BOSELIE, P. and PURPURA, C. (2016) HRM in the inter-governmental organizations. In: BREWSTER, C. and CERDIN, J.-L. (eds). *HRM in mission driven organisations.* New York: Pearson.

BREWSTER, C., MAYRHOFER, W. and COOKE, F.L. (2015) Convergence, divergence and diffusion in HRM in emerging markets. In: HORWITZ, F. and BUDHWAR, P. (eds) *Handbook of HRM in Emerging Markets.* Cheltenham: Edward Elgar. pp451–464.

BREWSTER, C., SPARROW, P.R. and VERNON, G. (2007) *International human resource management*. 2nd edition. London: Chartered Institute of Personnel and Development.

BRISCOE, D. and SCHULER, R.S. (2004) *International human resource management*. 2nd edition. New York: Routledge.

BUDHWAR, P.S., SCHULER, R.S. and SPARROW, P.R. (eds) (2009) Major works in international human resource management. Volume 1. *International HRM: the MNE perspective*. London: Sage Publications.

CANTWELL, J. (2014) Revisiting international business theory: a capabilities-based theory of the MNE. *Journal of International Business Studies*. No 45. pp1–7.

CROUCHER, R., BROOKES, M., WOOD, G., and BREWSTER, C. (2014) Is there convergence towards individual voice in Europe? In: WOOD, G., BREWSTER, C. and BROOKES, M. (eds). *Human resource management and the institutional perspective*. New York: Routledge. pp59–77.

DE CIERI, H., WOLFRAM COX, J. and FENWICK, M. (2007) A review of international human resource management: integration, interrogation imitation. *International Journal of Management Reviews*. Vol 9, No 4. pp281–302.

DELBRIDGE, R., HAUPTMEIER, M. and SENGUPTA, S. (2011) Beyond the enterprise: broadening the horizons of international HRM. *Human Relations*. Vol 64, No 4. pp483–505.

DICKMANN, M., BREWSTER, C.J. and SPARROW, P.R. (2008) (eds) *International human resource management: a European perspective*. London: Routledge.

DICKMANN, M., BREWSTER, C.J. and SPARROW, P.R. (2016) (eds) *International human resource management: contemporary HR issues in Europe*. 3rd edition. London: Routledge.

DOWLING, P.J., ENGLE Sr., A.D., and FESTING, M. (2008) *International dimensions of human resource management*. 5th edition. London: Thompson Learning.

EDWARDS, T. and REES, C. (2008) *International human resource management: globalisation, national systems and multinational companies*. London: Financial Times/Prentice Hall.

HUSELID, M. (1995) The impact of human resource management practices on turnover, productivity and corporate financial performance. *Academy of Management Journal*. Vol 38. pp635–672.

HYMAN, R. (1987) Strategy or structure? Capital, labour and control. *Work, Employment and Society*. Vol 1, No 1. pp25–55.

KATZ, H. and DARBISHIRE, O. (2000) *Converging divergences: worldwide changes in employment systems*. New York: Cornell University Press.

KEENOY, T. (1990) HRM: a case of the wolf in sheep's clothing. *Personnel Review*. Vol 19, No 2. pp3–9.

KIDGER, P.J. (1991) The emergence of international human resource management. *International Journal of Human Resource Management*. Vol 2, No 2. pp149–163.

KOCH, M. J. and MCGRATH, R. G. (1996) Improving labor productivity: human resource management policies do matter. *Strategic Management Journal.* No 17. pp335–354.

LAURENT, A. (1986) The cross-cultural puzzle of international human resource management. *Human Resource Management.* Vol 25, No 1. pp91–102.

LEGGE, K. (1995) *Human resource management: rhetorics and reality.* Basingstoke: Macmillan Business.

LEPAK, D and SNELL, S (1999) The human resource architecture: towards a theory of human capital allocation and development. *Academy of Management Executive.* No 24. pp1–31.

LIESINK, P., ALFES, K., BOSELIE, P. and BREWSTER, C. (2016) Beyond the private sector – international HRM in the not for profit sectors. In: DICKMANN, M., BREWSTER, C. and SPARROW, P.R. (eds.) *Contemporary HRM issues in Europe.* London: Routledge.

LODGE, M., and HOOD, C. (2012) Into an age of multiple austerities? Public management and public service bargains across OECD countries. *Governance.* Vol 25, No 1. pp79–101.

MAYRHOFER, W., BREWSTER, C., MORLEY, M. and LEDOLTER, J. (2011) Hearing a different drummer? Evidence of convergence in European HRM. *Human Resource Management Review.* Vol 21, No 1. pp50–67.

MAYRHOFER, W., MORLEY, M., and BREWSTER, C. (2004) Convergence, stasis, or divergence? In BREWSTER, C., MAYRHOFER, W. and MORLEY, M. (eds). *Human resource management in Europe. Evidence of convergence?* Oxford: Elsevier.

PELTONEN, T. (2006) Critical theoretical perspectives on international human resource management. In STAHL, G.K. and BJÖRKMAN, I. (eds) *Handbook of research in international human resource management.* Cheltenham: Edward Elgar. pp523–535.

PELTONEN, T. (2012) Critical theoretical perspectives on international human resource management. In: STAHL, G.K., BJÖRKMAN, I. and MORRIS, S. (eds) *Handbook of research in international human resource management.* 2nd edition. Cheltenham: Edward Elgar. pp532–548.

POOLE, M. (1990) Editorial: Human resource management in an international perspective. *International Journal of Human Resource Management.* Vol 1, No 1. pp1–15.

POUTSMA, E., LIGTHART, P.E.M. and VEERSMA, U. (2006) The diffusion of calculative and collaborative HRM practices in European firms. *Industrial Relations.* Vol 45, No 4. pp513–546.

PUDELKO, M. and HARZING, A.-W. (2007) Country-of-origin, localization, or dominance effect? An empirical investigation of HRM practices in foreign subsidiaries. *Human Resource Management.* Vol 46, No 4. pp535–559.

PUDELKO, M., REICHE, B.S. and CARR, C. (2015) Recent developments and emerging challenges in international human resource management. *International Journal of Human Resource Management.* Vol 26, No 2. pp127–135.

PURCELL, J. and AHLSTRAND, B. (1994) *Human resource management in the multi-divisional firm.* Oxford: Oxford University Press.

SCULLION, H. (2005) International HRM: an introduction. In: SCULLION, H. and LINEHAN, M. (eds). *International human resource management: a critical text*. Basingstoke: Palgrave Macmillan. pp3–21.

SMITH, C. and MEIKSINS, P. (1995) system, society and dominance effects in cross-national organisational analysis work. *Employment and Society*. No 9. pp241–268.

SPARROW, P.R. (2009) Integrating people, process and context issues in the field of IHRM. In: SPARROW, P.R. (ed.). *Handbook of international human resource management: integrating people, process and context*. London: Wiley. pp3–40.

SPARROW, P.R. and BRAUN, W. (2007) HR sourcing and shoring: strategies, drivers, success factors and implications for HR. In: DICKMANN, M., BREWSTER, C.J. and SPARROW, P.R. (eds). *International human resource management. A European perspective*. London: Routledge. pp39–66.

SPARROW, P.R. and HILTROP, J.M. (1994) *European human resource management in transition*. Hemel Hempstead: Prentice Hall.

SPARROW, P.R., BREWSTER, C. and HARRIS, H. (2004) *Globalizing HR*. London: Routledge.

STAHL, G.K. and BJÖRKMAN, I. (2006) (eds) *Handbook of research in international human resource management*. Cheltenham: Edward Elgar.

STAHL, G.K., BJÖRKMAN, I. and MORRIS, S. (2012) (eds) *Handbook of research in international human resource management*. 2nd edition. Cheltenham: Edward Elgar. pp532–548.

STILES, P. and TREVOR, J. (2006) The human resource department: roles, coordination and influence. In: STAHL, G. and BJÖRKMAN, I. (eds). *Handbook of research in international HRM*. Cheltenham: Edward Elgar. pp49–67.

STOREY, J. (1992) *Developments in the management of human resources*. London: Routledge.

STOREY, J. (2007) *Human resource management: a critical text*. London: Routledge.

TICHY, N., FOMBRUN, C.J. and DEVANNA, M.A. (1982) Strategic human resource management. *Sloan Management Review*. Vol 23, No 2. pp47–60.

TREGASKIS, O. and BREWSTER, C. (2006) Converging or diverging? A comparative analysis of trends in contingent employment practice in Europe over a decade. *Journal of International Business Studies*. Vol 37, No 1. pp111–126.

TURNER, T. and MORLEY, M. (1995) *Industrial relations and the new order: case studies in conflict and co-operation*. Dublin: Oak Tree Press.

ULRICH, D. (1987) Organisational capability as competitive advantage: human resource professionals as strategic partners. *Human Resource Planning*. No 10. pp169–184.

ULRICH, D. (1989) Tie the corporate knot: gaining complete customer commitment. *Sloan Management Review*. Summer 1989. pp19–28.

UNCTAD (2015) *World investment report 2015: reforming international investment coverage*. Geneva: United Nations.

US DEPARTMENT OF LABOR (1993) *High performance work practices and firm performance.* Washington DC: US Government Printing Office.

VAILL, P. (1989) *Managing as a performing art: new ideas for a world of chaotic change.* San Francisco, CA: Jossey-Bass.

WARNER, M. (2013) *Society and HRM in China.* Abingdon, Oxon: Routledge.

WOOD, G., BREWSTER, C. and BROOKES, M. (2014) *Varieties of HRM: a comparative study of the relationship between context and firm.* Routledge: London.

WRIGHT, P.M. and MCMAHAN, G.C. (1992) Theoretical perspectives for strategic human resource management. *Journal of Management.* Vol 18, No 2. pp295–320.

PART ONE

CROSS-CULTURAL HUMAN RESOURCE MANAGEMENT

Differing National Contexts

2.1 INTRODUCTION: CULTURE AND INSTITUTIONS

We have made the point that HRM is thought of, understood as, carried out, and measured and judged in different and distinct ways in different countries. So what explains these differences? We reject the notion that the reason is just that some countries are more backward than others and have yet to adopt 'best practice'. We believe that the differences exist because people are trying to do different things to achieve different objectives in different circumstances (Brewster and Mayrhofer 2012). And the reasons that they have different HRM policies and practices may lie in either cultural differences between societies or in institutional differences between them.

We explore the notion of culture and its effect on the objectives and practices of HRM in detail in the next two chapters and by implication throughout the book. Here we just 'headline' the topic and address the relationship between cultures and institutions before going into more detail on the institutional differences between countries and groups of countries.

There are numerous definitions of culture and, taking into consideration different proxies used in social science literature (for example, country of origin, world outlook, philosophy of life, etc) to equate to culture, it is becoming increasingly difficult to come up with the definitive definition! Popular definitions are those by Hall (1977) – a sum of a people's learned behaviour, patterns, and attitudes; Hofstede (1993) – the collective programming of the mind that differentiates members of one social group from another; and Trompenaars (1993) – a shared system of meanings, the way a societal group tends to solve the problems related to relationships with others, time and the environment. Clearly, the deep-seated values that people hold, especially around relationships with other human beings in terms of the importance of family, hierarchy and communitarianism, for example, will have a significant impact on the way people are managed within organisations.

Of course it is difficult, theoretically and empirically, to establish how to measure cultures, which partly explains why the measures used by the most popular authors are incompatible (Avloniti and Filippaios 2014). It is also difficult to prove that values related to HRM are determined by culture (Gerhart and Fang 2005; Taras et al 2009) and, indeed, most cross-cultural studies suffer from a failure to demonstrate a causal link between cultural dimensions of a nation and its specific behaviours and actions (McSweeney 2002). In other words, not all actions can be explained by cultural motives, and other factors, institutional effects, need to be considered also. Cullen et al (2004) proved that such seemingly exclusive cultural factors as achievement, individualism, and universalism positively relate to four institutional factors: economy, welfare socialism, family strength, and the level of education. Chiang (2005) found that employee preference for individual/ group rewards was in part caused by a perceived link between performance and rewards, and not purely by the national culture of the respondents. Similarly, the relevance of job security was affected by factors other than culture, such as downsizing and layoffs (institutional practices) and a current recession (external environment). To summarise, national culture, albeit an important concept, is not the only explanatory factor behind differences in behaviours across nations (Tsui et al 2007).

Kostova and Roth (2002) suggest that it is not the national culture but rather the institutional environment that is 'responsible' for differences in organisational behaviours in different national markets. The institutional approach emphasises the clearly measurable differences in practical, generally physically existing, differences between countries. There is, although not much discussed, the basic physical environment: the size, natural climate, infrastructure, age profile and wealth of a country. These affect the ways that businesses can function in that particular environment. Then there are the ways that society is structured: its systems of politics, law, education, labour markets, class structures and social relationships. These form the background of the differing business systems within each country (Brewster and Mayrhofer 2012; Wood et al 2012). Each of these relationships, factors, and systems directly affects the way that businesses operate and how they manage their people. Meyer and Rowan (1977, p341), in their now-classic definition state that institutionalisation is the means

> by which social processes, obligations, or actualities come to take on a rule-like status in social thought and action.

What is the relative impact of culture and institutions on HRM (Vaiman and Brewster 2014)? Some aspects of the cultural environment (levels of corruption in a society, respect for hierarchy and the importance of networking between key elites) are obviously beyond the control of the employing organisation. They can, however, do something to affect even these factors, as evidenced by the spread of anti-corruption policies, the introduction of consultative programmes and the attempts that MNCs make to integrate themselves into significant networks, or to hire people who have those links. Other aspects of culture, however, can be relatively easily 'managed out'. Any organisation, particularly the subsidiary of an MNC, can deliberately recruit employees who are just not 'typical' of the culture or cultures of that country. MNCs can, perhaps, look for locals who share some of the values and beliefs of the organisation's home culture. Extensive induction and training programmes and the widespread 'corporate culture change' programmes are attempts to modify employees' national cultural beliefs. And, if they do not work, extensive monitoring and appraisal programmes attempt to force employee behaviour into a common mould, despite cultural differences.

This is not necessarily the case for the national institutions. The size of the country and its population and the general infrastructure will impact on HRM. The country's wealth, the mix of formal and informal economies, the education system, the role of the government and the labour market in general are all largely beyond the control of individual businesses. Businesses have to adapt to the legal system, to the kind of politics and the political leanings of the government. And beyond all these embedded general institutional factors there are specific issues applying to HRM more directly. Employment laws differ between countries so that, for example, the laws on equal opportunities for women require different behaviours from organisations in the USA and the EU – what is required on one side of the Atlantic is unlawful on the other. In Latin American countries and the Gulf States the picture changes again. Trade unions are illegal in some countries, required in others and may be more or less supported in yet others. Their role, their objectives, their structures and their activities vary from country to country (Hyman 1997). Government-provided childcare, training and employment support – and a range of other programmes – vary significantly between countries. So the business, or its subsidiaries in other countries, has to cope with the institutional setting in which it operates. Oddly, this may impact the subsidiaries of foreign multinationals more than local businesses – MNCs are often under much more scrutiny from pressure groups and trade unions than local businesses are and legitimacy and acceptance may be more important to them. It is easier for local businesses to 'find ways round the legislation' or to become overtly involved in political processes than it is for MNCs.

Overall then, the impact of institutions on multinational enterprises is heavy, but the impact of culture may be less and may be more easily managed (Vaiman and Brewster 2014). In areas where institutional impacts are largely absent (performance appraisal, perhaps) then culture may play a bigger role in explaining differences between countries in their HRM. Where the impact is direct (employment legislation on dismissals in some countries, for example), then any cultural influence is likely to be weak or channelled through the institution – in this case the law.

2.2 INSTITUTIONAL APPROACHES TO COMPARATIVE HRM

Hence, given the power of the institutional analysis in explaining national differences in HRM we need to understand the nature of institutional theory. In comparative HRM there are very obvious and visible institutional differences which explain most of the variation. In HRM terms, for example, it is not likely that the same approach to recruitment would be as cost-effective in an African country, with only 20% of the population in a formal job and few people with good education, as in a Scandinavian country where almost everyone already has a job and all are well educated. MNCs do not pay people in Samoa the same rates that they pay in Canada. Consulting with the workforce in a fully unionised country is not the same as consulting with one in a country where trade unions are illegal. Non-discrimination policies in Malaysia, where the law gives a privileged position to native Malays, is not the same as it is in the Netherlands, where discrimination on the grounds of race is unlawful. Gender equality looks different in the USA, where quotas are allowed, to the EU, where quotas are unlawful, and different again in Saudi Arabia. The examples could be multiplied.

Organisations operate within a specific political, economic, social and technological environment largely determined by history. In order to be effective in that environment these organisations need to manage in ways that recognise the local circumstances and create and sustain legitimacy with key stakeholders. This view is drawn from socio-economics and is known as institutional theory. We will draw out the HRM implications of such an approach. We shall apply these ideas to the challenge of globalising HRM, and in particular trying to transfer practices around the world, in Chapters 16 and 17.

However, at this stage it is important to note that the socio-economic school developed largely in opposition to the rational hierarchical view common in modern economics that sees human beings, and the organisations they control, as making logical decisions, based on strong property rights for owners, that are designed to maximise their own self-interest (Powell and Di Maggio 1991; Shleifer and Vishny 1997; North 1990). It has been argued that the socio-economic literature can be divided into three main schools or traditions: the comparative capitalisms literature, business systems theory, and regulationist thinking (Wood et al 2011). For all these schools the central notion is that an organisation is embedded in the society in which it operates and whilst that provides a series of supportive complementarities (one part of the system ensures the success of other parts) it also provides a series of constraints on how the organisation can behave. One problem that the socio-economic theories are now struggling with is, if societies are embedded and complementary, then how does the change that we see going on around us occur? That generally ignored question is beginning to be addressed in the latest literature on the topic (Thelen 2014).

The different forms of society that institutions produce have been divided by researchers according to relationships between organisations (such as between different companies, between companies and the state, etc), and within organisations – between the owners, managers and employees and other workers (Whitley 1999). Hence, institutional theories may go much wider than HRM but they have an obvious relevance for it.

In each society there is of course room for variation (Walker, Brewster and Wood 2014). But, despite this, according to institutional theory, each society tends to have a common paradigm about 'appropriate' or even 'effective' ways to do things. Most organisations within a society operate in broadly the same way, because there are a range of pressures on them to do so (DiMaggio and Powell 1983; Meyer and Rowan 1977; Strauss and Hanson 1997). Organisations that step too far out of line – break the law for instance – get pressures that do not apply to those who conform. So firms operating in the same environment tend to adopt similar HRM practices – referred to as 'isomorphism' (Kostova and Roth 2002). Rosenzweig and Nohria (1994), using institutional theory, argued that, of all the management functions, it is HRM that tends to most closely adhere to local practices, which are often mandated by local regulation and shaped by strong local conventions. Within HRM they see the order in which six key practices most closely resemble local practices as: time off, benefits, gender composition, training, executive bonus and participation. Where there are well-defined local norms for the HRM practices, and they affect the employees of the affiliate organisation, practices are likely to conform to the practices of local competitors.

? REFLECTIVE ACTIVITY 2.1

Think of three or four other HRM practices.

In what order would they fit onto this list, in terms of their likely alignment with local practices?

For the rational hierarchical theorists, if society is to work best then profit-seeking individuals must be as free as possible to pursue their objectives – it is not possible for them to be entirely free but clearly institutions like trade unions, for example, are a restriction on their effectiveness (North 1990). North, whilst noting the relationship between the organisation and its context, believed in the minimum of regulation and interference. There is a resonance from such theories to neo-liberalism in politics and to 'flat world' theories which argue that the world is converging, through technology, to being ever more similar, leading, eventually, to convergence in management practices globally (Friedman 2007; Kidger 1991). La Porta et al (1998) argued that the common law (judge-made) legal systems were likely to privilege owner rights whereas civil law (constitution-based) systems would provide rights to a much wider grouping. There have been other suggestions that variations are determined by, for example, political systems (Pagano and Volpin 2005) or political ideology (Roe 2003). Common to these views is the notion that rights are a zero-sum game: if owner rights are stronger, then others' rights must be weaker (Djankov et al 2003). The notion (see Kochan and Ostermann

1994, for example) that mutual co-operation would be beneficial to all is not acknowledged.

Interestingly, when these theories have been tested against HRM practice (Goergen et al 2009a, 2009b; Wood et al 2009), it seems that the political theories explain almost nothing and the legal theories only a little, and then not quite as those authors expected.

2.3 COMPARATIVE CAPITALISMS

Institutions do not exist in a vacuum. They evolve with history and practice (Hall and Soskice 2001; Boyer 2006). The fall of the Berlin Wall and 'market' reforms in China led to a reduced focus on the capitalism/communism divide and increased attention to the different forms that capitalism takes. Why did the more regulated economies in continental western Europe and Japan out-perform more 'archetypal' capitalist economies such as Britain and the USA through much of the 1980s; why did the latter outperform the former in the 1990s and early 2000s and why has the pattern reversed again in the recent past? (As Wood et al 2010 point out, the even better performance of the Nordic countries was largely ignored). There have been attempts to create comprehensive syntheses that cover ownership rights, legal and political institutions and many other institutions in over-arching theories.

In *Capitalisme contre Capitalisme* (1991), Michel Albert, a former director of the French Planning Agency, distinguished an 'Anglo-Saxon' capitalism (principally the USA, but also the UK) from a continental, West European type of capitalism which he labelled the 'Rhineland' model. The former is a 'shareholder economy' under which private enterprise is about maximising short-term profits for investors rather than any broader harmony of interests. In contrast, the 'Rhineland' model may be seen as a regulated market economy with a comprehensive system of social security. Government, employers' organisations and labour unions consult each other about economic goals in order to try to achieve a harmony of interests (Bolkestein 1999). In short the Rhineland model is a 'stakeholder economy' in which competition and confrontation are avoided in the belief that they undermine sustainable, stable economic growth. Patrolling this economy is the state, which variously acts as a referee, guarantor, employer and owner.

The comparative capitalisms literature (Dore 2000; Hall and Soskice 2001; Hancké et al 2007; Jackson and Deeg 2008; Lincoln and Kalleberg 1990; Thelen 2014) followed this analysis. It saw societies as webs of relationships that were interdependent. The earlier accounts drew a dichotomous distinction between two distinct varieties of capitalism: the Anglo-Saxon, liberal market economies (LMEs) and the collaborative market economies (CMEs) of continental north-western Europe (particularly Germany) and Japan. In the LMEs, shareholders are more powerful and the system largely works to maintain their freedom to pursue their rational hierarchical interests. Within the latter, other stakeholders – such as governments, local governments, trade unions and consumer groups – share power (Dore 2000). Unlike previous approaches, these authors argued that both systems were self-reinforcing and both could be successful in terms of organisational and societal performance. Societies that did not fall into one of these two categories would be less successful and pressured to move towards either the LME or the CME model.

The differences between the two systems are reflected in HRM institutions. For instance, in LMEs, trade unions have fewer members and are weak, external labour markets (with as few limitations on hire and fire as possible) predominate; individuals have fewer rights at work; much of education, training and welfare relies on the private sector or is absent; and employment legislation puts few constraints on the kinds of contracts that can be applied in the workplace. In CMEs, unions often are well supported and have influence through legal and industrial muscle; internal labour markets are preferred where people stay with the same employer; the state supports education and training and provides welfare provisions (so that, for example, employees who have lost their jobs can be paid whilst they retrain for another one); and employment legislation determines important elements of the employment contract – working hours, holidays, non-discrimination, communication rights, and security of tenure.

The comparative capitalisms literature has been criticised for assuming that all complementarities are positive (Crouch 2005a; Deeg 2005; Streeck 2005); for ignoring substantial differences within nation states (Hollingsworth 2006; Whitley 1999) and for not being able to explain change (Boyer 2005; Hollingsworth 2006). The dichotomous approach has been critiqued as being too simplistic and Hall and Thelen (2006) proposed a third set: 'mixed market economies' found in France and southern Europe. Despite this, however, survey evidence does point to the persistence of widespread packages of practices in LMEs and CMEs such that the dichotomy can provide a theoretical basis for comparison. The research has found that LMEs and CMEs have quite distinct practices in relation to financial participation (Croucher et al 2010; Le et al 2013; Poutsma et al 2013); working time flexibility (Richbell et al 2011); in corporate social responsibility policies and on the link between HRM and firm performance (Goergen et al 2012).

2.4 BUSINESS SYSTEMS THEORY

The business systems literature attempts to overcome some of the limitations of the varieties of capitalism theories. As the name implies, the business systems approach is also rooted in the embeddedness of organisations within a network of complementary relationships, but argues that these are constantly under pressure from firms innovating and experimenting in order to gain competitive advantage (Morgan 2007, p136).

THEORY AND PRACTICE

KEY FRAMEWORK

Comparative characteristics of business

The nature of the firm

- the degree to which private managerial hierarchies co-ordinate economic activities
- the degree of managerial discretion from owners
- specialisation of managerial capabilities and activities within authority hierarchies
- the degree to which growth is discontinuous and involves radical changes in skills and activities
- the extent to which risks are managed through mutual dependence with business patterns and employees

Market organisation

- the extent of long-term co-operative relations between firms within and between sectors
- the significance of intermediaries in the co-ordination of market transactions
- stability, integration and scope of business groups
- dependence of co-operative relations on personal ties and trust

Authoritative co-ordination and control systems

- integration and interdependence of economic activities
- impersonality of authority and subordination relations

- task, skill and role specialisation and individualisation
- differentiation of authority roles and expertise
- decentralisation of operational control and level of work group autonomy
- distance and superiority of managers
- extent of employer–employee commitment and organisation-based employment system.

(Whitley 1991)

In business systems theory relationships within the organisation are a central feature (alongside the links between organisations) and the link to HRM is even clearer. Whitley (1999) defines the links in terms of the degree of employer-employee interdependence and the degree of delegation to employees. The former includes the extent of security of tenure and the extent to which each side has committed resources to continuing the relationship: spending on training by the employer and the development by the employee of capability specific to that firm. Delegation might include the extent of collective bargaining, works councils, consultation, team working, suggestion schemes and quality circles. Brewster et al (2008) found a strong relationship between variations in delegation and interdependence and country context.

On this basis, the business systems literature has identified a more complex range of model variations. Thus, for example, Whitley (1999) identified six archetypical business systems (see Table 2.1).

Wood and Frynas (2006) identify a seventh business system archetype: the segmented business system found in tropical Africa, where a large proportion of jobs are in the informal sector and a tradition of patriarchal management means delegation is unlikely. Jobs tend in the main to be short-term, poorly paid and insecure (Wood et al 2006).

Amable (2003) identifies five systems: the Anglo-Saxon Market (LME) model, a continental European (CME) model, Asian capitalism, social democratic (Nordic) economies and a Mediterranean model. These categories seem to work well against large-scale HRM survey data (Goergen et al 2009a). Research has found these categories fit the national differences too: on individual voice (Brewster et al 2014); on collective voice (Brewster et al 2007a; Goergen et al 2009b); and on training and development (Goergen et al 2009a; Goergen et al 2012) and on the role and structure of the HRM department (Brewster et al 2015).

Against these research findings, neither the dyadic options in the varieties of capitalism literature nor the longer lists in the comparative capitalisms literature and the business system literature, are particularly helpful in explaining differences in trust (Goergen et al 2012, 2014), recruitment and selection (Wood et al 2014), turnover (Croucher et al 2012) or downsizing (Goergen et al 2013).

?   REFLECTIVE ACTIVITY 2.2

Why might it be that some HRM practices are best explained by the varieties of capitalism categories, some by the wider comparative capitalisms literature and some exhibit country differences but do not fit into these categories?

Table 2.1 National Business System Archetypes

Type / Form	Fragmented	Co-ordinated industrial district	Compartmentalised	State organised	Collaborative	Highly co-ordinated
Examples	Hong Kong	Italy	USA, UK, New Zealand, Australia	Post-war South Korea	Sweden, Austria, Norway	Japan
Ownership co-ordination						
Owner control	Direct	Direct	Market	Direct	Alliance	Alliance
Ownership integration of production chain/sectors	Low	Low	High	Some to high	High/limited	Some/limited
Non-ownership co-ordination						
Alliance co-ordination of production chains/sectors	Low	Limited/low	Low	Low	Limited/low	High/some
Collaboration between competing firms	Low	Some	Low	Low	High	High
Work and employment relations						
Delegation to employees	Low	Some	Low	Low	Some	High
Interdependence between managers and workers	Low	Some	Low	Low	High	Considerable

Source: Brookes et al 2005; derived from Whitley 1999, pp41–44

2.5 REGULATIONALISM

Regulation theory provides a somewhat different perspective on national differences, arguing that the key is the way that national regulation provides sets of rules (both formal and informal) that control the innovation and experimentation of firms (Jessop 2001). The social processes through which institutions develop such regulations form a central concern of these theorists. Hence, unlike the varieties of capitalism or the business systems theorists, regulationists assume that change is endemic and every situation is open to dynamic forces that may lead to change (Jessop 2001; Hollingsworth 2006). And regulations may be found at every level – supra-national (EU rules or United Nations goals, for example), national, regional, sectoral, etc (Boyer and Hollingsworth 1997; Hudson 2006).

Regulationist thinking tends to be in the critical tradition and argues that the elitist short-termism of the shareholder model is dysfunctional for society as a whole and that, despite the pressures of globalisation, regulation to control owner power and to develop work and employment relations that entrench worker rights and promote dignity will also lead to economic success and long-term growth. The global financial crisis that began in 2008 provided a significant challenge to the LME-style shareholder value orientated model; an excessive concentration on short-term shareholder value led to uncontrollable speculation and a lack of attention to developing sustainable methods of wealth creation. It seems that many of the export-reliant CME economies, though initially hit by reduced opportunities to sell their product to the USA and the UK, for example, have proved better at coping with the economic stresses and have come through the crisis in better shape.

An important critique of all these institutional theories is that they are heavily focused on the WEIRD (Western, Educated, Industrialised, Rich, Democratic) countries (Henrich et al 2010) and ignore many parts of the world. This is gradually changing. Researchers have applied institutional theory to the European ex-communist countries (Lane and Myant 2007), including classifying Russia as Kremlin Capitalism (Blasi et al 1997) and Serbia as 'wild capitalism' (Upchurch and Marinkovi 2011), and to Latin American, or 'hierarchic market economies' (Schneider 2009). Indian capitalism seems to remain unclassified and it is unclear where the capitalist/communist states of China and Vietnam fit in (Collins et al 2012). The field is developing (see also Demirbas et al 2012; Karademir and Yaprak 2012; Wood and Frynas 2006), but significant gaps remain in this literature.

In summary, looking back over the last three sections, institutional theory focuses on the 'taken-for-granted' character of social institutions such as religion, work, family, politics (Berger and Luckman 1967) and explains how these realities are created and then institutionalised. In the management sphere, organisational structures, to take one example, are not determined by an organisation's work activities, and the demands made by competition and the needs for efficiency as much as we might believe (DiMaggio and Powell 1983). Rather, they arise as a reflection of rules that become rationalised in the search for legitimacy and recognition. From the perspective of institutional theory, organisational decision-making is not an outcome just of strategic choice, but also of powerful social forces within and outside organisations. External 'institutional agencies' can create a drive for similarity in unrelated forms (called 'isomorphic processes') within any particular organisational field (which is defined as an aggregate set of organisations that constitute a recognised area of institutional life). There are three isomorphic pulls (DiMaggio and Powell 1983):

- Coercive: pulls resulting from pressures of external institutions such as the state, legal environment, cultural expectations of societies.
- Mimetic: where organisations model themselves on other organisations in their 'field' as a standard response to uncertainty (triggered for example through attempts at

benchmarking, global performance metrics, employee transfers or through agencies such as consultancies).

- Normative: the pulls that result from the professionalisation of functions and individuals, such as through educational institutions or through practice dissemination by professional networks.

Institutional theory also focuses on the role of agencies within an organisation. The environment is considered to 'enter' the organisation through processes of 'imposition', 'acquisition' and 'authorisation'. There is also a series of 'pulls' exerted by the internal agents from within an organisation (Scott 1987; Westney 1993). These include:

- 'inducement' of organisational structure (for example where an organisation that lacks power to impose patterns on other organisations instead offers inducements such as funding or certification)
- 'incorporation' (for example where organisations come to replicate salient aspects of differentiation that can be found in their environment within their own structures)
- 'bypassing' (for example where shared values are so institutionalised they can substitute for any formal structure)
- 'imprinting' (for example where an organisational form retains some of the patterns that were institutionalised at the time its industry was founded).

Institutional theories (Amable 2003; Hall and Soskice 2001; Westney 1993; Whitley 1999) have examined sectoral or occupational variations and variations between states and have developed a number of different forms. However,

> '[a]lthough new institutionalism has many faces and indeed has taken on a number of guises, its central tenets remain consistent'. (Wood et al 2012, p28)

There have also been calls for more research into IHRM to take account of these frameworks (Delbridge et al 2011). That was already being done, but has now developed considerably and these theories have now been tested on a number of aspects of IHRM. The institutional theories have left a strong mark on conceptual work in the area of IHRM and increasingly on the empirical work where institutional theory has been used to:

- examine the HRM practices found in foreign-owned subsidiaries of multinationals in terms of the degree of global 'integration' or 'standardisation' versus local 'responsiveness' or 'local adaptation' (Rosenzweig and Nohria 1994; Björkman and Lu 2001; Rosenzweig 2005)
- attempt to identify how differently foreign MNCs manage their people compared to indigenous MNCs (Farndale et al 2008; Ferner and Quintanilla 1998; Wood et al 2009)
- compare HRM practices across countries (Brewster et al 2006; Gooderham et al 1999; Tregaskis and Brewster 2006).

2.6 WHAT DO THESE THEORIES MEAN FOR HUMAN RESOURCE MANAGEMENT?

The link between these institutional theories and HRM is clear. Like the cultural theories (as discussed in the following chapters) they imply that it is unlikely that HRM practices will work the same way in all contexts. Institutionalism reminds us that some practices that are seen as standard in some countries will be seen as unusual or even unlawful in others (Brewster and Mayrhofer 2011). Even where they are not, if they cut too radically across the local norms they will risk employee or trade union or pressure group reaction. Either way, imposing such practices may be dysfunctional for internationally operating organisations (Brewster et al 2008; Farndale et al 2008; Stavrou et al 2010). The debate between the desire of many organisational leaders to standardise their policies and practices and the need to be conscious of and adapt to local requirements is addressed in detail in Chapter 16. The institutional theories, like the cultural theories, steer us towards specific aspects of what needs to be managed.

What about the other side of the coin – the effect of the MNCs on local economies? Do MNCs in fact introduce new practices from their home base into local economies, thus enhancing globalisation and convergence? It is true that they do behave differently in HRM from local companies – but not so differently (Brewster et al 2008; Farndale et al 2008). And even here the different business systems of the host countries influence and constrain the business strategies and managerial practices of the subsidiary, despite headquarter pressures (Lane 1998). We explore this issue further in Chapter 13 when we look at IHRM theory.

2.7 THE USA AND THE REST OF THE WORLD

So if there are these differences, what does that imply for our understanding of HRM? The concept of HRM was developed first in the USA and it is still the American specialists and the US-based journals that drive the subject. Our critique of the universalist paradigm, however, indicates that US conceptions of HRM may not apply around the world. Whilst there is much to be learned from the USA, and the policies and practices of US MNCs and the academic conferences and journals remain the touchstone for thinking about HRM, it is also important to understand what and why things are done differently elsewhere.

Brewster (1994) has pointed out that a core assumption of North American HRM is that the employing organisation has a considerable degree of latitude in regard to taking decisions on the management of personnel, including inter alia: the freedom to operate contingent pay policies; the option of an absence of or at least a minimal influence from trade unions; and an assumption that the organisation has sole responsibility for training and development. In other words, central to the notion of North American HRM is an assumption of considerable organisational independence and autonomy. This assumption is reasonable for companies in the USA, given the weakness of the trade union movement there and the comparatively low levels of state subsidy, support and control. It also fits comfortably with the neo-liberal notion that the state should interfere in business as little as possible and that it is the right of individuals to do the best for themselves that they can without external interference (Guest 1992). The question is: how viable are such assumptions elsewhere in the world?

In this section, we look critically at a number of issues that make the USA, as one cultural authority put it, 'quite untypical of the world as a whole' (Trompenaars 1993). Many of our examples are taken from the European context, but we argue that they also apply elsewhere around the world. We examine:

- the role of the state
- the role of legislation
- the role of trade unions
- the role of ownership patterns.

2.7.1 THE ROLE OF THE STATE

In terms of the role of the state, the legislation that determines the firm–employee relationship is a product of a wider, normative conception of what role the state should play within the economic arena. In Europe it is typical for governments to be major employers in their own right, since the public sector forms a substantial proportion of the total economy (as much as half in Norway, for example). In addition, these governments subsidise jobs extensively. At the end of the twentieth century nearly a quarter of the French labour force, at least in the formal sector, relied on government support, whether in the form of unemployment benefit or subsidised jobs (Pedder 1999, p11). In other countries, particularly for example amongst employed people in some African states, these figures may be higher.

On becoming unemployed, workers in the USA initially receive a level of benefit of about two-thirds their income – not far below levels in much of Europe. But those benefit levels reduce very quickly. In many European countries, in contrast, benefits are either not time-limited or last for a long time. It has been argued that this minimal margin between benefits and wages for the low-skilled unemployed represents a serious disincentive to seek new jobs: a French study reported by Pedder (1999) showed that people at work in France are five times less likely to lose their jobs than those in the USA, but that the unemployed in France take five times longer to find a new job. On the other hand, the 'flexicurity' economies of Denmark and the Netherlands are built on the assumption that people will lose their jobs, the state will support and retrain them, and that they will then quickly find a new job (Wilthagen and Tros 2004).

2.7.2 THE ROLE OF LEGISLATION

Second, in terms of the role of legislation, we can distinguish three aspects of the legal influence on HRM:

- employment protection
- legislation on the form of the employment contract
- legislative requirements on the terms of the contract.

In regard to the first of these, Blanchard and Katz (1999) attempted to quantify differences in employment protection within Europe and the USA. The argument is that employment protection has three main dimensions:

- the length of the notice period
- the amount of severance pay
- the nature and complexity of the legal process involved in laying off workers.

Blanchard and Katz find that the USA is significantly different from Europe in general and Italy, Spain and Portugal in particular. There is less protection in the USA. Of course, in many countries around the world, employment protection does not exist at all.

Legislation on employment contracts exists everywhere but the legislation varies country by country. In Europe, again, employment contracts are the subject of European-level legislation. Legislation in Europe goes beyond anything found in the USA, limiting the ways people can be recruited, the documentation necessary when they start work, how much they can be paid, how management must consult with them, and a host of other matters.

There are also marked differences in the legislative requirements on the terms and conditions allowed in employment contracts. For example, International Labour Organisation figures show that in the USA almost 80% of male workers and 65% of working women now work more than 40 hours in a typical week. By contrast, in France the working week is by law limited to 35 hours, with overtime limited to 130 hours a year. This policy even extends to making unpaid overtime by senior employees a penal offence. Subject to health and safety legislation and anti-discrimination legislation employment contracts in the USA are set by the parties: anything (legal) that an employer and an employee agree, or are forced to accept, will by and large be accepted by the courts. Elsewhere, especially in Europe, but also in Canada, New Zealand, Australia and other countries, employment contracts are constrained – as well as hours restrictions there may be minimum pay requirements, communication requirements, holidays minima, rules about the documentation that the parties must provide and so on.

One German authority (Pieper 1990, p82) pointed out that:

The major difference between HRM in the USA and in Western Europe is the degree to which [HRM] is influenced and determined by state regulations. Companies have a narrower scope of choice in regard to personnel management than in the USA.

This statement could be applied to many other countries outside Europe – but there are also countries where state regulation of employment is effectively zero.

2.7.3 THE ROLE OF TRADE UNIONS

Another core feature of the USA is the limited role for trade unions. Most workplaces in the USA are not unionised. In general, studies of HRM in the US universities and HRM departments in companies do not deal with trade unions – that is the role of labour relations specialists or departments. In many other countries the role for unions is also limited – in some they are illegal, but in others the opposite is true. In European states, legislative status and influence is accorded to unions. Most European countries are more heavily unionised in terms of union membership than the USA (see Chapter 5) and employers are more likely to deal with a trade union in a collective bargaining relationship which sets terms and conditions for all or most of the employees (Morley et al 2000). Chapter 5 explores this issue in more detail. Closely related to the issue of trade union recognition is the European practice of employee involvement, with employee representation required by law in a number of states.

2.7.4 THE ROLE OF OWNERSHIP PATTERNS

Patterns of ownership also differ in different countries. Public ownership has decreased to some extent in many countries in recent years; but it is still far more widespread elsewhere than it is in the USA. In some African states and in China, for example, most employment is in the public sector. And private-sector ownership may not mean the same thing. In many countries, ownership of even major companies remains in the hands of single families rather than in the hands of shareholders. By contrast, in Germany a tight network of a small number of substantial banks owns a disproportionate number of companies. Their interlocking shareholdings and close involvement in the management of these corporations mean less pressure to produce short-term profits and a positive disincentive to drive competitors out of the marketplace (Randlesome 1994).

CASE STUDY 2.1

ORGANISATION AND MANAGEMENT IN AN ANGLO-FRENCH CONSORTIUM: TRANSMANCHE-LINK

The Channel Tunnel was a technologically unique project and built under enormous pressure and conflict between partners. It was also the subject of international comparative organisational and cultural research to explore the behaviour of British and French managers under a common structure (Winch et al 2000). A series of organisational and behavioural variables was measured across more than 200 managers. The French managers reported higher unit cohesion based on competition between units. They had significantly more work and decision-making autonomy and were less procedurally oriented than the British, but provided less feedback and opportunity for mutual adjustment. While both nationalities had high personal accountability and followed the procedures that existed, the French had more control of their work by knowing more about it in advance. Power emanated more from the personal responsibility of the senior managers than from the position and control systems. The French were more action-oriented (*fonceur*) and the British more procedural. There were no differences between the two in terms of job satisfaction or motivation from pay and promotion. However, the British were far more motivated through the use of feedback (praise and encouragement from others). This was unimportant to French managers. The British were also more directly job-involved, in that they expressed unhappiness when performing badly on the job. The boundary between work and home life was more porous for the British, and reported stress was lower. The French managers were by contrast more distant from colleagues and shouldered more personal responsibility, and therefore carried more stress.

Source: Winch et al (2000)

What does all this mean for IHRM practitioners? It implies that – despite the work outlined in Chapters 3 and 4 – they cannot just simply measure cultural values across their operations and predict the behaviours that are related to such values. Instead, the development and success of any specific managerial structures and practice (such as HRM) can only be explained by giving due cognisance to the various institutional contexts. Not all management methods are transferable, even where employee values have converged. The effectiveness therefore of any universal conceptualisation of HRM will very probably be constrained by the different institutional contexts. This is a powerful argument in favour of the need for local responsiveness.

? REFLECTIVE ACTIVITY 2.3

Take a few minutes to think about the following options.

- Is the way organisations have to go through the processes of recruiting, inducting, developing, paying and working with staff so similar in every country that general points about how human resources are managed (or perhaps should be managed) are valid?
- Or, is it the case that things are done so differently in different countries that we have to be very aware of the location in which human resources are being managed before we can understand them?
- Or, can we combine these two accounts and, if so, how?

2.8 CONCLUSION

What can we conclude from the discussion presented in this chapter? Part of the answer lies in the need to be clear about our level of analysis. There will be some aspects of HRM which may be applicable in any country and any circumstances: every organisation in every country has to conduct basic HRM practices such as recruitment, payment, etc. There will also be many aspects of HRM which cannot be understood at that level and which must be explored at different levels: workplace, sector, national or regional. A focus on any one of these areas will, like focusing a camera, clarify some areas but blur others. It does not make either true or false – they are merely different perspectives. In this chapter we have argued that the national level of analysis is particularly informative, and that it is often given less priority than it should be. We provide evidence on these issues in the following chapters.

? REFLECTIVE ACTIVITY 2.4

Fortunately, perhaps, the field is still open. We can each have our views and our different interests. Before going further it may be worth asking yourself:

● Where do I stand on the universalist/contextual axis?
● What are my views about the dominance of the US approaches to HRM?
● And what are the implications of my views for my interests in and study of HRM?

KEY LEARNING POINTS

● Any analysis of HRM needs to be clear about its level of analysis.
● There will be some aspects of HRM which may be applicable in any country and any circumstances: every organisation in every country has to conduct basic HRM practices such as recruitment, payment, etc.
● There will also be many aspects of HRM which cannot be understood at that level and which must be explored at different levels: workplace, sector, national or regional. A focus on any one of these areas will, like focusing a camera, clarify some areas but blur others. It does not make either true or false – they are merely different perspectives.
● The national level of analysis is particularly informative, and it is often given less priority than it should be. We provide evidence on these issues in the following chapters.
● At the national level, as we show in Chapter 3, HRM can be very different. This is because of cultural and institutional differences between countries.
● This means that universal 'best practice' approaches to HRM, often originating in the USA (or for multinational organisations at headquarters), should always be considered critically – are they appropriate for other environments?
● There are signs of these national differences reducing, but the best evidence we have says that they remain critical. Whilst globalisation seems to be creating some common trends in HRM it is not reducing the difference between countries in the way HRM is managed and conducted.

LEARNING QUESTIONS

?

1 Argue for or against the statement that we are seeing an increasing convergence of HRM practices within Europe/across the world.

2 In the light of the arguments produced in this chapter, how do you assess the notion of 'best practice' in HRM?

3 What is the role of individual national governments in HRM policies? What arguments would you offer for the views that the role of the state is increasing/decreasing?

EXPLORE FURTHER

BREWSTER, C. and MAYRHOFER, W. (2011) *A handbook of comparative HRM.* Edward Elgar, Cheltenham. This book explores these issues in depth, looking at concepts, specific comparative aspects of HRM policies and practices, and the different ways that HRM is conceived of and carried out in the different regions of the world.

The CIA world factbook (www.cia.gov/library/publications/the-world-factbook/fields/2015.html) is an excellent source of information about countries and their institutions.

REFERENCES

ALBERT, M. (1991) *Capitalisme contre capitalisme.* Paris: Seuil.

AMABLE, B. (2003) *The diversity of modern capitalism.* Oxford: Oxford University Press.

AVLONITI, A., and FILIPPAIOS, F. (2014) Evaluating the effects of cultural difference on corporate performance: A meta-analysis of the existing literature. *International Business Review.* Vol 23, No 3. pp660–674.

BARBASH, J. (1987) Like nature, industrial relations abhors a vacuum: the case of the union-free strategy. *Industrial Relations.* Vol 42, No 1. pp168–178.

BEBCHUK, L. and ROE, M. (1999) A theory of path dependence of corporate ownership and governance. *Stanford Law Review.* Vol 52. pp127–170.

BECKER, B. and GERHART, B. (1996) The impact of human resource practices on organisational performance: progress and prospects. *Academy of Management Journal.* Vol 39, No 4. pp779–801.

BECKER, B., HUSELID, M., PICKUS, P. and SPRATT, M. (1997) HR as a source of shareholder value: research and recommendations. *Human Resource Management.* Vol 36, No 1. pp39–47.

BEER, M., BOSELIE, P. and BREWSTER, C. (2015) Back to the future: implications for the field of HRM of the multi-stakeholder perspective proposed 30 years ago. *Human Resource Management.* Vol 54, No 3. pp427–438.

BERGER, P.L. and LUCKMAN, T. (1967) *The social construction of reality.* Garden City, NY: Doubleday.

BJÖRKMAN, I. and LU, Y. (2001) Institutionalization and bargaining power explanations of HRM practices in international joint ventures – the case of Chinese–Western joint ventures. *Organization Studies.* Vol 22, No 3. pp491–512.

BLANCHARD, O.J. and KATZ, L. (1999) *Wage dynamics: reconciling theory and evidence. NBER Working Paper 6924.* London: NBER.

BLASI, J. R., KROUMOVA, M., and KRUSE, D. (1997) *Kremlin capitalism. Privatizing the Russian economy.* Ithaca: Cornell University Press.

BOLKESTEIN, F. (1999) The Dutch model: the high road that leads out of the Low Countries. *The Economist.* 22 May. pp75–76.

BOUQUET, C. and BIRKINSHAW, J. (2008) Weight versus voice: how foreign subsidiaries gain attention from corporate headquarters. *Academy of Management Journal.* Vol 51, No 3. pp577–601.

BOXALL, P. (1993) The significance of human resource management: a reconsideration of the evidence. *International Journal of Human Resource Management.* Vol 4, No 3. pp645–664.

BOYER, R. (2005) How and why capitalisms differ. *Economy and Society.* Vol 34, No 4. pp509–557.

BOYER, R. (2006) How do institutions cohere and change? In: Wood, G. and James, P. (eds). *Institutions and working life.* Oxford: Oxford University Press. pp13–61.

BOYER, R. and HOLLINGSWORTH, J.R. (1997) From national embeddedness to spatial and institutional nestedness. In: HOLLINGSWORTH, J.R. and BOYER, R. (eds). *Contemporary capitalism: the embeddedness of institutions.* Cambridge and New York: Cambridge University Press.

BREWSTER, C. (1994) Human resource management in Europe: reflection of, or challenge to, the American concept. In: KIRKBRIDE, P. (ed.). *Human resource management in Europe: perspectives for the 1990s.* London: Routledge. pp56–89.

BREWSTER, C. (1999) Different paradigms in strategic HRM: questions raised by comparative research. In: WRIGHT, P.M., DYER, L.D., BOURDREAU, J.W. and MILKOVICH, G.T. (eds). *Research in personnel and human resource management.* Stamford, CT: JAI Press.

BREWSTER, C. (2004) European perspectives on human resource management. *Human Resource Management Review.* Vol 14, No 4. pp365–382.

BREWSTER, C. and MAYRHOFER, W. (eds) (2011) *A handbook of comparative human resource management.* Cheltenham: Edward Elgar.

BREWSTER, C. and MAYRHOFER, W. (eds) (2012) *A handbook of research into comparative human resource management practice.* Cheltenham: Edward Elgar.

BREWSTER, C., BROOKES, M. and GOLLAN, P.J. (2015) The institutional antecedents of the assignment of HRM responsibilities to line managers. *Human Resource Management.* Vol 54, No 4. pp577–597.

BREWSTER, C., BROOKES, M., JOHNSON, P. and WOOD, G. (2014) Direct involvement, partnership and setting: a study in bounded diversity. *International Journal of Human Resource Management.* Vol 25, No 6. pp795–809.

BREWSTER, C., MAYRHOFER, W. and COOKE, F.L. (2015) Convergence, divergence and diffusion of HRM in emerging markets. In: HORWITZ, F. and BUDHWAR, P. (eds). *Handbook of HRM in emerging markets.* Cheltenham: Edward Elgar. pp451–464.

BREWSTER, C., MAYRFHOFER, W. and MORLEY, M. (2004) *European human resource management: evidence of convergence?* London: Elsevier.

BREWSTER, C., WOOD, G., and BROOKES, M. (2006) Varieties of capitalism and varieties of firms. In Wood, G. and James, P. (eds). *Institutions, production and working life*. Oxford: Oxford University Press.

BREWSTER, C., WOOD, G. and BROOKES, M. (2008) Similarity, isomorphism or duality: recent survey evidence on the HRM policies of multinational corporations. *British Journal of Management*. Vol 19, No 4. pp320–342.

BREWSTER, C., WOOD, G., BROOKES, M. and VAN OMMEREN, J. (2006) What determines the size of the HR function? A cross-national analysis. *Human Resource Management*. Vol 45, No 1. pp3–21.

BREWSTER, C., WOOD, G., CROUCHER, C. and BROOKES, M. (2007a) Are works councils and joint consultative committees a threat to trade unions? A comparative analysis. *Economic and Industrial Democracy*. Vol 28, No 1. pp53–81.

BREWSTER, C., WOOD, G., CROUCHER, R. and BROOKES, M. (2007b) Collective and individual voice: convergence in Europe? *International Journal of Human Resource Management*. Vol 18, No 7. pp1246–1262.

BROOKES, M., BREWSTER, C. and WOOD, G. (2005) Social relations, firms and societies: a study in institutional embeddedness, *International Sociology*. Vol 20, No 4. pp403–426.

CHIANG, F. (2005) A critical examination of Hofstede's thesis and its application to international reward management. *International Journal of Human Resource Management*. Vol 16, No 9. pp1545–1563.

COLLINGE, C. (2001) Self organization of society by scale. In: Jessop, B. (ed.). *Regulation theory and the crisis of capitalism. Volume 4 – development and extensions*. London: Edward Elgar.

COLLINS, N., ZHU, Y. and WARNER, M. (2012) HRM and Asian socialist economies in transition: China, Vietnam and North Korea. In: BREWSTER, C. and MAYRHOFER, W. (eds). *Handbook of comparative human resource management*. Cheltenham: Edward Elgar.

CONRAD, P. and PIEPER, R. (1990) HRM in the Federal Republic of Germany. In: PIEPER, R. (ed.) *Human resource management: an international comparison*. Berlin: Walter de Gruyter.

CROUCH, C. (2005a) Models of capitalism. *New Political Economy*. Vol 10, No 4. pp439–456.

CROUCH, C. (2005b) Three meanings of complementarity. *Socio-Economic Review*. Vol 3, No 2. pp359–363.

CROUCHER, R., BROOKES, M., WOOD, G. and BREWSTER, C. (2010) Context, strategy and financial participation: a comparative analysis. *Human Relations*. Vol 63, No 6. pp835–855.

CROUCHER, R., WOOD, G., BREWSTER, C. and BROOKES, M. (2012) Employee turnover, HRM and institutional contexts. *Economic and Industrial Democracy*. Vol 33, No 4. pp605–620.

CULLEN, J. B., PARBOTEEAH, K. P. AND HOEGL, M. (2004) Cross-national differences in managers' willingness to justify ethically suspect behaviors: A test of institutional anomie theory. *Academy of Management Journal*. Vol 47, No 3. pp411–421.

DEEG, R. (2005) Complementary and institutional change: how useful a concept? Discussion papers // WZB, Wissenschaftzentrum Berlin für Sozialforschung, Berlin. Available at: http://core.ac.uk/download/pdf/6643370.pdf

DEEG, R. (2009) The rise of internal capitalist diversity? Changing patterns of finance and corporate governance in Europe. *Economy and Society*. Vol 38, No 3. pp553–579.

DELBRIDGE, R., HAUPTMEIER, M. and SENGUPTA, S. (2011) Beyond the enterprise: broadening the horizons of international HRM. *Human Relations*. Vol 64, No 4. pp483–505.

DEMIRBAS, D., YUKHANAEV, A. and STEPANOV, R. (2012) Reforms in Russian corporate governance and evaluation of Russian boards of directors. In: WOOD, G.T. and DEMIRBAG, M. (eds). *Handbook of institutional approaches to international business.* Cheltenham: Edward Elgar.

DICKMANN, M. and MÜLLER-CAMEN, M. (2006) A typology of international human resource management strategies and processes. *International Journal of HRM*. Vol 17, No 4. pp580–601.

DIMAGGIO, P.J. and POWELL, W.W. (1983) The iron cage revisited: institutional isomorphism and collective rationality in organizational fields. *American Sociological Review*. Vol 48, No 2. pp147–160.

DJANKOV, S., GLAESER, E., LA PORTA, R., LOPEZ-DE-SILANES, F. and SHLEIFER, A (2003) The new comparative economics. *Journal of Comparative Economics*. Vol 31. pp595–619.

DORE, R. (2000) *Stock market capitalism: welfare capitalism.* Cambridge: Cambridge University Press.

FARNDALE, E., BREWSTER, C. and POUTSMA, E. (2008) Co-ordinated vs liberal market HRM: the impact of institutionalisation on multinational firms. *International Journal of Human Resource Management*. Vol 19, No 11. pp2004–2023.

FERNER, A. and QUINTANILLA, J. (1998) Multinational, national business systems and HRM: the enduring influence of national identity or a process of 'Anglo Saxonization'? *International Journal of Human Resource Management*. Vol 9, No 4. pp710–731.

FRIEDMAN, T.L. (2007) *The world is flat: the globalized world in the twenty-first century.* London: Penguin.

GERHART, B. and FANG, M. (2005) National culture and human resource management: assumptions and evidence. *International Journal of Human Resource Management*. Vol 16, No 6. pp971–986.

GOERGEN, M., BREWSTER, C. and WOOD, G. (2009a) Corporate governance and training.*Journal of Industrial Relations*. Vol 51, No 4. pp461–489.

GOERGEN, M., BREWSTER, C. and WOOD, G. (2009b) Corporate governance regimes and employment relations in Europe. *Relations industrielles/Industrial Relations*. Vol 64, No 4. pp620–640.

GOERGEN, M., BREWSTER, C. and WOOD, G.T. (2013) The effects of the national setting on employment practice: the case of downsizing. *International Business Review*. Vol 22, No 6. pp 1051–1067.

GOERGEN, M., BREWSTER, C., WOOD, G.T. and WILKINSON, A. (2012) Varieties of capitalism and investments in human capital. *Industrial Relations*. the role of ownership patterns. Vol 51, No 2. pp501–527.

GOERGEN, M., CHAHINE, S., BREWSTER, C. and WOOD, G.T. (2012) Trust, owner rights, employees and firm performance. *Journal of Business Finance and Accounting*. Vol 40, No 5–6. pp589–619.

GOODERHAM, P., NORDHAUG, O. and RINGDAL, K. (1999) Institutional and rational determinants of organizational practices: Human resource management in European firms. *Administrative Science Quarterly*. Vol 44. pp507–531.

GUEST, D. (1992) Right enough to be dangerously wrong: an analysis of *In Search of Excellence*. In Salaman, G. (ed.). *Human resource strategies*. London: Sage Publications.

HALL, E.T. (1977) *Beyond culture*. New York: Doubleday.

HALL, P. and SOSKICE, D. (2001) An introduction to varieties of capitalism. In HALL, P. and SOSKICE, D. (eds). *Varieties of capitalism: the institutional foundations of competitive advantage: 1–68*. Oxford: Oxford University Press.

HALL, P. and THELEN, K. (2006) Institutional change in varieties of capitalism. Europeanists Conference. Chicago.

HANCKÉ, B., RHODES, M. and THATCHER, M. (eds) (2007) *Beyond varieties of capitalism: conflict, contradictions and complementarities in the European economy*. Oxford: Oxford University Press.

HENRICH, J., HEINE, S.J. and NORENZAYAN, A. (2010) The weirdest people in the world? *RatSWD Working Paper Series. Rat für Sozial- und Wirtschaftsdaten*, 139. Available at: http://hdl.handle.net/10419/43616.

HOFSTEDE, G. (1980) *Culture's consequences: international differences in work-related Values*. Beverly Hills, CA: Sage Publications.

HOFSTEDE, G. (1993) Cultural constraints in management theories. *Academy of Management Executive*. Vol 7, No 1. pp81–93.

HOLLINGSWORTH, J.R. (2006) Advancing our understanding of capitalism with Niels Bohr's thinking about complementarity. In WOOD, G. T. and JAMES, P. (eds). *Institutions, production and working life*. Oxford: Oxford University Press.

HOLLINGSWORTH, J.R. and BOYER, R. (1997) coordination of economic actors and social systems of production. In HOLLINGSWORTH, J.R. and BOYER, R. (eds). *Contemporary capitalism: the embeddedness of institutions*. Cambridge: Cambridge University Press.

HUDSON, R. (2006) The production of institutional complementarity? The case of north east England. In: WOOD, G. and JAMES, P. (eds). *Institutions and working life*. Oxford: Oxford University Press.

HUSELID, M. (1995) The impact of human resource management practices on turnover, productivity and corporate financial performance. *Academy of Management Journal*. Vol 38. pp635–672.

HYMAN, R. (1987) Strategy or structure? Capital, labour and control. *Work, Employment and Society*. Vol 1, No 1. pp25–55.

JACKSON, G. (2005) *Reforming stakeholder models: comparing Germany and Japan*. London: DTI Eco.

JACKSON, G. (2009) The Japanese firm and its diversity. *Economy and Society*. Vol 38, No 4. pp606–629.

JACKSON, G. and DEEG, R. (2006) How many varieties of capitalism? Comparing the comparative institutional analyses of capitalist diversity. MPfIG Discussion Paper 06/2 (http//:ssrn.com/abstract+896384).

JACKSON, G. and DEEG, R. (2008) Comparing capitalisms: understanding institutional diversity and its implications for international business. *Journal of International Business Studies*. Vol 39. pp540–561.

JESSOP, B. (2001) Series preface. In JESSOP, B. (ed.). *The Parisian regulation school – regulation theory and the crisis of capitalism*. Volume 1: ix-xxiii. London: Edward Elgar.

KARADEMIR, B. and YAPRAK, A. (2012) The co-evolution of the institutional environments and internationalization experiences of Turkish internationalizaing firms. In WOOD, G.T. and DEMIRBAG, M. (eds). *Handbook of institutional approaches to institutional business*. Cheltenham: Edward Elgar.

KATZ, H. and DARBISHIRE, O. (2000) *Converging divergences: worldwide changes in employment systems*. New York: Cornell University Press.

KIDGER, P.J. (1991) The emergence of international human resource management. *International Journal of Human Resource Management*. Vol 2, No 2. pp149–163.

KOCH, M.J. and MCGRATH, R.G. (1996) Improving labor productivity: human resource management policies do matter. *Strategic Management Journal*. Vol 17. pp335–354.

KOCHAN, T. and OSTERMANN, P. (1994) *The mutual gain enterprise*. Boston, MA: Harvard Business School Press.

KOSTOVA, T. and ROTH, K. (2002) Adoption of an organizational practice by subsidiaries of multinational corporations: institutional and relational effects. *Academy of Management Journal*. Vol 45, No 1. pp215–233.

LANE, D. and MYANT, M.R. (2007) *Varieties of capitalism in post communist countries*. London: Palgrave.

LA PORTA, R., LOPEZ-DE-SILANES, F., SHLEIFER, A. and VISHNY, R. (1998) Law and finance. *Journal of Political Economy*. Vol 106. pp1113–1155.

LANE, C. (1998) European companies between globalization and localization: a comparison of internationalization strategies of British and German MNEs. *Economy and Society*. Vol 27, No 4. pp462–485.

LE, H., BREWSTER, C., DEMIRBAG, M. and WOOD, G.T. (2013) Management compensation in MNEs and domestic firms management. *International Review*. Vol 53, No 5. pp741–762.

LINCOLN, J. and KALLEBERG, A. (1990) *Culture, control and commitment: a study of work organization in the United States and Japan*. Cambridge: Cambridge University Press.

MAYRHOFER, W. and BREWSTER, C. (1996) In praise of ethnocentricity: expatriate policies in European multinationals. *International Executive.* Vol 38, No 6. pp749–778.

MAYRHOFER, W., BREWSTER, C., MORLEY, M. and LEDOLTER, J. (2011) Hearing a different drummer? Evidence of convergence in European HRM. *Human Resource Management Review.* Vol 21, No 1. pp50–67.

MAYRHOFER, W., SPARROW, P.S. and BREWSTER, C. (2011) European human resource management: a contextualised stakeholder perspective. In: BREWSTER, C. and MAYRHOFER, W. (eds). *A handbook of comparative human resource management.* Cheltenham: Edward Elgar.

MCSWEENEY, B. (2002) Hofstede's model of national cultural differences and their consequences: a triumph of faith – a failure of analysis. *Human Relations.* Vol 55, No 1. pp89–118.

MEYER, J. W. and ROWAN, B. (1977). Institutional organizations: formal structure as myth and ceremony. *American Journal of Sociology.* Vol 83. pp340–363.

MORGAN, G. (2007) National business systems research: process and prospects. *Scandinavian Journal of Management.* Vol 23. pp127–145.

MORLEY, M., BREWSTER, C.J., GUNNIGLE, P. and MAYRHOFER, W. (2000) Evaluating change in European industrial relations: research evidence on trends at organisational level. *New challenges for European human resource management.* Basingstoke: Macmillan.

NORTH, D.C. (1990) *Institutions, institutional change and economic performance.* Cambridge: Cambridge University Press.

PAGANO, M. and VOLPIN, P. (2005) The political economy of corporate governance. *American Economic Review.* Vol 95. pp1005–1030.

PEDDER, S. (1999) *A survey of France. The Economist.* 5 June. Vol 351, No 8122.

PIEPER, R. (ed.) (1990) *Human resource management: an international comparison.* Berlin: Walter de Gruyter.

POWELL, W. and DI MAGGIO, P. (1991) *The new institutionalism in organizational analysis.* Chicago: University of Chicago Press.

POUTSMA, E., LIGTHART, P.E.M. and VEERSMA, U. (2006) The diffusion of calculative and collaborative HRM practices in European firms. *Industrial Relations.* Vol 45, No 4. pp513–546.

POUTSMA, E., LIGTHART, P.E.M., PENDLETON, A. and BREWSTER, C. (2013) The development of employee financial participation in Europe. In: PARRY, E., STAVROU, E. and LAZAROVA, M. (eds). *Global trends in human resource management.* London: Palgrave Macmillan.

RANDLESOME, C. (1994) *The business culture in Germany.* Oxford: Butterworth Heinemann.

RICHBELL, S., BROOKES, M., BREWSTER, C. and WOOD, G. (2011) Non-standard working time: an international and comparative analysis. *International Journal of Human Resource Management.* Vol 22, No 4. pp945–962.

ROE, M. (2003) *Political determinants of corporate governance*. Oxford: Oxford University Press.

ROSENZWEIG, P. and NOHRIA, N. (1994) Influences of human resource management practices in multinational firms. *Journal of International Business Studies*. Vol 20, No 2. pp229–252.

ROSENZWEIG, P.M. (2005) The dual logics behind international human resource management: pressures for global integration and local responsiveness. In: STAHL, G. and BJÖRKMAN, I. (eds). *Handbook of research in international HRM*. Cheltenham: Edward Elgar.

SCHNEIDER, B. (2009) Hierarchical market economies and varieties of capitalism in Latin America. *Journal of Latin American Studies*. Vol 41, No 3. pp553–575.

SCOTT, W.R. (1987) The adolescence of Institutional Theory. *Administrative Science Quarterly*. Vol 32, No 4. pp493–511.

SHLEIFER, A., and VISHNY, R. (1997) A survey of corporate governance. *Journal of Finance*. Vol 52, No 2. pp737–783.

SMITH, C. and MEIKSINS, P. (1995) System, society and dominance effects in cross-national organisational analysis work. *Employment and Society*. Vol 9. pp241–268.

STAVROU, E., BREWSTER, C. and CHARALAMBOUS, C. (2010) Human resource management and firm performance in Europe through the lens of business systems: best fit, best practice or both? *International Journal of Human Resource Management*. Vol 21, No 7. pp933–962.

STOREY, J. (1992) *Developments in the management of human resources*. London: Routledge.

STOREY, J. (2007) *Human resource management: a critical text*. London: Routledge.

STRAUSS, G. and HANSON, M. (1997) Review article: American anti-management theories of organization: a critique of paradigm proliferation. *Human Relations*. Vol 50. pp1426–1429.

STREECK, W. (2005) Rejoinder: On terminology, functionalism, (historical) institutionalism and liberalization. *Socio-Economic Review*. Vol 3, No 3. pp577–587.

STREECK, W. and THELEN, K. (2005) (eds.) *Beyond continuity: institutional change in advanced political economies*. Oxford: Oxford University Press.

TARAS, V., ROWNEY, J. and STEEL, P. (2009) Half a century of measuring culture: Review of approaches, challenges, and limitations based on the analysis of 121 instruments for quantifying culture. *Journal of International Management*. Vol 15, No 4. pp357–373.

THELEN, K. (2014) *Varieties of liberalization and the new politics of social solidarity*. Cambridge: Cambridge University Press.

TREGASKIS, O. and BREWSTER, C. (2006) Converging or diverging? A comparative analysis of trends in contingent employment practice in Europe over a decade. *Journal of International Business Studies*. Vol 37, No 1. pp111–126.

TROMPENAARS, F. (1993) *Riding the waves of culture: understanding diversity in global business*. Chicago, IL: Irwin Professional Publishing.

TSUI, A.S., NIFADKAR, S.S. and OU, A.Y. (2007) Cross-national, cross-cultural organisational behavior research: advances, gaps, and recommendations. *Journal of Management*. Vol 33. pp426–478.

ULRICH, D. (1989) Tie the corporate knot: gaining complete customer commitment. *Sloan Management Review*. Summer 1989. pp19–28.

UPCHURCH, M. and MARINKOVI, D. (2011) Wild capitalism, privatization and employment relations in Serbia. *Employee Relations*. Vol 33, No 4. pp316–333.

US DEPARTMENT OF LABOR (1993) *High performance work practices and firm performance*. Washington DC: US Government Printing Office.

VAIMAN, V. and BREWSTER, C. (2014) How far do cultural differences explain the differences between nations? Implications for HRM. *International Journal of Human Resource Management*. Vol 26, No 2. pp151–164.

WALKER, J.T., BREWSTER, C. and WOOD, G. (2014) Diversity between and within varieties of capitalism: transnational survey evidence. *Industrial and Corporate Change*. Vol 23, No 2. pp493–533.

WARNER, M. (2013) *Society and HRM in China*. Abingdon, Oxon: Routledge.

WESTNEY, D.E. (1993) Institutional theory and the Multinational Corporation. In: GHOSHAL, S. and WESTNEY, D.E. (eds). *Organization theory and the multinational corporation*. New York: St. Martin's Press.

WHITLEY, R.D. (1999) *Divergent capitalisms: the social structuring and change of business systems*. Oxford: Oxford University Press.

WHITLEY, R.D. (ed.) (1992) *European business systems: firms and markets in their national contexts*. London: Sage Publications.

WILTHAGEN, T. and TROS, F. (2004). The concept of 'flexicurity': a new approach to regulating employment and labour markets. *Transfer: European Journal of Labour and Research*. Vol 10, No 2. pp166–186.

WINCH, G.M., CLIFTON, N. and MILLAR, C. (2000) Organization and management in an Anglo-French consortium: the case of the Transmanche-lin. *Journal of Management Studies*. Vol 37, No 5. pp663–685.

WOOD, G.T. and FRYNAS, G. (2006) The institutional basis of economic failure: anatomy of the segmented business system. *Socio-Economic Review*. Vol 4, No 2. pp239–277.

WOOD, G.T., BREWSTER, C. and BROOKES, M. (2014) *Varieties of HRM: A comparative study of the relationship between context and firm*. Routledge: London.

WOOD, G.T., BREWSTER, C., DEMIRBAG, M. and BROOKES, M. (2014) Understanding contextual differences in comparative resourcing. In: WOOD, G.T. and BREWSTER, C. (eds). *Human resource management and the institutional perspective*. New York: Routledge.

WOOD, G.T., PSYCHOGIOS, A., SZAMOSI, L.T. and COLLINGS, D.G. (2012) Institutional approaches to comparative HRM. In: BREWSTER, C. and MAYRHOFER, W. (eds). *A handbook of research on comparative human resource management*. Cheltenham: Edward Elgar.

WRIGHT, P.M. and MCMAHAN, G.C. (1992) Theoretical perspectives for strategic human resource management. *Journal of Management*. Vol 18, No 2. pp295–320.

WRIGHT, P.M. and SNELL, S.A. (1991) Toward an integrative view of strategic human resource management. *Human Resource Management Review*. Vol 1. pp203–225.

CHAPTER 3

The Impact of National Culture

LEARNING OUTCOMES

When you have read this chapter, you will:

- understand what culture is
- appreciate how national cultures differ
- be able to interpret the major cultural frameworks
- know how to use culture to define attitudes and behaviours at work
- be aware of the dangers of over-generalising from the study of culture.

3.1 INTRODUCTION

In trying to understand the limits to organisational action, there has long been a debate about the relative importance of either cultural or institutional factors in shaping HRM practice at the national level (see the previous chapter). For institutionalists, such as Vaiman and Brewster (2015), people do different things in order to achieve different objectives; there is as such no need for there to be any conformed doctrine or received wisdom about best practice, and therefore there is considerable latitude for organisations to decide in which areas of HRM they can act independently of the host environment, and in which areas they might have to make more effort to adjust policies. They argue:

> much of the differences in HRM between countries are determined by institutional factors, and that management has more influence over the effect of national cultural differences than it has over institutional differences and therefore in most cases the appropriate tests will be tests against institutional differences. Where institutions are less constraining, cultural differences may be the appropriate template (Vaiman and Brewster 2015, p151).

Institutional explanations highlight the role of social structures (laws that provide enforcement, educational and training systems that shape socialisation, and economic systems that shape incentives) that help individuals make sense of, and in turn make decisions about, work that will be deemed legitimate, reasonable and appropriate. Cultural explanations, in contrast, highlight the role of historically determined notions that are accepted by groups of individuals who share some common historical experience about what is good, right and desirable (Berry et al 2011). Culturalists would agree with the view that institutions are politically harder to change than cultures (be they professional, organisational, or indeed national), but that in history we tend to get the institutions our culture deserves – that is, cultures play a role in begetting and shaping the attractiveness of different institutional solutions, and serve to underpin the behaviours within institutions that sustain such institutions.

HRM practitioners may wish to temper or intervene to bring about changes in both cultures and institutions (Sparrow 2009). Neither is easy to achieve, though of course possible (if the labour market allows it, an organisation might purposefully select people who are atypical of the local context and attempt to impose an over-riding corporate culture, or they might purposefully create new institutions or coalitions of actors to override existing ones).

Differences in national cultures are apparent to any of us, even if we never step outside our own countries. Information technology and global media bring the world into our living rooms. We experience many of the manifestations of different cultures through the films, soaps and documentaries that abound on our screens. Travelling to another country heightens this sense of difference: food, customs, language, transport, housing, entertainment – all these everyday things may have to be reconsidered and seen through other eyes.

At the same time, although we have gained more knowledge about different cultures, the increasing globalisation of markets, competition and organisations has led many people to believe that cultures are converging. Advances in telecommunications, information technology, lifestyles and global consumer products are thought of as leading to a 'global village' in which everyone will be wearing the same brand-name jeans and trainers while watching MTV on Japanese digital televisions, texting their friends with the latest mobile phone technology, and sharing what they perceive to be inner truths on social media websites. The rush to adopt 'world-class' manufacturing, logistics and marketing processes brings with it a belief in the convergence of management practice and the creation of a global corporate village. Under the convergence argument, management is management, consisting of a set of principles and techniques that can be universally applied.

In contrast, relatively recent world events reflect a move towards divergence in cultures. For example, the tensions in world politics since 11 September 2001 have vividly illustrated the deep and enduring nature of differences between the values and beliefs of the western (capitalist) world and those of many Muslim societies. Ethnic conflicts in Central Europe, Africa and South Asia in the last 30 years have revealed a desire to protect and reinforce cultural differences between groups.

In this chapter we first explain the nature of national culture and the way in which it has been studied. In the next chapter we examine the ways in which culture affects organisational life. In Chapter 16 we explain the ways in which many organisations attempt to improve inter-cultural competence.

3.2 PUTTING THE STUDY OF CULTURE INTO CONTEXT

We introduced the field of cross-cultural management in Chapter 1. This field – the topic of this chapter – concerns the understanding, researching, applying and revising of our assumptions about the core values that differentiate cultures, and then understanding their implications for behaviour at work.

A number of academic professions have contributed to our understanding of how and why behaviour appears in specific cultural contexts – anthropologists, sociologists, cross-cultural psychologists, cultural psychologists, indigenous psychologists, and international management researchers have all contributed to our understanding of how and why behaviour appears in specific cultural contexts (Smith et al 2001; Sparrow 2006). This has led to a host of models, frameworks and theoretical propositions to explain the connection between national culture, ethnicity and human thought and behaviour, but a good deal of debate remains (Menon 2004, p135):

National culture has long been an elusive construct, seemingly offering a ready explanation for observed cross-national differences in values and behaviour, and yet very difficult to pin down in terms of definition, structure, or invariant processes that can yield infallible behavioural prescriptions.

The IHRM field has done much to bring the topic of national culture to the attention of researchers (Aycan et al 2000). There are many conceptualisations of cultural variation across nations, with perhaps the most prominent being the works of Hofstede (1980, 2001), the GLOBE-project proposed by House et al (2004), Trompenaars (1993), Hall (1976) and Schwartz (1992, 1994, 2006, 2011).

It is important to realise that people who study culture have to make a number of tacit assumptions and each of these carries potential biases (Sackmann and Phillips 2004). A 'framework' can be seen as a conceptual or real structure that can be used to help build or expand on an idea. The way in which we conceptualise culture tends to make it more or less legitimate to ask certain questions and identify different effects of culture. Using this, we can think about three approaches that have been used in cultural research.

THEORY AND PRACTICE

KEY FRAMEWORK

Three streams of CULTURAL research

Cross-national comparisons: driven by a logic and assumption that 'culture equals nation'. This kind of research has been guided by a quest to identify universally applicable dimensions of national culture to help managers 'navigate' in different countries while doing their work. These dimensions of culture have generally been identified in large-scale quantitative studies. In this chapter we outline the best-known of these models.

Study of intercultural interactions: generally initiated once the competitive success of non-US management models was being questioned (such as the success of Japanese transplant factories in the USA and the growth of European and Asian multinational corporations). National culture is still seen as a fundamental source of individual identification, but within an organisational setting culture is considered to emerge as a result of a 'hidden negotiation' between interaction partners. More attention in this type of study is given to how people interact across cultures and the characteristics and processes through which new cultures are formed.

The multiple cultures perspective: based on more recent conceptions of organisations operating in a multi-cultural context. Organisations are considered to be home to and carriers of several cultures at levels that include function, organisation and business unit, profession and occupational group, ethnic group, project-based network, regional institution, geographical and economic region, ideology and religion. Developments in information technology have enabled and accelerated the process of globalisation and new communication media have brought a wealth of real-time information from remote cultures, thereby changing patterns of problem solving at work. This approach argues that individuals may identify with and hold simultaneous membership in several cultural groups.

Today we have therefore 'inherited' a number of dominant constructs from these early studies – and these will be covered in this chapter. But first it is important to note how we got to the understanding that we have today.

Much work in IHRM has been driven by assumptions that national culture constrains rationality in organisational behaviour, management philosophies and practices, and in society at large. Therefore we need to think about the idea of 'fit' – that certain HRM practices better fit into specific cultural contexts. Theories have examined national culture at different levels of analysis, ranging from behaviours and practices, through underlying values, down to underlying assumptions (Erez and Gati 2004).

KEY FRAMEWORK

Six implications of culture at work

Sparrow et al (2009) argue that cross-cultural HRM requires an understanding of:

THEORY AND PRACTICE

- the ethnocentric management of what are called theories of action dominant in different countries
- the processes through which managers become socialised into these different theories of action
- the ideological assumptions that managers make through this socialisation
- comparisons of the actual organisational behaviours of people across countries and cultures
- the degree to which cultural environments influence such behaviours
- the way in which cross-cultural differences may be linked to other domains of behaviour, such as models of leadership, motivation, or HRM.

To provide a balanced and contemporary understanding of the issues involved, we now go on to explain:

- key perspectives on the cross-cultural management field
- dimensions and models of culture
- methodological insights and more critical views of the evidence.

3.3 WHAT IS CULTURE?

The opening section has indicated the all-pervading influence of culture on our actions and values, and also the ongoing tensions between the forces of convergence of cultures and those of divergence. The concept of culture is deeply rooted in human history and its scope extends far beyond the boundaries of organisational activity. However, organisations are the product of the societies and times in which they exist, and as such are important manifestations of prevailing values and belief sets. But what is culture, exactly?

    REFLECTIVE ACTIVITY 3.1

Think about the differences between countries – and try to write a definition of 'culture'.

Attempting a definition of culture is difficult, as the concept of culture is often seen as being vague and hard to grasp. At present there are estimated to be over 200 different definitions. Here are just a few of the better known ones:

- knowledge, beliefs, art, morals, laws, customs and any other capabilities and habits acquired by man as a member of society (Tylor 1873)
- a sum of a people's learned behaviour, patterns and attitudes (Hall 1976)
- values, beliefs and expectations that members come to share (van Maanen and Schein 1979)
- the collective programming of the mind that differentiates members of one social group from another (Hofstede 2001)
- a pattern of basic assumptions – invented, discovered, or developed by a given group as it learns to cope with its problems of external adaptation and internal integration – that has worked well enough to be considered valid and, therefore, to be taught to new members as the correct way to perceive, think, and feel in relation to those problems (Schein 1985)
- a shared system of meanings, the way a societal group tends to solve the problems related to relationships with others, time and the environment (Trompenaars 1993)
- behaviour that becomes the norm because a large percentage of people either ascribe to it or break it while acknowledging it is a norm in which they don't believe (Brislin 1996)
- acquired knowledge that shapes values, originates attitudes and affects behaviour, and which members of a society (or a social group) use to interpret experience and generate social behaviour (Luthans and Doh 2009).

One of the core elements of culture is that it is a shaping process. For a culture to exist, members of a group or society share a distinct way of life with common values, attitudes and behaviours that are transmitted over time in a gradual, yet dynamic, process.

Although the problems that all human societies face are universal (called 'etic'), different groups will resolve them in different ways (called 'emic'). The resolutions are internalised and become taken for granted, but shape the way in which groups of people live and think. They represent the 'why' – why people behave the way they do, and why they hold the beliefs and values they espouse (Schneider and Barsoux 1997).

It was in the early to mid-1980s that mainstream HRM writing began to acknowledge the importance of culture. André Laurent (1983, 1986) studied different conceptions of what an organisation is. He showed the importance of exploring national differences through the implicit management and organisational theories that managers carried in their heads – that is, that the best way to understand the role of culture is to ask managers questions and see how they solve the problem. He embarked upon his research having taught on international MBAs, and finding that project teams of different nationalities tended to favour different solutions to the assignment. Their solution showed how they thought about the role of managers, hierarchies and power.

For Laurent (1986, p96) 'the art of managing has no homeland'. He argued that HRM is itself a cultural artefact, that universalist management principles needed to be differentiated, and that examinations of culture internationally should focus more on understanding how behaviours might be adaptable to an organisational culture without being immersed in the 'deeper ideological textures' or 'fabrics of meaning' associated with national cultures (Laurent 1986, p98), and that without understanding these different levels of culture, international organisations likely had illusions of control with regard to many of their international subsidiaries.

Asking questions such as 'it is important for a manager to have at hand precise answers to most of the questions that his or her subordinates may raise about their work', 'through their professional activity, managers play an important role in society', and 'in order to have efficient work relationships, it is often necessary to bypass the line'. On analysing the national scores on the answers to such questions, he found that nationality had three times more influence on the shaping of managerial assumptions than any of the respondent's other characteristics such as age, education, function, or type of company. He characterised organisations as being dominantly of three different types:

- *Political systems*, in which managers are seen to play a political role and negotiate to obtain power, to which achieving specific objectives becomes subordinate. Latin European managers were more likely to adhere to this view than their Nordic and Anglo counterparts.
- *Role-formalisation systems*, where managers prefer detailed job descriptions and well-defined roles and functions. Germanic managers felt at ease in this type of system, whereas Nordic and Anglo managers felt that the world was too complex to be able clearly to define roles and functions.
- *Hierarchical systems*, where the boss is expected to be respected through the possession of expert knowledge.

Schein's (1985) model of organisational culture can also be applied to the broader concept of culture. This model sees culture in terms of three levels, each distinguished by its visibility and accessibility to individuals, and each needing to be peeled off, rather like the different layers of an onion.

The *first level* consists of easily observed artefacts, rituals and behaviour. At this level culture is manifested in objects, customs, language and architecture. Within an organisational context we can observe many examples, such as differences in office space – a preference for open or closed offices, for example. In Japan, a highly collectivist country, large, open offices are the norm, whereas in Germany, a society where privacy is valued, separate offices are more likely. Where management fads impose practices that do not fit the culture of the society, we see adaptations such as the use of partition walls in open-plan offices by US and British workers, immortalised in the Dilbert cartoons. Dress codes, greetings rituals, the level of formality in addressing people – all these things and more make up the easily perceivable culture of the organisation (and likewise the nation).

The *second level* concerns values and beliefs. These are located below the surface manifestations and underpin them. Management scholars such as Hofstede, Trompenaars and Laurent (see later sections of this chapter) have shown that employees and managers around the world differ widely in their values regarding work practices. Indeed, most work on national culture has concentrated on this level of analysis. Values, defined by Schwartz (1992, 1994, 1999) as cross-situational principles, lend themselves to easier measurement and can be linked to a lot of other work on individual psychology.

Finally, at the *third level* basic assumptions are the core of the culture. They include assumptions that individuals hold about societies and organisations and how they function. They relate to aspects of human behaviour, the nature of reality and the community's relationship to its environment. They are invisible, preconscious and 'taken for granted', and are therefore difficult to access.

Across these levels, cultural differences can be seen to lead to strongly contrasting ideas about what constitutes good management. In countries such as France, a leader has to stand apart and be the expert. In contrast, Scandinavian countries prefer a more democratic and participative style of leadership. These issues are explored in more detail later in this chapter and in Chapter 4.

> **?   REFLECTIVE ACTIVITY 3.2**
>
> What is the predominant style of leadership within your organisation?
>
> How does this reflect cultural influences?

3.4 ELEMENTS OF CULTURE

Triandis and Wasti (2008, p1) explain that Kluckhohn argued that culture is to society what memory is to individuals:

> It consists of what 'has worked' in the experience of a group of people so it was worth transmitting to peers and descendants.

The basic elements making up national-level cultures were seen by anthropologists Kluckhohn and Strodtbeck (1961) to lie in the responses that nations make in relation to six fundamental questions:

1 *Who are we?* How does a society conceive of people's qualities as individuals? If societies believe that people are basically good, they will try to exercise social control through praise and encouragement. If people are seen as fundamentally bad, control will be exercised via rules, laws and policing. If societies see people as capable of being changed, they will prefer reform to punishment. In management, this assumption can be seen in McGregor's (1960) Theory X and Theory Y. Under Theory X, workers are seen to be lazy and therefore to require as much direction and control as necessary. In contrast, under Theory Y, workers are seen as self-directed and responsible and requiring very little direct management.

2 *How do we relate to the world?* How important is nature and the environment in our thinking? And how do we conceive of nature? Some societies feel that it is important to fit in with the world and accept it, as expressed in the Arabic 'insh'allah' or 'God willing'. In contrast, countries like the USA expect to overcome the constraints imposed by the environment. The American belief, continually voiced by celebrities such as Oprah Winfrey, that 'Anyone can be whatever they want' is exemplified in the Nike slogan 'Just do it!' This belief in individuals' ability to change strong environmental constraints is viewed by many in Europe and the East as naïve, where the influence of context in terms of societal norms and history is acknowledged.

3 *What do we do?* How do we think of ourselves and our situation? If you ask Britons 'What do you do?', they will tell you what profession they are in. If you ask the Japanese the same question, they will tell you who they work for. Are the most important things those you have done for yourself, or are they connected to your background and your group? Basically, status can be based either on what someone does, or on what someone is. In an ascriptive society, such as China or Venezuela, status is usually attributed to those who 'naturally' evoke admiration – for example, males and older people, or members of high-ranking families. In an achievement-based society, in contrast, a person gains status as a result of his or her own efforts and the climb up the organisational hierarchy.

4 *How do we relate to each other?* Do we think of ourselves as individuals or as members of a group? In many western cultures we are happy to live far from members of our family and to have non-emotional links with the organisations we work for. In contrast, members of collectivist societies expect support from and loyalty to the extended family. In the business world, this aspect of culture affects the extent to which countries are happy with individual leadership and individual responsibility and target-setting, or the extent to which they prefer group-working and shared responsibility instead.

5 *How do we think about time?* In a cultural sense, time has two elements, locus and speed. In western societies time moves in one direction, with the locus of attention on the future. In other societies – in much of the AsiaPacific region, for example – all parts of time are connected. The past is as important as the present, with the future seen as less important. In a business context, western societies see time as a commodity to be managed and used well. Other societies have a more relaxed

approach to the timing of things, causing problems with perceptions of correct business conduct.

6   *How do we think about space?* The amount of space we feel we need varies around the world. In the northern hemisphere, the further west you go, the larger the rooms and offices tend to be. Physical space between people is also culturally determined. In Arab societies it is common to stand close to the person one is talking to; the British prefer to stand at about an arm's length away. The use of space in organisations gives clues as to the status of the person occupying the area, but these need to be interpreted from a cultural perspective.

These dimensions are amongst the most commonly used by management scholars. The increasing internationalisation of business has made the concept of culture and its impact for good or bad on organisations' operations a critical topic for study. An extensive literature has emerged in respect of both organisational culture and national cultural differences as they relate to work.

3.5 NATIONAL CULTURES AND ORGANISATION

Early research on the influence of cultural conditioning on collective human behaviours challenged the assumption of the universalism of management practices emanating from the USA (and, indeed, from other countries such as Japan). In an increasingly borderless world, managers need to know how national cultural differences might affect organisation structure and processes, notions of leadership, HRM practices, etc. Management scholars have consequently been inspired to translate the work of social anthropologists to the world of work.

We now lay out four dominant, but contrasting, approaches to the study of culture. We use:

- the work of Edwin Hall to outline the study of national culture through a communication-orientated and anthropological perspective on culture
- the work of Geert Hofstede to outline the study of national culture through the examination of values, and various ways of capturing the dimensions on which values differ, in order to explain many important differences in organisation behaviour at the level of country
- the work of Shalom Schwartz to outline the study of the structure of values at the level of the individual, asking not what are the differences in value priorities, but what are the similarities around which there is a degree of consensus across individuals and societies
- the work of Robert House and colleagues in the GLOBE project to understand, and predict the impact of specific cultural variables on leadership and organisational processes, and the effectiveness of these processes.

It is interesting to note that these first insights were arrived at in the 1970s, 1980s and 1990s. As with all management research, the ideas therefore became extremely dominant and influential, and of course still underpin much of our understanding today, but they also become the subject of criticism as the years go by.

There is another cross-cultural framework new to the literature which concerns the topic of global leadership and findings from the GLOBE project. We discuss this framework in Chapter 16 when we examine ideas about global leadership. Cross-cultural studies have generally indicated a strong connection between national culture and preferred leadership styles. This has made a contribution to the debate about the inter-relationships between societal culture, organisational culture and organisational leadership.

Therefore, in the following sections, we lay out the essence of the original ideas, making it clear what assumptions they were based on. In later sections we pick up the ways in which these ideas continue to be debated and have influence.

3.6 HALL'S RESEARCH

Hall's (1959, 1976, 2000) ideas about culture drew attention to the importance of time (how members of a culture perceive and orientate themselves around time) and space (the way we define, organise and internalise the importance of space). But his ideas about context (how meaning is constructed differently across cultures using different ratios of context and information) have perhaps had the most powerful influence. His work provided the foundations of many subsequent ideas about inter-cultural communication and have been applied to the fields of international marketing, negotiation, conflict, communication (Kittler et al 2011).

Back in 1959 he made a distinction between what he described as 'high-context' and 'low-context' cultures. This is a multi-faceted concept, but at its heart is the understanding that all cultures can be situated in relation to one another through the styles in which they communicate. Individuals combine pre-programmed culture specific context and information, in order to create meaning. In high-context cultures information is pre-programmed within the individual receiver of the message and the setting. Only minimal information is transmitted in the message. In a low-context culture the reverse is true. Context therefore refers to the framework, background and surrounding circumstances in which any communication or event takes place. Individuals from high- or low-context cultures have different ways of experiencing the world. Contexting allows individuals to screen data and avoid information overload, increasing their capacity to deal with higher amounts of complex information. Individuals combine pre-programmed culture-specific context and information to create meaning, but the use of this context varies across cultures.

Examples of high-context societies include Japan, China, Korea, Taiwan, and Asian cultures in general, as well as native societies such as the Maori in New Zealand. African, Middle Eastern, Latin American, Latin, Central and Slavic European cultures also fall in this category. So countries such as Argentina, Brazil, Colombia, Ecuador, Mexico, the Philippines, Hong Kong, Thailand, India, and Turkey are in this category. In high-context cultures there is a tendency to cater towards in-groups – groups that have similar expectations and experiences – and these groups can rely on their common background and on the context of the situation to explain what is really meant, rather than words. Much information is already internalised within groups. Discussions within in-groups can be wide-ranging and mutual expectations are generally accurate. Group members have their own private networks for information, which they keep to themselves. Many things can be left unsaid – the culture explains the meaning. Messages include other clues that enable you to understand the communication, such as body language and the use of silence. Understanding the role played by family status, age differences and social setting also helps the receiver decode the real message. Messages can be implied and not uttered. The focus on in-groups means that relationships and group processes are important. High-context cultures are often more traditional and unchanging such that the context can remain stable over generations. Because of the importance of relationships, they tend to be deep and longer-lasting.

Examples of low-context societies include most of the English-speaking and Germanic-speaking countries, such as the USA, Canada, Australia, New Zealand, northern European countries such as Germany, Austria, Denmark, Sweden and Switzerland (interestingly, Britain is an exception to this rule). In low-context cultures the situation has to be explained more explicitly because there are fewer common backgrounds. The boundaries between in-groups are much more fluid. Low-context cultures tend to be more changeable so that the context from one generation to another is very different. Mutual expectations are less accurate and communication is therefore more verbal, explicit, direct, linear and task-focused. Channels of communication are generally clear. Information is easy to obtain and is shared more overtly. Communication has an informational function and is a neutral tool to convey thoughts. Accuracy, directness and clarity in speech are therefore valued. Communications are more transactional and can end once completed.

Familiarising yourself with the people before you communicate or conduct business is unnecessary. Hall also argued that time is not socially absolute and is similarly culturally programmed. He talked of low-context societies generally also being 'monochronic', by which he meant that time is sequential and highly scheduled – an endless ribbon of appointments and obligations – such that time can be 'wasted', 'killed', or 'saved'. Many high-context cultures are 'polychronic' (Japan is actually an exception). They have a more indulgent view of lateness. Time is like a balloon that swells and deflates dependent upon what is going on. The more people present, the larger the social network, the more useful the moment is. Meetings are just for giving general guidelines and may be cancelled or postponed if they are outside this moment.

Although few would criticise the process of contexting, there have been important critiques of Hall's work, in part on the basis of the age of the work, but more importantly the country classifications created using his concept. There is debate about the strength of such categorisations and in particular the reliability and rigour of the particular country classifications (Gerhart 2008; Kittler et al 2011), with different studies classifying different combinations of countries as high- or low-context. For example, Britain, France, Israel, Russia and Spain seem to create problems for researchers, having been classified as both high- and low-context.

?   REFLECTIVE ACTIVITY 3.3

Would you say that Britain is high or low context? Why?

What aspects of international management might be more susceptible to differences between high- and low-context?

On balance, studies suggest that the UK should be considered to be a relatively high-context culture. Consider the amusing examples shown in Table 3.1 that have been used to demonstrate to foreign managers the role that context can play in understanding what a British manager might really mean. The examples show that the individual must know what is meant at the covert or unexpressed level, and this knowledge enables them to react appropriately.

Table 3.1 Interpreting high-context communication

What the British say	What they really mean
Not bad	Good, or Very good
Quite good	A bit disappointing
Interesting	That is interesting, or It is interesting that you think it is interesting – it seems rather boring to me!
Oh, by the way...	I am about to get the primary purpose of our discussion
I was a bit disappointed that you...	I am most upset and cross
I hear what you say	I disagree and I do not wish to discuss it any further
With the greatest respect...	I think that you are wrong (or a fool)
Perhaps we could consider some other options	I don't like your ideas

The potential for miscommunication and misinterpretation of actions between high- and low-context cultures is clear from the examples in Table 3.1. In general, differences in communication context have been shown to be important in relation to issues such as cross-cultural negotiations, mergers and acquisitions and, one could infer, performance management discussions.

There is some correlation between high-context cultures and cultures that value the group over the individual (collectivist societies) – but the correlation is limited. Similarly, not all high-context cultures are necessarily polychronic. Within a low-context culture, individuals can find themselves in high-context situations, and vice versa. So, for example, within a low-context American culture, communications among family members are generally high-context because of the high level of shared experience.

3.7 HOFSTEDE'S RESEARCH

Hofstede's (1980, 2001) research in relation to national cultures has also been highly influential. Basing his ideas on research carried out between 1967 and 1973, Hofstede created a new paradigm for the study of culture, which was a four-dimensional model of national culture, later expanded and developed to incorporate another dimension. Although, as we show later, the work has also been subject to more criticism as time has gone by, it has proved to be a dominant influence, still to this day, and the framework has been widely used by researchers and practitioners in the field of intercultural management. The total citation count for various editions of *Culture's Consequences* surpassed 20,000 in 2010 and Hofstede's model of culture has been applied in research on issues such as leadership, teamwork, justice, communication, ethics, satisfaction, commitment, foreign market entry modes, international trade, and individual, company and national performance (Taras et al 2010).

Before Hofstede's work, cross-cultural researchers often treated culture as a single variable. Hofstede set about 'unpacking' culture into independent dimensions.

It is important to understand what Hofstede's work was intended to do. He argued that many differences in work-related values, beliefs, norms and self-descriptions, as well as many societal variables, would be better understood if we linked them statistically with a series of underlying dimensions of culture. His original work was designed to find those attitude items that best told countries apart. It was based on factor-analysing a series of survey items at country level, by aggregating the individual survey item scores from 116,000 questionnaires across 72 different country samples within IBM, and then taking the average national score for each question (Fischer and Poortinga 2012). Some countries were, however, represented by fewer than 100 respondents.

In essence, the approach was to throw hundreds of questions at samples of employees, and then identify those items that were the most useful in telling countries apart, and then looking at the these items and labeling them on the basis of what they seemed to tap. He found that the differences in responses could be explained by four main factors:

- power distance (social inequality, including the relationship with authority)
- uncertainty avoidance (ways of dealing with uncertainty, relating to the control of aggression and expression of emotions, when threatened by ambiguous or unknown situations)
- individualism–collectivism (the relationship between the individual and the group)
- masculinity–femininity (the social or emotional implications of having been born as a boy or a girl).

The dimensions of culture were constructed at the national level. It was not a theoretical approach, but an empirical one, although he traced many of the ideas back to the theoretical work of Inkeles and Levinson (1954/1969).

3.7.1 POWER DISTANCE

Power distance relates to the extent to which societies accept that power in institutions and organisations is and should be distributed unequally. In organisational terms, this relates to the centralisation of authority and the degree of autocratic leadership. Societies with high power distance scores are reflected in hierarchical organisations where it is felt to be right that the superior is seen to be more powerful than subordinates. Examples of countries with high power distance scores are the Philippines, Singapore, France and Greece. In contrast, countries with lower power distance scores such as Britain, Sweden and New Zealand favour a more democratic style of management and flatter organisational structures (see Table 3.2).

Table 3.2. Hofstede rankings for power distance index (PDI), uncertainty avoidance index (UAI), individualism index (IDV), and masculinity index (MAS)

Country	Power distance	Uncertainty avoidance	Individualism	Masculinity
Malaysia	1	46	36	25.5
Philippines	4	44	31	11.5
Mexico	5.5	18	32	6
Arab Countries	7	27	26.5	23
Indonesia	8.5	41.5	47.5	30.5
India	10.5	45	21	20.5
Singapore	13	53	40	28
Brazil	14	21.5	26.5	27
France	15.5	12.5	10.5	35.5
Hong Kong	15.5	49.5	37	18.5
Turkey	18.5	16.5	28	32.5
Chile	24.5	12.5	38	46
Greece	27.5	1	30	18.5
South Korea	27.5	16.5	43	41
Taiwan	29.5	12.5	44	32.5
Spain	31	12.5	20	37.5
Pakistan	32	24.5	47.5	25.5
Japan	33	7	22.5	1
Italy	34	23	7	4.5
Argentina	35.5	12.5	22.5	20.5
South Africa	35.5	39.5	16	13.5
USA	38	43	1	15
Canada	39	41.5	4.5	24
Netherlands	40	35	4.5	51
Australia	41	37	2	16
Great Britain	43	47.5	3	9.5
West Germany	43	29	15	9.5

Country	Power distance	Uncertainty avoidance	Individualism	Masculinity
Finland	46	31.5	17	47
Sweden	47.5	49.5	10.5	53
Ireland	49	47.5	12	7.5
Denmark	51	51	9	50
Israel	52	19	19	29
Austria	53	24.5	18	2

Data shows ranked position amongst countries, with 1= highest, larger numbers moving down to lower ranks
Source: Data points taken from Hofstede (1991)

3.7.2 UNCERTAINTY AVOIDANCE

Uncertainty avoidance refers to the degree to which societies feel threatened by ambiguous situations and the extent to which they try to avoid uncertain situations. In countries with high uncertainty avoidance, such as France, organisations adopt strong bureaucracies and career stability and generally discourage risk-taking activities. Countries such as Sweden, Britain and Norway which exhibit low uncertainty avoidance will adopt more flexible structures and encourage more diverse views (see Table 3.2).

3.7.3 INDIVIDUALISM

Individualism reflects the extent to which individuals are integrated into groups. Where individualism is high – for example, in the USA – people are expected to take care of themselves and their immediate family only. In collectivist societies such as Japan, however, people are integrated into strong, cohesive groups which throughout people's lifetimes continue to protect them in exchange for unquestioning loyalty (see Table 3.2). Whereas in individualist societies the emphasis for individuals within organisations is to gain self-respect and personal achievement, in collectivist societies the focus is on fitting in harmoniously and face-saving.

Hofstede (1991) found a strong correlation between high power distance and collectivism and vice versa in the countries within the IBM sample. He explains this by stating that in cultures in which people are dependent on groups, the people are usually also dependent on power figures. The converse is true in individualist countries. Exceptions to this are countries such as France and Belgium, which combine high power distance with strong individualism. Crozier (1964) argues that a belief in an absolutist authority can be reconciled within a bureaucratic system where impersonal rules avoid the need for direct dependence relationships, a characteristic of collectivist societies.

3.7.4 MASCULINITY

Masculinity measures the extent to which the dominant values are (in Hofstede's terms) 'male' – values such as assertiveness, the acquisition of money and goods and not caring for others. Gender roles are more rigidly defined in masculine societies than in 'feminine' societies. The most masculine countries in Hofstede's framework are Japan and Austria, with the USA also falling into this category. In contrast, the Scandinavian countries fall into the feminine category, with more emphasis on work–life balance.

3.7.5 MANAGEMENT IMPLICATIONS OF POWER DISTANCE AND UNCERTAINTY AVOIDANCE

These dimensions can inform our understanding. For example, taking these two dimensions together reveals differences in the implicit model that people from different cultures may have about organisational structure and functioning. Employees in high power distance and low uncertainty avoidance societies such as Singapore, Hong Kong and Indonesia tend to think of their organisations as traditional families. The head of the family is expected to protect family members physically and economically in exchange for continued loyalty from family members. A key control and co-ordination mechanism for the family is a standardisation of work processes by specifying the contents of the work.

In societies where both power distance and uncertainty avoidance are high – such as France, Brazil and Mexico – organisations are viewed as pyramids. Reporting lines are clear. Management provides co-ordination and control by emphasising who has authority over whom, and in what way this authority can be exercised.

A combination of medium uncertainty avoidance and low power distance gives rise to organisations which are perceived as well-oiled machines. Roles and procedures are well defined and co-ordination and control are achieved through standardisation and certification of skills. Examples of countries in this quadrant are Israel, Austria, Germany and Switzerland.

Finally, in countries where there is low uncertainty avoidance and low power distance, a 'village market' model is apparent. This model includes countries such as the UK, the USA, Denmark and the Republic of Ireland. Here, control and co-ordination tends to take place through mutual adjustment of people through informal communication, and by specifying desired results.

?   REFLECTIVE ACTIVITY 3.4

Using the Hofstede dimensions, what would be the key people management considerations for a UK-based organisation that wished to expand into France, Germany and Japan?

?   REFLECTIVE ACTIVITY 3.5

To highlight the complexity of culture, take the key cultural models that are explained above and analyse the national culture of India. How would you handle the many regional (state) cultures in this analysis, or differences between the industrialising areas versus the others?

3.8 SCHWARTZ'S RESEARCH

The third example of the most influential pieces of research in relation to national cultures is the work of Schwartz and colleagues. In Schwartz's (1994, 1999) original analysis of value preferences of 60,000 individuals in 63 countries, 45 values were found to have similar meaning across countries. These were reduced by multidimensional scaling to seven values, organised along three major dimensions of conservatism (embeddedness) versus autonomy (intellectual and affective), hierarchy versus egalitarianism, and mastery versus harmony.

However, later Schwartz and Bardi (2001) looked at values structures at the level of the individual. They asked an important and reverse question to that asked by Hofstede, observing that:

> researchers, including ourselves, have focused almost exclusively on differences in value priorities. When we switch our focus to ask about similarities, we discover a striking degree of consensus across individuals and societies. (p268)

Schwartz and Bardi (2001) established a near-universal structure of relations across countries across ten types of value. They found agreement around the world on the relative importance of these different values and argued that analysing a group's value profile in isolation (aggregating data to the country level, as Hofstede did) creates a distorted view of culture. Each type of value has different goals and specific actions, leading to its attainment, but generic goals are power; achievement; hedonism; stimulation; self-direction; universalism; benevolence; tradition; conformity; and security.

Although individuals and groups may differ substantially in the importance they attribute to these values, the same structure of opposite motivations and compatibilities was considered to exist across international samples. They looked at the average value hierarchy across the 13 nations and then assessed how similar each nation's structure was to the overall pattern. Considerable overlap in value hierarchies was found. Across the 13 nations studied the mean correlation was r=.92.

When considering the question as to why this should be so, the researchers noted that their instrument taps three universal human requirements: biological needs, requisites of co-ordinated social interaction, and demands of group survival. Once researchers switch from analysing differences to analysing similarities (in the context of values embedded in cultures) then it becomes clear that there is a common pan-cultural baseline of value priorities, and we should only really try to understand the distinctiveness of any particular nation by analysing its value priorities as they differ against this pan-cultural baseline.

3.9 THE GLOBE PROJECT

The fourth example of the most influential pieces of research in relation to national cultures is the cross-cultural studies used to indicate a strong connection between culture and leadership styles.

This work has been carried on in more recent projects. A key example is the GLOBE Project (House et al 2002). The GLOBE project findings on leadership show a picture of subtle, but meaningful, variations in scores around leadership dimensions, but also demonstrate that charismatic, team-oriented and participative styles are the most effective leadership styles. House et al (2002) stress that although the dimension 'charismatic' (which consists of such attributes as visionary, inspirational, self-sacrificial, of notable integrity, decisive, and performance-oriented) appears to be universally rated as the most important leadership style, the interpretation of 'charisma' in different societal settings may differ. Likewise, the dimension 'team-oriented' has to be interpreted differently in individualistic cultures as opposed to family- or group-oriented cultures. The GLOBE project introduces a new cross-cultural framework and positioning of societies into clusters which provides a link between cultural background and preferred leadership styles. Overall, the research supports the argument that leadership is culturally contingent, although the key dimensions of effective leadership are consistent across societal clusters.

THE GLOBE PROJECT

The GLOBE (Global Leadership and Organizational Behavior Effectiveness) Project is a multi-phase, multi-method project in which investigators spanning the world are examining the inter-relationships between societal culture, organisational culture and organisational leadership. The Project involves 150 social scientists and management scholars from 61 cultures (the findings are detailed by Ashkanasy et al 2002; House et al 2002; and House et al, 2004). The meta-goal of GLOBE is to develop an empirically based theory to describe, understand, and predict the impact of specific cultural variables on leadership and organisational processes, and the effectiveness of these processes. The project addressed four fundamental questions:

1   Are there leader behaviours, attributes and organisational practices that are accepted and effective across cultures?

2   Are there leader behaviours, attributes and organisational practices that are accepted and effective only in some cultures?

3   How do attributes of societal and organisational cultures affect the kinds of leader behaviours and organisational practices that are accepted and effective?

4   Can the universal and culture-specific aspects of leader behaviours, attributes and organisational practices be explained in terms of an underlying theory that accounts for systematic differences across cultures?

Questionnaires were distributed to middle managers in 62 national cultures. These measured aspired values (asked in terms of 'what should be') but also asked what values were reflected in behaviours and practices (asked in terms of 'what is'). Ten distinct national clusters emerged within the overall sample in terms of preferred leadership styles, based on nine dimensions of national culture. Many of the nine cultural dimensions were already in the literature and have been discussed earlier in the chapter, such as Hofstede's uncertainty avoidance and power distance. His masculinity dimension was also reflected in what the GLOBE Project called 'gender egalitarianism and assertiveness', and long-termism was reflected in a 'future orientation'. However, because data was analysed at the organisational level, two additional dimensions of 'performance orientation' (the extent to which an organisation or society encouraged and rewarded group members for performance improvement and excellence), and 'humane orientation' (the degree to which individuals in organisations or societies encouraged and rewarded individuals for being fair, altruistic, friendly, generous, caring and kind to others) were identified. The findings also differentiated between 'societal collectivism', which reflected the degree to which organisational and societal institutional practices encouraged and rewarded collective distribution of resources and collective action, and 'in-group collectivism', which reflected the degree to which individuals express pride, loyalty and cohesiveness in their organisations or families.

A total of 23 different leadership styles were deemed to be effective in one or more of the different societal cultures of the world (each leadership style was considered to represent a culturally endorsed implicit leadership theory or CELT). There were six underlying dimensions or styles of an effective global leadership style. There was high within-culture agreement with respect to leader attributes and behaviours, and two out of six leader behaviour dimensions were viewed universally as contributors to effective leadership. One was viewed nearly universally as an impediment to leadership, and one as nearly universally a contributor. The endorsement of the remaining two varied by culture. In short, there were 21 specific behaviours that were universal, eight impediment behaviours, and 35 behaviours that depended upon the cultural context. Overall, the research supported the argument that leadership is culturally contingent, although the key dimensions of effective leadership are consistent across societal clusters.

? REFLECTIVE ACTIVITY 3.6

The GLOBE project, and subsequent analyses by Smith (2006) and Minkov and Hofstede (2014) made an important contribution to the debate about the measurement of culture. It showed that asking respondents what they consider important to themselves, and what they think others should or should not do, represent two very different approaches. Asking these two things can yield very different results. The first set of answers reflects personal values. The second set of answers does not necessarily reflect values, but rather 'norms' that refer to socially desirable behaviours. An individual can answer the two questions very differently. They might value power as a personal goal, but the norm that they might want others to follow is one of submission, not competition for their power (Smith 2006). This difference between personal values and norms for others was not obvious until the analyses and criticisms of GLOBE's work (Minkov and Hofstede 2011).

What are the implications of this for understanding national culture?

3.10 THE CHINESE VALUES SURVEY AND LONG-TERM ORIENTATION

Concerned that cultural questionnaires were prepared by western academics and bound by a western cultural outlook, what later became Hofstede's (2001) long-term orientation dimension was first discovered in the Chinese Culture Connection (1987) study. Twenty of the countries were also in Hofstede's study. The results from the study revealed four dimensions of culture, three of which reflected Hofstede's dimensions of power distance, individualism/collectivism and masculinity/femininity. The fourth represented Chinese values related to Confucianism. Bond and his colleagues called this dimension 'Confucian work dynamism'. Hofstede relabelled it 'long-term versus short-term orientation'. In countries exhibiting a high Confucian work dynamism, or which are long-term-oriented, there is a focus on the future, and thrift (that is, saving) and persistence are valued. Companies in Japan, which is an example of a long-term-oriented society, have traditionally taken a longer-term view of investments. In contrast to companies in western economies, it is not necessary to show profits year by year, but rather progress towards a longer-term goal. Japan's continuing economic crisis may well force a fundamental change in perspective for its organisations. Countries low in Confucian work dynamism, or short-term-oriented, value the past and present. There is respect for tradition and fulfilling social obligations, but the present is the most important.

More recently Venaik et al (2013) have compared the long-term orientation (LTO) dimension of Hofstede and the future orientation (FO) dimension from the GLOBE study using data from the World Values Survey (WVS). Both are related to the time orientation of societies, and infer a tendency to emphasise the future rather than the present or past in values and attitudes. However, long-term orientation emphasises perseverance and thrift versus the past or present, whereas future orientation is primarily about planning for the future versus focusing on the present.

3.11 LIMITATIONS OF WORK CONDUCTED AT THE NATIONAL LEVEL

Peterson (2003) argued that as with any new idea or paradigm shift, Hofstede's doctrine has been both undervalued and overused, and whilst the first edition of *Culture's Consequences*:

> did not create the field of comparative cross-cultural studies but it certainly has shaped the field's basic themes, structure and controversies for over 20 years. (p128)

In a retrospective reviewing the contributions and debates around Hofstede's work, Minkov and Hofstede (2011) reflect that:

> Hofstede's unpackaging approach was adopted in some landmark studies, such as the Chinese Culture Connection (1987) and Schwartz (1994) expansion on the dimensional characteristics of values, Smith's analysis of the Trompenaars data file (Smith et al. , 1996), and project GLOBE (House et al. , 2004), all of which explicitly admit that they were inspired by [the doctrine]. (Minkov and Hofstede 2011, p12)

However, while cultural frameworks are useful in explaining some of the key ways in which societies (within a work context) might differ, it is important to note some of their limitations. The topic of national culture is not without debate. Some people go so far as to say that we might even be asking the wrong questions. As the field has matured there has been some disquiet about many inherited research assumptions.

- Why do researchers focus so much on values?
- What about individual differences? How do we avoid stereotype?
- Are there sub-cultures? Regional cultures?
- Do national patterns change? How stable are national differences?
- Don't we all hold multiple cultures?

In the international business literature there continue to be questions asked about the reliability, applicability and generalisability of various 'cultural distance' measures of national diversity (Tung and Verbeke 2010; Brewer and Venaik 2012; Avloniti and Filippaios 2014). Recent reviews include those by Reiche, Lee and Quintanilla (2012) and Weller and Gerhart (2012). In attempting to categorise cultural groups, a lot of models have produced dichotomies – such as individualistic versus collectivistic cultures – that rely on what might be erroneous assumptions. By categorising cultures we might be tempted to view culture as being immutable, monolithic and able to be captured with scores on a limited set of cultural dimensions.

Beugelsdijk et al (2015) have picked up on such findings to ask some critical questions about much of the research that has been carried out on 'the liability of foreignness'. As seen earlier for example in the study of South Korean MNCs, most studies try to capture nation-to-nation distance, generally measured as the distance between cultural values and beliefs. Although we noted this criticism in the previous chapter, few researchers have come up with a workable solution to how to deal with significant variation of scores on values within a country when trying to compare between countries. They have developed a measure of cultural differences that takes the variation of values in host and home countries into account, and show that such an advanced measure is better than using the mean-based measures common in much of the international business literature.

?   REFLECTIVE ACTIVITY 3.7

Hofstede's work – and also the GLOBE study on leadership discussed in Chapter 16 – have been very influential, but of course as time has gone by the evidence has come under greater critical scrutiny. Gerhart and Fang (2005) re-analysed the original data, and Gerhart (2008) marshalled a number of criticisms of such work which tend to support the view that the evidence is strong enough to argue that effective organisations have to adapt foreign management to local cultures. Research on national culture assumes a number of things, such as that: between-country differences are substantially larger than within-country differences; country differences in culture are larger than differences due to other factors such as organisation; country effects can be equated with culture; a misfit between practice and culture produces inefficiency; management discretion is substantially lowered by culture; and companies have no ability to shape the way they attract, recruit and hire and so reflect national patterns. He argues that Hofstede's evidence is inconsistent. When the effect size is calculated, and a standard is used to estimate the importance of this effect size, their re-analysis suggested that when looking at the individual level, country on average explained only 2.2% of the variance in values. Looking at the GLOBE study, which analysed country differences in organisational culture, the researchers found that 23% of differences in organisational culture (practices) could be explained by country (which means that national culture accounts for roughly one quarter of the total country effect, signalling the importance of institutional influences covered in the previous chapter). When looking between countries, national culture only explained 6% of differences in organisational culture.

Against such criticism, Minkov and Hofstede (2011) make the following counter-argument. Concerning criticisms to the effect that his data are old, Hofstede argues that cultures do evolve but they tend to move together in more or less one and the same cultural direction. Therefore, the cultural differences between them are not necessarily lost, and these differences are what the dimensions describe. He argues that the correctness of this position was demonstrated as recently as 2006 by Inglehart (2008). He analysed empirical data from western European countries spanning the period from 1970 to 2006, and showed that while western cultures did evolve and even tended to show some incomplete convergence, on a number of subjectively selected variables, their paths practically never crossed during those 36 years.

● Does the management literature overstate the role of national culture versus organisational action?

The majority of the work undertaken in this area still has been carried out by western, and in particular, European, researchers. Bond's work on Chinese values is an example of a move to address this problem. Western perceptions of Asian cultural values might, however, be called into question.

CASE STUDY 3.2

CONFUCIANISM IN ASIA

In Korea the role of national culture, including Confucianism, is still considered to have a powerful, multi-faceted and ingrained influence on HRM (Rowley and Bae 2004). It is embedded, however, within the *chaebol* (meaning an octopus with many tentacles) – family-founded but large organisations owning and controlling large diversified business groups with a plethora of subsidiaries. These include such organisations as Samsung, LG, Hyundai Motors and Hanwa. Rowley and Bae (2003) have laid out the 12 most dominant characteristics and paradoxes of culture and management in Korea based on three shaping factors of Confucianism (family), Japan and the military. For each influence they explain the concept, meaning, management behaviours and characteristics, and the paradoxes this creates. Six of the 12 influences are Confucian:

1   *Inhwa* means harmony and solidarity (with company as a family-type community).

2   *Yongo* concerns connections by blood, geography or education, and influences solidarity within inner circles, recruitment via common ties and relationships with owners.

3   *Chung* concerns loyalty and subordination to superiors, shaping a paternalistic approach to employee welfare.

4   *Un* concerns indebtedness to the organisation and members, impacting on respect, tolerance and patience towards organisational agendas.

5   *Uiri* concerns integrity towards others in everyday life, impacting on long-term relationships.

6   *Gocham* concerns seniority in service and being an old-timer, impacting on seniority-based rewards and promotions.

In Hong Kong – also considered a Confucianism culture – it is small, local Chinese family businesses that employ a significant number of employees. Their key decision-makers and managements have reached the third generation following on from founders at the beginning of the 1900s. HRM policies are different from the strategic HRM model. Chinese heads encapsulate ethnocentric values of Confucian paternalism, patriarchy and personalism manifested in three key relationships: power connected to ownership, a benevolently autocratic leadership style and personal rather than neutral relationships. Decision-making is centralised and emphasises harmony and compliance, seniority, loyalty, mutual obligation and informal networking at the workplace. Consequently,

firms may recruit from a variety of sources but selection is pragmatically based on personal recommendations. . . Remuneration reflects seniority and degree of loyalty rather than performance. . . Firms can enjoy a strong internal labour market. . . However, the HRM functions are still found to be separated from the decision and power core of the business and from other business operations [which] may pose problems as these companies expand overseas (Chan and Lui 2004, pp82–3)

Question:

What is the more dominant influence on culture in Hong Kong and Korea here – Confucian values or the way these operate in their national context?

Lin and Ho (2009) explain how, after 50 years of political and economic separation, people in China, Taiwan, and Hong Kong vary in their adherence to Confucian values.

It is also dangerous to over-generalise or stereotype on the basis of these descriptions of generalised characteristics of cultural values. Hofstede himself makes the point that these generalisations are valid only as statistical statements about large numbers of people. Value contrasts are not either/or dichotomies but rather descriptions of two cultures' overall tendencies to be nearer to or farther from a particular value orientation. Value orientations are determined by an individual's psychology (socio-political and personal influences), their lifestage, and indeed generational subcultures (what occurs in history/society that has a formative influence).

For instance, when comparing two countries across the same value, it is important to note that the strength of the value in each country will have its own bell-shaped distribution curve. However, the norms between the two may be quite different. Understanding the relative distance between the norms allows people to generalise about the relative difficulty members of one culture may have in relating to members of the other culture along that dimension. In addition, an awareness of the exceptions to the norms at the end of the curves and the possible overlap between the curves helps to avoid stereotyping (see Wederspahn 2000).

Approaches that create categories of cultures have then been criticised for making a homogeneity assumption. This criticism argues that there are significant differences on most of these sorts of measures across groups within any single country (Koslowsky et al 2002). Not only huge countries – such as Russia, China, Indonesia and India – but also small countries – like Belgium and Switzerland – may contain distinctive multiple cultures within their national borders. For example, the individualistic cultures of the USA, Italy, Germany, France and Britain can still be differentiated and even within any one of them, multiple brands of individualism exist across ethnic groups. Regional differences have an impact. In the USA, for example, there are distinctive North-east, Midwest, West and Deep South brands of individualism that can be identified. Similarly, the collectivistic systems of Confucianism, Buddhism and Marxism differ significantly from each other in particular values, meanings and customs. The homogeneity assumption rests on the ability to infer that there are commonalities of core beliefs and assumptions that cut across ethnic, linguistic and religious differences within any single country, and that these shared commonalities can still explain important work behaviours, despite the variety of espoused values and observed behaviours that evidently differ within a country (Menon 2004).

WHICH CULTURE DO YOU BELONG TO?

Is it a fair or sensible question in today's world to ask people which country has their cultural allegiance? What sort of complex cultural identities do people have? How does this impact on organisational behaviour? Wibbeke (2009) talks about leaders having a 'tri-partite' culture: the culture you grew up in, the culture you live in, and the culture of your organisation. She notes that at a company like Google, about 70% of the people who work there were not born or raised in the USA. This is true of most high-tech companies in Silicon Valley. She says that if you look at somebody who was raised in China until the age of 15 then went to school in New York and now is working in California for Oracle and ask them: 'When you're making an important ethical decision, what do you go back to?' they always say, 'I go back to the ethics that my parents gave me. Those will help guide me.'

? REFLECTIVE ACTIVITY 3.8

Develop a short questionnaire drawing upon on the Hofstede continua (see how hard it is to construct some questions that make sense at the individual level!). Use this instrument to determine where you and a group of other nationals fall against the constructs.

● Where do you feel you reflect a national culture – where do you believe that you are in some way different?

● Is there a considerable standard deviation around the averages that cultural researchers write about?

● How pervasive is culture at the individual level? Should you expect that individuals might or might not reflect the cultural constructs?

● Is culture about the values of individuals or the values of the institutions that they subscribe to?

Closely associated with this argument about within-societal variation, Gelfand et al (2006) have redrawn attention to the idea of 'cultural tightness or looseness', and developed a series of explanations for how this impacts on life in organisations. 'Tightness' reflects the strength of social norms (how clear or pervasive the norms are within any society) and the degree of sanctions (how much tolerance there is for deviation), both of which vary from one society to another. Loose and tight societies also differ in terms of the amount of accountability (Tetlock 2002) and the degree to which there is 'felt accountability' amongst individuals (Frink and Klimoski 1998). It is only where individuals have this 'felt sense of accountability' that external societal constraints get internalised into their own behaviour. It is a separate construct from individualism/collectivism. Anthropologists argue that countries such as Japan, Germany or Singapore, or certain ethnic groups such as Pueblo Indians, are tight societies, whereas for example in the USA, New Zealand, northern Finland or in Thailand, society is much looser (Pelto 1968). The degree of tightness depends on things like the degree of population density, the economic system and the role of kinship. Individuals in 'tight' societies have a lower sense of separation of their own self from others' selves (called psychological differentiation). This idea has only sporadically been discussed by people studying national culture – in the work, for example, of Berry (1966), Triandis (1989) and Carpenter (2000). Gelfand et al (2007) point out that tightness/looseness varies within societies as well – between, for example, different domains of life, regions, and ethnic and religious groups.

? REFLECTIVE ACTIVITY 3.9

● To what extent would someone from the southern states of the USA share their values and beliefs with those of all North Americans?

● Would a person from Delhi share the values and beliefs of someone from Madras?

Finally, some important points have been made about how individuals will vary in how they exhibit a culturally related behaviour depending on the situation. Members of a collectivistic culture may be highly communal with ingroup members, but that does not mean they are communal with outgroup members. Members of individualistic cultures may actually be more communal with outgroup members than collectivists! Consider the hospitality that individualist Americans can show to strangers. The reference group is therefore very important (Freeman and Bordia 2001). Single-dimension cultural factors rarely capture the complexity of such individual behaviour.

3.12 NATIONAL CULTURE IN PROSPECT AND RETROSPECT

It is important to be aware, then, that the more popular culture has become as a means of explaining the way people behave and the way they work across countries, the more careful the global HRM practitioner has to be about taking findings at face value. There are good and bad studies of national culture, and there are good and bad measures of cultural values. Even when culture has been assessed in some direct way, or where cross-country differences are used as a proxy for culture, it is important to be aware of some of the main criticisms that have been made about cultural research.

A common feature of many studies has been to test the way that national contextual variables – such as individualism and collectivism – moderate the behaviour of individual workers. This is sometimes done by taking a country-level measure (like the ones outlined in this chapter devised by people like Hofstede or Trompenaars) and then assigning each individual a score on the basis of the average score for the nation they come from. Or alternatively they might measure the individual using instruments that were really designed to assess national-level constructs.

The first approach falls foul of the ecological fallacy trap (the error of assuming that statistical relationships at a group level also hold for individuals in the group) observed by Hofstede (1980), whereby national-level data is used to predict individual-level behaviour, which leads to incorrect estimations of the real effects of the contextual variables. Both the Hofstede and GLOBE culture dimensions are derived from individual-level survey data, which is then aggregated to, and analysed at, the national level. However, whilst these culture scales are correlated at the national (ecological) level, they are not correlated in the same manner at the individual or organisational level.

The trap manifests itself in two ways.

1   Cultural values which are known to be held by a group are projected onto an individual who is a member of the group. This is known as stereotyping. Stereotyping of itself is not necessarily a negative process, but rather a way for us to try to make sense of the world by categorising things and individuals. However, it can become problematic when it is inaccurate – if, for example, we assume that all Japanese are group-oriented and do not show emotion, or that all Swedish managers favour consensus-based, participative work practices. Stereotyping becomes dangerous when group-level data is used to categorise individuals, particularly in a negative and prejudicial manner.

2   An ecological fallacy can occur by projecting from individuals to groups.

In a recent retrospective, Minkov and Hofstede (2011) remind everyone:

[The cultural dimensions] were underpinned by variables that correlated across nations, not across individuals or organisations. In fact, his dimensions are meaningless as descriptors of individuals or as predictors of individual differences because the variables that define them do not correlate meaningfully across individuals. For organisational cultures, entirely different dimensions were found as well. Yet, despite Hofstede's repeated warnings that his dimensions do not make sense at the individual or organisational level, articles that attempt to use them for these purposes appear periodically in various journals. (p12)

And Brewer and Venaik (2014) have recently shown that many studies of national culture, even in leading journals, still fall into this trap.

To presume they are is a form of 'ecological fallacy' that, despite warnings, has often been overlooked by culture researchers... articles commit an ecological fallacy by projecting national-level culture characteristics onto individuals or organisations. The implications of this ecological fallacy include the development of invalid culture-related theory and the persistence of erroneous practitioner stereotyping. (p1063)

Finally, like all good things, their time might pass. Taras et al (2012) note that around the world, researchers have conducted thousands of smaller studies based on Hofstede's model and this has generated a lot of compatible data that can be meta-analytically integrated into a dataset that draws upon all the individual studies, which have sampled the same populations (nations) at different times, offering a longitudinal perspective and exploring how and why cultures change over time. They created sets of cultural indices for each decade since Hofstede's work, matching culture with other longitudinal datasets such as national economic development indicators, to explore a host of new research questions about the causes and effects of cultural change. The final pool contained data from 451 empirical studies representing over 2,000 samples comprising over half a million individuals from 49 countries and regions. They found the following:

An examination of the links between Hofstede's and our meta-analytic indices and a number of theoretically relevant criteria such as demographics, economic and societal indicators confirmed that the precision of Hofstede's scores has been decreasing over time. While Hofstede's scores correlated remarkably strongly with theoretically relevant indicators from the 1980s, the correlations typically weakened for each subsequent decade thereafter. At the present rate of validity degradation, Hofstede's scores will no longer recognisably represent world culture within a few decades. (p 339)

? REFLECTIVE ACTIVITY 3.10

From our discussions of recent criticisms of research into cultural differences,

- can we safely assume the existence of single national cultures?
- is the influence of culture as an explanatory variable decreasing in the wake of continued globalisation?
- are there conditions that elicit universal responses from employees regardless of culture?

KEY LEARNING POINTS

- The study of national culture is still a topic of vigorous ongoing academic debate.
- The practitioner press greatly encourages the creation of interculturally competent organisations as the way to success in global business. It also reports on many failures.
- Evidence from both the research world and business events repeatedly emphasises the enormous impact of different cultural orientations (for good or bad) on our everyday lives.
- A number of academic professions have contributed to our understanding of how and why behaviour appears in specific cultural contexts – anthropologists, sociologists, cross-cultural psychologists, cultural psychologists, psychological anthropologists and, most recently, international management researchers.
- There have been three main streams of work: cross-national comparisons driven by a logic and assumption that 'culture equals nation'; the study of intercultural interactions and how people interact across cultures and the characteristics and processes through which new cultures are formed; and more recent conceptions of organisations operating in a multicultural context.

- Organisations are considered to be home to and carriers of several cultures at levels that include function, organisation and business unit, profession and occupational group, ethnic group, project-based network, regional institution, geographical and economic region, ideology and religion.
- Theories have examined national culture at different levels of analysis, ranging from behaviours and practices, through underlying values, down to underlying assumptions.
- A good deal of work in IHRM has been driven by assumptions of 'fit' – the idea that certain HRM practices better fit into specific cultural contexts.
- Our understanding of cultural differences relies mainly, however, on cross-cultural frameworks, working at a national level and derived from quantitative sampling techniques. National culture is also reflected at the individual level in terms of the value orientations that people hold.
- These frameworks provide practising managers with an initial map of the types of issues they may need to take into account when working in an intercultural context.
- But it is dangerous to over-generalise or stereotype on the basis of these descriptions of generalised characteristics of cultural values. Such generalisations are valid only as statistical statements about large numbers of people.
- By keeping these as helpful indicators, and understanding the limitations of some of our evidence and the assumptions that we make when we try to study culture, managers can avoid the tendency to stereotype, but can also experiment with appropriate behaviours and processes that will hopefully lead to better intercultural ability.
- Although the impact of cultural differences is important at an individual level, it is more important to understand what effect they can have at the team and organisational level.

LEARNING QUESTIONS

?

1   How well do the indices and measures here reflect your own country? Give reasons for your answer.

2   Are national cultural differences likely to be more, or less, strong than organisational or gender differences in culture? Explain your views.

3   How might cultural differences make it difficult for a UK visitor to Japan to do business?

4   Choose an aspect of HRM such as selection, appraisals, training or industrial relations, and explain how cultural differences might affect it.

5   Argue that an organisation should have clear rules about the management of people that cover operations in all its different countries. Argue that such rules should be varied for the different national cultures represented within the organisation. Can the two views be reconciled?

6   What does the study of how managers actually spend their time and their decision-making powers in like-for-like organisations really tell us? What are the messages for key areas of HRM policy?

EXPLORE FURTHER

KITTLER, M.G., RYGL, D. and MACKINNON, A. (2011) Beyond culture or beyond control? Reviewing the use of Hall's high-/low-context concept. *International Journal of Cross Cultural Management*. Vol 11, No 1. pp63–82.

REICHE, S.B., LEE, Y.-T., and QUINTANILLA, J. (2012) Cultural perspective on comparative HRM. In Brewster, C.J. and Mayrhofer, W. (eds). *Handbook of research into comparative human resource management practice*. Cheltenham: Edward Elgar. pp51–68.

SACKMANN, S.A. and PHILLIPS, M.E. (2004) Contextual influences on culture research: shifting assumptions for new workplace realities. *International Journal of Cross Cultural Management*. Vol 4, No 3. pp370–390. This article explains the ways in which researchers conceptualise culture, the research questions they consider it legitimate to ask, and their attempts to identify its effects. It lays out the assumptions that underpin three different approaches within the field: cross-national studies, studies of intercultural interactions, and the multiple cultures perspective. In explaining the research discourse in recent years, the article also highlights the increasing criticism of the cross-national comparison research stream, and argues that we now must examine more than just bicultural contexts.

VAIMAN, V. and BREWSTER, C.J. (2015) How far do cultural differences explain the differences between nations? Implications for HRM. *International Journal of HRM*. Vol 26, No 2. pp151–164.

REFERENCES

ASHKANASY, N.M., TREVOR-ROBERTS, E. and EARNSHAW, L. (2002) The Anglo cluster: legacy of the British Empire. *Journal of World Business.* Vol 37. pp28–39.

AVLONITI, A. and FILIPPAIOS, F. (2014) Unbundling the differences between psychic and cultural distance: an empirical examination of the existing measures. *International Business Review.* Vol 23. pp660–674.

AYCAN, Z., KANUNGO, R.N., MENDONCA, M., YU, K., DELLER, J., STAHL G. and KURSHID, A. (2000) Impact of culture on human resource management practices: a 10 country comparison. *Applied Psychology: An International Review.* Vol 49, No 1. pp192–221.

BERRY, J.W. (1966) Temne and Eskimo perceptual skills. *Journal of Personality and Social Psychology.* Vol 7. pp415–418.

BERRY, J., POORTINGA, Y., BREUGELMANS, S., CHASIOTIS, A. and SAM, D. (2011) *Cross-cultural psychology. Research and applications.* 3rd edition. Cambridge: Cambridge University Press.

BEUGELSDIJK, S., MASELAND, R., ONRUST, M., VAN HOORN, A. and SLANGEN, A. (2015) Cultural distance in international business and management: from mean-based to variance-based measures. *International Journal of Human Resource Management.* Vol 26, No 2. pp165–191.

BREWER, P. and VENAIK, S. (2012) On the misuse of national culture dimensions. *International Marketing Review.* Vol 29, No 6. pp673–683.

BREWER , P. and VENAIK, S. (2014) The ecological fallacy in national culture research. *Organization Studies.* Vol 35, No 7. pp1063–1086.

BRISLIN, R.W. (1986) The working and translation of research instruments. In: LONNER, W.J. and BERRY, J.W. (eds). *Field methods in cross-cultural research.* Beverly Hills, CA: Sage Publications. pp137–164.

CARPENTER, S. (2000) Effects of cultural tightness and collectivism on self-concept and causal attributions. *Cross-Cultural Research.* Vol 34. pp38–56.

CHAN, A. and LUI, S. (2004) HRM in Hong Kong. In: BUDHWAR, P.S. (ed). *Managing Human Resources in Asia.* London: Routledge. pp75–91.

CHINESE CULTURE CONNECTION. (1987) Chinese values and the search for culture-free dimensions of culture. *Journal of Cross-cultural Psychology.* Vol 18, No 2. pp143–164.

CROZIER, M. (1964) *The bureaucratic phenomenon.* London: Tavistock.

EREZ, M. and GATI, E. (2004) A dynamic, multi-level model of culture: from the micro level of the individual to the macro level of a global culture. *Applied Psychology: An International Review.* Vol 53, No 4. pp583–598.

FISCHER, R. and POORTINGA, Y.H., (2012) Are cultural values the same as the values of individuals? An examination of similarities in personal, social and cultural value structures. *International Journal of Cross Cultural Management.* Vol 12, No 2. pp157–170.

FREEMAN, M.A. and BORDIA, P. (2001) Assessing alternative models of individualism and collectivism: a confirmatory factor analysis. *European Journal of Personality*. Vol 15. pp105–121.

FRINK, D.D. and KLIMOSKI, R.J. (1998) Toward a theory of accountability in organizations and human resource management. *Research in Personnel and Human Resources Management*. Vol 16. pp1–51.

GELFAND, M.J., NISHII, L.H. and RAVER, J.L. (2006) On the nature and importance of cultural tightness-looseness. *Journal of Applied Psychology*. Vol 91. pp1225–1244.

GERHART, B. (2008) Cross cultural management research: assumptions, evidence and suggested directions. *International Journal of Cross Cultural Management*. Vol 8, No 3. pp259–274.

GERHART, B. and FANG, M. (2005) National culture and human resource management: assumptions, and evidence. *International Journal of Human Resource Management*. Vol 16. pp975–990.

HALL, E.T. (1959) *The silent language*. New York: Anchor Books.

HALL, E.T. (1976) *Beyond culture*. New York: Doubleday.

HALL, E.T. (2000) Context and meaning. In: SAMOVAR, L.A. and PORTER, R.E. (eds). *Intercultural communication: a reader*. 9th edition. Belmont, CA: Wadsworth Publishing.

HOFSTEDE, G. (1980) *Culture's consequences: international differences in work-related values*. London: Sage Publications.

HOFSTEDE, G. (1991) *Cultures and organizations: software of the mind*. London: McGraw-Hill.

HOFSTEDE, G. (2001) *Culture's consequences*. 2nd edition. London, Thousand Oaks, CA: Sage Publications.

HOUSE, R.J., HANGES, P.J., JAVIDAN, M., DORFMAN, P.W. and GUPTA, V. (eds) (2004) *Culture, leadership and organization: The GLOBE study of 62 societies*. Thousand Oaks, CA: Sage.

HOUSE, R.J., JAVIDAN, M., HANGES, P. and DORFMAN, P. (2002) Understanding cultures and implicit leadership theories across the globe: an introduction to project GLOBE. *Journal of World Business*. Vol 37. pp3–10.

INGLEHART, R. (2008) Changing values among Western publics from 1970 to 2006. *West European Politics*. Vol 31, No 1/2. pp130–46.

INKELES, A. and LEVINSON, D.J. (1969) National character: the study of modal personality and sociocultural systems. In: LINDSEY, G. and ARONSON, E. (eds). *The handbook of social psychology*. 2nd edition. Volume 4. Reading, MA: Addison-Wesley (original publication in 1954).

KITTLER, M.G., RYGL, D. and MACKINNON, A. (2011) Beyond culture or beyond control? Reviewing the use of Hall's high-/low-context concept. *International Journal of Cross-Cultural Management*. Vol 11, No 1. pp63–82.

KLUCKHOHN F.F. and STRODTBECK F.L. (1961) *Variations in value orientations*. New York: Row, Peterson and Co.

KOSLOWSKY, M., SAGIE, A. and STASHEVSKY, S. (2002) Introduction: cultural relativism and universalism in organizational behaviours. *International Journal of Cross-Cultural Management.* Vol 2, No 2. pp131–135.

LAURENT, A. (1983) The cultural diversity of Western conceptions of management. *International Studies of Management and Organization.* Vol 13, No 1/2. pp75–96.

LAURENT, A. (1986) The cross-cultural puzzle of international human resource management.*Human Resource Management.* Vol 25, No 1. pp91–102.

LIN, L.-H. and HO, Y.-L. (2009) Confucian dynamism, culture and ethical changes in Chinese societies – a comparative study of China, Taiwan, and Hong Kong. *International Journal of Human Resource Management.* Vol 20, No 11. pp2402–2417.

LUTHANS, F. and DOH, J. (2009) *International management: culture, strategy and behavior.* New York: Irwin-McGraw-Hill.

MCGREGOR, D. (1960) *The nature of human enterprise.* New York: McGraw-Hill.

MENON. S.T. (2004) Culture's consequences for 21st century research and practice. *International Journal of Cross Cultural Management.* Vol 4, No 2. pp135–140.

MINKOV, M. and HOFSTEDE, G. (2011) The evolution of Hofstede's doctrine. *Cross Cultural Management: an International Journal.* Vol 13. pp10–20.

MINKOV, M. and HOFSTEDE, G. (2014) A replication of Hofstede's uncertainty avoidance dimension across nationally representative samples from Europe. *International Journal of Cross-Cultural Management.* Vol 14, No 2. pp161–171.

PELTO, P. (1968) The difference between 'tight' and 'loose' societies. *Transaction.* Vol 5. pp37–40.

PETERSON, M.F. (2003) Culture's consequences: comparing values, behaviors, institutions, and organizations across nations. *Administrative Science Quarterly.* Vol 48, No 1. pp127–131.

REICHE, B.S., LEE, Y.-T. and QUINTANILLA, J. (2012) Cultural perspectives on comparative HRM. In: BREWSTER, C. and MAYRHOFER, W. (eds). *Handbook of research in comparative human resource management.* Cheltenham: Edward Elgar. pp51–68.

ROWLEY, C., and BAE, J. (2003) Culture and management in South Korea. In: WARNER, M. (ed). *Culture and management in Asia.* London and New York: Routledge Curzon. pp187–209.

ROWLEY, C. and BAE, J. (2004) HRM in South Korea. In BUDHWAR, P. (ed). *HRM in South East Asia and the Pacific Rim.* London: Routledge. pp55–90.

SACKMANN, S.A. and PHILLIPS, M.E. (2004) Contextual influences on culture research: shifting assumptions for new workplace realities. *International Journal of Cross Cultural Management.* Vol 4, No 3. pp370–390.

SCHEIN, E.H. (1985) *Organisational culture and leadership.* San Francisco, CA: Jossey-Bass.

SCHNEIDER, S. and BARSOUX, J.-L. (1997) The multicultural team. In SCHNEIDER, S. and BARSOUX, J.-L. (eds). *Managing across cultures.* Hemel Hempstead: Prentice Hall.

SCHWARTZ, S.H. (1992) Universals in the content and structure of values: theoretical advances and empirical tests in 20 countries. In ZANNA, M.P. (ed). *Advances in experimental social psychology*. Volume 25. New York: Academic Press.

SCHWARTZ, S.H. (1994) Beyond individualism/collectivism: new cultural dimensions of values. In KIM, U., TRIANDIS, H.C., KAGITCIBASI, C., CHOI, S.C. and YOON, G. (eds). *Individualism and collectivism*. London: Sage Publications.

SCHWARTZ, S.H. (1999) A theory of cultural values and some implications for work. *Applied Psychology: an International Review*. Vol 48, No 1. pp23–47.

SCHWARTZ, S.H. (2006) A theory of cultural value orientations: explication and applications. *Comparative Sociology*. Vol 5. pp137–182.

SCHWARTZ, S.H. (2011) Values: Individual and cultural. In: VAN DE VIJVER, F.J.R., CHASIOTIS, A. and BREUGELMANS, S.M. (eds). *Fundamental questions in cross-cultural psychology*. Cambridge: Cambridge University Press. pp463–493.

SCHWARTZ, S.H. and BARDI, A. (2001) Value hierarchies across cultures: taking a similarity perspective. *Journal of Cross-Cultural Psychology*. Vol 32, No 3. pp268–290.

SMITH, P. (2006) When elephants fight, the grass gets trampled: the GLOBE and Hofstede projects. *Journal of International Business Studies*. Vol 37, No 6. pp915–921.

SMITH, P.B., HARB, C., LONNER, W.J. and VAN DE VIJVER, F.J.R. (2001) The journal of cross-cultural psychology between 1993 and 2000: looking back and looking ahead. *Journal of Cross-Cultural Psychology*. Vol 32. pp9–17.

SPARROW, P.R. (2006) International management: some key challenges for industrial and organizational psychology. In: HODGKINSON, G. and FORD, J.K. (eds). *International Review of Industrial and Organizational Psychology*. Vol 21. Chichester: Wiley.

SPARROW, P.R. (2009) Integrating people, process and context issues in the field of IHRM. In: SPARROW, P.R. (ed). *Handbook of international human resource management: Integrating People, process and context*. London: Wiley. pp3–40.

SPARROW, P.R., SCHULER, R.S. and BUDHWAR, P.S. (2009) Introduction: cross cultural human resource management. In BUDHWAR, P.S., SCHULER, R.S. and SPARROW, P.R. (eds). *Major works in international human resource management*. Volume 3. Cross-Cultural HRM. London: Sage Publications. ppvii–xviii.

TARAS, V., STEEL, P. and KIRKMAN, B. L. (2010) Negative practice-value correlations in the GLOBE data: Unexpected findings, questionnaire limitations and research directions. *Journal of International Business Studies*. Vol 41, No 8. pp1330–1338.

TARAS, V., STEEL, P. and KIRKMAN, B.L. (2012) Improving national cultural indices using a longitudinal meta-analysis of Hofstede's dimensions. *Journal of World Business*. Vol 47. pp329–341.

TETLOCK, P.E. (2002) Social functionalist frameworks for judgement and choice: intuitive politicians, theologians, and prosecutors. *Psychological Review*. Vol 109. pp451–471.

TRIANDIS, H.C. (1989) *Culture and social behavior*. New York: McGraw-Hill.

TRIANDIS, H.C. and WASTI, S.A. (2008) 'Culture'. In: STONE, D.L. and STONE-ROMERO E.F. (eds). *The influence of culture on human resource management processes and practices.* New York: Psychology Press. pp1–24.

TROMPENAARS, F. (1993) *Riding the waves of culture: understanding cultural diversity in business.* London: Economist Books.

TUNG, R.L. and VERBEKE, A. (2010) Beyond Hofstede and GLOBE: improving the quality of cross-cultural research. *Journal of International Business Studies.* Vol 41, No 8. pp1259–1274.

TYLOR, E.B. (1873) *Primitive culture: researches into the development of mythology, philosophy, religion, language, art, and custom.* 2nd edition. 2 vols. London: John Murray.

VAIMAN, V. and BREWSTER, C. (2015) How far do cultural differences explain the differences between nations? Implications for HRM. *International Journal of Human Resource Management.* Vol 26, No 2. pp151–164.

VAN MAANEN, J. and SCHEIN, E.H. (1979) Toward a theory of organizational socialization. *Research in Organizational Behavior.* Vol 1. pp209–264.

VENAIK, S., ZHU, Y. and BREWER, P. (2013) Looking into the future: Hofstede long term orientation versus GLOBE future orientation. *Cross Cultural Management.* Vol 20, No 3. pp361–385.

WEDERSPAHN, G.M. (2000) *Intercultural services: A worldwide buyer's guide and sourcebook.* Houston, TX: Gulf Publishing Company.

WELLER, I. and GERHART, B. (2012) Empirical research issues in comparative HRM. In: BREWSTER, C. and MAYRHOFER, W. (eds). *Handbook of research on comparative human resource management.* Cheltenham: Edward Elgar. pp90–117.

WIBBEKE, E.S. (2009) *Global business leadership.* Oxford: Elsevier.

CHAPTER 4

Culture and Organisational Life

LEARNING OUTCOMES

When you have read this chapter, you will:

- understand the complexity of linking culture to organisational life, and be able to place any cultural analysis into a broader frame
- be aware of the impact of culture on organisational behaviour and HRM practices
- understand the mechanisms through which national culture shapes HRM
- understand how culture might impact the behavioural dynamics that take place within key HRM practices
- be able to suggest ways that practitioners and academics can use understandings about culture in their work
- be able to apply culture to other developments, such as corporate social responsibility or changes in attitudes across generations
- be aware of the role of individual factors such as multiculturalism and cultural intelligence in helping organisations to internationalise.

4.1 INTRODUCTION

In the previous chapter we examined the notion of national culture. We laid out the different approaches to cross-cultural study and explored the strengths and weaknesses, and contributions and limitations of any particular approach. We argued that even though we need to avoid falling into the trap of cultural stereotyping, culture can have some surprisingly deep and complex impacts on organisational behaviour. In this chapter we explore just what these may be. We do this by covering the topics to which IHRM researchers and practitioners seem to be applying the notion of culture. What issues form the heart of current debates around culture? In doing this it should become clear that most issues are very complex, and we should beware relying on a cultural explanation alone. For example, from the last chapter it might be inferred that Scandinavian countries are positioned on Hofstede's scales as being more feminine, so gender roles should be less tightly defined. Yet despite cultural data suggesting that Sweden is a more equal society, the gender pay gap is wide, especially amongst high earners. The online European Foundation for the Improvement of Living and Working Conditions (Eurofound) resources carried a report in 2015 that research by the Institute for Evaluation of Labour Market and Evaluation Policy showed that although the gender wage gap has decreased since 1998, the gap is still greater in Scandinavian countries, especially Sweden, than in other parts of the EU! The gender wage gap is particularly marked among white-collar workers but less pronounced among blue-collar workers. Once we apply culture into 'real' contexts, we start to link cultural explanations to other phenomena.

However, the world is changing rapidly and it is sensible to ask if all of the messages from international management research always translate to the new global contexts.

To demonstrate the complexity of linking culture to organisational life, and the need to place any cultural analysis into a broader frame, we provide two contrasting examples. The first example, looking at Korean MNCs, shows that a national culture forms part of a complete system, in which various HRM practices only make sense if you see how they fit together as part of a broader jigsaw.

CASE STUDY 4.1

LIFE IN A SOUTH KOREAN MNC: A CULTURAL INTERPRETATION

South Korea is seen as a successful example of late industrialisation. However, the leading Korean conglomerates (*chaebols*) have been studied in relation to two culturally embedded issues. First, after the Asian financial crisis in 1997, when many Korean organisations attempted to introduce Western-style performance management systems, they found that these approaches were ineffective in their context. Second, whilst many South Korean MNCs are major global players in their respective industries, have a high level of investment in overseas subsidiaries, and have significant global market shares, they frequently struggle to achieve the same level of success in their subsidiaries as they have in the domestic context.

In part both issues have been attributed to problems with the attention given to expatriate training, two-way knowledge transfer, and development of global leadership, but they have also been linked with questions about the level of autonomy, trust and motivation in both domestic and foreign subsidiaries. How does culture have such an impact on organisational life?

The cultural norms in Korea are collectivist, and have been heavily influenced by Confucianism, which stresses harmony, hard work, respect for elders, strong family ties and a passion for learning through the cultivation of an individual's mind. Managerial controls – the processes that managers use to communicate, monitor and reinforce performance standards in ways that

ensure conformity to organisational plans and principles – are usually exerted though a combination of the use of power and authority, as well as through bureaucratic, cultural and informal mechanisms. In Korean MNCs, what is called clan control is important. It is underpinned by the collectivist culture. It is a form of emotional control that focuses on developing collegial associations and common values, emphasising social exchanges, long-term relationships, and a strong sense of trust and reciprocity.

Organisational performance and internal coherence relies on the long-term employment of senior managers, in turn supported by seniority based compensation and promotion. A paternalistic management style replaces the need to focus on organisation design. Employees are controlled through culture and their role expectations, rather than through the detailed processes and job descriptions often associated with a performance management system as a form of bureaucratic control. The *chaebols* are known for their strict recruitment and selection, high investment in large management development and training programmes, a high work hours culture, and high levels of employee commitment. New recruits to the *chaebol* go through four to six weeks of training, are tested on the founding family's history and values, then during their early years with the organisation are rotated through different functions according to the company's needs, rather than the individual's career aspirations. But there is also a sense of mutual dependence between unequal parties, such as supervisors and subordinates, and the important role of informal ties allows a subtle degree of empowerment, by transferring some managerial authority, prerogative or ability to employees. Managers must be seen to preserve the appearance of care and concern for their trusting subordinates, with frequent social gatherings used as an important part of decision-making and conflict resolution. Indirect and very non-confrontational resolution of disputes along with etiquette and courtesy (*nunchi*) are important to Koreans.

Derived from Yang (2015)

Questions:

- Why might it be difficult for Korean MNCs to 'export' their model to their western subsidiaries?

- How might Korean MNCs try and build support for the norms of reciprocity outside their home context?
- Would their 'recipe' be seen as legitimate and fair if practised abroad? Would they be able to replicate the whole system overseas?
- Would senior Korean managers display the same level of trust in the workforce of an overseas subsidiary as they might have built at home?
- Would operating in a different culture cause tensions and hostility, and a degree of cultural distance – what is called a 'liability of foreignness'?

Zeng et al (2013) examined a data set covering the life history of 3305 foreign direct investments (FDIs) conducted by 264 South Korean MNCs in 85 countries between 1990 and 2006. The bulk of Korean FDI goes to the USA, China and Japan. They calculated the 'distance' between two countries using cultural values and clusters obtained from the Hofstede study, and checking this with the Global Leadership and Organizational Behavior Effectiveness (GLOBE) project, both discussed in the previous chapter. They found there was a positive relationship between the extent of subsidiary mortality and level of experience when an MNC had a low level of experience in a dissimilar culture. When South Korean MNCs were new to a dissimilar culture, their prior FDI experience in that host culture had a detrimental effect on the subsequent subsidiaries in that culture – cultural differences eroded the MNC's ability to untangle causalities effectively in their early FDI operations. This relationship was weaker when the MNC had prior foreign direct investments that had been dispersed across different cultures, but was stronger if it expanded internationally at a fast pace. International business researchers have long held that it is important to understand the link between strategy and culture:

cultural differences create a gap between the knowledge a firm possesses and the knowledge it requires in order to succeed in its foreign ventures... [and] this knowledge gap erodes an MNC's ability to learn from its experience, by reducing its ability to interpret and assimilate its local experience. (Zeng et al 2013, p46)

MNCs draw erroneous inferences and learn incorrectly from their early expansions when new to a dissimilar culture, because their learning abilities are eroded by cultural differences. (Zeng et al 2013, p42)

The second example, which looks at the challenges faced by overseas retail MNCs when they try and operate in China, makes it clear that for most organisations, the real challenge is trying to understand how various national cultures might impact their preferred business model or organisational strategy. Simple assumptions about the cultural behaviour of employees or consumers are rarely sufficient on their own.

WALMART AND CARREFOUR IN CHINA: WHAT IS MORE IMPORTANT – CULTURE OR STRATEGY?

China has gradually opened its consumer market of over 1.3 billion people to the global market and consumer product and retail firms such as Procter & Gamble, Unilever, Metro, Tesco, Walmart, and Carrefour have all entered the market. Retail MNCs have emerged as a global force and this has led to much study of incentives for internationalisation, modes of market-entry, the transferability of retail formats, the impact of the host economy on market entry, the impact of the institutional environments of the home and host markets, and the importance of organisational learning to possible strategic failures and divestments. Walmart and Carrefour are two of the largest global retailers. Walmart has over 7,000 stores on four continents. The Carrefour group has operated or franchised stores in 30 countries.

They face what is called the 'structural paradox'. How do they balance their desire to continue standardising (at the supra-national level) whilst also localising? In order to be cost-effective and achieve scale economies, the desire to standardise is strong. It is tempting to directly transfer the strategic assets that have made them successful in the first place – their formats, commodities, retail practices and know-how about things like shelving and display, sales events, distribution practices.

Both have been successful advocates of lean retailing, but so far they have failed to extend their dominance in their domestic markets to the Chinese market. While both firms have had some degree of success, neither has been able to match the combined growth of their larger Chinese competitors, despite taking different approaches to their Chinese operations. Whilst Walmart has stressed its preference for

standardisation of operations, Carrefour has tried to be more locally responsive to the Chinese economic culture. Walmart mainly operates hyperstores. It also relies on global procurement centres – its two Chinese centres account for about 70% of Walmart's world-wide purchases. Carrefour owns or franchises a large number of convenience and deep discount stores in addition to its hyperstores. In Carrefour procurement and distribution are decentralised – each manager handles procurement. Potentially they were better suited to localisation.

Lean retailing requires cost-effective relationships with suppliers, high use of logistics technology, the minimisation of distribution and selling labour costs, and quick and flexible responses to changes in market conditions in order to be able to dominate the local network. But they also have to comprehend the nuances of the local consumer culture to a much greater extent than production MNCs might have to, and localise in ways that neither subvert their corporate identity nor reduce their economies of scale.

Both had to enter the market through Chinese/foreign joint ventures, with the Chinese partner holding a majority share, and initially had to operate in 'first-tier' cities such as Beijing, Shanghai, Guangzhou and Shenzhen. Both found out that many assumptions made about the impact of a future urban middle class on the consumer market were premature. China's ratio of disposable income to spending is still about half that of the USA, is the lowest in the world, and differs markedly across cities. China has a total of 815 cities, 200 of which have a population over one million at different stages of development.

Derived from Chuang et al (2011)

Questions:

- Would understanding how national culture impacts the local retail culture be important?
- What else needs to be done in order to create an in-depth understanding

of the skills needed for effective operations?
- Is localisation necessary to be successful for both organisations?
- How important would a greater understanding of *guanxi* and local government relations be?

Both of these opening examples illustrate how important it is to understand the way differences in national cultures can affect attitudes and behaviours in the work environment. These attitudes and behaviours in turn become embedded in organisational cultures and systems. The need to study the impact of national cultures on organisational life should therefore be a given in this global world. However, many management texts (primarily US and western) still adopt a universalist approach, focusing on 'best practice', often without any acknowledgement of how transferable these practices might be in different societal contexts. In this chapter we review the areas of people management practice, and corporate life, to which cultural values have been linked in recent years. We draw upon the evidence in both in the general international HRM journals, and cross-cultural outlets such as the *International Journal of Cross Cultural Management* and *Cross Cultural Management*.

4.2 THE IMPACT OF CULTURE ON ORGANISATIONAL BEHAVIOUR AND HRM

Cultural assumptions answer questions for group members. They suggest the types of interactions and behaviours which should lead to effectiveness. They determine the information that managers will notice, interpret and retain. They lead to different ways of seeing the same event and therefore different problem-resolution strategies. A vast body of literature exists which reports empirical evidence suggesting that employees and managers from different cultures are different from each other in the processes, behaviours and values that come into play in a decision-making situation. Cultural assumptions are therefore linked to a wide range of organisational behaviours (Tayeb 1996).

? REFLECTIVE ACTIVITY 4.1

Draw upon some of the evidence from the previous chapter and this one to argue, in any one national setting, how culture could be considered to impact on each of the following:

- power and authority relationships
- coping with uncertainty and risk-taking
- interpersonal trust
- loyalty and commitment
- motivation
- control and discipline
- co-ordination and integration
- communication
- consultation
- participation.

To what extent are these organisational behaviours also determined by an individual's psychology (itself a product of various cultural, social, political and personal influences), his or her life-stage, and his or her generational subculture?

The last chapter showed that cross-cultural researchers argue that organisations are 'culture-bound'. Management practices are heavily influenced by collectively shared values and belief systems. Laurent (1986, p97) warned against assuming that management approaches developed in one particular culture can be deemed to be valid for any other culture:

> If we accept the view that HRM approaches are cultural artefacts reflecting the basic assumptions and values of the national culture in which organisations are embedded, international HRM becomes one of the most challenging corporate tasks in multinational organisations.

THEORY AND PRACTICE

KEY FRAMEWORK

The mechanisms through which culture shapes HRM

The literature indicates that cultural values shape the conduct of HRM through the following mechanisms (Sparrow and Hiltrop 1997):

- attitudes held about, and definitions of, what makes an effective manager, and their implications for the qualities recruited, trained and developed
- the giving of face-to-face feedback, levels of power distance and uncertainty avoidance, and their implications for recruitment interview, communication, negotiation and participation processes
- expectations of the manager–subordinate relationship, and their implications for performance management and motivational processes
- differential concepts of distributive justice, socially healthy pay and the individualisation of rewards, and their implications for the design of pay systems
- the mindsets used to think about organisational structuring or strategic dynamics.

4.3 DO CULTURAL STUDIES HAVE ANY UTILITY?

Studies continue to show that national culture has a deep impact on many aspects of HRM. Throughout Part Two of the book we shall draw out the ways in which cultural differences impact on the main HRM functions, such as recruitment and selection, training and development, pay and so forth. In this chapter we shall summarise some of the more recent evidence on the value of cultural analysis in general.

CASE STUDY 4.3

IS THE GLOBAL ECONOMY CONVERGING?

One of the vexing debates about globalisation is whether it produces convergence in the evolution of the global system of nation states, over time, and across countries or not. And if there is convergence across countries, does this occur through competition, coercion, emulation, mimicry and/or normative pressures? Berry et al (2014) analysed

indicator variables across the period 1960–2009 covering economic, demographic, knowledge, financial, and political domains – in fact everything but cultural variables (these were excluded because the World Values Survey only started in 1980). They used a sophisticated statistical approach to analyse changes over time in the amount of space between nation states or countries. The findings, consistent with a long tradition of research in sociology about the resilience of the nation state in the face of globalising tendencies, show that over the last 50 years nation states in the global system have not evolved significantly closer (or more similar) to one another along a number of dimensions (excepting some developments in groups of countries with a core-periphery status or membership in trade blocs). In fact they show long-term divergence.

Source: Berry et al (2014)

The very existence of the state encourages homogenisation of cultural elements [and] political, economic, social, and regulative institutions define the power of the nation-state as a cultural delimiter... national governments enact workplace laws and provide the base for MNE operation at home and abroad, inclusive of cultural content. (Ronen and Shenkar 2013, p869)

As we saw in the previous chapter, the idea of clustering countries in terms of culture has a long history, and can be traced to the sociological, political and legal concepts of there being 'families of nations'. Ronen and Shenkar (1985) believed that variation in cultural values that is tied to workplace behaviours, attitudes, and outcomes is systematic. They clustered countries based on work-related values. Why? Because identifying reliable dimensions of cultural variation helps researchers select cultural groups for study on an a priori basis.

But their original map is now dated and missed some key regions of interest, such as China. They have developed a new map of cultural clusters (Ronen and Shenkar 2013), using an updated dataset based on similarity and dissimilarity in work-related attitudes, and have expanded its coverage to world areas that were non-accessible at the time of their original 1985 work. They use an ecocultural perspective. This sees culture as an evolving adaptation to ecological and sociopolitical influences. Individual psychological characteristics in a given population similarly adapt to their cultural context. Their examination uses three variables – the combined role of language, religion, and geography – in generating cluster formation.

Their 2013 analysis is described as utilitarian, that is, it is designed to reduce the complexity in cultural studies and to and aid data manageability. They want to identify cluster labels that reflect '...those behavioural and attitudinal corollaries that transcend corporate and individual variations, and whose congruence carries performance ramifications' (Ronen and Shenkar 2013, p890). To do this they use all the data published between 1992 and 2005 by ten input studies from Brodbeck, Foley, the GLOBE project, Hofstede, Inglehart and Baker, Merritt, Schwartz, Smith, Trompenaars and Zander. These studies each cover between 16 to 65 countries, and in total cover 114 countries, of which 70 could be analysed. The findings show:

- at the finest level of discrimination there are 38 local clusters of countries (see Table 4.1), with 43 of 70 countries having one or more members, the rest being a single country
- at the highest level of agglomeration there are 11 global clusters
- in between there are some sub-global clusters of countries.

The latter level of analysis, barring the odd 'strange bedfellow', seems to be the most useful.

Table 4.1 Global clusters of countries

Eleven global clusters	Consensus inclusive countries and singletons
Arab	Kuwait, Morocco, UAE
Near East	Turkey, Greece
Latin America	Cluster 1: Colombia, Ecuador, Mexico, Venezuela, Argentina, Bolivia, Chile, Peru, Uruguay, El Salvador Cluster 2: Costa Rica, Guatemala Singleton: Brazil
East Europe	Cluster 1: Poland, Slovakia, Slovenia, Hungary Cluster 2: Russia, Romania, Ukraine, Belarus, Georgia, Bulgaria, Cyprus Cluster 3: Czech Republic, Estonia
Latin Europe	Cluster 1: Spain, Portugal, France, French Switzerland, Italy, Belgium Singleton: Israel
Nordic	Cluster 1: Norway, Iceland, Sweden Cluster 2: Finland, Denmark, Netherlands
Germanic	Cluster 1: Germany, Switzerland Singleton: Austria
African	Cluster 1: Nigeria Cluster 2: South Africa
Anglo	USA, UK, Australia, New Zealand, Canada, Ireland
Confucian	Cluster 1: China, Taiwan, Singapore, Hong Kong Cluster 2: South Korea Singleton: Japan
Far East	Cluster 1: Pakistan, Iran, Thailand, Indonesia, Zimbabwe Cluster 2: Malaysia, Philippines, Jamaica Singleton: India

Source: Summary of findings in Ronen and Shenkar (2013)

If the evidence for continued cultural differences seems robust, what about evidence that links culture to HRM practices?

CASE STUDY 4.4

CULTURAL IMPACT OF HRM PRACTICES ON JOB SATISFACTION

Andreassi et al (2014) looked at the effect of seven HRM practices on job satisfaction across 48 countries. These countries were combined into four cultural regions: Asia, Europe, North America and Latin America. The dataset covered over 70,000 employees in three large MNCs from financial services, manufacturing, and oil and gas production. They measured:

- perception of equal opportunities in the workplace

- feelings of personal accomplishment
- recognition for good performance
- communication from management
- perception of teamwork as priority
- ability to balance work and life, and
- level of training received.

These were considered to form part of a high-performance work system (HPWS). All seven HRM practices could predict job satisfaction to a degree, in all four regions. They used Hofstede's cultural dimensions to explain any differences.

Universally important relationships between job characteristics and job satisfaction applied across all regions of the world. A sense of achievement was the most important driver universally. A sense of accomplishment from work, recognition received from doing a good job,teamwork, and ability to balance work and personal lives were significant across all four regions when regressed on overall job satisfaction. There were significant differences in the relative importance of job characteristics on job satisfaction. These were consistent with

Hofstede's cultural dimensions. In terms of predicting job satisfaction:

- equal opportunity was most important in Asia
- accomplishment was most important in Latin America and North America
- teamwork was most important in Asia and Latin America
- personal recognition was most important in Europe, and
- work–life balance was most important in North America.

Source: Andreassi et al (2014)

? REFLECTIVE ACTIVITY 4.2

Pragmatically, what would be the value to organisations of analysing their employee data like this across countries? How could they use such an analysis?

All data can be improved. In the previous chapter we outlined some of the criticisms that can be made of studies that try and link national culture to HRM practice. What do you like or dislike about the methodology of this study?

However, as Ronen and Shenkar (2013, p890) cautioned in their study, the data that practitioners and academics have at the moment:

> does not address the possibility that convergence and divergence measures vary depending on the issue at hand, as demonstrated, for instance, by the findings on leadership styles and preferences, or observations concerning ethical behaviour.

Consequently, the more we wish to link national culture to the 'nitty-gritty' of organisational life, and people management at the individual level, the more we need to refine our understanding.

4.4 CORPORATE SOCIAL RESPONSIBILITY AND NATIONAL CULTURE

In this book we shall examine many different HR functions and practices in Part Two, and many aspects of international strategy in Part Three. All of these can be linked to questions of national culture. But to serve as an example, we briefly look here at the question of corporate social responsibility (CSR). Does culture impact attitudes or approaches to this strategy? The position that individuals and organisations take is considered to be socially constructed and driven by managerial values (Agle et al 1999; Basu and Palazzo 2008).

KEY FRAMEWORK

Main sources of cross-national difference in approaches to CSR

- *The institutional environment*: this differs across countries and this influences the rules of the game.
- *Cultural values*: corporate social responsibility derives from accepted values and these values differ across countries. They influence managerial decision-making and indicate which choices and behaviours are acceptable or unacceptable.
- *Education*: managerial education plays a key role in shaping the worldviews of future managers. It diffuses a particular management ideology that will emphasise the compatibility (or incompatibility) of corporate economic and social responsibility.

Usunier et al (2011)

Two cultural values (power distance and individualism-collectivism) have been linked to attitudes about CSR. There is still some confusion about the impact of power distance. For example, Christie et al (2003) found that while 98% of (individualistic) American managers expressed disagreement with the statement that 'being ethical and being profitable do not go together', only 71% of Indian managers and 38% of Korean managers, who are more collectivistic, did so. American managers seemed to have a deep understanding of the role of ethics in business (consider some of their religious and philanthropic motives) and do not see being ethical and being profitable as being mutually exclusive. Whereas Vogel (1992) argued that German managers are far more skeptical about the compatibility between ethics and profitability.

DO ATTITUDES TO CSR TRAVEL?

CASE STUDY 4.5

There have been contrasting views in the academic literature about the link between CSR and culture. It is difficult to be prescriptive about such links because there are different types of CSR:

- economic
- legal
- ethical
- philanthropic.

There are also competing views about its desirability. One view argues that it is possible to pursue profit-orientated objectives whilst still emphasising CSR. Meeting social responsibilities is necessary in the long run for full economic and shareholder value to be achieved. A strong corporate image (or lack of it) drives business development. Another argues that in the short run this is rarely the case, because the 'size of the pie' is fixed, and CSR competes with economic objectives.

Are managers' views about CSR and economic responsibility compatible or not? Usunier et al (2011) looked at the views of CSR held by a sample of 1805 young MBA managers from across 16 countries and linked these to possible cross-national differences in cultural values, management education and corporate governance systems. They used Hofstede et al's (2002) Business Goals Network Data to develop a measurement scale for CSR and tested for differences in the extent to which the MBA students considered 15 business goals to be important for a successful business person in their country. The

USA was used as the baseline to compare responses. The individual attitudes of the MBA students were then linked to national data on culture using Hofstede values, indices for corporate governance performance from the World Economic Forum, and the type of educational focus the country had.

Australian, Brazilian, Hong Kong and Hungarian MBA students placed social responsibility at a higher level of importance than American MBAs. German MBAs placed CSR as even less important than the American sample.

On average, across countries, trying to achieve CSR and economic goals was seen as relatively incompatible – especially by MBAs from individualistic countries. Controlling for the other factors (country wealth and so forth), power distance was, however, significantly linked with the view that CSR and economic goals could be compatible. The researchers concluded that

> managerial education is shown to matter. It is the single most significant covariate, giving credence to the argument of Ghoshal (2005) that future managers tend to align their behaviour with the doctrines they have been taught. (Usunier et al 2011, p294)

National culture therefore plays a role, and it seems that differences in individual perceptions, attitudes and perceptions within any one country about the trade-off between CSR and economic values are less than the differences found between countries (Lubatkin et al 2007; Williams and Aguilera 2008).

?   REFLECTIVE ACTIVITY 4.3

The comparative institutional literature tends to hold that the behaviour of the actors within each nation is constant (Aguilera and Jackson 2003). But does this run the risk of presenting an over-socialised view of managers, implying that all actors fully conform to the norms, values, and rules of their society?

4.5 PLACING BOUNDARIES AROUND THE IMPACT OF CULTURE

One area of focus of recent research has been to place some boundaries around the impact of culture, by looking at its impact in parallel to other aspects of organisational life. For example, sometimes individual differences – differences that still reflect some kind of imprint of national culture, but are not really seen as culture – might explain why people act the way they do in international organisations. A key problem that can occur when working in intercultural situations is the tendency to confuse personality and culture. Culture is, by definition, a group-based concept, whereas personality is an individual-based concept.

Psychologists tried to address this by finding ways of looking at how important cultural values might be reflected at the individual level using scales that can treat cultural dimensions as quasi-individual difference characteristics). Although people from a particular culture can on average share or endorse a given cultural value or belief, and it is only the level of the country that is the single most important determinant of these scores, when values are measured at the individual level there is still enough distribution of scores across a cultural scale but between members from within any single country for their scores on the value orientation to be treated as an important individual difference. Where such measurement of culture is also based on values that are known to operate at the individual level (rather than, for example, just using scales that were designed to reflect nationally-derived cultural dimensions), this approach can be helpful to global HRM practitioners. This led to work that examined whether, at the level of the individual, preferences for specific HRM practices can be predicted by knowing that person's value orientations, and therefore which HRM preferences are cultural-values-free (Sparrow and Wu 1998; Nyambegera et al 2000; Earley and Mosakowski 2002). As Earley and Mosakowski (2002, p316) noted:

> Now is an opportune time for researchers to move away from the tried and true friends of cultural values as the sole indicators of cultural differences.

? REFLECTIVE ACTIVITY 4.4

How do employees perceive the organisational practices that typify their organisation's culture?

If there are differences in these perceptions across countries, is it because of culture?

To address some of these questions, Fischer et al (2013) studied 1,239 employees in organisations from six different cultural and economic contexts (including Latin American and Asian countries that they point out are under-studied). Employees were asked to rate statements about work practices in terms of 'how frequently each of the situations occurred' in their organisation. They checked to see if these perceptions co-varied with personal, organisational, economic, and cultural characteristics: were there 'multiple levels of perceptions' of their organisation's practices? The differences were predictable across managerial position, public versus private sector, as well as by macro-factors such as levels of national income and the pace of national economic growth.

In order to understand differences in managing money, Tung et al (2012) looked at the interplay between ethnicity, religious affiliation, and income levels. They looked at 'asset allocation decisions' among 730 Caucasian (Australian and Canadian) and ethnic Chinese. The findings showed that high-income groups could be treated as one consumer (or internally, employee) segment, but people in low-income brackets made investment strategies that varied on the basis of ethnicity and religion, according to their values.

Another way in which studies have tried to put national culture into context is to look at differences in values across countries, but within specific sectors.

? REFLECTIVE ACTIVITY 4.5

Do certain sectors – such as the public sector – have their own values? Are their commonalities in vision and purpose strong enough to supersede differences in national culture?

Studies are beginning to ask these more nuanced sorts of questions. For example, in Europe, the EU is going through challenging times and economic crisis. As countries reform their economic systems and their public management, questions are being asked about cultural differences in the reactions of workforces. Capell et al (2013) surveyed public sector employees on 60 values from four different countries, two from the 'old' EU

(Germany and the Netherlands) and two from the 'new' EU (Estonia and Lithuania). Employees in the public sector from old EU member states were more ethically and less pragmatically oriented than those from the new EU member states. Values were also more congruent across demographic groups in the new EU states compared to the old EU member states.

4.6 IS COUNTRY MORE IMPORTANT THAN REGION IN EXPLAINING WORK VALUES?

Another nuanced question that has been addressed in recent years is whether it makes sense, or not, to try and capture culture at the level of nations or whether regions would be better. Some studies have looked at differences between national, regional and organisational values.

The World Values Survey (WVS) has been used to refine our understanding about values and to suggest improvements in the way that practitioners and academics use culture in their work. The WVS uses a large array of survey questions to probe respondents on their values and their socio-demographic background and other characteristics. It has evolved into a global project encompassing almost 100 countries. The total number of observations ranges from approximately 55,000 to almost 345,000, depending on missing data, with data on up to 1,572 regions nested in 94 countries.

Van Hoorn (2015) re-analysed data from the WVS and found considerable cross-national variation in mean scores for all five value measures, showing sizeable societal differences. But he also found that intra-country variation accounted for the bulk of total variation in work values:

> Given that approximately 85% of total variation in values is within countries, there is much in terms of values vitally shaping the environment for organisations that gets overlooked if we only consider country means. (van Hoorn 2015, p1012)

He argues that practitioners and academics seeking to understand differences in work values should begin considering intra-country variation and consider subnational categorisations. Kaasa et al (2013), using data from the European Social Survey (ESS) database also found that countries may be much more heterogeneous in terms of cultural variation than several cultural studies presume.

Peterson and van Iterson (2015) use WVS data from the Netherlands and Germany to compare the importance of 'within-nation region differences' to the national differences in work goals. Some goals, such as those around pay, do not differ either between the two countries or regions within them. Others do show regional differences, but with a twist. Whilst job security goals and goals for working with pleasant people varied between regions, the largest differences between regions were between regions within national boundaries, rather than between regions across the two nations. Within-nation regional differences were noticeable, mainly along religious groups, but they were ultimately small.

? REFLECTIVE ACTIVITY 4.6

Most firms assume that within any one country, regardless of its overall national culture, there will be a sufficient distribution of people within a country who have values that will fit theirs, allowing them to maintain a fairly homogenous organisation culture or employer brand.

Just how 'local' would you want to be in selecting people from a labor market to suit your employer branding strategy?

4.7 WHAT IS MORE IMPORTANT: GENERATION OR NATIONAL CULTURE?

Another way to place some boundaries around the impact of culture is to ask whether differences in cultural values will be overcome by shifts in generational values. Both membership of a particular generation and membership of a particular culture can affect individuals' work attitudes. There has been ongoing interest in this issue (Wong et al, 2008; Stelzl and Seligman 2009; Twenge et al 2010; Valkeneers and Vanhoomissen 2012; Lub et al 2012). The management of age diversity in cultural attitudes has become a highly relevant research issue. The definition of the 'quality of life' varies by generation and workplaces are becoming increasingly age diverse.

? REFLECTIVE ACTIVITY 4.7

It is often stated that the 'generation' versus 'national culture' question lies at the intersection of the following topics:

- generations
- national culture
- employee life cycle stage
- work values

Why?

Organisations are not only trying to understand the differences in work attitudes across cultures and national labour markets, but also those that might come from generation change (notably between Traditionalists, Baby Boomers, Generation X, and Generation Y, but a plethora of interesting generational categorisations continue to emerge). It is important because large number of those born in Generation Y already form part of the workforce and coexist with Generation X members within an organisation.

MY GENERATION

CASE STUDY 4.6

Costanza et al (2012) found 20 reliable studies conducted between 1995 and 2009, of which 16 were conducted within the USA, and only four outside, including one in Canada, one in Europe, and two in New Zealand. Together they allowed for 18 generational pairwise comparisons, across the four generations, covering 19,961 respondents. They conducted a meta-analysis of generational differences on three work-related criteria: job satisfaction, organisational commitment, and intent to turnover. The relationships between generational membership and work-related outcomes are in reality moderate to small, and zero in many cases:

The results of the meta-analysis generally do not support the notion that there are systematic, substantive differences among generations in work-related outcomes. (Costanza et al 2012, p387)

Even where generational differences can be observed in attitudes and values (and they are generally easy to find), they can be explained by life stages and general maturation.

Source: Andreassi et al (2014)

Not all academics would agree with this, arguing that each national culture creates its own definitions of generation, and these may still be meaningful.

Cogin (2012) analysed data on the Protestant work ethic (PWE) from 407 personnel at the American, Australian, Chinese, Singaporean, and German offices of a large MNC. Her study found there were generational differences when the effects of culture (country) and life stage were controlled for, with respect to the 'anti-leisure', 'asceticism', and 'hard work' factors of the Protestant work ethic, but no intergenerational differences on the 'independence' dimension. Similarly, Susaeta et al (2013) studied five sources of work attitudes – life project, professional ethics, and attitudes towards authority, leadership and commitment to the company – in respondents from Spain and Latin America (Brazil, Chile, Colombia and Peru), controlling for generation and country of origin. The results showed significant differences between generations and cultures, particularly when focusing on the life project. They concluded that Latin America cannot be viewed as a homogeneous whole in terms of individual work attitude.

The debate as to whether generational differences are more myth than reality in the context of HRM should continue. Most researchers conclude that the differentiating features tend to come from qualitative experiences or limited quantitative comparisons, and these lack the analytic rigour to guide organisations in implementing effective strategies.

? REFLECTIVE ACTIVITY 4.8

Do you believe that the assumed 'national culture' for your country applies across generations?

What sort of data would you need – and what sort of studies need to be conducted – to separate out the effects of national culture, country-specific events, generation and life stage?

4.8 ALIGNING HRM PRACTICES SPECIFICALLY TO COLLECTIVIST CULTURES

A number of studies have argued that we should look at specific, more regionally aligned, sets of HRM practices and only then ask how HRM might be important for aspects of organisational life.

We use some of the recent research on the existence of a Confucian form of HRM as an example – but of course the same questions are being asked about many other global regions. Researchers have attributed some of Japan's economic success to the way it developed management practices that whilst unique, also selectively borrowed Chinese Confucian cultural values, such as benevolent love, righteousness, propriety, wisdom and faithfulness. Confucian cultural values are still visible in modern Japanese HRM practices, and there are some similarities (but also as we note below, important differences) between China and Japan in cultural terms (Magoshi and Chang 2009; Minkov and Hofstede 2011).

There are two important management ideologies that shape much Japanese HRM:

- group orientation (in which the interests of a group are placed over those of the individual, and each individual is considered the 'body and soul' of the group)
- community orientation (in which the company is concerned about the private lives of its employees and their work performances).

These ideologies are considered to have spawned seven core management practices (Cheung et al 2013):

- the promotion of collective decision-making that allows employee participation and aims at unanimous decisions
- an emphasis on group rather than individual duty and responsibility
- lifetime employment practices to guarantee jobs until retirement
- seniority-based pay and promotion
- comprehensive welfare programmes including recreational facilities, medical and housing benefits and company loans to employees
- less detailed and restrictive contracts
- training programmes to enhance employee work skills.

As we shall see later in the book, such practices are of course not ubiquitous and are under challenge, but does such a cultural inheritance and context also impact the behavioural dynamics that take place within key HRM practices? Consider the practice of performance appraisal.

 PERFORMANCE APPRAISAL: WHAT LIES BENEATH?

CASE STUDY 4.7

In China, an important value that impacts the conduct of performance appraisal is *guanxi*, which in the context of appraisal is defined as a critical interpersonal relationship between a supervisor and his or her subordinates in which individuals pay a high amount of respect to superiors who are seen to be powerful and own valuable resources. *Guanxi* is considered to affect appraisal processes through the level of subordinates' trust in their supervisors, organisational citizenship behaviour, and organisational commitment (Wei et al 2010; Cheung and Wu 2011; Han et al 2012; Liu and Wang 2013; Chin 2015). Chinese *guanxi* supervisors are considered the gatekeepers of all key resources and information, can be autocratic in decision-making, have a low degree of delegation and exert tight personal control. In Japan, similar attention is given to *kankei*, defined as the quality of the informal and emotional ties between supervisors and subordinates that focuses on interpersonal harmony and social cohesion (Cheung et al 2013). Both *guanxi* and *kankei* networks stress social connections.

But *guanxi* and *kankei* are also subtly different. Japanese supervisors use *kankei* to facilitate decision-making, rather than make the final decisions, but *kankei* is also used to deny access to outsiders for retrieving valuable information but to grant access to close *kankei* subordinates. However, *guanxi* supervisors are guided by a rule of equity and a norm of reciprocation, by favouring the weaker party (the subordinates) by giving access to the rewards and support from the stronger party (the supervisor). *Kankei* relationships tend to be more idiosyncratic and situation specific. They are emotional in nature, involving a concern for human feelings, dependence, morality and contractual obligations, making subordinates more committed to the supervisor so that they will stay loyal to that supervisor. *Guanxi* is more rational, because it emphasises an exchange of favours between a supervisor and subordinates. The amount of reciprocation and time involved is unspecified. When Chinese subordinates believe that their *guanxi* relationship with their supervisor is no longer beneficial, they are more prepared to move to a new company.

Derived from Cheung et al (2013)

Would a British employee, or a German, be satisfied with their job or their organisation if the performance appraisal was conducted on the basis of *kankei* or *guanxi*?

Would they show organisation citizenship behaviours (OCB)?

Would an overseas international manager be able to stand into the shoes of a local manager and appraise in this way?

In order to understand the way in which Japanese employees behave in the context of performance appraisal, you must understand subtle differences in the way that individual psychology is working.

For example, Cheung et al (2013) studied over 200 subordinates in three manufacturing firms in Tokyo. They looked at the relationship between the level of supervisor-subordinate *kankei*, job satisfaction and three important outcomes of organisational commitment, job promotions and turnover intentions. They found that:

- good *kankei* relationships between Japanese supervisors and their subordinates did indeed increase job satisfaction, and reduced intention to leave
- if employees were more job satisfied, they were both more committed and had more confidence in getting promoted in the future – that is, job satisfaction partially mediated the relationship between good *kankei* and positive work outcomes.   The supervisor-subordinate relationship – the job satisfaction to work outcomes model, supported in the Chinese context, seems equally valid in the Japanese context.

Wang (2015) checked to see whether the generic findings from research on organisational citizenship behaviour (OCB) can also be transposed to the Japanese context. Historically, appraisals in Japan included assessments of morale and attitude (which assumes that Japanese companies try to encourage OCB by evaluating individuals with performance factors such as altruistic behaviour and personal diligence). However, given recent reforms in practice, researchers and practitioners have asked whether the new emphasis on individual performance might decrease voluntary involvement behaviour, and so have a negative impact on overall organisational performance. They studied 700 employees in a mid-sized family-owned manufacturing company located in Kyoto, Japan. Their findings suggested that OCBs operate in a general way, but there are some differences in how to interpret the behaviour:

- In the Japanese sense, OCB is a behaviour intended to benefit all others, and also the organisation.
- Individuals with a high level of continuance commitment work hard to protect their self-interest, by following the behavioural norms and showing compliance to authority and the organization.
- But their loyalty to authority may be based on their awareness of the cost of leaving their organisation, rather than on any positive sense of emotional attachment to it.

Such studies are leading to the development of new ways of thinking about the broad HRM–performance relationship. For example, Li et al (2012) tested the effects of collectivist HRM practices in 61 firms in China and found a correlation with their financial performance. The team also later looked at the influence of these collectivist HRM practices on the way that employees identify with other team members.

CASE STUDY 4.8

A TALE OF TWO CITIES: HONG KONG AND SHENZEN

Li et al (2015) examined 190 team member–leader dyads in Shenzhen and Hong Kong. They looked at the impact of collectivist HRM practices on turnover intention and job satisfaction. Collectivist HRM practices had a positive effect on team-level relational identification, which in turn had a positive effect on team-members' job satisfaction and turnover intention. So far, as would be expected. But there were also some intriguing and different findings for the two cities. Institutional differences between the two Chinese cities were reflected in different degrees of adoption of collectivist HRM practices – organisations in Hong Kong have a higher level of collectivist HRM practices than those in Shenzhen. Shenzhen is a new Chinese city with the majority of its residents coming from other parts of China with traditional Chinese collectivistic culture that the migrant workers bring from hometowns in inland Chinese provinces. Hong Kong, as a former British colony, is reportedly still heavily influenced by the individualistic cultural values of the West.

4.9 MULTICULTURALISM AND CULTURAL IDENTITIES

We finish the chapter by drawing some links once more between our discussion of culture throughout Part One of the book to the topics that are yet to come. In Chapter 3, we noted what was called the multiple cultures perspective. Understanding how to deal with cultural multiplicity is particularly important for MNCs. We end by laying out what this means for IHRM. We could have placed these final sections on multiculturalism and cultural intelligence in other parts of the book. It has particular relevance to:

- expatriation and alternative forms of international working, discussed in Chapters 13 and 14
- the development of global leadership in the context of talent management, discussed in Chapter 16
- the ability of MNCs to transfer practices across international operations and ensure global integration of activity, discussed in Chapter 17.

Think about all of these topics as you read this. These discussions serve as a bridge to link Part One on cross-cultural HRM to the later parts of the book.

But we discuss multiculturalism and cross-cultural intelligence here for two main reasons:

1   The majority of work on these individual-level capabilities and phenomena has been conducted by cross-cultural researchers (see Johnson et al 2006; Brannen and Thomas 2010; Jonsen et al 2011; Fitzsimmons et al 2011; Yagi and Kleinberg 2011; Fitzsimmons 2013; and Lücke et al 2014). It is therefore best understood in Part One of the book whilst we are still discussing cross-cultural aspects of IHRM.

2   The IHRM literature draws attention to a range of mechanisms that can help provide what is called 'cultural interpretative work' for organisations. But it places multicultural individuals at the heart of all of these processes (Hong 2010; Fitzsimmons et al 2011; Zander et al 2012; Chen and Lin 2013; Lücke et al 2014).

Why has this type of research come about? Why is it important?

KEY FRAMEWORK

The cultural interpretive work of global managers

Studying multiculturals helps us understand the management capabilities critical for a number of tasks in an MNC. They operate across cultural borders so their managers have to manage multiple meaning systems. They need to understand these in order to conduct many critical tasks, such as the need to globally integrate dispersed operations, ensure cross-border transfer of management practices, and learn across different environments. When any organisational concept, idea, or practice crosses cultural boundaries, it is subject to new sets of interpretations and changes in meaning. This causes disruptions and misinterpretations. Before managers can globally integrate anything they need skills of cultural interpretation, sense-making, translation, and recontextualisation.

THEORY AND PRACTICE

> Such tasks require significant cultural interpretive work and meaning construction, which can be handled only with an adequate understanding of multiple cultural systems. A number of approaches have been suggested to deal effectively with these challenges, including the use of cross-cultural teams and cross-border structural units [and]... multicultural individuals. (Lücke et al 2014, p169)

Organisations also face a new demographic, with segments of their workforce who identify with two or more cultures, and whose worldview (and mental structures) are more internationalised. Data from the UN showed that in the USA, by 2011 13% of the population comprised first-generation immigrants. That figure is over 20% in Canada and Australia, and 40% in Singapore.

A lot of cultural research in the general management and international business literature is moving once more to a more explicit focus on the individual:

> From a cognitive perspective, culture is understood as internalised mental representations fundamental to everyday interpretation, understanding, communication, and overall functioning in society. Individuals differ in how they internally organise different cultural views, ideas, and perspective. (Lücke et al 2014, p170)

Two types of individual have been studied: biculturals and multiculturals.

> Bicultural individuals can be found among immigrants, expatriates, international students, indigenous peoples, ethnic minorities, and mixed-ethnicity individuals, as well as in inter-ethnic relationships... [and potentially] among host-country nationals employed in subsidiaries of multinational corporations as the result of the emergent negotiated culture in such establishments'. (Lakshman 2013, p923)

Biculturals are individuals who have grown up under the influence of two cultures and who develop an understanding and competency in more than one culture through identification with and socialisation into these cultures (Tadmor and Tetlock 2006; Brannen and Thomas 2010; Nguyen and Benet-Martínez 2010; Fitzsimmons et al 2011). Multiculturals are individuals who have an understanding of more than one societal culture, which allows them to make informed cultural interpretations in multiple contexts. As individuals whose cultural understandings have developed in later life they need to know, understand and identify with other cultures, but do not have to have internalised or adopted their values (Lücke et al 2014).

How do multicultural employees contribute to organisational life? Do they make the best international managers?

CASE STUDY 4.9

IS MULTICULTURALISM POSITIVE OR NEGATIVE?

Early research on multiculturalism tended to focus on its negative side – being marginalised, conflicted, experiencing identity-stress and being torn between multiple and potentially incompatible selves. It has also been linked to many positive outcomes:

- *Individual adaptability outcomes*: such as cognitive complexity and individual or team cross-cultural competence (Benet-Martínez et al 2006; Tadmor et al 2009; Hong 2010; Lee 2010; Stahl et al 2010; Stahl et al 2010; Thomas et al 2010; Nguyen and Benet-Martínez 2012)

- *Work-related outcomes*: such as awareness of and ability to respond to cultural cues and creativity and the strength and breadth of an individual's social networks and resources, or cross-cultural leadership (Cheng et al 2008; Lakshman 2013).

- *Organisational outcomes*: such as intercultural negotiations, ethics and leadership, and cross-border alliances and acquisition (Fitzsimmons et al 2011; Fitzsimmons 2013).

THEORY AND PRACTICE

KEY FRAMEWORK

How skilled is a multiculturalist?

Not all multiculturals use the same skills, or are as sophisticated as one might expect. How do they do it? Lücke et al (2014) identified five patterns of multiculturalism:

Compartmentalisation (switching worlds): knowledge and understanding of meaning within different cultures allows for efficient interpretation of each component culture, but the knowledge is held separately and is not linked into an overarching understanding or structure. They alternate back and forth between sometimes logically contradictory meaning systems.

Integration: Developing and internalising multiple meaning systems and learning to interlink these within one coherent set of cultural schemas. Shaping understanding, interpretation, ways of thinking, and actions simultaneously.

Inclusion: A dominant and pre-existing culture (for example an organisational culture) is expanded and modified to incorporate some select additional meanings. Similar interpretations are matched onto the existing categories.

Convergence: Individuals see some overlapping similarities and internalise these based on a simplified, reduced-content and select set of meanings. Cultural idiosyncrasies are reduced and details and variations discarded.

Generalisation: Individuals internalise cultural meaning, but the constructs that emerge are not the same as the original culture. They reflect an abstraction of principles that are felt to be universally applicable.

REFLECTIVE ACTIVITY 4.11

Does the study of how individuals develop multiculturalism have implications for the broader management of MNCs? If so, what are they?

4.10 CAN ORGANISATIONS DEVELOP CULTURAL INTELLIGENCE AMONGST THEIR MANAGERS?

By way of conclusion, and making a bridge to later sections of the book, this chapter has shown that managers with global responsibilities can be socially intelligent in their own settings, but ineffective in novel cultures. Yet international organisations need individuals – especially those who work in senior positions, global teams or cross-border units – to be capable of undertaking a lot of cultural interpretation work.

We shall discuss the topic of global leadership in Chapter 16 in the context of MNCs creating some integration across their HR operations. But we introduce these ideas here, because it has been the cross-cultural researchers who have laid the foundations for debate about global leadership.

Graen and Hui (1999), coming from an industrial and organisational psychology perspective, argue that in order for cross-national differences to be managed effectively, organisations need to develop global leadership by enhancing the level of 'transcultural skills' and using these to help resolve the complexity of cross-cultural management (see Table 4.2).

Table 4.2 Progressive stages of transcultural competence

Progressive stage	Characteristics distinguishing transculturals from non-transculturals
Adventurer	*Stereotypes held from an ethnocentric perspective*: Development of an adventurer's mentality towards cultures other than one's own
Sensitiser	*An outsider's view of norms*: Attunement of behaviours and attitudes to a culture other than one's own; has learned to read and conform to new cultural norms
Insider	*Knows what one doesn't know*: Has developed a knowledge base rich enough to behave and display feelings inside another culture vastly different from one's own; has sufficient insight to understand the value of what is not known
Judge	*Makes valid generalisations about attributes*: In the eyes of observers is considered to be able to conceptualise useful differences and similarities between cultures for purpose of comparison; has developed behaviours, feelings and knowledge to conduct cross-cultural negotiations

Progressive stage	Characteristics distinguishing transculturals from non-transculturals
Synthesiser	*Can discover functional equivalences*: Has been socialised into the culture of interest and can synthesise both the home and host culture; can identify constructs of functional equivalence between cultures or develop a third culture of relevance to both cultures

Source: Adapted from Graen and Hui (1999)

?   REFLECTIVE ACTIVITY 4.12

Debate the following:

Graen and his colleagues argue that even the most adept global leader has only learned how to operate through insight into approaches that can serve an equivalent function in a new culture, rather than truly being of that culture.

Do you agree with this, and if so, what are the implications for multinational organisations?

Research on intercultural competence has a long tradition and most cross-cultural studies allude to the idea that certain attributes possessed by some individuals can make them more effective. Of course a range of factors can predict effectiveness in this area, including previous experience, personality factors, cross-cultural attitudes and communication behaviours, and situational factors such as cultural training or the 'distance' between two cultures. But the international management literature time and time again talks about things such as 'intercultural competency', 'global mindset' and 'cultural intelligence' – some form of intelligence rather than just a general competency – a set of abilities that are necessary to adapt to, select, and shape the environmental context. It is seen in the following terms:

- a person's capability to adapt effectively to new cultural contexts
- an ability to interpret unfamiliar gestures in the same way a national resident would, and to mirror them
- an understanding of the fundamentals of intercultural interactions
- a mindful approach to such interactions
- an ability to build a repertoire of adaptive skills and behaviour
- a capability to gather, interpret, and act upon radically different cues (Thomas et al 2008).

So can organisations develop a form of cultural intelligence amongst their employees? In the early 2000s work was undertaken on another individual aspect of culture – the idea of cultural intelligence (CQ) (Earley and Ang 2003; Earley and Mosakowski 2004). Cultural intelligence is an individual difference, but unlike personality, which is relatively enduring, it is considered to be something that can be developed and enhanced through interventions that organisations can make. It is an attitude and skill that enables individuals to adapt effectively across cultures. In practical terms, it enables an individual to interpret unfamiliar and ambiguous gestures in ways as accurately as a national resident could. They argue that the construct of cultural intelligence has potential in explaining effectiveness in cross-cultural communications, interactions, or indeed success in overseas assignments.

KEY FRAMEWORK

The four components of cultural intelligence:

Mind (meta-cognitions): learning strategies, whereby people can acquire and develop coping strategies. We need to identify a 'point of entry' into a foreign culture – for example, a form of behaviour or a context that can be used to subsequently interpret different patterns of behaviour.

Knowledge about different cultures (cognition).

Heart (emotional/motivational): people must have the desire to persevere in the face of challenge when adapting to a new culture, and a belief in their own ability to master a situation (called self-efficacy).

Body (physical behaviour): people need to develop a repertoire of culturally-appropriate behaviours. This centres on the ability to mirror customs and gestures, and adopt habits and mannerisms, in order to enter the world of a foreign culture and enable the development of trust.

Rather than the notion that managers go through progressive stages of transcultural competence, getting better in general as they develop through each (Graen and Hui 1999), as discussed at the beginning of this section, Earley and Ang (2003) take a different view. They argued that regardless of the depth of international experience, an individual may be strong in some of the areas above, but weaker in others.

The following briefing-style case study helps to bring together the discussion of the different taxonomies of culture covered in Chapter 3, with the range of work on transcultural competence discussed in this chapter.

CASE STUDY 4.10

IS CULTURAL INTELLIGENCE JUST ANOTHER TRENDY CONCEPT OR HAS IT GOT SUBSTANCE? WHAT THE EXPERTS SAY

Earley and colleagues (Earley and Ang 2003; Ng and Earley 2006) argued that in order to understand the impact of culture on organisational life, we have to think about the evidence both of the effect of intelligence in the workplace, and of the effect of that workplace on intelligence.

There is pervasive evidence that people in different cultures think and act differently and that what is considered intelligent differs from one place to the next (Sternberg and Grigorenko 2006). People's implicit theories of social intelligence go beyond what is typically measured in psychometric instruments, which concentrate on cognitive intelligence. Successful intelligence (understanding how to adapt, shape or select out and achieve goals) requires a combination of analytical, creative and practical abilities, and these tend to apply within a single culture. It is the tacit knowledge that these abilities assess that is the most predictive of managerial performance and certainly leadership effectiveness. This tacit knowledge does not correlate with more traditional cognitive measures of intelligence. Cultural intelligence, as articulated by Earley and Ang (2003), is a form of social intelligence that is relevant across cultures and helps us understand intelligence in a broader way.

Cross-cultural experts such as Brislin, Trompenaars, Hampden-Turner, Thomas and Triandis have all helped explain the sorts of learning strategies and 'meta-cognitions' that become important. The term 'meta-cognition' is used by psychologists to refer to knowledge of and control over one's thinking and learning. Possessing such an ability enables the deliberate, planful, goal-directed and intentional application of a set of knowledge and mental skills to produce behaviour that others define as intelligent. The individual has to be able to monitor, control, regulate and orchestrate these behaviours for it to be intelligence. These are some of the most important ways in which these work.

- Cultural intelligence revolves around the ability to suspend judgement until further relevant information has been understood. The culturally intelligent person looks for current behaviour in different situations to identify the impact that personality might have on another's behaviour. A culturally intelligent individual has the ability to identify what is important information on which to base an assessment. To make a person culturally intelligent requires extensive training. Cognitive, emotional and behavioural training are all necessary to help people integrate a lot of information, learn how to use multiple cues, and suspend judgements. Only then can we limit our natural tendency to assume that 'normal' is what happens in our own culture. This is the view taken by Triandis (2006).
- A culturally intelligent person has to possess three capabilities in order to see beyond differences in values across cultures: the ability to see the synergies that exist between the contrasting values in any culture and understand how people reconcile them; the ability to treat these opposing values as complementary rather than contradictory and understand how people move between each value; and the ability to understand how dominant and more hidden values interact with

each other and how people express the less dominant values in any culture. This is the view taken by Hampden-Turner and Trompenaars (2006).

- Culturally intelligent people are skillful at recognising behaviours that are influenced by culture and do this in four ways: observing behaviours in different cultures, developing reasons that explain these differences, considering the emotional implications and associations that arise from these behaviours, and then transferring this new knowledge into novel situations. In order to do this, people need to be able to anticipate and to accept confusion, but also to make a distinction between competitive encounters, where their cultural exploration might be exploited, and collaborative encounters, where it will be accepted. This is the view taken by Brislin et al (2006).
- Cultural intelligence has three components: knowledge of culture and fundamental principles of cross-cultural interactions; a heightened awareness of, and enhanced attention to, current experience, such as a new cultural environment (this is called 'mindfulness'); and behavioural ability to become competent across a wide range of cultural situations. Of these three, it is the mental skill of 'mindfulness' that is perhaps the most important. People make the link between having knowledge about other cultures and developing the ability to behave appropriately through this 'mindfulness'. It allows us to concentrate on new strategies rather than falling back upon tried and tested ways of behaving, which is what we all do unless we focus our mind. This is the view taken by Thomas (2006).

However, critical comment has continued, with Blasco et al (2012) arguing that whilst the dimension of cultural metacognition is claimed to be the main contribution of cultural intelligence compared to earlier concepts such as cross-cultural or intercultural competence, the importance of this can be overstated. Thomas et al (2008) also noted that although cultural intelligence may have much utility for organisations as they internationalise, 'it awaits the development of a valid measure' (p138).

Recent work has begun to address this question, and cultural intelligence has been widely applied to a number of issues. Studies have looked at its predictive validity (Ward et al 2011) or that of related constructs such as social and emotional intelligence (Sharma 2012); its importance for leadership (Rockstuhl et al 2011; Groves and Feyerherm 2011); and the value of cultural intelligence as a training, development and performance improvement tool (Fischer 2011; Rehg et al 2012; Malek and Budhwar 2013; Chen and Lin 2013; Bücker et al 2014; Bücker and Korzilius 2015). For example, Malek and Budhwar (2013) use Anxiety/Uncertainty Management (AUM) theory, which argues that individuals must better manage feelings of anxiety and uncertainty if they are to successfully adjust to and communicate in a new environment, and tested whether cultural intelligence enabled a group of Malaysian expatriates to better transcend cultural boundaries. All subscales of cultural intelligence were related to various aspects of expatriate adjustment. Bücker et al (2014) found cultural intelligence has positive effects on levels of anxiety, job satisfaction and communications effectiveness in a sample of Chinese managers working in international organisations. Bücker and Korzilius (2015) tested the use of business games as part of training interventions to increase the level of self-efficacy and behavioural sophistication of students and found that whilst cognitive, motivational and behavioural aspects of cultural intelligence, along with confidence in cross-cultural encounters could be improved by simulations, communication effectiveness could not be improved.

? REFLECTIVE ACTIVITY 4.13

Debate the following:

Hampden-Turner and Trompenaars (2006) argue that supporters of the concept of cultural intelligence have to contend with, and come up with convincing answers to, three critical views:

- Cultures are entirely relative in their values. There is no 'best way' of understanding culture as an issue in organisational life, or understanding other cultures (this is the cultural relativism argument). We cannot judge values or use values – we can merely ask questions that help us understand how values fit the environment that any particular society finds itself in.
- Cultural studies are a backward step, leading to grand theories. We need to have multiple theories and perspectives, all of which can be partially legitimate. Given that everything just represents a point of view, there cannot be an objective thing called cultural intelligence (this is the post-modernist argument).
- All attempts to categorise cultures are crude stereotypes inferred from superficial features of culture, and they miss deeper and subtler realities and meanings (this is the latent argument). All that cross-cultural research does is tell us what we already know – for example, that Japanese people are impassive and French people are excitable. It all depends really on circumstances.

Do you think that the evidence for cultural intelligence can answer these criticisms or not?

KEY LEARNING POINTS

- National culture has a powerful influence on key organisational processes and practices – including HRM practices, leadership, and international management teams. But once we apply culture into 'real' contexts, we also have to link cultural explanations to other phenomena.
- The real challenge is trying to understand how various national cultures might impact their preferred business model or organisational strategy.
- The influence of culture can be seen through power and authority relationships, coping with uncertainty and risk-taking, interpersonal trust, loyalty and commitment, motivation, control and discipline, co-ordination and integration, communication, consultation and participation.
- These organisational behaviours are a result of an individual's psychology (itself a product of various cultural, social, political and personal influences), their life stage and their generational subculture.
- In order to build, maintain and develop their corporate identity, MNCs need to strive for consistency in their management of people on a worldwide basis, but in order to be effective locally, they also need to adapt this management to the specific cultural requirements of different societies.
- International HR practitioners must develop the ability to blend the best of the many different approaches that societies adopt when they manage and motivate different workforces.
- The role of managers, and in particular their leadership style, becomes an important linking mechanism in achieving this balance. They have to undertake much cultural interpretation work.
- Researchers have identified cultural competencies by attempting to understand three important aspects of organisational life such as how managers demonstrate global leadership behaviours, what being a successful member of a multicultural team involves, how people become multicultural, and what it takes to demonstrate cultural intelligence.

LEARNING QUESTIONS

1   Pucik (1992) argued that HRM functions often unintentionally impede globalisation rather than help assist it. Can HR managers rise to Pucik's challenge of not standing in the way of globalisation while also remaining the guardians of national culture in an organisation?

2   How important is the ability of international managers to undertake cultural interpretation work to the subsequent success of international strategies?

3   Should we think about more regionally aligned sets of HRM practices, such as the existence of a Confucian form of HRM?

4   Is there such a thing as cultural intelligence, and if there is, can we now specify what it involves? What, then, does it involve?

EXPLORE FURTHER

Information on the long-standing World Values Survey (WVS) data set and the questionnaire items included in the survey can be found on the project's website:

http://www.worldvaluessurvey.org

For general questions about the quality of cross-cultural research see:

TUNG, R.L. and VERBEKE, A. (2010) Beyond Hofstede and GLOBE: Improving the quality of cross-cultural research. *Journal of International Business Studies*. Vol 41, No 8. pp1259–1274.

To link discussions about multiculturalism to the broader IHRM literature, read:

LÜCKE, G., KOSTOVA, T. and ROTH, K. (2014) Multiculturalism from a cognitive perspective: Patterns and implications. *Journal of International Business Studies*. Vol 45. pp169–190.

An understanding of the challenges of global leadership and of cultural intelligence can be gleaned from the following two books:

BLACK, J. S., MORRISON, A. and GREGERSEN, H. (1999) *Global explorers: The next generation of leaders*. New York: Routledge.

EARLEY, P.C. and ANG, S. (2003) *Cultural intelligence: Individual interactions across cultures*. Stanford, CA: Stanford University Press.

REFERENCES

AGLE, B.R., MITCHELL, R.K. and SONNENFELD, J.A. (1999) Who matters to CEO? An investigation of stakeholder attributes and salience, corporate performance, and CEO values. *Academy of Management Journal*. Vol 42, No 5. pp507–25.

AGUILERA, R.V. and JACKSON, G. (2003) The cross-national diversity of corporate governance: Dimensions and determinants. *Academy of Management Review*. Vol 28, No 3. pp447–65.

ANDREASSI, J.K., LAWTER, L., BROCKERHOFF, M. and RUTIGLIANO, P.J. (2014) Cultural impact of human resource practices on job satisfaction. A global study across 48 countries. *Cross Cultural Management*. Vol 21, No 1. pp55–77.

BASU, K. and PALAZZO, G. (2008) Corporate social responsibility: a process model of sensemaking. *Academy of Management Review*. Vol 33, No 1. pp122–36.

BENET-MARTÍNEZ, V., LEE, F., and LEU, J. (2006) Biculturalism and cognitive complexity: expertise in cultural representations. *Journal of Cross-Cultural Psychology*. Vol 37. pp386–407.

BERRY, H., GUILLÉN, M.F. and HENDI, A.S. (2014) Is there convergence across countries? A spatial approach. *Journal of International Business Studies*. Vol 45. pp387–404.

BLASCO, M., FELDT, L.V. and JAKOBSEN, M. (2012) If only cultural chameleons could fly too: a critical discussion of the concept of cultural intelligence. *International Journal of Cross Cultural Management*. Vol 12, No 2. pp229–245.

BRANNEN, M.Y. and THOMAS, D.C. (2010) Bicultural individuals in organizations: implications and opportunity. *International Journal of Cross Cultural Management*. Vol 10, No 1. pp5–16.

BRISLIN, R. W., WORTHLEY, R. and MACNAB, B. (2006) Cultural intelligence: understanding behaviors that serve people's goals. *Group and Organization Management.* Vol 31, No 1. pp40–55.

BÜCKER, J., FURRER, O., POUTSMA, E., and BUYENS, D. (2014) The impact of cultural intelligence on communication effectiveness, job satisfaction and anxiety for Chinese host country managers working for foreign multinationals. *International Journal of Human Resource Management.* Vol 25. pp2068–2087.

BÜCKER, J.L.E. and KORZILIUS, H. (2015) Developing cultural intelligence: assessing the effect of the Ecotonos cultural simulation game for international businessstudents. *International Journal of Human Resource Management.* Vol 26, No 15. pp1995–2014.

CAPELL, B., CANHILAL, K., OSSENKOP, C., ALAS, R. and SOMMER, L. (2013) Mapping values in old vs new members of the European Union: a comparative analysis of public sector cultures. *Cross Cultural Management.* Vol 20, No 4. pp503–527.

CHEN, M.L. and LIN, C.-P. (2013) Assessing the effects of cultural intelligence on team knowledge sharing from a socio-cognitive perspective. *Human Resource Management.* Vol 52, No 5. pp675–695.

CHENG, C.Y., SANCHEZ-BURKS, J. and LEE, F. (2008) Connecting the dots within: creative performance and identity integration. *Psychological Science.* Vol 19. pp1178–1184.

CHEUNG, M.F.Y. and WU, W.P. (2011) Participatory management and employee work outcomes: the moderating role of supervisor–subordinate guanxi. *Asia Pacific Journal of Human Resources.* Vol 49, No 3. pp344–64.

CHEUNG, M.F.Y., WU, W.-P., and WONG, M.L. (2013) Supervisor–subordinate kankei, job satisfaction and work outcomes in Japanese firms. *International Journal of Cross Cultural Management.* Vol 13, No 3. pp265–278.

CHIN, T. (2015) Harmony and organizational citizenship behavior in Chinese organizations. *International Journal of Human Resource Management.* Vol 26, No 8. pp1110–1129.

CHRISTIE, P.M.J, KWON, I.-W.G., STOEBERL, P.A. and BAUMHART, R. (2003) A cross-cultural comparison of ethical attitudes of business managers: India, Korea and the United States. *Journal of Business Ethics.* Vol 46, No 3. pp263–87.

CHUANG, M.-L., DONEGAN, J.J., GANON, M.W. and WEI, K. (2011) Walmart and Carrefour experiences in China: resolving the structural paradox. *Cross Cultural Management.* Vol 18, No 4. pp443–463.

COGIN, J. (2012) Are generational differences in work values fact or fiction? Multi-country evidence and implications. *International Journal of Human Resource Management.* Vol 23, No 11. pp2268–2294.

COSTANZA, D.P., BADGER, J.M., FRASER, R.L., SEVERT, J.B. and GADE, P.B. (2012) Generational differences in work-related attitudes: a meta-analysis. *Journal of Business Psychology.* Vol 27. pp375–394.

EARLEY, P.C. and ANG, S. (2003) *Cultural intelligence: individual interactions across cultures.* Stanford, CA: Stanford University Press.

EARLEY, P.C. and MOSAKOWSKI, E. (2002) Linking cultures and behaviour in organizations: suggestions for theory development and research methodology. In: DANSEREAU, F. and YAMMARINO, F.J. (eds). *Research in multi-level issues. Volume 1: The many faces of multi-level issues*. San Francisco, CA: Elsevier Science.

EARLEY, P.C. and MOSAKOWSKI, E. (2004) Cultural intelligence. *Harvard Business Review*. Vol 82, No 10. pp139–146.

FISCHER, R. (2011) Cross-cultural training effects on cultural essentialism beliefs and cultural intelligence. *International Journal of Intercultural Relations*. Vol 35. pp767–775.

FISCHER, R., FERREIRA, M.C., ASSMAR, E.M., BARIS, G., BERBEROGLU, G., DALYAN, F., WONG. C.C., HASSAN, A., HANKE, K. and BOER, D. (2013) Organizational practices across cultures: an exploration in six cultural contexts. *International Journal of Cross Cultural Management*. Vol 13. pp1–21.

FITZSIMMONS, S.R. (2013) Multicultural employees: a framework for understanding how they contribute to organizations. *Academy of Management Review*. Vol 38, No 4. pp525–549.

FITZSIMMONS, S.R., MISKA, C., and STAHL, G.K. (2011) Multicultural employees: global business' untapped resource. *Organizational Dynamics*. Vol 40, No 3. pp199–206.

GHOSHAL, S. (2005) Bad management theories are destroying good management practices. *Academy of Management Learning and Education*. Vol 4, No 1. pp75–91.

GRAEN, G.B. and HUI, C. (1999) Transcultural global leadership in the 21st century: challenges and implications for development. In: MOBLEY, W., GESSNER, M.J. and ARNOLD, V. (eds). *Advances in global leadership*. Stamford, CN: JAI Press.

GROVES, K.S. and FEYERHERM, A.E. (2011) Leader cultural intelligence in context: testing the moderating effects of team cultural diversity on leader and team performance. *Group and Organization Management*. Vol 36. pp535–566.

HAMPDEN-TURNER, C. and TROMPENAARS, F. (2006) Cultural intelligence: is such a capacity credible? *Group and Organization Management*. Vol 31, No 1. pp56–63.

HAN, Y., PENG, Z. and ZHU, Y. (2012) Supervisor–subordinate guanxi and trust in supervisor: a qualitative inquiry in the People's Republic of China. *Journal of Business Ethics*. Vol 108, No 3. pp313–324.

HOFSTEDE, G., VAN DEUSEN, C.A., MUELLER, C.B., CHARLES, T.A. and THE BUSINESS GOALS NETWORK (2002) What goals do business leaders pursue? A study in fifteen countries. *Journal of International Business Studies*. Vol 33, No 4. pp785–803.

HONG, H.J. (2010) Bicultural competence and its impact on team effectiveness. *International Journal of Cross Cultural Management*. Vol 10, No 1. pp93–120.

JOHNSON, J.P., LENARTOWICZ, T., and APUD, S. (2006) Cross-cultural competence in international business: toward a definition and a model. *Journal of International Business Studies*. Vol 37. pp525–543.

JONSEN, K., MAZNEVSKI, M.L., and SCHNEIDER, S.C. (2011) Diversity and its not so diverse literature: an international perspective. *International Journal of Cross Cultural Management*. Vol 11. pp35–62.

KAASA, A., VADI, M. and VARBLANE, U. (2013) European Social Survey as a source of new cultural dimensions estimates for regions. *International Journal of Cross Cultural Management.* Vol 13. pp1–21.

LAKSHMAN, C. (2013) Biculturalism and attributional complexity: cross-cultural leadership effectiveness. *Journal of International Business Studies.* Vol 44. pp922–940.

LAURENT, A. (1986) The cross-cultural puzzle of international human resource management. *Human Resource Management.* Vol 25, No 1. pp91–102.

LEE, Y. (2010) Home versus host – identifying with either, both, or neither? The relationship between dual cultural identities and intercultural effectiveness. *International Journal of Cross-Cultural Management.* Vol 10, No 1. pp55–76.

LI, J., TANG, G., WANG, X. and LI, J. (2015) The influence of collectivist human resource management practices on team-level identification. *International Journal of Human Resource Management.* Vol 26, No 14. pp1791–1806.

LI, J., TANG, G., WANG, X., LIU, Z. and YAN, M. (2012) Collectivistic-HRM, firm strategy and firm performance: an empirical test. *International Journal of Human Resource Management.* Vol 23. pp190–203.

LIU, X.Y. and WANG, J. (2013) Abusive supervision and organizational citizenship behavior: is supervisor-subordinate guanxi a mediator? *International Journal of Human Resource Management.* Vol 24, No 7. pp1471–1489.

LUB, X., BIJVANK, M., BAL, P., BLOMME, R. and SCHALK, R. (2012) Different or alike? Exploring the psychological contract and commitment of different generations of hospitality workers. *International Journal of Contemporary Hospitality Management.* Vol 24, No 4. pp553–573.

LUBATKIN, M., LANE, P.J., COLLIN, S. and VERY, P. (2007) An embeddedness framing of governance and opportunism: towards a cross-nationally accommodating theory of agency. *Journal of Organizational Behaviour.* Vol 28, No 1. pp43–58.

LÜCKE, G., KOSTOVA, T., and ROTH, K. (2014) Multiculturalism from a cognitive perspective: patterns and implications. *Journal of International Business Studies.* Vol 45. pp169–190.

MAGOSHI, E. and CHANG, E. (2009) Diversity management and the effects on employees' organisational commitment: evidence from Japan and Korea. *Journal of World Business.* Vol 44, No 1. pp31–40.

MALEK, M.A. and BUDHWAR, P. (2013) Cultural intelligence as a predictor of expatriate adjustment and performance in Malaysia. *Journal of World Business.* Vol 48. pp222–231.

MINKOV, M. and HOFSTEDE, G. (2011) The evolution of Hofstede's doctrine. *Cross-Cultural Management: An International Journal.* Vol 18, No 1. pp10–20.

NG, K.-Y. and EARLEY, P.C. (2006) Old constructs, new frontiers. *Group and Organization Management.* Vol 31, No 1. pp4–19.

NGUYEN, A.-M., and BENET-MARTÍNEZ, V. (2012) Biculturalism and adjustment: a meta-analysis. *Journal of Cross-Cultural Psychology.* Vol 44. pp122–159.

NGUYEN, A.M.D., and BENET-MARTíNEZ, V. (2010) Multicultural identity: what it is and why it matters. In: CRISP, R.J. (ed.). *The psychology of social and cultural diversity: social issues and interventions.* Oxford: Wiley-Blackwell.

NYAMBEGERA, S., SPARROW, P.R. and DANIELS, K. (2000) The impact of cultural value orientations on individual HRM preferences in developing countries: lessons from Kenyan organizations. *International Journal of Human Resource Management.* Vol 11, No 4. pp639–663.

PETERSON, M.F. and VAN ITERSON, A. (2015) Differences in work goals among regions of the Netherlands and Germany: functional, institutional and critical event influences. *International Journal of Human Resource Management.* Vol 26, No 2. pp277–297.

PUCIK, V. (1992) Globalization and human resource management. In PUCIK, V., TICHY, N. and BARNETT, C.K. (eds). *Globalizing management.* New York: Wiley.

REHG, M.T., GUNDLACH, M.J., and GRIGORIAN, R.A. (2012) Examining the influence of cross-cultural training on cultural intelligence and specific self-efficacy. *Cross Cultural Management: An International Journal.* Vol 19. pp215–232.

ROCKSTUHL, T., SEILER, S., ANG, S., VAN DYNE, L. and ANNEN, A. (2011) Beyond general intelligence (IQ) and emotional intelligence (EQ): the role of cultural intelligence (CQ) on cross-border leadership effectiveness in a globalized world. *Journal of Social Issues.* Vol 67. pp825–840.

RONEN, S., and SHENKAR, O. (1985) Clustering countries on attitudinal dimensions: a review and synthesis. *Academy of Management Review.* Vol 10, No 3. pp435–454.

RONEN, S. and SHENKAR, O. (2013) Mapping world cultures: cluster formation, sources and implications. *Journal of International Business Studies.* Vol 44. pp867–897.

SHARMA, R. (2012) Measuring social and emotional intelligence competencies in the Indian context. *Cross Cultural Management.* Vol 19, No 1. pp30–47.

SPARROW, P.R. and HILTROP, J.M. (1997) Redefining the field of European human resource management: a battle between national mindsets and forces of business transition. *Human Resource Management.* Vol 36, No 2. pp1–19.

SPARROW, P.R. and WU, P.C. (1998) How much do national value orientations really matter? Predicting HRM preferences of Taiwanese employees. *Employee Relations: The International Journal.* Vol 20, No 1. pp26–56.

STAHL, G.K., MÄKELÄ, K., ZANDER, L. and MAZNEVSKI, M.L. (2010) A look at the bright side of multicultural team diversity. *Scandinavian Journal of Management.* Vol 26. pp439–447.

STAHL, G.K., MAZNEVSKI, M.L., VOIGT, A. and JONSEN, K. (2010) Unraveling the effects of cultural diversity in teams: a meta-analysis of research on multicultural work groups. *Journal of International Business Studies.* Vol 41. pp690–709.

STELZL, M. and SELIGMAN, C. (2009) Multiplicity across cultures: multiple national identities and multiple value systems. *Organization Studies.* Vol 30, No 9. pp959–973.

STERNBERG, R.J. and GRIGORENKO, E.L. (2006) Cultural intelligence and successful intelligence. *Group and Organization Management.* Vol 31, No 1. pp27–39.

SUSAETA, L., PIN, J.R., IDROVO, S., ESPEJO, A., BELIZÓN, M., GALLIFA, A., AGUIRRE, M. and PEDROZO, E.A. (2013) Generation or culture? Work attitude drivers: an analysis in Latin America and Iberian countries. *Cross Cultural Management*. Vol 20, No 3. pp321–360.

TADMOR, C.T., and TETLOCK, P.E. (2006) Biculturalism: a model of the effects of second-culture exposure on acculturation and integrative complexity. *Journal of Cross-Cultural Psychology*. Vol 37, No 2. pp173–190.

TADMOR, C.T., TETLOCK, P. E. and PENG, K. (2009) Acculturation strategies and integrative complexity: the cognitive implications of biculturalism. *Journal of Cross-Cultural Psychology*. Vol 40. pp105–139.

TAYEB, M.H. (1996) *The management of a multicultural workforce*. Chichester: John Wiley and Sons.

THOMAS, D.C. (2006) Domain and development of cultural intelligence. *Group and Organization Management*. Vol 31, No 1. pp78–99.

THOMAS, D.C., EFRAT, E., STAHL, G., EKELUND, B.Z., RAVLIN, E.C., CERDIN, J.-L., POELMANS, S., BRISLIN, R., PEKERTI, A., AYCAN, Z., MAZNEVSKI, M., AU, K. and LAZAROVA, M.B. (2008) Cultural intelligence: domain and assessment. *International Journal of Cross Cultural Management*. Vol 8, No 2. pp123–143.

THOMAS, D.C., BRANNEN, M.Y. and GARCIA, D. (2010) Bicultural individuals and intercultural effectiveness. *European Journal of Cross-Cultural Competence and Management*. Vol 1, No 4. pp315–333.

TRIANDIS, H.C. (2006) Cultural intelligence in organizations. *Group and Organization Management*. Vol 31, No 1. pp20–26.

TUNG, R.L., BAUMANN, C. and HAMIN, H. (2012) Cross-cultural management of money: the roles of ethnicity, religious affiliation, and income levels in asset allocation. *International Journal of Cross Cultural Management*. Vol 12. pp1–20.

TWENGE, J.M., CAMPBELL, S.M., HOFFMAN, B.J. and LANCE, C.E. (2010) Generational differences in work values: leisure and extrinsic values increasing, social and intrinsic values decreasing. *Journal of Management*. Vol 36, No 5. pp1117–1142.

USUNIER, J.-C., FURRER, O., and FURRER-PERRINJAQUET, A. (2011) The perceived trade-off between corporate social and economic responsibility: a cross-national study. *International Journal of Cross-Cultural Management*. Vol 11, No 3. pp279–302.

VALKENEERS, G. and VANHOOMISSEN, T. (2012) Generations living their own life: the differences in lifestyle and consumer behaviour between busters and baby boomers. *Journal of Customer Behaviour*. Vol 11, No 1. pp53–68.

VAN HOORN, A. (2015) Differences in work values: understanding the role of intra- versus inter-country variation. *International Journal of Human Resource Management*. Vol 26, No 7. pp1002–1020.

VOGEL, D. (1992) The globalization of business ethics: why America remains distinctive. *California Management Review*. Vol 35, No 1. pp30–49.

WANG, Y. (2015) Examining organizational citizenship behavior of Japanese employees: a multidimensional analysis of the relationship to organizational commitment. *International Journal of Human Resource Management*. Vol 26, No 4. pp425–444.

WARD, C., WILSON, J. and FISCHER, R. (2011) Assessing the predictive validity of cultural intelligence over time. *Personality and Individual Differences.* Vol 51. pp138–142.

WEI, L.Q., LIU, J., CHEN, Y.Y. and WU, L.Z. (2010) Political skills, supervisor-subordinate guanxi and career prospects in Chinese firms. *Journal of Management Studies.* Vol 47, No 3. pp437–457.

WILLIAMS, C.A. and AGUILERA, R.V. (2008) Corporate social responsibility in a comparative perspective. In: CRANE, M., MCWILLIAMS, A., MATTEN, D., MOON, J. and SIEGEL, D. (eds). *Oxford handbook of corporate social responsibility.* Oxford: Oxford University Press. pp452–472.

WONG, M., GARDINER, E., LANG, W. and COULON, L. (2008) Generational differences in personality and motivation: do they exist and what are the implications for the workplace? *Journal of Managerial Psychology.* Vol 23, No 8. pp878–890.

YAGI, N. and KLEINBERG, J. (2011) Boundary work: an interpretive ethnographic perspective on negotiating and leveraging cross-cultural identity. *Journal of International Business Studies.* Vol 42, No 5. pp629–653.

YANG, I. (2015) Cross-cultural perceptions of clan control in Korean multinational companies: a conceptual investigation of employees' fairness monitoring based on cultural values. *International Journal of Human Resource Management.* Vol 26, No 8. pp1076–1097.

ZANDER, L., MOCKAITIS, A.I., and BUTLER, C.L. (2012) Leading global teams. *Journal of World Business.* Vol 47, No 4. pp592–603.

ZENG, Y., SHENKAR, O., LEE, S.-H. and SONG, S. (2013) Cultural differences, MNE learning abilities, and the effect of experience on subsidiary mortality in a dissimilar culture:evidence from Korean MNEs. *Journal of International Business Studies.* Vol 44. pp42–65.

PART TWO

COMPARATIVE HUMAN RESOURCE MANAGEMENT

CHAPTER 5

Employee Relations and Collective Communication

5.1 INTRODUCTION

'Employee relations' concerns matters of overarching employment or collective workforce policy, particularly where it concerns broad matters of bargaining (the traditional focus of industrial relations), the governance of the employment relationship by social actors (that is, actors outside the management hierarchy) and arrangements for the distillation and expression of the collective voice of employees. Typically the workplace, enterprise or company-level approach in this arena is profoundly affected by the prevailing national system of employee relations and, in particular, by the social regulation of work by unions and national or regional governments.

Employee relations is often considered a less interesting aspect of people management. The strategic integration of HRM practice or HRM functions, and more broadly management activity, entrepreneurialism and intra-preneurship, are generally considered rather more significant than the matters encompassed by employee relations. This is particularly true within Britain, the USA and the larger Anglo-Saxon world and in developing and newly industrialising countries. Yet governance by social actors, collective voice, and the joint regulation of the employment relationship by unions as well as employers can have stabilising effects and beneficial implications if handled appropriately. Such benefits accrue principally through consistency and order in, and legitimation of, the relationship between employer and employee. This is something that many managers at all levels, in northern Europe in particular, recognise.

The focus of the present chapter is very much upon the institutions and processes of governance, leaving many matters of effect to be taken up in other chapters. The discussion centres on the joint regulation of work and employment relationships by bodies such as unions and works councils, with some attention also to board-level employee representation. We also examine the direct statutory regulation of the employment relationship. Whilst such governance may vary across regions, with for example the social aspects of the EU activity of some consequence, and indeed within countries, to some extent by intra-national region or state, variation between countries remains central and is the focus here.

The social regulation of work and employment relationships, whether by unions or governments, is rarely initiated with the promotion of economic or business performance as the central objective. Nonetheless, the social regulation of work and employment relationships impacts not only on the management process but often also on performance in these respects. It is noteworthy that this impact can be positive. In light of the extent of general debate and the availability of general evidence, we pay attention later to the broad matter of the business performance implications of unions and collective bargaining or joint regulation specifically.

? REFLECTIVE ACTIVITY 5.1

Consider the national framework of employee relations in a country with which you are familiar. What is the balance between the governance of the employment relationship by unions, works councils based on statute, and direct statutory regulation?

5.2 WHAT ARE UNIONS?

Unions are central to employee relations, and to the governance of the employment relationship by actors external to the management hierarchy. Unions are enduring collective organisations of employees with the broad aim of ensuring that the interests of employees are respected and furthered. Typically, they are quite independent of management. There is, however, some variation in this regard even within the OECD, with Japanese unions often appearing rather less independent than are those in Europe or North America (Vernon 2006b). As we shall see in Case Study 5.1 the situation in China is changing rapidly, but there is much evidence even recently of a blurring of management and union roles there (Liu and Li 2014). In the Chinese case this is accompanied by a continued close relationship between the state and unions. This is unusual; whilst unions may have historic relationships with particular political parties they are typically quite independent of national governments. This is so even in modern Russia, although unions there are rather uncommon in most sectors, and have struggled to find an identity in post-socialist times (Clarke 2005).

THE (LIMITED) SIGNIFICANCE OF UNIONS IN RUSSIA

Russian unions have struggled to establish meaningful joint regulation and collective bargaining, and perhaps even a clear sense of their own identity and purpose, since the demise of the Soviet Union. Where there are collective agreements, they tend to be of limited content, and enforcement is often dubious (Clarke 2005). The changes made to labour law under the Labour Code of 2001 may render the context still more difficult for Russian unions; little detailed research evidence on this exists thus far. Certainly, though, Royle's (2006) documentation of the experience at McDonald's food processing plant in Moscow suggests that it remains the case that where managements are determined to operate free of joint regulation it can be extremely difficult for Russian unions to establish it, even where they have the support of international union organisations keen to see joint regulation extended in Russia.

Whereas unions' independence is a pretty general characteristic, their traditions and ideologies differ significantly across countries. Hyman (2001) locates the identities of national union movements in a triangle which identifies the extent to which they embody in their discourse and activities an emphasis on the three attractors of 'class', 'society' and 'market'. Movements such as the French (or Italian), with its traditional emphasis on the rhetoric of class conflict and, indeed, revolution and its preference for public displays of resistance coupled to arm's-length sectoral bargaining (or stalemate) have been between 'class' and 'society', with the 'market' orientation much less significant. Movements such as the German (or Dutch), with its more conciliatory efforts to integrate unions into detailed policy discussion, its preparedness to engage in partnership with employers, and its combination of sectoral bargaining activity with informal bargaining activity at company and enterprise level (even if this is via works councils formally independent of unions), have traditionally been located between 'society' and 'market', with the discourse of 'class' being of more marginal relevance. Movements like the British (or, indeed, to a perhaps surprising extent, the US) have been much influenced by notions of class and class conflict in some of their rhetoric, but other facets of their discourse and their predominant practice is a rather practical economic, or 'bread-and-butter', bargaining approach centred at the workplace or enterprise level. This has traditionally located them between class and market, with less emphasis on the integration of unions into the daily life of civil society. Hyman (2001) detects some signs of convergence in the approaches of union movements from the 1990s, but stresses that national union identities display considerable continuity.

Other distinctions are useful within the established industrialised world. Mediterranean or southern European union movements (such as those in France, Italy, Spain and Greece) are not only more political in their orientation but also more politically divided, featuring various different unions associated with different (predominantly but not exclusively left-of-centre) political parties. This contrasts with union movements in the UK, USA and the rest of the Anglo-Saxon world, where any such political splintering is generally transient. Meanwhile, union movements in continental northern Europe (such as in Germany, Austria, the Netherlands, Norway, Sweden and Finland) feature neither overt political divisions nor the fragmentation of union organisation by an occupational (such as craft and general) basis and/or by an emphasis on enterprise or workplace activity generally found in the Anglo-Saxon world. In Northern Europe, unions are vertically organised, representing all employees regardless of skill status or grade, at least within the blue-collar grouping, and in the case of Austria regardless too of the blue-collar/white-collar divide (Vernon and Rogers 2013).

In terms of the unionism which managers face in the workplace, it is perhaps the principle of union organisation or the structure of unions in terms of occupational membership which is most important. Where unions are organised on the basis of occupations, such that even manual employees with different skills or qualifications join different unions (the 'craft and general' structure), there tends to be not only more of an emphasis on occupational division within workplace union activity, but more of a tradition of assertive and sometimes adversarial union workplace activity largely autonomous of the policies and priorities of the larger unions represented (Vernon and Rogers 2013). Despite union mergers in the UK, this tradition still influences union activity in the UK. It is also influential in the Republic of Ireland, Australia and New Zealand, but most visibly in Denmark – due to the strength of unions there (see Case Study 5.2).

Where the company or facility (enterprise) is the key locus of union activity, such that employees of different grades band together in what are effectively company or business unions with little or no life beyond organisational boundaries, conflict may more easily be kept off the shop floor. This is the case most clearly in Japan, but also in the USA and in Canada. Where unions are organised along industrial lines, one union in each sector taking in at least all interested blue-collar employees regardless of their skill or qualifications, much of the locus of union activity is outside the workplace – and indeed, company – in industrial negotiations. Whilst this very clearly displaces workplace conflict, this implies a need to observe systems of job classification and job evaluation, and an expectation of career ladders or internal labour markets (Lazear and Shaw 2008) (see also Chapter 10). This external structuring of posts tends to be more significant and detailed in principle and application where industrial unions are stronger in terms of membership, so that although some element of this structuring is present in France, it is much more elaborate in Belgium and Norway and most particularly in Sweden and Finland (Vernon and Rogers 2013).

In many developing and newly industrialising countries unions represent an elite of employees and have a very close if not clientelist relationship with ruling parties. Thus in many African countries, unions often serve to protect the privilege of elite groups of employees, and their leaderships have complex and often intimate relationships with national governments (see Wood and Brewster 2007). In India, unions hardly exist outside the rather small formal sector of the economy, and even within this are concentrated very much in the public sector or in large public enterprises, so that in some respects they too serve a relative elite (see the box on the broader social regulation of work in India – and its limits). Developments in China are now rapid and fascinating, with some early signs of the emergence of the sort of structures of joint regulation which prevail in Europe.

CASE STUDY 5.1

THE RECENT DEVELOPMENT OF UNIONS AND COLLECTIVE BARGAINING IN CHINA

In the period of Chinese central planning, when state-owned enterprises (SOEs) almost completely dominated industry, unions functioned as a transmission belt for the ruling Communist Party, charged with the pursuit of social and political peace and stability. However, developments even in the last ten years have been striking and rapid. The All China Federation of Trade Unions (ACFTU) does not constitute a voluntary association of workers of the sort familiar in the established industrialised world, remaining an element of the Chinese state apparatus. However, in recent years this has engendered distinct advantages for the ACFTU, as the Chinese state has both nurtured union organisation and activity and allowed greater union independence (Lee et al 2014).

As early as 2001 a major revision to the Trade Union Law reconstituted unions as primarily representatives of workers rather than as of the Chinese people or state per se, and allowed the formation of regionally based and sectoral union associations beyond the enterprise but short of the ACFTU. Moreover, since the global financial crisis exposed the limits of an export oriented growth strategy from 2008, the Chinese state has looked to unions to promote not only more harmonious employment relationships but the growth in real incomes of employees now seen as not only of significance in itself but as crucial to sustainable domestic growth (Lee et al 2014).

The practical effects of these changes for union activity at the level of organisations are only now emerging. The available evidence demonstrates an enormous diversity of experience across enterprises, much of which centres upon differences between provinces and indeed between the cities and regions within them. However, whilst there is still usually much room for enterprise-level management to exercise strategic choice in their recognition of unions (Liu and Li 2014), it is now clear that union activity and collective bargaining exists well beyond the state-owned enterprises (SOEs) which were once very much their stronghold. Ge (2013) shows that even by the mid-2000s around 17% of manufacturing enterprises had enterprise unions. Their presence was mostly in SOEs and in enterprises established with foreign investment, particularly if joint ventures with local partners, but also across all forms of enterprise, including Chinese-owned private enterprises.

Unionisation and collective bargaining or joint regulation have spread to the wholly foreign-owned Chinese operations of corporations which are household names in the established industrialised world. Thus, for example, unions have over the last few years established a significant presence in the Chinese operations of large foreign owned companies, such as Coca-Cola and Walmart. Collective bargaining is now developing further in domestically (Chinese-) owned private companies, though it seems very unevenly (Lee et al 2014).

Where collective bargaining occurred at all, it used until a decade or so ago to occur at the level of the enterprise. Friedman (2014) reports that in Guangdong province, which is dominated by large employers and foreign direct investment, this remains the case. In the case of larger enterprises, where it exists this bargaining takes the form of single employer bargaining. Chinese unions often thus appear a variant of business or enterprise unions in some respects. However, elsewhere, where Chinese owned SMEs predominate, bargaining is often a two-tiered (sectoral and then enterprise-level) activity.

It is likely that, just as in the established OECD countries, Chinese collective bargaining sometimes still means little. For example, Danford and Zhao (2012) suggest that the existence of collective bargaining at one of the three automotive SOEs they studied in 2007 made little or no difference, noting that few employees had any knowledge of the collective contract.

? REFLECTIVE ACTIVITY 5.2

Consider the character of unions in a country with which you are familiar. How is this of relevance to managers at organisation or workplace level?

5.3 COMPARATIVE STRUCTURES OF GOVERNANCE

5.3.1 MULTI-EMPLOYER BARGAINING

Even within the established advanced industrialised world there is dramatic comparative variation in the coverage of collective bargaining. In the USA it now languishes at not much above 10% of the workforce, and a little more in Japan, but in Canada and most particularly the countries of the EU it is typically much higher. In many European countries trade union recognition for collective bargaining is required by law, and collective agreements that are reached through negotiations with unions are extended, either through enterprises' membership of employers' associations or by law, to other employees, ensuring a much wider coverage of collective bargaining than trade union membership figures alone might suggest.

Even within the expanded EU, though, there is considerable variation around the average. Generally, coverage rates have shown a gradual decline over the last few decades. However, in many cases these declines have been slight, and some countries – for example Slovenia and Denmark – have seen increases in collective bargaining coverage in recent years. The proportion of employees covered by collective bargaining remains very high in the Nordic countries, ranging from 70% to 90% in Denmark, Sweden, Finland and Norway, while it is around 70% in the Netherlands and 60% in Germany, compared to only around 30% in the UK (Visser 2014). Figure 5.1 shows Cranet 2010 data on the coverage or recognition of collective bargaining by employers in a representative range of countries of the old industrialised world. Cranet excludes small and some medium-sized organisations, focusing on larger organisations which tend to be covered; this is particularly evident for the USA and Japan. No data features for Sweden because coverage there is so comprehensive that such larger organisations cannot sensibly be questioned about it.

Figure 5.1 Coverage of collective bargaining/union recognition by organisations

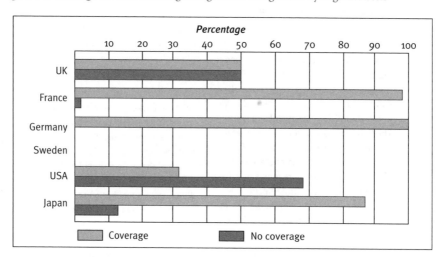

Source: Cranet (2010)

High levels of collective bargaining coverage are secured principally not by multitudinous enterprise-level agreements but by multi-employer bargaining and agreements (Vernon 2006a). Multi-employer bargaining may occur at various levels, according to the centralisation of bargaining (sectoral, multi-sectoral), and may be more or less closely co-ordinated across sectors and extended by law beyond the employers who pay their dues to employers' associations. Where such multi-employer bargaining and agreements do not generally prevail – as for example in the USA, Japan and, indeed, China – coverage is much more limited.

5.3.2 COMPANY AND ENTERPRISE JOINT REGULATION

Company and enterprise level employee relations or joint regulation concern local collective bargaining, governance procedures and company- or enterprise-level collective voice. Such company- or enterprise-level arrangements are often part of a multi-level structure of collective bargaining and joint regulation, particularly within Europe. This multi-level structure may be more or less vertically co-ordinated or articulated (Stokke 2008). In northern Europe there is often a formal hierarchy of collective bargaining or joint regulation, with collective agreements at multi-sector and/or sectoral level explicitly defining the role of collective bargaining or joint regulation at the lower, company or enterprise, level. In the Nordic countries, and particularly Sweden, Finland and Norway, such tiered bargaining is perhaps most intricately structured, and transparently involves unions at all levels. In Germany and Austria there is formal derogation of responsibility, particularly regarding the arrangement of working hours, from sectoral bargaining involving unions to company- or enterprise-level works councils formally independent of them (although see the later section in this chapter regarding works councils in practice).

Union recognition in the sense of an acceptance of bargaining outcomes either within the workplace or at higher levels is near universal in some countries – as would be expected from collective bargaining coverage rates. Yet even in countries where coverage is high and recognition a matter of course, unionisation rates at enterprise level may vary starkly. Figure 5.2 deploys Cranet data to indicate not just the stark differences in average unionisation rates across countries but also the stark differences in the extent of enterprise-level variation in unionisation even amongst the larger enterprises on which Cranet focuses. In most countries, enterprise-level unionisation is either typically high or typically low. However, in some countries there is a striking bifurcation of unionisation rates, with density low in a high proportion of enterprises but also high in a significant proportion of enterprises; Japan provides an example.

Figure 5.2 Unionisation rates or density of union membership across organisations

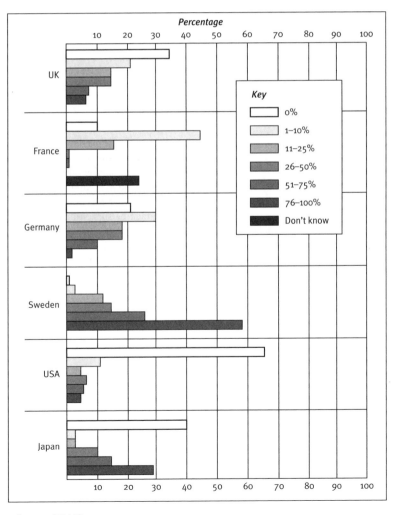

Source: Cranet (2010)

The union movements of many countries have lost members over the last decades, and in some countries the union movement is struggling to come to terms with the modern economy (Rigby et al 2004). The decline of the traditional areas of union strength in primary industries and giant manufacturing plants, the unions' failure to deal effectively with internationalisation and with the developments in flexible working (Croucher and Brewster 1998), and government and employer strategies, have all led to reductions in union membership and influence. In the hostile environment of recent years, unions have suffered at least some membership loss and some level of loss of influence even in the northern European countries (Morley et al 2000). Although membership is declining slowly, this should not be overstated. Even in the UK, where there was an exceptional and sustained governmental attack throughout the 1980s and much of the 1990s on the unions, membership levels amongst continuing organisations with over 200 employees remained remarkably stable (Morley et al 1996) and have not declined precipitously since.

In some countries where sectoral bargaining predominates, it is nonetheless the case that many of the largest employers effectively opt out of sectoral agreements and negotiate separate company agreements with the relevant unions. Often, in the Netherlands for example, these are the companies with the greatest union density, and the sectoral agreements serve in practice as a minimum benchmark for negotiations in most – if not all – regards.

CAN COMPANIES ESCAPE GENERALISED STRUCTURES OF COLLECTIVE BARGAINING OR JOINT REGULATION?

Some employers may be tempted to try to avoid the restrictions implied by the joint regulation of the employment relationship by unions and indeed works councils, not seeing any countervailing benefits of such joint regulation. However, employers face real difficulties in escaping arrangements which are generalised within a country, or within the particular industry within which an organisation operates in that country. Employee expectations of employer behaviour are in such countries importantly formed by such structures. Ultimately, employers may exert considerable effort to escape and find that they have to introduce parallel company arrangements which may require very substantial and sustained investment if they are to have the legitimacy of independent arrangements. Moreover, of course, it is difficult to escape employees' expectations of the substantive concomitants of independent governance in terms, for example, of salaries or benefits. This has been the experience in the Netherlands (see Paauwe 2004; Visser and Hemerijck 1997).

Of course, organisations may simply avoid operating altogether in countries in which unions exercise much power in joint regulation – but this is a very extreme response.

5.3.3 WORKS COUNCILS

Although the term is sometimes used rather loosely, particularly in the Anglo-Saxon world, in a strict sense works councils are representative bodies of employees which have a statutory basis as opposed to staff councils or joint consultative committees established autonomously by employers. These independent employee bodies, which may exist at several levels of the organisation (such as plant or enterprise level, central level) have certain rights mandated by law, rather than roles prescribed by particular employers. As is the case in the Nordic countries, works councils or workplace clubs are often formally and explicitly for the local representatives of unions only (Berggren 1994). Sometimes, however, they exist alongside and are formally independent from union channels, as is the case in Germany, for example – but even here they have in practice a very close relationship with local union representatives and broader union structures (Streeck 1992).

Figure 5.3 shows the incidence of works councils, or in the case of the Anglo-Saxon and some other countries, the joint consultative committees which are the closest parallel to them, amongst the medium and large-sized companies covered by Cranet (2010). Where there is statutory provision for works councils (such as in France, Germany and Sweden), such institutions are found in the clear majority of these organisations. Where there is no statutory provision for works councils, as in the Anglo-Saxon countries, the employer-established joint consultative committee (JCC) is found in fewer organisations – this is particularly extreme in the case of the USA. JCCs have less certain roles than do statutory works councils, but may have a very significant role in some organisations.

Figure 5.3 The incidence of works councils/joint consultative committees across organisations

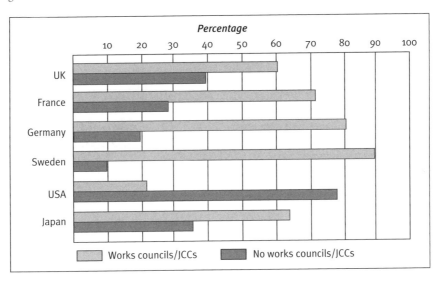

Source: Cranet (2010)

Though typically much more significant than JCCs, the roles and functions which statute provides for works councils nonetheless vary from country to country. In France, although near universal, the works council (*conseil du travail*) has rights to consultation on a range of matters, but little right to negotiation or joint decision-making. In the case of Germany, however, works councils not only have specific negotiation rights, requiring employers to follow certain procedures in a number of areas, but also have a right to joint decision-making or co-determination in some areas.

Thus, employers in Germany must secure the agreements of the works council in order to change pay systems – the works council holds a right to veto in this area (Streeck 1992). Similarly, in Sweden the works council, or 'workplace club', may veto the outsourcing of some of the companies' activities (Kjellberg 1998). Works councils may use their legal rights as a basis for more or less formal bargaining activity. In Germany, for example, although formally works councils may not bargain over pay rates (despite their co-determination rights regarding systems), it is clear that in practice there has been informal negotiation in these matters (Marsden 1995).

What use have employers made of such institutions for communicating with employees? In Europe, works councils based in statute are the predominant form of representative staff body used for collective communications. Organisations' use, and changing use, of such channels of collective communication is of considerable interest (Mayrhofer et al 2000). Figure 5.4 shows that at least in the medium- and larger-sized organisations covered by Cranet (2010), works councils remain for many an important channel of communication in Europe, and that the closest equivalent employee representative bodies in Japan also have great significance.

Figure 5.4 The extent to which managers communicate with employees via the works council/joint consultative committee

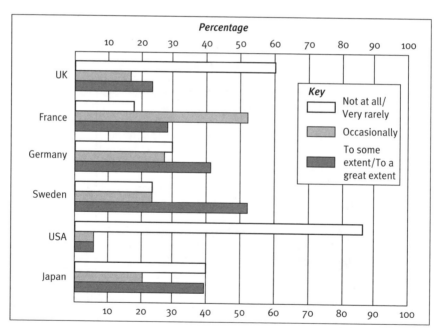

Source: Cranet (2010)

5.3.4 BOARD-LEVEL EMPLOYEE REPRESENTATION

Some public sector organisations in most countries feature employee directors on their main boards. A degree of employee board representation also occurs, however, in the private sector in northern Europe, and most strikingly in the Nordic countries (Jackson 2005). Where present, statutory provision for employee representation on boards usually provides that between one-third and a half of the board are to be employee representatives, depending on country, sector, and size of company. Employee board representation is less frequent in smaller organisations, and indeed the smallest – of fewer than, say, 25 to 50 employees – are often excluded under the terms of the legislation. However, although small organisations and their medium-sized counterparts together constitute the vast bulk of companies (indeed, if SMEs are defined as companies of fewer than 250 employees, they typically constitute 97–99% of all a nation's companies), they almost always employ a minority of employees. Board-level employee representation is near ubiquitous in the larger organisations of Sweden, Norway and Finland, and in the organisations employing the vast bulk of employees in these countries (Hagen 2010). Such worker-directors have the same rights to information and to scrutiny of the executive as other board members.

Germany's two-tiered board structure has the main board overseen by a supervisory board which features representatives of creditors but also, under the terms of co-determination legislation, often representatives of employees. These employee supervisory board representatives are present in almost all the largest companies, and still cover around half of all employees in Germany as a whole. Such worker-directors are elected in a system that is formally independent of union representation but, as with works councils, that is in practice closely related (Streeck 1992). The situation is almost identical in Austria, and rather similar in the Netherlands.

Employee representation on boards can give considerable (legally backed) power to the employee representatives and tend to supplement rather than supplant union activity. In relatively highly unionised countries it is unsurprising that most of the representatives of the workforce are, in practice, union officials or representatives, but this is the case more generally. Whatever the precise arrangements, board-level employee representatives constitute part of the matrix of union governance of organisations, and part also of unions' and employees' means of accessing corporate information and coming to bargaining judgements.

5.3.5 EMPTY NATIONAL STRUCTURES OF JOINT REGULATION?

Structures of joint regulation are rather empty in many respects in some countries. France provides a prominent example, where there is very high collective bargaining coverage but where the multi-employer agreements which secure it feature rather little content. In other countries, however, the arrangements are very clearly significant in practice. Typically, as Vernon (2006a) shows, the higher are national unionisation rates, the more significant and substantial is collective bargaining – that is, the weightier is joint regulation. Of course, national or aggregate unionisation rates can only provide an indication of the general situation in a country – there is typically significant variation in the significance of joint regulation across sectors. However, in some European countries – such as Sweden, Finland, Norway, Denmark, Belgium and Slovenia – it is difficult to find a sector where joint regulation is not a significant consideration for managers of people. Such cross-national variation is indicated in Figure 5.5 by people management specialists' views about the influence of unions in their organisations. Later comparative chapters elaborate in detail some of the implications of national arrangements of joint regulation for other arenas of people management.

Figure 5.5 Personnel/HRM directors' views of the extent to which unions influence their organisations

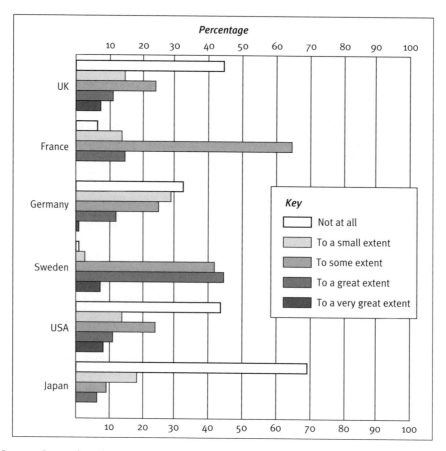

Source: Cranet (2010)

CASE STUDY 5.2

DANISH FLEXI-CURITY

Within the EU, the Danish approach to governance of the labour market and of employment relationships is the subject of much discussion. The European Commission has suggested that the Danish system of 'flexi-curity' provides a model of balancing the flexibility which employers favour and the security desired by employees which is potentially applicable to the rest of Europe. Security is imparted in large part by the national government's commitment to an active labour market policy, by retraining the unemployed, and also by comparatively generous short-term welfare provision aiding/supporting the incomes of those without work in transition to new jobs. Although much of the flexibility of the system is imparted by the very limited direct statutory regulation of the employment relationship – most particularly in terms of job protection legislation – the character of union activity in Denmark is important to this model (Andersen and Mailand 2005). Denmark's unions – now more than those of even the UK, for example – are marked by the tradition of craft and general unionism, and by the focus on enterprise and most especially workplace activity associated with this. Sectoral bargaining in Denmark results in sectoral agreements which set substantial minimum rates of pay for the very lowest grades of employees, but have little further content. At workplace level, it is now estimated conservatively that 80% of all employees in Denmark are covered by a shop steward (Ilsøe et al 2007). There is single-channel employee/ interest representation in Denmark in contrast, for example, to Germany and Austria, with their works council arrangements. Yet although Danish workplace representatives are thus always formally representative of a union, under the predominance of craft and general unionism the shop stewards'

orientations are not only typically coloured by occupational divisions, but by a tradition of workplace- or company-level independence which renders them in practice largely independent of the broader union structures. Indeed, to the extent that external structures are of relevance to their activity, the most important influence is typically a more or less loose network of shop stewards. Ilsøe et al (2007) stress the 'widespread presence of shop stewards who (unlike the German works councils) have substantial bargaining rights' (p218), and that these stewards exercise 'comprehensive bargaining rights at company level' (p207). This implies flexibility in the sense that managers deal with union representatives at workplace level to find compromises which work in the particular enterprise context, rather than being restricted by the terms of sectoral agreements.

?   REFLECTIVE ACTIVITY 5.3

What might be the advantages to management of more centralised bargaining arrangements (that is, multi-employer bargaining at sectoral or even multi-sectoral level)?

What might be the advantages to management of decentralised arrangements (that is, single employer or workplace bargaining)?

5.4 DIRECT STATUTORY REGULATION OF THE EMPLOYMENT RELATIONSHIP

Employee relations also concerns a response to or, at minimum, compliance with direct statutory regulation of the employment relationship by national or sometimes regional governments. Some national governments are reluctant to use the law to intervene directly in employment relationships beyond some rather minimal contract law and certain provisions over health and safety. However, there is an increasing tendency for countries in the OECD and beyond to introduce some forms of direct statutory regulation of minimum pay levels, sometimes differentiated by region. Within Europe, the spread of such regulation is, interestingly, particularly evident in the 'transition' countries. The practical significance of such comprehensive statutory floors to employees' pay varies markedly in practice. Given cross-national differences not only in the cost of living but in typical pay levels, the 'bite' of such statutory minima is best expressed by the ratio of the minimum to average (median) pay – see Figure 5.6.

Figure 5.6 The 'bite' of legal pay minima

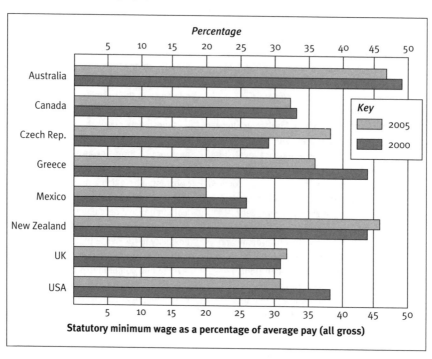

Source: Immervoll (2007, Tables 2 and A1)

Another crucial aspect of the employee relations framework of a nation is the extent of the legal protection afforded regular ('permanent') employees threatened with dismissal or redundancy – so-called 'employment protection legislation'. Typically in Europe, there tends to be some meaningful legal restriction on dismissal or redundancy, but even here some countries approach the 'employment at will', or 'hire and fire', famously characteristic of the USA (see below).

KEY FRAMEWORK

Aspects of employment protection legislation and their comparative pertinence

1   Procedural barriers to an employer's terminating the employee's employment (requirements of oral or written notification to employees, notification to a representative body or relevant authority, or beyond this, authorisation of body required and the delay typically involved)

2   The difficulty of an employer's justification of the dismissal in law (justification merely in terms of redundancy of post or worker capability, or with consideration of age or tenure, or subject to failed attempt at transfer or retraining)

3   Notice period and severance pay requirements for no-fault dismissal (extent of notice period, extent of severance pay)

THEORY AND PRACTICE

4   Other statutory constraints regarding maximum length of trial period, strictness of definition of unfair dismissal and compensation involved.

Sources: Bassanini et al (2008, Table 1); Andersen and Mailand (2005)

Indices of individual protection across these four different aspects follow:

Source: OECD (2004a), as cited in Andersen and Mailand (2005, Table 3)

EMPLOYEE RELATIONS IN INDIA: A FRACTURED SOCIAL REGULATION OF WORK

Famously, the organised, formal or regulated sector of India's economy constitutes only 7%–15% of total employment, principally the public sector and large-scale manufacturing and mining. Thus, the vast majority of the Indian workforce enjoy no protection either from employment law or from unions and joint regulation. Moreover, even in states such as Maharashtra, where national labour and employment law is complemented by state labour and employment law regarded as relatively protective of employees by Indian standards, there is much variability both in the significance of joint regulation involving unions and in the application and enforcement of direct statutory regulation itself. The presence of workplace union representatives does not necessarily imply collective bargaining, particularly outside the public sector. Most strikingly though, it appears that the presence of workplace union representatives does not imply even the observance of employment law; such representatives report that it is very common that employers contravene the provisions of employment protection legislation, for example. It thus seems that it is a tiny minority of Indian employees who can depend on any meaningful social regulation of work by actors beyond management.

Source: Badigannavar and Kelly (2012)

? REFLECTIVE ACTIVITY 5.4

Consider whether managers might find it easier to deal with social regulation of the employment relationship by law rather than by unions. To what extent does this depend on the character of the law and of the unions?

5.5 UNIONS, MANAGEMENT AND BUSINESS PERFORMANCE

Strong unions, and strong works councils supported by intensive local union membership and the larger union structure, pose challenges for managers. Quite generally, managers operating under significant joint regulation face substantial restrictions on their decision-making and may have a sense not only of decisions being slowed or delayed but of an affront to presumed managerial prerogatives. This is the real meaning of external governance for managers.

Where strong unions are organised on a craft and general basis, conditions may seem particularly challenging, with managers confronted by work groups bargaining opportunistically to extract whatever they can where new technology is introduced or where work is reorganised (Metcalf 2004). At least, though, managers may take comfort in the fact that they are not under much scrutiny from larger union structures. Where strong unions are organised on an industrial basis, managers often confront quite elaborate systems of job classification and evaluation, and employee and local union/works council expectations that they are applied in detail (Vernon and Rogers 2013). This provides a more stable and perhaps reassuring structure within which managers can work, although they may feel constrained by external agents with limited understanding of their organisations' particularities, and may feel rather threatened by the possibility of scrutiny from this larger external union organisation.

Generally, it is notable that within the OECD stronger governance is associated with better economic and business performance on a range of indicators. For example, the performance of the Nordic countries is generally impressive, and Sweden and Finland in particular are home to a number of very successful companies. This suggests that powerful unions do not typically undermine productivity performance, although they may render management a more challenging and exacting activity, and circumscribe quicker and easier (or dirtier) routes to profitability.

The detailed analysis of Vernon and Rogers (2013) uses comparative historical data for 14 OECD countries across more than 30 years to show that labour productivity growth in manufacturing tends to be faster in countries with stronger unions, as long as those unions are organised along industrial (as opposed to company/enterprise or craft and general) lines. Industrial unions are characteristic of most of continental Europe, with Denmark an interesting exception. However, where unions are organised along craft and general lines, as in the UK and in Denmark, stronger unions tend to slow productivity growth. Unions in Japan but also the USA, which tend to be centred very much on particular companies, have little or no negative effect. These are of course the typical or average effects, and there is doubtless variation in the implications of joint regulation not only within these country groupings but across sectors, and indeed according to the orientation and behaviour of employers and managers – this latter is a matter to which we return at the close of the chapter.

5.6 WHAT INFLUENCES COMPARATIVE PATTERNS OF EMPLOYEE RELATIONS STRUCTURES?

It is sometimes suggested that long-standing, deeply embedded differences in national cultures underpin differences in structures of employee relations. There is certainly some general tendency for countries with stronger unions to be countries of low power distance and low masculinity on Hofstede's dimensions. However, there are some countries low on power distance which have rather weak unions – the UK now being the most striking example. Moreover, there is much variation in the strength of joint regulation amongst countries low on both power distance and masculinity: whilst Dutch unions remain fairly significant they have nowhere near the influence of their Swedish or Finnish counterparts. It is also noteworthy that countries high on collectivism are rarely countries with high unionisation!

The comparison of Sweden and the UK is particularly intriguing in that during the 1930s these countries appeared rather similar in many respects, but they now appear very different in matters of employee relations. Sweden has extensive and multi-levelled joint regulation, whereas the UK features generally low and fragmented coverage. One obvious recourse in explanation is to party politics, the Swedish Social Democrats offering more consistent support than the much less electorally successful British Labour Party has been able to offer. More deep-seated explanations are possible. Fulcher (1991) suggests that it is the differing nature and ambitions of the union movements in the two countries which explain this difference, the British movement always more fragmented, conservative, and concerned merely to keep the state out of its affairs, and the Swedish movement much more influenced in its crucial early stages by an integrative socialist ideology and pursuit of a more ambitious transformative project – aided in this by the Social Democratic Party constituting the political wing of the Swedish labour movement.

Some recent literature has suggested the possibility that patterns of labour law may have an impact on patterns of joint regulation. The notion of functional equivalence suggests that countries will be very similar in their sum totals of social regulation, but with differing balances of statutory regulation on the one hand and regulation by unions on the other. Indeed, the Danish case of 'flexi-curity', with its relatively limited employment law and intensive collective bargaining and joint regulation at the level of enterprises and companies might be taken to support this notion.

However, even within the advanced or old industrialised world, there are clear differences in the sum total of the social regulation of work. Thus Sweden, Finland and Norway have not only powerful unions and joint regulation but also very significant direct statutory regulation of work, whereas the USA lies at the other pole, with generally very weak joint regulation beyond certain sectors or occupations (such as education, firefighting) and very weak direct statutory regulation of the employment relationship. Indeed, although labour law is seen as limited in Denmark (see Case Study 5.2), it is so only relative to joint regulation there – in comparison with labour law in the USA it looks comparatively quite extensive.

These examples are expressive of a more general truth that law and unions are not alternatives – indeed, to the extent that there is any such relation, they appear complementary. That is to say, there is a rather loose tendency for countries with more significant joint regulation by unions also to be more strongly shaped by labour law. This is apparent, for example, in the findings of Jackson (2005) on the influences which have given rise to statutory employee board representation in many European countries. He finds that, broadly speaking, countries with such statutory arrangements are co-ordinated market economies rather than liberal market economies, and in particular that alongside consensual politics and concentrated ownership patterns, strong co-ordinated collective bargaining is a key influence on this statutory right. It is also apparent in Brewster et al (2007) whose large-scale international study shows that works councils (and JCCs) are more often found in organisations with union presence. Indeed, union members, activists and officials are often prominent in works councils.

5.6.1 BEST PRACTICE IN EMPLOYEE RELATIONS

In many respects it is difficult to imagine that there is some generalised best practice with regard to employee relations, given the very different national legal frameworks which prevail, the still more dramatic variation in the established practices of collective bargaining or joint regulation, and the very variable business performance implications of joint regulation. To some extent at least, companies must respond to the employee relations context they find. Very often, this implies an acceptance of and engagement with the structures and procedures predominating locally. In some senses, though, such an acceptance and engagement might be seen as best practice.

The recent purchase of the Volvo Car Corporation by China's Geely provides a fascinating example of the need to respond to local (that is, national) context. Although

Geely executives may find the difference between Swedish and Chinese unions and union activity bewildering, car production in Sweden requires that they need to come to terms with – or at least accept – Swedish tiered bargaining arrangements and the broader stringency of joint regulation. Intriguingly, in this case, given the strength of the industrial unions in Sweden, and especially in car assembly, Vernon and Rogers' (2013) findings suggest that they will experience significant performance benefits from Swedish-style joint regulation.

Of course, we would expect that a more positive engagement with such enduring structures of joint regulation is likely to bring greater benefit than a denial of them, some grudging acceptance of them, or any attempt to circumvent their implications. Indeed, unless it is clear that an employer can entirely eradicate the prevailing arrangements for joint regulation, such an accepting and engaged approach may well bring benefits even in countries where the research evidence suggests that joint regulation is typically inimical to performance. In these latter circumstances, whilst employers may instinctively feel hostile to unions and joint regulation, a strategy of damage limitation via constructive engagement may yet be wise. Respect for, and engagement with, the predominant structures of collective bargaining and joint regulation might take the form of a written social partnership agreement between management and independent unions, but relationships and practical engagement appear of more consequence than such formalities.

In some countries, such as the UK, the variability of joint regulation across and even within sectors often allows employers space to profoundly shape enterprise-level arrangements regarding collective voice and governance. This involves some delicate issues; independent unionism may appear threatening to some, but always offers benefits in at least some respects, even to managers specifically.

EXERCISING CHOICE: 'MAKE-OR-BUY' COLLECTIVE VOICE AND GOVERNANCE

In some countries, organisations often face a fairly stark 'make-or-buy' decision (Willman and Bryson 2003) with regard to many of the matters of collective voice and governance in employee relations. In the UK private sector, for example, this is particularly pertinent; here, it is neither generally the case that unions are absent, nor that they are present, with considerable variation in the role and significance of unions. Employers may facilitate or encourage union membership and seek to promote such independent employee representation. Alternatively, employers may seek to discourage independent unionism, and establish in its place some form of enterprise-specific works or staff committee through which employee ideas and discontentments may be aired, and which might also in principle be linked to governance via the involvement of representatives in grievance and disciplinary proceedings, or even in the formation of rules structuring those proceedings. If the decision is to 'make' an enterprise-specific forum rather than to 'buy' independent unionism, there is likely to be real difficulty in establishing the legitimacy of the management established body. There is of course a danger that senior management considers such arrangements for governance and collective employee voice – and even more the involvement of employee representatives in governance – unnecessary and/or inconvenient, and so a decision is made to neither buy nor make. This may then pose very real difficulties, for the organisation generally and the line manager specifically, in treating staff consistently and fairly, and in seeking to be seen as acting legitimately.

KEY LEARNING POINTS

- There is enormous cross-national comparative variation in national systems of employee relations, even within the established OECD (or old industrialised world).
- Unions and collective bargaining remain widespread and important amongst larger employers, and across the public sector, in European countries in particular.
- Unions and collective bargaining or joint regulation are declining, although often very gradually, in many countries in the established OECD.
- Although unions are generally weaker in the developing and newly industrialised world, they are showing signs of growth and development there.
- Often allied to unions are other forms of independent employee representation such as works councils or employee representatives on boards, carrying statutory rights.
- Works councils are often used by employers for collective communication with employees.
- Direct statutory regulation of the employment relationship, most particularly in the form of legislation on job protection and on pay minima, is significant in many countries within and beyond the established OECD.
- Although to many managers unions and works councils – and, indeed, board-level employee representation – may appear challenging or even threatening, they often improve business performance.
- The governance that unions and works councils provide can be a valuable resource to organisations.

LEARNING QUESTIONS

1. What might explain the fact that union membership is higher in some countries than in others?

2. Are unions a positive or negative factor in organisational communications? Is the answer dependent upon or independent of country? Give reasons for your answers.

3. Consider the supports and challenges to managements pursuing business performance which joint regulation offers. Do you feel that strong unions make people management more challenging for managers? Do you feel that strong unions promote organisational and business performance? Do these questions amount to the same thing?

4. Consultation with representative bodies is now required for all organisations over a certain size by the EU. What reasoning might have led the EU to take such a step?

EXPLORE FURTHER

ANDERSEN, S.K. and MAILAND, M. (2005) *The Danish flexicurity model: the role of the collective bargaining system.* FAOS Working Paper. Copenhagen: FAOS. Here the authors overview the Danish 'flexi-curity' model which remains influential in EU-level discussions of employee relations.

VERNON, G. (2006) Does density matter? The significance of comparative historical variation in uniuonisation. *European Journal of Industrial Relations.* Vol 12, No 2. pp189–209. This article provides a detailed assessment of the significance of unions and collective bargaining (or joint regulation) across the established OECD.

REFERENCES

ANDERSEN, S.K. and MAILAND, M. (2005) *The Danish flexicurity model: the role of the collective bargaining system.* FAOS Working paper. Copenhagen: FAOS.

BADIGANNAVAR, V. and KELLY, J. (2012) Do labour laws protect labour in India? Union experiences of workplace employment regulations in Maharashtra, India. *Industrial Law Journal.* Vol 41. No 4. pp439–470.

BASSANINI, A., NUNZIATA, L. and VENN. D. (2008) *Job protection legislation and productivity growth in OECD countries.* IZA DP no. 3555.

BERGGREN, C. (1994) *The Volvo experience: alternatives to lean production in the auto industry.* London: Sage.

BREWSTER, C., WOOD, G., CROUCHER, C. and BROOKES, M. (2007) Are works councils and joint consultative committees a threat to trade unions? A comparative analysis. *Economic and Industrial Democracy.* Vol 28, No 1. pp53–81.

CLARKE, S. (2005) Post-socialist trade unions: China and Russia. *Industrial Relations Journal.* Vol 36. pp2–18.

CROUCHER, R. and BREWSTER, C. (1998) Flexible working practices and the trade unions. *Employee Relations.* Vol 20, No 5. pp443–452.

DANFORD, A. and ZHAO, W. (2012) Confucian HRM or unitarism with Chinese characteristics? A study of worker attitudes to work reform and management in three state-owned enterprises. *Work, Employment and Society.* Vol 26, No 5. pp839–856.

FRIEDMAN, E. D. (2014) Economic development and sectoral unions in China. *Industrial and Labor Relations Review.* Vol 67, No 2. pp481–503.

FULCHER, J. (1991) *Labour movements, employers and the state: conflict and co-operation in Britain and Sweden.* Oxford: Clarendon Press.

GE (2013) Do Chinese unions have real effects on employee compensation? *Contemporary Economic Policy.* Vol 32, No 1. pp187–202.

HAGEN, I.M. (2010) *Board level representation – still an unused resource?* Paper for the IIRA European Congress, Copenhagen.

HYMAN, R. (2001) *Understanding European trade unionism: between market, class and society.* London: Sage.

ILSØE, A., MADSEN, J.S and DUE, J. (2007) Impacts of decentralisation – erosion or renewal? *Industrielle Beziehungen.* Vol 14, No 3. pp201–222.

IMMERVOLL, H. (2007) *Minimum wages, minimum labour costs and the tax treatment of low-wage employment.* OECD Social, employment and migration Working Paper No 46. Paris: OECD.

JACKSON, G. (2005) Employee representation in the board compared. *Industrielle Beziehungen.* Vol 12, No 3. pp1–28.

KJELLBERG, A. (1998) Sweden: restoring the model? In: FERNER, A. and HYMAN, R. (eds). *Changing industrial relations in Europe.* Oxford: Basil Blackwell.

LAZEAR, E. and SHAW, K. (2008) (eds). *The structure of wage: an international comparison.* Chicago: NBER.

LEE, C.H., BROWN, W. and WEN, X. (2014) What sort of collective bargaining is emerging in China? Paper presented at BUIRA, University of Westminster.

LIU, M. and LI, C. (2014) Environment pressures, managerial industrial relations ideologies and unionization in Chinese enterprises. *British Journal of Industrial Relations.* Vol 52, No 1. pp82–111.

MARSDEN, D. (1995) Deregulation or cooperation? The future of Europe's labour markets? *Labour,* special issue, S67–S91.

MAYRHOFER, W., BREWSTER, C., MORLEY, M. and GUNNIGLE, P. (2000) Communication, consultation and the HRM debate. In: BREWSTER, C., MAYRHOFER, W. and MORLEY, M. (eds). *New challenges for european human resource management.* Basingstoke: Macmillan.

METCALF, D. (2004) Unions and productivity, financial performance and investment: international evidence. In: ADDISON, J. and SCHNABEL, C. (eds). *International handbook of trade unions.* Northampton, MA: Edward Elgar. pp118–171.

MORLEY, M., BREWSTER, C., GUNNIGLE, P. and MAYRHOFER, W. (1996) Evaluating change in European industrial relations: research evidence on trends at organisational level. *International Journal of Human Resource Management.* Vol 7, No 3. pp640–656.

MORLEY, M., MAYRHOFER, W. and BREWSTER, C (2000) Communications in northern Europe. In: Brewster, C. and Larsen, H.H. (eds). *Human resource management in northern Europe.* Oxford: Blackwell.

PAAUWE, J. (2004) *HRM and performance: achieving long-term viability.* Oxford: Oxford University Press.

RIGBY, M., SMITH, R. and BREWSTER, C. (2004) The changing impact and strength of the labour movement in Europe. In: HARCOURT, M. and WOOD, G. (eds). *Trade unions and democracy: strategies and perspectives.* Manchester: Manchester University Press.

ROYLE, T. (2006) The union recognition dispute at McDonald's Moscow food-processing factory. *Industrial Relations Journal.* Vol 36, No 4. pp318–332.

STOKKE, T.A. (2008) The anatomy of two-tier bargaining models. *European Journal of Industrial Relations.* Vol 14, No 1. pp7–24.

STREECK, W. (1992) *Social institutions and economic performance.* London: Sage.

VERNON, G. and ROGERS, M. (2013) Where does union strength add value? Predominant organizing principle, union strength and manufacturing productivity growth in the OECD. *British Journal of Industrial Relations.* Vol 51, No 1. pp1–27.

VERNON, G. (2006a) Does density matter? The significance of comparative historical variation in unionization. *European Journal of Industrial Relations.* Vol 12, No 6. pp189–209.

VERNON, G. (2006b) The potential of management dominated work organisation: the critical case of Japan. *Economic and Industrial Democracy.* Vol 27, No 3. pp399–424.

VISSER, J. (2014) *ICTWSS: Database on Institutional Characteristics of Trade Unions, Wage Setting, State Intervention and Social Pacts in 34 countries between 1960 and 2012.* Amsterdam Institute for Advanced Labour Studies. Available at: http://www.uva-aias.net/ 208

VISSER, J. and HEMERIJCK, A. (1997) *A Dutch miracle.* Amsterdam: Amsterdam University Press.

WILLMAN, P.A. and BRYSON, R.G. (2003) *Why do voice regimes differ?* Mimeo.

WOOD, G.T. and BREWSTER, C. (eds.) (2007) *Industrial relations in Africa.* Basingstoke: Palgrave.

CHAPTER 6

The Organisation of Work

LEARNING OUTCOMES

When you have read this this chapter, you will:

- appreciate the continued relevance of Taylorism as a benchmark in discussions of work organisation
- appreciate the international variation in direct communication practices, but also the ultimately limited significance of communication *per se*
- understand that there are broader-based alternatives to Taylorism
- appreciate that these alternatives are applied variably in different countries
- be able to evaluate the bases of cross-national comparative variation in work organisation
- appreciate the indications that there is an international best practice in work organisation.

6.1 INTRODUCTION

There is much managerial discussion of matters of skills, human capital and, indeed, talent, in which the individual capabilities or capacities of employees are stressed. This presents a danger of neglect of the matter of how the skills and capabilities of front-line employees are elicited, drawn out or combined in daily work; matters which are central in the practice of management. To an extent these are matters of the broad character of the employment relationship discussed in Chapter 5, of the institutionalisation of employee relations and collective communication in collective bargaining or joint regulation involving unions or works councils for example; matters of the representative or indirect participation of employees. However, in large part they are matters of the organisation of work in a rather different sense, of direct communication between managers and managed, of functional flexibility, (direct) employee participation or involvement, empowerment, autonomy in work implied by job design, and of teamwork (and groupwork). Given their centrality to management activity and to front-line employees' daily experience of work, it would be surprising if they were not central to encouraging employees to display organisational commitment, job or work engagement, discretionary effort or organisational citizenship behaviour (OCB) and thus the development and the realised performance of the individual and the wider organisation.

The organisation of work is a matter of particular significance in international comparative context because, as we shall see, there are enormous variations in the organisation of work across national boundaries. This is true even within the nations of the established OECD, or indeed within old Europe specifically. Moreover, as we shall see, these dramatic variations cannot be explained by differences in sectoral or occupational composition across nations; the organisation of work varies greatly across nations not only on aggregate but within specific industries.

6.2 TAYLORISM AND FORDISM AS A SOLUTION... AND A PROBLEM

Frederick Taylor's early twentieth-century prescriptions for the effective organisation of work in industrial production remain an invaluable benchmark in considering the character of current organisational approaches – not, it should be clear, as a 'best practice' ideal at which organisations should aim, but in the location of the approaches actually deployed by organisations, for better or for worse. Taylorism, or 'scientific management', is a useful benchmark because it constitutes such an extreme form, but simultaneously, as we shall see, remains a powerful influence on the actual organisation of work in many countries (see Figure 6.1).

Figure 6.1 An overview of Taylorism

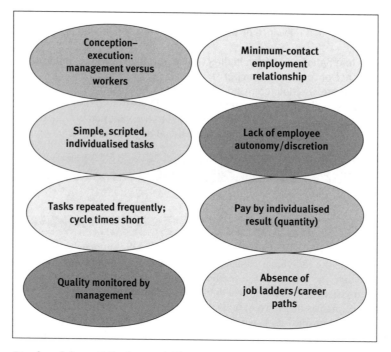

Source: Developed from Callaghan and Thompson (2001); Taylor et al (2002); Berggren (1994); Vernon (2006)

The separation of the management group and its activity from the employee group and its activity lies at the foundation of Taylorism, with many if not all of its other features flowing from this separation. A Taylorist organisation of work charges management with all the conceptual or 'think' work, with front-line employees then charged with the execution of management's orders. Front-line employees thus operate within very narrow confines, performing individualised and simplified tasks with little or no opportunity for individual judgement or discretion. The echoes of Taylorism in the Fordist manufacturing operation parodied by Charlie Chaplin's *Modern Times* are obvious; indeed, in essence Fordism is simply Taylorism plus a moving assembly line.

Whether it is seen as outmoded, inappropriate, unethical or ineffective or not, it is clear that Taylorism still exerts a powerful influence on the organisation of work experienced by front-line employees in many organisations in many countries. Braverman (1974) famously argued that such approaches, centralising knowledge of the production process in the hands of management and so consolidating management control, were relentless in their spread. More recent research suggests a much more nuanced picture. Although systematic cross-national comparative study is limited, it does seem that manufacturing in the developing and newly industrialising world is more often of a Taylorist character, and perhaps most particularly in recent years in China (see Case Study 6.1). Yet Taylorism also remains influential in the early twenty-first century in the established countries of the OECD, and not just in manufacturing but also in fast food and in clerical or white-collar work in call centres (Allan et al 2006; EFILWC 2009; Callaghan and Thompson 2001; Taylor et al 2002; Doellgast 2010; Mayhew and Quinlan 2002). This underscores its continued usefulness as a benchmark in considering matters of the organisation of work.

6.3 DIRECT COMMUNICATION: INITIATIVES AND RATIONALES

In the 1970s, and with increasing force in the 1980s, there was a mounting sense in many organisations that the character of communication within organisations – and in particular that between managerial and non-managerial employees – was inadequate. This impression was nurtured in large part by the emergence of Japan as an industrial power. Japanese continuous improvement activity, or *kaizen*, involved a very deliberate effort at communication between first- or front-line management and employees. Such matters of communication were seen as a crucial – perhaps *the* crucial – defining factor of Japanese people management, which was itself viewed as central to what was seen as superior Japanese business performance.

Thus it became increasingly common amongst managers in Europe, the USA and elsewhere in the countries of the advanced industrialised world, or established OECD, to refer to the knowledge held by those actually doing the job (front-line employees) and to the need for management to garner or capture this knowledge to improve business performance. Relatedly, many organisations tried to extend but also move beyond traditional efforts at management –employee engagement such as suggestion schemes, taking initiatives also in terms of quality circles or quality control circles (QCs/QCCs) centred on improved communication between front-line employees and first-line management. These initiatives were efforts to overcome the barriers created by the division of labour within organisations, and specifically the divide between management and employees implied by the predominant Taylorist or Fordist approaches.

It has long been argued that effective communication can increase job satisfaction (Miles et al 1996), foster greater commitment (Dutton et al 1994; Kane 1996; Lippit 1997), act as a conduit for the promotion and development of collaboration between organisational stakeholders (Folger and Poole 1984; Monge and Eisenberg 1987; Mintzberg et al 1996), facilitate the diffusion of teamwork (Mulder 1960; Barnes and Todd 1977; Pettit 1997) and improve internal control and, simultaneously, facilitate strategy development (Baird et al 1983; Fiol 1995; Smyth 1995; Steinberg 1998). The importance of effective communication is now emphasised in the notion that it is only through exploiting employees' ideas, energy and creativity that organisations will be able to compete and survive.

Communication between managerial and non-managerial employees is considered particularly significant. A useful distinction has been made between two types of (consultation and) communication, distinguishing 'collective', 'indirect' or 'representative' communication from 'individual' or 'direct' communication (Gold and Hall 1990). The focus in the current chapter is on the latter, individual or direct form (indirect or collective communication involving employee representatives is considered in Chapter 5. Knudsen (1995) provides a useful categorisation of subjects for communication, distinguishing strategic, tactical, operational, and welfare decisions. In general, representative communication has tended to address the wider strategic and tactical issues (such as investments, mergers, labour issues and pay systems), whereas the individual or direct forms have tended to concentrate on operational workplace, working practice and individual-related welfare matters.

It is noteworthy that an exclusive focus on direct communication with the individual employee implies a unitarist philosophy founded upon a notion of a simple common interest between managers and the managed, an interest supposedly centred solely on the organisation's success in the marketplace. Some consultation mechanisms are designed principally to integrate employees into the organisation, but also apparently to ensure that there is no challenge to the basic authority structure of the enterprise (Blyton and Turnbull 1992).

As organisations become increasingly knowledge-intensive, and indeed knowledge-dependent (Conner and Prahalad 1996; Doz et al 2001; Grant 1996), so it becomes ever clearer that the crucial knowledge in the organisation rests not with the senior management but with those who make up the organisation and contribute to its work. A key management task becomes understanding the people within the organisation, appreciating their talents and abilities, and being able to motivate and commit them to the organisation so that it can draw on this reservoir of skills and understanding in the most effective way. However, as Morley (2000) point out, this is a difficult area for organisations, and the literature has long abounded with reports of obfuscation in corporate communications (Filipczak 1995), information distortion (Janis 1982; Larson and King 1996), miscommunication and problematic talk (Coupland et al 1991).

? REFLECTIVE ACTIVITY 6.2

In your organisation, or one that you know of, what forms of up and down direct communication are used? Elaborate!

Below, we analyse successively developments in direct communication downward through the organisational hierarchy and upward from the front line, and then outline developments in lateral communication.

6.4 DIRECT DOWNWARD COMMUNICATION

Downward communication is the flow of information from management to the employees. The use of direct means of communication appears to have been on the increase in recent decades. Across Europe in particular, the personnel specialists who respond to the Cranet survey regularly suggest that direct verbal communication is increasing in a majority of organisations. Of course, with computerisation, human resources information systems and mail-merge techniques it becomes much easier for managers to write 'individually' to all staff involved in a particular change – and the opportunity is being taken here too. Typically, between a third and a half of European organisations report increased use of direct written communication and team briefings, as well as electronic communication with employees. Typically, almost no personnel specialists report decreased use of these communication channels. Correspondingly, Mayrhofer et al (2011) find in their European study a strong increase over time in the proportions of organisations providing staff with information on strategy and financial performance, although as we shall see below this still leaves some room for variation across countries.

The writers on HRM who are advising employers that individual communication with their employees is vital to the future success of the organisation can take comfort from these figures. Of course, when questions are asked of senior personnel practitioners (as in Cranet), it is possible that they are exaggerating the extent of the improvement in communication: there may be an element of wishful thinking here. However, the shifts apparent are so consistent that it seems likely that they reflect some kind of reality; we are encouraged in this view by the fact that in other areas of people management Cranet often indicates that organisations are not following the received wisdom. Furthermore, these figures reflect similar findings in the earlier European Foundation's EPOC survey (Sisson 1997). It would seem that organisations have over a prolonged period sought to communicate more with their employees.

With regard to what is communicated through these channels, this varies from case to case. However, two areas of central interest for management and employees are information on:

- organisational strategy
- organisational finances.

In Europe, Cranet survey data for 2010 shows that at least nine out of every ten organisations formally brief their managers about the organisation's strategy and financial results. However, there is a marked 'slope' in the provision of information below the managerial level. The further down the organisation one goes, the less likely employees are to be given this information. There is great variation in the proportions of organisations providing information about strategy to manual employees. Generally, the figures are not high, even allowing for an expected differential between the information that would be given to managers and to manual workers. Organisations become increasingly dependent on employees' knowing the corporate strategy, understanding how their own performance contributes to the implementation of the strategy, wanting to contribute in this way, and being able to communicate this strategy to co-workers and external parties (customers, suppliers, public agencies, etc). The more the organisation is providing services, know-how or other types of immaterial 'products', the more an understanding of – and acceptance of – the overall corporate strategy is a prerequisite for competent performance. This is not the case to the same extent when the job involves the manipulation of physical production processes.

A similar reasoning applies to the communication of financial information about the organisation, although here the slope indicating the difference in providing information for different groups of employees is not so steep. The financial performance of the organisation is made known to employees to a greater extent than is the case in the area of strategy. In nearly two-thirds of the countries, 50% or more of the organisations also brief manual workers, the least informed group within the organisation, about financial performance. Figure 6.2 shows the briefing patterns for various employee groups in three European countries in the area of strategy and financial performance. What is noticeable is that the slope of information reduces from management to manual worker grades, and that the slope varies in each country – so that manual workers in Sweden are considerably more likely to get such information and manual workers in Germany much less.

Figure 6.2 Strategic and financial briefing of different groups of employees in Sweden, the UK and Germany

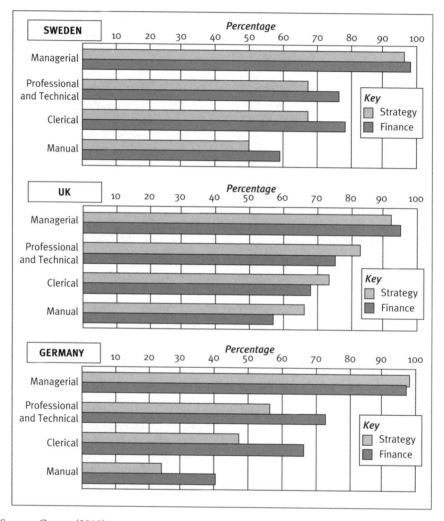

Source: Cranet (2010)

Northern European countries generally present their non-managerial employees with more data on these matters than countries elsewhere in Europe (Morley et al 2000). In many Pacific countries information on these issues is generally only given to senior managers (Zanko 2002). Although the evidence is rather anecdotal, it appears that this is often the case in newly industrialised countries in Asia. It seems that in newly industrialised countries in particular there is a widespread assumption that those lower down the organisation simply do not need to know what the organisation is trying to do, or the value to the organisation of succeeding in reaching those objectives.

6.5 UPWARD DIRECT COMMUNICATION

Upward communication is the other key issue in terms of management/non-management communication – the feeding of information, concerns or ideas from the employees to the management.

Communication to an employee's immediate superior is, perhaps inevitably, the most important form of direct upward communication. However, we can also include here direct access to senior management, quality circles and suggestion schemes as ways in which some organisations have tried to provide channels to encourage employees to make their individual grievances known or to draw on the innovative and entrepreneurial skills of their workforce.

Cranet data show that both communication up to the immediate superior and direct communication with senior management has increased. In Europe, a quarter to a third of organisations have increased such communication, depending on the European country involved. In the case of direct communication between employees and senior management, the figures are generally a little lower. The increase in the use of quality circles is still less, and the net increase in the use of suggestion schemes is marginal. These changes left the situation with regard to upward direct communication by 2010 in European and other countries as shown in Figure 6.3 (see also Chapter 5 on collective or indirect communication).

What of the *relative growth* in *upward* as opposed to *downward* communication? As we have seen earlier, Cranet evidence on HRM specialists' perceptions of recent change suggests a strong and quite universal reported increase in direct downward communication, and this is so whether in terms of verbal, written, or specifically email communication. As we have seen in this section, Cranet suggests strong and pretty universal increases in proportions of organisations reporting increases in upward communication via the line manager, and rather less strong but still general increases in upward communication through quality circles or direct to senior management. There thus seems a general trend in direct communication in both directions between managers and front-line employees – but a rather clearer trend in downward than in upward communication.

? REFLECTIVE ACTIVITY 6.3

Why should the tendency towards greater downward direct communication be stronger and more consistent across countries than the tendency towards greater upward direct communication?

6.6 LATERAL COMMUNICATION

In recent years, considerable attention has been devoted by companies and researchers to the notions of knowledge management and knowledge flows within employing organisations. It has, indeed, been argued (Kostova and Roth 2003; Tsai and Ghoshal 1998) that this may be the factor that distinguishes the successful from the unsuccessful organisation. A company's strategic advantage is usually found in its specific knowledge (Penrose 1959; Caves 1982), and this specific knowledge (for example, advanced technological expertise or specific marketing knowledge) can only be acquired within the company. It is obviously in the organisation's interests that such knowledge is shared internally. Yet this is not as easy as it sounds. The kind of knowledge that can be shared through computerised systems tends to be explicit knowledge – and that is often much less potent than the tacit knowledge that people hold in their heads, sometimes without realising that they do. Thus, for example, knowing how to deal with key clients in different countries may be something that an individual has only developed through extensive experience, and it is not always straightforward to pass what has become an intuitive skill on to others.

Figure 6.3 Channels of upward communication

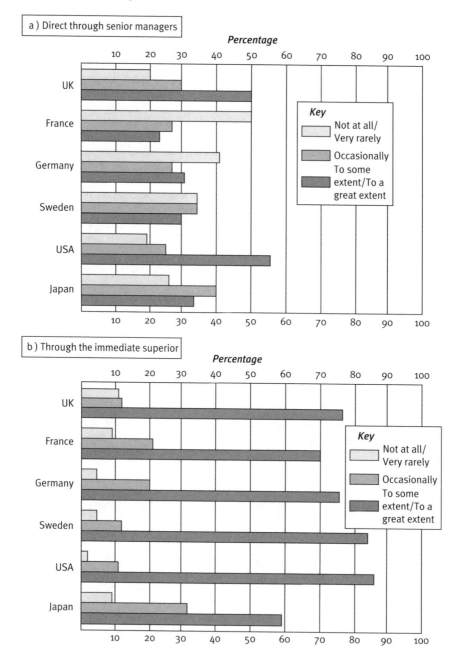

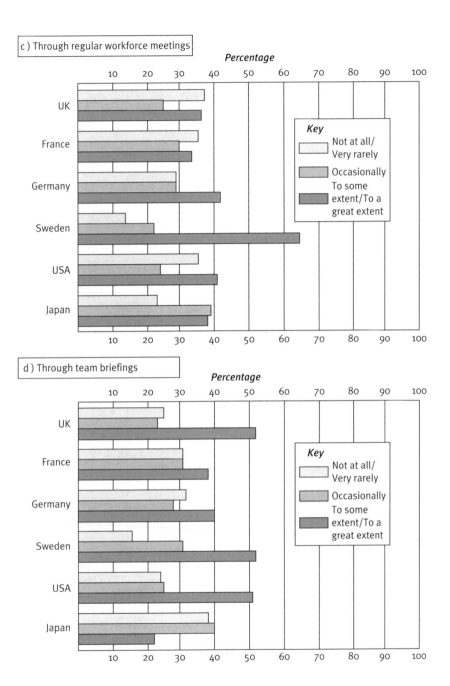

c) Through regular workforce meetings

d) Through team briefings

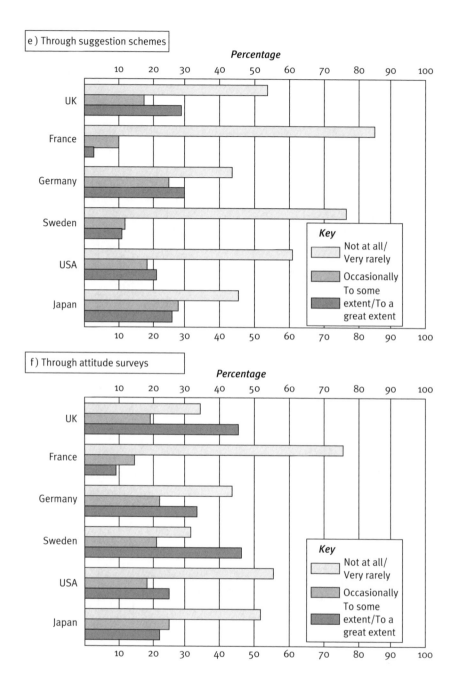

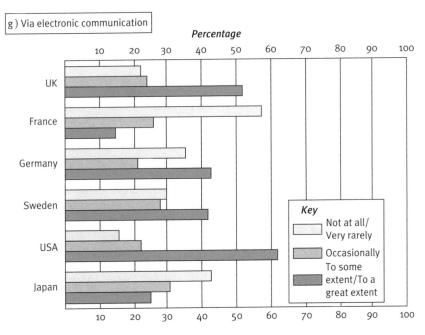

Source: Cranet (2010)

What might create difficulties in the transfer of information and knowledge between individuals within an organisation?

Amongst the factors that might create 'stickiness' in the passing of information are lack of understanding, or even antipathy, between different functions within the organisation; a feeling that information is power, so that those with it want to hang on to it; strong notions of hierarchy; a desire not to pass on anything that is not polished and complete; and personal predilections to share. Many of these may be influenced by the culture of the country in which the individuals operate – high power distance and strong uncertainty avoidance may make knowledge sharing less likely. Perhaps to some extent relatedly, governance structures may matter too.

Given the differences we have identified in communication practices between countries, it is no surprise to find that cross-national communication is particularly problematic. The cultural dimensions discussed in Chapters 3 and 4 will have an impact here: clearly where, for example, hierarchies are seen as very important (power distance is high), the flow of information between different levels of the hierarchy may be more difficult – and probably so too will be the flow of information between departments. The assumption will be that this should be passed up the management chain until more senior figures can relate to each other: passing information to another department rather than to the boss may not be seen as appropriate. The consensus now seems to be (Foss and Pedersen 2002; Riusala and Smale 2007; Szulanski 1996; Zander and Kogut 1995) that there are various factors that make knowledge 'sticky' – that is, immobile – around organisations, and especially across national boundaries. Establishing systems that allow the information to be transferred more readily becomes a key task – often one of the reasons for using expatriates. For example, in an analysis of knowledge management and expatriation within professional legal service firms (Beaverstock 2004), it was shown that expatriation was not homogeneous for every region of the world. In some areas, expatriation followed a one-way knowledge diffusion from headquarters. In these cases, expatriates represented the traditional managerial role. In contrast, expatriates from HQs in other regions worked with locally qualified employees and expatriates of other nationalities in an environment where these different groups of people joined partnerships and led teams. The type of learning and its impact on careers will likely be distinct in these two cases.

6.7 REFORM BEYOND COMMUNICATION: EMPLOYEE DISCRETION AND AUTONOMY

Despite the particular and increasing focus on communication in many organisations, many authors suggest that initiatives in this arena are too narrowly focused. In both Europe and North America there are traditions of theorising and of practice which challenge Taylorist and Fordist approaches on a much broader front and/or more fundamentally. Hackman et al's (1982) job characteristics model emphasises the nature or character of the daily work activities performed, or faced by, employees. In particular, this analytical approach suggests, the job satisfaction and commitment of employees hinges upon the scope they have to exercise discretion and autonomy. The tempering of Taylorist or Fordist approaches by direct communication initiatives is in this light seen as an inadequate and ineffective 'sticking plaster' response. In a similar vein, Emery and Thorsrud (1969) and Karasek and Theorell (1990) shaped a 'socio-technical' approach to work organisation departing fundamentally from Taylorism and its variants, emphasising job enrichment and the delegation to non-managerial employees of managerial tasks or prerogatives. To such authors, Taylorism is antithetical to the 'good work' to which organisations should aspire (see Berggren 1994). These ideas have been particularly influential in shaping discussions of the organisation of work in the countries of Northern Europe, but have had a wider resonance too.

6.8 ALL TEAMS AGAINST TAYLORISM?

It is sometimes suggested that teamwork is central to the organisation of work – indeed, that the crucial issue in work organisation is whether front-line employees engage in teamwork or not. Evidently, though, the formal designation of teams by managers is insufficient of itself to imply that front-line employees engage in teamwork on any meaningful definition of the term, any more than the absence of formally designated teams for front-line employees necessarily implies that there is no meaningful teamwork. Moreover, in practice, although if it is to have any meaning at all then teamwork must necessarily involve a collective output, teamwork may still be of very different complexions (see Table 6.1).

Table 6.1 All teams against Taylorism?

	Lean/Japanese-style 'teams'	Groupwork/Nordic socio-technical 'teams'
Individual work pace	Dictated by management	Employees may vary work pace through the shift
Enlargement/enrichment of work	Employees rotate tasks, each of little complexity	Increased work content with responsibility for managerial tasks
Authority/co-ordination	Dense authority structure; foreman or supervisor is key	Delegation of co-ordination to the group

	Lean/Japanese-style 'teams'	Groupwork/Nordic socio-technical 'teams'
Administrative control	Team leader selected by management	Group leader elected by the group
Performance demands	Imposed by management: no absolute upper bounds	Agreed between group and management
Production arrangement in the manufacturing context	Traditional production lines, with just-in-time	Line buffers or assembly in stationary 'docks'

Source: Adapted from Berggren (1993), Rehder (1994) and Vernon (2003, 2006b)

The contrast between lean teams and socio-technical or Nordic teams was elaborated in studies comparing the organisation of work in car and more general automotive vehicle production, reaching its pinnacle in comparisons of approaches to assembly at Japan's Toyota and Sweden's Volvo in the 1980s and 1990s (especially by Berggren (1994)), but is of more enduring and general relevance in locating and analysing the organisation of work. The central contrast between these forms of teamwork is in the extent to which front-line employees, both collectively in their teams and individually in their own contributions, enjoy discretion and autonomy and engage in conceptual and co-ordinating work. In other words, these models of teamwork differ in the extent to which they imply a departure from the division, simplification and fragmentation of Taylorist work organisation.

6.9 CROSS-NATIONAL COMPARATIVE WORK ORGANISATION

The evidence on cross-national comparative variation in work organisation is less thorough and systematic than that available for some other aspects of people management. Even within the nations of the established OECD or old industrialised world an overview must draw on a variety of differing sources.

One approach to getting a grip on comparative variation deploys data on occupational compositions from national censuses and labour force surveys (for example, Gordon 1996). These can be used to construct aggregate measures of the span of control of those in managerial positions. One might expect that where the span of control is smaller, or as Gordon (1996) puts it 'supervisory intensity' is greater, non-managerial or front-line employees have less autonomy or discretion in their work (see also Maurice et al 1986). Conversely, a greater span of control might be expected to indicate greater non-managerial autonomy. Yet profound difficulties are implied by international variation in the use of the label 'manager'; employees in some countries are much more likely to be so labelled than in others, despite doing identical work. Ultimately, the only cross-national comparative differences in authority structures clear from such evidence are those between North America and the Nordic countries (Vernon 2003). Although in the USA and Canada organisations (and official statisticians) are much freer with the term 'manager' than those in Sweden and Norway, it is also the case that very many more employees have meaningful authority over others in North America than in the Nordic countries. The aggregate span of control is much greater in the Nordic countries, the intensity of supervision much lower, than in North America, providing an indication at least of much greater employee autonomy in the Nordic countries (Vernon 2003).

What of more direct forms of evidence? Case studies of particular companies (for example Berggren 1994) offer depth and richness but can provide no indication of what is typical in a country, nor locate the typical approach in one country compared to another. Yet systematic survey evidence is now at least available across the EU. EPOC and ESWC studies have culminated in the EWCS report (EFILWC 2009) which offers an overview of the use of forms of work organisation in Europe in 2005. This work deploys a fourfold categorisation of models of the organisation of work (OoW), as shown in Figure 6.4.

Figure 6.4 A categorisation of models of the organisation of work

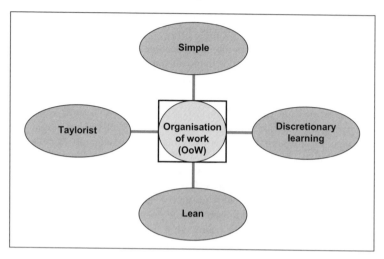

Source: Developed from European Foundation for the Improvement of Living and Working Conditions (EFILWC) (2009)

The EFILWC (2009) 'simple' approach is essentially a residual category featuring the informal work organisation typical in many or perhaps all countries in, for example, cafés or small retailing businesses. The Taylorist approach is as described above. The lean model is characterised by teamwork, task rotation in the form of multi-skilling, self-assessment of work quality informed by relatively strong quality norms, some limited autonomy but with various constraints on the pace of work. The discretionary learning form has many of the features of Scandinavian socio-technical work, characterised by employee autonomy in work, task complexity, learning and problem-solving, self-assessment of work quality and autonomous teamwork (if any). Examples of each of the various forms distinguished under various categorisations may probably be found in all the countries of the world, and certainly within the EU. What, though, of the relative preponderance of different forms of the organisation of work and the balance of use of the different models in each country?

The EFILWC (2009) report has assembled an index by country of 'innovative work organisation' which summarises the extent of departure from 'simple' and 'Taylorist' models. Comparatively across the EU27 on the innovative work organisation index (2009; see Figure 2) the Nordic members (Sweden, Denmark, Finland) are at the top, with the UK and Germany in the middle, and the new central and eastern European members clustering at the bottom. National rankings on the extent of the use of the discretionary learning form specifically are similar (2009, see Table 6.1), with this use in Sweden (at 67.5% of employees) more than twice that in the UK (at 31.7% of employees) and more than three times that in Bulgaria (at 20.6% of employees).

Interestingly, Slovenia is very close to the UK and Germany, and leads Italy and Spain on the innovative work organisation index; it actually features substantially more extensive use of the discretionary learning form than the UK while also matching the UK in the use of the lean form. What is at issue here is not the manner in which everyone in a country works, but the relative balance of differing forms of the organisation of work, or, more loosely, the typical means of work organisation. The evidence shows very clearly that there is no necessity that the organisation of work in central and eastern Europe need be cruder than that in western Europe.

RECENT SHIFTS IN WORK AUTONOMY IN EUROPE

Lopes et al's (2014) study begins by stressing that a vast swathe of studies show the importance of work autonomy not only to personal well-being, resilience of self-esteem and high quality personal relationships but also to intrinsic motivation and indeed performance at work. Despite this, however, the successive rounds of the European Working Conditions Survey, spanning 12,000–19,000 employees across 15 European countries, show that outside of the Nordic countries and the Netherlands work autonomy declined through the period 1995–2010, most particularly for the less skilled or, better, lower status, employees, who of course typically form the largest occupational groups within organisations (Lopes et al 2014). These are particularly striking findings in the context of commentaries in the popular management literature which suggest that there is a tendency, in an increasingly competitive and knowledge-based global economy, towards more autonomous working and work organisation.

The decline in work autonomy which Lopes et al (2014) show across Europe, excepting the Nordic countries and the Netherlands, through 1995–2010 has occurred in the context of a fading in the social regulation of work, particularly by unions and joint regulation, in most European countries. Within the Nordic countries the social regulation of work, particularly via collective bargaining and joint regulation, has remained particularly strong, and, as Lopes et al (2014) show, work autonomy has not declined – indeed in some instances it has increased. Developments in the social regulation in the Netherlands have been more equivocal with, for example, collective bargaining coverage remaining very high at over 80% but union membership density showing some decline from a level which even previously was only moderate at best (Visser 2011). Still, the pattern of findings in Lopes et al (2014) overall indicates a role for joint regulation and collective bargaining in shaping work autonomy and developments therein.

Source: Lopes et al (2014)

? REFLECTIVE ACTIVITY 6.5

There is no comparable study to that on the organisation of work in the EU for North America. How would you imagine that the use of the four different models of work organisation in the USA and Canada would compare with European countries if there were such comparable evidence?

There is rather little systematic comparative analysis of the character of the organisation of work in newly industrialising and developing countries compared to that in the old industrialised world. What analysis there is supports anecdotal evidence that Taylorism has greater purchase in the developing and newly industrialising countries (see Case Study 6.1). Although this may change as development proceeds, the generality and speed of such change remains uncertain and should not be presumed.

CASE STUDY 6.1

TRANSFER OF MASS PRODUCTION ACTIVITIES TO CHINA

From the mid-1990s, and with gathering momentum, manufacturing companies in Japan and also South Korea have transferred substantial elements of their activities to China, sometimes to wholly owned facilities, but more often via joint ventures with local companies or via some form of close subcontracting arrangement. These developments are particularly apparent in clothing manufacture and in electronics, for example. Typically, the activity transferred has centred upon the more standardised element of the production operations, with more complex and higher value added activities, as well as most – if not all – research and development activity maintained in the home country. The organisation of work in the Chinese production operations was typically very much more Taylorist than that in the production operations in the home country, the tasks more finely broken down and the employees more closely monitored in China.

Source: Gamble et al (2004)

There are some indications that national culture plays some limited role in shaping the extent to which organisations seek to develop communication between managerial and non-managerial employees beyond the crude, primitive form it takes in the Taylorist or Fordist models (Papalexandris and Panayotopoulou 2004, Table V). In particular, the cross-national comparative pattern of organisational practices revealed by Cranet is linked in some respects to the cultural profile of nations in terms of Hofstede. Cultures exhibiting greater power distance generally feature more limited/less communication via some though not all channels, both downward and upward, and also more limited use of some of the briefings discussed above. More consistently, though, the findings show that greater uncertainty avoidance is associated with a greater effort at communication between managerial and non-managerial employees. To some extent, then, management activity is shaped by managers' and/or by employees' notions of reasonable or legitimate communication across the divide.

What, though, of the drivers of broader-based departures from Taylorism? Stage of industrial development is an obvious influence on the organisation of work. Generally, there appears an inverse relationship between the use of Taylorist or Fordist systems and GDP per capita or labour costs per hour worked. It is noteworthy that this is not merely – nor perhaps even mainly – a matter of the extent of manufacturing or broader industrial sectors. Even within manufacturing, for example, there seems a tendency for Taylorist or Fordist approaches to predominate in developing or newly industrialising countries much more clearly than in the established OECD. However, this relationship is ultimately rather loose. As we have seen, amongst the countries of the established OECD for which there is better evidence it is clear that there are very substantial differences in the organisation of work.

INFLUENCES ON JOB AUTONOMY IN THE EU

Esser and Olsen (2012) deploy data for more than 13,000 employees from 19 European countries (EU plus Norway) to show that, alongside personal characteristics, broad occupational group and contractual status, collective bargaining or joint regulation is a powerful predictor of job autonomy. Job autonomy tends to be highest amongst those who are better educated, older, are in occupational groups of higher status in organisational hierarchies, have more permanent contractual status and indeed amongst men rather than women. Beyond this, though, in countries where the coverage of collective bargaining is greater, and most particularly where the strength of unions or joint regulation indicated by the density of union membership is greater, there is likely to be greater job autonomy. The findings for the relevance of national arrangements for vocational education and training are, interestingly, very much more equivocal.

Ollo-Lopez et al's (2011) study of almost 10,000 employees in 16 European countries confirms the significance of unions and joint regulation to job autonomy, showing that an index of indirect or representative participation of employees, which amounts to a gauge of the strength of joint regulation, is strongly related to both individuals' job autonomy and organisations' use of autonomous teams. They also confirm Esser and Olsen's (2012) finding that this relationship is not the result of the composition of the workforce, further demonstrating that it is not the case that the relationship is some expression of GDP or the stage of economic development. There is little room for doubt that the stronger social regulation of work, particularly in the form of stronger unions and collective bargaining or joint regulation, promotes job autonomy. In a related spirit, but with a cultural rather than institutional lens, Ollo-Lopez et al (2011) also show that countries with lower power distance in Hofstede's terms exhibit greater autonomy of individuals and of teams, suggesting the relevance to work autonomy either of employees' expectations or managers' notion of what is acceptable or justified. Interestingly, the findings for other aspects of Hofstede's culture are less consistent and much harder to interpret. These findings suggest that if culture has much of an effect on job autonomy, this is related to the societal role and strength of unions and joint regulation.

Sources: Esser and Olsen (2012); Ollo-Lopez et al (2011)

The contrast in the forms of team and group work which have taken hold in Sweden and Japan are intriguing. Given the successes of the Japanese educational system, it would be difficult to argue that the greater autonomy of the Swedish employee is a result of their greater human capital in terms of their greater skill or education. Of course, the apparent tendency for employee autonomy to be less developed even in newly industrialised countries with very good educational achievement, such as South Korea, also suggests the limited purchase of human capital.

However, as we have seen, the best available evidence on comparative organisation of work is from Europe (see the earlier section on the 2009 EFILWC report and the case study on job autonomy in the EU). This data also allows assessment of the importance of industrial composition. It is very clear that the economic structure of countries in terms of their composition by broad industrial sectors, company sizes, occupational structure and demographic characteristics generally plays a small part in cross-national comparative variations. The Netherlands is exceptional precisely because the preponderance of the discretionary learning form *is* significantly linked to such structural features (EFILWC 2009, p23). Rather than being mere incidental composition effects, the comparative variations generally express enduring characteristics of the context of employment and work.

The typically more innovative approaches to work organisation in the Nordic countries compared to others in Europe suggest that the exceptional union strength in these countries has wrought a distinct approach. Given the remarkably innovative approach to work organisation in Slovenia, distinguishing it from its central and eastern European neighbours, the unusual strength of unions there underscores the suggestion that union strength is the overwhelming influence on the autonomy of employees and complexity of work. Over time, it seems, countries find their place in the international division of labour in a manner which is influenced powerfully by the strength of their unions. Within western Europe, the relatively favourable positions of France and the Netherlands in rating close to the Nordic countries on the innovative work organisation index, and in terms of the use of discretionary learning approaches in particular, suggest that the broader density of institutionalisation of the labour market not only by collective bargaining but by employment law and indeed welfare states is also of relevance. The limited comparable data available on occupational classifications discussed earlier shows a very marked contrast between North America and the Nordic countries, which, given the weakness of unions, collective bargaining, employment law and the welfare state in the USA, underlines the significance of the social regulation of work for departures from Taylorism.

Cross-national comparative differences in the organisation of work might be read as expressive of differences in culture, with these then thought to give rise to the institutional differences that are associated with, or in turn shape, the organisation of work. However, it is often difficult to see links between cultural features and the cross-national pattern of departure from Taylorism, and in any event, as is noted in Chapter 5 the available evidence seems to suggest that at the level of countries, institutions (shaped by politics and thus perhaps by particular subcultures within policy elites) drive generally prevailing culture rather more than being driven by it (see also Vaiman and Brewster 2015).

It is clear that within the countries of the established industrialised world there is considerable internal variation in the organisation of work, so this is not of course to say that examples of autonomous employees, socio-technical work or discretionary learning may not be found in the USA or Japan, for example. There are also instances of this approach – though likely still less numerous – in the developing or newly industrialising world.

6.10 ONE BEST WAY INTERNATIONALLY IN THE ORGANISATION OF WORK?

Reviews by Boselie et al (2005), Wall and Wood (2003), Paauwe (2004) and Heffernan et al (2011) indicate the accumulating evidence of a tendency for high-involvement work systems (HIWS) or high-commitment management (HCM) to be associated with better organisational and specifically business performance regardless of national boundaries.

THE BEST PRACTICE OF HCM/HIWS

- Selection: screening and expectation-setting
- Training: off-job time and money
- *Teamwork*: problem-solving/cross-function
- *Job design*: complexity and autonomy
- *Communication*: information and consultation
- *Appraisal*: regular, multi-sourced, behaviour-centred
- Pay: pay for performance principally on a team, group or departmental basis.

This best practice bundle centres upon matters of the organisation of work (*in italics* in the list), and is to a great extent defined in contradistinction to Taylorism, but also carries distinct echoes of socio-technical semi-autonomous group work in the Nordic tradition.

Source: Developed from Wall and Wood (2003)

This evidence is consistent with findings that the delegation of management tasks to semi-autonomous groups of employees has a greater effect on business performance where organisations simultaneously deploy group incentives (Antoni et al 2005). Meaningful team or group work, coupled to team or group reward, seems to deliver results. Indeed, there are indications that this combination has the capacity to make up for weak product development/ innovation by management (see Antoni et al 2005).

Of course, ideas such as these provide only a broad-brush guide to evidence-based best practice in the organisation of work, and there is considerable space for these principles to be adjusted to specific national environments. The implicit warning – that Taylorism is generally not the most effective form of work organisation, even if managers can get away with it – is, however, highly significant. Managers operating in developing and newly industrialised countries, in the transition countries of central and eastern Europe (particularly beyond Slovenia!), but also in some OECD nations, such as the UK, should beware.

KEY LEARNING POINTS

- Although it is sometimes rather neglected in discussions of HRM, there are many indications that work organisation is one of the vital arenas of HRM activity.
- Taylorism remains influential in contemplations of work organisation and in practice.
- Many organisations now seek to overcome the limitations of Taylorism with communication initiatives but also with a more radical and broader-based reform of work organisation.
- The balance of approaches to work organisation varies dramatically across countries, even within Europe.
- Sheer economic development, or GDP per capita, does not explain the cross-national comparative variations in work organisation.
- Cross-national comparative variation appears importantly driven by culture and most particularly by institutions.
- There are some indications of an international best practice in work organisation.

?

LEARNING QUESTIONS

1. We have limited evidence on how work is typically organised in the developing and newly industrialising worlds, but what would you expect to be typical?

2. Consider the basis of your view of the work organisation typical outside the established OECD or old industrialised world. Check that it is consistent with what we do know about the comparative organisation of work.

3. Why is Taylorism still influential in work organisation a century after its development?

4. Might the importance of overcoming the gulf between managerial and non-managerial employees be more important to organisational effectiveness in some countries than others?

5. Which are the best methods to facilitate upward and downward communication? Are they likely to vary with different cultures?

6. How should an MNC in, say, retail approach work organisation in the various countries in which it operates?

7. To what extent do you think companies are constrained in their approaches to work organisation by what their managers, and perhaps in particular their line managers, are comfortable or confident with?

8. May 'best practice' in work organisation be inoperable some contexts? Is this always because it wouldn't improve productivity performance?

EXPLORE FURTHER

DOELLGAST, V. (2010) Collective voice under decentralized bargaining: a comparative study of work reorganization in US and German call centres. *British Journal of Industrial Relations*. Vol 48, No 2. pp375–99. This article identifies Taylorism amongst white-collar employees within the established OECD.

ESSER, I. and OLSEN, K.M. (2012) Perceived job quality: autonomy and job security within a multi-level framework. *European Sociological Review*. Vol 28, No 4. pp443–454. This article provides clear evidence on the influences on employee autonomy for 13,000 employees across 19 European countries.

GAMBLE, J., MORRIS, J. and WILKINSON, B. (2004) Mass production is alive and well: the future of work and organization in East Asia. *International Journal of Human Resource Management*. Vol 15, No 2. pp397–409. These authors consider the relevance of Taylorism in the developing and newly industrialising world.

REFERENCES

ALLAN, C., BAMBER, G. J. and TIMO, N. (2006) Fastfood work: are McJobs satisfying? *Employee Relations*. Vol 28, No 5. pp402–420.

ANTONI, C. et al. (2005) Wage and working conditions in the European Union – Project No. 0261 Final Report, European Foundation for the Improvement of Living and Working Conditions.

BAIRD, L., MESHOULAM, I. and DEGIVE, G. (1983) Meshing human resources planning with strategic business planning: a model approach. *Personnel*. Vol 60, No 5. pp14–25.

BARNES, D. and TODD, F. (1977) *Communication and learning in small groups*. London: Routledge and Kegan Paul.

BEAVERSTOCK, J. (2004) Managing across borders: knowledge management and expatriation in professional service legal firms. *Journal of Economic Geography*. Vol 4, No 2. pp157–179.

BERGGREN, C. (1993) Lean production: the end of history? *Work, Employment and Society*. Vol 7, No 2. pp163–188.

BERGGREN, C. (1994) *The Volvo experience: alternatives to lean production in the auto industry*. London: Sage.

BLYTON, P. and TURNBULL P. (1992) *Reassessing human resource management*. London: Sage.

BOSELIE, P., DIETZ, G. and BOON, C. (2005) Commonalities and contradictions in research on human resource management and performance. *Human Resource Management Journal*. Vol 15, No 3. pp67–94.

BRAVERMAN, H. (1974) *Labor and monopoly capital: the degradation of work in the twentieth century*. New York: Monthly Review Press.

CALLAGHAN, G. and THOMPSON, P. (2001) Edwards revisited: technical control and call centres. Economic and Industrial Democracy. Vol 22, No 1. pp13–37.

CAVES, R.E. (1982) *Multinational enterprise and economic analysis.* Cambridge: Cambridge University Press.

CONNER, K. and PRAHALAD, C.K. (1996) A resource-based theory of the firm: knowledge versus opportunism. *Organization Science.* Vol 7, No 5. pp477–501.

COUPLAND, N., GILES, H. and WIENMANN, J. (1991) *Miscommunication and problematic talk.* Newbury Park, CA: Sage.

DOELLGAST, V. (2010) Collective voice under decentralized bargaining: a comparative study of work reorganization in US and German call centres. *British Journal of Industrial Relations.* Vol 48, No 2. pp375–99.

DOZ, Y., SANTOS, J. and WILLIAMSON, P. (2001) *From global to metanational: how companies win in the knowledge economy.* Cambridge, MA: Harvard Business School.

DUTTON, J., DUKERICH, J. and HARQUAIL, C. (1994) Organizational images and membership commitment. *Administrative Science Quarterly.* Vol 39, No 2. pp239–263.

EMERY, F. and THORSRUD, E. (1969) *Form and content in industrial democracy.* London: Tavistock.

ESSER, I. and OLSEN, K.M. (2012) Perceived job quality: autonomy and job security within a multi-level framework. *European Sociological Review.* Vol 28, No 4. pp443–454.

EUROPEAN FOUNDATION FOR THE IMPROVEMENT OF LIVING AND WORKING CONDITIONS (EFILWC) (2009) *Working conditions in the European Union: work organisation.* Dublin: EFILWC.

FILIPCZAK, B. (1995) Obfuscation resounding: corporate communication in America. *Training.* Vol 32, No 7. pp29–37.

FIOL, C. (1995) Corporate communications: comparing executives' private and public statements. *Academy of Management Journal.* Vol 38, No 2. pp522–537.

FOLGER, J. and POOLE, M. (1984) *Working through conflict: a communication perspective.* Glenview, IL: Scott, Foresman.

FOSS, N.J. and PEDERSEN, T. (2002) Transferring knowledge in MNCs: the role of sources of subsidiary knowledge and organizational context. *Journal of International Management.* Vol 8. pp1–19.

GAMBLE, J., MORRIS, J. and WILKINSON, B. (2004) Mass production is alive and well: the future of work and organization in East Asia. *International Journal of Human Resource Management.* Vol 15, No 2. pp397–409.

GOLD, M. and HALL, M. (1990) Legal regulation and the practice of employee participation in the European Community, European Foundation for the Improvement of Living and Working Conditions paper EF/WP/90/40/EN, Dublin.

GORDON, D. (1996) *Fat and Mean.* New York: Free Press.

GRANT, R.M. (1996) Prospering in dynamically-competitive environments: organizational capability as knowledge integration. *Organization Science.* Vol 7, No 4. pp375–387.

HACKMAN, J.R., OLDHAM, G., JANSON, R. and PURDY, K. (1982) A new strategy for job enrichment. In: TOSI, H.L. and HAMNER, W.C. (eds). *Organizational behaviour and management: a contingency approach*. New York: John Wiley and Sons, pp423–441.

HEFFERNAN, M., FLOOD, P.C. and LIU, W. (2011) High performance work systems international evidence of the impact on firms and employees. In: HARZING, A-W. and PINNINGTON, A. (eds). *International human resource management*. London: Sage.

JANIS, I. (1982) *Groupthink: psychological studies in policy decisions and fiascos*. Boston, MA: Houghton Mifflin.

KANE, P. (1996) Two-way communication fosters greater commitment. *HR Magazine*. Vol 41, No 10. pp50–54.

KARASEK, R. and THEORELL, T. (1990) *Healthy work. Stress, productivity and the reconstruction of working life*. New York: Basic Books.

KNUDSEN, H. (1995) *Employee participation in Europe*. London: Sage.

KOSTOVA, T. and ROTH, K. (2002) Adoption of an organizational practice by subsidiaries of multinational corporations: institutional and relational effects. *Academy of Management Journal*. Vol 45, No 1. pp215–233.

LARSON, E. and KING, J. (1996) The systematic distortion of information: an ongoing challenge to management. *Organizational Dynamics*. Vol 24, No 3. pp49–63.

LIPPIT, M. (1997) Say what you mean, mean what you say. *Journal of Business Strategy*. Vol 18, No 4. pp17–21.

LOPES, H., LAGOA, S. and CALAPEZ, T. (2014) Declining autonomy at work in the EU and its effect on civic behaviour. *Economic and Industrial Democracy*. Vol 35, No 2. pp341–366.

MAURICE, M., SELLIER, F and SILVESTRE, J.J. (1986) *The social foundations of industrial power*. Cambridge, MA: Cambridge University Press.

MAYHEW, C. and QUINLAN, M. (2002) Fordism in the fast food industry. *Sociology of Health and Illness*. Vol 24, No 3. pp261–284.

MAYRHOFER, W., BREWSTER, C.J., MORLEY, M. and LEDOLTER, J. (2011) Hearing a different drummer? Evidence of convergence in European HRM. *Human Resource Management Review*. Vol 21, No 1. pp50–67.

MILES, E., PATRICK, S. and KING, W. (1996) Job level as a systematic variable in predicting the relationship between supervisory communication and job satisfaction. *Journal of Occupational and Organizational Psychology*. Vol 69, No 3. pp277–293.

MINTZBERG, H., JORGENSEN, J., DOUGHERTY, D. and WESTLEY, F. (1996) Some surprising things about collaboration: knowing how people connect makes it work better. *Organizational Dynamics*. Vol 25, No 1. pp60–72.

MONGE, P. and EISENBERG, E. (1987) Emergent communication networks. In: JABLIN, F., PUTNAM, L., ROBERTS, K. and PORTER, L. (eds). *Handbook of organizational communication: an interdisciplinary perspective*. Newbury Park, CA: Sage.

MORLEY, M., BREWSTER, C.J., GUNNIGLE, P. and MAYRHOFER, W. (2000) Evaluating change in European industrial relations: research evidence on trends at organisational level. In: BREWSTER, C. J., MAYRHOFER, W. and MORLEY, M. (eds). *New challenges for European human resource management*. Basingstoke: Macmillan.

MORLEY, M., MAYRHOFER, W. and BREWSTER, C.J. (2000) Communications in Northern Europe. In: BREWSTER, C.J. and LARSEN, H.H. (eds). *Human resource management in northern Europe*. Oxford: Blackwell.

MULDER, M. (1960) Communication structure, decision structure and group performance. *Sociometry*. Vol 23, No 1. pp1–14.

OLLO-LOPEZ, A, BAYO-MORIONES, A. and LARRAZA-KINTANA, M. (2011) The impact of country level factors on the use of new work practices. *Journal of World Business*. Vol 46. pp394–403.

PAAUWE, J. (2004) *HRM and performance: achieving long-term viability*. Oxford: Oxford University Press.

PAPALEXANDRIS, N. and PANAYOTOPOULOU, L. (2004) Exploring the mutual interaction of societal culture and HRM practices. *Employee Relations*. Vol 26, No 5. pp495–509.

PENROSE, E.T. (1959) *The theory of growth of the firm*. London: Basil Blackwell.

PETTIT, J. (1997) Team communication: it's in the cards. *Training and Development*. Vol 51, No 1. pp12–16.

REHDER, R.R. (1994) Saturn, Uddevalla and the Japanese lean systems: paradoxical prototypes for the twenty-first century. *International Journal of Human Resource Management*. Vol 5, No 1. pp1–31.

RIUSALA, K. and SMALE. A. (2007) Predicting stickiness factors in the international transfer of knowledge through expatriates. *International Studies in Management and Organization*. Vol 37, No 3. pp16–43

SISSON, K. (1997) *New forms of work organisation: can Europe realise its potential? Results of a survey of direct employee participation in Europe*. Dublin: European Foundation for the Improvement of Living and Working Conditions.

SMYTH, J. (1995) Harvesting the office grapevine: internal communication. *People Management*. Vol 1, No 18. pp24–28.

STEINBERG, R. (1998) No, it couldn't happen here. *Management Review*. Vol 87, No 8. pp68–73.

SZULANSKI, G. (1996) Exploring internal stickiness: impediments to the transfer of best practice within the firm. *Strategic Management Journal*. Vol 17. pp27–43.

TAYLOR, P. MULVEY, G. and HYMAN, J. (2002) Work organization, control and the experience of work in call centres. *Work, Employment and Society*. Vol 16, No 1. pp133–150.

TSAI, W. and GHOSHAL, S. (1998) Social capital and value creation: the role of intrafirm networks. *Academy of Management Journal*. Vol 41. pp464–476.

VAIMAN, V. and BREWSTER, C (2015) How far do cultural differences explain the differences between nations? Implications for HRM. *International Journal of Human Resource Management*. Vol 26, No 2. pp151–164.

VERNON, G. (2003) Comparative occupational classifications, managerial hierarchies and work organization. *Employee Relations.* Vol 25, No 4. pp389–404.

VERNON, G. (2006) The potential of management dominated work organisation: the critical case of Japan. *Economic and Industrial Democracy.* Vol 27, No 3. pp399–424.

VISSER, J. (2014) *ICTWSS: Database on Institutional Characteristics of Trade Unions, Wage Setting, State Intervention and Social Pacts in 34 countries between 1960 and 2012.* Amsterdam Institute for Advanced Labour Studies. Available at: http://www.uva-aias.net/ 208

WALL, D. and WOOD, S. (2003) The romance of HRM and business performance, and the case for big science. Mimeo, Institute of Work Psychology, University of Sheffield.

ZANDER, U. and KOGUT, B (1995) Knowledge and the speed of the transfer and imitation of organisational capabilities: an empirical test. *Organizational Science.* Vol 6, No 1. pp76–92.

ZANKO, M. (ed.) (2002) *The handbook of HRM policies and practices in Asia-Pacific economies.* Cheltenham: Edward Elgar.

CHAPTER 7

Flexibility and Work–life Balance

LEARNING OUTCOMES

When you have read this chapter, you will:

- be familiar with the concepts of flexibility and work–life balance, and the relationship between them
- be aware of international developments in contractual and working-time flexibility and work–life balance
- be able to identify similarities and differences at country level in terms of such forms of flexibility and work–life balance
- understand the principal factors underlying cross-national comparative differences in practice in these arenas
- be able to draw conclusions about managing flexibility and work–life balance across country borders.

7.1 INTRODUCTION

The terms 'labour flexibility' and 'flexibility' can have very different meanings in discussions of HRM. At their broadest, they can concern employers' overall approaches to the employment relationship, encompassing the use of contracting, matters of the organisation of work, elements of training and development, pay structures and systems. Thus for example the distinction sometimes made between numerical, or external, flexibility and functional, or internal, flexibility is between an organisational emphasis on using contracting to allow shifts in the extent and skill composition of the workforce and an organisational emphasis on developing and eliciting the capabilities of a stable workforce. Some of the matters involved in this distinction very clearly concern training and development and the organisation of work, which are dealt with in separate chapters of this book. The notion of flexibility in the current chapter is more specific, concerning contractual forms and working time arrangements.

The best established, and perhaps still predominant, discussion of flexibility in this sense begins with the employer's notion of what is required for effective operations, to meet fluctuations in throughput or demand, and sometimes to take advantage of the structure of taxation on employment and employers' social insurance contributions. Contractual and working time flexibility in this sense relates to what commentators sometimes refer to as 'atypical' working or employment. A broad definition of 'atypical' employment is that adopted by Delsen (1991, p123), who describes it as deviating 'from full-time open-ended work employment: part-time work... seasonal work...'. It also relates to 'contingent employment', 'any arrangement that differs from full-time, permanent, wage and salary employment' (Polivka and Nardone 1989, p10). Morishima and Feuille

(2000) note that contingent employment can include a wide variety of employees. They conclude that:

> The common themes that unite the individuals in these diverse categories are that they receive few or no fringe benefits, they have little or no expectation of long-term employment with the firm on whose premises they work at any given time, and they occupy a secondary position to the regular, full-time (or core) employees in the firm's status hierarchy.

To some extent this now traditional flexibility agenda relates to the employment of a more 'peripheral' (vs 'core'), or indeed – in terms of their status in employment – a more 'vulnerable', workforce. It should be noted that such distinctions very much express the evolution of employment practice in the OECD, and the established old industrialised world in particular; such distinctions between 'standard' and 'non-standard', 'typical' and 'atypical' or 'core' and 'periphery' are only relevant given a degree of formalisation of employment relationships.

? REFLECTIVE ACTIVITY 7.1

What associations and connotations might these differing concepts have?

The concept that some kinds of work are 'peripheral' or 'atypical' carries with it the idea that they are in some way less significant or worthy than other, more standard, kinds of work. Terming this kind of work as 'contingent' or even perhaps 'disposable' is clearly looking at such work from an employer's perspective, and focusing on the positive side from that position. By contrast, reference to 'vulnerable' employees implies thinking from the employees' point of view, and, moreover, is focused on the downside. It should be acknowledged that there will be a minority of highly successful people on contingent or flexible work contracts whose situation is quite distinct.

The push for flexibility at the end of the last century and the beginning of this one has been driven largely by employers' desires. Necessarily, though, managers must take account of the possibilities of pursuing a certain policy focused upon effective resource planning to meet operational need that the labour market presents. There are those who see the development of the flexible workforce as a long-overdue move away from rigid forms of employment towards forms that can be more responsive to the needs of employees, or can be 'family-friendly'. There are many who would argue that part-time, shift-working or homeworking allows them to spend more time with their children or elderly or disabled family members (Bevan 1996). Moreover, in many EU countries local employment protection helps guard against discrimination, whilst the EU has passed legislation guaranteeing the rights of part-time and temporary workers. Of course, these aims might also be deliberately achieved by organisational strategies to be more family-friendly or, more generally, employee-friendly; this latter constitutes the newer flexibility agenda around work–life balance.

In a general sense, traditional employer-driven flexibility and employee-friendly work–life balance have related antecedents. The traditional flexibility agenda begins with employers' needs but has implications for, and so to some extent must take account of, employees' lives and expectations. In contrast, discussions of work–life balance begin with the employee, as employers and managers seek to interpret and accommodate employees' needs and situations. Of course, here too there must ultimately be reference to organisational objectives. Yet a focus on the newer agenda of work–life balance implies a rather softer approach to HRM than does a focus on the more traditional flexibility agenda, as we shall see later in the chapter.

7.2 THE IMPLICATIONS OF TRADITIONAL FLEXIBILITY

? REFLECTIVE ACTIVITY 7.2

What might be some of the implications of the development of flexible working patterns for employers, individuals, and the state?

For employers, traditional, employer-driven, flexibility offers significant advantages. Contractual and working time flexibility allow them to employ people in a manner that matches better the work they pay for and the work they require. But increased flexibility is not without its problems for organisations. The emphasis on matching workers to work may mean that organisations may well end up with stunted capabilities; certainly non-standard employees are typically offered fewer training opportunities (Brewster et al 1996). Other specific problems centre on the difficulty of establishing policies, administering the system, communication and commitment.

For individuals, flexible working patterns can provide additional opportunities to work, can enable family incomes to be supplemented, and can allow work to be fitted in with family responsibilities. However, flexible work is often low-paid. It is the individual and the family who bear the cost of not working standard hours and contractual arrangements. In addition, workers may well be expected to arrange for and to pay for their own training and skill updating. The transfer of risks implied often means that many individuals and the families that they support cannot be sure of employment much beyond the immediate future. This becomes more than just an immediate financial problem for the families involved; it has a major effect on the rest of their lives, because so much of our society is built on the assumption that most people have standard employment. Thus the ability to purchase goods on credit, to have bank loans, to arrange housing and to provide pension arrangements are still sensitive to individuals' having a full-time, long-term job.

FLEXIBLE WORK: IMPLICATIONS OF ON DEMAND BUSINESS SYSTEMS

THE FUTURE OF WORK: IS THERE AN APP FOR THAT?

A recent phenomenon has been the spread of on-demand business models that bring together computing power to connect people with freelance workers to solve problems. The models offer freelancers from low to high skills, and from low to high entrepreneurialism and creativity, and the services offered may be personal or corporate. In 2009 there were 17 such companies, by 2013 venture capitalists had invested $1.6 billion in 117 companies, 80% in the USA, and most in global cities. Examples include Uber supplying chauffeurs and ride-sharing, Handy supplying cleaners, SpoonRocket restaurant meals, Medicast doctors, and Axiom supplying lawyers. Brokers such as Freelancer.com and Elance-oDesk link 9.3 million workers to 3.7 million companies. Cheap computing power and advanced applications have enabled complex tasks to be broken down into their components and subcontracted to specialists around the world.

Delivered by the web, both services and freelancers can more easily operate internationally. Uber, launched in San Francisco in 2009 (there are 53 million freelance workers in the USA), operated in 53 countries by 2014 reaching $1 billion in revenues. The response to this type of business model has been seen on a global scale. Cities, states and countries around the world have taken different stances on banning and regulating the ride-sharing company, and freelancers went on strike over pay and benefits. Uber has been banned in the Netherlands, is treated as illegal in South Korea, and in Germany forms a target of the Platform-Kapitalismus movement. The social consequences of such models are immense. In effect they allow two types of people to trade (those who have money but no time, trading with those who have time but no money). They will be interpreted in different ways across countries.

Techno-optimists and entrepreneurs eulogise the models, whilst those providing the services or whose own employment is impacted by them, observe more profound implications. On-demand business owners survive by their ability to arrange connections and oversee the quality of work, but do not need to employ people full-time nor guarantee pay and benefits, and regulatory concerns such as health and safety become a matter for debate.

Significant transfers of risk are involved. Financing of social benefits such as pensions and healthcare is pushed back from employers to the individual. Potential beneficiaries beyond the techno-entrepreneurs are consumers, taxpayers to the extent that the efficiency of public resources used can be improved, and those employee segments who value flexibility over security. Potential losers are those employee segments that value security over flexibility, and taxpayers who might have to support contract workers who do not or cannot source their own pensions. The transfer of risks is almost totally from organisation (broker) to the individual, and also from organisation to the state. Individuals, in addition to assuming all welfare responsibilities, become responsible for becoming multi-skilled technically, keeping such skills up-to-date, and developing selling, networking, social media and personal branding skills. On-demand business services also imply the need to shift a range of government measurement systems for employment and wages. Most welfare systems are delivered through employers but would need to be tied to the individual instead and made more portable. Skill development systems also shift from employers to individuals (or to states wishing to enable individuals). Taxation models to recoup the costs for this re-distribution presumably would also need to change.

On-demand business models are another example of innovations that de-stabilise the twentieth century model of capitalism and re-draw the balance of the risks, accountability and cost borne by nations, organisations, institutions and individuals. Ultimately, the implications for flexibility, regulation and protection will depend on the level of wealth that is subsequently distributed, and the power and willingness of each stakeholder going into the arrangement.

See: *The Economist* (2015)

Governments also confront these changes in labour markets. Less training of contingent or flexible workers means lower skill levels in a society. Another important implication concerns the effect on government finances. Even if it reduces unemployment, flexible working tends to increase the number of those in employment who, because they do not work enough hours a week, or enough weeks in the year, end up paying no taxes. Even if part-time working means that two people are getting work rather than one, the overall benefit might be extremely limited if one or both remain on income support, do not pay tax (or even in many cases National Insurance) and have little extra money to spend in the economy.

Arguably, the major benefit of the use of flexibility for employers lies in the transfer of cost and risk from the organisation to individuals and to the state, or to society as a whole (Brewster 1998; Sparrow and Cooper 2003). This may make the employing organisations more efficient, or at least lower cost, but does not necessarily promote employee welfare nor make the country more competitive. For society in general the costs of flexibility can be transferred directly, because the state supplements low earnings and provides support for the unemployed. The transfer of risk means that during periods of unemployment between short-term contracts, for example, the state is again expected to provide support. Costs can also be transferred indirectly in that the requirements for training, for health and safety and for the provision of other relevant benefits have to be borne by the state. And there are arguably many indirect aspects of this transfer in terms of the effects of insecurity and stress on health levels, in terms of pension arrangements and in terms of housing support. Standing (2014) highlights the significance for individuals and society of the emergence of what he terms 'the precariat', suggesting that it threatens the stability of national societies and thus the functioning of economies.

7.3 CONTRACTUAL FLEXIBILITY: NON-PERMANENT EMPLOYMENT

Many of the developments in flexibility relate to contractual flexibility. We discuss two here: short-term employment and sub-contracting.

7.3.1 SHORT-TERM EMPLOYMENT

This is a phrase used to cover any form of employment other than permanent open-ended contracts. To some extent 'temporary', 'fixed-term' and 'casual' contracts are substitutes, and which is used most heavily in a country depends largely on legal and quasi-legal regulations and national expectations. Temporary contracts are those that can be terminated with just the appropriate notice and are recognised by both parties as not intending to lead to permanent employment commitments. They can range from a few weeks' work (for example, on building sites) to as many as three years', although typically they are at the lower end of such a distribution. Fixed-term contracts, in contrast, are those which the parties agree will end on a certain date, often after 12 or 24 months. By law, the terminations of these contracts are not treated as terminations of employment per se since the contracts have simply been completed, not broken.

Temporary contracts tend to be set with lower-skilled workers, whereas fixed-term contracts tend to be set with higher-skilled employees. Employers avoid expectations that either type of contract will lead to permanent employment and, consequently, avoid some of the legal obligations, as well as trade union reactions, that the termination of employment might otherwise prompt. Casual contracts occur when both employer and employee accept that the employment will be on an 'as necessary' basis. Thus students working in certain occupations over the Christmas and New Year sales period, or catering staff called in to a restaurant just to cover children's parties, would be examples of casual work. In the UK for example, a rather different form of temporary work arrangement has arisen in the form of zero-hours contracts, under which employers may draw on individual employees' to the extent that suits them, often at extremely short notice, and paying them only for the hours that they are asked to work (see for example Standing 2014).

?   REFLECTIVE ACTIVITY 7.3

When and why might an employer prefer to offer a short-term contract rather than a permanent one?

In general, it seems that employers are likely to offer short-term contracts in three broad sets of circumstances: when, for one reason or another they are not sure whether or how long a job will last (for example, in the construction industry or when government funding for a charity project might be of limited duration); when they seek to avoid the commitments to employees that come with permanent work (employment rights, pensions, etc); and when they are uncertain that they have chosen the right person.

Cranet (2004) data showed that the use of fixed-term contracts remained generally limited, but there was considerable variability across countries. Despite their reputations as nations displaying great flexibility in the character of their employment relationships, the Anglo-Saxon nations clustered towards the bottom end in terms of organisational use of these sorts of contracts. The Netherlands has since the efforts to tackle unemployment in the 1990s been a striking exception to this general tendency of limited use of fixed-term contracts. Figure 7.1 shows the Cranet data for 2010 in six countries. It is Swedish, German and French organisations that are more likely to use fixed-term contracts (also Japan), with only 26% of British organisations and 11% of US organisations using them for more than 5% of employees.

Figure 7.1 Organisations with more than 5% of employees on fixed-term contracts

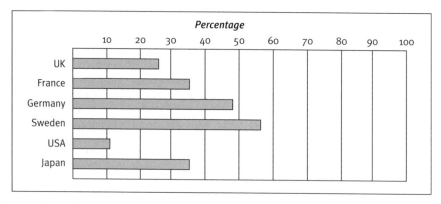

Source: Cranet (2010)

Generally, the extent of organisations' use of temporary and casual employees also remains limited, but as with their use of fixed-term contracts, there are some marked variations across countries. Cranet 2004 data showed that Anglo-Saxon countries were heavy users. Figure 7.2 shows the situation for six nations using 2010 Cranet data. Sweden, France and the UK have between 25% and 45% of organisations that use these contracts for more than 5% of their employees. German organisations are less inclined to use them, and in the USA and Japan they are now relatively infrequent. The shift in use in the USA is a rather unexpected finding, but appears indicative of a general collapse of external recruitment after the financial crisis of 2007/08.

Figure 7.2 Organisations in which more than 5% of employees are temporary or casual

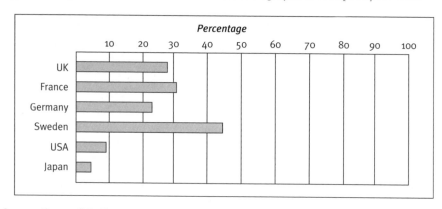

Source: Cranet (2010)

7.3.2 SUBCONTRACTING

Subcontracting is 'the displacement of an employment contract by a commercial one as a means of getting a job done' (Atkinson and Meager 1986). For some employees this will make little difference in terms of flexibility: they might well be permanent full-time employees in a fairly large contractor firm. In many other cases, however, this system – which has always been common in industries like construction, and in countries in Asia and Africa – means the displacement of more traditional contracts of employment with individuals by contracts for services with other organisations. The employment relationship will have been superseded by a contracting relationship with a provider who is at least formally self-employed. This is a system beginning to spread in some countries of the established OECD, with the explosion of self-employment in the UK since the financial crisis of 2007/08, from levels already high, particularly notable.

7.4 WORKING TIME FLEXIBILITY

7.4.1 PART-TIME WORK

> **? REFLECTIVE ACTIVITY 7.4**
>
> What advantages might accrue to employers and to employees from employing people on a part-time basis?

Part-time work helps managers to match the labour available to peaks and troughs in demand during the working day and week. Recruiting a few part-time workers to cover particularly busy periods, for example, may mean that other employees can work more standardised hours and the total full-time equivalent headcount can be kept down. It is also argued that judicious use of part-time employment allows employers to pay only for the most productive hours of an employee's time (the longer one works the less productive per hour one becomes). On the other hand, such arrangements can be beneficial for those with, for example, family care responsibilities who find that longer working hours exclude them from participating in the labour market. Approximately 85% of part-time workers in Europe, it might be noted, are female.

Part-time work is an example of flexible working which provides something for the employee, involving lower pay for fewer hours, but allowing the employee time outside work for caring for children, relatives and friends, charitable work or self-actualising or emancipatory activities of their choosing. Most employees with part-time contracts express satisfaction with working less than full-time, given their other commitments, responsibilities and interests.

Since a substantial majority of part-time workers are female, it is no surprise to find that there is also a correlation with female participation in the labour force (Rubery and Fagan 1993; Rubery et al 1996) and, indeed, with childcare arrangements (Rees and Brewster 1995). It is much used in northern Europe (long constituting over one-third of the workforce in the Netherlands, a quarter of all employment in the UK and Sweden) but generally less common elsewhere.

Definitions across national boundaries can be complex. Part-time work, for example, will apply to any work hours short of the normal working week for each country, which vary across the globe. Thus, in France and Belgium, part-time work is defined as four-fifths or less of the collectively agreed working time; in the Netherlands and the USA as less than 35 hours per week; in the UK as less than 30 hours, with lower thresholds in relation to social security contributions. Elsewhere, the norm is concentrated around 25–30 hours per week (see Bolle 1997, or Brewster et al 1996, for more complete listings).

Figure 7.3 Organisations in which more than 10% of employees work part-time

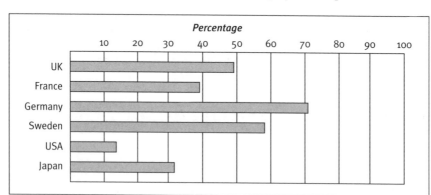

Source: Cranet (2010)

Cranet 2004 data showed marked comparative variation in the use of what employers themselves regard as part-time employees. Figure 7.3 shows the proportion of employers having more than 10% of employees working part-time based on the Cranet 2010 data. The UK remains a high user of part-time contracts, although this form of working is still more prevalent in northern continental Europe.

In some respects, job-sharing represents a development of the established idea of part-time work. Generally, it remains rather uncommon. The Cranet 2004 data showed only 5–10% of organisations in the vast bulk of nations reporting that more than 5% of their employees job-share. However, as usual there were some exceptions to the general tendency. More than two-fifths of Slovakian organisations reported that over 5% of their employees job-share. In Turkey, the proportion was just over a quarter. These comparatively very high incidences are perhaps the flipside of the very limited use of part-time employment in these two countries.

7.4.2 OTHER FORMS OF WORKING TIME FLEXIBILITY

Annual hours contracts typically offer full-time employment without necessarily offering consistency in hours week-to-week. From the employer's point of view, they offer a means of adapting to variations in the amount of work to be done. From the employees' point of view, though, although they might in some instances afford extended, pre-planned family holidays, they can be very disruptive. Although annualised hours contracts have been becoming increasingly common, their incidence across nations varies markedly. It is in France that they figure most prominently – both in 2004 and again in 2010 (see Figure 7.4) – with some 30% of organisations reporting that more than half of their employees are on annual hours contracts.

Figure 7.4 Organisations with more than half of their employees on annual hours contracts

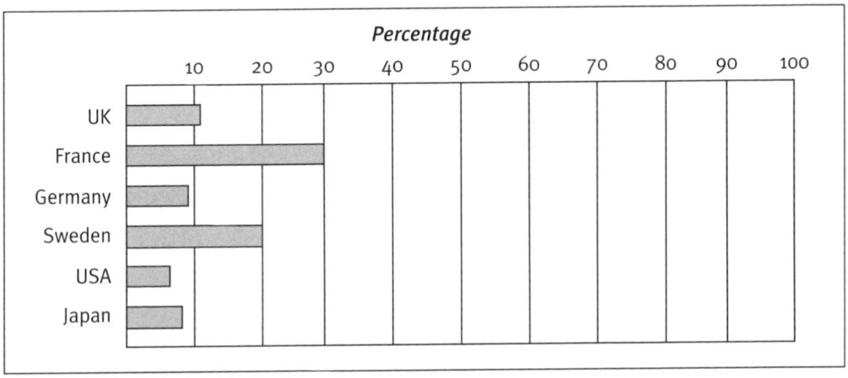

Source: Cranet (2010)

There is a wide variety of other flexible working time patterns available – some of them very new and growing – but in general they are less widespread. They include such approaches as shift-working, weekend working and term-time working, networking, working as consultants or government-sponsored trainees, and teleworking.

7.5 WORK–LIFE BALANCE

Debate around work–life balance occurs in the context of the changing future of work, flexible working patterns, a feminisation of the labour force in many countries, and, increasingly and perhaps relatedly, a reassessment by many employees of the priorities in their lives. Organisational initiatives may range from symbolic devices to counteract poor publicity, through efforts to deal with an immediate problem of recruitment or retention, to efforts to foster a new atmosphere and perhaps greater personal integrity and a more sincere workplace. Currently, rhetoric about a new balancing often exceeds the reality in many workplaces.

To some extent the language of 'work–life balance', like the language of flexibility, is problematic. In practice, life and work overlap and interact, with work giving substantial meaning to peoples' lives (Taylor 2002):

> In the experience of most people no clear-cut distinction can be established between the world of work and the world of family, friends and social networks and community. In practice, over the length of our lives it is impossible to establish neatly-constructed demarcation lines. Moreover, the word – balance – implies the existence of a settled equilibrium that can be achievable between paid employment and a life outside the job. This is highly questionable.

In this context, terms such as 'reconciliation' or 'synergy' may be more appropriate to the discussion, crystallising better the issues at stake (Taylor 2002). The terms 'work–family conflict' and 'family–work conflict' capture the agenda in a more striking way. Whatever the terminology, the work–life balance agenda implies a questioning of the effectiveness of the rigidity of many of the established dimensions of paid work, around the regularity of hours, work location, and indeed the effectiveness of long hours where employees feel torn, feel resentful, or experience self-loathing as a result of their time commitment to work. Initiatives in work–life balance offer the employee more autonomy in seeking to reconcile his or her differing roles, allowing him or her to reorder the boundaries between work and non-work.

Very often, discussion of work–life balance revolves around a need for 'family-friendly' policies, in recognition of the very severe difficulties which work can pose for family roles, and of the significance of those roles to so many employees, most obviously in terms of parenting but also in terms of caring for older relatives or friends. Of course, the work–life balance agenda can also encompass consideration of the implications of employees' commitments to voluntary work, or any activity that in some respects competes for attention with paid work roles.

? REFLECTIVE ACTIVITY 7.5

What advantages might accrue to an organisation from the introduction of family- friendly policies?

Employers rarely introduce policies that make for a better work/non-work balance because they feel altruistic. Those in the private sector need to make money and those in the public sector need to provide cost-effective services. But there are arguments that employers can gain considerable benefits from such policies: more motivated and committed staff, less absenteeism, less turnover, etc.

 WORK–LIFE BALANCE IN CHINA

CASE STUDY 7.1

In practice, professional and managerial employees are left to cope with work–life conflict (WLC) as best they can as individuals. Despite the apparent implications of law, involuntary overtime, often at short notice, and the absence of rest days are common in practice; law enforcement is uneven at best. Working weeks of 60 hours are common for managerial and professional employees in the private service sector.

Managers are unsympathetic towards, and unresponsive to, the pressures brought on employees by family commitments including childcare. Work–life balance efforts consist largely of encouraging family members to participate in company sponsored events, constituting corporate bonding or work–life integration initiatives. Chinese employees appear to value such efforts at least in an immediate sense. The diligence and self-sacrifice expected and glorified in socialist ideology are now exploited for private as well as public profit.

Thus, professionals and managers themselves are in general no better placed than are the much larger group of hourly paid employees, for example in manufacturing, who seek to increase their modest incomes by working longer hours.

See: Xiao and Cooke 2012

7.5.1 FLEXITIME

In some respects flexi-time offers something similar to annual hours contracts, although it is rather more employee-friendly in general. Flexitime is now quite common in many countries but the comparative variation in incidence is still enormous. Flexitime is very common in the Nordic nations, with approximately 35% of all organisations in 2004 reporting its use for more than half of their employees (Brewster et al 2007). High incidence was also apparent in other continental northern European countries: Austria, Switzerland and Belgium. There was comparatively little flexitime in the Anglo-Saxon world. Figure 7.5 shows the situation by 2010. There is massive use of flexitime in

Germany, compared to very little use in France. In the UK, the USA and Japan around 15% of organisations have gone down this route.

Figure 7.5 Organisations with more than half of their employees on flexitime

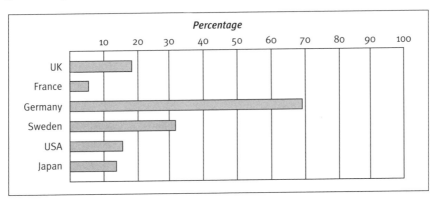

Source: Cranet (2010)

7.5.2 COMPRESSED WORKING WEEKS

Compressed working weeks offer an alternative means of balancing commitments to and outside work, and are often used by parents of pre-school children. The very limited use of compressed working weeks in any country deserves stressing. However, cross-national comparative variation in organisational use was already quite marked by 2004. North America and the UK featured comparatively extensive use of this relatively new practice, with around 10–20% of organisations having 5% or more employees on compressed working weeks. The extent of use in the UK and the USA has remained fairly stable, but once more there has been a widespread adoption of the practice in Germany, with Sweden also going down this route.

7.5.3 TOTAL WORKING HOURS

Much of the debate around work–life balance centres on the manner in which working time is structured, in particular with regard to the rigidity of the commitment which employees must make. Yet total working time is of obvious relevance to work–life balance. The comparative differences are immense. Within the EU, the number of public holidays per year ranges from eight to 14, with the UK at the bottom and Portugal at the top. This is just the beginning of differences even in holidays, however. The average number of vacation days (including public holidays) taken by employees around the world varies enormously, from 13 days in the USA, to 28 days in the UK and 42 days in Italy (ONS 1999).

Weekly working hours in the UK are famously long compared to other European countries, such that the EU's Employment in Europe survey reported that almost half of the seven million male workers working over 48 hours a week in the EU were employed in Britain. Unsurprisingly in this context, 'working sick' is a common experience for British employees, and appears shared with employees in the USA and Japan. Indeed, increasingly in the UK, as in Japan, an apparently growing minority of employees seem expected to take days off as part of their holiday entitlement rather than to take them as 'off sick' not only when their children are sick but when they themselves are so sick that they cannot work. This sort of situation is much rarer in the bulk of the advanced industrialised world.

Differences in vacation time, in the normal working week, in overtime, and in sickness absence, but also in study leave, result in striking differences in average annual hours actually worked across countries. Vernon (2000, Table 20) provides comparative data for the mid-1990s centring on the manufacturing sector, in which full-time work predominates. What is striking is that other more partial evidence suggests that, aside from some lengthening of typical German working hours, there has been limited change in the positions of countries regarding annual working time since this time. The very long hours worked in the UK are exceeded by those in the USA and Canada, and, despite the falling hours consequent on slump, also in Japan. Hours in emerging and developing nations are, as far as we can tell, generally much longer than the longest reported here for the established advanced industrialised world (see Table 7.1.)

Table 7.1 Average annual working time (hours), in manufacturing, mid-1990s

Country	Annual hours
USA	1,980
Japan	1,978
Canada	1,902
UK	1,839
Italy	1,741
Austria	1,668
Norway	1,659
Sweden	1,646
Finland	1,633
France	1,610
Germany	1,521

Source: Vernon (2000)

It is clear that there are associations between total working hours and health. Sparks et al (1997) established correlations between work hours and poorer physiological health, gauged by indicators including headaches, work accidents, coronary heart disease and general health symptoms. Long hours also showed a stronger correlation with psychological health, gauged by for example irritability/tension, problems with relationships, lack of concentration, tiredness, role strain, anxiety, frustration, insomnia, depression, and general mental stress.

?   REFLECTIVE ACTIVITY 7.6

In considering work–life balance:

Might it be that an employee's total annual working time is of more significance than specific initiatives like flexitime and compressed working weeks which re-order a given amount of working time?

If so, why is there so little discussion of total hours worked in many countries?

7.6 FACTORS UNDERLYING COMPARATIVE VARIATION IN FLEXIBILITY AND WORK–LIFE BALANCE

Generally, there is little evidence that national culture – conceived in the manner of Hofstede, for example – influences patterns of flexibility and work–life balance. However, Brewster and Tregaskis's (2002) analysis confirmed that the country of operation has a large effect on organisations' use of flexibility in their terms, accounting for 25% of the variance across organisations. Here, as elsewhere, institutional explanations of cross-national comparative difference have more promise (Vaiman and Brewster 2015).

Tregaskis and Brewster's (2006) study of five European countries shows the importance to the extent of fixed-term work of the advantages offered to employers by fixed-term contracts over permanent or open-ended contracts. Where employment law, or employment protection legislation, places relatively more restrictions on dismissal or redundancy for employees on permanent contracts, fixed-term use tends to be higher. Thus in the Netherlands, employment protection legislation places exacting requirements on employers wanting to terminate the contract of a permanent employee, whereas there is little restriction on the use of fixed-term contracts, encouraging fixed-term contracting. In contrast, in the UK the balance of employment law is such that the employment of permanent employees imposes relatively little restriction on employers beyond that involved in the use of fixed-term contracts. Use is thus much lower in the UK (Tregaskis and Brewster 2006). Similarly, the 'fire at will' reality of even permanent employment relationships in the USA means that fixed-term contracts are little used there. Strikingly, the exceptionally low use of fixed-term contracts in Denmark within the Nordic group underscores the power of this explanation, because employment protection legislation for permanent employees is much more limited in Denmark than in the other Nordic countries (see Andersen and Mailand 2005).

As Tregaskis and Brewster (2006) note, there is also some suggestion that patterns of skill formation interplay with labour law in shaping the use of fixed-term contracts, such contracting being rarer where there is more emphasis on the firm-specific, rather than transferable (or generic), skills which develop over time through a long employment relationship.

Brewster and Tregaskis's (2002) analysis showed that sector of operation accounts for 17% of variance in the levels of uptake of flexibility. MNC status accounts for very little variance – a mere 1%. At least within the established OECD, the industrial composition of countries seems of very limited relevance to their organisations' use of contractual flexibility, but it seems that in particular countries it is of particular importance. Tregaskis and Brewster (2006) suggest that the importance of agriculture and tourism in Spain help to account for the comparatively heavy use of temporary labour there. A similar argument, perhaps focused in particular on agriculture, might be made for France or even Australia. Certainly, though, there is more to the use of temporary staff than industrial structure.

Although to some extent there is a tendency that fixed-term contracts are used for employees who are more skilled and/or better qualified whereas temporary or casual work is used for employees who are less skilled and/or less qualified, to some extent, temporary work and fixed-term work seem to substitute for each other. Organisations in the Anglo-Saxon nations tend to secure numerical flexibility via the use of temporary and casual employees, rather than through fixed-term contracts. As we have suggested, fixed-term contracts often offer little advantage to Anglo-Saxon employers over permanent contracts, but temporary or casual work, often via agencies, offers much more. It seems that the willingness of Anglo-Saxon employers to deploy temporary or casual staff is also expressive of a comparatively weak emphasis on firm-specific skill in people management, with skills regarded as transferable, or perhaps even relatively unimportant (see Tregaskis and Brewster 2006). Thus the low value placed on educational qualifications in the UK context, in combination with the lower level of vocational training, encourages poaching and reliance on external labour markets. This places more of a premium on contractual flexibility.

Fixed-term contracts in occupations that are in high demand and low in supply, such as software designers, can prove quite advantageous for individuals in terms of reward packages and opportunities for skill enhancement. Yet generally, the evidence is that most employees with a temporary or fixed-term contract would prefer a permanent one. Often, though, part-time employment allows those with other responsibilities (young children, elderly relatives, etc) to be away from work when they need to be. Across Europe, EU surveys show that most people on part-time employment tend to prefer those kinds of contracts. They tend to be less common in the southern European countries where pay levels are lower (part-time work = part-time pay, and if the pay is low anyway, that may not be attractive) and where family support for working mothers is higher. The use of part-time (as well as fixed-term and temporary work) in the Netherlands is particularly great even for comparatively high-wage northern Europe, reflecting to a great extent the efforts made by the Dutch government to reduce unemployment in the 1990s (Visser and Hemerijck 1997).

EMPLOYEE VULNERABILITY, EMPLOYER OPPORTUNISM AND EMPLOYER-CENTRED EXTERNAL FLEXIBILITY ARRANGEMENTS

Raess and Burgoon (2013) examine the influences on employers' use of external flexibility arrangements, using data for almost 10,000 enterprises across 16 European countries. They focus on employers' use of fixed-term and temporary agency contracts, and indeed of part-time contracts not to accommodate employees' preference but rather for employer convenience. They find larger organisations much more likely to deploy an employer-centred external flexibility approach, presumably as both the need for and capability to operationalise such an approach are found more often in larger organisations. Moreover, an employer-centred flexibility approach is more likely where a greater proportion of an enterprise's employees are women, presumably as women's tendency to be more embroiled in caring roles leaves them more vulnerable to employers' preferences and convenience. However, it is the finding regarding the proportion of immigrant employees that the authors stress; enterprises with a larger share of their workforce foreign-born are more likely to feature employer-centred flexibility. The authors interpret this as indicating that employer-centred external flexibility is promoted by immigration, essentially as immigrants typically have a less well developed sense of appropriate conditions, are less well-informed and resourced, and are thus more vulnerable to employer pressure and opportunism.

Clearly, the findings regarding the share of the foreign-born and of women in the workforce are of similar spirit, but it may be a little simplistic to conclude that the availability of immigrants or female employees promotes employer-centred external flexibility. To some extent at least, it is likely that women and immigrants are sorted into the less attractive roles offered by employers who have a longstanding attachment to employer-centred external flexibility. At minimum though, it is clear that, given the relative vulnerability of foreign employees in the context of the limits of the protection afforded them in practice by the social regulation of work in Europe, immigration facilitates such employer-centred external flexibility. Similarly, at minimum, the vulnerability of women to employer preferences implied by the expectations of women characteristic of even modern European societies aids organisations in sustaining employer-centred external flexibility.

Source: Raess and Burgoon (2013)

What of other forms of working time flexibility? The exceptional use of annual hours contracts in France is in large part a response to the French '35-hour week' legislation of the 1990s, which actually implied not that employees must work 35 or fewer hours in any particular week but rather that annual working time should be such that the average working week is 35 hours. Employers and employees have often come to the view that the mutually beneficial way of handling this working time reduction was that employees would work more variable hours across the weeks of the year. Many, although not all, of the countries where annual hours contracts are more common are countries where unions are particularly strong and/or labour costs particularly high, suggesting that employers seek them as a means of maintaining competitiveness, and employees and their representatives accept them as a means of maintaining comparatively high levels of pay.

There is currently little cross-national comparative research on the drivers of work–life balance. In the Nordic countries, particularly Sweden, incidence of flexitime is heavy, and we might reckon its incidence to be expressive of the extent of the feminisation of the labour force, particularly as this extends to fulltime work, given the high figures for female participation in the Nordic countries. But flexitime is common in northern continental Europe more generally, with its strong unions generally rendering collective bargaining weightier, and social policy often more supportive of employees. In these circumstances it seems that employees often expect, and employers often grant, the daily personal flexibility which flexitime gives. As we have seen, there is much less use of compressed working weeks generally, and to an extent where this is used it seems to be an alternative to flexitime, perhaps where the social regulation of work is lighter, and total working time longer.

CONFLICT BETWEEN WORK AND HOME LIFE IN THE OECD AND BEYOND: CROSS-NATIONAL COMPARATIVE DIFFERENCES

Stier et al's (2012) research on the conflict between work and home life, which centres most particularly on the work–family imbalance which is in practice central to this tension, establishes enormous differences in both men's and women's sense of such conflicts across 27 nations spanned by the International Social Survey Programme (ISSP), covering the bulk of the countries of the OECD and, in addition, Russia, Cyprus, Latvia and the Phillipines.

Employed people's sense of work–family imbalance is least marked in the countries of northern continental Europe, including the Nordic countries but also the Netherlands, Germany and Switzerland, and Japan. Employees' sense of imbalance is most acute in some central European countries, particularly the Slovak Republic and Poland, but still more so in Latin America, specifically Chile and Mexico. The UK and USA are approximately average.

To some extent the differences across countries are related to their economic development, with greater GDP tending strongly to reduce the sense of imbalance, presumably as it implies greater resources with which they may be managed but perhaps also a greater societal sensitivity to such matters. Moreover, intriguingly and perhaps to some extent relatedly, there is a similarly strong tendency for greater female workforce participation to be associated with less (sic) of a sense of imbalance.

However, the findings regarding the effects of social policy, which take account of (that is, control for) the effects of the characteristics of individuals (for example, age, marital status, children at home) and their job roles (such as working hours, status at work), are most striking. Extensive paid maternity leave and, more strongly, a higher proportion of young children in day care mitigate work–family imbalance.

Broadly, countries whose workforces exhibit the least work–family imbalance are those where social policy is most supportive of families (for example the Nordic countries). However, the limited imbalance expressed by the Japanese workforce in particular is intriguing. To some extent at least this seems the result of higher GDP and workforce composition effects. However, the findings suggest that the Japanese are either particularly resilient to work–home tensions or do not explicitly identify them as such as much as do other peoples. Chandola et al (2004) clarify the situation, showing that Japanese employees have comparatively poor mental health, and that this is comparatively particularly strongly linked to family–work conflicts. Rather than being particularly resilient, the Japanese are merely particularly reticent in identifying tensions between work and home.

Source: Stier et al (2012)

What, then, of total working time, regardless of how it is arranged? Vernon (2000) shows for the established industrialised world that the strength of unions in collective bargaining, and indeed the extent of the role of national governments in shaping and regulating the employment relationship, are central influences on the average annual hours of work of employees. The very long working hours typical in developing and newly-industrialised countries, which typically feature less social regulation of work by unions and governments, and in which employees also typically have fewer financial resources on which to fall back, underscore the importance of the collective and individual resources held by employees for the containment of their total working time.

?   REFLECTIVE ACTIVITY 7.7

Currently we have little but anecdotal evidence on work–life balance in developing and newly industrialising countries. What do you think the general situation in, say, India or Vietnam might be? Why?

NATIONAL WORKING TIME REGIMES

Berg et al's (2014) international review of working time arrangements offers a useful general framework for beginning to understand differences across countries, and to an extent even within them. They distinguish between unilateral, negotiated and mandated configurations or regimes. Under a unilateral regime, working time arrangements are essentially at the discretion of the employer, with little or no restrictions implied by statutory or joint regulation. Under a negotiated regime, working time arrangements are subject to collective bargaining or joint regulation involving unions, sometimes complemented by works councils with statutory rights. Under a mandated regime, the social regulation of working time is principally by statute.

The clearest national case of a unilateral regime is the USA. In practice the unilateral regime implies a great variety of arrangements, across and indeed within enterprises, around a general tendency to long annual working hours for full-time employees, exaggerated pecuniary disadvantage for part-timers, and little employee-friendly working time flexibility. The USA is archetypal, with short vacations and long standard working hours common for full-time employees. In many enterprises employees are asked to stay overtime with little or no notice, although in the USA at least the law mandates that overtime must typically be paid at a premium of at least 50%. Part-time work is associated with very much lower hourly pay and few employee benefits, with the absence of health insurance for the bulk of part-timers particularly striking. Moreover, employers in some sectors exploit the possibility of on-call and zero-hours contracts to afford the ultimate employer-centred working time flexibility; the most ruthless 'boots on the ground' approach. In the USA, the most common employee-friendly working time arrangement is some degree of flexi-time and/or compressed working weeks, with little else offered.

The archetypal negotiated regime is Sweden. Joint regulation, involving industrial agreements sometimes supplemented by company or enterprise-level agreements, closely regulate working time arrangements. These agreements typically offer provisions at least as favourable to the employee as statutory regulation, as for example regarding the extent of paid vacations, parental leave and the pay of part-time relative to full-time employees. In some areas, such as weekly working time, industrial agreements specify annualised hours arrangements which imply a contravention of the standard statutory working week, but do so in return for lower average weekly hours or more employee-friendly working time flexibility such as leave accounts or time-banking arrangements. Alongside such leave accounts and time-banking arrangements, flexitime is also common. Parental leave is generous and flexible, amounting to more than a year at a minimum of 80% of normal pay, and shared between mothers and fathers, although the former typically take a 3/4 share. There is also generous provision for parents to take paid carers' leave to look after sick children or vulnerable relatives. Part-time work is limited, with 2/3 of women working full-time, but involves no (hourly) pay penalty. In virtually every detailed respect, and in terms of total annual working time, the arrangements resulting from comprehensive joint regulation are strikingly employee-friendly. Indeed, the vast bulk of Swedish employees express satisfaction with working time arrangements.

The archetypal mandated regime is France, with the much-discussed statutory 35-hour working week the centrepiece, but complemented by a statutory right to five weeks' paid vacation. In practice, organisations seek to compensate for the statutory restrictions on total working time via annualised hour arrangements, typically agreed with company or enterprise level unions which are very weak but wary of employers' demands. In other respects, employee-friendly working time flexibility is limited, with little flexitime for example. Part-time work is fairly limited, with women able and typically wanting to return to full-time work after motherhood given the availability of affordable public childcare, but remunerated (hourly) similarly to full-time work. Overall the French arrangement is quite rigid from the viewpoints of both employers and employees, but generally affords much more employee-friendly working time arrangements than are experienced in the unilateral regime of the USA, for example.

Source: Berg et al (2014)

7.7 INTERNATIONAL BEST PRACTICE IN FLEXIBILITY AND WORK–LIFE BALANCE

We might expect that in this area organisations necessarily must respond to their contexts, adapting their approach in a considered way to the requirements of their industry and niche, and indeed to the national context of their operations. It seems particularly implausible that there might be a best practice in terms of the older agenda of contractual or working time flexibility, given that of its essence this agenda concerns an organisational effort to match employees to work or product demand.

ENTERPRISE-LEVEL WORKING TIME FLEXIBILITY REGIMES:
INTERNATIONAL COMMONALITIES AND CROSS-NATIONAL COMPARATIVE
DIFFERENCES

Chung and Tijdens (2013) study offers a valuable detailed analysis of practices in more than 21,000 enterprises spanning 13 industries in 21 European nations.

Strikingly, establishments or enterprises exhibiting clearly employee-centred working time flexibility do not tend to exhibit employer-centred working time flexibility, and vice versa. Specifically, companies tend to feature more generous arrangements regarding leave generally (spanning care leave, education leave and other leave) or a demanding profile of overtime, unusual hours and shift work, not both sets of practices together.

There is, however, a third clustering of working time flexibility which is again quite distinct, which features what can reasonably regarded as initiatives which offer working time flexibility for both employers and employees, comprising part-time work, flexible working hours, reduced working hours and indeed phased retirement. Enterprises exhibiting this profile tend not to exhibit the purer dichotomous configurations outlined above.

At the level of countries, broadly speaking countries which tend to have many enterprises with an employee-centred flexibility regime also tend to have many (mostly other!) enterprises with an employer-centred regime, suggesting that to some extent countries either exhibit working time flexibility of some sort or exhibit neither. There is quite a strong tendency for newly acceding EU members or transition countries and Mediterranean or southern European countries to have rather less working time flexibility and for more northern European countries to have rather more. This suggests that employment relationships remain rather more traditional in terms of time (in)flexibility in southern Europe and newly acceding/transition countries than in the north of Europe. However, more detailed analysis shows that the Nordic countries, the Netherlands and Poland have very much more employee-centred working time flexibility than either southern Europe or the remainder of northern Europe.

Source: Chung and Tijdens (2013)

Yet might there be an approach to flexibility and/or work–life balance which at least generally tends to deliver better organisational and business performance across countries? There is one crucial study. Bloom et al (2009) examine the business performance impact of work–life balance initiatives in hundreds of medium-sized manufacturing companies in the USA, the UK, France and Germany. They find that there is an association between work–life balance, gauged in terms of practices and employee perceptions, on the one hand and (better) productivity performance on the other. Yet they show that this is entirely due to a coincidence between organisations' deployment of work–life balance initiatives and the use of management practices concerning work organisation and performance management which constitute the 'good management' approach they identify as actually in improving productivity performance. Thus, it seems, in the realm of work–life balance, although organisations should not generally hope to find a means to boost productivity, they can find a means of rendering work and working lives more pleasant and manageable for employees without impeding productivity. One implication of this, as Bloom et al (2009) themselves suggest, is that the tendency to emphasise work–life balance in Europe, as compared not only to North America but other regions of the world, does not generally imply a productivity cost.

The 'encompassing' service-intensive welfare states of the Nordic countries feature more or less universal childcare provision, the bulk of which is orchestrated by national or regional government (Esping-Andersen 1999). Although less comprehensive, France has extensive provision by the state, particularly for children aged three and over. To a significant extent, the work–life balance agenda in the Nordic countries in particular has, through childcare initiatives and other support for parents, been taken out of the hands of employers. The quality of working life agenda pursued systematically by the Nordic trade unions has also sought to allow employees more easily to balance home and work responsibilities. Employers have often responded creatively to the pressure applied by unions in negotiations at multiple levels, bringing, as we have seen, more flexible working in the Nordic nations, and productivity and competitiveness has been combined to a remarkable extent with improvements in the quality of working life (see Gallie 2003).

? REFLECTIVE ACTIVITY 7.8

Why might we expect practices with regard to flexibility and work–life balance to affect employees' health?

KEY LEARNING POINTS

- The traditional flexibility and newer work–life balance agendas have very different emphases.
- There are some general trends in flexibility which seem to be happening in many countries: there is a widespread move to increase the extent of flexibility within the workforce.
- There are, however, sustained national idiosyncrasies in the nature and extent of the flexibility practised.
- Despite the general currency of the new work–life balance discourse, the nature, extent and implications of work–life balance initiatives also vary markedly between countries.
- Companies are constrained or influenced in their flexibility and work–life balance practices by culture, financial and corporate governance arrangements, legislation, training provision, multi-employer agreements and trade union involvement and consultative arrangements.

? LEARNING QUESTIONS

1   Do the differences in flexible and work–life balance practices discussed in this chapter constitute a barrier to MNCs' transferring personnel policies and practices across borders?

2   Why do countries respond differently in terms of flexibility and work–life balance to what seem similar economic pressures?

3   What country factors does an HR manager need insight into in order to understand the flexibility and work–life balance trade-offs that are preferred in any particular country?

4   Given the imperatives of modern capitalism, should we expect convergence across countries, or at least convergence across the national operations of MNCs?

EXPLORE FURTHER

BLOOM, N., KRETSCHMER, T. and VAN REENAN, J. (2009) Work–life balance, management practices and productivity. In: FREEMAN, R.B. and SHAW, K.L. (eds). *International differences in the business practices and productivity of firms*. Chicago: University of Chicago Press. The authors provide a detailed international analysis of the link between work–life balance practices and business performance.

CHANDOLA, T., MARTIKAINEN, P., BARTLEY, M., LAHELMA, E., MARMOT, M., NASERMOADDELI, A. and KAGAMIMORI, S. (2004) Does conflict between home and work explain the effect of multiple roles on mental health? A comparative study of Finland, Japan and the UK. *International Journal of Epidemiology*. Vol 33, No 4. pp884–893. This article examines some of the health implications of the differing national practices in these arenas.

TREGASKIS, O. and BREWSTER, C.J. (2006) Converging or diverging? A comparative analysis of trends in contingent employment practice in Europe over a decade. *Journal of International Business Studies*. Vol 37, No 1. pp111–26. The authors provide a detailed comparative analysis of the influences on flexibility practice.

REFERENCES

ANDERSEN, S.K. and MAILAND, M. (2005) *The Danish Flexicurity Model: The Role of the Collective Bargaining System*, Faos Working paper. Copenhagen: Faos.

ATKINSON, J. and MEAGER, N. (1986) Is flexibility just a flash in the pan?' *Personnel Management*. Vol 18, No 9. pp26–29.

BERG, P., BOSCH, G. and CHAREST, J. (2014) Working-time configurations: a framework for analysing diversity across countries. *Industrial and Labor Relations Review*. Vol 67, No 3. pp805–837.

BEVAN, S. (1996) Who cares? Business benefits of carer-friendly employment policies. Brighton: Institute for Employment Studies.

BLOOM, N., KRETSCHMER, T. and VAN REENAN, J. (2009) Work–life balance, management practices and productivity. In: FREEMAN, R.B. and SHAW, K.L. (eds). *International differences in the business practices and productivity of firms*. Chicago, IL: University of Chicago Press.

BOLLE, P. (1997) Part-time work: solution or trap? *International Labour Review*. Vol 136, No 4. pp1–18.

BREWSTER, C. (1998) Flexible working in Europe: extent, growth and challenge for HRM in P. SPARROW and M. MARCHINGTON (eds). *HRM: The New Agenda*. London: Pitmans.

BREWSTER, C. and TREGASKIS, O. (2002) Convergence or divergence of contingent employment practices? Evidence of the role of MNCs in Europe. In COOKE, W. (ed) *Multinational companies and transnational workplace issues*. New York: Greenwood Publishing.

BREWSTER, C., MAYNE, L., TREGASKIS, O., PARSONS, D., ATTERBURY, S., HEGEWISCH, A., SOLER, C., APARICIO-VALVERDE, M., PICQ, T., WEBER, T., KABST, R., WAGLUND, M. and LINDSTROM, K. (1996) *Working time and contract flexibility*. Report prepared for the European Commission, Directorate-General V. Centre for European HRM, Cranfield University.

BREWSTER, C., SPARROW, P.R. and VERNON, G. (2007) *International human resource management*. 2nd edition. London: Chartered Institute of Personnel and Development.

BREWSTER, C., TREGASKIS, O., HEGEWISCH, A. and MAYNE, L. (1996) Comparative research in human resource management: a review and an example. *International Journal of Human Resource Management*. Vol 7, No 3. pp585–604.

CHANDOLA, T., MARTIKAINEN, P., BARTLEY, M., LAHELMA, E., MARMOT, M., NASERMOADDELI, A. and KAGAMIMORI, S. (2004) Does conflict between home and work explain the effect of multiple roles on mental health? A comparative study of Finland, Japan and the UK. *International Journal of Epidemiology*. Vol 33, No 4. pp884–893.

CHUNG, H. and TIJDENS, K. (2013) Working time flexibility components and working time regimes in Europe: using company-level data across 21 countries. *The International Journal of Human Resource Management*. Vol 24, No 7. pp1418–1434.

DELSEN, L. (1991) Atypical employment relations and government policy in Europe. *Labor*. Vol 5, No 3. pp123–149.

ECONOMIST (2015) The future of work: there's an app for that, and workers on tap. *The Economist*. Vol 414, No. 8919, pp5 and 13–16.

ESPING-ANDERSEN, G. (1999) *Social foundations of post-industrial economies*. Oxford: Oxford University Press.

GALLIE, D. (2003) The quality of working life: is Scandinavia different? *European sociological review*. Vol 19. pp61–79.

MORISHIMA, M. and FEUILLE, P. (2000) Effects of the use of contingent workers on regular status workers: a Japan-US comparison. Paper presented at the IIRA conference, Tokyo, Japan.

OFFICE FOR NATIONAL STATISTICS (ONS) (1999) *Social trends*. London: Office for National Statistics.

POLIVKA, A.E. and NARDONE, T. (1989) The definition of contingent work. *Monthly Labour Review*. Vol 112. pp9–16.

RAESS, D. and BURGOON, B. (2013) Flexible work and immigration in Europe. *British Journal of Industrial Relations*. Vol 53, No 1. pp94–111.

REES, B. and BREWSTER, C. (1995) Supporting equality: patriarchy at work in Europe. *Personnel Review*. Vol 24, No 1. pp19–40.

RUBERY, J. and FAGAN, C. (1993) Occupational segregation of women and men in the European Community. *Social Europe*. Supplement 3/93. Luxembourg: Office for Official Publications of the European Communities.

RUBERY, J., FAGAN, C., ALMOND, P. and PARKER, J. (1996) Trends and prospects for women's employment in the 1990s. Report for DGV of European Commission, Manchester, UMIST.

SPARKS, K., COOPER, C.L., FRIED, Y. and SHIROM, A. (1997) The effects of hours of work on health: a meta-analytic review. *Journal of Occupational and Organizational Psychology.* Vol 70. pp391–408.

SPARROW, P.R. and COOPER, C.L. (2003) *The employment relationship: Challenges facing HR.* London: Butterworth-Heinemann.

STANDING, G. (2014) *The precariat: the new dangerous class.* Revised edition. London: Bloomsbury.

STIER, H. et al (2012) Work-family conflict in comparative perspective: the role of social policies. *Research in Social Stratification and Mobility.* Vol 30. pp265–279.

TAYLOR, R. (2002) *The future of work-life balance.* Swindon: Economic and Social Research Council. p17.

TREGASKIS, O. and BREWSTER, C. (2006) Converging or diverging? A comparative analysis of trends in contingent employment practice in Europe over a decade. *Journal of International Business Studies.* Vol 37, No 1. pp111–126.

VAIMAN, V. and BREWSTER, C (2015) How far do cultural differences explain the differences between nations? *Implications for HRM International Journal of Human Resource Management.* Vol 26, No 2. pp151–164.

VERNON, G. (2000). *Work humanization: comparative historical developments in the manufacturing sectors of advanced capitalist societies, 1960–1995.* PhD Thesis, University of Warwick.

VISSER, J. and HEMERIJCK, A. (1997) *A Dutch miracle.* Amsterdam: Amsterdam University Press.

XIAO, Y. and COOKE, F.L. (2012) Work–life balance in China? *Asia Pacific Journal of Human Resources.* Vol 50. pp6–22.

CHAPTER 8

Recruitment and Selection

LEARNING OUTCOMES

When you have read this chapter, you will:

- understand the different purposes of recruitment and selection systems
- understand the most common recruitment and selection tools and practices
- understand the roles of regional issues in the area of recruitment and selection
- be able to identify the ways in which recruitment practice can be affected by institutional factors such as differences in national legislation and the nature of labour markets
- appreciate some of the most marked differences between countries in recruitment and selection practice in cultural terms.

8.1 INTRODUCTION

Good recruitment is essential to effective HRM. The effectiveness of many other human resource activities, such as selection and training, depends largely on the quality of new employees attracted through the recruitment process.

There is usually a flow of linked activities inside organisations from job analysis, recruitment, initial screening, selection, placement through to training. By 'linked' we mean that any practices in one part of the chain can only be understood when they are placed in the context of the practices earlier or later in the chain. Organisations might choose to invest more in one part of the chain. For example, if little can be done to deal with recruitment challenges, then more money might be spent on selection to make up for shortcomings. Or an organisation might prefer to invest more in training to make up for a lack of influence over the quality of the labour market. These differences might form a pattern at national level.

Recruitment and selection are often lumped together under the broader label of resourcing, but as has been seen, they are very separate processes. In this chapter we begin by concentrating on two key parts of this resourcing chain – first recruitment, and then selection. Whilst we focus here on employee resourcing, later in the book we introduce some of the more strategic dimensions of resourcing of interest in particular to MNCs, when we discuss the topics of recruiting expatriates in Chapter 14, global talent management in Chapter 16, and employer branding in Chapter 17.

KEY FRAMEWORK

The purposes of recruitment

- to determine present and future staffing needs in conjunction with job analysis and human resource planning
- to increase the pool of applicants at minimum cost
- to increase the success rate of the (subsequent) selection process: fewer will turn out to be over- or under-qualified
- to increase the probability of subsequent retention
- to encourage self-selection by means of a realistic job preview
- to meet responsibilities, and legal and social obligations
- to increase organisational and individual effectiveness
- to evaluate the effectiveness of different labour pools.

THEORY AND PRACTICE

Selection – a linked but separate practice after recruitment – then involves the identification of the most suitable person from a pool of applicants.

KEY FRAMEWORK

The purposes of selection

- to obtain appropriate information about jobs, individuals and organisations in order to enable high-quality decisions
- to transform information into a prediction about future behaviour
- to contribute to the bottom line through the most efficient and effective way to produce service/production
- to ensure cost–benefit for the financial investment made in an employee
- to evaluate, hire and place job applicants in the best interests of organisation and individual.

THEORY AND PRACTICE

As will become evident later in the chapter, even this specification of purposes is itself extremely culturally embedded. Not surprisingly, both recruitment and selection practices differ depending on the type and level of employee required – but they also differ between countries. The breadth of potential legislation that affects recruitment is considerable. Also, nearly all of the recruitment and selection processes outlined in this chapter are dependent upon the skill and competence of the line managers (or HR practitioners) who carry them out. And practitioners do not necessarily conform to a simple national stereotype. For example, König et al (2011) studied over 40 selectors in Swiss companies to identify the gap between what scientists think practitioners should do, and which procedures practitioners actually use. They used the repertory grid technique to elicit the cognitions of the selectors. The use of selection techniques was fairly similar to other HR representatives elsewhere in Switzerland (analysis of documents, interviews, references were prevalent, use of personality and work sample tests and try-outs was very infrequent), but the ways in which practitioners thought about personnel selection procedures were very individual. None of the constructs elicited was mentioned by two-thirds or more of the interviewees, and only five were mentioned by half or more.

There is then a tension between tools and techniques that have been developed to make the process of selection objective and the actual behaviour of recruiters and selectors. Many selections, despite the best efforts of HRM practitioners, are made on the subjective 'gut' feelings or biases of the managers (Horverak et al 2013; Wood and Szamosi 2016).

But as we focus throughout this chapter on the comparative examination of recruitment and selection practices, noting some of the most notable regional challenges that are discussed, it is important to remember that the recruitment and selection function inside many organisations has experienced particularly rapid global exposure. The need to recruit internationally develops very rapidly, but once established, the operations associated with new international recruitment channels can be very volatile and may be scaled down again, restructured or even disposed of within a fairly short period of time (Sparrow 2007).

8.2 RECRUITMENT METHODS

We begin with a brief summary of the principal recruitment and selection tools and techniques. Figure 8.1 shows some Cranet data for 2010, and national differences in word of mouth, company websites and reliance on educational instututions. It is clear that an internal labour market is still very dominant in Japan and, perhaps surprisingly, is also important in the USA and the UK, despite the comments above about their strong external labour markets. The 2010 findings are probably indicative of the recession and the near-collapse in external recruitment in these two labour markets. In Sweden in particular, an external labour market is still much in evidence. As these data show, countries might revert to more traditional patterns once immediate economic factors dissipate, and similarly, new methods may move into common practice. As a reflection of this, note that the use of recruitment agencies remains traditionally high in the UK and the USA, but has now entered the German labour market. They are still uncommon in Japan. The use of company websites is also much higher in the traditionally external labour market countries of the USA and the UK, but are nowhere near as important in Japan. Direct targeting of chosen educational institutions has grown in importance in some countries. In 2004 fewer than 1% of UK organisations reported using this method, but by 2010 the proportion had grown to 20%.

Figure 8.1 Recruitment practices for managers in six countries

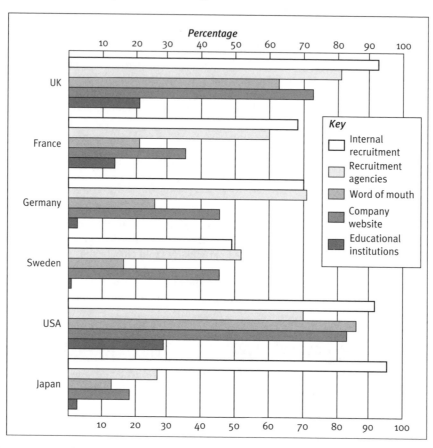

Source: Cranet data

Recruitment occurs through both informal and formal methods. Informal methods rely on the contacts of existing employees or on people just applying. Because they risk being discriminatory, word-of-mouth recruitment is rarely acceptable in the public sector. In contrast, in the business services sector, word-of-mouth recruitment is common, particularly in those societies rated more collectivist by Hofstede and House et al (see Chapters 3 and 4). International differences in the use of informal recruitment are substantial but it is widespread throughout the world, especially in poorer countries. Many specialists would defend it. Recruitment of 'family and friends' is very cheap, it aids a sense of community in the workplace, and it provides at least the option of informal control ('If you behave like that, you will embarrass your uncles who got you the job...').

Formal methods are invariably more expensive than informal ones. We make specific mention here of four methods of recruitment that take on more significance for international HR managers:

- headhunting
- cross-national advertising
- the Internet
- international graduate programmes.

8.2.1 HEADHUNTING

The developed countries are where agency recruitment and the use of headhunters for managerial positions are most common. Executive search is defined as the recruitment of senior executives and specialists with an average annual compensation level of over $100,000. The total worldwide recruitment market (employment services industry) is valued at over US $420 billion and has grown at an average 12% per annum during the last decade. The US recruitment industry derives around 81% of its revenues from placing temporary/contract employees, whereas only around 19% is derived from search and placement recruitment companies. The Association of Executive Search Consultants' (AESC) 2009 Member Outlook Survey showed that despite the economic recession, executive jobs in several sectors continued to grow, namely in healthcare, government, natural resources and pharmaceuticals/biotech. China had the greatest need for talent in 2009, based on the global average vote (66%), and India was expected to see the second greatest demand for top executives (43%), with eastern Europe set to be the third most talent-hungry market in 2009. Anecdotal evidence indicates that up to 50% of executive searches are now cross-border. The cross-border capability and geographical spread of individual search firms has long been critical (Sparrow 2006).

8.2.2 CROSS-NATIONAL ADVERTISING

Organisations are looking to Europe and beyond to attract professionals to work in the UK, or to work in locations around the globe. If the costs of getting a recruitment campaign wrong are high in the domestic market, then the potential costs of errors in global campaigns are very high. Trends in advertising vary across sectors. There is a shift away from press advertising into creative alternatives, such as targeted outdoor poster sites – airport lounges, airline magazines, and journey-to-work routes. Many recruitment advertising service providers now operate as part of global networks in order to deliver targeted pan-European or global campaigns (Sparrow 2006). Advertising agencies gather a broad spectrum of international intelligence which focuses on the location of the target audience, the kind of market they operate in, sample salaries, recruitment competitors, and whether the job-seeking audience is passive or active. Knowledge of the best recruitment media and national custom and practice are important in order to ensure the cultural appropriateness of a campaign.

CROSS-CULTURAL DIFFERENCES IN JOB ADVERTISING

From an advertising perspective, the most important cross-cultural differences concern:

- the role qualities associated with jobs
- the desired company qualities
- softer cultural issues, such as what ideal brochures should look like and the wording of adverts, whether salaries are mentioned, etc.

National differences in the use of advertising are large. More use is made of newspapers, specialist journals and Internet recruiting in the developed countries; less in the Third World.

8.2.3 INTERNET RECRUITMENT

The Internet offers considerable potential as a source of recruitment for internationally mobile managers, small firms seeking specialist skills, or larger firms wishing to demonstrate their presence. For Ruël and van der Kaap (2012) Internet recruitment practices form just one part of the broader move to e-HRM, which links many areas of HRM practice well beyond recruitment, into a more analytic context.

The online recruitment market is proving most useful for international graduate recruitment, attracting MBAs and PhD-level candidates, and for specific roles such as marketing and IT staff. A series of electronic recruiting products and services is reshaping the job-finding process. E-recruitment (electronic recruitment) has the potential to reduce the barriers to employment on a global scale. The technology – which might include organisation websites, job boards and online newspaper job pages or the use of social networking sites – can be used to:

- deal with the applications – email enquiries, emailed application forms/CVs, online completion of application forms
- select candidates – online testing, information-gathering
- enhance an employer brand
- create a personal relationship with the talent pool.

THE ADVANTAGES OF USING THE INTERNET

It allows firms to:

- speed up the recruitment cycle and streamline administration
- make use of IT systems to manage vacancies more effectively and co-ordinate recruitment processes
- help handle high-volume job applications in a consistent way
- widen recruitment sourcing and reduce recruitment costs
- reach a wide pool of applicants by advertising vacancies – on your organisation's website, on job sites, or on social networking sites
- reach a niche pool of applicants and attract applicants on a more specialised skills match (by encouraging applicants to use personal search agent facilities)
- improve on traditional advertising approaches by targeting particular lifestyle or culture-fit groups (such as expatriates or people who consume services similar to those provided by the host firm)
- make internal vacancies widely known across multiple sites and separate divisions
- provide a brand image of the organisation, reinforcing employer branding and giving an indication of organisation culture
- offer access to vacancies 24 hours a day, seven days a week, thereby reaching a global audience
- provide a cost-effective way to build a talent bank for future vacancies
- provide more tailored information to the post and organisation – for example case histories of the 'day in the life' or a self-assessment questionnaire or quiz to assess fit with the role.

Using the Internet for international recruitment has received a mixed reaction but is slowly emerging as a useful process. Firms have faced a number of problems with web recruitment: many existing service providers do not yet have truly global coverage, and the web is currently not appropriate for all countries. The main impact can be to increase the volume of applicants, and in a time of tight resources within HRM this is not always good news. There are then also problems with using e-recruitment methods:

- Targeting particular populations becomes difficult. For example, in running webpages in Singapore, applications are likely to be received from places such as Malaysia.
- Generating a larger number of applicants from more diverse social groups may lead to a need for extensive screening activities.
- Company image or brand may not be well known in untried markets (see Chapter 17).
- Quality becomes more variable and needs managing.
- It can move firms away from relying on targeted universities.
- Equal opportunities issues might exist, in that most applicants still tend to be male and from a small range of countries.

Nonetheless, the Internet has become the primary port of call for a good proportion of international talent, and so developing this as a viable recruitment channel is important. It is one of the fastest-growing methods of recruitment – especially for senior professionals, technical specialists and managers. Obviously, its use is restricted to those countries and organisations where the Internet is widely used. Indeed, there are some important differences in privacy attitudes related to the use of the web in recruitment across cultures (Harris et al 2003).

8.2.4 INTERNATIONAL GRADUATE PROGRAMMES

Another form of international sourcing is the external recruitment of graduates into international roles. Organisations that have initiated international graduate recruitment programmes tend not to replicate the competencies that they use for experienced managers in these programmes. Instead, they have attempted to understand and manage graduates through the process of developing an international management career. A number of significant problems with international graduate programmes must be planned for:

- It only has a slow impact on the level of internationalisation, acting as a slow-burning fuse.
- Retention rates may be low.
- It can be difficult to encourage receiving units to prepare themselves to be able to manage the new international recruits accordingly.
- Visa issues mean that the cadres have to be managed for a significant period of time.
- Many organisations note that graduates (as is also the case for established managers) are becoming more reluctant to move.
- This reluctance to be mobile is also changing attitudes to compensation, forcing organisations to be more responsive to individual circumstances.

In an Asia-Pacific context, institutional arrangements reflecting the relationship between the state and organisations becomes more important. For the *chaebols* in South Korea, seen as prestige employers, the culture is one of mass recruitment of graduates. Recruitment takes place biannually with a preference given to management trainee candidates from the elite universities (Rowley and Bae 2004). Assessment is thus really made at point of entry into the education system rather than at point of entry into the organisation (which is not unlike the situation in France). However, after the Asian crisis of the late 1990s and the rationalisation and recruitment freezes, slowly there has been a move to more recruitment-on-demand practices and more flexible adjustments to labour demands.

8.3 SELECTION TOOLS AND TECHNIQUES

Organisations can choose from a wide range of selection methods, including references, interviews and tests. Many organisations use not just one but a combination of selection practices.

Figure 8.2 Selection practices for managers in six countries

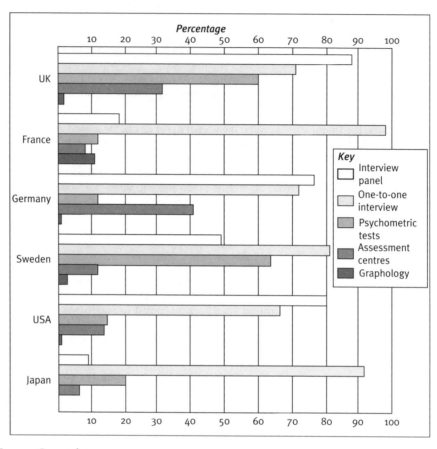

Source: Cranet data

If there is one area in HRM where national differences are very apparent, it is in the area of selection. For example, back in 2004 Cranet data showed that the proportion of organisations using assessment centres was 6.4% in the UK, 5.5% in Germany, 3% in the Netherlands, and 2.1% in France. Perhaps reflecting the type of organisations more likely to take part in the international survey, the figures for Italy and Greece were 12.8% and 11.7% respectively. Psychometric tests for clerical positions were very popular in Spain, Italy, Denmark and Finland, but distinctly unpopular in Germany, the Netherlands and Norway (Brewster et al 2007).

Data gathered for the Cranet project from 2010 for six key countries continued to demonstrate several differences. They are shown in Figure 8.2. Some key differences in practice can be observed. Interview panels are particularly popular in the UK, the USA and Germany, but are only infrequently used in France and Japan. One-to-one interviews are by far the most frequent practice in those two countries. Psychometric testing is relatively widespread amongst UK and Swedish organisations, but in the USA, France and Japan only between 10% and 20% of organisations use this method. Some selection methods are then common in some countries but may not be used at all in others. Reflecting a long-standing finding, graphology – reading character through handwriting – features as a method only really in France (even here it is only used in around 12% of organisations). By far the most common selection method is through interviews. But other methods have recently begun to attract more attention, such as assessment centres and psychological testing.

8.3.1 INTERVIEWS

In theory interviews should follow a structured format so that each applicant is asked the same questions. Often this is not the case, even though unstructured interviews have low predictive validity (Cook 1999). There are also national differences in the number of people involved in the interviews and who they are. Thus an HRM specialist would often be one of the interviewers in northern Europe; less commonly so elsewhere. There can be important cross-cultural differences (Sparrow 2006). For example, one US MNC, when recruiting managers in Korea, found that interviewers had to be trained in cross-cultural awareness. It is the cultural norm in Korea, when asked a 'good' question, to keep silent as a sign of respect. The better the question, the longer the period of silence the candidate maintains. In US culture, if you ask a good question and are met with silence, you do not attribute the behaviour to respect but to ignorance. Face-to-face interviews can create quite distorted judgements.

8.3.2 ASSESSMENT CENTRES

Because assessment centres are regarded as one of the most robust and valid selection techniques in general, it should be expected that they would be used to assess competence for international managers. We focus on international diffusion of the assessment as a rigorous recruitment, selection and personnel evaluation process, for as Delmestri and Walgenbach (2009) note, it can be considered as belonging to the package of 'high-performance' HRM practices. However, they are not common.

Thornton and Krause (2009) noted that the early adopters of assessment centres were predominantly in North America and the UK, but soon thereafter applications appeared in German-speaking countries, Japan and South Africa. Practices were extremely mixed, and although national patterns were not analysed, the study showed the increased localisation of assessment centre design. Data on the percentage of national firms adopting the practice may therefore hide many differences. The assessment centre method is seen as highly 'plastic' – that is, it can be moulded and shaped in different ways, with such variations in the method as the dimensions specified (job requirements), types of exercises, numbers and types of assessors, methods of observing and recording observations, methods of integration of evaluations across assessors, dimensions, and exercises, and methods of feedback. Assessment centres may also be used for selection or promotion (evaluation, judgement or prediction), or mainly for developmental purposes (diagnosis, development or training).

Delmestri and Walgenbach's (2009) study demonstrates this opportunity for high or low local embeddedness of this selection technique. They examined the adoption of assessment centres in 161 MNCs from five countries – France, Germany, Italy, the UK and the USA – both in their HQ and in their Italian subsidiaries. Their study showed that diffusion of assessment centres followed a similar pattern at HQ level in all national contexts. This demonstrated the importance of transnational institutions of Anglo-American origin for MNCs of any nationality. However, there was considerable local variation in the degree of institutionalisation of assessment centres. This ranged from fully fledged support in culture and the professions being assessed in Germany, the UK and the USA, to weak or negative backing in France and Italy. The adoption of the technique in their subsidiaries in Italy was explained by different characteristics of the corporate field of firms with headquarters in different countries, as well as organisational size and labour market conditions.

Even where assessment centres are used to select managers in international settings, the key to cross-cultural assessment centres clearly seems to be to design the assessment process so that it is very adaptable to the local environment in which it will be operated (Sparrow 2006). For example, differences in the labour market often mean that the assumptions made about candidate behaviour in the UK do not translate well abroad. The need for adaptability argues against having overly structured exercises, and most structured tools (such as situational interviews and work simulations) have to be modified. Interviews are easy to adapt, but assessors also have to build as many anchors into the local marketplace as possible in order to give the assessment process meaning. This involves a series of steps, from the simple renaming of case studies and scenarios through to the adoption of local norms for psychometric instruments, and beyond.

8.3.3 PSYCHOLOGICAL TESTING

The validity of some psychometric testing methods is also disputed. Psychologists claim that the variability of validity across settings for the same type of job and across different kinds of jobs is small (Schmidt and Hunter 1998). Nevertheless, some variation is observed, and in particular there are concerns for organisations operating internationally about the cross-cultural transferability of many psychometric tests. Of course, only a small minority of organisations in any country use psychometric testing, and the proportion of organisations that use assessment centres is even smaller. International HR managers are increasingly becoming aware of cross-cultural assessment issues (Van de Vijver 2002, p545):

> Psychological assessment increasingly involves the application of tests in different cultural contexts, either in a single country (involving migrants) or in different countries... In the near future the demand for cross-cultural assessment will increase, due to the growing internationalisation of business and the increasing need of migrant groups for culture-informed psychological services.

Kundu et al (2012) surveyed practitioners in 126 Indian manufacturing and service organisations. Methods of recruitment and selection used in Indian organisations varied according to industrial sector, with more sophisticated practice in service firms, but in general the process has become more rigorous. They found that recruitment methods including placement consultants, employee referrals, direct applicants and job portals were heavily used in all organisations. The use of written tests, tests on specific skills, psychological tests, technical interview and general interviews as selection techniques was examined, again with most techniques in wide usage, excepting psychological testing. This was not as widely used, potentially being seen as a western-oriented selection instrument and not used widely to evaluate the attitude of candidates groomed in Indian culture.

Developing culture-free, culture-fair and more recently culture-reduced instruments has long been a goal for psychologists. Where it is accepted that existing instruments are invalid, unreliable or do not cover the construct they are intended for when used in a different cultural setting, developing culture-specific variations becomes an alternative. This can be costly – so is it necessary, and is it cost-effective? Does adaptation add sufficient incremental value to the bad but common practice of straightforward applications of existing tests and their norms? The answer to the first part of this question involves more than immediate concerns about fairness and discrimination.

Sparrow (2006) raises the following questions. In the light of increases in the use of assessment:

- Can organisations use psychological tests fairly in multicultural settings?
- Do the psychometric properties of tests translate to different cultural groups?
- Can 'culture-free', 'culture-fair' or 'culture-reduced' tests be developed?
- Or if tests do not translate from one culture to another, can new instruments be developed?

The use of psychological tests has become an increasing problem in the international selection field. In the pursuit of the global manager, organisations have to look outside their normal recruitment territory in order to benchmark interview candidates. Because they are aware that interviews or behaviourally based work simulations are subject to culturally different behaviours, from both the candidates and the assessor, international HR managers might be tempted to use more testing. On the surface, psychological tests may be seen as a way of avoiding the subjective bias of other options. Indeed, greater international mobility of candidates has increased the demand for tests to be used on job applicants from a number of different countries, and most test producers now sell their products internationally.

The costs of cultural bias in psychological tests do not lie in reduced performance of the candidates. They lie in the perceived stupidity of the assessment process and the impact on motivation (Sparrow 2006). There is also the problem of fairness. Candidates to whom inappropriate testing has been applied can find that they do not progress as well through internal selection systems. Such discrimination is equally inappropriate. Countries also differ greatly in terms of the practices related to user qualification, legal and statutory constraints on test use and the consequences for those tested, and controls exercised over the use of tests.

? **REFLECTIVE ACTIVITY 8.2**

There are no simple answers to the issues posed by the use of testing cross-national samples. International HR managers face several practical dilemmas. How should the following questions be considered in an organisation?

- If a French manager is coming to work in the UK, is it appropriate to test the manager against the French or the UK test norm group?
- If you test the manager in the English language, is he or she disadvantaged?
- If international HR managers insist on using standardised tools such as psychological tests, does the degree of confidence in their accuracy have to be tempered?
- Can HR managers make up for this by putting more emphasis on the feedback process?

8.4 RECRUITMENT IN ITS INSTITUTIONAL CONTEXT

Having outlined the main tools and techniques available, we now place recruitment activity into an institutional context. It is difficult to separate recruitment and selection activity from the potential 'knock-on' effects that they have on other areas of HRM including overall skill levels, training and development needs, employee retention, trade union membership and employee relations, diversity management, and pay and benefits (Wood and Szamosi 2016). In an international perspective, the academic literature has turned away from comparative studies on specific recruitment and selection practices, towards an attempt to better place such practices in their broader institutional context (Nikandrou and Panayotopoulou 2012; Wood et al 2014). These analyses draw attention to the potential for uneven regulatory enforcement. They link the existence of models of high volume and low rigour recruitment, or more authoritarian and patriarchal systems in which weak employee voice and rights are considered to be offset by informal ties and implicit understandings, to the institutional context. They argue that in institutional contexts where there is more intense labour market regulation that discourages organisations from shedding staff, the recruitment and selection process is vested with a great deal of importance. However, in other settings, such as the flexicurity economies of the Scandinavian social democracies of Norway and Denmark, whilst security of tenure may be weaker, it is compensated for in other ways. Because there is superior access to additional further skills and training, this ensures that employees are more suitably qualified at all stages of their careers. They have a degree of security in employment, if not in a single employer, and employers can give less attention to the detail of their selection systems, as competence is delivered in other ways.

The employment relationship is typically governed by the combination of three sets of factors (Snape 1999):

- a complex mix of individual and collective agreements
- the rights and obligations enshrined in legal statutes
- the implicit and explicit understandings of such rights and obligations.

These rights and obligations – codified or implied – are in turn embedded in highly nationalistic legal systems and frameworks. The International Classification of Status in Employment (ICSE), used by the ILO, considers that employment contracts are best categorised in terms both of the type of economic risk carried by an employee, and of the authority that is involved in the job – defined as the set of tasks and duties that are to be performed by one person.

There are five specific areas of country difference that international HR managers must be aware of:

- the nature of employment contracts
- the type of labour legislation – which varies from one country to another in terms of scope, whether it conveys an employer or employee bias, and the recency of codification, and attention therefore to particular areas of deficiency in the behaviour of individuals, organisations and institutions
- the type of labour market – which may be internal or external, formal or informal, linked to levels of education or not
- the recruitment sources usually tapped to attract people
- the recruitment methods in practice, such as whether pay is mentioned (for example, in France and Japan the public sector is number one choice).

Sparrow (2012) analysed the employment contract from a comparative context. The employment contract is a contract of service (or apprenticeship) between an employer and an employee, rather than a contract for services. Under the law the contract may be expressed or implied, and if it is expressed, it may still have standing whether it is oral or in writing. As an agreement between an employer and an employee, it sets out an individual's employment rights, responsibilities and duties. However:

- without understanding the workings of the surrounding legal system, any examination of even codified rights becomes almost meaningless
- without insight into the cultural embeddedness of these terms, interpretation of the codified artefacts of the employment contract, and the legislation that might go along with recruitment to this contract, can be very misleading.

? REFLECTIVE ACTIVITY 8.3

Consider the issue of equality legislation.

● Identify two countries where recruitment legislation exists, and two where it does not.
● How is the issue of equality dealt with – informally and informally – in each instance?
● What does this tell you about the implementation and effectiveness – or ineffectiveness – of the legislation in existence? Even when legislation exists, that does not imply that it works!

In light of the fact that even what is implied by an employment contract is culturally embedded, you can imagine the depth of knowledge that is needed to establish an appropriate recruitment policy towards that job, or to apply a recruitment practice. Local HRM practitioners, whether operating in a domestic or an international organisation, have to understand the law as it affects:

● the use of employment exchanges and job centres
● outplacement
● temporary work
● fixed-term contracts
● hours of work
● time off work
● termination of employment
● unfair dismissal
● redundancy
● maternity leave
● discrimination and equal opportunities
● health and safety
● recruitment codes of practice
● the use of psychological testing, and
● the disclosure of information.

A core part of the role is of course that specialists also have to understand the nature or source of the law in any particular country, which ranges from codified legislation, constitutional rights, national or sectoral collective agreements, to codes of best practice that have set precedents in labour courts.

? REFLECTIVE ACTIVITY 8.4

Even the wording above implies that there is legal coverage of all these issues around the world, which is not the case everywhere.

● Are these terms especially meaningful to all international managers?
● If they are meaningful in your context but not in someone else's, how would you try to broach the issues with that someone else?

8.4.1 THE SCOPE OF LABOUR LEGISLATION

Governments are involved in the recruitment process, both through the provision of recruitment services and through legislation – mainly concerned with discrimination. In Europe, at least, discrimination against job-seekers for reasons of race, gender, age or legal history, or because they belong to disadvantaged groups in society, is seen as undesirable from a moral, legal and, sometimes, organisational point of view. Other countries may be different. India, for example, has laws to privilege its upper castes; some Arab and Asian states have rules to privilege locals over migrants. In Europe, though, monitoring staffing practices and outcomes to avoid discrimination is crucial for many HR managers.

The scope of labour legislation and associated collective agreements or custom and practice varies markedly. For example, some constitutions convey rights in relation to appointment. In Norway the Employment Act of 1947 specifies that every citizen has the right to make a living. Article 1 of the Italian Constitution defines the country as a democratic republic based on labour in which the employer is the provider of work and the employee the lender of labour.

CASE STUDY 8.1

PRINCIPLES OF FRENCH RECRUITMENT LAW

The French codified collection of employment Law provisions are laid down by statute called the *Code du Travail*. Contracts of employment are nearly always for an indefinite term (*contrats à durée indéterminée*). Specific agreements for short limited term employment (*contrats à durée déterminée*) are tightly regulated. If limited term agreements are renewed more than once they will be held to become indefinite term agreements. Once an employee is taken they may only be dismissed for a specific reason. The reason or grounds must be recognised by French Statute or Case Law. A major legal distinction exists between *cadres* (executive grade employees) and *employés* (other lower grades of employees).

In addition to the *Code du Travail* there are provisions set out in collective bargaining agreements, known as *Conventions Collectives de Travail*. These may be applicable nationally, throughout the whole of French territory, or sometimes only at a very localised level. They relate to a particular sector of industry or commerce. They set out the scope of

the relationship between employer and employee in much greater detail. National and sectoral agreements are legally binding for all employers who are members of the signatory employer organisation and if the firm comes within the geographical and professional scope of the agreement. However, if the agreement is extended to the whole sector, then it applies whether or not a company belongs to the signatory employer organisation.

Historically, co-ordination between the different levels was organised on the 'principle of favourability' towards employees (*principe de faveur*); that is, if there is conflict between agreements, the one most favourable to employees applies. There is much decentralised autonomy to negotiate wages, working time and flexibility on general issues concerning the relationship between employer and worker. The 'Fillon law' of 4 May 2004 on social dialogue and Act of 20 August 2008 amended the conditions governing the validity of a collective agreement. They now must be signed by one or more representative trade unions which received at least 30% of the votes cast in workplace elections and should not be opposed by a majority of unions. The government sometimes extends collective agreements to ensure parity to various groups of workers (for example, guaranteeing the same minimum wages for all companies in a sector) and to avoid social competition.

In France, as noted above, a range of collective agreements at national or industry level shape recruitment practice. For example, in the chemicals sector re-hire arrangements gave priority to candidates who were ex-employees in the previous six months. The motive was to stop companies rationalising and then re-hiring under new terms and conditions.

CASE STUDY 8.2

RECENT CHANGES IN EUROPEAN RECRUITMENT-RELATED LEGISLATION

The European Foundation for the Improvement of Living and Working Conditions (Eurofound) is a tripartite European Union Agency, whose role is to provide knowledge in the area of social and work-related policies. A review of its reports on developments in recruitment-related legislation in the first half of 2015 indicates the potential scope and role of legislation:

Sweden: The Government is taking action against what it considers to be the overuse of temporary employment. New regulations are to ensure that a temporary post would become a permanent one when the accumulated time of employment reaches two years. The Employment Protection Act should come into force on 1 May 2016.

Germany: A bill setting legal quotas for women on company boards was passed in March 2015 by the German Bundestag. From 2016 there will be a statutory 30% female quota for new members of supervisory boards. This will affect 108 market-listed firms that are also subject to co-determination. A more flexible approach has been taken with 3,500 medium-sized firms who will be obliged to develop their own targets for the share of women on executive boards, supervisory boards and the two highest management levels by September 2015.

Slovakia: New rules aimed at ensuring wage equality for temporary workers came into effect in March 2015 when changes were made to Slovakia's Labour Code. The new rules guarantee equal wages for core and temporary agency workers who perform the same or similar jobs and prohibit temporary agency workers from carrying out risky jobs. Employers are also obliged to maintain a register of the agency workers they use, and are not allowed to employ them for more than two years (a maximum of four contract renewals or extensions).

Italy: A bill aimed at organising existing employment contracts is being moved into law. The Jobs Act and the new bill are designed to tackle precarious employment by reducing the number of different types of employment contracts and cutting down the level of litigation affecting many employment relationships. It aims to: eliminate atypical contracts, such as joint venture (*associazione in partecipazione*) and job-sharing; and restrict the use of dependent self-employment contracts (*contratto a progetto*). The bill introduces a statutory limit to the number of temporary agency workers a company can use (a maximum of 10% of the workforce can have open-ended contracts), unless agreed otherwise by national collective bargaining agreements.

Spain: New 'open-ended contracts for entrepreneurs' (*Contrato indefinido para emprendedores*) available until the

Spanish unemployment rate falls below 15% were introduced in 2012, aimed at promoting stable employment. This type of contract offers financial incentives to hire workers younger than 30, or who are receiving unemployment benefits, and also gives social security discounts for hiring workers younger than 30 or older than 45. However, workers who are 'let go' during their first year of service are not entitled to any type of severance pay. Other contracts in Spain generally set this probationary period at around two to six months.

In Germany works councils have to agree to the use of personnel questionnaires, can see personal information on all shortlisted candidates, and can veto an appointment within one week of offer. The motive is to ensure fairness and an absence of nepotism. In Spain high salary indemnity rates have been associated with a shift by organisations towards temporary employment.

There has been a pan-European trend towards the 'democratisation' of recruitment and selection common to countries such as the UK, Netherlands, Sweden and Germany, with greater emphasis on the perceptions, attitudes, reactions and rights of the applicant, and common emphasis on the introduction of more interactive procedures, constructive feedback, self-selection and realistic job previews. In some cases this now extends to the involvement of potential workmates in the selection decision. For example, in the UK, legislation on freedom of information means that candidates can apply to see the written notes made about individuals by the interview panel, or the references provided in a promotion process. The attention to due diligence in recruitment processes and shifts in recruitment culture from this are clear to see. There has also been convergence in social legislation around forms of discrimination and employment rights which has created new influences on the nature of recruitment and selection.

In some Asian contexts, such as Malaysia, ethnicity is important. For example, there have been positive discrimination efforts to create a Malay business class and promote employment of bumiputras (ethnic Malays and other native races) in return for the maintenance of a market-based business system favoured by overseas Chinese employers (Mellahi and Wood 2006).

THREE TYPES OF LABOUR MARKET

- In the Middle East, the World Bank classified labour markets into three categories (Ali 2011) based on the degree of availability of natural resources (mainly oil) and labour abundance:
- Resource-poor, labour-abundant: Djibouti, Egypt, Jordan, Lebanon, Morocco. Tunisia, West Bank and Gaza. Egypt, Lebanon and West Bank have traditionally provided the Arab Gulf with its labour.
- Resource-rich, labour-abundant: Algeria, Iraq, Iran, Syria and Yemen. These act as a source of skilled labour.
- Resource-rich, labour-importing: Bahrain, Kuwait, Libya, Oman, Qatar, Saudi Arabia and the UAE. These act as importers of labour ranging from house servants to engineers, with the percentage of expatriates ranging from 79% to 90% in the UAE.

LOCAL EMPLOYMENT SUPPORT MEASURES, NATIONALISATION, POSITIVE DISCRIMINATION OR QUOTAS?

Many Middle Eastern states have been heavily reliant on expatriate workers both for advanced technical and professional expertise and for manual labour. One of the main socio-economic issues in the region is the need to increase national employment in the private sector (Harry 2007) and to attend to the development and fulfilment of local talent. Effective localisation has only occurred when a local national can fill a required job sufficiently competently to fulfil organisational needs.

In 2000, Dubai, and the United Arab Emirates (UAE), attempted to increase the participation of locals in the workforce under a policy known as 'Emiratisation'. It was aimed at creating job opportunities for the UAE national workforce, reducing the unemployment ratio, and enhancing the skills and productivity of the national workforce (Al-Ali 2008). Similar policies elsewhere in the Middle East have included Omanisation and Saudisation (Al-Hamadi et al 2007; Aycan et al 2007).

The UAE Government has constantly updated its Emiratisation policies (Rees et al 2007). Pressure grew for co-ordination with local governments to step up measures to deny firms not complying with the prescribed Emiratisation quotas the right to obtain work permits and entry visas for foreign labour. In September 2007, the Government 'stepped up the enforcement of existing rules, cutting fees for companies that complied and freezing all relations with the Labour Ministry with those that did not' – a painful deterrent, since it is illegal to bring new expatriate workers into the country without government approval. One of the key policies in Emiratisation is the quota system. Under

a change in the labour law in 2007, the Labour Department had the right and duty to check quotas when conducting inspections of workplaces. Companies with more than 100 employees were told that they should employ only Emiratis in their human resource department, and move towards implementing the same rule for secretarial roles. At the same time a YouGov Siraj study of UAE residents monitoring the schemes found that 46% reported that there were not enough trained or skilled Emiratis to hire. Over 50% did not believe that Emiratis' education levels prepared them well for employment, while 33% said they viewed Emirati job applicants as either 'slightly below average' or 'well below average' compared to other nationalities. In addition it was believed that amongst Emirati employees there is an unwillingness to work long hours and a reluctance to engage with the team.

By 2009 the abundance of cheap expatriates from other emerging economies was making nationalisation schemes uneconomical. The national employment scheme was perceived as a burden that MNCs had to put up with – a hidden tax – rather than as a way of building up their host countries. Many companies often ended up hiring 'ghost employees' whose actual job was completed by a foreign worker. Yet by 2011, after the experience of the global economic downturn triggered by the credit crunch, a shift was again taking place, towards offering subsidies to companies to encourage them to hire Emiratis and to help private companies hire, train and retain Emirati staff.

Do such initiatives represent sensible strategic recruitment and local employment support measures, nationalisation, attempts at positive discrimination? Or misguided management by quotas?

8.4.2 INTERNAL AND EXTERNAL LABOUR MARKETS

In addition to differences in the scope and reach of labour legislation that might impact recruitment practice, there are also marked differences across countries in terms of how their labour markets operate.

Organisations have to understand the labour markets, local, national or international, within which they recruit. Planning in tight labour markets, where there may be a shortage of key skills, is a different proposition from planning in markets where appropriately skilled labour is abundant. Shedding staff in countries such as many of those in Europe, where labour laws make that more expensive, is different from reducing numbers in some of the poorer countries of the world or in the USA, where there are few associated costs.

Labour costs in some countries are significantly higher than those in others, opening up the option of MNCs moving their production or, increasingly, their provision of services to the cheaper country. This is what has been called the international division of labour. This works where the cost of transporting goods back to the markets does not overwhelm the savings made by relocation, or where the service (telephone-answering or IT-working, to take common examples) can be provided from anywhere. It remains highly contentious.

DeVaro and Morita (2013) have recently revisited this question of the relative pros and cons of the two types of labour market.

Germany, Japan, France and Switzerland are noted for a more widespread use of internal labour markets where recruitment tends to be focused on specialised entry points at low levels of the hierarchy, and where promotion is through internal assessment. Internal labour markets are considered to have such benefits as improved morale, commitment and security among employees, more opportunity to assess (and more accurate assessment of) competencies and accrued knowledge, more control over salary levels given lower exposure to market forces, and more specialised HRM skills around dedicated entry points (such as graduate recruitment). The downside, however, can be high levels of political behaviour associated with advancement, informal glass ceilings that go unchallenged, complacency, and structural shocks when major market and technological changes force change in the whole vocational educational and training system and require a significant overhaul of the whole HRM system. The advantages of external labour markets can be the opportunity to bring in new blood as part of culture-change processes, insights into competitor capabilities, and the ability to respond to equal opportunities issues more visibly.

For example, Germany was considered to have overcome the 2008/09 economic crisis relatively successfully. It did so with a combination of working-time accounts, pacts for employment competitiveness and short-time work (*Kurzarbeit*): Crimmann et al (2012) used data from the Institute for Employment Research (IAB) Establishment Panel, which is representative for labour demand in Germany, to analyse working time strategies, and found that: 'Establishments utilised their flexibility reserves and complementary short-time work to protect their core staff during the crisis' (p878). By seeking flexibility in their internal labour market, they pursued a strategy of labour hoarding, which saved the time and cost of new recruitment and training on the job post-recession.

Job mobility is then a complex phenomenon, involving movements between employers (job-to-job mobility), between occupations and steps on the career ladder (occupational mobility), between different types of contracts, and in and out of employment (employment mobility).

Average job tenure – the amount of time a worker has spent working for the current employer, even if the job within the firm has changed – is another indicator of the stability of employment relationships. There is an inverse relation between average tenure and current mobility. In 2014 the national average tenure in Australia for a job is 3.3 years, based on a voluntary turnover rate of around 15% per annum. In the USA the figure for 2014 is 4.6 years. In the UK, data from the Labour Force Survey show that since the 1970s, average job tenure in the UK has been relatively stable. From 2001 to 2011 average tenure has been between 8.8 and 9.1 years (CIPD 2013). This masks gender differences. Average tenure has been falling for men (in part due to earlier exit from the labour market), but has increased quite significantly for women (due to improved maternity rights and fewer women either leaving the labour market altogether or changing employers to find a job that suited their new circumstances).

Countries with historically higher levels of job mobility (such as the USA, Australia, Denmark, the UK, and Ireland) tend to be characterised by low average tenure (under nine years) whereas those with traditionally low levels of current mobility such as Greece, Portugal, Spain, Germany, Sweden and Japan also have high average job tenure (typically between ten to 12 years).

The extent and character of job mobility using all three measures of job-to-job, occupational and employment mobility in Europe highlights that levels of job mobility vary significantly between the EU member states (Centre for Policy and Business Analysis 2008). Indeed, national data on average tenure levels hide significant variations.

CASE STUDY 8.4

USA: LIFE IN AN EXTERNAL LABOUR MARKET

Data from the US Bureau of Labor Statistics shows that US workers had an average job tenure of 4.6 years in 2012, up from 3.7 years in 2002 and 3.5 years in 1983. This trend towards increasing tenure (even within an external labour market) holds up within almost every age and gender category, with national statisticians believing it cannot be explained away by women's increased presence in the workplace, or people working past traditional retirement age. However, at the same time, more workers in the USA want to leave their jobs: in 2014, 21% of full-time employees wanted to change jobs in 2014, up from 17% in 2013.

Although on average the USA would be classed as a short-tenure external

labour market, the reality, as with any labour market, is that there is considerable variation across organisations. Data are of course hard to find, but as an indicator we use figures from a large recruitment firm, called PayScale, which analysed its data for 250,000 job seekers in 2013 who had worked for a Fortune 500 company (PayScale 2013). They compared average age of employee and tenure for job seekers from these firms to produce an indicator of employee loyalty. Starting with the longest tenure through to the shortest, the following picture emerges: Kodak median employee age: 50, median tenure: 20.0. United Airlines median employee age: 44, median tenure: 12.6.

Near the average, Microsoft and Coca Cola had four years' median tenure, and Citigroup 3.8 years. Firms with the lowest tenure included Amazon with 1.0 years, Google 1.1 years, eBay 1.9 years and Apple 2.0 years. Clearly there are sectoral patterns. However, there are also variations within sector. For example, at General Motors the typical employee spends just over a decade on the factory floor. This is almost double the tenure of the typical Ford employee where average tenure was 5.8 years.

Looking at average years tenure, or employee turnover rates, is an important reminder that for many organisations any efforts put towards recruitment come hand in hand with equal efforts to avoid having to go to the external labour market in the first place. They manage retention in parallel with recruitment. In the UK, for example, the most effective practices to improve retention are considered to be increased pay, increased learning and development opportunities, improved selection techniques, changes in work–life balance, improving the skills of line managers to manage people, and improved benefits (CIPD 2015). Many of these have remained the same over many years – but since 2008 more attention has been given to things like redesigning jobs to make them engaging and satisfying, better promotion to employees of the employer brand, and creating clearer career paths.

?   REFLECTIVE ACTIVITY 8.6

The previous section has noted some of the national practice and current developments in recruitment and hiring. However, does this matter for MNCs operating in those labour markets? Construct two arguments. First, list the arguments and suggest the ways in which local labour market practice will influence a local recruitment process conducted by an MNC. Second, outline the ways in which an MNC might be able to bypass some of these influences while still seeking local talent. Then, imagine you are an in-country HRM Business Partner and write a memo to your HRM director explaining your chosen strategy, mixing and matching your reasoning on both sides of the argument if necessary!

8.5 TRENDS IN GLOBAL LABOUR MARKETS AND SKILLS SHORTAGES

There are also marked differences across countries in terms of the level of skills shortages in their labour markets. There are numerous reports on the extent of skills shortages globally from recruitment and consulting firms.

Such shortages can also hinder the pace of internationalisation. For example, in India the IT services outsourcing sector makes around three-quarters of its sales to the USA and Europe. It employs 3.5 million people worldwide, the bulk of whom are in India. Service providers such as Tata Consultancy Services Ltd and Infosys Ltd grew by offering infrastructure management and application development services to US and European organisations. By 2015 Indian revenues in the sector were around $150 billion, with export revenues growing between 12 to 14% per year. This accounts for around 9.5% of India's GDP. In 2012 Infosys decided to expand its European workforce by 10%, adding 5,500 employees. In addition to a changing global footprint of employment, as competition grows, firms like Tata and Infosys are seeking opportunities in the emerging high-end services segment for new services such as digital technology, mobile applications and cloud computing. The National Association of Software and Service Companies (Nasscom) argued that to do this requires the industry to build a large pool of skilled employees.

The ILO (Martin and Abella 2014) identifies three major trends in the global labour market:

1 shrinking and ageing workforces in the 30 richer countries that account for a sixth of the world's workers and two-thirds of global economic output

2 rapid labour force growth in many of the 170 developing countries, where youth bulges and workers leaving agriculture strain the capacity of urban labour markets to create sufficient high quality jobs.

3 more complex international labour migration patterns as more workers move from one developing or industrial country to another and from developing to industrial countries.

The number of international migrants (people outside their country of birth at least a year) more than doubled between 1980 and 2010, from 103 million to 214 million and is projected to continue rising faster than population, doubling to over 400 million in 2050. Each migration corridor has unique features:

- South–South: The largest flow of migrants (34% in 2010) move from one developing country to another, for example from Indonesia to Saudi Arabia or Nicaragua to Costa Rica.
- South–North: The second-largest flow (34%) move from a developing to an industrial or more-developed country, for example from Morocco to Spain, Mexico to the USA, or the Philippines to Japan.
- North–North: 26% of international migrants move from one industrial country to another, for example Canada or the UK to the USA.
- North–South: 6% of migrants move from industrial to developing countries, for example Japanese who work or retire in Thailand.

There are of course long-standing concerns, generally expressed by unions, that jobs are being exported to cheap-labour countries. An associated concern is that employers might inject short-term skills into a domestic labour market by hiring cheaper immigrants. Employers argue that ensuring sufficient skills levels and capability in a domestic market facilitates growth in that market, producing local benefits. This also serves their internal motivations, usually driven by a combination of the need for revenue growth and the need to reduce internal costs. Employers argue that barriers to the movement of expertise need to be removed so that they can access and deploy skills more flexibly across internal, but also international, labour markets. They have many strategies at their disposal that can address skills shortages in any one national labour market, including the use of technology to assist remote working, alterations to business process and work standardisation, the development of centres of excellence that can then be used to disseminate organisational learning throughout operations, and offshore outsourcing. There are also institutional pressures supporting flexible skills migration with, for example, the General Agreement on Trade in Services Mode 4 encouraging governments to liberalise the supply of services via temporary movement of people across borders.

THE JAPANESE RESPONSE TO DEPENDENCE ON CHINESE LABOUR AND MIGRATION

Demographic trends are producing a shrinking workforce in Japan, and coupled with declining domestic spending this has increased demand in Japan for low-skilled workers in factories. China is also now Japan's largest trading partner, accounting for a quarter of Japanese exports. This creates an incentive for Japanese firms to make more effort to adapt to local customs and demands. The Japan International Training Co-operation Organisation was set up by five government ministries to oversee a skills transfer programme. Guest workers reportedly undertake high levels of overtime – mortality rates from heart disease and stress-related ailments amongst 20- to 30-year-old Chinese trainees is twice that of Japanese youth of the same age (*Economist* 2010a). Data from the Immigration Bureau of the Justice Ministry suggests that the number of Chinese trainees working in Japan has increased from 30,000 in 2002 to 80,000 in 2008, falling back to 60,000 in 2009 during the economic downturn. At the other end of the labour supply chain, subsidiaries of Toyota, Honda, Mitsumi Electric and Nippon Sheet Glass experienced industrial unrest amongst their suppliers in China in 2010. As China begins to shift from being the world's workshop to building a domestic consumer base, wage demands have increased. Wages in foreign-owned factories have been rising by 10–15% a year in 2010 (*Economist* 2010b). The Japanese business lobby Keidanren argues that Japanese firms have been hit by these changes more because they have historically used Chinese operations mainly for inexpensive parts and labour-intensive assembly, but recently have been moving to higher-value work with more skilled staff. Their just-in-time production system leaves them vulnerable to disruption. In comparison with many other foreign-owned operations, decisions on pay are also not made at plant level but centrally, and dependent on a consensus-style system. The response has been threefold: higher pay (Honda increased wages by up to 24% in China); higher promotion levels for local managers (Komatsu set a goal of having Chinese managers to lead all 16 of local subsidiaries by 2012); and moving more labour-intensive work to Vietnam, Thailand and Cambodia (the garment manufacturer Uniqlo reduced its proportion of Chinese-made garments from 90% to 65% between 2013 and 2015).

The OECD expresses the view that skills shortages affect economic growth because they have adverse effects on labour productivity. At the firm level, shortages can also increase the hiring cost per skilled worker and hinder the adoption of new technologies. Genuine skills shortages exist when vacancies remain unfilled despite attractive working conditions. These may be cyclical and structural. Shortages are common during periods of rapid economic growth, when unemployment is low and the pool of available workers is reduced to a minimum. Other times, structural changes (such as the adoption of new technologies) might increase the demand for certain skills not immediately available in the labour market, creating skills shortages even when unemployment is high. In order to ensure that skills needs are addressed, the solution might involve changes to the organisation of work (see Chapter 6) or to education and training systems (see Chapter 11).

CASE STUDY 8.6

POLAND: LOCAL LABOUR MARKET IMPACTS OF MIGRATION

1.2 million of Poland's citizens migrated in the first ten years after Poland joined the EU – predominantly the young and economically active. Many of these migrants have eased demographic pressures in ageing countries like Britain and Germany. However, Poland faces a different set of social, demographic and economic consequences that are changing its labour market, and therefore has to make a different set of local HRM policy adjustments. Remittances were worth 2% of Poland's GDP in 2009, enabling it to avoid recession, but this national income falls as workers choose to settle permanently abroad. From 2004 to 2014, 70,000 Poles took up British and German passports and surveys suggest only a half of overseas workers plan to return to Poland. The Sobieski Institute in Warsaw estimates that in 2015 nearly a third of the national budget would be spent subsidising pensions – a ratio likely to increase as the population ages and grandchildren are born abroad.

Government demographic projections show Poland will lose a further three million people by 2040, partly through migration and partly because those women who leave Poland are more likely to have children than those who stay. More immediately the migration is creating labour shortages in Poland – immigrants into Poland make up less than 1% of the population. For example, the Opole region has lost an estimated 10–15% of its population due to migration – the highest rate in the country. This has led to skills shortages for construction workers, carers, security guards, salespeople and cleaners. Similar patterns and problems are occurring all across several countries of eastern Europe which are now EU members. For example, Bulgaria's population is projected to shrink by 25% by 2060.

Source: Various Reuters reports on the Polish labour market (2014)

There is a counterside to skills shortages that can impact behavior in the labour market and recruitment process. The 2013 European Labour Force Survey found that 29% of part-time workers had non-standard types of work because they could not find a full-time job. Since the start of the economic crisis in 2008, involuntary part-time working has increased mainly in southern EU countries. For example, in Spain, by 2013 the share of workers who worked part-time involuntarily was 27%, on an increasing trend. The proportion of workers with temporary contracts who could not find permanent work was 62%. In the UK, 48% of employers across the UK admitted to recruiting people with higher levels of skills and knowledge than were required for the job. The amount spent on training had decreased from £1,680 per employee in 2011 to £1,590 in 2013. In Germany on average by 2015 a vacancy remained open for 68 days, compared with 58 days in 2010. In job areas affected by skills shortages, the period can last three to five months.

8.6 PUTTING RECRUITMENT AND SELECTION INTO CULTURAL CONTEXT

Finally, having placed much recruitment and selection activity into an institutional context, in particular by laying out important influences of factors such as the role of legislation and collective agreements, or the shape and behaviour of labour markets, we now explain the ways in which national culture weaves its influence on recruitment and selection practices. We devote considerable attention to culture here, therefore, but point out that many of the principles discussed can be applied to the other functional areas covered in the book such as rewards, training, flexibility and communication.

Interest in the role that culture plays in recruitment – and in people's attraction to and retention in organisations – has been spurred by two developments:

- the existence of a growing number of multinational corporations headquartered in a wider range of geographies, and
- the internationalisation, or ethnic diversification, of many domestic workforces.

Generic recruitment models (Rynes 1991) assume that a number of factors affect an applicant's motivation to apply for jobs and their subsequent job choice – including recruiters, recruitment sources, and administrative or HRM practices. Based on assumptions from expectancy theory, these factors influence:

- the belief that action will lead to a successful outcome (expectancy)
- the belief that success will bring rewards (instrumentality), and
- the desirability of these rewards (valence).

It immediately becomes clear how cultural factors shape both individual behaviour and the (potential) effectiveness or otherwise of specific HRM practices in the area of recruitment. Earlier in the chapter we presented a range of survey data on recruitment and selection practices, but of course such data need careful interpretation.

 HIDDEN DISCRIMINATION? WHAT SURVEY EVIDENCE CAN HIDE

CASE STUDY 8.7

In spite of the fact that there is relatively strict anti-discrimination legislation in the Czech Republic, in order to avoid the legislation many organisations – and reportedly many international organisations – adopt novel practices to work around the issue (Koubek 2009). It is forbidden to mention any age limits in advertisements, but adverts might be written saying, 'The organisation offers interesting work in a young dynamic collective.' A well-known international organisation was found to be selecting 80% of male candidates despite a majority female candidate pool. Another asked candidates about potential membership in a trade union, and another asked women about their family plans stating that the question was linked to their interest in planning for a maternity career programme. Koubek (2009, p149) warns: 'It is necessary to consider all the facts when looking at the survey data. The data alone cannot display fully the reality of recruitment and selection in Czech organisations.'

A number of early studies looked at international differences in selection practices and the role of national culture in explaining such differences in desirability and usage (Ryan et al 2003). Huo et al (2002) examined data from 13 countries to establish if significant differences existed between nations in terms of commonly-used hiring practices. Ryan et al (1999) surveyed 959 organisations from 20 countries to assess whether differences in staffing practices are due to international differences in some of the institutional factors (for example, legislation, labour market factors) or to national cultural values. They found that 11% of variation in the number of verification methods could be linked to scores on uncertainty avoidance and 5% to scores on power distance. They concluded (Ryan et al 1999; p385) that:

National differences accounted for considerable variance in selection practices. This suggests that those attempting to implement standardised worldwide selection practices may face difficulties beyond the known problems of establishing translation equivalence of test and interview materials ... The identification of staffing practices that 'travel well' is needed... Practices with universal appeal may be easier starting points for those pursuing global selection strategies, but these may not be the 'best practices'. We need to enhance our understanding of the many practical issues associated with global selection systems.

Differences across cultures in terms of factors such as the perceptions of fairness (procedural justice) have been linked to the attractiveness or not of specific features of selection systems (Steiner and Gilliland 2001). Perceived fairness in selection is considered to have an impact on a series of important pre-hire outcomes, such as the applicants' perceived organisational attraction, application withdrawal, job acceptance, reapplication behaviour and recommending the employer to other potential applicants (Anderson and Witvliet 2008; Hülsheger and Anderson 2009). It also impacts several post-hire outcomes such as organisational commitment, job performance, job satisfaction, turnover and organisational citizenship behaviour. In addition to the original studies in the USA, the importance of fairness has been shown across several countries including Romania, Turkey, the UK and Germany (Marcus 2003; Bilgic and Acarlar 2010; Ispas et al 2010; Zibarras and Woods 2010).

Wang et al (2012) recently tested over 200 applicants to organisations in Beijing and Tianjin and developed a conceptual model to link Chinese traditionality (the core of Chinese cultural values of 'Confucianism') to perceptions of procedural in selection, and its relationship with the applicant's recommending behaviour, and supervisor assessments of their job performance and turnover intention. The results shows that the traditional value of respect for authority (RA) influences applicants' work attitudes and behaviours in two ways. Respect for authority did affect applicant's procedural fairness perceptions, which in turn affected their recommending behaviour, although other cultural values were not important.

Nonetheless, the 'cultural fingerprint' was evident in the direct impact of certain cultural values on the preference for specific tools and techniques. Uncertainty avoidance has been linked to the use of the number of interviews involved in a process and values can have a deep impact on recruitment and selection. For example, in Latin America, US principles of recruitment based on objective merit, qualification and equality cannot be applied to the way that employees might evaluate a recruitment and selection process. In countries such as Mexico or Peru, the notion of all men being equal does not hold and reality is not just based on perceptions of objectivity but also 'interpersonality', for want of a better word. What is important is who the person is, and that perception of who they are is not just job-related but also reflective of social class and family ties. These values influence the way that managers think about justice and the impact they perceive justice has on employee commitment (Gomez and Sanchez 2005, p67):

> In the United States, ensuring that fair procedures are in place is essential to gain employee commitment; in Mexico, it is more important to ensure that the treatment of the employee is of a 'high-contact', personalised nature.

Having the right personal connections at the top is an important factor in hiring (Huo et al 2002), but while an MNC's strategic mandate might include objective mechanisms for assessing candidate qualifications (Gomez and Sanchez 2005, pp68–69):

> Current employees may, through their relationships, provide a more culturally adept assessment of the true qualifications of an applicant... US MNCs should consider potential candidates who enjoy 'in-group' ties, albeit indirect ones, with current employees. Such ties would help build social capital, but additionally, considering these candidates shows that the MNC looks after the employee's in-group, which hopefully will be expanded to include the organisation in its entirety.

Recruitment and hiring practices are also subject to religious and government guidelines. The moral drive in Islam is not to recruit on the basis of favouritism or nepotism (Ali 1999) but rather on the basis of experience and decency. However, the way in which these latter two qualities may be judged is still, to western-eyes, very socially dependent. In Kuwait, for example (Ali and Al-Kazemi, 2006; pp89–90):

> Most of the hiring and promotion... especially in the government sector, is influenced highly by social connectivity, tribal identity, and political and sectarian allegiance... Social dignitaries, influential individuals and politicians normally interfere in the recruitment, retention and promotion process... Like in most societies in the Middle East, it is often difficult to get things done without *wasta* – personal intervention of influential people on behalf of a particular person.

These factors combine to limit the role, function and independence of the HRM function. There are social currents arguing for a greater influence of performance and positive participation surrounding recruitment processes (Al-Enzi 2002). In Algeria, the process of recruitment and selection is a bureaucratic and administrative formality, and friendship and kinship can take precedence over qualifications. The use of *piston* to get jobs (enhanced social prestige and influence resulting from support of administrative personnel recruited from relatives and friends) is still evidenced (Branine 2006).

A number of other indigenous concepts such as *guanxi* in China, *blat* in Russia, *dharma* in India and *ubuntu* in South Africa have been discussed in the HRM literature. Minbaeva and Muratbekova-Touron (2013) have added the role of clanism – an indigenous management concept in Central Asia – to this debate. A clan is an informal organisation comprised of a network of individuals linked by immediate and distant kinship and fictive kinship ties – which include individuals that are part of a network as a result of marriage, family alliances, school ties, long-lasting friendships or neighbourhood affiliations. They examined how it impacted HRM practice in Kazakhstan as it develops an emerging model of HRM and employee-relations practices that are a hybrid of Soviet, western European and US approaches. Clanism was found to be a particularly strong influence in state-owned companies, and to have moderate impacts in the private sector. Promotion from within and recruitment through 'word of mouth' are still dominant. Whilst talent shortages, which are prevalent, favour western-style headhunting and the use of rigorous selection of employees for certain positions, clanism is still widely used. In a privately owned bank about 15% of candidates were spontaneous applicants who applied through job websites, and 85% of candidates were proposed by managers or colleagues.

> There is a 'battle' against clanism taking place not only in MNCs originating from developed countries, but also in subsidiaries of MNCs from other emerging markets. (Minbaeva and Muratbekova-Touron 2013, p129)

8.7 CONCLUSIONS

In the final analysis, the many institutional and cultural factors we have outlined should remind us there can be fundamental differences in the assumptions that might underpin a selection system. Whilst in general, most selection systems give attention to the technical requirements of the job, the person's potential to do a good job and interpersonal qualities, the belief that there is a clear link between recruitment practices and organisational effectiveness clearly differs across countries when recruitment cultures are analysed.

It is important to remember that within Europe, the Anglo-Saxon tradition is based on concepts of predictive validity, underpinned by the belief that variance in employee performance is sufficiently explainable by individual factors (knowledge, skills, abilities and other factors) to enable a cost–benefit and utility analysis of investments in sophisticated HRM process on the one hand, and returns through employee performance (on the basis of person-job or person-organisation fit) on the other. For Australian organisations too, attention is given to the fit between the person and the organisation's values and ways of doing things. This is an assumption common to most Anglo-Saxon countries, and if assessments of competency are made, it is considered legitimate to ask about a person's values (Patrickson and Sutiyono 2006). Anglo-Saxon countries – and their MNCs – might consider that an individual's alignment to the organisation's values (rather than their qualifications or technical capability) is an important part of the selection mix. The management competency approach has been popular in Anglo-Saxon countries, and the behavioural event investigation techniques that it relies upon identifies skills, traits, attitudes and values, knowledge and social roles, motivations and management style as potential competency criteria. Many organisations use the expression 'Live the values'.

CASE STUDY 8.8

FRENCH VERSUS BRITISH ASSUMPTIONS ABOUT SELECTION

Such differences reflect different assumptions about the nature of selection. In the UK, for example, an empirical predictive model is the norm. Here the assumption is that selection is about the conversion of good-quality information into accurate, reliable and valid prediction of important outcomes. If a selection method has low validity or reliability, it is considered inappropriate. In France, by contrast, selection systems work on a principle of clinical assessment. It is considered that accurate prediction of career success and performance at the point of entry is either unnecessary (educational achievement at *grandes écoles* might suffice) or improbable. Rather, selection systems should be designed to take out unnecessary risk. An overall clinical assessment of match is possible, but no finite prediction. And so although graphology has almost zero predictive validity, it is considered a cheap source of additional information that just might detect extreme risks. Judging selection systems based on the models implicit within one's own system can be misleading.

Yet in contrast, we might also point to French traditions, in which an examination of an individual's personal values are not considered appropriate to a selection context. You want to know what my [private and in personal space] values are? What are my values to do with you [my employer, for whom I provide labour and appropriate service]? In any event, apart from showing me that if I share your values so that it will make life easier for you as my manager, what is your evidence that shared values produce superior performance (considered long-term, across complex changes in business models and environments)? Difficult questions for an HRM business partner to answer! French attitudes towards selection, then, are driven by the view that the prediction of performance is not really sufficiently achievable; other factors intervene over a career and therefore decisions must be influenced by robust processes that enable an assessment of risk rather than processes built on assumptions of predicted outcomes.

The conclusion of Sparrow and Hiltrop (1994, p353) still holds true to this day:

[As] the international mobility of managers... increase[s], then the 'cultural fingerprint' of national selection systems will be more widely felt.

In what ways might the following developments change the task faced by an international recruitment function?

- Global business process redesign and the global re-distribution and re-location of work
- The merging of existing operations on a global scale and attempts to develop and harmonise core HRM processes within these merged businesses
- The rapid start-up of international operations and the need to manage the development of these operations as they mature through different stages of the business life cycle.

KEY LEARNING POINTS

- Many differences in recruitment and selection systems occur within countries and a key to these differences is national cultures and institutions.
- When organisations plan their staffing needs, they do so within the context of a particular labour market.
- What they spend on recruitment and selection is affected by national laws and tax regimes.
- Organisations employ people within particular cultures and under particular laws and institutional arrangements.
- In addition to cultural and institutional factors, each major region of the world may be considered to have specific challenges and issues with regard to recruitment and selection.
- Organisations have to remain aware of these differences when they determine their HRM policies and practices.
- Notions of good practice in HRM differ from country to country.
- As organisations internationalise, it is often their recruitment and selection systems that are the first to have to cope with this new context.
- In some sectors, the labour markets themselves are becoming more global, and this is creating both new resourcing strategies and also a need for many domestic organisations to become skilled in overseas recruitment.
- International graduate programmes are no 'quick fix' for organisations that need to increase their supply of international recruits.
- In order to be successful, cross-national advertising requires an awareness of the cultural appropriateness of the techniques and media used.
- The e-enablement of recruitment is altering the economics of the international selection process.
- Assessment centres can prove an effective tool for international resourcing, but they require careful modification for an international setting.
- There has been an increase in cross-cultural assessment based on psychological testing.

LEARNING QUESTIONS

?

1   What are the main cross-national differences in the nature of recruitment and selection systems?

2   How would you characterise the underlying philosophy that British HR professionals have towards selection compared with French HR professionals? Is this evidenced in a different take-up of particular selection tools and techniques?

3   What are the main technical challenges faced by firms that wish to internationalise their selection and assessment approaches?

4   What are the main issues facing organisations as labour markets become more global?

5   What are the different resourcing strategies open to organisations as they operate in these global labour markets?

EXPLORE FURTHER

DEVARO, J., and MORITA, H. (2013) Internal promotion and external recruitment: a theoretical and empirical analysis. *Journal of Labor Economics.* Vol 31, No 2. p227–269.

MARTIN, P. and ABELLA, M. (2014) *Labour markets and the recruitment industry: trends, challenges and opportunities.* ILO Decent Work across Borders Migration Series. January 2014. Geneva: ILO.

SPARROW, P.R. (2006) *International recruitment, selection and assessment.* London: Chartered Institute of Personnel and Development.

SPARROW, P.R. (2007) Globalisation of HR at function level: four case studies of the international recruitment, selection and assessment process. *International Journal of Human Resource Management.* Vol 18, No 5. pp144–166.

THORNTON, G.C. and KRAUSE, D.E. (2009) Selection versus development assessment centers: an international survey of design, execution, and evaluation. *International Journal of Human Resource Management.* Vol 20, No 2. pp478–98.

WOOD, G., BREWSTER, C., DEMIRBAG, M. and BROOKES, M. (2014) Understanding contextual differences in employee resourcing. In: WOOD, G., BREWSTER, C. and BROOKES, M. (eds). *Human resource management and the institutional perspective.* London: Routledge. pp25–38.

REFERENCES

AL-ALI, J. (2008) Emiratisation: drawing UAE nationals into their surging economy. *International Journal of Sociology and Social Policy.* Vol 28, No 9/10. pp365–379.

AL-ENZI, A. (2002) Kuwait's employment policy: its formulation, implications and challenges. *International Journal of Public Administration.* Vol 25, No 7. pp885–900.

AL-HAMADI, A.B., BUDHWAR, P.S. and SHIPTON, H. (2007) Management of human resources in Oman. *International Journal of Human Resource Management.* Vol 18, No 1. pp100–113.

ALI, A.J. (1999) The evolution of work ethic and management thought: an Islamic view. In: KAO, H., SINHA, D. and WILPERT, B. (eds). *Management and cultural values.* New Delhi: Sage. pp197–212.

ALI, A.J. and AL-KAZEMI, A. (2006) Human resource management in Kuwait. In: BUDHWAR, P.S. and MELLAHI, K. (eds). *Managing human resources in the Middle East.* London: Routledge. pp79–96.

ANDERSON, N. and WITVLIET, C. (2008) Fairness reactions to personnel selection methods: an international comparison between The Netherlands, the United States, France, Spain, Portugal and Singapore. *International Journal of Selection and Assessment.* Vol 16. pp1–13.

AYCAN, Z., AL-HAMADI, A.B., DAVIS, A. and BUDHWAR, P. (2007) Cultural orientations and preferences for HRM policies and practices: the case of Oman. *International Journal of Human Resource Management.* Vol 18, No 1. pp11–32.

BILGIC, R. and ACARLAR, G. (2010) Fairness perceptions of selection instruments used in Turkey. *International Journal of Selection and Assessment.* Vol 18. pp208–214.

BRANINE, M. (2006) Human resource management in Algeria. In: BUDHWAR, P.S. and MELLAHI, K. (eds). *Managing human resources in The Middle East.* London: Routledge. pp250–272.

BREWSTER, C.J., SPARROW, P.R. and VERNON, G. (2007) *International human resource management.* 2nd edition. London: Chartered Institute of Personnel and Development.

CENTRE FOR POLICY AND BUSINESS ANALYSIS (2008) Job mobility in the European Union: Optimising its social and economic benefits. European Commission, Directorate General for Employment, Social Affairs and Equal Opportunities.

CIPD (2013) *Megatrends: Has job turnover slowed down?* London: Chartered Institute for Personnel and Development.

CIPD (2015) *Resourcing and talent planning 2015: Survey report.* London: Chartered Institute for Personnel and Development.

COOK, M. (1999) *Personnel selection: adding value through people.* Chichester: John Wiley.

CRIMMANN, A., WIEßNER, F. and BELLMANN, L. (2012) Resisting the crisis: short-term work in Germany.*International Journal of Manpower.* Vol 33, No 8. pp877–900.

DELMESTRI, G. and WALGENBACH, P. (2009) Interference among conflicting institutions and technical-economic conditions: the adoption of the assessment center in French, German, Italian, UK, and US multinational firms. *International Journal of Human Resource Management.* Vol 20, No 4. pp885–911.

DEVARO, J. and MORITA, H. (2013) Internal promotion and external recruitment: a theoretical and empirical analysis. *Journal of Labor Economics.* Vol 31, No 2. pp227–269.

ECONOMIST (2010a) The Chinese in Japan: department stores and sweat shops. *The Economist.* 396 (8690). p58.

ECONOMIST (2010b) Japanese firms in China: Culture shock. *The Economist.* 396 (8690). p68.

GOMEZ, C. and SANCHEZ, J.I. (2005) Managing HR to build social capital in Latin America within MNCs. In: ELVIRA, M.M and DAVILA, A. (eds). *Managing human resources in Latin America*. London: Routledge. pp57–74.

HARRIS, M., VAN HOYE, G. and LIEVENS, F. (2003) Privacy and attitudes towards internet-based selection systems: a cross-cultural comparison. *International Journal of Selection and Assessment*. Vol 11, No 2/3. pp230–236.

HARRY, W. (2007) Employment creation and localization: the crucial human resource issue for the GCC. *International Journal of Human Resource Management*. Vol 18, No 1. pp132–146.

HORVERAK, J.G., SANDAL, G.M., BYE, H.H., and PALLESEN, S. (2013) Managers' selection preferences: the role of prejudice and multicultural personality traits in the assessment of native and immigrant job candidates. *Revue Européenne de Psychologie Appliquée/European Review of Applied Psychology*. Vol 63, No 5. pp267–275.

HÜLSHEGER, U.R. and ANDERSON, N. (2009) Applicant perspectives in selection: going beyond preference reactions. *International Journal of Selection and Assessment*. Vol 17. pp335–345.

HUO, Y.P., HUANG, H.J. and NAPIER, N.K. (2002) Divergence or convergence: a cross-national comparison of personnel selection systems. *Human Resource Management*. Vol 41, No 1. pp31–44.

ISPAS, D., ILIE, A., ILIESCU, D., JOHNSON, R.E., and HARRIS, M.M. (2010) Fairness reactions to selection methods: a Romanian study. *International Journal of Selection and Assessment*. Vol 18. pp102–110.

KÖNIG, C.J., JÖRI, E. and KNÜSEL, P. (2011) The amazing diversity of thought: a qualitative study on how human resource practitioners perceive selection procedures. *Journal of Business Psychology*. Vol 26. pp437–452.

KOUBEK, J. (2009) Managing human resources in the Czech Republic. In: MORLEY, M. J., HERATY, N. and MICHAILOVA, S. (eds). *Managing human resources in central and eastern Europe*. London: Routledge. pp132–157.

KUNDU, S., RATTAN, D., SHEERA, V. and GAHLAWAT, N. (2012) Recruitment and selection techniques in manufacturing and service organizations operating in India. *Journal of Strategic Human Resource Management*. Vol 1, No 3. pp9–19.

MARCUS, B. (2003) Attitudes towards personnel selection methods: a partial replication and extension in a German sample. *Applied psychology: an international review*. Vol 52. pp515–532.

MARTIN, P. and ABELLA, M. (2014) *Labour markets and the recruitment industry: trends, challenges and opportunities*. ILO Decent Work across Borders Migration Series. January 2014. Geneva: ILO.

MELLAHI, K. and WOOD, G. (2006) HRM in Malaysia. In: BUDHWAR, P.S. (ed). *Managing human resources in Asia-Pacific*. London: Routledge. pp201–220.

MINBAEVA, D.B. and MURATBEKOVA-TOURON, M. (2013) Clanism: definition and implications for human resource management. *Management International Review*. Vol 53. pp109–139.

NIKANDROU, I. and PANAYOTOPOULOU, L. (2012) Recruitment and selection in context. In: BREWSTER, C. and MAYRHOFER, W. (eds). *Handbook of research on comparative human resource management*. London: Edward Elgar Publishing. pp121–138.

PATRICKSON, M. and SUTIYONO, W. (2006) HRM in Australia. In: BUDHWAR, P.S. (ed). *Managing Human Resources in Asia-Pacific*. London: Routledge. pp239–252,

PAYSCALE (2013) Full list of most and least loyal employees. Available at: http://www.payscale.com/data-packages/employee-loyalty/full-list [Accessed 27 July 2015].

REES, C.J., MAMMAN, A. and BIN BRAIK, A. (2007) Emiratization as a strategic HRM change initiative: case study evidence from UAE petroleum company. *International Journal of Human Resource Management*. Vol 18, No 1. pp33–53.

ROWLEY, C. and BAE, J. (2004) HRM in South Korea. In: BUDHWAR, P.S. (ed). *Managing human resources in Asia*. London: Routledge. pp35–60.

RUËL, H. and VAN DER KAAP, H. (2012) E-HRM usage and value creation: does a facilitating context matter? *German Journal of Research in Human Resource Management*. Vol 26, No 3. pp260–281.

RYAN, A.M., MCFARLAND, L., BARON, H. and PAGE, R. (1999) An international look at selection practices: nation and culture as explanations for variability in practice. *Personnel Psychology*. Vol 52. pp359–391.

RYAN, A.M., WIECHMANN, D. and HEMINGWAY, M. (2003) Designing and implementing global staffing systems: Part II. Best practices. *Human Resource Management*. Vol 42, No 1. pp85–94.

RYNES, S.L. (1991) Recruitment, job choice, and post-hire consequences. A call for new research directions. In: DUNNETTE, M.D. and HOUGH, L.M. (eds). *Handbook of industrial and organizational psychology*. 2nd edition. Palo Alto, CA: Consulting Psychologists Press. pp399–444.

SCHMIDT, F.L and HUNTER J.E. (1998) The validity and utility of selection methods in personnel psychology: practical and theoretical implications of 85 years of research findings. *Psychological Bulletin*. Vol 124, No 2. pp262–274.

SNAPE, R. (1999) Legal regulation of employment. In: HOLLINSHEAD, G., NICHOLLS, P. and TAILBY, S. (eds). *Employee relations*. London: Financial Times/Pitman.

SPARROW, P.R. (2006) *International recruitment, selection and assessment*. London: Chartered Institute of Personnel and Development.

SPARROW, P.R. (2007) Globalisation of HR at function level: four case studies of the international recruitment, selection and assessment process. *International Journal of Human Resource Management*. Vol 18, No 5. pp144–166.

SPARROW, P.R. (2012) Comparative analysis of employment contracts. In: BREWSTER, C.J. and MAYRHOFER, W. (eds). *Handbook of research in comparative human resource management*. London: Edward Elgar Publishing.

SPARROW, P.R. and HILTROP, J.M. (1994) *European human resource management in transition*. London: Prentice-Hall.

STEINER, D.D. and GILLILAND, S.W. (2001) Procedural justice in personnel selection: international and cross-cultural perspectives. *International Journal of Selection and Assessment.* Vol 9, No 1/2. pp124–137.

THORNTON, G.C. and KRAUSE, D.E. (2009) Selection versus development assessment centers: an international survey of design, execution, and evaluation. *International Journal of Human Resource Management.* Vol 20, No 2. pp478–498.

VAN DE VIJVER, F.J.R. (2002) Cross-cultural assessment: value for money? *Applied Psychology: An International Review.* Vol 51, No 4. pp545–566.

WANG, Q., HACKETT, R.D., CUI, X. and ZHANG, Y. (2012) Cultural differences and applicants' procedural fairness perceptions: a test of Chinese culture-based model. *Chinese Management Studies.* Vol 6, No 2. pp350–368.

WOOD, G. and SZAMOSI, L. (2016) Recruitment and selection: debates, controversies and variations in Europe. In: DICKMANN, M., BREWSTER, C. and SPARROW, P.R. (eds). *International human resource management: contemporary HR issues in Europe.* London: Routledge.

WOOD, G., BREWSTER, C., DEMIRBAG, M. and BROOKES, M. (2014) Understanding contextual differences in employee resourcing. In: WOOD, G., BREWSTER, C. and BROOKES, M. (eds). *Human resource management and the institutional perspective.* London: Routledge. pp25–38.

ZIBARRAS, L.D., and WOODS, S.A. (2010) A survey of UK selection practices across different organization sizes and industry sectors. *Journal of Occupational and Organizational Psychology.* Vol 83. pp499–511.

CHAPTER 9

Performance Management

LEARNING OUTCOMES

When you have read this chapter, you will:

- understand the background to performance management and its western origins
- appreciate the component parts; of performance management systems typically found within organisations
- be aware of the impact of culture and context on performance management
- explain the linkages between performance management and other elements of the HRM architecture within an organisation
- be able to advise on the possible pitfalls of seeking to apply a 'one size fits all' approach to performance management without due regard for context and culture

9.1 INTRODUCTION

Although commentators such as Smith and Goddard (2002) and Thorpe and Holloway (2008) have emphasised the multi-disciplinary nature of the emerging field of managing performance, in this chapter we are concerned with the processes that would be recognised by most larger western HRM departments as the (usually yearly) cycle that has its origins in performance appraisal mechanisms, but is now often depicted as having 'grown up' beyond that to become performance management (Smith and Goddard 2002, p253):

> The literature on performance management is eclectic, diffuse and confused. The definitive 'general theory' of performance management remains elusive, and is unlikely ever to emerge. Important contributions can be found in fields as diverse as strategy, organisational behaviour, operations management, industrial economics and accountancy.

Sparrow and Hiltrop (1994) suggest that performance management is one of the key areas of HRM policy and practice necessary to implement successful global HRM, as it is the HRM sub-system that links corporate goals with rewards, improvement of performance and employee development.

Within a book on IHRM, performance management is particularly worthy of consideration given the dominance of US-based writings on the subject. It is also often seen as contentious in nature. As Heskett (2006) notes:

> It's the season for many employee performance reviews. Why do they seem to rank alongside root canal dental work on our list of things we look forward to as managers and employees? And what are we doing about it?

Pulakos and O'Leary (2011, p147) point out that:

> performance management has rightly earned its distinction as the 'Achilles' Heel' of human capital management, rarely working well irrespective of the time, effort, and resources that are devoted to it.

This challenge is likely to be far more complex when we consider the challenges and differences of an international context. Witcher and Chau (2012) point to the fact that there exists a growing body of evidence to suggest that international firms compete differently, since they are likely to practice management in ways that are isomorphic to their countries of origin and this in turn will influence what they define as 'the management of a firm's overall purpose' (p s58). We discuss in Chapters 2, 3 and 4 how such contextual influences impact HRM practices via differences in labour law and market regulation or culture (see Chapters 2 and 3). As Chapter 2 on context suggests, there is evidence of isomorphism, especially mimetic isomorphism (DiMaggio and Powell 1983), with respect to the adoption of performance management systems, whereby organisations have copied the practices of other organisations in pursuit of what they hope will be 'best practice'. Large MNEs in Europe particularly seem to be taking the example of the Anglo-Saxon world (Barzantny and Festing 2008). However, as Fletcher (2001) has stated, the context is important in order to understand performance management in different environments. This chapter will seek both to describe the common core that sits at the heart of typical performance management practice, and also will provide illustrations as to where the implementation of 'typical' approaches is likely to be problematic. Wherever possible the chapter will seek to link more theoretical content to practical examples and/or learning tasks and critical questions.

This chapter begins with definitions of appraisal and performance management and a brief account of its history and origins. It then describes how performance management is typically 'manifested' and the composite elements of planning performance, managing performance and reviewing performance that make up the performance cycle within organisations. Although it is difficult to avoid making reference to rewarding performance, the main reward discussion can be found in the following chapter. Having discussed definitions and background, the chapter then considers performance management in the light of the comparative literature in order to highlight the challenges of managing performance in different contexts and in particular the impact played by national culture in shaping practice. Cranet data is used to illustrate how practice and level of adoption varies across countries.

?   REFLECTIVE ACTIVITY 9.1

Spend a few moments reflecting on what performance management means to you – jot down your thoughts.

- What are the organisational practices you associate with it?
- If you have work experience, how have you seen it be carried out?
- What is your emotional reaction to the term 'performance management'?

Consider your thoughts as you read through the following section of this chapter.

9.2 DEFINITIONS AND BACKGROUND TO PERFORMANCE MANAGEMENT

Pulakos and O'Leary (2011) refer to over 30 years of extensive research and practice on understanding and improving performance management systems in organisations. Various perspectives have been adopted and these include the individual differences perspective (cognitive ability, motivation and personality, etc) and the situational perspective which focuses on facilitators and impediments for performance and might include extrinsic rewards. The third perspective has been identified as being the performance regulation one, which deals with the performance process (Sonnentag and Frese 2002).

Despite the increase in interest, research into performance management has revealed inconsistent results concerning its effectivness (Biron et al 2011). However, as Bach (2000) points out, performance management and performance appraisal have long been confused, with the terms often being used interchangeably and this may in part account for some of the inconsistency over findings. In this chapter in general we will use the terminology of performance management as being wider than, but including, the process of performance appraisal.

Performance appraisal, according to Erdogan (2002) and Fletcher (2001) is the basic process involving a line manager completing an annual report on a subordinate's performance and discussing it with the employee in an appraisal interview. It has its origins in the first formal monitoring systems drawing on the work of Frederick Taylor and others who emphasised the importance of defining standards for performance. Such approaches were pioneered in the USA, and thus the origins of performance management should be recognised as culturally embedded in the strongly individualist nature of the US culture (Pulakos et al 2008).

The early approaches were known as 'merit rating' systems and were pioneered by Scott and others during the First World War, focused on officer ability. According to Muchinsky (1997) these early efforts led to the acceptance of performance management systems in government and industry and marked the first large-scale use of judgemental assessment. However, merit-rating systems were criticised for being subjective systems of assessment, as often they were based on personality. The approach developed into standardised measures of performance, with Patterson's Graphic Rating Scale providing a metric on which to rate a trait or factor, rather than making purely qualitative judgements. Commonly used factors for rating would refer to the extent to which individuals were conscientious, imaginative, self-sufficient, co-operative or possessed qualities of judgement, initiative or original thinking (Armstrong and Baron 1998).

In the 1990s and into the 2000s, multisource feedback and the incorporation of behavioural competencies have become more common. As a result, a large range of methods and techniques now exist for performance appraisal. The main appraisal methods are work standards, comment boxes, checklists, ranking, forced distribution, rating scales, critical incidents, management by objectives (MBO), behaviourally anchored rating scales (BARS), behavioural observation scales (BOS), 360 degree appraisal, and self-appraisal, among others. For a summary of the many different forms of performance appraisal (rating, ranking, objective-oriented, critical incident, self-assessment, etc), with their relevant strengths and weaknesses see Gunnigle et al (2006).

So what about performance management? Writing in 1992, Bretz et al reported a major focus in the rhetoric of the practitioner literature of the day on transforming performance appraisal from an event to a process. Advice for how to do this, they say, is 'typically discussed under the rubric of performance management' (p329). Performance management has been defined as a variety of HRM activities through which organisations seek to assess and develop their total competence, enhance organisational performance and distribute rewards (Armstrong and Baron 1998; DeNisi

2000; Fletcher 2001). It is, presented, in theory at least, as a strategic and integrated process, incorporating goal-setting, performance appraisal and development into a unified and coherent framework with the specific aim of aligning individual and group performance goals with the organisation's wider objectives (Armstrong and Baron 1998; DeNisi 2000; Den Hartog et al 2004; Williams 2002). Boselie et al (2011) suggest that an ideal performance management approach is akin to a form of 'mini' high performance work system, focused on goal-setting, monitoring and appraising, developing and rewarding employees in order to increase employee performance and to achieve organisational goals. Relevant to such an outcome-based approach is the extent to which employees give extra in the form of discretionary effort, which would not otherwise have been forthcoming. In such a form performance management has been sold to employees in terms of its ability to serve their individual needs for development and self-actualisation (Festing et al 2010), as well as delivering the organisational requirements which Claus and Briscoe (2009, p176) describe as being organisational competitiveness and control.

In summary, compared with performance appraisal, performance management is usually seen as the larger, more holistic and integrated approach. As Boselie et al (2011) point out:

> (It) is linked to or embedded in relevant areas of practice including (1) culture management, (2) talent management, (3) leadership development (succession planning), (4) competency management and (5) new technology.

As discussed earlier in Chapter 2 (on the importance of context in HRM) the universalist paradigm with its dominance in the USA and widespread adoption throughout the world is particularly relevant to an understanding of performance management policy and practice. However, performance management actually has origins in the Wei dynasty when the emperor employed an 'imperial rater' to measure performance in the third century AD, whilst Ignatius Loyola, in the sixteenth century, 'established a system for formal rating of the members of the Jesuit Society' (Armstrong 2015). Performance management as an area of HRM policy and practice is shaped by what Rose (1991) describes as 'false universalism' with international organisations striving to mimic western best practice. Certainly from its US origins, performance management appears to have been embraced by large MNCs to become a common element of HRM practice. Even in countries as different as the USA and Japan, performance appraisals involve similar ideas of developing social and performance norms, monitoring the actions of employees in relation to the norms, assigning responsibility for the actions, and then ultimately providing rewards or punishment based on performance towards those norms (Sullivan et al 1986).

As Brewster (1995) observed, it seems that a kind of assumed 'best practice' system has emerged in relation to performance management. Before considering the comparative performance management literature and some examples of practice, we shall first outline what typical practice might comprise.

9.3 TYPICAL PERFORMANCE MANAGEMENT PROCESS

What follows is an account of the typical approach to performance management as commonly espoused by western organisations and MNCs. The description makes reference to the main elements of performance management, usually described as planning, managing and reviewing, and summarised in Figure 9.1 below.

Figure 9.1 Typical performance management process

PM PROCESS

Organisational strategy

↓

Business plans

↓

| Planning/ objective-setting (job families to support target setting - individual or team, Balanced scorecards) | → | Ongoing managing/ coaching via formal or informal interim reviews *Separate development review, competency profiles aligned with job families* | → | Appraise/Review *Rating, forced or guided distribution* |

| Training | Talent | Reward | Sanction PIP/exit |

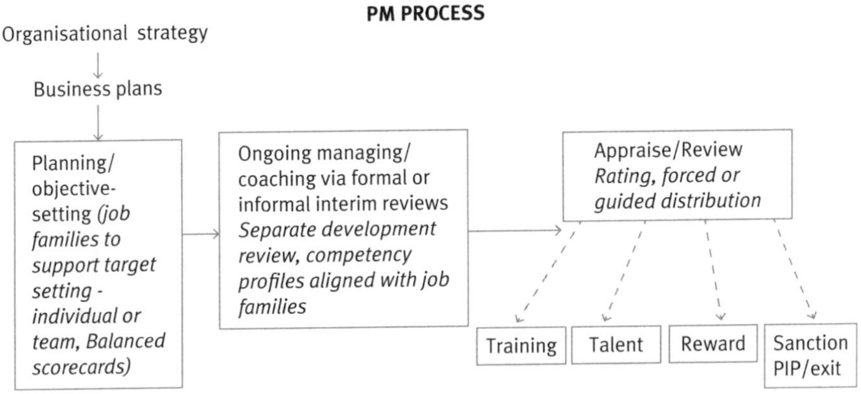

The first of the elements of performance management is planning/objective-setting, typically linked to some sort of cascaded strategy or business plan, and concerned with setting individual or sometimes team objectives for the year ahead in line with corporate goals. This planning phase of performance management has its theoretical underpinning in goal setting theory (Locke and Latham 1990), with the belief that individuals are more likely to achieve something if they have an explicitly declared goal around it. It also links with expectancy theory (Vroom 1964; Porter and Lawler 1965) in terms of what the employee is expecting in return for their achievement of the targets set.

Objectives are intended to take into account current corporate objectives and be relevant to the job-holder's role. In some cases to clarify or support the communication of the business-planning process organisations have sought to use devices such as the European Foundation for Quality Management (EFQM) or a balanced scorecard. Conceived of by Eccles (1991) and popularised by Kaplan and Norton (1996) as a means of overcoming the short-termist and narrow focus of management accountancy the balanced scorecard provides a framework that promises to allow organisations to measure both the hard tangible and soft intangible drivers of performance. Although organisations (often steered by consultancy firms) have sometimes tailored the perspectives that they track within their balanced scorecard, the rationale remains one of striving to identify a set of rounded performance measures that go beyond only the financial.

The second element of the performance management process in Figure 9.1 is that of the management/coaching of performance. This is the phase of performance management which is about making sure the individual is on track during the course of the year and that there are no surprises in the final end-of-year review. In some organisations there is simply encouragement to line managers to provide regular informal coaching, in others there are suggested or mandated interim reviews during the course of the year. The aim of this phase is to check progress against objectives and also to consider the individual's long-term development needs. If the planning phase of performance management relates to theories of goal-setting, then the managing phase is concerned with the role of the line manager in the ongoing motivation of the employee. There is of course a role to play here for line managers in continuing to motivate employees towards the goals that have been agreed and coaching and development may play a part here. One popular mechanism for this is via the use of a competency review, focusing around key behaviours for a role. Once an organisation has decided the contents of its competency framework, roles may be profiled against them. Individuals may then during the course of a development review, or even a performance review, receive feedback as to how well they are meeting the behavioural or competency requirements of their role.

Phase three of the performance management process is concerned with reviewing performance and the aspects of HRM within an organisation which are linked to the outcome of this review. The review element involves the annual appraisal meeting with the individual and their line manager considering the extent to which the objectives have been met. Not all performance management processes give rise to a rating. Where there is a rating schema this typically contains three, four or most commonly five levels of rating from 'not effective' to 'outstanding'. Recent years have seen an increase in the use of 'guided or forced distribution' approaches to reviewing performance, whereby managers have to allocate prescribed numbers of their direct reports into certain performance categories. This forces managers to decide who their star performers are and who is underperforming. One way to try and improve perceptions of fairness around rating, particularly where forced distribution is being used, is a technique referred to as 'calibration'. In such cases line managers will produce an initial or tentative rating of performance, but this will not be shared with the direct report until after the calibration meeting. The calibration meeting, often facilitated by HRM specialists or a senior line manager and involves groups of line managers meeting together to review the performance and provisional performance ratings of members of their teams and comparing contribution and outcome rating in an attempt to ensure equivalency.

Once a performance rating has been produced, it may be used in support of a number of other elements of the HRM architecture, particularly reward and talent identification. In relation to talent identification this may rely on the performance rating alone, or it may seek to combine this with a 'potential' rating, or possibly an amalgamation of the two. There is an example of this in the case study around Intertel and their use of a nine-box grid in the online supporting materials for this chapter.

In many organisations, reward is seen as inextricably linked to the performance review discussion. In such cases, once the performance conversations for the year have finished, there is a link between the outcome from performance management (typically the rating) to salary or bonus (or in some cases both). Significant problems arise when the outcome of the two systems is inconsistent: thus, a management consultancy may rate someone as under-performing because they have not developed their subordinates or contributed outside their immediate work role, but reward them at the top level because they have brought in significant new business.

As suggested in the earlier section on planning performance expectancy theory is useful here (Vroom 1964; Porter and Lawler 1965) in terms of the effort an employee expends in relation to a goal, based on their assumptions about the probability of a reward being forthcoming. Equity theory (Adams 1965) plays a key role here too. Based on exchange theory it focuses on how fairly employees believe they have been treated in comparison with the treatment received by others. This is based on their expectations of an outcome (or reward) in exchange for certain contributions. Thus the review element sees the employee with expectations of future reward (be it recognition or explicit reward or promotion). For more information around the challenges facing international organisations in terms of rewarding performance, see the next chapter.

The example which follows illustrates how even efforts to balance the inputs to a performance management system can result in unexpected consequences.

HOW PERFORMANCE METRICS CAN HAVE UNEXPECTED CONSEQUENCES

A computer manufacturer and retailer discovered it had a problem with its metrics around performance expectations. Its sales force it had sought to deploy what it believed to be a 'best practice' approach, which did not rely only on sales targets. The balanced scorecard approach also included measures around customer satisfaction, completion of internal processes and some ongoing personal development.

The customer satisfaction measure typically rewarded those staff who managed to achieve the highest levels of 9 or 10/10 in customer satisfaction surveys. Individuals who succeeded in achieving their sales targets and also achieved this high level of customer satisfaction would usually be in line for a performance rating of 'Exceeds

expectations' – triggering a high level of bonus. However, a review of sales profitability revealed a very different story. It transpired that the sales staff with the highest customer satisfaction scores were not working on the most profitable accounts and indeed the high customer satisfaction scores were misleading. The most profitable accounts were in fact those where customer satisfaction was rated at 6 or 7. An investigation revealed that in cases where the customer satisfaction score was higher the sales staff were giving away considerable price discounts or incentives to such an extent that the sales were scarcely profitable.

? REFLECTIVE ACTIVITY 9.2

Reflect upon an appraisal you have experienced – this could be in relation to the assessment of a piece of work you have completed for your studies.

- What were the elements you were assessed or judged upon (written work, presentation, group work, class participation etc)?
- How did you tackle the task – did you plan for success and what activities did you perform to help you meet your goal?
- What was the outcome for you following the assessment (perhaps you received feedback or were allocated a grade or mark)?
- As far as you are concerned was the outcome in line with your inputs and contribution?
- Yes or no, and why?

9.4 COMPARATIVE LITERATURE ON PERFORMANCE MANAGEMENT

Although referring to appraisal, not performance management, Bai and Bennington (2005, p276) suggest that it remains one of the key tenets of performance management and organisational improvement in western countries. However, they note that its emphasis may vary, although the purposes generally include individual development, legal risk management, compensation, promotion and two-way communication (see also Nakane 1972; Ouchi 1982; Staw 1980). Milliman and Von Glinow (1998, p160) assert that although:

the concept of performance evaluation is basically similar in almost all countries ... the process of the appraisal is conducted in many different manners and in varying degrees of formality.

We discuss the notion of global performance management systems in Chapter 16. However, from a comparative perspective, moving beyond western countries Milliman et al (2002) acknowledge the influence of culture but suggest there appears to be a convergence in this area and report that countries as diverse as the USA, Korea and Japan use performance appraisal. Festing et al (2010) suggest that in the case of global performance management many MNCs seek, to varying degrees, to standardise their systems. Authors such as Mäkelä et al (2009), Cascio (2006) and Barzantny and Festing (2008) have suggested how local customs and specifications concerning performance appraisal and performance management cannot be neglected. Chiang and Birch (2010) argue that because of contextual factors an appraisal architecture developed and regarded as effective in one country may not be suitable in another cultural setting.

Data from the Cranet survey tell us (Goergen et al 2009):

- Appraisal is widespread though, even in this sample of larger firms (above 200 employees) the figure does not reach 100% even for managerial appraisal in any country.
- The majority of firms in most countries (apart from Norway, Sweden, Finland and the Turkish Cypriot community) report that they appraise their employees. Apart from the category of manual employees, there is a (weak) inverse U-shaped relationship between the percentage of firms which monitor a given category of employees and trust.
- There is a weak positive linear relationship between the percentage of employees assessed and trust. Apart from the Turkish Cypriot community, the higher the levels of trust in a society the lower the levels of appraisal.
- There is a negative linear relationship between trust and the proportion of firms that use the employee appraisal system to inform employees about the organisation of work. This may reflect the fact that in low trust countries there is little communication between employees and their superiors, unless this communication is done via formal channels.

Figure 9.2 shows the comparative use of appraisal for manual and clerical employees in six countries.

Figure 9.2 Comparative use of appraisal for manual and clerical employees in six countries

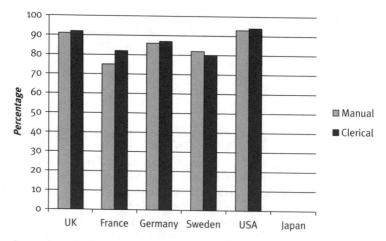

Source: Cranet (2010) *figures for Japan unavailable due to data entry error

Table 9.1 Percentage of firms with an appraisal system in operation for the following staff grades

	1995				1999			
	Mgt	Prof	Clerical	Manual	Mgt	Prof	Clerical	Manual
Denmark	42	41	39	23	56	48	47	32
France	85	77	61	53	86	84	5	67
Japan	-	-	-	-	83	82	79	77
Spain	63	77	64	56	59	66	46	40
Sweden	87	83	83	63	89	84	95	80
Switzerland	89	94	89	87	93	95	92	91
Netherlands	79	82	79	78	84	82	82	82
UK	90	87	76	51	92	90	85	68

We use some previous Cranet data to provide a more detailed understanding of comparative patterns (see Tables 9.1, 9.2 and 9.3).

Boselie et al (2011) present empirical data on performance management from the same Cranet survey and from their Global HR Research Alliance study of 16 firms. They find similar overall increases in the use of appraisal systems, in particular for clerical workers and manual workers. They also find few differences between regions in the case studies (probably because of their MNC nature), although there are differences between countries in their use of appraisal systems. There are, they say, some contextual differences that may affect performance management in different countries, mainly associated with variances in leadership, communication and self-evaluation. In other words, the leadership styles, the nature of communication and information sharing, and the role of the individual in the appraisal procedure differ between countries. They conclude that context matters in the optimal design of performance management systems, a point further illustrated by Festing (2012) in a direct comparison between Germany and the UK. She highlights the fact that in Germany performance management processes vary according to the industry, firm and qualifications of the employees, with the situation being that the more highly qualified the employee the more performance appraisals are conducted, although still not at as high a level as in the UK. The suggestion is that the purpose and focus of this HR practice differs by context and that in Germany the main focus is upon identifying training needs (88%), followed by career development (79%); impact on compensation (68%) is less important (Kabst et al 2009).

9.5 CONTEXT AND PERFORMANCE MANAGEMENT

Figure 9.1 has shown the typical components of a performance management process. A comparative consideration requires us to locate this within the context of the country of operation. So what are the factors that shape how international organisations either standardise or adapt their performance management processes?

DeNisi and Pritchard (2006) have commented on the fact that recent literature on appraisals has focused more on the importance and relevance of contextual factors. However, Claus and Briscoe (2009) highlight the fact that no one model provides an overall view as to how the design, development and implementation of performance management across borders works in practice, whether from the perspective of an MNC or the application of the western notion of performance management in a non-western

Table 9.2 Percentage of firms where the following people contribute formally to the appraisal process

| | 1995 | | | 1999 | | | 2004 | | |
	Next level manager	Self	Subordinate	Next level manager	Self	Subordinate	Next level manager	Self	Subordinate
Denmark	21	34	5	31	73	18	59	98	22
France	47	67	5	39	73	5	-	-	-
Japan	-	-	-	82	10	2	-	-	-
Spain	44	22	8	47	61	7	-	-	-
Sweden	-	-	-	23	90	16	68	88	35
Switzerland	44	76	23	46	85	19	68	88	26
Netherlands	63	75	6	67	88	11	63	83	16
UK	65	86	7	61	94	12	80	99	23

Table 9.3 Percentage of firms where the appraisal system is used to determine the following outcomes

	1995				1999				2004			
	Training	Promotion	Careeer	PRP	Training	Promotion	Career	PRP	Training	Promotion	Careeer	PRP
Denmark	41	25	25	16	82	49	52	36	87	-	71	66
France	74	54	59	53	95	74	74	61	-	-	-	-
Japan	-	-	-	-	29	85	37	91	-	-	-	-
Spain	63	55	41	52	77	63	50	63	-	-	-	-
Sweden	93	49	52	35	98	48	54	41	79	-	66	86
Switzerland	91	70	59	53	98	74	55	60	96	-	91	76
Netherlands	71	59	66	52	83	69	80	63	88	-	92	75
UK	89	61	72	40	98	62	77	34	98	-	87	54

culture. Chiang and Birtch (2010) consider how the purposes and practices of performance management differ across multi-country contexts. Similarly Varma et al (2008) highlight the lack of reliable literature detailing the kind of HRM and performance management systems relevant to firms operating in different national contexts. However, their book makes a particularly useful contribution, including a model by Murphy and DeNisi (2008) which aims to capture the contextual factors that influence appraisal decisions at various levels of analysis as well as cognitive and motivational factors at individual level, which we will explain in more detail. They consider performance management in context by means of two models, one of which deals with the appraisal component and one with the performance component, which they see to 'fall out' of the outcome of the appraisal discussion. Below we present an integrated model which seeks to simplify the main elements of their two frameworks and is useful to underpin our consideration of comparative performance management practice.

Figure 9.3 Performance management process in context

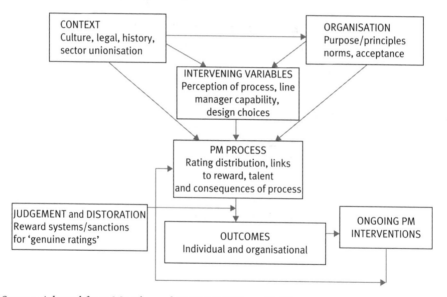

Source: Adapted from Murphy and DeNisi (2008), pp82, 91

Figure 9.3 highlights a number of macro contextual factors. These operate at the level of the nation or region, but still influence the appraisal process. These factors are best thought of as things that are fixed and serve as parameters for the actions an organisation might take. National culture is a key factor here both in terms of how objectives are set and, as De Luque and Sommer (2000) describe, on the way performance feedback is given. Other examples include the legal framework of the country of operation, with for example a higher degree of employment protection in western European countries than in the USA. This is highly relevant within organisations who may wish to impose sanctions on poorly performing employees. Also important in terms of macro context is the fact that some nations have laws which allow discrimination against some groups, but not others (on the grounds of race or gender). Finally, technology can influence the type of performance management information that is collected and how it is used. For example the performance management system itself may be system-generated and link an individual's role profile to their behavioural competency feedback.

INSTITUTIONAL IMPACT ON PERFORMANCE MANAGEMENT PROCESESS

Company W Performance vignette

This large German organisation employs 260,000 individuals across 50 countries and is striving to produce a global approach to performance management. However, its vice president for performance reports that there is much more freedom to do so beyond their home country. Within Germany there has been agreement between unions and the Workers' Council to introduce the approach beyond the managerial and supervisory level to those workers on collective pay agreements (*tarifs*). However, in order to secure this concession it has been determined that the performance discussion between manager and employee must remain confidential and only data around high potential may be shared by the line manager and linked to other elements of the HR architecture.

Organisational factors include the purpose of performance management: is it primarily around decision-making (for example to make reward decisions) or is it about development practices? Although some organisations claim to do both, according to Rotchford (2002) this is difficult to achieve in practice. Other organisational factors include norms of behaviour, for example whether it is acceptable to rate anyone as 'not satisfactory' and the degree of acceptance of the appraisal process, by both employees and line managers. According to Folger et al (1992), if employees do not accept the appraisal system as legitimate then they are less likely to see the ratings it generates as fair and rather than try to improve their performance will instead resent low ratings and reduce their efforts at work.

Both macro and organisational factors are seen to impact the performance management process via intervening variables which include line management capability and the perceptions of the performance management process (Murphy and DeNisi 2008).

The model then includes the *performance management process*, the detailed elements of which are presented in Figure 9.1 and include the mechanics of objective setting, feedback, development planning, reviewing and links to reward.

Emerging from the performance management process are its *outcomes* at both individual and organisational levels of analysis. For the individual these might include the rating, reward, talent identification or sanctions for underperformance. They could also include both tangible business outcomes (although these are always difficult to attribute to the performance management process) as well as motivation and commitment.

Figure 9.3 includes some additional factors as described by Murphy and DeNisi (2008) and concerned with what Murphy and Cleveland (1995) describe as judgement and distortion factors. This refers to the impact upon a line manager's decision-making of the presence and extent of rewards within the organisation which are based upon the outcome of the performance management process. Are managers encouraged to give a genuine rating of performance (in line with their true judgment) or not?

Finally the model indicates that as a result of the outcomes of the process (at both an individual and organisational level) it is likely there may be ongoing initiatives and revisions, for example an initiative might be introduced to improve the performance of employees in the lower rating categories.

9.6 PERFORMANCE MANAGEMENT AND CULTURE

Culture exists as a macro factor in Figure 9.3. Indeed, culture appears to be the most dominant factor in terms of shaping performance management practice both in terms of its adoption, but also the way it is experienced on the ground in different locations. A considerable body of literature supports this (Atwater et al 2005; Aycan 2005; Cascio 2006; Dunnett 1992; Ji and Karakowsky 2001; Kostova 1999; Kostova and Roth 2002; London and Smither 1995; Mendonca and Kanungo 1996; Shipper et al 2004; Tornow 1993). However, that is not to say that other factors are not also at play. Festing et al (2015) for example suggest that female preferences in terms of global performance management practices actually transcend national and cultural boundaries.

MANAGING PERFORMANCE – A TALE OF TWO CULTURES

Taskki was created in 2008 as a result of a 50/50 joint venture between a Danish renewable energy company (DENm) and a Chinese state-owned enterprise (SOE). Taskki now has 145 Chinese nationals: 50% employees were recruited directly to Taskki and 50% are on different terms with the SOE. Chinese employees (host country nationals) have never been promoted to positions at the headquarters in Denmark and the parent country nationals have never been transferred to Taskki. There is, though, a requirement for collaboration with colleagues in Denmark in pursuit of six key strategic priorities:

1   Build up a main customer key account organisation

2   Optimise domestic solutions in China

3   Develop common key customer capabilities on technical and technology level

4   Support approval and prepare for export

5   Support to build global supply chain

6   Utilise and develop Taskki to support strategy where appropriate

The success of Taskki has been identified as being of key strategic importance to senior management team of DENm and a recent internal project team was commissioned to investigate why performance challenges might exist in terms of its Chinese joint venture. In terms of HRM practices associated with the management of performance the following challenges were reported.

Issues in the management of performance within the joint venture

Challenge	DENm	Taskki
Clarity over business goals	Clarity over strategic priorities and individual alignment with goals	More rigid with three sets of KPIs (not known to Danish business)
Communication	Speak no Chinese	Few managers speak English and translation difficult given highly technical vocabulary
Communication and culture	Used to direct 1:1 communication method with subordinates, peers and colleagues. Realisation that communication in China not as simple or mechanistic as 'sending an email'	Communication described as 'multi-layered' and social; passing information from one person to another or from one department to another in Chongqing described as 'a riddle' to employees from DENm
Culture	Empowered to take decisions as appropriate with role	Decisions not made in meetings, but either checked with or agreed beforehand with superiors.
Performance management process	Involves superior and self-assessment. Likely to incorporate subordinate and peer feedback	Being more widely but not universally deployed. Involves private meeting between employee and superior and very limited feedback
Approach to problem solving	Investigate root cause seek to find solution	Mitigate symptoms and reduce further damage

The results from the internal investigation mirror the cultural findings reported by Björkman and Lu in 1999, in their study of the management of human resources in Chinese–Western ventures (see later discussion).

Communicating without words

One very practical way of working emerged based on one described in the internal review. The practice involved shop floor communication and simply required the use of a drawing board and hand-drawn diagram, accompanied by lots of pointing in an attempt to overcome the fact that at the shop floor level communication had to date been virtually non-existent.

Contributed by Henrik Toft, Henley MBA Programme EM12

The picture that emerges from the literature is one in which collectivist cultures tend to reward such factors as group loyalty and conformity and the maintenance of harmonious relationships (Sinha 1990; Tung 1984); individualist cultures prefer objective and quantifiable criteria (Varma et al 2008). Japanese and US performance appraisals tend to vary in terms of measures, time horizon, communication style and form and extent of praise (Cascio and Serapio 1991). US managers are much more likely to reward 'lone wolf' (non-interactional) individuals (Sullivan et al 1985).

In China issues such as *mianzi* (face) and *guanxi* (connections) remain important in performance appraisal (Bai and Bennington 2005; Björkman and Lu 1999) and affect the way in which performance appraisal is conducted. Managers from China, and probably many other unresearched nationalities, tend to base their appraisals upon personal attributions (Claus and Briscoe 2009). UK managers include in their appraisal criteria minimum supervision required – Chinese managers include obedience (Hempel 2001). On upward evaluation, US and European ratings tend to be more positive than Brazilian and Asian ratings (Adsit et al 1997).

Culture also seems to account for some of differences in how performance is attributed. It is argued that individualistic cultures tend to attribute performance to personal-internal factors (Staw 1980; Landrine and Klonoff 1992) and collectivistic cultures tend to attribute performance to situational-external factors (Markus and Kitayama 1998; Matsumoto 1994; Morris and Peng 1994). Although it is a mistake to assume all Asian countries are similar in their approach to performance appraisal (Paik et al 2000), Asian countries do seem to adopt a different approach from western countries, being particularly wary of individualised assessments, with managers from Thailand and the Philippines being least likely to use them (Easterby-Smith et al 1995; Vallance 1995). From a western perspective there is a strong association between managers' perceptions of motivation and their appraisals, for example Barrick et al (2015) describe how the western construct of performance management rests on the notion of engagement in order to deliver greater organisational (and presumably individual) benefits.

More broadly there is evidence to suggest that attitudes to motivation vary by cultures with a tendency to be more extrinsic in the USA, and more intrinsic in Latin America, with Asia appearing to be a mix of both (Devoe and Iyengar 2004). In relation to China a study by Zheng, Zhang and Li (2012) into the association between the performance appraisal process and organisational citizenship behaviour found similar results in the Chinese context to those from similar studies conducted in the US context. Similarly, Norris-Watts and Levy (2004) suggest that an association between performance appraisal and organisational citizenship behaviour may occur across different contexts.

Differences have been found in the preferences of Chinese workers for a performance related pay system (Bozionelos and Wang 2007): the implementation of systems involving employee appraisal of their managers in Argentina, Australia, China, Slovakia, Spain and the UK (Brutus et al 2006); perceptions of the causes of successful employee performance in Canada, China, Finland and the UK (Chiang and Birch 2007); and in appraisal systems generally in Hong Kong and the UK (Snape et al 1998). In terms of criteria and goal-setting there is evidence that individualistic societies tend to emphasise personal achievement in the appraisal whereas collectivist cultures highlight group-based achievement (Miller et al 2001). Fatalistic cultures, in which individuals perceive work outcomes to be beyond their influence, tend to accept performance below expectations as long as the individual displays effort and willingness (Kovach 1995). Low power-distance and universalistic cultures are also more likely to stress task-related competencies and outcomes (Aycan 2005). Japanese performance appraisal criteria typically include process as well as results, whilst the only criterion for US appraisals is, at least according to proponents there, results (Eshigi 1985). In countries with low power distance, such as Germany, the objective-setting process might be achieved by way of a negotiation between superior and employee. In France, on the other hand, its high power distance means that objectives are set by superiors (Barzantny and Festing 2008).

The managing or developing phase of performance management relies on line managers having capability of giving feedback and handling conversations around behaviours. There is evidence that feedback is particularly impacted by cultural effects: it impacts subordinates' work much more in the USA than it does in the UK – with praise and criticism improving US workers' performance, whilst in the UK only praise increases subordinates' performance (Earley and Stubbledine 1989; Fletcher and Perry 2001; London and Smither 1995). It has been argued that giving objective 'western-style' feedback may not be appropriate in all contexts. Brutus et al (2006) found that 360-degree feedback increased performance in Ireland but decreased it in Malaysia. For countries with high power distance the notion of giving upward feedback to a manager/supervisor would be very counter-cultural, whereas in countries with lower power distance employees expect to provide comment on 'how well their boss' has done in terms of managing their performance. For example, Barzantny and Festing (2008) describe France as a being a context in which open criticism of others, notably up the hierarchical line, is avoided. As a result, feedback is often only given when improvements and corrections are requested by a superior. In Germany, on the other hand, feedback seems to be part of an ongoing process of dialogue about many informal elements and feedback might actually include open confrontations, something which would never be acceptable in an Asian country.

In terms of reviewing or appraising performance, usually construed as potentially the most difficult element of the process, there is evidence that this too is sensitive to the impact of culture. For example, feedback quality and relationships between supervisor and subordinate tend to be higher for matched collectivist-collective and individualist-individual dyadic relationships than for mismatched dyads (Van de Vliert et al 2004). Evaluation based on direct feedback is more prevalent in individualist cultures, and in low-context cultures, whereas collectivist societies focus on indirect, subtle, relationship-oriented and personal forms of feedback (Hofstede, 1998; Milliman and Von Glinow 1998). Low power-distance cultures are more likely to have participative and egalitarian discussions around performance; high power-distance cultures are more likely to use autocratic assessment styles, where there is little expectation that subordinates will express their views openly (Snape et al 1998). There are also some indications that the subjects discussed during the performance appraisal interview may vary across cultures. Reporting on appraisal in Hong Kong, Snape et al (1998) found that the content of performance appraisal was more strongly geared towards reward and punishment, and less towards training and development compared to British firms. Milliman and Von Glinow (1998) found that in individualistic cultures such as the UK there is an expectation that the discussion will place a stronger focus on discussing employees' results and potential for future promotion (Milliman and Von Glinow 1998). De Luque and Sommer (2000) refer to Hall's (1976) work on high- and low-context culture and suggest in high-context cultures additional feedback cues from nonverbal behaviours, feedback setting, and actor status. Not only is feedback likely to be perceived differently in countries with higher power distance, but the cultural dimension may also be a factor at the rating stage of performance management. For countries with higher power distance it may be considered inappropriate for an employee to receive a higher performance rating than their manager, thus mitigating against effective 'real' differentiation in terms of performance – hence an enactment of what Murphy and DeNisi (2008) describe as rating for cultural/political reasons rather than for reasons based on judgement.

FOCUS ON A REGION

PERFORMANCE MANAGEMENT PRACTICES IN THE MIDDLE EAST

According to Afiouni et al (2013) HRM practices in the Arab Middle East region operate within a context of Islam and political instability, government regulations, patriarchy and high rate of labour force growth. Here work structures tend to be bureaucratic and the daily reality of HR is of a centralised function with low strategic focus and concern for employee advocacy.

What results is a lack of sophisticated performance management tools and a difficulty in understanding the underlying logics of performance management in the region. This is despite the fact that on the surface, contemporary performance management systems, such as balanced scorecards, may well be adopted as official process and formats (Afiouni et al 2013).

Despite western expatriates often representing the senior leadership of international companies operating out here, the day-to-day middle managers' performance management practices, however, are rooted in the local cultures (with high power distance) of their Arabian or Iranian descent or imported from the Indian subcontinent.

In practice, individual goals are typically set unilaterally without input or discussions among managers and subordinates. Similarly, individual performance is not actively managed but, rather, expected. For expatriates the direct link between employer-sponsored work and residence permits (necessary to stay in the country and have a local bank account to rent accommodation, own a car, etc) adds weight to the importance of the performance discussion. Hence people endeavour to be seen as outperforming any expectations, those set and many additional unplanned or last-minute demands.

Another aspect of performance management practice in the Middle East is the difficulty in reviewing performance, either throughout the performance cycle or at the annual appraisal. Admittedly in any setting, giving feedback constructively needs skill and talent to do it effectively. Appraising performance, however, is seen as critiquing, and that means on the Asian continent it is related to loss of face. This perception offers no acceptable way to frame the review as objective and non-personal.

Similarly, people locally measure their value and contribution to the business in terms of their personal network and its potential to offer ever negotiable, long-lasting relationship benefits. These contributions can rarely be accounted for or only insufficiently in the short-term quarterly business review or even annual appraisal.

In summary, what gets measured (financial and other quantitative performance metrics) gets managed by autocratic leadership behaviours. But what employees actually daily manage (relationships) does not get measured.

Contributed by Sabine Bruggeman, HRM practitioner and consultant based in Dubai

Figure 9.4 provides us with a summary framework for considering the literature on comparative performance management. Sparrow (2008) reviewed practice in the UK (see Table 9.2). Barzantny and Festing (2008) do the same for France and Germany. Their chapter is particularly interesting as it considers two of the key economies within Europe, whilst reinforcing the point that Europe does not present one cultural norm. The French legal system has been described as moderately regulated (Nikandrou et al 2005) and as a result it is suggested that the legal environment has a minimal impact on performance management (Barzantny and Festing 2008, p151). France is presented as having a culture which involves high individualism, high power distance and high uncertainty avoidance whilst also emerging with a feminine attitude. What emerges therefore is a society which values hierarchy, an elite which still prevails in education, administration, the management of organisations and overall society (Barzantny and Festing 2008, p152). This elite system impacts the intervening factors in Murphy and DeNisi's (2008) model: for example, if an individual being appraised is from a more prestigious background, their appraisal will be more positive – making the process less objective than might be expected. According to Barzantny and Festing (2008), performance management in modern-day France appears to be linked to employee involvement and is described as being an important motivational instrument. However, according to Bourguignon (1998) appraisals are often used with the aim of confirming and justifying the impact on someone's remuneration. The presence of high power distance leads to low levels of openness and lack of transparency, with employee-manager relations being typically characterised by a lack of trust. As a result, performance ratings emerge with rather average ratings for all employees in a department, firm or corporation and therefore little discrimination between employees. In terms of distortion factors, in France appraisal appears to have a low impact on promotion and pay rises. The feminine nature of the culture means that well-being within the working environment is of importance along with personal relationships. This is a point of difference between France and Germany, where a more factual and task-focused orientation prevails. A final key point to make on context is that, as in most continental European countries, French employees value stability and longer lasting, stable employment relationships. Here the French context is similar to that of Germany, although there are number of other key differences.

Germany is seen as a highly regulated legal environment with extensive labour market institutions of collective bargaining, co-determination and vocational training. In Germany, the most important industrial relations happen at the plant level. The social market economy is a key factor of the economy, where the aim is high levels of job security for staff members with an emphasis upon long-term career and succession planning (Barzantny and Festing 2008). In terms of culture Germany has been described as low power distance, high on masculinity, high on individualism and high on uncertainty avoidance. High levels of uncertainty avoidance are characterised in Germany by expectations that systems should be precise and formalised, particularly in relation to defining goals and measurement methods and the consequences of this (for example training or pay decisions). In terms of reviewing performance the tendency, as in France, is for the average to be used for everyone with a preference for egalitarian approaches. The link to performance-based pay has increased in recent years in Germany but, according to Barzantny and Festing (2008) does not have the same meaning as in other countries – perhaps because of the need for approval by works councils – and as a result the practice has been implemented only to a modest extent. In summary, there is a high acceptance of performance management in Germany in terms of the link to career development and given the masculine nature of the culture, status within society is important and vertical careers are important. The link between performance and reward is one which Chiang and Birtch (2012, p538) identify as being particularly sensitive to context calling for 'the US centric economic and behavioural theories (e.g. exchange) that underpin reward–performance to be revisited and extended if they are to be applicable in the international context'. They conclude that the perceived performance implications of financial rewards tend to be more related to economic, competitive, and people performance dimensions in masculine, high power distance, and low uncertainty avoidance cultures (they identify Hong Kong as an example) whilst non-financial reward–performance linkages appear to be stronger in feminine, low power distance, and high uncertainty avoidance cultures (they identify Finland as an example).

This chapter has shown that best practice performance management does not exist independently of cultural context (von Glinow et al 2002). Overall, Claus and Briscoe (2009) sum up the debate about comparative performance appraisal as follows: there is a relative immaturity of research in the topic (a lot of issues and countries are not researched or researched in only a limited way) but, on the basis of the evidence we have, although there are signs that practices 'may be converging, there is still a great deal of divergence' (Claus and Briscoe 2009, p191).

Similarly Boselie et al (2011) argue that in order to understand performance management it is:

Table 9.4 Comparative cross-country performance management characteristics: UK, USA, India and China

Factor	UK	USA	India	China
Macro norms: cultural and organisational	Lower power distance, low uncertainty avoidance	Lower power distance, low uncertainty avoidance, highly individualistic	Low individualism, high power distance, 'family culture'. Organisational norms of job for life and unionisation	Collectivist culture and importance of harmony and face, behavioural norms of modesty and self-discipline. Evidence of cultural shift towards individual performance-related reward schemes
Macro strategy	Increasingly seen as component of strategic HRM	Strategic alignment sought in pursuit of business objectives, history of MBO approaches	Not really evident due to tendency for HR systems to focus more on maintenance rather than performance	Majority of organisations do not have strategic goals or a cascade
Macro technology	Increased use of technology	Increasingly technology enhanced, using eg PeopleSoft, Oracle and SAP		Lack of sufficient IT to support PM
Organisational purpose of performance management	Mixed: development and culture change programmes as well as PRP	To meet legal requirements and as an administrative process for decision-making – around reward and promotion	Decision-making around promotions	Decision-making, narrow focus around reward
Organisational Acceptance of approach	Accepted, but largely ill-regarded	Accepted as necessary evil	Low level of acceptance – seen as time-wasting	Low level of acceptance, not taken seriously

Factor	UK	USA	India	China
Intervening factors manager/appraisee relationships	In context of increased devolvement of HR to line – still seen as a time burden. Line managers required to play judge and/or coach role	Manager as judge predominantly. Both sides report dissatisfaction with processes	Subjectivity of managers in rating, particularly inflation of ratings for those they care about	Highly subjective manager evaluations. Avoidance of criticising bad behaviour causes poor performance to be tolerated
Performance management process and practices	Use of competencies, 360-degree feedback, links to reward and high talent	Multi-source feedback, calibration of ratings, results focused on a combination of 'what and how'	Some team-based appraisal and use of 360-degree feedback. Paternalistic approach, top-down and systems typically operated 'closed'	Effort traditionally more important than outcomes. Self and peer/subordinate evaluations used
Outcomes	Reward (increased emphasis upon total reward). Use of 'corrective' performance approaches	Reward justifications	Promotion and possibly reward, less clear link to performance and productivity improvement	Reward
Adapted from Murphy and DeNisi (2008)	Drawn from Sparrow (2008)	Drawn from Pulakos et al (2008)	Drawn from Sharma, Budhwar and Varma (2008)	Drawn from Cooke (2008)

important to take into account international cultural differences (Brewster et al 2004) that might affect the leadership style, the type of communication, the nature of rewards and the use of self-evaluation.

As DeNisi and colleagues (2008, p260) note, 'visitors to India will find that McDonalds doesn't sell hamburgers but sells vegetable burgers'. This 'Indianisation' of the hamburger seems to be exactly the approach we need in the area of performance management. As countries develop more sophisticated systems they should learn from other countries, but also make sure that, where needed they modify programmes to fit with local 'tastes'.

KEY LEARNING POINTS

- Brewster (1995) has observed that performance management is an area where an assumed best practice has emerged around the typical process which includes planning, managing and reviewing.
- Performance management has western (US) origins and there are challenges to the implementaion of the typical process in non-western contexts.
- Performance appraisal is a key component of performance management, but performance management is a more recent and more holistic construct, which aims to incorporate both target-setting and reviewing performance along with development and motivation of employees.
- Competencies or behaviours are a common element of both performance plan and performance review discussions – as with assessment centres, the use of these may be problematic if not adapted to suit different contexts.
- Cranet data informs us that appraisal is widespread with similar overall increases in the use of appraisal systems for clerical workers and manual workers.
- Differences still exist between countries in their use of appraisal systems with the role of culture and institutions remaining a particular challenge for MNCs who are seeking to standardise global processes.

LEARNING QUESTIONS

1 What are the differences between performance appraisal and performance management?

2 What does a performance management process typically comprise in terms of its component elements?

3 Where do the origins of performance management and performance appraisal lie?

4 What are the major challenges to the implementation of global performance management practices?

5 Provide some examples of how culture impacts performance management.

EXPLORE FURTHER

VARMA, A., BUDHWAR, P.S. and DENISI, A. (2008) *Performance management systems: a global perspective.* Abingdon: Routledge.

This book provides detailed coverage of performance management in a global context, with more comparative examples than could be contained in this one chapter.

BIRON, M.E., FARNDALE, E. and PAAUWE, J. (2011) Performance management effectiveness: lessons from world-leading firms. *International Journal of Human Resource Management.*Vol 22, No 6. pp1294–1311.

BOSELIE, P., FARNDALE, E. and PAAUWE, J. (2011) Performance management. In: BREWSTER, C. and MAYRHOFER, W. (eds). *Handbook of research in comparative human resource management.* Cheltenham: Edward Elgar.

CLAUS, L. and BRISCOE, D. (2009) Employee performance management across borders: a review of relevant academic literature. *International Journal of Management Review.* Vol 11, No 2. pp175–196.

REFERENCES

ADAMS, J.S. (1965) Inequity in social exchange. In: BERKOWITZ, L. (ed). *Advances in experimental social psychology.* Vol 2. New York: Academic Press. pp267–299.

ADSIT, D.J., LONDON, M., CROM, S. and JONES, D. (1997) Cross-cultural differences in upward ratings in a multinational company. *International Journal of Human Resource Management.* Vol 8. pp385–401.

AFIOUNI, F., KARAM, C. and EL-HAJJ, H. (2013) The HR value proposition model in the Arab Middle East: identifying the contours of an Arab Middle Eastern HR model. *International Journal of Human Resource Management.* Vol 24, No 10. pp1895–1932.

ARMSTRONG, M. (2015) *Handbook of performance management: an evidence-based guide to delivering high performance.* London: Kogan Page.

ARMSTRONG, M and BARON, A. (1998) *Performance management: the new realities.* London: IPD.

ATWATER, L., WALDMAN, D., OSTROFF, C.C. and JOHNSON, K.M. (2005) Self-other agreement: comparing relationship with performance in the US and Europe. *International Journal of Selection and Assessment.*Vol 13. pp25–40.

AYCAN, Z. (2005) The interplay between cultural and institutional/structural contingencies in human resource management practices. *International Journal of Human Resource Management.* Vol 16, No 7. pp1083–1119.

BACH, S. (2000) From performance appraisal to performance management. In: BACH, S. and SISSON, K. (eds) *Personnel management.* 3rd edition. Oxford: Blackwell.

BAI, X. and BENNINGTON, L. (2005) Performance appraisal in the Chinese state-owned coal industry. *International Journal of Business Performance Management.* Vol 7, No 3. pp275–287.

BARRICK, M.R., THURGOOD, G.R, SMITH, T.A and COURTRIGHT, S.H. (2015) Collective organizational engagement: linking motivation antecedents, strategic implementation and firm performance. *Academy of Management Journal.* Vol 58, No 1. pp111–135.

BARZANTNY, C. and FESTING, M. (2008) Performance management in France and Germany. In: VARMA, A. BUDHWAR, P.S. and DENISI, A.S. (eds). *Performance management systems: a global perspective.* London: Routledge.

BIRON, M., FARNDALE, E. and PAAUWE, J. (2011) Performance management effectiveness: lessons from world-leading firms. *International Journal of Human Resource Management.* Vol 22, No 6. pp1294–1311.

BJÖRKMAN, I. and LU, Y. (1999) The management of human resources in Chinese-Western ventures. *Journal of World Business.* Vol 34. pp306–324.

BOSELIE, P., FARNDALE, E. and PAAUWE, J. (2011) Performance management. In: BREWSTER, C. and MAYRHOFER, W. (eds). *Handbook of research in comparative human resource management.* Cheltenham: Edward Elgar.

BOURGUIGNON, A. (1998) L'evaluation de la performance: un instrument de gestion éclaté, Rapport de recherché, ESSEC-CR-DR-98-042.

BOZIONELOS, N. and WANG, L. (2007) An investigation on the attitudes of Chinese workers towards individually based performance-related reward systems. *International Journal of Human Resource Management.* Vol 18, No 2. pp284–302.

BRETZ, R.D., MALKOVICH, G.T. and READ, W. (1992) The current state of performance appraisal research and practice: concerns, directions and implications. *Journal of Management.* Vol 18, No 2. pp321–353.

BREWSTER, C. (1995) Towards a European model of human resource management. *Journal of International Business Studies.* Vol 26. pp1–22.

BREWSTER, C. and MAYRHOFER, W. (2011) (eds) *A handbook of research into comparative human resource management practice.* Cheltenham: Edward Elgar.

BRUTUS, S., DERAYEH, M., FLETCHER, C., BAILEY, C., VELASQUEZ, P., SHI, K., SIMON, C. and LABATH, V. (2006) Internationalization of multi-source feedback systems: a six-country exploratory analysis of 360-degree feedback. *International Journal of Human Resource Management.* Vol 17, No 11. 1888–1906.

CASCIO, W.F. (2006) Global performance management systems. In: STAHL, G. and BJÖRKMAN, I. (eds). *Handbook of research in international HRM.* Cheltenham: Edward Elgar. pp176–196.

CASCIO, W.F. and SERAPIO, M.G. (1991) Human resource systems in an international alliance: the undoing of a done deal. *Organizational Dynamics.* Vol 19. pp63–74.

CHIANG, F. and BIRTCH, T. (2010) Appraising performance across borders: an empirical examination of the purposes and practices of performance appraisal in a multi-country context. *Journal of Management Studies.* Vol 47, No 7. pp1365–1393.

CHIANG, F. and BIRTCH, T. (2012) The performance implications of financial and non-financial rewards: an Asian Nordic comparison. *Journal of Management Studies.* Vol 49, No 3. pp538–570.

CHIANG, F.F.T. and BIRTCH, T.A. (2007) Examining the perceived causes of successful employee performance: an East-West comparison. *International Journal of Human Resource Management.* Vol 18, No 2. pp232–248.

CLAUS, L. and BRISCOE, D. (2009) Employee performance management across borders: a review of relevant academic literature. *International Journal of Management Review.* Vol 11, No 2. pp175–196.

COOKE, F.L. (2008) Performance management in China. In: VARMA, A., BUDHWAR, P.S. and DENISI, A. (eds). *Performance management systems: a global perspective.* London: Routledge.

DE LUQUE, M. and SOMMER, S. (2000) The impact of culture on feedback seeking: an integrated model and proposal. *Academy of Management Review.* Vol 25, No 4. pp829–849.

DEN HARTOG, D.N., BOSELIE, P. and PAAUWE, J. (2004) Performance management: a model and research agenda. *Applied Psychology: An International Review.* Vol 53, No 4. pp556–569.

DE NISI, A.S. (2000) Performance appraisal and performance management: a multilevel analysis. In: KOZLOWSKI, S. and KLEIN, K.J. (eds). *Multilevel theory, research and methods in organization.* San Francisco, CA: Jossey Bass.

DE NISI, A.S. and PRITCHARD, R.D. (2006) Performance appraisal, performance management and improving individual performance: a motivational framework. *Management and Organization Review.* Vol 2, No 2. pp253–277.

DE NISI, A.S., VARMA, A. and BUDHWAR, P.S. (2008) Performance management around the globe. What have we learned? In: VARMA, A., BUDHWAR, P.S. and DENISI, A. (eds). *Performance management systems: a global perspective.* London: Routledge.

DEVOE, S.E. and IYENGAR, S.S. (2004) Managers' theories of subordinates: a cross-cultural examination of manager perceptions of motivation and appraisal of performance. *Organizational Behavior and Human Decision Processes.* Vol 93. pp47–61.

DIMAGGIO, P.J. and POWELL, W.W. (1983) The iron cage revisited: institutional isomorphism and collective rationality in organizational fields. *American Sociological Review.* Vol 48, No 2. pp147–160.

DUNNETT, M.D. (1993) My hammer or your hammer? *Human Resource Management.* Vol 32. pp373–384.

EARLEY, P.C. and STUBBLEDINE, P. (1989) Intercultural assessment of performance feedback. *Group and Organization Studies.* Vol 14. pp161–181.

EASTERBY-SMITH, M., MALINA, D. and YUAN, L. (1995) How culture-sensitive is HRM? A comparative analysis of practice in Chinese and UK companies. *International Journal of Human Resource Management.* Vol 6, No 1. pp31–59.

ECCLES, E.G. (1991) The performance management manifesto. *Harvard Business Review.* January–February. pp131–37.

ERDOGAN, B. (2002) Antecedents and consequences of justice perceptions in performance appraisals. *Human Resource Management Review.* Vol 12, No 4. pp555–578.

ESHIGI, G. (1985) Nationality bias and performance evaluations in multinational corporations. *National Academy of Management Proceedings*. pp93–97.

FESTING, M. (2012) Strategic human resource management in Germany: evidence of convergence to the U.S. model, the European model or a distinctive national model? *Academy of Management Perspectives*. May. pp37–54.

FESTING, M., KNAPPERT, L. and KORNAU, A. (2015) Gender specific preferences in global performance management: An empirical study of male and female managers in a multinational context. *Human Resource Management*. Vol 54, No 1. pp55–79.

FESTING, M., KNAPPERT, L., DOWLING, P.J. and ENGLE, A.D. (2010) Country specific profiles in global performance management: a contribution to balancing global standardization and local adaptation in MNEs, Paper presented at 11th International Human Resource Management Conference, Birmingham.

FLETCHER, C. (2001) Performance appraisal and management: the developing research agenda. *Journal of Occupational and Organizational Psychology*. Vol 74. pp473–487.

FLETCHER, C. and PERRY, E.L. (2001) Performance appraisal and feedback: a consideration of national culture and a review of contemporary research and future trends. In: ANDERSON, N., ONES, D.S., SINANGIL, K. and VISWESVARAN, C. (eds). *Handbook of industrial work and organizational psychology*. Thousand Oaks, CA: Sage Publications.

FOLGER, R., KONOVSOY, M.A. and CROPANZANO, R. (1992) A due process metaphor for performance appraisal. In: STAW, B.M. and GUMMINGS, L.L. (eds). *Research in organisational behaviour*. Volume 14. Greenwich, CT: JAI Press. pp129–177.

GOERGEN, M., BREWSTER, C. and WOOD, G. (2009) Corporate governance and training. *Journal of Industrial Relations*. Vol 51, No 4. pp461–489.

GUNNIGLE, P., HERATY, N. and MORLEY, M. (2006) *Human resource management in Ireland*. 3rd edition. Dublin: Gill and Macmillan.

HALL, E.T. (1976) *Beyond culture*. New York: Doubleday.

HEMPEL, P.S. (2001) Differences between Chinese and Western managerial views of performance. *Personnel Review*.Vol 30. pp303–326.

HESKETT, J, (2006) What's to be done about performance reviews? Harvard Business School, *Working Knowledge*. 27 November.

HOFSTEDE, G. (1998) Think locally, act globally: Cultural constraints in personnel management. *Management International Review*.Vol 38, No 2. pp7–26.

JI, L. and KARAKOWSKY, L. (2001) Do we see eye-to-eye? Implications of cultural differences for cross-cultural management research and practices. *Journal of Psychology*. Vol 135. pp501–518.

KABST, R., WEHNER, M.C., MERIFERT, M. and KTTER, P.M. (2009) Personalmanagement im internationalen Vergleich. The Cranfield Project on International Strategic Human Resource Management. Giessen: Justus-Liebig-Universitt.

KAPLAN, R.S. and NORTON, D.P. (1996) Using the balanced scorecard as a strategic management system. *Harvard Business Review*. Vol 74, No 1. pp75–85.

KOSTOVA, T. (1999) Transnational transfer of strategic organizational practices: a contextual perspective. *Academy of Management Review.* Vol 24, No 2. pp308–324.

KOSTOVA, T. and ROTH, K. (2002) Adoption of an organizational practice by subsidiaries of multinational corporations: institutional and relational effects. *Academy of Management Journal.* Vol 45, No 1. pp215–233.

KOVACH, R.C. (1995) Matching assumptions to environment in the transfer of management practices: performance appraisal in Hungary. *International Studies of Management and Organization.* Vol 24, No 4. pp83–99.

LANDRINE, H. and KLONOFF, E.A. (1992) Culture and health-related schemas: a review proposal for inter-disciplinary integration. *Health Psychology.* Vol 11. pp267–276.

LOCKE, E.A. and LATHAM, G.P. (1990) *A theory of goal setting and task performance.* Englewood Cliffs, NJ: Prentice Hall.

LONDON, M. and SMITHER, J.W. (1995) Can multi-source feedback change perceptions of goal accomplishment, self-evaluations and performance related outcomes? Theory-based application and directions for research. *Personnel Psychology.* Vol 48. pp803–839.

MÄKELÄ, K., BJÖRKMAN, I. and EHRNROOTH, M. (2009) MNC subsidiary staffing architecture: building human and social capital within the organization. *International Journal of Human Resource Management.* Vol 20, No 6. pp1273–1290.

MARKUS, H.R. and KITAYAMA, S. (1998) The cultural psychology of personality. *Journal of Cross-Cultural Psychology.* Vol 29, No 1. pp63–87.

MATSUMOTO, D. (1994) *People: psychology from a cultural perspective.* Pacific Grove, CA: Brooks-Cole.

MENDONCA, M. and KANUNGO, R.N. (1996) Impact of culture on performance. *International Journal of Manpower.* Vol 17. pp65–69.

MILLER, J.S., HOM, P.W. and GOMEZ-MEJIA, L.R. (2001) The high cost of low wages: Does Maquiladora compensation reduce turnover? *Journal of International Business Studies.* Vol 32, No 3. pp585–595.

MILLIMAN, J., NASON, S., ZHU, C. and DE CIERI, H. (2002) An exploratory assessment of the purposes of performance appraisals in North and Central America and the Pacific Rim. *Human Resource Management.* Vol 41, No 1. pp87–102.

MILLIMAN, J.F. and VON GLINOW, M.A. (1998) Research and publishing issues in large scale cross-national studies. *Journal of Managerial Psychology.* Vol 13. pp137–142.

MORRIS, M.W. and PENG, K. (1994) Culture and cause: American and Chinese attribution for social and physical events. *Journal of Personality and Social Psychology.* Vol 67. pp6–16.

MUCHINSKY, P.M. (1997) *Psychology applied to work: an introduction to industrial and organisational psychology.* Pacific Grove, CA: Brooks/Cole Publishing Company.

MURPHY, K. and DENISI, A. (2008) A model of the appraisal process. In: VARMA, A. BUDHWAR, P.S. and DENISI, A. (eds). *Performance management systems: a global perspective.* Abingdon: Routledge.

MURPHY, K.R and CLEVELAND, J.N. (1995) *Understanding performance appraisal: social organizational, and goal-based perspectives.* Thousand Oaks, CA: Sage.

NAKANE, C. (1972) *Japanese society.* Berkeley, CA: University of California Press.

NIKANDROU, I. APOSPORI, E. and PAPALEXANDRIS, N. (2005) Changes in HRM in Europe. A longitudinal comparative study among 18 European countries. *Journal of European Industrial Training.* Vol 2, No 7. pp541–560.

NORRIS-WATTS, C. and LEVY, P.E. (2004) The mediating role of affective commitment in the relation of the feedback environment to work outcomes. *Journal of Vocational Behavior.* Vol 65, No 1. pp351–365.

OUCHI, W. (1981) *Theory Z.* New York: Addison-Wesley.

PAIK, Y., VANCE, C. and STAGE, H.D. (2000) A test of assumed cluster homogeneity for performance appraisal in four South East Asian countries. *International Journal of Human Resource Management.*Vol 11. pp736–750.

PORTER, L.W and LAWLER, E.E. (1968) *Managing attitudes and performance.* Homewood, IL: Irwin.

PULAKOS, E.D. and O'LEARY, R.S. (2011) Why is performance management broken? *Industrial and Organizational Psychology.* Vol 4. pp146–164.

PULAKOS, E.D. MUELLER-HANSON, R.A. and O'LEARY, R.S. (2008) Performance management in the United States. In: VARMA, A., BUDHWAR, P.S. and DENISI, A. (eds). *Performance management systems: a global perspective.* Abingdon: Routledge.

ROSE, M.J. (1991) Comparing forms of comparative analysis. *Political Studies.* Vol 3. pp446–462.

ROTCHFORD, N.L (2002) Performance management. In: HEDGE, J.W. and PULAKOS, E.D. (eds). *Implementing organizational interventions.* San Francisco, CA: Jossey-Bass. pp167–197.

SHIPPER F., HOFFMAN, R.C. and ROTONDO, D. (2004) Does the 360 feedback process create actionable knowledge equally across cultures? *Proceedings of the Academy of Management.* New Orleans, LA: AOM.

SINHA, J.B.P. (1990) *Work culture in the Indian context.* New Delhi: Sage.

SMITH, P.C. and GODDARD, M. (2002) Performance management and operational research: a marriage made in heaven? *Journal of Operational Research Society.* Vol 53. pp247–255.

SNAPE, E., THOMPSON, D., YAN, F.K., and REDMAN, T. (1998) Performance appraisal and culture: practice and attitudes in Hong Kong and Great Britain. *International Journal of Human Resource Management.* Vol 9, No 5. pp841–861.

SONNENTAG, S. and FRESE, M. (2002) Perspectives on performance. In: SONNENTAG, S. (ed.). *Psychological Management of Individual Performance.* London: Wiley.

SPARROW, P.R. (2008) Performance management in the UK. In: VARMA, A., BUDHWAR, P.S. and DENISI, A. (eds). *Performance management systems: a global perspective.* Abingdon: Routledge.

SPARROW, P.R. and HILTROP, J.M. (1994) *European Human Resource Management in Transition.* London: Prentice-Hall.

STAW, B.M. (1980) Rationality and justification in organizational life. In: STAW, B. and CUMMINGS, L.L. (eds). *Research in organizational life.* Volume 2. Greenwich, CT: JAI Press. pp. 45–80

SULLIVAN, J.J., SUZUKI, T. and KONDO, Y. (1986) Managerial perceptions of performance. *Journal of Cross-Cultural Psychology.* Vol 17. pp379–398.

THORPE, R. and HOLLOWAY, J. (2008) *Performance management: multidisciplinary perspectives.* Basingstoke: Palgrave.

TORNOW, W.W. (1993) Perceptions or reality: is multi-perspective measurement a means or an end? *Human Resource Management.* Vol 32. pp221–230.

TUNG, R.L. (1984) Human resource planning in Japanese multinationals: a model for US firms? *Journal of International Business Studies.* Vol 15, No 2. pp139–149.

VALLANCE, S. (1995) Performance appraisal in Singapore, Thailand and the Philippines: a cultural perspective. *Australian Journal of Public Administration.* Vol 58. pp78–95.

VAN DE VLIERT, E., SHI, K., SANDERS, K., WANG, Y. and HUANG, X. (2004) Chinese and Dutch interpretations of supervisory feedback. *Journal of Cross-Cultural Psychology.* Vol 35, No 4. pp417–435.

VARMA, A., BUDHWAR, P.S. and DENISI, A. (2008) (eds). *Performance management systems: a global perspective.* Abingdon: Routledge.

VROOM, V.J. (1964) *Work and motivation.* New York: John Wiley and Sons.

WILLIAMS, R. (2002) *Managing employee performance: design and implementation in organizations.* Thomson: London.

WITCHER, B.J. and CHAU, V.S. (2012) Varieties of capitalism and strategic management: managing performance in multinationals after the global financial crisis. *British Journal of Management.* Vol 23. S58–S73.

ZHENG, W., ZHANG, M. and LI, H. (2012) Performance appraisal process and organizational citizenship behavior. *Journal of Managerial Psychology.* Vol 27, No 7. pp732–752.

Rewards

10.1 INTRODUCTION

Pfeffer (1998) asserts that although people work for money, they also work to find meaning and a sense of identity, and Kohn (1998) goes further, to suggest that extrinsic reward erodes intrinsic interest. Yet pay is often prominent in management discussions of people management. People are the largest single operating cost item of most businesses and there is also a need to motivate employees and/or engender their active commitment or engagement. Moreover, pay might appear a natural focus of activity for HRM departments, in light of the possibility of relatively direct leverage over pay practices. Yet the differing approaches to reward apparent in different countries – and the different contexts of reward in them – suggest that this is a particularly challenging area in the international and comparative context.

The influential expectancy theory suggests that motivation and performance are shaped by the links between effort and reward and by the significance or 'valence' of the reward to the person in question. This underpins Lawler's (1990) notion that 'line of sight' is the crucial issue in the design of reward packages. Accordingly, a good deal of thinking and discussion about reward now centres on motivation and, more specifically, on incentivisation. For senior managers and executives it has long been assumed that keen incentivisation through pay is necessary, and there has over the last few decades been growing interest in extending this beyond these groups, and beyond managerial hierarchies, to front-line employees. We return to the effects of the period of crisis in the OECD since the financial woes of 2008 on employers' deployment of immediate and short-term incentives, and indeed more general attitudes to reward, later.

This chapter briefly surveys the bases on which pay packages may be constructed. It goes on to consider in detail comparative variation in practice, with a focus on the situation regarding attachments of pay to post or role and then the various forms of pay for performance (generally termed PfP here). The chapter then turns to outline approaches to understanding cross-national comparative variation in reward practice, focusing on the roles of culture and institutions. The emerging international evidence on best practice in reward is then considered. The chapter concludes by further considering the 'strategic space' (Vernon 2005) employers and managers have regarding reward nationally and internationally. Throughout the chapter we consider comparative reward quite generally. Chapter 14 considers issues of expatriate compensation specifically.

? REFLECTIVE ACTIVITY 10.1

How have management attitudes to the appropriate design of pay systems developed in the last few years? Does this change reflect properly the lessons of recent high-profile experiences?

10.2 REWARD AND BASES OF PAY

Discussions of 'total reward' seek to encompass the entirety of the offer to employees (Antoni et al 2005), relating to some key aspects of the employers' side of the psychological contract. Notions of total reward thus extend beyond matters of pay, and indeed perquisites (perks) and benefits, to autonomy at work, learning and development opportunities, the quality of working life, and the rather more ephemeral issues of the nature of the company culture (see Armstrong 2006). For the most part, however, discussion of reward in organisations tends to be more limited, focusing on matters of pay in cash and in kind.

Within this more limited sphere, a good deal of managerial discussion has traditionally focused on perks and benefits, which typically comprise around 20% of the total labour cost. In some respects, though, this agenda seems on the wane. The validity of payment via company cars is increasingly questioned, as environmental issues and indeed concerns over the divisions wrought by such obvious status differentials come to the fore. Despite the erosion of the support and services provided by welfare states in many nations of the OECD, and the concern of non-managerial employees about their plight in the event of severe sickness and upon retirement in particular, the weight given to benefits in managerial discussions has also declined. The strategic use of pay is the new focus for debate. Pay is often seen as a sharper tool for directing and motivating employees than the range of options offered by benefits and perks.

 ATTACHMENT TO EMPLOYER-BASED BENEFITS?

CASE STUDY 10.1

In China, a range of benefits (housing, food, childcare, etc) are often regarded as particularly important elements of reward (Verma and Zhiming 1995). In China, but also Japan and Korea, employees may value benefits increases and bonuses above basic pay increases, partly because tax is levied on basic pay but also due to limitations in state welfare provision. Similarly, many benefits are not taxed in the USA, and in the light of the paucity of national social provision, benefits increases are also popular there. We would expect in countries such as those in the Nordic zone, where childcare provision by the state is generous, not to see childcare as a significant part of an employee package. The Nordic countries and France, as examples, prefer to get most of their pay and reward packages in cash and to be free to spend it as they wish. In Europe generally, benefit provision by employers is rather less important than elsewhere, reflecting the fact that many of the benefits offered elsewhere (such as healthcare packages) are, in Europe, provided by the state.

Some elements of pay packages are near-ubiquitous, regardless of occupation, industry or country. Almost always, there is a fixed or base element of pay. This base element generally reflects the grade and wider band (and often job family) of the job in question, sometimes determined on the basis of some formal job analysis, but also often reflects experience or seniority within the organisation or sometimes indeed simply age. It may also reflect the qualifications of the employee, even if these exceed the minimum job requirements, or perhaps the progression of the employee through some organisation-specific competence ladder. Although qualifications remain the subject of considerable discussion – for example, in considerations of human capital – and competence ladders remain the focus of some attention, the spotlight has fallen increasingly on pay beyond the base. Rightly or wrongly, the strategic use of pay has often become synonymous with an emphasis on incentivisation via pay for performance or variable pay.

Traditionally, individual performance was rewarded by promotion to a new job role or grade. In a sense, one might also suggest that some form of group performance has been implicit in organisation-specific upgradings of pay, but the solidity of this link between organisational performance and reward is rather uncertain. In any event, current discussions of pay for performance centre on reward which is separate from base pay, forming a distinct component of a pay package much more immediately related to the assessed performance of an individual or group. This appears attractive in the context of discussions of reward management linking immediately to the questions 'What do we value?' and 'What do we pay for?'

Many of the contours of discussions of reward are shared across the nations of the advanced industrialised world and beyond. As we might expect, there are in practice some general international trends, but there remain very significant differences in the way that each country tends to compensate its workers for the time and commitment that they bring to work. As we shall see, in relation to non-managerial workforces and the external labour pool to which pay policies are applied, the evidence of convergence in rewards behaviour is less marked than in relation to top management or indeed to internationally mobile elites or expats.

10.3 LINKING PAY TO POST VIA JOB CLASSIFICATION AND EVALUATION: COMPARATIVE VARIATION

In traditional career structures, employees' job roles or categories imply a particular job class or job level, perhaps within a job grouping or job family. This is summarised by a system of job classification. The job classes or levels are then linked to pay grades – often via an elaborate system of job evaluation which scores employees' job roles on the responsibilities of the job, the skill or expertise required to do it, and perhaps also the physical challenge or social inconvenience involved. Particularly if they are accompanied by clear disciplinary and grievance procedures and elaborations of the training and or experience required for progression (eg Osterman 1987), such job and pay ladders, or hierarchies, become meaningful internal career structures or, as they are often termed in academic discussion, 'internal labour markets'. Although often regarded by managers (and some employees) as inflexible and outdated – particularly within the Anglo-Saxon world – such job and pay ladders still retain considerable significance in many countries, for example, within Europe, and it seems also in many developing countries.

CASE STUDY 10.2

PAY STRUCTURES IN A MANUFACTURING MULTINATIONAL: GERMAN V US OPERATIONS

Grund (2005) compares the pay structures across the USA and German manufacturing facilities of a single multinational at the turn of the millennium. The plants feature near-identical technology and similar production processes. Both US and German plants exhibit convex pay profiles, with the absolute pay gap between levels or grades generally increasing through the jobs hierarchy. In both principle and practice pay for the higher blue-collar grades exceeds that for the lower clerical grades in Germany, whereas in the USA there is a continuous pay hierarchy from the lowest blue-collar to the highest white-collar grades. Overall pay inequality is much greater in the US than in the German plant, with pay inequality across the grades similar in the two cases, but pay inequality at any particular grade much lower in Germany. In effect, the German firm features a traditional bureaucratic narrow-grading whereas the US firm features broad-banding. This US broad-banding is of an extraordinary degree

with regard even to some non-managerial grades, the maximum of the (within non-managerial grade) pay range at well over 200% of the minimum. In consequence, some 84% of the overall pay inequality in the German operations is attributable to grade compared to only 60% in the US operations. The difference in the significance of grade for pay is not attributable to differences in workforce composition in terms of age, tenure, or even education in the USA versus the German operations. Rather, differential pay increases based on (apparently ad hoc and subjective) merit assessments have marked the US operations. The author notes that promotions are much more common in the USA than in the German operations, particularly between the higher grades. However, the extent of within-grade pay inequality in the US operations implies of course that promotion is of much less relative consequence for pay.

Source: Grund (2005)

In continental European countries, the quite generalised use of a national system of job classification is typical; organisational classifications are elaborated from, or sometimes rather awkwardly superimposed on top of, such common structures (see for example Marsden 1999; Antoni et al 2007). In many – although not all – of these national cases there is evidence of the generalised use of a fairly standard system of job evaluation, linking job families and levels to pay within organisations (see for example Lazear and Shaw 2008). Within organisational boundaries, at least, this implies a rather systematic tying of pay to post or role in countries such as Germany, Italy, Belgium, Sweden and Finland. Still, across organisations very substantial differences often remain in pay for similar or even identical work, with organisations varying in their average pay and in the extent to which typical pay differs according to job family and level – that is, in the profiles of the job-pay ladders which their internal career structures provide. Thus, for example, it is a commonplace that larger organisations tend to pay significantly more on average, particularly, but not exclusively, within manufacturing (see for example Streeck 1997).

However, in some northern European countries a generalised system of linking job families and levels to pay levels is applied almost everywhere, implying not just organisation-level job and pay ladders (firm-based internal labour markets) but that job-pay ladders are very similar across organisations within the same sector. So, for example, Lazear and Oyer's (2004) analysis of white-collar employees in the 100 largest Swedish firms in the 1980s shows that the vast bulk of the overall pay variation between employees is attributable to job family–job level combinations – that wage levels 'are in large part dictated by occupation' (pp547–8). There is thus not only an intra-organisational but also an inter-organisational attachment of pay to jobs within job ladders, via a close confinement of pay for jobs, skill and responsibility in the labour market as a whole. The individual characteristics, social or negotiating skills of employees and the features and, indeed, munificence (ability to pay) of the organisations they work for are of comparatively little import to pay. The well-known insensitivity of pay to the size of enterprises in Sweden implies that occupation or role dominates in pay not just amongst large firms but across Swedish organisations more generally. Lazear and Shaw (2008) suggest continuity in inter-enterprise pay compression in Sweden (and other Nordic countries) into the 2000s.

With the global financial crisis of 2008, and the succeeding crises around sovereign debt and in the Euro, employers in some European countries have become still more skeptical of the legitimacy or sustainability of pay for post structures, regarding them as inhibiting necessary enterprise-level adjustments in wage costs. Yet although, as we shall see later, there is reason to think that in one or two European countries where pay for post structures were in any event patchy the very foundation of even those arrangements has now been undermined, developments more generally are much more uncertain. Where such arrangements were previously more secure – at worst having their predominance eroding gradually – there appears some intensification of a dualism in pay arrangements by which long tenure employees inhabit more secure pay for post structures whilst arrangements for new hires are compromised, but it is too early to judge whether there has been any qualitative shift.

? REFLECTIVE ACTIVITY 10.2

Why might the close tying of pay to post be seen as outdated? Does this view necessarily reflect the impact of such pay systems for business performance?

10.4 THE INCIDENCE OF PAY FOR PERFORMANCE

Organisations may seek to reward performance on a number of bases. Payment may be made on the basis of some assessment of individual performance, of team or group performance, of departmental performance, of the performance of a subsidiary or group or the whole organisation. The targets or criteria for reward may take an almost unlimited variety of forms. Sometimes some or all of these bases are used together to create a multifaceted or multi-layered bonus.

Good comparative data on the use of different forms of pay for performance is limited. Cranet provides the best available indication of the extent of organisations' use of different forms of pay for performance across different groups of the workforce. There are dramatic cross-national comparative differences in the use of pay for performance (PfP).

Figure 10.1 Proportion of organisations using individualised incentives (PRP) for manual employees in six countries

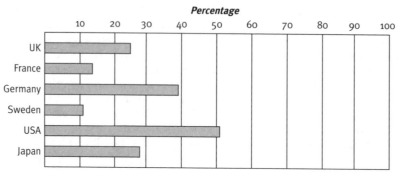

Source: Cranet (2010)

The situation with regard to organisations' use of individualised incentives – often termed performance-related pay (PRP) – in the packages of manual employees provides an interesting starting point (see Figure 10.1). The variation in the use of PRP is intriguing. The use of such PRP is now extensive in the USA, although comparison with Cranet 2004 suggests this is a new phenomenon: it seems that in this regard practice in the USA is finally catching up with the rhetoric within and about it. More generally, there has been strong growth in usage, although amongst the countries detailed in the figure this is not at all the case in France, in which usage has if anything faded a little. Given the continued (though significantly weakened) relevance of unions and joint regulation in Germany, the extent of PRP there is revealing – a theme we will return to later. However, whilst there has been strong growth in usage in many countries, it is interesting that it is only in the USA that a majority of organisations have adopted individual incentives for manual employees, and even here the majority is a bare one.

Figure 10.2 Proportion of organisations using individualised incentives (PRP) for clerical employees in six countries

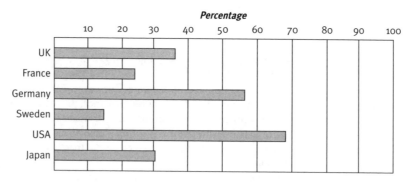

Source: Cranet (2010)

The data for clerical employees shows a remarkably similar comparative pattern, although with rather higher levels of adoption than for manual employees (see Figure 10.2); it is generally the case that the use of all forms of pay for performance systems tends to be rather higher amongst clerical than manual employees. A clear majority of US organisations deploy individual incentives for clerical employees.

What, though, of other forms of pay for performance which reward according to the performance not of the individual but of the wider group in which they work? Figure 10.3 shows the incidence amongst organisations of the use of team- or department-based pay for manual employees. Comparatively, team- or department-based pay is now quite popular amongst the Anglo-Saxon countries; reference to Cranet 2004 suggests that dramatic recent growth in usage for manual employees in the UK and USA has left these countries in a similar position to Japan. However, given the emphasis on team working in many management discussions, we might expect the proportions of organisations taking up the practice to be rather larger across these countries quite generally.

Figure 10.3 The use of team- or department-based pay for manual employees in six countries

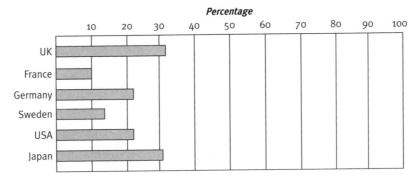

Source: Cranet (2010)

Of course, the unit at which performance is assessed may range more broadly, to encompass the organisation as a whole. Employees may be rewarded on the basis of the performance of the entire organisation of which they are a part via share ownership, stock options or profit-sharing (Pendleton et al 2001, 2002). Such schemes can be either narrow, applied to managers or broad, applied to most or all people in the firm in an attempt to get them committed to boosting the organisation's economic, or more specifically, financial performance (Pendleton et al 2001).

Figure 10.4 The use of employee share ownership schemes for manual employees in six countries

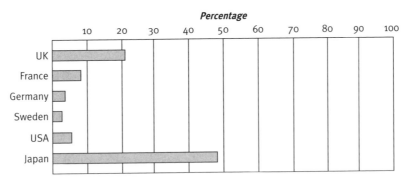

Source: Cranet (2010)

Employee share ownership schemes (ESOPs), in particular, were the subject of intense discussion in the UK during the 1980s. Figure 10.4 shows the dramatic comparative variation in the extent of the use of such schemes for manual employees. We might expect share schemes to in general be more widely used in those countries with well-developed stock markets, including the Anglo-Saxon countries. However, use in Japan is outstanding – with almost half of organisations using the practice for manual employees. Comparison with Cranet 2004 suggests a sharp decline in French usage (a halving), and a more general fading, except in the UK where there appears some limited growth.

Figure 10.5 shows that for France and, to a lesser extent, Germany and even the USA, the use of profit-sharing rather than share ownership schemes is the preferred option. Comparison with Cranet 2004 data shows a significant decline in the use of profit-sharing in France, from a situation in which France was absolutely outstanding in this regard; in 2004 more than two-thirds of French organisations reported the use of profit-sharing for manual employees, well ahead of even the second placed country covered by the survey, Finland, where this proportion was around one-third. More general comparison with 2004 data suggests some growth in usage in the USA, but otherwise stability. In general, moreover, adoption levels are lower than might be expected from some management discussions. The comparative pattern for clerical employees (not shown here) is very similar, although quite generally the use of profit-sharing tends to be a little more extensive amongst this group than amongst manual employees.

Figure 10.5 The use of profit-sharing for manual employees in six countries

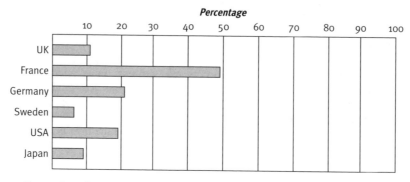

Source: Cranet (2010)

SEDUCTIVE STOCK OPTIONS

Taking lessons from the high-technology start-ups of the US West Coast, larger US corporations began making extensive use of stock options in the 1990s. Stock options afforded those they were offered to the right to buy stock at below-market prices. Stock options were seen as a solution to the principal agent problem introduced by the separation of ownership and control – they could align the interests of managers and shareholders. Moreover, the expense of stock options did not have to be acknowledged until they were exercised. This had huge implications for balance sheets. Perhaps the most striking is the case of Microsoft, at which the cash realisation of stock options would have reduced 2001 profits of US $7.3 billion by a third. When they were finally exercised, the extent of the implications for the surplus remaining for shareholders and re-investment was often unclear, particularly in the context of an enduring stock market boom (Stiglitz 2003). Crisis in the banking sectors of many countries since 2008 has deepened the concerns of commentators about the wisdom of certain forms of stock option, particularly where they reward short term executive performance, and there has been some retreat from such approaches.

What of the use of stock options for management (see Figure 10.6)? This is more extensive in the USA than in any of the other five countries shown, but Germany and the UK are only marginally behind. In Sweden and France this is not a popular HRM practice. In France comparison with Cranet 2004 data suggests a recent collapse in their use, which may well be linked to the declining use of profit-sharing for front-line employees. With regard to stock options, as with regard to profit sharing for employees shown above, Germany now sits with the Anglo-Saxon countries, suggesting an extension of international, and in particular US, influence on pay arrangements indicated in Case Study 10.4.

Recent developments in organisational deployment of PfP likely reflect at least in part a response to the rolling crises since 2008. It is intriguing that organisations have not sought to shift risk to employees by more extensive adoption of financial participation in the form of profit-sharing or ESOPs. Rather, it is group and most particularly individualised PfP which has spread. It appears that employers and managers have most typically been concerned to underscore their emphasis on individual performance and efforts, perhaps as they shift responsibility (or perhaps culpability) downwards. Whether this is likely to promote organisational performance is a quite distinct matter, to which we will return.

Figure 10.6 The use of stock options for managerial employees in six countries

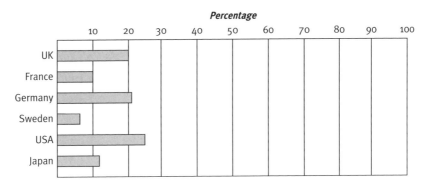

Source: Cranet (2010)

What rewards practices are indicative of the different pay for performance contexts in the USA, Germany, France, the UK, Sweden and Japan?

Which PfP practices do you think would be the easiest to converge?

VARIABLE PAY IN GERMAN MNCS

Kurdelbusch (2002) explored the emergence of modern forms of variable pay, beyond piecework, in Germany in the 1990s, affording particular attention to the non-managerial employees of large and MNCs. There is a very powerful relationship between the extent of internationalisation of German MNCs, measured by the share of employees employed abroad and in particular by the share of foreign sales in total sales, and the use of incentive-based payment. Interestingly, though, German MNCs did not seem to be adopting practices in their foreign subsidiaries via a process of reverse diffusion. Sheer exposure to an international market appears to encourage the use of variable pay, although it remains unclear whether this is a rational response to a differing competitive context. Independently of the extent of this engagement in international markets, a shareholder value-orientation expressed in the remuneration of top executives, the existence of targets for annual rates of return and the quality of investor relations also tended to promote variable pay for non-managerial employees.

10.5 THE SIGNIFICANCE TO EMPLOYEES OF PAY FOR PERFORMANCE

As Armstrong (2006, p35) notes, even where a great deal of information and data on PfP is available, there is a danger that consideration of it rather neglects the perceptions of employees. There is little data on the proportion of pay packages constituted by PfP, but some data is available for some nations, which is at least indicative. Even in the private sector, despite fairly extensive coverage, PfP of all types accounted for less than 10% of the base pay of Italian employees in 2001. It seems that in Belgium it is of still less importance in terms of the financial reward package as a whole. Perhaps more significantly, evidence from case studies (see Vernon et al 2007) suggests that in practice there is an extremely tight bunching of the actual payouts from pay for performance. In sum, the proportion of income which an employee experiences as at risk under PfP typically tends to be low in principle, and still lower in practice. It is clear that many employees formally subject to PfP are quite unaware even of the existence of this component of their pay package.

10.6 CULTURE AND REWARD SYSTEMS

Unraveling the complex set of influences that culture can have on rewards behaviour has been a focus of one strand of recent research, often building on the work of Hofstede (1980) (see Chapter 3 for the strengths and limitations of Hofstede's original work). In principle, national culture might influence reward practice via both the expectations and attitudes of employees or the predilections of employers and managers.

Schuler and Rogovsky (1998) present an intriguing quantitative effort to systematically explore the link between national culture and indicators of national prevalence of pay systems across a dozen nations from across and even beyond the advanced industrialised world. They identify many relationships that can be made sense of through the use of the cultural lens.

They found that nations characterised by greater uncertainty avoidance – most commonly the Latin nations – tended to feature pay systems in which seniority and some notion of skill weighed heavily. These nations also put less focus on individual PfP. Conversely, nations with lower uncertainty avoidance – Protestant nations, but most of all, Anglo-Saxon nations – tended to feature less focus on seniority or skill, and more on specifically individual PRP.

They also found that nations characterised by greater individualism – most strikingly the Anglo-Saxon nations – tended to feature a greater focus on PfP generally, and still more strongly a focus on individual PfP. In contrast, nations with less individualism – most prominently Spanish- or Portugese-speaking countries – tended to feature less of such a focus, generally lying at the opposite end of the spectrum. The findings for the focus on share ownership or options are similar.

Where nations are characterised by an emphasis on action and achievement rather than relationships and empathy – that is, those which are more masculine in Hofstede's terms, or display a materialist as opposed to personal foregrounding in the updated terminology of Bento and Ferreira (1992) – there tends to be more of a focus on individual bonuses. Thus, the Anglo-Saxon area but also Germany and to a remarkable extent Japan generally, tended to feature more individual PRP amongst professional and technical staff, amongst clerical staff and amongst manual employees. The contrast here is with the general situation in nations that rely more on personal foregrounding, such as the Scandinavian nations, and indeed the Netherlands, which tended to feature a lesser focus on such payments for these non-managerial employees. Interestingly, there was no significant difference in the focus on individual bonuses for managers specifically between these groups of nations.

? REFLECTIVE ACTIVITY 10.4

Do you think that differences in reward practices across countries reflect differences in national cultures or other influences?

10.7 IS CULTURAL EXPLANATION OF REWARD ENOUGH?

Culture is assumed to have relevance for reward practice via its influence on attitudes to pay. The typical presumption is that it is the attitudes or preferences of employees which are crucial, with employers and managers responding to these employee attitudes or preferences in shaping pay arrangements. Conceivably, national culture may influence reward practices via the predilections of employees or those of employers (of course, we would expect that the impact of particular practices on performance would be conditioned more by employees' cultures than by employers'). Chiang (2005) and Chiang and Birch (2005) offer evidence regarding the relationship between national culture, as conceived by Hofstede, and employees' expressed reward preferences.

Chiang (2005) draws on a survey of employees across all roles in 120 banks in 1999–2002, with a total of over 1,000 responses across four countries: Canada, Finland, UK and China (HK) (as do Chiang and Birch (2005)). Whilst some preferences appear linked to aspects of culture as conceived by Hofstede, and in particular the lower enthusiasm for financial rewards in general in Finland, rated by Hofstede as very much more feminine than the other three countries, many do not. Although rated much lower on uncertainty avoidance than Finland, Canadian employees expressed the same preference for job security. Chiang and Birch (2005) suggest the relevance of economic conditions and experiences to reward preferences, highlighting the relevance of the massive layoffs in Finnish banking in the early 1990s to Finnish employees' expressed preference for job security, and the more recent experience in Canadian banking to Canadian employees' similar preferences. Meanwhile, in considering the irrelevance of femininity to a preference for employee benefits, Chiang (2005) suggests the relevance of institutional influences such as the character of welfare states and taxation systems to such preferences.

Such expressed reward preferences may not necessarily be an accurate guide to how employees may respond when actually experiencing reward practices; there may be a gap between what employees imagine, abstractly, they prefer, and the practices which actually engender employee commitment, engagement or performance. This is not at all to suggest that 'in the real world' employees respond best to individual performance bonuses or incentives whatever they might claim; research evidence that individualistic PRP delivers better performance is remarkable for its rarity, as discussed later in the chapter. Indeed, given the well-established tendency for employees to over-estimate both their individual performance and the extent to which PRP rewards meaningful performance variation in practice and the apparent belief amongst employees that enthusiasm for PRP displays their realism and/or their ambition (see for example Armstrong 2006), rather than suspicion of employees' expression of preference for systems other than PRP being justified, circumspection in response to expressed enthusiasm for PRP is appropriate! In any event, national culture might in principle usefully inform reward practice even if employees' expressed preferences suggest it is completely irrelevant.

 FINNISH EMPLOYEES' REWARD PREFERENCES

CASE STUDY 10.5

Whilst its performance has now faded, Nokia has prompted considerable interest in Finnish business and employment relationships more generally. Chiang (2005) and Chiang and Birtch (2005) draw on over 1,000 survey responses on the reward preferences of banking employees in Canada, Finland, UK and China (Hong Kong) at the turn of the millenium. The findings on the expressed reward preferences of Finnish employees stand out in a number of ways. Finnish employees accord even more importance to intrinsic reward than those in the other three countries of the international sample, and value the working environment and work flexibility more than employees in other countries. Chiang (2005) also shows that – by an enormous margin – Finnish employees regard performance-based elements of reward as much less important. Finnish employees express the strongest preference for skill- and competency-based reward systems, involving competence, or job, ladders to which pay is attached, with Canadian employees in turn significantly keener on such systems than British or Hong Kong Chinese (Chiang 2005). Correspondingly, they prefer, much more than do employees in

other the other countries, that reward be based predominantly on job ladders, career structures and internal labour markets.

These findings for Finland are intriguing because they can be linked to culture only to a very limited extent. Employee expectations and preferences appear driven by other influences. In particular, it is striking that Finnish employees display such attachment to the internal labour market structures which strong industrial unions such as those in Finland tend to create (see for example Pekkarinen and Vartainen 2006; Lazear and Shaw 2008). Moreover, they show a marked valuation of the intrinsic rewards which Nordic unions have long made a focus of their activity (see for example Kjellberg 1992, 1998) – see also the Chapter 6, on the organisation of work. It seems that Finnish preferences express the significance of collective bargaining in Finnish pay structures and systems, and the particular emphasis accorded attachments of pay to role, qualifications and demonstrable competence by the Finnish industrial unions. The findings thus provide a powerful indication of the relevance of unions and collective bargaining in shaping employees' expressed reward preferences.

Although there are certainly some indications of the usefulness of a consideration of national culture to an understanding of differences in pay practice, a focus on such dimensions of national context also has its disadvantages (Vernon 2005). Firstly, the evidence that these dimensions are enlightening in capturing and explaining either the basis for the incidence of different approaches to reward in different countries, or the typical reactions of a nation's employees to attempts to apply a single system universally, is still a little patchy. Moreover, in practice, nations display certain tendencies in these respects, but also display a great deal of individual difference in attitudes around the typical. More than this, individuals may display multiple or contradictory identities in these cultural respects, making such dimensions a shaky foundation for thinking about appropriate reward, or even for understanding the current basis of cross-national variability.

A related problem of a focus on national culture in contemplating comparative reward is that it disregards the autonomous influence of social actors and of institutions on pay structures and practices. These may act to shape cultures, cut across a dominant culture, or – perhaps most likely – channel cultural influences in a particular way. Whilst there are clear differences across countries in practice, the link to national culture is rather equivocal, reinforcing the argument that institutional explanation may have more purchase (see for example Vaiman and Brewster 2015). An alternative strand of research examines in particular the role of the joint regulation of the employment relationship, by unions or works councils in interaction with employers, in shaping reward practice.

10.8 THE ROLE OF UNIONS, EMPLOYERS' ASSOCIATIONS AND COLLECTIVE BARGAINING

Statutory pay minimums have been established in some central and eastern European nations, and are now a common feature of Anglo-Saxon nations, in force in the USA, Canada, New Zealand, and the UK (see Chapter 5). However, it is in those few nations of continental western Europe featuring such statutory pay minimums that they are set at the highest levels – the minimum rates in the Netherlands and France are the very highest by any criterion (OECD 1998). Yet even these French and Dutch statutory minimums are set at levels too low to be of direct significance to the pay arrangements of most larger, or multinational, employers (Vernon 2005). That is to say, the statutory regulation of the level of pay is generally of very limited significance for large companies.

Meanwhile, in the sphere of collective bargaining and joint regulation, employers' associations now quite generally favour a derogation of detailed pay arrangements to individual companies (Vernon et al 2007). It is unions and works councillors who, through collective bargaining and joint regulation, are the crucial social actors in shaping pay arrangements (Vernon et al 2007). Unions have traditionally tended to favour pay structures in which pay depends predominantly on the job role, qualifications, certificated competences, seniority/age or documented experience. Moreover, they have generally sought to contain pay differentials within their bargaining arena.

 SOCIALLY HEALTHY PAY VERSUS INCREASING PAY DIFFERENTIALS

CASE STUDY 10.6

Some recent discussion has centred on the concept of socially healthy pay. Within societies there are boundaries placed around the range of pay differentials or multiples deemed to be legitimate. These are generally measured by metrics such as the ratio between the highest- and average-, or the highest- and lowest-paid. In the USA high multiples are both legitimate and expected. In continental Europe much narrower multiples are felt to be appropriate. If differentials move beyond accepted limits, social reaction can be marked. Thus, the influential Swedish confederation of manual unions, LO, has expressed considerable unease about the increase in the gap between the remuneration of workers and that of the most senior managers in organisations over the last decade or so. The total compensation of executives in large private sector Swedish companies is now often 40 to 50 times that of front-line employees. Yet in the USA, the comparable multiple is now 400 to 500 – that is, the multiple itself is ten times larger – and yet significant public comment has only since emerged since the financial crisis.

Certainly – as, for example, Marsden (1999) and Lazear and Shaw (2008) suggest – unions and collective bargaining have a very substantial role in shaping internal labour markets involving firm attachments of pay to post, whatever the balance may be between the direct impact of unions and their joint regulation of the employment relationship with employers on the one hand and their impact via the expectations of employees or indeed managers on the other (see also Case Study 10.5). Unions organised on an industrial basis – at least, manual employees joining the same union regardless of skill or qualification – promote more unified career structures, and do so all the more strongly the more powerful are the unions concerned. Such internal labour markets are most widely observed and strongly structured in Finland and Sweden (see also Chapter 5).

More generally, the strength of unions in collective bargaining or the joint regulation of the employment relationship has an enormous influence on overall pay inequality, with stronger unions or weightier joint regulation very substantially compressing pay distributions and differentials (Vernon 2011). This is true even where unions are more fragmented or segmented, rather than taking the encompassing industrial form predominant in Finland, Sweden and indeed Germany and much of continental Europe, although compressions of pay distributions are typically less coherently structured by attachments of pay to post where unions take a more fragmented or segmented form.

The series of crises in the OECD since 2008 have put particular pressure on unions and joint regulation in some countries. Marginson and Welz (2014) show that the uneven patchwork of sector and occupational collective agreements which prevailed in Greece until 2010 has since been almost completely eradicated, whilst in Spain the new legislation prioritising enterprise level over industry level agreements (even if the local agreements contain provisions less favorable to employees) implies a significant step down in pay-to-post attachments. However, in countries where unions and joint regulation have been more significant, and where pay arrangements have been structured more strongly by coherent attachments of pay to post, developments are much more ambiguous; this is true even in Italy, despite commonplace suggestions of a crisis of joint regulation there (Marginson and Welz 2014).

CASE STUDY 10.7

THE IMPLICATIONS OF EMERGENT COLLECTIVE BARGAINING IN CHINA FOR PAY ARRANGEMENTS

As outlined in Chapter 5, the role and significance of unions and collective bargaining are changing quite rapidly in China. Though developments are very uneven, meaningful collective bargaining is now spreading beyond the Chinese operations of large foreign multinationals to domestically owned companies, often in the form of two-tiered (sectoral and then enterprise-level) bargaining affecting small and medium-sized enterprises (Brown et al 2014).

Where it exists, collective bargaining is resulting in more structured pay arrangements insulating employees from employer prejudice or opportunism around, for example, gender, migrant status, individual self-esteem or personal relationships. This structuring can sometimes take the form of clear and significant overtime premia, but increasingly secures elements of seniority in pay and, beyond this, follows the so-called 'Wenling model' pioneered in the wool garments sector in this town in Xinhe as long ago as 2003 to secure the broader development of standardised job and pay ladders attaching pay to post (see for example Brown et al 2014). Under this model, sectoral standard rates for differing jobs and categories of workers are secured, and there is then a further round of negotiation at enterprise level rendering them minima in practice (and sometimes extending to matters not included in the sector agreement). Such tiered bargaining broadly reflects typical practice in the countries of the old industrialised world where sectoral bargaining is general.

Even by the mid-2000s, before the recent surge in union organisation and activity, it is clear that where they existed enterprise-level unions were also delivering higher average total compensation for Chinese employees. Yao and Zhong (2013) (and their 2011 earlier but more detailed draft) show for a sample of over 1,200 enterprises across 12 Chinese cities extremely robust findings for the mid-2000s that hourly pay is greater in unionised enterprises by around 10%. Moreover, Yao and Zhong (2011) show this finding is no mere coincident expression of better sales and financial performance in enterprises which happen to be unionised. The magnitude of the union effect on pay confirms Ge's (2013) findings for a sample of over 1,000,000 [sic] enterprises almost exactly, whilst Ge's (2013) estimates also allow for the possibility that the unionisation of an enterprise is expressive of its capability or willingness to pay higher wages by modelling the process of unionisation itself.

Moreover, these and other studies also show still clearer effects on employee benefits such as pensions and medical insurance by the mid-2000s. Ge (2013) shows that by the mid-2000s both in terms of the coverage of employee benefits such as housing subsidies, pensions and medical insurance and indeed the expenditure on benefit per employee the presence of unions at the workplace was at least as strongly promoting of benefits as pay per se.

More recently, both enterprise and sectoral level agreements have in some instances involved enormous annualised increases in standard pay rates, with for example a sectoral agreement affording an increase for production workers of 17% in Yixing City ceramics in 2011, and another affording an increase of 33% in the plywood industry in Pizhou City (Brown et al 2014). These increases much exceed both contemporary productivity gains and the increases typical of the recent past; indeed the unions involved often stress the extent to which productivity gains have come to exceed pay gains in pressing their claims.

However, Friedman (2014) shows, with references to developments in eye-glass manufacture in Rui'an City in Zheijang province, that even by the late 2000s, in some instances at least, an infrastructure of sectoral negotiation which had already delivered a wage agreement can exist without even the awareness of senior managers, still less employees, at the SMEs it is supposed to regulate. He argues that the non-enforcement of agreements can arise where the grassroots, workplace or enterprise-level unions are weak, something which continues to apply in most Chinese provinces, cities and sectors given the continued centralisation of the Chinese union movement.

Instinctively, unions have generally regarded PfP with some suspicion. Nonetheless, pressed by employers and indeed by employees, unions which sense some opportunity to shape developments now generally accept the principle of PfP, regarding the devil as in the detail (Vernon et al 2007). Unions are often keen that no groups should be excluded from PfP where it is introduced for some, but simultaneously pursue the containment of any performance-related element of the overall pay package. Typically, unions regard PfP formally comprising 10% of total remuneration as going quite far enough. They are often keen also to compress the variation of such payments in practice, such that the actual spread in the performance-related sums paid out is much more limited. Moreover, unions determinedly pursue clarity in the specification of criteria, being profoundly uncomfortable with management discretion in the distribution of performance bonuses. In these respects union concerns with solidarity and the exposure of employees to risk still survive.

Accordingly, any effects of unions or joint regulation on the sheer incidence of PfP are ambiguous at best. This is true even where the focus of the PfP is not individual performance, something which unions have the strongest instinctive reaction against. For example, Croucher et al (2010) show that whilst JCCs or works councils had some positive impact on the use of, for example, profit sharing, local union presence had no effect on any form of financial participation.

Multi-employer agreements at the level of industries, for example, tend not to be directly restrictive of PfP (Vernon et al 2007). Yet their specification of minimum pay rates or increases implies that PfP must be made on top of such agreed pay. Moreover, where there is established local union representation and/or a works council with statutory rights to negotiation or, indeed, co-determination over pay systems, such local employee representatives negotiate over the design and operation of all forms of reward, including PfP. However, the case of Finland shows very clearly that powerful unions and significant collective bargaining do not necessarily preclude the individualised incentives of performance related pay (see the case study on PRP in the UK and Finland).

CASE STUDY 10.8

PERFORMANCE-RELATED PAY IN THE UK AND FINLAND: A REMARKABLE LONGSTANDING SIMILARITY

Large-scale national surveys of employees in the UK and Finland have long offered provocative findings (Vernon 2005). Surveys of the UK showed that across the economy as a whole, including the public sector, 25% of employees are subject to individual PRP of one sort or another. In Finland, across the economy as a whole, 23% of manual employees were subject to merit pay specifically. Among lower-level clerical employees the proportion was 40%, and still higher among upper-level clerical employees and managers. Merit pay is the predominant form of individual PRP in Finland, but other forms are present. Conservatively, then, at least a third of Finnish employees were subject to some form of PRP. Clearly, PRP has been at least as common in Finland as in the UK for a long time. Given the significance of unions and collective bargaining in Finland, this strikingly contradicts any notion that individualised PRP occurs where unions and collective bargaining are weaker.

What, though, of law and statutory regulation of pay systems? Generally, signs of its impact are hard to identify. With regard to profit-sharing, the situation in France demonstrates the role which law can play in driving a wedge in practice between different nations, even in spheres such as this where there is cross-border management sympathy towards the broad desirability of a practice. In France profit-sharing has long been mandatory in private sector organisations with a workforce of over 50 (van het Kaar and Grünell 2001). However, it may be that recent reforms of French statute have encouraged French organisations to minimise their commitment to profit-sharing, reducing the payments involved to an extent where they are considered insignificant in some organisations. This would account for the fading in profit-sharing in France apparent in Cranet data. Whilst not resulting in quite the same extent of profit-sharing, Finnish experience shows that extensive profit-sharing can be quite consistent with powerful unions and significant collective bargaining.

Very clearly, the incidence of PfP is far from always being what we would expect on the basis of simple cultural characterisations of societies. Moreover, the evidence belies ordinary presumptions about the implications of collective bargaining or joint regulation for pay systems. Whereas it is absolutely clear that more significant collective bargaining reduces overall pay inequality, and, particularly where encompassing industrial unionism predominates, diffuses and strengthens the attachments of pay to post or role, it has no such clearly demonstrable effect on the incidence of PfP. However, as we have seen, joint regulation does tend to shape the precise nature of PfP arrangements.

JOINT REGULATION, INTERNAL CAREERS AND PERCEPTIONS OF PAY FAIRNESS IN GERMANY

Remarkably, Germany remains an industrial force. Only recently did China finally overhaul Germany in the total value of manufacturing exports, implying of course massive German superiority on a per capita, or employee, basis. Germany's industrial success has been shaped in a context heavily influenced by unions and works councils. Although the purchase of joint regulation has been fading in Germany since the 1980s, a combination of industrial agreements, enterprise-level union presence and works councils with statutory rights particularly strong regarding pay arrangements (see Chapter 5) implies that it remains highly significant. Grund's (2005) study of a manufacturing multinational operating in Germany and the USA (see Case Study 10.2) shows that pay is comparatively more closely attached to post, or role, in Germany. Broader evidence suggests that this expresses the more general comparative importance of post or role for pay in Germany (see Lazear and Shaw 2008).

However, with the purchase of joint regulation in Germany increasingly uneven, there is substantial, and probably growing, variation in the strength of the attachment of pay to post within Germany. Zwick (2011) uses data from 6,750 German establishments to show that in enterprises covered by industrial agreements and featuring works councils employees' pay increases more with their tenure or seniority; such seniority pay is typically regarded as indicative of stronger internal career structures involving clear attachments of pay to post, role or perhaps competence. Pfeifer (2014) shows, on the basis of nationwide survey evidence from 5,000 German employees, that the presence of a works council – something that is much more common in enterprises also subject to an industrial agreement – promotes employees' perceptions that their pay is fair, doing so most strongly for the less highly-paid employees whose wellbeing is the focus of joint regulation.

Thus, whilst joint regulation in Germany is fading, it continues to make a significant contribution to employees' perceptions of pay fairness or equity. Most likely, it has this effect by affording the clear and transparent justification of pay arrangements which Shaw's (2014) authoritative review suggests is vital to the implications of pay dispersion or inequality for individual and organisational responses and performance.

? REFLECTIVE ACTIVITY 10.5

There are extensive discussions in the literature about the influence of national institutions, laws and culture on HRM issues such as rewarding staff. Obviously, there are a range of different practices even within the various national boundaries. Are these boundaries the best level of analysis?

In what respects might unions present problems to managements introducing PfP? In what respects might their input be valuable?

10.9 INTERNATIONAL EVIDENCE ON BEST PRACTICE IN REWARD

Despite the enormously varied practice of organisations, particularly internationally:

- might there exist some generalisable or universal international best practice in reward, at least for front-line employees?
- what of the evidence on the relationship between pay systems and performance?
- can we arrive at an evidence-based notion of best practice in the field of PfP?

The popularity of individualised incentives amongst many general managers and some personnel/HRM professionals makes PRP an obvious candidate. Yet the evidence that individualised incentives deliver better business performance is remarkably limited. Cases that they do rest remarkably heavily on Lazear's (2000) study, which shows that the mid-1990s introduction of a piece-rate pay system (with some minimum hourly guarantee) at Safelite – an autoglass installer in the USA – was associated with a 44% increase in the number of units installed per person per day. Yet the study leaves a good deal unclear, arousing the suspicion that the productivity boom could have been generated by other initiatives. Moreover, the appropriateness of this very narrow performance measure, and so the significance of this performance achievement, even in this particular case remains rather debatable, and the potential of such an approach in other more complex work contexts highly dubious.

The problems of individual incentives are well known to specialists. Communicating the nature and purpose of initiatives, achieving meaningful objective-setting, eliciting employee acceptance of the legitimacy of the criteria and of the eventual distribution of reward, and avoiding the obscuring of developmental facets of performance management in review meetings have all proved particularly difficult for UK managers for example (Armstrong 2006, pp276–267). Relatedly, in organisations that have tried it there is often a view that the proper management of PRP is tremendously costly in terms of management training and time (see for example Armstrong 2006).

What, then, of the evidence for financial participation as a generalised best practice? This might appear a more attractive candidate in international context as it might be thought to meet fewer cultural barriers than does individual incentivisation. Kruse (1993) famously argued that profit-sharing could act via employee attitudes and motivation to improve financial performance, and presented some evidence on the link to the bottom line. Coyle-Shapiro et al's (2002) longitudinal study of the implications of profit-sharing for attitudes and behaviours in a British organisation suggests that the (affective) organisational commitment of employees is promoted by their perceptions of the appropriateness and legitimacy of the profit-sharing scheme implemented. Kuvaas' (2003) study of a Norwegian organisation features very similar findings despite the very different context, suggesting that there may be general international lessons here. This, though, is no international evidence of the generalised business performance impact of any particular form of financial participation.

Kalmi et al's (2005) study of larger listed organisations in four European countries offers some evidence based upon managers' perceptions of the outcomes of financial participation where schemes are in place. It is the non-findings which are striking. Whereas almost 90% of managers regard improved productivity as a relevant aim for financial participation in principle, there is no relationship between managers' reports of the impact of financial participation on productivity and the extent of employee coverage of either profit-sharing or equity schemes. D'Art and Turner (2004) deploy Cranet data to analyse the relationship between profit-sharing for front-line staff and managerial ratings of business performance across ten European countries. They uncover a powerful link between profit-sharing and respondents' ratings of recent profitability, and some rather weaker links to respondents' assessments of the relative productivity and service quality of the organisation. Yet there are fragilities in this evidence and profound doubts about the appropriate interpretation of this evidence – most particularly since profitability likely promotes profit-sharing rather than profit-sharing improving profitability (see Vernon 2010).

Antoni et al (2005) consider the performance improvements from empowerment initiatives involving the delegation of management tasks to groups of non-managerial employees in 1,300 organisations in ten EU, focusing in particular on the effects on the success of such delegation of the use of collective PfP (whether team/department performance, profit-sharing schemes or ESOPs). Companies with such collective PfP report significantly better outcomes from group delegation initiatives, with greater reductions in management and increases in output. Moreover, where delegation is carried furthest, such collective pay is also associated with reductions in costs and in throughput times. Yet of course this evidence does not imply that collective reward per se is evidence-based best practice – even across these European countries.

With little indication of any evidence-based best practice in PfP, might there be generalised promise in less celebrated facets of pay packages? Kessler (2007) stresses the continuing relevance of linking pay to post in legitimating pay structures. Employees' notions of a good job often have at their core the structures and securities of the internal labour market (Jacoby 1997). Moreover, it has famously been suggested that internal labour markets are crucial to the active co-operation of employees which employers in a wide range of contexts require (Williamson et al 1975). In this context it may be that more substantial steps in pay through a clearly elaborated job and pay hierarchy, or internal labour market, improve firm performance.

The evidence on the last of these observations is only now starting to emerge, and is currently rather contradictory. Certainly, though, internationally, a recent survey of more than 100,000 employees of a multinational hotel chain showed that elements of an internal labour market (job security, training opportunities and promotion opportunities) are critical to front-line employees' job satisfaction and organisational commitment (McPhail and Fisher 2008). It would be surprising if this did not have implications for productivity performance.

INTERNAL CAREER PATHS AND ORGANISATIONAL PERFORMANCE IN CHINA

Conversations with Chinese employees suggest that many share the perception common in Anglo-Saxon countries that jobs for life are no longer realistic, at least outside the public sector. However, such impressions do not mean that internal career structures, which typically tie pay closely to role in job or competence ladders, cannot deliver performance benefits.

Akhtar et al (2008) show that amongst Chinese enterprises the presence of internal career paths strongly promotes both operational and financial performance (2008, Table IV). The details of the analysis reveal that such career paths are typically supported by a relatively clear specification of the duties of a role and by training programmes structured in line with internal career structures (see the factor loadings of Akhtar et al 2008, Table II). Moreover, job descriptions per se, and indeed even to a weaker extent job security per se, promote operational performance (Akhtar et al 2008, Table IV). Interestingly, the study finds that the performance effects of aspects of HRM unrelated to career structures are typically weaker.

The complementary study by Gong and Chang (2008, Table III) suggests that internal career paths promote financial performance in China via their effects on organisational commitment and organisational citizenship behaviour. With specific regard to job security, though, they suggest that whilst it may promote organisational commitment it impacts neither employee nor financial performance.

The apparent dearth of internal career paths in China (for example) should not be taken to suggest their lack of promise in promoting organisational performance.

In summary, the current research evidence cautions against a presumption that individualised incentives offer a universal best practice in reward. Collective PfP including but not limited to financial participation and/or an emphasis on internal labour markets involving clear attachments of pay to post appear more likely candidates. Still, it seems most likely that despite the focus on reward and most specifically pay amongst many managers, best practice cannot reside in isolation in this arena, but will rather take in a combination of practices across a number of arenas of people management including, for example, the organisation of work.

10.10 SPACE FOR STRATEGY

Although the implications of national culture and systems of joint regulation are not always what we might imagine, it is clear that they have an important effect on pay arrangements.

COMPENSATION PRACTICE IN MCDONALD'S ACROSS EUROPE

CASE STUDY 10.9

Perhaps unsurprisingly, McDonald's has sought to export an approach to compensation from their domestic operations across their outlets, regardless of national location. This involves avoidance of and resistance to meaningful collective bargaining over pay, and a focus on containing wage costs. With regard to German operations it is also a matter of an ongoing struggle to prevent the formation at its restaurants of works councils which would have the right to co-determine pay systems (Royle 2000). Nonetheless, the real pay levels of McDonald's counter staff, adjusted for the purchasing power of currencies, show marked variation within Europe. For example, real pay is typically more than 50% greater in the Nordic countries than in the UK (Royle 2000). Whatever its corporate stance, McDonald's must both attract staff and offer them a reward package that they consider legitimate, necessitating adjustment not only to legal regulation but to the societal norms and generally prevailing pay practices which legal and bargaining institutions have served to shape.

This is not to say that organisations must simply take up what is existing typical practice with regard to reward. There is variability within nations in the cultures and expectations of employees, as well as in the bargaining institutions with which employers engage. Bloom et al (2003) stress the variability within nations in the pay practices to which employees are used, a variability present too within particular industries and occupational groups.

Clearly, there are culturally permitted alternatives which, for some reason, are not reflected in pay practice. Moreover, the space allowed for innovation in reward by unions and collective bargaining is much greater than is often thought (see the earlier discussion here and Vernon et al 2007). Employers and managers must of course reflect carefully before positioning their pay practice at the extreme of any existing range of practices, and even greater care is required if this positioning is to be beyond the range of the normal (Vernon 2005, 2010), but are less constrained than they may sometimes feel.

There are equivocal findings on the impact of MNCs on local pay rates. On the one hand, they do seem in developed economies to pay somewhat above national averages, but we also know that some MNCs go 'regime-shopping', seeking out states where controls on pay, terms and conditions of employment and basic human rights are more minimal and taking advantage of the opportunities this affords them to produce goods or services at a cheap rate. Overall, it seems that MNCs do bring in innovative practices but that by and large the main finding is that they operate rather similarly to indigenous businesses (see for example Farndale et al 2008; Le et al 2013). It seems that even the management of MNCs might be more innovative.

KEY LEARNING POINTS

- Reward practices, and notions of good reward practice, vary considerably across countries, despite increasing commonalities in the language with which debates are conducted.
- National cultures, laws and institutional arrangements are important influences on reward practice.
- Organisations have to remain aware of these differences when they determine their policies and practices in reward as in other areas.
- Different logics in different nations mean that the 'political' messages that must be communicated in order to 'sell' a policy objective soon become immersed in national culture or expectations.
- Still, the 'strategic space' (Vernon 2005, 2010) for innovation in pay practices is greater than is sometimes suggested.
- Indications of an international best practice in reward are only now starting to emerge – and they are not consistent with simple ideas about incentivisation.

LEARNING QUESTIONS

?

1   What are the main cross-national differences in the nature of pay systems and practices?

2   How would you characterise the underlying philosophy that British HR professionals have towards reward, compared with French HR professionals?

3   What are the main ways in which national culture influences rewards behaviour?

4   Is there a danger of focusing too much on national culture as a driver of pay practice?

EXPLORE FURTHER

D'ART, D. and TURNER, T. (2004) Profit-sharing, firm performance and union influence in selected European countries. *Personnel Review*. Vol 33, No 3. pp335–50. The authors provide an international analysis of financial participation and performance.

KESSLER, I. (2007) Reward choices: strategy and equity. In: STOREY, J. (ed.). *Human resource management: a critical text*. 3rd edition. London: Thomson. This chapter overviews the advantages of traditional pay structures linking pay to post.

LAZEAR, E. and SHAW, K. (2008) *The structure of wages: an international comparison*. Chicago: NBER. This constitutes a book-length treatment of cross-national comparative differences in reward structures within the established OECD.

VERNON, G. (2010) International pay and reward. In: EDWARDS, P. and REES, C. (eds) *International human resource management*. 2nd edition. London: FT/Prentice Hall. The chapter provides an alternative and complementary overview of international reward.

REFERENCES

AKHTAR, S., DING, D. Z. and GE, G. L. (2008) Strategic HRM practices and their impact on company performance in Chinese enterprises. *Human Resource Management*. Vol 47. pp15–32.

ANTONI, C., BAETON, X., VERBRUGGEN, A., EMANS, B., HULKKO, K., VARTIANEN, M., KESSLER, I. and NEU, E. (2005) *Wage and working conditions in the European Union*. Report. Dublin: European Foundation for the Improvement of Living and Working Conditions.

ANTONI, C., BAETEN, X., EMANS, B. and KIRA, M. (eds). (2007) *Shaping pay in Europe: a stakeholder approach*. Brussels: Peter Lang (for Uppsala University).

ARMSTRONG, M. (2006) *Employee Reward*. 3rd edition. London: CIPD.

BENTO, R. and FERREIRA, L. (1992) Incentive pay and organisational culture. In: BRUNS, W. (ed.) *Performance measurement, evaluation, and incentives*. Boston, MA: Harvard Business School Press.

BLOOM, M.B., MILKOVICH, G.T. and MITRA, A. (2003) International compensation: learning from how managers respond to variations in local host contexts. *International Journal of Human Resource Management*. Vol 14, No 8. pp1350–1367.

BROWN, W. and LEE, C-H. (2014) *What sort of collective bargaining is emerging in China?* Paper presented at the British Universities Industrial Relations Association Conference, June 2014.

CHIANG, F. (2005) A critical examination of Hofstede's thesis and its application to international reward management. *International Journal of Human Resource Management*. Vol 16, No 9. pp1545–1563.

CHIANG, F. and BIRTCH, T. (2005) A taxonomy of reward preference: examining country differences. *Journal of International Management*. Vol 11, No 3. pp157–375.

COYLE-SHAPIRO, J., MORROW, P.C., RICHARDSON, R. and DUNN, S.R. (2002) Using profit sharing to enhance employee attitudes: a longitudinal examination of the effects on trust and commitment. *Human Resource Management*. Vol 41, No 4. pp423–439.

CROUCHER, R., BROOKES, M., WOOD, G. and BREWSTER, C. (2010) Context, strategy and financial participation. *Human Relations*. Vol 63, No 6. pp835–855.

D'ART, D. and TURNER, T. (2004) Profit-sharing, firm performance and union influence in selected European countries. *Personnel Review*. Vol 33, No 3. pp335–350.

FARNDALE, E., BREWSTER, C., and POUTSMA, E. (2008) Coordinated vs. liberal market HRM: the impact of institutionalization on multinational firms. *International Journal of Human Resource Management*. Vol 19, No 11. pp2004–2023.

FRIEDMAN, E. D. (2014) Economic development and sectoral unions in China. *Industrial and Labor Relations Review*. Vol 67, No 2. pp481–503.

GE, Y. (2007) What do unions do in China? SSRN Working Paper No. 1031084. Beijing: University of International Business and Economics.

GE, Y. (2013) Do Chinese unions have 'real' effects on employee compensation? *Contemporary Economic Policy*. Vol 32, No 1. pp187–202.

GONG, Y. and CHANG, S. (2008) Institutional antecedents and performance consequences of employment security and career advancement practices: evidence from the people's republic of China. *Human Resource Management*. Vol 47. pp33–48.

GRUND, C. (2005) The wage policy of firms: comparative evidence for the US and Germany from personnel records. *International Journal of Human Resource Management*. Vol 16. pp104–119.

HOFSTEDE, G. (1980) *Culture's consequences: international differences in work-related values*. London: Sage Publications.

JACOBY, S. (1997) *Modern manors*. Princeton, NJ: Princeton University Press.

KALMI, P., PENDLETON, A. and POUTSMA, E. (2005) Financial participation and performance in Europe. *Human Resource Management Journal*. Vol 15, No 4. pp54–67.

KESSLER, I. (2007) Reward choices: strategy and equity. In: STOREY, J. (ed.). *Human resource management: a critical text*. 3rd edition. London: Thomson.

KJELLBERG, A. (1998) Sweden: restoring the model? In: FERNER, A. and HYMAN, R. (eds.) *Changing industrial relations in Europe*. Oxford: Basil Blackwell.

KJELLBERG, A. (1992) Sweden: Can the model survive? In: FERNER, A. and HYMAN, R. (eds). *Industrial relations in the new Europe*. Oxford: Blackwell.

KOHN, A. (1998) Challenging behaviourist dogma: myths about money and motivation. *Compensation and Benefits Review*. March-April. pp27–33.

KRUSE, D.L. (1993) *Profit-sharing: does it make a difference?* Kalamazoo, MI: Upjohn Institute.

KURDELBUSCH, A. (2002) Variable pay in Germany. *European Journal of Industrial Relations*. Vol 8, No 3. p325.

KUVAAS, B. (2003) Employee ownership and affective organizational commitment. *Scandinavian Journal of Management*. Vol 19, No 2. pp193–212.

LAWLER, E.E. (1990) *Strategic pay*. San Francisco, CA: Jossey-Bass.

LAZEAR, E. (2000) The future of personnel economics. *The Economic Journal*. Vol 110, No 467. pp611–639.

LAZEAR, E. and OYER, P. (2004) Internal and external labour markets. *Labour Economics*. Vol 11. pp527–554.

LAZEAR, E. and SHAW, K. (2008) (eds). *The structure of wage: an international comparison*. Chicago: NBER.

LE, H., BREWSTER, C., DEMIRBAG, M. and WOOD, G.T. (2013) Management compensation in MNCs and domestic firms. *Management International Review*. Vol 53, No 5. pp741–762.

LEE, C.-H., BROWN, W. and WEN, X. (2014) What sort of collective bargaining is emerging in China? Paper presented at BUIRA, University of Westminster, June 2014.

MARGINSON, P. and WELZ, C. (2014) Between the crisis and the EU's economic governance regime: European wage-setting mechanisms under pressure. Paper presented at IREC 2014, Dublin, 10–12 September.

MARSDEN, D. (1999) *A theory of employment systems*. Oxford: Oxford University Press.

MCPHAIL, R. and FISHER, R. (2008) It's more than wages: analysis of the impact of internal labour markets on the quality of jobs. *International Journal of Human Resource Management*. Vol 19. p3.

OECD (1998) Making the most of the minimum: statutory minimum wages, employment and poverty. *Employment Outlook*. Paris: OECD.

OSTERMAN, P. (1987) Choice of employment systems in internal labour markets. *Industrial Relations*. Vol 26. p1.

PEKKARINEN, T. and VARTAINEN, J. (2006) Gender differences in promotion on a job ladder: evidence from Finnish metalworkers. *Industrial and Labor Relations Review.* Vol 59, No 2. pp285–301.

PENDLETON, A., POUTSMA, E., BREWSTER, C. and VAN OMMEREN, V. (2001) *Employee share ownership and profit-sharing in the European Union.* Dublin: European Foundation for the Improvement of Living and Working Conditions.

PENDLETON, A., POUTSMA, E., BREWSTER, C. and VAN OMMEREN, V. (2002) Employee share ownership and profit sharing in the European Union: incidence, characteristics, and representation. *Transfer.* Vol 8, No 1. pp47–62.

PFEFFER, J. (1998) Six dangerous myths about pay. *Harvard Business Review.* May–June, 108–121.

PFEIFER, C. (2014) Determinants of fair own wage perceptions. *Applied Economics Letters.* Vol 21, No 1. pp47–50.

ROYLE, T. (2000) *Working for McDonalds in Europe: The Unequal Struggle?* London: Routledge.

SCHULER, R.S. and ROGOVSKY, N. (1998) Understanding compensation practice variations across firms: the impact of national culture. *Journal of International Business Studies.* Vol 29, No 1. pp159–177.

SHAW, J.D. (2014) Pay dispersion. *Annual Review of Organizational Psychology and Organizational Behaviour.* Vol 1. pp521–544.

STIGLITZ, J. (2003) *The roaring nineties.* London: Penguin.

STREECK, W. (1997) German capitalism: does it exist, can it survive? In: CROUCH, C. and STREECK, W. (eds). *The political economy of modern capitalism: mapping convergence and diversity.* London: Sage.

VAIMAN, V. and BREWSTER, C. (2015) How far do cultural differences explain the differences between nations? *Implications for HRM. International Journal of Human Resource Management.* Vol 26, No 2. pp151–164.

VAN HET KAAR, R. and GRÜNELL, M. (2001) Variable Pay in Europe. *EIR online. Mimeo.*

VERMA, A. and ZHIMING, Y. (1995) The changing face of HRM in China: opportunities, problems, and strategies. In: VERMA, A., KOCHAN, T. and LANSBURY, R. (eds). *Employment relations in the growing Asian economies.* London: Routledge.

VERNON, G. (2005) International pay and reward. In: EDWARDS, P. and REES, C. (eds). *International Human Resource Management.* London: FT/Prentice Hall.

VERNON, G. (2010) International pay and reward. In: EDWARDS, T. and REES, C. (eds). *International human resource management.* 2nd edition. London: FT/Prentice Hall.

VERNON, G. (2011) Still accounting for difference? *Economic and Industrial Democracy.* Vol 32, No 1. pp29–46.

VERNON, G., ANDERSSON, R., BAETEN, X. and NEU, E. (2007) Unions, employers' associations and the joint regulation of reward in Europe. In: ANTONI, C., BAETEN, X.,

EMANS, B. and KIRA, M. (eds). *Shaping pay in Europe: a stakeholder approach*. Brussels: Peter Lang (for Uppsala University).

WILLIAMSON, O.E., WACHTER, M.L. and HARRIS, J.E. (1975) Understanding the employment relation: the analysis of idiosyncratic exchange. *Bell Journal of Economics*. Vol 6. pp250–277.

YAO, Y. and ZHONG, N. (2011) Unions and workers' welfare in Chinese firms. (draft article; see below).

YAO, Y. and ZHONG, N. (2013) Unions and workers' welfare in Chinese firms. *Journal of Labor Economics*. Vol 31, No 3. pp633–667.

ZWICK, T. (2011) Seniority wages and establishment characteristics. *Labour Economics*. Vol 18. pp853–861.

Training and Development

11.1 INTRODUCTION

Increasingly tangible assets such as land, building, raw materials, and machinery may no longer be seen to offer sustainable competitive advantage (Perez and Ordonez de Pablos 2003). In line with the resource-based view theory it might be argued that the success of modern organisations is determined by intangible assets such as human capital (Rashid 2013) and thus training and development remains as a key issue for management within organisations and for HRM professionals in particular. Given the vast amount that has been written about training, learning and development and the variety of terms that are used, this chapter starts with some definitions. After the definitions the chapter deals with contextual factors in order to support an understanding of comparative training and development. You are challenged to consider the implication of these contextual factors as you make decisions around the location of new enterprises or factories. Having considered both VET and typical attainment levels post-education, the chapter then moves on to consider the training and development investment that occurs within the workplace. Cranet data is used to illustrate the relative amount of time devoted by organisations and also the typical level of investment found in different contexts.

According to Armstrong (1999) training is the planned and systematic modification of behaviour through learning events, programmes and instruction which enable individuals to achieve the levels of knowledge, skill and competence required to carry out their work effectively, whereas development is the growth or realisation of a person's ability and potential through the provision of learning and educational experiences. Dowling and Welch (2004) suggest that whereas training aims to improve employees' current work skills and behaviour, development may be differentiated as being aimed at increasing ability in relation to some future position or role.

Although these definitions take an individual perspective, the OECD acknowledges human capital as a major factor driving economic growth, both in the world's most advanced economies and those experiencing rapid development. We will discuss this point further in the section on educational attainment. Tregaskis and Heraty (2011) report how the level of interest in training and development has spawned a growing literature on organisational learning and human capital. The terminological shift has seen a broadening of the agenda, which now extends well beyond the conventional territory of training interventions, and its integration with the business plan, to take in many aspects of work and corporate organisation (Reid et al 2004). Such discussions are usually linked to those around high-performance work systems or high-performance practices for non-managerial employees (see for example Appelbaum et al 2000; Ashton and Felstead 2001). At the same time there is a growing emphasis upon management development, much of which now occurs in the context of organisations that are international and wish to develop an international management cadre (see for example Woodall 2005; Mabey and Ramirez 2004, 2011). See Chapter 16 for more coverage on management development and the development of global leadership.

What tends to be lacking from many commentaries is the contextual background necessary to appreciate the different manifestations of training and development in different environments. Contextual factors such as typical levels of educational attainment across the population of a nation and the influence of the state in shaping the vocational educational system provide important background to a comparative understanding of training and development. These contextual factors are particularly important for an understanding of the challenges facing organisations as they strive to operate, recruit, rotate and performance manage staff internationally. At a macro level, a key contextual factor currently is the state of the global economy as the global financial crisis of 2008 has changed things, not least employment prospects, particularly amongst those with lower education levels (European Commission figures 2009).

11.2 TRAINING AND DEVELOPMENT IN CONTEXT

De Cieri and Dowling 1999, Harzing and Van Ruysseveldt 1995, and Schuler et al 2001 are amongst the authors who have sought to identify the factors, external and internal to the firm, which shape HRM policies and practices. We need to reconsider a number of the factors outlined earlier in the book, in particular the key role of institutions. The discussion in Chapter 2 on differing national contexts, institutional theory and varieties of capitalism is an important place to revisit, as well as more micro-level factors of the firm such as the nature of ownership (Jackson and Schuler 1995). The discussions in Chapters 3 and 4 on culture, and the tools of cultural analysis, in terms of understanding how firms in different contexts might approach training and development are also of particular relevance.

Figure 11.1 The impact of national and organisational characteristics on training and development

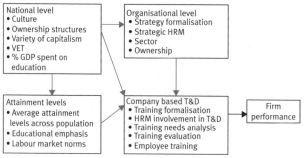

Source: Nikandrou et al (2008)

Figure 11.1 indicates that there are pre-existing factors or conditions that influence the type and nature of training and development practices in the workplace. These conditions include:

- culture
- ownership structures
- the role of the state and political and other forces (varieties of capitalism).

These in turn shape:

- the levels of workforce achievement, particularly literacy and numeracy which emerge as a result of the compulsory schooling system
- educational and labour market norms
- the national system of vocational educational training which sits 'on top' of the compulsory schooling system and which reflects the economic, political and cultural institutional forces at play within a country.

We will deal first with the first two of these before dealing in more detail with those factors that relate to the role of the state.

Several authors have provided general evidence of a cultural influence on training policy at the national level. Tregaskis (1997) compared training practices in organisations in the UK and France, highlighting the fact that in the UK training was less regulated and there was a greater emphasis on organisational learning. This study demonstrated how national level factors impact investment in organisational training and found that the national effect was greater than the effect of formalised HRM strategy. A further step was taken by Aycan (2005), who proposed a theoretical framework linking national level values to key HRM practices. Based on the assumption that training designs (as well as other HRM practices) are impacted by managerial beliefs about human nature and organisational versus individual needs, Peretz and Rosenblatt (2011) examined the link between a society's culture and investment in training. They find evidence to support three hypotheses that firms in countries which embrace low power distance, high future orientation and high uncertainty avoidance tend to invest more in training than firms in countries that embrace high power distance (where energy is devoted to maintaining power gaps), low future orientation (as training is a future oriented activity), and low uncertainty avoidance (as training arguably acts as a means of reducing uncertainty) (Peretz and Rosenblatt 2011).

The question of ownership is likewise a key determining factor in terms of shaping training and development strategy, along with organisational size and sector, with Peretz and Rozenblatt (2011) confirming earlier work that larger organisations (as well as high-tech organisations) tend to invest more in training. Earlier commentators such as Rosenzweig and Nohria (1994) have considered the influence of parent MNCs upon local subsidiaries, with training provision being one of these areas. As Mabey and Ramirez (2011) suggest, it has become a tendency of MNC subsidiaries to adopt parent or 'best-practice' norms particularly in the macro-HRD practices like training needs analysis, management development delivery and evaluation procedures, while allowing for the details of the delivery of local training to be determined by the subsidiary, as highlighted by Tregaskis et al (2001). In the later section on company based training and development we will say more about sector specific drivers of training and training needs analysis.

11.3 THE ROLE OF STATE NATIONAL SYSTEMS: VARIETIES OF CAPITALISM (VOC), EDUCATION, AND INITIAL VOCATIONAL EDUCATION AND TRAINING (VET)

Chapter 2 introduced you to institutional theory as it is relevant to an understanding of comparative HRM. It considered the role of the state and the related issue of the role and strength of the unions as well as the role of ownership patterns. All of these play a role in understanding training and development and we shall begin by considering typical attainment levels before moving on to describe how national systems and varieties of capitalism shape initial forms of vocational education and training (VET). A range of studies have a bearing, such as the Programme for International Student Assessment (PISA), which is a triennial international survey to evaluate education systems worldwide that tests the skills and knowledge of over half a million 15-year-old students (that is, young people just entering the labour market). The most recent PISA results are from the assessment in 2012. Other useful sources of comparison come from the Adult Literacy and Life Skills Survey (ALLS) and the Programme for the International Assessment of Adult Competencies (PIAAC).

WORKFORCE ACHIEVEMENT: LITERACY AND NUMERACY

Educational attainment is a commonly used proxy for the stock of human capital – that is, the skills available in the population and the labour force (OECD 2012).

When dealing with educational attainment levels there are a number of definitions to consider. 'Lower secondary education' is defined as schooling between the ages of 11 and 13 and 'upper secondary' is the final element of secondary education, which is seen to be either be 'terminal' (that is, preparing the students for entry directly into working life) and/or 'preparatory' (that is, preparing students for tertiary education). The term 'tertiary education' is defined as higher education (HE) (OECD 2002).

On average, a five-year-old child in an OECD country is expected to remain in education for 17.5 years before reaching age 40. This same child is expected to be enrolled in full-time studies for 16.5 years: 9.5 years in primary and lower secondary education, 3.3 years in upper secondary education, and 2.6 years in tertiary education. She or he can also expect to participate in an additional 1.2 years of part-time studies, mainly at the tertiary level of education. Among countries with available data, education expectancy ranges from 12.4 years in China (full-time only) and 14.2 years in Indonesia, to 19 years or more in Iceland and Sweden and almost 20 years in Finland (OECD 2012).

Until the late 1990s indications of the comparative capabilities of countries were weak and fragmented. The International Adult Literacy Survey (IALS) of the late 1990s offered a systematic assessment of literacy, broadly conceived, across 20 OECD nations (Crouch et al 1999). It was then built upon by the Adult Literacy and Lifeskills (ALL) Survey conducted between 2003 and 2008. The first IALS survey showed that the people of Sweden were the most literate and numerate. Sweden had the highest average scores on all three scales employed, ranking first on each of prose, document and quantitative literacy. The UK ranked 13th, 16th and 17th respectively on these scales, although better than the Republic of Ireland. The USA and other Anglo-Saxon nations did a little better than the UK and the Irish Republic, but there was a clear gulf between the better-performing countries of continental Europe and those of the Anglo-Saxon world. There was also a marked contrast in the extent of variation in achievement amongst the citizens of the different nations surveyed. Each of the Anglo-Saxon nations displayed very much greater variation in the literacy of its citizens than did the nations of continental Europe. Chile and Poland footed the rankings in terms of overall average and also showed the greatest variation in their citizens' achievements. The IALS suggests very strongly that whatever its basis in cross-national comparative variation in education and training provision and development opportunities, there is great difference in the structure of achievement of the populations of the various countries of the established advanced industrialised world. We would expect that this difference between countries would be even greater if newly emerging nations were considered. Schneider and Soskice (2009) state that representational systems and politics plays a key role here, as educational performance at the bottom end is strikingly better in the co-ordinated/proportional representative economies than in the liberal/majoritarian ones.

The rationale behind such monitoring and the more recent updates including ALLS and PIAAC is the belief that literacy skills (and basic cognitive skills more generally) are conceived as an important determinant of the life chances of individuals and of social and economic wellbeing at the level of nations. Education therefore matters. An OECD report (2012) suggests that,

> It is what people know and what they do with what they know has a major impact on their life chances. The median hourly wage of workers who can make complex inferences and evaluate subtle truth claims or arguments in written texts is more than 60% higher than for workers who can, at best, read relatively short texts to locate a single piece of information. Those with low literacy skills are also more than twice as likely to be unemployed.

Recent OECD data reveals how some countries have made significant progress in improving skills proficiency. The ALLS results shows how effective certain countries have been in developing literacy skills through successive generations. The gains made in some countries illustrate the pace of progress that is achievable. For example, Korea is among the three lowest-performing countries when comparing the skills proficiency of 55–65 year-olds; however, when comparing proficiency among 16–24 year-olds, Korea ranks second only to Japan. Similarly, older Finns perform at around the average among the countries taking part in the ALLS while younger Finns are, together with young adults from Japan, Korea and the Netherlands, today's top performers.

On the other hand, in the UK and the USA, improvements between younger and older generations are barely apparent. Young people in these countries are entering a much more demanding labour market, yet they are not much better prepared than those who are retiring. The UK is among the three highest-performing countries in literacy when comparing to 55–65 year-olds; but the UK is among the bottom three countries when comparing literacy proficiency among 16–24 year-olds. In numeracy, the USA performs around the average when comparing the proficiency of 55–65 year-olds, but is lowest in numeracy among all participating countries when comparing proficiency among 16–24 year-olds. This is not necessarily because performance has declined in the UK or the United States, but because it has risen so much faster in so many other countries across successive generations (OECD 2013).

Developing countries generally have lower rates of adult literacy, and are striving to achieve universal primary education in order to redress this situation. In many countries, low literacy undermines the competitiveness of cheap labour costs and a youthful population. In September 2000, 189 countries signed the United Nations Millennium Declaration [A/RES/55/2], committing themselves to eradicating extreme poverty in all its forms by 2015. One of the Millennium Development Goals was to ensure universal primary education by 2015. In 2014 the United Nations Report on Millennium Development Goals stated that the school enrolment rate in primary education in developing regions increased from 83% to 90% between 2000 and 2012, but most of the gains were achieved by 2007, after which progress stagnated. These recent reports also indicate a worrying concern about young people, 15–29 years of age, across the 34 OECD countries, plus Brazil, Russia, Argentina, China, India, Indonesia, Saudi Arabia and South Africa. There is a clear increase in young people who are neither in employment nor in education or training – the so-called 'NEET' population – which spiked to nearly 16% across the participating countries in 2010 after several years of decline. This increase reflects the impact of the global recession upon young people and highlights the importance of vocational education and training programmes and opportunities for non-formal education and training (OECD 2012).

Other trends from the data (OECD 2012) suggest that if current tertiary attainment rates among 25–34-year-olds are maintained, the proportion of adults in Ireland, Japan and Korea who have a tertiary education will grow to more than that of other OECD countries, while the proportion in Austria, Brazil and Germany (among others) will fall further behind other OECD countries. Despite notable strides, some countries remain far below the OECD average in terms of upper secondary attainment. For example, in Brazil, China, Mexico, Portugal and Turkey at least half of all 25–34-year-olds – sometimes far more – lack an upper secondary education.

11.4 GROWTH IN THE HIGHER EDUCATION (HE) MARKET

Education can, of course, continue beyond the normal school-leaving age on programmes that are not vocational in strict terms, being more theoretical or academic in emphasis. According to Hall and Soskice (2001) the proportion of those aged 25–34 who in the late 1990s held a university degree was estimated by the OECD to be in the range of 10% to 17% for 15 nations. The exceptional nations were Austria and Italy, with outstandingly low proportions, and the USA, with a notably high proportion of 26%. Cascio et al in 2008 found American teenagers to be performing relatively poorly on international assessments of achievement compared to teenagers from other high-income countries. However, it seemed that the picture was reversed as the teenagers matured and by their late twenties, Americans compared very favourably to those in other locations. Cascio et al (2008) suggested this could be attributed to the fact that the USA led in terms of participation in higher education. However, more recent data from the OECD (2012) reveals that the USA has now slipped behind many other countries in college completion and that educational mobility is declining, with fewer young Americans having more education than their parents and with the USA college graduation rates ranking 19th out of 28 countries studied by the OECD.

The last 15 years have certainly seen higher education continue to grow into a global business with the number of foreign tertiary students enrolled in OECD countries doubling since 2000, equalling an average annual increase of 7.2%. In 2010, more than 4.1 million tertiary students were enrolled outside their country of citizenship. Luxembourg, Australia, the UK, Austria, Switzerland and New Zealand have, in descending order, the highest percentages of international students among their tertiary enrolments. In absolute terms, the largest numbers of foreign students are from China, India and Korea with Asian students representing 52% of foreign students enrolled worldwide (OECD 2012). With so many students studying outside their own countries there are billions of pounds, euros and dollars generated from tuition, living expenses, branch campuses, franchises and much else. The number of students in higher education has increased substantially in developing countries in Asia and Latin America. China, in particular, saw the total number of students in higher education increase from 3.6 million in 1900 to 30 million in 2006 – the highest total in the world. Many developing countries are also promoting higher education as part of a strategy to achieve long-term sustainable economic growth. Malaysia and Tunisia are world leaders in education investment, as they invest a substantial share of their wealth (around 8% of GDP) in education. However, OECD data from 2012 suggests that there is not a level playing field in terms of accessing higher education. Indeed on average across the countries surveyed, young people from families with low levels of education are less than half as likely to be in higher education, compared to the proportion of such families in the population. Meanwhile, a young person with at least one parent who has attained a higher education degree is almost twice as likely to be in higher education, compared to the proportion of these families in the population.

11.5 VOCATIONAL EDUCATION AND TRAINING

What then, of education beyond school that does not result in a degree – the matter of intermediate skills? In the EU, evidence from the Centre for Research into Education and Lifelong Learning (2005) suggests that vocational training helps to boost the well-known earnings pay-off which accrues to people who have finished upper secondary education over those who left school early. Across the 24 EU countries studied, there is universally an earnings gain, which persists throughout working life, for those who complete upper secondary education over those who do not. The countries where this earnings differential is highest include Austria, Germany, Slovenia, the Czech Republic, Slovakia, the Netherlands and Luxembourg, where over 50% of the upper secondary students follow a vocational programme (OECD 2012). Given the possible benefits of VET, the form and extent of its provision has received particular attention (see for example Crouch et al 1999). As Chapter 4 illustrates, links have been made between varieties of capitalism and the nature and reach of VET.

According to Nilsson (2010) there is no one accepted definition of vocational education and training. One particular difficulty is how to distinguish between general and vocational education; another is that due to the multidimensional nature of VET it can be organised in different ways to include more or less government support and differing levels of time spent at college/company.

According to Hall and Soskice (2001) a dichotomy exists between national systems in which extensive provision of VET is co-ordinated by national governments or other social actors to provide a broad skill base, and those in which VET is more limited in its reach, and less co-ordinated, with greater polarisation in achievement. The co-ordinated market economies (CMEs; see Chapter 2) tend to have higher coverage of vocational educational training programmes and a longer-term view (Hall and Soskice 2001). At the other extreme, liberal market economies (LMEs; see Chapter 2) are likely to have a shorter-term focus. Broadly speaking, extensive and co-ordinated provision of VET is characteristic of the nations of northern continental Europe whereas VET is more limited and less coordinated in the Anglo-Saxon nations. Although the level of co-ordination of VET in Japan is questionable, it tends to be grouped together with the continental European nations in such analyses, because it is often suggested that initial training, though grounded within organisations, is particularly sophisticated and broad-based. Historically commentators have informed us (Esteves-Abe et al 2001) that the type and reach of initial VET has varied by location within Europe. So for example we know that training in Germany has been described by Thelen (2007) as the 'jewel in the crown of Germany's political economy'. Here the system is referred to as 'dual' and has combined school-based learning with practical firm-based training (with primacy traditionally given to the latter). The plant-based component is strongly 'collectivist' insofar as employers train not narrowly and for their own needs, but broadly and to standards that are set nationally by committees composed of representatives of business and workers. Switzerland and Austria have traditionally followed a similar approach, but with figures not quite equalling the 30% of cohort which has been reported in Germany (Esteves-Abe et al 2001). Elsewhere provision has typically been less workplace-based and with more emphasis on technical colleges, for example in Denmark, Finland and Norway, where enrolment rates are even higher than those reported in Germany. Italy, Japan and France have tended to favour company-based approaches – more like an apprenticeship system – whereas in the liberal market economies of UK, Australia and particularly the USA provision and uptake has been variable and weak (Esteves-Abe et al 2001).

CO-ORDINATION OF VET POLICIES IN USA AND SWITZERLAND

UIS (2006) argues that in the USA vocational education has traditionally been the domain of states and local communities, with the federal government playing a lesser role. Traditionally, only a small proportion of total state expenditures in vocational education flows from the federal purse. Within this system, federal policy has primarily relied on inducements and capacity building strategies to encourage states and local school agencies to shape vocational education in ways that it believes will lead to improved outcomes. Federal legislation provides guidance on programme improvements, requires states to address these in their state plans, and permits use of federal funds to develop them, with legislation in place to encourage greater compliance. States are required to develop and track four core performance indicators and negotiate with the federal government to establish benchmarks and targets for each. States exceeding targets are eligible for incentive bonuses, while those failing to reach targets may lose federal funds. In the absence of mandates or strong regulation, federal policy appears to have a relatively weak influence on vocational education delivery in the states. Federal policy is enacted consistent with state structures, policies and interests, which emphasise improvements in general education; vocational education is marginalised. The overall result has been to strengthen somewhat the academic rigour in vocational programmes, but at the expense of specific vocational and technical learning.

In Switzerland, where the cantons and social partners have a great deal of autonomy for VET, federal legislation on VET was recently reformed. The legislation declares that VET is the joint responsibility of the Confederation, the cantons, social partners and other organisations of 'working life', working collaboratively. The purposes of VET are identified in law: to enable individuals to find a place in society and at work, and to equip them with the flexibility to remain active; to contribute to the competitiveness of enterprises; to provide equal opportunities in access to training; to develop links between different pathways in education and training; and to establish a system that is transparent. The Confederation will take more responsibility for funding VET. These funds are to be provided to cantons and 'working life' organisations – which hold major responsibilities – using mechanisms intended primarily to encourage initiatives and reform. The Confederation hopes to incentivise employers to be more active in initial and continuing VET and to encourage incremental reforms to both the school-based and dual systems. In each case, the Confederation intends to assume a more strategic lead.

Goergen et al (2009) have built upon the earlier dichotomous view of Hall and Soskice (2001) and its refinement by Amable (2003) in order to provide an overview of the likely characteristics of training provision in five 'types' of capitalist environments. These are summarised in Table 11.1.

Table 11.1 Likely impact of type of economy upon company training and development

Continental/ Rhineland economies (France, Germany, Austria, Belgium)	Highly standardised educational system, early selection into vocational training Training systems vocationally oriented, with state involvement Firms left to concentrate on 'top up' firm-specific training Training spend low, jobs well protected and low staff turnover Unions and employer associations bargain on industry lines and have collaborative training schemes Industry-level wage-setting (quite high level) encourages individuals to acquire job specific skills, poaching less of an issue Possible gap in general cross-functional skills for managerial and senior admin roles than in LMEs
Social democratic co-ordinated market economies (Sweden, Finland)	Vocational training less effective, due to weakening industry links and increased theoretical focus Firms likely to have to provide more industry relevant skills More emphasis (and investment) on training within organisations than in continental/Rhineland economies Gaps in vocational training mean individuals more likely to take more responsibility for own skill development
Liberal market economies (USA, UK, Ireland)	Variations in quality and nature of school education and a large pool of poorly skilled job-seekers Low security of tenure May not equate with low training bills due to low entry requirements/high staff turnover contributing to high induction costs Good general university system provides pool of managerial potentials (may lessen training requirements in senior admin and management) Job-seekers incentivised to acquire such skills and increase their employability and likelihood of being retained Fierce competition in high-tech industries and in certain low-value-added areas of service sector
Southern European (Mediterranean) economies (Italy, Spain, Portugal, Greece)	Education and training provision mixed due to weaknesses in both higher education and vocational systems Declining role of state in promoting skills means firms may have to make greater use of external training providers Skill gaps likely at both senior and junior levels Education system 'lags' having adapted to needs of a low technology industry where low proportion of workforce has secondary education
Transitional economies (Central and Eastern Europe)	Tradition of autocratic management, seen in high levels of managerial autonomy

	Increasing liberalisation coupled with short-termist approach Pressure to converge with LME paradigm, but mitigated by desire for incremental change and continuity (from managerial population) Declining job security will discourage investment in people Mismatch between training needs and provision, due to gaps in training infrastructure

Source: Goergen et al (2009)

Does it matter if VET systems differ in this way? Hall and Soskice (2001) would say that it does. They argue that the extensive and co-ordinated provision of high-quality VET facilitates certain production and product market strategies, in particular encouraging a focus on continuous improvement and incremental innovation in product strategies and production processes. They contrast this situation with that where VET is limited and weakly co-ordinated, and where post-compulsory education and training is principally a matter of college and university education resulting in degrees. In these circumstances, evident in the Anglo-Saxon (LME) world, Hall and Soskice (2001) argue that radical innovation in products and processes is encouraged. They suggest that this provides a partial explanation for the strength of Anglo-Saxon nations in sectors characterised by rapid change in fundamental technologies, such as IT, and the strength of continental Europe and Japan where gradual innovation within companies themselves is critical, as in mechanical engineering.

More recent data suggests that far from converging, VET remains highly diversified across Europe and beyond with VET qualifications often being difficult to understand and not easily recognisable in other countries. Even within a specific country, it might be difficult to progress to further or higher education after completing VET studies as VET programmes are not sufficiently open, nor is the knowledge, skills and competences people acquire clearly understood (Cedefop 2010).

Table 11.2 Enrolment trends of students in vocational upper secondary education, 2000–2008 (*)

Increasing number and share	Belgium, Finland, Iceland, Ireland, Liechtenstein, Malta, Portugal, Romania, Spain, Sweden
Increasing number but decreasing share	Austria, Czech Republic, Denmark, Estonia, Italy, Luxembourg, Netherlands, Norway, Slovakia, Turkey
Decreasing number and share	Bulgaria, Croatia, Cyprus, Germany, Greece, Hungary, Latvia, Lithuania, Poland, Slovenia, former Yugoslav Republic of Macedonia

(*) Number of students in upper secondary vocational education and training and enrolment in vocational education and training as share of students enrolled in upper secondary education and training.

NB: UK and France are not included as their data are not fully comparable over time.

Source: Cedefop (2010) calculations based on Eurostat, UOE data collection on education systems, date of extraction 18 August 2010.

11.6 WHAT ABOUT THE FUTURE OF VET?

Cedefop (2010) highlights the fact that the financial crisis has raised questions about VET and its viability and acknowledges that high quality VET that keeps pace with technological and organisational change is not cheap. At the same time, they emphasise its importance and suggest strategies for its future direction which include learning outcome based approaches. Within the EU there appears to be energy to maintain and improve on VET provision. They cite examples of recent developments to highlight its adaptability and responsiveness to market conditions. For an example of a move to more flexible approaches to VET we can take Germany, where government and regions agreed in 2008 that universities should acknowledge equivalent vocational qualifications for academic study courses. As a result, higher education entrance will be possible for vocationally qualified persons after successful final VET examinations and three years' on-the-job experience. Similarly recent developments in Italy mean that apprenticeship contracts can be valid until the apprentice is 30 years old and can lead to higher-level qualifications, including PhDs, allowing enterprises to benefit from research by PhD students/ apprentices (Cedefop 2010).

A NEW IMPETUS FOR VET IN EUROPE

Europe by 2020 should contribute to both excellence and equity in EU lifelong learning systems and thereby to the Europe 2020 objectives of smart and inclusive growth, with:

- initial (I)VET as an attractive learning option with high relevance to labour market needs and pathways to higher education
- easily accessible continuing VET for people in different life situations simplifying skills development and career changes
- flexible systems based on recognition of learning outcomes, including diplomas, and supporting individual learning pathways
- adequate support for those at a disadvantage
- cross-border mobility as an integral part of VET practices.

Source: European Commission (2010)

WHAT CAN INDIA LEARN FROM THE SUCCESS OF VET IN GERMANY?

In a survey conducted by the Federation of Indian Chambers of Commerce and Industry (FICCI) 90% of companies reported that the lack of skilled workers is a barrier to the achievement of their full economic potential. In a five-year plan the Indian Government has set a goal of providing vocational skills training for 500 million people by 2022 (Government of India 2008). Given the success of the German model, Pilz and Pierenkemper (2014) have questioned whether aspects might be transferred to India. To do this they focus on the existing training practices of German companies operating in India, on the assumption that these German companies will prefer to seek to implement the approaches they know to work from their parent country, along the lines described by Heenan and Perlmutter (1979) as ethnocentric, or 'country of origin' effects. However, the findings reveal that this is not the case and that the Indian-based companies operate almost entirely autonomously from their German parent and adapt to local needs. There was no evidence of the co-operation that exists in Germany between state and businesses in order to create the dual system. Most problematic, however, is the fact that vocational training in India is impacted by its own cultural context. The Indian school system is highly theoretical and most parents who can afford it aim to get their young people into university to continue their theoretical training. Young people who are not able to go on to higher education, due to a lack of qualifications or financial means, usually go straight into the workforce. At the same time the local labour market operates on a very flexible basis and the risk of staff turnover may prevent employers investing in their employees' skills. As a result there remains a clear need for young people trained at an intermediate level of skill and this is predicted to increase (Ernst & Young 2012). According to Pilz and Pierenkemper (2014) it is essential for the state to establish funded vocational schools (ideally within leading state universities) with teachers who are themselves educated to at least Bachelor's level. However, they point out that although this is likely to increase the quality of provision there is still a need for the Indian labour market and society more generally to place more value on vocational training.

? REFLECTIVE ACTIVITY 11.1

- What is VET?
- What implications might the difference in initial training provision between the USA and Germany have for the organisation of work and the character of relationships between managers and non-managerial employees?
- What are the institutional features required to support extensive initial VET and what are the challenges to it being sustained for the long term?

11.7 CONTINUING TRAINING – THE ROLE OF THE EMPLOYER

Here we discuss broader company training than that which might be defined as VET. In the context of organisational-funded employee training and development the emphasis is upon a systematic approach to learning and development to improve individual, team and organisational effectiveness (Goldstein and Ford 2002). In addition to the acquisition of skills and knowledge, Armstrong (2009) suggests that training can act as a pathway for learning and that learning and development is an important factor in creating a sense of progression and purpose that leads to organisational commitment. Thus we might expect that organisations will invest in training not only in the hope of it improving performance, but also because of the links to organisational commitment.

11.7.1 WHAT ARE THE RETURNS TO AN ORGANISATION FOR THEIR INVESTMENT IN TRAINING?

There are various theoretical perspectives in support of the idea of training being a driver of improved firm performance (see discussion by Barba-Aragon and Sanz-Valle 2013). The approach most used in empirical research on training is the universalistic perspective. This holds that some human resource practices are always better than others because they always have a positive impact on performance, and therefore all organisations should adopt these best practices (Delery and Doty 1996). One of these best practices is training and, in particular, formal training (Russell et al 1985; Bartel 1994). The resource-based view of the firm also provides support for the idea that training has a positive effect on firm performance. According to this perspective, the main sources of competitive advantage for the firm are its intangible resources (Barney 1991). Among these, human resources, in particular human knowledge, skills and attitudes, are highlighted (Wright et al 1994; Kamoche 1996; Mueller 1996; Barney and Wright 1998). Although all practices of personnel management are involved in the development of these resources, training is considered the main activity in getting qualified, flexible and well-prepared employees (Bartel 1994; MacDuffie and Kochan 1995; Bae and Lawler, 2000). More recent studies have focused more upon on the knowledge perspective, with organisational knowledge being seen as a key to competitive advantage (Kim 1993; Nonaka and Takeuchi 1995).

11.7.2 HOW TO ORGANISATIONS DECIDE WHAT TRAINING TO DELIVER?

Some training is mandatory in certain contexts, for example health and safety or ethical training. Other training is about ensuring social norms (see for example Jones et al 2013 on diversity training; Jones et al 2007 on social inclusion in financial services in India). Some areas of work, for example health care (Carlisle et al 2012, for example), and construction and sales (Singh et al 2015) receive more consideration in the literature, possibly because these are areas where it is easier to define a common curriculum.

CONSTRUCTION INDUSTRY EXAMPLE

Contributed by Interserve PLC and the Khansaheb Training Centre, Dubai

Interserve is one of the world's foremost support services and construction companies. Their vision is to redefine the future for people and places. They are headquartered in the UK and listed in the FTSE 250 index with gross revenues of £3.3 billion and a workforce of around 80,000 people worldwide. The organisation is committed to its sustainability agenda having made commitments to: build jobs for local people; support supply chain; improve nutrition and wellbeing and positively impact local communities. Interserve has been particularly successful in the Middle East where its associates and subsidiary companies play a key role in supporting growth across a range of sectors including oil and gas, hospitality and leisure, retail, and transport and infrastructure.

The construction industry is one with particular concerns over industry standards and safety. To support their growing business in the region and in line with their sustainability agenda Interserve's associate opened the Khansaheb Training Centre in Dubai in March 2014 to provide its own in-house trades school. Health and safety is a critical component of the training, which includes demonstrations, practical tutorials with mentorship and ongoing peer review on how to get the job done, the safe way. The Khansaheb Training Centre provides a full trades training curriculum that is based on the Construction Industry Training Board (CITB) framework and adapted to the needs of the business in the UAE. The Centre trains 160 employees per month, on a 12-day structured curriculum for each trade. The curriculum covers key site skills, such as masonry, block-laying, plastering, tiling and paving, steel-fixing, carpentry and supervisory skills. The approach allows trainees to be sorted into gangs or teams consisting of one chargehand, six skilled workers and four labourers who can then be trained as a team. In addition there is a structured training course for front-line supervisors (both foremen and engineers) who supervise the chargehands and gangs. The emphasis throughout is upon delivering improvements in performance, particularly with regard to health and safety, productivity, quality and of course team work. As well as noticing a steady increase in quality, and health and safety performance, managers have seen a dramatic increase in employee engagement.

In the majority of sectors training needs analysis is the methodology which, according to a best practice approach is deployed by organisations to determine what training needs to be delivered. A basic training needs analysis examines the current state of performance and defines the desire state of performance, with the gap between states characterising needs (Rossett 1995). Models of training needs analysis present a systematic series of actions. Typically there are seven steps in this process although more simplified five-step processes have been provided (for example Price et al 2010). According to Wright and Geroy (1992) in a seven-step approach the stages would include: refer to culture and organisational philosophy; be proactive; have a method to distinguish between gaps which may be correctable via training and those which may not; allow for various organisational actors to participate; be based on observable skills; consider the varied use of sample techniques and data analysis; have cost-benefit analysis. Ferreira and Abbad (2013) present a critique of training needs analysis literature that spans over ten countries and reveals that the majority of such research is being conducted in England, followed by the US, and that there is little agreement on how to measure training needs. They conclude that most of the current TNA models and methods are reactive and do not pay enough attention to contextual factors.

11.7.3 TRAINING METHODS

Thanks in part to the availability of cheaper and faster ways to send and receive information using the Internet, human resource management interventions and training efforts in particular are taking place at a global level (Cascio and Aguinis 2008). Technology-delivered instruction (TDI) continues to become increasingly popular in industry (Paradise 2007), although researchers have been slow to study factors that facilitate or limit its effectiveness (Brown 2001; Welsh et al 2003). Approaches include web-based training and instruction on single workstations, PDAs and MP3 players, as well as embedded just-in-time training in work-related software (Aguinis and Kraiger 2009). Such approaches transfer a degree of control to the learner and although this may appeal to the learner, a recent meta-analysis by Kraiger and Jerden (2007) indicated that high learner control has only marginally beneficial effects on learning outcomes. Technology-based approaches lend themselves more to certain sectors than others. (See Malmskld et al (2012) for an account of workplace e-learning for automotive assembly operators, describing how virtual training can serve as an effective alternative to traditional on-the-job training.)

Irrespective of delivery method there have been studies to investigate the return on investment firms achieve as a result of their training investment. Tan and Batra (1995) present a comparative study across Indonesia, Columbia, Malaysia, Mexico and Taiwan and they report that training had a positive and significant effect in all five countries. Although there has been an increase in the empirical studies on the relation between training and performance over the last two decades (see Aguinis and Kraiger, 2009; Bartel 1994; Huselid 1995; Percival et al 2013; Barba-Aragon and Sanz-Valle 2013) the evidence is not always supportive of a link between training and performance (Black and Lynch 1996; Krueger and Rouse 1998; Schonewille 2001; Aragon-Sanchez et al 2003). Some of the technical difficulties include establishing causal linkages, or the fact that practitioners struggle to find reasonable performance measures of the impact of training upon specific populations within an organisation. By selecting firms who introduced training during a three-year window, Bartel (1994) estimated the impact of formal training programme on productivity and found it to be a 6% increase in productivity per annum. Bartel (2000) describes other approaches to gauge the impact (Black and Lynch 1996; Holzer et al 1993) and highlights some of the challenges in seeking to establish the causal impact of training investment due to the fact that increases in productivity could be due to other exogenous factors. Despite the presumed positive effect of training on all levels of organisational outcomes – individual and team, organisational and social (Aguinis and Kraiger 2009) – training is often criticised for being too expensive, not transferred to the workplace, or for being implemented only to reward and retain certain employees (Kraiger et al 2004).

How do organisations seek to calculate or measure the costs and benefits of the training they provide? The Kirkpatrick Model (Kirkpatrick 1994) is a common concept used to assess the effects of training and utilises the four levels of reaction, learning, behaviour and results. In practice the first of the four levels (learner reaction) is the one where the majority of firms apply their efforts as this is easily achievable (Sutton and Stevenson 2005). Nilsson (2010) points to the inherent difficulties in measuring effects of training, coupled with the fact that it is often seen in relation to the wider areas of motivation and commitment. According to Eurostat data, the situation in Europe is one whereby 56% of companies do not evaluate training effects (Gruber et al 2009). Where studies do exist of its impact they tend not to include cost-benefit analysis, due to the difficulty of securing this data (Bartel 1994). One of the reasons for these difficulties is often cited as being the paucity of evaluation practices within organisations. As a result very few firms are able to establish clearly the impact of their training provision and where approaches are in place these often go no further than the level of self-administered questionnaires (Alliger et al 1997; Kraiger et al 2004).

11.7.4 THE COSTS OF TRAINING

What of the extent of companies' commitment of financial resources to continuing training? There is wide variation in the amount of money companies invest in training around the world. In companies in Bulgaria, the USA, Sweden and Greece, spending on employee training has been reported as being between 4% and 6% of their pay bill; compared to firms in Cyprus, Iceland and Slovakia where the figure is closer to 1% (Coget 2011).

In terms of investment in training France is an interesting example, as here the training effort is particularly evenly spread across employees of all grades (Cranet 2004). Uniquely in the advanced industrialised world, the number of days of training experienced by non-managerial employees in France is almost as great as that experienced by managerial employees. This egalitarianism in training provision contrasts even with the situation in the Nordic countries. Much, but not all, of this French exceptionality is explained by law. French statute compels French employers of more than ten employees to devote 1.5% of their pay bill to continuing training. However, it seems clear that training provision by French employers typically exceeds this statutory requirement. Some part of expenditures beyond the statutory minimum may be nurtured by the procedural requirements applying to those organisations subject to the terms of a collective agreement; the vast majority in the French case (see Chapter 2). Such organisations must formally consider training requirements several times each year, in conjunction with works councils where appropriate, and establish an annual training plan. This both heightens awareness of training issues and eases their consideration.

Figure 11.2 Comparative distribution of average training days for different categories of employees across six countries

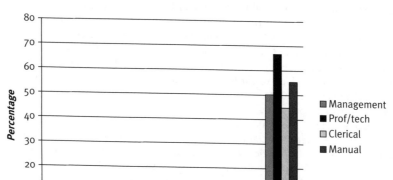

Figure 11.2 shows us that cross-national comparative training provision varies dramatically, as is clear in the data on the distribution of average training days for manual employees. The 2010 Cranet data show some marked differences. Note the remarkably high volume of training days in Japan. Germany and the USA outpace the UK and France on the volume of training for professional and technical grades; Germany stands out, after Japan, for management training. When it comes to training for manual staff, there is little variation across European countries.

Comparison of previous Cranet data on training days, from the early 1990s (Holden and Livian, 1993), reveals marked differences in national trends over the last decade or so. Provision for manual employees in Germany is very little changed, whereas that in France appears to have fallen off a little. In contrast, there has been a marked expansion in training provision in the cases of Sweden, Denmark and also the UK. Other countries have typically seen a more limited growth. There is thus little sign of convergence across national borders in training provision.

?   REFLECTIVE ACTIVITY 11.2

- Who gains from training and development?
- Who is responsible for employees' training and development?
- What role does context play in shaping the requirement for company training and development?

COMPARING THE SUCCESS OF TWO FOREIGN-OWNED RETAIL STORES IN CHINA

CARREFOUR AND ITO-YOKADO

From July, 1992 small numbers of foreign retailers were allowed to enter into six cities and five special economic zones within China although single proprietorship was not allowed at that time and there was a set of strict conditions and rules, which were finally relaxed in 2004. Both Carrefour and Ito-Yokado entered China due to its high economic growth and the development of its retail industry. Both retailers may be judged to have been successful in the Chinese context, but their success takes different forms and has been achieved by different management strategies. Carrefour was reported (in 2009) to be in the top ten Chinese retailers (CCFA 2010), whereas Ito-Yokado, though ranked lower in terms of its overall sales, reports the highest sales unit per store amongst all retailers in China.

Carrefour was established in France in 1959 and following its introduction of the hypermarket to the world in 1963 it grew to become the second largest retailer in the world by 2000. Once market saturation was reached in France, the group looked to diversify into credit cards and insurance and entered into overseas markets at the same time, opening its first overseas store in Belgium in 1969 and entering into the Brazilian market in 1975. Carrefour opened its first Asian store in Taiwan in 1989, where it enjoyed excellent success. Although ranked seventh amongst Chinese retailers in 2010, the company initially entered China without official permission. From 2004 onwards there was an increase in the speed of opening new stores, having 170 hypermarkets by 2011 as well as supermarkets and discount stores. Surburban areas, inland areas and the north-east were targeted due to severe competition in established city districts. The company uses localised products, for example stocking up to half of manufactured food in accordance with local people's tastes (Zhu 2012). Although it has on occasion suffered bad publicity (for example a boycott of French goods following an incident in Paris during the torch relay for the Beijing Olympics), on the whole Carrefour has tended to be quite good at attracting positive media attention (Zhi 2012).

Ito-Yokado, on the other hand, does not have a long history of international retailing. Indeed China is its only venture beyond Japan. Having first been given approval to operate in 1995, the approach has been to open new stores relatively slowly and by 2010 the company had 12 stores in China. The company is well known for its high quality service in China. Like Carrefour there is localisation of products, sourcing 100% of clothing and 95% of fresh food from China (Li 2008). The store operates as a department store, a model familiar to the Chinese market, and its good reputation encouraged other retailers to move in under a model known as 'shop of shops'. Unlike Carrefour there is little coverage in the media and self-promotion is not sought.

There are considerable differences in terms of training and development which link to the overall retailing philosophy of the stores. In China Carrefour has looked to recruit and train young local staff, establishing the Carrefour Chinese Institute in Shanghai in 2000. A situation was soon reached whereby in some cities, such as Wuhan and Guangzhou, all store managers or even district managers were young Chinese in their 30s and the company had aspiration of having Chinese managers run the business from 2018.

On the other hand, compared to certain western retailers, Ito-Yokado places less emphasis on intensive training, having more concern with the transmission of corporate culture. Store manager candidates have the chance to go to Japan for training, which lasts for one week. The company organises this training once a year and Japanese language ability is not required. Other training takes place via meetings and conferences. Conferences are a daily event with some observers suggesting that this is to convince employees to believe the corporate culture, or even to 'brainwash' them.

One of the most telling differences between the two successful retailers is that Carrefour seeks to give local people enough authority to recruit qualified staff, whereas Ito-Yokado restricts this and operates a more controlled environment. There are even examples of punishments for staff who do not obey the rules in terms of appearance or standing up straight (*Beijing Business Today*, May 2010).

It would therefore appear that Carrefour is more advanced in terms of its localisation of HRM; evidenced by the appointment of more and more locals as store managers and a greater focus upon training them locally. On the converse side, Ito-Yokado places much more emphasis on the details of its proposition and does not feel these can be quickly instilled in others.

11.8 SUMMARY

There is considerable interest in the development of international management elites, and there are many indications of the establishment of international notions of best practice in the nurturing of development amongst such groups. However, examination of prevailing practice in training and development beyond such elites reveals continuing differences across national borders. There seems some coherence in the character of these national systems, practices fitting together according to different logics of development. It may be that development initiatives aimed at international management cadres would similarly benefit from greater sensitivity to cross-cultural variation in management identity and learning styles.

Innovation in training and development is of course possible in all national settings and the past two decades have seen the adoption of technology and new media to support the training and development of staff. To some extent, cross-national variation in practice seems buttressed by national management approaches to employment and work, rather than emerging from a rational consideration of what is possible or effective in a particular institutional or cultural context. This implies opportunities for MNCs to innovate successfully. However, adherence to typical local practice offers benefits in terms of the comprehensibility and legitimacy of arrangements in the eyes of employees. Forms of job design, or of performance management, accepted as natural in one country may be perplexing to employees, and thus be disruptive, in another. As in other spheres, in training and development the task for international organisations is to meld innovation with a sensitivity to key dimensions of the national settings in which they operate.

CASE STUDY 11.2

'CONTAINERS WORLDWIDE': THE CHALLENGE OF TRAINING AND DEVELOPMENT IN REMOTE LOCATIONS

Container terminals are almost always built in remote locations, away from cities and with a requirement for high-level operational structures and equipment, given that the task of handling around one million containers a year is a complicated one.

HRM professionals face particular challenges when setting up such large infrastructure operations in remote locations where experience with highly modern operational equipment is far from the norm. The typical level of attainment might be low in such cases, which may also include employment skills such as being able to drive. The apparent lack of existing qualified people in the workplace may be further compounded by an apparent lack of training infrastructure in the countries. Thus two major challenges are resourcing in time for the opening of the facility and the ongoing training required for continued competence of the workforce.

Containers Worldwide were developing a new Egyptian facility with a requirement for over 1,000 employees. The Head of HR decided to start with the end goal in mind. He knew when the building works would be complete and when the equipment such as gantry cranes, trucks, RTGs, straddle carriers, etc would begin to arrive and, most importantly, when the first vessel would arrive.

The only really unknown variable in this start-up was the people. Here some innovative thinking was deployed in order to recruit individuals with even remotely appropriate skills. The approach which was adopted was seek to recruit any local people where an individual was found who made a good first impression – for example taxi drivers, hotel employees, KFC and Pizza Hut staff. So, for example, taxi drivers had proven expertise in driving and could possibly be 're-trained' to operate a gantry train (not

a simple task, but one which was trialled).

The training approach was to second operators from other leading terminals in the global network to act as local trainers for a prolonged period. These individuals could both meet the immediate resourcing requirements to ensure the facility was operational on time and also could engage with the local recruits to develop them on the job. In the case of their new Egyptian container port, Containers Worldwide was able to have the facility open for training purposes for approximately one month before the first ship arrived, thus allowing for simulation training before real on-the-the-job training commenced.

Contributed by Tommy Olofsen, Henley MBA Programme 2010–11

? REFLECTIVE ACTIVITY 11.3

Imagine you are the resourcing and training manager responsible for the establishment of a new operation. You have some influence in the selection of the location, but must meet both quality and budget requirements.

● What factors would you take into account when evaluating the options?

Goergen et al (2009, p462) highlight the relationship between dominant corporate governance regimes and the enduring role of the state in the provision of education and training and the employment relationship (see Table 11.1). They suggest that the theories of corporate governance and links to VET are central to an understanding:

> of the nature and extent to which companies need to and are prepared to, and/or are encouraged to, invest in their people.

Organisations are likely to find themselves with a skills training gap which is to some considerable degree shaped by their context (see Figure 11.1). However, irrespective of context, almost all larger organisations now have a written policy for training and development. Apart from pay and benefits, this is more common than any other HRM policy (Cranet data). Training provision (usually assessed by the number of days' training undergone annually for employees) is one of the very few indicators of the stance taken by an HRM department that can be related to organisational performance across the entire array of institutional and cultural contexts. Clearly, therefore, this is an area where departments retain strong influence.

The chapter has dealt with the large area of education in relation to employee and development. It has sought to reiterate the key points about context relevant to this element of HRM practice. In particular it has considered culture, the role of the state in shaping education and vocational education and training and how this impacts on workforce attainment rates. It suggests that these factors form the backdrop against which we may then consider the role of training and development in the workplace – what are the likely skills gaps for different levels of worker and does the organisation need to take into account the views and influence of intermediary groups, whether these be workers councils, trade unions or industry groups.

The chapter concludes that training and development are particularly sensitive to contextual/comparative factors and the provision from training and development – whether that be for managers or non-managers – is shaped not only by the skill and capability of the individual and his or her career aspirations and motivation, but also by the educational, professional and institutional norms of a given country as well as by the different culture definitions of effective performance (Neelankavil 2000). Thanks to Peretz and Rosenblatt (2011), we know how culture may influence firm investment in employee training and development and this knowledge should help human resource practitioners in multinational companies adapt training and development practices to the different cultural environments where they do business. However, more work is still required in terms of the impact of strong organisational cultures as well as institutional factors (Coget 2011).

KEY LEARNING POINTS

- There are differences in the national systems of VET; these impact on the type and extent of in-work training and development that is required by organisations.
- The role of institutions is key, with links needing to be made to the varieties of capitalism literature (VoC) as outlined in Chapter 2 and elsewhere in Part 1.
- Although the majority of OECD nations have educational systems involving compulsory secondary school, levels of attainment differ across geographies and this is a key factor for organisations to take into account when considering where to locate new plants or operations.
- Levels of higher education have increased hugely in the last 15 years and higher education generates millions of pounds, euros and dollars.
- Irrespective of context, almost all organisations now have a written policy for training and development. Apart from pay and benefits such a policy is more common than any other HRM policy (Cranet data). Despite this fact and the amount of money being invested in training staff, it is still commonplace for there to be no systematic evaluation of training effects.

1   What are the implications for international HRM departments of the range of levels of literacy and numeracy that they will encounter in different countries?

...ld be the implications for a training manager of moving from
~le in western Europe to performing that role in China?

.lly operating organisation, what aspects of training and
:ies are best retained centrally and what are best handled

EXPLORE FURTHER

AGUINIS, H. and KRAIGER, K. (2009) Benefits of training and development for individuals and teams, organizations, and society. *Annual Review of Psychology.* Vol 60. pp451–474.

REFERENCES

ABSAR, N.M.M. (2014) Voluntary reporting of human capital in the corporate annual reports: a comparative study of Bangladesh, India, and Malaysia. *Southern Asian Journal of Management.* Vol 21, No 3. pp31–50.

AGUINIS, H. and KRAIGER, K. (2009) Benefits of training and development for individuals and teams, organizations, and society. *Annual Review of Psychology.* Vol 60. pp451–474.

ALLIGER, G.M., TANNENBAUM, S.I., BENNETT, W., TRAVER, H. and SHORTLAND, A. (1997) A meta analysis of the relations among training criteria. *Personnel Psychology.* Vol 50. pp341–358.

AMABLE, B. (2003) *The diversity of modern capitalism.* Oxford: Oxford University Press.

APPELBAUM, E., BAILEY, T., BERG, P. and KALLEBERG, A.L. (2000) Manufacturing advantage: why high performance work systems pay off. Ithaca, NY: Cornell University Press.

ARAGON-SANCHEZ, A., BARBA-ARAGON, I. and SANZ-VALLE, R. (2003) Effects of training on business results. *International Journal of Human Resource Management.* Vol 14, No 6. pp956–980.

ARMSTRONG, M. (1999) *A handbook of human resource management practice.* London: Kogan Page.

ARMSTRONG, M. (2009) *A handbook of human resource management practice.* 11th edition. London: Kogan Page.

ASHTON, D. and FELSTEAD, D. (2001) From training to lifelong learning: the birth of the knowledge society? In STOREY, J. (ed.). *HRM: a critical text.* London: Thomson Learning.

AVERY, G., DONNENBERG, O., GICK, W. and HILB, M. (1999) Challenges for management development in the German-speaking nations for the twenty-first century. *The Journal of Management Development.* Vol 8, No 1. pp18–31.

AYCAN, Z. (2005) The interplay between cultural and institutional/structural contingencies in human resource management practices. *International Journal of Human Resource Management.* Vol 16, No 7. pp1083–1119.

BAE, J. and LAWLER, J.J. (2000) Organizational and HRM strategies in Korea: impact on firm performance in an emerging economy. *Academy of Management Journal.* Vol 43. pp502–519.

BARBA-ARAGON, I. and SANZ-VALLE, R. (2013) Does training managers pay off? *International Journal of Human Resource Management.* Vol 24, No 8. pp1671–1684.

BARNEY, J.B. (1991) Firm resources and sustained competitive advantage. *Journal of Management.* Vol 17. pp99–112.

BARNEY, J.B. and WRIGHT P.M. (1998) On becoming a strategic partner the role of human resources in gaining competitive advantage. *Human Resource Management.* Vol 37. pp31–46.

BARTEL, A. (1994) Productivity gains from the implementation of employee training programs. *Industrial Relations.* Vol 33, No 3. pp411–425.

BARTEL, A. (2000) Measuring the employer's return on investments in training: evidence from the literature. *Industrial Relations.* Vol 39, No 3. pp503–523.

BLACK, S. and LYNCH, I. (1996) Human capital investments and productivity. *American Economic Review.* Vol 86. pp263–267.

BROWN, K.G. (2001) Using computers to deliver training: which employees learn and why? *Personnel Psychology.* Vol 54. pp271–296.

CARLISLE, J., BHANUGOPAN, R. and FISH, A. (2012) Latent factor structures affecting the occupational profile construct of the training needs analysis scale. *International Journal of Human Resource Management.* Vol 23, No 20. pp4319–4341.

CASCIO, E., CLARK, D. and GORDON, N. (2008) Education and the age profile of literacy into adulthood. *Journal of Economic Perspectives.* Vol 22, No 3. p47.

CASCIO, W.F. and AGUINIS, H. (2008) Staff in twenty first century organisations. *Academy of Management Annals.* Vol 2, No 1. pp133–65.

CCFA (2010) Top 100 retailers (9 April). Available at: http://www.ccfa.org.cn/viewArticle. do?method=viewArticleandid=ff8080812793a257012793a68a fb0003andpublishcid=402881 e91c59dbcb011c59e030db0005 [Accessed 21 April 2015].

CEDEFOP (2010) *A bridge to the future: European policy for vocational education and training 2002–10.* Luxembourg: Publications Office of the European Union.

COGET, J.F. (2011) Does national culture affect firm investment in training and development? *Academy of Management Perspectives.* Vol 25, No 4. pp85–87.

CROUCH, C., FINEGOLD, D. and SAKO, M. (1999) *Are skills the answer? The political economy of skill creation in advanced industrial countries.* Oxford: Oxford University Press.

DE CIERI, H., and DOWLING, P.J. (1999) *Strategic HRM in multinational enterprises: theoretical and empirical developments.* Greenwich, CT: JAI Press Inc.

DELERY, J.E. and DOTY, D.H. (1996) Modes of theorizing in strategic and configurational performance predictions. *Academy of Management Journal.* Vol 39. pp802–835.

DESCY, P. and TESSARING, M. (2005) *The value of learning: evaluation and impact of education and training.* Third Report on Vocational Education Research in Europe, Synthesis Report, Cedefop Reference series no. 61. Luxembourg: Publications Office of the European Union.

DOWLING, P.J. and WELCH, D. (2004) *International human resource management: managing people in a multinational context.* 4th edition. London: Thomson Learning.

ERNST & YOUNG (2012) *Learning First. Knowledge Paper on Skill Development in India.* Kolkata: Ernst & Young.

ESTEVES-ABE, M., IVERSEN, T. and SOSKICE, D. (2001) Social protection and the formation of skills: a reinterpretation of the welfare state. In: HALL, P.A. and SOSKICE, D. (eds). *Varieties of capitalism: the institutional foundations of comparative advantage.* Oxford: Oxford University Press.

EUROPEAN COMMISSION (2010) Communication from the Commission: A new impetus for European cooperation in vocational education and training to support the Europe 2020 strategy. COM (2010) 296, 9.6.2010. Available at: http://eur-lex.europa.eu LexUriServ/LexUriServ.do?uri=COM:2010: 0296:FIN:EN:PDF

EUROSTAT (2002) *Continuing vocational training survey.* Available at: http://ec.europa. eu/eurostat/web/microdata/continuing-vocational-training-survey

FERREIRA, R.R. and ABBAD, G. (2013) Training needs assessment: where we are and where we should go. *Brazilian Administrative Review.* Vol 10, No 1. pp77–99.

FICCI (2011) *FICCI survey on labour/skill shortage for industry.* Available at: http://ficci. com/Sedocument/20165/FICCI_Labour_Survey.pdf

GOERGEN, M., BREWSTER, C. and WOOD, G. (2009) Corporate governance and training. *Journal of Industrial Relations.* Vol 51, No 4. pp461–489.

GOLDSTEIN, I.L. and FORD, J.K. (2002) *Training in organizations.* 4th edition. Belmont, CA: Wadsworth.

GOVERNMENT OF INDIA (GOI) (2008) *Eleventh Five Year Plan: 2007–2013*, Vol 1. New Delhi: Planning Commission of India, Government of India.

GRUBER, E., MANDL, I. and OBERHOLZNER, T. (2009) Learning at the workplace: modernising vocational education and training. Fourth report on vocational training research in Europe, Background report, Vol 2, Cedefop Reference Series 70. Luxembourg: Publications Office of the European Union.

HALL, P. and SOSKICE, D. (2001) An introduction to varieties of capitalism. In: HALL, P. and Soskice, D. (eds). *Varieties of capitalism: the institutional foundations of competitive advantage.* Oxford: Oxford University Press.

HARZING, A.-W. and VAN RUYSSEVELDT, J. (1995) *International human resource management.* London: Sage.

HEENAN, D.A. and PERLMUTTER, H.V. (1979) *Multinational organization development.* Reading, MA: Addison Wesley.

HOLDEN, L. and LIVIAN, Y. (1993) Does strategic training policy exist? Some evidence from ten European countries. In: HEGEWISCH, A. and Brewster, C. (eds). *European Developments in HRM*. London: Kogan Page.

HOLZER, H., BLOCK, R., CHEATHAM, M. and KNOTT, J. (1993) Are training subsidiaries for firms effective? The Michigan experience. *Industrial and Labour Relations Review*. Vol 46 (July). pp624–636.

HUSELID, M.A. (1995) The impact of human resource management practices on turnover, productivity and corporate financial performance. *Academy of Management Journal*. Vol 38. pp 635–672.

JACKSON, S.E. and SCHULER, R.S. (1995) Understanding human resource management in the context of organizations and their environments. *Annual Review of Psychology*. pp237–264.

JONES, J.H.M., WILLIAMS, M., NILSSON, E. and THORAT, T. (2007) Training to address attitudes and behaviour of rural bank managers in Madya Pradesh, India: a programme to facilitate financial inclusion. *Journal of International Development*. Vol 19. pp841–851.

JONES, K.P., KING, E.B., NELSON, J., GELLER, D.S. and BOWES-SPERRY, L. (2013) Beyond the business case: an ethical perspective on diversity training. *Human Resource Management*. Vol 52, No 1. pp55–74.

KAMOCHE, K. (1996) Strategic human resource management within a resource capability view of the firm. *Journal of Management Studies*. Vol 33. pp213–233.

KAMOCHE, K. and MUELLER, F. (1998) Human resource management and the appropriation learning perspective. *Human Relations*. Vol 51. pp1033–1060.

KIM, D.H. (1993) The link between individual and organisational learning. *Sloan Management Review*. Vol 33. pp37–50.

KIRKPATRICK, D.L. (1994) *Evaluating training programs*. San Francisco, CA: Berrett-Koehler Publishers.

KRAIGER, K. and JERDEN, E. (2007) A new look at learner control: meta-analytic results and directions for future research. In: FIORE, S.M. and SALAS, E. (eds). *Where is the learning in distance learning? Towards a science of distributed learning and training*. Washington, DC: APA Books. pp. 65–90.

KRAIGER, K., MCLINDEN, D. and CASPER, W.J. (2004) Collaborative planning for training impact. *Human Resource Management Review*. Vol 43. pp337–351.

KRUEGER, A. and ROUSE, C. (1998) The impact of workplace education on earnings, turnover, and job performance. *Journal of Labor Economics*. Vol 16. pp61–94.

LI, T. (2008) Ito – yokado No Chugdu Shinshutsu – Jisharyu He No Shenen Ni Motoduku Genchika, Keizairiron. *Keizai riron*, 345. pp29–58.

MABEY, C and RAMIREZ, M (2004) *Development managers: a European perspective*. London: Chartered Management Institute.

MABEY, C. and RAMIREZ, M. (2011) Comparing national approaches to management development. In: BREWSTER, C. and MAYRHOFER, W. (eds). *A handbook of comparative HRM*. Cheltenham: Edward Elgar.

MACDUFFIE, J.P. and KOCHAN, T.A. (1995) Do US firms invest less in human resources? training in the world auto industry. *Industrial Relations.* Vol 34. pp147–168.

MALMSKÖLD, L., RTENGREN, R. and SVENSSON, L. (2012) Training virtually virtual: workplace e-learning for automotive assembly operators. *International Journal of Advanced Corporate Learning.* Vol 5, No 3. pp29–34.

MUELLER, F. (1996) Human resources as strategic assets: an evolutionary resource-based theory. *Journal of Management Studies.* Vol 33. pp757–785.

NEELANKAVIL, J.P. (2000) Determinants of managerial performance: a cross-cultural comparison of the perceptions of middle-level managers in four countries. *Journal of International Business Studies.* Vol 31, No 1. pp121–140.

NIKANDROU, I., APOSPORI, E., PANAYOTOPOULOU, L., STAVROU, E. and PAPALEXANDRIS, N. (2008) Training and firm performance in Europe: the impact of national and organizational characteristics. *International Journal of Human Resource Management.* Vol 19, No 11. pp2057–2078.

NILSSON, A. (2010) Vocational education and training – an engine for economic growth and vehicle for social inclusion? *International Journal of Training and Development.* Vol 14, No 4. pp251–272.

NONAKA, I. and TAKEUCHI, H. (1995) *The knowledge-creating company: how Japanese companies create the dynamics of innovation.* Oxford: Oxford University Press.

OECD (2002) *Education at a Glance: glossary.* Paris: OECD.

OECD (2006) *Organizational learning and value creation: extending the human resource. Education at a glance.* Paris: OECD.

OECD (2012) *Education at a glance 2012: OECD Indicators.* OECD Publishing. Available at: http://dx.doi.org/10.1787/eag-2012-en

OECD (2013) *OECD skills outlook 2013: first results from the survey of adult skills.* OECD Publishing. Available at: http://dx.doi.org/10.1787/97892642 [Accessed 21 April 2015].

PARADISE, A. (2007) *State of the industry: ASTD's annual review of trends in workplace learning and performance.* Alexandria, VA: ASTD.

PERCIVAL, J.C., COZZARIN, B.P. and FORMANECK, S.D. (2013) Return on investment for workplace training: the Canadian experience. *International Journal of Training and Development.* Vol 17, No 1. pp20–32.

PERETZ, H. and ROSENBLATT, Z. (2011) The role of societal cultural practices in organizational investment in training: a comparative study in 21 countries. *Journal of Cross Cultural Psychology.* Vol 42, No 5. pp817–831.

PEREZ, J.R. and ORDONEZ DE PABLOS, P. (2003) Knowledge management and organizational effectiveness: a framework for human capital analysis. *Journal of Knowledge Management.* Vol 7, No 3. pp82–91.

PILZ, M. and PIERENKEMPER, S. (2014) Apprenticeship programs: lessons from Germany and German companies in India. *Indian Journal of Industrial Relations.* Vol 49, No 3. pp389–400.

PRAHALAD, C.K. and DOZ, Y. (1987) *The multinational mission: balancing local demands and global vision*. New York: Free Press.

PRICE, R., LEE, J. and KOZMAN, T. (2010) Use of competency-based needs analysis in development employee training programme. *International Journal of Business and Public Administration*. Vol 7, No 1. pp117–130.

RASHID, A. (2013) Corporate intellectual capital reporting in Bangladesh. *International Journal of Learning and Intellectual Capital*. Vol 10, No 2. pp107–121.

REID, M.A., BARRINGTON, H. and BROWN, M. (2004) *HRD: beyond training interventions*. London: Chartered Institute of Personal Development.

ROSSETT, A. (1995) Needs assessment. In: ANGLIN, G.J. (ed). *Industrial technology: past, present, future*. 2nd edition. Englewood, CO: Libraries Unlimited.

ROZENZWEIG, P.M. and NOHRIA, N. (1994) Influences on human resource management practices in multinational corporations. *Journal of International Business Studies*. Vol 25, No 2. pp229–251.

RUBERY, J. and GRIMSHAW, D. (2003) *The organisation of employment: an international perspective*. Basingstoke: Palgrave Macmillan.

RUSSELL, J.S., TERBORG, J.R. and POWERS, M.L. (1985) Organisational performance and organizational level training and support. *Personnel Psychology*. Vol 38. pp849–863.

SCHNEIDER, B.R. and SOSKICE, D. (2009) Inequality in developed countries and Latin America: coordinated, liberal and hierarchical systems. *Economy and Society*. Vol 38, No 1. pp17–52.

SCHONEWILLE. M. (2001) Does training generally work? Explaining labour productivity effects from school and training. *International Journal of Manpower*. Vol 22. pp158–172.

SCHULER, R.S., BUDHWAR, P.S. and FLORKOWSKI, G.W. (2002) International human resource management: review and critique. *International Journal of Management Reviews*. Vol 4, No 1. p41.

SINGH, L.V., MANRAI, A.J. and MANRAI, L.A. (2015) Sales training: a state of the art and contemporary review.*Journal of Economics, Finance and Administrative Science*. Vol 20. pp54–71.

SUTTON, B. and STEPHENSON, J. (2005) A review of Return on Investment in training in the corporate sector and possible implications for college-based programmes. *Journal of Vocational Education and Training*. Vol 57, No 3. pp355–374.

TAN, H.W. and BATRA, G. (1995) Enterprise training in developing countries: incidence, productivity effects and policy implications. Unpublished paper. The World Bank.

THELEN, K. (2007) Contemporary challenges to the German vocational training system. *Regulation and Governance*. Vol 1. pp247–260.

TREGASKIS, O. (1997) The role of national context and HR strategy in shaping training and development practice in French and UK organizations. *Organization Studies*. Vol 18, No 5. pp839–857.

TREGASKIS, O. and HERATY, N. (2011) Human resource development: national embeddedness. In: BREWSTER, C. and MAYRHOFER, W. (eds). *A handbook of comparative HRM*. Cheltenham: Edward Elgar.

TREGASKIS, O., HERATY, N., and MORLEY, M. (2001) HRD in multinationals: the global local mix. *Human Resource Management Journal*. Vol 11, No 2. pp34–56.

UIS (2006) *Participation in formal technical and vocational education and training programmes worldwide: an initial statistical study*. Bonn: UNESCO UNEVOC International Centre for Technical and Vocational Education and Training.

UNITED NATIONS (2014) *The millennium development goals report*. New York: United Nations.

VERNON, G. (2006) The potential of management-dominated work reorganization: the critical case of Japan. *Economic and Industrial Democracy*. Vol 27, No 3. pp399–424.

WELSH, E.T., WANBERG, C.R., BROWN, K.G. and SIMMERING, M.J. (2003) E-learning: emerging uses, empirical results and future directions. *International Journal of Training and Development*. Vol 7. pp245–258.

WOODALL, J. (2005) International management development. In: EDWARDS, T. and REES, C. (eds). *International human resource management: globalization, national systems and multinational companies*. Harlow: FT/Prentice Hall.

WRIGHT, P.C. and GEROY, G. D. (1992) Needs analysis theory and the effectivenss of large-scale government sponsored training programmes: a case study. *Journal of Management Development*. Vol 11, No 5. pp16–27.

WRIGHT, P.M., MCMAHAN, G.C. and MCWILLIAMS, A. (1994) Human resources and sustained competitive advantage: a resource-based perspective. *International Journal of Human Resource Management*. Vol 5, No 2. pp301–326.

ZHANG, M., EDWARDS, T. and EDWARDS, C. (2005) Internationalisation and developing countries: the case of China. In: EDWARDS, T. and REES, C. (eds). *International human resource management: globalization, national systems and multinational companies*. Harlow: FT/Prentice Hall.

ZHU, Z.Y. (2012) Management strategies of Carrefour and Ito-Yokado in China: a comparative study. *International Journal of Business Anthropology*. Vol 3, No 1. pp134–157.

Global HRM Departments

12.1 INTRODUCTION

Chapters 5 to 11 have considered a range of specific arenas or realms of HRM3-employee relations and communications, the organisation of work, managing flexibility, recruitment and selection, performance management, rewards, and training and development. We have examined cross-national comparative variation in each arena of activity, and drawn attention to the relevance of cultural and institutional influences. This chapter differs from previous ones as it does not deal with a specific HRM practice or arena of people management but rather focuses on the nature, status and role of the specialist people management department. By implication, this also involves consideration of the cross-national comparative variation in the relative roles of the HRM department or function and of line managers in the task and activities of managing non-managerial or front-line employees. This chapter not only considers cross-national comparative variation in the roles of HRM departments but also how global organisations seek to deliver global HRM solutions in this context.

In the UK, for example, the traditional specialist people management function - 'personnel' - acquired a rather bad name, and was regarded as something of a backwater, dealing with pedestrian or troublesome issues such as health and safety, grievances and disciplinary cases and payroll. Suggestions that the HRM departments which have come to replace them are – or should be – distinct from the personnel functions of old are common. The need for a strategically oriented HRM function rather than a reactive, 'firefighting' personnel department, is often stressed; the HRM literature accords much emphasis to the nature, status and role of the HRM department or function (see for example Boxall and Purcell 2011; Brandl and Pohler 2010; Brewster et al 2006; Mayrhofer et al 2011; Vernon and Brewster 2013). Cross-national comparative variations in the nature, status and role of HRM functions are considered of potential importance not only to specialist personnel, but to line managers and the people they manage (Brewster et al 2013; Brewster et al 2015) If, as we argued in Chapter 1, the meaning of HRM is disputed, so too is the role of the department charged with managing human resources. However, a broad approach to the promise of HRM departments which emphasises new ambitions has gained much prominence. When we compare the approaches that we see to structuring the HRM department across countries, and later when we consider the role of corporate HRM departments in MNCs, this provides a useful reference point.

12.2 COMMON AMBITIONS FOR THE HRM DEPARTMENT?

There is a universalist view about the ideal shape and role of HRM departments. Ulrich and Lake (1990) brought together perspectives from the fields of the management of change, organisational design and leadership, and argued that organisational capability was about competing from the inside out. Organisational capability focuses on the ability of a firm's internal processes, systems and management practices to meet customer needs and to direct both the skills and efforts of employees towards achieving the goals of the organisation. This perspective argues that HRM is and implies an organisational capability, and that the structure of HRM departments should therefore reflect and develop this capability. It argues that trends of globalisation, market liberalisation, deregulation and technical evolution have both restructured global markets and have challenged the traditional approaches to gaining competitive advantage (Hamel 2000). It is only the possession of specific capabilities and resources, the argument goes, that now enables firms to conceive and then implement strategies that can generate what the economists describe as above-average rates of return (Barney 1997).

This view is founded on the resource-based view of the firm. It argues that in the current environment it is resources that add competitive value through being rare, inimitable and non-replaceable; that it is the people and the way they are managed that are more significant than other sources of competitive advantage (Wright et al 1994; Lado and Wilson 1994). Competitive advantage is derived from both internal knowledge resources and the strategic resources or capabilities of the firm. It is 'bundles of resources' rather than any particular product-market strategy that provide an organisation with the capability to compete. These bundles of resources are generally considered to be complex, intangible and dynamic.

In addition to the management of people, developing organisational capability includes the means through which the organisation implements policies and procedures. These means are centred on – and require HRM professionals to understand – economic and financial capability, strategic/marketing capability and technological capability. Strategic or marketing capability is based on offering uniqueness to customers. Perceived customer value is considered to result from responsiveness (meeting needs more quickly than competitors), the formation of endearing and enduring relationships, and the pursuit of service quality through guarantees.

Figure 12.1 The original Ulrich three-box model

Shared services

Concentrate on administrative and transactional personnel activities separately from the main HR group through service centres for "back office" processing. Commaodotised services may be insourced or outsourced but enable common provision of standardised or optimised HR processes. Supported by e-enablement of service. "Intelligent agent" guiding of staff and managers through complex policy

HR Business Partners

"Embedded HR" model in which HR personnel provided dedicated support as generalists, business partners and account managers aligned to a business unit of a holding company

Capability management

Clarifies organisational capabilities and crafts necessary HR investments and policies through centres of excellence or expertise that maintain critical fields of knowledge and a specialist core HR functional structure

Source: Sparrow et al (2010)

The basic arguments that the Ulrich model – and much practitioner discussion – laid out is shown in Figure 12.1 (see Sparrow et al 2010). These principles have now become a general mantra in the USA and UK, and have received enormous attention in other countries. These ideas have been developed over time, but began with the adoption of a three-box model of HRM. In outline:

- The first box represents the more transactional aspects of activity, which may be delivered from service centres or processing hubs, in multiple geographical locations, or outsourced to third-party providers.
- The second box illustrates an embedded HRM business partner structure, typically employing fewer HRM employees but of a higher calibre and capable of working with a specific line of business in terms of supporting their success.
- The third box describes more added-value and specialist centres of excellence or functional support. These are HRM employees with a specialism in a certain aspect of HRM such as employment relations, reward or performance management. These provide support and advice to HRM employees in shared service or line (business partner) roles. They may also provide support and advice direct to line managers.

At the model's heart, then, lies a set of HRM professionals in the second box, embedded within line businesses and working on processes and outcomes central to competitive success. They are supported by efficient processes to handle the more transactional aspects of HRM work and specialists in particular topics. More strategically orientated expert HRM knowledge is handled by functional expertise or centre of excellence (COE) structures.

In order to make this diffuse concept of organisational capability more concrete, over a decade ago Ulrich (2000) went on to describe the collection of attributes that it involves in terms of a series of important outcomes that result. The role of the HRM professional is, it is argued, to help clarify these organisational capabilities and to craft the HRM investments that are necessary to build them. The specification of the HRM department role is of course prescriptive – and you might argue very USA-centric.

THEORY AND PRACTICE

KEY FRAMEWORK
Rules of HRM engagement with the line?

For Ulrich, HRM departments should:

- *be able to move with speed and agility* into a new market in order to be the firm that sets the rules and then controls the future changes to these rules (in HRM terms, removing bureaucratic processes, establishing clarity of governance to enable rapid decision-making, building safeguarding disciplines into the organisational thought process, and removing vestiges of old ways of doing things)

- *develop a brand for the firm*, such that its reputation draws consumers, and the brand associated with the customer experience of the firm also becomes part of the experience or identity of the firm in the mind of all stakeholders (customers, employees, investors); employee actions and HRM policies should be aligned with this identity

- *create a customer interface that captures and develops a more intimate relationship*, such that data on customers contains more insight into their actual behaviour and needs, business processes are built around these needs as a priority, and customers also have involvement in or can comment on the design and practice of internal systems (for example, providing feedback for performance management)

- *encourage superior talent*, reflected in high levels of employee competence and commitment, such that there is an employee value proposition that makes the firm an attractive place to work, helps attract people into the right job, entices employees to give their discretionary energy to the firm, and orients them towards effective performance very quickly

- *leverage innovation and learning*, reflected in new and faster-developed services and products, a culture of inquisitiveness and risk-taking, competencies of inventing and trying, and an ability and willingness to learn from mistakes

- *source resources across alliances*, whereby firms can work across boundaries, marshal connections, share information and develop a sense of mutual dependency between a network of partners, which means that the best resources can be brought to bear on a situation, to everyone's benefit, without having to formally own or control them

- *assign accountability*, such that standards exist for employees and that organisational decision-making (who makes them, how they are made and what processes are followed) is carried out with competence, authority and responsibility.

? REFLECTIVE ACTIVITY 12.1

Consider some organisations from different countries:

- How does their HRM function measure up against these criteria?
- Do they do any of this in practice?
- Even if they do not, would HRM specialists aspire to organise themselves this way?
- Should they even aspire to doing this?
- Have HRM professionals from different countries got the same professional skills and career backgrounds to enable them to work effectively in such an HRM structure?

Clearly, the answer to these questions could well differ depending on whether you were looking at a typical organisation operating in domestic markets in the country in question, or at an organisation that is an MNC or is globalising, or indeed a subsidiary of an overseas MNC.

The HRM structure of an international firm within a country looks a bit different to one that is purely domestic. IHRM specialists have to grasp the overall business-level and corporate-level capabilities that are relevant to a particular international strategy. Tallman and Fladmoe-Lindquist (2002) summarised the key capabilities required on three axes:

- strategies of international expansion or global integration
- the necessity to continue generating competitive advantage or to innovate through global learning
- skills and activities operating at the business level or corporate-level routines that integrate these skills across operations.

Yet Ulrich is often taken to suggest that HRM function should fulfill key roles regardless of context. Whilst seen as vague, overambitious or implausible by some, Ulrich's (1997) ideas have influenced the thinking of many HRM practitioners. Ulrich and Brockbank (2005) updated Ulrich's earlier work from 1997 and identified five main roles for the HRM department:

- employee advocate
- human capital developer
- functional expert
- strategic partner
- HRM leader.

In Ulrich and Brockbank's (2005) model, Ulrich's former (1997) category of employee champion has been split into two:

- employee advocate – a representational role, focused on the needs of today's employee
- human capital developer – focused on developing and preparing employees to be successful in the future.

The model also features three further roles:

- Functional expert – holding that effective administrative practices are central to HRM value the model suggests a more attractive heading than administration! Some HRM practices are delivered through administrative efficiency (such as technology or process redesign), and others through policy menus and interventions.
- Strategic partner – this role has multiple dimensions: business expert, change agent, strategic HRM planner, knowledge manager, and consultant.

- HRM Leader – this new emphasis in Ulrich and Brockbank (2005) covers both leadership within the HRM function and facing other functions and general management. It thus involves not only developing the other four roles but also collaborating with other functions, setting and enhancing the standards for strategic thinking, and ensuring corporate governance.

The specification of roles continues to develop as does the debate about its strengths and weaknesses or likely future developments (see Ulrich et al 2008; Ulrich et al 2015; Sparrow 2014, 2015; CIPD 2015). For example, Evans et al (2010) draw upon recent academic work on 'HRM delivery models' (Lawler et al 2006; Caldwell 2008; Ulrich et al 2008; Sparrow et al 2010). They argue that research needs to catch up with developments in practice, and needs to differentiate between:

- process and content development: that is, how HRM policies, practices and processes are developed, who is responsible, who is involved, and in what capacity
- HRM service delivery: the solutions used to actually deliver HRM support to employees and internal customer units (such as the automation of transactions, use of self-service, the adoption of enterprise resource planning techniques to optimise HRM processes, and delivery through shared service centres)
- business support roles of the HRM function: that is, the direct ways in which the HRM function works with line and top managers on HRM issues.

? REFLECTIVE ACTIVITY 12.2

Research on the HR function, its structures, activities, resources and outcomes by such authors as Ingmar Björkman, Vesa Suutari and Paul Sparrow is asking a range of questions about delivery models in international contexts. Discuss the following:

- As the boundaries of HRM work have expanded from the original personnel administration department into other more strategic areas, has the definition of the structure and roles of the HRM function become increasingly blurred?
- What kinds of activities do HRM professionals engage in, why, and with what consequences?
- What kinds of *resources* do HRM specialists use in order to carry out their work, and with what results?

In any event, Ulrich's ideas provide an ambitious model for HRM departments and practitioners – and indeed for wider organisations looking to develop their people management. What, though, of actual practice internationally? The next section will consider the context and challenge for HRM across different locations before we move on to consider how organisations drive to deliver a global HRM operation.

12.3 LIVING UP TO NEW AMBITIONS?

There are at least three ways of answering the question about whether HRM professionals play similar roles across countries:

- to look at the professional standing and activities of the different national institutes that exist.
- to look at the level of integration between the HRM function and the board.
- to look at the involvement of the HRM function in strategic decision-making.

It is also quite often suggested that the extent to which line managers are assigned responsibilities which have traditionally been considered matters of 'personnel' indicates more strategically integrated HRM departments, both as such arrangements suggest an organisation-wide commitment to people management but also as this frees HRM departments for more strategic contemplation, activity and involvement. This matter of assignment to the line is something we will turn to a little later.

12.3.1 THE NATIONAL INSTITUTES

These personnel management institutes and associations vary considerably in their foci and activity (Farndale and Brewster 2005). The CIPD in the UK seeks to be an all-encompassing organisation, with well over 100,000 members, nearly all of whom have gone through a qualification process. Despite its heavy UK focus it is an organisation with an active agenda for internationalisation. On the other hand, the ANDCP in France is a resolutely elitist organisation covering the heads of HRM in the major organisations only. Most of the members of the DGFP in German are corporates. Spain has very strong regional associations, with a relatively weak centre. Sweden has a well-resourced central organisation. When these potential variations are extended to the rest of the world, with over 70 different national associations ranging from the giant, long-established Society of Human Resource Management in the USA to tiny, new associations in some of the developing countries of Africa and Asia or the transition countries of central and eastern Europe, the range becomes huge. Levels of entry qualifications, restrictions on membership, levels of education and the extent of training provided by the associations vary enormously (Farndale and Brewster 1999, 2005).

The target group for membership of personnel management associations tends to expand, increasing the risk of competition with other professional associations. At the same time, more specialist organisations are established (for people-management issues in the public sector, or for coaching specialists, for example). The role of these organisations is going to be increasingly important, and controversial, as the profession expands.

?   REFLECTIVE ACTIVITY 12.3

● How important is the professional HRM association in your country (or one you know)?
● What might it do to achieve more influence?

12.3.2 MOVING AWAY FROM MERE 'PERSONNEL'?

It has long been argued that the place of HRM specialists in the organisational hierarchy is crucial to their role, and in particular to their ability to go beyond the administrative or transactional duties of traditional personnel. In the UK, for example, an informed HRM input to top-level debates is most likely only where the head of the HRM function is a member of the key policy-making forum (Purcell 1995, p78):

> There is clear, unambiguous evidence... that the presence of a personnel director on the main board makes a considerable difference to the role played in corporate strategy.

12.3.3 INTEGRATION OF HRM HEADS INTO THE BOARD OF DIRECTORS

Figure 12.2 is taken from the Cranet 2010 data and shows the proportion of companies with an HRM presence at the level of the board (or equivalent – the data covers different countries with different legal governance arrangements and different sectors). There are significant differences. In 63% of the organisations in the UK, the personnel manager is a member of top management, with a similar situation in the USA and Japan. In France and Sweden, on the other hand, around 90% of organisations have an HRM representation on the main board. Note that the low figure for Germany is a reflection of other institutional arrangements (see later).

Other data in the research indicates that where there is no specialist presence at this level, the responsibility for HRM rests most frequently with the managing director or an administration manager. Of course, in such circumstances this could mean either that the topic is taken very seriously, being allocated specifically to the top person, or that it is not taken seriously at all, being dumped into the 'and everything else that goes on in the organisation' category and hence swept under the CEO's general responsibilities. In either case, it is not clear that the specialist input to decisions from the HRM angle is always going to be available.

? REFLECTIVE ACTIVITY 12.4

● What are the advantages for the HRM department if its head is on the main board?
● How might the cultural influences noted in previous chapters affect that?

Figure 12.2 Proportion of organisations with HR on the board in six countries in 2010

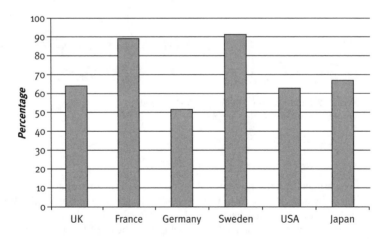

12.3.4 INVOLVEMENT OF HRM IN STRATEGIC DECISION PROCESSES

Membership of the board certainly gives the head of the HRM function an opportunity to influence corporate strategy – but is it taken, and is it the only way to ensure that HRM is taken seriously in such decisions? Storey claimed back in 1992 that personnel directors were rarely involved in strategic policies as 'strategic changemakers', and Purcell (1995, p77) argued that both finance and personnel people believe that '[i]t is in the implementation of decisions that the personnel function is most likely to be involved'.

This too, however, seems to vary considerably by country. Other evidence from the Cranet study examined at what point the personnel function is involved in the development of corporate strategy. It showed that on this key issue – using data collected, remember, from the senior HRM specialist in the organisation – that somewhere between a half and two-thirds of all organisations claim to be involved from the outset. In the UK, HRM influence from the outset of the development of corporate strategy approximately mirrors board-level involvement (see for example Farndale 2005). In Sweden there are considerable numbers of HRM specialists with a place on the board who nevertheless, by their own admission, are not involved in the development of corporate strategy until a later stage. However, the data shows that in Germany human resource issues are taken into account from the outset in the development of corporate strategy by significantly more organisations than the number who have board-level representation for the HRM function: companies apparently consult with non-board HRM specialists at the earliest stage of formulating corporate strategy (Wächter and Müller-Camen 2002).

Figure 12.3 HR involvement in development of corporate strategy in six countries

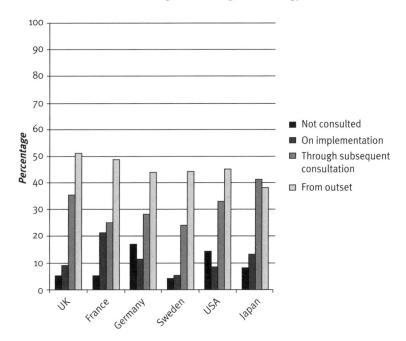

Source: Cranet (2010)

THE DEVELOPMENT OF STRATEGIC HR DEPARTMENTS IN NEWLY INDUSTRIALISED COUNTRIES: INDIA VERSUS CHINA?

Budhwar and Varma (2010) argue that whilst HR departments in Indian enterprises can take very different roles depending amongst other things on region and sector, it is common to find that they have developed a strategic role. They suggest that this is a product of a distinct constellation of a long history of labour and employment legislation (despite the weaknesses of such arrangements as discussed in Chapter 5 and a more recent effort to engage with and learn from HRM practice in the countries of the established OECD with which India is increasingly engaged, in large part through the activities of multinationals, both foreign and Indian.

Budhwar's (2012) study of 74 (medium and large) Indian subsidiaries of foreign-owned MNCs suggested that in every case the subsidiary HR director was of Indian origin, and typically recruited locally. Most remarkably though, responses to (Cranet-style) questioning about the strategic role of the local HR departments indicated that they were extremely well strategically integrated (2012, Table 2), to an extent matching that typical amongst enterprises in the nations of the old industrialised world where such strategic integration is particularly well developed. Perhaps relatedly, Budhwar (2012) argues that, with regard to recruitment practice for example, the Indian subsidiaries generally enjoy much autonomy in the manner in which they operationalise practice within the guidelines set by their corporate parents.

Cooke and Budhwar (2015) argue that HR departments tend to be very much better developed, more professional and strategic in Indian than they are in Chinese enterprises. They also suggest that HRM practice tends to be rather more sophisticated in India, with Chinese people management much more focused on containing cost via for example deployment of temporary and fixed-term contracts and short-term individual incentives. Björkman et al's (2008) study of 170 Indian and Chinese subsidiaries of western-owned MNCs provides some clear evidence regarding the comparative extent of the strategic role of HR departments. Generally, despite Budhwar's (2012) finding that India was characterised by Indian subsidiary HR directors leading highly strategically integrated HR departments, Björkman et al (2008) found, across their two country sample, that HR departments tended to have a more strategic role where the subsidiary's HR director was an expat rather than a local. Most strikingly and overwhelmingly, though, there was a powerful and distinct tendency for subsidiary HR departments to have a more strategic role in India than in China (2008, Tables 1 and 2). There was also, perhaps relatedly, some weaker suggestion that HRM practices in subsidiaries in India were more responsive to local conditions than were those in China.

Intriguingly, as we discuss further later, Thite et al (2014) suggest that, at least in the IT sector, where corporate parents are Indian, the corporate HR department grants their foreign subsidiaries very little autonomy. Thus, it is possible that rather than Indian enterprises being committed to the local autonomy of HR departments, they merely stridently assert a need for Indian control.

12.3.5 STRATEGIC HRM WITHOUT THE STRATEGIC INTEGRATION OF HRM DEPARTMENTS?

The evidence is not only that the strategy process varies by country (Brewster and Larsen 2000). It may involve different objectives (Brewster 2006). In practice it may work in different ways and through different systems involving different people. Thus, the strategic implications of a management decision in Germany or Austria will be subject to the involvement or scrutiny of powerful works council representatives or the worker representatives on the supervisory board of the company (see Wächter and Müller-Camen 2002 on Germany, and Brandl and Pohler 2010 on Austria). Indeed, in most of these companies the knowledge that their decisions are subject to scrutiny – and can be reversed or varied – at that level means that managers tend to operate with HRM issues in mind. Inevitably, this means that the assumptions in the universalist paradigm that HRM strategies are 'downstream' of corporate strategies cannot be made: there is a more interactive process in which both sets of strategy potentially influence each other simultaneously. And assumptions that strategies are the preserve of senior managers (or even just managers) cannot be sustained either. Hence our finding that HRM is involved in the development of corporate strategy in for example Germany in more organisations than have allocated the HRM department head a place on the board.

?   REFLECTIVE ACTIVITY 12.5

● Identify the effect that worker directors on the supervisory board and the existence of central (company level) works councils might have on the role of the HRM department in Germany.

12.4 THE ROLE OF LINE MANAGEMENT IN HRM

One key issue in HRM – one that is said to differentiate it from 'personnel administration' (Freedman 1991; Legge 1989; Mackay and Torrington 1986; Schuler 1990; Weiss 1988) – is the responsibility placed on line managers for the management of their people. What is the balance of responsibilities for the management of people between the specialists in the human resources department and the line managers who have day-to-day responsibilities for organising the work and the progress of their subordinates? This topic has driven the attention of a number of authors for nearly two decades (see Brewster et al 2015; Brewster and Larsen 1992, 2000; Brewster et al 1997; Brewster and Soderstrom 1994; Hoogendoorn and Brewster 1992; Larsen and Brewster 2003; Mayrhofer et al 2011). Some have argued that because HRM is central to the well-being of an organisation and to its ability to perform effectively, the subject has to permeate the responsibilities of every single manager in an organisation. Guest (1987, p51) argued that '[i]f HRM is to be taken seriously, personnel managers must give it away'.

Alternatively, others have claimed that without a knowledgeable, experienced and influential human resources department specialising in the subject, the organisation will never give HRM the prominence that is needed and will not have the necessary expertise in this crucial area. As a consequence, the organisation will be unable to take the most successful approach to the topic. Does the idea of sharing responsibilities mean that the specialists are in danger of not just giving HRM away, but of 'giving it up' (Blyton and Turnbull 1992, p11)?

In historical perspective, it has been argued that, in relation to line management, developments have been almost tidal, ebbing and flowing as the HRM specialists move between opposition to the line, through the roles of power-holder, administrative centre, advocate for co-determination and change agent (Scott Myers 1991). Here we outline the reasons that have been advanced for the growth in line management responsibility and consider some of the problems that it may involve; we examine the evidence for the trends, and particularly explore the differences between countries. Finally, we draw some conclusions about the implications for the HRM department and examine some of the dilemmas involved in the management of human resources within the organisation in the future.

It is argued that the line manager needs to be aware of the synergy between human, financial and physical resources. For line managers, allocating time, money and energy to the management and development of subordinate staff is not only an investment in enhanced effectiveness and future success but a necessary precondition for it. This responsibility cannot be undertaken by the human resource specialist. The HRM function is seen as playing the role of co-ordinator and catalyst for the activities of the line managers – a 'management team player... working [jointly] with the line manager solving people-related business issues' (Schuler 1990, p51).

To consider developments in the balance of responsibilities it is useful to use the term 'assignment' (Brewster et al 1997) rather than devolution or delegation. 'Assignment' avoids any assumption of a particular direction of change in matters of the assignment of responsibility. The assignment of HRM issues to the line has become a major feature of HRM texts in the last few years (Brewster and Larsen 2000) because:

- there has been a trend towards managing organisations through the development of cost-centre- or profit-centre-based approaches – and labour costs are usually the major operating cost involved
- it is line managers, not the specialist staff in the HRM department, who are in frequent, often constant, contact with employees – allocating tasks, enthusing (or upsetting) them, monitoring performance: 'Line management is, and always has been, responsible for the performance of their subordinates' (Lowe 1992)
- there is a growing influence of the service industries, with their focus on responsiveness to the customer
- staffing decisions are increasingly made in real time, and there has been a widespread movement towards reducing the numbers in 'overhead' departments, such as HRM. In such circumstances the role of line management in HRM can be seen as an alternative to outsourcing the function: the 'internalising' shift (Paauwe 1995).

There is plenty of case study evidence that responsibility for HRM has been increasingly allocated to line managers (Gennard and Kelly 1997; Hutchinson and Brewster 1995). And there was international survey evidence (Brewster and Larsen 1992; Brewster et al 1997; Brewster and Soderstrom 1994; Larsen and Brewster 2003; Mayrhofer and Brewster 2005) confirming this anecdotal data. The evidence showed that recruitment and selection, health and safety and the expansion and reduction of the workforce are more likely to have been assigned to the line, while industrial relations and training are more likely to stay with the HRM function. However, more recently, it appears that such trends have been reversed (Mayrhofer et al 2011), highlighting the danger of assumptions that even well documented trends will continue.

There are clear and consistent variations between countries in their overall assignment rankings with countries like Denmark and Switzerland consistently assigning most responsibility to line managers and countries like Italy, France, the UK and Ireland retaining most responsibility to the HRM function. Not only are these figures consistent across subject and country, they are also consistent over time.

Of course, within each country there are considerable variations between organisations. It is important to emphasise that there are elements of choice here. Organisations can exercise their option differently from their neighbours. However, the effect of country differences is clear.

REASONS WHY THE ASSIGNMENT OF HRM RESPONSIBILITIES TO THE LINE HAS NOT GONE FURTHER

There are six reasons why this is the case:

- Line managers are often not enthusiastic about taking on responsibility for HRM for the people in their area.
- Line managers under pressure often give HRM responsibilities a low priority – they are often ignorant about legal requirements, trade union agreements or agreed practices.

- There is little evidence that organisations are providing any formal training to help their line managers to handle the human resource management tasks that are being allocated to them.
- They are not particularly interested in HRM issues and are unable to keep up to date with the latest HRM thinking.
- However devolved responsibility for HRM in the organisation has become, there will be a need for co-ordination of HRM at some level (Paauwe 1995).
- Perhaps most significantly, the devolvement of HRM responsibilities to the line will not achieve the objectives hoped for if it is done in a policy vacuum, as it often is, just as a means of cost-cutting.

? REFLECTIVE ACTIVITY 12.6

Review:

- the reasons for the growth of allocation of HR responsibilities to line managers
- the reasons allocation has expanded no further.

What does this suggest for the future?

12.5 INFLUENCES ON CROSS-NATIONAL COMPARATIVE VARIATION IN THE ROLE OF HRM DEPARTMENTS

It might be expected that culture and institutions might influence the role of HRM departments in practice. Thus, for example, policy formalisation may be more likely if an organisation operates in a country with comparatively low hierarchical structures, so that written policies that everyone can refer to may be viewed favourably. In other countries the senior specialists may prefer to leave themselves free to take decisions unencumbered by paperwork, knowing that their hierarchical position will give them the credibility they need for implementation. On the institutional side, the extensive legal and trade union constraints mean that there is inevitably more formalisation and a greater involvement of HRM in corporate strategy in order to make sure that the organisation does not fall foul of its obligations, with consequent disruption and cost.

The evidence about the (relative) size of the HRM department (numbers of HRM staff relative to total employees) shows unequivocally that although we imagine that there are universal performance and technological pressures on HRM functions these are not everywhere equally large (Brewster et al 2006). Size varies considerably with the country in which the function is located as well as with the sector of the organisation and its overall, with larger organisations having relatively smaller HRM functions. Interestingly, it is also clear that stronger unions are associated with relatively smaller HRM departments. Generally, countries with stronger unions feature smaller HRM departments, and moreover even within national boundaries organisational-level variation in the strength of unions is negatively related to the size of HRM functions. It is also clear that despite the mooted changes in the nature of the function and the alternative ways in which people management can be carried out, the size of the function has changed very little over the last couple of decades (Mayrhofer et al 2011). Whether this is because the changes have not been as dramatic as many people have claimed, or because the HR function is finding other roles to perform is less clear.

Evidence on the forces shaping the extent of the strategic integration of HRM is now growing. There have been some suggestions, based on experiences in Germany and Austria, that the social regulation of work by employee representatives displaces HRM functions, inhibiting their strategic integration (see for example Wächter and Müller-Camen (2002) on Germany, and Brandl and Pohler (2010) on Austria). Yet Farndale (2005) shows that the board representation of HRM grew very rapidly in the 1990s, converging on that in other countries. Moreover, recent international analysis (Vernon and Brewster 2013) suggests that to the extent that statutory provision for employee representation in Germany and Austria still inhibits the strategic integration of HRM in these countries this is a result of the very particular legal arrangements for representative employee participation in these countries. In general, internationally, the more prevalent are works councils and most particularly the stronger are unions the *greater* is the strategic integration of HRM departments. Organisations with works councils and in particular stronger unions are more likely to have HRM represented on the board, viewing itself as centrally involved in strategic decision-making, and pursuing a greater formalisation of HRM strategy (Vernon and Brewster 2013).

A glance at the cross-national comparative pattern of HRM board representation or early involvement in strategising apparent from Cranet data deployed earlier suggests also that the weightier labour law and more generous welfare states of, for example, France and the Netherlands may also promote the strategic integration of the HRM department, whilst the very limited social regulation of work in the USA inhibits it, whatever the ambitions of US HRM gurus may be. Overall, it seems that where employees have fewer resources on which to draw as individuals and as a group then organisational commitment to the strategic integration of the specialist people management function is less than where employees are well-protected and independently represented.

Having considered cross-national comparative variation in the roles of HRM departments, and the influences thereon, the next section will consider the extent to which a globalisation of approach, particularly within MNCs, is possible or desirable.

12.6 GLOBAL HRM DEPARTMENTS IN MNCS

Some argue that differences between countries in their HRM are reducing (see Chapter 2). Pudelko and Harzing's (2007) survey data from 849 HR managers in nine groups of companies headquartered in, and with matched subsidiaries in, the USA, Japan and Germany, found that subsidiaries in the three different countries acted differently. US multinationals were localising practices to a degree in Japanese subsidiaries, and significantly in Germany. Motivations for localisation also differed: Japanese subsidiaries in the USA localised for dominance reasons but localised in Germany for local institutional reasons. The subsidiary's strategic role has much importance.

We have a limited understanding of how MNC headquarters export and diffuse HRM policies and practices out to subsidiaries. Less has been written about reverse diffusion processes (Edwards and Ferner 2004), whereby advances in subsidiaries influence other parts of the MNC operation, but such reverse diffusion appears to limited. Bouquet and Birkinshaw (2008) note that the attention of executives at corporate headquarters is scarce and ask how subsidiaries gain attention. They found that the key attributes to do so were weight (the structural position that a subsidiary occupies within the corporate system), voice (the strategies used to gain attention), the success of the subsidiary, geographic distance and competence (with manufacturing, R&D, strategic support services or centres of excellence with knowledge that can be leveraged into other markets having a greater input).

Dickmann and Müller-Camen (2006) argue for a process perspective (focusing on broad processes such as innovation or lateral co-ordination) as a way of understanding patterns of IHRM. Similarly Farndale and Paauwe (2007) call for a deeper examination of how multinationals balance the dualities between producing similarities or maintaining differences in global HRM practices, and how both sets of practices respond to either competitive or institutional pressures. Like us, they argue for a more contextual understanding of the competing drivers for change in HRM. The not unexpected conclusion of the research was that:

> ...given the multitude of contextual factors and strategic choice opportunities, it is not surprising that the HR practices across these high-performing firms were found to be both similar in some respects and vary in others at the global and the national level. (Farndale and Paauwe 2007, p371)

The current consensus is that organisations are not as global or international as is often assumed. A country-of-origin effect is still evident in some cases. US MNEs, for example, tend to be more centralised and formalised than others in their management of HRM issues, ranging from pay systems through to collective bargaining and union recognition. They tend to innovate more and import leading edge practices from other nation-states. Japanese MNEs, on the other hand, have been at the forefront of work organisation innovations through lean production, but expect their subsidiaries abroad to fit in with this approach. Even though standard worldwide policies and formal systems are not as apparent as in US MNEs, there is stronger centralised direction and ethnocentric attitudes. In short:

> MNEs, far from being stateless organisations operating independent of national borders in some purified realm of global economic competition, continue to have their assets, sales, work-force ownership and control highly concentrated in the country where their corporate headquarters are located. (Ferner and Quintanilla 1998, p710)

From the perspective of institutional theory, three factors are identified as being important in determining the extent to which an organisation adopts standard practices worldwide or adapts them to suit local conditions:

- The degree to which an affiliate is embedded in the local environment – through its method of founding and its age, as well as its size, its dependence on local inputs and the degree of influence exerted on it from local institutions.
- The strength of flow of resources such as capital, information and people between the parent and the affiliate – the stronger and more important the flow, the more there is a need for global co-ordination.
- The characteristics of the parent – for example, the degree of uncertainty avoidance (see Chapter 2) of the home country will affect the freedom of subsidiaries. Equally, if the culture of the home country is perceived to be very different from the culture of the subsidiary country, more cultural control will tend to be exercised by headquarters (that is, an ethnocentric approach) in order to achieve internal consistency.

? REFLECTIVE ACTIVITY 12.7

Each of these theoretical perspectives has value, but assume for a moment that you were asked to choose between them.

- What order would you put them into, based on their value in explaining strategic IHRM?

The next example shows the challenges Indian MNCs face when attempting to develop IHRM. In the support materials is a case study to illustrate the difficulties faced by a Japanese MNE when seeking to roll out a global HRM strategy in China.

DEVELOPING GLOBAL HR IN INDIAN IT SERVICES MNCS

Thite et al's (2014) study of Indian MNCs in the IT sector suggests that in principle the global HR department may, on the one hand, adopt a variety of roles concerning processes, whether these be in championing processes or knowledge management, managing culture and diversity, seeking organisation-wide knowledge management or receptivity, or being a political interlocutor, but may, on the other hand, also seek to shape actual HRM practices organisation-wide. They suggest that in general the development of the role of the global HR department is shaped by the structure and governance of the broader organisation, but also by strategies and assumptions, and thus more profoundly by organisational origins in various respects.

In practice, Thite et al (2014) find that to the extent that corporate HR in Indian IT MNCs has sought to influence actual HRM practices, in particular by deploying learning and development to promote employee engagement, they have faced acute challenges, in large part around the limits of departures from ethnocentricity to global mind-sets. Broadly, they suggest that corporate HR departments in Indian IT MNCs have sought to focus on influencing processes, but even here face severe challenges, again in large part relating to the limited development of a global mind-set, but here in particular this is expressed in a broader organisational difficulty in coming to terms with differing local and regional contexts. Overall, at least in the IT sector, it seems that the corporate HR departments of Indian MNCs grant their foreign subsidiaries very little autonomy.

12.7 TOWARDS A GLOBAL HRM DELIVERY MODEL

According to Sparrow and Brewster (2006) progress towards globalising HRM service delivery is being made in three areas:

- technology (commonality of underlying systems and databases)
- process streamlining (optimisation of processes)
- sourcing (making decisions about the possible centralisation or outsourcing of some areas of activity).

Developing a global HRM and technology strategy and implementation plan covers everything from the information management of data to global appraisal systems, compensation and benefits management, to a knowledge base with a single global Internet feel and look, and to a knowledge-management system. However, effective technology-based solutions are to a large extent dependent on the level of process streamlining. We will deal initially with outsourcing and then return to the topic of shared services.

12.8 THE PRESSURE TO OUTSOURCE SOME TRANSACTIONAL ACTIVITIES

There are two strategies at play when organisations consider changing the way they locate their HRM activities):

- 'sourcing' (across organisational boundaries between a client entity and non-client entities such as vendors, suppliers and third parties)
- 'shoring' (across either on-shore – same country – or wider geographical boundaries).

Sometimes offshoring is further differentiated into near-shoring (shared borders or close institutional and cultural regulatory regimes) and offshoring (used specifically to refer to sourcing across a wide geographical and cultural distance).

THEORY AND PRACTICE

KEY FRAMEWORK

Four core strategies for HRM delivery models

Chakrabarty (2006) used a four-fold taxonomy to inform research on HRM sourcing and shoring. The core strategies that might be applied are:

1   *In-country insourcing:* Where the supplier–customer relationship is still formalised and contracted, and activities sent to a different location generally for reasons of cost-efficiency), *but* where the activities are still performed in-house, in one of the organisations' own subsidiaries or a service centre. The responsibility and delegation of tasks to the service provider means that they are still an internalised 'client-entity'.

2   *Global insourcing:* Where the re-design and re-configuration of activities and processes to become more efficient and effective allows some geographical flexibility over the location of the activity. For economists, ownership of 10% of offshore operations constitutes direct foreign investment between a parent operation and an affiliate.

3   *Outsourcing:* when a third-party provider is used to carry out the activity, with the production of services purchased externally, but still within the same country. It is generally aimed at achieving higher profitability by using fewer in-house resources (Espino-Rodriquez and Padrōn-Robaina 2006). It involves a discontinuation of internal production (whether it be production of goods or services) and an initiation of procurement from outside suppliers. Human resource outsourcing involves the purchasing by an organisation of ongoing HR services from a third-party provider that it would otherwise normally provide by itself.

4   *Offshoring:* A particular type of specialisation in which the production of services or goods is moved overseas. Offshoring involves a broad range of tasks that are executed by a firm in another country, ranging from the establishment of a foreign subsidiary to a relatively arm's-length relationship with another firm (Abramovsky et al 2005). More arm's-length relationships tend to involve a more explicit practice of contracting with individuals or companies in foreign countries to perform work that might reasonably be conducted domestically. Offshore transactions also typically involve two parts: a transfer of *responsibility* for the operation and management of part of an organisation; and a *guaranteed provision of services* to the client organisation by the vendor for a time period. Given the distances involved in offshoring, the factors of production are rarely transferred to offshore sites, but the services, processes and decision rights are.

The above four notions are part of a new rhetoric of HRM in many countries. However, many organisations also remain resistant to the notion – and there is a clear country effect with the outsourcers finding it very difficult to make any money in certain countries. Sparrow and Braun (2008) and Budhwar and Cooke (2009) have drawn attention to the persistence of wide international differences in the pursuit of HRM outsourcing, pointing to evidence that suggests that many non-US firms continue to favour captive (in-sourcing) arrangements rather than pure outsourcing scenarios. HRM directors in Europe still see an in-sourced shared services route as the best stepping-stone to future HRM outsourcing.

Asian organisations are not adopting outsourcing to the same extent as found in US and European organisations (Budhwar and Cooke 2009). They link the current (limited) use of outsourcing by indigenous MNCs or small firms to the size of domestic businesses, the sophistication of HRM functions, the extent to which there is a developed local HRM outsourcing market, cultural norms and other institutional factors. They examine the specific challenges associated with the offshoring of HRM work to India and China, noting that currently the motivation to offshore to each is different. They argue that, unlike IT outsourcing and offshoring, the same decisions in relation to HRM work tend to be tied far more closely to the internationalisation strategy of the firm, and driven by motivations to reduce levels of uncertainty and to gain insight into local market conditions.

Alewell et al (2009) examined the use and non-use of a broad spectrum of personnel services by German firms based on interviews with 1,021 chief executives and human resource managers. More than 40% of the firms never even considered the external procurement of specific HRM functions – even for well-known and comparatively often used services such as temporary agency work, consulting and payroll accounting. For outplacement, interim management and the complete outsourcing of HR management, the respective proportions increased to more than 80% of the firms. The triggers of explicit decisions on HRM outsourcing were strongly related to organisational changes (such as restructuring decisions, in- and outsourcing decisions or innovations in processes and products).

Sparrow and Braun (2008) argue that IHRM functions clearly face complex decisions, and the outcome will continue to vary across national ownership. In a global context, local country managers argue that much of the corporate HRM armoury requires deep tacit understanding of the national culture and therefore should not be a candidate either for operation through shared services or indeed for any subsequent outsourcing. Organisations must make sensible assessments of this tacit knowledge constraint. They also draw attention to other national factors that will influence the effectiveness that might be achieved in outsourcing (and associated automation) of HRM activity. Research looking at international differences in service perceptions draws attention to the role of ethics in explaining cultural differences in service perception on the way in which perceptions, attitudes and behaviours towards the new organisational forms may differ internationally (Ruzic 2006, p99):

> Within the e-business environment, while there is evidence that the processes of engineering and implementation of. . . systems are being successfully exported. . . as a consequence of globalisation, the adoption of western social and ethical values. . . is another matter.

Employee engagement with and use of e-enabled services is influenced by a series of ethical judgements made about the provision of such services, namely:

- perceived personal benefit
- social benefit
- societal consequences
- level of benevolence (help to those in need)
- paternalism (assistance to others to pursue their best interests when they cannot do it themselves)
- honesty (lack of deceit)
- lawfulness
- autonomy (freedom over action)
- justice (due process)
- rights to information, privacy and free expression.

Such factors are likely to have some utility in explaining international differences in the attractiveness (or not) of e-enabled HRM services that often accompany outsourcing.

Earlier in this chapter we outlined the three-box model (Figure 12.1). Of course, for a number of MNCs influenced by this way of thinking about HRM structures, the challenge becomes one of making the model work across multiple geographies. The development and implementation of what has become called the three-box model is having a significant impact on IHRM functions. In combination with the other changes such as e-enablement, centres of excellence, outsourcing and offshoring, it is being used to provide the template for a global HRM delivery model. It is moving the focus of the IHRM function away from managing a global set of managers towards becoming a function that can operate a series of value-adding HRM processes within the business internationally. As with many HRM innovations, elements of this model:

> have followed the Gulf Stream... drifting in from the USA and hitting the UK first, then crossing the Benelux countries... and Germany and France and proceeding finally to southern Europe. (DeFidelto and Slater 2001, p281)

To date there does not appear to be a common path to the internationalisation of shared-service models. Many organisations have chosen to create regional centres as part of a single international organisation structure. The constraints tend to be around those HRM services that are affected by employment law, employee relations, works councils, procedures governing dismissal and setting up an employment contract – all more country-focused activities. For example, the holding and processing of personal data in EU countries invokes requirements to gain consent from employees and is associated with different restrictions in different countries (data listing religion and ethnic origin is forbidden for German and Italian companies).

THE IMPACT OF A THREE-BOX DELIVERY MODEL ON THE IHRM FUNCTION

The adoption of this model creates a number of pressures, requiring MNCs to:

- consider the cost efficiencies of delivering HRM services across different geographical areas
- identify the new HRM co-ordination needs as organisations continue to move away from line-of-country reporting arrangements towards global lines of business
- provide the systems necessary to support strategy on a global basis
- understand which HRM processes really have be different, and which ones are core to all countries
- manage a process of migration towards regional or global HRM service centres
- cope with problems of information deficiency where country-based systems do not provide the information needed to support a global line of business
- manage deficiencies in their own manpower, where headcount savings mean that there is not a good match between HRM professionals in each area and the functional data that is needed.

We shall outline many of the issues involved in the management of expatriates and diversity in international mobility in Chapters 13 and 14. But before we do that, it is important to remember that a host of people and units interact with expatriates and their management is interesting from the perspective of a global HRM department. A number of researchers have given attention to the way that MNCs combine the requisite balance between co-ordination and control, sufficient integration of key service tiers and expert resources, and the provision of access channels for delivery of service to end-users, into what is called an over-arching 'HRM service delivery model' (Caldwell 2008; Evans et al 2010; Ulrich et al 2008). Hird and Stripe (2010) debated the applicability of an Ulrich model to Nestlé, and Sparrow (2012) examined the process of functional and structural realignment within the international mobility function within in a range of MNCs.

Let us take a while to consider the issue of where MNCs might choose to locate responsibilities for the management of international mobility within the corporate HRM structure.

WHERE SHOULD CORPORATE HRM FUNCTIONS LOCATE THE INTERNATIONAL MOBILITY FUNCTION?

Sparrow (2012) found that two of the three forces that drove this process of structural evolution are changes to the strategic delivery model and the growth of increasing flexibility in the nature of international work. The third factor was the extent to which MNCs operated in emerging markets, but we focus here on the first two. In order to manage international mobility a range of necessary external relationships and interests become important. These include the need to align the interests of home and host HRM units or HRM business partners, home and host line managers or business units, internal administrators, and outsourced specialist service providers. In practice, it is the business units that typically select employees, handle performance management and training, provide career direction, enforce disciplinary action, and determine salary. But then, the corporate HRM function might be responsible for developing, monitoring, benchmarking, and conducting internal opinion surveys, implementing change in international mobility policy, and addressing any exceptions. There might also be expatriate administrators who establish and approve policies and programs and obtain feedback as to whether they meet objectives. In addition, vendors and specialist service providers have to adhere to contract terms and conditions. The expatriates themselves need to understand their new job duties and responsibilities, meet performance standards, and follow procedures before, during, and at conclusion of the assignment.

The study by Sparrow (2012) found that two factors were at play:

● the choice of strategic delivery model, and
● the structural relationship between the international mobility and talent management functions (see also Collings 2015; Vaiman and Brewster 2015).

Both these structural issues helped determine the speed and pace at which organisations could manage their path to globalisation. The strategic delivery model had to enable the selection of suitable expatriate or alternative assignees according to the organisational objective or assignment driver but, despite the need for more strategic workforce planning, long-term succession plans could not always deliver the right talent mix when needed because turbulence undermines the ability to forecast the talent/needs match. A more strategic role for the international mobility function was dependent on a number of structural and role contingencies: whether the in-country HRM business partner could 'see' the bigger picture and the requisite capability needs of the operations they were attached to; and whether the policy had been adjusted so that assignments could better build the social capital needed for assignment success, helping both the assignee and the receiving country to understand the networks that would provide the assignee with the connectivity to build their business acumen and cultural insight. This renewed importance of linking talent management, strategic workforce planning and international mobility issues together had significant implications for the HRM function.

The trend towards the regionalisation and localisation of businesses and IHRM practices introduces other layers of complexity into the mix of relationships that the function has to manage. As the demography of international mobility continues to diversify, we see increasing variety in the forms of international work, which as a consequence leads to growing importance of the role of the individual as a stakeholder in decisions about, and management of, mobility. The management of international mobility also has to foster the appropriate network ties between the expatriate and their host and home support networks. The study by Sparrow (2012) found a three-stage model of flexibility, with each stage having different implications for the best corporate HRM structure, positioned along a continuum that ranged from:

● a globally integrated but standardised flexibility strategy based on limited exceptions policy
● through to a customised flexibility strategy (akin to a 'cafeteria benefits' philosophy) that allowed for (centrally chosen) variation to match different employee segments based on a variety of set policy types; and finally
● towards a form of individualised flexibility, that is completely flexible to individual needs.

? REFLECTIVE ACTIVITY 12.8

Discussion: In terms of its position within the corporate HRM structure:

● Should the international mobility function (and associated expatriation activity) become a centre of excellence in its own right, or should it report via another such centre?
● Should that centre be focused on rewards, as still is often the case, or talent management?
● Would the choice as to where to locate such activities structurally have an impact on how professionals thought about their role and remit, and how issues of international management might be addressed within the general HRM function?

12.9 THE IMPACT OF SHARED SERVICES AND THE EFFECTS OF ELECTRONIC HRM

Another development has been in shared services (Cooke 2006). Shared services are created when the organisation chooses to concentrate its administrative personnel activities into a centralised back-office function. Administrative processing is carried out separately from the main HRM group. Although the term 'shared services' tends to denote centralised provision, a better term to use is 'common provision'. The relevance of this development to IHRM is considerable. Shared service thinking – and the associated technologies used to enhance delivery – represent a force for a fundamental realignment of the HRM function. It carries implications for the level of centralisation-decentralisation and devolvement evidenced across countries, regions and corporate headquarters. Moreover, it changes the economics of HRM service provision and introduces competing dynamics for not only the standardisation of HRM processes but also the potential for mass customisation. Several large organisations developed shared service models for their HRM. By the beginning of this decade, some MNCs believed that shared services would represent a fundamental change in HRM (Alf Turner, Director of HRM Services, BOC, cited in Reilly 2000, p2):

> Separation of strategy from service delivery and the creation of shared services is in that league of change with the switch from welfare to personnel in the 1930s and from personnel to human resources in the 1980s.

The sector that an organisation operates in, however, has a significant impact on the attractiveness of pursuing common technical platforms for the delivery of HRM services. For example, in the banking sector the employee cost base is variable across organisations and operations, but would be seen as low in comparison to other sectors – typically from

40% to 60%. Given a lower employee cost base, the pressure to reduce the costs of HRM service delivery are not as great as might be seen in other sectors. However, because the banking business model is itself technology driven, then there is an expectation that HRM functions should also be run off common technical platforms.

In theory at least solutions such as outsourcing or developing shared services would be combined with the extension of existing information and communications technology (ICT) systems, and the implementation of new ones, to transform internal operations (CIPD 2005; Kettley and Reilly 2003; Gueutal and Falbe 2005). This process has become known as the e-enablement of HRM (e-HRM), which is qualitatively different from earlier applications of IT to the information function of HRM itself (known as HRIS). e-HRM (Bondarouk et al 2009) refers to the application of ICT to HRM, which, in the process changes it from a face-to-face relationship to an increasingly virtual one. It is argued that it has the potential to fundamentally transform the nature of the HRM function as e-business has done in areas such as financial services, retailing and knowledge management. Such transformation is already evident in translating individual e-learning into organisational learning and knowledge management, deep-web mining for talent, interactive self-selection and career management, real-time employee engagement surveys and other forms of interactive communications, creating virtual communities and teams, bringing customers/clients and employees into closer virtual relationships, and e-enabling home working and other, more flexible, ways of working (Martin 2005).

Figure 12.4 is an illustration of the possible structure of a technology-enabled global HRM department. It is possible to see four main lines of HR activity: manager and employee self-service; first line query handling; bulk transaction processing; and specialist support. There are also three main categories of HR professional: HR business partners; specialists; and leaders.

Figure 12.4 The structure of a technology enabled global HRM department

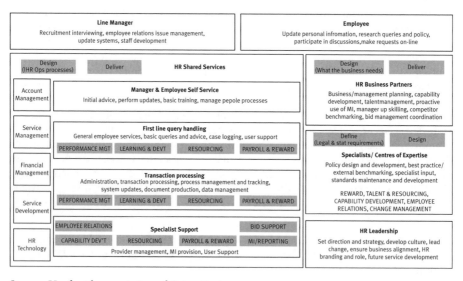

Source: Used with permission of Orion Partners

Some academics (Martin and Hetrick 2008; Snell et al 2001) have proposed that these technological developments may lead to the 'virtualisation' and/or significant 'leaning' of HRM by reducing substantially the numbers of HRM specialists required. However, whilst it has been argued that e-HRM simultaneously improves the quality of the services provided by the HRM function by enabling them to play a more strategic role, a counter-argument is that e-enablement of HRM leads to routine administrative tasks simply being dumped onto already overloaded managers and employees or else eliminated; it can also have negative consequences on the expectations and benefits of face-to-face relationships between HRM staff and employees.

Despite the ubiquity of e-HRM systems in large enterprises, at least, their implementation has been fraught with problems, in part because practitioners lack a sound body of theory and evidence on which to proceed (CIPD 2005), particularly in the areas of innovation, absorptive capacity, technology acceptance and change management. HRM specialists cite lack of guidance as one of the most important problems hindering the adoption of e-HRM systems (Martin 2005). Few studies have systematically explored the nature of e-HRM technologies in use, the rationale for their adoption, problems influencing their implementation, technology acceptance and their broader organisational effects (though see Sparrow and Brewster 2012). Indeed, the consequences of ICT enablement for HRM specialists, line managers and other employees is not well understood, with researchers highlighting both significant benefits and problems for these stakeholders (Florkowski and Olivas-Lujan 2006; Lawler and Mohrman 2003; Shrivastava and Shaw 2004).

Clearly, the dissemination of e-HRM technologies is uneven, reflecting the complex nature of inter- and intra-organisational relationships at regional and sectoral levels and between countries. This process is a relatively under-theorised one, although recent advances in institutional theory have focused on the causes and nature of such diversity in organisational practices, and differing degrees of receptiveness to new technologies (Streeck and Thelen 2005; Brewster et al 2006).

ORACLE CORPORATION – THE JOURNEY FROM LOCAL TO GLOBAL

Oracle Corporation is a highly successful US-headquartered technology company, founded in 1977 in California, with a FY14 US$38.3 billion total revenue. With over 400,000 customers, including 100 of the Fortune 100, and more than 25,000 partners, Oracle enjoys market leadership in 50 of its key products. Success has been achieved through a combination of investment in research and development and acquisition. The EMEA (Europe, Middle East and Africa) region comprises over 22,000 people across 216 offices in 61 countries and accounts for 34% of worldwide revenue.

Before 2000, Oracle operated independently around the world with each country managing its own profit-and-loss and business strategy. HR was also decentralised with different process and policies across offices, even within a country. It was a situation which had much in common with the majority of organisations at that time in which there was no reliable people data and numerous HR administrators operating 100s of different paper- and/or technology-based systems.

From 2000 onwards Oracle responded to the need to transform. The drivers for change were both external and internal and they tasked themselves with producing $1 billion of cost savings through the use of their own technology across the global business. Naturally HR, along with other functions, responded to this challenge and made huge changes that included, or resulted in:

- a move to a single global process and the constant questioning of any new HR initiative, 'is it scaleable?'
- automation and self-service (typically being first to use own products)
- local to centralised decision-making
- change in mindset from managing director to country leader
- engaging in offshoring and centres of excellence, supporting this with extensive use of the HR business partner role
- support (in HR as well as other technical areas) now 'follows the sun' with global centres of expertise being able to pass open queries onto the next timezone
- 38% of EMEA staff now have an 'out of country manager'
- 10% have an 'out of region manager'
- managing integration is now a key skill with almost half of Oracle's UK workforce having been acquired
- increasingly global strategies and solutions being called for.

Areas where common HR processes have been rolled out include:

1   recruitment – which now follows a common global process for sourcing candidates

2   self-service technology across the globe

3   employment contracts – within EMEA all are now sent from one location and comprise a 'standard' contract and terms and conditions, with local add-ons in line with the local country legal requirements

4   talent management – the development of new HCM technology makes it possible to look at the availability of talent to fit any specified job role within Oracle by scanning the competency and skill requirements for the role and matching this to profiles of employees globally.

This chapter has shown the developments in approach, capability and infrastructure which have surrounded the specialist HRM function in the past 25 years. It has discussed the work of Ulrich amongst others and considered the challenges of implementing these 'best practice' practices against a background of different cultural and institutional contexts. Particular emphasis has been given to the role of HR professionals and line managers, as well as the role of technology-enabled HRM.

KEY LEARNING POINTS

- There are significant changes going on in HRM functions or departments: the strategic involvement of the head of the HRM department is changing; the role of line managers has more surely changed; the impact of outsourcing, downsizing, shared services and e-HRM are all being felt.
- New ambitions for HRM departments are common currency across and even beyond the countries of the established OECD or old industrialised world, yet there is marked cross-national comparative variation in developments in terms of the actual place and role of HRM departments.
- Even general trends cannot be assumed permanent, and countries start from quite different places, so that there is little evidence of convergence in the place or role of HRM departments.
- The influence on HRM departments of country, with its cultural and institutional environment, is strong.
- Any notion of international best practice in the place or role of HRM departments is a work in progress.

LEARNING QUESTIONS

1   Given that the notion of HRM is seen in some countries to be more advanced than the idea of personnel management, why might the latter continue to be the preferred terminology in most of Europe?

2   Is a high level of assignment of HRM responsibilities to line managers a sign of HRM influence or of mistrust of HRM specialists? How might this vary by country?

3   What advantages and disadvantages might a line manager see in being asked to adopt greater HR responsibilities?

4   Choose three countries for which evidence is presented above. How far does the data presented in this chapter help you to identify the most significant roles in the Ulrich model for each country?

5   Consider three (other?) countries for which evidence features here. What are the key influences on cross-national comparative variation in the place and role of the HRM function?

6   Are shared-service models going to represent a new force for convergence and standardisation of HR practices on a global basis, or will they result in more localised and customised policies and practices?

7   Evidence on the role of HRM functions in developing and newly industrialising countries is currently anecdotal at best. What role would you expect them to have? On what are you basing your conjectures?

EXPLORE FURTHER

BREWSTER, C., WOOD, G., BROOKES, M. and VAN OMMEREN, J. (2006) What determines the size of the HR function? A cross-national analysis. *Human Resource Management.*Vol 45, No 1. pp3–21.

This paper analyses the basis of the marked cross-national comparative variation in the size of HRM departments.

MAYRHOFER, W., BREWSTER, C.J., MORLEY, M. and LEDOLTER, J. (2011) Hearing a different drummer? Evidence of convergence in European HRM. *Human Resource Management Review.* Vol 21, No 1. pp50–67.

This paper shows internationally that shifts in the balance of responsibilities between HRM departments and line management do not necessarily endure as we might assume.

BUDHWAR, P.S. and COOKE, F.L. (2009) HR offshoring and outsourcing: research issues for IHRM. In: SPARROW, P.S. (ed.) *Handbook of international HR research: integrating people, process and context.* Oxford: Blackwell. pp 343–362.

This chapter examines comparative developments in the outsourcing of the HRM department's activities.

VERNON, G. and BREWSTER, C. (2013) Structural spoilers or structural supports? Unionism and the strategic integration of HR functions. *International Journal of Human Resource Management.* Vol 24, No 6. pp1113–1129.

The authors deploy Cranet data on 34 countries to examine the influences on the strategic integration of HRM departments, with a particular focus on the implications of union presence.

To see the latest debates around HR operating models, access the CIPD (2015) report or access the free download of ULRICH, SCHIEMANN and SARTIN (2015) at the CIPD website: http://www.cipd.co.uk/binaries/the-rise-of-hr-wisdom-from-73-thought-leaders_2015.pdf

REFERENCES

ABRAMOVSKY, L., GRIFFITH, R. and SAKO, M. (2005) *Offshoring: myth and reality,* London: Advanced Institute of Management Research.

ALEWELL, D., HAUFF, S., THOMMES, K. and WEILAND, K. (2009) Triggers of HR outsourcing decisions – an empirical analysis of German firms. *International Journal of Human Resource Management.* Vol 20, No 7. pp1599–1617.

BARNEY, J.B. (1997) *Gaining and sustaining competitive advantage.* Reading, MA: Addison-Wesley.

BJÖRKMAN, I., BUDHWAR, P., SMALE, A. and SUMELIUS, J. (2008) Human resource management in foreign-owned subsidiaries: China versus India. *International Journal of Human Resource Management.*Vol 19, No 5. pp964–978.

BLYTON, P. and TURNBULL P. (1992) *Reassessing human resource management.* London: Sage Publications.

BONDAROUK, T., RÜEL, H., GUIDEDONI-JOURDAIN, K. and OIRY, E. (2009) (eds). *Handbook of research on e-transformation and human resources management technologies: organizational outcomes and challenges.* Hershey, PA: Information Science Reference.

BOUQUET, C. and BIRKINSHAW, J. (2008) Weight versus voice: how foreign subsidiaries gain attention from corporate headquarters. *Academy of Management Journal.* Vol 51, No 3. pp577–601.

BOXALL, P. and PURCELL, J. (2011) *Strategy and human resource management – management, work and organisations.* 3rd edition. Basingstoke: Palgrave Macmillan.

BRANDL, J. AND POHLER, D. (2010) The human resource department's role and conditions that affect its development: explanations from Austrian CEOs. *Human Resource Management.* Vol 49. pp1025–1046.

BREWSTER, C., BROOKES, M. and GOLLAN, P.J. (2015) The institutional antecedents of the assignment of HRM responsibilities to line managers. *Human Resource Management.* Vol 54, No 5. pp577–597.

BREWSTER, C., GOLLAN, P.J. and WRIGHT, P.M. (2013) Human resource management and the line. *Human Resource Management.* Vol 52, No 6. pp829–838.

BREWSTER, C. and LARSEN, H.H. (1992) Human resource management in Europe: evidence from ten countries. *International Journal of Human Resource Management.* Vol 3, No 3. pp409–434.

BREWSTER, C. and LARSEN, H.H. (2000) *Human resource management in northern Europe.* Oxford: Blackwell.

BREWSTER, C. and SODERSTROM, M. (1994) Human resources and line management. In: BREWSTER, C.J. and HEGEWISCH, A. (eds). *Policy and practice in European human resource management.* London: Routledge.

BREWSTER, C., LARSEN, H.H. and MAYRHOFER, W. (1997) Integration and assignment: a paradox in human resource management. *Journal of International Management.* Vol 3, No 1. pp1–23.

BREWSTER, C., WOOD, G., BROOKES, M. and VAN OMMEREN, J. (2006) What determines the size of the HR function? A cross-national analysis. *Human Resource Management.* Vol 45, No 1. pp3–21.

BREWSTER, C.J. (2006) Comparing HRM across countries. In: STAHL, G. and BJRKMAN, I. (eds). *Handbook of research in international HRM.* Cheltenham: Edward Elgar. pp68–90.

BUDHWAR, P. (2012) Management of human resources in foreign firms operating in India: the role of HR in country-specific headquarters. *International Journal of Human Resource Management.* Vol 23, No 12. pp2514–2531.

BUDHWAR, P. and VARMA, A. (2010) Guest editors' introduction: emerging patterns of HRM in the new Indian economic environment. *Human Resource Management.* Vol 49, No 3. pp345–351.

BUDHWAR, P.S. and COOKE, F.L. (2009) HR offshoring and outsourcing: research issues for IHRM. In SPARROW, P.S. (ed) *Handbook of international HR research: integrating people, process and context.* Oxford: Blackwell. pp 343–362.

CALDWELL, R. (2008) HR business partner competency models: re-contextualising effectiveness. *Human Resource Management Journal.* Vol 18, No 3. pp275–294.

CHAKRABARTY, S. (2006) Making sense of the sourcing and shoring maze: various outsourcing and offshoring alternatives. In: KEHAL, H.S. and SINGH, V.A. (eds). *Outsourcing and offshoring in the 21st century: a socio-economic perspective.* London: Idea Group. pp18–53.

CIPD (2005) *People management and technology: progress and potential.* Survey Report. London: Chartered Institute of Personnel and Development.

CIPD (2015) *Changing HR operating models: a collection of thought pieces.* London: CIPD.

COLLINGS, D.G. (2015) Integrating global mobility and global talent management: Exploring the challenges and strategic opportunities. *Journal of World Business.*Vol 49, No 2. pp253–261.

COOKE, F.L. (2006) Modeling and HR shared services center: Experience of an MNC in the United Kingdom. *Human Resource Management.* Vol 45. pp211–228.

COOKE, F.L. and BUDHWAR, P. (2015) Human resource management in China and India. In: HORWITZ, F. and BUDHWAR, P. (eds.) *Handbook of human resource management in emerging markets.* Cheltenham: Edward Elgar. pp. 337–356

DEFIDELTO, C. and SLATER, I. (2001) Web-based HR in an international setting. In: WALKER, A.J. (ed.) *Web-based human resources: the technologies that are transforming HR.* London: McGraw-Hill.

DICKMANN, M. and MÜLLER-CAMEN, M. (2006) A typology of international human resource management strategies and processes. *International Journal of Human Resource Management.* Vol 17, No 4. pp580–601.

EDWARDS, T. AND FERNER, A. (2004) Multinationals, reverse diffusion and national business systems. *Management International Review.* Vol 1. pp49–79.

ESPINO-RODRIQUEZ, T.F. and PADRÓN-ROBAINA, V. (2006) A review of outsourcing from the resource-based view of the firm. *International Journal of Management Reviews.* Vol 8, No 1. pp49–70.

EVANS, P., PUCIK, V. and BJÖRKMAN, I. (2010) *The global challenge: international human resource management.* Boston: McGraw-Hill.

FARNDALE, E. (2005) HR department professionalism: a comparison between the UK and other European countries. *International Journal of Human Resource Management.* Vol 16, No 5. pp660–675.

FARNDALE, E. and BREWSTER, C. (1999) Regionalism in human resource management, *Journal of Professional HRM.* Vol 15, April.

FARNDALE, E. and BREWSTER, C. (2005) In search of legitimacy: national professional associations and the professionalism of HR practitioners. *Human Resource Management Journal.* Vol 15, No 3. pp33–48.

FARNDALE, E. AND PAAUWE, J. (2007) Uncovering competitive and institutional drivers of HRM practices in multi national corporations. *Human Resource Management Journal.*Vol 17, No 4. pp355–375.

FERNER, A. and QUINTANILLA, J. (1998) Multinational, national business systems and HRM: the enduring influence of national identity or a process of 'Anglo Saxonization'? *International Journal of Human Resource Management.* Vol 9, No 4. pp 710–731.

FLORKOWSKI, G.W. and OLIVASLUJÁN, M.R. (2006) The diffusion of humanresource informationtechnology innovations in US and non-US firms. *Personnel Review.* Vol 35, No 6. pp684–710.

FREEDMAN, A. (1991) *The changing human resources function.* New York: The Conference Board.

GENNARD, J. and KELLY, J. (1997) The unimportance of labels: the diffusion of the personnel/HRM function. *Industrial Relations Journal.* Vol 28, No 1. pp27-42.

GUEST, D. (1987) Human resource management and industrial relations. *Journal of Management Studies.* Vol 24, No 3. pp503–522.

GUEUTAL, H.G. and FALBE, C. (2005) eHR: Trends in delivery methods. In: GUEUTAL, H.G. and STONE, D.L. (eds). The brave new world of eHR: human resources in the digital age. San Francisco, CA: Jossey Bass. pp190–225.

HAMEL, G. (2000) *Leading the revolution.* Boston, MA: Harvard Business School Press.

HIRD, M., and STRIPE, M. (2010) Nestlé: reflections on the HR structure debate. In: SPARROW, P.R., HIRD, M., HESKETH, A. and COOPER, C. (eds) *Leading HR.* London: Palgrave Macmillan. pp46–67.

HOOGENDOORN, J. and BREWSTER, C. (1992) Human resource aspects: decentralization and devolution. *Personnel Review.* Vol 21, No 1. pp4–11.

HUTCHINSON, S. and BREWSTER, C. (1995) (eds) *Personnel and the line: developing the new relationship.* Report to the CIPD. London.

KETTLEY. P. and REILLY, P. (2003) *An introduction to e-HR*, Report 398. Brighton: Institute of Employment Studies.

LADO, A. and WILSON, M. (1994) Human resource systems and sustained competitive advantage: a competency-based perspective. *Academy of Management Review.* Vol 19. pp699–727.

LARSEN, H.H. and BREWSTER, C.J. (2003) Line management responsibility for HRM: what's happening in Europe? *Employee Relations.* Vol 25, No 3. pp228–244.

LAWLER, E. and MOHRMAN, S. (2003) *Creating a strategic human resource organisation: an assessment of trends and new directions.* San Francisco, CA: Stanford University Press.

LAWLER, E.E., BOUDREAU, J.W. and MOHRMAN, S.A. (2006) *Achieving strategic excellence: an assessment of human resource organizations.* Stanford, CA: Stanford Business Press.

LEGGE, K. (1989) Human resource management: a critical analysis. In: STOREY, J. (ed.). *New perspectives on human resource management.* London: Routledge.

LOWE, J. (1992) Locating the line: the front-line supervisor and human resource management. In: BLYTON, P. and TURNBULL, P. (eds). *Reassessing human resource management.* London: Sage Publications.

MACKAY, L. and TORRINGTON, D. (1986) *The changing nature of personnel management.* London: Institute of Personnel Management.

MARTIN, G. (2005) *Technology and people management: transforming the function of HR and the HR function.* London: Chartered Institute of Personnel and Development.

MARTIN, G. and HETRICK, S. (2008) Employer branding and corporate reputation management in an international context. In SPARROW, P.R. (ed) *Handbook of international human resource management: integrating people, process and context.* Chichester: Wiley. pp 293–320.

MAYRHOFER, W. and BREWSTER, C.J. (2005) European human resource management: researching developments over time. *Management Revue.* Vol 16, No 1. pp36–62.

MAYRHOFER, W., BREWSTER, C.J., MORLEY, M. and LEDOLTER, J. (2011) Hearing a different drummer? Evidence of convergence in European HRM. *Human Resource Management Review.* Vol 21, No 1. pp50–67.

PAAUWE, J. (1995) Personnel management without personnel managers: varying degrees of outsourcing the personnel function. In: FLOOD, P., GANNON, M. and PAAUWE, J. (eds). *Managing without traditional methods.* Wokingham: Addison-Wesley.

PUDELKO, M. and HARZING, A.-W. (2007) Country-of-origin, localization, or dominance effect? An empirical investigation of HRM practices in foreign subsidiaries. *Human Resource Management.* Vol 46, No 4. pp535–559.

PURCELL, J. (1995) Corporate strategy and its links to human resource management. In: STOREY, J. (ed.). *Human resource management: a critical text.* London: Routledge.

REILLY, P. (2000) HR shared services and the realignment of HR. *Institute of Employment Studies Report 368.* Brighton: IES.

RUZIC, F. (2006) New ethics for e-business offshore outsourcing. In KEHAL, H.S. and SINGH, V.A. (eds.) *Outsourcing and Offshoring in the 21st Century: a socio-economic perspective.* Hershey, PA: Idea Group Publishing.

SCHULER, R.S. (1990) Repositioning the human resource function: transformation or demise? *Academy of Management Executive.* Vol 4, No 3. pp49-60.

SCOTT MYERS, M. (1991) *Every employee a manager: more meaningful work through job enrichment.* New York: McGraw-Hill.

SHRIVASTAVA, S. and SHAW, J.B. (2004) Liberating HR through technology. *Human Resource Management,* 42 (3): 201–222.

SNELL, S.A., STEUBER, D. and LEPAK, D.P. (2001) Virtual HR departments: getting out of the middle. In: HENAN, R.L. and GREENBERGER, D.B. (eds) *Human resource management in virtual organizations.* London: Information Age Publishing. pp81–102.

SPARROW, P.R. (2012) Globalising the international mobility function: the role of emerging markets, flexibility and strategic delivery models. *International Journal of Human Resource Management.* Vol 23, No 12. pp2404–2427.

SPARROW, P.R. (2014) The contribution of David Ulrich to the analysis of HR departments. In: GUEST, D. and NEEDLE, D. (eds.). *Encyclopaedia of human resource management.* London: Wiley.

SPARROW, P.R. (2015) What is it that the HR department needs to know in future? In: ULRICH, D., SCHIEMANN, W. and SARTIN, E. (eds). *The Rise of HR.* New York: HR Certification Institute.

SPARROW, P.R. and BRAUN, W. (2008) HR sourcing and shoring: strategies, drivers, success factors and implications for HR. In: DICKMANN, M., BREWSTER, C.J. and SPARROW, P.R. (eds). *International human resource management: a European perspective*. London: Routledge. pp39–66.

SPARROW, P.R. and BREWSTER, C.J. (2006) Globalizing HRM: the growing revolution in managing employees internationally. In: COOPER, C.L. and BURKE, R. (eds.) *The human resources revolution: research and practice*. London: Elsevier.

SPARROW, P.R. and BREWSTER, C. (2012) Reuters: human resource management in global perspective. In: DUNDON, A. and WILKINSON, A. (eds). *Case studies in global management*. Victoria, Australia: Tilde University Press. pp261–270.

SPARROW, P.R., HIRD, M., HESKETH, A. and COOPER, C. (eds.) (2010) *Leading HR*. London: Palgrave Macmillan.

STOREY, J. (ed) (1992) *New developments in human resource management*. Oxford: Blackwell.

STREECK, W. and THELEN, K. (eds). (2005) *Beyond continuity: institutional change in advanced political economies*. Oxford: Oxford University Press.

TALLMAN, S. and FLADMOE-LINDQUIST, K. (2002) Internationalization, globalization and capability-based strategy. *California Management Review*. Vol 45, No 1. pp116–135.

THITE, M., BUDHWAR, P. and WILKINSON, A. (2014) Global HR roles and factors influencing their development: evidence from emerging Indian IT service multinationals. *Human Resource Management*. Vol 53, No 6. pp921–946.

ULRICH, D. (1997) *Human resource champions: the next agenda for adding value to HR practices*. Boston, MA: Harvard Business School Press.

ULRICH, D. (2000) From eBusiness to eHR. *Human Resource Planning*. Vol 20, No 3. pp12-21.

ULRICH, D. and BROCKBANK, W. (2005) *The HR value proposition*. Boston, MA: Harvard University Press.

ULRICH, D. and LAKE, D. (1990) *Organization capability: competing from the inside out*. New York: Wiley.

ULRICH, D., BROCKBANK, W., JOHNSON, D., YOUNGER, J. and SANDHOLTZ, K. (2008) *HR competencies: mastery at the intersection of people and business*. London: Society for Human Resource Management.

ULRICH, D., SCHIEMANN, W. and SARTIN, E. (2015) (eds) *The rise of HR*. New York: HR Certification Institute.

VAIMAN, V. and BREWSTER, C. (2015) How far do cultural differences explain the differences between nations? Implications for HRM. *International Journal of Human Resource Management*. Vol 26, No 2. pp151–164.

VERNON, G. and BREWSTER, C. (2013) Structural spoilers or structural supports? Unionism and the strategic integration of HR functions. *International Journal of Human Resource Management*. Vol 24, No 6. pp1113–1129.

WÄCHTER, H. and MÜLLER-CAMEN, M. (2002) Co-determination and strategic integration in German firms. *Human Resource Management Journal.* Vol 12, No 3. pp76–87.

WEISS, D. (1988) *La Fonction Ressources Humaines.* Paris: Editions d'Organisation.

WRIGHT, P.M., MCMAHAN, G.C. and MCWILLIAMS, A. (1994) Human resources as a source of sustained competitive advantage: a resource-based perspective. *International Journal of Human Resource Management.* Vol 5. pp301–326.

PART THREE

INTERNATIONAL HUMAN RESOURCE MANAGEMENT

CHAPTER 13

International HRM: Theory and Practice

LEARNING OUTCOMES

When you have read this chapter, you will:

- be able to link the choice of strategic IHRM (SIHRM) approach with international business strategy approaches
- be able to identify the strengths and weaknesses of alternative theoretical perspectives on SIHRM
- be able to describe the components of IHRM.

13.1 INTRODUCTION

We have of course introduced some theory relevant to the study of IHRM in previous chapters. In Chapter 2 we looked at ideas from a comparative HRM and also institutional perspectives. In Chapters 3 and 4 we looked at the ideas that have come from a cross-cultural management tradition. Having explored these comparative issues in detail, in this third section of the book we turn to the concept of IHRM, which can be traced back to the broader field of international management. As explained in Chapter 1, IHRM examines the way in which international organisations manage their human resources in the different national contexts in which they operate. Usually, these are private sector international organisations, generally referred to in the literature as either multinational corporations (MNCs) or multinational enterprises (MNEs). We have already seen the extent and complexity of environmental factors such as different institutional, legal and cultural circumstances. These affect what is allowed and not allowed in the different nations and regions of the world, but more significantly also create differences in what makes for cost-effective management practices. Organisations working across national boundaries, therefore, have to agree HRM policies and practices which maintain some coherence while still being sensitive to critical aspects of difference.

? REFLECTIVE ACTIVITY 13.1

In Chapters 5 to 12 we drew attention to some particular regional challenges. Looking across each of the HRM functions outlined in these chapters – employee relations, organisation of work, recruitment and selection, performance management, rewards and training and development – what do you think might be the unique influences on IHRM in each of the following geographies, and why are they important?

- western Europe
- transitional economies in eastern Europe
- North America
- Latin America
- Africa
- Asia-Pacific
- the Middle East.

13.2 LOOKING TO THE FIELD OF INTERNATIONAL BUSINESS

The study of global strategy lies at the intersection of two academic fields: strategic management and international business. Peng and Pleggenkuhle-Miles (2009, p51) argue that global strategy has emerged as 'one of the frontier disciplines within business schools'. As IHRM researchers it is important when making observations on another field – that of international business – to avoid misrepresenting some of their debates or conclusions. However, it is worth signalling our understanding about some of their recent discussion.

International business (IB) researchers have always been concerned about context, culture and political risk. IB theory tends to be built around a combination of arguments about capabilities as well as governance structures (Cantwell 2014).

For IB researchers a framework can be seen as a conceptual or real structure that can be used to help build or expand on an idea. We present a number of such frameworks to help shape thinking about the link between theory and practice in this area.

THEORY AND PRACTICE

KEY FRAMEWORK

Three ways to view global strategy

- As one form of MNC strategy, whereby the organisation treats countries around the world as a common and global marketplace – the other strategies being international (export-driven), multi-domestic or transnational. A number of writers argue that this type of global marketplace strategy is either: an ideal that hardly ever exists in practice (Rugman and Verbeke 2004), or an experiment that can be disastrous (Ghemawat 2007).
- As a form of international strategic management (Inkpen and Ramaswamy 2006)
- The strategy of firms around the globe – that is, their view of how they can compete successfully (Peng 2006). This view of how to compete globally requires an understanding of both cross-border and domestic strategy.

IB researchers therefore do not always ask the same sorts of questions of people management in international organisations. They tend to have their own perspective on the world. So before we look at the sorts of theory that IHRM professionals need to understand from this perspective, let us remind ourselves of what the IB field tends to focus on in the first place! There are four debates that currently lie at the heart of the IB field:

1   *Cultural versus institutional distance* – Between culture and institution, which is the more comprehensive construct? We reviewed this debate throughout Chapters 2, 3 and 4. Beginning with the work of Kogut and Singh (1988) this has also been a long-standing debate in IB research. The debate, however, has been reignited by the recent resurgence of an institution-based view (Wood et al 2014). This resurgence of an institutional view has not been seen just in the field of comparative HRM – as we explained in Chapter 2 and saw within several of the chapters in Part Two. It has also become important in the field of MNCs and of global strategy (Lee et al 2008; Peng and Khory 2008; Peng et al 2008). This perspective argues that firms' strategies are enabled and constrained by the different rules of the game around the world.

2   *Global versus regional geographic diversification* – Determining the 'global-ness' of the firm also has a long history (Perlmutter 1969). The recent consensus is that the majority of MNCs are actually organised more regionally. However, the evidence on this is debated between Rugman and Verbeke (2008) on the one hand and Osegowitsch and Sammartino (2008) on the other. This debate has raised the need to understand two things: the impact of intra-regional rather than inter-regional behaviour, on HRM activity; and the difficulty of managing internal international networks that cross between regions.

3   *Convergence versus divergence in corporate governance* – We also saw this debate in Chapter 2. Does ideology (and HRM is an ideology, market economics is another) or national culture drive societal values? Convergence protagonists argue that globalisation unleashes a 'survival of the fittest' process forcing adaptation to best practices. From the governance arrangements built into national business systems down to the structures and processes that manage human resources, economic or other performance evidence is used to argue best practice. Divergence protagonists argue that the informal norms, values and traditions that make any practice effective cannot be transplanted around the world, so some sort of cross-vergence of arrangements is best.

4   *Domestic versus corporate social responsibility* – Is it an obligation of organisations to maximise the wealth just of equity holders, or of the wider society whose resources they draw upon? Is social performance linked to financial performance? How can corporate social responsibility strategies be aligned with the conflicting demands of domestic and overseas markets, domestic and overseas employees and communities?

?   REFLECTIVE ACTIVITY 13.2

Looking at the sorts of issues we have listed here that those who study global strategy are interested in,

● how similar or different do you see the issues compared to those that were identified in Chapters 2, 3 and 4?
● what sorts of new insights would you hope that the study of global strategy should bring to the field of international HRM? What are the practical questions that you would hope that this chapter on theory should be able to answer?

In Chapter 1 we outlined the evolution of definitions of IHRM, and the growth of more critical perspectives on IHRM. There are three criticisms of the existing literature that we would like to remind you of now. These criticisms should be noted and borne in mind throughout this chapter.

THEORY AND PRACTICE

KEY FRAMEWORK

Critical reflections on globalisation

- *There can be an over-statement of current levels of globalisation within multinationals* – Despite the sorts of statistics noted in the UNCTAD reports, as was made clear in Chapter 2, researchers coming from an institutional perspective remind us still that in reality, stateless organisations operating independently of national borders under global rules of economic competition are few and far between (Ferner and Quintanilla 1998; Edwards et al 2005; Wood et al 2014). The majority of multinationals continue to have assets, sales, ownership of workforces and control concentrated in home countries or regions.
- *The need for a broader geographical base to our understanding about IHRM* – Until recently, most of the writing in this area has reflected a predominantly US focus. There are now ever greater numbers of countries with substantial international organisations, and ever more internationally operating organisations that are not based in the USA. There are in practice US-global firms, European-global firms, Japanese-global firms, and others, each operating in distinctive national business systems with their own patterns of corporate governance and human resource management (Sparrow et al 2004; Sparrow et al 2016). The strategies that they pursue towards the globalisation of HRM, and the associated shifts in centralisation and decentralisation, are therefore bounded by this inheritance. Strategic decision-making inside organisations has elements that are driven simultaneously by global, regional and national logics and these logics may not always be mutually supportive.
- *The need to study a wider and more diverse set of organisations, beyond just multinationals* – IHRM theory has tended to overlook important areas of internationalisation. Parker (1998) noted that a true understanding of global operation must also incorporate the learning from international family business units, overseas networks of entrepreneurs, and even illegal gangs, all of which have learned how to operate more globally. Inter-governmental international organisations, such as the United Nations, the EU and the regional banks, and internationally operating non-governmental organisations, such as charities and churches, employ increasing numbers of people around the world (Brewster and Lee 2006; Brewster et al 2016).

We can also think of different levels of analysis that can be used to explore the consequences of globalisation.

THEORY AND PRACTICE

KEY FRAMEWORK

Different levels of globalisation

Sparrow and Brewster (2006) note that the main models and frameworks that have been used in the field concentrate on four different levels of analysis, each of which can present a different picture of the true extent of globalisation and the HRM issues that consequently need to be managed:

- *Globalisation of industries* – Global industries are ones in which a firm's competitive position in any particular country is dependent upon competition that might exist in other countries (Makhija et al 1997). The level of international trade, intensity of international competition, worldwide product standardisation and presence of international competitors in all key international markets are all high and firms can only achieve efficiencies through global scale, local responsiveness and worldwide learning.

- *Relative levels of internationalisation of the firm* – Estimating the degree of internationalisation of the firm is still an arbitrary process and both the choice of constructs to evidence it and the actual measures used are contentious (Sullivan 1994). The most popular single measures used are things like: foreign subsidiaries' sales as a percentage of total sales; export sales as a percentage of total sales; foreign assets as a percentage of total assets, as an estimate of the material international character of an organisation; number of foreign subsidiaries, to distinguish the degree of foreign investment; tallying of the cumulative duration of top managers' international assignments; or the dispersion of subsidiaries across cultural groupings and zones in the world.

- *Progressive building of international capabilities within firms* – The concept of organisational capability focuses on the ability of a firm's internal processes, systems and management practices to meet customer needs and to direct both the skills and efforts of employees towards achieving the goals of the organisation. This level of analysis emphasises the way in which firms manage the resources that enable them to develop core competences and distinctive capabilities. International expansion is only possible when firms can transfer their distinctive knowledge-assets abroad into new international markets (Caves 1996). Organisation structures have to respond to a series of strains faced by the process of globalisation (for example growth, increased geographical spread, and the need for improved control and co-ordination across business units) and organisations have to build capability in each stage sequentially in order to maintain integrated standards for some business lines but remain locally responsive in others (Hamel and Prahalad 1985; Yip 1992; Ashkenas et al 1995).

- *Functional realignment within globalising organisations* – At this level of analysis it is argued that globalisation within organisations is driven by what happens within business functions as they seek to co-ordinate (develop links between geographically dispersed units of a function) and control (regulate functional activities to align them with the expectations set in targets) their activities across borders (Kim et al 2003).

As the key framework on globalisation shows, we need to understand how organisations enhance the ability of specific functions to perform globally.

? REFLECTIVE ACTIVITY 13.3

Debate the following:

Malbright (1995, p119) argues that true 'Globalisation occurs at the level of the function, rather than the firm'.

● Is this right? Using the key framework above, what evidence would satisfy you that an organisation was becoming truly global?

Werner (2002) analysed research published in the field of international management in the top US journals – that is, the discourse that is important within the US (and increasingly non-US) academic promotion system. Early international management research could broadly be divided into three categories:

● studies that looked at the management of firms in a multinational context – the international aspects of management that do not exist in domestic firms, such as the internationalisation process, entry-mode decisions, foreign subsidiary management and expatriate management
● comparisons of management practices across different cultures (cross-cultural studies) and nations (cross-national comparisons)
● studies that looked at management in specific (single) countries within the domain of international management (in order to overcome the bias of early work that had a North American perspective).

KEY FRAMEWORK

The 12 early domains of international management

Werner's (2002) analysis of published research broke the field down into 12 domains:

● *Global business environment*: threats and opportunities of global economy, global markets, political and regulatory environments and international risk
● *Internationalisation*: descriptions and measurement of internationalisation as a process, its antecedents and consequences
● *Entry-mode decisions*: predictors of entry-mode choices, equity ownership levels and consequences of entry-mode decisions
● *Foreign direct investment (FDI)*: timing, motivation, location and firm and host-country consequences of FDI
● *International exchange*: international exchange, determinants of exporting, export intermediaries and consequences of exporting
● *International joint ventures (IJVs)*: partner selection, partner relations and consequences of IJVs
● *Strategic alliances and networks*: alliance relationships, networks and outcomes of strategic alliances
● *Transfer of knowledge*: antecedents of knowledge transfer, processes and consequences of transfer
● *Multinational enterprises (MNEs)/multinational corporations (MNCs)*: multinational enterprise strategies and policies, models of MNCs
● *Subsidiary–HQ relations*: subsidiary role, strategies and typologies, subsidiary control and performance

THEORY AND PRACTICE

- *Subsidiary and multinational team management*: subsidiary HRM practices, subsidiary behaviours, multinational negotiations and multinational team management
- *Expatriate management*: expatriate management, issues for expatriates, expatriate and repatriate reactions.

? REFLECTIVE ACTIVITY 13.4

Look at the types of research literature in the key framework above, and make a list of the strengths that this would give you (the sorts of phenomena that would be understood well by reading these sorts of studies). Then make a list of the sorts of phenomena that would be missed out – what these sorts of studies might ignore.

We noted the critical view on IHRM in Chapter 1. For De Cieri et al (2007) the term 'global' rather than 'international' used by many researchers reflects the view that IHRM has become a key aspect of MNC strategic planning and implementation – part of a bigger set of questions aimed at understanding what determines the international success and failure of firms. Big theory, they argue, does not assist us in answering such questions.

For many academics, the task of producing a grand theory that brings together the diverse perspectives inherent in these theories is neither feasible nor desirable – by their nature each theory sheds light on the many different processes and phenomena that come to the fore as HRM is managed in an international context.

What we have to do is link these theories to the sorts of organisational problems that they help solve in order to understand the value that each theory brings to the analysis of the problems of internationalisation.

The topic of IHRM or, more appropriately, SIHRM, has become a separate, and crucial, field of study in its own right. This chapter provides the theoretical underpinning of this section of the book. We explore IHRM in the following way:

- First, we explore a number of different lenses (life-cycle and organisational design models) through which we can examine the subject of IHRM.
- Then we consider the key issue of differentiation versus integration.
- Next we examine contingency approaches to SIHRM.
- We explore four key theoretical models that can be applied to the subject
- We present a model of 'global HRM'.

As the challenges of internationalisation have become more complex, there has been a 'transfusion' of ideas across these theories (Sparrow and Braun 2008).

13.3 LIFE-CYCLE MODELS

Theoretical frameworks in SIHRM have been – and still are – influenced by three developments that emerged in broad historical sequence (Sparrow and Braun 2008):

- early attention to life-cycle models based on the concept of 'fit' between HRM and the progressive stages of HQ management attitude to international operations: product life cycles, or organisational life cycles
- the subsequent development of ideas about organisational design and the process through which strategy and structure can be matched or ideal MNCs created

● the development of integrative 'contingency' frameworks premised on the need to both integrate and differentiate HRM policies.

At first, attention was given to a series of life-cycle models. These models reflected the need for there to be strategic fit between HRM policies and practices and the international evolution of the firm. One of the earliest sets of studies to leave a strong mark on future SIHRM frameworks was by Perlmutter (1969) and Heenan and Perlmutter (1979). These authors saw staffing decisions within MNCs as a consequence of attitudes of the management at headquarters. They identified four main approaches to describe how MNCs deal with the staffing and management of their subsidiaries.

THEORY AND PRACTICE

KEY FRAMEWORK

Attitudes to internationalisation

In the *ethnocentric approach*, few foreign subsidiaries have any autonomy; strategic decisions are made at headquarters. Key positions at the domestic and foreign operations are held by headquarters' management personnel. In other words, subsidiaries are managed by expatriates from the parent country (PCNs).

In the *polycentric approach*, the MNC treats each subsidiary as a distinct national entity with some decision-making autonomy. Subsidiaries are usually managed by local (host-country) nationals (HCNs) who are seldom promoted to positions at headquarters. Likewise, PCNs are rarely transferred to foreign subsidiary operations.

The *regiocentric approach* reflects the geographic strategy and structure of the multinational. Personnel may move outside their countries but generally only within a particular geographical region (such as Europe or Asia-Pacific). Regional managers may not be promoted to headquarters positions but enjoy a degree of regional autonomy in decision-making.

In the *geocentric approach*, the MNC takes a worldwide stance in respect of its operations, recognising that each part makes a unique contribution with its overall competence. It is accompanied by a worldwide integrated business, and nationality is ignored in favour of ability. PCNs, HCNs and third-country nationals (TCNs) can be found in key positions anywhere, including those at the senior management level at headquarters and on the board of directors.

?   REFLECTIVE ACTIVITY 13.5

● Why do managers need to be able to understand the importance of attitudes to internationalisation?

● How would you link them in with each of the areas of HRM explored in the previous 'functional' chapters on HRM? That is, how would you link them in with attitudes held towards the performance management system, to recruitment and selection, work organisation, and so forth?

● What do you see as the practical implications of organisations (or key managers within the organisation) being positioned in each of the four internationalisation approaches? How would they manage each of the HR functions?

Adler and Ghadar (1990), in the early literature in this field, followed Perlmutter's approach but suggested that organisations will inevitably develop through certain stages – influenced very much by these different types of attitude – and will have to follow very different IHRM policies and practices according to the relevant stage of international corporate evolution, which they identify as:

- domestic
- international
- multinational
- global.

Proponents of life-cycle models argue that there is a link between the variation in an MNC's HRM policies and practices and either their product life cycle or organisational life cycle. Consequently, in all these models, human resource flexibility becomes central to effective internationalisation, and is dependent upon the capacity of HRM to facilitate the ability of the organisation to adapt to changing demands both from within the MNC or its context both effectively and in a timely manner.

However, there has been increasing discomfort with the view that firms have to follow a progressive stage model of globalisation. Malhotra and Hinings (2010) posed this question: why do we observe different processes of internationalisation, and consequently approaches to the commitment of resources to a foreign market, over time? They argue that there are some important characteristics of internationalising firms that determine the path they take. Many of our assumptions about the process of internationalisation stem from the original work, known as the Uppsala model (the 'U model') of Johanson and Vahlne (1977, 2009). This argued that internationalisation is an incremental process of building commitment in a host country. Market uncertainty is only reduced by the gradual acquisition, integration and then use of knowledge about the host context. Firms can only learn from these experiences by undergoing the experience.

 ONE SIZE DOES NOT FIT ALL

CASE STUDY 13.1

The answer to many of the questions about internationalisation depends on the type of organisation. Mass production organisations (whether product or service) tend to follow one of two paths, depending on the importance of the technical or relationship component needed as part of the physical presence in country. They either follow a 'slow and steady' path from exports or licensing – slowly moving to partnering arrangements then wholly-owned ventures – or a 'leapfrogger path'. Where an organisation has accumulated market experience because of the prior internationalisation of its other businesses in a host market, it might jump straight to a joint venture (experimenting with different depths of relationship) or advance rapidly from alliances to wholly owned subsidiaries. In service sectors where production can be broken up into several components – such as hotels, fast-food restaurants or car rental – then a 'contractual path' can be followed. The business performance tends to be more people-centric. To reduce market uncertainty, knowledge has to be codified and put into operating guidelines. There needs to be continual monitoring of and scanning for new local customer groups. Management service contracts, or franchise arrangements, can be renewed and engineered through successive or stepped-up levels of scope and control to create a consistent customer experience or brand. Finally, project-based organisations can follow a 'bounded commitment path'. They can ride on the coat-tails of a local partner or seek connections from one temporary project to another. Writing more than 30

> years after their original piece, Johanson and Vahlne (2009) made clear that opportunities in international business are becoming less a matter of country specificity and more about relationship or network specificity. For project
>
> organisations, the mobile nature of the primary assets – people and project expertise – means that the depth of local resources and commitment can be switched on and off rapidly, either within a project, or between projects.

Over time, the debate ranged from whether incrementalism really existed, to which factors (or contingencies) moderated the relationship between market uncertainty and incremental behaviour, and how the process evolved through the strategic decisions that got made. Some studies demonstrated that there does indeed seem to be a series of stages – an incremental and successive establishment of operations in small steps, from exports through sales to manufacturing. Other studies suggested this view is too narrow and demonstrated systematic variations to this assumption (Malhotra and Hinings 2010, p331):

> Since the Uppsala model was proposed, the landscape of internationalising organisations has changed significantly. A wider array of organisations are entering foreign markets. They include manufacturing firms; consumer services such as hotels, restaurants, leasing, car rentals and retailing; professional services such as accounting, engineering, architectural firms, management consulting, health and financial services; and other knowledge-based organisations providing software development and R&D services... To understand why internationalisation processes proceed in a certain way we need to [pay] attention to what these organisations do to organise the creation and delivery of a product or service in a foreign market.

In practice, there are four conceptually distinct elements of an internationalisation process – four critical questions:

- *Focus of entry*: how does a firm enter a specific foreign market – by specific client or by market as a whole?
- *Degree of presence*: how does a firm sustain or enhance its commitment or continued presence in a market?
- *Physical presence*: to what extent and in what form does it need a physical presence in the market?
- *Choice and path of international form*: what international forms are adopted, and best reflect, a firm's evolving resource and institutional commitment to a host market?

 CAN YOU BE BORN GLOBAL?

CASE STUDY 13.2

eBay is often used as an example of rapid internationalisation. It was founded in California in 1995 and is now the largest platform for Internet auctions worldwide. Its first international operations were in the UK and in Canada in 1998, with an adjusted Internet presence designed for local customers. By 1999 it had entered into a strategic partnership in Australia and expanded to Germany by acquisition.

In 2000 it entered France and Japan, and Korea and Taiwan by 2001. By 2005, within ten years of its founding, it was present in 29 countries,

Hedlund and Kverneland (1985) talked about 'leapfrogging' to describe the situation when a firm jumps over stages in the classical stages of internationalisation model. Then the concept of 'born global' was first used in

1993 in a survey for The Australian Manufacturing Council by the consultants McKinsey (McKinsey and Co 1993). The McKinsey report was interpreted by some as meaning that gradual internationalisation is dead. It was argued that even the smallest firm has access to information about the export markets and can begin to export from the birth of a new firm (Cavusgil 1994; Knight and Cavusgil 1996; Cavusgil and Knight 2009).

Many – usually innovative – firms are also being described as 'born global'. Different yardsticks are used, but typically they are firms that have reached a share of foreign sales of at least 25% within a time-frame of two to three years after their establishment. Post-recession, national governments are interested in understanding what can be done to help support such firms – asking what the role of networks and ecosystems may be. These firms tend to be knowledge-intensive or knowledge-based firms, selling products that are so specialised that their market is global from an early stage. They therefore do not need to take the traditional route of developing a home market first and then expanding incrementally into a series of overseas markets. Firms that are international right from their birth are called a lot of things – 'international new ventures', 'global start-ups', and 'infant multinationals' (Rasmussen et al 2001).

As time went by, people asked: can a firm really benefit from an accelerated process of internationalisation – where it can access competitive advantages across national borders, internationalising its value chain activities quickly? Research has gone on to examine what is really meant by becoming a 'born global' firm and the factors important for their survival and performance (Bell et al 2003; Knight and Cavusgil 2004; Gabrielsson et al 2008; Weerawardena et al 2007; Holtbrügge and Enßlinger 2009; Gerschewski et al 2015).

Are there business models that allow such firms to be globally efficient, effective and as competitive as possible right from the start? Both the entrepreneurship and international business literatures have shown that quick expansion, especially in foreign markets, can be very difficult to manage. A born global strategy can provide early advantages for firms; it can also introduce complexity that can destroy any potential benefits. Three criteria, including timing, countries, as well as ownership have to be taken into account in order to differentiate early internationalising firms (EIFs) from born global firms (BGFs).

Question:

- Do born global firms create unique people management and organisational issues?
- What HR functions covered in Part Two of the book become most relevant for the management of such firms?

The literature on born globals continues to develop. It has also brought with it the need to consider the speed of internationalisation, that is the speed of learning and knowledge development (primarily about the best modes of market entry and the best markets to enter), and increasing foreign market commitment (Casillas and Acedo 2013). Chetty et al (2014) argue that the speed to internationalisation is a crucial part of decision making for managers in most internationalisation strategies, as misjudgements about the most appropriate pace and resources can be very damaging, especially for new market entrants, start-ups and small and medium-sized enterprises. Speed implies the time taken and distance covered – or the internationalisation distance covered and the time passed to reach this.

SPEED OF INTERNATIONALISATION: THE SPANISH EXPERIENCE

The 'stage model' literature proposes that the internationalisation process can be broken down into various successive stages over time, each with an increasing level of international commitment, and a time sequence of the events that occur. Internationalisation is assumed to be a slow and path-dependent process, grounded in experiential learning. Casillas and Moreno-Menéndez (2014) asked whether the diversity and depth of past international activities affects the speed of the internationalisation process? They examined data on nearly 900 Spanish MNCs over a 23-year period from 1986 to 2008. The results show that the accumulation of experience in a particular country and the geographic diversification of past international operations impact the speed of internationalisation in opposing ways, with both U-shaped and linear relationships:

- In the short term, firms may accelerate their internationalisation process through new operations in markets with which they already possess experience, although the diversity of activities throughout their entry into new countries remains slow.
- In the long term, the greater the diversity of countries in which the firm operates, the greater the speed of the process, thanks to the accumulation of knowledge on internationalisation .
- However, the accumulation of operations in a small number of countries tends to slow the internationalisation process down.
- Diversity of past international activities has a different effect on the speed of the internationalisation process (retarding at first and later accelerating) than depth of international activities (accelerating at first and later retarding).

The study argues there is a trade-off between exploration and exploitation in the process of internationalisation and practitioners should maintain a particular rhythm in the internationalisation.

? REFLECTIVE ACTIVITY 13.6

Think of a modern type of business.

- Does the argument hold true that it must work through successive stages of internationalisation before it can truly globalise?
- How might an organisation safely leapfrog some stages?
- What sorts of arrangements can be put in place to speed up the learning process?

13.4 ORGANISATIONAL DESIGN MODELS

Another development was the advent of organisation design models. The challenge of considering how an MNC can best implement international policies and practices was taken up by giving attention to organisation design and the match between strategy and structure.

KEY FRAMEWORK

Information processing theory

Many of the assumptions about organisation design in MNCs are driven by information processing theory. This makes a basic assumption that organisations are open social systems exposed to both external and internal sources of uncertainty (defined as the difference between information possessed and information required to complete a task). They have to develop information-processing mechanisms capable of dealing with this uncertainty (Tushman and Nadler 1978; Egelhoff 1991). Information processing in organisations includes the gathering of data, the processing and transformation of data into information, and the communication and storage of information in the organisation. Effective organisations create a 'fit' between their information-processing capacities and the information-processing requirements determined by such factors as their strategy, task characteristics, inter-unit interdependence and their organisational environment. MNCs are large and complex and have very high information-processing requirements because:

- a transnational strategy requires a reciprocal interdependence between affiliates and headquarters
- their focus on flexible, people-based co-ordination and control mechanisms requires high levels of informed action.

MNCs frequently reach the limits of their information-processing capacity and the competing demands of globalisation and localisation influence the choice of structure and management control processes within international organisations. A number of typologies of organisational forms have been developed. In general, these typologies denote a move away from hierarchical structures toward network or heterarchical structures.

KEY FRAMEWORK

Different international forms

Hierarchy approaches – Under this form, control rests at the MNC's headquarters, with strong reporting and control systems for subsidiaries. Senior management is composed of parent-country nationals (PCNs). Birkinshaw and Morrison (1995) synthesise earlier work on hierarchical MNC structures to arrive at three basic assumptions underlying these configurations:

- Co-ordination costs are economised by grouping tasks according to the geographical or product markets on which they are focused.
- Critical resources (including management expertise) are held at the centre to ensure the most efficient use of scarce resources.
- The development of an appropriate system to monitor and control divisional managers ensures that the likelihood of opportunistic behaviour on their part is minimised.

Polycentric approaches – Organisations adopting this type of structure reflect less parent control and much greater autonomy of subsidiaries. The term 'multinational' is used by Bartlett and Ghoshal (1986) to define this type of organisation in that it operates in multiple geographical contexts, and functions may be duplicated internationally.

Network/heterarchy approaches – In this type of organisation the driving force is to capitalise on the advantages of global spread by having multiple centres. Subsidiary managers are responsible for their own strategy and the corporate-wide strategy. Co-ordination is needed across multiple dimensions (for example functions, products, and geography). Each subsidiary is aware of the role of the others; no subsidiary sees itself in isolation from the rest of the global organisation (Hedlund 1986). This type of organisation has been called a transnational by Bartlett and Ghoshal (1987). Transnational organisations aim to develop a truly global culture and mindset amongst their employees.

? REFLECTIVE ACTIVITY 13.7

Consider the key frameworks presented so far:

● How might you combine the different forms of international operation and the different attitudes to globalisation?
● How might the different levels of globalisation impact on an organisation's forms and attitudes?

13.5 DIFFERENTIATION AND INTEGRATION

A unifying theme throughout all SIHRM studies is the tension between differentiation and integration – sometimes referred to as the 'global versus local' dilemma – as a defining characteristic of the international perspective on HRM (Ghoshal 1987; Galbraith 1987; Punnett and Ricks 1992; Schuler et al 1993; Evans et al 2002; Evans et al 2010).

? REFLECTIVE ACTIVITY 13.8

Think about the answers to the following questions – questions that all international organisations face:

● What freedom does an international organisation have in regard to imposing its own approaches to HRM on its operations throughout the world?
● How can an international organisation, aware of the need to be sympathetic to local cultures, still ensure that it gains optimum value from its internationalism?
● What is the relationship between the strength of organisational culture and national cultures?

Evans et al (2002) see this tension as a critical component of duality theory. Proponents of this perspective argue that opposites and contradictions are not 'either/or' choices but 'both/and' dualities that must be reconciled. Fit or contingency theories are seen as too static for the fast-moving modern age and do not provide an adequate conceptual basis for understanding organisational dynamics. Explaining the nature of the local responsiveness/global integration duality, Evans et al write:

> All firms maintain corporate integration through rules, central procedures and planning, and hierarchy. But as the needs for integration grow, more rules, more control and more bosses at the center simply will not work, but instead will only kill local entrepreneurship and drive away good people. So these classic tools need to be complemented with more informal mechanisms for co-ordination: lateral relationships, best practice transfer, project management, leadership development, shared frameworks, and the socialisation of recruits into shared values. These tools of 'glue technology', as we call them, are to a large degree the application of human resource management'. (Evans et al 2002, p83)

A key determinant of an organisation's eventual positioning on the integration-differentiation continuum is the nature of the international business strategic approach adopted.

? REFLECTIVE ACTIVITY 13.9

Ask yourself:

- What range of options is open to international organisations carrying out operations across national boundaries?
- How might each of the 'glue technologies' discussed by Evans et al (2002) affect the strategic positioning of the IHRM function?

The ways in which MNCs organise their operations globally has been the subject of extensive research by international management scholars (leading names include Prahalad and Doz 1987; Bartlett and Ghoshal 1989; Porter 1990). Recurrent themes in the literature are the link between the strategy-structure configuration in MNCs, and the competing demands for global integration and co-ordination versus local responsiveness. Where global integration and co-ordination are important, subsidiaries must be globally integrated with other parts of the organisation and/or strategically co-ordinated by the parent. In contrast, where local responsiveness is important, subsidiaries should have far greater autonomy and there is less need for integration.

Factors that influence the need for integration in global business strategy include:

- *Operational integration* – This might be the case in technology-intensive businesses such as chemicals and pharmaceuticals where a small number of manufacturing sites can serve wide geographical markets. Equally, universal products or markets, such as in the case of consumer electronics, lead to high demands for integration.
- *Strategic co-ordination* – Organisations can select specific areas where there is a need for centralised management of resources in line with strategy. For instance, significant resources such as research and development may be co-ordinated in terms of strategic direction, pricing and technology transfer, while other functions such as sales are not.
- *Multinational customers* – Global competition places greater demands on the co-ordination of resources, equipment, finance and people. For example, it is important to co-ordinate pricing, service and product support worldwide, because a multinational customer can compare prices in different regions.

Factors that influence the need for differentiation in global business strategy include:

- *Market demands* – Local responsiveness is more common where local competitors define the market competition. This is equally true where products have to be customised to local taste or regulations, such as in the case of processed foods or fashion.
- *Legislative demands* – Local legislation may prevent full standardisation of services across the globe, leading to a requirement for more tailored approaches.
- *Political demands* – Barriers to entry in some markets may require an organisation to set up a more autonomous subsidiary primarily staffed by host-country nationals (HCNs).

?   REFLECTIVE ACTIVITY 13.10

You are the HR manager of a UK-based small to medium-sized enterprise about to expand into several European countries. Based on your reading of the earlier chapters and this one so far, prepare

- a brief report for the board outlining the key HRM issues you will face with internationalisation, and
- an initial project plan for the internationalisation activity.

13.6 STRATEGIC INTERNATIONAL HRM: CONTINGENCY APPROACHES

A full understanding of SIHRM in MNCs requires an integration of multiple disciplinary bases and theoretical perspectives (Sundaram and Black 1992). Taylor et al (1996, p960) provide a definition of SIHRM derived from the SIHRM literature:

> Strategic Human Resource Management (SHRM)... is used to explicitly link HRM with the strategic management processes of the organisation and to emphasise co-ordination or congruence among the various human resource management practices. Thus, SIHRM (strategic international HRM) is used explicitly to link IHRM with the strategy of the MNC.

Schuler et al (1993) offer an integrative framework for the study and understanding of SIHRM which incorporates features unique to the international context (see Figure 13.1). They define SIHRM as (Schuler et al 1993, p720):

> Human resource management issues, functions and policies and practices that result from the strategic activities of multinational enterprises and that impact on the international concerns and goals of those enterprises.

The breadth of issues is illustrated by their framework, which links SIHRM orientations and activities to the strategic components of the inter-unit linkages and internal operations of the MNCs. These authors again argue that the key determinant of effectiveness for MNCs is the extent to which their various operating units across the world are to be differentiated and at the same time integrated, controlled and co-ordinated. Evidence of different solutions adopted by MNCs to the tension between differentiation and integration are seen to result from the influence of a wide variety of external and internal factors.
  External factors include:

- industry characteristics, such as type of business and technology available
- the nature of competitors

- the extent of change
- country/regional characteristics (political, economic and socio-cultural conditions and legal requirements).

Figure 13.1 The Schuler framework

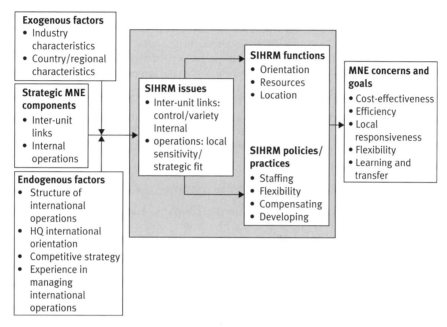

Source: Schuler et al (1993)

Internal factors include:

- the structure of international operations
- the international orientation of the organisation's headquarters
- the competitive strategy
- the MNC's experience in managing international operations.

So how does theory help international managers to make sense of these complex considerations? An overview of theoretical and empirical developments in the study of SHRM in MNCs identified four theoretical perspectives (Sparrow and Braun 2007):

- resource dependency theory
- the resource-based view of the firm
- the knowledge-based view of the firm and organisational learning theory
- relational and social capital theory

We expand on each of these in the following sections.

13.6.1 RESOURCE DEPENDENCY THEORY

The resource dependency perspective focuses predominantly on power relationships and resource exchanges between an organisation and its constituencies (Pfeffer and Salancik 1978). In this respect, organisational decision-making is not seen as an outcome of strategic choice. Rather, the theory assumes that all organisations depend on a flow of valuable resources (for example money, technology, management expertise) into the organisation in order to continue functioning. MNC affiliates may have more or less dependence and power, as these resources are controlled by various actors, internal to the MNC (such as the parent company or regional operations) or external to it (such as the stock market or government institutions). The higher the scarcity of the valued resource, the more the power of the entity that controls that resource increases. An example might be the lack of suitably qualified people in a certain country of operation, thus necessitating the costly transfer of personnel from other countries in the organisation's set-up. Equally, work permit restrictions in many countries limit the extent to which labour is completely mobile. If external parties control vital resources, an organisation is vulnerable and will strive to acquire control in order to minimise its dependence (De Cieri and Dowling 1999). The resource dependency perspective highlights the important influence of external environmental conditions on the ability of an organisation to maximise the effectiveness of its human resources. It is one of the key building blocks of the SIHRM frameworks discussed earlier (see Schuler et al 1993; Taylor et al 1996). It has been used to explain the findings of a number of studies that have looked at MNC HRM practices and HRM practices in joint ventures (Rosenzweig and Nohria 1994; Hannon et al 1995; Lu and Björkman 1997).

13.6.2 THE RESOURCE-BASED VIEW OF THE FIRM

The resource-based view (RBV) of the firm has become, perhaps, the most common theoretical perspective (Wright et al 2001; Morris et al 2005). This perspective sees the firm as a unique bundle of tangible and intangible resources (Wernerfelt 1984). It stresses the inherent 'immobility' of valuable factors of production and the time and cost required to accumulate those resources. Firms accumulate different physical and intangible assets. It is only possible for others to imitate these assets if they have gone through the same process of investments and learning. This historical evolution of a firm constrains its strategic choice.

KEY FRAMEWORK

Qualities needed for a resource to provide competitive advantage

Barney (1991) and Peteraf (1993) argue that in order for firm resources to hold the potential of sustained competitive advantage they must be:

- valuable – that is, the resource exploits opportunities and/or neutralises threats in a firm's environment
- rare among a firm's current and potential competitors
- imperfectly imitable – that is other firms do not possess the same resources and cannot obtain them easily
- non-substitutable with strategically equivalent resources.

The resource-based view of the firm presents the clearest argument as to why firms must transfer capabilities globally. MNCs operate in multiple environments and so possess variations in both their people (reflecting the skillsets created by national business systems) and in their practices (which reflect local requirements, laws and cultures). SIHRM practices allow a firm to capitalise on its superior skills and exploit the cultural synergies of a diverse workforce (Morris et al 2005). Strategists argue that in a competitive marketplace the act of integrating disparate sources of knowledge within the organisation, utilising 'organisational capabilities' worldwide becomes a source of advantage (Ghoshal 1987; Grant 1996; Nohria and Ghoshal 1997). In the HRM field the term 'organisational capability' was developed by Ulrich (1987). As a concept it combines ideas from the fields of management of change, organisational design and leadership. It concerns the ability of a firm's internal processes, systems and management practices to meet customer needs and to direct both the skills and efforts of employees towards achieving the goals of the organisation and is therefore about competing 'from the inside out'.

The resource-based view of the firm has been questioned recently. Although this theory discusses the importance of learning and knowledge transfer, it has tended to emphasise the role of the corporate centre in MNCs, which is generally assumed to be one of shaping the strategic direction of the organisation and designing the strategic change programmes pursued in the subsidiaries. Knowledge transfer processes inside MNCs are central to the global transfer of capabilities (Foss and Pedersen 2004; Morris et al 2005). More attention has now been given to the mechanisms that explain why mutual transfer of capability (to and from the corporate HQ and subsidiaries) is beneficial to the organisation, and how this actually happens.

? REFLECTIVE ACTIVITY 13.11

What does the pursuit of 'organisational capability' mean for the design of IHRM functions and for the role of HR business partners?

Why might the organisational capabilities associated with strategic goals such as 'meeting customer needs' be constituted in the same way in different international operations of the firm?

How would you use the resource-based view of the firm to explain how the following mechanisms can develop the business and technological skills needed to ensure the mutual transfer of capabilities?

- international diversification into multiple markets
- collaborating with organisations that have mutually complementary competences (for example through joint ventures)
- emphasising strategic leadership roles for national subsidiaries
- gaining access to foreign-based clusters of excellence
- building internal centres of excellence based on global best practice.

Although resources can provide a global advantage to the MNC as a whole, this is only if the knowledge, skills, and capabilities can be leveraged appropriately. We must draw upon organisational learning perspectives to understand how this can be done.

13.6.3 THE KNOWLEDGE-BASED VIEW OF THE FIRM AND ORGANISATIONAL LEARNING THEORY

Because of the increasing focus of attention that is given to knowledge transfer, knowledge-based views of the firm and theories of organisational learning have come to influence the field of SIHRM. We return to these issues in Chapter 17, but at this stage we will outline some of the relevant theory.

During the 1980s, researchers argued that continuous change in the competitive environment creates a need for MNC organisational structures to be adjusted, generally along a continuum from local market responsiveness to global market integration

(Hedlund 1986; Bartlett and Ghoshal 1989; Gupta and Govindarajan 1994; Nohria and Ghoshal 1997). By the 1990s it was argued that one of the ways in which they should manage this tension was by design – specifically by building differentiated networks, where knowledge is created in different parts of the MNC and moved to various interrelated units, to tie together diverse and dispersed subsidiaries (Gupta and Govindarajan, 1994, 2000; Zander and Kogut 1995; Foss and Pedersen 2002; Björkman et al 2004; Yamin and Otto 2004; Adenfelt and Lagerström 2006; 2008). At the same time, attention was given to:

- the role of knowledge as a strategic resource (Buckley and Carter 2004; Grant 1996)
- the ability to transfer dispersed knowledge about customers, suppliers and other market entities as a primary determinant of the ability of MNCs to expand their position in world markets (Korbin 1991; Gupta and Govindarajan, 1991, 1994, 2000; Mudambi 2002)
- but also the considerable barriers – the 'stickiness' – that hinders knowledge sharing (Spender 1994; Szulanski 1996; Szulanski et al 2003; Jensen and Szulanski 2004).

This IB research on knowledge transfer and absorptive capacity is very relevant to several issues of interest to those IHRM researchers who look at global knowledge management. However, there are still some surprising gaps in our knowledge, especially in terms of how each organisational or knowledge integration mechanism affects the acquisition, assimilation, transformation and exploitation of new knowledge. Tallman and Chacar (2011) point out that whilst there is a fairly solid understanding of the organisational mechanisms used to accumulate and transfer basic, low-tacit and content knowledge, it is still unclear:

how... local units access... complex knowledge from a foreign external environment when local presence is no guarantee of access to knowledge pools... [and how] sticky, or geographically bound, tacit knowledge can be transmitted efficiently [and recombined] to other units of the MNE network. (Tallman and Chacar 2011, p279)

Knowledge flows involve (Subramanian and Venkatraman 2001):

- local processes, whereby knowledge developed in and for one subsidiary may be adapted by other subsidiaries as knowledge is shared (a 'waterfall' strategy)
- global processes, whereby knowledge sharing occurs simultaneously across several subsidiaries and is then shared across yet others (a 'sprinkler' strategy).

The international business literature stresses two points:

- Knowledge flows are only of value if the organisation also has the ability to capture and understand complex knowledge in the first place.
- Captured knowledge (whether complex or simple) is most valuable once, having been created, it is also put to effective use through shared operating procedures, practices and routines that are interpreted and understood in the same way, and shared.

The IB literature is therefore centrally concerned with the following sorts of questions:

- How can global knowledge management involve the provision and receipt of knowledge that is shaped by both the sharing and receiving units (Zhao and Luo 2005)?
- Must this require not just communication and transmission of knowledge, but also successful interactions based on an understanding of each other's capabilities (Nonaka et al 1996)?
- What role must be played by reverse transfers of knowledge? (Najafi-Tavani et al 2012; Michailova and Mustaffa 2012)?

The knowledge-based view focuses explicitly on the role of tacit knowledge as a resource. There are two contrasting views that are taken (Tallman and Fladmoe-Lindquist 2002):

- *Capability-recognising* – This strategy or perspective notes that although MNCs possess unique knowledge-based resources, these are typically treated as being home-country-based or belonging to central corporate functions and top teams. These capabilities are only disseminated to international operations on a 'need-to-know' basis.
- *Capability-driven* – This perspective (also called the dynamic capability perspective in the strategy literature) is more proactive. It is concerned with a wider process of how firms build, protect and exploit mutual capabilities between, for example, corporate HQ and subsidiaries. In terms of international management, the world is not just a source of new markets but also an important source for new knowledge.

? REFLECTIVE ACTIVITY 13.12

Debate the following in the light of the two different perspectives that dominate theories in this area, the capability-recognising and the capability-driven:

- What are the HRM implications for an organisation that pursues a capability-driven strategy rather than a capability-recognising strategy?
- How feasible is it for organisations to put this into practice?
- Will it matter to them if they cannot deliver this strategy? Why, or why not?

The organisational learning literature has had a major influence on the SIHRM frameworks discussed earlier in the chapter. These frameworks stress the effect that time and experience has on organisational learning. The capability-driven perspective has begun to dominate theory and research. It takes a very clear stance with regard to the question 'Should firms transfer HRM systems?' It argues that by deploying these resources and progressively integrating them into their most value-adding activities, organisations can build a series of important capabilities such as industry-specific skills, networks and relationships, and appropriate organisational knowledge and structures.

THEORY AND PRACTICE

KEY FRAMEWORK

Absorptive capacity

An important capability that must be developed has been called 'absorptive capacity' (Cohen and Levinthal 1990) or 'knowledge transfer capacity' (Martin and Salomon 2003). Absorptive capacity is defined as 'the ability of a firm to recognise the value of new, external information, assimilate it, and apply it to commercial ends' (Cohen and Levinthal 1990, p128). It is one of the central IB constructs in the study of global knowledge management (Lane et al 2006) and was originally introduced as a concept in the context of innovation processes within organisations. It soon found support in the literature on organisational learning, strategic alliances, knowledge management and resource-based view of the firm.

There are four theoretical dimensions of knowledge management involved in absorptive capacity (Zahra and George 2002):

- acquisition (identify and acquire externally generated but critical knowledge)
- assimilation (routines for analysis, processing, interpretation, and understanding of information)
- transformation (routines for combining existing and newly acquired information)

● exploitation (routines that allow refinement, extension and leverage of existing competencies to create new ones and incorporate knowledge into operations).

Prior related knowledge gives organisations the ability to recognise the value of new information, assimilate it, and then apply it to new ends. Organisations learn by 'encoding' inferences from history into their structures, designs, rules and procedures. These routines also serve to help individuals learn because they socialise employees into desired ways of behaving, educate them about the business environment they face and ensure that practices imitate the assumed best ways of coping with this world. Knowledge transfer – and the integration of this knowledge into the routines of the organisation – is, however, only facilitated when the respective parties have the absorptive capacity or prior experience that is necessary to understand the new ideas (Szulanski 1996; Tsai 2002). Groups with large amounts of international experience, for example, are more likely to be able to integrate knowledge from other parts of the organisation than those that do not have such experience.

However, as the concept of absorptive capacity has been applied to more contexts, it has also come under more scrutiny, redefinition and refinement (Jansen 2005; Lane 2006; Lichtenthaler 2009). These lines of criticism move absorptive capacity into the realm of IHRM research interests. Jansen et al (2005, p999) considered that:

few [studies] have captured the richness and multidimensionality of the concept [and]... organisational antecedents have largely been ignored... organisational antecedents may have differing effects on dimensions of absorptive capacity and subsequently lead to different performance outcomes.

Lane et al (2006) systematically assessed the literature on the construct of absorptive capacity, reviewed the topics and contexts where absorptive capacity has been used and identified critical assumptions in the literature. Of the 289 papers published between 1991 and 2002 using the construct: 33% never discussed the different dimensions of absorptive capacity; only 22% made more than minor use of the construct; 40% viewed it as a capability; 15% as a resource; 4% as both; and 41% never discussed the construct as either. Eighty per cent of the literature cited the construct in a ritual way. One hundred and fifty of the 289 papers never went on to be cited by other studies using the construct. Lane et al concluded: 'researchers using the absorptive capacity construct have not developed a strong, focused research community and... it is likely the construct has become reified [a process whereby researchers take the construct for granted and fail to specify the assumptions that underlie their use of it]' (Lane et al 2006, p 843).

There has been little investigation of the acquisition, assimilation and commercial application of business knowledge and management techniques, beyond R&D issues. In relation to how organisations respond to valuable external knowledge, there is little understanding of the influence of industry conditions. In relation to the need for relevant prior knowledge, there is little to no understanding of how to manage the capacity of effective knowledge transfer, and studies have made no actionable recommendations. The assumption that an organisation's competitive advantage is based on the scarcity of its knowledge understates the importance of how the knowledge resource is used in the organisation. The capability to disseminate and apply acquired knowledge may be more important than the amount of external knowledge acquired. Finally, the assumption that absorptive capacity resides in the organisation alone overlooks the role of individuals in developing, deploying and maintaining absorptive capacity – it should be seen as a multilevel construct.

Attention is now being given to the structure, policies and processes within an organisation that affect knowledge transfer, sharing, integration and creation. We still have limited insight into how organisational mechanisms affect the acquisition and assimilation of knowledge (called 'potential absorptive capacity') and the transformation and exploitation of new external knowledge (called 'realised absorptive capacity') (Sparrow 2012).

The need for prior related knowledge, and for a focus on learning processes, helps connect the absorptive capacity literature with traditional IHRM concerns. The knowledge integration mechanisms (KIMs) outlined in Chapter 17 need to be managed in ways that foster common knowledge assumptions across the parties involved. The way in which these KIMs facilitate the acquisition, and more importantly the assimilation, of knowledge within MNCs becomes a central issue. Assimilation across cultural and institutional divides is in turn a central debate within IHRM literature.

To conclude, globalisation, then, is forcing organisations to improve their capability to transfer knowledge. If an organisation learns to do this well, then it can develop a superior 'knowledge transfer capacity'. This means that the organisation has to develop two mutually reinforcing capabilities (Martin and Salomon 2003):

- the ability of the organisation (or business unit) to articulate the uses of its own knowledge, assess the needs and capabilities of the main recipients for that knowledge, and then transmit knowledge so it can be used in another location ('source transfer capacity')
- the ability of the transferee to assimilate and retain information from a willing source – that is, evaluate external knowledge, take in all its detail, and modify or create organisational procedures to accommodate the new knowledge ('recipient transfer capacity').

? REFLECTIVE ACTIVITY 13.13

- Can organisations enhance their 'absorptive capacity'?
- If so, what managerial actions are the most important?
- What sort of organisational culture becomes important?
- What sorts of abilities and motivations do employees need?
- What does this mean for the design of IHRM policies and practices?

Source: Minbaeva et al (2003)

There have been some attempts to specify the contribution that HRM makes to global knowledge management processes (Sparrow 2006, 2012). This topic is considered in more detail in Chapter 17.

13.6.4 RELATIONAL AND SOCIAL CAPITAL THEORY

The organisational learning theories discussed here have provided us with a much clearer focus on how organisations need to navigate their way through the internationalisation process. This focus on the need to better understand the 'how' has also been helped by work on relational and social capital theory (Buckley and Ghauri 2004, p83):

> The process of globalisation is... not only reorganising power at world level but also at national and subnational levels. As domestic firms move part of their production to other countries, technology, knowledge and capital become more important.

?   REFLECTIVE ACTIVITY 13.14

- Think about the impact that e-commerce and more flexible networks of organisations have had on the way international business is conducted.
- How has this created new complexities in the relationships between organisations or new opportunities in the way they deal with each other?

One response to globalisation has been the development of complex cross-business networks. These networks might be built around groups of independent firms, or neighbouring firms within a regional industrial cluster or district that share a common need (Rugman et al 1995). A number of changes inside organisations – such as more transparent internal transfer pricing arrangements or service level agreements – have brought internal prices more in line with external prices. This has sometimes allowed divisional managers to bypass what are considered to be weak or incompetent sections of their own organisation and develop supply or production arrangements that service all members of these broader cross-business networks. The literature on inter-organisational trust has considerable relevance to the study of global organisations. It gives attention to the role of what is termed 'relational capital' (Chen et al 2004).

?   REFLECTIVE ACTIVITY 13.15

- Why is 'relational capital' important, and how does it help organisations build competitive advantage?
- What links would you draw between national culture (see Chapters 3 and 4) and the importance of relational capital?

Relational capital is primarily concerned with business networks and the inter-firm relationships that exist within these networks. It concerns the sets of interdependent business relationships upon which repeated business transactions are based. This includes things like goodwill and trust that exists between a firm and its customers, suppliers, partners, government agencies, research institutions and so forth. Competitive advantage is assumed to result from this form of capital primarily for four reasons:

- Knowledge-sharing across these relational networks reduces the cost of transactions between network members, and thereby facilitates value creation and innovation.
- Organisations can access and deploy their existing capabilities within this network in ways that help them seek new markets, resources, efficiencies and assets.
- The social networks inherent in the relationships affect the rate of creation of new inter-firm links, and this improves the organisation's ability to align its structure and design with its global strategy.
- The ability of partners to absorb and learn from each other at more equal rates is facilitated, thereby extending the life cycle of arrangements such as joint ventures.

However, despite the growth of such cross-business networks, often made easier also by technology, face-to-face contacts with foreign partners are still crucial in cultivating trust, providing access to the flow of information within the network, and providing the opportunity for international managers to create new relationships. Many of these relationships can be captured in what is called an individual or group's 'social capital'. Bourdieu and Wacquant (1992, p119) defined this as:

> The sum of the resources, actual or virtual, that accrue to an individual or group by virtue of possessing a durable network of more or less institutionalised relationships of mutual acceptance or recognition.

THEORY AND PRACTICE

KEY FRAMEWORK

Structural holes and social capital

International managers and expatriates often possess a lot of influence because their position in the organisation gives them 'brokerage' opportunities, in relation to their participation in, and control of, information diffusion across international operations. Central to this process of information diffusion is the concept of 'structural holes' (these are holes in the social structure within a network). The 'hole' might not reflect a total unawareness of the other parties, but it certainly reflects a lack of attention given to them (Burt 2000). Structural holes are often implicit in the boundaries that exist between cohorts of employees, teams, divisions, subsidiaries and between firms. Individuals, units or organisations that have relationships that 'span' these holes or implicit boundaries can create a competitive advantage for themselves, depending on the nature of their 'brokerage'. Holes act as buffers, people on either side of the hole circulating in different flows of information. They therefore offer an opportunity to broker the flow of information between people and to control the projects that bring people together from opposite sides of the hole. Knowing the holes that exist inside the organisation and one's ability to broker across these boundaries can be of benefit both to an individual's career or, more altruistically, to the process of internationalisation.

? REFLECTIVE ACTIVITY 13.16

- Would it help to know what relationships and social capital a candidate for an important international role has?
- Would these relationships be more or less important than their international skills?
- Across which holes inside your organisation would it be useful to force employees to work in order to foster their international mindset?

HRM's role in building social capital beyond organisational boundaries to encourage co-operation across the company and improve firm success has been recognised in the literature for many years (Gratton 2005; Lengnick-Hall and Lengnick-Hall 2006; Mäkelä 2007; Taylor 2007; Zhao 2015).

Beware, though. Human and social capital – when applied to the practical realities of international managers and employees – is really a theoretical construct created originally by researchers in economics and sociology to interpret the relationships between individuals and the contexts they operate in. They are both 'capitals', in that they are considered resources accessible to all and destined for the realisation of individual objectives. Social capital can belong to individuals, but also to a community. It may be something that an international manager builds up after years of working as an expatriate or consultant, or it might be something that an important unit within the organisation develops because of the resources that it controls and influences. In the international context, it has been defined (Lengnick-Hall and Lengnick-Hall 2005, p477) as:

> the intangible resource of structural connections, interpersonal interactions, and cognitive understanding that enables a firm to (a) capitalise on diversity, and (b) reconcile differences.

Possessing the right relationships makes possible the achievement of certain ends that would not be attainable otherwise. The management of social capital has become viewed as a critical business competence. Whereas human capital theory assumes that people, groups or organisations do better (that is, they receive higher returns for their efforts) because of their personal traits and characteristics, social capital theory assumes that they do better because they are better 'connected' (Sparrow and Braun 2006). This 'connection' might be realised in the form of trust, obligation or dependency. Certain network structures, or having a job or role that is located in a powerful place amongst this set of exchange relationships, become assets in their own right. The management literature has long pointed to the role of international managers and expatriates as 'information brokers' or 'transferers of knowledge' (Bonache and Brewster 2001).

For example, Mäkelä's (2007) study of expatriates showed how social capital becomes important for global talent – their relationships are richer, more trustful and longer-term than more arm's-length cross-border relationships, and these properties create more opportunities for knowledge-sharing, and have a multiplying effect by spreading ties more effectively across new units. Lengthened participation in the assignment unit typically leads to a higher level of shared cognitive ground, effectively facilitating knowledge. Taylor (2007, p337) argues that a pressing need now is

> the identification, development and retention of managers, particularly those crossing geographic and cultural boundaries (high-value boundary spanners or HVBS), who can successfully develop social capital in multiple cultural settings.

She highlights the need for IHRM functions to manage both structural social capital (the configuration, density and strength of relationships between HVBSs) and cognitive social capital (shared goals and shared culture – that is, language, codes and narratives). She notes that the competencies needed to do this are little understood.

Is it possible to ask the managers (or ask about the organisations that they work in) directly about their own human or social capital? Do you begin either from the responses an individual gives to other questions, or from their life or organisational story itself and then reinterpret the answers according to the definition of human and social capital we have chosen?

Sparrow et al (2009) note that empirical work has helped to explain the role of social networks in IHRM. A fair amount is now known about the extent to which networking is used by international organisations. Tregaskis et al (2005) described the function, structure and process typically associated with international HRM networks, which may be run through top-down or more collaborative remits and operate through leadership, project or special-event team structures. They can serve a range of functions including policy development and implementation, information capture, exploitation of knowledge, sharing of best practice, achieving political buy-in and socialisation of members. Face-to-face contact is also important in the process of relationship and reputation-building but is often supplemented by virtual working as a way of signalling more global cultures. The level of localisation is generally driven by the politics of acquisition, size, expertise and level of resistance in subsidiaries. HRM leadership through networks, it is argued, can facilitate more collaborative solutions, but this depends on the strength of international HRM networks.

?   REFLECTIVE ACTIVITY 13.17

- In what ways, and through which structures, does greater social capital make international managers more effective?
- Is social capital separate from human capital, or are there particular skills and competencies that help an international manager build social capital?
- What other attributes must be combined with social capital in order to lead to the creation of a global mindset? (What, for example, is the role of cultural intelligence, as discussed in Chapter 16?)
- What is the role of HRM processes in building, protecting and capitalising on social capital?

Based on their study of a large international news and financial information organisation, Sparrow et al (2009) go on to identify learning points about the operation of social networks.

LEARNING POINTS ABOUT THE OPERATION OF SOCIAL NETWORKS IN ORGANISATIONS

1   In the continual duality between wanting global integration and being locally responsive, a key bridging mechanism for organisations involves networking.

2   The actual networks that are developed are dependent upon, but also help create, both social and political capital.

3   Understanding the shape of the networks offers powerful insights into organisation design questions within IHRM functions. By tracking the actual networks inside any multinational organisation, the validity of the existing structures, such as centres of excellence, regional hubs and strategic project groups can be assessed.

4   Delivering HRM leadership through networks can facilitate more collaborative solutions, but this depends on the strategic capability of the function, board-level support and the strength of international HRM networks.

5   Network and project-based structures have had – and will continue to have – an impact on the conduct and quality of international HRM interventions and the career trajectories of HRM professionals.

CASE STUDY 13.3

HOW COULD YOU MEASURE THE STRUCTURE OF THE NETWORK IN AN IHRM SETTING?

Sparrow et al (2009) developed a methodology that enables an IHRM function to analyse four 'positional attributes' of its networks:

● Who is particularly well-connected? What is the prominence or importance of an individual, as indicated by their position in the network? A high level of centrality indicates the presence of highly valued ties between an individual and their first-level connections. This is called 'centrality'.

● How 'near' is an individual (in terms of frequency of contact) to all the others in the network? This is called 'closeness'.

● How important an 'intermediary' is the individual? What is the position in the HRM network and the extent to which an individual lies between the various other important actors in the network? This is called 'betweenness'.

● Who are the most important brokers of exchange within this HRM network?

They designed an instrument that can be used to display how effective and complete the networks are inside an IHRM function. The exercise had two parts to it. In exercise one, respondents listed all the key people/units that formed part of their network. In exercise two, for each person or unit that they identified, respondents provided some key information (in the form of ratings) about the dyadic relationship. Respondents generated a list of (up to ten) people/units/stakeholders that they dealt with (each person/unit was called a node). They were asked the following questions:

1   In order to execute your HRM strategy, who is the target – that is, who do you interact with?

2   Why do you interact with them?

3   How important is the relationship?

Respondents were then asked to select their top five interactions and answer the following 13 questions about each one, on a 1-to-5 scale:

1 How frequently do you interact with this node?

2 To what extent do you transfer expert knowledge to/from this node?

3 To what extent do you broker information to/from this node?

4 To what extent do you provide consulting support for this node?

5 To what extent do you have to persuade this node to do something?

6 How deep is the relationship?

7 How much power do you have in the relationship?

8 What would happen if interaction never took place? How serious would the consequence be for IHRM?

9 To what extent is value added or created for the HRM function from this relationship?

10 To what extent is value protected through this relationship (for example, brand/reputation, corporate social responsibility, risks controlled)?

11 What is the level of reciprocation in this relationship?

12 Who most influences what is delivered?

13 How central to (the organisation's) strategy is the relationship?

13.7 A MODEL OF GLOBAL HRM

In a study of global HRM strategies in UK MNCs Brewster et al (2005, p950) found that there were five different strategic drivers (efficiency orientation, need for global provision, information exchange, core business processes and localisation of decision-making) but multiple ways in which the MNCs combined the drivers. They argued that we need now to challenge the view that single sequential paths to globalisation of structures and HRM make best sense:

> The field is changing rapidly and, arguably, theorising has not kept up with developments in practice... To distinguish our analysis from those developed previously, we end the paper by using the term 'global HRM' (GHRM) rather than the more familiar terms 'international HRM' (IHRM) or 'strategic international HRM' (SIHRM). Our study set out to explore what is happening, at the beginning of a new century, to HRM in a global context.

They argue that there is a need for better understanding of these developments. The study used questionnaires and a longitudinal case study design, involving organisations from both the private and public sector with a broad sectoral range of sizes and contexts. The authors note that extant models of the SIHRM process tend to be static and do not include many key drivers and enablers. Figure 13.2 provides a conceptual model of this process. These factors are creating a new set of pressures on HRM specialists.

Figure 13.2 Processes involved in globalising HRM

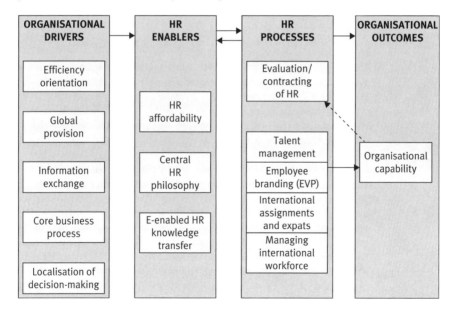

Source: Brewster et al (2005)

KEY FRAMEWORK

Three enablers of high-performance international HRM are being developed for MNCs

As included in Figure 13.2:

- *HRM affordability*: the need to deliver global business strategies in the most cost-efficient manner possible. Both people and activities are now examined to identify their added value, and organisations are devoting considerable attention to ensuring that people are operating where they can be most cost-effective and that central overheads are as low as possible.
- *Central HRM philosophy*: the need to ensure a common philosophy and coherent practice across disparate countries and workforces.
- *E-enabled HR knowledge transfer*: the use of networks and technology to assist organisational learning. In relation to this factor, Sparrow (2006, 2011) has outlined five main forms of global knowledge management, or integration mechanisms that are currently dominating the actions of organisations, namely: organisational designs and the use of centres of excellence; managing systems and technology-driven approaches to global knowledge management systems; capitalising on expatriate advice networks; co-ordinating international management teams; developing communities of practice (COPs) or global expertise networks.

This research illustrates the need for global HRM functions to be able to position themselves in a range of ways in order to deliver the enablers and processes that lead to organisational capability.

- HRM decisions in the international sphere are very complex.
- The broad scope of IHRM now goes far beyond the issue of expatriation to an overall concern for managing people effectively on a global scale.
- In adopting a SIHRM perspective, HRM practitioners in international organisations would be engaging in every aspect of international business strategy and adopting HRM policies and practices aimed at the most effective use of the human resource in the firm.
- Researchers coming from an institutional perspective remind us that in reality, stateless organisations operating independently of national borders under global rules of economic competition are still few and far between.
- The main models and frameworks that have been used in the field concentrate on four different levels of analysis, each of which can present a different picture of the true extent of globalisation and the HRM issues that consequently must be managed: globalisation of industries; relative levels of internationalisation of the firm; progressive building of international capabilities; and functional realignment.
- The task of producing a grand theory that brings together the diverse perspectives inherent in the range of IHRM theories is neither feasible nor desirable – by their nature each theory sheds light on the many different processes and phenomena that come to the fore as HRM is managed in the international context.
- Life-cycle models reflect the need for there to be strategic fit between HRM policies and practices and the international evolution of the firm.
- MNCs frequently reach the limits of their information-processing capacity and the competing demands of globalisation and localisation influence the choice of structure and management control processes within international organisations.

- A unifying theme throughout all SIHRM studies is the tension between differentiation and integration – sometimes referred to as the 'global versus local' dilemma.
- A key determinant of effectiveness for MNCs is the extent to which their various operating units across the world are to be differentiated and at the same time integrated, controlled and co-ordinated.
- Globalisation is forcing organisations to improve their capability to transfer knowledge. Attention has been given to the mechanisms that explain why mutual transfer of capability (to and from the corporate HQ and subsidiaries) is beneficial to the organisation.
- Despite the growth of such cross-business networks, often made easier also by technology, face-to-face contacts with foreign partners are still crucial in cultivating trust, providing access to the flow of information within the network, and providing the opportunity for international managers to create new relationships.

LEARNING QUESTIONS

1 Which of the theoretical approaches to SIHRM are the most useful in explaining your organisation's current IHRM policies and practices?

2 To what extent can there be such a thing as 'best practice' in IHRM?

3 Describe the key features of a typical HRM approach under each of Heenan and Perlmutter's (1979) orientations to internationalisation.

4 Plot your current organisational approach to HRM on the model of processes associated with the globalising HRM model in Figure 13.2.

EXPLORE FURTHER

BREWSTER, C.J., SPARROW, P.R. and HARRIS, H. (2005) Towards a new model of globalizing HRM. *International Journal of Human Resource Management.* Vol 16, No 6. pp953-974.

CANTWELL, J. (2014) Revisiting international business theory: a capabilities-based theory of the MNE. *Journal of International Business Studies.* Vol 45. pp1–7.

KIM, K., PARK, J.-H. and PRESCOTT, J.E. (2003) The global integration of business functions: a study of multinational businesses in integrated global industries. *Journal of International Business Studies.* Vol 34. pp327–344.

MICHAILOVA, S. and MUSTAFFA, Z. (2012) Subsidiary knowledge flows in multinational corporations: research accomplishments, gaps, and opportunities. *Journal of World Business.* Vol 47, No 3. pp383–396.

TALLMAN, S. and FLADMOE-LINDQUIST, K. (2002) Internationalization, globalization and capability-based strategy. *California Management Review.* Vol 45, No 1. pp116–135.

TAYLOR, S., BEECHLER, S. and NAPIER, N. (1996) Towards an integrative model of strategic international human resource management. *Academy of Management Review.* Vol 21, No 4. pp959–965.

REFERENCES

ADENFELT, M. and LAGERSTRÖM, K. (2006) Knowledge development and sharing in multinational corporations: the case of a centre of excellence and a transnational team. *International Business Review.* Vol 15, No 4. pp381–400.

ADENFELT, M. and LAGERSTRÖM, K. (2008) The development and sharing of knowledge by centres of excellence and transnational teams: a conceptual framework. *Management International Review.* Vol 48, No 3. pp319–338.

ADLER, N.J. and GHADAR, F. (1990) International strategy from the perspective of people and culture: the North American context. In: RUGMAN, A. (ed.). *Research in global strategic management.* Vol 1. Greenwood, CT: JAI Press.

ASHKENAS, R., ULRICH, D., JICK, T. and KERR, S. (1995) *The boundaryless organization.* San Francisco, CA: Jossey-Bass.

BARNEY, J.B. (1991) Firm resources and sustained competitive advantage. *Journal of Management.* Vol 17. pp99–120.

BARTLETT, C.A. and GHOSHAL, S. (1986) Tap your subsidiaries for global reach. *Harvard Business Review.* Vol 4, No 6. pp87–94.

BARTLETT, C.A. and GHOSHAL, S. (1987) Managing across borders: new strategic requirements. *Sloan Management Review.* Vol 28 (Summer). pp7–17.

BARTLETT, C.A. and GHOSHAL, S. (1989) *Managing across borders: the transnational solution.* Boston, MA: Harvard Business School Press.

BELL, J., MCNAUGHTON, R., YOUNG, S. and CRICK, D. (2003) Towards an integrative model of small firm internationalization. *Journal of International Entrepreneurship.* Vol 1. pp339–362.

BIRKINSHAW, J.M. and MORRISON, A.J. (1995) Configurations of strategy and structure in subsidiaries of multinational corporations. *Journal of International Business Studies.* Vol 4. pp729–753.

BJÖRKMAN, I., BARNER-RASMUSSEN, W. and LI, L. (2004) Managing knowledge transfer in MNCs: the impact of headquarters control mechanisms. *Journal of International Business Studies.* Vol 35, No 5. pp443–455.

BONACHE, J. and BREWSTER, C.J. (2001) Knowledge transfer and the management of expatriation. *Thunderbird International Business Review.* Vol 43, No 1. pp145–168.

BOURDIEU, P. and WACQUANT, L.J.D. (1992) *An invitation to reflexive sociology.* Chicago, IL: University of Chicago Press.

BREWSTER, C.J. and LEE, S. (2006) HRM in not-for-profit international organizations: different, but also alike. In: LARSEN, H.H. and MAYRHOFER, W. (eds). *European Human Resource Management.* London: Routledge. pp131–148.

BREWSTER, C.J., BOSALIE, P., LIESINK, P. and ALFES, K. (2016) Beyond the private sector: international HRM in the not for profit sector. In: DICKMANN, M., BREWSTER, C. and SPARROW, P.R. (eds). *International Human Resource Management: Contemporary HR Issues in Europe.* London: Routledge.

BREWSTER, C.J., SPARROW, P.R. and HARRIS, H. (2005) towards a new model of globalizing HRM. *International Journal of Human Resource Management.* Vol 16, No 6. pp953–974.

BUCKLEY, P.J. and CARTER, M.J. (2004) A formal analysis of knowledge combination in multinational enterprises. *Journal of International Business Studies.* Vol 35, No 3. pp371–384.

BUCKLEY, P.J. and GHAURI, P.N. (2004) Globalisation, economic geography and the strategy of multinational enterprises. *Journal of International Business Studies.* Vol 35, No 2. pp81–98.

BURT, R.S. (2000) The network structure of social capital. In: STAW, B.M. and SUTTON, R.I. (eds). *Research in organizational behavior: an annual series of analytical essays and critical reviews.* Vol 22. New York: JAI Press.

CANTWELL, J. (2014) Revisiting international business theory: a capabilities-based theory of the MNE. *Journal of International Business Studies.* Vol 45. pp1–7.

CASILLAS, J.C., and ACEDO, F.J. (2013) Speed in the internationalization process of the firm. International. *Journal of Management Reviews.* Vol 15, No 1. pp15–29.

CASILLAS, J.C., and MORENO-MENÉNDEZ, A.M. (2014) Speed of the internationalization process: The role of diversity and depth in experiential learning. *Journal of International Business Studies.* Vol 45. pp85–101.

CAVES, R.E. (1996) *Multinational enterprise and economic analysis.* Cambridge: Cambridge University Press.

CAVUSGIL, S.T. (1994) From the editor in chief. *Journal of International Marketing.* Vol 2, No 3. pp4–6.

CAVUSGIL, S.T. and KNIGHT, G. (2009) *Born global firms: a new international enterprise.* New York: Business Expert Press.

CHEN, T.-J., CHEN, H. and KU, Y.-H. (2004) Foreign direct investment and local linkages. *Journal of International Business Studies.* Vol 35, No 4. pp320–333.

CHETTY, S., JOHANSON, M. and MARTIN, O.M. (2014) Speed of internationalization: conceptualization, measurement and validation. *Journal of World Business.* Vol 49. pp633–650.

COHEN, W.M. and LEVINTHAL, D.A. (1990) Absorptive capacity: a new perspective on learning and innovations. *Administrative Science Quarterly.* Vol 35. pp128–152.

DE CIERI, H. and DOWLING, P.J. (1999) Strategic HRM in multinational enterprises: theoretical and empirical developments. Greenwich, CT: JAI Press Inc.

DE CIERI, H., WOLFRAM COX, I. and FENWICK, M. (2007) A review of international human resource management: integration, interrogation, imitation. *International Journal of Management Reviews*. Vol 9, No 4. pp281–302.

EDWARDS, A., ALMOND, P., CLARK, I., COLLING, T. and FERNER, A. (2005) Reverse diffusion in US multinationals: barriers from the American business system. *Journal of Management Studies*. Vol 42, No 6. pp1261–1286.

EGELHOFF, W.G. (1991) Information-processing theory and the multinational enterprise. *Journal of International Business Studies*. Vol 22, No 3. pp341–369.

EVANS, P., PUCIK, V. and BARSOUX, J.-L. (2002) The global challenge: frameworks for international human resource management. New York: McGraw Hill-Irwin.

EVANS, P., PUCIK, V. and BJÖRKMAN, I. (2010) *The global challenge: international human resource management*. Boston: McGraw-Hill.

FERNER, A. and QUINTANILLA, J. (1998) Multinational, national business systems and HRM: the enduring influence of national identity or a process of 'Anglo Saxonization'? *International Journal of Human Resource Management*. Vol 9, No 4. pp710–731.

FOSS, N.J. and PEDERSEN, T. (2002) Transfering knowledge in MNCs: the role of sources of subsidiaries knowledge and organizational context. *Journal of International Management*. Vol 8, No 1. pp49–67.

FOSS, N.J. and PEDERSEN, T. (2004) Organizing knowledge processes in the multinational corporation: an introduction. *Journal of International Business Studies*. Vol 35, No 5. pp340–349.

GABRIELSSON, M., KIRPALANI, V. H. M., DIMISTRATOS, P., SOLBERG, A. and ZUCCHELLA, A. (2008) Born-global: propositions to help advance the theory. *International Business Review*. Vol 17, No 4. pp85–401.

GALBRAITH, J.R. (1987) Organization design. In: LORSCH, J. (ed). *Handbook of organization behavior*. Englewood Cliffs, NJ: Prentice Hall.

GERSCHEWSKI, S., ROSE, E. and LINDSAY, V.J. (2015) Understanding the drivers of international performance for born global firms: An integrated perspective. *Journal of World Business*. Vol 50, No 3. pp558–575.

GHEMAWAT, P. (2007) *Redefining global strategy*. Boston, MA: Harvard Business School Press.

GHOSHAL, S. (1987) Global strategy: an organizing framework. *Strategic Management Journal*. Vol 8. pp425–440.

GRANT, R.M. (1996) Toward a knowledge-based theory of the firm. *Strategic Management Journal*. Vol 17. pp109–122.

GRATTON, L. (2005) Managing integration through cooperation. *Human Resource Management*.Vol 44, No 2. pp151–158.

GUPTA, A.K. and GOVINDARAJAN, V. (1991) Knowledge flows and the structure of control within multinational corporations. *Academy of Management Review*. Vol 16, No 4. pp768–792.

GUPTA, A.K. and GOVINDARAJAN, V. (1994) Organizing for knowledge flows within multinational corporations. *International Business Review.* Vol 3, No 4. pp443–457.

GUPTA, A.K. and GOVINDARAJAN, V. (2000) Knowledge flows within multinational corporations. *Strategic Management Journal.* Vol 3, No 4. pp443–457.

HAMEL, G. and PRAHALAD, C.K. (1985) Do you really have a global strategy? *Harvard Business Review.* July/August. pp139–148.

HANNON, J.M., HUANG, I.-C. and JAW, B.-S. (1995) International human resource strategy and its determinants: the case of subsidiaries in Taiwan. *Journal of International Business Studies.* Vol 26. pp531–554.

HEDLUND, G. (1986) The hypermodern MNC – a heterarchy? *Human Resource Management.* Vol 25, No 1. pp9–35.

HEDLUND, G. and KVERNELAND, A. (1985) Are strategies for foreign markets changing? The case of Swedish investment in Japan. *International Studies of Management and Organization.* Vol 15, No 2. pp41–59.

HEENAN, D.A. and PERLMUTTER, H.V. (1979) Multinational organizational development: a social architectural approach. Reading, MA: Addison-Wesley.

HOLTBRÜGGE, D. and ENßLINGER, B. (2009) Initiating forces and success factors of born global firms. *European Journal of International Management.* Vol 3, No 2. pp232–260.

INKPEN, A. and RAMASWAMY, K. (2006) *Global strategy: creating and sustaining advantage across borders.* New York: Oxford University Press.

JANSEN, J.J.P., VAN DEN BOSCH, F.A.J. and VOLBERDA H.W. (2005) Managing potential and realized absorptive capacity: how do organizational antecedents matter? *Academy of Management Journal.* Vol 48, No 6. pp999–1015.

JENSEN, R.J. and SZULANSKI, G. (2004) Stickiness and the adaptation of organizational practices in cross-border knowledge transfer. *Journal of International Business Studies.* Vol 35, No 6. pp508–523.

JOHANSON, J. and VAHLNE, J.E. (1977) The internationalisation process of the firm: a model of knowledge development and increasing foreign market commitments. *Journal of International Business Studies.* Vol 8, No 1. pp23–32.

JOHANSON, J. and VAHLNE, J.E. (2009) The Uppsala internationalisation process model revisited: from liability of foreignness to liability of outsidership. *Journal of International Business Studies.* Vol 40, No 9. pp1411–1431.

KIM, K., PARK, J-H. and PRESCOTT, J.E. (2003) The global integration of business functions: a study of multinational businesses in integrated global industries. *Journal of International Business Studies.* Vol 34. pp327–344.

KNIGHT, G.A. and CAVUSGIL, S.T. (1996) The born global firm: A challenge to traditional internationalization theory. *Advances in International Marketing.* Vol 8. pp11–26.

KNIGHT, G.A. and CAVUSGIL, S.T. (2004) Innovation, organizational capabilities, and the born-global firm. *Journal of International Business Studies.* Vol 35, No 2. pp124–141.

KOGUT, B. and SINGH, H. (1988) The effect of national culture on the choice of entry mode. *Journal of International Business Studies.* Vol 19. pp411–432.

KORBIN, S.J. (1991) An empirical analysis of the determinants of global integration. *Strategic Management Journal.* Vol 12, No 4. pp17–31.

LANE, P., KOKA B.R and PATHAK. S. (2006) The reification of absorptive capacity: a critical review and rejuvenation of the construct. *Academy of Management Review.* Vol 31, No 4. pp833–863.

LEE, S., PENG, M.W. and LEE, K. (2008) From diversification premium to diversification discount during institutional transitions. *Journal of World Business.* Vol 43. pp47–65.

LENGNICK-HALL, C.A. and LENGNICK-HALL, M.L. (2006) HR, ERP and knowledge management for competitive advantage. *Human Resource Management.* Vol 45. pp179–194.

LENGNICK-HALL, M.L. and LENGNICK-HALL, C.A. (2005) International human resource management research and social network/social capital theory. In: STAHL, G. and BJÖRKMAN, I. (eds). *Handbook of research in international HRM.* Cheltenham: Edward Elgar. pp475–487.

LICHTENTHALER, U. (2009) Absorptive capacity, environmental turbulence, and the complementarity of organizational learning processes. *Academy of Management Journal.* Vol 52, No 4. pp822–846.

LU, Y. and BJÖRKMAN, I. (1997) HRM practices in China-Western joint ventures: MNC standardization versus localization. *International Journal of Human Resource Management.* Vol 8. pp614–627.

MÄKELÄ, K. (2007) Knowledge sharing through expatriate relationships: a social capital perspective. *International Studies of Management and Organisation.* Vol 37. pp108–125.

MAKHIJA, M.V., KIM, K. and WILLIAMSON, S.D. (1997) Measuring globalization of industries using a national industry approach: empirical evidence across five countries and over time. *Journal of International Business Studies.* Vol 28, No 4. pp679–710.

MALBRIGHT, T. (1995) Globalization of an ethnographic firm. *Strategic Management Journal.* Vol 16. pp119–141.

MALHOTRA, N. and HININGS, C.R. (2010) An organizational model for understanding internationalisation processes. *Journal of International Business Studies.* Vol 41. pp330–349.

MARTIN, X. and SALOMON, R. (2003) Knowledge transfer capacity and its implications for the theory of the multinational corporation. *Journal of International Business Studies.* Vol 34. pp356–373.

MCKINSEY AND CO. (1993) *Emerging exporters: Australia's high value-added manufacturing exporters.* Melbourne: McKinsey and Company and the Australian Manufacturing Council.

MICHAILOVA, S. and MUSTAFFA, Z. (2012) Subsidiary knowledge flows in multinational corporations: Research accomplishments, gaps, and opportunities. *Journal of World Business.* Vol 47, No 3. pp383-396.

MINBAEVA, D., PEDERSEN, T., BJÖRKMAN, I., FEY, C.F. and PARK, H.J. (2003) MNC knowledge transfer, subsidiary absorptive capacity, and HRM. *Journal of International Business Studies.* Vol 34. pp586–599.

MORRIS, S.S., SNELL, S.A. and WRIGHT, P.M. (2005) A resource-based view of international human resources: towards a framework of integrative and creative capabilities, in STAHL, G. and BJÖRKMAN, I. (eds). *Handbook of research in international HRM.* Cheltenham: Edward Elgar. pp433–448.

MUDAMBI, R. (2002) Knowledge management in multinational firms. *Journal of International Management.* Vol 8, No 1. pp1–9.

NAJAFI-TAVANI, Z., GIROUD, A. and SINKOVICS, R.R. (2012) Mediating effects in reverse knowledge transfer processes. *Management International Review.* Vol 52. pp461–488.

NOHRIA, N. and GHOSHAL, S. (1997) The differentiated network: organizing multinational corporations for value creation. San Francisco, CA: Jossey-Bass Inc.

NONAKA, I., UMEMOTO, K. and SENOO, D. (1996) From information processing to knowledge creation: a paradigm shift in business management. *Technology in Society.* Vol 18, No 2. pp203–218.

OSEGOWITSCH, T. and SAMMARTINO, A. (2008) Reassessing home-regionalisation, *Journal of International Business Studies.* Vol 39. pp184–196.

PARKER, B. (1998) Globalization and business practice: managing across boundaries. London: Sage.

PENG, M.W. (2006) *Global strategy.* Cincinatti, OH: South-Western Thomson.

PENG, M.W. and KHORY, T. (2008) Unbundling the institution-based view of international business strategy. In RUGMAN, A. (ed). *Oxford handbook of international business.* Oxford: Oxford University Press.

PENG, M.W. and PLEGGENKUHLE-MILES, E.G. (2009) Current debates in global strategy. *International Journal of Management Reviews.* Vol 11, No 1. pp51–68.

PENG, M.W., WANG, D.Y.I. and JIANG, Y. (2008) An institution-based view of international business strategy: a focus on emerging economies. *Journal of International Business Studies.* Vol 39. pp920–936.

PERLMUTTER, H.V. (1969) The tortuous evolution of the multinational corporation. *Columbia Journal of World Business.* Vol 1. pp9–18.

PETERAF, M.A. (1993) The cornerstones of competitive advantage: a resource-based view. *Strategic Management Journal.* Vol 14, No 3. pp179–191.

PFEFFER, J. and SALANCIK, G. (1978) The external control of organizations: a resource dependence perspective. New York: Harper and Row.

PORTER, M.E. (1990) *The competitive advantage of nations.* London: Macmillan.

PRAHALAD, C.K. and DOZ, Y. (1987) The multinational mission: balancing local demands and global vision. New York: Free Press.

PUNNETT B.J. and RICKS D.A. (1992) *International business.* Boston, MA: PWS-Kent.

RASMUSSEN, E.S., TAGE, K.M. and FELICITAS, E. (2001) The founding of the born global company in Denmark and Australia: sensemaking and networking. *Asia Pacific Journal of Marketing and Logistics.* Vol 13, No 3. pp75–107.

ROSENZWEIG, P.M. and NOHRIA, N. (1994) Influences of human resource management practices in multinational firms. *Journal of International Business Studies.* Vol 20, No 2. pp229–252.

RUGMAN, A.M. and VERBEKE, A. (2004) A perspective on regional and global strategies of multinational enterprises. *Journal of International Business Studies.* Vol 35. pp3–18.

RUGMAN, A.M. and VERBEKE, A. (2008) The theory and practice of regional strategy: a response to Osegowitsch and Sammartino. *Journal of International Business Studies.* Vol 39. pp326–332.

RUGMAN, A.M., D-CRUZ, J.R. and VERBEKE, A. (1995) Internationalisation and de-internationalisation: will business networks replace multinationals? In: BOYD, G. (ed). *Competitive and co-operative macromanagement.* Aldershot: Edward Elgar. pp107–129.

SCHULER, R.S., DOWLING, P.J. and DE CIERI, H. (1993) An integrative framework of strategic international human resource management. *Journal of Management.* Vol 19, No 2. pp 419-459.

SPARROW, P.R. (2006) Knowledge management in global organisations. In: STAHL, G. and BJÖRKMAN, I. (eds). *Handbook of research in international HRM.* Cheltenham: Edward Elgar. pp113–140.

SPARROW, P.R. (2012) Global knowledge management and international HRM. In: STAHL, G., BJÖRKMAN, I. and MORRIS, S. (eds). *Handbook of research into international HRM.* 2nd edition. London: Edward Elgar.

SPARROW, P.R. and BRAUN, W. (2007) HR strategy theory in international context. In: SCHULER, R.S. and JACKSON, S.E. (eds). *Strategic human resource management.* London: Blackwell.

SPARROW, P.R. and BRAUN, W. (2008) HR sourcing and shoring: strategies, drivers, success factors and implications for HR. In: DICKMANN, M., BREWSTER, C.J. and SPARROW, P.R. (eds) *International human resource management: a European perspective.* London: Routledge. pp39–66.

SPARROW, P.R. and BREWSTER, C.J. (2006) Globalizing HRM: the growing revolution in managing employees internationally. In: COOPER, C.L. and BURKE, R. (eds). *The human resources revolution: research and practice.* London: Elsevier.

SPARROW, P.R., BREWSTER, C.J. and CHUNG, C. (2016) *Globalizing HRM.* 2nd edition. London: Routledge.

SPARROW, P.R., BREWSTER, C.J. and HARRIS, H. (2004) *Globalizing HR.* 1st edition. London: Routledge.

SPARROW, P.R., BREWSTER, C.J. and LIGHTART, P. (2009) Globalising human resource management: examining the role of networks. In SPARROW, P.R. (ed). *Handbook of international human resource management: integrating people, process and context.* London: Wiley. pp361–385.

SPENDER, J-C. (1994) Organizational knowledge, collective practice and Penrose rents. *International Business Review.* Vol 3, No 4. pp353–367.

SUBRAMANIAN, M. and VENKATRAMAN, N. (2001) Determinants of transnational new product development capability: testing the influence of transferring and deploying tacit overseas knowledge. *Strategic Management Journal.* Vol 22, No 4. pp359–378.

SULLIVAN, D. (1994) Measuring the degree of internationalization of a firm. *Journal of International Business Studies.* Vol 25. pp325–342.

SUNDARAM, A.K. and BLACK, J.S. (1992) The environment and internal organization of multinational enterprises. *Academy of Management Review.* Vol 17. pp729–757.

SZULANSKI, G. (1996) Exploring internal stickiness. *Strategic Management Journal.* Vol 17. pp27–44.

SZULANSKI, G., JENSEN, R.J. and LEE, T. (2003) Adaptation of know-how for cross-border transfer. *Management International Review.* Vol 43. pp131–150.

TALLMAN, S. and CHACAR, A.S. (2011) Knowledge accumulation and dissemination in MNEs: a practice-based framework. *Journal of Management Studies.* Vol 48, No 2. pp278–304.

TALLMAN, S. and FLADMOE-LINDQUIST, K. (2002) Internationalization, globalization and capability-based strategy. *California Management Review.* Vol 45, No 1. pp116–135.

TAYLOR, S. (2007) Creating social capital in MNCs: the international human resource management challenge. *Human Resource Management Journal.* Vol 17. pp336–354.

TAYLOR, S., BEECHLER, S. and NAPIER, N. (1996) Towards an integrative model of strategic international human resource management. *Academy of Management Review.* Vol 21, No 4. pp959–965.

TREGASKIS, O., GLOVER, L. and FERNER, A. (2005) *International HR networks in multinational companies.* London: CIPD.

TSAI, W. (2002) Social structure of 'coopetition' within a multiunit organization: coordination, competition, and intraorganizational knowledge sharing. *Organization Science.* Vol 13. pp179–190.

TUSHMAN, M.L. and NADLER, D.A. (1978) Information processing as an integrating concept in organizational design. *Academy of Management Review.* Vol 3. pp613–624.

ULRICH, D. (1987) Organisational capability as competitive advantage: human resource professionals as strategic partners. *Human Resource Planning.* Vol 10. pp169–184.

WEERAWARDENA, J., MORT, G.S., LIESCH, P.W. and KNIGHT G. (2007) Conceptualizing accelerated internationalization in the born global firm: a dynamic capabilities perspective. *Journal of World Business.* Vol 42, No 3. pp294–306.

WERNER, S. (2002) Recent developments in international management research: a review of 20 top management journals. *Journal of Management.* Vol 28, No 3. pp277–305.

WERNERFELT, B. (1984) A resource-based view of the firm. *Strategic Management Journal.* Vol 5, No 2. pp171–180.

WOOD, G., BREWSTER, C.J. and BROOKES, M. (2014) (eds). *Human resource management and the institutional perspective.* London: Routledge.

WRIGHT, P.M., DUNFORD, B.B. and SNELL, S.A. (2001) Human resources and the resource based view of the firm. *Journal of Management.* Vol 27. pp701–721.

YAMIN, M. and OTTO, J. (2004) Patterns of knowledge flows and MNE innovative performance. *Journal of International Management.* Vol 10, No 2. pp239–258.

YIP, G.S. (1992) *Total global strategy.* Englewood Cliffs, NJ: Prentice-Hall.

ZAHRA, S. A. and GEORGE, G. (2002) Absorptive capacity: a review, reconcepualisation, and extension. *Academy of Management Review.* Vol 27, No 2. pp185–203.

ZANDER, U. and KOGUT, B. (1995) Knowledge and the speed of transfer and imitation of organizational capabilities: an empirical test. *Organization Science.* Vol 6, No 1. pp76–92.

ZHAO, H. (2015) Are social ties always valuable to knowledge search? Contextualizing knowledge search by foreign subsidiary executives in an emerging economy. *Management International Review.* Vol 55, No 4. pp511–538.

ZHAO, H. and LUO, Y. (2005) Antecedents of knowledge sharing with peer subsidiaries in other countries: a perspective from subsidiary managers in foreign emerging markets. *Management International Review.* Vol 45, No 1. pp71–97.

CHAPTER 14

Managing Expatriate Assignments

LEARNING OUTCOMES

When you have read this chapter, you will:

- understand how international assignments link to an organisation's international strategy
- be able to evaluate trends in the nature of expatriation
- recognise the critical components of the expatriate management cycle
- be able to critique theory versus practice in international manager selection
- identify antecedents to adjustment in international assignments
- be able to design appropriate pre-departure preparation programmes for expatriates
- know how to compare ways of measuring the performance of expatriates
- be able to describe best practice in relation to repatriation.

14.1 INTRODUCTION

This chapter links international assignments with organisational strategy. A critical component of the work of HRM departments in multinational enterprises (Chapter 12) now involves the IHRM strategy and particularly the management of internationally mobile staff. This chapter examines the traditional assignment of expatriates – groups of managers and experts who transfer between HQ and subsidiaries or between subsidiaries on enhanced terms and conditions of employment to disseminate corporate strategy and culture to local units and to transfer competence across borders. The next chapter (Chapter 15) examines the wider issue of managing internationally mobile capabilities and the full range of international mobility options.

It seems that in newer affiliates there is a clear correlation between the use of expatriates and organisational success – and if it is a larger subsidiary, having more expatriates also correlates with success (Sekiguchi et al 2011). In addition, high-potential managers from headquarters have been sent abroad as a developmental method prior to progression to senior management. However, changes at both organisational and individual level, and in the academic understanding of international mobility, are causing a fundamental rethink of international staffing policies. This chapter explores how international mobility fits within an organisation's overall strategic IHRM approach. It also examines critical components in the effective management of international assignees.

Aligning international assignments with organisational strategy can be thought of in relation to the dominant orientation of the international organisation. The generic patterns of expatriation associated with the four main modes of international orientation (ethnocentric, polycentric, regiocentric and geocentric) were outlined in Chapter 13.

The extremes are the ethnocentric approach, where expatriates are sent out from headquarters because they 'know better' (about organisational policy or specific skills or practices), and the geocentric orientation, where planning for international assignments is just one part of global HRM planning. A trend towards a more global approach to international staffing (Sparrow et al 2004) would represent a significant move away from the traditional ethnocentric mode of international assignments. Mayrhofer and Brewster (1996), however, note that there has been no wholehearted rejection of an ethnocentric approach to international staffing, pointing out the numerous advantages, as well as the disadvantages, of such an approach (see Table 14.1). They note that most MNCs are still fundamentally ethnocentric.

Table 14.1 The advantages and drawbacks of ethnocentric staffing

Advantages	Drawbacks
● efficient co-ordination ● effective communication ● direct control of foreign operations ● diffusing central values, norms and beliefs throughout the organisation ● broadening the view of expatriates and chance of growth for expatriates ● rapid substitution of expatriates possible ● no need for a well-developed international internal labour market ● appropriate for entry into international business	● adaptation of expatriates uncertain ● selection procedures prone to errors ● high costs ● complicated personnel planning procedures ● private life of expatriates severely affected ● difficulties in mentoring during stay abroad ● reduced career opportunities for locals ● potential failure rate likely to be higher ● government restrictions

Source: Mayrhofer and Brewster (1996)

CASE STUDY 14.1

HSBC: THE INTERNATIONAL MANAGER PROGRAMME

HSBC is a major financial services organisation that employs 284,000 employees worldwide and operates in over 80 countries. The bank has colonial roots and was originally based in Hong Kong. It was managed by 'international officers' who were largely British expatriates. In the early 1990s, Midland Bank was acquired. Major acquisitions in North America have also made HSBC the largest foreign bank in Canada and the USA. The corporate centre is now in the UK. The bank's vigorous advertising campaign features the need to be sensitive to local culture and customs in order to succeed in business, proclaiming it to be 'the world's local bank'.

The expanding geographical reach of HSBC and its growth through acquisitions increased the need for the international

deployment of people. It has operated a traditional elite expatriate model, virtually all senior managers being drawn from a tight-knit cadre of international managers (IMs) who were seen as 'the DNA of the organisation' (*Economist*, 2006, p99). This currently outweighs the decreasing need for expatriates in some of HSBC's earlier markets, where more highly skilled local people are now available. HSBC has retained a specific group of international managers. IMs are globally mobile, generalist commercial bankers who provide a pool of resources, often at short notice, to meet the group's needs. They are exposed to a wide range of commercial banking business areas across a range of geographical, operational, functional and cultural barriers. HSBC recruits and plans for IMs to stay with the group in the long term. Individuals are recruited direct into the International Manager Programme either from higher education or internally. The career deal for IMs is clear. They can be sent anywhere and at short notice, and so give high commitment to the organisation. In return, the individual has a good employment package, a wide range of challenging jobs and good career prospects leading to general management positions. Realistic job preview is an important feature of the recruitment process. Attention is drawn to the potential downsides such as not being able to choose where you work; being prepared to spend an entire career outside your native country; being trained as a generalist and not a specialist; being able to work and live amongst a range of cultures, customs, nationalities and languages; having an ever-changing circle of friends; and living in a world where partners and children must accept an IM lifestyle. Once the five-

year development programme has been completed the managers are deployed on new postings every two to three years on a rolling basis. Each move is planned to provide a steep learning curve. By their early forties successful managers become country managers or the chief executive of an operation. Development is measured against core skills throughout the process by means of a systematic Executive Performance Development Programme.

The scheme, which peaked with around 800 expatriates, has now been scaled back to 380 employees who come from 33 countries. Despite this there has been a large expansion in other types of foreign posting. In addition, there are 1,600 people working as secondees, contract executives and short-term assignees (mainly technical staff). Each group has its own compensation and benefits package.

 TODAY'S CONTEXT FOR GLOBAL MOBILITY

CASE STUDY 14.2

Consultants' surveys are usually done amongst their clients or potential clients for the purpose of selling their services and therefore have limited academic validity. But they are frequent and more up to date than academic texts and give us some indications of what is happening. Recent surveys (for example BGRS 2010, GMAC 2008) demonstrate that:

1 most organisations deploy 50 or fewer expatriates; much smaller numbers have up to 100 or even over 1,000 expatriates

2 more expatriates now are women (maybe as many as a quarter, amongst the larger companies) and most are aged between 20 and 45

3 family concerns and spouse career issues continue to dominate reasons

for failure to accept an assignment and also assignment failure

4 only a minority of employees in the surveyed organisations have international experience

5 the economic crisis starting in 2008 led many companies to reassess their use of these very expensive employees, but the latest figures show that increasing growth in the numbers has been re-established

6 formal cross-cultural training is made available to only a minority of employees

7 expatriate attrition rates are at least double those of other employees, around a third to a half of repatriates leaving their organisation within two years of return.

As the second case study shows, there have been major changes in terms of the profiles of individuals undertaking international assignments and their expectations. We are moving away from the standard career-expatriate model, usually filled by white middle-class male employees from headquarters.

Key features of the modern expatriate population include the following.

- There are more people from outside the headquarters country: 'third-country nationals' (not from the home or the host country) and inpatriates (that is, people brought into headquarters) as part of a more geocentric staffing policy.
- There may be more women. The numbers of women expatriates vary with country (Bonache et al 2007), but early estimates range between 2% and 15% of the total expatriate population (Adler 1986; Scullion 1994; Harris 1995; Caligiuri and Tung 1998). Although there is extensive research into female expatriates (Harrison and Michailova 2012; Shen and Jiang 2015; Tung and Haq 2012) and it is clear that they continue to face numerous barriers to participation (see Chapter 15), we still have little idea whether the number of female expatriates is increasing or not.
- The number of 'dual-career couples' has increased significantly. For them, an international assignment presents a series of challenges (Caligiuri and Tung 1998; Känsälä et al 2015). There is little research on the expatriate family as opposed to research on partners and children as constraints on the expatriate (although see Andreason and Kinneer 2005; Haslberger and Brewster 2008). Fewer partners, male or female, are prepared to accept a 'trailing' role – not working, but being expected to act as support to their MNC-employed partner, and even to act as (typically) 'hostess' for corporate functions. Partners now more frequently have their own career, and expect to work in the new country (see Chapter 15).
- The expatriate population is now better educated than it used to be. Increasing demands for expatriates to deliver value during assignments, linked to the use of expatriate assignments for developmental purposes for high-potentials, have resulted in an expatriate population made up substantially of well-educated individuals, with degrees or MBAs.
- Changes have occurred in employee expectations that international assignments will lead to career progression, in line with changes in the psychological contract. Research suggests that managers increasingly view an international assignment as enhancing their careers (Tung 1998), even if that may not be with their current employer (Jokinen et al 2008). Emerging notions of 'internal' or 'boundary-less' careers (Arthur and Rousseau 1996; Parker and Inkson 1999) suggest that managers value an international assignment for the opportunity it brings for skill acquisition, personal development and career enhancement, even though it may not help them advance within their company. Many expatriates now find their own way to another country rather than being sent by their organisation (Suutari and Brewster 2000, 2003; Banai and Harry 2004). This trend has major implications for organisational policy and practice in terms of repatriation and career management.
- The increasing development of new communications technology – and new transport options – means that many, though not all, of the advantages of using expatriates can be achieved by other means: short-term assignments and frequent flying (Welch and Worm 2006) and virtual teamworking (Zimmerman and Sparrow 2007) (see Chapter 15).

In order to address some of the ways that organisations are attempting to manage their expatriate workforce, Figure 14.1 shows the 'cycle of expatriation'.

Figure 14.1 The global assignment cycle

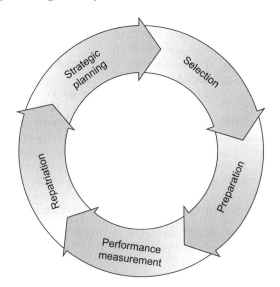

The complexities of managing this cycle have been the focus of sustained academic research over many years. Despite this focus, key challenges still remain under each of the cycle components. The whole of the global assignment cycle has to be managed effectively. Expatriate failure in the usually defined sense – the premature return home of an expatriate manager – is rare (Harzing 1995). Some US literature has claimed very high failure rates, and it does seem that expatriate failure may be a less significant issue for European MNCs (Suutari and Brewster 1998; PriceWaterhouseCoopers 2000). However, the cases that occur are invariably traumatic for the individual and the organisation. And perhaps more serious are the many more numerous cases of poor performance. Preventing or minimising these will involve HRM specialists in work on:

- planning
- selection (recruitment)
- preparation
- adjustment
- rewards
- performance measurement
- repatriation.

?   REFLECTIVE ACTIVITY 14.1

- In what circumstances might ethnocentric staffing be valuable, and why?
- And when should it be avoided?

14.2 STRATEGIC PLANNING

Discussions of overall orientation to internationalisation and its impact on staffing practices provide the context for the more detailed formulation of strategic operational goals and their link to international assignments.

Bonache and Fernandez (1999) addressed the question 'What relationship exists between the MNC's international strategy and the expatriate selection policy?' According to their resource-based view, competitive advantage can occur only in situations of heterogeneity (resources are unevenly distributed and deployed across firms) and immobility (they cannot be transferred easily from one firm to another). A sustainable competitive advantage is achieved when firms implement a value-creating strategy that is grounded in resources that are valuable, rare, imperfectly imitable and non-substitutable. In an international context, resources that provide the company with a competitive advantage in the firm's home country are also useful in other countries.

Now look back once more at the advantages and disadvantages of ethnocentric staffing as listed in Table 14.1.

THEORY AND PRACTICE

KEY FRAMEWORK

Four categories of subsidiary

In line with the resource-based view of the firm, it is the transfer of intangible resources – in particular, knowledge – which is most important to the firm both in value and as a basis for competitive advantage. Depending on the extent to which subsidiaries develop these dimensions of internationalisation, Bonache and Fernandez (1999) classified them in four categories:

- Implementor subsidiaries apply the resources developed in the headquarters or other units of the organisation to a specific geographic area. Skills knowledge transfer is expected to be a critical reason for using expatriation here due to the high need for tacit knowledge transfer.
- Autonomous units are much less dependent on the human and organisational resources existing in the rest of the company's international network. They therefore will have little use for expatriates for knowledge transfer and co-ordination, and would tend to use local country nationals in key positions.
- Learning units acquire and develop new resources that may later be exported to other parts of the organisation. The dominant pattern of international transfer will therefore be one of moving managers from these units to another country.
- Finally, globally integrated units develop new expertise but also use the resources generated in other subsidiaries or in the headquarters. Expatriates are used for knowledge transfer, but also for co-ordination.

Research reveals an extensive list of possible strategic reasons for MNCs' using international assignments (see checklist in the key framework on strategic targets).

KEY FRAMEWORK

Strategic targets addressed by an international assignment:

- to improve business performance
- to foster the parent corporate culture in the subsidiary, or share cultural views: to develop the 'corporate glue' that holds international organisations together
- to break down barriers between the parent company and subsidiaries
- to solve technical problems
- to develop top talent and future leaders of the company
- to open new international markets
- to handle politically sensitive business
- to control business improvement initiatives
- to improve the trust/commitment of the subsidiary
- to reduce risks
- to train host-national employees in order to improve individual skills
- to improve team skills
- to implement knowledge practices – for example development, sharing, codification, combination, transfer and mapping of the organisation's knowledge
- to develop, share and transfer best practices
- to improve business relationships
- to develop networking processes at intra- and inter-organisational level
- to develop an international leadership with a global mindset
- to control financial results.

THEORY AND PRACTICE

At this level management has to answer a fundamental question: why do we need to send people on an international assignment to perform the strategic goals? Since expatriates are very expensive, an organisation has to clarify why it is sending them on an assignment. For an organisation they represent a high-cost investment. This cost should be justified against a set of payoff benefits (see Chapter 15). The situation with regard to the use of expatriates has been changing quite rapidly in recent years. Rising costs and staff expectations and greater risks associated with certain locations mean that each assignment is increasingly viewed on the basis of a cost-benefit analysis. Many organisations are in the process of reconsidering the role of their internationally mobile employees (Sparrow 2006).

14.3 SELECTION (RECRUITMENT)

After planning, the next step in the cycle is identifying the right person for the post. For the organisation, we are generally discussing selection rather than recruitment because in most cases the candidates are already employed by the organisation (but note that Suutari and Brewster (2000), found a substantial proportion of people working outside their own country had made their own way there). These appointments normally fall into the category of transfers or promotions and are often linked with prior identification of potential (particularly in the case of developmental assignments). With organisations often using expatriation as a 'testbed' for wider managerial responsibilities, there is a relationship between expatriation and the 'talent management we examine in the Chapter 15 (Cerdin and Brewster 2014). External recruitment tends to be limited to specific skills (deep-sea drilling, logistics, etc) and to difficult-to-fill assignments in unpopular or dangerous countries.

How best should we think about the selection of people for international roles inside organisations? Morley and Heraty (2004, p634) point out that:

There is an emerging recognition that international assignees may impact the bottom-line performance of MNEs, and thus, as Dowling and Welch (2004) observe, finding and nurturing the human resources required to implement an international strategy is of critical importance.

? REFLECTIVE ACTIVITY 14.2

While/after reading the following sections, answer the following questions:

- Can the competencies that become important for international management be developed?
- Are some competencies so complex, rare on the ground or time-consuming to build that the real issue is to select and motivate a small elite of managers?
- Can we identify a clear hierarchy of international management skills, from the most basic, to higher levels of performance and sophistication, or must we be left with endless lists of desirable characteristics with assumed relevance?
- Do internal resourcing systems realistically make such graded and calibrated decisions about managers?
- Are line managers just happy to find candidates who are half-competent but are willing and mobile?

The consensus view from HRM practitioners is that it is possible to specify a set of competencies for international assignments, and that these can be used to assist the selection of some people in some jobs. However, there are very different views about the practicality of using them to select international managers.

Sparrow (1999) reported two competing resourcing philosophies: one view, the clinical risk assessment approach, finds favour with HRM professionals who argue that there are limits to the use of personal competencies as a selection criterion for international employees. The reasons for unsuccessful international management assignments often go beyond problems of the managers' cultural adaptability, maturity, and stability to include issues such as the adaptability of the partner, dual-career difficulties, national attitudes to mobility, and pay arrangements. Scullion (with Starkey 2000, and Collings 2006) has argued that the pool of potential expatriates is reducing (although it may be that this is only true in certain cases and in ethnocentric organisations). They cite NCR as an example of an organisation that pursues the strategy of designing the assignment to match the skills of the manager, rather than the other way round.

The second, more traditional 'psychometric' approach, argues that there is an identifiable set of competencies that are associated with success and that these can be used to predict effective performers in international roles (see Chapter 15 for a review of this work). It is generally accepted that certain factors have to be given more attention when operating internationally (such as openness to experience, tolerance of ambiguity, extroversion, the ability to generate and inspire trust in others, and proactive information-seeking). Research in many countries finds that despite this, technical competence is seen as the number one criterion.

14.3.1 SELECTION CRITERIA: THE THEORY

The literature on the criteria used for expatriate manager selection also has a tendency towards prescription and a heavy North American bias. We discussed some of the assumptions and competing perspectives about the desirability of selecting people against individual characteristics for successful international working in Chapter 8. In the context of selecting expatriates, sometimes theoretical lists of competencies for international managers can look amusing. One book on cross-cultural management (Harris and Moran 1996) cites 68 dimensions of competency, of which 21 are perceived as 'most desirable'. Staff with these competencies should probably be chief executive officer rather than expatriates! Yamazaki and Kayes (2004) reviewed the expatriate literature and analysis of the skills necessary for cross-cultural learning and identified 73 skills that clustered into ten high-level competencies! Others (such as Phillips 1992) suggest that there is not much difference between the competencies required for an international manager and those required for a domestic manager. Most studies dealing with the skills needed for expatriates have focused on lists of criteria, competencies and personal characteristics that should be assessed. In terms of characteristics to be considered, an amalgam of recent studies (see Caligiuri et al 2009; Yamazaki & Kayes 2004; and Stroh et al 2005) reveals the characteristics listed in the following key framework.

THEORY AND PRACTICE

KEY FRAMEWORK

Characteristics of the successful expatriate manager

Professional and technical competence and experience on the job:

- Experience in the company
- Technical knowledge of the business
- Previous overseas experience
- Managerial talent
- Overall experience and education

Relational ability 1 – Personality traits and relational abilities:

- Communicative ability and interpersonal skills
- Maturity and emotional stability
- Tolerance for ambiguity in personal relations, unfamiliar situations/new experiences
- Behavioural and attitudinal flexibility: willingness to acquire new patterns
- Respect for the culture of the host country
- Adaptability and flexibility in a new environment

Relational ability 2 – Perceptual dimensions and life strategies:

- Information-seeking skills: listening and observation
- Modelling capacities: drawing upon observational learning to acquire knowledge, attitudes, values, emotional proclivities and competences
- Non-judgemental frameworks
- Non-evaluative in interpreting the behaviour of host-country nationals
- Self-maintenance factors
- Ability to substitute traditional reinforcements with other activities
- Stress-reduction techniques
- Self-maintenance, confidence in own ability to perform specific behaviours (self-efficacy)

Leadership and motivational factors:

- Relationship development and personal influencing skills
- Willingness to communicate
- Action and initiative skills
- Belief in the mission
- Interest in overseas experience
- Congruence with the career path

Cultural awareness:

- cultural robustness: understanding of the differences between countries
- host-country language skills and translation of concepts, ideas and thoughts in verbal form
- understanding non-verbal communication.

Family situation:

- stability of the family situation
- spouse and family's adaptability and supportiveness.

Certainly global leaders must possess some very specific skills and competencies simply because the roles that they perform are complex: '[Global leaders] have to possess a complex amalgamation of technical, functional, cultural, social and political competencies to navigate successfully the intricacies of changing cross-border responsibilities' (Harvey and Novicevic 2004, p1173). There have been many attempts to distil the key criteria from the more extensive lists. However, it may be the case that expatriates from some countries are more successful than others, either because of their cultural similarity with the host country (Gong 2003) or because some cultures (for example, those with a higher tolerance of uncertainty (see Chapters 3 and 4) make better expatriates. There are two main findings from the empirical research into selection practices amongst MNCs. The first is that expatriates are primarily selected on the basis of their technical competence (see, for example, Harris 1999). Companies' perception of international selection as a high-risk operation leads to a tendency to place emphasis in recruitment on technical and managerial qualifications, to ensure that the job can be done competently (Antal and Izraeli 1993). Put another way, expatriates who are not at least competent in the job they are performing are really going to struggle to bring any other competences into play. The second finding is that there is an underlying assumption of the universal nature of managerial skills, as first identified by Baker and Ivancevich (1971).

CASE STUDY 14.3

THE ASSUMPTIONS ABOUT THE SKILLS NEEDED BY INTERNATIONAL MANAGERS FOR ADJUSTMENT

Mendenhall et al (2002) explain that the assumptions we make about the skills needed by international managers can be traced back to four theoretical models:

- *Learning models* – These assume that the skills and competencies that international employees need have to do with learning new skills and techniques of adaptation in coping with the impact of the 'other' culture. The major task facing expatriates is to adjust their social skills such that they can learn the salient characteristics of the new environment in terms of new roles, rules and norms of social interaction. Cross-cultural training is

generally designed on the basis of this assumption.

- *Stress-coping models* – These assume that feelings of anxiety, confusion and disruption associated with culture shock are akin to individual stress reactions under conditions of uncertainty, information overload and loss of control. Role theory argues that competing assignment demands make role conflicts unavoidable and it is this that impacts on effectiveness. Stress management (coping strategies), rather than stress avoidance, is necessary in order for expatriates to engage in necessary engagement behaviours. International employees have to draw from a wide range of such strategies to manage problems, although there may not be congruence between what is necessary to manage stress and what is required for effective management of the assignment.

- *Developmental models* – These assume that there are a series of phases of adjustment that an international employee has to go through (for example, contact, disintegration, reintegration, autonomy and independence) that reflect progressive stages of cultural awareness. Individuals undertake adaptive activities only when environmental challenges threaten their internal equilibrium. Processes of periodic (rather than linear) disintegration, regrouping/ regeneration then higher maturation (progressive inter-cultural sensitivity often also associated with global leadership competence) are an inevitable consequence of exposure to other cultures. In a rare qualitative study of returned expatriate stories, researchers adapted the metaphor of heroic adventures to note the importance of personal transformations that accompany adjustment processes.

- *Personality-based models* – These assume that such development can in part be predicted by a set of generalisable attitudes and traits, such as adaptation, cross-cultural and partnership skills or personality variables that are associated with model cross-cultural collaborators. The importance of these prerequisites depends on the nature of the position and task variables, organisational characteristics and the host country. Empirical support is, however, still weak, and again there may be contradictions between what is required for interaction adjustment and work adjustment. Moreover, as found in a study of German international employees assigned to work in Japan and the USA, each country presented different problems and conflicts for the employees and therefore required differential personality-related coping strategies.

14.3.2 SELECTION CRITERIA: THE PRACTICE

In practice, most expatriates are not selected on the basis of such criteria. One factor is the selection process. Research into expatriate selection practice (see Mendenhall and Oddou 1985; Dowling et al 1994) highlights the predominance of informal selection processes – what Harris and Brewster (1999b) called the 'coffee-machine system' – which leads to selection from a small pool of people known to senior managers, to potentially discriminatory outcomes and to some serious failures. Lack of attention to developing formal expatriate selection systems can be extremely costly to an organisation. Many leading-edge organisations, however, have recently been employing more sophisticated procedures. One such approach is outlined by Sparrow (1999) and consists of a cultural adaptability assessment focused on helping employees understand the personal qualities required to work overseas and the implications of an international assignment for themselves and their families. The approach concentrates on identifying the psychological adaptations that have to take place on an international assignment. One potential drawback with such an approach is the reluctance on the part of an employee to be completely honest about family problems when the assignment is seen to be critical to progression. Issues of political and social capital also have relevance to this kind of 'risk assessment' approach to international resourcing.

14.4 PREPARATION

One of the key ways in which organisations can support individuals undertaking international assignments is through the provision of pre-departure preparation, which can include training and other forms such as briefings, visits and shadowing. Expatriates are very positive about the value of training programmes (Ehnert and Brewster 2008; Harris and Brewster 1999a; Waxin and Panaccio 2005). However, the latest consultancy surveys continue to find that formal cross-cultural training is given in only around a fifth of all organisations – even though most expatriates want it. A major problem is that the length of time between the decision to go and leaving for the new country is often very short.

Cross-cultural training has long been advocated as a means of facilitating effective interactions (Brislin 1986). Tung's (1981) framework for selecting cross-cultural training methods has two main dimensions: degree of interaction required in the host culture; and the similarity between the expatriate's home culture and the host culture. Mendenhall and Oddou (1985) developed this framework to include the degree of integration and level of rigour required, and translated this into the needed duration of time for each type of training programme. The framework consisted of three levels: information-giving approaches (for example, factual briefing and awareness training), affective approaches (for example, culture assimilator training, critical incidents and role-plays) and immersion approaches (for example, assessment centres, field experience and simulations).

Mendenhall himself (Mendenhall et al 1995), however, points out that this model does not specify how the level of rigour is determined and refers only to cross-cultural training. A framework developed by Black and Mendenhall (1989), based on social learning theory, suggested a decision-tree model which logically links and integrates the variables of culture novelty, required degree of interaction with host nationals, job novelty and training rigour.

? REFLECTIVE ACTIVITY 14.3

Check out your own organisation, or one that you know:

What forms of pre-departure training does it offer?

After reviewing existing approaches to pre-departure preparation, Harris and Brewster (1999a) argued that organisations should take a more holistic approach to pre-departure preparation for expatriates. The authors suggested an integrative framework that takes into account job variables at the home- and host-country level, including the nature of the international operation, the size of the home-country organisation, the host-country location, the objective of the assignment, the nature of the job and the level of organisational support, together with individual variables in terms of the expatriate profile and partner considerations (see Figure 14.2). These antecedents are considered alongside an assessment of the individual's existing level of competency before deciding on an appropriate preparation scenario.

Figure 14.2 Integrative framework for pre-departure preparation

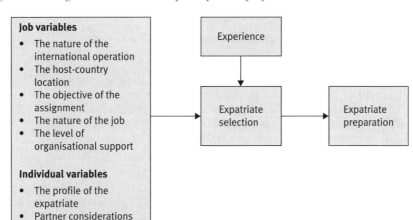

Source: Harris and Brewster (1999a, p236)

14.5 ADJUSTMENT

Once selected and prepared, a key issue concerns the ability of the expatriates – and their families – to adjust to their new environment. But note, too, that adjustment may not be entirely one-way: one of the roles of expatriates is often to introduce new practices into the subsidiary organisation – local employees will have to adjust, to some extent, to the ways of the expatriate and perhaps to the new practices they are bringing in (Brewster 1995).

The prevalent adjustment model describes linear causal relationships between antecedents and three, narrowly conceived and one-dimensional, adjustment outcomes: interaction adjustment, general adjustment and work adjustment. These categories are an artificial construct from the adjustment measure used (Black and Stephens 1989) and are not comprehensive or, more critically, analytical or discrete. Further, the model excludes feedback loops to account for the real-life dynamics of expatriate adjustment. Thus, it does not reflect the complexities of expatriate adjustment (Haslberger 2005). Finally, the model addresses adjustment only on one level – that of the individual expatriate. Recent research indicates that about three quarters of expatriates are accompanied by at least one family member (Dickmann et al 2006) so that family adjustment becomes important too (Haslberger and Brewster 2008).

Work based on the Black and Stephens (1989) model has been very productive and has indicated a relationship between these measures of adjustment and job satisfaction, organisational commitment, withdrawal intentions and performance (Bhaskar-Shrinivas et al 2005; Hechanova et al 2003). The weaknesses of the Black and Stephens model are, however, manifold. A wider model of adjustment, covering 'dimensions, domains and dynamism' (Haslberger and Brewster 2009; Haslberger et al 2014) fits reality better.

The dimensions of adjustment include cognitions, or knowledge; emotions (Searle and Ward 1990; Ward et al 1998; Ward and Kennedy 1999) and behaviours, as distinct outcome components (Kim 1988).

THEORY AND PRACTICE

KEY FRAMEWORK

The variety of factors that determine adjustment

These fall into four main groups:

Factors to do with the individual include self-efficacy, relational and perception skills, flexibility, a desire to adjust, tolerance of ambiguity, leadership qualities, interpersonal skills and self-confidence, cultural empathy, emotional stability (Hiltrop and Janssens, 1990; Coyle, 1992; Collins, 1995), language ability and previous international experience (Black and Stephens 1989; Black and Gregersen 1991).

Non-work factors include, particularly, the family situation. Crossover effects exist between expatriate and spouse adjustment (see for example Takeuchi et al 2005). An inability of the spouse and children to adapt to the cultural environment is a common source of difficulty (Moore and Punnett 1994; Collins 1995; Jones 1997). If a spouse or family member is undergoing severe culture shock or experiencing difficulty in making the cross-cultural adjustment, the morale and performance of the expatriate may be affected adversely (Torbiörn 1997). Children may also be very resistant to moving due to the educational and social disruption it may cause. A positive family situation is likely to enhance the expatriate's cross-cultural adjustment and increase the chances of a successful assignment (Punnett and Ricks 1992; Collins 1995).

Organisational factors have been classified by Black et al (1991) as organisation culture novelty (how different the subsidiary is from the expatriate's previous experience), social support (whether the organisational culture encourages support from others) and logistical help (housing, payment of school tuition, practical information about shopping, etc). McCaughey and Bruning (2005) review evidence on expatriate satisfaction and a range of important outcomes such as assignment completion. They look at how three sorts of support strategies impact on satisfaction (and adjustment): pre-assignment support strategies (such as career planning and development, training in deficits in knowledge, skills and abilities, partner/family involvement); assignment support strategies (such as using mentors and partner employment counselling); and repatriation support strategies (utilisation of knowledge, skills and abilities learned on assignment). Mendenhall et al (1995), however, warn that too many 'buffers' may reduce the learning that the expatriate gets from the experience.

Job factors which affect adjustment include role novelty, role clarity, role discretion, role conflict and role overload.

The domains within which adjustment occurs vary too. Analyses from the migration literature (Navas et al 2005, 2007) identify a number of different domains in which adjustment has to take place:

- systems of public order, reflecting rules of conduct such as registration requirements, traffic laws, etc
- work
- economics, including consumption of goods and services
- social relations
- family relations
- ideology, including culture, religion, etc.

In broad terms, these are easier to adjust to at the top of the list (driving on the correct side of the road, carrying appropriate documentation), more difficult as one reaches the domains at the bottom – families may have to behave differently in public, but in private will often go back to their own ways. And it is unlikely that expatriates, usually only in the country for a limited time, would change their deep-seated beliefs or their religion.

Adjustment, crucially, is a dynamic process. It is likely that cognition (understanding) will improve in a more or less straight line over time, and so might behaviours, but feelings are likely to go through a roller-coaster of ups and downs as different experiences happen. Equally, the expatriate might adjust to systems of public order and to work fairly quickly but need more time to adjust to social relationships (Haslberger and Brewster 2009). The expatriate may find it difficult to perceive and learn appropriate behaviours, thus increasing the period of time required for adjustment. Glanz (2003) has examined how sensemaking – the use of rational thought to re-analyse and bring order to confusion and surprise – can be engendered through the use of narratives about the expatriate experience. This perspective shows that expatriate experience is not simply an incremental development towards adjustment but involves periods in which previous learning becomes overturned and revelations occur at an accelerated pace.

? REFLECTIVE ACTIVITY 14.4

Take any one of the factors itemised above and ask yourself:

What might the individual – and what might his or her employer – do to make adjustment less of a problem?

14.6 THE REWARD PACKAGE

Managing compensation and benefits for international assignments has traditionally been one of the core functions of the IHR manager (Bonache 2006; Suutari and Tornikoski 2001), but it is one that has attracted little academic attention. The high costs of assignments mean that attention is focused on developing more cost-effective systems which will still provide an incentive to move. Key determinants of the type of system to be employed include (Evans et al 2002, p131):

- cost-efficiency – making sure that the plan delivers the intended benefits in the most cost-effective manner (including tax consequences)
- equity issues – making sure that the plan is equitable irrespective of the assignment location or nationality of the expatriate
- system maintenance – making sure that the plan is relatively transparent and easy to administer.

CASE STUDY 14.4

DEVELOPMENTS IN INTERNATIONAL REWARD AND RECOGNITION

There is increasing focus on how expatriates perform and add value across global networks inside the organisation. The study by Perkins (2006, p26) found that rewards strategists at Boots, BT, Cable and Wireless, Cadbury-Schweppes, Citigroup, Diageo and Shell are reappraising the basis on which

expatriation has to be managed, 'integrating organisational networks around common governance principles'. This brings tensions into the relationships between expatriates and local employees, and renewed attention to reward comparability factors. Package design is moving towards generically composed frameworks that can be flexed to ensure a fair reflection of the mobility pressures. Organisations are exerting more control over the reward–effort bargain by standardising aspects of their rewards systems. Motivating talented employees to undertake assignments in an environment of regionalised political tensions continues to require idiosyncratic reward solutions, but there are moves to eliminate personal deals, increase transparency and knowledge about the assignment, and encourage ownership amongst local line managers. A philosophy of 'value creation' is being exported across operations (a 'one organisation – one global reward system' strategy), reducing the difference between rewards systems designed purely for expatriates and those that are designed to manage an internationally mobile set of talented managers. There is a process of directional convergence, not final convergence, in rewards policies.

Sixty-two per cent of rewards specialists claimed that rewards systems were still adapted to local context, but 78% would prefer a globally integrated approach, and 84% wanted to integrate the rewards approach with global strategy. MNCs are combining tools and techniques across the whole HRM process and applying them to all populations of internationally mobile managers. Unilever combined the talent management, organisational effectiveness, learning and reward functions in order to help its international managers better understand how they add value. The balance between what the business wants and what is fair to employees is increasingly reflecting the underlying reason for mobility and estimate of business value, which varies according to factors such as skills shortages, project logics, employee-initiated or career development motivations.

Table 14.2 provides a summary of the current approaches to expatriate compensation systems.

Table 14.2 A summary of expatriate compensation systems

Compensation system	For whom most appropriate	Advantages	Disadvantages
Negotiation	Special situations Organisation with few expatriates	Conceptually simple	Breaks down with increasing number of expatriates
Localisation	Permanent transfers and long-term assignments Entry-level expatriates	Simple to administer Equity with local nationals	Expatriates usually come from economic conditions different from those experienced by local nationals
Headquarters-based balance sheet	Many nationalities of expatriates working together	No nationality discrimination Simple administration	High compensation costs Difficult to repatriate TCNs

Compensation system	For whom most appropriate	Advantages	Disadvantages
Home-country-based balance sheet	Several nationalities of expatriates on out-and-back-home assignments	Low compensation costs Simple to repatriate TCNs	Discrimination by nationality Highly complex administration Lack of conceptual purity
Lump-sum approaches	Consistently short assignments (less than three years), followed by repatriation	Resembles domestic compensation practices Does not intrude on expatriate finances	Exchange rate variation makes this unworkable except for short assignments
International pay structures	Senior executives of all nationalities	Tax- and cost-effective Expatriates and local nationals may be on the same compensation plan	Inhibits mobility for lower levels of expatriates Lack of consistency among locations
Cafeteria approaches	Senior executives	Tax- and cost-effective	To be effective, options needed for each country Difficult to use with lower levels of expatriates
Regional plans	Large numbers of expatriates mobile within region(s)	Less costly than global uniformity Can be tailored to regional requirements	Multiple plans to administer Discrimination between regionalists and globalists
Multiple programmes	Many expatriates on different types of assignments	Can tailor compensation programs to different types of expatriates Possible lower compensation costs	Difficulty of establishing and maintaining categories Discrimination by category Highly complex administration

Source: Evans et al (2002, p132)

One of the most popular methods is the 'balance-sheet' approach. This is designed to maintain standards of living for expatriates, irrespective of their assignment location. Under this approach, expatriates are kept on the home pay system, while allowances and differentials are used to maintain home equity for items such as goods and services, housing and income tax. The idea is that the expatriate should neither gain nor lose, thus encouraging mobility. The system is administratively simple.

?   REFLECTIVE ACTIVITY 14.5

What are the potential disadvantages of the balance-sheet approach for:

- the individual?
- the organisation?

Alternatives to the balance-sheet approach include a 'global' compensation structure in which national origin or home has no impact. This type of scheme is more often applied to senior executives who are regarded as truly global employees. However, such systems are fraught with standard-of-living issues, not to mention complexities of tax and pension planning.

Expatriate compensation is becoming more problematic as the profile of the typical expatriate becomes more diverse. Packages based on the traditional white male with a trailing spouse and children may be completely inappropriate for a woman from the Indian subcontinent who leaves her children at home. In addition, the role of the compensation package as a key motivator for international mobility may well differ, depending on the life-stage and/or career intentions of the assignee. The trend towards rationalisation of expatriate compensation and benefits packages, linked with increasing numbers of dual-career couples, makes the decision whether to accept an international assignment or not a much more complex one.

A developing trend in Europe is for companies to treat the whole of the EU and its related partners in EFTA as 'one country' – no work permits are required, there is a right to residence in every country, medical help is available everywhere, etc. Moving people within the EU means providing the same sort of support that a transfer within one country would attract, but no 'expatriate' allowances.

14.7 PERFORMANCE MEASUREMENT

Expatriates are amongst the most expensive people that an organisation employs, yet it is surprising how little is known about the assessment of their performance and contribution. Of course, it involves a complex range of issues, and research to date suggests that rigorous performance appraisal systems for expatriates are far from universal (Brewster 1991; Schuler et al 1991; Fenwick et al 1999). The assessment of expatriate performance requires an understanding of the variables that influence an expatriate's success or failure in a foreign assignment.

An objective appraisal of expatriate performance is likely to be highly complex. This is because the general difficulties of performance measurement are compounded in the case of expatriates by the HQ's lack of knowledge of the local situation.

The already problematic relationship is further complicated by the necessity of reconciling the tension between the need for universal appraisal standards with specific objectives in local units. It is also important to recognise that more time may be needed to achieve results in markets which enjoy little supporting infrastructure from the parent company (Schuler et al 1991).

?   REFLECTIVE ACTIVITY 14.6

What techniques might an organisation use to assess the performance of an expatriate?

The issue of return on investment for these expensive employees has attracted recent academic and consultancy interest (McNulty et al 2009; McNulty and Inkson 2013) including attempts to encompass the perspectives of different stakeholders (Colakoglu et al 2006; McNulty et al 2013). Basically, this literature shows that there are too many factors in play, not least a tendency by MNCs to want assignment to meet a variety of different objectives, for there to be any objective ways of measuring results effectively. MNCs are aware that there are no easy answers here and tend to use a variety of methods. Thus they may combine formal performance appraisal with visits from HQ; visits back to HQ; an assessment of results in the area under the expatriate's command; reports; emails – in short, anything that will help them make a judgement. Formal appraisal systems for expatriates may either be local (with the value of cultural sensitivity and local knowledge, but with little comparability between results from different parts of the world) or be worldwide, with the opposite advantages and disadvantages.

14.8 REPATRIATION

The final element in the global assignment cycle is the repatriation phase. The relationship between the foreign assignment and the future human resource needs of the organisation has become more important with an increasing focus on the need to develop international/global mindsets (Osland et al 2006) and the role of expatriates as mechanisms of knowledge transfer (Bonache and Brewster 2001). In this respect, evidence of major problems with repatriation for multinational companies is worrying evidence of inadequate HRM. Surveys suggest that up to a quarter of expatriates leave their company within 12 months of repatriation (Black and Gregersen 1991; Solomon 1995), a figure which is notably higher than for equivalent non-expatriates (Black and Gregersen 1991), and that between a quarter and a third of repatriates leave their firms within two years of returning (Suutari and Brewster 2000). In a sample of Finnish expatriates, even amongst those who stayed with the same employer well over half had seriously considered leaving (Suutari and Brewster 2003). Many had changed employer whilst on assignment, before repatriation job negotiations had started.

The expansion of foreign operations has taken place coincident with a rationalisation of HQ operations. In the leaner HQ operations of today's world there are few spaces for expatriates to 'fill in' while the organisation seeks for a more permanent position for them. A majority of organisations nowadays do not provide post-assignment guarantees (BGRS 2010). From the repatriate perspective, other problems associated with reintegrating into the home country are: loss of status, loss of autonomy, loss of career direction, and a feeling that international experience is undervalued by the company. Alongside these there will also be a loss of income and life-style, and family readjustment problems (Kraimer et al 2012).

A critical issue in repatriation is the management of expectations (Stroh et al 1998; Welch 1998). Work-related expectations of repatriates can include: job position after repatriation, standard of living, improved longer-term career prospects, opportunities to utilise skills acquired while abroad, and support and interest from supervisors and colleagues in the home country. There are few empirical studies concerning the expectations of repatriates. The ones that have been reported note generally high expectations. Most expatriates expect the return to enhance their career prospects and their return to be exciting and/or challenging (Suutari and Brewster 2003). Often it is not. Research on the careers of CEOs in the USA and Europe (Hamori and Koyuncu 2011) found that – at least for those at the very top – international experience was a negative influence on careers: better to stay in the political spider's web of headquarters if you want to make it that far.

For most expatriates, the experience is hugely positive and of great value in their careers as we indicate in the next section. Often, however, this value is obtained for a company other than the one that paid for the international experience. This is a substantial loss for the company, made worse by the fact that these individuals rarely change their careers radically: they are more likely to go and work for competitors than move into an entirely different industry. This is not great HRM.

Together, the research suggests that organisations should devote more attention to their handling of repatriation, and that it should be part of the overall planning of the international assignment. Examples of best practice in this area include:

- pre-departure career discussions
- a named contact person at the home-country organisation
- a mentor at the host location
- re-entry counselling
- family repatriation programmes
- employee debriefings
- succession planning.

In any international company, effective handling of all stages of an international assignment is critical to ensuring the full utilisation and development of human resources. Mishandling of returning expatriates means that a good deal of critical knowledge is lost to the organisation.

14.9 THE INDIVIDUAL PERSPECTIVE: CAREERS

So far, we have examined all these issues from the point of the organisation – our book is about international human resource management. However, it is also the case that expatriation can be considered from an individual perspective. Research has only recently begun into why people go on expatriate assignments (Dickmann et al 2006), the relationships between expatriates and locals (Toh and DeNisi 2007) and the effects of expatriate assignments on careers. Research attention is switching to the longer-term effects on expatriate careers, requiring longitudinal research (Reiche 2012), seeing expatriation as just one stage in a career (Doherty et al 2008). There is some recognition in the literature that expatriation is for most people a very exciting and enjoyable experience. Much of the careers research, however, focuses around the notion of career capital – the fact that expatriation is one of the strongest learning experiences that anyone can have (they learn all about themselves, their relationships, their ability to cope, a new country, a different view of the world, etc). In the process they tend to build three types of career capital: know-how (competencies: the ability to understand the way things work and to see how they work differently in different situations), know-whom (relationships: the network of contacts and people that the individual can relate with), and know-why (motivation: a deeper understanding of what is important in their life and their career anchors (Jokinen et al 2008).

The next chapter explores this issue further, and also examines the issues related to other kinds of international working.

KEY LEARNING POINTS

- The international aspect adds many difficulties in addition to those involved in managing staff in one country, and those difficulties occur at each point of what we have called the 'global assignment cycle'.
- This is likely to be an ever-growing part of the work of HR departments.
- However, changes at both organisational and individual level are causing a fundamental rethink of international staffing policies.
- There have been major changes in terms of the profiles of individuals undertaking international assignments and their expectations; more people from outside the headquarters country; perhaps more women; more dual-career couples.
- The expatriate population is also now better educated and changes have occurred in employee expectations of international assignments.
- In newer affiliates there is a clear correlation between the use of expatriates and organisational success; and if it is a larger subsidiary, having more expatriates also correlates with success.
- Because expatriates are almost invariably amongst the most expensive people for companies to employ, and because they are usually in important positions, the necessity of taking a strategic view of the use and management of expatriates is obvious.
- The whole of the global assignment cycle has to be managed effectively: strategic planning, selection, preparation, performance measurement and repatriation.
- It is possible (if not actually practical to try to put into practice) to specify a set of competencies for international assignments, and to use these to assist the selection of some people in some jobs, but there are very different views about the practicality of using them to select international managers. The 'coffee-machine system' is widespread.
- Organisations should take a more holistic approach to pre-departure preparation for expatriates.
- The ability of the expatriates – and their families – to adjust to their new environment may be problematic, but adjustment has to be two-way.
- Adjustment has to take place to: systems of public order, reflecting rules of conduct such as registration requirements, traffic laws, etc; work; economics, including consumption of goods and services; social relations; family relations; and to ideology, including culture and religion.
- Expatriate compensation is becoming more problematic as the profile of the typical expatriate becomes more diverse. One of the most popular methods for rewarding expatriates is the 'balance-sheet' approach but 'global' compensation structures in which national origin or home has no impact are also used.
- Surprisingly little is known about the assessment of the performance and contribution of expatriates.
- Evidence of major problems with repatriation for multinational companies provides worrying evidence of inadequate HRM: expansion of foreign operations has taken place coincident with a rationalisation of HQ operations in many geographies.
- Looking at expatriation from the individual and not just organisational view is important: why people go on expatriate assignments; the relationships between expatriates and locals; and the effects of expatriate assignments on careers.

LEARNING QUESTIONS

1 Expatriation is an expensive process: what are the reasons that cause companies to continue to use it?

2 In light of the ease with which we can communicate internationally through electronic means, and the increasing ease of air transport, is it likely that there will be fewer expatriates in the future? Give reasons for your answer.

3 Compare the advantages for companies and individuals of using permanent, career expatriates who go from country to country as opposed to single-assignment expatriates.

4 What would be the best and most cost-effective form of pre-departure training and development for an expatriate?

5 Why should a company be worried about expatriates leaving them at the end of an assignment? What should they do to minimise the possibility?

EXPLORE FURTHER

JOKINEN, T., BREWSTER, C. and SUUTARI, V. (2008) Career capital during international work experiences: contrasting self-initiated expatriate experiences and assigned expatriation. *International Journal of Human Resource Management*. Vol 19, No 6. pp981–1000.

STROH, L. K., BLACK, J. S., MENDENHALL, M. E. and GREGERSEN, H. B. (2005) *International Assignments: an integration of strategy, research and practice*. London: Lawrence Erlbaum.

www.eca-international.com

www.cipd.co.uk/global

For expatriates themselves there are a large number of potential websites available to help: they should just type 'expatriate' into their search engine.

REFERENCES

ADLER, N.J. (1986) *International dimensions of organizational behavior*. 1st edition. Boston, MA: PWS-Kent.

ANDREASON, A.W. and KINNEER, K.D. (2005) Repatriation adjustment problems and the successful reintegration of expatriates and their families. *Journal of Behavioral and Applied Management*. Vol 6. pp109–126.

ANTAL, A. and IZRAELI, D. (1993) Women managers from a global perspective: women managers in their international homelands and as expatriates. In: FAGENSON, E. (ed). *Women in management: trends, issues and challenges in management diversity, women and work*. Vol 4. Newbury Park, CA: Sage.

ARTHUR, W. and ROUSSEAU, D.M. (1996) *Boundaryless careers*. Oxford: Blackwell.

AYCAN, Z. (1997) Expatriate adjustment as a multifaceted phenomenon: individual and organisational level predictors. *International Journal of Human Resource Management*. Vol 8, No 4. pp434–456.

BAKER, J. and IVANCEVICH, J. (1971) The assignment of American executives abroad: systematic, haphazard or chaotic? *California Management Review.* Vol 13, No 3. pp39–44.

BANAI, M. and HARRY, W. (2004) Boundaryless global careers. *International Studies of Management and Organization.* Vol 34, No 3. pp96–120.

BGRS (2010) *Global Relocation Trends Survey 2010.* London: Brookfield Global Relocation Services.

BHASKAR-SHRINIVAS, P., HARRISON, D.A., SHAFFER, M.A. and LUK, D.M. (2005) Input-based and time-based models of international adjustment: meta-analytic evidence and theoretical extensions. *Academy of Management Journal.* Vol 48, No 2. pp257–281.

BLACK, J.S. (1992) Coming home: the relationship of expatriate expectations with repatriation adjustment and work performance. *Human Relations.* Vol 45, No 2. pp177–192.

BLACK, J.S. and GREGERSEN, H.B. (1991) Antecedents to cross-cultural adjustment for expatriates in Pacific Rim assignments. *Human Relations.* Vol 44. pp497–515.

BLACK, J.S. and MENDENHALL, M.E. (1989) A practical but theory-based framework for selecting cross-cultural training methods. *Human Resource Management.* Vol 28. pp511–539.

BLACK, J.S. and STEPHENS, G.K. (1989) The influence of the spouse on American expatriate adjustment in overseas assignments. *Journal of Management.* Vol 15. pp529–544.

BLACK, J.S., MENDENHALL, M.E. and ODDOU, G. (1991) Toward a comprehensive model of national adjustment: an integration of multiple theoretical perspectives. *Academy of Management Review.* Vol 16. pp291–317.

BONACHE, J. (2006) The compensation of expatriates: a review and a future research agenda. In: STAHL, G. and BJÖRKMAN, I. (eds). *Handbook of research in International HRM.* Cheltenham: Edward Elgar. pp158–175.

BONACHE, J. and BREWSTER, C.J. (2001) Expatriation: a developing research agenda. *Thunderbird International Business Review.* Vol 43, No 1. pp3–20.

BONACHE, J. and FERNANDEZ, Z. (1999) Multinational companies: a resource based approach. In: BREWSTER, C. and HARRIS, H. (eds). *International human resource management, contemporary issues in Europe.* London: Routledge.

BONACHE, J., BREWSTER, C.J. and SUUTARI, V. (2007) International mobility and careers: editorial, special edition. *International Studies in Management and Organization*

BREWSTER, C.J. (1991) *The Management of Expatriates.*London: Kogan Page.

BREWSTER, C. (1995) Towards a European model of human resource management. *Journal of International Business Studies.* Vol 26. pp1–22.

BRISLIN, R.W. (1986) The working and translation of research instruments. In: LONNER, W.J. and BERRY, J.W. (eds). *Field methods in cross-cultural research.* Beverly Hills, CA: Sage Publications. pp137–164.

CALIGIURI, P. M. and TUNG, R. L. (1998) Are masculine cultures female-friendly? Male and female expatriates' success in countries differing in work value orientations. Paper presented at the International Congress of the International Association for Cross-Cultural Psychology: The Silver Jubilee Congress, Bellingham, WA.

CALIGIURI, P. M., TARIQUE, I. and JACOBS, R. (2009) Selection for international assignments. *Human Resource Management Review.* Vol 19. pp251–262.

CERDIN, J-L. and BREWSTER, C. (2014) Talent management and expatriation: bridging two streams of research and practice. *Journal of World Business.* Vol 49, No 2. pp245–252.

COLAKOGLU, S., LEPAK, D. P. and HONG, Y. (2006) Measuring HRM effectiveness: considering multiple stakeholders in a global context. *Human Resource Management Review.* Vol 16, No 2. pp209–218.

COLLINS, S. (1995) *Expatriation. A moving experience.* Dublin: Michael Smurfitt Graduate School of Business.

COYLE, W. (1992) *International relocation.* Oxford: Butterworth-Heinemann.

DICKMANN, M., DOHERTY, N. and BREWSTER, C.J. (2006) Why do they go? Individual and corporate perspectives on the factors influencing the decision to accept an international assignment. *International Journal of Human Resource Management.* Vol 19, No 4. pp731–751.

DOHERTY, N., BREWSTER, C., SUUTARI, V. and DICKMANN, M. (2008). Repatriation: The end or the middle? In: DICKMANN, M., BREWSTER, C. and SPARROW, P.S. (eds). *International human resource management: a European perspective.* 2nd edition. Abingdon: Routledge. pp174–191.

DOWLING, P.J. and WELCH, D. (2004) *International human resource management: managing people in a multinational context.* 4th edition. London: Thomson Learning.

DOWLING, P.J., SCHULER, R.S. and WELCH, D. (1994) *International dimensions of human resource management.* 2nd edition. California: Wadsworth.

Economist (2006) Travelling more lightly. *The Economist.* Vol 389, No 8483. pp99–101

EHNERT, I. and BREWSTER, C.J. (2008) An integrative framework for expatriate preparation and training. In: BREWSTER, C.J., SPARROW, P.R. and DICKMANN, M. (eds). *International human resource management: contemporary issues in Europe.* 2nd edition. London: Routledge.

EVANS, P., PUCIK, V. and BARSOUX, J.-L. (2002) *The global challenge: frameworks for international human resource management.* New York: McGraw Hill-Irwin.

FENWICK, M.S., DE CIERI, H. and WELCH, D.E. (1999) Cultural and bureaucratic control in MNEs: the role of expatriate performance management. *Management International Review.* Vol 39, No 3. pp107–124.

GLANZ, L. (2003) Expatriate stories: a vehicle of professional development abroad? *Journal of Managerial Psychology.* Vol 18, No 3. pp259–274.

GMAC (2008) *Global relocation trends: 2008 survey report.* Woodridge, IL: GMAC Global Relocation Services.

GONG, Y. (2003) Subsidiary staffing in multinational enterprises: agency, resources and performance. *Academy of Management Journal.* Vol 46. pp728–739.

HAMORI, M. and KOYUNCU, B. (2011) Career advancement in large organisations in Europe and the United States: do international assignments add value? *International Journal of Human Resource Management.*Vol 22, No 4. pp843–862.

HARRIS, H. (1995) Women's role in international management. In: HARZING, A.W.K. and VAN RUYSSEVELDT, J. (eds). *International Human Resource Management.* London: Sage.

HARRIS, H. (1999) Women in international management: why are they not selected? In: BREWSTER, C.J. and HARRIS, H. (eds). *International HRM: contemporary issues in Europe.* London: Routledge.

HARRIS, H. and BREWSTER, C.J. (1999a) A framework for pre-departure preparation. In: BREWSTER, C.J. and HARRIS, D.H. (eds). *International HRM: contemporary issues in Europe.* London: Routledge.

HARRIS, H. and BREWSTER, C.J. (1999b) The coffee-machine system: how international selection really works. *International Journal of Human Resource Management.* Vol 10, No 2. pp488–500.

HARRIS, P.R. and MORAN, R.T. (1996) *Managing cultural differences.* 2nd edition. Houston, TX: Gulf.

HARRISON, E. W. and MICHAILOVA, S. (2012) Working in the Middle East: western female expatriates' experiences in the United Arab Emirates. *International Journal of Human Resource Management.* Vol 23. No 4. pp625–644.

HARVEY, M. and NOVICEVIC, M.M. (2004) The development of political skill and political capital by global leaders through global assignments. *International Journal of Human Resource Management.* Vol 15, No 7. pp1173–1188.

HARZING, A.W.K. (1995) The persistence myth of high expatriate failure rate. *International Journal of Human Resource Management.* Vol 6, No 2. pp457–475.

HASLBERGER, A. (2005) The complexities of expatriate adaptation. *Human Resource Management Review.* Vol 15. pp160–180.

HASLBERGER, A. and BREWSTER, C.J. (2008) The expatriate family – an international perspective. *Journal of Managerial Psychology.* Vol 23, No 3. pp324–346.

HASLBERGER, A. and BREWSTER, C.J. (2009) Capital gains: expatriate adjustment and the psychological contract in international careers. *Human Resource Management.* Vol 48, No 3. pp378–397.

HASLBERGER, A., BREWSTER, C. and HIPPLER, T. (2014) *Managing performance abroad: a new model for understanding expatriate adjustment.* Routledge: London.

HECHANOVA, R., BEEHR, T.A. and CHRISTIANSEN, N.D. (2003) Antecedents and consequences of employees' adjustment to overseas assignment: a meta-analytical review. *Applied Psychology: An International Review.* Vol 52, No 2. pp213–236.

HILTROP, J.-M. and JANSSENS, M. (1990) Expatriation: challenges and recommendations. *European Management Journal.*March. pp19–27.

JOKINEN, T. BREWSTER, C.J. and SUUTARI, V. (2008) Career capital during international work experiences: contrasting self-initiated expatriate experiences and assigned expatriation. *International Journal of Human Resource Management*. Vol 19, No 6. pp981–1000.

JONES, B. (1997) Getting ahead in Switzerland. *Management Review*. Vol 86, No 6. pp58–61.

KÄNSÄLÄ, M., MÄKELÄ, K. and SUUTARI, V. (2015) Career coordination strategies among dual career expatriate couples. *International Journal of Human Resource Management*. Vol 26, No 7. pp2187–221.

KIM, Y.Y. (1988) *Communication And Cross-Cultural Adaptation*, Clevedon, UK/Philadelphia, PA: Multilingual Matters.

KRAIMER, M. L., SHAFFER, M. A., HARRISON, D. A. and REN, H. (2012) No place like home? An identity strain perspective on repatriate turnover. *Academy of Management Journal*. Vol 55, No 2. pp399–420.

MAYRHOFER, W. and BREWSTER, C. (1996) In praise of ethnocentricity: expatriate policies in European multinationals. *International Executive*. Vol 38, No 6, November/December. pp749–778.

MCCAUGHEY, D. and BRUNING, N.S. (2005) Enhancing job opportunities for expatriate job satisfaction: HR strategies for foreign assignment success. *Human Resource Planning*. Vol 28, No 4. pp21–29.

MCNULTY, Y. AND INKSON, K. (2013) *Managing expatriates: a return on investment approach*. New York: Business Expert Press.

MCNULTY, Y., DE CIERI, H. and HUTCHINGS, K. (2009) Do global firms measure expatriate return on investment: and empirical examination of measures, barriers and variables influencing global staffing practices. *International Journal of Human Resource Management*. Vol 20, No 6. pp1309–1326.

MCNULTY, Y., DE CIERI, H. and HUTCHINGS, K. (2013) Expatriate return on investment in the Asia Pacific: an empirical study of individual ROI versus corporate ROI. *Journal of World Business*. Vol 48, No 2. pp209–221.

MENDENHALL, M.E. and ODDOU, G. (1985) The dimensions of expatriate acculturation: a review. *Academy of Management Review*. Vol 10. pp39–47.

MENDENHALL, M.E., KüHLMANN T.M. and STAHL, G.D. (eds). (2001) *Developing global business leaders*. Westport, CT: Quorum.

MENDENHALL, M.E., KHLMANN, T.M., STAHL, G.D. and OSLAND, J.S. (2002) Employee development and expatriate assignents. In: GANNON, M.J. and NEWMAN, K. L. (eds). *Handbook of cross-cultural management*. London: Blackwell.

MENDENHALL, M.E., PUNNETT, B.J. and RICKS, D. (1995) *Global management*. Cambridge, MA: Blackwell.

MILLER, E. (1972) The selection decision for an international assignment: a study of the decision-makers behavior. *Journal of International Business Studies*. Vol 3. pp49–65.

MOORE, S. and PUNNETT, J. (1994) Expatriates and their spouses: a pilot study in the Limerick region and directions for future research. *Irish Business and Administration Research*. Vol 15. pp178–184.

MORLEY, M. AND HERATY, N. (2004) International assignments and global careers. *Thunderbird International Business Review.* Vol 46, No 6. pp633–646.

NAVAS, M., GARCIA, M.C., SÁNCHEZ, J., ROJAS, A.J., PUMARES, P. and FERNÁNDEZ, J.S. (2005) Relative acculturation extended model (RAEM): New contributions with regard to the study of acculturation. *International Journal of Intercultural Relations.* Vol 29. pp21–37.

NAVAS, M., ROJAS, A.J., GARCÍA, M. and PUMARES, P. (2007) Acculturation strategies and attitudes according to the relative acculturation extended model (RAEM): The perspectives of natives versus immigrants. *International Journal of Intercultural Relations.* Vol 31. pp67–86.

OSLAND, J., BIRD, A., MENDENHALL, M.E. and OSLAND, A (2006) Developing global leadership and global mindsets: a review. In STAHL, G. and BJÖRKMAN, I. (eds). *Handbook of research in international HRM.* Cheltenham: Edward Elgar. pp197–222.

PARKER, P. and INKSON, K. (1999) New forms of career: the challenge to human resource management. *Asia Pacific Journal of Human Resources.* Vol 37. pp76–85.

PERKINS, S. (2006) *International reward and recognition.* London: Chartered Institute of Personnel and Development.

PHILLIPS, N. (1992) Cross cultural training. *Journal of European Industrial Training.* Vol 17, No 2. pp3–11.

PRICE WATERHOUSE COOPERS (2000) *International assignments: European policy and practice 1999/2000.* London: PWC.

PUCIK, V. (1998) Selecting and developing the global versus the expatriate manager: a review of the state of the art. *Human Resource Planning.* Vol 21, No 4. pp40–54.

PUNNETT, B.J. and RICKS, D.A. (1992) *International Business.* Boston, MA: PWS-KENT.

REICHE, B.S. (2012). Knowledge benefits of social capital upon repatriation: a longitudinal study of international assignees. *Journal of Management Studies.* Vol 49, No 6. pp1052–1077.

SCHULER, R.S., FULKERSON, J.R. and DOWLING, R.J. (1991) Strategic performance measurement and management in multinational corporations. *Human Resource Management.*Vol 30. pp365–392.

SCULLION, H. (1994) Creating international managers: recruitment and development issues. In: KIRKBRIDE, P. (ed.) *Human resource management in Europe.* London: Routledge.

SCULLION, H. and COLLINGS, D.G. (eds) (2006) *Global staffing.* London: Routledge.

SCULLION, H. and STARKEY, K. (2000) In search of the changing role of the corporate human resource function in the international firm. *International Journal of Human Resource Management.* Vol 11, No 6. pp1061–1081.

SEARLE, W. and WARD, C. (1990) The prediction of psychological and sociocultural adjustment during cross-cultural transitions. *International Journal of Intercultural Relations.* Vol 14. pp449–464.

SEKIGUCHI, T., BEBENROTH, R. and LI, D. (2011) Nationality background of MNC affiliates' top management and affiliate performance in Japan: knowledge-based and upper echelons perspectives. *International Journal of Human Resource Management*. Vol 22, No 4. pp999–1016.

SHEN, J. and JIANG, F. (2015) Factors influencing Chinese female expatriates' performance in international assignments. *International Journal of Human Resource Management*. Vol 26, No 3. pp299–315.

SOLOMON, C.M. (1995) Repatriation: up, down or out? *Personnel Journal*. April. Vol 74, No 1. pp28–37.

SPARROW, P.R. (1999) International recruitment, selection and assessment: whose route map will you follow? In: JOYNT, P. and MORTON, B. (eds). *The global HR manager: creating the seamless organisation*. London: IPD.

SPARROW, P.R. (2006) *International recruitment, selection and assessment*. London: Chartered Institute of Personnel and Development.

SPARROW, P., BREWSTER, C. and HARRIS, H. (2004) *Globalizing human resource management*. London: Routledge.

STROH, L.K., BLACK, J.S., MENDENHALL, M.E. and GREGERSEN, H.B. (2005) *International assignments: an integration of strategy, research and practice*. London: Lawrence Erlbaum.

STROH, L.K., GREGERSON, H.B. and BLACK, J.S. (1998) Closing the gap: expectations versus reality among expatriates. *Journal of World Business*. Vol 33, No 2. pp111–124.

SUUTARI, V. and BREWSTER, C. (1998) The adaptation of expatriates in Europe: evidence from Finnish companies. *Personnel Review*. Vol 27, No 2. pp89–103.

SUUTARI, V. and BREWSTER, C. (2000) Making their own way: International experience through self-initiated foreign assignments. *Journal of World Business*. Vol 35, No 4. pp417–436.

SUUTARI, V. and BREWSTER, C. (2003) Repatriation: empirical evidence from a longitudinal study of careers and expectations among Finnish expatriates. *International Journal of Human Resource Management*. Vol 14, No 7. pp1132–1151.

SUUTARI, V. and TORNIKOSKI, C. (2001) The challenge of expatriate compensation: the source of satisfaction and dissatisfaction among expatriates. *International Journal of Human Resource Management*. Vol 12, No 3. pp1–16.

TAKEUCHI, R., TESLUK, P.E., YUN, S. and LEPAK, D.P. (2005) An integrative view of international experience. *The Academy of Management Journal*. Vol 48. pp85–100.

TOH, S.M. and DENISI, A.S. (2007) Host country nationals as socializing agents: a social identity approach. *Journal of Organizational Behavior*. Vol 28. pp281–301.

TORBIRN, I. (1997) Staffing for international operations. *Human Resource Management Journal*. Vol 7, No 3. pp42–53.

TUNG, R.L. (1981) Selection and training of personnel for overseas assignments. *Columbia Journal of World Business*. Vol 16, No 1. pp68–78.

TUNG, R.L. (1998) American expatriates abroad: from neophytes to cosmopolitans. *Journal of World Business.* Vol 33, No 2. pp125–144.

TUNG, R.L. and HAQ, R. (2012) International assignments to/from India: do race and gender matter? *International Journal of Human Resource Management.* Vol 23, No 2. pp221–235.

WARD, C. and KENNEDY, A. (1999) The measurement of sociocultural adaptation. *International Journal of Intercultural Relations.* Vol 23. pp659–677.

WARD, C., OKURA, Y., KENNEDY, A. and KOJIMA, T. (1998) The U-curve on trial: A longitudinal study of psychological and sociocultural adjustment during cross-cultural transition. *International Journal of Intercultural Relations.* Vol 11, No 22. pp277–291.

WAXIN, M.F. and PANACCIO, A.J. (2005) Cross-cultural training to facilitate expatriate adjustment: it works! *Personnel Review.* Vol 34, No 1. pp51–67.

WELCH, D. and WORM, V. (2006) International business travellers: a challenge for IHRM. In: STAHL, G. and BJÖRKMAN, I. (eds). *Handbook of research in international HRM,*Cheltenham: Edward Elgar. pp283–301.

YAMAZAKI, Y. and KAYES, C. (2004) An experiential approach to cross-cultural learning: a review and integration of competencies for successful expatriate adaptation. *Academy of Management Learning and Education.* Vol 5, No 4. pp362–379.

ZIMMERMANN, A. and SPARROW, P.R. (2008) Mutual adjustment processes in international teams: lessons for the study of expatriation. *International Studies of Management and Organization.* Vol 37, No 3. pp65–88.

CHAPTER 15

Managing Diversity in International Forms of Working

LEARNING OUTCOMES

When you have read this chapter, you will:

- be familiar with the various forms of international working and be able to assess the pros and cons for international enterprises of using them
- appreciate the issues involved in measuring the value of international assignments
- be able to evaluate the strengths and weaknesses of various forms of diversity initiatives in international organisations
- be able to recommend ways of increasing the number of women in international management
- be able to explain how organisations operating internationally can manage the mix of international working and assignees
- understand the problems of assessing performance and outline ways in which such enterprises might manage these issues in practice
- recognise the challenges in managing international management teams.

15.1 INTRODUCTION

In order to become truly global in orientation, organisations need to ensure that they maximise their human resources wherever they are located. As we have seen in the preceding chapters, achieving this entails a clear understanding of a wide range of institutional and cultural factors that impact the development of a truly diverse workforce and management cadre. Here we examine in more detail the variety of ways that international enterprises can provide international experience for their employees and discuss some of the HRM policies and practices associated with each type. Within that we explore diversity management initiatives which aim to capitalise on the diversity in a firm's workforce (including such characteristics as race, ethnicity, national origin, gender, age and disability). Finally, we consider how internationally operating organisations can manage the mix of these forms of international experience, and how they assess whether or not they are working effectively.

The range of formats and the types of people that multinational enterprises use for international work is growing ever wider. We start by assessing the range of formats, and then look at the range of people.

15.2 GLOBAL SKILLS SUPPLY STRATEGIES

Organisations now have to develop global skills supply strategies. The study of global staffing has traditionally concentrated on the need to resource key positions within multinational enterprises (MNEs) and top management team positions at HQ and subsidiary locations. However, the definition of the 'international employee' inside organisations continues to expand.

> ### ? REFLECTIVE ACTIVITY 15.1
>
> What factors have led to the increase in demand for more flexible forms of international management?

The changing structure and role of IHRM functions (see Chapter 12) means that these functions and their business partners now have to help their organisations manage a very wide range of options associated with global sourcing (Hustad and Munkvold 2005), leading to a plethora of recent articles attempting to assess the range of options and provide clear definitions (Mayrhofer et al 2008; Meyskens et al 2009; Suutari and Brewster, 2009; Teagarden 2010). This increased demand for new forms of international mobility is due to a number of factors (Salt and Millar 2006):

• the need for skilled people to help build new international markets (Findlay et al 2000)
• the growing importance of temporary and short-term access to specialised talent to assist the execution of overseas projects (Minbaeva and Michailova 2004; Hocking et al 2004).
• the growing need for highly mobile elites of management to perform boundary-spanning roles to help build social networks and facilitate the exchange of knowledge (Tushman and Scanlan 2005).

Moreover, the opportunity for broader resourcing strategies has increased markedly in certain labour markets because these labour markets have themselves become globalised (Ward 2004). For example, considerable attention has been given to the globalisation of healthcare labour markets (Aiken et al 2004; Clark et al 2006).

Globalisation is also leading to new relationships between a number of corporate functions and the development of many hybrid professionals capable of using the tools and techniques of each function (Sparrow et al 2004). A number of tools and techniques strongly influenced by marketing, corporate communications and IT thinking have become part of the mainstream armoury of HRM functions when dealing with international recruitment. This convergence of thinking has brought the language of employee value propositions, employer branding, corporate social responsibility, market mapping and recruiting ahead of the curve into the mix of HRM activity in this area. The challenge now is to try to manage these approaches on a global scale. An issue for many recruitment and selection functions in many organisations is that they have not yet 'internalised' this influence of global markets into their structures and strategies. Many believe that they will increasingly have to do so (Harvey et al 2000, p382):

> What is needed is a global management staffing strategy that enables global consistency among various managerial pools and the foreign subsidiaries.

The correct balance of standardisation versus differentiation is hard to achieve. Harvey et al (2000) argue that organisations need to integrate a transcultural emphasis into their global staffing systems. Often it is the local in-country HRM business partner who has to manage these tensions (Sparrow 2007).

15.3 INTERNATIONALISING THE SOURCING PROCESS IN ORGANISATIONS

Organisations can use the development of an increasingly bi-cultural (Furusawa and Brewster 2014) or even multicultural (Fitzsimmonds 2013; Fitzsimmonds et al 2011) workforce to the advantage of an internationalisation strategy. However, as Case Study 15.1 shows, the sorts of HRM issues that have to be managed in relation to recruitment as the internationalisation process proceeds are also quite complex (Sparrow 2007).

CASE STUDY 15.1

BARCLAYCARD INTERNATIONAL: RECRUITMENT IN THE CONTEXT OF AN INTERNATIONALISATION STRATEGY

Barclaycard was the UK's first credit card, and as one of the largest global credit card businesses now has a rapid growth strategy. Outside the UK, it operates in the USA, Germany, Spain, Greece, Italy, Portugal, Ireland, Sweden, Norway, France, Asia-Pacific and across Africa. A strategy to become as meaningful a contributor to the group as Barclaycard UK currently was by 2013 witnessed alliances with Standard Bank of South Africa, acquisition of Juniper Financial Corporation (rebranded as Barclays USA) and a series of in-country launches. It employed 3,000 staff, with 15% based in the UK. To enable expansion, Barclaycard International built a platform of people management processes (processes, structures and frameworks) to bring stability, governance and control. Challenges varied across countries but always included ensuring rigour and consistency across operations in very different cultures, business markets and labour markets. Primary agenda items for the HRM team in 2006 were international resourcing, international mobility, talent acquisition and development of global policies and frameworks. Resourcing, then transferring, capability globally, either within an existing business or during start-up and building of a local business, necessitated a range of preferred

recruitment suppliers and the building of networks across them to transfer learning about the management of different types of supplier and agency, the assessment of their true global capability, and the availability of skills in each labour market. Intranets exchanged vacancy information between Hamburg, Zaragoza and Dublin. A new International Resourcing Business Partner role acted as a support mechanism for HRM business partners and business leaders to facilitate the acquisition of top talent through: negotiation of global preferred supplier arrangements for headhunters and research institutions; the development of an employee value proposition and employment brand across countries; advice on global versus local process; sources of best practice; and through appropriate geographical diversity in the use of international talent.

Barclaycard's call centre in Dublin acted as a central platform and nursery for future international expansion. It grew from 10 to 360 people between 1997 and 2006. Initially intended to support non-UK operations, it grew to serve eight countries including the Republic of Ireland, Italy, Spain, France, Germany, Portugal, Greece, and Botswana. Dublin was chosen because of the nature of the role, the employee base, and the city's labour market. The recruitment population was well qualified, with intentions to stay in-country for around 12 to 18 months. Employees spoke (and were hired for) their mother tongue in the markets they served, requiring principles of cross-cultural management to be applied to a single internal labour market. The acquisition of Banco Zaragozano enabled a new contact centre in Spain: 35 employees moved from Dublin to Spain to help transfer practices. HR business partners dealt with setting up legal entities to transfer employees, deciding the best mix of local recruitment, the use of local job centres, assessing funding support, and understanding the implications and ramifications of local employment law and sector agreements. New country operations oversaw other start-up operations (Portugal and Italy were initially resourced under the guidance of the Spanish HRM partner). Considerable insight into country capability resided at HRM partner level. A 'framework for growth' was established to replicate in-country moves and transfer learning. Many aspects of recruitment and selection could be 'cut and pasted' across operations (procedures, training plans, interview and induction processes, job standards) whereas others had to be dealt with flexibly (for example, criteria-based interviewing and diversity practices). Dublin acted as a nursery (providing people to facilitate international expansion).

Rapid global expansion required the deployment of skills and experience in a multitude of countries at short notice, not always achievable quickly through local recruitment. A new international mobility framework reduced the cost and complexity of expatriating individuals by securing talented employees on global contracts with a premium for global mobility but only 'light' expatriation benefits. Assignments were designed by HR business partners and International Assignments Services (IAS) teams located within key global regions. Two initiatives supported a global mindset: awareness-

building amongst the senior leadership community through workshops on the cultures of current and potential labour markets, and cross-cultural training interventions linked to a global induction programme. Talent management tools and techniques supported international resourcing through successive application to top leadership roles, senior cross-Barclays role potential, top 450 leadership potential, and finally, a broad business talent population. Succession planning and talent identification processes were integrated with long-term incentives tied to identified capabilities. The top 10% within internal expertise fields were identified on a global basis. Rather than wait until Barclaycard International was in- or near-market, people were recruited for target markets ('resourcing ahead of the curve') with investments made in forward market mapping (using research agencies and headhunters to map a wider range of geographical labour markets, and researching people working in target roles). Global policies and frameworks operated on an exception basis (even if culturally uncomfortable, explicit guidance and global protocols governed activity unless it was illegal to do so). The aim was to ensure that consistency, rigour, global governance and risk management and control monitoring processes were aligned with institutional requirements such as Sarbanes Oxley in areas such as pre-employment screening policy.

Questions

Is there a clear sequence of HR issues that have been managed during the internationalisation process?

As an organisation globalises, what decisions have to be made as to which HR processes will be managed at a global level and co-ordinated in-country?

What is the role of local business partners in relation to recruitment and selection as the activity develops?

15.4 CROSS-CULTURAL ADJUSTMENT OF SKILLED MIGRANTS

We discussed questions about multiculturalism and how this impacts on the way organisations should think about culture in Chapter 4. Skilled migrants have become very important both to the global economy, to organisations and to many national labour markets. For example, Switzerland is an attractive location for much skilled labour given its high wage and low tax levels and purchasing power, and firms tend to have a reputation for multiculturalism. Swiss MNCs use the label 'foreign employees' to include both assigned expatriates and highly skilled migrants. Swiss Post employs over 140 nationalities, and firms such as Nestlé, Philip Morris and Medtronic have pooled efforts to integrate the partners of foreign employees, launching an International Dual career network. In 2010, the majority of the 139,000 foreign nationals entering as permanent residents were from neighbouring European countries such as Germany, France and Italy, followed by the UK and USA, but with a significant number also entering from Asian countries. In 1990, 23% of migrants to Switzerland were highly skilled, growing to 62% by 2000. This has continued, and by 2012 64% of top managers in the largest Swiss companies were foreign born, compared to 27% in German companies and 22% in French companies (Davoine and Ravasi 2013).

However, Dabic et al (2015), in reviewing four decades of research into expatriates, concluded that whilst the literature provides us with some useful conceptual tools to explore the cultural adjustment of managers and insight into specific support practices (discussed in detail in Chapter 12), we still know little about the support given to the partners of foreign employees, especially as they first settle into a new location.

So is it easier to adjust culturally if moving into Switzerland as a foreign employee?

CASE STUDY 15.2

WILL HIGHLY SKILLED FOREIGN EMPLOYEES BE ABLE TO CULTURALLY ADJUST?

Ravasi et al (2015) studied the cultural adjustment of 152 foreign employees (coming from 130 countries) and 126 of their spouses living in the French-speaking parts of Switzerland and working for six Swiss MNCs, as linked to the provision of various forms of support. On average the managers had been in Switzerland for two years and had six years' international experience. They found that despite the espoused multiculturalism of Swiss MNCs, there were relatively low levels of cross-cultural adjustment, especially in terms of interaction adjustment (the comfort associated with socialising with host-country nationals, both inside and outside of work).

This was the case regardless of the time spent in Switzerland or the type of assignment, although the possession of local language skills helped to a degree. There was some good news. The support practices of allowance for or payment of language courses for the expatriate, or for the partner or spouse, cross-cultural training in the host country for the expatriate or for the spouse, and spouse employment support, all correlated with the general adjustment of the foreign employee's partner.

However, none of these were linked to the adjustment of the foreign employee themselves. Schools for children and payment for schooling costs were linked to partner adjustment. Housing, dealing with administrative paperwork and tax support were not correlated with any dimensions of adjustment. The low levels of interaction adjustment were attributed by the authors to the structural change within the population of foreign employees in Switzerland, which is moving progressively from an 'expat community' to a 'highly skilled migrant community', with potentially changes in attitude of the local community.

15.5 OTHER FORMS OF INTERNATIONAL WORKING

The nature of international work has always been varied but is increasingly so – there are many ways in which organisations might now source and use what can be termed international employees. The traditional expatriate, or long-term, assignment (discussed in Chapter 14) is by no means dead. In fact, despite predictions during the economic crisis that began in 2008 that the use of these expensive types of assignments would decline as organisations found cheaper ways to work internationally, they appear to continue to be growing. However, organisations also use a variety of other types of assignment to fulfil international working obligations, and these appear to be growing even faster. Amongst these, some of the key ones are self-initiated expatriation; short-term or project assignments; international commuting; frequent flying; and working in international teams or 'home-based international working'! The first few forms have been called 'new' (Peltonen 2001) or 'alternative' or 'emerging alternatives' (Collings et al 2007), but they have in fact been used for a long time, although improved travel arrangements have made them easier. The final forms are more recent, created and sustained by more communications technology.

Self-initiated expatriates (SIEs) were first identified by Suutari and Brewster (2000) and there has since then been an explosion of research into the phenomenon (see for example Andresen et al 2012; Vaiman and Haslberger 2012). SIEs are people who have gone to another country independently and now work there, with the option of moving on after a while. They may have applied for a foreign-based job whilst they were at home or they may have got the job after they got there. Either way, they bring the organisation some of the international knowledge and capabilities of traditional expatriates (though without the knowledge of headquarters) but, since they are employed on local terms and conditions or, in intergovernmental and charity organisations at the same rates as everyone else, they do so at a significantly reduced cost

---

ALTERNATIVE FORMS OF INTERNATIONAL WORKING

Short-term assignments – An assignment with a specified duration, usually between one and 12 months (Collings et al 2015). Typically, such assignments are for less than six months because in many countries this means that the assignee can continue to be paid from home, and tax and social security issues do not arise. The family may accompany the employee, but normally they do not. Many of these assignments are project-based with clear and limited targets, and the contract ends when the targets have been met.

International commuters – Employees who commute to a place of work in another country, usually on a weekly or bi-weekly basis, while the family remains at home or in a nearby country. These are often used for less safe countries but are also common in Europe where borders are less restrictive and people can travel easily.

Frequent flyers – Employees who undertake frequent international business trips, spending just one or a few days in each location, but do not relocate at all. Often used by salespeople who sell externally and by senior managers to ensure social relationships within the organisation.

Remote international working – This is where an individual or a team of people has responsibility for work in another country or across the organisation but do it from their home location, relying on email, social networking, telephone calls and video-conferencing to achieve their objectives.

Standard expatriation contracts are expensive (see Chapter 13). So, organisations that need to move their people around also use alternative methods of international working. Some methods such as short-term expatriation, however, are mainly used because they simply fit the work requirement better. But, whilst all of these methods are cheaper (they don't have expatriate supplements or the costs of moving the family abroad) none of them is without problems of its own, for both organisations and the individuals concerned.

Short-term assignments are, positively, more likely to fit the work well in many situations – most tasks don't last three years. They also mean that the family can stay at home. Individuals on such assignments tend to work long hours to get the assignment completed and tend to be very productive. Their costs are usually included in project budgets rather than the local unit budget or the IHRM budget. Negatively, for individuals there can be serious work–life balance issues, which include social and family separation (Starr and Currie 2009). Because, on projects, employees are often under severe time constraints and staying in a hotel or compound, many project workers prefer to put in long hours. This may not always be the most efficient way to work. For the organisation, central control of the number of employees on such arrangements is often difficult because their numbers are linked to specific projects which are controlled by the line management. There are often complaints about variations within the organisation caused by the type of project rather than reflecting the individuals involved. And short-term assignees may fail to develop good relationships with local colleagues and customers and do little to spread knowledge (Tahvanainen et al 2006).

International commuter assignments have the benefits of cost (travel is cheaper than expatriate terms and conditions), mean that the individual is focused on their work whilst at the workplace, and do not disrupt family and social life to the same extent. They are most widely used in Europe, where there are a lot of countries close together and work permits are not an issue for most citizens (Mayrhofer and Brewster 1997), but are also used where it is too dangerous to locate families in a country so they remain at home or in a nearby safer country. They are more structured than frequent flying (Stahl et al 2012) and appear to be used by a significant minority of organisations (KPMG 2013). The main problems for the individuals involved are 'burnout' (like the short-term assignments but on a longer-term basis, commuters spend extra time at work and, in addition, a lot of time travelling; maintaining a balance between work in one country, and home life in another) and dealing effectively with cultural issues in a foreign setting (very few organisations provide cross-cultural training for employees on these types of assignments). There is also the issue of perceived commitment – a poor image is created in the host country when, on every chance that the commuter gets, he or she rushes away from that location. For organisations, it is often difficult to strike a balance between pressing the commuter to be available in the office for more days and recognising that he or she has to get home.

Frequent flyers give the organisation the opportunity to get crucial people to relevant places at key points. They are used to ensure that projects run efficiently and to maintain knowledge of and control over individuals and operations. However, for individuals there are again work–life balance issues. Paradoxically, these employees may spend less time at home than, say, short-term assignees or international commuters (Konopaske et al 2009; Welch and Worm 2006). Further, there is a limit to how long employees can successfully operate when they live 'out of a suitcase'. Burn-out is common (Collings et al 2007). For organisations, many companies are unable to identify frequent flyers within their workforce because the budgets are often under the control of line managers and hence there is often an absence of any policy for this type of international assignment (CReME 2000; PWC 2000), though this may be (Brookfield, 2015) changing and accordingly a concern with cost-effectiveness. How valuable can someone be who flies into a situation that they do not understand in detail, takes responsibility and makes decisions (otherwise why send them?), sometimes cutting across authority lines within the host organisation, and then leaves others to cope with the fall-out from their decisions? How much can controllers know of a situation in which they have only spent a couple of days with people acting outside their normal work (if only to 'host' the frequent flyer)?

Remote international working has expanded as the technology, particularly tele-conferencing and video-conferencing, has developed from the original clunky systems to the much more user-friendly versions now available. It avoids many of the problems noted above but raises others. For individuals these include the fact that they have to work outside the comfort of their home culture (Spreitzer et al 1997), but without the expatriate experience of learning how to manage across cultures. In most cases they have no training or education in cross-cultural skills, and many will have to work in a second or third language. For some people, taking responsibility for or sharing responsibility with others that you may physically never, or only rarely, meet is not always a comfortable situation. The individual's adjustment within an international team is not influenced solely by his or her own competencies (Zimmermann and Sparrow 2007). Instead, the power balance between team members is likely to have a major influence on the course of adjustment. Depending on the distribution of the nationality of headquarters, language capability, leadership, and the customer interface, the expatriate will have more or less power to demand changes from the other side, and to achieve them through teaching and control. For organisations, selecting the right people to make up a virtual multicultural team can be problematic; team training can be important but costly. Organisations such as Ciba-Geigy insist that in all remote international teams the members meet face-to-face, for business and socialising, before remote working commences, so that they know who they are working with.

Overall, most decisions on expatriation and alternative forms of international working are taken in response to immediate issues and pressures. The decisions are generally taken by line managers. Few organisations have as yet thought through the best HRM policies to 'manage the mix' (Brewster et al 2001) of the different forms in the most cost-effective way possible for their overall HRM strategies.

15.6 TYPES OF INTERNATIONAL EMPLOYEES

The format of international working is changing, but so too is the profile of individuals doing international work and the way that they get into it. The traditional long-term expatriate was very often white or at least from one of the developed countries, was male, was an experienced practitioner, and was selected and sent by his ethnocentric employer. Increasingly, international employees come from all parts of the world, female members of the international workforce are receiving more attention, expatriates are well–educated and many have used their own initiative to get the post.

Today, there is growing recognition of international working by people who do not come from the WEIRD countries (Henrich et al 2010) – the western, educated, industrialised, rich, developed countries that are a small minority of all the countries in the world. There has been a boom in MNCs from the emerging nations, with different strategies and often very successful ones (Williamson et al 2013): firms like Samsung, Tata, Infosys and Huawei. Our research into the expatriates from these countries is still sparse but is increasing all the time (see Thite 2015). It seems that these MNCs do not necessarily follow the patterns of expatriation that have been popular in the firms from the more developed countries.

15.6.1 DIVERSITY MANAGEMENT PROGRAMMES

Despite a prevalence of diversity programmes in the USA, and anti-discrimination programmes in the EU, it is unclear how much this type of approach has been taken up in organisations in other parts of the world (Klarsfeld et al 2011).

KEY FRAMEWORK

Common features of diversity programmes in the USA

These include the following:

- A broad definition of diversity, often known as *universal inclusion*. This is a broader definition than employment discrimination legal compliance and can encompass any personal characteristics that affect employees' workplace treatment or productivity.
- A *business case* motivation for diversity initiatives. Typical objectives include being an employer of choice, attracting and retaining talent, developing high-potential employees, increasing productivity and keeping up with competitors.
- Diversity *administrative structures*, which may include a small, specialist consulting group at headquarters, either reporting directly to a senior executive or located in the firm's human resources department; diversity councils at corporate and local levels; and affinity groups (for example women or ethnic minority networks) to link and represent employees who are members of specific demographic groups. Short training programmes are a key feature of the diversity approach.
- Integration of the organisation's diversity initiatives into organisational change programmes.

In countries other than the USA, patterns are different and there are acceptable approaches to dealing differently with employees of, for example, different genders (as in the Arab countries, for example), or different ethnic groups (as in India and Malaysia, where some ethic groups are privileged) that would not be acceptable in other countries.

In IHRM contexts, a key debate is the extent to which diversity programmes should be standardised across subsidiaries. In principle, the organisational structure of an MNE's diversity management activities should support the approach the firm has adopted for its overall activities. This would assume that an organisation adopting an ethnocentric or geocentric approach would have more or less standardised programmes across the world. However, this area is particularly influenced by local institutions and culture, which may render company-wide programmes inappropriate, indeed even unlawful in some countries. Many organisations therefore allow a considerable degree of autonomy to their subsidiaries in developing their own diversity programmes, often providing expert assistance from headquarters if needed.

INTERNATIONALISING DIVERSITY MANAGEMENT IN A US-BASED TELECOM COMPANY

Telco (not the company's real name) adopts a 'multi-local' approach in all aspects of internationalisation. Internationalising diversity is therefore driven from the bottom rather than by the top. Each international facility is responsible for developing, designing, implementing and funding its own diversity management work. The role of the corporate headquarters is an advisory one, communicating the corporate-wide diversity message and responding to requests for assistance.

The experience of Telco in running a multi-domestic diversity approach has highlighted both the strengths and weaknesses of such a system. Making local staff responsible for shaping diversity activities was seen to have the following positive benefits:

1   harnessing the energy of managers who feel personally involved in the outcomes

2   unleashing considerable creativity and commitment

3   resulting in activities well targeted towards issues of local relevance.

On the negative side, localised efforts were seen to be problematic due to:

1   lack of time to invest in diversity initiatives on an ongoing basis

2   lack of training and expertise in diversity management on the part of local managers, which led to 'reinventing the wheel' on occasions

3   the fact that initiatives were limited to training interventions because of managers' lack of resources and authority to explore system-wide diversity problems embedded in HR systems.

Questions

What steps would you take to implement a global diversity strategy, taking into account the issue raised in the case above?

15.7 WOMEN IN INTERNATIONAL MANAGEMENT

The development of a global mindset – the goal of many transnational organisations – can only be achieved through exposure to diversity. It is hardly likely that a homogeneous group of managers will develop a global mindset unless the composition of the group is changed to reflect the diversity within the organisation and potentially within its client base. Many aspiring global organisations strive to develop a broad international cadre of managers amongst their most promising junior and middle management employees who are expected to feed into the most senior positions in the company. International management assignments constitute a vital component of the development of a geocentric mindset amongst this body of managers and are increasingly seen as a key contributor to global talent management programmes (see Chapter 16 and Cerdin and Brewster 2014; Collings 2014). Adler and Bartholomew (1992, p18) stressed the importance of international assignments to developing a 'global firm':

> Foreign assignments become a core component of the organisational and career development process... Foreign assignments are used... to enhance individual and organizational learning in all parts of the system.

Despite this increase in demand for international assignees, the numbers of women in such positions remains low, although there is evidence that it is higher in multinationals from the Nordic countries (Suutari and Brewster 2003). This situation might slowly be improving. For example, a GMAC survey (GMAC 2008) suggests that with regard to global mobility more than a quarter of expatriates are now women (up from 10% in 1994). Although exact numbers have to be taken with a pinch of salt – consultant surveys tend to cover just larger and more sophisticated companies – there may be a trend.

The still low incidence of women on international assignments is puzzling when one looks at research into the criteria for effective international managers. Here, as noted in Chapter 13, the emphasis is on interpersonal, intuitive and co-operative styles of management as the key skills for working internationally. These are skills that tend to be more common in the female expatriate population (Napier and Taylor 2002). Why, therefore, do organisations continue to under-use such a valuable source of diversity and a potentially powerful aid towards developing a truly global mindset? Adler (1984a) argued that there were 'myths' at work: women do not want to be international managers; foreigners' prejudice against women renders them ineffective, even when they are sent;

and companies don't like to send women abroad. Her research found that the first and second myths were wrong; but the third was accurate (see also Sinangil and Ones 2003).

Caligiuri and Cascio (1998) developed a four-factor model for predicting the success of female global assignees. The four antecedents in the model are: personality traits, organisational support, family support, and host nationals' attitudes towards female expatriates. Organisation support is defined in the model in terms of cross-cultural and gender-specific training for women on assignments and projecting female expatriate managers as being most suitable and highly qualified for the job to local nationals. The model does not, however, include the role of organisational selection systems for international assignments as a critical variable in organisational support.

Harris (1999) examined the impact of organisational selection systems for international assignments on the participation rates of women. She drew on the wider research into discrimination in selection to assess the extent to which differing types of selection system would influence ideas about 'fit'. From a sociological perspective, selection is seen as a *social* process, to be used by those in power within the organisation as a means of determining the continuing form of the organisation by recruiting and promoting only those individuals who most closely conform to organisational norms. Harris's research with UK-based MNCs revealed the existence of four typologies of selection systems for international manager positions. These were constituted in two dimensions: whether selection systems are open (widely advertised, open to all) or closed (chosen from a limited pool of candidates); and whether the process was 'formal' (more objective) or 'informal' (more subjective). Four possible selection systems were therefore identified (see Table 15.1).

Table 15.1 A typology of international manager selection systems

	Formal	Informal
Open	Clearly defined criteria Clearly defined measures Training for selectors Open advertising of vacancy (internal/external) Panel discussions	Less defined criteria Less defined measures Limited training for selectors Open advertising of vacancy Recommendations
Closed	Clearly defined criteria Clearly defined measures Training for selectors Panel discussions Nominations only (networking/reputation)	Selectors' individual preferences determine criteria and measures No panel discussions Nominations only (networking/reputation)

The implications of these variations in selection systems for international assignments in relation to women's participation are:

- *An open/formal system* would see greater clarity and consistency in thinking about international managers and a greater link with formal criteria. This system was seen to provide the greatest opportunities for women to be selected for international manager positions.
- *A closed/formal system* was seen to be similar to an open/formal system. However, the lack of personal contact with the candidate and the fact that the field of potential applicants is determined by the selector/s with the attendant risk of omission of suitable candidates, may permit individual preferences by selectors to influence nominating individuals.

- *An open/informal system* would decrease clarity and consistency and linkage with formal criteria, and was therefore seen to provide less opportunity for women to enter international management positions, because selection decisions would be more subjective.
- *A closed/informal system* was perceived as the worst situation for equality of opportunity in this area, combining as it does the potential for subjectivity on the part of the selectors and a lack of access on the part of potential candidates.

Case study investigations, carried out as part of this research, indicated that the type of selection system in use for international assignments clearly affected the number of women in international organisations and that the main differentiating factor in participation rates for male and female expatriates was the type of international selection system in operation. In practice most expatriates are selected through a closed informal system (Harris and Brewster 1999), the one least likely to produce women expatriates.

? REFLECTIVE ACTIVITY 15.2

From your own experience:

- What do you feel are the key barriers to women gaining international assignments in your own organisation?
- What recommendations would you make to increase the number of women on international assignments?

Harris (1999) recommended the following strategies, for organisations wishing to foster diversity (gender, geographical, ethnic etc) in their expatriate management population: becoming more strategic in their planning; clarifying the appropriate competencies and criteria; monitoring outcomes; training selectors to be more aware; and providing support for alternative arrangements for the domestic aspect of international assignments that might influence the perception of accessibility amongst people with non-traditional domestic arrangements.

15.8 DUAL-CAREER COUPLES

Although the numbers of dual-career couples expatriating remains small, this is becoming increasingly common and an increasing source of concern to organisations sending individuals on international assignments. Assumptions about the problems associated with sending a woman abroad if she is in a dual-career couple have in the past caused organisations to use this as a reason for not selecting potential female expatriates (Adler 1984c). Issues surrounding dual-career couples remain a significant part of the decision over whether or not to send an employee on an international assignment. Of course, organisations will have to look for solutions to the dual-career issue for *both* genders, not just for male employees. The process is complex and difficult, both for the organisation and the expatriates (Känsälä et al 2014)

15.9 THE IMPLICATIONS OF INTERNATIONAL WORKING ON WORK-LIFE BALANCE

We introduced the topic of work–life balance in Chapter 7. This book has underlined the importance of international assignments to organisations working across national borders in order to build global competence and integration. It has also shown evidence of significant problems in managing some long-term assignments. It is important to realise, however, that success in international assignments is not just a function of the individual but also of the partner and family. Families have only occasionally been seen as a focus of research (Haslberger and Brewster 2008). The disruption caused by international working and geographical relocations puts significantly greater pressure on work–life balance than work in the same country does (Caligiuri and Lazarova 2005; Lazarova et al 2010). Work–life issues are amongst the most cited problems associated with international working patterns for both those in relationships and single employees (Suutari 2003).

Most studies are based on the assumption of a reciprocal relationship between two types of work–family conflict: work-interference-with-family conflict, and family-interference-with-work conflict. Not only does the adjustment of one partner spill over from one aspect of their lives into others, but there will be an interaction (crossover) between them (see Figure 15.1). With other family members (children, parents) this relationship becomes even more complex (Haslberger and Brewster 2008). Thus effective adjustment in one area can affect adjustment in others, and the effective adjustment of one will also affect the others – and the links run both ways, so an expatriate happy in their work (or unhappy) will bring that well-adjusted (or ill-adjusted) feeling to their family. The nature of the family's adjustment will also impact on the expatriate at work.

International working often involves the physical relocation of the entire family. In such cases, the boundaries between work and home become blurred (Caligiuri and Lazarova 2005). The work is usually important and often stressful, draining energy and focus from family life (Mäkelä and Suutari 2011). For dual-career couples, the partner's career may be disrupted and his or her sense of worth and identity may suffer (Harvey 1997). The children's education may also be interrupted (Fukuda and Chu 1994) and their social networks destroyed, which may affect their feelings of security and well-being. In short, in international assignments, family life becomes more significant because the whole family is uprooted (Lazarova et al 2010; Mäkelä et al 2013). Even in the case of short-term assignments and international commuting assignments, where the family may not physically relocate, the additional stressors of the individual's living away from home have been seen to exacerbate work–family conflict.

Figure 15.1 Spillover versus crossover

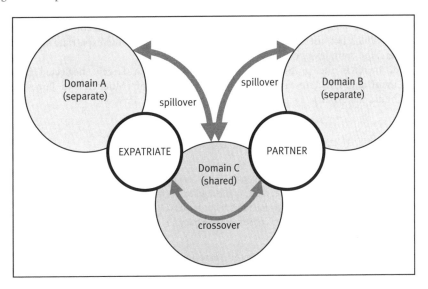

> **?   REFLECTIVE ACTIVITY 15.3**
>
> What can organisations do to ensure a good work–life balance for employees and their families while on international assignments?

15.10 MEASURING THE RETURN ON INVESTMENT FOR INTERNATIONAL ASSIGNMENTS

The need for a more strategic and detailed approach to managing international working from both the organisational and individual perspective has been highlighted both in this chapter and in Chapter 13. Ideally, the financial and non-financial costs should be less than the financial and non-financial benefits of the assignment to the organisations (McNulty and Tharenou 2004) and for the individual (McNulty et al 2013). However, despite the importance of international assignments, MNCs find it hard to fully evaluate the benefits associated with their use. Far less than a fifth even try to apply any kind of return on investment measures (Johnson 2005). Thus, although some organisations have a clear outline of the international assignments' costs, very few, if any, have anything but a vague or unclear picture of the related return on investment. The need to develop a methodology to measure the value of international assignments is currently the focus of many consultancies operating in the area of IHRM and an increasing amount of literature.

The problems for such organisations fall under three headings. First, in order to understand whether an assignment has been successful, the objectives of the assignment have to be clear and unambiguous. As already noted in the previous chapter, international assignees are usually sent abroad for one of four main strategic reasons: professional development, knowledge transfer, transfer of scarce skills, control and co-ordination. In reality, given the costs of assignments, most organisations try to achieve several of those objectives for each assignment, but without allocating priorities. So assignments may be more or less successful for each objective and balancing them up becomes very hard.

Second, there is the question of whose investment and whose return. McNulty et al (2013) make the point that an assignment might be very successful for the organisation or the individual, but not necessarily both. If we then factor in the expatriate's family and co-workers, the complexity becomes apparent.

Third, there is the problem of timescale. Time is a largely neglected issue in management and HRM research, but is clearly significant (Mitchell and James 2001). When should the expatriate's results and impact be measured?

THE POWER OF MR POWER

Mr Power was sent to head up the company's largest and most profitable foreign affiliate. Although it was the most profitable, those profits had been gradually declining for a number of years and there was a feeling in headquarters that the subsidiary had become 'fat and comfortable'. Rex Power was seen as one of the company's brightest young talents and was fully briefed before he went.

He spent a couple of months 'making himself aware', as he put it. Then he started to change things. He offered generous early retirement to some of the older managers. He promoted some of the people he identified as being potential future leaders, often jumping them several grades in the hierarchy and including an unusual proportion of women. He moved managers ('shuffling the pack', as some of his critics put it) from operations to sales and from the north of the country to the south. He reduced the individual sales managers' entertainment budgets. He broke up long-established teams. He brought in-house some services that had been outsourced. He instituted leadership programmes for junior managers.

There was a strong reaction. A series of staff meetings were held. Letters were written and HQ had to deal with a series of complaints and appeals, including handling a visit by local union leaders. Although some people loved the changes, many did not, and for them dealing with customers took second place to their attempts to fight the changes. Profits took a further knock and were at their lowest for a number of years.

Over a number of months, however, more people began to buy into the changes and were re-energised by their new roles. Towards the end of Rex Power's time in the subsidiary, profits had begun, for the first time in many years, to increase and by the time he left at the end of his three-year term they were back to the levels when he started. His successor oversaw profits rising to unprecedented levels.

Questions

How should the organisation evaluate Mr Power's assignment?

Should local managers do it, or headquarters managers?

Profits were higher before he was there and improved strongly after he left. Were the expatriates who ran the affiliate before him better than him?

How should the organisation judge the performance of his successors?

In practice, most organisations use a mix of intuitive evaluation systems: combining looking at subsidiary performance, global and local performance evaluation, frequent reporting, visits from the expatriates to headquarters and from headquarters staff to the subsidiary, all in an attempt to establish whether they feel that their international employees are doing a good job. And in the end it is often more the feelings of experienced senior managers that matter more than any of the formal numbers.

15.11 THE MULTICULTURAL TEAM

Looking at the different assumptions that we make about the skills and competencies that are needed by global leaders (see also Chapter 16), one could be forgiven for asking, 'But surely, this is only important for large organisations that employ a small cadre of internationally mobile managers and expatriates? What about organisations that might simply source international employees from and in different parts of the world? Do they need to recruit for these sorts of competencies?' If we look at what we know about the use of international employees, the answer is probably 'Yes'. Organisations rely upon cross-cultural skills and at surprisingly low levels in the hierarchy. Salas et al (2008, p115) note that:

> [t]he United States has often been referred to as a melting pot, consisting of individuals from numerous cultures, backgrounds and religions. With the expansion [by the late 1990s] of over 10,000 companies worldwide to global markets, a multicultural workforce is inevitable… To add further complexity, organisations' use of teams as a means of improving organisational outcomes is increasing. The likelihood of multicultural teams (ie two or more individuals from at least two different national cultures who must work interdependently to reach the team's goals) being developed in organisations is therefore greater than ever.

The use of teams, even within highly individualist countries such as the USA, has become accepted as a key means of coping with the highly complex and dynamic nature of work in the twenty-first century. Why do internationalisation strategies require managers increasingly to work through multinational team networks?

WHY DO INTERNATIONALISATION STRATEGIES RELY ON TEAMS?

There are three main reasons:

● Organisations are pursuing strategies of localisation, attempting to reduce their reliance on expatriates in their traditional co-ordination and control role.
● Strategies that rely on rapid internationalisation through international joint venturing, strategic partnership arrangements and global start-ups place international managers into team and work contexts in which they may have less position-power but a heightened need to ensure that their organisation learns from the partnership.
● As organisations globalise their operations, the requirement for international working is pushed lower down the hierarchy.

HRM policies and practices that support the use of teams include selecting team players, rewarding on the basis of teamwork, and developing mentoring and coaching behaviours for potential leaders.

For international organisations, there are a number of benefits of working in transnational teams (Schneider and Barsoux 1997). They can encourage cohesiveness amongst national and functional units. They help create lateral networks to improve communication and information flow between subsidiaries and HQ, and among subsidiaries (Ghoshal et al 1994). They provide opportunities for team members to understand international issues better and to note the interdependencies between units. They also provide opportunities for team members to learn how to function more effectively within different cultures with suppliers, customers or employees. Finally, they can help foster knowledge transfer and organisational learning.

Evans et al (2002) view cross-boundary teams as the basic unit of the global economy and argue that strategic decisions in global organisations are complex. Transnational teams contribute to what they term 'glue technology': the underlying process technology used in co-ordinating mechanisms within international organisations. From this perspective, the foundation of most mechanisms of co-ordination is relationships between people.

Cross-boundary teams can take many shapes and forms – they may (for example) be part of an international supply chain in a major pharmaceutical company, or a cross-national team of consultants put together to deliver a business solution for a global services company, or an international relief team working for a not-for-profit organisation.

? REFLECTIVE ACTIVITY 15.4

From our earlier discussions of cross-cultural differences in Chapters 3 and 4,

● what would you see to be the pros and cons of forming a team with individuals from the USA, Germany, Japan and Brazil?
● what process recommendations would you make to ensure effective functioning of the team?

Multicultural teams tend to be either very high-performing or very low-performing (Shapiro et al 2002). The relative productivity of a series of four- to six-member problem-solving teams. Culturally diverse teams tend to become either the most or the least effective, whereas single-culture teams tend to be average.

Adler (1997) argued that the difference between highly productive and less productive teams lies in how they manage their diversity, not in the fact that they include diversity. According to Adler, a multicultural team's productivity depends on its task, stage of development and the ways in which its diversity is managed.

In terms of task, multicultural or diverse teams are seen to perform better than homogeneous teams in situations where innovative ideas/solutions are required. Most of the major consulting companies create international and cross-functional teams to deliver competitive leading-edge solutions for multinational clients. In contrast, a team working on the standardised assembly of electronic components will require individuals with the same standard of manual dexterity.

A team also progresses through various stages: entry; work; action. At the *entry* stage a team must develop cohesiveness and begin to know and to trust each other. Creativity is essential at the *work* stage, when the team has to devise ways of defining its objectives, gathering and analysing information and assessing alternative plans of action. The final *action* stage, when agreement on a final solution is required, requires coherence. Diversity can be seen to hinder both the first and final stages, but be extremely beneficial at the middle stage.

15.12 KEY COMPETENCIES FOR MULTICULTURAL TEAMS

CASE STUDY 15.4

MUTUAL ADJUSTMENT WITHIN INTERNATIONAL TEAMS IN GERMAN MNCS

Cross-border research regarding what occurs when two diverse groups begin interacting is an example of what Sackmann and Phillips (2004) call the intercultural interaction perspective. Study of international teams often shows the need for accelerated processes of cultural bridging. Cross-cultural interactions are an integral part of the functioning of such teams. Zimmermann and Sparrow (2008) studied 116 participants over a one-year period in eleven bi-national teams within German MNCs: two German–British teams, five German–Indian, two German–Japanese, and two German–Austrian teams. The study showed the importance of *mutual adjustment processes* (multiple interactions between team members of several different nationalities) across all combinations in order to overcome the dificulties associated with differences regarding work practices and communication styles. Such mutual adjustment achieved better relational and work outcomes. Five internal adjustment components (strategies) were identied:

communication, change of views, evaluation of differences, negotiation, and teaching and control. These highlight the cognitive, affective, and behavioural skills that become important for international managers when working through international team structures. External factors were also important. The nationality of headquarters impacted on the way team members changed both work practices and communication styles. Three elements were important: organisational culture and regulations guided work practices across the countries; globally standardised practices and structures designed at headquarters to co-ordinate team activities across nations; and headquarter membership within teams allowing for greater access to information. The organisations' globalisation and localisation strategies also set the ground for the degree of inuence that the nationality of headquarters, the nationality of leadership, and the external customer had on the direction of adjustment within teams.

We discussed multiculturalism for the individual in Chapter 4. But we can also think about multiculturalism at the collective level, within a whole team. Members of international teams have to understand what the required behaviour is, why it is considered desirable, at whom it is aimed, where it is most often to be seen, and how that behaviour is delivered (Sparrow 2006). Although individuals with cultural intelligence are important, it is also the quality of cross-cultural communication at team level that determines the effectiveness of multi-cultural teams (Kealey and Protheroe 1996; Gudykunst 1998; Matveev and Nelson 2004). Table 15.2 shows the specification of cross-cultural communication competence that can be applied both to individual and also to team interactions.

Table 15.2 Cross-cultural communication competencies

Interpersonal skills	Team effectiveness	Cultural uncertainty	Cultural empathy
Ability to acknowledge differences in communication and interaction styles Ability to deal with misunderstandings Being comfortable when communicating with foreign nationals Being aware of own cultural conditioning Having basic knowledge about the country, the culture, and the language of team members	Ability to understand and define team goals, roles and norms Ability to display patience Ability to give and receive constructive feedback Ability to discuss and solve problems Ability to deal with conflict situations Ability to display respect for other team members Displaying a participatory leadership style Ability to work co-operatively with others	Ability to deal with cultural uncertainty Tolerance of ambiguity and uncertainty due to cultural differences Being open to cultural differences Ability to exercise flexibility	Ability to see and understand the world from others' cultural perspectives Exhibiting a spirit of inquiry about other cultures, values, beliefs and communication patterns Ability to appreciate dissimilar working styles Ability to accept different ways of doing things Non-judgemental stance toward the ways things are done in other situations

Source: Matveev and Nelson (2004)

15.13 STRATEGIES FOR MANAGING MULTICULTURAL TEAMS

Multicultural teams do not differ from mono-cultural teams in terms of basic team dynamics – typically they will go through four stages of development ('forming [Adler's 'entry' stage], storming [Adler's 'work' stage], norming and performing [Adler's 'action' stage]'). They will also have to consider composition issues such as the resources allocated to the team, membership profile, numbers, etc. And they will have to address how to run the team. Core team dynamics studies should identify both task and process issues relating to effective team performance. The same is true for multicultural groups, but given the complexity of different cultural perspectives, assumptions about the nature of task and process issues ought to be questioned by all team members in order to achieve a 'common reality' and from there to establish common ground rules for the development of the team.

A comprehensive list of the issues to be addressed in both task and process aspects of managing multicultural teams is presented by Schneider and Barsoux – see Table 15.3.

Table 15.3 Task and process issues to be addressed in multicultural teams

Task considerations	Process considerations
Purpose, timing and process of meetings Clarity and explicitness? Meaning of 'commitments'? Adherence to formal agenda and meeting structure? Involvement of various stakeholders and levels of involvement? Protocols for information exchange: who, when, formal vs informal?	*Relationship management* Social time versus business focus? Timing and importance of social time? Role of status and rules for addressing people? Rules for interruptions? Protocols for face-to-face and informal feedback? Preferred process for conflict management and negotiation strategies?
Meeting conduct Role of communication technologies and IT? Definition and expectations of an effective argument? Preferences for use of facts, philosophy, emotions? Rules about when a decision has been made – consensus, compromise, majority rule?	*Trust* How is trust earned? How important is it?
Team and performance targets Trade-off between cost, quality, and time targets, different deadlines? Meaning of 'on time'? Need to surface hidden 'rules of the game'? Formalisation of roles and responsibilities?	*Role of language* Preferred language for business meetings? Same language for informal exchanges? Managing different levels in fluency?
Team leadership Role of team leaders and members? Division and integration of tasks? Rules for the 'team together' and 'team apart'?	*Social power* Patterns of domination? Natural allies and coalitions, supporters, dissenters?

Source: ideas drawn from Schneider and Barsoux (1997)

The checklist of communication competencies shown in Table 15.3 illustrates the potential for conflict on even the most basic team-management issues. Teams incorporating diverse nationalities tend to ignore differences at the start-up stages of the teams and to focus on similarities (such as, young, well-educated, professional). With depressing regularity, team dynamic problems surface later, when the pressure of work kicks in. Complaints of non-inclusion from those from high-context, neutral cultures are greeted with shocked surprise by UK and US members who view their time- and task-focused approach, combined with an assertive manner, as the 'right' approach to teamwork. The introduction of inter-cultural awareness sessions, combined with discussion around team-building issues for multicultural teams (perhaps using selected questions from Schneider and Barsoux's task and process strategy checklist), leads to a significant decrease in complaints and more effective teams.

KEY LEARNING POINTS

- Diversity in an international workforce is a major advantage – and a major concern for internationally operating organisations.
- The role of women in international management should be addressed: their low participation rates are to some extent a function of the home-country selection.
- International working can have a significant effect on work-life balance.
- Organisations need to measure the value of international assignments, including diversity considerations, but this is not easy and in practice multiple methods are adopted in most organisations.

LEARNING QUESTIONS

1   What are the advantages for international organisations in ensuring a diverse workforce?

2   If diversity is seen to be a critical factor of competitive advantage for international organisations, why is the expatriate population still largely white and male?

3   Suggest practical steps an organisation can take to alleviate work-family issues for international assignments.

4   Is it possible to create metrics to measure the value of international assignments? Suggest critical success factors for implementation.

EXPLORE FURTHER

CALIGIURI, P.M. and CASCIO, W. (1998) Can we send her there? Maximising the success of western women on global assignments. *Journal of World Business.* Vol 33, No 4. pp394–416.

KLARSFELD, A., COMBS, G.W., SUSAETA, L. and BELIZON, M.J. (2011) International perspectives on diversity and equal treatment policies and practices. In: BREWSTER, C. and MAYRHOFER, W. (eds) *Handbook of comparative human resource management.* Cheltenham: Edward Elgar.

ZIMMERMANN, A. and SPARROW, P.R. (2008) Mutual adjustment processes in international teams: lessons for the study of expatriation. *International Studies of Management and Organization.* Vol 37, No 3. pp65–88.

REFERENCES

ADLER, N.J. (1984a) Women do not want international careers: and other myths about international management, *Organizational Dynamics.* Vol 19, No 3. pp79–85.

ADLER, N.J. (1984b) Expecting international success: female managers overseas. *Columbia Journal of World Business.* Vol 19, No 3. pp79–85.

ADLER, N.J. (1984c) Expecting international success: female managers overseas. *Columbia Journal of World Business.* Vol 19, No 3. pp79–85.

ADLER, N.J. (1997) *International dimensions of organisational behavior.* 3rd edition. Cincinnati, OH: South Western Publishing.

ADLER, N.J. and BARTHOLOMEW S. (1992) Managing globally competent people. *Academy of Management Executive.* Vol 6, No 3. pp52–65.

AIKEN, L.H., BUCHAN, J., SOCHALSKI, J., NICHOLS, B. and POWELL, M. (2004). Trends in international nurse migration. *Health Affairs.* Vol 23, No 3. pp69–77.

ANDRESEN, M., AL ARISS, A., WALTHER, M. and WOLFF, K. (2012) *Self-initiated expatriation: individual, organizational and national perspectives.* New York: Routledge.

BREWSTER, C., HARRIS, H., and PETROVIC, J. (2001) Globally mobile employees: managing the mix. *Journal of Professional HRM.* Vol 25. pp11–15.

BROOKFIELD GLOBAL RELOCATION SERVICES (2015) *2015 Global Relocation Trends Survey Report.* Technical report. Available at: http://globalmobilitytrends.brookfieldgrs.com/#?q=5.

CALIGIURI, P.M. and CASCIO, W. (1998) Can we send her there? Maximising the success of western women on global assignments. *Journal of World Business.* Vol 33, No 4. pp394–416.

CALIGIURI, P.M. and LAZAROVA, M. (2005) Expatriate assignments and work-family conflict. In: POELMANS, S.A.Y. (ed). *International Research in Work and Family.* Mahwah, NJ: Lawrence Erlbaum Associates.

CERDIN, J.-L. and BREWSTER, C. (2014) Talent management and expatriation: bridging two streams of research and practice. *Journal of World Business*, Vol 49, No 2. pp245–252.

CLARK, P.F., STEWART, J.B. and CLARK, D.A. (2006) The globalisation of the labour market for health-care professionals. *International Labour Review*. Vol 145, Nos 1/2. pp37–64.

COLLINGS, D.G. (2014) Integrating global mobility and global talent management: Exploring the challenges and strategic opportunities. *Journal of World Business*. Vol 49, No 2. pp253–261.

COLLINGS, D.G., MCDONNELL, A. and MCCARTER, A. (2015) Types of international assignees. In: COLLINGS, D.G., WOOD, G.T. and CALIGIURI, P.M. (eds). *The Routledge companion to international human resource management*. Abingdon: Routledge.

COLLINGS, D.G., SCULLION, H. and MORLEY, M.J. (2007) Changing patterns of global staffing in the multinational enterprise: challenges to the conventional expatriate assignments and emerging alternatives. *Journal of World Business*. Vol 42. pp198–213.

CReME (2000) *New forms of international working*. Executive Report, Cranfield School of Management, UK.

DABIC, M., GONZÁLEZ-LOUREIRO, M. and HARVEY, M. (2015) Evolving research on expatriates: What is 'known' after four decades (1970–2012). *International Journal of Human Resource Management*. Vol 26, No 3. pp316–337.

DAVOINE, E. and RAVASI, C. (2013) The relative stability of national career patterns in European top management careers in the age of globalisation: a comparative study in France/Germany/Great Britain and Switzerland. *European Management Journal*. Vol 31. pp152–163.

EVANS, P., PUCIK, V. and BARSOUX, J.-L. (2002) *The global challenge: frameworks for international human resource management*. New York: McGraw Hill-Irwin.

FINDLAY, A.M., LI, F.L.N., JOWETT, A.J. and SKELDON, R. (2000) Skilled international migration and the global city: a study of expatriates in Hong Kong. *Applied Geography*. Vol 20, No 3. pp277–304.

FITZSIMMONDS, S.R. (2013) Multicultural employeees: A framework for understanding how they contribute to organizations. *Academy of Management Review*. Vol 38, No 4. pp525–549.

FITZSIMMONDS, S.R., MISKA, C. and STAHL, G.K. (2011) Multicultural employees: Global business' untapped resource. *Organizational Dynamics*. Vol 40, No 3. pp199–206.

FUKUDA, J.K. and CHU, P. (1994) Wrestling with expatriate family problems: Japanese experience in east Asia. *International Studies of Management and Organisation*. Vol 24, No 3. pp36–47.

FURUSAWA, M., and BREWSTER, C. (2014) The bi-cultural option for global talent management: the Japanese/ Brazilian *Nikkeijin*example. *Journal of World Business*. Vol 50, No 1. pp133–143.

GHOSHAL, S., KORINE, H. and SZULANSKI, G. (1994) Interunit communications in multinational corporations. *Management Science*. Vol 40, No 1. pp96–110.

GMAC (2008) *Global relocation trends: 2008 survey report*.Woodridge, IL: GMAC Global Relocation Services.

GUDYKUNST, W.B. (1998) Applying anxiety/uncertainty management theory to intercultural adjustment training. *International Journal of Intercultural Relations.* Vol 22. pp227–250.

HARRIS, H. (1999) Women in international management: why are they not selected? In: BREWSTER, C. and HARRIS, H. (eds). *International HRM: contemporary issues in Europe.* London: Routledge.

HARRIS, H., and BREWSTER, C. (1999). The coffee machine system: how international selection really works. *International Journal of Human Resource Management.* Vol 10, No 3. pp488–500.

HARVEY, M. (1997) Dual career expatriates: expectations, adjustment and satisfaction with international relocation. *Journal of International Business Studies.* Vol 28, No 3. pp627–657.

HARVEY, M. and NOVICEVIC, M.M. (2004) The development of political skill and political capital by global leaders through global assignments. *International Journal of Human Resource Management.* Vol 15, No 7. pp1173–1188.

HARVEY, M., NOVICEVIC, M.M. and SPEIER, C. (2000) Strategic global human resource management: the role of inpatriate managers. *Human Resource Management Review.* Vol 10, No 2. pp153–175.

HASLBERGER, A. and BREWSTER, C. (2008) The expatriate family – an international perspective. Journal of Managerial Psychology. Vol 23, No 3. pp324–346.

HENRICH, J., HEINE, S.J. and NORENZAYAN, A. (2010) The weirdest people in the world? *RatSWD Working Paper Series. Rat für Sozial- und Wirtschaftsdaten*[KA1], 139. Available at: http://hdl.handle.net/10419/43616

HOCKING, J.B., BROWN, M.E. and HARZING, A.-W. (2004) Balancing global and local strategic contexts: expatriate knowledge transfer, applications and learning within a transnational organization. *Human Resource Management.* Vol 46, No 4. p513–533.

HUSTAD, E. and MUNKVOLD, B.E. (2005) IT-supported competence management: a case study at Ericsson. *Knowledge Management.* Spring. pp78–88.

JEWSON, N. and MASON, D. (1986) Modes of discrimination in the recruitment process: formalization, fairness and efficiency. *Sociology.* Vol 20, No 1. pp43–63.

JOHNSON, L. (2005) Measuring international assignment return on investment. *Compensation and Benefits Review.* Vol 37, No 2. pp50–54.

KÄNSÄLÄ. M., MÄKELÄ, K. and SUUTARI, V. (2014) Career coordination strategies among dual career expatriate couples. *International Journal of Human Resource Management.*

KEALEY, D.J. and PROTHEROE, D.R. (1996) The effectiveness of cross-cultural training for expatriates: an assessment of the literature on the issue. *International Journal of Intercultural Relations.* Vol 20, No 2. pp141–65.

KLARSFELD, A., COMBS, G.W., SUSAETA, L. and BELIZON, M.J. (2011) International perspectives on diversity and equal treatment policies and practices. In: BREWSTER, C. and MAYRHOFER, W. (eds) *Handbook of comparative human resource management.* Cheltenham: Edward Elgar.

KONOPASKE, R., ROBIE, C. and IVANCEVICH, J. M. (2009) Managerial willingness to assume traveling, short-term and long-term global assignments. *Management International Review.* Vol 49, No 3. pp359–387.

KPMG (2013) Global assignment policies and practices survey 2013. Publication No 130100. Available at: http://www.kpmg.com/NL/nl/IssuesAndInsights/ ArticlesPublications/Documents/Diversen/Global-Assignment-Policies-and-Practices.pdf

LAZAROVA, M., WESTMAN, M. and SHAFFER, M. A. (2010) Elucidating the positive side of the work-family interface on international assignments: A model of expatriate work and family performance. *Academy of Management Review.* Vol 35, No 1. pp93–117.

MÄKELÄ, L. and SUUTARI, V. (2011) Coping with work–family conflicts in the global career context. *Thunderbird International Business Review.* Vol 53, No 3. pp365–375.

MÄKELÄ, L., SUUTARI, V. and BREWSTER, C. (2013) The factors contributing to work/ life conflicts and enrichment among finnish global careerists. *Journal of Finnish Studies.* Vol 17, Nos 1 and 2. pp225–248.

MATVEEV, A.V. and NELSON, P.E. (2004) Cross cultural communication competence and multicultural team performance: perceptions of American and Russian managers. *International Journal of Cross Cultural Management.* Vol 4, No 2. pp253–270.

MAYRHOFER, W. and BREWSTER, C. (1997) Ethnocentric staffing policies in European multinationals. *International Executive.* Vol 38. pp749–778.

MAYRHOFER, W., SPARROW, P.R., and ZIMMERMAN, A. (2008) Modern forms of international working. In: DICKMANN, M., BREWSTER, C. and SPARROW, P. (eds). *International human resource management – the European perspective.* London: Routledge. pp 219–239.

MCNULTY, Y.M. and THARENOU, P. (2004) Expatriate returns on investment. *International Studies of Management and Organization.* Vol 34, No 3. pp68–95.

MCNULTY, Y., DE CIERI, H. and HUTCHINGS, K. (2013) Expatriate return on investment in the Asia Pacific: an empirical study of individual ROI versus corporate ROI. *Journal of World Business.* Vol 48, No 2. pp209–221.

MEYSKENS, M., VON GLINOW, M., WERTHER, W. and CLARKE, L. (2009) The paradox of international talent: alternative forms of international assignments. *International Journal of Human Resource Management.* Vol 20, No 6. pp1439–1450.

MINBAEVA, D.B. and MICHAILOVA, S. (2004) Knowledge transfer and expatriation in multinational corporations: the role of disseminative capacity. *Employee Relations.* Vol 26, No 6. pp663–679.

MITCHELL, T.R. and JAMES, L.R. (2001) Building better theory: time and the specification of when things happen. *Academy of Management Review.* Vol 26, No 4. pp530–547.

NAPIER, N. and TAYLOR, S. (2002) Experiences of women professionals abroad: comparisons across Japan, China and Turkey. *International Journal of Human Resource Management.* Vol 13, No 5. pp837–851.

PELTONEN, T. (2001) *New forms of international work: results of the Finnish survey.* Finland: University of Oulu.

PRICEWATERHOUSECOOPERS (2000) *International assignments: European policy and practice 1999/2000*. London: PWC.

RAVASI, C., SALAMIN, X. and DAVOINE, E. (2015) Cross-cultural adjustment of skilled migrants in a multicultural and multilingual environment: an explorative study of foreign employees and their spouses in the Swiss context. *International Journal of Human Resource Management*. Vol 26, No 10. pp1335–1359.

SACKMANN, S.A. and PHILLIPS, M.E. (2004) Contextual influences on culture research: shifting assumptions for new workplace realities. *International Journal of Cross Cultural Management*. Vol 4, No 3. pp370–390.

SALAS, E., WILSON, K.A. and LYONS, R. (2008) Designing and delivering training for multicultural interactions in organisations. In: STONE, D.L. and STONE-ROMERO, E.F. (eds). *The influence of culture on human resource management processes and practices.*New York: Psychology Press. pp115–134.

SALT, J. and MILLAR, J. (2006) International migration in interesting times: the case of the UK. *People and Place*. Vol 14, No 2. pp14–25.

SCHNEIDER, S. and BARSOUX, J.-L. (1997) The multicultural team. In: SCHNEIDER, S. and J.-L.BARSOUX (eds). *Managing across cultures*. Hemel Hempstead: Prentice Hall.

SHAPIRO, D.L., FURST, S.A., SPREITZER, G.M. and VON GLINOW, M.A. (2002) Transnational teams in the electronic age: are team identity and high performance at risk? *Journal of Organizational Behavior*. Vol 23. pp455–467.

SINANGIL, H.K. and ONES, D.S. (2003) Gender differences in expatriate performance management. *Applied Psychology: An International Review*. Vol 52, No 3. pp461–475.

SPARROW, P.R. (2006) *International recruitment, selection and assessment*. London: Chartered Institute of Personnel and Development.

SPARROW, P.R. (2007) Globalisation of HR at function level: four case studies of the international recruitment, selection and assessment process. *International Journal of Human Resource Management*. Vol 18, No 5. pp144–166.

SPARROW, P.R., BREWSTER, C. and HARRIS, H. (2004) *Globalizing HR*. London: Routledge.

SPREITZER, G.M., MCCALL, M.W. and MAHONEY, J.D. (1997) Early identification of international executive potential. *Journal of Applied Psychology*. Vol 82, No 1. pp6–29.

STAHL, G.K., BJÖRKMAN, I., FARNDALE, E., MORRIS, S.S., PAAUWE, J., STILES, P., TREVOR, J. and WRIGHT, P.M. (2012) Six principles of effective global talent management. *MIT Sloan Management Review*. Vol 53, No 2. pp25–42.

STARR, T. L. and CURRIE, G. (2009) Out of sight but still in the picture: short-term international assignments and the influential role of family. *International Journal of Human Resource Management*. Vol 20, No 6. pp1421–1438.

SUUTARI, V. (2003) Global managers: career orientation, career tracks, life-style implications, and career commitment. *Journal of Managerial Psychology*. Vol 18, No 3. pp185–207.

SUUTARI, V. and BREWSTER, C.J. (2000) Making their own way: international experience through self-initiated foreign assignments. *Journal of World Business.* Vol 35, No 4. pp417–436.

SUUTARI, V. and BREWSTER, C.J. (2003) Repatriation: evidence from a longitudinal study of careers and expectations among Finnish expatriates. *International Journal of Human Resource Management.* Vol 14, No 7. pp1132–1151.

SUUTARI, V. and BREWSTER, C (2009) Beyond expatriation: different forms of international employment. In: SPARROW, P. (ed) *Handbook of international human resource management: integrating people, process and context.* Chichester: Wiley. pp131–150.

TAHVANAINEN M, WORM, V. and WELCH, D. (2005) Implications of short-term international assignments. *European Management Journal.* Vol 23, No 6. pp663–673.

TEAGARDEN, M. (2010) Expats, halfpats, glopats, and other emerging forms of international work. *Thunderbird International Business Review.* Vol 52, No 4. pp261–262.

THITE, M. (2015) International human resource management in multinatiomnal corporations from emerging countries. In: HORWITZ, F. and BUDHWAR, P. (eds). *Handbook of human resource management in emerging markets.* Cheltenham: Edward Elgar. pp97–121.

TUSHMAN, M.L. and SCANLAN, T.J. (2005) Boundary spanning individuals: their role in information transfer and their antecedents. *Academy of Management Journal.* Vol 24, No 2. pp289–305.

VAIMAN, V. and HASLBERGER, H. (2012) *Talent management of self-initiated expatriates.* London: Palgrave Macmillan.

WARD, K. (2004) Going global? Internationalization and diversification in the temporary staffing industry. *Journal of Economic Geography.* Vol 4. pp251–273.

WELCH, D.E. and WORM, V. (2006) International business travellers: a challenge for HRM. In: STAHL, G. and BJÖRKMAN, I. (eds). *Handbook of research in international human resource management.* Cheltenham: Edward Elgar.

WILLIAMSON, P.J., RAMAMURTI, R., FLEURY, A.C.C. and FLEURY, M.T.L. (eds). (2013) *The competitive advantage of emerging market multinationals.* Cambridge: Cambridge University Press.

ZIMMERMANN, A. and SPARROW, P.R. (2008) Mutual adjustment processes in international teams: lessons for the study of expatriation. *International Studies of Management and Organization.* Vol 37, No 3. pp65–88.

CHAPTER 16

Integrating Global HRM Practices

LEARNING OUTCOMES

When you have read this chapter, you will:

- be able to explain why corporate headquarters often attempt to create more standardised or optimised HRM practices around the world
- understand the need to balance global integration and local responsiveness
- be able to explain the impact of country of origin, country of operation and hybridising processes on global HRM integration
- identify typical best practice transfers, such as transferring high-performance work systems
- be able to explain the processes that are important to increase the chance of successful transfer of HRM practices
- understand the role of three core HRM practices – management development through global leadership, global performance management and global talent management – in providing necessary operational integration in IHRM
- be able to explain the nature of global leadership and understand how organisations build it
- understand the cross-border dimensions of global performance management
- understand the role of four different philosophies for talent management
- appreciate how organisations try to evolve more global talent management systems to develop linkages between geographically dispersed units

16.1 INTRODUCTION

This chapter takes a strategic view of some of the developments in IHRM that are occurring as a result of decisions being made about the function and the scope and scale of its activities. It examines how organisations attempt to create common global operations. It has long been argued that globalisation of itself brings the HRM function closer to the strategic core of the business and also leads to considerable changes in the content of HRM (Pucik 1992; Stroh and Caligiuri 1998). However, as we noted in Chapter 13, historically many MNCs relied on either a federated (international) operating model, in which the rest of the world was subordinate to or subsidiary of the organisation's home market, or an entrepreneurial multi-domestic model, in which multiple geographies would be treated as distinct and separate. In a more globally integrated operating model, favoured by many organisations, their home market is treated as just one of many global markets, major business operations (including both front- and back-office functions) are made to appear seamless around the world facilitated by the e-enablement of HRM systems and procedures on a regional, and in some cases global scale, and operations are made flexible enough such that the complete operating model, and the work process it involves, can be shifted to any global location. Offshore resources can also be for higher-value activities, such as R&D, knowledge processing, and advanced analytics. Changes in technology have led, in many cases, to the rise of global customers and talent markets, making it easy for people to communicate and collaborate (Deloitte 2012).

A critical aspect of creating effective IHRM strategies, therefore, is the ability to judge the extent to which an organisation should implement similar practices across the world or adapt them to suit local conditions – the 'global versus local' debate. This challenge requires a high level of strategic thinking on the part of IHRM professionals. While scanning the world for best practice, they need to ensure that the policies and practices they implement are appropriate to the unique nature of their international operations. IHRM professionals also have to act as the guardians or caretakers of national difference. Having to help implement such changes can lead to marked identity issues faced by IHRM professionals. Operating through global networks and transferring knowledge across international operations mean that they have to learn how to avoid automatically pursuing a one-best-way philosophy (whether for HRM solutions or indeed in terms of general management activity). As organisations become less ethnocentric and knowledge and ideas about best practice flow both from the centre to the operations and vice versa, it is not uncommon for IHRM professionals at all levels of the organisation to feel that their ideas are being overridden by those of other nationalities or business systems. Whereas within a domestic HRM setting offering advice on best practice might seem to be an appropriate solution and a service that has to be delivered by the HRM function, IHRM specialists cannot be experts in the context of all the countries they cover and have to work with 'domestic experts'. Moreover, IHRM professionals have to experience and endure frequent changes in the level of decentralisation or centralisation across their constituent international businesses, making it difficult to establish with authority where their power lies. HRM is moving towards a world where it has to satisfy line-of-business – and not just country – needs, and this is beginning to shift the way that HRM professionals think about problems (Sparrow et al 2016).

16.2 THE BALANCE BETWEEN GLOBAL INTEGRATION AND LOCAL RESPONSIVENESS

The problems of transferring ideas across borders, multiple countries and layers of management are considerable (Kostova 1999; Kostova and Roth 2002). But the corporate centre generally always attempts to shape the strategic direction and strategic change programmes of international subsidiaries, by acting either directly as an explicit source of innovation in the pursuit of global cost advantage, local differentiation or knowledge transfer amongst subsidiaries, or indirectly by openly or tacitly structuring an agenda for acceptable HRM change strategies or innovations in subsidiaries (Martin and Beaumont 1998). Martin and Beaumont (1998, 2001) developed a process model of strategic HRM change in MNCs involving the internal factors that influence the transfer of HRM practices from headquarters to foreign units. In terms of adoption of HRM practices, subsidiaries may be true believers, ritualists, non-conformists or dissidents.

We saw in Chapter 12 that it is important for HRM departments to adopt a global HRM delivery model. But in order to do this, one of the key issues in the practice of IHRM is the need to manage the dual pressures of global integration and local responsiveness (Brewster et al 2008; Evans et al 2002; Rosenzweig 2006; Björkman 2006). The bottom-line question for Scullion and Starkey (2000) is: what is it that the corporate HQ can do that cannot be done by financial markets or the business units, acting as independent market contractors?

Many studies have shown that foreign subsidiaries' HRM practices reveal some similarities with, but also differences from, both local practices and parents' practices, depending on particular contexts (Farndale et al 2008; Farndale and Paauwe 2007). These studies typically draw upon diverse theoretical perspectives on social capital, trust, knowledge management and procedural justice. Rather than solely emphasising external factors such as national institutional and cultural factors, they highlight the importance of intra-organisational factors.

> [T]ransfer of organisational practices is not an event, but a dynamic, contested and shifting process. (Gamble and Huang 2009, p1700)

> [T]ransfer thus implies a dual process of contextualisation (what meaning do practices have outside their original context?) and re-contextualisation (what meaning do they have in a new context?) in which several stakeholders play important roles. (Yahiaoui 2015, p1667).

THEORY AND PRACTICE

KEY FRAMEWORK

Country of origin, country of management and hybridising processes

As discussed in Chapter 2, researchers have long been interested in the question of how the country of origin influences the transfer of HRM practices within a MNC to its foreign subsidiaries over time. The country of origin effect refers to comparative institutional differences between national business systems and how these affect the operation of both markets (such as financial, product and labour markets) and the behaviour of market actors (Ferner 1997; Pudelko and Harzing 2007). A strong country of origin effect may be seen where the HRM practices in a MNC's subsidiaries closely resemble those of the MNC parent, rather than the practices of other host country firms.

Kostova (1999) introduced the concept of 'institutional distance' to discussions about the transfer of practices between national institutional domains. Institutional distance is the difference between the 'country institutional profile' of the country of origin and country of operation – an index of the regulatory, normative and cognitive institutions of a country. The 'cognitive institutions' are the established, taken-for-granted routines of thought and action, and models for interpreting reality (Scott 1995). Where a practice is not consistent with the recipient country's cognitive institutions, then the MNC subsidiary employees face difficulties in interpreting and evaluating the practice correctly, and this will impede the smooth transfer of practices such as HRM across international borders. Smith and Meiksins (1995) also referred to 'dominance effects' to reflect a natural hierarchy of relationships between national economies within the global economy, with MNCs from the more dominant economies (Japan in the 1970s and 1980s, the USA since and China next?) assuming that their practices are more superior and appropriate to transfer compared to those of their subsidiaries and, indeed countries from emerging economies often assuming the same thing and aiming to copy what are seen as the dominant practices (Pudelko and Harzing 2007).

Country of operation effects arise from internal relationships that bring with them micro-political and social capital considerations (Rupidara and McGraw 2011). Micro-politics concern how actors protect and progress their own interests, the resources they use, and the way they resolve conflicts – managers in subsidiaries interpret the possibilities and constraints in a host country's institutional and cultural environment and can make strategic or tactical decisions that weaken, modify or defend against what might be seen as disagreeable or irrational demands from HQ (Ferner et al

2004; Edwards et al 2007). The social networks and relationships of key managers can also be mobilised to resist the transfer of parent HRM practices (Almond 2011).

More recently, researchers have also begun to ask how country-of-origin effects interact with a country of operation effect (Chang et al 2013). Case studies often reveal a myriad of strategic, tactical and relational considerations at play, and these bring into question the ability of institutional and cultural approaches (explained in Part One of the book) to explain the transfers of HRM practices effectively. They do not explain either how transfers are affected by the competing pressures that managers often understand, or the important and influential role that key actors in both MNC HQ and foreign subsidiaries can play throughout a transfer process. Distinguishing between the global integration or local adaptation of HRM practices in MNCs becomes difficult to do, and also potentially misleading, because of the fluctuations in the transfer process. HRM practices being transferred often continue to change and evolve throughout their implementation (Gamble and Huang 2010). This can have a bearing on the creation of new and 'hybrid' HRM practices based on complex sets of considerations.

The debate between global integration and local responsiveness has been extended by researchers who are interested in understanding what has been called the 'forward diffusion' of HRM practices from an MNC's home country to its foreign operations (Edwards and Tempel 2010, p19). Headquarters might exert control over subsidiaries in many ways such as appointing a board of directors, assigning expatriates, transferring corporate culture, standardising job descriptions, and periodic processes of reporting. The HRM system as a whole is one such control mechanism.

16.3 TRANSFERRING HIGH PERFORMANCE WORK SYSTEMS

A high-performance work system (HPWS) (often also called high involvement work processes) is based on the argument that firms need to adopt a complete package of HRM practices. Separate practices, including rigorous selection procedures, internal merit-based promotions, cross-trained teams, high levels of training, information sharing, skill-based pay, and group-based rewards, need to be formed into an inter-connected whole. By promoting trust, collaboration, skill development and communication and enhancing employees' scope for decision-making and greater responsibility, these will elicit high levels of commitment amongst their employees (Boxall et al 2015). However, Sparrow et al (2004) argued that a HPWS reflects western cultural values of low power distance, individualism, and achievement orientation.

Many MNCs from different countries use Hong Kong as their Asian base in order to co-ordinate their business in the region. Foley et al (2012) argue that the relationship between an MNC's corporate headquarters and its foreign subsidiary will impact decision-making as to whether the subsidiary should adopt a HPWS or not. Given the cultural differences, these practices may not be as effective in Asian countries (Ngo et al 1998; Yalabik et al 2008). MNCs with origins outside of North America may be less likely to be using HPWSs at headquarters, and so of course, in turn, their subsidiaries may not have adopted a HPWS. Some attention then has been given to the transfer of HPWSs to China and related geographies.

Attention has been given to the challenge of transferring HPWS to China. China's organisational landscape and workforce has changed enormously over the last 25 years. Previous personnel systems that were based on job security have been replaced by more market-based models in many sectors, and employee values have also slowly changed. As a form of best practice, HPWSs have gained popularity among multinational, private and state-owned enterprises in China throughout the 2000s as many firms attempted to implement more progressive HRM policies and practices (Wei and Lau 2005; Wang et al Kun et al 2009; Ngo et al 2011).

CASE STUDY 16.1

DO HIGH PERFORMANCE WORK SYSTEMS EXPORT TO CHINA?

Kun et al (2009) examined the perceptions of over 1,100 employees in six Chinese manufacturing firms in two cities. They investigated how the perceptions regarding the existence or not of HPWSs differed across different groups of employees in terms of demographic features such as their age, gender, marital status, and education. Such differences are especially important in the context of China given its diverse workforce and ongoing cultural and economic transformations. They found that demographic factors such as gender and marital status do indeed moderate the relationship between perceptions of the existence of a HPWS and organisational commitment. Male and unmarried Chinese employees were significantly more positively affected by the existence of HRM practices, in terms of their commitment, than female and married employees. Younger, single and educated employees were, however, less committed to their current organisations. However, despite such differences, they also found that overall a HPWS did positively contribute to higher levels of organisational commitment in China, replicating many of the findings previously shown in the USA, Europe, Australia and New Zealand, and suggesting the potential value of exporting this system across organisations in the region.

In relation to this second issue, Foley et al (2012) have looked specifically at the adoption of HPWSs in foreign subsidiaries in the region. They ask whether the strategic HRM orientation (see Chapter 13) and the level of HQ influence is different in subsidiaries originating in different regions of the world, and evaluate the effects of this on the adoption of HPWSs in foreign subsidiaries. They studied foreign subsidiaries of MNCs operating in Hong Kong, 60 from North America, 53 from the EU, and 50 from Asian countries. They found that a strategic HRM orientation was positively related to adoption of a HPWS and the adoption of a HPWS was positively related to subsidiary performance. However, there were significant differences in the strategic HRM orientation, HQ influence, and adoption of HPWSs depending on the region-of-origin of the MNCs. Subsidiaries of American-origin MNCs had the strongest strategic HRM orientation and levels of use of a HPWS in their Hong Kong subsidiaries, followed by Europe and then Asia. The researchers suggest that, given the lower cultural difference between Asian countries, Asian MNCs may feel comfortable using more trust and fewer formal control mechanisms in their Hong Kong subsidiaries. The study concluded that 'the implementation of HPWS in foreign subsidiaries requires substantial financial resources, effort, and commitment provided by [the] HQ' (Foley et al 2012, p111) and also that 'each HQ-subsidiary relationship presents different constraints, opportunities, and outcomes for HRM, and thus should be managed in a differentiated manner... nationally established patterns of managing human resources have not disappeared in the face of globalisation' (p112).

16.4 UNDERSTANDING THE PROCESSES OF HR PRACTICE TRANSFER

A number of researchers argue that much of this research is deterministic and overly focused on external factors, such as the influences of home country, parent company, host country and other MNCs (Edwards et al 2007; Edwards and Tempel 2010; Ferner et al 2012). Studies often fail to consider the role and importance of strategic actors. There remains a space for choice and negotiation by national actors. The work of Björkman and colleagues (generally on Finnish MNCs) also shows the importance of a number of 'intra-organisational factors' that matter in the management of this dual pressure of global integration and local responsiveness (Björkman 2006; Björkman and Lervik 2007; Björkman et al 2009; Mäkelä et al 2009). They too argue that we understate the factors at play when seen from the point of view of important corporate actors.

The organisational domain within MNCs then is always contested – characterised by 'actors' who have competing rationalities (Geppert et al 2006). This contested nature of the MNC makes the task of attaining global integration and local responsiveness problematic. In turn, corporate actors have to act with nuanced sensibilities, informed by a deep understanding of the underlying dynamics behind the hidden and potentially contradictory forces that are involved in striking the balance between global integration and local responsiveness.

However, *how* do these corporate actors intervene in sensible ways? Once cultural or institutional boundaries are crossed, it is sometimes impossible to find a direct parallel in another local environment that keeps the original practice coherent and sound. Attention has been given to the ways in which organisations of different national origin find solutions or variations that achieve the same purpose as the original practice.

KEY CONCEPT

Hybridisation

THEORY AND PRACTICE

Hybridisation is defined as 'a complex pattern of creating new management practices through simultaneous processes of highly selective adoption, transfer, and local adaptation' (Chung et al 2014, p551). It results from the interactions between several national, legal and institutional systems, multiple political contexts, labour markets and skill structures. It is a non-deterministic process, with unpredictable results, that may lead to the emergence of entirely new and unexpected practices, or to practices that are functionally similar to those transferred (Boyer 1998).

The process was observed after the Second World War when transferring the American production model to European countries (Djelic 1998). The Japanese similarly experienced this when they tried to export their automobile production system, surrounded as it was by the unique Japanese culture, to Europe. They had to adapt their practices, by finding 'functional equivalents' (Oliver and Wilkinson 1989; Elger and Smith 2005). Similar findings emerge from studies of societies such as Russia undergoing transitions to capitalism (McCann and Schwartz 2006; Schwartz and McCann 2008), where critical junctures steer business actors or networks towards the need to re-mould institutions, business strategies, structures and the organisation of work. Ideas about hybridisation have been used in examining the transfer of practices from Japanese retailers to their Chinese subsidiaries (Gamble 2010), the adaptation of global HRM practices in the subsidiaries of South Korean MNCs (Chung et al 2012; Chung et al 2014), the adaptation of global talent management practices in professional and financial services firms during the global financial crisis (Sparrow et al 2013), and the transfer of practice in French MNCs to their subsidiaries in former colonies such as Tunisia (Yahiaoui 2015).

Resistance to the direct transfer of practice is often seen as a political act, a reaction to the imposition and one-way transfer (with reverse transfers also being in a single, albeit different, direction) of practices. More recent characterisations position hybridisation as a piece of thoughtful and co-negotiated strategy, striking a balance between the diffusion and adoption of practice, or the adaptation of that practice. For Yahiaoui (2015) it involves the creation of a 'third space' or set of 'distinctive configurations' around the design of HRM practices. For Chung et al (2014, p554) it involves 'careful choices of specific elements of HRM practices for global standardisation, modification of global standards, or localisation, in parent firms' approach to subsidiary-HRM practices' based upon a process of optimisation.

Chung et al (2012) have investigated the intra-organisational factors that corporate HRM actors perceive as being key in shifting the balance of dual forces in the direction they desire, using two Korean MNCs.

CASE STUDY 16.2

KOREAN MNCs: PROBLEMS IN TRANSFERRING THEIR BEST HRM PRACTICE TO SUBSIDIARIES

Chung et al (2012) studied two Korean MNCs, both global players in their respective industries, automotives and electronics, with significant global market shares and organisational spread. Their overseas operations included manufacturing plants, sales and marketing offices, service centres, R&D centres and design centres. Both had been transitioning their HRM function from a multi-domestic state to a transnational state but faced serious resistance from their subsidiaries and hence considerable tensions inside the organisation. Two salient themes emerged. HRM professionals in both companies acknowledged that the needs of global integration and local responsiveness are not an either/or choice; rather, they see that both are mandatory requirements that need to be sought simultaneously. However, there was a perceived lack of a strong sense of legitimacy, the 'liability of country of origin' issue. As MNCs from a non-dominant economy, transferring their home country's HRM practices to their subsidiaries was difficult. It would be inappropriate to impose what they called 'Korean-style HRM practices', which could be mostly characterised as the seniority-based HRM system traditionally used in Korean firms, to subsidiaries. Adopting so-called global best practices would be the better solution. This drove them to search for external sources of legitimacy such as 'ready-legitimised' global best practices. In both organisations, their US subsidiaries initially showed negative responses to the global HRM frameworks. That the practices were staunchly resisted by the subsidiaries in a country that could largely be seen as the origin of such practices presented an interesting irony.

In this process, key corporate actors came to recognise the importance of a number of enabling mechanisms, notably a range of cognitive, social and procedural factors, in managing the duality of IHRM and in helping to ensure that the integration mechanisms being pursued were actually effective. Chung et al (2012) sort the intra-organisational factors into three broad categories – age-related, relational and procedural factors.

Sparrow and Brewster (2011) analysed how MNCs attempt to manage these processes of migration, often initially towards regional HRM service centres, with an aspiration of eventually moving towards global ones. The IHRM function had to understand which of its processes really have to be different – should remain localised – and which ones could be made core to all countries, globally integrated.

PRAGMATIC ROUTES TO GLOBALISATION: REUTERS

CASE STUDY 16.3

By 2008 Reuters, as it was then called, had grown, and continued to grow, through acquisitions. It was an MNC in the high-technology information industry, issuing financial information and more general news to the financial sector and to news organisations, with revenues of over £2.5 billion. It employed around 17,000 staff in over 100 countries and had nearly 200 in-country sites and establishments. There were three regional headquarters: in Europe, the Middle East and Africa (Switzerland), the Americas (the USA), and Asia-Pacific (Singapore). It operated through business divisions, a series of geographical sales and service channels and shared resources operations.

The change management processes were owned by the business and supported by HRM, so were positioned and embedded in the cycle of business activities, forming part of an annual HRM 'roadmap'. The global/local divide was driven by the following prerogatives:

- High-level strategy was set globally.
- HRM business partners worked with leadership teams globally and

nationally to develop a talent pipeline in the right context for their needs.
- Some central initiatives (for example, reverse mentoring for senior leaders) were replicated locally as required.
- Accountability was taken by the line, and overall ownership held by the group leadership team.
- Regional councils took responsibility for leading initiatives that resonated with local needs.

Support and budget was given to local employee groups to encourage mutual support of activities. The organisation needed global consistency – it could not afford the information provided to vary depending upon source. It had structured its business model to reflect this globalised reality and invested heavily in a globally applicable management information system with a strong e-HRM component. Every manager and every employee was given access to the HRM information they needed from the website. The global HRM function was given information on all aspects of HRM around the business, wherever located.

16.5 GLOBAL INTEGRATION THROUGH MANAGEMENT DEVELOPMENT AND GLOBAL LEADERSHIP

The corporate centre has to have the ability to manage the process of integration. We now focus on the nature of operational integration within IHRM. To do this, we debate the role of three particular practices as being mechanisms for global integration:

1   management development and global leadership

2   global performance management

3   global talent management.

The first of our integrating mechanisms is that of management development and global leadership. There is an ongoing preoccupation both within governments and MNCs with the calibre of their managers and leaders. In many countries, particularly the USA, it is believed that senior managers are critical to organisational performance and therefore are worthy recipients of training and development investment.

Before we outline some of the global and integrating elements of management development, it is important to remember there are strong comparative differences in this area of HRM. In Chapter 3, when we discussed organisational culture, we noted that there are still fundamental differences in the way that 'managers are made', by which we mean the cultural assumptions that surround what we expect a manager to do, and the institutional arrangements (such as vocational education and training or VET) that are mobilised to develop them. Management development is central to an organisation's approach to HRM, and a telling signal of the value it places upon its staff (Mabey and Ramirez 2011).

CASE STUDY 16.4

IS THERE SUCH A THING AS THE 'EURO MANAGER' OR ARE MANAGERS 'MADE IN EUROPE'?

Much of the work on differences across Europe in management development was carried out in the 1990s. There was a good reason for this. After the creation of the single European market in 1992 European MNCs asked themselves if they could create the 'Euro manager' – a pan-European brand of management – or whether they had to accept that they made managers (differently) in different countries in Europe. They concluded the latter was the case (Sparrow and Hiltrop 1994).

The distinguishing feature of the French business system goes beyond education and is tied to the tiers of *cadres* – unique to management in France (Mabey and Ramirez 2011). Managers are seen as highly respected but are further divided into a series of formal titles. There is little inter-firm managerial mobility, particularly at lower levels. The elite cadres emerging from the *grandes écoles* to populate the higher reaches of management are rather wary of typical Anglo-Saxon attempts to identify high-potential individuals. French participants in executive education programmes will typically seek more abstract discussion, broad principles and critical contemplation of complex situations. They can be impatient with the pragmatic orientation and prescriptive direction that the British favour in their dash for practical application.

In Spain there are still hierarchical structures with limited attention to firm-led management development. Norway by contrast has been influenced by the traditions of the large countries and its neighbours. During the inter-war period this included North American ideologies of 'mass production'. Whereas in the UK after the Second World War Taylorist principles of management prevailed, in Norway the emphasis was more upon egalitarian management systems with an emphasis on consensus and transparent forms of communication and good quality of working life. Denmark is different again in being able to combine high manager retention, strong career structures and also strength in general vocational and internal firm-specific training for managers. Traditionally the Danish institutional system has been considered egalitarian. What exists is a cohesive and consensual approach which is conducive to long term investment in training and development.

In the UK reliance has traditionally been upon unregulated external training providers rather than in-house and this has been aligned with weak career structures and low levels of job security.

The approach has traditionally been one of lower level of qualification for managers than in other European countries and the USA, although there has been a recent and rapid increase and improvement in postgraduate qualification.

Germany, by contrast has a highly integrated autonomous national training system. Shenton (1996) suggests that management training and education has evolved in a distinctive way that emphasises in-house training, a relatively long horizon for developing in-house skills and long tenure for managers (Mabey and Ramirez 2004). The emphasis is upon specialist knowledge (Lawrence 1993), seen to be of a technical nature. Only experience earned on the job is important. Many high-level managers understand VET comprising of administrative and technical skills, with a recent expansion of formal management training. A high number of its senior managers hold a doctorate, signalling the importance of high levels of education as a likely prerequisite of leadership capability (Franck and Opitz 2007).

At the same time as the Europeans were examining management development, a number of commentators considered practice in Asia, where management development is seen as a science with a belief that it can be taught and applied like any other systematic operation (Borgonjon and Vanhonacker 1992). In China, since the mid-1980s, once economic reform was under way, it was thought that transfer of management knowledge and skills from western countries was necessary (Branine 2005). Around two-thirds of Chinese managers had no professional qualifications beyond high school (Warner 1996). However, a challenge still remains as to how to achieve this. Branine (1996, 2005) described how the 'norms' of western approaches to management development were unlikely to be appropriate given that the context is fundamentally different to the learner-centred approaches of western countries. Chinese managers see learning as a passive rather than an active process, with group discussions being regarded 'as a waste of time' and although the learners want to be 'modernised', as Tung (1996, p23) described it, they do not wish to be 'westernised'. Where China is chosen as a low-cost location for manufacturing, a sophisticated approach to (non-managerial) employee development is often not a priority (Zhang et al 2005). Generally, however, foreign MNCs have devoted considerable attention to management development.

MANAGEMENT DEVELOPMENT FOR LOCALISATION IN CHINA

CASE STUDY 16.5

By the 2000s, European multinationals operating in China began to show an increasing interest in localising their Chinese operations – passing more and more responsibility for their running to Chinese-born managers. Meanwhile, Chinese employees have shown great interest in achieving management status in such foreign enterprises. European MNCs have generally regarded localisation in China as requiring a significant investment in promising individuals, yet still have on occasion underestimated the extent of the investment needed. ABB was seen as a leader in this. It achieved a substantial presence in China with a relatively few expatriate managers. Its formal planning of the localisation process was viewed as critical to the success of the company in China, in the light not only of their language skills but of their sensitivity to the cultural and political context, and to the conventions of business in China. Localisation was regarded as a business goal to stand alongside profit and market share. In recognition of the importance of the goal – and of the dangers posed by expatriates' being asked to work to render themselves superfluous – expatriates were offered substantial bonuses tied to targets emerging from the localisation plan. This also helped to mitigate the danger that line managers would regard the immediate bottom line as the key objective. Expatriate assignments were normally expected to be for two to three years, ABB stressing to assignees the significance of such international experience for them, and the importance for ABB of imparting ABB experience to the Chinese. They discouraged expatriates' attempts to learn Chinese, since they were only to be there for a short while. ABB moved from the identification of high-potential Chinese candidates for management through to their socialisation, making use also of local business schools.

Qualifications are important in China. Chinese managers often give preference to those with degrees, and also often expect to have their development certificated. The action-learning-based programmes offered by the Siemens Management Institute to employees of Siemens and others suit Chinese managers well. Focused on the actual problems they face in their roles, and

involving extensive group work, this sort of programme avoids the theoretical study that Chinese managers often find demotivating. From the organisation's point of view, the projects emerging result in initiatives with measurable economic impact. As in other forms of management development, on-the-job training is critical. Indeed, given that authority structures tend to be centralised in China, it has a particular relevance because the absence of managers undergoing off-the-job training can have a severe impact on progress in their team. Sometimes, however, MNCs seeking localisation in China have deployed job rotation insufficiently, despite the willingness of local managers to be rotated. Job rotation can not only aid management development, but can form one element of a career and development path which encourages Chinese-born managers to remain with the organisation that has invested in their initial development. These development opportunities, alongside a good relationship with those to whom they report, are more important to the retention of the local managers than relative salaries (Worm 2001).

Such confirmation of differing management and leadership styles around the world poses a critical question for all organisations operating across borders: is there such a thing as a global leadership model? After all, Morrison (2000, p19) has stated that:

[a]s companies rely more and more on global strategies, they require more and more global leaders. This tie between strategy and leadership is essentially a two-way street: the more companies pursue global strategies, the more global leaders they need; and the more global leaders companies have, the more they pursue global strategies.

As the pace of globalisation continues to quicken, and we witness higher levels of migration, international business researchers have started to ask that we examine the link between culture and whether or not it has an impact on success. In Chapter 3 we raised the issue of individuals having multiple cultures and the GLOBE project on leadership, and in Chapter 4 we discussed multiculturalism. We have also dealt with the knowledge, skills and abilities that become important for international managers and expatriates in Chapter 14.

The earliest debates on international management strategy argued that strategic capability is ultimately dependent on the 'cognitive processes' of global managers and the ability of firms to create a 'matrix in the minds of managers' or a 'transnational mentality' (Bartlett and Ghoshal 1989, p195). There have only been a few studies that have looked at global leaders in detail, and the evidence still tends to be more anecdotal. Pucik (1998, p41) pointed out that:

> Some global managers may be expatriates; many, if not most, have been expatriates at some point in their career, but probably only a few expatriates are global managers.

In thinking about this issue, a distinction is typically made between:

- expatriate (or international) managers: executives in leadership positions that involve international assignments across countries and cultures, with skills defined by the location of the assignment, and
- global (or transnational) managers: executives assigned to positions with cross-border responsibilities, who have a hands-on understanding of international business, with competencies defined more by their frame of mind.

For Pudelko et al (2015) global leadership is a sub-discipline of broader work that has looked at 'international actors in the upper echelons of organisations' (p128). Lakshman (2013, p 930) defines global leadership as:

> The ability of an individual to influence, motivate, and enable others (in cross-cultural settings) to contribute toward the effectiveness and success of the organizations in which they are members.

Academics have focused on what distinguishes effective global leaders and how organisations 'build' global leadership skills.

THEORY AND PRACTICE

KEY FRAMEWORK
Global leadership

Global leadership involves more than the set of skills, or range of competencies, that are important for effective international management. Murtha et al (1998) looked at the type of cognitive change towards a more global mindset in managers and identified a core value-set or logic associated with global operations. It involves two additional aspects or components to skills:

- Attitudes and values – also called an *international orientation*. This attitude is assumed to correlate with both the extent and the quality of international experience. Researchers have attempted to develop measures that correspond to the core dimensions of a manager's thinking about international strategy and international organisation, and have then shown how this mindset changes over time.
- Cognitive structures – a good *mental model of how knowledge and information is shared* across the people with whom they need to interact if they are to help their organisation deliver an important global business process, product or service. Recent work has looked at the role of international managers as important brokers of knowledge, arguing that they help to diffuse practices across borders.

Central to global leadership is what is called *cultural frame switching* (the ability to select and apply one of several cultural frames for processing or reacting to a social situation). This in turn relies on two capabilities (Sun and Anderson 2012; Lakshman 2013):

- accurate and congruent (isomorphic) attributions about mutual expectations and reciprocal relationships (Caprar 2011)

● attributional knowledge – knowledge that 'reflects a heightened awareness of appropriate behavior, building upon factual and conceptual culture knowledge, to correctly attribute the behavior of individuals in the target culture' (Johnson et al 2006 p531).

Global managers need to understand how tacit knowledge spreads within top management teams. International managers often build up a lot of 'social capital' because they have 'boundary-spanning roles' and this puts them in touch with lots of different networks inside the organisation. They also develop important insights into the organisation through their interpersonal cross-border relationships. For example, Yagi and Kleinberg (2011) identify the crucial role that information processing plays for biculturals (who can act as boundary spanners in leadership terms) as they filter, summarise, interpret, infer, and store information in the performance of their boundary-spanning role.

All of these factors help global managers build superior mental models of the organisation, and enable them to become more effective (Sparrow 2006).

CASE STUDY 16.6

GLOBAL LEADERSHIP DEVELOPMENT AT INFOSYS

Infosys Technologies Ltd was set up by seven people in India in 1981 with an investment of $250. It now considers itself to be a global leader in next-generation IT and consulting solutions, with revenues of over US$4.18 billion in 2008 and year-over-year growth of 35%. Infosys employs over 100,000 people. It is known for its emphasis on talent management. In the opening section of its 2007/08 Annual Report its Chairman stated that 'Our core assets walk out every evening. It is our duty to make sure these assets return the next morning, mentally and physically enthusiastic and energetic.' The report was entitled *The Power of Talent*, and detailed initiatives undertaken by the Infosys Leadership Institute (ILI) to develop global leaders. In 2007/08 ILI provided 180,019 training days on behavioural and leadership skills

and personal development for leadership (Smith 2010).

Infosys splits its leaders into three tiers (*Workforce Management*, 2008). Tier 1 leaders are the top 50 people in the organisation, including the heads of the business units, who have an average of 20 years of experience. Board members mentor these 50 leaders. Tier 2 consists of 180 leaders with an average of 15 years of experience. They are mentored by Tier 1. Tier 3 represents 550 people who average 10 years of experience and are mentored by Tier 2.

In 2010 ILI published its first book – Leadership @ Infosys, produced by Penguin Books India – which explained Infosys' 'continued success as a corporation ahead of the curve'.

? REFLECTIVE ACTIVITY 16.1

What can boundary spanners do to ensure that they and others possess the necessary explicit and tacit knowledge of how to do things and why some things are important?

16.6 GLOBAL PERFORMANCE MANAGEMENT

The second of our integration mechanisms is global performance management. In Chapter 9 we discussed performance management from a comparative perspective, and noted that although the conduct of key aspects of performance management, such as appraisals, differs markedly across cultures, the core processes involved in performance management are the same internationally.

CASE STUDY 16.7

THE ADOPTION OF CENTRALISED PERFORMANCE MANAGEMENT: JAPANESE MNCs

A Japanese consumer electronics MNC was keen to see the adoption of a centralised performance management system in its Japanese and UK subsidiaries. Production practices were highly standardised, but HRM practices were highly decentralised. The organisation was attempting to implement a 'corporate DNA' programme, intended to implement a 'one company' image. A central plank of this was the radical centralisation of co-ordinating management processes to the global headquarters, including HRM in general, and performance management in particular. The challenges that organisations face in moving towards more globalised implementation of core HRM practices is that they have to create a shared and more collective understanding of any new strategy, and the routines (in our instance here, an HRM practice can be a routine) used to address it, in the face of individual differences in interpretation (individual differences between group HRM specialists, country HRM specialists, and country managers). The case study showed the importance of changes in the 'cognitive and motivational routines' of local actors. Those changes that built on elements of pre-existing changes were easier to implement, but where significant de-identification with existing routines was required, then motivational support was harder to engineer. In order to understand the changes taking place, it is often advantageous to break down changes in a routine (that is, HRM practice) into sub-routines, and to clarify the micro-processes at work in routine change.

Source: Stiles et al (2015)

A number of authors have examined the importance of global performance management systems as an integration mechanism in recent years (Björkman et al 2009; Evans et al 2011; Biron et al 2011; Cascio 2012; Festing and Knappert 2014; Engle et al 2014; Festing et al 2015; Engle et al 2015; Varma et al 2015). The reason behind this attention is that

> it ties together organisational and individual performance by adjusting respective objectives and designing appropriate evaluation and rewards systems across business units and national boundaries. (Festing and Knappert 2014, p332)

Engle et al (2014, 2015) define global performance management (GPM) as the cross-border dimensions of performance management that enable individual performance results to be systematically aggregated in large and diverse MNCs. This involves choices around the strategic content of the PM process, design and roll out of the system, operations in country, and evaluation of the system. They have looked at the nature of GPM systems in MNCs. They found differences in the uses, metrics, systems and processes of performance management, but also argued that GPM systems have at their heart four core processes:

1 'Funneling' of selective individuals deemed to be high performance to the attention of actors at the next vertical level in the firm.

2 'Summation' of individual performance metrics to this next vertical level, using uniform performance metrics that can be captured, organised and presented using common performance metrics throughout the MNC at plant, division, national, regional or SBU level, generally using advanced software-based decision support systems and networks.

3 'Conversion' of individual metrics into a form of metric (usually different to the domestic form) that can then be forwarded to the next vertical level. In this movement of performance information, an assessing group takes the results from a lower level and recasts them by altering the performance dimensions, scales and levels, into a new set of performance variables deemed more appropriate to immediate purposes.

4 'Sharpening' or recalibration of macro-level firm strategic performance metrics in terms of how well individual and subunit performance targets are met.

There is of course considerable overlap in many organisations between their performance management and their talent management systems. As Engle et al (2015, p1957) point out:

> some MNEs emphasise the holistic, personal talent aspect of the GPM system through a series of talent tournaments. From this initial process, the top performers move on from a local talent pool to a regional, division or global talent pool. Using this approach, the strategy is to identify and move high performance employees to increasingly challenging work assignments so that their abilities and experience can be more effectively utilised in the MNE. The GPM results allow the talented individual to 'bubble up' to more challenging positions in the MNE.

16.7 GLOBAL TALENT MANAGEMENT

Finally, we discuss the third of our integrating mechanisms, global talent management (GTM). We considered the issue of expatriate management in Chapter 14 and noted that talent management on a global basis is a far broader concept than plotting a series of international assignments for young high-potentials (Cerdin and Brewster 2014; Collings 2014). Scullion and Starkey (2000, p1065) concluded that there is a:

> growing recognition that the success of international business depends most importantly on the quality of top executive talent and how effectively these critical resources are managed and developed.

Early studies focused on corporate strategies and practices implemented to attract and retain key talent and the need to build a level of global leadership to secure organisational capability (Sparrow et al 2004; Collings et al 2009; Hartman et al 2010; Scullion and Collings 2012; Stahl et al 2012). GTM is defined as:

> the strategic integration of resourcing and development at the international level which involves the proactive identification and development and strategic deployment of high-performing and high-potential strategic employees on a global scale. (Collings and Scullion 2008, p102)

> [including] all organisational activities for the purpose of attracting, selecting, developing and retaining the best employees in the most strategic roles (those roles

are necessary to achieve organisational strategic priorities) on a global scale. Global talent management takes into account the differences in both organisations' global strategic priorities and the differences across national contexts for how talent should be managed in the countries where they operate. (Scullion et al 2010, p106)

Both of these definitions take an elitist view of GTM, which distinguishes it clearly from general HRM; others assume that all employees have talent (Cerdin and Brewster 2014) in which case talent management comes very close to just a rebadging of HRM. Tarique and Schuler (2010) see it as a subset of international HRM policies and practices focused on attraction, retention, development and mobilisation, systematically linked to the strategic direction of a multinational enterprise.

Sparrow et al (2004) found that early approaches to GTM seemed to be associated with eight common strands of practice:

- creating global HRM network initiatives around talent management and capability development
- researching into 'consumer insights' with current and potential employees, sister companies, external agencies, and benchmarking with external companies
- managing 'talent pipelines' across countries in order to recruit 'ahead of the curve'
- communicating brand and skills awareness across countries in graduate schools and businesses to get the people they need
- developing internal talent pools around the world
- creating skilled and competent teams of assessors in different regional geographies
- managing recruitment suppliers on a global basis and establishing master contracts to co-ordinate the messages conveyed and the use of preferred partners
- e-enabling global information systems such as jobs notice boards, and re-designing websites to convey important messages about the employer brand.

Such sets of practices are underwritten by one of four philosophies for talent management (Collings and Mellahi 2009):

1   People approach: Talent management as a categorisation of people.

2   Practices approach: Talent management as the presence of key HRM practices.

3   Position approach: Talent management as the identification of pivotal positions.

4   Strategic pools approach: Talent management as internal talent pools and succession planning.

The first perspective, originally advocated by Michaels et al (2001), positions talent management as the management of top elites – a small, handful of 'key people'. They are usually selected through a performance-potential selection tool, hence the connection between global performance management and global talent management. There are also connections to marketing thinking through the development of global employer brands and the adoption of employee value propositions (EVPs) designed to attract talent. This pool of people is separate to the pool of expatriates or international managers, but where talent pool membership requires certain levels of international experience, there might be some overlap. Individuals become part of this pool when they are hard to find and difficult to replace. They are seen as adding a disproportionate amount of value to the organisation compared to other employees mainly because they are deemed to have intellective skills, seen as the power to understand business and social opportunities. Such high-value, difficult-to-replace technical talent was best seen as a strategic asset: a 'star' talent philosophy advocates differentiating the management of these people using practices that are designed to attract, retain, and develop these high performance and high potential employees.

Whilst the 'people approach' argues that the differentiator for high-performing firms is *not* sophisticated HRM processes, the second philosophy, or 'practices approach' acknowledges that there is a need for a dedicated set of advanced and sophisticated practices needed. Talent management is seen as a collection of key activities, components or practices, all of which need to be connected and integrated. In order to build a GTM system organisations need several building blocks. These component practices have to be more than just a string of HRM programmes, practices and processes. They need to form part of a broader system driven by the business strategy and must be managed as a core business process (Silzer and Dowell 2010).

THEORY AND PRACTICE

KEY FRAMEWORK

HRM practices brought together under a GTM system

- Identifying and recruiting talent (analysis of labour pools, benchmarking competitor strategies, decentralising or centralising recruitment strategies, co-ordinating preferred suppliers, establishing brand and reputation amongst key employee segments).
- Attracting talent to the organisation (creation of employee value propositions, management of an employer brand).
- Minimising attrition through engagement and retention (effective induction, aligning rewards and recognition structures, improving line management skills and engagement with talent, retention initiatives).
- Identifying key internal talent (systematic and effective approaches to affirm individuals with the status of talent, high potential identification systems, identifying the roles that are most talent dependent, and using appropriate assessment instruments and frameworks).
- Managing talent flows (developing effective succession systems, creating flexibility in internal mobility, career management and planning systems, succession management).
- Developing employees (coaching and mentoring, flexible portfolios of development activities, learning opportunities and options for employees, team learning processes, strategic and operational leadership development programmes, coaching).
- Delivering performance (organisation talent review processes, linking data on organisational performance to the selection of talent, stretching the performance of talented individuals, managing under-performance).

Source: Sparrow et al (2014)

The third talent management philosophy – the 'key positions' approach – differentiates job roles into A, B or C positions (Huselid et al 2005). Whilst some HRM professionals have ethical objections to classifying people this way, there might not be the same emotional reactivity to classifying or segmenting positions or jobs within the organisation. 'A positions' are strategic, require autonomous decision-making, have performance-based compensation, and are deemed to create disproportionate value for the organisation as compared to other positions. The same applies in GTM as noted in our discussion in Chapter 14 of the risk carried by organisations with their expatriates – the consequences of mistakes (in job design or in hiring the wrong employee) can have serious financial repercussions. These roles have a disproportionate impact on the organisation's ability to execute some part of its strategy, but there would be wide variability in the quality of work displayed by the employees in that position. By implication, from this perspective, talent management is no longer just linked to top tier employees of the organisation. These positions can be anywhere and talent management truly becomes a company-wide strategy.

The fourth philosophy draws upon the notion that organisations have 'pivotal talent pools' (Boudreau and Ramstad 2006, 2007). These are groupings and clusters of talent (not just positions) where human capital investments make the biggest difference to strategic success – because the improvements in capabilities brought about by investment will have the most significant impact on competitiveness. A subsidiary might be one such cluster. This philosophy is driven by practices associated with human capital management, including human capital (or workforce) analytics or accounting (HCA), which blend techniques such as forecasting principles and scenario planning to create forecasts of the current and future workforce, often looking at key roles under various business scenarios (Boudreau 2010; Boudreau and Jesuthasan 2011; Cascio and Boudreau 2010, 2012). Strategic workforce planning approaches are generally seen as a subset of talent management, although in terms of the HRM structure and reporting relationships, this is not always the case. In practice, organisations tend to set up networks of global experts, or special task forces, to undertake the work, because the results of a strategic workforce plan will have implications for several central functions such as international mobility, rewards and resourcing, those HRM professionals in the business (HRM business partners) and local HRM operations (HRM in the country).

CASE STUDY 16.8

DEVELOPING AN ASIA TALENT PLAN AT ASTRAZENECA

AstraZeneca is a leading global pharmaceutical company which in 2008 employed 67,000 people worldwide – 55% in Europe, 30% in America and 15% in the rest of the world. In 2008 the HRM function undertook a project to 'develop an Asia talent plan', strengthening the talent pipeline for key leadership roles in the country and then more broadly developing a strategic workforce plan to identify the pipeline of skills and capabilities needed to support the business plan.

The first element involved the need to create robust and customised career plans for local employees, identify gaps in the internal leadership pipeline and document investment cases four years forward. An Asia Talent Pool was created on the basis of reviews of performance track and talent data (assessments of potential). The career plan analysis identified key experiences still needed: navigating the global organisation, leadership skills demonstrated in working with other cultures and managing delivery through a global matrix organisation, management skills, professional skills in areas such as

strategic marketing skills, business development and licensing, and language skills. A blend of local career development, short-term international moves but also long-term assignments designed around learning needs was selected. The international assignment process was redesigned around shared accountability for planning the assignment between host and home line managers, shifting to a primary objective of assignments being used for individual development with provision of local mentors rather than filling local skills gaps, and return roles planned before the outward assignment started.

The second element was the development of a forward Asian talent plan – looking three to five years out – and scoped around three geographical priorities: Japan, China and India (with follow-on plans created for Korea and Thailand). Each market created unique talent challenges – Japan is the second-largest pharmaceuticals market in the world and needs constant resourcing; China is an area of growth; India represents a strong market for scientific talent. AstraZeneca looked at competitor practice – for example, Shell, with its scenario-planning mentality, was known to have developed plans for what would happen to talent should the Soviet Union have collapsed before it actually did. The planning process required the development of clarity around the mid- to long-term business strategy, reviews of current workforce data around demographics, hiring patterns, turnover and movement, establishing and reviewing external labour market data and trends, projecting future capability profiles, replacement costs, defining workforce optimisation plans around projected business volumes, staffing needs and alternative staffing models.

16.8 GLOBAL PERFORMANCE MANAGEMENT

? REFLECTIVE ACTIVITY 16.2

- What might be the cross-cultural difficulties of a star talent philosophy?
- How would you use the discussions throughout Part Two of the book on the sorts of functional practices that organisations around the world have or do not have to decide whether GTM would be successful or not within an international organisation?
- How might the internationalisation process of an organisation lead to the creation of new 'pivotal talent pools'?

Since these early studies there has been growing academic interest in GTM (Farndale et al 2010; Scullion et al 2010; Scullion and Collings 2011; Schuler et al 2011; Dickman and Baruch 2011; Vaiman and Collings 2013; Valverde et al 2013; Thunnissen et al 2013; Minbaeva and Collings 2013; Björkman et al 2013; Cerdin and Brewster 2014; Sonnenberg et al 2014; Collings et al 2015). These discussions were initially dominated by both by study of Anglo-Saxon organisations and by the analyses of US academics, but within the general strategic debate attention has also turned to perspectives from Europe (Collings et al 2011; Latukha 2015; Skuza et al 2016), Asia-Pacific (Iles et al 2010; McDonnell et al 2012) and emerging markets (Hartman et al 2010; Doh et al 2014).

As with any the other HRM practices discussed throughout the book, the desirability of GTM practices, their execution, and chances of practices becoming embedded in day-to-day management are subject to cultural and institutional influences (Sparrow et al 2014). This is particularly so, because talent management comes with ideological associations. Depending on the 'version' of talent management that is pursued, then values of elitism and linkage and linkage to business objectives of stakeholders are involved. Questions might be asked about:

- the 'workability' of some of its core practices – such as the conduct of assessment centres or other techniques associated with the identification of potential
- the skill, inclination and capability of line managers to take on responsibility for employment relationship (the coaching and development of talent is very dependent on local managerial capability and attitude)
- the attractiveness of local markets in terms of their ability to deliver sufficient quantity and quality of talent (at whatever skill level) in terms of the sorts of capability, leadership and competency models that the globalising organisation choses to seek (this is likely to vary massively).

GTM systems are bounded by the natural cognitive limits of managers who have neither the time, capability nor inclination to access data about all global talent – the inclination is to select those who are 'good enough' based on previous experiences and beliefs about talent (Mäkel et al 2009).

A GTM strategy also has to solve many country and national labour market specific issues (Sparrow et al 2014). A study of talent management practices in 58 Polish organisations (Skuza et al 2013) showed there was still little evidence of Polish practice converging with western models. There were differences in the intensity of challenge to do with talent identification, development or evaluation between the domestically owned and foreign-owned organisations, and the practices used for each aspect of talent management. These practices reflected the typical industrial structure and historical traditions rather than the practices prescribed in best practice or academic books, the limited power and influence of HRM functions, a cultural emphasis on personal and private networks and on the collective rather than on individual success, and biases (high potentials are a threat to your own hard-fought for position). Similarly, Valverde et al (2013) found very little awareness of the practice or rhetoric of talent management amongst medium-sized organisations in Spain. In Germany the nature of talent management and practices associated with it of course varies by type of firm, especially given the prevalence of SMEs (Festing et al 2013). Relatively low levels of unemployment and support for high levels of skilled migration, along with longer-term characteristics such as an emphasis on education, vocational qualifications and a development orientation create a specific set of practices and challenges.

Yet, at the same time, the HRM strategies of MNCs (whether of western or emerging market origin), major domestic organisations, and even national public sector organisations seeking talent from broadened labour markets, are evolving. Global organisations have to make trade-offs in terms of:

- the time it takes to find the appropriate level of talent in a local market (the cost of search – in terms of resources assigned to search – and the opportunity costs of the time taken)
- the power of their brand to attract such limited-labour versus the cost of attraction if the brand is not strong, and sometimes
- the political necessity of sourcing from the local labour market
- the implicit cost of labour, the trainability and speed to competence or acculturation, the risk of lost investment through active employee turnover.

As we noted earlier in the chapter when discussing the challenges of transferring any HRM practices on a global basis, a number of intra-organisational factors within the boundaries of the firm have to be managed as part of this globalisation process. Organisations therefore tend to evolve their way towards more GTM systems. They have to develop linkages between geographically dispersed units and use a series of integration modes to regulate functional activities across borders. Sparrow et al (2014) looked at the processes involved in the globalisation of any talent management system. They identified two key challenges:

1   In a global, as opposed to a domestic, talent management system, the different practices under planning, attraction, development and retention need to be aligned vertically to both the over-arching HRM strategy and the business strategy. There is a need for GTM to deliver a degree of vertical (global) integration *within* businesses across the internal labour (talent) markets (that is, between the strategy, business model and structure through to the talent management practices). There is also a need for horizontal integration (that is, across operating divisions) in order to shape requisite levels of transfer of knowledge and individuals across businesses.

2   As the demography of international mobility continues to diversify and there is an increase in the variety in the forms of international work (see the previous chapter) then the talent system has to be closely linked to the management of international mobility. The role of the individual as a stakeholder in decisions about, and management of, global mobility grows in importance (Meyskens et al 2009; Dickmann and Mills 2009; Howe-Walsh and Schyns 2010). GTM has to foster the appropriate network ties between the expatriate and their host and home support networks (Farndale et al 2014).

THEORY AND PRACTICE

KEY FRAMEWORK

Corporate HQ roles in GTM

Farndale et al (2010) developed a conceptual model of GTM roles to explore how support for GTM strategies across the organisation might be engendered. Four roles need to be played by the corporate centre:

1   *Champion of processes*: developing and monitoring GTM practices and policies, strategy and tools; ensuring these are implemented across the firm; monitoring GTM processes; and improving coordination of tools, techniques and processes internally across functions.

2   *Guardian of culture*: ensuring a culture of mobility across the organisation; incorporating values and systems in organisational strategies and activities to support global mobility of individuals; and breaking down silo mentalities that can exist between business divisions and geographic regions.

3   *Manager of receptivity*: encouraging the in- and out-flow of key talent across business entities; active management of key talent to ensure individuals are looked after; encouraging receiving units to manage diversity, careers, integration and work-life balance; and encouraging sending units to share their talent for the good of the firm as a whole.

4   *Network leadership and intelligence*: developing appropriate networks inside and outside the organisation to support the GTM process; being aware of developments in the internal and external labour market; mobilising appropriate talent both internally and through external providers; and a sense of timing and context (sensitivity to what is going on at both local and global levels).

These roles are stable (regardless of the international context, changes in the external global context, or the organisation's positioning on a centralisation-decentralisation continuum) and their presence is necessary for organisations to build a core competence of transferring capabilities through talent on a global basis.

Subsequent empirical investigation in two professional service firms from the financial and professional service sectors examined these four roles (Sparrow et al 2013). The level of centralisation was an important contingent variable for the four corporate HRM roles, but the goals were also a product of the level of GTM maturity the organisation had in pursuing GTM strategies, and the needs of the business model.

? REFLECTIVE ACTIVITY 16.3

It is often assumed that talent management practices are the preserve of large multinationals. However, charities face similar issues of having to compete for a small number of talented people. For example, when a crisis arises, will that expert in dysentery work for Save the Children or for Oxfam? Although of course the financial resources that might be devoted to talent management strategies are more constrained, the practices and experiences of not-for-profit organisations in the international management area are very similar to those of large private sector firms.

Imagine you are the IHRM director of an international charity.

● What are the talent management issues that you believe you would have to deal with?
● What would be the key elements of your talent management strategy, and what would you need employees to do to 'make it happen'?

KEY LEARNING POINTS

● A critical aspect of creating effective IHRM strategies is the ability to judge the extent to which an organisation should implement similar practices across the world or adapt them to suit local conditions – the 'global versus local' debate.
● The concepts of 'institutional distance' and 'dominance effect' have guided discussion about the transfer of practices between national domains.
● However, foreign subsidiaries' HRM practices reveal some similarities with, but also differences from, both local practices and parents' practices. In addition to national institutional and cultural factors, intra-organisational factors are important.
● Micro-politics concerns how actors protect and progress their own interests, the resources they use, and the way they resolve conflicts – managers in subsidiaries interpret the possibilities and constraints and can make strategic or tactical decisions that weaken, modify or defend against what might be seen as disagreeable or irrational demands from HQ.
● The implementation of most new HRM systems – such as HPWS – in foreign subsidiaries requires substantial financial resources, effort, and commitment from the HQ.
● Once cultural or institutional boundaries are crossed, it is sometimes impossible to find a direct parallel in another local environment that keeps the original practice coherent and sound.
● Many organisations have learned how to hybridise, that is to create new management practices through simultaneous processes of highly selective adoption, transfer, and local adaptation. The corporate centre has to have the ability to manage these processes of integration.
● The HRM strategies of MNCs (whether of western or emerging market origin), major domestic organisations, and even national public sector organisations seeking talent from broadened labour markets, are evolving and becoming more global.
● There are three key practices that tend to be early candidates for globalisation: management development through global leadership, global performance management and global talent management.

- Whilst management development is central to an organisation's approach to HRM, the way that managers 'are made' is very different across countries.
- There is a two-way link between strategy and global leadership: as companies rely more on global strategies they require more global leaders. As they have more global leaders, they can execute more global strategy. Only a few expatriates would be classed as global leaders.
- Global leadership involves more than the set of skills, or range of competencies, that are important for effective international management. It also involves attitudes, values and mindset.
- A GTM strategy also has to solve many country and national labour market specific issues. The component talent practices that form a GTM system have to form part of a broader system driven by the business strategy and must be managed as a core business process.

LEARNING QUESTIONS

1 Are global integration and local responsiveness useful concepts when it comes to the design and export of an HRM practice?

2 What are the best practices that organisations in your country wish to 'import'?

3 What capabilities do IHRM functions have to develop if they are to successfully transfer HRM practices globally?

4 Are global leaders born or made?

5 Is it ever possible to develop a global talent management system?

EXPLORE FURTHER

EDWARDS, T., COLLING, T. and FERNER, A. (2007) Conceptual approaches to the transfer of employment practices in multinational companies: an integrated approach. *Human Resource Management Journal.* Vol 17. pp201–217.

MÄKELÄ, K., BJÖRKMAN, I. and EHRNROOTH, M. (2009) MNC subsidiary staffing architecture: building human and social capital within the organization. *International Journal of Human Resource Management.* Vol 20, No 6. pp1273–1290.

Useful articles on some of the component HRM strategies are:

BJÖRKMAN, I. and LERVIK, J. E. (2007) Transferring HR practices within multinational corporations. *Human Resource Management Journal.* Vol 17. pp320–335.

CASCIO, W. (2012) Global performance management systems. In: BJÖRKMAN, I., STAHL, G. and MORRIS, S. (eds). *Handbook of research in international human resource management.* 2nd edition. Cheltenham: Edward Elgar. pp183–204.

FARNDALE, E., SCULLION, H. and SPARROW, P. R. (2010) The role of the corporate HR function in global talent management. *Journal of World Business.*Vol 45, No 2. pp161–168.

SCULLION, H. and COLLINGS, D.G. (2011) (eds) *Global talent management.* London: Routledge.

TARIQUE, I. and SCHULER, R. (2010) Global talent management: literature review, integrative framework, and suggestions for further research. *Journal of World Business.* Vol 45. pp122–133.

REFERENCES

ALMOND, P. (2011) Re-visiting country of origin effects on HRM in multinational corporations. *Human Resource Management Journal.*Vol 21, No 3. pp258–271.

BARTLETT, C.A. and GHOSHAL, S. (1989) *Managing across borders: the transnational solution.* Boston, MA: Harvard Business School Press.

BIRON, M., FARNDALE, E., and PAAUWE, J. (2011) Performance management effectiveness: Lessons from world-leading firms. *International Journal of Human Resource Management.* Vol 22. pp1294–1311.

BJÖRKMAN, I. (2006) International human resource management research and institutional theory. In: STAHL, G. and BJÖRKMAN, I. (eds). *Handbook of research in International HRM.* Cheltenham: Edward Elgar. pp.463–474.

BJÖRKMAN, I. and LERVIK, J.E. (2007) Transferring HR practices within multinational corporations. *Human Resource Management Journal.* Vol 17. pp320–335.

BJÖRKMAN, I., BARNER-RASMUSSEN, W., EHRNROOTH, M., and MKEL, K. (2009) Performance management across borders. In: SPARROW, P.R. (ed). *Handbook of international human resource management.* New York, NY: John Wiley and Sons. pp. 229–249.

BJÖRKMAN, I., EHRNROOTH, M., MÄKELÄ, K., SMALE, A., and SUMELIUS, J. (2013) Talent or not? Employee reactions to talent identification. *Human Resource Management.* Vol 52. pp195–214.

BORGONJON, J. and VANHONACKER, W.R (1992) Modernizing China's managers. *China Business Review.* Vol 19, No 5. p12.

BOUDREAU, J.W. (2010) *Retooling HR: using proven business tools to make better decisions about talent.* Boston, MA: Harvard Business School Press.

BOUDREAU, J.W. and JESUTHASAN, R. (2011) *Transformative HR: how great companies use evidence based change for sustainable advantage.* San Francisco, CA: Jossey-Bass.

BOUDREAU, J.W. and RAMSTAD, P.M. (2006) Talentship and HR measurement and analysis: from ROI to strategic, human resource planning. *Human Resource Planning.* Vol 29, No 1. pp25–33.

BOUDREAU, J.W. and RAMSTAD, P.M. (2007) *Beyond HR: the new science of human capital.* Boston, MA: Harvard Business School Press.

BOXALL, P., HUTCHISON, A. and WASSENAAR, B. (2015) How do high- involvement work processes influence employee outcomes? An examination of the mediating roles of skill utilisation and intrinsic motivation. *International Journal of Human Resource Management.* Vol 26, No 13. pp1737–1752.

BOYER, R. (1998) Hybridation et modèle productif: géographie, histoire et théorie [Hybridization and productive model: Geography, history and theory]. In: *GERPISA Proceedings: Pourquoi les modèles productifs voyagent?* [GERPISA Proceedings: Why productive models travel?], pp7–50.

BRANINE, M. (1996) Observations on training and management development in the People's Republic of China. *Personnel Review.* Vol 25, No 1. p25.

BRANINE, M. (2005) Cross-cultural training of managers: An evaluation of a management development programme for Chinese managers. *The Journal of Management Development.* Vol 24, Nos 5/6. p459.

BREWSTER, C.J., WOOD, G. and BROOKES, M. (2008) Similarity, isomorphism or duality: recent survey evidence on the HRM policies of multinational corporations. *British Journal of Management.* Vol 19, No 4. pp320–342.

CAPRAR, D.V. (2011) Foreign locals: A cautionary tale on the culture of MNC local employees. *Journal of International Business Studies.* Vol 42, No 5. pp608–628.

CASCIO, W. (2012) Global performance management systems. In: BJÖRKMAN, I., STAHL, G. and MORRIS, S. (eds) *Handbook of research in international human resource management.* 2nd edition. Cheltenham: Edward Elgar. pp183–204.

CASCIO, W.F. and BOUDREAU, J.W. (2010) *Investing in people: financial impact of human resource initiatives.* New York: Financial Times Press.

CASCIO, W.F. and BOUDREAU, J.W. (2012) *A short introduction to strategic human resource management.* Cambridge: Cambridge University Press.

CERDIN J.L. and BREWSTER C. (2014). Talent management and expatriation: Bridging two streams of research and practice. *Journal of World Business.* Vol 49, No 2. pp245–252.

CHANG, Y.Y., SMALE, A., and TSANG, S.S. (2013) A diachronic analysis of HRM transfer: Taiwanese multinationals in the UK. *Cross Cultural Management.* Vol 20, No 3. pp464–482.

CHUNG, C., BOZKURT, O. and SPARROW, P.R. (2012) Managing the duality of IHRM: unravelling the strategy and perceptions of key actors in South Korean MNCs. *International Journal of Human Resource Management.* Vol 23, No 11. pp2333–2353.

CHUNG, C., SPARROW, P.R. and BOZKURT, O. (2014) South Korean MNEs International HRM approach: hybridization of global standards and local practices. *Journal of World Business.* Vol 49, No 4. pp549–559.

COLLINGS, D.G. (2014) Integrating global mobility and global talent management: Exploring the challenges and strategic opportunities. *Journal of World Business.* Vol 49, No 2. pp253–261.

COLLINGS, D.G. and MELLAHI, K. (2009) Strategic talent management: a review and research agenda. *Human Resource Management Review.* Vol 19, No 4. pp304–313.

COLLINGS, D.G. and SCULLION, H. (2008) Resourcing international assignees. In: DICKMAN, M., BREWSTER, C. and SPARROW, P.R. (eds.), *International human resource management: a European perspective*. Abingdon: Routledge. pp87–106.

COLLINGS, D.G., SCULLION, H., and DOWLING, P.J. (2009) Global staffing: a review and thematic research agenda. *International Journal of Human Resource Management*. Vol 20, No 6. pp1253–1272.

COLLINGS, D.G., SCULLION, H., and VAIMAN, V. (2011) European perspectives on talent management. *European Journal of International Management*. Vol 5, No 5. pp453–462.

COLLINGS, D.G., SCULLION, H. and VAIMAN, V. (2015) Talent management: progress and prospect. *Human Resource Management Review*. Vol 25, No 3. pp233–235.

DELOITTE (2012) Operation globalisation. *Human Capital Trends 2012*. www.deloitte.com

DICKMANN, M., and BARUCH, Y. (2011) *Global careers*. New York: Routledge.

DICKMANN, M. and MILLS, T. (2009) The importance of intelligent career and location considerations: exploring the decision to go to London. *Personnel Review*. Vol 39, No 1. pp116–134.

DJELIC, M.L. (1998) *Exporting the American model: The postwar transformation of European Business*. Oxford: Oxford University Press.

DOH, J., SMITH, R., STUMPF, S. and TYMON, W. (2014) Emerging markets and regional patterns in talent management: the challenge of India and China. In: SPARROW, P.R., SCULLION, H. and TARIQUE, I. (eds). *Strategic talent management: contemporary issues in international context*. Cambridge: Cambridge University Press. pp254–277.

EDWARDS, T., and TEMPEL, A. (2010) Explaining variation in reverse diffusion of HR practices: evidence from the German and British subsidiaries of American multinationals. *Journal of World Business*. Vol 45. pp19–28.

EDWARDS, T., COLLING, T. and FERNER, A. (2007) Conceptual approaches to the transfer of employment practices in multinational companies: an integrated approach. *Human Resource Management Journal*. Vol 17, No 3. pp201–217.

ELGER, T., and SMITH, C. (2005) *Assembling work: remaking factory regimes in Japanese multinationals in Britain*. New York: Oxford University Press.

ENGLE, A.D., FESTING, M. and DOWLING, P.J. (2014) Proposing processes of global performance management: an analysis of the literature. *Journal of Global Mobility*. Vol 2, No 1. pp5–25.

ENGLE, A.D., FESTING, M. and DOWLING, P.J. (2015) Gaining altitude on global performance management processes: a multilevel analysis. *International Journal of Human Resource Management*.Vol 26, No 15. pp1955–1964.

EVANS, P., PUCIK, V. and BARSOUX, J.-L. (2002) The global challenge: frameworks for international human resource management, New York: McGraw Hill/Irwin.

EVANS, P., PUCIK, V. and BJÖRKMAN, I. (2011) The global challenge: International human resource management. 2nd edition. New York: McGraw-Hill/Irwin.

FARNDALE, E. and PAAUWE, J. (2007) Uncovering competitive and institutional drivers of HRM practices in multi-national corporations. *Human Resource Management Journal.* Vol 17, No 4. pp355–375.

FARNDALE, E., BREWSTER, C.J. and POUTSMA, E. (2008) Co-ordinated vs liberal market HRM: the impact of institutionalisation on multinational firms. *International Journal of Human Resource Management.* Vol 19, No 11. pp2004–2023.

FARNDALE, E., PAI, A., SPARROW, P.R. and SCULLION, H. (2014) Balancing individual and organizational needs in global talent management: A mutual-benefits perspective. *Journal of World Business.* Vol 49, No 2. pp204–214.

FARNDALE, E., SCULLION, H. and SPARROW, P. (2010) The role of the corporate human resource function in global talent management. *Journal of World Business.* Vol 45, No 2. pp161–168.

FERNER, A. (1997) Country of origin effects and HRM in multinational companies. *Human Resource Management Journal.* Vol 7, No 1. pp19–37.

FERNER, A., ALMOND, P., CLARK, I., COLLING, T., EDWARDS, T., HOLDEN, L. and MULLER-CAMEN, M. (2004) The dynamics of central control and subsidiary autonomy in the management of human resources: case-study evidence from US MNCs in the UK. *Organization Studies.* Vol 25, No 3. pp363–391.

FERNER, A.M., EDWARDS, T. and TEMPEL, A. (2012) Power, institutions and the cross-national transfer of employment practices in multinationals. *Human Relations.* Vol 65. pp163–187.

FESTING, M. and KNAPPERT, L. (2014) Country-specific profiles of performance management in China, Germany, and the United States – an empirical test. *Thunderbird International Business Review.* Vol 56. pp331–351.

FESTING, M., KNAPPERT, L. and KORNAU, A. (2015) Gender specific preferences in global performance management: an empirical study of male and female managers in a multinational context. *Human Resource Management.* Vol 54. pp55–79.

FESTING, M., SCHÄFER, L. and SCULLION, H. (2013) Talent management in medium-sized German companies: an explorative study and agenda for future research. *International Journal of Human Resource Management.* Vol 24, No 9. pp1872–1893.

FOLEY, S., NGO, H. and LOI, R. (2012) The adoption of high performance work systems in foreign subsidiaries. *Journal of World Business.* Vol 47. pp106–113.

FRANCK, E and OPITZ, C (2007) The singularity of the German doctorate as a signal for managerial talent: causes, consequences and future developments. *Management Revue.* Vol 18, No 2. pp220–241.

GAMBLE, J. (2010) Transferring organizational practices and the dynamics of hybridization: Japanese retail multinationals in China. *Journal of Management Studies.* Vol 47. pp705–732.

GAMBLE, J. and HUANG, Q. (2010) The transfer of organizational practices: a diachronic perspective from China. *International Journal of Human Resource Management.* Vol 20, No 8. pp1683–1703.

GEPPERT, M., MATTEN, D. and WALGENBACH, P. (2006) Transnational institution building and the multinational corporation: an emerging field of research. *Human Relations*. Vol 59. pp1451–1465.

HARTMAN, E., FEISEL, E. and SCHOBER, H. (2010) Talent management of western MNCs in China: Balancing global integration and local responsiveness. *Journal of World Business*. Vol 45, No 2. pp169–178.

HOWE-WALSH, L. and SCHYNS, B. (2010) Self-initiated expatriation: implications for HRM. *International Journal of Human Resource Management*. Vol 21, No 2. pp260–273.

HUSELID, M.A., BEATTY, R.W. and BECKER, B.E. (2005) 'A players' or 'A positions?' The strategic logic of workforce management. *Harvard Business Review*. Vol 83, No 12. pp110–117.

ILES, P., CHUAI, X. and PREECE, D. (2010) Talent management and HRM in multinational companies in Beijing: definitions, differences and drivers. *Journal of World Business*. Vol 45, No 2. pp179–189.

JOHNSON, J. P., LENARTOWICZ, T. and APUD, S. (2006) Cross-cultural competence in international business: Toward a definition and a model. *Journal of International Business Studies*. Vol 37, No 4. pp525–543.

KOSTOVA, T. (1999) Transnational transfer of strategic organizational practices: a contextual perspective. *Academy of Management Review*. Vol 24, No 2. pp308–324.

KOSTOVA, T. and ROTH, K. (2002) Adoption of an organizational practice by subsidiaries of multinational corporations: institutional and relational effects. *Academy of Management Journal*. Vol 45, No 1. pp215–233.

KUN, Q., KHILJI, S. and WANG, X. (2009) High-performance work systems, organizational commitment, and the role of demographic features in the People's Republic of China. *International Journal of Human Resource Management*. Vol 20, No 11. pp2311–2330.

LAKSHMAN, C. (2013) Biculturalism and attributional complexity: cross-cultural leadership effectiveness. *Journal of International Business Studies*. Vol 44. pp922–940.

LATUKHA, M. (2015) Talent management in Russian companies: domestic challenges and international experience. *International Journal of Human Resource Management*. Vol 26, No 8. pp1051–1075.

LAWRENCE, P. (1993) Management development in Europe: a study in cultural contrast. *Human Resource Management Journal*. Vol 3, No 1. pp11–23.

MABEY, C. and RAMIREZ, M. (2004) *Developing managers: a European perspective*. London: Chartered Management Institute.

MABEY, C. and RAMIREZ, M. (2011) Comparing national approaches to management development. In: BREWSTER, C.J. and MAYRHOFER, W. (eds). *A handbook of comparative HRM*. Cheltenham: Edward Elgar.

MÄKELÄ, K., BJÖRKMAN, I. and EHRNROOTH, M. (2009) MNC subsidiary staffing architecture: building human and social capital within the organization. *International Journal of Human Resource Management*. Vol 20, No 6. pp1273–1290.

MARTIN, G. and BEAUMONT, P.B. (1998) HRM and the diffusion of best practice. International Journal of Human Resource Management. Vol 9, No 4. pp671–695.

MARTIN, G. and BEAUMONT, P.B. (2001) Transforming multinational enterprises: towards a process model of strategic human resource management change. International Journal of Human Resource Management. Vol 12, No 8. pp1234–1250.

MCCANN, L. and SCHWARTZ, G. (2006) Terms and conditions apply: Management restructuring and the global integration of post-socialist societies. *International Journal of Human Resource Management*. Vol 17, No 8. pp1339–1352.

MCDONNELL, A., COLLINGS, D.G. and BURGESS, J. (2012) Asia Pacific perspectives on talent management. *Asia Pacific Journal of Human Resources*. Vol 50, No 4. pp391–398.

MEYSKENS, M., VON GLINOW, M.A., WERTHER, W.B. and CLARKE, L. (2009) The paradox of international talent: alternative forms of international assignments. *International Journal of Human Resource Management.*Vol 20, No 6. pp1439–1450.

MICHAELS, E., HANDFIELD-JONES, H. and AXELROD, B. (2001) *The war for talent.* Boston, MA: Harvard Business School Press.

MINBAEVA, D. and COLLINGS, D.G. (2013) Seven myths of global talent management. *International Journal of Human Resource Management*. Vol 24, No 9. pp1762–1776.

MORRISON, A.J. (2000) Developing a global leadership model. Human Resource Management. Vol 39, Nos 2/3. pp117–131.

MURTHA, T.P., LENWAY, S.A. and BAGOZZI, R.P. (1998) Global mind-sets and cognitive shift in a complex multinational corporation. *Strategic Management Journal.* Vol 19. pp97–114.

NGO, H.Y., FOLEY, S., LOI, R. and ZHANG, L.Q. (2011) Factors affecting the adoption of high performance work systems in foreign subsidiaries: an empirical investigation in Hong Kong. *International Journal of Employment Studies.* Vol 19. pp1–33.

NGO, H.Y., TURBAN, D.B., LAU, C.M. and LUI, S.Y. (1998) Human resource practices and firm performance of multinational corporations: influences of country origin. *International Journal of Human Resource Management.* Vol 9, No 4. pp632–652.

OLIVER, N. and WILKINSON, B. (1989) Japanese manufacturing techniques and personnel and industrial relations practice in Britain: evidence and implications. *British Journal of Industrial Relations.* Vol 27, No 1. pp73–91.

PUCIK, V. (1992) Globalization and human resource management. In: Pucik, V., Tichy, N. and Barnett, C.K. (eds). Globalizing management. New York: Wiley.

PUCIK, V. (1998) Selecting and developing the global versus the expatriate manager: a review of the state of the art. *Human Resource Planning.*Vol 21, No 4. pp40–54.

PUDELKO, M. and HARZING, A.W. (2007) Country-of-origin, localization, or dominance effect? An empirical investigation of HRM practices in foreign subsidiaries. *Human Resource Management.* Vol 46, No 4. pp535–559.

PUDELKO, M., REICHE, B.S. and CARR, C. (2015) Recent developments and emerging challenges in international human resource management. *International Journal of Human Resource Management.* Vol 26, No 2. pp127–135.

ROSENZWEIG, P.M. (2006) The dual logics behind international human resource management: Pressures for global integration and local responsiveness. In: STAHL, G. and BJÖRKMAN, I. (eds). *Handbook of research in international HRM*. Cheltenham: Edward Elgar. pp36–48.

RUPIDARA, N.S. and MCGRAW, P. (2011) The role of actors in configuring HR systems within multinational subsidiaries. *Human Resource Management Review*. Vol 21. pp174–185.

SCHULER, R.S., JACKSON, S.E. and TARIQUE, I. (2011) Global talent management and global talent challenges: strategic opportunities for IHRM. *Journal of World Business*. Vol 46. pp506–516.

SCHWARTZ, G. and MCCANN, L. (2008) Overlapping effects: path dependence and path generation in management and organization in Russia. *Human Relations*. Vol 60, No 10. pp1525–1549.

SCOTT, W.R. (1995) *Institutions and organizations*. Thousand Oaks, CA: Sage.

SCULLION, H. and STARKEY, K. (2000) In search of the changing role of the corporate human resource function in the international firm. *International Journal of Human Resource Management*. Vol 11, No 6. pp1061–1081.

SCULLION, H. and COLLINGS, D.G. (2011) (eds.) *Global talent management*.London: Routledge.

SCULLION, H., COLLINGS, D.G. and CALIGIURI, P. (2010) Global talent management. *Journal of World Business*. Vol 45, No 2. pp105–108.

SHENTON, G. (1996) Management education in Europe: diversity and integration. In: LEE, M., LETICHE, H. and CRAWSHAW, R. (eds). *Management education in the new Europe*. London: International Thompson Publishing Inc. pp32–47.

SILZER, R. and DOWELL, B.E. (2010) Strategic talent management matters. In: SILZER, R. and DOWELL, B.E. (eds). *Strategy-driven talent management: a leadership imperative*. San Franciscio, CA: Jossey-Bass/Society for Industrial and Organizational Psychology. pp3–72.

SKUZA, A., SCULLION, H. and COLLINGS, D.G. (2016) Talent management in Europe. In: DICKMANN, M., BREWSTER, C. and SPARROW, P.R. (eds). *International human resource management: contemporary HR issues in Europe*. London: Routledge.

SKUZA, A., SCULLION, H. and MCDONNELL, A. (2013) An analysis of the talent management challenges in a post-communist country: the case of Poland. *International Journal of Human Resource Management*. Vol 24, No 3. pp453–470.

SMITH, C. and MEIKSINS, P. (1995) System, society, and dominance effects in cross-national organizational analysis. *Work, Employment and Society*. Vol 9, No 2. pp241–267.

SMITH, P. (2010) The right leaders in place in Asia... the right future leaders in the pipeline. In: ULRICH, D. (ed.) *Leadership in Asia: challenges and opportunities*. Singapore: Ministry of Manpower Singapore.

SONNENBERG, M., VAN ZIJDERVELD, V. and BRINKS, M. (2014) The role of talent-perception incongruence in effective talent management. *Journal of World Business*. Vol 49, No 2. pp272–280.

SPARROW, P.R. (1996) Careers and the psychological contract: understanding the European context. *European Journal of Work and Organizational Psychology.* Vol 5, No 4. pp479–500.

SPARROW, P.R. (2006) International management: some key challenges for industrial and organizational psychology. In: HODGKINSON, G. and FORD, J.K. (eds). *International Review of Industrial and Organizational Psychology. Volume 21.* Chichester: Wiley.

SPARROW, P.R. and BREWSTER, C.J. (2011) Reuters: HRM in international perspective. In: DUNDON, A. and WILKINSON, A. (eds). *Case studies in people management, strategy and innovation.* Sydney: Tilde University Press.

SPARROW, P.R. and HILTROP, J.M. (1994) *European human resource management in transition.* London: Prentice-Hall.

SPARROW, P.R., BREWSTER, C.J. and CHUNG. C. (2016) *The globalization of human resource management.* London: Routledge.

SPARROW, P.R., BREWSTER, C.J. and HARRIS, H. (2004) *Globalizing human resource management.* London: Routledge.

SPARROW, P.R., FARNDALE, E. and SCULLION, H. (2013) An empirical study of the role of the corporate HR function in global talent management in professional and financial services firms in the global financial crisis. *International Journal of Human Resource Management.* Vol 24, No 9. pp1777–1798.

SPARROW, P.R., FARNDALE, E. and SCULLION, H. (2014) Globalizing the HR architecture: the challenges facing corporate HQ and international mobility functions. In: SPARROW, P.R., SCULLION, H. and TARIQUE, I. (eds). *Strategic talent management: contemporary issues in international context.* Cambridge: Cambridge University Press. pp254–277.

SPARROW, P.R., SCULLION, H. and TARIQUE, I. (eds). (2014) *Strategic talent management: contemporary issues in international context.* Cambridge: Cambridge University Press.

STAHL, G., BJÖRKMAN, I. and MORRIS, S. (2012) *Handbook of research in international human resource management.* 2nd edition. Cheltenham: Edward Elgar.

STAHL, G.K., BJÖRKMAN, I., FARNDALE, E., MORRIS, S.S., PAAUWE, J., STILES, P., TREVOR, J. and WRIGHT, P. (2012) Six principles of effective global talent management. *MIT Sloan Management Review.* Vol 53. pp25–32.

STILES, P., FARNDALE, E., MORRIS, S., PAAUWE, J., STAHL, G., TREVOR, G. and WRIGHT, P. (2015) Changing routine: reframing performance management within a multinational. *Journal of Management Studies.* Vol 52, No 1. pp63–88.

STROH, L. and CALIGIURI, P. M. (1998) Increasing global competitiveness through effective people management. *Journal of World Business.* Vol 33, No 1. pp1–16.

SUN, P.Y.T. and ANDERSON, M.H. (2012) The importance of attributional complexity for transformational leadership studies. *Journal of Management Studies.* Vol 49, No 6. pp1001–1022.

TARIQUE, I. and SCHULER, R.S. (2010) Global talent management: literature review, integrative framework, and suggestions for further research. *Journal of World Business.* Vol 45, No 2. pp122–133.

THUNNISSEN, M., BOSELIE, P. and FRUYTIER, B. (2013) A review of talent management: 'infancy or adolescence?' *International Journal of Human Resource Management*. Vol 24, No 9. pp1744–1761.

TUNG, R.L. (1996) Corporate executives and their families in China: the need for cross-cultural understanding in business. *Columbia Journal of World Business*. Vol 21, No 1. pp21–26.

VAIMAN, V. and COLLINGS, D.G. (2013) Talent management: advancing the field. *The International Journal of Human Resource Management*. Vol 24, No 9. pp1737–1743.

VAIMAN, V., SCULLION, H. and COLLINGS, D.G. (2012) Talent management decision making. *Management Decision*.Vol 50, No 5. pp925–941.

VALVERDE, M., SCULLION, H. and RYAN, G. (2013) Talent management in Spanish medium-sized organizations. *The International Journal of Human Resource Management*. Vol 24, No 9. pp1832–1852.

VARMA, A., BUDHWAR, P. and MCCUSKER, C. (2015) Performance management in the global organization. In: COLLINS, D., WOOD, G. and CALIGIURI, P. (eds). *The Routledge companion to international human resource management*. London: Routledge. pp172–189.

WANG, X., BRUNING, N.S. and PENG, S. (2006) Western high-performance HR practices in China: a comparison among public-owned, private and foreign-invested enterprises. *International Journal of Human Resource Management*. Vol 18, No 4. pp684–701.

WARNER, M (1996) The long march of Chinese management education. *Chinese Quarterly*. Vol 106. pp326–42.

WEI, L.Q. and LAU, C.M. (2005) Market orientation, HRM importance and competency: determinants of strategic HRM in Chinese firms. *International Journal of Human Resource Management*.Vol 16, No 10. pp1901–1918.

WORKFORCE MANAGEMENT (2008) Tiered mentoring at Infosys. *Workforce Management Online*, June. Available at: http://www.workforce.com/section/11/feature/25/59/06/255910.html. Accessed 11/1/2011.

WORM, V. (2001) HRD for localisation: European MNCs in China. In: KIDD, J.B. and RICHTER, F.-J. (eds). *Advances in HRM in Asia*. Basingstoke: Palgrave Macmillan.

YAGI, N. and KLEINBERG, J. (2011) Boundary work: An interpretive ethnographic perspective on negotiating and leveraging cross-cultural identity. *Journal of International Business Studies*. Vol 42, No 5. pp629–653.

YAHIAOUI, D. (2015) Hybridization: striking a balance between adoption and adaptation of human resource management practices in French multinational corporations and their Tunisian subsidiaries. *International Journal of Human Resource Management*. Vol 26, No 13. pp1665–1693.

YALABIK, Z. Y., CHEN, S., LAWLER, J. and KIM, K. (2008) High performance work system and organizational turnover in East and Southeast Asian countries. *Industrial Relations*. Vol 47, No 1. pp145–152.

ZHANG, M., EDWARDS, T. and EDWARDS, C. (2005) Internationalisation and developing countries: the case of China. In: EDWARDS, T. and REES, C. (eds). International human resource management: globalization, national systems and multinational companies. Harlow: FT/Prentice Hall.

CHAPTER 17

Globalising HRM

LEARNING OUTCOMES

When you have read this chapter, you will:

- understand the nature of subsidiary knowledge flows in MNCs and the challenges of trying to manage multi-directional knowledge transfers in MNCs
- identify some of the most important integration mechanisms that can be used in the pursuit of global knowledge management strategies
- be able to explain how these activities can create intellectual, social and emotional integration
- appreciate the role of knowledge management and knowledge transfer between international operations
- understand the issues involved in building organisational capability through global expertise networks and the different ways in which global networks might be designed
- explain how different types of 'HRM architecture' help enable these knowledge flows
- position employer branding as part of a longer term strategy to create social and emotional integration within an organisation
- understand what is involved in managing the perceptions of the external and internal labour market
- explain how MNCs attempt to create and manage global employer brands.

17.1 INTRODUCTION

In Chapter 4 we noted that there is much cultural interpretative work that has to take place inside organisations if they are globalise themselves effectively, and that for knowledge transfer to be effective, organisations need significant people who are multicultural, or have cultural intelligence, as well as a series of integration mechanisms such as international teams and cross-border units. Later, Chapters 14 and 15 then examined the role of expatriates, one of which was as a conduit for global integration. Having examined the general management of expatriates, in this chapter we shall consider how expatriates can also be managed as a resource for global integration. Expatriates can act as knowledge brokers. Then, in Chapter 16 we discussed the notions of global integration and local responsiveness, and the challenges of transferring HRM practices across international operations. We showed how some key practices – notably management development and global leadership, global performance management and – are being used as part of this *operational* integration. They are being managed not just as a natural extension of the initial interest in expatriates, but also serve to bring a degree of global integration around key HRM philosophies, programmes, processes, and practices. They help to integrate the HRM function around a common set of more globalised operations and act as common and superordinate themes in the pursuit of a more globalised HRM process.

However, in order for there to be global integration, there are some other important initiatives that are often pursued. Ghoshal and Gratton (2002) point to a number of important integration activities at corporate level.

KEY FRAMEWORK

Methods of integration

The corporate centre has the ability to manage the process of integration. This process has four critical components:

- *Operational integration through standardised technology* – Portals can provide a common front for employees and help integrate the HRM function around a common set of more globalised practices.
- *Intellectual integration through the creation of a shared knowledge base* – By creating an emphasis on creating, sharing and exchanging knowledge both within and beyond the HRM community, corporate HRM functions can ensure that the intellectual capital of the function is rapidly codified and shared across constituent HRM functions.
- *Social integration through the creation of collective bonds of performance* – This is where the function develops a clear sense of what it wants to achieve and how it wants to achieve it.
- *Emotional integration through a sense of shared identity and meaning* – This concerns the mobilisation of hearts and minds behind change processes.

THEORY AND PRACTICE

In practice, then, global HRM revolves around the ability of the organisation to find a concept that has relevance to managers across several countries – despite the fact that they have different values embedded in different national cultures and despite the reality that these global themes may end up being operationalised with some local adaptation. The corporate strategy is usually expressed through performance management systems applied globally that measure and manage a balanced series of outcomes that must be achieved.

In this chapter we extend our discussion of global integration by examining two areas:

- *Intellectual integration*, through the pursuit of global knowledge management strategies, and the adoption of global expertise networks. Intellectual integration is usually an attempt to build upon core strategic competences that are considered to differentiate the firm and lead to its competitive advantage.
- *Social and emotional integration*, using the example of corporate and global employer brands, whereby organisations think about their external brand image and corporate reputation, and the ways in which their employees identify with and actively support the brand.

Each of these brings its own challenges when managed on the global stage and is considered in turn.

We focus of course on the positive initiatives that organisations put in place to achieve this kind of integration. However, to put these positive initiatives in context, we begin by reminding ourselves that the pursuit of global integration creates many challenges for the IHRM function of an organisation. It has to globalise its own professionals as well as key practices and processes. And in most cases, despite making some of the structural changes we discussed in Chapter 12 on the global HRM department, it has to work towards these solutions in very pragmatic ways, drawing upon and building its own networks.

Historically, global information and insight into local conditions and best practice have all tended to be shared through the process of IHRM professionals just talking to each other – getting groups of people together within the organisation to facilitate some transfer of learning. Network- and project-based structures play a critical role and have had a significant impact on the conduct and quality of IHRM interventions and on the career trajectories of HRM professionals. However, there is little clarity about the extent to which these networks can be local as well as global, external as well as internal.

Global networking is one of the ways that the IHRM function can help build this capability across international operations. Parkhe et al (2006, p560) state that:

> Networks are reshaping the global business architecture... the ubiquity of networks and networking at the industry, firm, group, and individual levels has attracted significant research attention.

Considerable 'social capital' resides within these communities (see the theory on social capital in Chapter 13).

Tregaskis et al (2005) conducted interviews in six firms, describing the function, structure and processes typically associated with international HRM networks. These networks can be run through top-down or more collaborative remits and operate through leadership, project or special-event team structures. They serve a range of functions including policy development and implementation, information capture, exploitation of knowledge, sharing of best practice, achieving political buy-in and socialisation of members. Face-to-face contact is important in the process of relationship- and reputation-building but is often supplemented by virtual working as a way of signalling more global cultures. The level of localisation is generally driven by the politics of acquisition, size, expertise and level of resistance in subsidiaries. HRM leadership through networks can facilitate more collaborative solutions, but this depends on the strategic capability of the function, board-level support and strength of IHRM networks. The social ties that the HRM specialists can develop across the globe and the extent and value of those ties become important elements of the armoury of the IHRM specialist.

? REFLECTIVE ACTIVITY 17.1

- What difficulties might organisations face in building IHRM networks?
- How might these be overcome?

Global HRM networks serve several important purposes (Sparrow et al 2004):

- providing a forum to encourage innovation and growth throughout the business, and a vehicle to get the right people onto the right teams in order to make this happen
- encouraging HRM professionals and line managers to think beyond their 'own patch'
- creating a situation whereby membership of the network provides advantages in terms of better-quality implementation for both the line managers and the HRM professionals
- getting stakeholders (the senior HRM community, presidents in businesses) to buy in to business changes
- forcing the business agenda in forums outside the networks in subtle ways based on shared insight within the network.

THE ROLE OF GLOBAL HRM NETWORKS

- to provide and enable value-added and cost-effective global, regional, and local solutions in a series of core HR processes
- to identify customer-driven pan-national issues
- to design solutions to meet specific customer needs and support the corporate people management strategy
- to demonstrate to customers that global connectivity adds value by sharing knowledge and expertise
- to ensure that knowledge and intellectual property that resides within HRM 'silos' is made freely available to all of the organisation.

Of course, IHRM departments do not just have to create their own intellectual integration. They spend much of their time assisting the development of this in the broader organisation.

17.2 INTELLECTUAL INTEGRATION THROUGH SHARED KNOWLEDGE

An important way to look at global integration is to think about the development of intellectual integration through the creation of shared knowledge bases. In a competitive marketplace, the act of integrating disparate sources of knowledge within the bounds of the organisation has become a source of advantage. For IHRM professionals there is capability-building agenda that is often concerned with the up-skilling of a business function, and with spending more time engaging with the leadership teams of these functions.

? REFLECTIVE ACTIVITY 17.2

Before we discuss some of the strategies involved in global knowledge management, reflect back on some previous important discussions:

- We introduced two theoretical perspectives around the notion of organisation capabilities: the knowledge-based or organisational learning view of the firm, and relational and social capital theory. How might these notions influence the way that IHRM should think about their role in the global organisation?
- IHRM research considers how complex knowledge must be managed across cultural divides. If you want to create more intellectual integration across a global organisation, what becomes important about the ways in that managers have been developed in various national labour markets?
- What might be the influence of vocational education and training systems on the way in which the management task is defined? How might such development shape the values that managers give to different types of knowledge?
- As we saw throughout Part Two of the book, these interests lie at the heart of much of the comparative HRM literature. What is the range of HR practices that might be brought to bear to create a more integrated organisation?

Analysis of knowledge-based enterprises and how they globalise draws attention to three capabilities that must be built by HRM practices (Sparrow 2006):

1 Knowledge acquisition and creation: generation of new knowledge fundamental to the long-term viability of the MNC.

2 *Knowledge capture and storage*: creation of an inventory of knowledge so the organisation knows what knowledge it possesses, and where it resides. The maintenance of current knowledge in usable form so that it remains valuable.

3 *Knowledge flows/transfer and subsequent* diffusion (vertically and horizontally within the organisation and also across organisational boundaries): subsequent mobilisation and flow of knowledge within the organisation that creates knowledge-based value.

Therefore considerable attention has been paid to the issue of knowledge management in recent years. Sparrow (2012) outlined five main forms of global knowledge management, or 'integration mechanisms', that are currently dominating the actions of organisations:

- organisational designs, such as the use of centres of excellence
- managing systems and technology-driven approaches to global knowledge management systems
- capitalising on expatriate advice networks
- co-ordinating international and transnational management teams
- developing communities of practice (COPs) or global expertise networks.

We discuss these throughout this chapter, concentrating here on the role of knowledge management in the work of IHRM managers. Theory on this has been driven by two central concerns (Sparrow 2012):

- the role and nature of knowledge flows and transfer from HQ to subsidiaries, vice versa and across subsidiaries; and
- the central role and nature of absorptive capacity.

One of the most important areas of study has been on the nature of subsidiary knowledge flows in MNCs. In a review just a few years ago, Michailova and Mustaffa (2011) identified 92 articles on the topic of knowledge flows (a topic which they note is also captured by literature on knowledge 'transfer', 'sharing', 'exchange', or 'involvement') between 1996 and 2009. The majority of studies have examined knowledge flows from HQs to subsidiaries. However, given the pursuit increasingly of global operating models and the use of world mandates, more attention is now being given to:

- the different directions that intra-MNC flows might take
- the need to understand knowledge flows as a multi-level phenomenon, crossing individuals, groups and the organisation as a whole, and covering technical, business and organisational knowledge.

These studies of knowledge transfer typically identify:

- the characteristics of the knowledge that flows
- the actors and the relationships between the actors involved
- the outcomes of the knowledge flows.

For Adenfelt and Lagerström (2008) four factors become relevant:

- the ability to comprehend and use existing knowledge
- the presence of shared practices across units
- processes of communication and transfer
- interactions, or the two-way effects of this communication.

The challenge when trying to manage multi-directional knowledge transfers is that MNCs have to accumulate knowledge that exists in peripheral, but often highly autonomous, units that are in turn immersed in local business communities. The knowledge within such units must then be disseminated both to the centre, and on to other subsidiaries (Tallman and Chacar 2011).

In order to understand global knowledge management we have to use multi-level frameworks (Todorova and Durisin 2007; Lichtenthaler 2009; Volberda et al 2010; Lewin et al 2011; Schleimer and Pedersen 2013, 2014; Song 2014). This is because:

> ... knowledge resides in multiple repositories. It is embedded not only in individuals, but also in an organisation's rules, routines, cultures, structures, and technologies. (Song 2014, p80)

The role of HRM in helping encourage and enable absorptive capacity has been picked up by IHRM academics (Minbaeva et al 2003; Minbaeva et al 2014). For example, Minbaeva et al (2014) examined the relationship between MNC subsidiary HRM practices, absorptive capacity and knowledge transfer in a sample of 169 subsidiaries of MNCs operating in the USA, Russia and Finland. They grouped competence/performance appraisal and training as an antecedent set of HRM practices to encourage employee ability, and then merit-based promotion, performance-based compensation, and internal communication as a second antecedent set of practices to encourage employee motivation. They re-conceptualised absorptive capacity as an employee's ability (an assessment of the overall quality of the subsidiaries' employees in relation to local competitors) and an employee's general motivation and work effort, and looked at the final transfer of knowledge (the extent to which subsidiaries claimed to use parent MNC knowledge). Whilst the motivating and ability-inducing HRM practices did have an impact on managers' perceptions of employee motivation and ability, the direct impact of HRM practices on the assessment of knowledge transfer was not significant, although there were some interactions. Amongst their conclusions was the following:

> neither employees' ability nor motivation by themselves is sufficient to facilitate knowledge transfer. The significant interaction of motivation and ability shows that in order to facilitate knowledge transfer both aspects of absorptive capacity – ability and motivation of employees' – are needed. (Minbaeva et al 2014, p48).

IS IT POSSIBLE TO NURTURE THE ABSORPTIVE CAPACITY OF SUBSIDIARIES?

Schleimer and Pedersen (2014) point out that although there is ample evidence that global transfer and local implementation knowledge is an advantage to MNCs, we do not know whether actions by corporate headquarters – principally various structural mechanisms (hierarchical structure in terms of centralised or decentralised decision making authority, and social control via trust and inter-unit connectedness) or motivational processes (the intensity of effort) – can expand the absorptive capacity of their subsidiaries. Research on knowledge transfer suggests that there might be certain 'activation triggers' (planned) (Lichtenthaler 2009) or 'crises' (unplanned) (Todorova and Durisin 2007) that can achieve this. They used a teacher–student lens to examine the extent to which 213 Australian subsidiaries of foreign MNCs could be induced to absorb parent-initiated marketing strategies (that is, the extent to which the parent subsidiary could build the cognitive aspects of value recognition, assimilation, and application in the subsidiary). In other words, they examined whether the MNC parent can influence and stimulate a subsidiary's *ability* to absorb specific, parent-initiated knowledge, but not of course any *actual enactment* of the transferred knowledge in the local market, which requires yet other capabilities and motivations. The study found that MNCs can develop and optimise their global learning footprint through both decentralized authority structures and strong normative relationships linking their subunits, but only when there was also intensive motivational efforts. This led to two core conclusions:

- 'knowledge source characteristics (ie, intensity of effort) and knowledge recipient characteristics (ie, absorptive capacity), as well as their relationship, are inter-dependent elements in the knowledge transfer process' (p315)
- 'instead of having to rely predominantly on the level of prior related knowledge, [the MNC corporate HQ] can actively increase the ability to absorb new knowledge (and thus decrease the risk of decontextualisation and stickiness)' (p316).

The findings are in line with other long-standing and recent theoretical work which suggests that motivation is a moderating factor between a subsidiary's absorptive capacity and any MNC knowledge transfer (Minbaeva et al 2003; Song 2014).

? REFLECTIVE ACTIVITY 17.3

The IHRM literature gives much attention to the bounded transfer of HRM practices across subsidiaries, the importance of relationships to knowledge management, and the role of social capital. It also draws attention to the different types of tacit knowledge that need to flow across subsidiaries.

Discuss the following:

- What type of 'HRM architecture' (see Chapter 12) would be appropriate and is needed to enable these flows?
- How can this architecture on the one hand help create the dynamic capabilities that result from multi-directional transfer, whilst on the other hand reduce the cultural and institutional constraints on the quality of knowledge transfer?

17.3 THE PURSUIT OF GLOBAL OPERATIONS AND DESIGNS: CENTRES OF EXCELLENCE

The traditional and evolutionary progression that many MNCs have to go through, from international, to multinational, then to global and transnational networks or heterarchy is well understood. This is generally discussed in the context of the trade-off between global integration and local responsiveness – two concepts that we examined in Chapter 16. The corporate headquarters typically adjusts its level of co-ordination and control to reflect the role of the subsidiary and the strategic importance of its mandate (Bartlett and Ghoshal 1989).

However, MNCs have increasingly dispersed activities. Although many organisations are now 'born global', as we saw in Chapter 13, they have often relied on specialised and very network-based structures to co-ordinate their activities. Organisations are also composed of many diverse, interdependent work groups, such as new product development teams and manufacturing planning teams, all of which have unique decision domains, and which develop unique perspectives in response to different tasks, goals and environments. Although managers can act autonomously within each of these decision domains, they are affected by each other's actions.

Consequently, mechanisms of integration (and the underlying organisational capability to be able to manage these integration mechanisms effectively) are needed.

The first integration mechanism that we consider is the brokering of knowledge inside global organisations through formal structures. As signalled in the discussion of knowledge development across subsidiaries in Chapter 13, a variety of missions can be assigned to subsidiaries. One mission that gained early prominence is that of the centre of excellence (COE) (Holm and Pedersen 2000; Frost et al 2000; Birkinshaw 2001; Frost et al 2002; Foss and Pedersen 2002, 2004; Reger 2004; Adenfelt and Lagerström 2006, 2008; Sparrow 2006).

COEs are conceptualised as organisational units that embody a set of organisational capabilities that were explicitly recognised as an important source of value creation. A COE is defined as a:

> ... subsidiary selected by headquarters, as it possesses distinct knowledge in a certain field. It has, from its time of conception, an indeterminate responsibility for developing and sharing knowledge with other subsidiaries. (Adenfelt and Lagerström 2008, p320)

At the subsidiary level, COEs may be established:

- as a consequence of a long and slow internationalisation process within the organisation
- as a deliberate part of organisational design where HQ managers decide to grant autonomy to units that have also been given a specific strategic mandate.

Whether the leadership of a COE might be vested in a physical location, or the centre may be virtual, or spread across networks of teams in different geographies, the role of corporate headquarters is crucial. Corporate headquarters have to be designed as an orchestrator of resources and knowledge, seeking out high-potential opportunities to invest in, facilitating and co-ordinating the exchange of knowledge within the network, and crafting the strategic agenda jointly with subsidiaries (Ambos et al 2010).

For COEs to be effective they needed to have a strategic remit (such as the intention to leverage or disseminate these capabilities to other parts of the firm). In order to endure they need to be:

- explicitly recognised and have a declared role
- designed to have an organisational intention of deriving value from the unit's capabilities for the broader organisation.
- able to maintain one or several critical fields of knowledge that have a long-term impact on the development of activity in the other subsidiaries and units of the MNE.
- capable of operating as a focal point for knowledge development that served people with related skills or disciplines, a conduit for the dissemination of knowledge within the firm, and a problem-solving unit that provides advice and fosters new competences within the firm.
- physically present within a site or dispersed team
- focused on a superior set of capabilities that create value including tangible resources (equipment, licences, patents) and intangible resources (knowledge, experience).

? REFLECTIVE ACTIVITY 17.4

What activities, processes and capabilities might constitute a COE, and how should such units be mandated?

What has to happen in terms of the 'capability building investments' that are needed? Is it possible to specify capabilities such as decision-making autonomy, requisite levels of connectivity to other sources of competence inside the organisation, leadership and processes of knowledge management?

To what extent do institutional factors preclude or support the long-term survival and contribution of COEs?

Discussion of COEs in the IB literature is linked to the IHRM literature through the implications that such organisational designs have for the role and competence of managers. Global managers act as information brokers, managing a web of natural 'interactions' that take place within their organisation. The 'attentional mechanisms' of global managers become important (Birkinshaw et al 2007; Andersson et al 2007; Bouquet and Birkinshaw 2008; Ambos et al 2010).

Global managers have to seek the right party with whom to exchange information, arrange the presentation of the information, manage its brokerage, integrate it with information from other databases, and monitor the performance of the interaction. There are two immediate issues created by this new organisational context:

1   International managers, especially those in corporate HQs, need 'good' mental models of how knowledge and information is shared across the people with whom they need to interact (see Chapter 15 and the discussion of global mindset).

2   In information-rich environments the most-scarce resource is not information, but the amount of *attention* that individuals can allocate to information search, filtration and interpretation. When competing for attention in knowledge markets: 'a wealth of information creates a poverty of attention' (Simon 1997, p40).

? REFLECTIVE ACTIVITY 17.5

Research on COEs stresses their role in developing and building mutual capabilities. This creates a number of questions for IHRM researchers. Discuss the following:

● How can subsidiaries and important centres of knowledge be best linked with an orchestrating centre?
● How important are the social networks that surround COEs? How can the design of COEs influence the sorts of interactions that take place?
● How should the networks that manage knowledge be designed so that knowledge passes through important gateways in the organisation?
● How can we ensure the most appropriate weight (power and level of strategic influence) and voice of units (the institutional reflection of this weight in the global HR architecture and in key IHRM processes such as talent markets and career processes)?

The questions above remind us that research and practice still needs to take a political view of how knowledge transfers across units within the network, the divergent agendas of actors in the system, the shifting political coalitions, and the processes by which important knowledge actually gains attention – all topics of traditional interest to IHRM researchers.

KEY FRAMEWORK

Roles for IHRM professionals in the development of global centres of excellence

Sparrow et al (2004) identified three ways in which the IHRM function can help to relocate centres of excellence around the MNC on a global basis:

- managing the international relocation of staff as organisations move these centres of excellence nearer to the global centre of gravity of their core customers; as organisations reconfigure their core competencies on a global scale by moving manufacturing, research and development or logistics operations closer to the best national infrastructures in terms of education or transport facilities; or as organisations set up new centres as part of international ventures or as a result of mergers
- advising on the best HRM strategies to co-ordinate and control such activities
- understanding the centres of excellence that can be created within their own activities, and building networks of HRM experts within these areas of competence on a global basis.

(Sidebar label: THEORY AND PRACTICE)

17.4 THE USE OF EXPATRIATE ADVICE NETWORKS

A second integration mechanism is expatriates and their advice networks. Discussion of this integration mechanism forms part of the discussion of the broader need for a global frame in IHRM research, rather than one based on dyadic relations, typically between MNC HQ to subsidiaries. It has also directed attention to the overall HRM architecture in the organisation (see Chapter 12) and how this may be aligned with global knowledge transfer.

Expatriates are clearly an important vehicle for knowledge capture and transfer and also for knowledge generation. Having discussed the management of absorptive capacity in Chapter 13, and the search for management mechanisms that assist this, some researchers have drawn attention towards the role of expatriates as one such mechanism. Chang et al (2012) draw some direct links between expatriate knowledge transfer, the absorptive capacity of subsidiaries and their performance.

? REFLECTIVE ACTIVITY 17.6

At this point it would be useful to pull together several strands of the book, and some of the key messages that they convey. How might the following topics be relevant to the question here about the management of expatriates as a mechanism for global knowledge transfer?

Discussion in Chapter 12 about where the management of international assignments might sit in within a global HRM department

Discussion in Chapter 14 about the role and management of expatriates across their life cycle, and in Chapter 15 about other important forms of international mobility

Discussion in Chapter 16 on:

- global mindset and the need for managers with good mental models of international operations

- global leader competencies and their role as boundary spanners
- developing cultural intelligence
- the use of global talent management as a global integration mechanism.

Discussion about the role of expatriates as a mechanism for formal knowledge transfer began in the mid-2000s (Athanassiou and Nigh 2000; Bonache and Brewster 2001; Cerdin 2003; Kostova and Roth 2003). This early work focused on the human capital of expatriates – the knowledge, skills and abilities that they needed to be effective. Indirectly, this work also began to focus on the superior cognitive processes that expatriates could develop, by equating internationalisation as a 'matrix in the mind of managers'.

More recently, research has examined:

- the knowledge transfer processes associated with expatriation across the entire life cycle of an assignment (and individual) from expatriation–repatriation
- the social networks of expatriates.

Some of the early work on repatriation, outlined in Chapter 14, stressed its role as a knowledge integration mechanism (Lazarova and Tarique 2005; Oddou et al 2009; Furuya et al 2009). In looking at the variables that affect expatriate and repatriate knowledge transfers, and how the process of knowledge transfer occurs, these studies draw attention to the importance of two individual characteristics:

- the ability to transfer knowledge (expertise, social networks, position power and position responsibilities)
- the motivation to transfer knowledge (career considerations and commitment to the work unit).

It also argues that IHRM researchers study two important work unit characteristics in the same way:

- the ability to transfer knowledge (the orientation of the unit towards learning and its absorptive capacity)
- the motivations of sender and receiver to receive knowledge (perceived knowledge criticality, global mindset and collaborative management style).

Research has also drawn upon the notion of reverse knowledge flows we introduced in Chapter 13, through the study of inpatriates. Napier (2006) argued that dramatic levels of economic change and increased sophistication of local managers made conditions ripe for reverse knowledge flows. Drawing upon ideas from the inpatriation and mentoring literatures, she argued that a participative competence (the willingness to both send and receive knowledge) was very important in expatriate development. Sumelius (2009) used qualitative interviews with HRM and general managers to examine the role of internal and external social networks in the transfer of technical and strategic aspects of recruitment, training, compensation and appraisal.

Sparrow (2012) has revealed many of the processes involved in such globalised knowledge management, including the need to use international mobility as a strategic initiative as MNCs expand into emerging markets. This work showed that it was not just the phenomenon of growth in emerging markets *per se* that made mobility and reverse flows of knowledge more important, but primarily changes in the nature of the business model (and the specific and required task of the incoming expatriates) that shaped the nature of knowledge to be transferred, the requisite organisational mechanisms that were needed, and subsequent changes in the management of the international mobility function and its policies.

This has increased the need for reverse knowledge flows (via assignments, short-term knowledge transfer assignments to establish new operational centres, new emerging-to-emerging market mobility and knowledge flows, mobility and knowledge flows that took local talent out to regional centres and to corporate universities designed to impart highly specialised knowledge and then transferred this from regional hub to regional hub).

In general terms, research on the role of expatriate advice networks has transformed itself broadly into either

- research on the role of global talent in transferring strategic knowledge, or
- into examinations of social capital theory and social network theory – both seen as crucial to an understanding of global knowledge management (Taylor 2007; Mäkelä 2007; Mäkelä and Brewster 2009).

For example, Reiche et al (2009) considered the nature of an individual's cross-unit social ties as the result of international assignments. Mäkelä et al (2009) found that the management of overseas subsidiaries by expatriate managers from the parent country allows for comparatively higher levels of inter-unit social capital than other staffing strategies. Meyskens et al (2009) compared and contrasted the roles of expatriates and alternative assignees in terms of knowledge transfer and capability building. Bozkurt and Mohr (2011) drew upon experiential accounts of highly-skilled employees and considered how different forms of cross-border mobility (traditional expatriation, short-term assignments and localised transfers and business travel) contributed to the establishment of social ties across MNE units.

To summarise, there have been many calls for new directions in IHRM research from within this tradition. In particular, they ask that practitioners and researchers alike think about:

- the value of international assignments in terms of building individual social capital and individual careers relative to that of building organisational social capital (Collings et al 2009)
- the role of expatriates and international mobility in brokering reverse transfers of knowledge (Corredoira and Rosenkopf 2010)
- the mechanisms that condition variations in social capital, and facilitate the transfer of knowledge and to test the alternative governance mechanisms that may be applied, and the social structures necessary for 'integrative mechanisms' for collaboration (Gooderham et al 2011)
- understanding of expatriate networks and beginning to link this to the development of potentially superior cognition (Sparrow 2012)
- social capital and knowledge transfer at the operational and middle management levels of MNCs (Mäkelä et al 2009).

17.5 TRANSNATIONAL TEAMS

A third integration mechanism is the use of transnational teams. We discussed international management teams in Chapter 15 in the context of the management of cross-cultural differences. However, after the initial interest in the benefits of cultural diversity, attention has shifted towards the use of transnational teams as a mechanism for globalisation, boundary spanning and knowledge transfer (Stahl et al 2010; Zimmerman 2011; Sidhu and Volberda 2011; Zander et al 2012).

As MNCs use projects, task forces and cross-border teams, their role in facilitating boundary spanning interpersonal interactions becomes very important. Although transnational teams are organised to operate across subsidiaries, geographical borders, hierarchical levels, functions and cultures, each team has a unique formation, and may be managed and operated through common protocols, and as an organisation mechanism for global knowledge flows.

Adenfelt and Lagerström (2008) argue that transnational teams differ from COEs in two important ways:

1   COEs tend to be established within already existing subsidiaries of units and are embedded in more formalised structural specificities, whereas transnational teams are established afresh.

2   They operate on different time frames, with COEs set up with an indeterminate timeframe but transnational teams generally existing with a pre-specified time horizon, after which they dissolve.

Both transnational teams and COEs may serve to combine local responsiveness with global integration, and are designed to create a uniform knowledge foundation for the MNC. However, they can also be differentiated in the way that they handle knowledge, and in the subsequent consequences they create for knowledge development and sharing.

Interest in transnational teams from a knowledge management perspective developed in the mid-2000s. A stream of research had looked at the role of distributed teams when there were continuous changes in the state of knowledge within the organisation (Bachmann 2006; Chen et al 2006; Maloney and Zellmer-Bruhn 2006; Maznevski and Athanassiou 2006; Sparrow 2006; Adenfelt and Lagerström 2008). This research focused in particular on their role in developing inter-unit learning, trust, commitment and co-ordination.

For example, Zellmer-Bruhn and Gibson (2006) conducted a study of team learning (defined as the collective acquisition, combination, creation and sharing of knowledge by teams) in MNCs. Organisational contexts that emphasised global integration were found to reduce team learning, whereas those that emphasised local responsiveness and knowledge management increased team learning.

> ... the different interaction contexts may be associated with differing levels of shared cognitive ground' and differences 'in the richness of interaction'. (Mäkelä and Brewster 2009, p596)

The IHRM literature has now picked up on the argument that too much research has focused at the aggregate MNC unit level, rather than on micro-foundations of knowledge management (Minbaeva et al 2009). As a consequence, IHRM researchers are beginning to apply fundamental individual- and team-level constructs to the study of knowledge integration mechanisms. This leads us into discussion of communities of practice.

17.6 COMMUNITIES OF PRACTICE

A fourth integration mechanism is the development of communities of practice (COPs) and internal networks of practice. Much global knowledge is recognised socially and is codified. It resides at the organisational level and is embedded within organisational systems (such as rules, procedures for communication and strategies) or technical systems (hardware, software and technical operating procedures). This type of knowledge informs management action. Efforts to create integrated work flows and business processes, or efforts at creating standardised professional education, serve as examples of global integration.

However, a number of international business and IHRM researchers are looking more deeply into how knowledge must spread if it is to gain global applicability.

KEY FRAMEWORK

Two perspectives on how knowledge must spread in MNCs

1   *The 'sender–receiver' model*: rooted in general information and communication theories, in which social interaction serves both as an efficient conduit for knowledge transfer and a channel with requisite 'bandwidth' to transmit complex, context-dependent knowledge.

2   *The social learning perspective*: this argues knowledge is socially constructed through collaborative efforts, and so knowledge flows are only possible where individuals working in different units of the MNC engage mutually in social and collaborative interactions.

Researchers are adopting a social learning and knowledge management perspective. For example, Noorderhaven and Harzing (2009) surveyed reported knowledge flows between HQ and subsidiaries in MNCs headquartered in the USA, Japan, Germany, the UK, France and the Netherlands and found evidence that the social learning model was in practice and was more successful than the sender–receiver model.

? REFLECTIVE ACTIVITY 17.7

Whether global knowledge and insight can be transmitted through a sender–receiver model, or requires social learning, has very important implications for many of the topics discussed in this chapter. What would be the implications for the way in which each of the following must operate?

● centres of excellence
● expatriates and their advice networks
● transnational teams

What sort of roles, mandates, skills must these global integration mechanisms possess?

The social learning perspective has also given attention to the idea of 'networks of practice'. Once COPs become closely affiliated and interact with each other, what gets created is a network of practice. These have variously been called dispersed intra-firm communities (Buckley and Carter 2003), social communities (Noorderhaven and Harzing 2009) or internal networks of practice (Birkinshaw et al 2010; Tallman and Chacar 2011).

Several researchers have investigated more network-based forms of knowledge transfer in MNCs (Bresman et al 1999; Szulanski et al 2003; Björkman et al 2004; Barner-Rasmussen and Björkman 2005; Hansen and Lovas 2004; Frost and Zhou 2005; Noorderhaven and Harzing 2009; Mäkelä and Brewster 2009; Tallman and Chacar 2011). At a practical level, examples might include:

● inter-unit meetings, and one-to-one or small groups meetings

- project groups, task specific and temporary constellations that work together toward a well-defined but limited scope objective
- technical meetings, extended visits and joint training programs
- cross-border or transnational teams, groups of employees responsible for a specific process that is broad, complex and ambiguous
- expatriate/repatriate interactions, used to co-ordinate tasks between home and host units
- Internet-based social networking sites to encourage idea exchange among geographically distant but virtually close individuals working on similar issues
- the movement of individuals through inter-unit trips and visits, international committees, teams and task forces, and training involving teams from multiple units

However, Tallman and Chacar (2011) argue that such teams or communities that come to form networks of practice in an MNC can only be effective when they are embedded within a wide range of value-adding activities within the MNC. As such, they become 'privileged sites' for the development, storage, application, and adaptation of knowledge. Researchers, then, are focusing on how best to design social networks and front end knowledge management processes. They are 'borrowing' ideas from ideas generation, creativity, decision making, and new product development, and applying them to the design of global integration mechanisms.

KEY FRAMEWORK

Two ways of thinking about international networks

The network literature traditionally adopts one of two perspectives (Kijkuit and van den Ende 2007):

1   *The structuralist perspective*: This argues that the *formal structure and job positions* of an international network is paramount. This structure determines the types of resources that can be acquired by a network, the quality of the relationships within it, and the ability of the network to acquire resources. The network has to be provided with information and control, and has to be able to broker across 'holes' within the organisation's structure. Network structure determines the ultimate benefits that can be derived from a network.

2   *The 'content' perspective*: This focuses on who, *as individuals, are in the network*, the quality of their personal relationships (social capital), and consequently how the organisational should position the actors in the network (and their knowledge) to influence the extent to which resources can be acquired. The relations between people within the network structure must also be surrounded by third-party connections (mutual friends) so that benefits are achieved, not just by information brokerage and control, but by trust, co-operation and reputation.

The challenge from an IHRM perspective is that these networks of practice cannot just be created through the spontaneous social and practical interactions that often end up forming a CoP. There are often geographic, institutional and cultural gulfs that separate them. Therefore the communities can only emerge where there has been some kind of prior intervention by the firm's managers. Things might need to be done first to increase the mutual 'absorptive capacities for knowledge' within these communities, otherwise the investments of time and money might be wasted.

How might an organisation recognise that the time has come to invest in these networks, or what the networks must achieve? Social networks have to be able of producing three important outcomes (Sparrow, 2012):

- mutual understanding (the understanding and building on each other's knowledge base, similar in many ways to the concept of absorptive capacity)
- resolution of uncertainty and ambiguity through the development of sense making (the process through which individuals create meaning, both by 'reading' and then 'shaping' the environment)
- consensus formation (the creation of a collective desire for the idea, and social acceptance).

?   REFLECTIVE ACTIVITY 17.8

Imagine you were responsible for bringing together a group of people or an important project needed to help develop or implement a major global programme. How might you use ideas about networks to decide who must be involved, how these individuals will work together, and build global solutions? What would constitute a good network?

Kijkuit and van den Ende (2007) argue that rather than looking at the role of individuals or units involved in knowledge management, the unit of analysis should be the 'network-of-an-idea', that is, an analysis of the way in which the network that surrounds an idea, or knowledge, leads towards the successful move from front-end ideas generation towards effective implementation. So, for example, we might look at an idea, or a practice, that has the potential to be exported globally. How did the idea itself begin to 'get some legs' and make sense in a global context?

To summarise, IHRM researchers are developing some useful and interesting avenues of work. Research on networks of practice can make some useful contributions to the study of global knowledge management. They are exploring the mechanisms of external knowledge capture and internal knowledge transfer at the micro-organisational level.

Thinking about the design of social networks also suggests some very useful contributions that might be made by IHRM researchers in the future. They might try and provide a series of criteria through which we could judge the influence of individuals or units *within a network* to the strategically important front-end of ideas that must precede subsequent knowledge transfer. By looking at contributions within networks of practice, it should become possible to make more informed decisions about who should best be involved in social networks in order for the network to create sufficient acceptance of knowledge across international groups and stakeholders.

17.7 EMOTIONAL INTEGRATION THROUGH SHARED IDENTITY: GLOBAL EMPLOYER BRANDING

The fifth main integration mechanism used by IHRM professionals is not linked to the transfer of knowledge, but rather the transfer and common application of values. The previous integration mechanisms have broadly been about creating shared knowledge, understanding and action. But at the beginning of the chapter we noted that, in additional to trying to create intellectual integration, MNCs must also try to engineer *social integration through the creation of collective bonds of performance* – developing a clear sense of what it wants to achieve and how it wants to achieve it, and through *emotional integration through a sense of shared identity and meaning*. This concerns mobilising hearts and minds behind change processes. Organisations also use some *superordinate themes* to provide a degree of consistency in their people management worldwide and as an attempt to socialise employee behaviour and action.

In this final section we explore the mechanisms that create the shared identity. We do this by explaining the contribution that they can made by the management of an employer brand on an international basis.

We discussed the topic of talent management in the previous chapter, and of course the topics of employer branding and talent management are intimately linked for most global organisations (Sparrow et al 2016).

But many domestic and corporate HRM functions, independent of building more global talent management processes, have adopted and adapted the marketing concept of brand management – under the label of employer branding – and have incorporated this into their HRM strategies. Branding involves the creation of 'mental structures' that help consumers obtain knowledge that differentiates the products and services of one seller from their competitors so as to ease their decision making on purchase (Kotler and Keller 2006). Corporate brands may be captured through a name, term, sign, symbol, or design, or a combination of these.

In this section we:

1   define employer branding

2   dosition it as part of a longer-term strategy to manage the perceptions of the external and internal labour market

3   place research on employer branding into an international context.

An employer brand is a feature of the employment conditions in the organisation, which characterise it as *an employer*. It brings together a number of key components: the corporate culture and values, the existing people, the employment conditions, the motivational mechanisms and the opportunities created by the full spectrum of HRM practices (Backhaus and Tikoo 2004; Barrow and Mosley 2006; Hulberg 2006; Brexendorf and Kernstock 2007; Moroko and Uncles 2008). It has been defined as:

- the application of the idea of branding principles to HRM (Backhaus and Tikoo 2004; Barrow and Mosley 2006)
- the ability of brands to embody high quality employment experiences and organisational identities that talent are happy to engage with and promote (Martin and Cerdin 2014)
- a package of functional, economic and psychological benefits provided by employment and identified with an employing company (Ambler and Barrow 1996)
- the feelings, impressions, perceptions, beliefs, and attitudes toward a company (Hsieh et al 2004).

Employer branding is seen as part of a targeted, long-term strategy to manage the awareness and perceptions of employees, potential employees and related stakeholders with regard to a particular organisation, based on the creation of an image. It is therefore directed both to internal audiences (the internal labour market) *and* external audiences (the external labour market). An employer brand is intended to positively influence both current and prospective employees in order to attract employees. It is used in two main ways:

1   to attract and retain valuable talent to the organisation

2   to ensure that such talent actively engages with the culture and strategy of the organisation.

For organisations, the outcome is assumed to be:

- higher levels of employee advocacy on behalf of the organisation
- greater attractiveness of an organisation to an employee.

And these, in turn, are important predictors of the ability to recruit and subsequently retain them.

THEORY AND PRACTICE

KEY FRAMEWORK

Elements in the creation of an employer brand

The creation of an employer brand requires a three-step process:

1　The development of the value-proposition embodied in the brand, and offered to employees, on the basis of information about the organisation's culture, management style, qualities of current employees, current employee image, impressions of product or service quality.

2　External marketing of this proposition to targeted potential employees and other agents in the recruitment process, designed primarily to attract applicants, and support, align and enhance the corporate brand.

3　Internal marketing of the employer branding order to carry the 'brand promise' made to recruits into the organisation, embed it into the culture, and ensure commitment by employees to the values and goals inherent in the brand.

Organisations then project their employer brand through a range of channels:

- *Primary*: recommendations and reviews of employees, corporate events, intranet, communication during an interview at the organisation (recruiting process).
- *Secondary*: the organisation's career website, job search websites, advertising in the media, presence of the company in social networking, job fairs and career days, university programmes and other.
- *Tertiary*: word of mouth.

Finally, there are two types of benefit for the employee that can derive from an employer brand:

- *Economic*: including rewards and remuneration, functional benefits included such things as training, skills and development activity.
- *Psychological*: including identity, recognition and belonging.

However, the majority of the research on employer branding as an HRM strategy is a-cultural and most studies have been US- or UK-focused. Despite this, most of the human processes that branding makes use of – values, attraction and attachment, identity – are assumed to be generic. Researchers and practitioners are only just now at the stage of asking questions about cultural or institutional differences, and indeed such questions might be misguided. Because there are more similarities than differences across markets in many aspects of organisation attraction, employer branding is often seen as a force for global standardisation. It has become a focus of attention under the drive towards global integration of HRM (Martin and Cerdin 2014). As one of the unifying concepts in HRM across international markets, research, and the attention of corporate HRM functions, has focused most on understanding how employer brands can be built and managed. Notions of marketing, consumers and brands have been applied to the employer relationship. This has created more opportunity for corporate HRM functions to increase their involvement in national markets.

For Sparrow et al (2014) there are some important questions to ask about employer branding:

● Have IHRM professionals, in co-opting the idea of employer branding, truly understood the underlying marketing research?
● Have the ideas been transposed sensibly?
● Once corporate HRM functions begin to import ideas about brand and draw upon marketing and communications expertise, where should these new multi-discipline IHRM professionals best sit within the organisation?

Martin and Hetrick (2008) examine employer branding as an international co-ordination strategy within IHRM. IHRM researchers see a trend among MNCs to use employer branding as an important tool for:

● creating a sense of 'corporateness' among often decentralised operations
● differentiating themselves in overseas labour markets.

KEY FRAMEWORK

Three ways of thinking about an employer brand

Empirical studies and theoretical work on employer branding view it as forms of (Sparrow et al 2016):

● *Psychological contract or workplace branding.* This approach considers that an employer brand has 'brand equity' in the traditional sense of identifying and maximising the assets associated with a brand, and neutralising any liabilities that subtract from the brand. Specifications of the 'exchange deal' between employers and employees stress the need for employers to provide employees with 'marketable' skills, in return for employee effort, flexibility and commitment. This accurate brand knowledge is then considered to propel more useful applicant behaviour in terms of willingness to apply, accept offers, and subsequently stay with an organisation.

● *Social identity.* This view argues that organisational identification acts as an intervening variable between an organisation's employer brand and the cultural behaviour of employees. Organisational identity is similar to group identity, in that the group has to identify with the brand and incorporate this into their own self. Only with such an identity will employees be motivated to both engage in corporate citizenship behaviours and to project an image of the organisation to external stakeholders. Therefore current employees do not evaluate the attractiveness of their own organisation's employer brand in the same way as potential employees.

● *Image, which is a two-way signalling process.* The brand is a combination of both how the brand is built (projected identity) and perceived (image). Stakeholders use observable factors as signals about an organisation's commitment to a specific issue. Translated to the field of recruitment, job seekers have little information about recruiting organisations and so make inferences about working conditions and other organisational characteristics. Internal brand management is the primary means to ensure that employees are attitudinally and behaviourally ready to deliver the brand promise. The key determinants of brand strength as a result of

internal brand management practices are brand commitment and brand citizenship behaviours. The need to understand the different purposes that components of an employer brand serve in terms of image. Branding is seen in the context of a broader set of signals that are emitted by the organisation, which are interpreted in either a reasoned or emotional way.

Employer branding is being adopted as a means of reconciling a key tension faced by MNCs – balancing the needs for corporate integration, control and legitimacy on the one hand with local differentiation, autonomy and initiative on the other. Martin and Hetrick (2008) develop a simplified model of the branding process, theorising key variables (such as corporate and organisational identity), reviewing the evidence as to whether it works in international context. Despite many supposed attractions to the practice, they highlight the challenges of facing unreceptive contexts for change (where MNC subsidiaries in different countries hold markedly different and somewhat negative views about the corporate headquarters' leadership, HRM and people management policies). Company image and positioning is difficult to manage internationally because cultural brands rely on corporate stories being seen as locally authentic and charismatically appealing to employees in settings which may be marked by large cultural and institutional distances between headquarters and subsidiaries.

In reality, however, the ownership of brands is often quite complex (Sparrow et al 2016):

• An employer brand might be constructed at international and group level, leaving some elements of the value proposition less meaningfully aligned with the reality of a local or regional labour market (internal or external).
• There might be multiple brands brought together by a group structure, and the balance and shape of employment across these component organisations may differ across geographies.
• Important decisions have to be made about the level of integration and standardisation of toolkits and philosophies, versus local responsiveness, across markets (product and country) and between markets and corporate headquarters.

For global organisations the challenge is how best to create an *authentic and legitimate* brand (Martin and Hetrick 2006). We can all think of marketing material that serves to put people off, either through its blandness or its rhetoric. The need for authenticity involves constantly re-selling an accurate and sustainable message. Local markets play an important role in shaping much of the employer branding activity. At a local (country) level, the messages built into the employer brand might be aligned and used in the context of different HRM priorities. There might be a pressing need to improve employee engagement in one country, whilst in another the challenge might be more one of market image. The way in which the branding activity is 'brought to life' and made authentic is often something that only local markets can do. Moreover, the cultural identity of employees when they come into an organisation is important, and only local markets might know the proportion of the labour market who might be able to match their identity with that of the organisation.

Of course, not all international organisations seek global branding: banks, for example, have the choice of looking like a major interational operation with international branding, or retaining subsidaries they have taken over in a country with the local branding with the intention of selling themselves as 'local and close to the customer'. But the management of employer brands internationally is an important challenge for many large international organisations. Employer branding represents an extension of brand management and is another development whereby HRM thinking has been influenced by that of the marketing function. Building or defending the corporate brand or reputation has become a major concern in many industries. Employer branding requires consistency and uniformity in delivering the brand identity by all *internal* stakeholders, including employees.

CASE STUDY 17.1

EMPLOYER BRAND AND LOCALISATION IN CHINA

In most national markets consultancies run surveys to identify the 'best employer' as perceived by graduates. By way of example, UNIVERSUM, active in this field, published data from over 58,000 students from mainland China in 90 universities (UNIVERSUM 2011). Graduates are also flooding on to Asia's job market from local universities, and Asians with degrees from western universities are returning home (*Economist* 2011). From 2003 to 2011 roughly 325,000 Chinese returned home after studying overseas – more than three times as many as in the entire two decades before. In addition to this positive change in talent supply, international organisations are looking for ready-made *guanxi* (business and political relationships) and people committed to staying in the countries. In 2008 Singapore granted 156,900 work visas to foreigners and less than half that number of jobs went to residents. Now the numbers are roughly equal.

Managing the employee value proposition in each overseas market becomes very important. In China, after

leading the engineering ranking since 2008, China Mobile is no longer the most attractive employer among engineering students. China Mobile lost its number one position to SGCC. In the business ranking, China Mobile moved down to third, behind the Bank of China and Procter & Gamble. By way of example, HSBC is ninth, Apple 12th, Google 18th and Unilever 35th. The differences in employer brand image between Chinese organisations that are international employers and state-owned companies are also huge. State-owned companies are highly associated with secure employment and good work-life balance, whereas international companies are very much associated with an international career, challenging and varied work, and attractive and innovative products. For Chinese female students, having an international career is more important than it is for male students, and this means a desire to live and work overseas for a period.

Baum and Kabst (2013) have called for more examination of work expectations across cultural backgrounds. However, they found strong similarities in the expectations of the next generation of talented employees across national context. There were no differences among students from India, Germany and China. All students expected their future employers to provide development opportunities. They were equally attracted to organisations that address these development expectations. In finding more commonalities than differences they concluded:

> ... companies [have] the opportunity to similarly attract applicants from different countries in the Atlantic and the Asia-Pacific regions. (Baum and Kabst 2013, p10).

? REFLECTIVE ACTIVITY 17.10

In recruiting young employees from different cultural backgrounds, is it or is it not essential that human resource strategies pay attention to their diverse expectations and values?

Wayne and Casper (2012) studied the graduate market and found that an organisation's reputation in compensation, work-family, and diversity efforts increased intentions to pursue employment with that organisation. Kucherov and Zavyalova (2012) studied 113 Russian organisations and showed that investments in employer brand resulted in economic advantages such as lower rates of employee turnover.

WORK EXPECTATIONS OF STUDENTS

Walk et al (2014) investigated the work experiences of over 1,200 Chinese, Indian and German students and assessed their work expectations across countries, age, gender and study level. They found a generic two-factor structure to these expectations around pay and benefits and values and development, which held up across the cultural and demographic contexts. They concluded that students from all the countries shared more similarities in expectations than the literature on cultural differences might predict, though there were some subtle differences, suggesting the need still for more nuanced and targeted recruitment strategies:

- German students regarded working for a foreign organisation as less desirable than Indian or Chinese students.
- Work–life balance was the second most important aspect of work expectations for both Chinese and German students, but was ranked tenth by Indian students.
- Indian students valued development more than Chinese or German students.
- Pay and benefits were positively related to desirability of working in a foreign company, and controlling for demographics, each additional unit increase in the importance of pay and benefits, increased the odds of a student regarding a foreign organisation as desirable increases by 88 per cent.

Saini et al (2014) have examined what the best employer surveys of Indian organisations reveal about employer branding and the intention to apply. They found that that positioning of the 12 firms they studied in best employer surveys resulted in significantly higher intentions of candidates to apply. Organisational familiarity and recency of inclusion in best employer surveys were the most significant predictors of intention to apply. Finally, a study of 438 employees in an Irish bank examined how the bank could build its brand (Wallace et al 2013) and found a link between leadership behaviour in relation to that brand and employee commitment.

? REFLECTIVE ACTIVITY 17.11

In the light of what you know about IHRM, and now that you are in the last chapter, how easy do you think it is to manage a global employer brand? What issues would an IHRM professional expect to have to manage? To answer this, analyse the HRM activities of an organisation (yours, perhaps) across a series of countries, and answer the following questions:

- How important is it that the performance management and development processes are made the same across all the countries? What sorts of adjustments to these processes will inevitably have to be made for local cultural and legal reasons?
- How much do the organisation's international operations vary in terms of their adherence to standards and procedures in the area of recruitment? Is there a need to set minimum standards for the conduct of HRM before you can create a consistent brand?

- What input is needed from in-country HRM partners to a branding strategy intended to work across countries, and what central supervision is necessary?
- Does pay strategy in different countries define the calibre of applicants that can be attracted? If you attract a different calibre of manager across countries because of this, does it matter? Does it impact on the way that employees will experience the brand?
- Do you have similar employee engagement data across the organisation's operations? If scores differ, does this reflect different national values, or different business models being applied, or different levels of professional line management?

In conclusion, organisations deal with employer branding issues on an international basis, the issues develop through a clear sequence over time. Initially, attention is given to stabilising key people management processes across different geographical operations (making sure that recruitment, performance management, communication activities and so forth operate to the same levels of professionalism). Once this has been done, decisions can then be made about the look and consistency of the employer brand. Basic considerations include:

- creating the same physical brand – for example, the logo and literature – drawing upon the business strategy and the reasons it provides as to why the organisation is now operating in a particular international labour market
- sharing a common mission, vision and set of stated values: attention is given to communicating these consistently through the various programmes and media
- setting minimum HRM standards and conditions to shape the nature of employee engagement
- examining how the pay strategy and associated benchmarks define the calibre of applicants
- understanding how this helps to bring consistency to the employee experience in terms of competencies and leadership capability.

KEY LEARNING POINTS

- As organisations operate more internationally, the HRM function becomes the gatekeeper of both national institutional and cultural differences, advising on which processes can be standardised and which must remain localised.
- The HRM function also becomes a knowledge agent that transfers ideas across businesses, functions and geographical boundaries within the global firm.
- The IHRM function has to work through the structural and organisation design issues that changes in the organisation's business model have invoked, and has to structure itself and design its service offerings in a way that enables it to support these wider business changes.
- Two common superordinate themes in the process of globalising HRM are global knowledge management (in order to create a degree of intellectual integration) and corporate and global brands (in order to create some social and emotional integration).
- In order to create intellectual integration, MNCs draw upon a number of important mechanisms, including: organisational designs, such as the use of centres of excellence; managing systems and technology-driven approaches to global knowledge management systems; capitalising on expatriate advice networks; co-ordinating international and transnational management teams and developing COPs or global expertise networks.
- For expatriate and repatriate knowledge transfers to be effective, two characteristics are important: the ability to transfer knowledge (expertise, social

networks, position power and position responsibilities) and the motivation to transfer knowledge (career considerations and commitment to the work unit).

- Research and practice still needs to take a political view of how knowledge transfers across units within the network, the divergent agendas of actors in the system, the shifting political coalitions, and the processes by which important knowledge actually gains attention.
- Research on employer branding shows that, as noted in Chapter 8, organisations need to be locally responsive to the nuances and norms of local recruitment practice. However, the core processes through which employer brands are managed reflect what is known about the ways in which employees form perceptions, make attributions, judge authenticity, and form emotional attachments. These psychological processes are assumed to be relatively generic and culture-free.
- It is also evident that in many MNCs, as the role and contribution of both domestic and corporate HRM functions has expanded, they have adopted both language and ideas from other related management disciplines to identify new practices. For employer branding these ideas have come principally from marketing and consumer research. IHRM researchers and practitioners therefore need to draw upon these concepts when looking at employer branding strategies.
- A distinction is emerging between IHRM and global HRM.
- Traditionally, IHRM has been about managing an international workforce – the expatriates, frequent commuters, cross-cultural team members and specialists involved in international knowledge transfer.
- Global HRM revolves around the ability of the organisation to find a concept that has 'relevance' to managers across several countries. It is not just simply about covering these staff around the world. It concerns managing IHRM activities through the application of global rule-sets to HRM processes.

LEARNING QUESTIONS

1 Identify the effects of thinking about resource capability as the key to competitive success for an IHRM department.

2 What would be the HRM effects of creating a centre of excellence at the British headquarters of an MNC? How might these change if it was decided that the centre should be located in Hong Kong?

3 To what extent is there still a role for the corporate HRM function in international human resource management?

4 Is it possible to create an employee value proposition on a global scale?

5 What types of knowledge do global HRM expertise networks need to transfer?

6 What will be the impact of working through networks on the careers of IHRM professionals?

7 Who will act as the guardians of national culture if not the IHRM function? Does this role still matter?

EXPLORE FURTHER

SPARROW, P. R., BREWSTER, C. J. and CHUNG, C. (2016) *The Globalization of HR*. London, Routledge. This focuses specifically on the mechanisms that become important in globalising the delivery of HRM.

Useful articles and research reviews on some of the component HR strategies are:

CHANG, Y.-Y., GONG, Y. and PENG, M.W. (2012) Expatriate knowledge transfer, subsidiary absorptive capacity, and subsidiary performance. *Academy of Management Review*. Vol 55, No 4. pp927–948.

FROST, A., BIRKINSHAW, J. M. and PRESCOTT, C. E. (2002) Centers of excellence in multinational corporations. *Strategic Management Journal*. Vol 23, No 11. pp997–1018.

GHOSHAL, S. and GRATTON, L. (2002) Integrating the enterprise. *Sloan Management Review*.Vol 44, No 1. pp31–38.

GOODERHAM, P., MINBAEVA, D.B. and PEDERSEN, T. (2011) Governance mechanisms for the promotion of social capital for knowledge transfer in multinational corporations. *Journal of Management Studies*. Vol 48, No 1. pp123–150.

MÄKELÄ, K., BJÖRKMAN, I. and EHRNROOTH, M. (2009) MNC subsidiary staffing architecture: building human and social capital within the organization. *International Journal of Human Resource Management*. Vol 20, No 6. pp1273–90.

MARTIN, G. and CERDIN, L. (2014) Employer branding and career theory: new directions for research. In: SPARROW, P.R., SCULLION, H. and TARIQUE, I. (eds). *Strategic talent management: contemporary issues in international context*. Cambridge: Cambridge University Press.

SPARROW, P.R. (2012) Global knowledge management and international HRM. In: STAHL, G., BJÖRKMAN, I. and MORRIS, S. (eds). *Handbook of research into international HRM*. 2nd edition. London: Edward Elgar.

TALMAN, S. and CHACAR. A.S. (2011) Knowledge accumulation and dissemination in MNEs: A practice-based framework. *Journal of Management Studies*. Vol 48, No 2. pp 278–304.

REFERENCES

ADENFELT, M. and LAGERSTRÖM. K. (2008) The development and sharing of knowledge by centres of excellence and transnational teams: a conceptual framework. *Management International Review*. Vol 48, No 3. pp319–338.

AMBLER, T., and BARROW, S. (1996) The employer brand. *Journal of Brand Management*. Vol 4, No 3. pp185–206.

AMBOS, T.C., ANDERSSON, U. and BIRKINSHAW, J. (2010) What are the consequences of initiative-taking in multinational subsidiaries? *Journal of International Business Studies*. Vol 41. pp1099–1118.

ANDERSSON, U., FORSGREN, M. and HOLM, U. (2007) Balancing subsidiary influence in the federative MNC: a business network view. *Journal of International Business Studies*. Vol 38, No 4. pp802–818.

ATHANASSIOU, N. and NIGH, D. (2000) Internationalization, tacit knowledge and the top management team of MNCs. *Journal of International Business Studies*. Vol 31. pp471–488.

BACHMANN, A.S. (2006) Melting pot or tossed salad? Implications for designing effective multicultural workgroups. *Management International Review*. Vol 46, No 6. pp721–747.

BACKHAUS, K. and TIKOO, S. (2004) Conceptualizing and researching employer branding, *Career Development International*. Vol 9, No 5. pp501–517.

BARNER-RASMUSSEN, W. and BJÖRKMAN, I. (2005) Surmounting inter-unit barriers: Factors associated with inter-unit communication intensity in the multinational corporation. *International Studies of Management and Organization*. Vol 35, No 1. pp28-46.

BARROW, S. and MOSLEY, R. (2006) *The employer brand: bringing the best of brand management to people at work*. Chichester: John Wiley and Sons.

BARTLETT, C.A. and GHOSHAL, S. (1989) *Managing across borders: the transnational solution*. Boston, MA: Harvard Business School Press.

BAUM, M. and KABST, R. (2013) How to attract applicants in the Atlantic versus the Asia-Pacific region? A cross-national analysis on China, India, Germany, and Hungary. *Journal of World Business*. Vol 48, No 2. pp175–185.

BIRKINSHAW, J. (2001) Making sense of knowledge management. *Ivey Business Journal*. Vol 65, No 4. pp32–36.

BIRKINSHAW, J., BOUQUET, C. and AMBOS, T.C. (2007) Managing executive attention in the global company. *MIT Sloan Management Review*. Vol 48, No 4. pp39–45.

BIRKINSHAW, J., BRESMAN, H. and NOBEL, R. (2010) Knowledge transfer in international acquisitions: a retrospective. *Journal of International Business Studies*. Vol 41. pp2–26.

BJÖRKMAN, I., BARNER-RASMUSSEN, W. and LI., L. (2004) Managing knowledge transfer in mncs: the impact of headquarters control mechanisms. *Journal of International Business Studies*. Vol 35, No 5. pp443–455.

BONACHE, J. and BREWSTER, C.J. (2001) Knowledge transfer and the management of expatriation, *Thunderbird International Business Review*. Vol 43, No 1. pp145–168.

BOUQUET, C. and BIRKINSHAW, J. (2008) Weight versus voice: how foreign subsidiaries gain attention from corporate headquarters. *Academy of Management Journal*. Vol 51, No 3. pp577–601.

BOZKURT, O. and MOHR, A.T. (2011) Forms of cross-border mobility and social capital in multinational enterprises. *Human Resource Management Journal*. Vol 21, No 2. pp138–155.

BRESMAN, H., BIRKINSHAW, J. and NOBEL, R. (1999) Knowledge transfer in international acquisitions. *Journal of International Business Studies*. Vol 30, No 3. pp439–462.

BREXENDORF, T. and KERNSTOCK, J. (2007) Corporate behaviour vs brand behaviour: towards and integrated view? *Brand Management*. Vol 15, No 1. pp32–40.

BUCKLEY, P.J. and CARTER, M.J. (2003) Governing knowledge sharing in multinational enterprises. *Management International Review.* Vol 43. pp7–25.

CERDIN, J.-L. (2003) International diffusion of HRM practices: the role of expatriates. *Beta: Scandinavian Journal of Business Research.* Vol 17, No 1. pp48–58.

CHANG, Y.-Y., GONG, Y., and PENG, M.W. (2012) Expatriate knowledge transfer, subsidiary absorptive capacity, and subsidiary performance. *Academy of Management Review.* Vol 55, No 4. pp927–948.

CHEN, S., GELLUKSKENS, R. and CHOI, C.J. (2006) The importance of language in global teams: a linguistic perspective. *Management International Review.* Vol 46, No 6. pp679–695.

COLLINGS, D.G., SCULLION, H. and DOWLING, P.J. (2009) Global staffing: a review and thematic research agenda. *The International Journal of Human Resource Management.* Vol 20, No 6. pp1253–1272.

CORREDOIRA, R.A. and ROSENKOPF, L. (2010) Should auld acquaintance be forgot? The reverse transfers of knowledge through mobility ties. *Strategic Management Journal.* Vol 3, No 2. pp159–181.

ECONOMIST (2011) Asia's talent market: Locals first. Employment in Asian firms is booming–but for locals, not Western expats. *The Economist,* 398 (8731).

FOSS, N.J. and PEDERSEN, T. (2002) Transferring knowledge in MNCs: the role of sources of subsidiaries knowledge and organizational context. *Journal of International Management.* Vol 8, No 1. pp49–67.

FOSS, N.J. and PEDERSEN, T. (2004) Organizing knowledge processes in the multinational corporation: an introduction. *Journal of International Business Studies.* Vol 35, No 5. pp340–349.

FROST, T., BIRKINSHAW, J.M. and ENSIGN, P. (2002) Centers of excellence in multinational corporations. *Strategic Management Journal.* Vol 23, No 11. pp997–1018.

FROST, T.S. and ZHOU, C. (2005) R&D co-practice and 'reverse' knowledge integration in multinational firms. *Journal of International Business Studies.* Vol 36: 676–687.

FURUYA, N., STEVENS, M.J., ODDOU, G., BIRD, A. and MENDENHALL, M.E. (2007) The effects of HR policies and repatriate self-adjustment on global competency transfer. *Asia Pacific Journal of Human Resources.* Vol 45, No 1. pp 6–23.

GHOSHAL, S. and GRATTON, L. (2002) Integrating the enterprise. *Sloan Management Review.* Vol 44, No 1. pp31–38

GOODERHAM, P., MINBAEVA, D.B. and PEDERSEN, T. (2011) Governance mechanisms for the promotion of social capital for knowledge transfer in multinational corporations. *Journal of Management Studies.* Vol 48, No 1. pp123–150.

HANSEN, M.T. and LOVAS, B. (2004) How do multinational companies leverage technological competencies? Moving from single to interdependent explanations. *Strategic Management Journal.* Vol 25. pp801–822.

HOLM, U.I.F. and PEDERSEN, T. (2000) *The emergence and impact of MNC centres of excellence.* London: Macmillan Press.

HSIEH, M.H., PAND, S.L. and SETIONO, R. (2004) Product, corporate, and country image dimensions and purchase behaviour: a multi-country analysis. *Journal of the Academy of Marketing Science*. Vol 42, No 3. pp251–70.

HULBERG, J. (2006) Integrating corporate branding and sociological paradigms: A literature study. *Brand Management*. Vol 14, No 1. pp60–73.

KANG, S-C., MORRIS, S.S. and SNELL, S.A. (2007) Relational archetypes, organizational learning, and value creation: extending the human resource architecture. *Academy of Management Review*. Vol 32, No 1. pp236–256.

KIJKUIT, R. and VAN DEN ENDE, J. (2007) The organizational life of an idea: integrating social network, creativity and decision-making perspectives. *Journal of Management Studies*. Vol 44, No 6. pp863–882.

KOSTOVA, T. and ROTH, K. (2002) Adoption of an organizational practice by subsidiaries of multinational corporations: institutional and relational effects. *Academy of Management Journal*. Vol 45, No 1. pp215–233.

KOTLER, F. and KELLER, K. (2006) *Marketing Management*. 12th edition. New Jersey: Prentice Hall.

KUCHEROV, D. and ZAVYALOVA, E. (2012) HRD practices and talent management in the companies with the employer brand. *European Journal of Training and Development*. Vol 36, No 1. pp86–104.

LAZAROVA, M. and TARIQUE, I. (2005) Knowledge transfer upon repatriation. *Journal of World Business*. Vol 40, No 4. pp361–373.

LEWIN, A.Y., MASSINI, S. and Peeters, C. (2011) Microfoundations of internal and external absorptive capacity routines. *Organization Science*. Vol 22, No 1. pp81–98.

LICHTENTHALER, U. (2009) Absorptive capacity, environmental turbulence, and the complementarity of organizational learning processes. *Academy of Management Journal*. Vol 52, No 4. pp822–846.

MÄKELÄ, K. (2007) Knowledge sharing through expatriate relationships: a social capital perspective. *International Studies in Management and Organization*. Vol 37, No 3. pp108–126.

MÄKELÄ, K. and BREWSTER, C.J. (2009) Interunit interaction contexts, interpersonal social capital and the differing levels of knowledge sharing. *Human Resource Management*. Vol 48, No 4. pp591–613.

MÄKELÄ, K., BJÖRKMAN, I. and EHRNROOTH, M. (2009) MNC subsidiary staffing architecture: building human and social capital within the organisation. *International Journal of Human Resource Management*. Vol 20, No 6. pp1273–1290.

MALONEY, M.M. and ZELLMER-BRUHN, M. (2006) Building bridges, windows and cultures: mediating mechanisms between team heterogeneity and performance in global teams. *Management International Review*. Vol 46, No 6. pp 697–720.

MARTIN, G. and CERDIN, L. (2014) Employer branding and career theory: new directions for research. In: P.R. SPARROW, H. SCULLION and I. TARIQUE (eds) *strategic talent management: contemporary issues in international context*. Cambridge: Cambridge University Press.

MARTIN, G. and HETRICK, S. (2006) *Corporate reputations, branding and people management.* Oxford: Butterworth-Heinemann.

MARTIN, G. and HETRICK, S. (2008) Employer branding and corporate reputation management in an international context. In: SPARROW, P.R. (ed). *Handbook of international human resource management: integrating people, process and context.* Chichester: Wiley. pp 293–320.

MAZNEVSKI, M. and ATHANASSIOU, N.A. (2006) Guest editors' introduction to the focuses issue: a new direction for global teams research. *Management International Review.* Vol 46, No 6. pp631–645.

MEYSKENS, M., VON GLINOW, M.A., WERTHER, W.B. and CLARKE, L. (2009) The paradox of international talent: alternative forms of international assignments, *International Journal of Human Resource Management.* Vol 20, No 6. pp1439–1450.

MICHAILOVA, S. and MUSTAFFA, Z. (2011) Subsidiary knowledge flows in multinational corporations: Research accomplishments, gaps, and opportunities, *Journal of World Business.* Vol 47, No 3. pp383–396.

MINBAEVA, D., FOSS, N. and SNELL, S.A. (2009) Bringing the knowledge perspective into HRM. *Human Resource Management.* Vol 48, No 4. pp477–483.

MINBAEVA, D., PEDERSEN, T., BJÖRKMAN, I. and FEY, C.F. (2014) A retrospective on: MNC knowledge transfer, subsidiary absorptive capacity, and HRM. *Journal of International Business Studies.* Vol 45, No 1. pp52–62.

MINBAEVA, D., PEDERSEN, T., BJÖRKMAN, I., FEY, C.F. and PARK, H.J. (2003) MNC knowledge transfer, subsidiary absorptive capacity, and HRM. *Journal of International Business Studies.* Vol 34, No 6. pp586–599.

MOROKO, L. and UNCLES, M. (2008) Characteristics of successful employer brands. *Brand Management.* Vol 16, No 3. pp160–176.

NAPIER, N. (2006) Cross cultural learning and the role of reverse knowledge flows in Vietnam. *International Journal of Cross Cultural Management.* Vol 6, No 1. pp.57–74.

NOORDERHAVEN, N. and HARZING, A-W. (2009) Knowledge sharing and social interaction within MNEs. *Journal of International Business Studies.* Vol 40. pp719–741.

ODDOU, G., OSLAND, J.S and BLAKENEY, R.N. (2009) Repatriating knowledge: variables influencing the transfer process. *Journal of International Business Studies.* Vol 40. pp181–199.

PARKHE, A., WASSERMAN, S. and RALSTON, D.A. (2006) New frontiers in network theory development. *Academy of Management Review.* Vol 31 No 3. pp560–568.

REGER, G. (2004) Coordinating globally dispersed research centres of excellence: the case of Philips Electronics. *Journal of International Management.* Vol 10, No 1. pp51–76.

REICHE, B.S., HARZING, A. and KRAIMER, M.L. (2009) The role of international assignees' social capital in creating inter-unit intellectual capital: a cross-level model. *Journal of International Business Studies.* Vol 40, No 3. pp509–526.

SAINI, G.K., RAI, P. and CHAUDHARY, M.K. (2014) What do best employer surveys reveal about employer branding and intention to apply? *Journal of Brand Management.* Vol 21. pp95–111.

SCHLEIMER, S.C. and PEDERSEN, T. (2013) The driving forces of subsidiary absorptive capacity. *Journal of Management Studies*. Vol 50, No 4. pp646–672.

SCHLEIMER, S.C. and PEDERSEN, T. (2014) The effects of MNC parent effort and social structure on subsidiary absorptive capacity. *Journal of International Business Studies*. Vol 45. pp303–320.

SIDHU, J.S. and VOLBERDA, H.W. (2011) Coordination of globally distributed teams: A co-evolution perspective on offshoring. *International Business Review*. Vol 20. pp278–290.

SIMON, H.A. (1997) Designing organizations for an information-rich world. In: LAMBERTON, D.M. (ed). *The economics of communication and information*. Cheltenham: Edward Elgar.

SONG, J. (2014) Subsidiary absorptive capacity and knowledge transfer within multinational corporations, *Journal of International Business Studies*. Vol 45. pp73–84.

SPARROW, P.R. (2006) Knowledge management in global organisations. In: STAHL, G. and BJÖRKMAN, I. (eds). *Handbook of research into international HRM*. London: Edward Elgar.

SPARROW, P.R. (2012) Global knowledge management and international HRM. In: STAHL, G., BJÖRKMAN, I. and MORRIS, S. (eds). *Handbook of research into international HRM*. 2nd edition. London: Edward Elgar.

SPARROW, P.R., BREWSTER, C.J. and CHUNG, C. (2016) *The globalization of HR*. London: Routledge.

SPARROW, P.R., BREWSTER, C.J. and HARRIS, H. (2004) *Globalizing HR*. London: Routledge.

SPARROW, P.R., SCULLION, H. and TARIQUE, I. (2014) Strategic talent management: future directions. In: SPARROW, P.R., SCULLION, H. and TARIQUE, I. (eds). *Strategic talent management: contemporary issues in international context*. Cambridge: Cambridge University Press. pp278–303.

STAHL, G.K., MAZNEVSKI, M.L., VOIGT, A. and JONSEN, K. (2010) Unraveling the effects of cultural diversity in teams: a meta-analysis of research on multicultural work groups. *Journal of International Business Studies*. Vol 41. pp690–709.

SUMELIUS, J. (2009) Social networks and subsidiary HRM capabilities: the case of Nordic MNC subsidiaries in China. *Personnel Review*. Vol 38, No 4. pp380–397.

SZULANSKI, G., JENSEN, R.J. and LEE, T. (2003) Adaptation of know-how for cross-border transfer. *Management International Review*. Vol 43. pp131–150.

TALMAN, S. and CHACAR. A.S. (2011) Knowledge accumulation and dissemination in MNEs: A practice-based framework, *Journal of Management Studies*. Vol 48, No 2. pp278–304.

TAYLOR, S. (2007) Creating social capital in MNCs: the international human resource management challenge. *Human Resource Management Journal*. Vol 17, No 4. pp336–354.

TODOROVA, G. and DURISIN, B. (2007) Absorptive capacity: Valuing a reconceptualization. *Academy of Management Review*. Vol 32, No 2. pp774–786.

TREGASKIS, O., GLOVER, L. AND FERNER, A. (2005) *International HR networks in multinational companies.* London: CIPD.

UNIVERSUM (2011) China's ideal employers 2011. Available at: http://www.universumglobal.com/IDEAL-Employer-Rankings/The-National-Editions/China [Accessed 17 May 2011].

VOLBERDA, H.W., FOSS, N.J., and LYLES, M.A. (2010) Absorbing the concept of absorptive capacity: How to realize its potential in the organizational field. *Organization Science.* Vol 21, No 4. pp931–951.

WALK, M., SCHINNENBURG, H. and HANDY, F. (2014) What do talents want? Work expectations in India, China, and Germany. *Zeitschrift fur Personalforschung*[KA2]. Vol 27, No 3. pp251–278.

WALLACE, E., DE CHERNATONY, L. and BUIL, I. (2013) Building bank brands: how leadership behavior influences employee commitment. *Journal of Business Research.* Vol 66. pp165–171.

WAYNE, J.H. and CASPER, W.J. (2012) Why does firm reputation on human resource policies influence college students? The mechanisms underlying job pursuit intentions. *Human Resource Management.* Vol 51, No 1. pp121–142.

ZANDER, L., MOCKAITIS, A.I. and BUTLER, C.L. (2012) Leading global teams. *Journal of World Business.* Vol 47, No 4. pp592–603.

ZELLMER-BRUHN, M. and GIBSON, C. (2006) Multinational organization context: implications for team learning and performance. *Academy of Management Journal.* Vol 49, No 3. pp501–518.

ZIMMERMAN, A. (2011) Interpersonal relationships in transnational, virtual teams – towards a configurational perspective. *International Journal of Management Reviews.* Vol 12, No 1. pp59–78.

Index